U0945630

最新执法办案实务丛书

精装典藏版

图解

立案证据定罪量刑标准与法律适用

TUJIE LI'AN ZHENGJU DINGZUI LIANGXING BIAOZHUN YU FALÜ SHIYONG

第二分册

破坏社会主义市场经济秩序案

《最新执法办案实务丛书》编写组/编

中国法制出版社
CHINA LEGAL PUBLISHING HOUSE

图书在版编目（CIP）数据

图解立案证据定罪量刑标准与法律适用：精装典藏版．第二分册，破坏社会主义市场经济秩序案／《最新执法办案实务丛书》编写组编．—北京：中国法制出版社，2021.7

ISBN 978－7－5216－2063－4

Ⅰ.①图…　Ⅱ.①最…　Ⅲ.①刑事犯罪－法律适用－中国－图解②破坏社会经济秩序罪－法律适用－中国－图解　Ⅳ.①D924.305－64

中国版本图书馆 CIP 数据核字（2021）第 144694 号

责任编辑　黄丹丹　　　　封面设计　李　宁

图解立案证据定罪量刑标准与法律适用：精装典藏版．
第二分册，破坏社会主义市场经济秩序案

TUJIE LI'AN ZHENGJU DINGZUI LIANGXING BIAOZHUN YU FALÜ SHIYONG：JINGZHUANG DIANCANGBAN. DIERFENCE，POHUAI SHEHUI ZHUYI SHICHANG JINGJI ZHIXU AN

编/《最新执法办案实务丛书》编写组
经销/新华书店
印刷/三河市紫恒印装有限公司
开本/787 毫米×1092 毫米　16 开　　　　印张/51.5　字数/1341 千
版次/2021 年 7 月第 1 版　　　　2021 年 7 月第 1 次印刷

中国法制出版社出版
书号 ISBN 978－7－5216－2063－4　　　　（全五册）总定价：860.00 元

北京西单横二条 2 号
邮政编码 100031　　　　传真：010－66031119
网址：http：//www.zgfzs.com　　　　**编辑部电话：010－63141812**
市场营销部电话：010－66033393　　　　**邮购部电话：010－66033288**

编写说明

公安机关、人民检察院、人民法院等在实现依法治国、建设社会主义法治国家这一基本国策中发挥着重要的职能作用。对法律的正确理解和准确适用是法治意识形成的源泉，是实现法治目标的基本保障。公安、司法、监察等机关的工作人员要顺利履行职责，必须准确理解、全面掌握刑事法律知识。惟其如此，才能做到依法及时打击犯罪，维护社会治安秩序。

为满足上述机关工作人员刑事办案的需要，我们编写了这套《图解立案证据定罪量刑标准与法律适用》。

本书具有以下几个特点：

新颖。全书采用图表的形式，一目了然，便于快速查阅。在体例编排上，按照【概念】【立案标准】【定罪标准】【证据参考标准】【量刑标准】【法律适用】的体例结构形式，根据最新颁布的法律法规、司法解释、部门规章和规范性文件对相关罪案进行逐一全面的释解。

准确。本书根据权威资料精心编撰。撰写者来自实务机关及有关院校长期从事刑事法律理论研究的法学博士、硕士，法学理论功底扎实，了解司法实践情况，解说准确，结构严谨，能够确保本书的权威性和准确性。

实用。本书紧密结合刑事办案工作实际，对办案中涉及的关于立案标准、罪名认定、罪与非罪、此罪与彼罪、一罪与数罪、罪重罪轻、证据范围和法律适用等问题进行了详细介绍，逻辑清晰，语言流畅，针对性强，有利于办案时参考。

需要说明的是，本书体例中所指的立案标准、证据标准、定罪标准和量刑标准等法律术语，其含义如下：

1. 立案标准，从广义上讲，包括立案所应当具备的一切法律和事实的标准，它是立案条件的具体化、规范化。从狭义上看，是指构成犯罪客观方面所要求达到的数额、情节、行为等的界限。本书中的立案标准是指狭义的立案标准。从刑法的规定看，立案标准可分为数额标准、情节标准、行为标准、结果标准、危险标准等。司法实践中，立案标准是办案的起点，与量刑标准有一定的区别。

2. 定罪标准，即犯罪构成，包括犯罪客体、犯罪客观方面、犯罪主体、犯罪主观方面四个要件。定罪，要注意区别罪与非罪的界限。衡量一个行为是否构成犯罪，首先要看该行为是否具有社会危害性，以及社会危害性的程度如何。其次，既要从刑法总则关于犯罪构成的原则规定进行认定，也要从刑法分则关于某种犯罪的具体构成上进行认定。最后，认定罪名，还要注意区别此罪与彼罪、一罪与数罪的问题。

3. 证据标准，是指监察机关在调查、侦查机关在立案、批捕、侦查终结移送审查起诉、人民检察院对被告人提起公诉、人民法院认定被告人构成犯罪以及构成何种犯罪、罪轻、罪重时所需要提供的证据材料。司法实践中，证据的收集应当围绕定罪量刑要求依法进行。为此，本书按照定罪证据标准即犯罪构成四个要件的证据和量刑证据标准进行列举。

理解证据标准，要注意以下三点：第一，证据的目的是证明犯罪事实。犯罪事实成为证据证明的对象。第二，证据的收集应当充分、确实。证据充分、确实意味着事实的认定要有充分的证据基础，即足够的证据使案件事实得到证明，达到证明标准，同时，证据本身要确实。具体应当包括以下内容：(1) 某一犯罪事实客观存在的证据；(2) 证明审查对象确实是犯罪嫌疑人的证据；(3) 犯罪嫌疑人实施犯罪行为的证据；(4) 犯罪嫌疑人已达到刑事责任年龄，应负刑事责任的证据；(5) 证明犯罪嫌疑人主观罪过的证据。证据充分并不是看证据的数量、种类有多少，关键在于证据的证明力。不同性质的案件对充分的要求不同，不同种类、数量的证据相互印证所产生的证明力也不相同，只要达到足够即可。充分的证据还应当包括：(1) 准备移送审查起诉的全部犯罪事实的证据；(2) 证明犯罪行为、方法、手段、过程及犯罪时间、地点等相关的证据；(3) 犯罪嫌疑人身份情况的证据；(4) 犯罪嫌疑人主观罪过（包括动机、目的）的证据；(5) 证明犯罪起因、结果、侵害对象等的证据；(6) 法定情节、酌定情节的证据。证据充分要求案件事实和情节都必须有相应的证据予以证明，证据之间能够形成严密的证据链，相互补充、印证，不能存在矛盾，得出的结论也必须是唯一的，具有排他性。第三，证明犯罪嫌疑人依法应当追究刑事责任。通过收集的证据证明犯罪嫌疑人所实施的行为，构成了刑法分则所规定的犯罪，应当判处刑罚。

4. 量刑标准，是指人民法院在定罪的基础上，予以裁量刑罚的尺度。量刑标准分为法定量刑情节和酌定量刑情节、从宽的量刑情节和从严的量刑情节。本书依照刑法确定的类别对量刑标准进行了详细列举。

本书根据《中华人民共和国刑法修正案（十一）》《中华人民共和国海关法》《中华人民共和国食品安全法》《中华人民共和国生产安全法》《中华人民共和国民法典》《中华人民共和国广告法》《中华人民共和国著作权法》《中华人民共和国专利法》《化妆品监督管理条例》以及《最高人民法院、最高人民检察院关于办理侵犯知识产权刑事案件具体应用法律若干问题的解释（三）》《最高人民法院、最高人民检察院关于常见犯罪的量刑指导意见（试行）》等最新修订、公布的法律、法规、规章、司法解释编写。同时，我们将根据有关法律、司法解释、行政法规、部门规章和政策的制定、修改、废止等情况及时对本书进行修订。

书中引用的罪名，根据1997年12月11日最高人民法院《关于执行〈中华人民共和国刑法〉确定罪名的规定》、2002年3月15日最高人民法院、最高人民检察院《关于执行〈中华人民共和国刑法〉确定罪名的补充规定》、2003年8月15日最高人民法院、最高人民检察院《关于执行〈中华人民共和国刑法〉确定罪名的补充规定（二）》、2007年10月25日最高人民法院、最高人民检察院《关于执行〈中华人民共和国刑法〉确定罪名的补充规定（三）》、2009年10月14日最高人民法院、最高人民检察院《关于执行〈中华人民共和国刑法〉确定罪名的补充规定（四）》、2011年4月27日最高人民法院、最高人民检察院《关于执行〈中华人民共和国刑法〉确定罪名的补充规定（五）》、2015年10月30日最高人民法院、最高人民检察院《关于执行〈中华人民共和国刑法〉确定罪名的补充规定（六）》、2021年2月26日最高人民法院、最高人民检察院《关于执行〈中华人民共和国刑法〉确定罪名的补充规定（七）》确定。

本书采用全新的版式设计和装帧形式，内文双色印刷，排版更加舒朗，装帧更为精美。期待这些设计能给广大读者带来更好的阅读体验。

因时间仓促，编者水平有限，疏漏之处在所难免，敬请广大读者批评指正。

《最新执法办案实务丛书》编写组

目录

1 生产、销售伪劣产品案

概念

本罪是指生产者、销售者故意在产品中掺杂、掺假，以假充真，以次充好或者以不合格产品冒充合格产品，销售金额 5 万元以上的行为。本罪是选择性罪名，即生产和销售伪劣产品两种行为，只要具备其中一种行为，就可构成本罪。按行为的性质，分别定为生产伪劣产品罪或者销售伪劣产品罪，如行为人既生产又销售伪劣产品，则仍按本罪论处，罪名定为生产、销售伪劣产品罪，不实行数罪并罚。知道或者应当知道他人实施生产、销售伪劣产品犯罪，而为其提供贷款、资金、账号、发票、证明、许可证件，或者提供生产、经营场所或者运输、仓储、保管、邮寄等便利条件，或者提供制假生产技术的，以生产、销售伪劣产品犯罪的共犯论处。

立案标准

生产者、销售者在产品中掺杂、掺假，以假充真，以次充好或者以不合格产品冒充合格产品，涉嫌下列情形之一的，应予立案追诉：

（1）伪劣产品销售金额 5 万元以上的；

（2）伪劣产品尚未销售，货值金额 15 万元以上的；

（3）伪劣产品销售金额不满 5 万元，但将已销售金额乘以 3 倍后，与尚未销售的伪劣产品货值金额合计 15 万元以上的。

定罪标准

犯罪客体

本罪侵犯的客体是国家对产品质量的监督管理制度和消费者的合法权益。为了对产品的质量进行监督管理，维护正常的生产、流通秩序，保护消费者的合法权益，我国近年来颁布、修订了一系列的法律法规，基本形成了一套产品质量监督制度和保障法规体系。如《产品质量法》《标准化法》《计量法》《反不正当竞争法》《消费者权益保护法》《工业产品质量责任条例》等。所有生产、销售伪劣产品的行为，都是对我国产品质量监督制度的侵犯。与此同时，生产、销售伪劣产品的犯罪活动还严重侵犯了消费者的合法权益，容易造成人员伤亡、财产损失等严重后果，所以，消费者的合法权益也是本罪侵犯的客体。可见，此罪侵犯的是复杂客体。本罪的犯罪对象是伪劣产品。伪劣产品有广义、狭义两种含义。广义的伪劣产品包括假冒商品。作为本罪对象的是狭义的伪劣产品，即指生产、销售的商品，违反国家法律、法规的规定，质量低劣或者失去了使用价值。根据现行的《产品质量法》的有关规定，伪劣产品主要包括：（1）不符合保障人体健康，人身、财产安全的国家标准、行业标准的产品；（2）掺杂、掺假，以假充真，以次充好的产品；（3）不合格的产品；（4）失效、变质的产品等。

犯罪客观方面

本罪在客观方面表现为生产者、销售者实施了违反国家的产品质量管理法律、法规，在产品中掺杂、掺假，以假充真，以次充好或者以不合格产品冒充合格产品的行为，且销售金额达到 5 万元以上。具体地说，主要包括四种表现形式：（1）掺杂、掺假。具体是指在产品中掺入杂质或者异物，致使产品质量不符合国家法律、法规或者产品明示质量标准规定的质量要求，降低、失去应有使用性能的行为，如在面粉中掺

<table>
<tr><td rowspan="3">定罪标准</td><td>犯罪客观方面</td><td>入滑石粉等。(2)以假充真。具体是指以不具有某种使用性能的产品冒充具有该种使用性能的产品的行为。比如以人造革冒充真皮高价出售，就是典型的以假充真行为。(3)以次充好。具体是指以低等级、低档次产品冒充高等级、高档次产品，或者以残次、废旧零配件组合、拼装后冒充正品或者新产品的行为。质次的产品并非假的产品。对某些产品国家规定了一定的质量等级标准，不同等级产品有不同的价格。以质次的产品冒充优质产品，从而获得出售优质产品的收益，这就是以次充好。如以人造宝石冒充天然宝石出售。(4)以不合格产品冒充合格产品。具体是指不符合《产品质量法》第26条第2款规定的质量要求的产品。《产品质量法》第26条第2款规定："产品质量应当符合下列要求：(一)不存在危及人身、财产安全的不合理的危险，有保障人体健康和人身、财产安全的国家标准、行业标准的，应当符合该标准；(二)具备产品应当具备的使用性能，但是，对产品存在使用性能的瑕疵作出说明的除外；(三)符合在产品或者其包装上注明采用的产品标准，符合以产品说明、实物样品等方式表明的质量状况。"判断产品合格与否的标准，我国目前有四种：一是强制性标准，即国家颁行的特定商品的标准；二是行业性标准，又称推荐标准，国家有关部门推荐、企业自愿采用的标准；三是企业标准，即企业自己规定的产品质量标准；四是社会标准，即没有上述三种标准的情况下，按照社会通行的标准来衡量。不符合上述产品质量要求的即为不合格产品。生产、销售不合格产品，销售金额达到5万元以上，就应追究刑事责任。本罪是数额犯，即行为人在客观方面除了实施上述四种行为之一以外，还需要违法所得在5万元以上这个条件，才能构成本罪。本罪所谓销售金额，是指生产者、销售者出售伪劣产品后所得和应得的全部违法收入。它既不同于获利数额，获利数额扣除了成本；也不完全等同于经营数额。在行为人已将伪劣产品卖掉的情况下，销售金额就是经营数额，但行为人生产了大量的伪劣产品，由于某种原因而没有卖出，或者刚生产或者购进大量的伪劣产品就被有关部门查获的情况下，行为人没有销售金额，仅有经营数额。二者反映出的社会危害性是有区别的：前者是针对犯罪既遂而言的，表明犯罪分子已将伪劣产品售出，对社会已造成实际危害；后者则仅仅反映了行为人主观恶性的大小和对社会可能造成的危害，对认定犯罪未遂具有重要意义。</td></tr>
<tr><td>犯罪主体</td><td>本罪的主体为一般主体，包括个人和单位。只要达到刑事责任年龄、具有刑事责任能力的自然人，都能成为本罪的主体。单位也可构成本罪主体，一切从事产品生产、销售的企业、公司等法人组织均可构成本罪。至于生产者、销售者是否有合法的生产许可证或营业执照均不影响本罪的成立。</td></tr>
<tr><td>犯罪主观方面</td><td>本罪在主观方面表现为犯罪故意，一般具有牟利的目的。既包括直接故意，也包括间接故意。过失行为，如生产者不知原材料有假或者不符合质量标准，销售者不知产品系伪劣产品，因不负责任、疏忽大意而生产或销售的，不能构成本罪。从司法实践看，绝大多数生产、销售伪劣产品的都是为了牟取暴利，但法律对本罪的犯罪目的没有要求，所以，无论行为人出于何种目的和动机，均不影响本罪的成立。</td></tr>
</table>

定罪标准	罪与非罪	一、本罪是以销售金额为衡量犯罪情节的主要标准，构成犯罪的起点为销售金额在5万元以上。伪劣产品尚未销售，货值金额达到《刑法》第140条规定的销售金额3倍以上的，以生产、销售伪劣产品罪（未遂）定罪处罚。货值金额以违法生产、销售的伪劣产品的标价计算；没有标价的，按照同类合格产品的市场中间价格计算。货值金额难以确定的，按照1997年4月22日发布生效的《扣押、追缴、没收物品估价管理办法》的规定，委托指定的估价机构确定。多次实施生产、销售伪劣产品行为，未经处理的，伪劣产品的销售金额或者货值金额累计计算。 二、本罪与一般违法行为的界限，这两种情况在客观方面的表现形式，都是掺杂、掺假，以次充好，以假充真或者以不合格产品冒充合格产品，但二者的区别主要在于：（1）主观要件不同。生产、销售伪劣产品罪的行为人在主观上明知生产、销售伪劣产品是违法的甚至是犯罪的，但由于为了获取巨额利润而明知故犯；而一般违法行为，有时并无故意，有时是疏忽大意。（2）客观方面的具体条件不同。《刑法》规定构成生产、销售伪劣产品罪，违法所得必须达到5万元以上，未达到这个数额要求的，只能作为一般违法行为处理。
	此罪与彼罪	本罪与诈骗罪的界限。二者有一些共同之处，如在主观上都是故意犯罪，都有获取非法利益的目的；在客观方面都有弄虚作假的行为。不同之处在于：（1）在犯罪主体方面，诈骗罪是一般主体，而且仅指自然人；生产、销售伪劣产品罪的主体是指产品的生产者、销售者，其中包括自然人和单位。（2）在客观方面，诈骗罪根本不进行生产、销售，或者即使进行生产、销售也是为了欺骗对方；而生产、销售伪劣产品罪是在生产、销售过程中弄虚作假的犯罪，相比之下，有一定的投入。（3）在犯罪目的方面，诈骗行为的目的是以非法占有他人的财物为目的；而生产、销售伪劣产品行为则是以获取非法利润为目的。（4）在犯罪对象方面，诈骗罪一般都有特定的对象；而生产、销售伪劣产品罪一般都没有特定的对象。
证据参考标准	主体方面的证据	**一、证明行为人刑事责任年龄、身份等自然情况的证据。** 包括身份证明、户籍证明、任职证明、工作经历证明、特定职责证明等，主要是证明行为人的姓名（曾用名）、性别、出生年月日、民族、籍贯、出生地、职业（或职务）、住所地（或居所地）等证据材料，如户口簿、居民身份证、工作证、出生证、专业或技术等级证、干部履历表、职工登记表、护照等。 对于户籍、出生证等材料内容不实的，应提供其他证据材料。外国人犯罪的案件，应有护照等身份证明材料。人大代表、政协委员犯罪的案件，应注明身份，并附身份证明材料。 **二、证明行为人刑事责任能力的证据。** 证明行为人对自己的行为是否具有辨认能力与控制能力，如是否属于间歇性精神病人、尚未完全丧失辨认或者控制自己行为能力的精神病人的证明材料。 **三、证明单位的证据。** 证明是否属于依法成立并有合法经营、管理范围的公司、企业、事业单位、机关、团体。 证明单位的名称、住所地、性质、法定代表人、单位负责人、业务范围、成立

证据参考标准	主体方面的证据	时间等证据材料，如企业营业执照、国有公司性质证明及非法人单位的身份证明等。 **四、证明法定代表人、单位负责人或直接责任人员等的身份证明。** 法定代表人、直接负责的主管人员和其他直接责任人在单位的任职、职责、负责权限的证明材料等。包括身份证明、户籍证明、任职证明等，如户口簿、居民身份证、工作证、护照、专业或技术等级证、干部履历表、职工登记表、任命书、业务分工文件、委派文件、单位证明、单位规章制度等。
	主观方面的证据	证明行为人故意的证据：1. 证明行为人明知的证据：证明行为人明知自己的行为会发生危害社会的结果。2. 证明直接故意的证据：证明行为人希望危害结果发生。3. 证明间接故意的证据：证明行为人放任危害结果发生。4. 目的：（1）获取非法利润；（2）牟利；（3）营利。
	客观方面的证据	证明行为人生产、销售伪劣产品犯罪行为的证据。 具体证据包括：1. 证明行为人生产、销售伪劣产品行为的证据：（1）假冒具有特种行业许可证：①食品工业；②制药工业；③压力容器工业；④计量器具工业；⑤农业种子生产；⑥销售上述行为产品。（2）伪造产品产地、冒用厂名、厂址以及注册商标。（3）假冒产品质量认证书及其标志。（4）以一种产品冒充多种产品。（5）以没有使用价值的产品冒充有使用价值的产品。2. 证明行为人以不合格的产品冒充合格产品行为的证据：（1）不符合国家标准：①品种；②规格；③质量标准；④安全标准；⑤卫生标准；⑥其他。（2）具有下列行为的产品：①明令淘汰的产品；②生产不符合标准的产品；③以处理品冒充合格品出售；④其他。3. 证明行为人销售金额在5万元以上的下列行为的证据：（1）生产、销售劣药的。（2）生产、销售不符合食品安全标准的食品。（3）生产、销售不符合标准的医疗器械、医用卫生材料的。（4）生产、销售不符合安全标准的产品的。（5）生产、销售不符合卫生标准的化妆品的。（6）生产、销售伪劣农药、兽药、化肥、种子的。
	量刑方面的证据	**一、法定量刑情节证据。** 1. 事实情节；2. 法定从重情节；3. 法定从轻减轻情节：（1）可以从轻；（2）可以从轻或减轻；（3）应当从轻或者减轻。4. 法定从轻减轻免除情节：（1）可以从轻、减轻或者免除处罚；（2）应当从轻、减轻或者免除处罚。5. 法定减轻免除情节：（1）可以减轻或者免除处罚；（2）应当减轻或者免除处罚；（3）可以免除处罚。 **二、酌定量刑情节证据。** 1. 犯罪手段：（1）掺杂；（2）掺假；（3）以假充真；（4）以次充好；（5）以不合格产品冒充合格产品。2. 犯罪对象；3. 危害结果；4. 动机；5. 平时表现；6. 认罪态度；7. 是否有前科；8. 其他证据。

量刑标准

销售金额5万元以上不满20万元的	处二年以下有期徒刑或者拘役，并处或者单处销售金额百分之五十以上二倍以下罚金
销售金额20万元以上不满50万元的	处二年以上七年以下有期徒刑，并处销售金额百分之五十以上二倍以下罚金
销售金额50万元以上不满200万元的	处七年以上有期徒刑，并处销售金额百分之五十以上二倍以下罚金
销售金额200万元以上的	处十五年有期徒刑或者无期徒刑，并处销售金额百分之五十以上二倍以下罚金或者没收财产
单位犯本罪的	对单位判处罚金，并对其直接负责的主管人员和其他直接责任人员依上述规定处罚

法律适用

刑法条文

第一百四十条 生产者、销售者在产品中掺杂、掺假，以假充真，以次充好或者以不合格产品冒充合格产品，销售金额五万元以上不满二十万元的，处二年以下有期徒刑或者拘役，并处或者单处销售金额百分之五十以上二倍以下罚金；销售金额二十万元以上不满五十万元的，处二年以上七年以下有期徒刑，并处销售金额百分之五十以上二倍以下罚金；销售金额五十万元以上不满二百万元的，处七年以上有期徒刑，并处销售金额百分之五十以上二倍以下罚金；销售金额二百万元以上的，处十五年有期徒刑或者无期徒刑，并处销售金额百分之五十以上二倍以下罚金或者没收财产。

第一百四十九条 生产、销售本节第一百四十一条至第一百四十八条所列产品，不构成各该条规定的犯罪，但是销售金额在五万元以上的，依照本节第一百四十条的规定定罪处罚。

生产、销售本节第一百四十一条至第一百四十八条所列产品，构成各该条规定的犯罪，同时又构成本节第一百四十条规定之罪的，依照处罚较重的规定定罪处罚。

第一百五十条 单位犯本节第一百四十条至第一百四十八条规定之罪的，对单位判处罚金，并对其直接负责的主管人员和其他直接责任人员，依照各该条的规定处罚。

司法解释

一、最高人民法院、最高人民检察院《关于办理生产、销售伪劣商品刑事案件具体应用法律若干问题的解释》（2001年4月9日最高人民法院、最高人民检察院公布 自2001年4月10日起施行 法释〔2001〕10号）

为依法惩治生产、销售伪劣商品犯罪活动，根据刑法有关规定，现就办理这类案件具体应用法律的若干问题解释如下：

第一条 刑法第一百四十条规定的“在产品中掺杂、掺假”，是指在产品中掺入杂质或者异物，致使产品质量不符合国家法律、法规或者产品明示质量标准规定的质量要求，降低、失去应有使用性能的行为。

刑法第一百四十条规定的“以假充真”，是指以不具有某种使用性能的产品冒充具有该种使用性能的产品的行为。

法律适用 司法解释

刑法第一百四十条规定的"以次充好"，是指以低等级、低档次产品冒充高等级、高档次产品，或者以残次、废旧零配件组合、拼装后冒充正品或者新产品的行为。

刑法第一百四十条规定的"不合格产品"，是指不符合《中华人民共和国产品质量法》第二十六条第二款规定的质量要求的产品。

对本条规定的上述行为难以确定的，应当委托法律、行政法规规定的产品质量检验机构进行鉴定。

第二条 刑法第一百四十条、第一百四十九条规定的"销售金额"，是指生产者、销售者出售伪劣产品后所得和应得的全部违法收入。

伪劣产品尚未销售，货值金额达到刑法第一百四十条规定的销售金额三倍以上的，以生产、销售伪劣产品罪（未遂）定罪处罚。

货值金额以违法生产、销售的伪劣产品的标价计算；没有标价的，按照同类合格产品的市场中间价格计算。货值金额难以确定的，按照国家计划委员会、最高人民法院、最高人民检察院、公安部1997年4月22日联合发布的《扣押、追缴、没收物品估价管理办法》的规定，委托指定的估价机构确定。

多次实施生产、销售伪劣产品行为，未经处理的，伪劣产品的销售金额或者货值金额累计计算。

第三条 经省级以上药品监督管理部门设置或者确定的药品检验机构鉴定，生产、销售的假药具有下列情形之一的，应认定为刑法第一百四十一条规定的"足以严重危害人体健康"：

（一）含有超标准的有毒有害物质的；

（二）不含所标明的有效成份，可能贻误诊治的；

（三）所标明的适应症或者功能主治超出规定范围，可能造成贻误诊治的；

（四）乏所标明的急救必需的有效成份的。

生产、销售的假药被使用后，造成轻伤、重伤或者其他严重后果的，应认定为"对人体健康造成严重危害"。

生产、销售的假药被使用后，致人严重残疾，三人以上重伤、十人以上轻伤或者造成其他特别严重后果的，应认定为"对人体健康造成特别严重危害"。

第四条 经省级以上卫生行政部门确定的机构鉴定，食品中含有可能导致严重食物中毒事故或者其他严重食源性疾患的超标准的有害细菌或者其他污染物的，应认定为刑法第一百四十三条规定的"足以造成严重食物中毒事故或者其他严重食源性疾患"。

生产、销售不符合卫生标准的食品被食用后，造成轻伤、重伤或者其他严重后果的，应认定为"对人体健康造成严重危害"。

生产、销售不符合卫生标准的食品被食用后，致人死亡、严重残疾、三人以上重伤，十人以上轻伤或者造成其他特别严重后果的。应认定为"后果特别严重"。

第五条 生产、销售的有毒、有害食品被食用后，造成轻伤、重伤或者其他严重后果的，应认定为刑法第一百四十四条规定的"对人体健康造成严重危害"。

生产、销售的有毒、有害食品被食用后，致人严重残疾、三人以上重伤、十人以上轻伤或者造成其他特别严重后果的，应认定为"对人体健康造成特别严重危害"。

第六条 生产、销售不符合标准的医疗器械、医用卫生材料，致人轻伤或者其他严重后果的，应认定为刑法第一百四十五条规定的"对人体健康造成严重危害"。

生产、销售不符合标准的医疗器械、医用卫生材料，造成感染病毒性肝炎等难以治愈的疾病、一人以上重伤、三人以上轻伤或者其他严重后果的，应认定为“后果特别严重”。

生产、销售不符合标准的医疗器械、医用卫生材料，致人死亡、严重残疾、感染艾滋病、三人以上重伤、十人以上轻伤或者造成其他特别严重后果的，应认定为“情节特别恶劣”。

医疗机构或者个人，知道或者应当知道是不符合保障人体健康的国家标准、行业标准的医疗器械、医用卫生材料而购买、使用，对人体健康造成严重危害的，以销售不符合标准的医用器材罪定罪处罚。

没有国家标准、行业标准的医疗器械，注册产品标准可视为“保障人体健康的行业标准”。

第七条 刑法第一百四十七条规定的生产、销售伪劣农药、兽药、化肥、种子罪中“使生产遭受较大损失”，一般以二万元为起点；“重大损失”，一般以十万元为起点；“特别重大损失”，一般以五十万元为起点。

第八条 国家机关工作人员徇私舞弊，对生产、销售伪劣商品犯罪不履行法律规定的查处职责，具有下列情形之一的，属于刑法第四百一十四条规定的“情节严重”：

（一）放纵生产、销售假药或者有毒、有害食品犯罪行为的；

（二）放纵依法可能判处二年有期徒刑以上刑罚的生产、销售伪劣商品犯罪行为的；

（三）对三个以上有生产、销售伪劣商品犯罪行为的单位或者个人不履行追究职责的；

（四）致使国家和人民利益遭受重大损失或者造成恶劣影响的。

第九条 知道或者应当知道他人实施生产、销售伪劣商品犯罪，而为其提供贷款、资金、账号、发票、证明、许可证件，或者提供生产、经营场所或者运输、仓储、保管、邮寄等便利条件，或者提供制假生产技术的，以生产、销售伪劣商品犯罪的共犯论处。

第十条 实施生产、销售伪劣商品犯罪，同时构成侵犯知识产权、非法经营等其他犯罪的，依照处罚较重的规定定罪处罚。

第十一条 实施刑法第一百四十条至第一百四十八条规定的犯罪，又以暴力、威胁方法抗拒查处，构成其他犯罪的，依照数罪并罚的规定处罚。

第十二条 国家机关工作人员参与生产、销售伪劣商品犯罪的，从重处罚。

二、最高人民检察院、公安部《关于公安机关管辖的刑事案件立案追诉标准的规定（一）》（节录）（2008年6月25日最高人民检察院、公安部公布　自公布之日起施行　2017年4月27日修正）

第十六条〔生产、销售伪劣产品案（刑法第一百四十条）〕生产者、销售者在产品中掺杂、掺假，以假充真，以次充好或者以不合格产品冒充合格产品，涉嫌下列情形之一的，应予立案追诉：

（一）伪劣产品销售金额五万元以上的；

（二）伪劣产品尚未销售，货值金额十五万元以上的；

（三）伪劣产品销售金额不满五万元，但将已销售金额乘以三倍后，与尚未销售的伪劣产品货值金额合计十五万元以上的。

法律适用 司法解释

本条规定的“掺杂、掺假”，是指在产品中掺入杂质或者异物，致使产品质量不符合国家法律、法规或者产品明示质量标准规定的质量要求，降低、失去应有使用性能的行为；“以假充真”，是指以不具有某种使用性能的产品冒充具有该种使用性能的产品的行为；“以次充好”，是指以低等级、低档次产品冒充高等级、高档次产品，或者以残次、废旧零配件组合、拼装后冒充正品或者新产品的行为；“不合格产品”，是指不符合《中华人民共和国产品质量法》规定的质量要求的产品。

对本条规定的上述行为难以确定的，应当委托法律、行政法规规定的产品质量检验机构进行鉴定。本条规定的“销售金额”，是指生产者、销售者出售伪劣产品后所得和应得的全部违法收入；“货值金额”，以违法生产、销售的伪劣产品的标价计算；没有标价的，按照同类合格产品的市场中间价格计算。货值金额难以确定的，按照《扣押、追缴、没收物品估价管理办法》的规定，委托估价机构进行确定。

三、最高人民法院、最高人民检察院《关于办理危害食品安全刑事案件适用法律若干问题的解释》（节录）（2013年5月2日最高人民法院、最高人民检察院公布 自2013年5月4日起施行）

第十条 生产、销售不符合食品安全标准的食品添加剂，用于食品的包装材料、容器、洗涤剂、消毒剂，或者用于食品生产经营的工具、设备等，构成犯罪的，依照刑法第一百四十条的规定以生产、销售伪劣产品罪定罪处罚。

四、最高人民法院、最高人民检察院《关于办理妨害预防、控制突发传染病疫情等灾害的刑事案件具体应用法律若干问题的解释》（节录）（2003年5月14日最高人民法院、最高人民检察院公布 自2003年5月15日起施行）

第二条 在预防、控制突发传染病疫情等灾害期间，生产、销售伪劣的防治、防护产品、物资，或者生产、销售用于防治传染病的假药、劣药，构成犯罪的，分别依照刑法第一百四十条、第一百四十一条、第一百四十二条的规定，以生产、销售伪劣产品罪，生产、销售假药罪或者生产、销售劣药罪定罪，依法从重处罚。

五、最高人民法院、最高人民检察院《关于办理非法生产、销售烟草专卖品等刑事案件具体应用法律若干问题的解释》（2010年3月2日最高人民法院、最高人民检察院公布 自2010年3月26日起施行 法释〔2010〕7号）

为维护社会主义市场经济秩序，依法惩治非法生产、销售烟草专卖品等犯罪，根据刑法有关规定，现就办理这类刑事案件具体应用法律的若干问题解释如下：

第一条 生产、销售伪劣卷烟、雪茄烟等烟草专卖品，销售金额在五万元以上的，依照刑法第一百四十条的规定，以生产、销售伪劣产品罪定罪处罚。

未经卷烟、雪茄烟等烟草专卖品注册商标所有人许可，在卷烟、雪茄烟等烟草专卖品上使用与其注册商标相同的商标，情节严重的，依照刑法第二百一十三条的规定，以假冒注册商标罪定罪处罚。

销售明知是假冒他人注册商标的卷烟、雪茄烟等烟草专卖品，销售金额较大的，依照刑法第二百一十四条的规定，以销售假冒注册商标的商品罪定罪处罚。

伪造、擅自制造他人卷烟、雪茄烟注册商标标识或者销售伪造、擅自制造的卷烟、雪茄烟注册商标标识，情节严重的，依照刑法第二百一十五条的规定，以非法制造、销售非法制造的注册商标标识罪定罪处罚。

违反国家烟草专卖管理法律法规，未经烟草专卖行政主管部门许可，无烟草专卖生产企业许可证、烟草专卖批发企业许可证、特种烟草专卖经营企业许可证、烟草专卖零售许可证等许可证明，非法经营烟草专卖品，情节严重的，依照刑法第二百二十五条的规定，以非法经营罪定罪处罚。

第二条 伪劣卷烟、雪茄烟等烟草专卖品尚未销售，货值金额达到刑法第一百四十条规定的销售金额定罪起点数额标准的三倍以上的，或者销售金额未达到五万元，但与未销售货值金额合计达到十五万元以上的，以生产、销售伪劣产品罪（未遂）定罪处罚。

销售金额和未销售货值金额分别达到不同的法定刑幅度或者均达到同一法定刑幅度的，在处罚较重的法定刑幅度内酌情从重处罚。

查获的未销售的伪劣卷烟、雪茄烟，能够查清销售价格的，按照实际销售价格计算。无法查清实际销售价格，有品牌的，按照该品牌卷烟、雪茄烟的查获地省级烟草专卖行政主管部门出具的零售价格计算；无品牌的，按照查获地省级烟草专卖行政主管部门出具的上年度卷烟平均零售价格计算。

第三条 非法经营烟草专卖品，具有下列情形之一的，应当认定为刑法第二百二十五条规定的“情节严重”：

（一）非法经营数额在五万元以上的，或者违法所得数额在二万元以上的；

（二）非法经营卷烟二十万支以上的；

（三）曾因非法经营烟草专卖品三年内受过二次以上行政处罚，又非法经营烟草专卖品且数额在三万元以上的。

具有下列情形之一的，应当认定为刑法第二百二十五条规定的“情节特别严重”：

（一）非法经营数额在二十五万元以上，或者违法所得数额在十万元以上的；

（二）非法经营卷烟一百万支以上的。

第四条 非法经营烟草专卖品，能够查清销售或者购买价格的，按照其销售或者购买的价格计算非法经营数额。无法查清销售或者购买价格的，按照下列方法计算非法经营数额：

（一）查获的卷烟、雪茄烟的价格，有品牌的，按照该品牌卷烟、雪茄烟的查获地省级烟草专卖行政主管部门出具的零售价格计算；无品牌的，按照查获地省级烟草专卖行政主管部门出具的上年度卷烟平均零售价格计算；

（二）查获的复烤烟叶、烟叶的价格按照查获地省级烟草专卖行政主管部门出具的上年度烤烟调拨平均基准价格计算；

（三）烟丝的价格按照第（二）项规定价格计算标准的一点五倍计算；

（四）卷烟辅料的价格，有品牌的，按照该品牌辅料的查获地省级烟草专卖行政主管部门出具的价格计算；无品牌的，按照查获地省级烟草专卖行政主管部门出具的上年度烟草行业生产卷烟所需该类卷烟辅料的平均价格计算；

（五）非法生产、销售、购买烟草专用机械的价格按照国务院烟草专卖行政主管部门下发的全国烟草专用机械产品指导价格目录进行计算；目录中没有该烟草专用机械的，按照省级以上烟草专卖行政主管部门出具的目录中同类烟草专用机械的平均价格计算。

第五条 行为人实施非法生产、销售烟草专卖品犯罪，同时构成生产、销售伪劣产品罪、侵犯知识产权犯罪、非法经营罪的，依照处罚较重的规定定罪处罚。

法律适用 司法解释

第六条 明知他人实施本解释第一条所列犯罪，而为其提供贷款、资金、账号、发票、证明、许可证件，或者提供生产、经营场所、设备、运输、仓储、保管、邮寄、代理进出口等便利条件，或者提供生产技术、卷烟配方的，应当按照共犯追究刑事责任。

第七条 办理非法生产、销售烟草专卖品等刑事案件，需要对伪劣烟草专卖品鉴定的，应当委托国务院产品质量监督管理部门和省、自治区、直辖市人民政府产品质量监督管理部门指定的烟草质量检测机构进行。

第八条 以暴力、威胁方法阻碍烟草专卖执法人员依法执行职务，构成犯罪的，以妨害公务罪追究刑事责任。

煽动群众暴力抗拒烟草专卖法律实施，构成犯罪的，以煽动暴力抗拒法律实施罪追究刑事责任。

第九条 本解释所称“烟草专卖品”，是指卷烟、雪茄烟、烟丝、复烤烟叶、烟叶、卷烟纸、滤嘴棒、烟用丝束、烟草专用机械。

本解释所称“卷烟辅料”，是指卷烟纸、滤嘴棒、烟用丝束。

本解释所称“烟草专用机械”，是指由国务院烟草专卖行政主管部门烟草专用机械名录所公布的，在卷烟、雪茄烟、烟丝、复烤烟叶、烟叶、卷烟纸、滤嘴棒、烟用丝束的生产加工过程中，能够完成一项或者多项特定加工工序，可以独立操作的机械设备。

本解释所称“同类烟草专用机械”，是指在卷烟、雪茄烟、烟丝、复烤烟叶、烟叶、卷烟纸、滤嘴棒、烟用丝束的生产加工过程中，能够完成相同加工工序的机械设备。

第十条 以前发布的有关规定与本解释不一致的，以本解释为准。

六、最高人民法院、最高人民检察院、公安部、国家烟草专卖局《关于办理假冒伪劣烟草制品等刑事案件适用法律问题座谈会纪要》（节录）（2003 年 12 月 23 日最高人民法院、最高人民检察院、公安部、国家烟草专卖局公布　自公布之日起施行　高检会〔2003〕4 号）

一、关于生产、销售伪劣烟草制品行为适用法律问题

（一）关于生产伪劣烟草制品尚未销售或者尚未完全销售行为定罪量刑问题

根据刑法第一百四十条的规定，生产、销售伪劣烟草制品，销售金额在五万元以上的，构成生产、销售伪劣产品罪。

根据《最高人民法院、最高人民检察院关于办理生产、销售伪劣商品刑事案件具体应用法律若干问题的解释》的有关规定，销售金额是指生产者、销售者出售伪劣烟草制品后所得和应得的全部违法收入。伪劣烟草制品尚未销售，货值金额达到刑法第一百四十条规定的销售金额三倍（十五万元）以上的，以生产、销售伪劣产品罪（未遂）定罪处罚。货值金额以违法生产、销售的伪劣产品的标价计算；没有标价的，按照同类合格产品的市场中间价格计算。货值金额难以确定的，按照国家计划委员会、最高人民法院、最高人民检察院、公安部 1997 年 4 月 22 日联合发布的《扣押、追缴、没收物品估价管理办法》的规定，委托指定的估价机构确定。

伪劣烟草制品尚未销售，货值金额分别达到十五万元以上不满二十万元、二十万元以上不满五十万元、五十万元以上不满二百万元、二百万元以上的，分别依照刑法第一百四十条规定的各量刑档次定罪处罚。

伪劣烟草制品的销售金额不满五万元，但与尚未销售的伪劣烟草制品的货值金额合计达到十五万元以上的，以生产、销售伪劣产品罪（未遂）定罪处罚。

生产伪劣烟草制品尚未销售，无法计算货值金额，有下列情形之一的，以生产、销售伪劣产品罪（未遂）定罪处罚：

1. 生产伪劣烟用烟丝数量在1000公斤以上的；

2. 生产伪劣烟用烟叶数量在1500公斤以上的。

（二）关于非法生产、拼装、销售烟草专用机械行为定罪处罚问题

非法生产、拼装、销售烟草专用机械行为，依照刑法第一百四十条的规定，以生产、销售伪劣产品罪追究刑事责任。

四、关于共犯问题

知道或者应当知道他人实施本《纪要》第一条至第三条规定的犯罪行为，仍实施下列行为之一的，应认定为共犯，依法追究刑事责任：

1. 直接参与生产、销售假冒伪劣烟草制品或者销售假冒烟用注册商标的烟草制品或者直接参与非法经营烟草制品并在其中起主要作用的；

2. 提供房屋、场地、设备、车辆、贷款、资金、账号、发票、证明、技术等设施和条件，用于帮助生产、销售、储存、运输假冒伪劣烟草制品、非法经营烟草制品的；

3. 运输假冒伪劣烟草制品的。

上述人员中有检举他人犯罪经查证属实，或者提供重要线索，有立功表现的，可以从轻或减轻处罚；有重大立功表现的，可以减轻或者免除处罚。

五、国家机关工作人员参与实施本《纪要》第一条至第三条规定的犯罪行为的处罚问题

根据《最高人民法院、最高人民检察院关于办理生产、销售伪劣商品刑事案件具体应用法律若干问题的解释》的规定，国家机关工作人员参与实施本《纪要》第一条至第三条规定的犯罪行为的，从重处罚。

六、关于一罪与数罪问题

行为人的犯罪行为同时构成生产、销售伪劣产品罪、销售假冒注册商标的商品罪、非法经营罪等罪的，依照处罚较重的规定定罪处罚。

七、关于窝藏、转移非法制售的烟草制品行为的定罪处罚问题

明知是非法制售的烟草制品而予以窝藏、转移的，依照刑法第三百一十二条的规定，以窝藏、转移赃物罪定罪处罚。

八、关于以暴力、威胁方法阻碍烟草专卖执法人员依法执行职务行为的定罪处罚问题

以暴力、威胁方法阻碍烟草专卖执法人员依法执行职务的，依照刑法第二百七十七条的规定，以妨害公务罪定罪处罚。

九、关于煽动群众暴力抗拒烟草专卖法律实施行为的定罪处罚问题

煽动群众暴力抗拒烟草专卖法律实施的，依照刑法第二百七十八条的规定，以煽动暴力抗拒法律实施罪定罪处罚。

十、关于鉴定问题

假冒伪劣烟草制品的鉴定工作，由国家烟草专卖行政主管部门授权的省级以上烟草产品质量监督检验机构，按照国家烟草专卖局制定的假冒伪劣卷烟鉴别检验管理办法和假冒伪劣卷烟鉴别检验规程等有关规定进行。

法律适用

司法解释

假冒伪劣烟草专用机械的鉴定由国家质量监督部门，或其委托的国家烟草质量监督检验中心，根据烟草行业的有关技术标准进行。

十一、关于烟草制品、卷烟的范围

本纪要所称烟草制品指卷烟、雪茄烟、烟丝、复烤烟叶、烟叶、卷烟纸、滤嘴棒、烟用丝束。

本纪要所称卷烟包括散支烟和成品烟。

七、最高人民法院、最高人民检察院、公安部、司法部《关于依法惩治妨害新型冠状病毒感染肺炎疫情防控违法犯罪的意见》（节录）（2020年2月6日最高人民法院、最高人民检察院、公安部、司法部公布　自公布之日起施行）

二、准确适用法律，依法严惩妨害疫情防控的各类违法犯罪

（三）依法严惩制假售假犯罪。在疫情防控期间，生产、销售伪劣的防治、防护产品、物资，或者生产、销售用于防治新型冠状病毒感染肺炎的假药、劣药，符合刑法第一百四十条、第一百四十一条、第一百四十二条规定的，以生产、销售伪劣产品罪，生产、销售假药罪或者生产、销售劣药罪定罪处罚。

在疫情防控期间，生产不符合保障人体健康的国家标准、行业标准的医用口罩、护目镜、防护服等医用器材，或者销售明知是不符合标准的医用器材，足以严重危害人体健康的，依照刑法第一百四十五条的规定，以生产、销售不符合标准的医用器材罪定罪处罚。

相关法律法规

一、《中华人民共和国消费者权益保护法》（节录）（1993年10月31日中华人民共和国主席令第11号公布　自1994年1月1日起施行　2009年8月27日第一次修正　2013年10月25日第二次修正）

第四十九条　经营者提供商品或者服务，造成消费者或者其他受害人人身伤害的，应当赔偿医疗费、护理费、交通费等为治疗和康复支出的合理费用，以及因误工减少的收入。造成残疾的，还应当赔偿残疾生活辅助具费和残疾赔偿金。造成死亡的，还应当赔偿丧葬费和死亡赔偿金。

第五十条　经营者侵害消费者的人格尊严、侵犯消费者人身自由或者侵害消费者个人信息依法得到保护的权利的，应当停止侵害、恢复名誉、消除影响、赔礼道歉，并赔偿损失。

第五十七条　经营者违反本法规定提供商品或者服务，侵害消费者合法权益，构成犯罪的，依法追究刑事责任。

二、《中华人民共和国产品质量法》（节录）（1993年2月22日中华人民共和国主席令第71号公布　自1993年9月1日起施行　2000年7月8日第一次修正　2009年8月27日第二次修正　2018年12月29日第三次修正）

第二十六条　生产者应当对其生产的产品质量负责。

产品质量应当符合下列要求：

（一）不存在危及人身、财产安全的不合理的危险，有保障人体健康和人身、财产安全的国家标准、行业标准的，应当符合该标准；

（二）具备产品应当具备的使用性能，但是，对产品存在使用性能的瑕疵作出说明的除外；

（三）符合在产品或者其包装上注明采用的产品标准，符合以产品说明、实物样品等方式表明的质量状况。

第二十七条 产品或者其包装上的标识必须真实，并符合下列要求：

（一）有产品质量检验合格证明；

（二）有中文标明的产品名称、生产厂厂名和厂址；

（三）根据产品的特点和使用要求，需要标明产品规格、等级、所含主要成份的名称和含量的，用中文相应予以标明；需要事先让消费者知晓的，应当在外包装上标明，或者预先向消费者提供有关资料；

（四）限期使用的产品，应当在显著位置清晰地标明生产日期和安全使用期或者失效日期；

（五）使用不当，容易造成产品本身损坏或者可能危及人身、财产安全的产品，应当有警示标志或者中文警示说明。

裸装的食品和其他根据产品的特点难以附加标识的裸装产品，可以不附加产品标识。

第二十八条 易碎、易燃、易爆、有毒、有腐蚀性、有放射性等危险物品以及储运中不能倒置和其他有特殊要求的产品，其包装质量必须符合相应要求，依照国家有关规定作出警示标志或者中文警示说明，标明储运注意事项。

第二十九条 生产者不得生产国家明令淘汰的产品。

第三十条 生产者不得伪造产地，不得伪造或者冒用他人的厂名、厂址。

第三十一条 生产者不得伪造或者冒用认证标志等质量标志。

第三十二条 生产者生产产品，不得掺杂、掺假，不得以假充真、以次充好，不得以不合格产品冒充合格产品。

第三十三条 销售者应当建立并执行进货检查验收制度，验明产品合格证明和其他标识。

第三十四条 销售者应当采取措施，保持销售产品的质量。

第三十五条 销售者不得销售国家明令淘汰并停止销售的产品和失效、变质的产品。

第三十六条 销售者销售的产品的标识应当符合本法第二十七条的规定。

第三十七条 销售者不得伪造产地，不得伪造或者冒用他人的厂名、厂址。

第三十八条 销售者不得伪造或者冒用认证标志等质量标志。

第三十九条 销售者销售产品，不得掺杂、掺假，不得以假充真、以次充好，不得以不合格产品冒充合格产品。

第四十九条 生产、销售不符合保障人体健康和人身、财产安全的国家标准、行业标准的产品的，责令停止生产、销售，没收违法生产、销售的产品，并处违法生产、销售产品（包括已售出和未售出的产品，下同）货值金额等值以上三倍以下的罚款；有违法所得的，并处没收违法所得；情节严重的，吊销营业执照；构成犯罪的，依法追究刑事责任。

第五十条 在产品中掺杂、掺假，以假充真，以次充好，或者以不合格产品冒充合格产品的，责令停止生产、销售，没收违法生产、销售的产品，并处违法生产、销售产品货值金额百分之五十以上三倍以下的罚款；有违法所得的，并处没收违法所得；情节严重的，吊销营业执照；构成犯罪的，依法追究刑事责任。

法律适用

相关法律法规

第五十一条 生产国家明令淘汰的产品的，销售国家明令淘汰并停止销售的产品的，责令停止生产、销售，没收违法生产、销售的产品，并处违法生产、销售产品货值金额等值以下的罚款；有违法所得的，并处没收违法所得；情节严重的，吊销营业执照。

第五十二条 销售失效、变质的产品的，责令停止销售，没收违法销售的产品，并处违法销售产品货值金额二倍以下的罚款；有违法所得的，并处没收违法所得；情节严重的，吊销营业执照；构成犯罪的，依法追究刑事责任。

第五十三条 伪造产品产地的，伪造或者冒用他人厂名、厂址的，伪造或者冒用认证标志等质量标志的，责令改正，没收违法生产、销售的产品，并处违法生产、销售产品货值金额等值以下的罚款；有违法所得的，并处没收违法所得；情节严重的，吊销营业执照。

第五十四条 产品标识不符合本法第二十七条规定的，责令改正；有包装的产品标识不符合本法第二十七条第（四）项、第（五）项规定，情节严重的，责令停止生产、销售，并处违法生产、销售产品货值金额百分之三十以下的罚款；有违法所得的，并处没收违法所得。

第五十五条 销售者销售本法第四十九条至第五十三条规定禁止销售的产品，有充分证据证明其不知道该产品为禁止销售的产品并如实说明其进货来源的，可以从轻或者减轻处罚。

2 生产、销售、提供假药案

概念

本罪是指故意生产、销售假药以及药品使用单位的人员明知是假药而提供给他人使用的行为。

立案标准

本罪是行为犯，只要行为人实施了生产、销售、提供假药的行为，就应当立案。但销售少量根据民间传统配方私自加工的药品，没有造成他人伤害后果或者延误诊治，情节显著轻微危害不大的除外。

<table>
<tr><td rowspan="4">定罪标准</td><td>犯罪客体</td><td>本罪侵犯的客体是国家的药品监管秩序和人体健康。</td></tr>
<tr><td>犯罪客观方面</td><td>一、生产、销售、提供的必须是假药。根据《药品管理法》第 98 条第 2 款的规定，有下列情形之一的，为假药：(1) 药品所含成分与国家药品标准规定的成分不符；(2) 以非药品冒充药品或者以他种药品冒充此种药品；(3) 变质的药品；(4) 药品所标明的适应症或者功能主治超出规定范围。行为人生产、销售国务院药品监督管理部门禁止使用的药品，未取得药品相关批准证明文件生产、进口药品或者明知是上述药品而销售，足以严重危害人体健康的，如该药品不能认定为假药，对行为人应按照妨害药品管理罪定罪量刑；如该药品属于假药的，同时构成生产、销售、提供假药罪与妨害药品管理罪，应以生产、销售、提供假药罪论处。
二、具有生产、销售、提供假药的行为。生产假药，是指一切制造、加工、配制、采集、收集某种物品充当合格或特定药品的行为。以某种原材料制造、加工成成分不符的药品，采集非药品充当药品，将他种药品充当此种药品，收集变质的药品等，都是生产假药的行为。销售假药，是指一切向不特定或者多数人有偿提供假药的行为。提供假药，是指药品使用单位的人员明知是假药而提供给他人使用，是否有偿提供假药，不影响提供假药行为的认定。
只要具有生产、销售、提供假药的行为，即构成本罪。如果生产、销售、提供假药的行为对人体健康造成严重危害或者有其他严重情节，则是本罪的法定刑升格条件。</td></tr>
<tr><td>犯罪主体</td><td>生产、销售假药的行为主体为自然人与单位（非身份犯）。提供假药的主体是药品使用单位的人员（身份犯）。药品使用单位也能构成提供假药罪。</td></tr>
<tr><td>犯罪主观方面</td><td>本罪的主观方面为故意，即明知生产、销售或提供的是假药仍为之。在实践中，通常行为人是出于牟取利益的目的实施本罪行为，但本罪不是目的犯，并不要求必须以营利为目的。</td></tr>
</table>

<table>
<tr><td rowspan="2">定罪标准</td><td>罪与非罪</td><td>一、本罪区分罪与非罪。本罪为行为犯，即行为人只要有生产、销售、提供假药的行为，不管是否足以严重危害人体健康，就构成本罪既遂。
二、本罪与按照民间土方、偏方生产或者销售药品的界限。有些民间土方、偏方对某些疾病确有一定疗效或虽无明显疗效，但流传已久，在群众心目中威信很高，也没有什么副作用，按照这些土方、偏方生产、销售药品，虽然和国家药品管理制度不符，但其社会危害不大，不能按本罪论处。但以欺骗为目的，故意配制有毒、有害药品的，要以犯罪论处。</td></tr>
<tr><td>此罪与彼罪</td><td>一、本罪与生产、销售伪劣产品罪的界限。两罪在犯罪对象上存在从属关系，容易混淆。本罪由于客体受到法律的特殊保护而从生产、销售伪劣产品罪中独立出来，并与此相排斥。所以二者存在明显的区别，区分两罪的关键是：第一，侵犯的客体不同。生产、销售伪劣产品罪的客体是国家对产品质量的监督管理制度和消费者的合法权益；本罪客体则是国家的药品监管秩序和人体健康。第二，犯罪对象不同。生产、销售假药罪仅限于假药；而生产、销售伪劣产品罪包括所有产品。第三，认定标准不同。生产、销售伪劣产品，要销售金额在5万元以上的才构成犯罪；而本罪只要有生产、销售假药的行为，就可构成犯罪。如果行为人生产、销售假药，而且其销售金额又在5万元以上，对这种情况，应依照《刑法》第149条第2款规定的原则处理，即以处刑较重的规定定罪处罚。
二、本罪与生产、销售、提供劣药罪的界限。两者有本质区别：（1）前者是行为犯，只要行为人生产、销售、提供假药，就可构成犯罪；而后者则是结果犯，行为人生产、销售劣药，只有对人体健康造成严重危害的才能构成。如果没有造成严重后果，符合《刑法》第140条规定的，可按生产、销售伪劣产品罪处罚。（2）前者以生产、销售、提供“假药”作为构成要件；后者的犯罪对象则是“劣药”。“假药”往往比“劣药”对人体健康造成的危害大，因而生产、销售、提供假药罪的法定刑要重于生产、销售、提供劣药罪。前者法定最高刑为死刑；后者为无期徒刑。行为人既生产、销售、提供假药，又生产、销售、提供劣药，均构成犯罪的，就分别定罪，实行数罪并罚。
三、本罪与诈骗罪的界限。二者区别在于：（1）侵犯的客体不同。本罪侵害的客体是国家药品监管秩序和人体健康；诈骗罪侵犯的客体是公私财物的所有权。（2）客观方面不同。本罪客观方面表现为生产、销售、提供假药的行为，欺骗不是本罪构成要件要求的行为；诈骗罪在客观方面则表现为采用虚构事实、隐瞒真相的方法，使财物所有人、管理人信以为真，从而“自愿”交出财物。（3）定罪标准不同。本罪为行为犯；而诈骗罪则以数额的情节作为构成犯罪的标准。</td></tr>
<tr><td>证据参考标准</td><td>主体方面的证据</td><td>一、证明行为人刑事责任年龄、身份等自然情况的证据。
包括身份证明、户籍证明、任职证明、工作经历证明、特定职责证明等，主要是证明行为人的姓名（曾用名）、性别、出生年月日、民族、籍贯、出生地、职业（或职务）、住所地（或居所地）等证据材料，如户口簿、居民身份证、工作证、出生证、专业或技术等级证、干部履历表、职工登记表、护照等。</td></tr>
</table>

证据参考标准	主体方面的证据	对于户籍、出生证等材料内容不实的，应提供其他证据材料。外国人犯罪的案件，应有护照等身份证明材料。人大代表、政协委员犯罪的案件，应注明身份，并附身份证明材料。 **二、证明行为人刑事责任能力的证据。** 证明行为人对自己的行为是否具有辨认能力与控制能力，如是否属于间歇性精神病人、尚未完全丧失辨认或者控制自己行为能力的精神病人的证明材料。 **三、证明单位的证据。** 证明是否属于依法成立并有合法经营、管理范围的公司、企业、事业单位、机关、团体。 证明单位的名称、住所地、性质、法定代表人、单位负责人、业务范围、成立时间等证据材料，如企业营业执照、国有公司性质证明及非法人单位的身份证明等。 **四、证明法定代表人、单位负责人或直接责任人员等的身份证明。** 法定代表人、直接负责的主管人员和其他直接责任人在单位的任职、职责、负责权限的证明材料等。包括身份证明、户籍证明、任职证明等，如户口簿、居民身份证、工作证、护照、专业或技术等级证、干部履历表、职工登记表、任命书、业务分工文件、委派文件、单位证明、单位规章制度等。
	主观方面的证据	证明行为人故意的证据：1. 证明行为人明知的证据：证明行为人明知自己的行为会发生危害社会的结果；2. 证明直接故意的证据：证明行为人希望危害结果发生；3. 证明间接故意的证据：证明行为人放任危害结果发生；4. 目的：（1）获取非法利润；（2）牟利；（3）营利。
	客观方面的证据	证明行为人生产、销售、提供假药犯罪行为的证据。 具体证据包括：1. 生产、销售假药行为的证据：（1）药品所含成分与国家药品标准规定的成分不符；（2）以非药品冒充药品或者以他种药品冒充此种药品；（3）变质的药品；（4）药品所标明的适应症或者功能主治超出规定范围。2. 提供假药行为的证据。
	量刑方面的证据	**一、法定量刑情节证据。** 1. 事实情节；2. 法定从重情节；3. 法定从轻减轻情节：（1）可以从轻；（2）可以从轻或减轻；（3）应当从轻或者减轻。4. 法定从轻减轻免除情节：（1）可以从轻、减轻或者免除处罚；（2）应当从轻、减轻或者免除处罚。5. 法定减轻免除情节：（1）可以减轻或者免除处罚；（2）应当减轻或者免除处罚；（3）可以免除处罚。 **二、酌定量刑情节证据。** 1. 犯罪手段：（1）生产；（2）销售。2. 犯罪对象；3. 后果：（1）一般后果；（2）对人体健康造成严重危害；（3）致人死亡。4. 危害结果；5. 动机；6. 平时表现；7. 认罪态度；8. 是否有前科；9. 其他证据。

量刑标准	犯本罪的	处三年以下有期徒刑或者拘役，并处罚金
	对人体健康造成严重危害或者有其他严重情节的	处三年以上十年以下有期徒刑，并处罚金
	致人死亡或者有其他特别严重情节的	处十年以上有期徒刑、无期徒刑或者死刑，并处罚金或者没收财产
	单位犯本罪的	对单位判处罚金，并对其直接负责的主管人员和其他责任人员依上述规定处罚

法律适用

刑法条文

第一百四十一条 生产、销售假药的，处三年以下有期徒刑或者拘役，并处罚金；对人体健康造成严重危害或者有其他严重情节的，处三年以上十年以下有期徒刑，并处罚金；致人死亡或者有其他特别严重情节的，处十年以上有期徒刑、无期徒刑或者死刑，并处罚金或者没收财产。

药品使用单位的人员明知是假药而提供给他人使用的，依照前款的规定处罚。

第一百四十九条 生产、销售本节第一百四十一条至第一百四十八条所列产品，不构成各该条规定的犯罪，但是销售金额在五万元以上的，依照本节第一百四十条的规定定罪处罚。

生产、销售本节第一百四十一条至第一百四十八条所列产品，构成各该条规定的犯罪，同时又构成本节第一百四十条规定之罪的，依照处罚较重的规定定罪处罚。

第一百五十条 单位犯本节第一百四十条至第一百四十八条规定之罪的，对单位判处罚金，并对其直接负责的主管人员和其他直接责任人员，依照各该条的规定处罚。

司法解释

一、最高人民法院、最高人民检察院《关于办理药品、医疗器械注册申请材料造假刑事案件适用法律若干问题的解释》（2017年8月14日最高人民法院、最高人民检察院公布 自2017年9月1日起施行）

为依法惩治药品、医疗器械注册申请材料造假的犯罪行为，维护人民群众生命健康权益，根据《中华人民共和国刑法》《中华人民共和国刑事诉讼法》的有关规定，现就办理此类刑事案件适用法律的若干问题解释如下：

第一条 药物非临床研究机构、药物临床试验机构、合同研究组织的工作人员，故意提供虚假的药物非临床研究报告、药物临床试验报告及相关材料的，应当认定为刑法第二百二十九条规定的“故意提供虚假证明文件”。

实施前款规定的行为，具有下列情形之一的，应当认定为刑法第二百二十九条规定的“情节严重”，以提供虚假证明文件罪处五年以下有期徒刑或者拘役，并处罚金：

（一）在药物非临床研究或者药物临床试验过程中故意使用虚假试验用药品的；

（二）瞒报与药物临床试验用药品相关的严重不良事件的；

（三）故意损毁原始药物非临床研究数据或者药物临床试验数据的；

（四）编造受试动物信息、受试者信息、主要试验过程记录、研究数据、检测数据等药物非临床研究数据或者药物临床试验数据，影响药品安全性、有效性评价结果的；

（五）曾因在申请药品、医疗器械注册过程中提供虚假证明材料受过刑事处罚或者二年内受过行政处罚，又提供虚假证明材料的；

（六）其他情节严重的情形。

第二条 实施本解释第一条规定的行为，索取或者非法收受他人财物的，应当依照刑法第二百二十九条第二款规定，以提供虚假证明文件罪处五年以上十年以下有期徒刑，并处罚金；同时构成提供虚假证明文件罪和受贿罪、非国家工作人员受贿罪的，依照处罚较重的规定定罪处罚。

第三条 药品注册申请单位的工作人员，故意使用符合本解释第一条第二款规定的虚假药物非临床研究报告、药物临床试验报告及相关材料，骗取药品批准证明文件生产、销售药品的，应当依照刑法第一百四十一条规定，以生产、销售假药罪定罪处罚。

第四条 药品注册申请单位的工作人员指使药物非临床研究机构、药物临床试验机构、合同研究组织的工作人员提供本解释第一条第二款规定的虚假药物非临床研究报告、药物临床试验报告及相关材料的，以提供虚假证明文件罪的共同犯罪论处。

具有下列情形之一的，可以认定为前款规定的“指使”，但有相反证据的除外：

（一）明知有关机构、组织不具备相应条件或者能力，仍委托其进行药物非临床研究、药物临床试验的；

（二）支付的价款明显异于正常费用的。

药品注册申请单位的工作人员和药物非临床研究机构、药物临床试验机构、合同研究组织的工作人员共同实施第一款规定的行为，骗取药品批准证明文件生产、销售药品，同时构成提供虚假证明文件罪和生产、销售假药罪的，依照处罚较重的规定定罪处罚。

第五条 在医疗器械注册申请中，故意提供、使用虚假的医疗器械临床试验报告及相关材料的，参照适用本解释第一条至第四条规定。

第六条 单位犯本解释第一条至第五条规定之罪的，对单位判处罚金，并依照本解释规定的相应自然人犯罪的定罪量刑标准对直接负责的主管人员和其他直接责任人员定罪处罚。

第七条 对药品、医疗器械注册申请负有核查职责的国家机关工作人员，滥用职权或者玩忽职守，导致使用虚假证明材料的药品、医疗器械获得注册，致使公共财产、国家和人民利益遭受重大损失的，应当依照刑法第三百九十七条规定，以滥用职权罪或者玩忽职守罪追究刑事责任。

第八条 对是否属于虚假的药物非临床研究报告、药物或者医疗器械临床试验报告及相关材料，是否影响药品或者医疗器械安全性、有效性评价结果，以及是否属于严重不良事件等专门性问题难以确定的，可以根据国家药品监督管理部门设置或者指定的药品、医疗器械审评等机构出具的意见，结合其他证据作出认定。

第九条 本解释所称“合同研究组织”，是指受药品或者医疗器械注册申请单位、药物非临床研究机构、药物或者医疗器械临床试验机构的委托，从事试验方案设计、数据统计、分析测试、监查稽查等与非临床研究或者临床试验相关活动的单位。

第十条 本解释自2017年9月1日起施行。

法律适用　司法解释

二、最高人民法院、最高人民检察院《关于办理危害药品安全刑事案件适用法律若干问题的解释》（2014年11月3日最高人民法院、最高人民检察院公布　自2014年12月1日起施行）

为依法惩治危害药品安全犯罪，保障人民群众生命健康安全，维护药品市场秩序，根据《中华人民共和国刑法》的规定，现就办理这类刑事案件适用法律的若干问题解释如下：

第一条　生产、销售假药，具有下列情形之一的，应当酌情从重处罚：

（一）生产、销售的假药以孕产妇、婴幼儿、儿童或者危重病人为主要使用对象的；

（二）生产、销售的假药属于麻醉药品、精神药品、医疗用毒性药品、放射性药品、避孕药品、血液制品、疫苗的；

（三）生产、销售的假药属于注射剂药品、急救药品的；

（四）医疗机构、医疗机构工作人员生产、销售假药的；

（五）在自然灾害、事故灾难、公共卫生事件、社会安全事件等突发事件期间，生产、销售用于应对突发事件的假药的；

（六）两年内曾因危害药品安全违法犯罪活动受过行政处罚或者刑事处罚的；

（七）其他应当酌情从重处罚的情形。

第二条　生产、销售假药，具有下列情形之一的，应当认定为刑法第一百四十一条规定的“对人体健康造成严重危害”：

（一）造成轻伤或者重伤的；

（二）造成轻度残疾或者中度残疾的；

（三）造成器官组织损伤导致一般功能障碍或者严重功能障碍的；

（四）其他对人体健康造成严重危害的情形。

第三条　生产、销售假药，具有下列情形之一的，应当认定为刑法第一百四十一条规定的“其他严重情节”：

（一）造成较大突发公共卫生事件的；

（二）生产、销售金额二十万元以上不满五十万元的；

（三）生产、销售金额十万元以上不满二十万元，并具有本解释第一条规定情形之一的；

（四）根据生产、销售的时间、数量、假药种类等，应当认定为情节严重的。

第四条　生产、销售假药，具有下列情形之一的，应当认定为刑法第一百四十一条规定的“其他特别严重情节”：

（一）致人重度残疾的；

（二）造成三人以上重伤、中度残疾或者器官组织损伤导致严重功能障碍的；

（三）造成五人以上轻度残疾或者器官组织损伤导致一般功能障碍的；

（四）造成十人以上轻伤的；

（五）造成重大、特别重大突发公共卫生事件的；

（六）生产、销售金额五十万元以上的；

（七）生产、销售金额二十万元以上不满五十万元，并具有本解释第一条规定情形之一的；

（八）根据生产、销售的时间、数量、假药种类等，应当认定为情节特别严重的。

法律适用

司法解释

第五条 生产、销售劣药，具有本解释第二条规定情形之一的，应当认定为刑法第一百四十二条规定的“对人体健康造成严重危害”。

生产、销售劣药，致人死亡，或者具有本解释第四条第一项至第五项规定情形之一的，应当认定为刑法第一百四十二条规定的“后果特别严重”。

生产、销售劣药，具有本解释第一条规定情形之一的，应当酌情从重处罚。

第六条 以生产、销售假药、劣药为目的，实施下列行为之一的，应当认定为刑法第一百四十一条、第一百四十二条规定的“生产”：

（一）合成、精制、提取、储存、加工炮制药品原料的行为；

（二）将药品原料、辅料、包装材料制成成品过程中，进行配料、混合、制剂、储存、包装的行为；

（三）印制包装材料、标签、说明书的行为。

医疗机构、医疗机构工作人员明知是假药、劣药而有偿提供给他人使用，或者为出售而购买、储存的行为，应当认定为刑法第一百四十一条、第一百四十二条规定的“销售”。

第七条 违反国家药品管理法律法规，未取得或者使用伪造、变造的药品经营许可证，非法经营药品，情节严重的，依照刑法第二百二十五条的规定以非法经营罪定罪处罚。

以提供给他人生产、销售药品为目的，违反国家规定，生产、销售不符合药用要求的非药品原料、辅料，情节严重的，依照刑法第二百二十五条的规定以非法经营罪定罪处罚。

实施前两款行为，非法经营数额在十万元以上，或者违法所得数额在五万元以上的，应当认定为刑法第二百二十五条规定的“情节严重”；非法经营数额在五十万元以上，或者违法所得数额在二十五万元以上的，应当认定为刑法第二百二十五条规定的“情节特别严重”。

实施本条第二款行为，同时又构成生产、销售伪劣产品罪、以危险方法危害公共安全罪等犯罪的，依照处罚较重的规定定罪处罚。

第八条 明知他人生产、销售假药、劣药，而有下列情形之一的，以共同犯罪论处：

（一）提供资金、贷款、账号、发票、证明、许可证件的；

（二）提供生产、经营场所、设备或者运输、储存、保管、邮寄、网络销售渠道等便利条件的；

（三）提供生产技术或者原料、辅料、包装材料、标签、说明书的；

（四）提供广告宣传等帮助行为的。

第九条 广告主、广告经营者、广告发布者违反国家规定，利用广告对药品作虚假宣传，情节严重的，依照刑法第二百二十二条的规定以虚假广告罪定罪处罚。

第十条 实施生产、销售假药、劣药犯罪，同时构成生产、销售伪劣产品、侵犯知识产权、非法经营、非法行医、非法采供血等犯罪的，依照处罚较重的规定定罪处罚。

第十一条 对实施本解释规定之犯罪的犯罪分子，应当依照刑法规定的条件，严格缓刑、免予刑事处罚的适用。对于适用缓刑的，应当同时宣告禁止令，禁止犯罪分子在缓刑考验期内从事药品生产、销售及相关活动。

销售少量根据民间传统配方私自加工的药品，或者销售少量未经批准进口的国外、境外药品，没有造成他人伤害后果或者延误诊治，情节显著轻微危害不大的，不认为是犯罪。

第十二条 犯生产、销售假药罪的，一般应当依法判处生产、销售金额二倍以上的罚金。共同犯罪的，对各共同犯罪人合计判处的罚金应当在生产、销售金额的二倍以上。

第十三条 单位犯本解释规定之罪的，对单位判处罚金，并对直接负责的主管人员和其他直接责任人员，依照本解释规定的自然人犯罪的定罪量刑标准处罚。

第十四条 是否属于刑法第一百四十一条、第一百四十二条规定的“假药”“劣药”难以确定的，司法机关可以根据地市级以上药品监督管理部门出具的认定意见等相关材料进行认定。必要时，可以委托省级以上药品监督管理部门设置或者确定的药品检验机构进行检验。

第十五条 本解释所称“生产、销售金额”，是指生产、销售假药、劣药所得和可得的全部违法收入。

第十六条 本解释规定的“轻伤”“重伤”按照《人体损伤程度鉴定标准》进行鉴定。

本解释规定的“轻度残疾”“中度残疾”“重度残疾”按照相关伤残等级评定标准进行评定。

第十七条 本解释发布施行后，《最高人民法院、最高人民检察院关于办理生产、销售假药、劣药刑事案件具体应用法律若干问题的解释》（法释〔2009〕9号）同时废止；之前发布的司法解释和规范性文件与本解释不一致的，以本解释为准。

三、最高人民检察院、公安部《关于公安机关管辖的刑事案件立案追诉标准的规定（一）》（节录）（2008年6月25日最高人民检察院、公安部公布 自公布之日起施行 2017年4月27日修正）

第十七条 〔生产、销售假药案（刑法第一百四十一条）〕生产、销售假药的，应予立案追诉。但销售少量根据民间传统配方私自加工的药品，或者销售少量未经批准进口的国外、境外药品，没有造成他人伤害后果或者延误诊治，情节显著轻微危害不大的除外。

以生产、销售假药为目的，具有下列情形之一的，属于本条规定的“生产”：

（一）合成、精制、提取、储存、加工炮制药品原料的；

（二）将药品原料、辅料、包装材料制成成品过程中，进行配料、混合、制剂、储存、包装的；

（三）印制包装材料、标签、说明书的。

医疗机构、医疗机构工作人员明知是假药而有偿提供给他人使用，或者为出售而购买、储存的，属于本条规定的“销售”。

本条规定的“假药”，是指依照《中华人民共和国药品管理法》的规定属于假药和按假药处理的药品、非药品。是否属于假药难以确定的，可以根据地市级以上药品监督管理部门出具的认定意见等相关材料进行认定。必要时，可以委托省级以上药品监督管理部门设置或者确定的药品检验机构进行检验。

司法解释

四、最高人民法院、最高人民检察院《关于办理妨害预防、控制突发传染病疫情等灾害的刑事案件具体应用法律若干问题的解释》（节录）（2003年5月14日最高人民法院、最高人民检察院公布　自2003年5月15日起施行　法释〔2003〕8号）

第二条　在预防、控制突发传染病疫情等灾害期间，生产、销售伪劣的防治、防护产品、物资，或者生产、销售用于防治传染病的假药、劣药，构成犯罪的，分别依照刑法第一百四十条、第一百四十一条、第一百四十二条的规定，以生产、销售伪劣产品罪，生产、销售假药罪或者生产、销售劣药罪定罪，依法从重处罚。

法律适用　相关法律法规

一、《中药品种保护条例》（节录）（1992年10月14日国务院令第106号公布　自1993年1月1日起施行　2018年9月18日修订）

第二条　本条例适用于中国境内生产制造的中药品种，包括中成药、天然药物的提取物及其制剂和中药人工制成品。

申请专利的中药品种，依照专利法的规定办理，不适用本条例。

第二十三条　违反本条例第十七条的规定，擅自仿制中药保护品种的，由县级以上人民政府负责药品监督管理的部门以生产假药依法论处。

伪造《中药品种保护证书》及有关证明文件进行生产、销售的，由县级以上人民政府负责药品监督管理的部门没收其全部有关药品及违法所得，并可以处以有关药品正品价格三倍以下罚款。

上述行为构成犯罪的，由司法机关依法追究刑事责任。

二、《中华人民共和国药品管理法》（2001年2月28日中华人民共和国主席令第45号公布　自2001年12月1日起施行　2013年12月28日第一次修正　2015年4月24日第二次修正　2019年8月26日修订）

第一章　总　　则

第一条　为了加强药品管理，保证药品质量，保障公众用药安全和合法权益，保护和促进公众健康，制定本法。

第二条　在中华人民共和国境内从事药品研制、生产、经营、使用和监督管理活动，适用本法。

本法所称药品，是指用于预防、治疗、诊断人的疾病，有目的地调节人的生理机能并规定有适应症或者功能主治、用法和用量的物质，包括中药、化学药和生物制品等。

第三条　药品管理应当以人民健康为中心，坚持风险管理、全程管控、社会共治的原则，建立科学、严格的监督管理制度，全面提升药品质量，保障药品的安全、有效、可及。

第四条　国家发展现代药和传统药，充分发挥其在预防、医疗和保健中的作用。

国家保护野生药材资源和中药品种，鼓励培育道地中药材。

第五条　国家鼓励研究和创制新药，保护公民、法人和其他组织研究、开发新药的合法权益。

第六条　国家对药品管理实行药品上市许可持有人制度。药品上市许可持有人依法对药品研制、生产、经营、使用全过程中药品的安全性、有效性和质量可控性负责。

法律适用 相关法律法规

第七条 从事药品研制、生产、经营、使用活动，应当遵守法律、法规、规章、标准和规范，保证全过程信息真实、准确、完整和可追溯。

第八条 国务院药品监督管理部门主管全国药品监督管理工作。国务院有关部门在各自职责范围内负责与药品有关的监督管理工作。国务院药品监督管理部门配合国务院有关部门，执行国家药品行业发展规划和产业政策。

省、自治区、直辖市人民政府药品监督管理部门负责本行政区域内的药品监督管理工作。设区的市级、县级人民政府承担药品监督管理职责的部门（以下称药品监督管理部门）负责本行政区域内的药品监督管理工作。县级以上地方人民政府有关部门在各自职责范围内负责与药品有关的监督管理工作。

第九条 县级以上地方人民政府对本行政区域内的药品监督管理工作负责，统一领导、组织、协调本行政区域内的药品监督管理工作以及药品安全突发事件应对工作，建立健全药品监督管理工作机制和信息共享机制。

第十条 县级以上人民政府应当将药品安全工作纳入本级国民经济和社会发展规划，将药品安全工作经费列入本级政府预算，加强药品监督管理能力建设，为药品安全工作提供保障。

第十一条 药品监督管理部门设置或者指定的药品专业技术机构，承担依法实施药品监督管理所需的审评、检验、核查、监测与评价等工作。

第十二条 国家建立健全药品追溯制度。国务院药品监督管理部门应当制定统一的药品追溯标准和规范，推进药品追溯信息互通互享，实现药品可追溯。

国家建立药物警戒制度，对药品不良反应及其他与用药有关的有害反应进行监测、识别、评估和控制。

第十三条 各级人民政府及其有关部门、药品行业协会等应当加强药品安全宣传教育，开展药品安全法律法规等知识的普及工作。

新闻媒体应当开展药品安全法律法规等知识的公益宣传，并对药品违法行为进行舆论监督。有关药品的宣传报道应当全面、科学、客观、公正。

第十四条 药品行业协会应当加强行业自律，建立健全行业规范，推动行业诚信体系建设，引导和督促会员依法开展药品生产经营等活动。

第十五条 县级以上人民政府及其有关部门对在药品研制、生产、经营、使用和监督管理工作中做出突出贡献的单位和个人，按照国家有关规定给予表彰、奖励。

第二章 药品研制和注册

第十六条 国家支持以临床价值为导向、对人的疾病具有明确或者特殊疗效的药物创新，鼓励具有新的治疗机理、治疗严重危及生命的疾病或者罕见病、对人体具有多靶向系统性调节干预功能等的新药研制，推动药品技术进步。

国家鼓励运用现代科学技术和传统中药研究方法开展中药科学技术研究和药物开发，建立和完善符合中药特点的技术评价体系，促进中药传承创新。

国家采取有效措施，鼓励儿童用药品的研制和创新，支持开发符合儿童生理特征的儿童用药品新品种、剂型和规格，对儿童用药品予以优先审评审批。

第十七条 从事药品研制活动，应当遵守药物非临床研究质量管理规范、药物临床试验质量管理规范，保证药品研制全过程持续符合法定要求。

药物非临床研究质量管理规范、药物临床试验质量管理规范由国务院药品监督管理部门会同国务院有关部门制定。

第十八条 开展药物非临床研究，应当符合国家有关规定，有与研究项目相适应的人员、场地、设备、仪器和管理制度，保证有关数据、资料和样品的真实性。

第十九条 开展药物临床试验，应当按照国务院药品监督管理部门的规定如实报送研制方法、质量指标、药理及毒理试验结果等有关数据、资料和样品，经国务院药品监督管理部门批准。国务院药品监督管理部门应当自受理临床试验申请之日起六十个工作日内决定是否同意并通知临床试验申办者，逾期未通知的，视为同意。其中，开展生物等效性试验的，报国务院药品监督管理部门备案。

开展药物临床试验，应当在具备相应条件的临床试验机构进行。药物临床试验机构实行备案管理，具体办法由国务院药品监督管理部门、国务院卫生健康主管部门共同制定。

第二十条 开展药物临床试验，应当符合伦理原则，制定临床试验方案，经伦理委员会审查同意。

伦理委员会应当建立伦理审查工作制度，保证伦理审查过程独立、客观、公正，监督规范开展药物临床试验，保障受试者合法权益，维护社会公共利益。

第二十一条 实施药物临床试验，应当向受试者或者其监护人如实说明和解释临床试验的目的和风险等详细情况，取得受试者或者其监护人自愿签署的知情同意书，并采取有效措施保护受试者合法权益。

第二十二条 药物临床试验期间，发现存在安全性问题或者其他风险的，临床试验申办者应当及时调整临床试验方案、暂停或者终止临床试验，并向国务院药品监督管理部门报告。必要时，国务院药品监督管理部门可以责令调整临床试验方案、暂停或者终止临床试验。

第二十三条 对正在开展临床试验的用于治疗严重危及生命且尚无有效治疗手段的疾病的药物，经医学观察可能获益，并且符合伦理原则的，经审查、知情同意后可以在开展临床试验的机构内用于其他病情相同的患者。

第二十四条 在中国境内上市的药品，应当经国务院药品监督管理部门批准，取得药品注册证书；但是，未实施审批管理的中药材和中药饮片除外。实施审批管理的中药材、中药饮片品种目录由国务院药品监督管理部门会同国务院中医药主管部门制定。

申请药品注册，应当提供真实、充分、可靠的数据、资料和样品，证明药品的安全性、有效性和质量可控性。

第二十五条 对申请注册的药品，国务院药品监督管理部门应当组织药学、医学和其他技术人员进行审评，对药品的安全性、有效性和质量可控性以及申请人的质量管理、风险防控和责任赔偿等能力进行审查；符合条件的，颁发药品注册证书。

国务院药品监督管理部门在审批药品时，对化学原料药一并审评审批，对相关辅料、直接接触药品的包装材料和容器一并审评，对药品的质量标准、生产工艺、标签和说明书一并核准。

本法所称辅料，是指生产药品和调配处方时所用的赋形剂和附加剂。

第二十六条 对治疗严重危及生命且尚无有效治疗手段的疾病以及公共卫生方面急需的药品，药物临床试验已有数据显示疗效并能预测其临床价值的，可以附条件批准，并在药品注册证书中载明相关事项。

法律适用

相关法律法规

第二十七条 国务院药品监督管理部门应当完善药品审评审批工作制度，加强能力建设，建立健全沟通交流、专家咨询等机制，优化审评审批流程，提高审评审批效率。

批准上市药品的审评结论和依据应当依法公开，接受社会监督。对审评审批中知悉的商业秘密应当保密。

第二十八条 药品应当符合国家药品标准。经国务院药品监督管理部门核准的药品质量标准高于国家药品标准的，按照经核准的药品质量标准执行；没有国家药品标准的，应当符合经核准的药品质量标准。

国务院药品监督管理部门颁布的《中华人民共和国药典》和药品标准为国家药品标准。

国务院药品监督管理部门会同国务院卫生健康主管部门组织药典委员会，负责国家药品标准的制定和修订。

国务院药品监督管理部门设置或者指定的药品检验机构负责标定国家药品标准品、对照品。

第二十九条 列入国家药品标准的药品名称为药品通用名称。已经作为药品通用名称的，该名称不得作为药品商标使用。

第三章　药品上市许可持有人

第三十条 药品上市许可持有人是指取得药品注册证书的企业或者药品研制机构等。

药品上市许可持有人应当依照本法规定，对药品的非临床研究、临床试验、生产经营、上市后研究、不良反应监测及报告与处理等承担责任。其他从事药品研制、生产、经营、储存、运输、使用等活动的单位和个人依法承担相应责任。

药品上市许可持有人的法定代表人、主要负责人对药品质量全面负责。

第三十一条 药品上市许可持有人应当建立药品质量保证体系，配备专门人员独立负责药品质量管理。

药品上市许可持有人应当对受托药品生产企业、药品经营企业的质量管理体系进行定期审核，监督其持续具备质量保证和控制能力。

第三十二条 药品上市许可持有人可以自行生产药品，也可以委托药品生产企业生产。

药品上市许可持有人自行生产药品的，应当依照本法规定取得药品生产许可证；委托生产的，应当委托符合条件的药品生产企业。药品上市许可持有人和受托生产企业应当签订委托协议和质量协议，并严格履行协议约定的义务。

国务院药品监督管理部门制定药品委托生产质量协议指南，指导、监督药品上市许可持有人和受托生产企业履行药品质量保证义务。

血液制品、麻醉药品、精神药品、医疗用毒性药品、药品类易制毒化学品不得委托生产；但是，国务院药品监督管理部门另有规定的除外。

第三十三条 药品上市许可持有人应当建立药品上市放行规程，对药品生产企业出厂放行的药品进行审核，经质量受权人签字后方可放行。不符合国家药品标准的，不得放行。

第三十四条 药品上市许可持有人可以自行销售其取得药品注册证书的药品，也可以委托药品经营企业销售。药品上市许可持有人从事药品零售活动的，应当取得药品经营许可证。

法律适用 相关法律法规

药品上市许可持有人自行销售药品的，应当具备本法第五十二条规定的条件；委托销售的，应当委托符合条件的药品经营企业。药品上市许可持有人和受托经营企业应当签订委托协议，并严格履行协议约定的义务。

第三十五条 药品上市许可持有人、药品生产企业、药品经营企业委托储存、运输药品的，应当对受托方的质量保证能力和风险管理能力进行评估，与其签订委托协议，约定药品质量责任、操作规程等内容，并对受托方进行监督。

第三十六条 药品上市许可持有人、药品生产企业、药品经营企业和医疗机构应当建立并实施药品追溯制度，按照规定提供追溯信息，保证药品可追溯。

第三十七条 药品上市许可持有人应当建立年度报告制度，每年将药品生产销售、上市后研究、风险管理等情况按照规定向省、自治区、直辖市人民政府药品监督管理部门报告。

第三十八条 药品上市许可持有人为境外企业的，应当由其指定的在中国境内的企业法人履行药品上市许可持有人义务，与药品上市许可持有人承担连带责任。

第三十九条 中药饮片生产企业履行药品上市许可持有人的相关义务，对中药饮片生产、销售实行全过程管理，建立中药饮片追溯体系，保证中药饮片安全、有效、可追溯。

第四十条 经国务院药品监督管理部门批准，药品上市许可持有人可以转让药品上市许可。受让方应当具备保障药品安全性、有效性和质量可控性的质量管理、风险防控和责任赔偿等能力，履行药品上市许可持有人义务。

第四章 药品生产

第四十一条 从事药品生产活动，应当经所在地省、自治区、直辖市人民政府药品监督管理部门批准，取得药品生产许可证。无药品生产许可证的，不得生产药品。

药品生产许可证应当标明有效期和生产范围，到期重新审查发证。

第四十二条 从事药品生产活动，应当具备以下条件：

（一）有依法经过资格认定的药学技术人员、工程技术人员及相应的技术工人；

（二）有与药品生产相适应的厂房、设施和卫生环境；

（三）有能对所生产药品进行质量管理和质量检验的机构、人员及必要的仪器设备；

（四）有保证药品质量的规章制度，并符合国务院药品监督管理部门依据本法制定的药品生产质量管理规范要求。

第四十三条 从事药品生产活动，应当遵守药品生产质量管理规范，建立健全药品生产质量管理体系，保证药品生产全过程持续符合法定要求。

药品生产企业的法定代表人、主要负责人对本企业的药品生产活动全面负责。

第四十四条 药品应当按照国家药品标准和经药品监督管理部门核准的生产工艺进行生产。生产、检验记录应当完整准确，不得编造。

中药饮片应当按照国家药品标准炮制；国家药品标准没有规定的，应当按照省、自治区、直辖市人民政府药品监督管理部门制定的炮制规范炮制。省、自治区、直辖市人民政府药品监督管理部门制定的炮制规范应当报国务院药品监督管理部门备案。不符合国家药品标准或者不按照省、自治区、直辖市人民政府药品监督管理部门制定的炮制规范炮制的，不得出厂、销售。

第四十五条 生产药品所需的原料、辅料，应当符合药用要求、药品生产质量管理规范的有关要求。

生产药品，应当按照规定对供应原料、辅料等的供应商进行审核，保证购进、使用的原料、辅料等符合前款规定要求。

第四十六条 直接接触药品的包装材料和容器，应当符合药用要求，符合保障人体健康、安全的标准。

对不合格的直接接触药品的包装材料和容器，由药品监督管理部门责令停止使用。

第四十七条 药品生产企业应当对药品进行质量检验。不符合国家药品标准的，不得出厂。

药品生产企业应当建立药品出厂放行规程，明确出厂放行的标准、条件。符合标准、条件的，经质量受权人签字后方可放行。

第四十八条 药品包装应当适合药品质量的要求，方便储存、运输和医疗使用。

发运中药材应当有包装。在每件包装上，应当注明品名、产地、日期、供货单位，并附有质量合格的标志。

第四十九条 药品包装应当按照规定印有或者贴有标签并附有说明书。

标签或者说明书应当注明药品的通用名称、成份、规格、上市许可持有人及其地址、生产企业及其地址、批准文号、产品批号、生产日期、有效期、适应症或者功能主治、用法、用量、禁忌、不良反应和注意事项。标签、说明书中的文字应当清晰，生产日期、有效期等事项应当显著标注，容易辨识。

麻醉药品、精神药品、医疗用毒性药品、放射性药品、外用药品和非处方药的标签、说明书，应当印有规定的标志。

第五十条 药品上市许可持有人、药品生产企业、药品经营企业和医疗机构中直接接触药品的工作人员，应当每年进行健康检查。患有传染病或者其他可能污染药品的疾病的，不得从事直接接触药品的工作。

第五章 药品经营

第五十一条 从事药品批发活动，应当经所在地省、自治区、直辖市人民政府药品监督管理部门批准，取得药品经营许可证。从事药品零售活动，应当经所在地县级以上地方人民政府药品监督管理部门批准，取得药品经营许可证。无药品经营许可证的，不得经营药品。

药品经营许可证应当标明有效期和经营范围，到期重新审查发证。

药品监督管理部门实施药品经营许可，除依据本法第五十二条规定的条件外，还应当遵循方便群众购药的原则。

第五十二条 从事药品经营活动应当具备以下条件：

（一）有依法经过资格认定的药师或者其他药学技术人员；

（二）有与所经营药品相适应的营业场所、设备、仓储设施和卫生环境；

（三）有与所经营药品相适应的质量管理机构或者人员；

（四）有保证药品质量的规章制度，并符合国务院药品监督管理部门依据本法制定的药品经营质量管理规范要求。

第五十三条 从事药品经营活动，应当遵守药品经营质量管理规范，建立健全药品经营质量管理体系，保证药品经营全过程持续符合法定要求。

国家鼓励、引导药品零售连锁经营。从事药品零售连锁经营活动的企业总部，应当建立统一的质量管理制度，对所属零售企业的经营活动履行管理责任。

法律适用

相关法律法规

药品经营企业的法定代表人、主要负责人对本企业的药品经营活动全面负责。

第五十四条 国家对药品实行处方药与非处方药分类管理制度。具体办法由国务院药品监督管理部门会同国务院卫生健康主管部门制定。

第五十五条 药品上市许可持有人、药品生产企业、药品经营企业和医疗机构应当从药品上市许可持有人或者具有药品生产、经营资格的企业购进药品；但是，购进未实施审批管理的中药材除外。

第五十六条 药品经营企业购进药品，应当建立并执行进货检查验收制度，验明药品合格证明和其他标识；不符合规定要求的，不得购进和销售。

第五十七条 药品经营企业购销药品，应当有真实、完整的购销记录。购销记录应当注明药品的通用名称、剂型、规格、产品批号、有效期、上市许可持有人、生产企业、购销单位、购销数量、购销价格、购销日期及国务院药品监督管理部门规定的其他内容。

第五十八条 药品经营企业零售药品应当准确无误，并正确说明用法、用量和注意事项；调配处方应当经过核对，对处方所列药品不得擅自更改或者代用。对有配伍禁忌或者超剂量的处方，应当拒绝调配；必要时，经处方医师更正或者重新签字，方可调配。

药品经营企业销售中药材，应当标明产地。

依法经过资格认定的药师或者其他药学技术人员负责本企业的药品管理、处方审核和调配、合理用药指导等工作。

第五十九条 药品经营企业应当制定和执行药品保管制度，采取必要的冷藏、防冻、防潮、防虫、防鼠等措施，保证药品质量。

药品入库和出库应当执行检查制度。

第六十条 城乡集市贸易市场可以出售中药材，国务院另有规定的除外。

第六十一条 药品上市许可持有人、药品经营企业通过网络销售药品，应当遵守本法药品经营的有关规定。具体管理办法由国务院药品监督管理部门会同国务院卫生健康主管部门等部门制定。

疫苗、血液制品、麻醉药品、精神药品、医疗用毒性药品、放射性药品、药品类易制毒化学品等国家实行特殊管理的药品不得在网络上销售。

第六十二条 药品网络交易第三方平台提供者应当按照国务院药品监督管理部门的规定，向所在地省、自治区、直辖市人民政府药品监督管理部门备案。

第三方平台提供者应当依法对申请进入平台经营的药品上市许可持有人、药品经营企业的资质等进行审核，保证其符合法定要求，并对发生在平台的药品经营行为进行管理。

第三方平台提供者发现进入平台经营的药品上市许可持有人、药品经营企业有违反本法规定行为的，应当及时制止并立即报告所在地县级人民政府药品监督管理部门；发现严重违法行为的，应当立即停止提供网络交易平台服务。

第六十三条 新发现和从境外引种的药材，经国务院药品监督管理部门批准后，方可销售。

第六十四条 药品应当从允许药品进口的口岸进口，并由进口药品的企业向口岸所在地药品监督管理部门备案。海关凭药品监督管理部门出具的进口药品通关单办理通关手续。无进口药品通关单的，海关不得放行。

法律适用

相关法律法规

口岸所在地药品监督管理部门应当通知药品检验机构按照国务院药品监督管理部门的规定对进口药品进行抽查检验。

允许药品进口的口岸由国务院药品监督管理部门会同海关总署提出，报国务院批准。

第六十五条 医疗机构因临床急需进口少量药品的，经国务院药品监督管理部门或者国务院授权的省、自治区、直辖市人民政府批准，可以进口。进口的药品应当在指定医疗机构内用于特定医疗目的。

个人自用携带入境少量药品，按照国家有关规定办理。

第六十六条 进口、出口麻醉药品和国家规定范围内的精神药品，应当持有国务院药品监督管理部门颁发的进口准许证、出口准许证。

第六十七条 禁止进口疗效不确切、不良反应大或者因其他原因危害人体健康的药品。

第六十八条 国务院药品监督管理部门对下列药品在销售前或者进口时，应当指定药品检验机构进行检验；未经检验或者检验不合格的，不得销售或者进口：

（一）首次在中国境内销售的药品；

（二）国务院药品监督管理部门规定的生物制品；

（三）国务院规定的其他药品。

第六章 医疗机构药事管理

第六十九条 医疗机构应当配备依法经过资格认定的药师或者其他药学技术人员，负责本单位的药品管理、处方审核和调配、合理用药指导等工作。非药学技术人员不得直接从事药剂技术工作。

第七十条 医疗机构购进药品，应当建立并执行进货检查验收制度，验明药品合格证明和其他标识；不符合规定要求的，不得购进和使用。

第七十一条 医疗机构应当有与所使用药品相适应的场所、设备、仓储设施和卫生环境，制定和执行药品保管制度，采取必要的冷藏、防冻、防潮、防虫、防鼠等措施，保证药品质量。

第七十二条 医疗机构应当坚持安全有效、经济合理的用药原则，遵循药品临床应用指导原则、临床诊疗指南和药品说明书等合理用药，对医师处方、用药医嘱的适宜性进行审核。

医疗机构以外的其他药品使用单位，应当遵守本法有关医疗机构使用药品的规定。

第七十三条 依法经过资格认定的药师或者其他药学技术人员调配处方，应当进行核对，对处方所列药品不得擅自更改或者代用。对有配伍禁忌或者超剂量的处方，应当拒绝调配；必要时，经处方医师更正或者重新签字，方可调配。

第七十四条 医疗机构配制制剂，应当经所在地省、自治区、直辖市人民政府药品监督管理部门批准，取得医疗机构制剂许可证。无医疗机构制剂许可证的，不得配制制剂。

医疗机构制剂许可证应当标明有效期，到期重新审查发证。

第七十五条 医疗机构配制制剂，应当有能够保证制剂质量的设施、管理制度、检验仪器和卫生环境。

医疗机构配制制剂，应当按照经核准的工艺进行，所需的原料、辅料和包装材料等应当符合药用要求。

第七十六条 医疗机构配制的制剂，应当是本单位临床需要而市场上没有供应的品种，并应当经所在地省、自治区、直辖市人民政府药品监督管理部门批准；但是，法律对配制中药制剂另有规定的除外。

医疗机构配制的制剂应当按照规定进行质量检验；合格的，凭医师处方在本单位使用。经国务院药品监督管理部门或者省、自治区、直辖市人民政府药品监督管理部门批准，医疗机构配制的制剂可以在指定的医疗机构之间调剂使用。

医疗机构配制的制剂不得在市场上销售。

第七章　药品上市后管理

第七十七条 药品上市许可持有人应当制定药品上市后风险管理计划，主动开展药品上市后研究，对药品的安全性、有效性和质量可控性进行进一步确证，加强对已上市药品的持续管理。

第七十八条 对附条件批准的药品，药品上市许可持有人应当采取相应风险管理措施，并在规定期限内按照要求完成相关研究；逾期未按照要求完成研究或者不能证明其获益大于风险的，国务院药品监督管理部门应当依法处理，直至注销药品注册证书。

第七十九条 对药品生产过程中的变更，按照其对药品安全性、有效性和质量可控性的风险和产生影响的程度，实行分类管理。属于重大变更的，应当经国务院药品监督管理部门批准，其他变更应当按照国务院药品监督管理部门的规定备案或者报告。

药品上市许可持有人应当按照国务院药品监督管理部门的规定，全面评估、验证变更事项对药品安全性、有效性和质量可控性的影响。

第八十条 药品上市许可持有人应当开展药品上市后不良反应监测，主动收集、跟踪分析疑似药品不良反应信息，对已识别风险的药品及时采取风险控制措施。

第八十一条 药品上市许可持有人、药品生产企业、药品经营企业和医疗机构应当经常考察本单位所生产、经营、使用的药品质量、疗效和不良反应。发现疑似不良反应的，应当及时向药品监督管理部门和卫生健康主管部门报告。具体办法由国务院药品监督管理部门会同国务院卫生健康主管部门制定。

对已确认发生严重不良反应的药品，由国务院药品监督管理部门或者省、自治区、直辖市人民政府药品监督管理部门根据实际情况采取停止生产、销售、使用等紧急控制措施，并应当在五日内组织鉴定，自鉴定结论作出之日起十五日内依法作出行政处理决定。

第八十二条 药品存在质量问题或者其他安全隐患的，药品上市许可持有人应当立即停止销售，告知相关药品经营企业和医疗机构停止销售和使用，召回已销售的药品，及时公开召回信息，必要时应当立即停止生产，并将药品召回和处理情况向省、自治区、直辖市人民政府药品监督管理部门和卫生健康主管部门报告。药品生产企业、药品经营企业和医疗机构应当配合。

药品上市许可持有人依法应当召回药品而未召回的，省、自治区、直辖市人民政府药品监督管理部门应当责令其召回。

第八十三条 药品上市许可持有人应当对已上市药品的安全性、有效性和质量可控性定期开展上市后评价。必要时，国务院药品监督管理部门可以责令药品上市许可持有人开展上市后评价或者直接组织开展上市后评价。

经评价，对疗效不确切、不良反应大或者因其他原因危害人体健康的药品，应当注销药品注册证书。

已被注销药品注册证书的药品，不得生产或者进口、销售和使用。

已被注销药品注册证书、超过有效期等的药品，应当由药品监督管理部门监督销毁或者依法采取其他无害化处理等措施。

第八章　药品价格和广告

第八十四条　国家完善药品采购管理制度，对药品价格进行监测，开展成本价格调查，加强药品价格监督检查，依法查处价格垄断、哄抬价格等药品价格违法行为，维护药品价格秩序。

第八十五条　依法实行市场调节价的药品，药品上市许可持有人、药品生产企业、药品经营企业和医疗机构应当按照公平、合理和诚实信用、质价相符的原则制定价格，为用药者提供价格合理的药品。

药品上市许可持有人、药品生产企业、药品经营企业和医疗机构应当遵守国务院药品价格主管部门关于药品价格管理的规定，制定和标明药品零售价格，禁止暴利、价格垄断和价格欺诈等行为。

第八十六条　药品上市许可持有人、药品生产企业、药品经营企业和医疗机构应当依法向药品价格主管部门提供其药品的实际购销价格和购销数量等资料。

第八十七条　医疗机构应当向患者提供所用药品的价格清单，按照规定如实公布其常用药品的价格，加强合理用药管理。具体办法由国务院卫生健康主管部门制定。

第八十八条　禁止药品上市许可持有人、药品生产企业、药品经营企业和医疗机构在药品购销中给予、收受回扣或者其他不正当利益。

禁止药品上市许可持有人、药品生产企业、药品经营企业或者代理人以任何名义给予使用其药品的医疗机构的负责人、药品采购人员、医师、药师等有关人员财物或者其他不正当利益。禁止医疗机构的负责人、药品采购人员、医师、药师等有关人员以任何名义收受药品上市许可持有人、药品生产企业、药品经营企业或者代理人给予的财物或者其他不正当利益。

第八十九条　药品广告应当经广告主所在地省、自治区、直辖市人民政府确定的广告审查机关批准；未经批准的，不得发布。

第九十条　药品广告的内容应当真实、合法，以国务院药品监督管理部门核准的药品说明书为准，不得含有虚假的内容。

药品广告不得含有表示功效、安全性的断言或者保证；不得利用国家机关、科研单位、学术机构、行业协会或者专家、学者、医师、药师、患者等的名义或者形象作推荐、证明。

非药品广告不得有涉及药品的宣传。

第九十一条　药品价格和广告，本法未作规定的，适用《中华人民共和国价格法》、《中华人民共和国反垄断法》、《中华人民共和国反不正当竞争法》、《中华人民共和国广告法》等的规定。

第九章　药品储备和供应

第九十二条　国家实行药品储备制度，建立中央和地方两级药品储备。

发生重大灾情、疫情或者其他突发事件时，依照《中华人民共和国突发事件应对法》的规定，可以紧急调用药品。

第九十三条 国家实行基本药物制度，遴选适当数量的基本药物品种，加强组织生产和储备，提高基本药物的供给能力，满足疾病防治基本用药需求。

第九十四条 国家建立药品供求监测体系，及时收集和汇总分析短缺药品供求信息，对短缺药品实行预警，采取应对措施。

第九十五条 国家实行短缺药品清单管理制度。具体办法由国务院卫生健康主管部门会同国务院药品监督管理部门等部门制定。

药品上市许可持有人停止生产短缺药品的，应当按照规定向国务院药品监督管理部门或者省、自治区、直辖市人民政府药品监督管理部门报告。

第九十六条 国家鼓励短缺药品的研制和生产，对临床急需的短缺药品、防治重大传染病和罕见病等疾病的新药予以优先审评审批。

第九十七条 对短缺药品，国务院可以限制或者禁止出口。必要时，国务院有关部门可以采取组织生产、价格干预和扩大进口等措施，保障药品供应。

药品上市许可持有人、药品生产企业、药品经营企业应当按照规定保障药品的生产和供应。

第十章 监督管理

第九十八条 禁止生产（包括配制，下同）、销售、使用假药、劣药。

有下列情形之一的，为假药：

（一）药品所含成分与国家药品标准规定的成分不符；

（二）以非药品冒充药品或者以他种药品冒充此种药品；

（三）变质的药品；

（四）药品所标明的适应症或者功能主治超出规定范围。

有下列情形之一的，为劣药：

（一）药品成分的含量不符合国家药品标准；

（二）被污染的药品；

（三）未标明或者更改有效期的药品；

（四）未注明或者更改产品批号的药品；

（五）超过有效期的药品；

（六）擅自添加防腐剂、辅料的药品；

（七）其他不符合药品标准的药品。

禁止未取得药品批准证明文件生产、进口药品；禁止使用未按照规定审评、审批的原料药、包装材料和容器生产药品。

第九十九条 药品监督管理部门应当依照法律、法规的规定对药品研制、生产、经营和药品使用单位使用药品等活动进行监督检查，必要时可以对为药品研制、生产、经营、使用提供产品或者服务的单位和个人进行延伸检查，有关单位和个人应当予以配合，不得拒绝和隐瞒。

药品监督管理部门应当对高风险的药品实施重点监督检查。

对有证据证明可能存在安全隐患的，药品监督管理部门根据监督检查情况，应当采取告诫、约谈、限期整改以及暂停生产、销售、使用、进口等措施，并及时公布检查处理结果。

药品监督管理部门进行监督检查时，应当出示证明文件，对监督检查中知悉的商业秘密应当保密。

法律适用

相关法律法规

第一百条 药品监督管理部门根据监督管理的需要，可以对药品质量进行抽查检验。抽查检验应当按照规定抽样，并不得收取任何费用；抽样应当购买样品。所需费用按照国务院规定列支。

对有证据证明可能危害人体健康的药品及其有关材料，药品监督管理部门可以查封、扣押，并在七日内作出行政处理决定；药品需要检验的，应当自检验报告书发出之日起十五日内作出行政处理决定。

第一百零一条 国务院和省、自治区、直辖市人民政府的药品监督管理部门应当定期公告药品质量抽查检验结果；公告不当的，应当在原公告范围内予以更正。

第一百零二条 当事人对药品检验结果有异议的，可以自收到药品检验结果之日起七日内向原药品检验机构或者上一级药品监督管理部门设置或者指定的药品检验机构申请复验，也可以直接向国务院药品监督管理部门设置或者指定的药品检验机构申请复验。受理复验的药品检验机构应当在国务院药品监督管理部门规定的时间内作出复验结论。

第一百零三条 药品监督管理部门应当对药品上市许可持有人、药品生产企业、药品经营企业和药物非临床安全性评价研究机构、药物临床试验机构等遵守药品生产质量管理规范、药品经营质量管理规范、药物非临床研究质量管理规范、药物临床试验质量管理规范等情况进行检查，监督其持续符合法定要求。

第一百零四条 国家建立职业化、专业化药品检查员队伍。检查员应当熟悉药品法律法规，具备药品专业知识。

第一百零五条 药品监督管理部门建立药品上市许可持有人、药品生产企业、药品经营企业、药物非临床安全性评价研究机构、药物临床试验机构和医疗机构药品安全信用档案，记录许可颁发、日常监督检查结果、违法行为查处等情况，依法向社会公布并及时更新；对有不良信用记录的，增加监督检查频次，并可以按照国家规定实施联合惩戒。

第一百零六条 药品监督管理部门应当公布本部门的电子邮件地址、电话，接受咨询、投诉、举报，并依法及时答复、核实、处理。对查证属实的举报，按照有关规定给予举报人奖励。

药品监督管理部门应当对举报人的信息予以保密，保护举报人的合法权益。举报人举报所在单位的，该单位不得以解除、变更劳动合同或者其他方式对举报人进行打击报复。

第一百零七条 国家实行药品安全信息统一公布制度。国家药品安全总体情况、药品安全风险警示信息、重大药品安全事件及其调查处理信息和国务院确定需要统一公布的其他信息由国务院药品监督管理部门统一公布。药品安全风险警示信息和重大药品安全事件及其调查处理信息的影响限于特定区域的，也可以由有关省、自治区、直辖市人民政府药品监督管理部门公布。未经授权不得发布上述信息。

公布药品安全信息，应当及时、准确、全面，并进行必要的说明，避免误导。

任何单位和个人不得编造、散布虚假药品安全信息。

第一百零八条 县级以上人民政府应当制定药品安全事件应急预案。药品上市许可持有人、药品生产企业、药品经营企业和医疗机构等应当制定本单位的药品安全事件处置方案，并组织开展培训和应急演练。

发生药品安全事件，县级以上人民政府应当按照应急预案立即组织开展应对工作；

有关单位应当立即采取有效措施进行处置，防止危害扩大。

第一百零九条 药品监督管理部门未及时发现药品安全系统性风险，未及时消除监督管理区域内药品安全隐患的，本级人民政府或者上级人民政府药品监督管理部门应当对其主要负责人进行约谈。

地方人民政府未履行药品安全职责，未及时消除区域性重大药品安全隐患的，上级人民政府或者上级人民政府药品监督管理部门应当对其主要负责人进行约谈。

被约谈的部门和地方人民政府应当立即采取措施，对药品监督管理工作进行整改。

约谈情况和整改情况应当纳入有关部门和地方人民政府药品监督管理工作评议、考核记录。

第一百一十条 地方人民政府及其药品监督管理部门不得以要求实施药品检验、审批等手段限制或者排斥非本地区药品上市许可持有人、药品生产企业生产的药品进入本地区。

第一百一十一条 药品监督管理部门及其设置或者指定的药品专业技术机构不得参与药品生产经营活动，不得以其名义推荐或者监制、监销药品。

药品监督管理部门及其设置或者指定的药品专业技术机构的工作人员不得参与药品生产经营活动。

第一百一十二条 国务院对麻醉药品、精神药品、医疗用毒性药品、放射性药品、药品类易制毒化学品等有其他特殊管理规定的，依照其规定。

第一百一十三条 药品监督管理部门发现药品违法行为涉嫌犯罪的，应当及时将案件移送公安机关。

对依法不需要追究刑事责任或者免予刑事处罚，但应当追究行政责任的，公安机关、人民检察院、人民法院应当及时将案件移送药品监督管理部门。

公安机关、人民检察院、人民法院商请药品监督管理部门、生态环境主管部门等部门提供检验结论、认定意见以及对涉案药品进行无害化处理等协助的，有关部门应当及时提供，予以协助。

第十一章 法律责任

第一百一十四条 违反本法规定，构成犯罪的，依法追究刑事责任。

第一百一十五条 未取得药品生产许可证、药品经营许可证或者医疗机构制剂许可证生产、销售药品的，责令关闭，没收违法生产、销售的药品和违法所得，并处违法生产、销售的药品（包括已售出和未售出的药品，下同）货值金额十五倍以上三十倍以下的罚款；货值金额不足十万元的，按十万元计算。

第一百一十六条 生产、销售假药的，没收违法生产、销售的药品和违法所得，责令停产停业整顿，吊销药品批准证明文件，并处违法生产、销售的药品货值金额十五倍以上三十倍以下的罚款；货值金额不足十万元的，按十万元计算；情节严重的，吊销药品生产许可证、药品经营许可证或者医疗机构制剂许可证，十年内不受理其相应申请；药品上市许可持有人为境外企业的，十年内禁止其药品进口。

第一百一十七条 生产、销售劣药的，没收违法生产、销售的药品和违法所得，并处违法生产、销售的药品货值金额十倍以上二十倍以下的罚款；违法生产、批发的药品货值金额不足十万元的，按十万元计算，违法零售的药品货值金额不足一万元的，按一万元计算；情节严重的，责令停产停业整顿直至吊销药品批准证明文件、药品生产许可证、药品经营许可证或者医疗机构制剂许可证。

法律适用

相关法律法规

生产、销售的中药饮片不符合药品标准，尚不影响安全性、有效性的，责令限期改正，给予警告；可以处十万元以上五十万元以下的罚款。

第一百一十八条 生产、销售假药，或者生产、销售劣药且情节严重的，对法定代表人、主要负责人、直接负责的主管人员和其他责任人员，没收违法行为发生期间自本单位所获收入，并处所获收入百分之三十以上三倍以下的罚款，终身禁止从事药品生产经营活动，并可以由公安机关处五日以上十五日以下的拘留。

对生产者专门用于生产假药、劣药的原料、辅料、包装材料、生产设备予以没收。

第一百一十九条 药品使用单位使用假药、劣药的，按照销售假药、零售劣药的规定处罚；情节严重的，法定代表人、主要负责人、直接负责的主管人员和其他责任人员有医疗卫生人员执业证书的，还应当吊销执业证书。

第一百二十条 知道或者应当知道属于假药、劣药或者本法第一百二十四条第一款第一项至第五项规定的药品，而为其提供储存、运输等便利条件的，没收全部储存、运输收入，并处违法收入一倍以上五倍以下的罚款；情节严重的，并处违法收入五倍以上十五倍以下的罚款；违法收入不足五万元的，按五万元计算。

第一百二十一条 对假药、劣药的处罚决定，应当依法载明药品检验机构的质量检验结论。

第一百二十二条 伪造、变造、出租、出借、非法买卖许可证或者药品批准证明文件的，没收违法所得，并处违法所得一倍以上五倍以下的罚款；情节严重的，并处违法所得五倍以上十五倍以下的罚款，吊销药品生产许可证、药品经营许可证、医疗机构制剂许可证或者药品批准证明文件，对法定代表人、主要负责人、直接负责的主管人员和其他责任人员，处二万元以上二十万元以下的罚款，十年内禁止从事药品生产经营活动，并可以由公安机关处五日以上十五日以下的拘留；违法所得不足十万元的，按十万元计算。

第一百二十三条 提供虚假的证明、数据、资料、样品或者采取其他手段骗取临床试验许可、药品生产许可、药品经营许可、医疗机构制剂许可或者药品注册等许可的，撤销相关许可，十年内不受理其相应申请，并处五十万元以上五百万元以下的罚款；情节严重的，对法定代表人、主要负责人、直接负责的主管人员和其他责任人员，处二万元以上二十万元以下的罚款，十年内禁止从事药品生产经营活动，并可以由公安机关处五日以上十五日以下的拘留。

第一百二十四条 违反本法规定，有下列行为之一的，没收违法生产、进口、销售的药品和违法所得以及专门用于违法生产的原料、辅料、包装材料和生产设备，责令停产停业整顿，并处违法生产、进口、销售的药品货值金额十五倍以上三十倍以下的罚款；货值金额不足十万元的，按十万元计算；情节严重的，吊销药品批准证明文件直至吊销药品生产许可证、药品经营许可证或者医疗机构制剂许可证，对法定代表人、主要负责人、直接负责的主管人员和其他责任人员，没收违法行为发生期间自本单位所获收入，并处所获收入百分之三十以上三倍以下的罚款，十年直至终身禁止从事药品生产经营活动，并可以由公安机关处五日以上十五日以下的拘留：

（一）未取得药品批准证明文件生产、进口药品；

（二）使用采取欺骗手段取得的药品批准证明文件生产、进口药品；

（三）使用未经审评审批的原料药生产药品；

（四）应当检验而未经检验即销售药品；

法律适用

相关法律法规

（五）生产、销售国务院药品监督管理部门禁止使用的药品；

（六）编造生产、检验记录；

（七）未经批准在药品生产过程中进行重大变更。

销售前款第一项至第三项规定的药品，或者药品使用单位使用前款第一项至第五项规定的药品的，依照前款规定处罚；情节严重的，药品使用单位的法定代表人、主要负责人、直接负责的主管人员和其他责任人员有医疗卫生人员执业证书的，还应当吊销执业证书。

未经批准进口少量境外已合法上市的药品，情节较轻的，可以依法减轻或者免予处罚。

第一百二十五条 违反本法规定，有下列行为之一的，没收违法生产、销售的药品和违法所得以及包装材料、容器，责令停产停业整顿，并处五十万元以上五百万元以下的罚款；情节严重的，吊销药品批准证明文件、药品生产许可证、药品经营许可证，对法定代表人、主要负责人、直接负责的主管人员和其他责任人员处二万元以上二十万元以下的罚款，十年直至终身禁止从事药品生产经营活动：

（一）未经批准开展药物临床试验；

（二）使用未经审评的直接接触药品的包装材料或者容器生产药品，或者销售该类药品；

（三）使用未经核准的标签、说明书。

第一百二十六条 除本法另有规定的情形外，药品上市许可持有人、药品生产企业、药品经营企业、药物非临床安全性评价研究机构、药物临床试验机构等未遵守药品生产质量管理规范、药品经营质量管理规范、药物非临床研究质量管理规范、药物临床试验质量管理规范等的，责令限期改正，给予警告；逾期不改正的，处十万元以上五十万元以下的罚款；情节严重的，处五十万元以上二百万元以下的罚款，责令停产停业整顿直至吊销药品批准证明文件、药品生产许可证、药品经营许可证等，药物非临床安全性评价研究机构、药物临床试验机构等五年内不得开展药物非临床安全性评价研究、药物临床试验，对法定代表人、主要负责人、直接负责的主管人员和其他责任人员，没收违法行为发生期间自本单位所获收入，并处所获收入百分之十以上百分之五十以下的罚款，十年直至终身禁止从事药品生产经营等活动。

第一百二十七条 违反本法规定，有下列行为之一的，责令限期改正，给予警告；逾期不改正的，处十万元以上五十万元以下的罚款：

（一）开展生物等效性试验未备案；

（二）药物临床试验期间，发现存在安全性问题或者其他风险，临床试验申办者未及时调整临床试验方案、暂停或者终止临床试验，或者未向国务院药品监督管理部门报告；

（三）未按照规定建立并实施药品追溯制度；

（四）未按照规定提交年度报告；

（五）未按照规定对药品生产过程中的变更进行备案或者报告；

（六）未制定药品上市后风险管理计划；

（七）未按照规定开展药品上市后研究或者上市后评价。

第一百二十八条 除依法应当按照假药、劣药处罚的外，药品包装未按照规定印有、贴有标签或者附有说明书，标签、说明书未按照规定注明相关信息或者印有规定标志的，责令改正，给予警告；情节严重的，吊销药品注册证书。

法律适用 相关法律法规

第一百二十九条 违反本法规定，药品上市许可持有人、药品生产企业、药品经营企业或者医疗机构未从药品上市许可持有人或者具有药品生产、经营资格的企业购进药品的，责令改正，没收违法购进的药品和违法所得，并处违法购进药品货值金额二倍以上十倍以下的罚款；情节严重的，并处货值金额十倍以上三十倍以下的罚款，吊销药品批准证明文件、药品生产许可证、药品经营许可证或者医疗机构执业许可证；货值金额不足五万元的，按五万元计算。

第一百三十条 违反本法规定，药品经营企业购销药品未按照规定进行记录，零售药品未正确说明用法、用量等事项，或者未按照规定调配处方的，责令改正，给予警告；情节严重的，吊销药品经营许可证。

第一百三十一条 违反本法规定，药品网络交易第三方平台提供者未履行资质审核、报告、停止提供网络交易平台服务等义务的，责令改正，没收违法所得，并处二十万元以上二百万元以下的罚款；情节严重的，责令停业整顿，并处二百万元以上五百万元以下的罚款。

第一百三十二条 进口已获得药品注册证书的药品，未按照规定向允许药品进口的口岸所在地药品监督管理部门备案的，责令限期改正，给予警告；逾期不改正的，吊销药品注册证书。

第一百三十三条 违反本法规定，医疗机构将其配制的制剂在市场上销售的，责令改正，没收违法销售的制剂和违法所得，并处违法销售制剂货值金额二倍以上五倍以下的罚款；情节严重的，并处货值金额五倍以上十五倍以下的罚款；货值金额不足五万元的，按五万元计算。

第一百三十四条 药品上市许可持有人未按照规定开展药品不良反应监测或者报告疑似药品不良反应的，责令限期改正，给予警告；逾期不改正的，责令停产停业整顿，并处十万元以上一百万元以下的罚款。

药品经营企业未按照规定报告疑似药品不良反应的，责令限期改正，给予警告；逾期不改正的，责令停产停业整顿，并处五万元以上五十万元以下的罚款。

医疗机构未按照规定报告疑似药品不良反应的，责令限期改正，给予警告；逾期不改正的，处五万元以上五十万元以下的罚款。

第一百三十五条 药品上市许可持有人在省、自治区、直辖市人民政府药品监督管理部门责令其召回后，拒不召回的，处应召回药品货值金额五倍以上十倍以下的罚款；货值金额不足十万元的，按十万元计算；情节严重的，吊销药品批准证明文件、药品生产许可证、药品经营许可证，对法定代表人、主要负责人、直接负责的主管人员和其他责任人员，处二万元以上二十万元以下的罚款。药品生产企业、药品经营企业、医疗机构拒不配合召回的，处十万元以上五十万元以下的罚款。

第一百三十六条 药品上市许可持有人为境外企业的，其指定的在中国境内的企业法人未依照本法规定履行相关义务的，适用本法有关药品上市许可持有人法律责任的规定。

第一百三十七条 有下列行为之一的，在本法规定的处罚幅度内从重处罚：

（一）以麻醉药品、精神药品、医疗用毒性药品、放射性药品、药品类易制毒化学品冒充其他药品，或者以其他药品冒充上述药品；

（二）生产、销售以孕产妇、儿童为主要使用对象的假药、劣药；

（三）生产、销售的生物制品属于假药、劣药；

（四）生产、销售假药、劣药，造成人身伤害后果；

（五）生产、销售假药、劣药，经处理后再犯；

（六）拒绝、逃避监督检查，伪造、销毁、隐匿有关证据材料，或者擅自动用查封、扣押物品。

第一百三十八条 药品检验机构出具虚假检验报告的，责令改正，给予警告，对单位并处二十万元以上一百万元以下的罚款；对直接负责的主管人员和其他直接责任人员依法给予降级、撤职、开除处分，没收违法所得，并处五万元以下的罚款；情节严重的，撤销其检验资格。药品检验机构出具的检验结果不实，造成损失的，应当承担相应的赔偿责任。

第一百三十九条 本法第一百一十五条至第一百三十八条规定的行政处罚，由县级以上人民政府药品监督管理部门按照职责分工决定；撤销许可、吊销许可证件的，由原批准、发证的部门决定。

第一百四十条 药品上市许可持有人、药品生产企业、药品经营企业或者医疗机构违反本法规定聘用人员的，由药品监督管理部门或者卫生健康主管部门责令解聘，处五万元以上二十万元以下的罚款。

第一百四十一条 药品上市许可持有人、药品生产企业、药品经营企业或者医疗机构在药品购销中给予、收受回扣或者其他不正当利益的，药品上市许可持有人、药品生产企业、药品经营企业或者代理人给予使用其药品的医疗机构的负责人、药品采购人员、医师、药师等有关人员财物或者其他不正当利益的，由市场监督管理部门没收违法所得，并处三十万元以上三百万元以下的罚款；情节严重的，吊销药品上市许可持有人、药品生产企业、药品经营企业营业执照，并由药品监督管理部门吊销药品批准证明文件、药品生产许可证、药品经营许可证。

药品上市许可持有人、药品生产企业、药品经营企业在药品研制、生产、经营中向国家工作人员行贿的，对法定代表人、主要负责人、直接负责的主管人员和其他责任人员终身禁止从事药品生产经营活动。

第一百四十二条 药品上市许可持有人、药品生产企业、药品经营企业的负责人、采购人员等有关人员在药品购销中收受其他药品上市许可持有人、药品生产企业、药品经营企业或者代理人给予的财物或者其他不正当利益的，没收违法所得，依法给予处罚；情节严重的，五年内禁止从事药品生产经营活动。

医疗机构的负责人、药品采购人员、医师、药师等有关人员收受药品上市许可持有人、药品生产企业、药品经营企业或者代理人给予的财物或者其他不正当利益的，由卫生健康主管部门或者本单位给予处分，没收违法所得；情节严重的，还应当吊销其执业证书。

第一百四十三条 违反本法规定，编造、散布虚假药品安全信息，构成违反治安管理行为的，由公安机关依法给予治安管理处罚。

第一百四十四条 药品上市许可持有人、药品生产企业、药品经营企业或者医疗机构违反本法规定，给用药者造成损害的，依法承担赔偿责任。

因药品质量问题受到损害的，受害人可以向药品上市许可持有人、药品生产企业请求赔偿损失，也可以向药品经营企业、医疗机构请求赔偿损失。接到受害人赔偿请求的，应当实行首负责任制，先行赔付；先行赔付后，可以依法追偿。

生产假药、劣药或者明知是假药、劣药仍然销售、使用的，受害人或者其近亲属除请求赔偿损失外，还可以请求支付价款十倍或者损失三倍的赔偿金；增加赔偿的金额不足一千元的，为一千元。

法律适用

相关法律法规

第一百四十五条 药品监督管理部门或者其设置、指定的药品专业技术机构参与药品生产经营活动的，由其上级主管机关责令改正，没收违法收入；情节严重的，对直接负责的主管人员和其他直接责任人员依法给予处分。

药品监督管理部门或者其设置、指定的药品专业技术机构的工作人员参与药品生产经营活动的，依法给予处分。

第一百四十六条 药品监督管理部门或者其设置、指定的药品检验机构在药品监督检验中违法收取检验费用的，由政府有关部门责令退还，对直接负责的主管人员和其他直接责任人员依法给予处分；情节严重的，撤销其检验资格。

第一百四十七条 违反本法规定，药品监督管理部门有下列行为之一的，应当撤销相关许可，对直接负责的主管人员和其他直接责任人员依法给予处分：

（一）不符合条件而批准进行药物临床试验；

（二）对不符合条件的药品颁发药品注册证书；

（三）对不符合条件的单位颁发药品生产许可证、药品经营许可证或者医疗机构制剂许可证。

第一百四十八条 违反本法规定，县级以上地方人民政府有下列行为之一的，对直接负责的主管人员和其他直接责任人员给予记过或者记大过处分；情节严重的，给予降级、撤职或者开除处分：

（一）瞒报、谎报、缓报、漏报药品安全事件；

（二）未及时消除区域性重大药品安全隐患，造成本行政区域内发生特别重大药品安全事件，或者连续发生重大药品安全事件；

（三）履行职责不力，造成严重不良影响或者重大损失。

第一百四十九条 违反本法规定，药品监督管理等部门有下列行为之一的，对直接负责的主管人员和其他直接责任人员给予记过或者记大过处分；情节较重的，给予降级或者撤职处分；情节严重的，给予开除处分：

（一）瞒报、谎报、缓报、漏报药品安全事件；

（二）对发现的药品安全违法行为未及时查处；

（三）未及时发现药品安全系统性风险，或者未及时消除监督管理区域内药品安全隐患，造成严重影响；

（四）其他不履行药品监督管理职责，造成严重不良影响或者重大损失。

第一百五十条 药品监督管理人员滥用职权、徇私舞弊、玩忽职守的，依法给予处分。

查处假药、劣药违法行为有失职、渎职行为的，对药品监督管理部门直接负责的主管人员和其他直接责任人员依法从重给予处分。

第一百五十一条 本章规定的货值金额以违法生产、销售药品的标价计算；没有标价的，按照同类药品的市场价格计算。

第十二章　附　　则

第一百五十二条 中药材种植、采集和饲养的管理，依照有关法律、法规的规定执行。

第一百五十三条 地区性民间习用药材的管理办法，由国务院药品监督管理部门会同国务院中医药主管部门制定。

第一百五十四条 中国人民解放军和中国人民武装警察部队执行本法的具体办法，由国务院、中央军事委员会依据本法制定。

第一百五十五条 本法自2019年12月1日起施行。

3 生产、销售、提供劣药案

概念 **本罪是指生产、销售劣药，对人体健康造成严重危害以及药品使用单位的人员明知是劣药而提供给他人使用的行为。**

立案标准 **具有生产、销售劣药的行为之一，造成轻伤以上伤害，或者轻度残疾、中度残疾，或者器官组织损伤导致一般功能障碍或者严重功能障碍，或者有其他严重危害人体健康情形的，以及药品使用单位的人员明知是劣药而提供给他人使用的，应当立案。**

定罪标准	犯罪客体	本罪侵犯的客体是药品监管秩序和人体健康。
	犯罪客观方面	一、生产、销售、提供的是劣药。根据《药品管理法》第98条第3款的规定，有下列情形之一的，为劣药：（1）药品成分的含量不符合国家药品标准；（2）被污染的药品；（3）未标明或者更改有效期的药品；（4）未注明或者更改产品批号的药品；（5）超过有效期的药品；（6）擅自添加防腐剂、辅料的药品；（7）其他不符合药品标准的药品。 二、具有生产、销售、提供劣药，对人体健康造成严重危害以及明知是劣药而提供的行为。
	犯罪主体	生产、销售劣药的行为主体为自然人与单位（非身份犯）。提供劣药的主体是药品使用单位的人员（身份犯）。药品使用单位也能构成提供劣药罪。
	犯罪主观方面	本罪的主观方面为故意，即明知生产、销售或提供的是劣药而为之。在实践中，通常行为人是出于牟取非法利益的目的实施本罪行为，但本罪不是目的犯，并不要求必须以营利为目的。
	罪与非罪	区分罪与非罪的界限，关键是看是否对人体健康造成严重危害。如果生产、销售劣药的行为没有造成危害或者危害较轻的，则不构成本罪。
	此罪与彼罪	一、本罪与过失销售劣药的界限。由于目前劣药在市场中大量存在，以及销售主体的多元化，所以因为缺乏药品专业知识和疏忽大意而造成的过失销售劣药的情况也相当普遍，但销售劣药罪只能由故意构成，所以，过失销售劣药即使造成了严重危害结果，也不构成犯罪。 二、本罪与生产、销售伪劣产品罪的界限。本罪的犯罪对象与生产、销售伪劣

定罪标准	此罪与彼罪	产品罪的犯罪对象存在从属关系，因而易于混淆。但两罪在犯罪客体、犯罪对象以及认定标准上存在明显的差别。生产、销售劣药，如果对人体健康未造成严重危害的，不构成生产、销售劣药罪，但如其销售金额在5万元以上，根据《刑法》第149条的规定，应构成生产、销售伪劣产品罪。如果生产、销售劣药，既对人体健康造成严重危害，其销售金额又在5万元以上，对此情况，应按照《刑法》第149条第2款规定的原则处理，即依照处刑较重的规定定罪处罚。 三、本罪与诈骗罪的界限。二者除犯罪主体不同外，在客观方面也有所不同。生产、销售、提供劣药罪在客观上有生产、销售、提供行为；而诈骗罪的行为人利用欺骗的手段，把根本不具有药品效能的物品当作药品诈骗钱财，甚至不考虑其外观和包装。 四、本罪与生产、销售、提供假药罪的界限。两罪的区别在于：第一，犯罪对象不同。前者犯罪对象是劣药；后者犯罪对象是假药。第二，犯罪的客观方面的认定标准不同。生产、销售、提供假药罪只要有生产、销售、提供假药的行为就能成立；而生产、销售、提供劣药罪则须对人体健康造成严重危害才能成立。
证据参考标准	主体方面的证据	**一、证明行为人刑事责任年龄、身份等自然情况的证据。** 包括身份证明、户籍证明、任职证明、工作经历证明、特定职责证明等，主要是证明行为人的姓名（曾用名）、性别、出生年月日、民族、籍贯、出生地、职业（或职务）、住所地（或居所地）等证据材料，如户口簿、居民身份证、工作证、出生证、专业或技术等级证、干部履历表、职工登记表、护照等。 对于户籍、出生证等材料内容不实的，应提供其他证据材料。外国人犯罪的案件，应有护照等身份证明材料。人大代表、政协委员犯罪的案件，应注明身份，并附身份证明材料。 **二、证明行为人刑事责任能力的证据。** 证明行为人对自己的行为是否具有辨认能力与控制能力，如是否属于间歇性精神病人、尚未完全丧失辨认或者控制自己行为能力的精神病人的证明材料。 **三、证明单位的证据。** 证明是否属于依法成立并有合法经营、管理范围的公司、企业、事业单位、机关、团体。 证明单位的名称、住所地、性质、法定代表人、单位负责人、业务范围、成立时间等证据材料，如企业营业执照、国有公司性质证明及非法人单位的身份证明等。 **四、证明法定代表人、单位负责人或直接责任人员等的身份证明。** 法定代表人、直接负责的主管人员和其他直接责任人在单位的任职、职责、负责权限的证明材料等。包括身份证明、户籍证明、任职证明等，如户口簿、居民身份证、工作证、护照、专业或技术等级证、干部履历表、职工登记表、任命书、业务分工文件、委派文件、单位证明、单位规章制度等。
	主观方面的证据	证明行为人故意的证据：1. 证明行为人明知的证据：证明行为人明知自己的行为会发生危害社会的结果；2. 证明直接故意的证据：证明行为人希望危害结果发生；3. 证明间接故意的证据：证明行为人放任危害结果发生；4. 目的：（1）获取非法利润；（2）牟利；（3）营利。

证据参考标准

客观方面的证据

证明行为人生产、销售、提供劣药犯罪行为的证据。

具体证据包括：1. 证明药品成分的含量不符合国家药品标准的证据；2. 证明药品被污染的证据；3. 证明药品未标明或者更改有效期的证据；4. 证明药品未注明或者更改产品批号的证据；5. 证明药品超过有效期的证据；6. 证明在药品中擅自添加防腐剂、辅料的证据；7. 证明明知是劣药而提供给他人使用的证据。

量刑方面的证据

一、法定量刑情节证据。

1. 事实情节。2. 法定从重情节。3. 法定从轻减轻情节：（1）可以从轻；（2）可以从轻或减轻；（3）应当从轻或者减轻。4. 法定从轻减轻免除情节：（1）可以从轻、减轻或者免除处罚；（2）应当从轻、减轻或者免除处罚。5. 法定减轻免除情节：（1）可以减轻或者免除处罚；（2）应当减轻或者免除处罚；（3）可以免除处罚。

二、酌定量刑情节证据。

1. 犯罪手段：（1）生产；（2）销售。2. 犯罪对象。3. 后果：（1）一般后果；（2）对人体健康造成严重危害；（3）致人死亡。4. 危害结果。5. 动机。6. 平时表现。7. 认罪态度。8. 是否有前科。9. 其他证据。

量刑标准

犯本罪的	处三年以上十年以下有期徒刑，并处罚金
后果特别严重的	处十年以上有期徒刑或者无期徒刑，并处罚金或者没收财产
单位犯本罪的	对单位判处罚金，并对其直接负责的主管人员和其他直接责任人员依上述规定处罚

法律适用

刑法条文

第一百四十二条 生产、销售劣药，对人体健康造成严重危害的，处三年以上十年以下有期徒刑，并处罚金；后果特别严重的，处十年以上有期徒刑或者无期徒刑，并处罚金或者没收财产。

药品使用单位的人员明知是劣药而提供给他人使用的，依照前款的规定处罚。

第一百四十九条 生产、销售本节第一百四十一条至第一百四十八条所列产品，不构成各该条规定的犯罪，但是销售金额在五万元以上的，依照本节第一百四十条的规定定罪处罚。

生产、销售本节第一百四十一条至第一百四十八条所列产品，构成各该条规定的犯罪，同时又构成本节第一百四十条规定之罪的，依照处罚较重的规定定罪处罚。

第一百五十条 单位犯本节第一百四十条至第一百四十八条规定之罪的，对单位判处罚金，并对其直接负责的主管人员和其他直接责任人员，依照各该条的规定处罚。

法律适用

司法解释

一、最高人民法院、最高人民检察院《关于办理生产、销售伪劣商品刑事案件具体应用法律若干问题的解释》（节录）（2001年4月9日最高人民法院、最高人民检察院公布　自2001年4月10日起施行　法释〔2001〕10号）

第九条　知道或者应当知道他人实施生产、销售伪劣商品犯罪，而为其提供贷款、资金、账号、发票、证明、许可证件，或者提供生产、经营场所或者运输、仓储保管、邮寄等便利条件，或者提供制假生产技术的，以生产、销售伪劣商品犯罪的共犯论处。

第十条　实施生产、销售伪劣商品犯罪，同时构成侵犯知识产权、非法经营等其他犯罪的，依照处罚较重的规定定罪处罚。

第十一条　实施刑法第一百四十条至第一百四十八条规定的犯罪，又以暴力、威胁方法抗拒查处，构成其他犯罪的，依照数罪并罚的规定处罚。

第十二条　国家机关工作人员参与生产、销售伪劣商品犯罪的，从重处罚。

二、最高人民检察院、公安部《关于公安机关管辖的刑事案件立案追诉标准的规定（一）》（节录）（2008年6月25日最高人民检察院、公安部公布　自公布之日起施行　2017年4月27日修正）

第十八条〔生产、销售劣药案（刑法第一百四十二条）〕生产（包括配制）、销售劣药，涉嫌下列情形之一的，应予立案追诉：

（一）造成人员轻伤、重伤或者死亡的；

（二）其他对人体健康造成严重危害的情形。

本条规定的“劣药”，是指依照《中华人民共和国药品管理法》的规定，药品成分的含量不符合国家药品标准的药品和按劣药论处的药品。

三、最高人民法院、最高人民检察院《关于办理危害药品安全刑事案件适用法律若干问题的解释》（2014年11月3日最高人民法院、最高人民检察院公布　自2014年12月1日起施行）（略，详见本书第20页）

相关法律法规

《中华人民共和国药品管理法》（节录）（2001年2月28日中华人民共和国主席令第45号公布　自2001年12月1日起施行　2013年12月28日第一次修正　2015年4月24日第二次修正　2019年8月26日修订）

第二条　在中华人民共和国境内从事药品研制、生产、经营、使用和监督管理活动，适用本法。

本法所称药品，是指用于预防、治疗、诊断人的疾病，有目的地调节人的生理机能并规定有适应症或者功能主治、用法和用量的物质，包括中药、化学药和生物制品等。

第九十八条　禁止生产（包括配制，下同）、销售、使用假药、劣药。

有下列情形之一的，为假药：

（一）药品所含成分与国家药品标准规定的成分不符；

（二）以非药品冒充药品或者以他种药品冒充此种药品；

（三）变质的药品；

（四）药品所标明的适应症或者功能主治超出规定范围。

有下列情形之一的，为劣药：

法律适用	相关法律法规	（一）药品成分的含量不符合国家药品标准； （二）被污染的药品； （三）未标明或者更改有效期的药品； （四）未注明或者更改产品批号的药品； （五）超过有效期的药品； （六）擅自添加防腐剂、辅料的药品； （七）其他不符合药品标准的药品。 禁止未取得药品批准证明文件生产、进口药品；禁止使用未按照规定审评、审批的原料药、包装材料和容器生产药品。

4 妨害药品管理案

概念

本罪是指违反药品管理法规，在药品申请注册或者生产、销售过程中妨害药品管理，足以严重危害人体健康的行为。

立案标准

具有下列行为之一，足以严重危害人体健康的，应当立案：

（1）生产、销售国务院药品监督管理部门禁止使用的药品的。

（2）未取得药品相关批准证明文件生产、进口药品或者明知是上述药品而销售的。

（3）药品申请注册中提供虚假的证明、数据、资料、样品或者采取其他欺骗手段的。

（4）编造生产、检验记录的。

定罪标准		
	犯罪客体	本罪侵犯的客体是国家的药品监管秩序和人体健康。
	犯罪客观方面	本罪客观方面的行为主要有以下四种： 一、“生产、销售国务院药品监督管理部门禁止使用的药品的。”这里的“禁止使用的药品”，包括按照《药品管理法》第 83 条的规定，属于疗效不确切、不良反应大或者因其他原因危害人体健康的情形，被依法注销药品注册证书，禁止使用的药品。对国务院药品监督管理部门禁止使用的药品，药品生产企业、批发单位等应当严格遵守禁止规定，不得生产、销售和使用。如果继续生产、销售和使用这类药品，应按《药品管理法》第 124 条的规定，给予行政处罚。符合本条规定的入刑条件的，依法追究刑事责任。 二、“未取得药品相关批准证明文件生产、进口药品或者明知是上述药品而销售的。”按照《药品管理法》第 24 条、第 41 条的规定，从事药品生产、经营活动，应当取得药品生产、经营许可证。在中国境内上市的药品，应当经国务院药品监管部门批准，取得药品注册证书；医疗机构配制制剂，按照《药品管理法》第 74 条、《中医药法》第 32 条的规定，应当取得医疗机构制剂许可证、制剂批准文号；进口药品，按照《药品管理法实施条例》第 35 条、《药品进口管理办法》第 5 条规定，必须取得国务院药品监督管理部门核发的《进口药品注册证》《医药产品注册证》或者《进口药品批件》后，方可进口。 三、“药品申请注册中提供虚假的证明、数据、资料、样品或者采取其他欺骗手段的。”药品注册申请，是指药品注册申请人依照法定程序和相关要求提出药物临床试验、药品上市许可、再注册等申请以及补充申请的行为。 四、“编造生产、检验记录的。”生产、检验记录涉及药品生产管理、质量管理的实施过程的重要记载，有利于实现生产过程的可追溯，是实现药品按照国家药品标准和经药品监督管理部门核准的生产工艺进行生产，实现药品质量可控的重要手段。

定罪标准	犯罪主体	本罪的主体为一般主体，既可以是达到刑事责任年龄、具有刑事责任能力的自然人，也可以是单位。
	犯罪主观方面	本罪的主观方面表现为故意，即明知妨害药品管理的行为足以对人体健康造成严重危害仍对之采取希望、放任的态度。在实践中，通常行为人是出于牟取非法利益的目的实施本罪行为，但本罪不是目的犯，并不要求必须以营利为目的。
	罪与非罪	具有《刑法》第142条之一规定的四种妨害药品管理的行为，只有足以严重危害人体健康的，才构成本罪。如果行为人实施的是除此之外的其他妨害药品管理行为，即使足以严重危害人体健康，也不构成本罪。
	此罪与彼罪	《刑法》第142条之一第1、2项中的药品如被认定为假药或者劣药，行为同时构成本罪与生产、销售、提供假药罪和生产、销售、提供劣药罪的，根据《刑法》第142条之一第2款的规定，应当依照处罚较重的规定定罪处罚。
证据参考标准	主体方面的证据	**一、证明行为人刑事责任年龄、身份等自然情况的证据。** 包括身份证明、户籍证明、任职证明、工作经历证明、特定职责证明等，主要是证明行为人的姓名（曾用名）、性别、出生年月日、民族、籍贯、出生地、职业（或职务）、住所地（或居所地）等证据材料，如户口簿、居民身份证、工作证、出生证、专业或技术等级证、干部履历表、职工登记表、护照等。 对于户籍、出生证等材料内容不实的，应提供其他证据材料。外国人犯罪的案件，应有护照等身份证明材料。人大代表、政协委员犯罪的案件，应注明身份，并附身份证明材料。 **二、证明行为人刑事责任能力的证据。** 证明行为人对自己的行为是否具有辨认能力与控制能力，如是否属于间歇性精神病人、尚未完全丧失辨认或者控制自己行为能力的精神病人的证明材料。 **三、证明单位的证据。** 证明是否属于依法成立并有合法经营、管理范围的公司、企业、事业单位、机关、团体。 证明单位的名称、住所地、性质、法定代表人、单位负责人、业务范围、成立时间等证据材料，如企业营业执照、国有公司性质证明及非法人单位的身份证明等。 **四、证明法定代表人、单位负责人或直接责任人员等的身份证明。** 法定代表人、直接负责的主管人员和其他直接责任人在单位的任职、职责、负责权限的证明材料等。包括身份证明、户籍证明、任职证明等，如户口簿、居民身份证、工作证、护照、专业或技术等级证、干部履历表、职工登记表、任命书、业务分工文件、委派文件、单位证明、单位规章制度等。
	主观方面的证据	证明行为人故意的证据：1. 证明行为人明知自己有妨害药品管理行为的证据；2. 证明行为人明知自己妨害药品管理行为足以严重危害人体健康的证据。

<table>
<tr><td rowspan="2">证据参考标准</td><td>客观方面的证据</td><td colspan="2">1. 证明行为人妨害药品管理的证据：（1）生产、销售国务院药品监督管理部门禁止使用的药品的证据；（2）未取得药品相关批准证明文件生产、进口药品或者明知是上述药品而销售的证据；（3）药品申请注册中提供虚假的证明、数据、资料、样品或者采取其他欺骗手段的证据；（4）编生产、检验记录的证据。2. 证明行为人妨害药品管理的行为足以严重危害人体健康的证据。</td></tr>
<tr><td>量刑方面的证据</td><td colspan="2">一、法定量刑情节证据。
1. 事实情节。2. 法定从重情节。3. 法定从轻减轻情节：（1）可以从轻；（2）可以从轻或减轻；（3）应当从轻或者减轻。4. 法定从轻减轻免除情节：（1）可以从轻、减轻或者免除处罚；（2）应当从轻、减轻或者免除处罚。5. 法定减轻免除情节：（1）可以减轻或者免除处罚；（2）应当减轻或者免除处罚；（3）可以免除处罚。
二、酌定量刑情节证据。
1. 犯罪手段：（1）生产；（2）销售。2. 犯罪对象。3. 后果：（1）一般后果；（2）对人体健康造成严重危害；（3）致人死亡。4. 危害结果。5. 动机。6. 平时表现。7. 认罪态度。8. 是否有前科。9. 其他证据。</td></tr>
<tr><td rowspan="3">量刑标准</td><td colspan="2">犯本罪的</td><td>处三年以下有期徒刑或者拘役，并处或者单处罚金</td></tr>
<tr><td colspan="2">对人体健康造成严重危害或者有其他严重情节的</td><td>处三年以上七年以下有期徒刑，并处罚金</td></tr>
<tr><td colspan="2">单位犯本罪的</td><td>对单位判处罚金，并对其直接负责的主管人员和其他直接责任人员，依照上述规定处罚</td></tr>
<tr><td>法律适用</td><td>刑法条文</td><td colspan="2">第一百四十二条之一　违反药品管理法规，有下列情形之一，足以严重危害人体健康的，处三年以下有期徒刑或者拘役，并处或者单处罚金；对人体健康造成严重危害或者有其他严重情节的，处三年以上七年以下有期徒刑，并处罚金：
（一）生产、销售国务院药品监督管理部门禁止使用的药品的；
（二）未取得药品相关批准证明文件生产、进口药品或者明知是上述药品而销售的；
（三）药品申请注册中提供虚假的证明、数据、资料、样品或者采取其他欺骗手段的；
（四）编造生产、检验记录的。
有前款行为，同时又构成本法第一百四十一条、第一百四十二条规定之罪或者其他犯罪的，依照处罚较重的规定定罪处罚。
第一百四十九条　生产、销售本节第一百四十一条至第一百四十八条所列产品，不构成各该条规定的犯罪，但是销售金额在五万元以上的，依照本节第一百四十条的规定定罪处罚。
生产、销售本节第一百四十一条至第一百四十八条所列产品，构成各该条规定的犯罪，同时又构成本节第一百四十条规定之罪的，依照处罚较重的规定定罪处罚。
第一百五十条　单位犯本节第一百四十条至第一百四十八条规定之罪的，对单位判处罚金，并对其直接负责的主管人员和其他直接责任人员，依照各该条的规定处罚。</td></tr>
</table>

法律适用

相关法律法规

一、《中华人民共和国药品管理法》（2001 年 2 月 28 日中华人民共和国主席令第 45 号公布　自 2001 年 12 月 1 日起施行　2013 年 12 月 28 日第一次修正　2015 年 4 月 24 日第二次修正　2019 年 8 月 26 日修订）

第二十四条　在中国境内上市的药品，应当经国务院药品监督管理部门批准，取得药品注册证书；但是，未实施审批管理的中药材和中药饮片除外。实施审批管理的中药材、中药饮片品种目录由国务院药品监督管理部门会同国务院中医药主管部门制定。

申请药品注册，应当提供真实、充分、可靠的数据、资料和样品，证明药品的安全性、有效性和质量可控性。

第四十一条　从事药品生产活动，应当经所在地省、自治区、直辖市人民政府药品监督管理部门批准，取得药品生产许可证。无药品生产许可证的，不得生产药品。

药品生产许可证应当标明有效期和生产范围，到期重新审查发证。

第四十四条　药品应当按照国家药品标准和经药品监督管理部门核准的生产工艺进行生产。生产、检验记录应当完整准确，不得编造。

中药饮片应当按照国家药品标准炮制；国家药品标准没有规定的，应当按照省、自治区、直辖市人民政府药品监督管理部门制定的炮制规范炮制。省、自治区、直辖市人民政府药品监督管理部门制定的炮制规范应当报国务院药品监督管理部门备案。不符合国家药品标准或者不按照省、自治区、直辖市人民政府药品监督管理部门制定的炮制规范炮制的，不得出厂、销售。

第七十四条　医疗机构配制制剂，应当经所在地省、自治区、直辖市人民政府药品监督管理部门批准，取得医疗机构制剂许可证。无医疗机构制剂许可证的，不得配制制剂。

医疗机构制剂许可证应当标明有效期，到期重新审查发证。

第八十三条　药品上市许可持有人应当对已上市药品的安全性、有效性和质量可控性定期开展上市后评价。必要时，国务院药品监督管理部门可以责令药品上市许可持有人开展上市后评价或者直接组织开展上市后评价。

经评价，对疗效不确切、不良反应大或者因其他原因危害人体健康的药品，应当注销药品注册证书。

已被注销药品注册证书的药品，不得生产或者进口、销售和使用。

已被注销药品注册证书、超过有效期等的药品，应当由药品监督管理部门监督销毁或者依法采取其他无害化处理等措施。

第一百二十三条　提供虚假的证明、数据、资料、样品或者采取其他手段骗取临床试验许可、药品生产许可、药品经营许可、医疗机构制剂许可或者药品注册等许可的，撤销相关许可，十年内不受理其相应申请，并处五十万元以上五百万元以下的罚款；情节严重的，对法定代表人、主要负责人、直接负责的主管人员和其他责任人员，处二万元以上二十万元以下的罚款，十年内禁止从事药品生产经营活动，并可以由公安机关处五日以上十五日以下的拘留。

第一百二十四条　违反本法规定，有下列行为之一的，没收违法生产、进口、销售的药品和违法所得以及专门用于违法生产的原料、辅料、包装材料和生产设备，责令停产停业整顿，并处违法生产、进口、销售的药品货值金额十五倍以上三十倍以下的罚款；货值金额不足十万元的，按十万元计算；情节严重的，吊销药品批准证明文件直至吊销药品生产许可证、药品经营许可证或者医疗机构制剂许可证，对法定代表人、主要负责人、直接负责的主管人员和其他责任人员，没收违法行为发生期间自本单位所获收入，并处所获收入百分之三十以上三倍以下的罚款，十年直至终身禁止从事药品生产经营活动，并可以由公安机关处五日以上十五日以下的拘留：

（一）未取得药品批准证明文件生产、进口药品；

（二）使用采取欺骗手段取得的药品批准证明文件生产、进口药品；

（三）使用未经审评审批的原料药生产药品；

（四）应当检验而未经检验即销售药品；

（五）生产、销售国务院药品监督管理部门禁止使用的药品；

（六）编造生产、检验记录；

（七）未经批准在药品生产过程中进行重大变更。

销售前款第一项至第三项规定的药品，或者药品使用单位使用前款第一项至第五项规定的药品的，依照前款规定处罚；情节严重的，药品使用单位的法定代表人、主要负责人、直接负责的主管人员和其他责任人员有医疗卫生人员执业证书的，还应当吊销执业证书。

未经批准进口少量境外已合法上市的药品，情节较轻的，可以依法减轻或者免予处罚。

二、《中华人民共和国疫苗管理法》（节录）（2019 年 6 月 29 日中华人民共和国主席令第 30 号公布　自 2019 年 12 月 1 日起施行）

第二十二条　国家对疫苗生产实行严格准入制度。

从事疫苗生产活动，应当经省级以上人民政府药品监督管理部门批准，取得药品生产许可证。

从事疫苗生产活动，除符合《中华人民共和国药品管理法》规定的从事药品生产活动的条件外，还应当具备下列条件：

（一）具备适度规模和足够的产能储备；

（二）具有保证生物安全的制度和设施、设备；

（三）符合疾病预防、控制需要。

疫苗上市许可持有人应当具备疫苗生产能力；超出疫苗生产能力确需委托生产的，应当经国务院药品监督管理部门批准。接受委托生产的，应当遵守本法规定和国家有关规定，保证疫苗质量。

第二十三条　疫苗上市许可持有人的法定代表人、主要负责人应当具有良好的信用记录，生产管理负责人、质量管理负责人、质量受权人等关键岗位人员应当具有相关专业背景和从业经历。

疫苗上市许可持有人应当加强对前款规定人员的培训和考核，及时将其任职和变更情况向省、自治区、直辖市人民政府药品监督管理部门报告。

第二十四条　疫苗应当按照经核准的生产工艺和质量控制标准进行生产和检验，生产全过程应当符合药品生产质量管理规范的要求。

疫苗上市许可持有人应当按照规定对疫苗生产全过程和疫苗质量进行审核、检验。

第二十五条　疫苗上市许可持有人应当建立完整的生产质量管理体系，持续加强偏差管理，采用信息化手段如实记录生产、检验过程中形成的所有数据，确保生产全过程持续符合法定要求。

第二十六条 国家实行疫苗批签发制度。

每批疫苗销售前或者进口时，应当经国务院药品监督管理部门指定的批签发机构按照相关技术要求进行审核、检验。符合要求的，发给批签发证明；不符合要求的，发给不予批签发通知书。

不予批签发的疫苗不得销售，并应当由省、自治区、直辖市人民政府药品监督管理部门监督销毁；不予批签发的进口疫苗应当由口岸所在地药品监督管理部门监督销毁或者依法进行其他处理。

国务院药品监督管理部门、批签发机构应当及时公布上市疫苗批签发结果，供公众查询。

第二十七条 申请疫苗批签发应当按照规定向批签发机构提供批生产及检验记录摘要等资料和同批号产品等样品。进口疫苗还应当提供原产地证明、批签发证明；在原产地免予批签发的，应当提供免予批签发证明。

第二十八条 预防、控制传染病疫情或者应对突发事件急需的疫苗，经国务院药品监督管理部门批准，免予批签发。

第二十九条 疫苗批签发应当逐批进行资料审核和抽样检验。疫苗批签发检验项目和检验频次应当根据疫苗质量风险评估情况进行动态调整。

对疫苗批签发申请资料或者样品的真实性有疑问，或者存在其他需要进一步核实的情况的，批签发机构应当予以核实，必要时应当采用现场抽样检验等方式组织开展现场核实。

第三十条 批签发机构在批签发过程中发现疫苗存在重大质量风险的，应当及时向国务院药品监督管理部门和省、自治区、直辖市人民政府药品监督管理部门报告。

接到报告的部门应当立即对疫苗上市许可持有人进行现场检查，根据检查结果通知批签发机构对疫苗上市许可持有人的相关产品或者所有产品不予批签发或者暂停批签发，并责令疫苗上市许可持有人整改。疫苗上市许可持有人应当立即整改，并及时将整改情况向责令其整改的部门报告。

第三十一条 对生产工艺偏差、质量差异、生产过程中的故障和事故以及采取的措施，疫苗上市许可持有人应当如实记录，并在相应批产品申请批签发的文件中载明；可能影响疫苗质量的，疫苗上市许可持有人应当立即采取措施，并向省、自治区、直辖市人民政府药品监督管理部门报告。

第七十九条 违反本法规定，构成犯罪的，依法从重追究刑事责任。

第八十条 生产、销售的疫苗属于假药的，由省级以上人民政府药品监督管理部门没收违法所得和违法生产、销售的疫苗以及专门用于违法生产疫苗的原料、辅料、包装材料、设备等物品，责令停产停业整顿，吊销药品注册证书，直至吊销药品生产许可证等，并处违法生产、销售疫苗货值金额十五倍以上五十倍以下的罚款，货值金额不足五十万元的，按五十万元计算。

生产、销售的疫苗属于劣药的，由省级以上人民政府药品监督管理部门没收违法所得和违法生产、销售的疫苗以及专门用于违法生产疫苗的原料、辅料、包装材料、设备等物品，责令停产停业整顿，并处违法生产、销售疫苗货值金额十倍以上三十倍以下的罚款，货值金额不足五十万元的，按五十万元计算；情节严重的，吊销药品注册证书，直至吊销药品生产许可证等。

法律适用

相关法律法规

生产、销售的疫苗属于假药，或者生产、销售的疫苗属于劣药且情节严重的，由省级以上人民政府药品监督管理部门对法定代表人、主要负责人、直接负责的主管人员和关键岗位人员以及其他责任人员，没收违法行为发生期间自本单位所获收入，并处所获收入一倍以上十倍以下的罚款，终身禁止从事药品生产经营活动，由公安机关处五日以上十五日以下拘留。

第八十一条 有下列情形之一的，由省级以上人民政府药品监督管理部门没收违法所得和违法生产、销售的疫苗以及专门用于违法生产疫苗的原料、辅料、包装材料、设备等物品，责令停产停业整顿，并处违法生产、销售疫苗货值金额十五倍以上五十倍以下的罚款，货值金额不足五十万元的，按五十万元计算；情节严重的，吊销药品相关批准证明文件，直至吊销药品生产许可证等，对法定代表人、主要负责人、直接负责的主管人员和关键岗位人员以及其他责任人员，没收违法行为发生期间自本单位所获收入，并处所获收入百分之五十以上十倍以下的罚款，十年内直至终身禁止从事药品生产经营活动，由公安机关处五日以上十五日以下拘留：

（一）申请疫苗临床试验、注册、批签发提供虚假数据、资料、样品或者有其他欺骗行为；

（二）编造生产、检验记录或者更改产品批号；

（三）疾病预防控制机构以外的单位或者个人向接种单位供应疫苗；

（四）委托生产疫苗未经批准；

（五）生产工艺、生产场地、关键设备等发生变更按照规定应当经批准而未经批准；

（六）更新疫苗说明书、标签按照规定应当经核准而未经核准。

第八十二条 除本法另有规定的情形外，疫苗上市许可持有人或者其他单位违反药品相关质量管理规范的，由县级以上人民政府药品监督管理部门责令改正，给予警告；拒不改正的，处二十万元以上五十万元以下的罚款；情节严重的，处五十万元以上三百万元以下的罚款，责令停产停业整顿，直至吊销药品相关批准证明文件、药品生产许可证等，对法定代表人、主要负责人、直接负责的主管人员和关键岗位人员以及其他责任人员，没收违法行为发生期间自本单位所获收入，并处所获收入百分之五十以上五倍以下的罚款，十年内直至终身禁止从事药品生产经营活动。

第八十三条 违反本法规定，疫苗上市许可持有人有下列情形之一的，由省级以上人民政府药品监督管理部门责令改正，给予警告；拒不改正的，处二十万元以上五十万元以下的罚款；情节严重的，责令停产停业整顿，并处五十万元以上二百万元以下的罚款：

（一）未按照规定建立疫苗电子追溯系统；

（二）法定代表人、主要负责人和生产管理负责人、质量管理负责人、质量受权人等关键岗位人员不符合规定条件或者未按照规定对其进行培训、考核；

（三）未按照规定报告或者备案；

（四）未按照规定开展上市后研究，或者未按照规定设立机构、配备人员主动收集、跟踪分析疑似预防接种异常反应；

（五）未按照规定投保疫苗责任强制保险；

（六）未按照规定建立信息公开制度。

<table>
<tr>
<td rowspan="2">法律适用</td>
<td>相关法律法规</td>
<td>

三、《中华人民共和国中医药法》（节录）（2016 年 12 月 25 日中华人民共和国主席令第 59 号公布　自 2017 年 7 月 1 日起施行）

第三十二条　医疗机构配制的中药制剂品种，应当依法取得制剂批准文号。但是，仅应用传统工艺配制的中药制剂品种，向医疗机构所在地省、自治区、直辖市人民政府药品监督管理部门备案后即可配制，不需要取得制剂批准文号。

医疗机构应当加强对备案的中药制剂品种的不良反应监测，并按照国家有关规定进行报告。药品监督管理部门应当加强对备案的中药制剂品种配制、使用的监督检查。

四、《中华人民共和国药品管理法实施条例》（节录）（2002 年 8 月 4 日中华人民共和国国务院令第 360 号公布　自 2002 年 9 月 15 日起施行　2016 年 2 月 6 日第一次修订　2019 年 3 月 2 日第二次修订）

第三十五条　申请进口的药品，应当是在生产国家或者地区获得上市许可的药品；未在生产国家或者地区获得上市许可的，经国务院药品监督管理部门确认该药品品种安全、有效而且临床需要的，可以依照《药品管理法》及本条例的规定批准进口。

进口药品，应当按照国务院药品监督管理部门的规定申请注册。国外企业生产的药品取得《进口药品注册证》，中国香港、澳门和台湾地区企业生产的药品取得《医药产品注册证》后，方可进口。

</td>
</tr>
<tr>
<td>规章及规范性文件</td>
<td>

《药品进口管理办法》（节录）（2003 年 8 月 18 日中华人民共和国国家食品药品监督管理局（已撤销）、中华人民共和国海关总署令第 4 号公布　自 2004 年 1 月 1 日起施行　2012 年 8 月 24 日修正）

第五条　进口药品必须取得国家食品药品监督管理局核发的《进口药品注册证》（或者《医药产品注册证》），或者《进口药品批件》后，方可办理进口备案和口岸检验手续。

进口麻醉药品、精神药品，还必须取得国家食品药品监督管理局核发的麻醉药品、精神药品《进口准许证》。

</td>
</tr>
</table>

5 生产、销售不符合安全标准的食品案

概念

本罪是指生产者、销售者违反国家食品安全管理法规，生产、销售不符合食品安全标准的食品，足以造成严重食物中毒事故或者其他严重食源性疾患的行为。本罪是选择性罪名，行为人只要实施了生产和销售不符合安全标准的食品两种行为其中之一的，就构成本罪，既有生产行为，又有销售行为的，不构成数罪，仍以一罪论处。

立案标准

生产、销售不符合食品安全标准的食品，涉嫌下列情形之一的，应予立案追诉：(1) 食品含有严重超出标准限量的致病性微生物、农药残留、兽药残留、重金属、污染物质以及其他危害人体健康的物质的；(2) 属于病死、死因不明或者检验检疫不合格的畜、禽、兽、水产动物及其肉类、肉类制品的；(3) 属于国家为防控疾病等特殊需要明令禁止生产、销售的食品的；(4) 婴幼儿食品中生长发育所需营养成分严重不符合食品安全标准的；(5) 其他足以造成严重食物中毒事故或者严重食源性疾病的情形。

在食品加工、销售、运输、贮存等过程中，违反食品安全标准，超限量或者超范围滥用食品添加剂，足以造成严重食物中毒事故或者其他严重食源性疾病的，应予立案追诉。

在食用农产品种植、养殖、销售、运输、贮存等过程中，违反食品安全标准，超限量或者超范围滥用添加剂、农药、兽药等，足以造成严重食物中毒事故或者其他严重食源性疾病的，应予立案追诉。

定罪标准

犯罪客体

本罪侵犯的客体是复杂客体，侵犯了国家对食品安全的监督管理制度以及不特定多数人的身体健康权利。国家为了保证人民群众的身体健康，实行了严格的食品安全监督制度，对食品安全规定了具体的标准，因而，生产、销售不符合食品安全标准的食品的行为，就是对食品安全监督制度的侵犯；同时，生产、销售不符合食品安全标准的食品的行为，都可能对他人的生命、健康构成危害，因而，本罪也侵犯了不特定多数人的生命、健康权利。

本罪的犯罪对象是不符合食品安全标准的食品。所谓食品安全标准，是指我国食品安全法对生产经营食品所规定的总体要求和生产、销售某一类食品所必须达到的具体食品安全指标。某些食品安全指标以法律的形式确定以后，就成为食品的安全标准，具有强制性，生产者和销售者必须遵照执行。不符合食品安全标准的食品包括不符合国家食品安全标准、地方食品安全标准和主管部门、企业食品安全标准的食品。犯罪对象是不符合食品安全标准的食品。这里的“食品”，是指通过人体消化系统，可被人体消化、吸收，能满足人体生理要求和营养需要的一切物品，既包括一般食物，也包括食品添加剂、调味品、色素、保鲜剂，还包括油脂和饮料等。

定罪标准

犯罪客体

根据《食品安全法》第33条的规定，食品生产经营应当符合食品安全标准，并符合下列要求：(1) 具有与生产经营的食品品种、数量相适应的食品原料处理和食品加工、包装、贮存等场所，保持该场所环境整洁，并与有毒、有害场所以及其他污染源保持规定的距离；(2) 具有与生产经营的食品品种、数量相适应的生产经营设备或者设施，有相应的消毒、更衣、盥洗、采光、照明、通风、防腐、防尘、防蝇、防鼠、防虫、洗涤以及处理废水、存放垃圾和废弃物的设备或者设施；(3) 有专职或者兼职的食品安全专业技术人员、食品安全管理人员和保证食品安全的规章制度；(4) 具有合理的设备布局和工艺流程，防止待加工食品与直接入口食品、原料与成品交叉污染，避免食品接触有毒物、不洁物；(5) 餐具、饮具和盛放直接入口食品的容器，使用前应当洗净、消毒，炊具、用具用后应当洗净，保持清洁；(6) 贮存、运输和装卸食品的容器、工具和设备应当安全、无害，保持清洁，防止食品污染，并符合保证食品安全所需的温度、湿度等特殊要求，不得将食品与有毒、有害物品一同贮存、运输；(7) 直接入口的食品应当使用无毒、清洁的包装材料、餐具、饮具和容器；(8) 食品生产经营人员应当保持个人卫生，生产经营食品时，应当将手洗净，穿戴清洁的工作衣、帽等；销售无包装的直接入口食品时，应当使用无毒、清洁的容器、售货工具和设备；(9) 用水应当符合国家规定的生活饮用水卫生标准；(10) 使用的洗涤剂、消毒剂应当对人体安全、无害；(11) 法律、法规规定的其他要求。非食品生产经营者从事食品贮存、运输和装卸的，应当符合前款第六项的规定。根据《食品安全法》第34条的规定，禁止生产下列食品、食品添加剂、食品相关产品：(1) 用非食品原料生产的食品或者添加食品添加剂以外的化学物质和其他可能危害人体健康物质的食品，或者用回收食品作为原料生产的食品；(2) 致病性微生物，农药残留、兽药残留、生物毒素、重金属等污染物质以及其他危害人体健康的物质含量超过食品安全标准限量的食品、食品添加剂、食品相关产品；(3) 用超过保质期的食品原料、食品添加剂生产的食品、食品添加剂；(4) 超范围、超限量使用食品添加剂的食品；(5) 营养成分不符合食品安全标准的专供婴幼儿和其他特定人群的主辅食品；(6) 腐败变质、油脂酸败、霉变生虫、污秽不洁、混有异物、掺假掺杂或者感官性状异常的食品、食品添加剂；(7) 病死、毒死或者死因不明的禽、畜、兽、水产动物肉类及其制品；(8) 未按规定进行检疫或者检疫不合格的肉类，或者未经检验或者检验不合格的肉类制品；(9) 被包装材料、容器、运输工具等污染的食品、食品添加剂；(10) 标注虚假生产日期、保质期或者超过保质期的食品、食品添加剂；(11) 无标签的预包装食品、食品添加剂；(12) 国家为防病等特殊需要明令禁止生产经营的食品；(13) 其他不符合法律、法规或者食品安全标准的食品、食品添加剂、食品相关产品。

犯罪客观方面

本罪在客观方面表现为违反国家食品安全管理法规，生产、销售不符合食品安全标准的食品，足以造成严重食物中毒事故或者其他严重食源性疾病的行为。本罪是危险犯。本罪行为人除了必须有实施生产、销售不符合食品安全标准的食品的行为以外，客观上还必须足以造成严重食物中毒事故或者其他严重食源性疾病才能构成本罪。所谓“严重食物中毒”，是指细菌化、化学性、真菌性和有毒动植物等引起的暴发性中毒。包括两种情况：一是造成了相当数量的人因食用不符合食品安全标准的食

<table>
<tr><td rowspan="6">定罪标准</td><td>犯罪客观方面</td><td>品而导致中毒；二是因食物中毒而发生如人员死亡等严重后果。所谓“严重食源性疾病”，是指以食物为感染源而导致的严重疾病，如痢疾、肝炎等。只要经过鉴定，行为人生产、销售不符合食品安全标准的食品，足以造成严重食物中毒或者其他严重食源性疾病即可构成本罪。如果对人体健康造成了严重危害后果的，是结果加重犯，要处更重的刑罚。</td></tr>
<tr><td>犯罪主体</td><td>本罪的主体是一般主体，包括个人和单位，即所有生产、销售不符合食品安全标准的食品的单位或自然人都可以成为本罪的主体，其中既包括合法经营者，也包括非法经营者。</td></tr>
<tr><td>犯罪主观方面</td><td>本罪在主观方面表现为故意，过失不构成本罪。故意的内容为：行为人明知其生产、销售的食品不符合食品安全标准并可能造成严重食物中毒事故或者其他严重食源性疾病的结果，而希望或放任这种结果发生的心理态度。本罪中行为人一般出于非法牟利的目的，但法律对此并未要求。所以，不论出于何种目的或动机，均不影响本罪的成立。</td></tr>
<tr><td>罪与非罪</td><td>本罪与一般违反食品安全法规的行为有明显的区别。区分二者的关键就在于行为人生产、销售不符合食品安全标准的食品的行为是否足以造成严重食物中毒事故或者其他严重食源性疾病，对人体健康造成严重危害。如果没有上述严重危害，行为人不构成犯罪，只是一般违法行为。在司法实践中，一般应结合可能造成传染疾病的性质、中毒轻重的程度、可能致害人数的多少等情况综合分析。如根据食品不符合食品安全标准的程度，被害人食用后只造成一般性的腹泻，恐怕就不能认定为“足以造成严重食物中毒事故或者其他严重食源性疾病”。</td></tr>
<tr><td>此罪与彼罪</td><td>一、本罪与生产、销售伪劣产品罪的界限。二者是一般与特殊的关系，食品可以是一种广义的商品，不符合食品安全标准的食品也是一种特殊的伪劣商品，由于不符合食品安全标准的食品给人们带来的社会危害不同于一般意义的伪劣产品，很多不符合食品安全标准的食品成为危害人们健康的直接致病源，酿成中毒事故和致人死亡甚至多人死亡。因此，刑法将生产、销售不符合食品安全标准的食品独立出来，单独规定为一种犯罪，并规定了相应的刑罚。所以，对于生产、销售不符合食品安全标准的食品，并且足以造成严重食物中毒事故或者其他严重食源性疾病的行为，应依法定罪处罚。但如果行为人的行为同时构成本罪和生产、销售伪劣产品罪，依刑法的规定，依照处刑较重的规定定罪处罚。
二、本罪与重大责任事故罪和玩忽职守罪的界限。在1997年《刑法》出台前，我国对生产、销售不符合食品安全标准的食品的行为通常按重大责任事故罪和玩忽职守罪处理。1997年《刑法》出台后，明确规定了生产、销售不符合食品安全标准的食品罪，对这种行为不再以重大责任事故罪或玩忽职守罪论处。本罪与以上二罪的区别关键在于：重大责任事故罪和玩忽职守罪是过失犯罪，而生产、销售不符合食品安全标准的食品罪是故意犯罪，行为人对食品不符合食品安全标准状况是明知的。</td></tr>
</table>

<table>
<tr><td rowspan="3">证据参考标准</td><td>主体方面的证据</td><td>

一、证明行为人刑事责任年龄、身份等自然情况的证据。

包括身份证明、户籍证明、任职证明、工作经历证明、特定职责证明等，主要是证明行为人的姓名（曾用名）、性别、出生年月日、民族、籍贯、出生地、职业（或职务）、住所地（或居所地）等证据材料，如户口簿、居民身份证、工作证、出生证、专业或技术等级证、干部履历表、职工登记表、护照等。

对于户籍、出生证等材料内容不实的，应提供其他证据材料。外国人犯罪的案件，应有护照等身份证明材料。人大代表、政协委员犯罪的案件，应注明身份，并附身份证明材料。

二、证明行为人刑事责任能力的证据。

证明行为人对自己的行为是否具有辨认能力与控制能力，如是否属于间歇性精神病人、尚未完全丧失辨认或者控制自己行为能力的精神病人的证明材料。

三、证明单位的证据。

证明是否属于依法成立并有合法经营、管理范围的公司、企业、事业单位、机关、团体。

证明单位的名称、住所地、性质、法定代表人、单位负责人、业务范围、成立时间等证据材料，如企业营业执照、国有公司性质证明及非法人单位的身份证明等。

四、证明法定代表人、单位负责人或直接责任人员等的身份证明。

法定代表人、直接负责的主管人员和其他直接责任人在单位的任职、职责、负责权限的证明材料等。包括身份证明、户籍证明、任职证明等，如户口簿、居民身份证、工作证、护照、专业或技术等级证、干部履历表、职工登记表、任命书、业务分工文件、委派文件、单位证明、单位规章制度等。

</td></tr>
<tr><td>主观方面的证据</td><td>

证明行为人故意的证据：1. 证明行为人明知的证据：证明行为人明知自己的行为会发生危害社会的结果。2. 证明直接故意的证据：证明行为人希望危害结果发生。3. 证明间接故意的证据：证明行为人放任危害结果发生。4. 目的：（1）获取非法利润；（2）牟利；（3）营利。

</td></tr>
<tr><td>客观方面的证据</td><td>

证明行为人生产、销售不符合食品安全标准的食品犯罪行为的证据。

具体证据包括：1. 证明生产、销售腐败变质食品行为的证据；2. 证明生产、销售有毒、有害、污染性食品行为的证据；3. 证明生产、销售含有致病性寄生虫、微生物食品行为的证据；4. 证明生产、销售未经检验或者检验不合格的肉类及制品行为的证据；5. 证明生产、销售病死、毒死或死因不明的禽、兽、畜、水产品行为的证据；6. 证明包装不洁造成污染行为的证据；7. 证明生产、销售影响营养、卫生食品行为的证据；8. 证明生产、销售用非食品原料加工的食品行为的证据；9. 证明销售超过保存期限食品行为的证据；10. 证明生产、销售含未经批准使用的添加剂、残存农药的食品行为的证据；11. 证明生产、销售国家卫生和计划生育委员会禁止生产、出售的食品行为的证据；12. 证明其他生产、销售不符合食品安全标准的食品行为的证据。

</td></tr>
</table>

<table>
<tr><td rowspan="1">证据参考标准</td><td>量刑方面的证据</td><td colspan="2">一、法定量刑情节证据。
1. 事实情节；2. 法定从重情节；3. 法定从轻减轻情节：(1) 可以从轻；(2) 可以从轻或减轻；(3) 应当从轻或者减轻。4. 法定从轻减轻免除情节：(1) 可以从轻、减轻或者免除处罚；(2) 应当从轻、减轻或者免除处罚。5. 法定减轻免除情节：(1) 可以减轻或者免除处罚；(2) 应当减轻或者免除处罚；(3) 可以免除处罚。
二、酌定量刑情节证据。
1. 犯罪手段：(1) 生产；(2) 采集；(3) 收购；(4) 加工；(5) 贮存；(6) 运输；(7) 销售；(8) 其他。2. 犯罪对象。3. 后果：(1) 人员死亡；(2) 食物中毒等食源性疾病；(3) 引发的功能性障碍性疾病。4. 危害结果。5. 动机。6. 平时表现。7. 认罪态度。8. 是否有前科。9. 其他证据。</td></tr>
<tr><td rowspan="4">量刑标准</td><td colspan="2">足以造成严重食物中毒事故或者其他严重食源性疾病的</td><td>处三年以下有期徒刑或者拘役，并处罚金</td></tr>
<tr><td colspan="2">对人体健康造成严重危害或者有其他严重情况的</td><td>处三年以上七年以下有期徒刑，并处罚金</td></tr>
<tr><td colspan="2">后果特别严重的</td><td>处七年以上有期徒刑或者无期徒刑，并处罚金或者没收财产</td></tr>
<tr><td colspan="2">单位犯本罪的</td><td>对单位判处罚金，并对其直接负责的主管人员和其他责任人员依上述规定处罚</td></tr>
<tr><td>法律适用</td><td>刑法条文</td><td colspan="2">第一百四十三条　生产、销售不符合食品安全标准的食品，足以造成严重食物中毒事故或者其他严重食源性疾病的，处三年以下有期徒刑或者拘役，并处罚金；对人体健康造成严重危害或者有其他严重情节的，处三年以上七年以下有期徒刑，并处罚金；后果特别严重的，处七年以上有期徒刑或者无期徒刑，并处罚金或者没收财产。
第一百四十九条　生产、销售本节第一百四十一条至第一百四十八条所列产品，不构成各该条规定的犯罪，但是销售金额在五万元以上的，依照本节第一百四十条的规定定罪处罚。
生产、销售本节第一百四十一条至第一百四十八条所列产品，构成各该条规定的犯罪，同时又构成本节第一百四十条规定之罪的，依照处罚较重的规定定罪处罚。
第一百五十条　单位犯本节第一百四十条至第一百四十八条规定之罪的，对单位判处罚金，并对其直接负责的主管人员和其他直接责任人员，依照各该条的规定处罚。</td></tr>
</table>

法律适用

司法解释

一、最高人民检察院、公安部《关于公安机关管辖的刑事案件立案追诉标准的规定（一）》（节录）（2008 年 6 月 25 日最高人民检察院、公安部公布　自公布之日起施行　2017 年 4 月 27 日修正）

第十九条　〔生产、销售不符合安全标准的食品案（刑法第一百四十三条）〕生产、销售不符合食品安全标准的食品，涉嫌下列情形之一的，应予立案追诉：

（一）食品含有严重超出标准限量的致病性微生物、农药残留、兽药残留、重金属、污染物质以及其他危害人体健康的物质的；

（二）属于病死、死因不明或者检验检疫不合格的畜、禽、兽、水产动物及其肉类、肉类制品的；

（三）属于国家为防控疾病等特殊需要明令禁止生产、销售的食品的；

（四）婴幼儿食品中生长发育所需营养成分严重不符合食品安全标准的；

（五）其他足以造成严重食物中毒事故或者严重食源性疾病的情形。

在食品加工、销售、运输、贮存等过程中，违反食品安全标准，超限量或者超范围滥用食品添加剂，足以造成严重食物中毒事故或者其他严重食源性疾病的，应予立案追诉。

在食用农产品种植、养殖、销售、运输、贮存等过程中，违反食品安全标准，超限量或者超范围滥用添加剂、农药、兽药等，足以造成严重食物中毒事故或者其他严重食源性疾病的，应予立案追诉。

二、最高人民法院、最高人民检察院《关于办理危害食品安全刑事案件适用法律若干问题的解释》（2013 年 5 月 2 日最高人民法院、最高人民检察院公布　自 2013 年 5 月 4 日起施行）

为依法惩治危害食品安全犯罪，保障人民群众身体健康、生命安全，根据刑法有关规定，对办理此类刑事案件适用法律的若干问题解释如下：

第一条　生产、销售不符合食品安全标准的食品，具有下列情形之一的，应当认定为刑法第一百四十三条规定的“足以造成严重食物中毒事故或者其他严重食源性疾病”：

（一）含有严重超出标准限量的致病性微生物、农药残留、兽药残留、重金属、污染物质以及其他危害人体健康的物质的；

（二）属于病死、死因不明或者检验检疫不合格的畜、禽、兽、水产动物及其肉类、肉类制品的；

（三）属于国家为防控疾病等特殊需要明令禁止生产、销售的；

（四）婴幼儿食品中生长发育所需营养成分严重不符合食品安全标准的；

（五）其他足以造成严重食物中毒事故或者严重食源性疾病的情形。

第二条　生产、销售不符合食品安全标准的食品，具有下列情形之一的，应当认定为刑法第一百四十三条规定的“对人体健康造成严重危害”：

（一）造成轻伤以上伤害的；

（二）造成轻度残疾或者中度残疾的；

（三）造成器官组织损伤导致一般功能障碍或者严重功能障碍的；

（四）造成十人以上严重食物中毒或者其他严重食源性疾病的；

（五）其他对人体健康造成严重危害的情形。

法律适用 司法解释

第三条 生产、销售不符合食品安全标准的食品，具有下列情形之一的，应当认定为刑法第一百四十三条规定的“其他严重情节”：

（一）生产、销售金额二十万元以上的；

（二）生产、销售金额十万元以上不满二十万元，不符合食品安全标准的食品数量较大或者生产、销售持续时间较长的；

（三）生产、销售金额十万元以上不满二十万元，属于婴幼儿食品的；

（四）生产、销售金额十万元以上不满二十万元，一年内曾因危害食品安全违法犯罪活动受过行政处罚或者刑事处罚的；

（五）其他情节严重的情形。

第四条 生产、销售不符合食品安全标准的食品，具有下列情形之一的，应当认定为刑法第一百四十三条规定的“后果特别严重”：

（一）致人死亡或者重度残疾的；

（二）造成三人以上重伤、中度残疾或者器官组织损伤导致严重功能障碍的；

（三）造成十人以上轻伤、五人以上轻度残疾或者器官组织损伤导致一般功能障碍的；

（四）造成三十人以上严重食物中毒或者其他严重食源性疾病的；

（五）其他特别严重的后果。

第五条 生产、销售有毒、有害食品，具有本解释第二条规定情形之一的，应当认定为刑法第一百四十四条规定的“对人体健康造成严重危害”。

第六条 生产、销售有毒、有害食品，具有下列情形之一的，应当认定为刑法第一百四十四条规定的“其他严重情节”：

（一）生产、销售金额二十万元以上不满五十万元的；

（二）生产、销售金额十万元以上不满二十万元，有毒、有害食品的数量较大或者生产、销售持续时间较长的；

（三）生产、销售金额十万元以上不满二十万元，属于婴幼儿食品的；

（四）生产、销售金额十万元以上不满二十万元，一年内曾因危害食品安全违法犯罪活动受过行政处罚或者刑事处罚的；

（五）有毒、有害的非食品原料毒害性强或者含量高的；

（六）其他情节严重的情形。

第七条 生产、销售有毒、有害食品，生产、销售金额五十万元以上，或者具有本解释第四条规定的情形之一的，应当认定为刑法第一百四十四条规定的“致人死亡或者有其他特别严重情节”。

第八条 在食品加工、销售、运输、贮存等过程中，违反食品安全标准，超限量或者超范围滥用食品添加剂，足以造成严重食物中毒事故或者其他严重食源性疾病的，依照刑法第一百四十三条的规定以生产、销售不符合安全标准的食品罪定罪处罚。

在食用农产品种植、养殖、销售、运输、贮存等过程中，违反食品安全标准，超限量或者超范围滥用添加剂、农药、兽药等，足以造成严重食物中毒事故或者其他严重食源性疾病的，适用前款的规定定罪处罚。

第九条 在食品加工、销售、运输、贮存等过程中，掺入有毒、有害的非食品原料，或者使用有毒、有害的非食品原料加工食品的，依照刑法第一百四十四条的规定以生产、销售有毒、有害食品罪定罪处罚。

法律适用

司法解释

在食用农产品种植、养殖、销售、运输、贮存等过程中，使用禁用农药、兽药等禁用物质或者其他有毒、有害物质的，适用前款的规定定罪处罚。

在保健食品或者其他食品中非法添加国家禁用药物等有毒、有害物质的，适用第一款的规定定罪处罚。

第十条 生产、销售不符合食品安全标准的食品添加剂，用于食品的包装材料、容器、洗涤剂、消毒剂，或者用于食品生产经营的工具、设备等，构成犯罪的，依照刑法第一百四十条的规定以生产、销售伪劣产品罪定罪处罚。

第十一条 以提供给他人生产、销售食品为目的，违反国家规定，生产、销售国家禁止用于食品生产、销售的非食品原料，情节严重的，依照刑法第二百二十五条的规定以非法经营罪定罪处罚。

违反国家规定，生产、销售国家禁止生产、销售、使用的农药、兽药，饲料、饲料添加剂，或者饲料原料、饲料添加剂原料，情节严重的，依照前款的规定定罪处罚。

实施前两款行为，同时又构成生产、销售伪劣产品罪，生产、销售伪劣农药、兽药罪等其他犯罪的，依照处罚较重的规定定罪处罚。

第十二条 违反国家规定，私设生猪屠宰厂（场），从事生猪屠宰、销售等经营活动，情节严重的，依照刑法第二百二十五条的规定以非法经营罪定罪处罚。

实施前款行为，同时又构成生产、销售不符合安全标准的食品罪，生产、销售有毒、有害食品罪等其他犯罪的，依照处罚较重的规定定罪处罚。

第十三条 生产、销售不符合食品安全标准的食品，有毒、有害食品，符合刑法第一百四十三条、第一百四十四条规定的，以生产、销售不符合安全标准的食品罪或者生产、销售有毒、有害食品罪定罪处罚。同时构成其他犯罪的，依照处罚较重的规定定罪处罚。

生产、销售不符合食品安全标准的食品，无证据证明足以造成严重食物中毒事故或者其他严重食源性疾病，不构成生产、销售不符合安全标准的食品罪，但是构成生产、销售伪劣产品罪等其他犯罪的，依照该其他犯罪定罪处罚。

第十四条 明知他人生产、销售不符合食品安全标准的食品，有毒、有害食品，具有下列情形之一的，以生产、销售不符合安全标准的食品罪或者生产、销售有毒、有害食品罪的共犯论处：

（一）提供资金、贷款、账号、发票、证明、许可证件的；

（二）提供生产、经营场所或者运输、贮存、保管、邮寄、网络销售渠道等便利条件的；

（三）提供生产技术或者食品原料、食品添加剂、食品相关产品的；

（四）提供广告等宣传的。

第十五条 广告主、广告经营者、广告发布者违反国家规定，利用广告对保健食品或者其他食品作虚假宣传，情节严重的，依照刑法第二百二十二条的规定以虚假广告罪定罪处罚。

第十六条 负有食品安全监督管理职责的国家机关工作人员，滥用职权或者玩忽职守，导致发生重大食品安全事故或者造成其他严重后果，同时构成食品监管渎职罪和徇私舞弊不移交刑事案件罪、商检徇私舞弊罪、动植物检疫徇私舞弊罪、放纵制售伪劣商品犯罪行为罪等其他渎职犯罪的，依照处罚较重的规定定罪处罚。

法律适用

司法解释

负有食品安全监督管理职责的国家机关工作人员滥用职权或者玩忽职守，不构成食品监管渎职罪，但构成前款规定的其他渎职犯罪的，依照该其他犯罪定罪处罚。

负有食品安全监督管理职责的国家机关工作人员与他人共谋，利用其职务行为帮助他人实施危害食品安全犯罪行为，同时构成渎职犯罪和危害食品安全犯罪共犯的，依照处罚较重的规定定罪处罚。

第十七条 犯生产、销售不符合安全标准的食品罪，生产、销售有毒、有害食品罪，一般应当依法判处生产、销售金额二倍以上的罚金。

第十八条 对实施本解释规定之犯罪的犯罪分子，应当依照刑法规定的条件严格适用缓刑、免予刑事处罚。根据犯罪事实、情节和悔罪表现，对于符合刑法规定的缓刑适用条件的犯罪分子，可以适用缓刑，但是应当同时宣告禁止令，禁止其在缓刑考验期限内从事食品生产、销售及相关活动。

第十九条 单位实施本解释规定的犯罪的，依照本解释规定的定罪量刑标准处罚。

第二十条 下列物质应当认定为"有毒、有害的非食品原料"：

（一）法律、法规禁止在食品生产经营活动中添加、使用的物质；

（二）国务院有关部门公布的《食品中可能违法添加的非食用物质名单》《保健食品中可能非法添加的物质名单》上的物质；

（三）国务院有关部门公告禁止使用的农药、兽药以及其他有毒、有害物质；

（四）其他危害人体健康的物质。

第二十一条 "足以造成严重食物中毒事故或者其他严重食源性疾病""有毒、有害非食品原料"难以确定的，司法机关可以根据检验报告并结合专家意见等相关材料进行认定。必要时，人民法院可以依法通知有关专家出庭作出说明。

第二十二条 最高人民法院、最高人民检察院此前发布的司法解释与本解释不一致的，以本解释为准。

三、最高人民法院《关于审理走私、非法经营、非法使用兴奋剂刑事案件适用法律若干问题的解释》（节录）（2019年11月18日最高人民法院公布 自2020年1月1日起施行）

第五条 生产、销售含有兴奋剂目录所列物质的食品，符合刑法第一百四十三条、第一百四十四条规定的，以生产、销售不符合安全标准的食品罪、生产、销售有毒、有害食品罪定罪处罚。

相关法律法规

一、《中华人民共和国食品安全法》（2009年2月28日通过 2015年4月24日修订 2018年12月29日第一次修正 2021年4月29日第二次修正）

第一章 总 则

第一条 为了保证食品安全，保障公众身体健康和生命安全，制定本法。

第二条 在中华人民共和国境内从事下列活动，应当遵守本法：

（一）食品生产和加工（以下称食品生产），食品销售和餐饮服务（以下称食品经营）；

（二）食品添加剂的生产经营；

（三）用于食品的包装材料、容器、洗涤剂、消毒剂和用于食品生产经营的工具、设备（以下称食品相关产品）的生产经营；

（四）食品生产经营者使用食品添加剂、食品相关产品；

（五）食品的贮存和运输；

（六）对食品、食品添加剂、食品相关产品的安全管理。

供食用的源于农业的初级产品（以下称食用农产品）的质量安全管理，遵守《中华人民共和国农产品质量安全法》的规定。但是，食用农产品的市场销售、有关质量安全标准的制定、有关安全信息的公布和本法对农业投入品作出规定的，应当遵守本法的规定。

第三条 食品安全工作实行预防为主、风险管理、全程控制、社会共治，建立科学、严格的监督管理制度。

第四条 食品生产经营者对其生产经营食品的安全负责。

食品生产经营者应当依照法律、法规和食品安全标准从事生产经营活动，保证食品安全，诚信自律，对社会和公众负责，接受社会监督，承担社会责任。

第五条 国务院设立食品安全委员会，其职责由国务院规定。

国务院食品安全监督管理部门依照本法和国务院规定的职责，对食品生产经营活动实施监督管理。

国务院卫生行政部门依照本法和国务院规定的职责，组织开展食品安全风险监测和风险评估，会同国务院食品安全监督管理部门制定并公布食品安全国家标准。

国务院其他有关部门依照本法和国务院规定的职责，承担有关食品安全工作。

第六条 县级以上地方人民政府对本行政区域的食品安全监督管理工作负责，统一领导、组织、协调本行政区域的食品安全监督管理工作以及食品安全突发事件应对工作，建立健全食品安全全程监督管理工作机制和信息共享机制。

县级以上地方人民政府依照本法和国务院的规定，确定本级食品安全监督管理、卫生行政部门和其他有关部门的职责。有关部门在各自职责范围内负责本行政区域的食品安全监督管理工作。

县级人民政府食品安全监督管理部门可以在乡镇或者特定区域设立派出机构。

第七条 县级以上地方人民政府实行食品安全监督管理责任制。上级人民政府负责对下一级人民政府的食品安全监督管理工作进行评议、考核。县级以上地方人民政府负责对本级食品安全监督管理部门和其他有关部门的食品安全监督管理工作进行评议、考核。

第八条 县级以上人民政府应当将食品安全工作纳入本级国民经济和社会发展规划，将食品安全工作经费列入本级政府财政预算，加强食品安全监督管理能力建设，为食品安全工作提供保障。

县级以上人民政府食品安全监督管理部门和其他有关部门应当加强沟通、密切配合，按照各自职责分工，依法行使职权，承担责任。

第九条 食品行业协会应当加强行业自律，按照章程建立健全行业规范和奖惩机制，提供食品安全信息、技术等服务，引导和督促食品生产经营者依法生产经营，推动行业诚信建设，宣传、普及食品安全知识。

消费者协会和其他消费者组织对违反本法规定，损害消费者合法权益的行为，依法进行社会监督。

第十条 各级人民政府应当加强食品安全的宣传教育，普及食品安全知识，鼓励社会组织、基层群众性自治组织、食品生产经营者开展食品安全法律、法规以及食品安全标准和知识的普及工作，倡导健康的饮食方式，增强消费者食品安全意识和自我保护能力。

新闻媒体应当开展食品安全法律、法规以及食品安全标准和知识的公益宣传，并对食品安全违法行为进行舆论监督。有关食品安全的宣传报道应当真实、公正。

第十一条 国家鼓励和支持开展与食品安全有关的基础研究、应用研究，鼓励和支持食品生产经营者为提高食品安全水平采用先进技术和先进管理规范。

国家对农药的使用实行严格的管理制度，加快淘汰剧毒、高毒、高残留农药，推动替代产品的研发和应用，鼓励使用高效低毒低残留农药。

第十二条 任何组织或者个人有权举报食品安全违法行为，依法向有关部门了解食品安全信息，对食品安全监督管理工作提出意见和建议。

第十三条 对在食品安全工作中做出突出贡献的单位和个人，按照国家有关规定给予表彰、奖励。

第二章 食品安全风险监测和评估

第十四条 国家建立食品安全风险监测制度，对食源性疾病、食品污染以及食品中的有害因素进行监测。

国务院卫生行政部门会同国务院食品安全监督管理等部门，制定、实施国家食品安全风险监测计划。

国务院食品安全监督管理部门和其他有关部门获知有关食品安全风险信息后，应当立即核实并向国务院卫生行政部门通报。对有关部门通报的食品安全风险信息以及医疗机构报告的食源性疾病等有关疾病信息，国务院卫生行政部门应当会同国务院有关部门分析研究，认为必要的，及时调整国家食品安全风险监测计划。

省、自治区、直辖市人民政府卫生行政部门会同同级食品安全监督管理等部门，根据国家食品安全风险监测计划，结合本行政区域的具体情况，制定、调整本行政区域的食品安全风险监测方案，报国务院卫生行政部门备案并实施。

第十五条 承担食品安全风险监测工作的技术机构应当根据食品安全风险监测计划和监测方案开展监测工作，保证监测数据真实、准确，并按照食品安全风险监测计划和监测方案的要求报送监测数据和分析结果。

食品安全风险监测工作人员有权进入相关食用农产品种植养殖、食品生产经营场所采集样品、收集相关数据。采集样品应当按照市场价格支付费用。

第十六条 食品安全风险监测结果表明可能存在食品安全隐患的，县级以上人民政府卫生行政部门应当及时将相关信息通报同级食品安全监督管理等部门，并报告本级人民政府和上级人民政府卫生行政部门。食品安全监督管理等部门应当组织开展进一步调查。

第十七条 国家建立食品安全风险评估制度，运用科学方法，根据食品安全风险监测信息、科学数据以及有关信息，对食品、食品添加剂、食品相关产品中生物性、化学性和物理性危害因素进行风险评估。

国务院卫生行政部门负责组织食品安全风险评估工作，成立由医学、农业、食品、营养、生物、环境等方面的专家组成的食品安全风险评估专家委员会进行食品安全风险评估。食品安全风险评估结果由国务院卫生行政部门公布。

对农药、肥料、兽药、饲料和饲料添加剂等的安全性评估，应当有食品安全风险评估专家委员会的专家参加。

食品安全风险评估不得向生产经营者收取费用，采集样品应当按照市场价格支付费用。

第十八条 有下列情形之一的，应当进行食品安全风险评估：

（一）通过食品安全风险监测或者接到举报发现食品、食品添加剂、食品相关产品可能存在安全隐患的；

（二）为制定或者修订食品安全国家标准提供科学依据需要进行风险评估的；

（三）为确定监督管理的重点领域、重点品种需要进行风险评估的；

（四）发现新的可能危害食品安全因素的；

（五）需要判断某一因素是否构成食品安全隐患的；

（六）国务院卫生行政部门认为需要进行风险评估的其他情形。

第十九条 国务院食品安全监督管理、农业行政等部门在监督管理工作中发现需要进行食品安全风险评估的，应当向国务院卫生行政部门提出食品安全风险评估的建议，并提供风险来源、相关检验数据和结论等信息、资料。属于本法第十八条规定情形的，国务院卫生行政部门应当及时进行食品安全风险评估，并向国务院有关部门通报评估结果。

第二十条 省级以上人民政府卫生行政、农业行政部门应当及时相互通报食品、食用农产品安全风险监测信息。

国务院卫生行政、农业行政部门应当及时相互通报食品、食用农产品安全风险评估结果等信息。

第二十一条 食品安全风险评估结果是制定、修订食品安全标准和实施食品安全监督管理的科学依据。

经食品安全风险评估，得出食品、食品添加剂、食品相关产品不安全结论的，国务院食品安全监督管理等部门应当依据各自职责立即向社会公告，告知消费者停止食用或者使用，并采取相应措施，确保该食品、食品添加剂、食品相关产品停止生产经营；需要制定、修订相关食品安全国家标准的，国务院卫生行政部门应当会同国务院食品安全监督管理部门立即制定、修订。

第二十二条 国务院食品安全监督管理部门应当会同国务院有关部门，根据食品安全风险评估结果、食品安全监督管理信息，对食品安全状况进行综合分析。对经综合分析表明可能具有较高程度安全风险的食品，国务院食品安全监督管理部门应当及时提出食品安全风险警示，并向社会公布。

第二十三条 县级以上人民政府食品安全监督管理部门和其他有关部门、食品安全风险评估专家委员会及其技术机构，应当按照科学、客观、及时、公开的原则，组织食品生产经营者、食品检验机构、认证机构、食品行业协会、消费者协会以及新闻媒体等，就食品安全风险评估信息和食品安全监督管理信息进行交流沟通。

第三章 食品安全标准

第二十四条 制定食品安全标准，应当以保障公众身体健康为宗旨，做到科学合理、安全可靠。

第二十五条 食品安全标准是强制执行的标准。除食品安全标准外，不得制定其他食品强制性标准。

法律适用

相关法律法规

第二十六条 食品安全标准应当包括下列内容：

（一）食品、食品添加剂、食品相关产品中的致病性微生物，农药残留、兽药残留、生物毒素、重金属等污染物质以及其他危害人体健康物质的限量规定；

（二）食品添加剂的品种、使用范围、用量；

（三）专供婴幼儿和其他特定人群的主辅食品的营养成分要求；

（四）对与卫生、营养等食品安全要求有关的标签、标志、说明书的要求；

（五）食品生产经营过程的卫生要求；

（六）与食品安全有关的质量要求；

（七）与食品安全有关的食品检验方法与规程；

（八）其他需要制定为食品安全标准的内容。

第二十七条 食品安全国家标准由国务院卫生行政部门会同国务院食品安全监督管理部门制定、公布，国务院标准化行政部门提供国家标准编号。

食品中农药残留、兽药残留的限量规定及其检验方法与规程由国务院卫生行政部门、国务院农业行政部门会同国务院食品安全监督管理部门制定。

屠宰畜、禽的检验规程由国务院农业行政部门会同国务院卫生行政部门制定。

第二十八条 制定食品安全国家标准，应当依据食品安全风险评估结果并充分考虑食用农产品安全风险评估结果，参照相关的国际标准和国际食品安全风险评估结果，并将食品安全国家标准草案向社会公布，广泛听取食品生产经营者、消费者、有关部门等方面的意见。

食品安全国家标准应当经国务院卫生行政部门组织的食品安全国家标准审评委员会审查通过。食品安全国家标准审评委员会由医学、农业、食品、营养、生物、环境等方面的专家以及国务院有关部门、食品行业协会、消费者协会的代表组成，对食品安全国家标准草案的科学性和实用性等进行审查。

第二十九条 对地方特色食品，没有食品安全国家标准的，省、自治区、直辖市人民政府卫生行政部门可以制定并公布食品安全地方标准，报国务院卫生行政部门备案。食品安全国家标准制定后，该地方标准即行废止。

第三十条 国家鼓励食品生产企业制定严于食品安全国家标准或者地方标准的企业标准，在本企业适用，并报省、自治区、直辖市人民政府卫生行政部门备案。

第三十一条 省级以上人民政府卫生行政部门应当在其网站上公布制定和备案的食品安全国家标准、地方标准和企业标准，供公众免费查阅、下载。

对食品安全标准执行过程中的问题，县级以上人民政府卫生行政部门应当会同有关部门及时给予指导、解答。

第三十二条 省级以上人民政府卫生行政部门应当会同同级食品安全监督管理、农业行政等部门，分别对食品安全国家标准和地方标准的执行情况进行跟踪评价，并根据评价结果及时修订食品安全标准。

省级以上人民政府食品安全监督管理、农业行政等部门应当对食品安全标准执行中存在的问题进行收集、汇总，并及时向同级卫生行政部门通报。

食品生产经营者、食品行业协会发现食品安全标准在执行中存在问题的，应当立即向卫生行政部门报告。

法律适用 相关法律法规

第四章 食品生产经营

第一节 一般规定

第三十三条 食品生产经营应当符合食品安全标准，并符合下列要求：

（一）具有与生产经营的食品品种、数量相适应的食品原料处理和食品加工、包装、贮存等场所，保持该场所环境整洁，并与有毒、有害场所以及其他污染源保持规定的距离；

（二）具有与生产经营的食品品种、数量相适应的生产经营设备或者设施，有相应的消毒、更衣、盥洗、采光、照明、通风、防腐、防尘、防蝇、防鼠、防虫、洗涤以及处理废水、存放垃圾和废弃物的设备或者设施；

（三）有专职或者兼职的食品安全专业技术人员、食品安全管理人员和保证食品安全的规章制度；

（四）具有合理的设备布局和工艺流程，防止待加工食品与直接入口食品、原料与成品交叉污染，避免食品接触有毒物、不洁物；

（五）餐具、饮具和盛放直接入口食品的容器，使用前应当洗净、消毒，炊具、用具用后应当洗净，保持清洁；

（六）贮存、运输和装卸食品的容器、工具和设备应当安全、无害，保持清洁，防止食品污染，并符合保证食品安全所需的温度、湿度等特殊要求，不得将食品与有毒、有害物品一同贮存、运输；

（七）直接入口的食品应当使用无毒、清洁的包装材料、餐具、饮具和容器；

（八）食品生产经营人员应当保持个人卫生，生产经营食品时，应当将手洗净，穿戴清洁的工作衣、帽等；销售无包装的直接入口食品时，应当使用无毒、清洁的容器、售货工具和设备；

（九）用水应当符合国家规定的生活饮用水卫生标准；

（十）使用的洗涤剂、消毒剂应当对人体安全、无害；

（十一）法律、法规规定的其他要求。

非食品生产经营者从事食品贮存、运输和装卸的，应当符合前款第六项的规定。

第三十四条 禁止生产经营下列食品、食品添加剂、食品相关产品：

（一）用非食品原料生产的食品或者添加食品添加剂以外的化学物质和其他可能危害人体健康物质的食品，或者用回收食品作为原料生产的食品；

（二）致病性微生物，农药残留、兽药残留、生物毒素、重金属等污染物质以及其他危害人体健康的物质含量超过食品安全标准限量的食品、食品添加剂、食品相关产品；

（三）用超过保质期的食品原料、食品添加剂生产的食品、食品添加剂；

（四）超范围、超限量使用食品添加剂的食品；

（五）营养成分不符合食品安全标准的专供婴幼儿和其他特定人群的主辅食品；

（六）腐败变质、油脂酸败、霉变生虫、污秽不洁、混有异物、掺假掺杂或者感官性状异常的食品、食品添加剂；

（七）病死、毒死或者死因不明的禽、畜、兽、水产动物肉类及其制品；

（八）未按规定进行检疫或者检疫不合格的肉类，或者未经检验或者检验不合格的肉类制品；

法律适用 相关法律法规

（九）被包装材料、容器、运输工具等污染的食品、食品添加剂；

（十）标注虚假生产日期、保质期或者超过保质期的食品、食品添加剂；

（十一）无标签的预包装食品、食品添加剂；

（十二）国家为防病等特殊需要明令禁止生产经营的食品；

（十三）其他不符合法律、法规或者食品安全标准的食品、食品添加剂、食品相关产品。

第三十五条 国家对食品生产经营实行许可制度。从事食品生产、食品销售、餐饮服务，应当依法取得许可。但是，销售食用农产品和仅销售预包装食品的，不需要取得许可。仅销售预包装食品的，应当报所在地县级以上地方人民政府食品安全监督管理部门备案。

县级以上地方人民政府食品安全监督管理部门应当依照《中华人民共和国行政许可法》的规定，审核申请人提交的本法第三十三条第一款第一项至第四项规定要求的相关资料，必要时对申请人的生产经营场所进行现场核查；对符合规定条件的，准予许可；对不符合规定条件的，不予许可并书面说明理由。

第三十六条 食品生产加工小作坊和食品摊贩等从事食品生产经营活动，应当符合本法规定的与其生产经营规模、条件相适应的食品安全要求，保证所生产经营的食品卫生、无毒、无害，食品安全监督管理部门应当对其加强监督管理。

县级以上地方人民政府应当对食品生产加工小作坊、食品摊贩等进行综合治理，加强服务和统一规划，改善其生产经营环境，鼓励和支持其改进生产经营条件，进入集中交易市场、店铺等固定场所经营，或者在指定的临时经营区域、时段经营。

食品生产加工小作坊和食品摊贩等的具体管理办法由省、自治区、直辖市制定。

第三十七条 利用新的食品原料生产食品，或者生产食品添加剂新品种、食品相关产品新品种，应当向国务院卫生行政部门提交相关产品的安全性评估材料。国务院卫生行政部门应当自收到申请之日起六十日内组织审查；对符合食品安全要求的，准予许可并公布；对不符合食品安全要求的，不予许可并书面说明理由。

第三十八条 生产经营的食品中不得添加药品，但是可以添加按照传统既是食品又是中药材的物质。按照传统既是食品又是中药材的物质目录由国务院卫生行政部门会同国务院食品安全监督管理部门制定、公布。

第三十九条 国家对食品添加剂生产实行许可制度。从事食品添加剂生产，应当具有与所生产食品添加剂品种相适应的场所、生产设备或者设施、专业技术人员和管理制度，并依照本法第三十五条第二款规定的程序，取得食品添加剂生产许可。

生产食品添加剂应当符合法律、法规和食品安全国家标准。

第四十条 食品添加剂应当在技术上确有必要且经过风险评估证明安全可靠，方可列入允许使用的范围；有关食品安全国家标准应当根据技术必要性和食品安全风险评估结果及时修订。

食品生产经营者应当按照食品安全国家标准使用食品添加剂。

第四十一条 生产食品相关产品应当符合法律、法规和食品安全国家标准。对直接接触食品的包装材料等具有较高风险的食品相关产品，按照国家有关工业产品生产许可证管理的规定实施生产许可。食品安全监督管理部门应当加强对食品相关产品生产活动的监督管理。

第四十二条 国家建立食品安全全程追溯制度。

食品生产经营者应当依照本法的规定，建立食品安全追溯体系，保证食品可追溯。国家鼓励食品生产经营者采用信息化手段采集、留存生产经营信息，建立食品安全追溯体系。

国务院食品安全监督管理部门会同国务院农业行政等有关部门建立食品安全全程追溯协作机制。

第四十三条 地方各级人民政府应当采取措施鼓励食品规模化生产和连锁经营、配送。

国家鼓励食品生产经营企业参加食品安全责任保险。

第二节 生产经营过程控制

第四十四条 食品生产经营企业应当建立健全食品安全管理制度，对职工进行食品安全知识培训，加强食品检验工作，依法从事生产经营活动。

食品生产经营企业的主要负责人应当落实企业食品安全管理制度，对本企业的食品安全工作全面负责。

食品生产经营企业应当配备食品安全管理人员，加强对其培训和考核。经考核不具备食品安全管理能力的，不得上岗。食品安全监督管理部门应当对企业食品安全管理人员随机进行监督抽查考核并公布考核情况。监督抽查考核不得收取费用。

第四十五条 食品生产经营者应当建立并执行从业人员健康管理制度。患有国务院卫生行政部门规定的有碍食品安全疾病的人员，不得从事接触直接入口食品的工作。

从事接触直接入口食品工作的食品生产经营人员应当每年进行健康检查，取得健康证明后方可上岗工作。

第四十六条 食品生产企业应当就下列事项制定并实施控制要求，保证所生产的食品符合食品安全标准：

（一）原料采购、原料验收、投料等原料控制；

（二）生产工序、设备、贮存、包装等生产关键环节控制；

（三）原料检验、半成品检验、成品出厂检验等检验控制；

（四）运输和交付控制。

第四十七条 食品生产经营者应当建立食品安全自查制度，定期对食品安全状况进行检查评价。生产经营条件发生变化，不再符合食品安全要求的，食品生产经营者应当立即采取整改措施；有发生食品安全事故潜在风险的，应当立即停止食品生产经营活动，并向所在地县级人民政府食品安全监督管理部门报告。

第四十八条 国家鼓励食品生产经营企业符合良好生产规范要求，实施危害分析与关键控制点体系，提高食品安全管理水平。

对通过良好生产规范、危害分析与关键控制点体系认证的食品生产经营企业，认证机构应当依法实施跟踪调查；对不再符合认证要求的企业，应当依法撤销认证，及时向县级以上人民政府食品安全监督管理部门通报，并向社会公布。认证机构实施跟踪调查不得收取费用。

第四十九条 食用农产品生产者应当按照食品安全标准和国家有关规定使用农药、肥料、兽药、饲料和饲料添加剂等农业投入品，严格执行农业投入品使用安全间

法律适用

相关法律法规

隔期或者休药期的规定，不得使用国家明令禁止的农业投入品。禁止将剧毒、高毒农药用于蔬菜、瓜果、茶叶和中草药材等国家规定的农作物。

食用农产品的生产企业和农民专业合作经济组织应当建立农业投入品使用记录制度。

县级以上人民政府农业行政部门应当加强对农业投入品使用的监督管理和指导，建立健全农业投入品安全使用制度。

第五十条 食品生产者采购食品原料、食品添加剂、食品相关产品，应当查验供货者的许可证和产品合格证明；对无法提供合格证明的食品原料，应当按照食品安全标准进行检验；不得采购或者使用不符合食品安全标准的食品原料、食品添加剂、食品相关产品。

食品生产企业应当建立食品原料、食品添加剂、食品相关产品进货查验记录制度，如实记录食品原料、食品添加剂、食品相关产品的名称、规格、数量、生产日期或者生产批号、保质期、进货日期以及供货者名称、地址、联系方式等内容，并保存相关凭证。记录和凭证保存期限不得少于产品保质期满后六个月；没有明确保质期的，保存期限不得少于二年。

第五十一条 食品生产企业应当建立食品出厂检验记录制度，查验出厂食品的检验合格证和安全状况，如实记录食品的名称、规格、数量、生产日期或者生产批号、保质期、检验合格证号、销售日期以及购货者名称、地址、联系方式等内容，并保存相关凭证。记录和凭证保存期限应当符合本法第五十条第二款的规定。

第五十二条 食品、食品添加剂、食品相关产品的生产者，应当按照食品安全标准对所生产的食品、食品添加剂、食品相关产品进行检验，检验合格后方可出厂或者销售。

第五十三条 食品经营者采购食品，应当查验供货者的许可证和食品出厂检验合格证或者其他合格证明（以下称合格证明文件）。

食品经营企业应当建立食品进货查验记录制度，如实记录食品的名称、规格、数量、生产日期或者生产批号、保质期、进货日期以及供货者名称、地址、联系方式等内容，并保存相关凭证。记录和凭证保存期限应当符合本法第五十条第二款的规定。

实行统一配送经营方式的食品经营企业，可以由企业总部统一查验供货者的许可证和食品合格证明文件，进行食品进货查验记录。

从事食品批发业务的经营企业应当建立食品销售记录制度，如实记录批发食品的名称、规格、数量、生产日期或者生产批号、保质期、销售日期以及购货者名称、地址、联系方式等内容，并保存相关凭证。记录和凭证保存期限应当符合本法第五十条第二款的规定。

第五十四条 食品经营者应当按照保证食品安全的要求贮存食品，定期检查库存食品，及时清理变质或者超过保质期的食品。

食品经营者贮存散装食品，应当在贮存位置标明食品的名称、生产日期或者生产批号、保质期、生产者名称及联系方式等内容。

第五十五条 餐饮服务提供者应当制定并实施原料控制要求，不得采购不符合食品安全标准的食品原料。倡导餐饮服务提供者公开加工过程，公示食品原料及其来源等信息。

餐饮服务提供者在加工过程中应当检查待加工的食品及原料，发现有本法第三十四条第六项规定情形的，不得加工或者使用。

第五十六条 餐饮服务提供者应当定期维护食品加工、贮存、陈列等设施、设备；定期清洗、校验保温设施及冷藏、冷冻设施。

餐饮服务提供者应当按照要求对餐具、饮具进行清洗消毒，不得使用未经清洗消毒的餐具、饮具；餐饮服务提供者委托清洗消毒餐具、饮具的，应当委托符合本法规定条件的餐具、饮具集中消毒服务单位。

第五十七条 学校、托幼机构、养老机构、建筑工地等集中用餐单位的食堂应当严格遵守法律、法规和食品安全标准；从供餐单位订餐的，应当从取得食品生产经营许可的企业订购，并按照要求对订购的食品进行查验。供餐单位应当严格遵守法律、法规和食品安全标准，当餐加工，确保食品安全。

学校、托幼机构、养老机构、建筑工地等集中用餐单位的主管部门应当加强对集中用餐单位的食品安全教育和日常管理，降低食品安全风险，及时消除食品安全隐患。

第五十八条 餐具、饮具集中消毒服务单位应当具备相应的作业场所、清洗消毒设备或者设施，用水和使用的洗涤剂、消毒剂应当符合相关食品安全国家标准和其他国家标准、卫生规范。

餐具、饮具集中消毒服务单位应当对消毒餐具、饮具进行逐批检验，检验合格后方可出厂，并应当随附消毒合格证明。消毒后的餐具、饮具应当在独立包装上标注单位名称、地址、联系方式、消毒日期以及使用期限等内容。

第五十九条 食品添加剂生产者应当建立食品添加剂出厂检验记录制度，查验出厂产品的检验合格证和安全状况，如实记录食品添加剂的名称、规格、数量、生产日期或者生产批号、保质期、检验合格证号、销售日期以及购货者名称、地址、联系方式等相关内容，并保存相关凭证。记录和凭证保存期限应当符合本法第五十条第二款的规定。

第六十条 食品添加剂经营者采购食品添加剂，应当依法查验供货者的许可证和产品合格证明文件，如实记录食品添加剂的名称、规格、数量、生产日期或者生产批号、保质期、进货日期以及供货者名称、地址、联系方式等内容，并保存相关凭证。记录和凭证保存期限应当符合本法第五十条第二款的规定。

第六十一条 集中交易市场的开办者、柜台出租者和展销会举办者，应当依法审查入场食品经营者的许可证，明确其食品安全管理责任，定期对其经营环境和条件进行检查，发现其有违反本法规定行为的，应当及时制止并立即报告所在地县级人民政府食品安全监督管理部门。

第六十二条 网络食品交易第三方平台提供者应当对入网食品经营者进行实名登记，明确其食品安全管理责任；依法应当取得许可证的，还应当审查其许可证。

网络食品交易第三方平台提供者发现入网食品经营者有违反本法规定行为的，应当及时制止并立即报告所在地县级人民政府食品安全监督管理部门；发现严重违法行为的，应当立即停止提供网络交易平台服务。

第六十三条 国家建立食品召回制度。食品生产者发现其生产的食品不符合食品安全标准或者有证据证明可能危害人体健康的，应当立即停止生产，召回已经上市销

法律适用

相关法律法规

售的食品，通知相关生产经营者和消费者，并记录召回和通知情况。

食品经营者发现其经营的食品有前款规定情形的，应当立即停止经营，通知相关生产经营者和消费者，并记录停止经营和通知情况。食品生产者认为应当召回的，应当立即召回。由于食品经营者的原因造成其经营的食品有前款规定情形的，食品经营者应当召回。

食品生产经营者应当对召回的食品采取无害化处理、销毁等措施，防止其再次流入市场。但是，对因标签、标志或者说明书不符合食品安全标准而被召回的食品，食品生产者在采取补救措施且能保证食品安全的情况下可以继续销售；销售时应当向消费者明示补救措施。

食品生产经营者应当将食品召回和处理情况向所在地县级人民政府食品安全监督管理部门报告；需要对召回的食品进行无害化处理、销毁的，应当提前报告时间、地点。食品安全监督管理部门认为必要的，可以实施现场监督。

食品生产经营者未依照本条规定召回或者停止经营的，县级以上人民政府食品安全监督管理部门可以责令其召回或者停止经营。

第六十四条 食用农产品批发市场应当配备检验设备和检验人员或者委托符合本法规定的食品检验机构，对进入该批发市场销售的食用农产品进行抽样检验；发现不符合食品安全标准的，应当要求销售者立即停止销售，并向食品安全监督管理部门报告。

第六十五条 食用农产品销售者应当建立食用农产品进货查验记录制度，如实记录食用农产品的名称、数量、进货日期以及供货者名称、地址、联系方式等内容，并保存相关凭证。记录和凭证保存期限不得少于六个月。

第六十六条 进入市场销售的食用农产品在包装、保鲜、贮存、运输中使用保鲜剂、防腐剂等食品添加剂和包装材料等食品相关产品，应当符合食品安全国家标准。

第三节 标签、说明书和广告

第六十七条 预包装食品的包装上应当有标签。标签应当标明下列事项：

（一）名称、规格、净含量、生产日期；

（二）成分或者配料表；

（三）生产者的名称、地址、联系方式；

（四）保质期；

（五）产品标准代号；

（六）贮存条件；

（七）所使用的食品添加剂在国家标准中的通用名称；

（八）生产许可证编号；

（九）法律、法规或者食品安全标准规定应当标明的其他事项。

专供婴幼儿和其他特定人群的主辅食品，其标签还应当标明主要营养成分及其含量。

食品安全国家标准对标签标注事项另有规定的，从其规定。

第六十八条 食品经营者销售散装食品，应当在散装食品的容器、外包装上标明食品的名称、生产日期或者生产批号、保质期以及生产经营者名称、地址、联系方式等内容。

第六十九条 生产经营转基因食品应当按照规定显著标示。

第七十条 食品添加剂应当有标签、说明书和包装。标签、说明书应当载明本法第六十七条第一款第一项至第六项、第八项、第九项规定的事项，以及食品添加剂的使用范围、用量、使用方法，并在标签上载明“食品添加剂”字样。

第七十一条 食品和食品添加剂的标签、说明书，不得含有虚假内容，不得涉及疾病预防、治疗功能。生产经营者对其提供的标签、说明书的内容负责。

食品和食品添加剂的标签、说明书应当清楚、明显，生产日期、保质期等事项应当显著标注，容易辨识。

食品和食品添加剂与其标签、说明书的内容不符的，不得上市销售。

第七十二条 食品经营者应当按照食品标签标示的警示标志、警示说明或者注意事项的要求销售食品。

第七十三条 食品广告的内容应当真实合法，不得含有虚假内容，不得涉及疾病预防、治疗功能。食品生产经营者对食品广告内容的真实性、合法性负责。

县级以上人民政府食品安全监督管理部门和其他有关部门以及食品检验机构、食品行业协会不得以广告或者其他形式向消费者推荐食品。消费者组织不得以收取费用或者其他牟取利益的方式向消费者推荐食品。

第四节 特殊食品

第七十四条 国家对保健食品、特殊医学用途配方食品和婴幼儿配方食品等特殊食品实行严格监督管理。

第七十五条 保健食品声称保健功能，应当具有科学依据，不得对人体产生急性、亚急性或者慢性危害。

保健食品原料目录和允许保健食品声称的保健功能目录，由国务院食品安全监督管理部门会同国务院卫生行政部门、国家中医药管理部门制定、调整并公布。

保健食品原料目录应当包括原料名称、用量及其对应的功效；列入保健食品原料目录的原料只能用于保健食品生产，不得用于其他食品生产。

第七十六条 使用保健食品原料目录以外原料的保健食品和首次进口的保健食品应当经国务院食品安全监督管理部门注册。但是，首次进口的保健食品中属于补充维生素、矿物质等营养物质的，应当报国务院食品安全监督管理部门备案。其他保健食品应当报省、自治区、直辖市人民政府食品安全监督管理部门备案。

进口的保健食品应当是出口国（地区）主管部门准许上市销售的产品。

第七十七条 依法应当注册的保健食品，注册时应当提交保健食品的研发报告、产品配方、生产工艺、安全性和保健功能评价、标签、说明书等材料及样品，并提供相关证明文件。国务院食品安全监督管理部门经组织技术审评，对符合安全和功能声称要求的，准予注册；对不符合要求的，不予注册并书面说明理由。对使用保健食品原料目录以外原料的保健食品作出准予注册决定的，应当及时将该原料纳入保健食品原料目录。

依法应当备案的保健食品，备案时应当提交产品配方、生产工艺、标签、说明书以及表明产品安全性和保健功能的材料。

第七十八条 保健食品的标签、说明书不得涉及疾病预防、治疗功能，内容应当真实，与注册或者备案的内容相一致，载明适宜人群、不适宜人群、功效成分或者标

法律适用

相关法律法规

志性成分及其含量等，并声明“本品不能代替药物”。保健食品的功能和成分应当与标签、说明书相一致。

第七十九条 保健食品广告除应当符合本法第七十三条第一款的规定外，还应当声明“本品不能代替药物”；其内容应当经生产企业所在地省、自治区、直辖市人民政府食品安全监督管理部门审查批准，取得保健食品广告批准文件。省、自治区、直辖市人民政府食品安全监督管理部门应当公布并及时更新已经批准的保健食品广告目录以及批准的广告内容。

第八十条 特殊医学用途配方食品应当经国务院食品安全监督管理部门注册。注册时，应当提交产品配方、生产工艺、标签、说明书以及表明产品安全性、营养充足性和特殊医学用途临床效果的材料。

特殊医学用途配方食品广告适用《中华人民共和国广告法》和其他法律、行政法规关于药品广告管理的规定。

第八十一条 婴幼儿配方食品生产企业应当实施从原料进厂到成品出厂的全过程质量控制，对出厂的婴幼儿配方食品实施逐批检验，保证食品安全。

生产婴幼儿配方食品使用的生鲜乳、辅料等食品原料、食品添加剂等，应当符合法律、行政法规的规定和食品安全国家标准，保证婴幼儿生长发育所需的营养成分。

婴幼儿配方食品生产企业应当将食品原料、食品添加剂、产品配方及标签等事项向省、自治区、直辖市人民政府食品安全监督管理部门备案。

婴幼儿配方乳粉的产品配方应当经国务院食品安全监督管理部门注册。注册时，应当提交配方研发报告和其他表明配方科学性、安全性的材料。

不得以分装方式生产婴幼儿配方乳粉，同一企业不得用同一配方生产不同品牌的婴幼儿配方乳粉。

第八十二条 保健食品、特殊医学用途配方食品、婴幼儿配方乳粉的注册人或者备案人应当对其提交材料的真实性负责。

省级以上人民政府食品安全监督管理部门应当及时公布注册或者备案的保健食品、特殊医学用途配方食品、婴幼儿配方乳粉目录，并对注册或者备案中获知的企业商业秘密予以保密。

保健食品、特殊医学用途配方食品、婴幼儿配方乳粉生产企业应当按照注册或者备案的产品配方、生产工艺等技术要求组织生产。

第八十三条 生产保健食品，特殊医学用途配方食品、婴幼儿配方食品和其他专供特定人群的主辅食品的企业，应当按照良好生产规范的要求建立与所生产食品相适应的生产质量管理体系，定期对该体系的运行情况进行自查，保证其有效运行，并向所在地县级人民政府食品安全监督管理部门提交自查报告。

第五章 食品检验

第八十四条 食品检验机构按照国家有关认证认可的规定取得资质认定后，方可从事食品检验活动。但是，法律另有规定的除外。

食品检验机构的资质认定条件和检验规范，由国务院食品安全监督管理部门规定。

符合本法规定的食品检验机构出具的检验报告具有同等效力。

县级以上人民政府应当整合食品检验资源，实现资源共享。

第八十五条 食品检验由食品检验机构指定的检验人独立进行。

检验人应当依照有关法律、法规的规定，并按照食品安全标准和检验规范对食品进行检验，尊重科学，恪守职业道德，保证出具的检验数据和结论客观、公正，不得出具虚假检验报告。

第八十六条 食品检验实行食品检验机构与检验人负责制。食品检验报告应当加盖食品检验机构公章，并有检验人的签名或者盖章。食品检验机构和检验人对出具的食品检验报告负责。

第八十七条 县级以上人民政府食品安全监督管理部门应当对食品进行定期或者不定期的抽样检验，并依据有关规定公布检验结果，不得免检。进行抽样检验，应当购买抽取的样品，委托符合本法规定的食品检验机构进行检验，并支付相关费用；不得向食品生产经营者收取检验费和其他费用。

第八十八条 对依照本法规定实施的检验结论有异议的，食品生产经营者可以自收到检验结论之日起七个工作日内向实施抽样检验的食品安全监督管理部门或者其上一级食品安全监督管理部门提出复检申请，由受理复检申请的食品安全监督管理部门在公布的复检机构名录中随机确定复检机构进行复检。复检机构出具的复检结论为最终检验结论。复检机构与初检机构不得为同一机构。复检机构名录由国务院认证认可监督管理、食品安全监督管理、卫生行政、农业行政等部门共同公布。

采用国家规定的快速检测方法对食用农产品进行抽查检测，被抽查人对检测结果有异议的，可以自收到检测结果时起四小时内申请复检。复检不得采用快速检测方法。

第八十九条 食品生产企业可以自行对所生产的食品进行检验，也可以委托符合本法规定的食品检验机构进行检验。

食品行业协会和消费者协会等组织、消费者需要委托食品检验机构对食品进行检验的，应当委托符合本法规定的食品检验机构进行。

第九十条 食品添加剂的检验，适用本法有关食品检验的规定。

第六章 食品进出口

第九十一条 国家出入境检验检疫部门对进出口食品安全实施监督管理。

第九十二条 进口的食品、食品添加剂、食品相关产品应当符合我国食品安全国家标准。

进口的食品、食品添加剂应当经出入境检验检疫机构依照进出口商品检验相关法律、行政法规的规定检验合格。

进口的食品、食品添加剂应当按照国家出入境检验检疫部门的要求随附合格证明材料。

第九十三条 进口尚无食品安全国家标准的食品，由境外出口商、境外生产企业或者其委托的进口商向国务院卫生行政部门提交所执行的相关国家（地区）标准或者国际标准。国务院卫生行政部门对相关标准进行审查，认为符合食品安全要求的，决定暂予适用，并及时制定相应的食品安全国家标准。进口利用新的食品原料生产的食品或者进口食品添加剂新品种、食品相关产品新品种，依照本法第三十七条的规定办理。

出入境检验检疫机构按照国务院卫生行政部门的要求，对前款规定的食品、食品添加剂、食品相关产品进行检验。检验结果应当公开。

法律适用 相关法律法规

第九十四条 境外出口商、境外生产企业应当保证向我国出口的食品、食品添加剂、食品相关产品符合本法以及我国其他有关法律、行政法规的规定和食品安全国家标准的要求，并对标签、说明书的内容负责。

进口商应当建立境外出口商、境外生产企业审核制度，重点审核前款规定的内容；审核不合格的，不得进口。

发现进口食品不符合我国食品安全国家标准或者有证据证明可能危害人体健康的，进口商应当立即停止进口，并依照本法第六十三条的规定召回。

第九十五条 境外发生的食品安全事件可能对我国境内造成影响，或者在进口食品、食品添加剂、食品相关产品中发现严重食品安全问题的，国家出入境检验检疫部门应当及时采取风险预警或者控制措施，并向国务院食品安全监督管理、卫生行政、农业行政部门通报。接到通报的部门应当及时采取相应措施。

县级以上人民政府食品安全监督管理部门对国内市场上销售的进口食品、食品添加剂实施监督管理。发现存在严重食品安全问题的，国务院食品安全监督管理部门应当及时向国家出入境检验检疫部门通报。国家出入境检验检疫部门应当及时采取相应措施。

第九十六条 向我国境内出口食品的境外出口商或者代理商、进口食品的进口商应当向国家出入境检验检疫部门备案。向我国境内出口食品的境外食品生产企业应当经国家出入境检验检疫部门注册。已经注册的境外食品生产企业提供虚假材料，或者因其自身的原因致使进口食品发生重大食品安全事故的，国家出入境检验检疫部门应当撤销注册并公告。

国家出入境检验检疫部门应当定期公布已经备案的境外出口商、代理商、进口商和已经注册的境外食品生产企业名单。

第九十七条 进口的预包装食品、食品添加剂应当有中文标签；依法应当有说明书的，还应当有中文说明书。标签、说明书应当符合本法以及我国其他有关法律、行政法规的规定和食品安全国家标准的要求，并载明食品的原产地以及境内代理商的名称、地址、联系方式。预包装食品没有中文标签、中文说明书或者标签、说明书不符合本条规定的，不得进口。

第九十八条 进口商应当建立食品、食品添加剂进口和销售记录制度，如实记录食品、食品添加剂的名称、规格、数量、生产日期、生产或者进口批号、保质期、境外出口商和购货者名称、地址及联系方式、交货日期等内容，并保存相关凭证。记录和凭证保存期限应当符合本法第五十条第二款的规定。

第九十九条 出口食品生产企业应当保证其出口食品符合进口国（地区）的标准或者合同要求。

出口食品生产企业和出口食品原料种植、养殖场应当向国家出入境检验检疫部门备案。

第一百条 国家出入境检验检疫部门应当收集、汇总下列进出口食品安全信息，并及时通报相关部门、机构和企业：

（一）出入境检验检疫机构对进出口食品实施检验检疫发现的食品安全信息；

（二）食品行业协会和消费者协会等组织、消费者反映的进口食品安全信息；

（三）国际组织、境外政府机构发布的风险预警信息及其他食品安全信息，以及境外食品行业协会等组织、消费者反映的食品安全信息；

（四）其他食品安全信息。

国家出入境检验检疫部门应当对进出口食品的进口商、出口商和出口食品生产企业实施信用管理，建立信用记录，并依法向社会公布。对有不良记录的进口商、出口商和出口食品生产企业，应当加强对其进出口食品的检验检疫。

第一百零一条 国家出入境检验检疫部门可以对向我国境内出口食品的国家（地区）的食品安全管理体系和食品安全状况进行评估和审查，并根据评估和审查结果，确定相应检验检疫要求。

第七章 食品安全事故处置

第一百零二条 国务院组织制定国家食品安全事故应急预案。

县级以上地方人民政府应当根据有关法律、法规的规定和上级人民政府的食品安全事故应急预案以及本行政区域的实际情况，制定本行政区域的食品安全事故应急预案，并报上一级人民政府备案。

食品安全事故应急预案应当对食品安全事故分级、事故处置组织指挥体系与职责、预防预警机制、处置程序、应急保障措施等作出规定。

食品生产经营企业应当制定食品安全事故处置方案，定期检查本企业各项食品安全防范措施的落实情况，及时消除事故隐患。

第一百零三条 发生食品安全事故的单位应当立即采取措施，防止事故扩大。事故单位和接收病人进行治疗的单位应当及时向事故发生地县级人民政府食品安全监督管理、卫生行政部门报告。

县级以上人民政府农业行政等部门在日常监督管理中发现食品安全事故或者接到事故举报，应当立即向同级食品安全监督管理部门通报。

发生食品安全事故，接到报告的县级人民政府食品安全监督管理部门应当按照应急预案的规定向本级人民政府和上级人民政府食品安全监督管理部门报告。县级人民政府和上级人民政府食品安全监督管理部门应当按照应急预案的规定上报。

任何单位和个人不得对食品安全事故隐瞒、谎报、缓报，不得隐匿、伪造、毁灭有关证据。

第一百零四条 医疗机构发现其接收的病人属于食源性疾病病人或者疑似病人的，应当按照规定及时将相关信息向所在地县级人民政府卫生行政部门报告。县级人民政府卫生行政部门认为与食品安全有关的，应当及时通报同级食品安全监督管理部门。

县级以上人民政府卫生行政部门在调查处理传染病或者其他突发公共卫生事件中发现与食品安全相关的信息，应当及时通报同级食品安全监督管理部门。

第一百零五条 县级以上人民政府食品安全监督管理部门接到食品安全事故的报告后，应当立即会同同级卫生行政、农业行政等部门进行调查处理，并采取下列措施，防止或者减轻社会危害：

（一）开展应急救援工作，组织救治因食品安全事故导致人身伤害的人员；

（二）封存可能导致食品安全事故的食品及其原料，并立即进行检验；对确认属于被污染的食品及其原料，责令食品生产经营者依照本法第六十三条的规定召回或者停止经营；

（三）封存被污染的食品相关产品，并责令进行清洗消毒；

（四）做好信息发布工作，依法对食品安全事故及其处理情况进行发布，并对可能产生的危害加以解释、说明。

发生食品安全事故需要启动应急预案的，县级以上人民政府应当立即成立事故处置指挥机构，启动应急预案，依照前款和应急预案的规定进行处置。

发生食品安全事故，县级以上疾病预防控制机构应当对事故现场进行卫生处理，并对与事故有关的因素开展流行病学调查，有关部门应当予以协助。县级以上疾病预防控制机构应当向同级食品安全监督管理、卫生行政部门提交流行病学调查报告。

第一百零六条 发生食品安全事故，设区的市级以上人民政府食品安全监督管理部门应当立即会同有关部门进行事故责任调查，督促有关部门履行职责，向本级人民政府和上一级人民政府食品安全监督管理部门提出事故责任调查处理报告。

涉及两个以上省、自治区、直辖市的重大食品安全事故由国务院食品安全监督管理部门依照前款规定组织事故责任调查。

第一百零七条 调查食品安全事故，应当坚持实事求是、尊重科学的原则，及时、准确查清事故性质和原因，认定事故责任，提出整改措施。

调查食品安全事故，除了查明事故单位的责任，还应当查明有关监督管理部门、食品检验机构、认证机构及其工作人员的责任。

第一百零八条 食品安全事故调查部门有权向有关单位和个人了解与事故有关的情况，并要求提供相关资料和样品。有关单位和个人应当予以配合，按照要求提供相关资料和样品，不得拒绝。

任何单位和个人不得阻挠、干涉食品安全事故的调查处理。

第八章　监督管理

第一百零九条 县级以上人民政府食品安全监督管理部门根据食品安全风险监测、风险评估结果和食品安全状况等，确定监督管理的重点、方式和频次，实施风险分级管理。

县级以上地方人民政府组织本级食品安全监督管理、农业行政等部门制定本行政区域的食品安全年度监督管理计划，向社会公布并组织实施。

食品安全年度监督管理计划应当将下列事项作为监督管理的重点：

（一）专供婴幼儿和其他特定人群的主辅食品；

（二）保健食品生产过程中的添加行为和按照注册或者备案的技术要求组织生产的情况，保健食品标签、说明书以及宣传材料中有关功能宣传的情况；

（三）发生食品安全事故风险较高的食品生产经营者；

（四）食品安全风险监测结果表明可能存在食品安全隐患的事项。

第一百一十条 县级以上人民政府食品安全监督管理部门履行食品安全监督管理职责，有权采取下列措施，对生产经营者遵守本法的情况进行监督检查：

（一）进入生产经营场所实施现场检查；

（二）对生产经营的食品、食品添加剂、食品相关产品进行抽样检验；

（三）查阅、复制有关合同、票据、账簿以及其他有关资料；

（四）查封、扣押有证据证明不符合食品安全标准或者有证据证明存在安全隐患以及用于违法生产经营的食品、食品添加剂、食品相关产品；

（五）查封违法从事生产经营活动的场所。

法律适用

相关法律法规

第一百一十一条 对食品安全风险评估结果证明食品存在安全隐患，需要制定、修订食品安全标准的，在制定、修订食品安全标准前，国务院卫生行政部门应当及时会同国务院有关部门规定食品中有害物质的临时限量值和临时检验方法，作为生产经营和监督管理的依据。

第一百一十二条 县级以上人民政府食品安全监督管理部门在食品安全监督管理工作中可以采用国家规定的快速检测方法对食品进行抽查检测。

对抽查检测结果表明可能不符合食品安全标准的食品，应当依照本法第八十七条的规定进行检验。抽查检测结果确定有关食品不符合食品安全标准的，可以作为行政处罚的依据。

第一百一十三条 县级以上人民政府食品安全监督管理部门应当建立食品生产经营者食品安全信用档案，记录许可颁发、日常监督检查结果、违法行为查处等情况，依法向社会公布并实时更新；对有不良信用记录的食品生产经营者增加监督检查频次，对违法行为情节严重的食品生产经营者，可以通报投资主管部门、证券监督管理机构和有关的金融机构。

第一百一十四条 食品生产经营过程中存在食品安全隐患，未及时采取措施消除的，县级以上人民政府食品安全监督管理部门可以对食品生产经营者的法定代表人或者主要负责人进行责任约谈。食品生产经营者应当立即采取措施，进行整改，消除隐患。责任约谈情况和整改情况应当纳入食品生产经营者食品安全信用档案。

第一百一十五条 县级以上人民政府食品安全监督管理等部门应当公布本部门的电子邮件地址或者电话，接受咨询、投诉、举报。接到咨询、投诉、举报，对属于本部门职责的，应当受理并在法定期限内及时答复、核实、处理；对不属于本部门职责的，应当移交有权处理的部门并书面通知咨询、投诉、举报人。有权处理的部门应当在法定期限内及时处理，不得推诿。对查证属实的举报，给予举报人奖励。

有关部门应当对举报人的信息予以保密，保护举报人的合法权益。举报人举报所在企业的，该企业不得以解除、变更劳动合同或者其他方式对举报人进行打击报复。

第一百一十六条 县级以上人民政府食品安全监督管理等部门应当加强对执法人员食品安全法律、法规、标准和专业知识与执法能力等的培训，并组织考核。不具备相应知识和能力的，不得从事食品安全执法工作。

食品生产经营者、食品行业协会、消费者协会等发现食品安全执法人员在执法过程中有违反法律、法规规定的行为以及不规范执法行为的，可以向本级或者上级人民政府食品安全监督管理等部门或者监察机关投诉、举报。接到投诉、举报的部门或者机关应当进行核实，并将经核实的情况向食品安全执法人员所在部门通报；涉嫌违法违纪的，按照本法和有关规定处理。

第一百一十七条 县级以上人民政府食品安全监督管理等部门未及时发现食品安全系统性风险，未及时消除监督管理区域内的食品安全隐患的，本级人民政府可以对其主要负责人进行责任约谈。

地方人民政府未履行食品安全职责，未及时消除区域性重大食品安全隐患的，上级人民政府可以对其主要负责人进行责任约谈。

被约谈的食品安全监督管理等部门、地方人民政府应当立即采取措施，对食品安全监督管理工作进行整改。

法律适用 相关法律法规

责任约谈情况和整改情况应当纳入地方人民政府和有关部门食品安全监督管理工作评议、考核记录。

第一百一十八条 国家建立统一的食品安全信息平台，实行食品安全信息统一公布制度。国家食品安全总体情况、食品安全风险警示信息、重大食品安全事故及其调查处理信息和国务院确定需要统一公布的其他信息由国务院食品安全监督管理部门统一公布。食品安全风险警示信息和重大食品安全事故及其调查处理信息的影响限于特定区域的，也可以由有关省、自治区、直辖市人民政府食品安全监督管理部门公布。未经授权不得发布上述信息。

县级以上人民政府食品安全监督管理、农业行政部门依据各自职责公布食品安全日常监督管理信息。

公布食品安全信息，应当做到准确、及时，并进行必要的解释说明，避免误导消费者和社会舆论。

第一百一十九条 县级以上地方人民政府食品安全监督管理、卫生行政、农业行政部门获知本法规定需要统一公布的信息，应当向上级主管部门报告，由上级主管部门立即报告国务院食品安全监督管理部门；必要时，可以直接向国务院食品安全监督管理部门报告。

县级以上人民政府食品安全监督管理、卫生行政、农业行政部门应当相互通报获知的食品安全信息。

第一百二十条 任何单位和个人不得编造、散布虚假食品安全信息。

县级以上人民政府食品安全监督管理部门发现可能误导消费者和社会舆论的食品安全信息，应当立即组织有关部门、专业机构、相关食品生产经营者等进行核实、分析，并及时公布结果。

第一百二十一条 县级以上人民政府食品安全监督管理等部门发现涉嫌食品安全犯罪的，应当按照有关规定及时将案件移送公安机关。对移送的案件，公安机关应当及时审查；认为有犯罪事实需要追究刑事责任的，应当立案侦查。

公安机关在食品安全犯罪案件侦查过程中认为没有犯罪事实，或者犯罪事实显著轻微，不需要追究刑事责任，但依法应当追究行政责任的，应当及时将案件移送食品安全监督管理等部门和监察机关，有关部门应当依法处理。

公安机关商请食品安全监督管理、生态环境等部门提供检验结论、认定意见以及对涉案物品进行无害化处理等协助的，有关部门应当及时提供，予以协助。

第九章 法律责任

第一百二十二条 违反本法规定，未取得食品生产经营许可从事食品生产经营活动，或者未取得食品添加剂生产许可从事食品添加剂生产活动的，由县级以上人民政府食品安全监督管理部门没收违法所得和违法生产经营的食品、食品添加剂以及用于违法生产经营的工具、设备、原料等物品；违法生产经营的食品、食品添加剂货值金额不足一万元的，并处五万元以上十万元以下罚款；货值金额一万元以上的，并处货值金额十倍以上二十倍以下罚款。

明知从事前款规定的违法行为，仍为其提供生产经营场所或者其他条件的，由县级以上人民政府食品安全监督管理部门责令停止违法行为，没收违法所得，并处五万元以上十万元以下罚款；使消费者的合法权益受到损害的，应当与食品、食品添加剂生产经营者承担连带责任。

法律适用

相关法律法规

第一百二十三条 违反本法规定，有下列情形之一，尚不构成犯罪的，由县级以上人民政府食品安全监督管理部门没收违法所得和违法生产经营的食品，并可以没收用于违法生产经营的工具、设备、原料等物品；违法生产经营的食品货值金额不足一万元的，并处十万元以上十五万元以下罚款；货值金额一万元以上的，并处货值金额十五倍以上三十倍以下罚款；情节严重的，吊销许可证，并可以由公安机关对其直接负责的主管人员和其他直接责任人员处五日以上十五日以下拘留：

（一）用非食品原料生产食品、在食品中添加食品添加剂以外的化学物质和其他可能危害人体健康的物质，或者用回收食品作为原料生产食品，或者经营上述食品；

（二）生产经营营养成分不符合食品安全标准的专供婴幼儿和其他特定人群的主辅食品；

（三）经营病死、毒死或者死因不明的禽、畜、兽、水产动物肉类，或者生产经营其制品；

（四）经营未按规定进行检疫或者检疫不合格的肉类，或者生产经营未经检验或者检验不合格的肉类制品；

（五）生产经营国家为防病等特殊需要明令禁止生产经营的食品；

（六）生产经营添加药品的食品。

明知从事前款规定的违法行为，仍为其提供生产经营场所或者其他条件的，由县级以上人民政府食品安全监督管理部门责令停止违法行为，没收违法所得，并处十万元以上二十万元以下罚款；使消费者的合法权益受到损害的，应当与食品生产经营者承担连带责任。

违法使用剧毒、高毒农药的，除依照有关法律、法规规定给予处罚外，可以由公安机关依照第一款规定给予拘留。

第一百二十四条 违反本法规定，有下列情形之一，尚不构成犯罪的，由县级以上人民政府食品安全监督管理部门没收违法所得和违法生产经营的食品、食品添加剂，并可以没收用于违法生产经营的工具、设备、原料等物品；违法生产经营的食品、食品添加剂货值金额不足一万元的，并处五万元以上十万元以下罚款；货值金额一万元以上的，并处货值金额十倍以上二十倍以下罚款；情节严重的，吊销许可证：

（一）生产经营致病性微生物，农药残留、兽药残留、生物毒素、重金属等污染物质以及其他危害人体健康的物质含量超过食品安全标准限量的食品、食品添加剂；

（二）用超过保质期的食品原料、食品添加剂生产食品、食品添加剂，或者经营上述食品、食品添加剂；

（三）生产经营超范围、超限量使用食品添加剂的食品；

（四）生产经营腐败变质、油脂酸败、霉变生虫、污秽不洁、混有异物、掺假掺杂或者感官性状异常的食品、食品添加剂；

（五）生产经营标注虚假生产日期、保质期或者超过保质期的食品、食品添加剂；

（六）生产经营未按规定注册的保健食品、特殊医学用途配方食品、婴幼儿配方乳粉，或者未按注册的产品配方、生产工艺等技术要求组织生产；

（七）以分装方式生产婴幼儿配方乳粉，或者同一企业以同一配方生产不同品牌的婴幼儿配方乳粉；

（八）利用新的食品原料生产食品，或者生产食品添加剂新品种，未通过安全性评估；

法律适用

相关法律法规

（九）食品生产经营者在食品安全监督管理部门责令其召回或者停止经营后，仍拒不召回或者停止经营。

除前款和本法第一百二十三条、第一百二十五条规定的情形外，生产经营不符合法律、法规或者食品安全标准的食品、食品添加剂的，依照前款规定给予处罚。

生产食品相关产品新品种，未通过安全性评估，或者生产不符合食品安全标准的食品相关产品的，由县级以上人民政府食品安全监督管理部门依照第一款规定给予处罚。

第一百二十五条 违反本法规定，有下列情形之一的，由县级以上人民政府食品安全监督管理部门没收违法所得和违法生产经营的食品、食品添加剂，并可以没收用于违法生产经营的工具、设备、原料等物品；违法生产经营的食品、食品添加剂货值金额不足一万元的，并处五千元以上五万元以下罚款；货值金额一万元以上的，并处货值金额五倍以上十倍以下罚款；情节严重的，责令停产停业，直至吊销许可证：

（一）生产经营被包装材料、容器、运输工具等污染的食品、食品添加剂；

（二）生产经营无标签的预包装食品、食品添加剂或者标签、说明书不符合本法规定的食品、食品添加剂；

（三）生产经营转基因食品未按规定进行标示；

（四）食品生产经营者采购或者使用不符合食品安全标准的食品原料、食品添加剂、食品相关产品。

生产经营的食品、食品添加剂的标签、说明书存在瑕疵但不影响食品安全且不会对消费者造成误导的，由县级以上人民政府食品安全监督管理部门责令改正；拒不改正的，处二千元以下罚款。

第一百二十六条 违反本法规定，有下列情形之一的，由县级以上人民政府食品安全监督管理部门责令改正，给予警告；拒不改正的，处五千元以上五万元以下罚款；情节严重的，责令停产停业，直至吊销许可证：

（一）食品、食品添加剂生产者未按规定对采购的食品原料和生产的食品、食品添加剂进行检验；

（二）食品生产经营企业未按规定建立食品安全管理制度，或者未按规定配备或者培训、考核食品安全管理人员；

（三）食品、食品添加剂生产经营者进货时未查验许可证和相关证明文件，或者未按规定建立并遵守进货查验记录、出厂检验记录和销售记录制度；

（四）食品生产经营企业未制定食品安全事故处置方案；

（五）餐具、饮具和盛放直接入口食品的容器，使用前未经洗净、消毒或者清洗消毒不合格，或者餐饮服务设施、设备未按规定定期维护、清洗、校验；

（六）食品生产经营者安排未取得健康证明或者患有国务院卫生行政部门规定的有碍食品安全疾病的人员从事接触直接入口食品的工作；

（七）食品经营者未按规定要求销售食品；

（八）保健食品生产企业未按规定向食品安全监督管理部门备案，或者未按备案的产品配方、生产工艺等技术要求组织生产；

（九）婴幼儿配方食品生产企业未将食品原料、食品添加剂、产品配方、标签等向食品安全监督管理部门备案；

（十）特殊食品生产企业未按规定建立生产质量管理体系并有效运行，或者未定期提交自查报告；

（十一）食品生产经营者未定期对食品安全状况进行检查评价，或者生产经营条件发生变化，未按规定处理；

（十二）学校、托幼机构、养老机构、建筑工地等集中用餐单位未按规定履行食品安全管理责任；

（十三）食品生产企业、餐饮服务提供者未按规定制定、实施生产经营过程控制要求。

餐具、饮具集中消毒服务单位违反本法规定用水，使用洗涤剂、消毒剂，或者出厂的餐具、饮具未按规定检验合格并随附消毒合格证明，或者未按规定在独立包装上标注相关内容的，由县级以上人民政府卫生行政部门依照前款规定给予处罚。

食品相关产品生产者未按规定对生产的食品相关产品进行检验的，由县级以上人民政府食品安全监督管理部门依照第一款规定给予处罚。

食用农产品销售者违反本法第六十五条规定的，由县级以上人民政府食品安全监督管理部门依照第一款规定给予处罚。

第一百二十七条 对食品生产加工小作坊、食品摊贩等的违法行为的处罚，依照省、自治区、直辖市制定的具体管理办法执行。

第一百二十八条 违反本法规定，事故单位在发生食品安全事故后未进行处置、报告的，由有关主管部门按照各自职责分工责令改正，给予警告；隐匿、伪造、毁灭有关证据的，责令停产停业，没收违法所得，并处十万元以上五十万元以下罚款；造成严重后果的，吊销许可证。

第一百二十九条 违反本法规定，有下列情形之一的，由出入境检验检疫机构依照本法第一百二十四条的规定给予处罚：

（一）提供虚假材料，进口不符合我国食品安全国家标准的食品、食品添加剂、食品相关产品；

（二）进口尚无食品安全国家标准的食品，未提交所执行的标准并经国务院卫生行政部门审查，或者进口利用新的食品原料生产的食品或者进口食品添加剂新品种、食品相关产品新品种，未通过安全性评估；

（三）未遵守本法的规定出口食品；

（四）进口商在有关主管部门责令其依照本法规定召回进口的食品后，仍拒不召回。

违反本法规定，进口商未建立并遵守食品、食品添加剂进口和销售记录制度、境外出口商或者生产企业审核制度的，由出入境检验检疫机构依照本法第一百二十六条的规定给予处罚。

第一百三十条 违反本法规定，集中交易市场的开办者、柜台出租者、展销会的举办者允许未依法取得许可的食品经营者进入市场销售食品，或者未履行检查、报告等义务的，由县级以上人民政府食品安全监督管理部门责令改正，没收违法所得，并处五万元以上二十万元以下罚款；造成严重后果的，责令停业，直至由原发证部门吊销许可证；使消费者的合法权益受到损害的，应当与食品经营者承担连带责任。

食用农产品批发市场违反本法第六十四条规定的，依照前款规定承担责任。

第一百三十一条 违反本法规定，网络食品交易第三方平台提供者未对入网食品经营者进行实名登记、审查许可证，或者未履行报告、停止提供网络交易平台服务等义务的，由县级以上人民政府食品安全监督管理部门责令改正，没收违法所得，并处

法律适用 相关法律法规

五万元以上二十万元以下罚款；造成严重后果的，责令停业，直至由原发证部门吊销许可证；使消费者的合法权益受到损害的，应当与食品经营者承担连带责任。

消费者通过网络食品交易第三方平台购买食品，其合法权益受到损害的，可以向入网食品经营者或者食品生产者要求赔偿。网络食品交易第三方平台提供者不能提供入网食品经营者的真实名称、地址和有效联系方式的，由网络食品交易第三方平台提供者赔偿。网络食品交易第三方平台提供者赔偿后，有权向入网食品经营者或者食品生产者追偿。网络食品交易第三方平台提供者作出更有利于消费者承诺的，应当履行其承诺。

第一百三十二条 违反本法规定，未按要求进行食品贮存、运输和装卸的，由县级以上人民政府食品安全监督管理等部门按照各自职责分工责令改正，给予警告；拒不改正的，责令停产停业，并处一万元以上五万元以下罚款；情节严重的，吊销许可证。

第一百三十三条 违反本法规定，拒绝、阻挠、干涉有关部门、机构及其工作人员依法开展食品安全监督检查、事故调查处理、风险监测和风险评估的，由有关主管部门按照各自职责分工责令停产停业，并处二千元以上五万元以下罚款；情节严重的，吊销许可证；构成违反治安管理行为的，由公安机关依法给予治安管理处罚。

违反本法规定，对举报人以解除、变更劳动合同或者其他方式打击报复的，应当依照有关法律的规定承担责任。

第一百三十四条 食品生产经营者在一年内累计三次因违反本法规定受到责令停产停业、吊销许可证以外处罚的，由食品安全监督管理部门责令停产停业，直至吊销许可证。

第一百三十五条 被吊销许可证的食品生产经营者及其法定代表人、直接负责的主管人员和其他直接责任人员自处罚决定作出之日起五年内不得申请食品生产经营许可，或者从事食品生产经营管理工作、担任食品生产经营企业食品安全管理人员。

因食品安全犯罪被判处有期徒刑以上刑罚的，终身不得从事食品生产经营管理工作，也不得担任食品生产经营企业食品安全管理人员。

食品生产经营者聘用人员违反前两款规定的，由县级以上人民政府食品安全监督管理部门吊销许可证。

第一百三十六条 食品经营者履行了本法规定的进货查验等义务，有充分证据证明其不知道所采购的食品不符合食品安全标准，并能如实说明其进货来源的，可以免予处罚，但应当依法没收其不符合食品安全标准的食品；造成人身、财产或者其他损害的，依法承担赔偿责任。

第一百三十七条 违反本法规定，承担食品安全风险监测、风险评估工作的技术机构、技术人员提供虚假监测、评估信息的，依法对技术机构直接负责的主管人员和技术人员给予撤职、开除处分；有执业资格的，由授予其资格的主管部门吊销执业证书。

第一百三十八条 违反本法规定，食品检验机构、食品检验人员出具虚假检验报告的，由授予其资质的主管部门或者机构撤销该食品检验机构的检验资质，没收所收取的检验费用，并处检验费用五倍以上十倍以下罚款，检验费用不足一万元的，并处五万元以上十万元以下罚款；依法对食品检验机构直接负责的主管人员和食品检验人员给予撤职或者开除处分；导致发生重大食品安全事故的，对直接负责的主管人员和食品检验人员给予开除处分。

违反本法规定，受到开除处分的食品检验机构人员，自处分决定作出之日起十年内不得从事食品检验工作；因食品安全违法行为受到刑事处罚或者因出具虚假检验报告导致发生重大食品安全事故受到开除处分的食品检验机构人员，终身不得从事食品检验工作。食品检验机构聘用不得从事食品检验工作的人员的，由授予其资质的主管部门或者机构撤销该食品检验机构的检验资质。

食品检验机构出具虚假检验报告，使消费者的合法权益受到损害的，应当与食品生产经营者承担连带责任。

第一百三十九条 违反本法规定，认证机构出具虚假认证结论，由认证认可监督管理部门没收所收取的认证费用，并处认证费用五倍以上十倍以下罚款，认证费用不足一万元的，并处五万元以上十万元以下罚款；情节严重的，责令停业，直至撤销认证机构批准文件，并向社会公布；对直接负责的主管人员和负有直接责任的认证人员，撤销其执业资格。

认证机构出具虚假认证结论，使消费者的合法权益受到损害的，应当与食品生产经营者承担连带责任。

第一百四十条 违反本法规定，在广告中对食品作虚假宣传，欺骗消费者，或者发布未取得批准文件、广告内容与批准文件不一致的保健食品广告的，依照《中华人民共和国广告法》的规定给予处罚。

广告经营者、发布者设计、制作、发布虚假食品广告，使消费者的合法权益受到损害的，应当与食品生产经营者承担连带责任。

社会团体或者其他组织、个人在虚假广告或者其他虚假宣传中向消费者推荐食品，使消费者的合法权益受到损害的，应当与食品生产经营者承担连带责任。

违反本法规定，食品安全监督管理等部门、食品检验机构、食品行业协会以广告或者其他形式向消费者推荐食品，消费者组织以收取费用或者其他牟取利益的方式向消费者推荐食品的，由有关主管部门没收违法所得，依法对直接负责的主管人员和其他直接责任人员给予记大过、降级或者撤职处分；情节严重的，给予开除处分。

对食品作虚假宣传且情节严重的，由省级以上人民政府食品安全监督管理部门决定暂停销售该食品，并向社会公布；仍然销售该食品的，由县级以上人民政府食品安全监督管理部门没收违法所得和违法销售的食品，并处二万元以上五万元以下罚款。

第一百四十一条 违反本法规定，编造、散布虚假食品安全信息，构成违反治安管理行为的，由公安机关依法给予治安管理处罚。

媒体编造、散布虚假食品安全信息的，由有关主管部门依法给予处罚，并对直接负责的主管人员和其他直接责任人员给予处分；使公民、法人或者其他组织的合法权益受到损害的，依法承担消除影响、恢复名誉、赔偿损失、赔礼道歉等民事责任。

第一百四十二条 违反本法规定，县级以上地方人民政府有下列行为之一的，对直接负责的主管人员和其他直接责任人员给予记大过处分；情节较重的，给予降级或者撤职处分；情节严重的，给予开除处分；造成严重后果的，其主要负责人还应当引咎辞职：

（一）对发生在本行政区域内的食品安全事故，未及时组织协调有关部门开展有效处置，造成不良影响或者损失；

（二）对本行政区域内涉及多环节的区域性食品安全问题，未及时组织整治，造成不良影响或者损失；

（三）隐瞒、谎报、缓报食品安全事故；

（四）本行政区域内发生特别重大食品安全事故，或者连续发生重大食品安全事故。

第一百四十三条 违反本法规定，县级以上地方人民政府有下列行为之一的，对直接负责的主管人员和其他直接责任人员给予警告、记过或者记大过处分；造成严重后果的，给予降级或者撤职处分：

（一）未确定有关部门的食品安全监督管理职责，未建立健全食品安全全程监督管理工作机制和信息共享机制，未落实食品安全监督管理责任制；

（二）未制定本行政区域的食品安全事故应急预案，或者发生食品安全事故后未按规定立即成立事故处置指挥机构、启动应急预案。

第一百四十四条 违反本法规定，县级以上人民政府食品安全监督管理、卫生行政、农业行政等部门有下列行为之一的，对直接负责的主管人员和其他直接责任人员给予记大过处分；情节较重的，给予降级或者撤职处分；情节严重的，给予开除处分；造成严重后果的，其主要负责人还应当引咎辞职：

（一）隐瞒、谎报、缓报食品安全事故；

（二）未按规定查处食品安全事故，或者接到食品安全事故报告未及时处理，造成事故扩大或者蔓延；

（三）经食品安全风险评估得出食品、食品添加剂、食品相关产品不安全结论后，未及时采取相应措施，造成食品安全事故或者不良社会影响；

（四）对不符合条件的申请人准予许可，或者超越法定职权准予许可；

（五）不履行食品安全监督管理职责，导致发生食品安全事故。

第一百四十五条 违反本法规定，县级以上人民政府食品安全监督管理、卫生行政、农业行政等部门有下列行为之一，造成不良后果的，对直接负责的主管人员和其他直接责任人员给予警告、记过或者记大过处分；情节较重的，给予降级或者撤职处分；情节严重的，给予开除处分：

（一）在获知有关食品安全信息后，未按规定向上级主管部门和本级人民政府报告，或者未按规定相互通报；

（二）未按规定公布食品安全信息；

（三）不履行法定职责，对查处食品安全违法行为不配合，或者滥用职权、玩忽职守、徇私舞弊。

第一百四十六条 食品安全监督管理等部门在履行食品安全监督管理职责过程中，违法实施检查、强制等执法措施，给生产经营者造成损失的，应当依法予以赔偿，对直接负责的主管人员和其他直接责任人员依法给予处分。

第一百四十七条 违反本法规定，造成人身、财产或者其他损害的，依法承担赔偿责任。生产经营者财产不足以同时承担民事赔偿责任和缴纳罚款、罚金时，先承担民事赔偿责任。

第一百四十八条 消费者因不符合食品安全标准的食品受到损害的，可以向经营者要求赔偿损失，也可以向生产者要求赔偿损失。接到消费者赔偿要求的生产经营者，应当实行首负责任制，先行赔付，不得推诿；属于生产者责任的，经营者赔偿后有权向生产者追偿；属于经营者责任的，生产者赔偿后有权向经营者追偿。

生产不符合食品安全标准的食品或者经营明知是不符合食品安全标准的食品，消费者除要求赔偿损失外，还可以向生产者或者经营者要求支付价款十倍或者损失三倍的赔偿金；增加赔偿的金额不足一千元的，为一千元。但是，食品的标签、说明书存在不影响食品安全且不会对消费者造成误导的瑕疵的除外。

第一百四十九条 违反本法规定，构成犯罪的，依法追究刑事责任。

第十章 附 则

第一百五十条 本法下列用语的含义：

食品，指各种供人食用或者饮用的成品和原料以及按照传统既是食品又是中药材的物品，但是不包括以治疗为目的的物品。

食品安全，指食品无毒、无害，符合应当有的营养要求，对人体健康不造成任何急性、亚急性或者慢性危害。

预包装食品，指预先定量包装或者制作在包装材料、容器中的食品。

食品添加剂，指为改善食品品质和色、香、味以及为防腐、保鲜和加工工艺的需要而加入食品中的人工合成或者天然物质，包括营养强化剂。

用于食品的包装材料和容器，指包装、盛放食品或者食品添加剂用的纸、竹、木、金属、搪瓷、陶瓷、塑料、橡胶、天然纤维、化学纤维、玻璃等制品和直接接触食品或者食品添加剂的涂料。

用于食品生产经营的工具、设备，指在食品或者食品添加剂生产、销售、使用过程中直接接触食品或者食品添加剂的机械、管道、传送带、容器、用具、餐具等。

用于食品的洗涤剂、消毒剂，指直接用于洗涤或者消毒食品、餐具、饮具以及直接接触食品的工具、设备或者食品包装材料和容器的物质。

食品保质期，指食品在标明的贮存条件下保持品质的期限。

食源性疾病，指食品中致病因素进入人体引起的感染性、中毒性等疾病，包括食物中毒。

食品安全事故，指食源性疾病、食品污染等源于食品，对人体健康有危害或者可能有危害的事故。

第一百五十一条 转基因食品和食盐的食品安全管理，本法未作规定的，适用其他法律、行政法规的规定。

第一百五十二条 铁路、民航运营中食品安全的管理办法由国务院食品安全监督管理部门会同国务院有关部门依照本法制定。

保健食品的具体管理办法由国务院食品安全监督管理部门依照本法制定。

食品相关产品生产活动的具体管理办法由国务院食品安全监督管理部门依照本法制定。

国境口岸食品的监督管理由出入境检验检疫机构依照本法以及有关法律、行政法规的规定实施。

军队专用食品和自供食品的食品安全管理办法由中央军事委员会依照本法制定。

第一百五十三条 国务院根据实际需要，可以对食品安全监督管理体制作出调整。

第一百五十四条 本法自2015年10月1日起施行。

法律适用

相关法律法规

二、《食盐加碘消除碘缺乏危害管理条例》(节录)(1994年8月23日国务院令第163号公布　自1994年10月1日起施行　2017年3月1日修订)

第二条　碘缺乏危害，是指由于环境缺碘、公民摄碘不足所引起的地方性甲状腺肿、地方性克汀病和对儿童智力发育的潜在性损伤。

第九条　碘盐出厂前必须经质量检验，未达到规定含量标准的碘盐不得出厂。

第二十六条　违反本条例的规定，在缺碘地区的食用盐市场销售不合格碘盐或者擅自销售非碘盐的，由县级以上人民政府盐业主管机构没收其经营的全部盐产品和违法所得，可以并处该盐产品价值3倍以下的罚款；情节严重，构成犯罪的，依法追究刑事责任。

三、《食盐专营办法》(节录)(1996年5月27日国务院令第197号公布　自公布之日起施行　2013年12月7日修正　2017年12月26日修订)

第十九条　禁止销售不符合食品安全标准的食盐。

禁止将下列产品作为食盐销售：

(一)液体盐(含天然卤水)；

(二)工业用盐和其他非食用盐；

(三)利用盐土、硝土或者工业废渣、废液制作的盐；

(四)利用井矿盐卤水熬制的盐；

(五)外包装上无标识或者标识不符合国家有关规定的盐。

第二十二条　盐业主管部门应当会同有关部门制定食盐供应应急预案，在发生突发事件时协调、保障食盐供应。

第三十三条　盐业主管部门以及其他有关部门的工作人员滥用职权、玩忽职守、徇私舞弊，构成犯罪的，依法追究刑事责任；尚不构成犯罪的，依法给予处分。

6 生产、销售有毒、有害食品案

概念

本罪是指生产者、销售者违反国家食品安全管理法规，故意在生产、销售的食品中掺入有毒、有害的非食品原料，或者销售明知掺有有毒、有害的非食品原料的食品的行为。

立案标准

在生产、销售的食品中掺入有毒、有害的非食品原料的，或者销售明知掺有有毒、有害的非食品原料的食品的，应予立案追诉。

在食品加工、销售、运输、贮存等过程中，掺入有毒、有害的非食品原料，或者使用有毒、有害的非食品原料加工食品的，应予立案追诉。

在食用农产品种植、养殖、销售、运输、贮存等过程中，使用禁用农药、兽药等禁用物质或者其他有毒、有害物质的，应予立案追诉。

在保健食品或者其他食品中非法添加国家禁用药物等有毒、有害物质的，应予立案追诉。

下列物质应当认定为“有毒、有害的非食品原料”：

（1）法律、法规禁止在食品生产经营活动中添加、使用的物质；

（2）国务院有关部门公布的《食品中可能违法添加的非食用物质名单》《保健食品中可能非法添加的物质名单》中所列物质；

（3）国务院有关部门公告禁止使用的农药、兽药以及其他有毒、有害物质；

（4）其他危害人体健康的物质。

定罪标准		
	犯罪客体	本罪侵犯的客体是复杂客体，即国家对食品安全的管理制度以及不特定多数人的身体健康权利。国家为保障人民群众的生命、健康，颁布了一系列关于食品安全的法律、法规，建立起对食品卫生的管理制度，而生产、销售有毒、有害食品，就是对这一制度的侵犯；同时，在生产、销售的食品中掺入有毒、有害的非食品原料，无疑会对消费者的生命、健康造成很大威胁，因此，这种行为也侵犯了消费者的生命健康权利。
	犯罪客观方面	本罪在客观方面表现为行为人违反国家食品安全管理法规，在生产、销售的食品中掺入有毒、有害的非食品原料或者销售明知掺有有毒、有害的非食品原料的食品的行为。所谓食品，是指各种供人食用或者饮用的成品和原料以及按照传统既是食品又是药品的物品，但是不包括以治疗为目的的物品。本罪属行为犯，行为人只要实施了上述行为，无论是否造成危害后果，即构成既遂。“有毒、有害的非食品原料”，是指无任何营养价值，根本不能食用，对人体具有生理毒性，食用后会引起不良反应、损害肌体健康的不能食用的原料。如用工业酒精兑制白酒、用不能饮用的污水兑制酱油、把石灰水掺进牛奶中，等等。本罪主要表现为两种行为：一是行为人在生产、销售的食品中掺入有毒、有害的非食品原料的行为。所谓非食品原料，从营养学的角度

<table>
<tr><td rowspan="5">定罪标准</td><td>犯罪客观方面</td><td>看是根本不能食用的原料，如工业酒精、阴沟里的污水、石灰水，等等。如果掺入的有害物属于食品原料，如防腐剂等，不构成本罪。如果足以造成严重食物中毒事故或者其他严重食源性疾病，可定生产、销售不符合安全标准的食品罪。至于非食品原料是否有毒、有害，要经过有关机关鉴定确定。二是行为人明知是掺有有毒、有害的非食品原料的食品而予以销售。也就是说行为人虽未实施掺入有毒、有害非食品原料的行为，但他明知是有毒、有害食品仍予以销售。认定这种行为，要注意查明行为人主观上必须是“明知”。</td></tr>
<tr><td>犯罪主体</td><td>本罪的主体为一般主体，任何单位以及达到刑事责任年龄、具有刑事责任能力的自然人都可以构成。既包括合法的食品生产者、销售者，也包括非法的食品生产者、销售者。</td></tr>
<tr><td>犯罪主观方面</td><td>本罪在主观方面表现为故意，一般是出于获取非法利润的目的。过失不构成本罪。故意内容为行为人明知其掺入食品中的是有毒、有害的非食品原料或明知其销售的是掺有有毒、有害的非食品原料的食品，而仍然为之。因此，在认定销售有毒、有害食品罪时，要注意查明行为人主观上必须是“明知”。如在云南会泽特大销售有毒假酒案件中，被告人陈某、刘某、李某分别批量购进甲醇兑制的“散装白酒”，在得到村镇干部“此酒有毒，已毒死了人，要封存，不准再卖”的通知后继续出售，均造成了严重后果。三被告人均以销售有毒食品罪受到了法律的严厉制裁。本罪的犯罪目的一般是为了牟取非法利益，但犯罪目的不是本罪的必要条件。</td></tr>
<tr><td>此罪与彼罪</td><td>一、本罪与生产、销售伪劣产品罪的界限。本罪的犯罪对象也属于伪劣产品的概念范围之内，所以本罪与生产、销售伪劣产品罪存在一些相似之处。但本罪由于其客体受到法律的特殊保护而独立出来，并与之相排斥，故而在犯罪对象、犯罪客体以及认定犯罪的标准上都存在明显的区别。如果行为人在生产、销售的食品中既掺入有毒、有害的非食品原料，违法销售金额又在5万元以上的，应依《刑法》第149条第2款的规定，依照处刑较重的规定处罚。

二、本罪与生产、销售不符合安全标准的食品罪的界限。两罪的区别在于：一是犯罪对象不同。本罪生产、销售的是有毒、有害的食品，即掺入有毒、有害的非食品原料的食品；而生产、销售不符合安全标准的食品罪的犯罪对象只是未达到食品安全标准的食品，该食品中未掺入有毒、有害的非食品原料。二是客观方面不同。本罪须具有在生产、销售的食品中掺入有毒、有害的非食品原料的行为；而生产、销售不符合安全标准的食品罪尽管也掺入有毒、有害物质从而造成食品不符合食品安全标准，但加入的物质仍然是食品原料，只不过是变质、腐败或被污染了。三是本罪是行为犯，只要实施客观方面要求的行为即可构成既遂；生产、销售不符合安全标准的食品罪是危险犯，只有造成严重食物中毒事故或者其他食源性疾病，对人体健康造成严重危害的，才能构成既遂。

三、本罪与投放危险物质罪的界限。与投放危险物质罪区别的关键是，犯罪的目的不同：本罪的目的是获取非法利润，虽然行为人对掺入有毒、有害的非食品原料是明知的，但并不追求危害结果的发生；投放危险物质罪的目的是使不特定多数人死亡</td></tr>
</table>

定罪标准	此罪与彼罪	或伤害，追求危害结果的发生。本罪与过失投放危险物质罪的区别关键在于对在食品中掺入有毒、有害的非食品原料的主观心理态度不同：过失投放危险物质罪不是故意在食品中掺入有毒、有害的非食品原料，而是由于疏忽大意或过于自信造成的；而本罪则是故意在食品中掺入有毒、有害的非食品原料。 四、本罪与重大责任事故罪和玩忽职守罪的界限。区别关键也是在于主观方面不同：本罪是在生产、销售的食品中故意掺入有毒、有害的非食品原料；而重大责任事故罪和玩忽职守罪对食品中掺入有毒、有害的非食品原料在主观上是过失的。 五、本罪与以危险方法危害公共安全罪的界限。本罪既侵犯消费者的生命、健康权利，在客观上往往也造成多人伤亡的严重后果，所以它与以危险方法危害公共安全罪存在一些相似之处，区分二者之间的关键在于把握两罪的主观方面：本罪的故意内容不包括对人体健康严重危害后果的积极追求，而只是放任此危害结果的发生；以危险方法危害公共安全罪的主观故意中包括对危害结果发生的积极追求的意志内容。所以，如果在生产、销售的食品中掺入有毒、有害的非食品原料，目的在于对不特定多数人的生命、健康造成危害，就应构成投放危险物质罪或以危险方法危害公共安全罪。
证据参考标准	主体方面的证据	**一、证明行为人刑事责任年龄、身份等自然情况的证据。** 包括身份证明、户籍证明、任职证明、工作经历证明、特定职责证明等，主要是证明行为人的姓名（曾用名）、性别、出生年月日、民族、籍贯、出生地、职业（或职务）、住所地（或居所地）等证据材料，如户口簿、居民身份证、工作证、出生证、专业或技术等级证、干部履历表、职工登记表、护照等。 对于户籍、出生证等材料内容不实的，应提供其他证据材料。外国人犯罪的案件，应有护照等身份证明材料。人大代表、政协委员犯罪的案件，应注明身份，并附身份证明材料。 **二、证明行为人刑事责任能力的证据。** 证明行为人对自己的行为是否具有辨认能力与控制能力，如是否属于间歇性精神病人、尚未完全丧失辨认或者控制自己行为能力的精神病人的证明材料。 **三、证明单位的证据。** 证明是否属于依法成立并有合法经营、管理范围的公司、企业、事业单位、机关、团体。 证明单位的名称、住所地、性质、法定代表人、单位负责人、业务范围、成立时间等证据材料，如企业营业执照、国有公司性质证明及非法人单位的身份证明等。 **四、证明法定代表人、单位负责人或直接责任人员等的身份证明。** 法定代表人、直接负责的主管人员和其他直接责任人在单位的任职、职责、负责权限的证明材料等。包括身份证明、户籍证明、任职证明等，如户口簿、居民身份证、工作证、护照、专业或技术等级证、干部履历表、职工登记表、任命书、业务分工文件、委派文件、单位证明、单位规章制度等。
	主观方面的证据	证明行为人故意的证据：1. 证明行为人明知的证据：证明行为人明知自己的行为会发生危害社会的结果。2. 证明间接故意的证据：证明行为人放任危害结果发生。3. 目的：（1）获取非法利润；（2）牟利；（3）营利。

<table>
<tr><td rowspan="2">证据参考标准</td><td>客观方面的证据</td><td colspan="2">证明行为人生产、销售有毒、有害食品犯罪行为的证据。
具体证据包括：1. 证明行为人生产、销售有工业酒精食品行为的证据；2. 证明行为人生产、销售有工业染料食品行为的证据；3. 证明行为人生产、销售有色素食品行为的证据；4. 证明行为人生产、销售有化学合成剂食品行为的证据；5. 证明行为人生产、销售有毒品（包括精神药品）食品行为的证据；6. 证明行为人生产、销售有受污染水源食品行为的证据；7. 证明行为人生产、销售其他有毒、有害食品行为的证据。</td></tr>
<tr><td>量刑方面的证据</td><td colspan="2">一、法定量刑情节证据。
1. 事实情节。2. 法定从重情节。3. 法定从轻减轻情节：（1）可以从轻；（2）可以从轻或减轻；（3）应当从轻或者减轻。4. 法定从轻减轻免除情节：（1）可以从轻、减轻或者免除处罚；（2）应当从轻、减轻或者免除处罚。5. 法定减轻免除情节：（1）可以减轻或者免除处罚；（2）应当减轻或者免除处罚；（3）可以免除处罚。
二、酌定量刑情节证据。
1. 犯罪手段：（1）生产；（2）销售。2. 犯罪对象。3. 危害结果。4. 动机。5. 平时表现。6. 认罪态度。7. 是否有前科。8. 其他证据。</td></tr>
<tr><td rowspan="4">量刑标准</td><td colspan="2">犯本罪的</td><td>处五年以下有期徒刑，并处罚金</td></tr>
<tr><td colspan="2">对人体健康造成严重危害或者有其他严重情节的</td><td>处五年以上十年以下有期徒刑，并处罚金</td></tr>
<tr><td colspan="2">致人死亡或者有其他特别严重情节的</td><td>处十年以上有期徒刑、无期徒刑或者死刑，并处罚金或者没收财产</td></tr>
<tr><td colspan="2">单位犯本罪的</td><td>对单位判处罚金，并对其直接负责的主管人员和其他责任人员依上述规定处罚</td></tr>
<tr><td>法律适用</td><td>刑法条文</td><td colspan="2">第一百四十四条　在生产、销售的食品中掺入有毒、有害的非食品原料的，或者销售明知掺有有毒、有害的非食品原料的食品的，处五年以下有期徒刑，并处罚金；对人体健康造成严重危害或者有其他严重情节的，处五年以上十年以下有期徒刑，并处罚金；致人死亡或者有其他特别严重情节的，依照本法第一百四十一条的规定处罚。
第一百四十九条　生产、销售本节第一百四十一条至第一百四十八条所列产品，不构成各该条规定的犯罪，但是销售金额在五万元以上的，依照本节第一百四十条的规定定罪处罚。
生产、销售本节第一百四十一条至第一百四十八条所列产品，构成各该条规定的犯罪，同时又构成本节第一百四十条规定之罪的，依照处罚较重的规定定罪处罚。
第一百五十条　单位犯本节第一百四十条至第一百四十八条规定之罪的，对单位判处罚金，并对其直接负责的主管人员和其他直接责任人员，依照各该条的规定处罚。</td></tr>
</table>

法律适用　司法解释

一、最高人民法院、最高人民检察院《关于办理生产、销售伪劣商品刑事案件具体应用法律若干问题的解释》（节录）（2001年4月9日最高人民法院、最高人民检察院公布　自2001年4月10日起施行　法释〔2001〕10号）

第五条　生产、销售的有毒、有害食品被食用后，造成轻伤、重伤或者其他严重后果的，应认定为刑法第一百四十四条规定的“对人体健康造成严重危害”。

生产、销售的有毒、有害食品被食用后，致人严重残疾、三人以上重伤、十人以上轻伤或者造成其他特别严重后果的，应认定为“对人体健康造成特别严重危害”。

第九条　知道或者应当知道他人实施生产、销售伪劣商品犯罪，而为其提供贷款、资金、账号、发票、证明、许可证件，或者提供生产、经营场所或者运输、仓储、保管、邮寄等便利条件，或者提供制假生产技术的，以生产、销售伪劣商品犯罪的共犯论处。

第十条　实施生产、销售伪劣商品犯罪，同时构成侵犯知识产权、非法经营等其他犯罪的，依照处罚较重的规定定罪处罚。

第十一条　实施刑法第一百四十条至第一百四十八条规定的犯罪，又以暴力、威胁方法抗拒查处，构成其他犯罪的，依照数罪并罚的规定处罚。

第十二条　国家机关工作人员参与生产、销售伪劣商品犯罪的，从重处罚。

二、最高人民法院、最高人民检察院《关于办理非法生产、销售、使用禁止在饲料和动物饮用水中使用的药品等刑事案件具体应用法律若干问题的解释》（节录）
（2002年8月16日最高人民法院、最高人民检察院公布　自2002年8月23日起施行　法释〔2002〕26号）

为依法惩治非法生产、销售、使用盐酸克仑特罗（Clenbuterol Hydrochloride 俗称“瘦肉精”）等禁止在饲料和动物饮用水中使用的药品等犯罪活动，维护社会主义市场经济秩序，保护公民身体健康，根据刑法有关规定，现就办理这类刑事案件具体应用法律的若干问题解释如下：

第三条　使用盐酸克仑特罗等禁止在饲料和动物饮用水中使用的药品或者含有该类药品的饲料养殖供人食用的动物，或者销售明知是使用该类药品或者含有该类药品的饲料养殖的供人食用的动物的，依照刑法第一百四十四条的规定，以生产、销售有毒、有害食品罪追究刑事责任。

第四条　明知是使用盐酸克仑特罗等禁止在饲料和动物饮用水中使用的药品或者含有该类药品的饲料养殖的供人食用的动物，而提供屠宰等加工服务，或者销售其制品的，依照刑法第一百四十四条的规定，以生产、销售有毒、有害食品罪追究刑事责任。

第五条　实施本解释规定的行为，同时触犯刑法规定的两种以上犯罪的，依照处罚较重的规定追究刑事责任。

第六条　禁止在饲料和动物饮用水中使用的药品，依照国家有关部门公告的禁止在饲料和动物饮用水中使用的药物品种目录确定。

附：《禁止在饲料和动物饮用水中使用的药物品种目录》

一、肾上腺素受体激动剂

1. 盐酸克仑特罗（ClenbuterolHydrochloride）：中华人民共和国药典（以下简称药典）① 2000年二部P605。β2肾上腺素受体激动药。

① 2020年6月24日国家药监局、国家卫生健康委公布了2020年版《中华人民共和国药典》，自2020年12月30日起施行。

法律适用 司法解释

2. 沙丁胺醇（Salbutamol）：药典 2000 年二部 P316。β2 肾上腺素受体激动药。

3. 硫酸沙丁胺醇（SalbutamolSulfate）：药典 2000 年二部 P870。β2 肾上腺素受体激动药。

4. 莱克多巴胺（Ractopamine）：一种 β 兴奋剂，美国食品和药物管理局（FDA）已批准，中国未批准。

5. 盐酸多巴胺（DopamineHydrochloride）：药典 2000 年二部 P591。多巴胺受体激动药。

6. 西巴特罗（Cimaterol）：美国氰胺公司开发的产品，一种 β 兴奋剂，FDA 未批准。

7. 硫酸特布他林（TerbutalineSulfate）：药典 2000 年二部 P890。β2 肾上腺受体激动药。

二、性 激 素

8. 己烯雌酚（Diethylstibestrol）：药典 2000 年二部 P42。雌激素类药。

9. 雌二醇（Estradiol）：药典 2000 年二部 P1005。雌激素类药。

10. 戊酸雌二醇（EstradiolValcrate）：药典 2000 年二部 P124。雌激素类药。

11. 苯甲酸雌二醇（EstradiolBenzoate）：药典 2000 年二部 P369。雌激素类药。中华人民共和国兽药典（以下简称兽药典）① 2000 年版一部 P109。雌激素类药。用于发情不明显动物的催情及胎衣滞留、死胎的排除。

12. 氯烯雌醚（Chlorotrianisene）药典 2000 年二部 P919。

13. 炔诺醇（Ethinylestradiol）药典 2000 年二部 P422。

14. 炔诺醚（Quinestrol）药典 2000 年二部 P424。

15. 醋酸氯地孕酮（Chlormadinoneacetate）药典 2000 年二部 P1037。

16. 左炔诺孕酮（Levonorgestrel）药典 2000 年二部 P107。

17. 炔诺酮（Norethisterone）药典 2000 年二部 P420。

18. 绒毛膜促性腺激素（绒促性素）（ChorionicConadotro－phin）：药典 2000 年二部 P534。促性腺激素药。兽药典 2000 年版一部 P146。激素类药。用于性功能障碍、习惯性流产及卵巢囊肿等。

19. 促卵泡生长激素（尿促性素主要含卵泡刺激 FSHT 和黄体生成素 LH）（Menotropins）：药典 2000 年二部 P321。促性腺激素类药。

三、蛋白同化激素

20. 碘化酪蛋白（IodinatedCasein）：蛋白同化激素类，为甲状腺素的前驱物质，具有类似甲状腺素的生理作用。

21. 苯丙酸诺龙及苯丙酸诺龙注射液（Nandrolonephenylpro－pionate）药典 2000 年二部 P365。

四、精神药品

22. （盐酸）氯丙嗪（ChlorpromazineHydrochloride）：药典 2000 年二部 P676。抗精神病药。兽药典 2000 年版一部 P177。镇静药。用于强化麻醉以及使动物安静等。

23. 盐酸异丙嗪（PromethazineHydrochloride）：药典 2000 年二部 P602。抗组胺药。兽药典 2000 年版一部 P164。抗组胺药。用于变态反应性疾病，如荨麻疹、血清病等。

24. 安定（地西泮）（Diazepam）：药典 2000 年二部 P214。抗焦虑药、抗惊厥药。兽药典 2000 年版一部 P61。镇静药、抗惊厥药。

---

① 2020 年 11 月 9 日农业农村部公布了 2020 年版《中华人民共和国兽药典》，自 2021 年 7 月 1 日起施行。

25. 苯巴比妥（Phenobarbital）：药典2000年二部P362。镇静催眠药、抗惊厥药。兽药典2000年版一部P103。巴比妥类药。缓解脑炎、破伤风、士的宁中毒所致的惊厥。

26. 苯巴比妥钠（PhenobarbitalSodium）。兽药典2000年版一部P105。巴比妥类药。缓解脑炎、破伤风、士的宁中毒所致的惊厥。

27. 巴比妥（Barbital）：兽药典2000年版一部P27。中枢抑制和增强解热镇痛。

28. 异戊巴比妥（Amobarbital）：药典2000年二部P252。催眠药、抗惊厥药。

29. 异戊巴比妥钠（AmobarbitalSodium）：兽药典2000年版一部P82。巴比妥类药。用于小动物的镇静、抗惊厥和麻醉。

30. 利血平（Reserpine）：药典2000年二部P304。抗高血压药。

31. 艾司唑仑（Estazolam）。

32. 甲丙氨脂（Mcprobamate）。

33. 咪达唑仑（Midazolam）。

34. 硝西泮（Nitrazepam）。

35. 奥沙西泮（Oxazcpam）。

36. 匹莫林（Pemoline）。

37. 三唑仑（Triazolam）。

38. 唑吡旦（Zolpidem）。

39. 其他国家管制的精神药品。

五、各种抗生素滤渣

40. 抗生素滤渣：该类物质是抗生素类产品生产过程中产生的工业三废，因含有微量抗生素成份，在饲料和饲养过程中使用后对动物有一定的促生长作用。但对养殖业的危害很大，一是容易引起耐药性，二是由于未做安全性试验，存在各种安全隐患。

三、最高人民检察院、公安部《关于公安机关管辖的刑事案件立案追诉标准的规定（一）》（节录）（2008年6月25日最高人民检察院、公安部公布　自公布之日起施行　2017年4月27日修正）

第二十条　〔生产、销售有毒、有害食品案（刑法第一百四十四条）〕在生产、销售的食品中掺入有毒、有害的非食品原料的，或者销售明知掺有有毒、有害的非食品原料的食品的，应予立案追诉。

在食品加工、销售、运输、贮存等过程中，掺入有毒、有害的非食品原料，或者使用有毒、有害的非食品原料加工食品的，应予立案追诉。

在食用农产品种植、养殖、销售、运输、贮存等过程中，使用禁用农药、兽药等禁用物质或者其他有毒、有害物质的，应予立案追诉。

在保健食品或者其他食品中非法添加国家禁用药物等有毒、有害物质的，应予立案追诉。

下列物质应当认定为本条规定的“有毒、有害的非食品原料”：

（一）法律、法规禁止在食品生产经营活动中添加、使用的物质；

（二）国务院有关部门公布的《食品中可能违法添加的非食用物质名单》《保健食品中可能非法添加的物质名单》中所列物质；

（三）国务院有关部门公告禁止使用的农药、兽药以及其他有毒、有害物质；

（四）其他危害人体健康的物质。

法律适用

司法解释

四、最高人民法院、最高人民检察院《关于办理危害食品安全刑事案件适用法律若干问题的解释》（2013年5月2日最高人民法院、最高人民检察院公布 自2013年5月4日起施行）（略，详见本书第59页）

五、最高人民法院《关于审理走私、非法经营、非法使用兴奋剂刑事案件适用法律若干问题的解释》（节录）（2019年11月18日最高人民法院公布 自2020年1月1日起施行）

第五条 生产、销售含有兴奋剂目录所列物质的食品，符合刑法第一百四十三条、第一百四十四条规定的，以生产、销售不符合安全标准的食品罪、生产、销售有毒、有害食品罪定罪处罚。

相关法律法规

《中华人民共和国食品安全法》（节录）（2009年2月28日通过 2015年4月24日修订 2018年12月29日第一次修正 2021年4月29日第二次修正）

第一百二十二条 违反本法规定，未取得食品生产经营许可从事食品生产经营活动，或者未取得食品添加剂生产许可从事食品添加剂生产活动的，由县级以上人民政府食品安全监督管理部门没收违法所得和违法生产经营的食品、食品添加剂以及用于违法生产经营的工具、设备、原料等物品；违法生产经营的食品、食品添加剂货值金额不足一万元的，并处五万元以上十万元以下罚款；货值金额一万元以上的，并处货值金额十倍以上二十倍以下罚款。

明知从事前款规定的违法行为，仍为其提供生产经营场所或者其他条件的，由县级以上人民政府食品安全监督管理部门责令停止违法行为，没收违法所得，并处五万元以上十万元以下罚款；使消费者的合法权益受到损害的，应当与食品、食品添加剂生产经营者承担连带责任。

第一百二十三条 违反本法规定，有下列情形之一，尚不构成犯罪的，由县级以上人民政府食品安全监督管理部门没收违法所得和违法生产经营的食品，并可以没收用于违法生产经营的工具、设备、原料等物品；违法生产经营的食品货值金额不足一万元的，并处十万元以上十五万元以下罚款；货值金额一万元以上的，并处货值金额十五倍以上三十倍以下罚款；情节严重的，吊销许可证，并可以由公安机关对其直接负责的主管人员和其他直接责任人员处五日以上十五日以下拘留：

（一）用非食品原料生产食品、在食品中添加食品添加剂以外的化学物质和其他可能危害人体健康的物质，或者用回收食品作为原料生产食品，或者经营上述食品；

（二）生产经营营养成分不符合食品安全标准的专供婴幼儿和其他特定人群的主辅食品；

（三）经营病死、毒死或者死因不明的禽、畜、兽、水产动物肉类，或者生产经营其制品；

（四）经营未按规定进行检疫或者检疫不合格的肉类，或者生产经营未经检验或者检验不合格的肉类制品；

（五）生产经营国家为防病等特殊需要明令禁止生产经营的食品；

（六）生产经营添加药品的食品。

明知从事前款规定的违法行为，仍为其提供生产经营场所或者其他条件的，由县级以上人民政府食品安全监督管理部门责令停止违法行为，没收违法所得，并处十万元以上二十万元以下罚款；使消费者的合法权益受到损害的，应当与食品生产经营者承担连带责任。

违法使用剧毒、高毒农药的，除依照有关法律、法规规定给予处罚外，可以由公安机关依照第一款规定给予拘留。

第一百二十四条 违反本法规定，有下列情形之一，尚不构成犯罪的，由县级以上人民政府食品安全监督管理部门没收违法所得和违法生产经营的食品、食品添加剂，并可以没收用于违法生产经营的工具、设备、原料等物品；违法生产经营的食品、食品添加剂货值金额不足一万元的，并处五万元以上十万元以下罚款；货值金额一万元以上的，并处货值金额十倍以上二十倍以下罚款；情节严重的，吊销许可证：

（一）生产经营致病性微生物，农药残留、兽药残留、生物毒素、重金属等污染物质以及其他危害人体健康的物质含量超过食品安全标准限量的食品、食品添加剂；

（二）用超过保质期的食品原料、食品添加剂生产食品、食品添加剂，或者经营上述食品、食品添加剂；

（三）生产经营超范围、超限量使用食品添加剂的食品；

（四）生产经营腐败变质、油脂酸败、霉变生虫、污秽不洁、混有异物、掺假掺杂或者感官性状异常的食品、食品添加剂；

（五）生产经营标注虚假生产日期、保质期或者超过保质期的食品、食品添加剂；

（六）生产经营未按规定注册的保健食品、特殊医学用途配方食品、婴幼儿配方乳粉，或者未按注册的产品配方、生产工艺等技术要求组织生产；

（七）以分装方式生产婴幼儿配方乳粉，或者同一企业以同一配方生产不同品牌的婴幼儿配方乳粉；

（八）利用新的食品原料生产食品，或者生产食品添加剂新品种，未通过安全性评估；

（九）食品生产经营者在食品安全监督管理部门责令其召回或者停止经营后，仍拒不召回或者停止经营。

除前款和本法第一百二十三条、第一百二十五条规定的情形外，生产经营不符合法律、法规或者食品安全标准的食品、食品添加剂的，依照前款规定给予处罚。

生产食品相关产品新品种，未通过安全性评估，或者生产不符合食品安全标准的食品相关产品的，由县级以上人民政府食品安全监督管理部门依照第一款规定给予处罚。

第一百二十五条 违反本法规定，有下列情形之一的，由县级以上人民政府食品安全监督管理部门没收违法所得和违法生产经营的食品、食品添加剂，并可以没收用于违法生产经营的工具、设备、原料等物品；违法生产经营的食品、食品添加剂货值金额不足一万元的，并处五千元以上五万元以下罚款；货值金额一万元以上的，并处货值金额五倍以上十倍以下罚款；情节严重的，责令停产停业，直至吊销许可证：

（一）生产经营被包装材料、容器、运输工具等污染的食品、食品添加剂；

（二）生产经营无标签的预包装食品、食品添加剂或者标签、说明书不符合本法规定的食品、食品添加剂；

（三）生产经营转基因食品未按规定进行标示；

（四）食品生产经营者采购或者使用不符合食品安全标准的食品原料、食品添加剂、食品相关产品。

法律适用

相关法律法规

生产经营的食品、食品添加剂的标签、说明书存在瑕疵但不影响食品安全且不会对消费者造成误导的，由县级以上人民政府食品安全监督管理部门责令改正；拒不改正的，处二千元以下罚款。

第一百二十六条 违反本法规定，有下列情形之一的，由县级以上人民政府食品安全监督管理部门责令改正，给予警告；拒不改正的，处五千元以上五万元以下罚款；情节严重的，责令停产停业，直至吊销许可证：

（一）食品、食品添加剂生产者未按规定对采购的食品原料和生产的食品、食品添加剂进行检验；

（二）食品生产经营企业未按规定建立食品安全管理制度，或者未按规定配备或者培训、考核食品安全管理人员；

（三）食品、食品添加剂生产经营者进货时未查验许可证和相关证明文件，或者未按规定建立并遵守进货查验记录、出厂检验记录和销售记录制度；

（四）食品生产经营企业未制定食品安全事故处置方案；

（五）餐具、饮具和盛放直接入口食品的容器，使用前未经洗净、消毒或者清洗消毒不合格，或者餐饮服务设施、设备未按规定定期维护、清洗、校验；

（六）食品生产经营者安排未取得健康证明或者患有国务院卫生行政部门规定的有碍食品安全疾病的人员从事接触直接入口食品的工作；

（七）食品经营者未按规定要求销售食品；

（八）保健食品生产企业未按规定向食品安全监督管理部门备案，或者未按备案的产品配方、生产工艺等技术要求组织生产；

（九）婴幼儿配方食品生产企业未将食品原料、食品添加剂、产品配方、标签等向食品安全监督管理部门备案；

（十）特殊食品生产企业未按规定建立生产质量管理体系并有效运行，或者未定期提交自查报告；

（十一）食品生产经营者未定期对食品安全状况进行检查评价，或者生产经营条件发生变化，未按规定处理；

（十二）学校、托幼机构、养老机构、建筑工地等集中用餐单位未按规定履行食品安全管理责任；

（十三）食品生产企业、餐饮服务提供者未按规定制定、实施生产经营过程控制要求。

餐具、饮具集中消毒服务单位违反本法规定用水，使用洗涤剂、消毒剂，或者出厂的餐具、饮具未按规定检验合格并随附消毒合格证明，或者未按规定在独立包装上标注相关内容的，由县级以上人民政府卫生行政部门依照前款规定给予处罚。

食品相关产品生产者未按规定对生产的食品相关产品进行检验的，由县级以上人民政府食品安全监督管理部门依照第一款规定给予处罚。

食用农产品销售者违反本法第六十五条规定的，由县级以上人民政府食品安全监督管理部门依照第一款规定给予处罚。

最高人民法院、最高人民检察院、公安部《关于依法严惩“地沟油”犯罪活动的通知》（2012年1月9日最高人民法院、最高人民检察院、公安部公布　公通字〔2012〕1号）

各省、自治区、直辖市高级人民法院、人民检察院、公安厅（局），解放军军事法院、军事检察院，新疆维吾尔自治区高级人民法院生产建设兵团分院，新疆生产建设兵团人民检察院、公安局：

为依法严惩“地沟油”犯罪活动，切实保障人民群众的生命健康安全，根据刑法和有关司法解释的规定，现就有关事项通知如下：

一、依法严惩“地沟油”犯罪，切实维护人民群众食品安全

“地沟油”犯罪，是指用餐厨垃圾、废弃油脂、各类肉及肉制品加工废弃物等非食品原料，生产、加工“食用油”，以及明知是利用“地沟油”生产、加工的油脂而作为食用油销售的行为。“地沟油”犯罪严重危害人民群众身体健康和生命安全，严重影响国家形象，损害党和政府的公信力。各级公安机关、检察机关、人民法院要认真贯彻《刑法修正案（八）》对危害食品安全犯罪从严打击的精神，依法严惩“地沟油”犯罪，坚决打击“地沟油”进入食用领域的各种犯罪行为，坚决保护人民群众切身利益。对于涉及多地区的“地沟油”犯罪案件，各地公安机关、检察机关、人民法院要在案件管辖、调查取证等方面通力合作，形成打击合力，切实维护人民群众食品安全。

二、准确理解法律规定，严格区分犯罪界限

（一）对于利用“地沟油”生产“食用油”的，依照刑法第144条生产有毒、有害食品罪的规定追究刑事责任。

（二）明知是利用“地沟油”生产的“食用油”而予以销售的，依照刑法第144条销售有毒、有害食品罪的规定追究刑事责任。认定是否“明知”，应当结合犯罪嫌疑人、被告人的认知能力，犯罪嫌疑人、被告人及其同案人的供述和辩解，证人证言，产品质量，进货渠道及进货价格、销售渠道及销售价格等主、客观因素予以综合判断。

（三）对于利用“地沟油”生产的“食用油”，已经销售出去没有实物，但是有证据证明系已被查实生产、销售有毒、有害食品犯罪事实的上线提供的，依照刑法第144条销售有毒、有害食品罪的规定追究刑事责任。

（四）虽无法查明“食用油”是否系利用“地沟油”生产、加工，但犯罪嫌疑人、被告人明知该“食用油”来源可疑而予以销售的，应分别情形处理：经鉴定，检出有毒、有害成分的，依照刑法第144条销售有毒、有害食品罪的规定追究刑事责任；属于不符合安全标准的食品的，依照刑法第143条销售不符合安全标准的食品罪追究刑事责任；属于以假充真、以次充好、以不合格产品冒充合格产品或者假冒注册商标，构成犯罪的，依照刑法第140条销售伪劣产品罪或者第213条假冒注册商标罪、第214条销售假冒注册商标的商品罪追究刑事责任。

（五）知道或应当知道他人实施以上第（一）、（二）、（三）款犯罪行为，而为其掏捞、加工、贩运“地沟油”，或者提供贷款、资金、账号、发票、证明、许可证件，或者提供技术、生产、经营场所、运输、仓储、保管等便利条件的，依照本条第（一）、（二）、（三）款犯罪的共犯论处。

（六）对违反有关规定，掏捞、加工、贩运“地沟油”，没有证据证明用于生产“食用油”的，交由行政部门处理。

法律适用

规章及规范性文件

（七）对于国家工作人员在食用油安全监管和查处“地沟油”违法犯罪活动中滥用职权、玩忽职守、徇私枉法，构成犯罪的，依照刑法有关规定追究刑事责任。

三、准确把握宽严相济刑事政策在食品安全领域的适用

在对“地沟油”犯罪定罪量刑时，要充分考虑犯罪数额、犯罪分子主观恶性及其犯罪手段、犯罪行为对人民群众生命安全和身体健康的危害、对市场经济秩序的破坏程度、恶劣影响等。对于具有累犯、前科、共同犯罪的主犯、集团犯罪的首要分子等情节，以及犯罪数额巨大、情节恶劣、危害严重，群众反映强烈，给国家和人民利益造成重大损失的犯罪分子，依法严惩，罪当判处死刑的，要坚决依法判处死刑。对在同一条生产销售链上的犯罪分子，要在法定刑幅度内体现严惩源头犯罪的精神，确保生产环节与销售环节量刑的整体平衡。对于明知是“地沟油”而非法销售的公司、企业，要依法从严追究有关单位和直接责任人员的责任。对于具有自首、立功、从犯等法定情节的犯罪分子，可以依法从宽处理。要严格把握适用缓刑、免予刑事处罚的条件。对依法必须适用缓刑的，一般同时宣告禁止令，禁止其在缓刑考验期内从事与食品生产、销售等有关的活动。

各地执行情况，请及时上报。

7 生产、销售不符合标准的医用器材案

概念

本罪是指违反国家产品质量、医用器材管理法规，生产不符合保障人体健康的国家标准、行业标准的医疗器械、医用卫生材料，或者销售明知是不符合保障人体健康的国家标准、行业标准的医疗器械、医用卫生材料，足以严重危害人体健康的行为。

立案标准

生产不符合保障人体健康的国家标准、行业标准的医疗器械、医用卫生材料，或者销售明知是不符合保障人体健康的国家标准、行业标准的医疗器械、医用卫生材料，涉嫌下列情形之一的，应予立案追诉：

（1）进入人体的医疗器械的材料中含有超过标准的有毒有害物质的；

（2）进入人体的医疗器械的有效性指标不符合标准要求，导致治疗、替代、调节、补偿功能部分或者全部丧失，可能造成贻误诊治或者人体严重损伤的；

（3）用于诊断、监护、治疗的有源医疗器械的安全指标不符合强制性标准要求，可能对人体构成伤害或者潜在危害的；

（4）用于诊断、监护、治疗的有源医疗器械的主要性能指标不合格，可能造成贻误诊治或者人体严重损伤的；

（5）未经批准，擅自增加功能或者适用范围，可能造成贻误诊治或者人体严重损伤的；

（6）其他足以严重危害人体健康或者对人体健康造成严重危害的情形。

定罪标准		
定罪标准	犯罪客体	本罪所侵害的客体为复杂客体，既包括国家对医疗器械、医用卫生材料的管理制度，又包括不特定人身的生命、健康安全。
	犯罪客观方面	本罪在客观方面表现为违反产品质量、医用器材管理法规，生产、销售不符合保障人体健康的国家标准、行业标准的医疗器械、医用卫生材料，足以严重危害人体健康的行为。 一、必须具有生产、销售医疗器械、医用卫生材料的行为。这里的生产，主要是指制造，也包括广义的加工、组装、改装、拼装、修理等具体方式。销售，则是指有偿将医疗器械、医用卫生材料进行转让。既包括以金钱货币作价的各种销售，又包括以医疗器械、医用卫生材料换取其他物质甚或其他物质性利益的以物易物的销售；既可以是将原物卖出，又可以是将原物拆卸改装、化整为零地卖出；既可以是购买人当场按价格进行支付，又可以是过一段时间后再由购买人按价格进行支付，或先支付一部分，另一部分后支付；既可以是公开化的销售，又可以是暗地里的秘密销售；既可以是批量批发，又可以是小量的零售；既可以是自行生产后再予销售，又可以是从他人那里购买或者回收后进行销售，等等，无论其方式如何，只要本质上属于有偿转让，即可构成本罪的销售。对于无偿转让的行为如赠送等，即使所转让的为不符合保

定罪标准

犯罪客观方面

障人体健康的国家标准、行业标准的医疗器械、医用卫生材料，也不能以本罪论处。构成犯罪的，应当根据其行为的性质以他罪依法定罪处罚。

二、生产、销售的必须是医疗器械或者医用卫生材料。根据《医疗器械监督管理条例》第103条规定，医疗器械是指直接或者间接用于人体的仪器、设备、器具、体外诊断试剂及校准物、材料以及其他类似或者相关的物品，包括所需要的计算机软件；其效用主要通过物理等方式获得，不是通过药理学、免疫学或者代谢的方式获得，或者虽然有这些方式参与但是只起辅助作用。《医疗器械监督管理条例》第6条规定："国家对医疗器械按照风险程度实行分类管理。第一类是风险程度低，实行常规管理可以保证其安全、有效的医疗器械。第二类是具有中度风险，需要严格控制管理以保证其安全、有效的医疗器械。第三类是具有较高风险，需要采取特别措施严格控制管理以保证其安全、有效的医疗器械。评价医疗器械风险程度，应当考虑医疗器械的预期目的、结构特征、使用方法等因素。国务院药品监督管理部门负责制定医疗器械的分类规则和分类目录，并根据医疗器械生产、经营、使用情况，及时对医疗器械的风险变化进行分析、评价，对分类规则和分类目录进行调整。制定、调整分类规则和分类目录，应当充分听取医疗器械注册人、备案人、生产经营企业以及使用单位、行业组织的意见，并参考国际医疗器械分类实践。医疗器械分类规则和分类目录应当向社会公布。"

医疗器械虽然为用于医疗事务的产品，但并非用于医疗事务的产品就一定属于医疗器械。是否属于医疗器械，应根据其产品的预期目的、功能及用途等是否符合《医疗器械监督管理条例》的有关医疗器械的定义作出判定。如原国家药品监督管理局2002年11月19日下发的《关于部分产品不作为医疗器械管理的通知》就明确指出，全自动血沉分析仪用试管（该管是一根用于全自动血沉分析仪配套用试管，主要用于盛装抗凝剂及标本）、手套处理机（该产品是一种不接触人体的非诊断治疗性产品，主要用于手术手套在含有清洗剂的清水和专用粉中清洗和上粉）、显示器（该产品用于摄像机输出的视频信号的显示，可以用于包括医疗在内的多种领域）等3种产品，由于其预期目的、功能及用途等均不符合《医疗器械监督管理条例》中有关医疗器械的定义，因此不作为医疗器械管理。

至于医用卫生材料，是指辅助用于人体疾病治疗、预防、诊断等的诸如酒精、药水、药棉、纱布、医用手套、缝针线、卫生擦纸、救护包等非药用物品。

三、生产、销售的医疗器械、医用卫生材料必须是不符合保障人体健康的国家标准、行业标准的医疗器械、医用卫生材料。对于医疗器械、医用卫生材料，国家采取国家标准或者行业标准的产品质量制度。《医疗器械监督管理条例》第7条明确规定，医疗器械产品应当符合医疗器械强制性国家标准；尚无强制性国家标准的，应当符合医疗器械强制性行业标准。一次性使用的医疗器械目录由国务院药品监督管理部门会同国务院卫生主管部门制定、调整并公布。重复使用可以保证安全、有效的医疗器械，不列入一次性使用的医疗器械目录。对因设计、生产工艺、消毒灭菌技术等改进后重复使用可以保证安全、有效的医疗器械，应当调整出一次性使用的医疗器械目录，允许重复使用。

四、本罪为危险犯，即行为人的生产、销售不符合保障人体健康的国家标准、行业标准的医疗器械、医用卫生材料的行为，只要达到足以严重危害人体健康的程度，即构成本罪，并不要求已经实际造成危害人体健康的结果。只要出于故意生产、销售

定罪标准		
	犯罪客观方面	了足以严重危害人体健康的医疗器械、医用卫生材料，无论这种医用卫生材料是否卖出，卖出了是否用于医疗诊断等医疗事务，或者使用了是否实际造成了危害，都构成本罪，且为既遂。所谓足以严重危害人体健康，是指生产、销售的不符合保障人体健康的国家标准、行业标准的医疗器械、医用卫生材料对人体健康存在着极大的威胁，具有损害、危及人们身心健康的极大可能性，而不是生产、销售医疗器械、医用卫生材料的行为直接对生产、销售人员的健康乃至生命产生严重危害的可能性。所谓严重危害，一般应是指造成医疗事务中的医生或患者的人体遭受轻伤甚至重伤乃至死亡的危害。 需要指出的是，行为人生产、销售了不符合保障人体健康的国家标准、行业标准的医疗器械、医用卫生材料，如果不足以严重危害人体健康，虽然不构成本罪，但销售金额达到5万元以上的，根据《刑法》第149条的规定，则应以生产、销售伪劣产品罪定罪处罚。如果生产、销售不符合保障人体健康的国家标准、行业标准的医疗器械、医用卫生材料的行为，足以严重危害人体健康，构成了本罪，根据其销售金额又构成生产、销售伪劣产品罪的，属于法条竞合，不应数罪并罚，应当根据《刑法》第149条规定的重法优于轻法的处罚原则，依照处刑较重的罪名定罪处罚。
	犯罪主体	本罪的主体为一般主体，凡年满16周岁、具有刑事责任能力的自然人均可构成本罪。既可以是本国人（含港、澳、台同胞），又可以是外国人（含无国籍人）。根据《刑法》第150条规定，单位亦可成为本罪主体而构成本罪。
	犯罪主观方面	本罪在主观方面必须出于故意，即明知自己所生产或销售的是不符合保障人体健康的国家标准、行业标准的医疗器械、医用卫生材料，但仍然故意为之。过失不能构成本罪。
	罪与非罪	区分罪与非罪的界限，要注意生产、销售医疗器械必须经过有关部门批准，取得生产经营许可证。没有取得生产经营许可证而生产、销售医疗器械的，根据有关规定，除依法给予行政处罚外，构成犯罪的，应当依法追究刑事责任。因此，未取得《医疗器械生产企业许可证》生产医疗器械的，未取得《医疗器械经营企业许可证》经营医疗器械的，属于《刑法》第225条规定的“其他严重扰乱市场秩序的非法经营行为”，情节严重的，应当依法以非法经营罪定罪处罚。未取得《医疗器械生产企业许可证》《医疗器械经营企业许可证》的单位或个人，生产、销售不符合保障人体健康的国家标准、行业标准的医疗器械、医用卫生材料，足以严重危害人体健康的行为，既可能构成非法经营罪，又可能构成生产、销售不符合标准的医用器材罪。如果只构成一罪，则依构成之罪从重处罚；如果两罪都能构成，则属想象竞合，应择一重罪依法治罪科刑。
	此罪与非罪	本罪与重大责任事故罪、玩忽职守罪的界限。一般情况下，本罪与后面两罪不难区分。对在生产、销售过程中，如因严重不负责任、不服管理等行为过失生产或销售了不符合标准的医疗器械、医用卫生材料的行为如何定性，存在不同的意见。笔者认为，本罪在主观上表现为明知所生产、销售的是不符合标准的医疗器械、医用卫生材料，属于故意犯罪，以上行为则表现为过失，因此，不能构成本罪，此时应根据其行为的性质以重大责任事故罪等治罪科刑。

证据参考标准	主体方面的证据	**一、证明行为人刑事责任年龄、身份等自然情况的证据。** 包括身份证明、户籍证明、任职证明、工作经历证明、特定职责证明等，主要是证明行为人的姓名（曾用名）、性别、出生年月日、民族、籍贯、出生地、职业（或职务）、住所地（或居所地）等证据材料，如户口簿、居民身份证、工作证、出生证、专业或技术等级证、干部履历表、职工登记表、护照等。 对于户籍、出生证等材料内容不实的，应提供其他证据材料。外国人犯罪的案件，应有护照等身份证明材料。人大代表、政协委员犯罪的案件，应注明身份，并附身份证明材料。 **二、证明行为人刑事责任能力的证据。** 证明行为人对自己的行为是否具有辨认能力与控制能力，如是否属于间歇性精神病人、尚未完全丧失辨认或者控制自己行为能力的精神病人的证明材料。 **三、证明单位的证据。** 证明是否属于依法成立并有合法经营、管理范围的公司、企业、事业单位、机关、团体。 证明单位的名称、住所地、性质、法定代表人、单位负责人、业务范围、成立时间等证据材料，如企业营业执照、国有公司性质证明及非法人单位的身份证明等。 **四、证明法定代表人、单位负责人或直接责任人员等的身份证明。** 法定代表人、直接负责的主管人员和其他直接责任人在单位的任职、职责、负责权限的证明材料等。包括身份证明、户籍证明、任职证明等，如户口簿、居民身份证、工作证、护照、专业或技术等级证、干部履历表、职工登记表、任命书、业务分工文件、委派文件、单位证明、单位规章制度等。
	主观方面的证据	证明行为人故意的证据：1. 证明行为人明知的证据：证明行为人明知自己的行为会发生危害社会的结果。2. 证明直接故意的证据：证明行为人希望危害结果发生。3. 证明间接故意的证据：证明行为人放任危害结果发生。4. 目的：（1）获取非法利润；（2）牟利；（3）营利。
	客观方面的证据	证明行为人生产、销售不符合国家标准、行业标准的医用器材犯罪行为的证据。 具体证据包括：1. 证明行为人生产、销售不符合国家标准、行业标准的诊断器械行为的证据；2. 证明行为人生产、销售不符合国家标准、行业标准的治疗器械行为的证据；3. 证明行为人生产、销售不符合国家标准、行业标准的预防疾病器械行为的证据；4. 证明行为人生产、销售不符合国家标准、行业标准的调节人的生理机能的仪器、设施、装置、器官、植入物、相关物品等医疗器械行为的证据；5. 证明行为人生产、销售不符合国家标准、行业标准的替代人体器官的仪器、设备、装置、器官、植入物、相关物品等医疗器械行为的证据；6. 证明行为人生产、销售不符合国家标准、行业标准的诊断医用材料行为的证据；7. 证明行为人生产、销售不符合国家标准、行业标准的治疗医用材料行为的证据；8. 证明行为人生产、销售不符合国家标准、行业标准的预防疾病医用材料行为的证据；9. 证明行为人生产、销售不符合国家标准、行业标准的调节人的生理机能医用材料行为

<table>
<tr><td rowspan="2">证据参考标准</td><td>客观方面的证据</td><td colspan="2">的证据；10. 证明行为人生产、销售不符合国家标准、行业标准的替代人体器官的仪器、设备、装置、器官、植入物、相关物品等医疗器械行为的证据；11. 证明行为人生产、销售其他不符合国家标准、行业标准的医疗器械、医用卫生材料行为的证据。</td></tr>
<tr><td>量刑方面的证据</td><td colspan="2">一、法定量刑情节证据。
1. 事实情节。2. 法定从重情节。3. 法定从轻减轻情节：（1）可以从轻；（2）可以从轻或减轻；（3）应当从轻或者减轻。4. 法定从轻减轻免除情节：（1）可以从轻、减轻或者免除处罚；（2）应当从轻、减轻或者免除处罚。5. 法定减轻免除情节：（1）可以减轻或者免除处罚；（2）应当减轻或者免除处罚；（3）可以免除处罚。
二、酌定量刑情节证据。
1. 犯罪手段：（1）粗制滥造；（2）以次充好；（3）以假充真；（4）以不合格品冒充合格品；（5）其他。2. 犯罪对象。3. 后果：（1）死；（2）伤；（3）医源性病患；（4）涉外国际影响；（5）其他。4. 危害结果。5. 动机。6. 平时表现。7. 认罪态度。8. 是否有前科。9. 其他证据。</td></tr>
<tr><td rowspan="4">量刑标准</td><td colspan="2">犯本罪的</td><td>处三年以下有期徒刑或者拘役，并处销售金额百分之五十以上二倍以下罚金</td></tr>
<tr><td colspan="2">犯本罪的，对人体健康造成严重危害的</td><td>处三年以上十年以下有期徒刑，并处销售金额百分之五十以上二倍以下罚金</td></tr>
<tr><td colspan="2">犯本罪，后果特别严重的</td><td>处十年以上有期徒刑或者无期徒刑，并处销售金额百分之五十以上二倍以下罚金或者没收财产</td></tr>
<tr><td colspan="2">单位犯本罪的</td><td>对单位判处罚金，并对其直接负责的主管人员和其他责任人员，依照《刑法》第145条的规定即按个人犯本罪处罚</td></tr>
<tr><td>法律适用</td><td>刑法条文</td><td colspan="2">第一百四十五条　生产不符合保障人体健康的国家标准、行业标准的医疗器械、医用卫生材料，或者销售明知是不符合保障人体健康的国家标准、行业标准的医疗器械、医用卫生材料，足以严重危害人体健康的，处三年以下有期徒刑或者拘役，并处销售金额百分之五十以上二倍以下罚金；对人体健康造成严重危害的，处三年以上十年以下有期徒刑，并处销售金额百分之五十以上二倍以下罚金；后果特别严重的，处十年以上有期徒刑或者无期徒刑，并处销售金额百分之五十以上二倍以下罚金或者没收财产。
第一百四十九条　生产、销售本节第一百四十一条至第一百四十八条所列产品，不构成各该条规定的犯罪，但是销售金额在五万元以上的，依照本节第一百四十条的规定定罪处罚。</td></tr>
</table>

法律适用

刑法条文

生产、销售本节第一百四十一条至第一百四十八条所列产品，构成各该条规定的犯罪，同时又构成本节第一百四十条规定之罪的，依照处罚较重的规定定罪处罚。

第一百五十条 单位犯本节第一百四十条至第一百四十八条规定之罪的，对单位判处罚金，并对其直接负责的主管人员和其他直接责任人员，依照各该条的规定处罚。

司法解释

一、最高人民法院、最高人民检察院《关于办理生产、销售伪劣商品刑事案件具体应用法律若干问题的解释》（节录）（2001年4月9日最高人民法院、最高人民检察院公布 自2001年4月10日起施行 法释〔2001〕10号）

第六条 生产、销售不符合标准的医疗器械、医用卫生材料，致人轻伤或者其他严重后果的，应认定为刑法第一百四十五条规定的“对人体健康造成严重危害”。

生产、销售不符合标准的医疗器械、医用卫生材料，造成感染病毒性肝炎等难以治愈的疾病、一人以上重伤、三人以上轻伤或者其他严重后果的，应认定为“后果特别严重”。

生产、销售不符合标准的医疗器械、医用卫生材料，致人死亡、严重残疾、感染艾滋病、三人以上重伤、十人以上轻伤或者造成其他特别严重后果的，应认定为“情节特别恶劣”。

医疗机构或者个人，知道或者应当知道是不符合保障人体健康的国家标准、行业标准的医疗器械、医用卫生材料而购买、使用，对人体健康造成严重危害的，以销售不符合标准的医用器材罪定罪处罚。

没有国家标准、行业标准的医疗器械，注册产品标准可视为“保障人体健康的行业标准”。

二、最高人民法院、最高人民检察院《关于办理妨害预防、控制突发传染病疫情等灾害的刑事案件具体应用法律若干问题的解释》（节录）（2003年5月14日最高人民法院、最高人民检察院公布 自2003年5月15日起施行 法释〔2003〕8号）

第三条 在预防、控制突发传染病疫情等灾害期间，生产用于防治传染病的不符合保障人体健康的国家标准、行业标准的医疗器械、医用卫生材料，或者销售明知是用于防治传染病的不符合保障人体健康的国家标准、行业标准的医疗器械、医用卫生材料，不具有防护、救治功能，足以严重危害人体健康的，依照刑法第一百四十五条的规定，以生产、销售不符合标准的医用器材罪定罪，依法从重处罚。

医疗机构或者个人，知道或者应当知道系前款规定的不符合保障人体健康的国家标准、行业标准的医疗器械、医用卫生材料而购买并有偿使用的，以销售不符合标准的医用器材罪定罪，依法从重处罚。

三、最高人民检察院、公安部《关于公安机关管辖的刑事案件立案追诉标准的规定（一）》（节录）（2008年6月25日最高人民检察院、公安部公布 自公布之日起施行 2017年4月27日修正）

第二十一条〔生产、销售不符合标准的医用器材案（刑法第一百四十五条）〕生产不符合保障人体健康的国家标准、行业标准的医疗器械、医用卫生材料，或者销售明知是不符合保障人体健康的国家标准、行业标准的医疗器械、医用卫生材料，涉嫌下列情形之一的，应予立案追诉：

司法解释

（一）进入人体的医疗器械的材料中含有超过标准的有毒有害物质的；

（二）进入人体的医疗器械的有效性指标不符合标准要求，导致治疗、替代、调节、补偿功能部分或者全部丧失，可能造成贻误诊治或者人体严重损伤的；

（三）用于诊断、监护、治疗的有源医疗器械的安全指标不符合强制性标准要求，可能对人体构成伤害或者潜在危害的；

（四）用于诊断、监护、治疗的有源医疗器械的主要性能指标不合格，可能造成贻误诊治或者人体严重损伤的；

（五）未经批准，擅自增加功能或者适用范围，可能造成贻误诊治或者人体严重损伤的；

（六）其他足以严重危害人体健康或者对人体健康造成严重危害的情形。

医疗机构或者个人知道或者应当知道是不符合保障人体健康的国家标准、行业标准的医疗器械、医用卫生材料而购买并有偿使用的，视为本条规定的“销售”。

法律适用 相关法律法规

《医疗器械监督管理条例》（2021 年 2 月 9 日中华人民共和国国务院令第 739 号公布　自 2021 年 6 月 1 日起施行）

第一章　总　　则

第一条　为了保证医疗器械的安全、有效，保障人体健康和生命安全，促进医疗器械产业发展，制定本条例。

第二条　在中华人民共和国境内从事医疗器械的研制、生产、经营、使用活动及其监督管理，适用本条例。

第三条　国务院药品监督管理部门负责全国医疗器械监督管理工作。

国务院有关部门在各自的职责范围内负责与医疗器械有关的监督管理工作。

第四条　县级以上地方人民政府应当加强对本行政区域的医疗器械监督管理工作的领导，组织协调本行政区域内的医疗器械监督管理工作以及突发事件应对工作，加强医疗器械监督管理能力建设，为医疗器械安全工作提供保障。

县级以上地方人民政府负责药品监督管理的部门负责本行政区域的医疗器械监督管理工作。县级以上地方人民政府有关部门在各自的职责范围内负责与医疗器械有关的监督管理工作。

第五条　医疗器械监督管理遵循风险管理、全程管控、科学监管、社会共治的原则。

第六条　国家对医疗器械按照风险程度实行分类管理。

第一类是风险程度低，实行常规管理可以保证其安全、有效的医疗器械。

第二类是具有中度风险，需要严格控制管理以保证其安全、有效的医疗器械。

第三类是具有较高风险，需要采取特别措施严格控制管理以保证其安全、有效的医疗器械。

评价医疗器械风险程度，应当考虑医疗器械的预期目的、结构特征、使用方法等因素。

国务院药品监督管理部门负责制定医疗器械的分类规则和分类目录，并根据医疗器械生产、经营、使用情况，及时对医疗器械的风险变化进行分析、评价，对分类规则和分类目录进行调整。制定、调整分类规则和分类目录，应当充分听取医疗器械注册人、备案人、生产经营企业以及使用单位、行业组织的意见，并参考国际医疗器械

法律适用 相关法律法规

分类实践。医疗器械分类规则和分类目录应当向社会公布。

第七条 医疗器械产品应当符合医疗器械强制性国家标准；尚无强制性国家标准的，应当符合医疗器械强制性行业标准。

第八条 国家制定医疗器械产业规划和政策，将医疗器械创新纳入发展重点，对创新医疗器械予以优先审评审批，支持创新医疗器械临床推广和使用，推动医疗器械产业高质量发展。国务院药品监督管理部门应当配合国务院有关部门，贯彻实施国家医疗器械产业规划和引导政策。

第九条 国家完善医疗器械创新体系，支持医疗器械的基础研究和应用研究，促进医疗器械新技术的推广和应用，在科技立项、融资、信贷、招标采购、医疗保险等方面予以支持。支持企业设立或者联合组建研制机构，鼓励企业与高等学校、科研院所、医疗机构等合作开展医疗器械的研究与创新，加强医疗器械知识产权保护，提高医疗器械自主创新能力。

第十条 国家加强医疗器械监督管理信息化建设，提高在线政务服务水平，为医疗器械行政许可、备案等提供便利。

第十一条 医疗器械行业组织应当加强行业自律，推进诚信体系建设，督促企业依法开展生产经营活动，引导企业诚实守信。

第十二条 对在医疗器械的研究与创新方面做出突出贡献的单位和个人，按照国家有关规定给予表彰奖励。

第二章 医疗器械产品注册与备案

第十三条 第一类医疗器械实行产品备案管理，第二类、第三类医疗器械实行产品注册管理。

医疗器械注册人、备案人应当加强医疗器械全生命周期质量管理，对研制、生产、经营、使用全过程中医疗器械的安全性、有效性依法承担责任。

第十四条 第一类医疗器械产品备案和申请第二类、第三类医疗器械产品注册，应当提交下列资料：

（一）产品风险分析资料；

（二）产品技术要求；

（三）产品检验报告；

（四）临床评价资料；

（五）产品说明书以及标签样稿；

（六）与产品研制、生产有关的质量管理体系文件；

（七）证明产品安全、有效所需的其他资料。

产品检验报告应当符合国务院药品监督管理部门的要求，可以是医疗器械注册申请人、备案人的自检报告，也可以是委托有资质的医疗器械检验机构出具的检验报告。

符合本条例第二十四条规定的免于进行临床评价情形的，可以免于提交临床评价资料。

医疗器械注册申请人、备案人应当确保提交的资料合法、真实、准确、完整和可追溯。

第十五条 第一类医疗器械产品备案，由备案人向所在地设区的市级人民政府负责药品监督管理的部门提交备案资料。

向我国境内出口第一类医疗器械的境外备案人，由其指定的我国境内企业法人向国务院药品监督管理部门提交备案资料和备案人所在国（地区）主管部门准许该医疗器械上市销售的证明文件。未在境外上市的创新医疗器械，可以不提交备案人所在国（地区）主管部门准许该医疗器械上市销售的证明文件。

备案人向负责药品监督管理的部门提交符合本条例规定的备案资料后即完成备案。负责药品监督管理的部门应当自收到备案资料之日起5个工作日内，通过国务院药品监督管理部门在线政务服务平台向社会公布备案有关信息。

备案资料载明的事项发生变化的，应当向原备案部门变更备案。

第十六条 申请第二类医疗器械产品注册，注册申请人应当向所在地省、自治区、直辖市人民政府药品监督管理部门提交注册申请资料。申请第三类医疗器械产品注册，注册申请人应当向国务院药品监督管理部门提交注册申请资料。

向我国境内出口第二类、第三类医疗器械的境外注册申请人，由其指定的我国境内企业法人向国务院药品监督管理部门提交注册申请资料和注册申请人所在国（地区）主管部门准许该医疗器械上市销售的证明文件。未在境外上市的创新医疗器械，可以不提交注册申请人所在国（地区）主管部门准许该医疗器械上市销售的证明文件。

国务院药品监督管理部门应当对医疗器械注册审查程序和要求作出规定，并加强对省、自治区、直辖市人民政府药品监督管理部门注册审查工作的监督指导。

第十七条 受理注册申请的药品监督管理部门应当对医疗器械的安全性、有效性以及注册申请人保证医疗器械安全、有效的质量管理能力等进行审查。

受理注册申请的药品监督管理部门应当自受理注册申请之日起3个工作日内将注册申请资料转交技术审评机构。技术审评机构应当在完成技术审评后，将审评意见提交受理注册申请的药品监督管理部门作为审批的依据。

受理注册申请的药品监督管理部门在组织对医疗器械的技术审评时认为有必要对质量管理体系进行核查的，应当组织开展质量管理体系核查。

第十八条 受理注册申请的药品监督管理部门应当自收到审评意见之日起20个工作日内作出决定。对符合条件的，准予注册并发给医疗器械注册证；对不符合条件的，不予注册并书面说明理由。

受理注册申请的药品监督管理部门应当自医疗器械准予注册之日起5个工作日内，通过国务院药品监督管理部门在线政务服务平台向社会公布注册有关信息。

第十九条 对用于治疗罕见疾病、严重危及生命且尚无有效治疗手段的疾病和应对公共卫生事件等急需的医疗器械，受理注册申请的药品监督管理部门可以作出附条件批准决定，并在医疗器械注册证中载明相关事项。

出现特别重大突发公共卫生事件或者其他严重威胁公众健康的紧急事件，国务院卫生主管部门根据预防、控制事件的需要提出紧急使用医疗器械的建议，经国务院药品监督管理部门组织论证同意后可以在一定范围和期限内紧急使用。

第二十条 医疗器械注册人、备案人应当履行下列义务：

（一）建立与产品相适应的质量管理体系并保持有效运行；

（二）制定上市后研究和风险管控计划并保证有效实施；

（三）依法开展不良事件监测和再评价；

（四）建立并执行产品追溯和召回制度；

（五）国务院药品监督管理部门规定的其他义务。

境外医疗器械注册人、备案人指定的我国境内企业法人应当协助注册人、备案人履行前款规定的义务。

第二十一条 已注册的第二类、第三类医疗器械产品，其设计、原材料、生产工艺、适用范围、使用方法等发生实质性变化，有可能影响该医疗器械安全、有效的，注册人应当向原注册部门申请办理变更注册手续；发生其他变化的，应当按照国务院药品监督管理部门的规定备案或者报告。

第二十二条 医疗器械注册证有效期为5年。有效期届满需要延续注册的，应当在有效期届满6个月前向原注册部门提出延续注册的申请。

除有本条第三款规定情形外，接到延续注册申请的药品监督管理部门应当在医疗器械注册证有效期届满前作出准予延续的决定。逾期未作决定的，视为准予延续。

有下列情形之一的，不予延续注册：

（一）未在规定期限内提出延续注册申请；

（二）医疗器械强制性标准已经修订，申请延续注册的医疗器械不能达到新要求；

（三）附条件批准的医疗器械，未在规定期限内完成医疗器械注册证载明事项。

第二十三条 对新研制的尚未列入分类目录的医疗器械，申请人可以依照本条例有关第三类医疗器械产品注册的规定直接申请产品注册，也可以依据分类规则判断产品类别并向国务院药品监督管理部门申请类别确认后依照本条例的规定申请产品注册或者进行产品备案。

直接申请第三类医疗器械产品注册的，国务院药品监督管理部门应当按照风险程度确定类别，对准予注册的医疗器械及时纳入分类目录。申请类别确认的，国务院药品监督管理部门应当自受理申请之日起20个工作日内对该医疗器械的类别进行判定并告知申请人。

第二十四条 医疗器械产品注册、备案，应当进行临床评价；但是符合下列情形之一，可以免于进行临床评价：

（一）工作机理明确、设计定型，生产工艺成熟，已上市的同品种医疗器械临床应用多年且无严重不良事件记录，不改变常规用途的；

（二）其他通过非临床评价能够证明该医疗器械安全、有效的。

国务院药品监督管理部门应当制定医疗器械临床评价指南。

第二十五条 进行医疗器械临床评价，可以根据产品特征、临床风险、已有临床数据等情形，通过开展临床试验，或者通过对同品种医疗器械临床文献资料、临床数据进行分析评价，证明医疗器械安全、有效。

按照国务院药品监督管理部门的规定，进行医疗器械临床评价时，已有临床文献资料、临床数据不足以确认产品安全、有效的医疗器械，应当开展临床试验。

第二十六条 开展医疗器械临床试验，应当按照医疗器械临床试验质量管理规范的要求，在具备相应条件的临床试验机构进行，并向临床试验申办者所在地省、自治区、直辖市人民政府药品监督管理部门备案。接受临床试验备案的药品监督管理部门应当将备案情况通报临床试验机构所在地同级药品监督管理部门和卫生主管部门。

医疗器械临床试验机构实行备案管理。医疗器械临床试验机构应当具备的条件以及备案管理办法和临床试验质量管理规范，由国务院药品监督管理部门会同国务院卫生主管部门制定并公布。

国家支持医疗机构开展临床试验，将临床试验条件和能力评价纳入医疗机构等级评审，鼓励医疗机构开展创新医疗器械临床试验。

第二十七条 第三类医疗器械临床试验对人体具有较高风险的，应当经国务院药品监督管理部门批准。国务院药品监督管理部门审批临床试验，应当对拟承担医疗器械临床试验的机构的设备、专业人员等条件，该医疗器械的风险程度，临床试验实施方案，临床受益与风险对比分析报告等进行综合分析，并自受理申请之日起60个工作日内作出决定并通知临床试验申办者。逾期未通知的，视为同意。准予开展临床试验的，应当通报临床试验机构所在地省、自治区、直辖市人民政府药品监督管理部门和卫生主管部门。

临床试验对人体具有较高风险的第三类医疗器械目录由国务院药品监督管理部门制定、调整并公布。

第二十八条 开展医疗器械临床试验，应当按照规定进行伦理审查，向受试者告知试验目的、用途和可能产生的风险等详细情况，获得受试者的书面知情同意；受试者为无民事行为能力人或者限制民事行为能力人的，应当依法获得其监护人的书面知情同意。

开展临床试验，不得以任何形式向受试者收取与临床试验有关的费用。

第二十九条 对正在开展临床试验的用于治疗严重危及生命且尚无有效治疗手段的疾病的医疗器械，经医学观察可能使患者获益，经伦理审查、知情同意后，可以在开展医疗器械临床试验的机构内免费用于其他病情相同的患者，其安全性数据可以用于医疗器械注册申请。

第三章 医疗器械生产

第三十条 从事医疗器械生产活动，应当具备下列条件：

（一）有与生产的医疗器械相适应的生产场地、环境条件、生产设备以及专业技术人员；

（二）有能对生产的医疗器械进行质量检验的机构或者专职检验人员以及检验设备；

（三）有保证医疗器械质量的管理制度；

（四）有与生产的医疗器械相适应的售后服务能力；

（五）符合产品研制、生产工艺文件规定的要求。

第三十一条 从事第一类医疗器械生产的，应当向所在地设区的市级人民政府负责药品监督管理的部门备案，在提交符合本条例第三十条规定条件的有关资料后即完成备案。

医疗器械备案人自行生产第一类医疗器械的，可以在依照本条例第十五条规定进行产品备案时一并提交符合本条例第三十条规定条件的有关资料，即完成生产备案。

第三十二条 从事第二类、第三类医疗器械生产的，应当向所在地省、自治区、直辖市人民政府药品监督管理部门申请生产许可并提交其符合本条例第三十条规定条件的有关资料以及所生产医疗器械的注册证。

受理生产许可申请的药品监督管理部门应当对申请资料进行审核，按照国务院药品监督管理部门制定的医疗器械生产质量管理规范的要求进行核查，并自受理申请之日起20个工作日内作出决定。对符合规定条件的，准予许可并发给医疗器械生产许可证；对不符合规定条件的，不予许可并书面说明理由。

法律适用 相关法律法规

医疗器械生产许可证有效期为5年。有效期届满需要延续的，依照有关行政许可的法律规定办理延续手续。

第三十三条 医疗器械生产质量管理规范应当对医疗器械的设计开发、生产设备条件、原材料采购、生产过程控制、产品放行、企业的机构设置和人员配备等影响医疗器械安全、有效的事项作出明确规定。

第三十四条 医疗器械注册人、备案人可以自行生产医疗器械，也可以委托符合本条例规定、具备相应条件的企业生产医疗器械。

委托生产医疗器械的，医疗器械注册人、备案人应当对所委托生产的医疗器械质量负责，并加强对受托生产企业生产行为的管理，保证其按照法定要求进行生产。医疗器械注册人、备案人应当与受托生产企业签订委托协议，明确双方权利、义务和责任。受托生产企业应当依照法律法规、医疗器械生产质量管理规范、强制性标准、产品技术要求和委托协议组织生产，对生产行为负责，并接受委托方的监督。

具有高风险的植入性医疗器械不得委托生产，具体目录由国务院药品监督管理部门制定、调整并公布。

第三十五条 医疗器械注册人、备案人、受托生产企业应当按照医疗器械生产质量管理规范，建立健全与所生产医疗器械相适应的质量管理体系并保证其有效运行；严格按照经注册或者备案的产品技术要求组织生产，保证出厂的医疗器械符合强制性标准以及经注册或者备案的产品技术要求。

医疗器械注册人、备案人、受托生产企业应当定期对质量管理体系的运行情况进行自查，并按照国务院药品监督管理部门的规定提交自查报告。

第三十六条 医疗器械的生产条件发生变化，不再符合医疗器械质量管理体系要求的，医疗器械注册人、备案人、受托生产企业应当立即采取整改措施；可能影响医疗器械安全、有效的，应当立即停止生产活动，并向原生产许可或者生产备案部门报告。

第三十七条 医疗器械应当使用通用名称。通用名称应当符合国务院药品监督管理部门制定的医疗器械命名规则。

第三十八条 国家根据医疗器械产品类别，分步实施医疗器械唯一标识制度，实现医疗器械可追溯，具体办法由国务院药品监督管理部门会同国务院有关部门制定。

第三十九条 医疗器械应当有说明书、标签。说明书、标签的内容应当与经注册或者备案的相关内容一致，确保真实、准确。

医疗器械的说明书、标签应当标明下列事项：

（一）通用名称、型号、规格；

（二）医疗器械注册人、备案人、受托生产企业的名称、地址以及联系方式；

（三）生产日期，使用期限或者失效日期；

（四）产品性能、主要结构、适用范围；

（五）禁忌、注意事项以及其他需要警示或者提示的内容；

（六）安装和使用说明或者图示；

（七）维护和保养方法，特殊运输、贮存的条件、方法；

（八）产品技术要求规定应当标明的其他内容。

第二类、第三类医疗器械还应当标明医疗器械注册证编号。

由消费者个人自行使用的医疗器械还应当具有安全使用的特别说明。

法律适用　相关法律法规

第四章　医疗器械经营与使用

第四十条　从事医疗器械经营活动，应当有与经营规模和经营范围相适应的经营场所和贮存条件，以及与经营的医疗器械相适应的质量管理制度和质量管理机构或者人员。

第四十一条　从事第二类医疗器械经营的，由经营企业向所在地设区的市级人民政府负责药品监督管理的部门备案并提交符合本条例第四十条规定条件的有关资料。

按照国务院药品监督管理部门的规定，对产品安全性、有效性不受流通过程影响的第二类医疗器械，可以免于经营备案。

第四十二条　从事第三类医疗器械经营的，经营企业应当向所在地设区的市级人民政府负责药品监督管理的部门申请经营许可并提交符合本条例第四十条规定条件的有关资料。

受理经营许可申请的负责药品监督管理的部门应当对申请资料进行审查，必要时组织核查，并自受理申请之日起20个工作日内作出决定。对符合规定条件的，准予许可并发给医疗器械经营许可证；对不符合规定条件的，不予许可并书面说明理由。

医疗器械经营许可证有效期为5年。有效期届满需要延续的，依照有关行政许可的法律规定办理延续手续。

第四十三条　医疗器械注册人、备案人经营其注册、备案的医疗器械，无需办理医疗器械经营许可或者备案，但应当符合本条例规定的经营条件。

第四十四条　从事医疗器械经营，应当依照法律法规和国务院药品监督管理部门制定的医疗器械经营质量管理规范的要求，建立健全与所经营医疗器械相适应的质量管理体系并保证其有效运行。

第四十五条　医疗器械经营企业、使用单位应当从具备合法资质的医疗器械注册人、备案人、生产经营企业购进医疗器械。购进医疗器械时，应当查验供货者的资质和医疗器械的合格证明文件，建立进货查验记录制度。从事第二类、第三类医疗器械批发业务以及第三类医疗器械零售业务的经营企业，还应当建立销售记录制度。

记录事项包括：

（一）医疗器械的名称、型号、规格、数量；

（二）医疗器械的生产批号、使用期限或者失效日期、销售日期；

（三）医疗器械注册人、备案人和受托生产企业的名称；

（四）供货者或者购货者的名称、地址以及联系方式；

（五）相关许可证明文件编号等。

进货查验记录和销售记录应当真实、准确、完整和可追溯，并按照国务院药品监督管理部门规定的期限予以保存。国家鼓励采用先进技术手段进行记录。

第四十六条　从事医疗器械网络销售的，应当是医疗器械注册人、备案人或者医疗器械经营企业。从事医疗器械网络销售的经营者，应当将从事医疗器械网络销售的相关信息告知所在地设区的市级人民政府负责药品监督管理的部门，经营第一类医疗器械和本条例第四十一条第二款规定的第二类医疗器械的除外。

为医疗器械网络交易提供服务的电子商务平台经营者应当对入网医疗器械经营者进行实名登记，审查其经营许可、备案情况和所经营医疗器械产品注册、备案情况，并对其经营行为进行管理。电子商务平台经营者发现入网医疗器械经营者有违反本条例规定行为的，应当及时制止并立即报告医疗器械经营者所在地设区的市级人民政府

法律适用

相关法律法规

负责药品监督管理的部门；发现严重违法行为的，应当立即停止提供网络交易平台服务。

第四十七条 运输、贮存医疗器械，应当符合医疗器械说明书和标签标示的要求；对温度、湿度等环境条件有特殊要求的，应当采取相应措施，保证医疗器械的安全、有效。

第四十八条 医疗器械使用单位应当有与在用医疗器械品种、数量相适应的贮存场所和条件。医疗器械使用单位应当加强对工作人员的技术培训，按照产品说明书、技术操作规范等要求使用医疗器械。

医疗器械使用单位配置大型医用设备，应当符合国务院卫生主管部门制定的大型医用设备配置规划，与其功能定位、临床服务需求相适应，具有相应的技术条件、配套设施和具备相应资质、能力的专业技术人员，并经省级以上人民政府卫生主管部门批准，取得大型医用设备配置许可证。

大型医用设备配置管理办法由国务院卫生主管部门会同国务院有关部门制定。大型医用设备目录由国务院卫生主管部门商国务院有关部门提出，报国务院批准后执行。

第四十九条 医疗器械使用单位对重复使用的医疗器械，应当按照国务院卫生主管部门制定的消毒和管理的规定进行处理。

一次性使用的医疗器械不得重复使用，对使用过的应当按照国家有关规定销毁并记录。一次性使用的医疗器械目录由国务院药品监督管理部门会同国务院卫生主管部门制定、调整并公布。列入一次性使用的医疗器械目录，应当具有充足的无法重复使用的证据理由。重复使用可以保证安全、有效的医疗器械，不列入一次性使用的医疗器械目录。对因设计、生产工艺、消毒灭菌技术等改进后重复使用可以保证安全、有效的医疗器械，应当调整出一次性使用的医疗器械目录，允许重复使用。

第五十条 医疗器械使用单位对需要定期检查、检验、校准、保养、维护的医疗器械，应当按照产品说明书的要求进行检查、检验、校准、保养、维护并予以记录，及时进行分析、评估，确保医疗器械处于良好状态，保障使用质量；对使用期限长的大型医疗器械，应当逐台建立使用档案，记录其使用、维护、转让、实际使用时间等事项。记录保存期限不得少于医疗器械规定使用期限终止后5年。

第五十一条 医疗器械使用单位应当妥善保存购入第三类医疗器械的原始资料，并确保信息具有可追溯性。

使用大型医疗器械以及植入和介入类医疗器械的，应当将医疗器械的名称、关键性技术参数等信息以及与使用质量安全密切相关的必要信息记载到病历等相关记录中。

第五十二条 发现使用的医疗器械存在安全隐患的，医疗器械使用单位应当立即停止使用，并通知医疗器械注册人、备案人或者其他负责产品质量的机构进行检修；经检修仍不能达到使用安全标准的医疗器械，不得继续使用。

第五十三条 对国内尚无同品种产品上市的体外诊断试剂，符合条件的医疗机构根据本单位的临床需要，可以自行研制，在执业医师指导下在本单位内使用。具体管理办法由国务院药品监督管理部门会同国务院卫生主管部门制定。

第五十四条 负责药品监督管理的部门和卫生主管部门依据各自职责，分别对使用环节的医疗器械质量和医疗器械使用行为进行监督管理。

第五十五条 医疗器械经营企业、使用单位不得经营、使用未依法注册或者备案、无合格证明文件以及过期、失效、淘汰的医疗器械。

第五十六条 医疗器械使用单位之间转让在用医疗器械，转让方应当确保所转让的医疗器械安全、有效，不得转让过期、失效、淘汰以及检验不合格的医疗器械。

第五十七条 进口的医疗器械应当是依照本条例第二章的规定已注册或者已备案的医疗器械。

进口的医疗器械应当有中文说明书、中文标签。说明书、标签应当符合本条例规定以及相关强制性标准的要求，并在说明书中载明医疗器械的原产地以及境外医疗器械注册人、备案人指定的我国境内企业法人的名称、地址、联系方式。没有中文说明书、中文标签或者说明书、标签不符合本条规定的，不得进口。

医疗机构因临床急需进口少量第二类、第三类医疗器械的，经国务院药品监督管理部门或者国务院授权的省、自治区、直辖市人民政府批准，可以进口。进口的医疗器械应当在指定医疗机构内用于特定医疗目的。

禁止进口过期、失效、淘汰等已使用过的医疗器械。

第五十八条 出入境检验检疫机构依法对进口的医疗器械实施检验；检验不合格的，不得进口。

国务院药品监督管理部门应当及时向国家出入境检验检疫部门通报进口医疗器械的注册和备案情况。进口口岸所在地出入境检验检疫机构应当及时向所在地设区的市级人民政府负责药品监督管理的部门通报进口医疗器械的通关情况。

第五十九条 出口医疗器械的企业应当保证其出口的医疗器械符合进口国（地区）的要求。

第六十条 医疗器械广告的内容应当真实合法，以经负责药品监督管理的部门注册或者备案的医疗器械说明书为准，不得含有虚假、夸大、误导性的内容。

发布医疗器械广告，应当在发布前由省、自治区、直辖市人民政府确定的广告审查机关对广告内容进行审查，并取得医疗器械广告批准文号；未经审查，不得发布。

省级以上人民政府药品监督管理部门责令暂停生产、进口、经营和使用的医疗器械，在暂停期间不得发布涉及该医疗器械的广告。

医疗器械广告的审查办法由国务院市场监督管理部门制定。

第五章 不良事件的处理与医疗器械的召回

第六十一条 国家建立医疗器械不良事件监测制度，对医疗器械不良事件及时进行收集、分析、评价、控制。

第六十二条 医疗器械注册人、备案人应当建立医疗器械不良事件监测体系，配备与其产品相适应的不良事件监测机构和人员，对其产品主动开展不良事件监测，并按照国务院药品监督管理部门的规定，向医疗器械不良事件监测技术机构报告调查、分析、评价、产品风险控制等情况。

医疗器械生产经营企业、使用单位应当协助医疗器械注册人、备案人对所生产经营或者使用的医疗器械开展不良事件监测；发现医疗器械不良事件或者可疑不良事件，应当按照国务院药品监督管理部门的规定，向医疗器械不良事件监测技术机构报告。

其他单位和个人发现医疗器械不良事件或者可疑不良事件，有权向负责药品监督管理的部门或者医疗器械不良事件监测技术机构报告。

法律适用　相关法律法规

第六十三条　国务院药品监督管理部门应当加强医疗器械不良事件监测信息网络建设。

医疗器械不良事件监测技术机构应当加强医疗器械不良事件信息监测，主动收集不良事件信息；发现不良事件或者接到不良事件报告的，应当及时进行核实，必要时进行调查、分析、评估，向负责药品监督管理的部门和卫生主管部门报告并提出处理建议。

医疗器械不良事件监测技术机构应当公布联系方式，方便医疗器械注册人、备案人、生产经营企业、使用单位等报告医疗器械不良事件。

第六十四条　负责药品监督管理的部门应当根据医疗器械不良事件评估结果及时采取发布警示信息以及责令暂停生产、进口、经营和使用等控制措施。

省级以上人民政府药品监督管理部门应当会同同级卫生主管部门和相关部门组织对引起突发、群发的严重伤害或者死亡的医疗器械不良事件及时进行调查和处理，并组织对同类医疗器械加强监测。

负责药品监督管理的部门应当及时向同级卫生主管部门通报医疗器械使用单位的不良事件监测有关情况。

第六十五条　医疗器械注册人、备案人、生产经营企业、使用单位应当对医疗器械不良事件监测技术机构、负责药品监督管理的部门、卫生主管部门开展的医疗器械不良事件调查予以配合。

第六十六条　有下列情形之一的，医疗器械注册人、备案人应当主动开展已上市医疗器械再评价：

（一）根据科学研究的发展，对医疗器械的安全、有效有认识上的改变；

（二）医疗器械不良事件监测、评估结果表明医疗器械可能存在缺陷；

（三）国务院药品监督管理部门规定的其他情形。

医疗器械注册人、备案人应当根据再评价结果，采取相应控制措施，对已上市医疗器械进行改进，并按照规定进行注册变更或者备案变更。再评价结果表明已上市医疗器械不能保证安全、有效的，医疗器械注册人、备案人应当主动申请注销医疗器械注册证或者取消备案；医疗器械注册人、备案人未申请注销医疗器械注册证或者取消备案的，由负责药品监督管理的部门注销医疗器械注册证或者取消备案。

省级以上人民政府药品监督管理部门根据医疗器械不良事件监测、评估等情况，对已上市医疗器械开展再评价。再评价结果表明已上市医疗器械不能保证安全、有效的，应当注销医疗器械注册证或者取消备案。

负责药品监督管理的部门应当向社会及时公布注销医疗器械注册证和取消备案情况。被注销医疗器械注册证或者取消备案的医疗器械不得继续生产、进口、经营、使用。

第六十七条　医疗器械注册人、备案人发现生产的医疗器械不符合强制性标准、经注册或者备案的产品技术要求，或者存在其他缺陷的，应当立即停止生产，通知相关经营企业、使用单位和消费者停止经营和使用，召回已经上市销售的医疗器械，采取补救、销毁等措施，记录相关情况，发布相关信息，并将医疗器械召回和处理情况向负责药品监督管理的部门和卫生主管部门报告。

医疗器械受托生产企业、经营企业发现生产、经营的医疗器械存在前款规定情形的，应当立即停止生产、经营，通知医疗器械注册人、备案人，并记录停止生产、经营和通知情况。医疗器械注册人、备案人认为属于依照前款规定需要召回的医疗器械，应当立即召回。

医疗器械注册人、备案人、受托生产企业、经营企业未依照本条规定实施召回或者停止生产、经营的，负责药品监督管理的部门可以责令其召回或者停止生产、经营。

第六章 监督检查

第六十八条 国家建立职业化专业化检查员制度，加强对医疗器械的监督检查。

第六十九条 负责药品监督管理的部门应当对医疗器械的研制、生产、经营活动以及使用环节的医疗器械质量加强监督检查，并对下列事项进行重点监督检查：

（一）是否按照经注册或者备案的产品技术要求组织生产；

（二）质量管理体系是否保持有效运行；

（三）生产经营条件是否持续符合法定要求。

必要时，负责药品监督管理的部门可以对为医疗器械研制、生产、经营、使用等活动提供产品或者服务的其他相关单位和个人进行延伸检查。

第七十条 负责药品监督管理的部门在监督检查中有下列职权：

（一）进入现场实施检查、抽取样品；

（二）查阅、复制、查封、扣押有关合同、票据、账簿以及其他有关资料；

（三）查封、扣押不符合法定要求的医疗器械，违法使用的零配件、原材料以及用于违法生产经营医疗器械的工具、设备；

（四）查封违反本条例规定从事医疗器械生产经营活动的场所。

进行监督检查，应当出示执法证件，保守被检查单位的商业秘密。

有关单位和个人应当对监督检查予以配合，提供相关文件和资料，不得隐瞒、拒绝、阻挠。

第七十一条 卫生主管部门应当对医疗机构的医疗器械使用行为加强监督检查。实施监督检查时，可以进入医疗机构，查阅、复制有关档案、记录以及其他有关资料。

第七十二条 医疗器械生产经营过程中存在产品质量安全隐患，未及时采取措施消除的，负责药品监督管理的部门可以采取告诫、责任约谈、责令限期整改等措施。

对人体造成伤害或者有证据证明可能危害人体健康的医疗器械，负责药品监督管理的部门可以采取责令暂停生产、进口、经营、使用的紧急控制措施，并发布安全警示信息。

第七十三条 负责药品监督管理的部门应当加强对医疗器械注册人、备案人、生产经营企业和使用单位生产、经营、使用的医疗器械的抽查检验。抽查检验不得收取检验费和其他任何费用，所需费用纳入本级政府预算。省级以上人民政府药品监督管理部门应当根据抽查检验结论及时发布医疗器械质量公告。

卫生主管部门应当对大型医用设备的使用状况进行监督和评估；发现违规使用以及与大型医用设备相关的过度检查、过度治疗等情形的，应当立即纠正，依法予以处理。

第七十四条 负责药品监督管理的部门未及时发现医疗器械安全系统性风险，未及时消除监督管理区域内医疗器械安全隐患的，本级人民政府或者上级人民政府负责药品监督管理的部门应当对其主要负责人进行约谈。

法律适用

相关法律法规

地方人民政府未履行医疗器械安全职责，未及时消除区域性重大医疗器械安全隐患的，上级人民政府或者上级人民政府负责药品监督管理的部门应当对其主要负责人进行约谈。

被约谈的部门和地方人民政府应当立即采取措施，对医疗器械监督管理工作进行整改。

第七十五条 医疗器械检验机构资质认定工作按照国家有关规定实行统一管理。经国务院认证认可监督管理部门会同国务院药品监督管理部门认定的检验机构，方可对医疗器械实施检验。

负责药品监督管理的部门在执法工作中需要对医疗器械进行检验的，应当委托有资质的医疗器械检验机构进行，并支付相关费用。

当事人对检验结论有异议的，可以自收到检验结论之日起7个工作日内向实施抽样检验的部门或者其上一级负责药品监督管理的部门提出复检申请，由受理复检申请的部门在复检机构名录中随机确定复检机构进行复检。承担复检工作的医疗器械检验机构应当在国务院药品监督管理部门规定的时间内作出复检结论。复检结论为最终检验结论。复检机构与初检机构不得为同一机构；相关检验项目只有一家有资质的检验机构的，复检时应当变更承办部门或者人员。复检机构名录由国务院药品监督管理部门公布。

第七十六条 对可能存在有害物质或者擅自改变医疗器械设计、原材料和生产工艺并存在安全隐患的医疗器械，按照医疗器械国家标准、行业标准规定的检验项目和检验方法无法检验的，医疗器械检验机构可以使用国务院药品监督管理部门批准的补充检验项目和检验方法进行检验；使用补充检验项目、检验方法得出的检验结论，可以作为负责药品监督管理的部门认定医疗器械质量的依据。

第七十七条 市场监督管理部门应当依照有关广告管理的法律、行政法规的规定，对医疗器械广告进行监督检查，查处违法行为。

第七十八条 负责药品监督管理的部门应当通过国务院药品监督管理部门在线政务服务平台依法及时公布医疗器械许可、备案、抽查检验、违法行为查处等日常监督管理信息。但是，不得泄露当事人的商业秘密。

负责药品监督管理的部门建立医疗器械注册人、备案人、生产经营企业、使用单位信用档案，对有不良信用记录的增加监督检查频次，依法加强失信惩戒。

第七十九条 负责药品监督管理的部门等部门应当公布本单位的联系方式，接受咨询、投诉、举报。负责药品监督管理的部门等部门接到与医疗器械监督管理有关的咨询，应当及时答复；接到投诉、举报，应当及时核实、处理、答复。对咨询、投诉、举报情况及其答复、核实、处理情况，应当予以记录、保存。

有关医疗器械研制、生产、经营、使用行为的举报经调查属实的，负责药品监督管理的部门等部门对举报人应当给予奖励。有关部门应当为举报人保密。

第八十条 国务院药品监督管理部门制定、调整、修改本条例规定的目录以及与医疗器械监督管理有关的规范，应当公开征求意见；采取听证会、论证会等形式，听取专家、医疗器械注册人、备案人、生产经营企业、使用单位、消费者、行业协会以及相关组织等方面的意见。

第七章 法律责任

第八十一条 有下列情形之一的，由负责药品监督管理的部门没收违法所得、违法生产经营的医疗器械和用于违法生产经营的工具、设备、原材料等物品；违法生产经营的医疗器械货值金额不足1万元的，并处5万元以上15万元以下罚款；货值金额1万元以上的，并处货值金额15倍以上30倍以下罚款；情节严重的，责令停产停业，10年内不受理相关责任人以及单位提出的医疗器械许可申请，对违法单位的法定代表人、主要负责人、直接负责的主管人员和其他责任人员，没收违法行为发生期间自本单位所获收入，并处所获收入30%以上3倍以下罚款，终身禁止其从事医疗器械生产经营活动：

（一）生产、经营未取得医疗器械注册证的第二类、第三类医疗器械；

（二）未经许可从事第二类、第三类医疗器械生产活动；

（三）未经许可从事第三类医疗器械经营活动。

有前款第一项情形、情节严重的，由原发证部门吊销医疗器械生产许可证或者医疗器械经营许可证。

第八十二条 未经许可擅自配置使用大型医用设备的，由县级以上人民政府卫生主管部门责令停止使用，给予警告，没收违法所得；违法所得不足1万元的，并处5万元以上10万元以下罚款；违法所得1万元以上的，并处违法所得10倍以上30倍以下罚款；情节严重的，5年内不受理相关责任人以及单位提出的大型医用设备配置许可申请，对违法单位的法定代表人、主要负责人、直接负责的主管人员和其他责任人员，没收违法行为发生期间自本单位所获收入，并处所获收入30%以上3倍以下罚款，依法给予处分。

第八十三条 在申请医疗器械行政许可时提供虚假资料或者采取其他欺骗手段的，不予行政许可，已经取得行政许可的，由作出行政许可决定的部门撤销行政许可，没收违法所得、违法生产经营使用的医疗器械，10年内不受理相关责任人以及单位提出的医疗器械许可申请；违法生产经营使用的医疗器械货值金额不足1万元的，并处5万元以上15万元以下罚款；货值金额1万元以上的，并处货值金额15倍以上30倍以下罚款；情节严重的，责令停产停业，对违法单位的法定代表人、主要负责人、直接负责的主管人员和其他责任人员，没收违法行为发生期间自本单位所获收入，并处所获收入30%以上3倍以下罚款，终身禁止其从事医疗器械生产经营活动。

伪造、变造、买卖、出租、出借相关医疗器械许可证件的，由原发证部门予以收缴或者吊销，没收违法所得；违法所得不足1万元的，并处5万元以上10万元以下罚款；违法所得1万元以上的，并处违法所得10倍以上20倍以下罚款；构成违反治安管理行为的，由公安机关依法予以治安管理处罚。

第八十四条 有下列情形之一的，由负责药品监督管理的部门向社会公告单位和产品名称，责令限期改正；逾期不改正的，没收违法所得、违法生产经营的医疗器械；违法生产经营的医疗器械货值金额不足1万元的，并处1万元以上5万元以下罚款；货值金额1万元以上的，并处货值金额5倍以上20倍以下罚款；情节严重的，对违法单位的法定代表人、主要负责人、直接负责的主管人员和其他责任人员，没收违法行为发生期间自本单位所获收入，并处所获收入30%以上2倍以下罚款，5年内禁止其从事医疗器械生产经营活动：

（一）生产、经营未经备案的第一类医疗器械；

（二）未经备案从事第一类医疗器械生产；

（三）经营第二类医疗器械，应当备案但未备案；

（四）已经备案的资料不符合要求。

法律适用

相关法律法规

第八十五条 备案时提供虚假资料的，由负责药品监督管理的部门向社会公告备案单位和产品名称，没收违法所得、违法生产经营的医疗器械；违法生产经营的医疗器械货值金额不足1万元的，并处2万元以上5万元以下罚款；货值金额1万元以上的，并处货值金额5倍以上20倍以下罚款；情节严重的，责令停产停业，对违法单位的法定代表人、主要负责人、直接负责的主管人员和其他责任人员，没收违法行为发生期间自本单位所获收入，并处所获收入30%以上3倍以下罚款，10年内禁止其从事医疗器械生产经营活动。

第八十六条 有下列情形之一的，由负责药品监督管理的部门责令改正，没收违法生产经营使用的医疗器械；违法生产经营使用的医疗器械货值金额不足1万元的，并处2万元以上5万元以下罚款；货值金额1万元以上的，并处货值金额5倍以上20倍以下罚款；情节严重的，责令停产停业，直至由原发证部门吊销医疗器械注册证、医疗器械生产许可证、医疗器械经营许可证，对违法单位的法定代表人、主要负责人、直接负责的主管人员和其他责任人员，没收违法行为发生期间自本单位所获收入，并处所获收入30%以上3倍以下罚款，10年内禁止其从事医疗器械生产经营活动：

（一）生产、经营、使用不符合强制性标准或者不符合经注册或者备案的产品技术要求的医疗器械；

（二）未按照经注册或者备案的产品技术要求组织生产，或者未依照本条例规定建立质量管理体系并保持有效运行，影响产品安全、有效；

（三）经营、使用无合格证明文件、过期、失效、淘汰的医疗器械，或者使用未依法注册的医疗器械；

（四）在负责药品监督管理的部门责令召回后仍拒不召回，或者在负责药品监督管理的部门责令停止或者暂停生产、进口、经营后，仍拒不停止生产、进口、经营医疗器械；

（五）委托不具备本条例规定条件的企业生产医疗器械，或者未对受托生产企业的生产行为进行管理；

（六）进口过期、失效、淘汰等已使用过的医疗器械。

第八十七条 医疗器械经营企业、使用单位履行了本条例规定的进货查验等义务，有充分证据证明其不知道所经营、使用的医疗器械为本条例第八十一条第一款第一项、第八十四条第一项、第八十六条第一项和第三项规定情形的医疗器械，并能如实说明其进货来源的，收缴其经营、使用的不符合法定要求的医疗器械，可以免除行政处罚。

第八十八条 有下列情形之一的，由负责药品监督管理的部门责令改正，处1万元以上5万元以下罚款；拒不改正的，处5万元以上10万元以下罚款；情节严重的，责令停产停业，直至由原发证部门吊销医疗器械生产许可证、医疗器械经营许可证，对违法单位的法定代表人、主要负责人、直接负责的主管人员和其他责任人员，没收违法行为发生期间自本单位所获收入，并处所获收入30%以上2倍以下罚款，5年内禁止其从事医疗器械生产经营活动：

（一）生产条件发生变化、不再符合医疗器械质量管理体系要求，未依照本条例规定整改、停止生产、报告；

（二）生产、经营说明书、标签不符合本条例规定的医疗器械；

（三）未按照医疗器械说明书和标签标示要求运输、贮存医疗器械；

（四）转让过期、失效、淘汰或者检验不合格的在用医疗器械。

第八十九条 有下列情形之一的，由负责药品监督管理的部门和卫生主管部门依据各自职责责令改正，给予警告；拒不改正的，处1万元以上10万元以下罚款；情节严重的，责令停产停业，直至由原发证部门吊销医疗器械注册证、医疗器械生产许可证、医疗器械经营许可证，对违法单位的法定代表人、主要负责人、直接负责的主管人员和其他责任人员处1万元以上3万元以下罚款：

（一）未按照要求提交质量管理体系自查报告；

（二）从不具备合法资质的供货者购进医疗器械；

（三）医疗器械经营企业、使用单位未依照本条例规定建立并执行医疗器械进货查验记录制度；

（四）从事第二类、第三类医疗器械批发业务以及第三类医疗器械零售业务的经营企业未依照本条例规定建立并执行销售记录制度；

（五）医疗器械注册人、备案人、生产经营企业、使用单位未依照本条例规定开展医疗器械不良事件监测，未按照要求报告不良事件，或者对医疗器械不良事件监测技术机构、负责药品监督管理的部门、卫生主管部门开展的不良事件调查不予配合；

（六）医疗器械注册人、备案人未按照规定制定上市后研究和风险管控计划并保证有效实施；

（七）医疗器械注册人、备案人未按照规定建立并执行产品追溯制度；

（八）医疗器械注册人、备案人、经营企业从事医疗器械网络销售未按照规定告知负责药品监督管理的部门；

（九）对需要定期检查、检验、校准、保养、维护的医疗器械，医疗器械使用单位未按照产品说明书要求进行检查、检验、校准、保养、维护并予以记录，及时进行分析、评估，确保医疗器械处于良好状态；

（十）医疗器械使用单位未妥善保存购入第三类医疗器械的原始资料。

第九十条 有下列情形之一的，由县级以上人民政府卫生主管部门责令改正，给予警告；拒不改正的，处5万元以上10万元以下罚款；情节严重的，处10万元以上30万元以下罚款，责令暂停相关医疗器械使用活动，直至由原发证部门吊销执业许可证，依法责令相关责任人员暂停6个月以上1年以下执业活动，直至由原发证部门吊销相关人员执业证书，对违法单位的法定代表人、主要负责人、直接负责的主管人员和其他责任人员，没收违法行为发生期间自本单位所获收入，并处所获收入30%以上3倍以下罚款，依法给予处分：

（一）对重复使用的医疗器械，医疗器械使用单位未按照消毒和管理的规定进行处理；

（二）医疗器械使用单位重复使用一次性使用的医疗器械，或者未按照规定销毁使用过的一次性使用的医疗器械；

（三）医疗器械使用单位未按照规定将大型医疗器械以及植入和介入类医疗器械的信息记载到病历等相关记录中；

（四）医疗器械使用单位发现使用的医疗器械存在安全隐患未立即停止使用、通知检修，或者继续使用经检修仍不能达到使用安全标准的医疗器械；

（五）医疗器械使用单位违规使用大型医用设备，不能保障医疗质量安全。

法律适用

相关法律法规

第九十一条 违反进出口商品检验相关法律、行政法规进口医疗器械的，由出入境检验检疫机构依法处理。

第九十二条 为医疗器械网络交易提供服务的电子商务平台经营者违反本条例规定，未履行对入网医疗器械经营者进行实名登记，审查许可、注册、备案情况，制止并报告违法行为，停止提供网络交易平台服务等管理义务的，由负责药品监督管理的部门依照《中华人民共和国电子商务法》的规定给予处罚。

第九十三条 未进行医疗器械临床试验机构备案开展临床试验的，由负责药品监督管理的部门责令停止临床试验并改正；拒不改正的，该临床试验数据不得用于产品注册、备案，处5万元以上10万元以下罚款，并向社会公告；造成严重后果的，5年内禁止其开展相关专业医疗器械临床试验，并处10万元以上30万元以下罚款，由卫生主管部门对违法单位的法定代表人、主要负责人、直接负责的主管人员和其他责任人员，没收违法行为发生期间自本单位所获收入，并处所获收入30%以上3倍以下罚款，依法给予处分。

临床试验申办者开展临床试验未经备案的，由负责药品监督管理的部门责令停止临床试验，对临床试验申办者处5万元以上10万元以下罚款，并向社会公告；造成严重后果的，处10万元以上30万元以下罚款。该临床试验数据不得用于产品注册、备案，5年内不受理相关责任人以及单位提出的医疗器械注册申请。

临床试验申办者未经批准开展对人体具有较高风险的第三类医疗器械临床试验的，由负责药品监督管理的部门责令立即停止临床试验，对临床试验申办者处10万元以上30万元以下罚款，并向社会公告；造成严重后果的，处30万元以上100万元以下罚款。该临床试验数据不得用于产品注册，10年内不受理相关责任人以及单位提出的医疗器械临床试验和注册申请，对违法单位的法定代表人、主要负责人、直接负责的主管人员和其他责任人员，没收违法行为发生期间自本单位所获收入，并处所获收入30%以上3倍以下罚款。

第九十四条 医疗器械临床试验机构开展医疗器械临床试验未遵守临床试验质量管理规范的，由负责药品监督管理的部门责令改正或者立即停止临床试验，处5万元以上10万元以下罚款；造成严重后果的，5年内禁止其开展相关专业医疗器械临床试验，由卫生主管部门对违法单位的法定代表人、主要负责人、直接负责的主管人员和其他责任人员，没收违法行为发生期间自本单位所获收入，并处所获收入30%以上3倍以下罚款，依法给予处分。

第九十五条 医疗器械临床试验机构出具虚假报告的，由负责药品监督管理的部门处10万元以上30万元以下罚款；有违法所得的，没收违法所得；10年内禁止其开展相关专业医疗器械临床试验；由卫生主管部门对违法单位的法定代表人、主要负责人、直接负责的主管人员和其他责任人员，没收违法行为发生期间自本单位所获收入，并处所获收入30%以上3倍以下罚款，依法给予处分。

第九十六条 医疗器械检验机构出具虚假检验报告的，由授予其资质的主管部门撤销检验资质，10年内不受理相关责任人以及单位提出的资质认定申请，并处10万元以上30万元以下罚款；有违法所得的，没收违法所得；对违法单位的法定代表人、主要负责人、直接负责的主管人员和其他责任人员，没收违法行为发生期间自本单位所获收入，并处所获收入30%以上3倍以下罚款，依法给予处分；受到开除处分的，10年内禁止其从事医疗器械检验工作。

第九十七条 违反本条例有关医疗器械广告管理规定的，依照《中华人民共和国广告法》的规定给予处罚。

第九十八条 境外医疗器械注册人、备案人指定的我国境内企业法人未依照本条例规定履行相关义务的，由省、自治区、直辖市人民政府药品监督管理部门责令改正，给予警告，并处5万元以上10万元以下罚款；情节严重的，处10万元以上50万元以下罚款，5年内禁止其法定代表人、主要负责人、直接负责的主管人员和其他责任人员从事医疗器械生产经营活动。

境外医疗器械注册人、备案人拒不履行依据本条例作出的行政处罚决定的，10年内禁止其医疗器械进口。

第九十九条 医疗器械研制、生产、经营单位和检验机构违反本条例规定使用禁止从事医疗器械生产经营活动、检验工作的人员的，由负责药品监督管理的部门责令改正，给予警告；拒不改正的，责令停产停业直至吊销许可证件。

第一百条 医疗器械技术审评机构、医疗器械不良事件监测技术机构未依照本条例规定履行职责，致使审评、监测工作出现重大失误的，由负责药品监督管理的部门责令改正，通报批评，给予警告；造成严重后果的，对违法单位的法定代表人、主要负责人、直接负责的主管人员和其他责任人员，依法给予处分。

第一百零一条 负责药品监督管理的部门或者其他有关部门工作人员违反本条例规定，滥用职权、玩忽职守、徇私舞弊的，依法给予处分。

第一百零二条 违反本条例规定，构成犯罪的，依法追究刑事责任；造成人身、财产或者其他损害的，依法承担赔偿责任。

第八章 附　　则

第一百零三条 本条例下列用语的含义：

医疗器械，是指直接或者间接用于人体的仪器、设备、器具、体外诊断试剂及校准物、材料以及其他类似或者相关的物品，包括所需要的计算机软件；其效用主要通过物理等方式获得，不是通过药理学、免疫学或者代谢的方式获得，或者虽然有这些方式参与但是只起辅助作用；其目的是：

（一）疾病的诊断、预防、监护、治疗或者缓解；

（二）损伤的诊断、监护、治疗、缓解或者功能补偿；

（三）生理结构或者生理过程的检验、替代、调节或者支持；

（四）生命的支持或者维持；

（五）妊娠控制；

（六）通过对来自人体的样本进行检查，为医疗或者诊断目的提供信息。

医疗器械注册人、备案人，是指取得医疗器械注册证或者办理医疗器械备案的企业或者研制机构。

医疗器械使用单位，是指使用医疗器械为他人提供医疗等技术服务的机构，包括医疗机构、计划生育技术服务机构、血站、单采血浆站、康复辅助器具适配机构等。

大型医用设备，是指使用技术复杂、资金投入量大、运行成本高、对医疗费用影响大且纳入目录管理的大型医疗器械。

第一百零四条 医疗器械产品注册可以收取费用。具体收费项目、标准分别由国务院财政、价格主管部门按照国家有关规定制定。

第一百零五条 医疗卫生机构为应对突发公共卫生事件而研制的医疗器械的管理

法律适用

相关法律法规

办法，由国务院药品监督管理部门会同国务院卫生主管部门制定。

从事非营利的避孕医疗器械的存储、调拨和供应，应当遵守国务院卫生主管部门会同国务院药品监督管理部门制定的管理办法。

中医医疗器械的技术指导原则，由国务院药品监督管理部门会同国务院中医药管理部门制定。

第一百零六条 军队医疗器械使用的监督管理，依照本条例和军队有关规定执行。

第一百零七条 本条例自2021年6月1日起施行。

8 生产、销售不符合安全标准的产品案

概念

本罪是指违反国家的产品质量法规，生产不符合保障人身、财产安全的国家标准、行业标准的电器、压力容器、易燃易爆产品或者其他不符合保障人身、财产安全的国家标准、行业标准的产品，销售明知是以上不符合保障人身、财产安全的国家标准、行业标准的产品造成严重后果的行为。

立案标准

生产不符合保障人身、财产安全的国家标准、行业标准的电器、压力容器、易燃易爆产品或者其他不符合保障人身、财产安全的国家标准、行业标准的产品，或者销售明知是以上不符合保障人身、财产安全的国家标准、行业标准的产品，涉嫌下列情形之一的，应予立案追诉：

（1）造成人员重伤或者死亡的；

（2）造成直接经济损失 10 万元以上的；

（3）其他造成严重后果的情形。

定罪标准

犯罪客体

本罪侵犯的客体是复杂客体，既侵犯了国家对电器、压力容器、易燃易爆产品和其他涉及人身、财产安全的产品的质量监督管理制度，也侵犯了消费者的人身、财产安全。本罪的犯罪对象是不符合安全标准的产品。我国《产品质量法》第 13 条第 1 款规定："可能危及人体健康和人身、财产安全的工业产品，必须符合保障人体健康和人身、财产安全的国家标准、行业标准；未制定国家标准、行业标准的，必须符合保障人体健康和人身、财产安全的要求。"否则，即为不符合安全标准的产品。这里的"电器"，主要是指电视机、电冰箱、电暖箱、电饭锅、电淋浴器等家用电器以及各种电讯、电力器材等；"压力容器"，主要是指能够产生或承受高压物质的坚固器具，如氧气瓶，高压锅等；"易燃易爆产品"，是指那些易于燃烧或爆炸的产品，如各种烟花爆竹以及煤气罐等；"其他不符合保障人身、财产安全的国家标准、行业标准的产品"，是指除上述电器等产品以外的，不符合安全标准的产品，如汽水瓶、啤酒瓶等，由于其本身的特点，易于在使用过程中发生伤害人身、财产的危险，所以对这些产品应强调并严格加强对其生产、销售的质量监督管理，国家对这些产品规定了一系列具体的安全标准，建立了对这些产品质量的监督管理制度，违反这些安全标准而生产上述产品，就侵犯了国家对这些产品质量的监督管理制度。同时，生产、销售不符合安全标准的上述产品，往往造成人身伤亡、财产损失，从而侵犯了消费者的人身、财产安全。

犯罪客观方面

本罪在客观方面表现为行为人违反产品质量法规，生产、销售不符合保障人身、财产安全的国家标准、行业标准的电器、压力容器、易燃易爆产品或者其他不符合保障人身、财产安全的国家标准、行业标准的产品，造成严重后果的行为。本罪主要有两种表现形式：一是生产不符合保障人身、财产安全的国家标准、行业标准的电器、

定罪标准		
	犯罪客观方面	压力器、易燃易爆产品或者其他不符合保障人身、财产安全的国家标准、行业标准的产品的行为；二是销售明知是以上不符合保障人身、财产安全的国家标准、行业标准的产品，造成严重后果的行为。本罪是结果犯。行为人生产、销售不符合安生标准的电器、压力容器、易燃易爆产品的行为，只有造成严重后果的才构成本罪。所谓造成严重后果，是指造成受害人重伤、死亡或者导致公私财产损失 10 万元以上的。如果没有造成严重危害的，不构成本罪；销售金额 5 万元以上的，可以按生产、销售伪劣产品罪处罚。
	犯罪主体	本罪的主体是一般主体，任何单位以及达到刑事责任年龄并具有刑事责任能力的自然人都可以成为本罪的主体，其中既包括合法的生产者、销售者，也包括非法的生产者、销售者。
	犯罪主观方面	本罪在主观方面表现为故意，过失不构成本罪。故意内容为行为人明知生产、销售的电器、压力容器、易燃易爆产品以及其他产品不符合保障人身、财产安全的国家标准、行业标准，并可能会造成伤害人身、财产的严重后果，却仍然生产、销售，对严重后果的发生采取放任的态度。人身、财产造成伤害等严重后果并非行为人的犯罪目的。如果行为人积极追求这种严重后果，则构成其他性质更为严重的犯罪。本罪的犯罪目的一般是由于非法牟利，但不论出于何种目的，均不影响本罪的构成。
	罪与非罪	区分罪与非罪的标准主要是看生产、销售不符合保障人身、财产安全的国家标准、行业标准的电器、压力容器、易燃易爆产品或者其他产品的行为，是否造成致人死亡、财产重大损失等严重后果。有严重后果，构成本罪；没有严重后果，销售金额又不到 5 万元，可视为一般违法行为。
	此罪与彼罪	一、本罪与爆炸罪、失火罪等危害公共安全罪的界限。生产、销售不符合保障人身、财产安全标准的产品的行为往往能引起火灾、爆炸等危害后果，但是本罪与失火罪、爆炸罪等危害公共安全的犯罪存在重大的区别，区分它们的关键在于二者的主观故意内容不同。失火罪、爆炸罪包含有积极追求危害后果如爆炸、失火的心理态度，而本罪的主观故意中则是为了非法牟利而消极放任危害结果的发生，并不把该结果作为犯罪目的而积极追求。 二、本罪与生产、销售伪劣产品罪的界限。作为本罪的犯罪对象，不符合安全标准的电器、压力容器、易燃易爆产品也属于伪劣产品。但由于这些产品有着特殊的危险性，需要对它们的安全性能加以特别的监督管理，所以法律将对这些产品的安全监督管理制度从对一般伪劣产品的监督管理制度中独立出来，加以特殊的保护，从而形成了本罪的客体，于是也就使本罪独立于生产、销售伪劣产品罪。两罪在犯罪对象、犯罪客体、犯罪的客观方面上存在明显的区别。重点应把握两点：第一，本罪的犯罪对象是电器、压力容器、易燃易爆产品和其他类似的具有一定安全系数要求的产品；第二，本罪在客观方面表现为上述产品不符合保障人身、财产安全方面的标准，而不是其他一般性的质量标准。并且在结果上要求有严重后果的发生。所以，行为人生产、销售上述产品，如果只是不符合一般的质量标准或未造成严重后果，不构成本罪，但行为人销售金额若超过 5 万元，根据《刑法》第 149 条的规定，应以生产、销售伪劣产品罪论处。

证据参考标准		
	主体方面的证据	**一、证明行为人刑事责任年龄、身份等自然情况的证据。** 包括身份证明、户籍证明、任职证明、工作经历证明、特定职责证明等，主要是证明行为人的姓名（曾用名）、性别、出生年月日、民族、籍贯、出生地、职业（或职务）、住所地（或居所地）等证据材料，如户口簿、居民身份证、工作证、出生证、专业或技术等级证、干部履历表、职工登记表、护照等。 对于户籍、出生证等材料内容不实的，应提供其他证据材料。外国人犯罪的案件，应有护照等身份证明材料。人大代表、政协委员犯罪的案件，应注明身份，并附身份证明材料。 **二、证明行为人刑事责任能力的证据。** 证明行为人对自己的行为是否具有辨认能力与控制能力，如是否属于间歇性精神病人、尚未完全丧失辨认或者控制自己行为能力的精神病人的证明材料。 **三、证明单位的证据。** 证明是否属于依法成立并有合法经营、管理范围的公司、企业、事业单位、机关、团体。 证明单位的名称、住所地、性质、法定代表人、单位负责人、业务范围、成立时间等证据材料，如企业营业执照、国有公司性质证明及非法人单位的身份证明等。 **四、证明法定代表人、单位负责人或直接责任人员等的身份证明。** 法定代表人、直接负责的主管人员和其他直接责任人在单位的任职、职责、负责权限的证明材料等。包括身份证明、户籍证明、任职证明等，如户口簿、居民身份证、工作证、护照、专业或技术等级证、干部履历表、职工登记表、任命书、业务分工文件、委派文件、单位证明、单位规章制度等。
	主观方面的证据	证明行为人故意的证据：1. 证明行为人明知的证据：证明行为人明知自己的行为会发生危害社会的结果。2. 证明直接故意的证据：证明行为人希望危害结果发生。3. 证明间接故意的证据：证明行为人放任危害结果发生。4. 目的：（1）获取非法利润；（2）牟利；（3）营利。
	客观方面的证据	证明行为人生产、销售不符合安全标准产品犯罪行为的证据。 具体证据包括：1. 证明行为人生产不符合保障人身、财产安全标准的电气产品行为的证据；2. 证明行为人生产不符合保障人身、财产安全标准的压力容器产品行为的证据；3. 证明行为人生产不符合保障人身、财产安全标准的易燃、易爆产品行为的证据；4. 证明行为人生产其他不符合保障人身、财产安全标准的产品行为的证据；5. 证明行为人销售不符合保障人身、财产安全标准的电器产品行为的证据；6. 证明行为人销售不符合保障人身、财产安全标准的压力容器产品行为的证据；7. 证明行为人销售不符合保障人身、财产安全标准的易燃、易爆产品行为的证据；8. 证明行为人销售其他不符合保障人身、财产安全标准的产品行为的证据。

证据参考标准

量刑方面的证据

一、法定量刑情节证据。

1. 事实情节。2. 法定从重情节。3. 法定从轻减轻情节：（1）可以从轻；（2）可以从轻或减轻；（3）应当从轻或者减轻。4. 法定从轻减轻免除情节：（1）可以从轻、减轻或者免除处罚；（2）应当从轻、减轻或者免除处罚。5. 法定减轻免除情节：（1）可以减轻或者免除处罚；（2）应当减轻或者免除处罚；（3）可以免除处罚。

二、酌定量刑情节证据。

1. 犯罪手段：（1）生产；（2）销售。2. 犯罪对象。3. 后果：（1）死亡；（2）重伤；（3）公私财产损失。4. 危害结果。5. 动机。6. 平时表现。7. 认罪态度。8. 是否有前科。9. 其他证据。

量刑标准

犯本罪的	处五年以下有期徒刑，并处销售金额百分之五十以上二倍以下罚金
犯本罪，后果特别严重的	处五年以上有期徒刑，并处销售金额百分之五十以上二倍以下罚金
单位犯本罪的	对单位判处罚金，并对其直接负责的主管人员和其他直接责任人员依上述规定处罚

法律适用

刑法条文

第一百四十六条 生产不符合保障人身、财产安全的国家标准、行业标准的电器、压力容器、易燃易爆产品或者其他不符合保障人身、财产安全的国家标准、行业标准的产品，或者销售明知是以上不符合保障人身、财产安全的国家标准、行业标准的产品，造成严重后果的，处五年以下有期徒刑，并处销售金额百分之五十以上二倍以下罚金；后果特别严重的，处五年以上有期徒刑，并处销售金额百分之五十以上二倍以下罚金。

第一百四十九条 生产、销售本节第一百四十一条至第一百四十八条所列产品，不构成各该条规定的犯罪，但是销售金额在五万元以上的，依照本节第一百四十条的规定定罪处罚。

生产、销售本节第一百四十一条至第一百四十八条所列产品，构成各该条规定的犯罪，同时又构成本节第一百四十条规定之罪的，依照处罚较重的规定定罪处罚。

第一百五十条 单位犯本节第一百四十条至第一百四十八条规定之罪的，对单位判处罚金，并对其直接负责的主管人员和其他直接责任人员，依照各该条的规定处罚。

司法解释

最高人民检察院、公安部《关于公安机关管辖的刑事案件立案追诉标准的规定（一）》（节录）（2008年6月25日最高人民检察院、公安部公布 自公布之日起施行 2017年4月27日修正）

第二十二条〔生产、销售不符合安全标准的产品案（刑法第一百四十六条）〕生产不符合保障人身、财产安全的国家标准、行业标准的电器、压力容器、易燃易爆或者其他不符合保障人身、财产安全的国家标准、行业标准的产品，或者销售明知是

司法解释

以上不符合保障人身、财产安全的国家标准、行业标准的产品，涉嫌下列情形之一的，应予立案追诉：

（一）造成人员重伤或者死亡的；

（二）造成直接经济损失十万元以上的；

（三）其他造成严重后果的情形。

法律适用 相关法律法规

一、《中华人民共和国标准化法》（节录）（1988年12月29日通过 2017年11月4日修订）

第三十六条 生产、销售、进口产品或者提供服务不符合强制性标准，或者企业生产的产品、提供的服务不符合其公开标准的技术要求的，依法承担民事责任。

第三十七条 生产、销售、进口产品或者提供服务不符合强制性标准的，依照《中华人民共和国产品质量法》、《中华人民共和国进出口商品检验法》、《中华人民共和国消费者权益保护法》等法律、行政法规的规定查处，记入信用记录，并依照有关法律、行政法规的规定予以公示；构成犯罪的，依法追究刑事责任。

二、《中华人民共和国标准化法实施条例》（节录）（1990年4月6日国务院令第53号公布 自公布之日起施行）

第十八条 国家标准、行业标准分为强制性标准和推荐性标准。

下列标准属于强制性标准：

（一）药品标准，食品卫生标准，兽药标准；

（二）产品及产品生产、储运和使用中的安全、卫生标准，劳动安全、卫生标准，运输安全标准；

（三）工程建设的质量、安全、卫生标准及国家需要控制的其他工程建设标准；

（四）环境保护的污染物排放标准和环境质量标准；

（五）重要的通用技术术语、符号、代号和制图方法；

（六）通用的试验、检验方法标准；

（七）互换配合标准；

（八）国家需要控制的重要产品质量标准。

国家需要控制的重要产品目录由国务院标准化行政主管部门会同国务院有关行政主管部门确定。

强制性标准以外的标准是推荐性标准。

省、自治区、直辖市人民政府标准化行政主管部门制定的工业产品的安全、卫生要求的地方标准，在本行政区域内是强制性标准。

第三十三条 生产不符合强制性标准的产品的，应当责令其停止生产，并没收产品，监督销毁或作必要技术处理；处以该批产品货值金额百分之二十至百分之五十的罚款；对有关责任者处以五千元以下罚款。

销售不符合强制性标准的商品的，应当责令其停止销售，并限期追回已售出的商品，监督销毁或作必要技术处理；没收违法所得；处以该批商品货值金额百分之十至百分之二十的罚款；对有关责任者处以五千元以下罚款。

进口不符合强制性标准的产品的，应当封存并没收该产品，监督销毁或者作必要技术处理；处以进口产品货值金额百分之二十至百分之五十的罚款；对有关责任者给予行政处分，并可处以五千元以下罚款。

法律适用 相关法律法规

本条规定的责令停止生产、行政处分，由有关行政主管部门决定；其他行政处罚由标准化行政主管部门和工商行政管理部门依据职权决定。

第三十四条 生产、销售、进口不符合强制性标准的产品，造成严重后果，构成犯罪的，由司法机关依法追究直接责任人员的刑事责任。

三、《中华人民共和国产品质量法》（节录）（1993年2月22日通过 2000年7月8日第一次修正 2009年8月27日第二次修正 2018年12月29日第三次修正）

第十三条 可能危及人体健康和人身、财产安全的工业产品，必须符合保障人体健康和人身、财产安全的国家标准、行业标准；未制定国家标准、行业标准的，必须符合保障人体健康和人身、财产安全的要求。

禁止生产、销售不符合保障人体健康和人身、财产安全的标准和要求的工业产品。具体管理办法由国务院规定。

第四十九条 生产、销售不符合保障人体健康和人身、财产安全的国家标准、行业标准的产品的，责令停止生产、销售，没收违法生产、销售的产品，并处违法生产、销售产品（包括已售出和未售出的产品，下同）货值金额等值以上三倍以下的罚款；有违法所得的，并处没收违法所得；情节严重的，吊销营业执照；构成犯罪的，依法追究刑事责任。

第七十二条 本法第四十九条至第五十四条、第六十二条、第六十三条所规定的货值金额以违法生产、销售产品的标价计算；没有标价的，按照同类产品的市场价格计算。

四、《中华人民共和国清洁生产促进法》（节录）（2002年6月29日通过 2012年2月29日修正）

第二十四条 建筑工程应当采用节能、节水等有利于环境与资源保护的建筑设计方案、建筑和装修材料、建筑构配件及设备。

建筑和装修材料必须符合国家标准。禁止生产、销售和使用有毒、有害物质超过国家标准的建筑和装修材料。

第三十八条 违反本法第二十四条第二款规定，生产、销售有毒、有害物质超过国家标准的建筑和装修材料的，依照产品质量法和有关民事、刑事法律的规定，追究行政、民事、刑事法律责任。

9 生产、销售伪劣农药、兽药、化肥、种子案

概念

本罪是指违反国家产品质量法规，生产假农药、假兽药、假化肥，销售明知是假的或者失去使用效能的农药、兽药、化肥、种子，或者生产者、销售者以不合格的农药、兽药、化肥、种子冒充合格的农药、兽药、化肥、种子，使生产遭受较大损失的行为。

立案标准

具有下列行为之一，并且使生产遭受2万元以上损失的，应当立案：

(1) 生产假农药、假兽药、假化肥，销售明知是假的或者失去使用效能的农药、兽药、化肥、种子；

(2) 生产者、销售者以不合格的农药、兽药、化肥、种子冒充合格的农药、兽药、化肥、种子。

定罪标准

犯罪客体

本罪侵犯的客体是复杂客体，既侵犯了国家对生产、销售农药、兽药、化肥、种子等农牧业生产资料的管理制度，也侵犯了消费者的权益和农牧业生产。农药、兽药、化肥、种子是进行农牧业生产的重要生产资料；对发展农业具有重要的作用，国家通过《农业法》《种子法》等法律、法规，对农业生产资料的生产、销售规定了严格的管理制度。生产、销售伪劣的农药、兽药、化肥、种子不仅侵犯了国家对这些生产资料的监督管理制度，常常会使农业或者林业生产经营者因减产而遭受较大损失，所以，这种行为还侵犯了消费者的权益和农业生产，也破坏了国家对农药、兽药、化肥、种子质量的监督管理制度。犯罪对象仅限于农药、兽药、化肥、种子。“农药”，是指用于预防、消灭或者控制危害农业、林业的病、虫、草和其他有害生物以及有目的地调节植物、昆虫生长的化学合成或者来源于生物、其他天然物质的一种物质或者几种物质的混合物及其制剂。农药包括用于不同目的、场所的下列各类：(1) 预防、消灭或者控制危害农业、林业的病、虫（包括昆虫、蜱、螨）、草和鼠、软体动物等有害生物的；(2) 预防、消灭或者控制仓储病、虫、鼠和其他有害生物的；(3) 调节植物、昆虫生长的；(4) 用于农业、林业产品防腐或者保鲜的；(5) 预防、消灭或者控制蚊、蝇、蜚蠊、鼠和其他有害生物的；(6) 预防、消灭或者控制危害河流堤坝、铁路、机场、建筑物和其他场所的有害生物的。“兽药”，是指用于预防、治疗、诊断动物疾病或者有目的地调节动物生理机能的物质（含药物饲料添加剂），主要包括：血清制品、疫苗、诊断制品、微生态制品、中药材、中成药、化学药品、抗生素、生化药品、放射性药品及外用杀虫剂、消毒剂等。“化肥”，是指以空气、水、矿物等为原料，经过化学反应或机械加工制成的肥料，如氮肥、磷肥、钾肥和微量元素化肥等。“种子”，是指用于农业、林业生产的籽粒、果实、根、茎、芽等繁殖材料。

<table>
<tr><td rowspan="4">定罪标准</td><td>犯罪客观方面</td><td>本罪客观方面表现为行为人违反国家关于农药、兽药、化肥、种子等农牧业用生产资料的生产、经营、使用的质量标准的法律、法规。生产假农药、假兽药、假化肥，销售明知是假的或者失去使用效能的农药、兽药、化肥、种子，或者以不合格的农药、兽药、化肥、种子冒充合格的农药、兽药、化肥、种子，使生产遭受较大损失的行为。“假农药、假兽药、假化肥”，是指农药、兽药、化肥所含成分与国家标准、行业标准不符合或者以非农药、非兽药、非化肥冒充农药、化肥、兽药。根据《种子法》第49条规定，下列种子为假种子：（1）以非种子冒充种子或者以此种品种种子冒充他种品种种子的；（2）种子种类、品种与标签标注的内容不符或者没有标签的。下列种子为劣种子：（1）质量低于国家规定标准的；（2）质量低于标签标注指标的；（3）带有国家规定的检疫性有害生物的。根据《兽药管理条例》第47条规定，有下列情形之一的为假兽药：（1）以非兽药冒充兽药或者以他种兽药冒充此种兽药的；（2）兽药所含成分的种类、名称与兽药国家标准不符合的。有下列情形之一的，按照假兽药处理：（1）国务院兽医行政管理部门规定禁止使用的；（2）依照本条例规定应当经审查批准而未经审查批准即生产、进口的，或者依照本条例规定应当经抽查检验、审查核对而未经抽查检验、审查核对即销售、进口的；（3）变质的；（4）被污染的；（5）所标明的适应症或者功能主治超出规定范围的。
“失去使用效能的农药、兽药、化肥、种子”，是指因为过期、受潮、腐烂、变质等原因失去了原有功效和使用效能，丧失了使用价值的农药、兽药、化肥、种子。“不合格的农药、兽药、化肥、种子”，是指农药、兽药、化肥、种子不具备应当具备的使用性能或者没有达到应当达到的质量标准。本罪是结果犯。行为人生产、销售伪劣农药、兽药、化肥、种子，只有使生产遭受较大损失的，才构成本罪。所谓使生产遭受较大损失，根据《关于办理生产、销售伪劣商品刑事案件具体应用法律若干问题的解释》第7条规定，生产、销售伪劣农药、兽药、化肥、种子罪中“使生产遭受较大损失”，一般以2万元为起点；“重大损失”，一般以10万元为起点；“特别重大损失”，一般以50万元为起点。</td></tr>
<tr><td>犯罪主体</td><td>本罪的主体为一般主体，包括个人和单位，即任何单位以及达到刑事责任年龄并具有刑事责任能力的自然人都可以成为本罪的主体。</td></tr>
<tr><td>犯罪主观方面</td><td>本罪的主观方面表现为故意，过失不构成本罪，即行为人明知生产的是假农药、假兽药、假化肥，或明知销售的是假的或失去使用效能的农药、兽药、化肥、种子，或明知生产、销售的是不合格的农药、兽药、化肥、种子，并且行为人还明知上述产品可能会给生产造成较大的损失，而通过其生产、销售行为，放任危害结果的发生。行为人的犯罪目的大都是非法牟利，对危害结果并不积极追求。</td></tr>
<tr><td>罪与非罪</td><td>区分罪与非罪的界限，关键是看行为人有无生产、销售伪劣农药、兽药、化肥、种子的故意和是否使生产遭受了较大的损失。如果行为人不知道是伪劣农药、兽药、化肥、种子而予以销售的，或者行为人生产、销售伪劣农药、兽药、化肥、种子没有使生产遭受较大损失的，不构成本罪。但根据《刑法》第149条第1款的规定，销售金额在5万元上的，可以按生产、销售伪劣产品罪定罪处罚。当前在司法实践中要特别注意防止“以罚代刑”，对那些生产、销售伪劣农药、兽药、化肥、种子，使生产遭受较大损失的行为人，不仅要依法判处其赔偿经济损失，而且要坚决依法追究其刑事责任。</td></tr>
</table>

定罪标准	此罪与彼罪	一、本罪与破坏生产经营罪的界限。二者的区别在于：(1)犯罪目的不同。破坏生产经营罪一般是发泄私愤、报复的目的；而本罪的犯罪目的一般是为了获取非法的利润。(2)犯罪客观方面不同。破坏生产经营罪一般采取残害耕牛、破坏机器等手段，并且不要求必须具有危害结果的发生；而本罪则是采取生产、销售伪劣、失效农药、兽药、化肥、种子的手段，且必须造成了使生产遭受较大的损失的结果。实践中，比较难区分的是如下一种行为：即行为人为了发泄私愤、采取使用伪劣农药、兽药、化肥、种子的方法破坏生产，并且使生产遭受了损失，甚至是特别重大的损失。我们认为，这种行为应定为破坏生产经营罪。因为使用劣质、失效农药、兽药、化肥、种子的行为毕竟不是生产或销售的行为，采取这种行为使生产遭受特别重大的损失的，应按破坏生产经营罪处罚。 二、本罪与生产、销售伪劣产品罪的界限。本罪的犯罪对象也属于伪劣产品，但本罪由于其客体受到法律特别保护而独立于生产、销售伪劣产品罪，并与之相排斥。本罪与生产、销售伪劣产品罪在犯罪客体、犯罪对象、犯罪的客观认定标准上具有明显的区别。所以，如果行为人生产、销售伪劣农药、兽药、化肥、种子，未给生产造成较大损失，不构成本罪，但行为人违法所得在5万元以上，依照《刑法》第149条的规定，应以生产、销售伪劣产品罪论处。 三、本罪与诈骗罪的界限。二者的区别在于：第一，犯罪客体不同。诈骗罪侵犯的是公私财物所有权；而本罪侵犯的客体是复杂客体，既侵犯了国家对生产、销售农药、兽药、化肥、种子等农业生产资料的管理制度，也侵犯了消费者的权益和农业生产。第二，犯罪目的不同。诈骗罪是以非法占有为目的；本罪的犯罪目的是牟取非法利益。第三，犯罪客观方面不同。诈骗罪是直接使用欺骗方法；本罪是在销售交易活动中，欺骗消费者，牟取利益。
证据参考标准	主体方面的证据	**一、证明行为人刑事责任年龄、身份等自然情况的证据。** 包括身份证明、户籍证明、任职证明、工作经历证明、特定职责证明等，主要是证明行为人的姓名（曾用名）、性别、出生年月日、民族、籍贯、出生地、职业（或职务）、住所地（或居所地）等证据材料，如户口簿、居民身份证、工作证、出生证、专业或技术等级证、干部履历表、职工登记表、护照等。 对于户籍、出生证等材料内容不实的，应提供其他证据材料。外国人犯罪的案件，应有护照等身份证明材料。人大代表、政协委员犯罪的案件，应注明身份，并附身份证明材料。 **二、证明行为人刑事责任能力的证据。** 证明行为人对自己的行为是否具有辨认能力与控制能力，如是否属于间歇性精神病人、尚未完全丧失辨认或者控制自己行为能力的精神病人的证明材料。 **三、证明单位的证据。** 证明是否属于依法成立并有合法经营、管理范围的公司、企业、事业单位、机关、团体。 证明单位的名称、住所地、性质、法定代表人、单位负责人、业务范围、成立时间等证据材料，如企业营业执照、国有公司性质证明及非法人单位的身份证明等。

<table>
<tr><td rowspan="4">证据参考标准</td><td>主体方面的证据</td><td colspan="2">四、证明法定代表人、单位负责人或直接责任人员等的身份证明。
法定代表人、直接负责的主管人员和其他直接责任人在单位的任职、职责、负责权限的证明材料等。包括身份证明、户籍证明、任职证明等，如户口簿、居民身份证、工作证、护照、专业或技术等级证、干部履历表、职工登记表、任命书、业务分工文件、委派文件、单位证明、单位规章制度等。</td></tr>
<tr><td>主观方面的证据</td><td colspan="2">证明行为人故意的证据：1. 证明行为人明知的证据：证明行为人明知自己的行为会发生危害社会的结果。2. 证明直接故意的证据：证明行为人希望危害结果发生。3. 证明间接故意的证据：证明行为人放任危害结果发生。4. 目的：（1）获取非法利润；（2）牟利；（3）营利。</td></tr>
<tr><td>客观方面的证据</td><td colspan="2">证明行为人生产、销售伪劣农药、兽药、化肥、种子犯罪行为的证据。
具体证据包括：1. 证明行为人生产伪劣、失效农药行为的证据；2. 证明行为人生产伪劣、失效兽药行为的证据；3. 证明行为人生产伪劣、失效化肥行为的证据；4. 证明行为人生产伪劣、失效种子行为的证据；5. 证明行为人销售伪劣、失效农药行为的证据；6. 证明行为人销售伪劣、失效兽药行为的证据；7. 证明行为人销售伪劣、失效化肥行为的证据；8. 证明行为人销售伪劣、失效种子行为的证据。</td></tr>
<tr><td>量刑方面的证据</td><td colspan="2">一、法定量刑情节证据。
1. 事实情节。2. 法定从重情节。3. 法定从轻减轻情节：（1）可以从轻；（2）可以从轻或减轻；（3）应当从轻或者减轻。4. 法定从轻减轻免除情节：（1）可以从轻、减轻或者免除处罚；（2）应当从轻、减轻或者免除处罚。5. 法定减轻免除情节：（1）可以减轻或者免除处罚；（2）应当减轻或者免除处罚；（3）可以免除处罚。
二、酌定量刑情节证据。
1. 犯罪手段：（1）故意生产伪劣、失效农药、兽药、化肥、种子；（2）故意销售伪劣、失效农药、兽药、化肥、种子；（3）以不合格品冒充合格品。2. 犯罪对象。3. 危害结果。4. 动机。5. 平时表现。6. 认罪态度。7. 是否有前科。8. 其他证据。</td></tr>
<tr><td rowspan="4">量刑标准</td><td colspan="2">使生产遭受较大损失的</td><td>处三年以下有期徒刑或者拘役，并处或者单处销售金额百分之五十以上二倍以下罚金</td></tr>
<tr><td colspan="2">使生产遭受重大损失的</td><td>处三年以上七年以下有期徒刑，并处销售金额百分之五十以上二倍以下罚金</td></tr>
<tr><td colspan="2">使生产遭受特别重大损失的</td><td>处七年以上有期徒刑或者无期徒刑，并处销售金额百分之五十以上二倍以下罚金或者没收财产</td></tr>
<tr><td colspan="2">单位犯本罪的</td><td>对单位判处罚金，并对其直接负责的主管人员和其他直接责任人员依上述规定处罚</td></tr>
</table>

法律适用

刑法条文

第一百四十七条 生产假农药、假兽药、假化肥，销售明知是假的或者失去使用效能的农药、兽药、化肥、种子，或者生产者、销售者以不合格的农药、兽药、化肥、种子冒充合格的农药、兽药、化肥、种子，使生产遭受较大损失的，处三年以下有期徒刑或者拘役，并处或者单处销售金额百分之五十以上二倍以下罚金；使生产遭受重大损失的，处三年以上七年以下有期徒刑，并处销售金额百分之五十以上二倍以下罚金；使生产遭受特别重大损失的，处七年以上有期徒刑或者无期徒刑，并处销售金额百分之五十以上二倍以下罚金或者没收财产。

第一百四十九条 生产、销售本节第一百四十一条至第一百四十八条所列产品，不构成各该条规定的犯罪，但是销售金额在五万元以上的，依照本节第一百四十条的规定定罪处罚。

生产、销售本节第一百四十一条至第一百四十八条所列产品，构成各该条规定的犯罪，同时又构成本节第一百四十条规定之罪的，依照处罚较重的规定定罪处罚。

第一百五十条 单位犯本节第一百四十条至第一百四十八条规定之罪的，对单位判处罚金，并对其直接负责的主管人员和其他直接责任人员，依照各该条的规定处罚。

司法解释

一、最高人民法院、最高人民检察院《关于办理生产、销售伪劣商品刑事案件具体应用法律若干问题的解释》（节录）（2001年4月9日最高人民法院、最高人民检察院公布　自2001年4月10日起施行　法释〔2001〕10号）

第七条 刑法第一百四十七条规定的生产、销售伪劣农药、兽药、化肥、种子罪中“使生产遭受较大损失”，一般以二万元为起点；“重大损失”，一般以十万元为起点；“特别重大损失”，一般以五十万元为起点。

二、最高人民检察院、公安部《关于公安机关管辖的刑事案件立案追诉标准的规定（一）》（节录）（2008年6月25日最高人民检察院、公安部公布　自公布之日起施行　2017年4月27日修正）

第二十三条〔生产、销售伪劣农药、兽药、化肥、种子案（刑法第一百四十七条）〕生产假农药、假兽药、假化肥，销售明知是假的或者失去使用效能的农药、兽药、化肥、种子，或者生产者、销售者以不合格的农药、兽药、化肥、种子冒充合格的农药、兽药、化肥、种子，涉嫌下列情形之一的，应予立案追诉：

（一）使生产遭受损失二万元以上的；

（二）其他使生产遭受较大损失的情形。

相关法律法规

一、《中华人民共和国种子法》（节录）（2000年7月8日第九届全国人民代表大会常务委员会第十六次会议通过　2004年8月28日第一次修正　2013年6月29日第二次修正　2015年11月4日修订）

第二条 在中华人民共和国境内从事品种选育、种子生产经营和管理等活动，适用本法。

本法所称种子，是指农作物和林木的种植材料或者繁殖材料，包括籽粒、果实、根、茎、苗、芽、叶、花等。

第四十九条 禁止生产经营假、劣种子。农业、林业主管部门和有关部门依法打击生产经营假、劣种子的违法行为，保护农民合法权益，维护公平竞争的市场秩序。

下列种子为假种子：

（一）以非种子冒充种子或者以此种品种种子冒充其他品种种子的；

法律适用

相关法律法规

（二）种子种类、品种与标签标注的内容不符或者没有标签的。

下列种子为劣种子：

（一）质量低于国家规定标准的；

（二）质量低于标签标注指标的；

（三）带有国家规定的检疫性有害生物的。

第七十五条 违反本法第四十九条规定，生产经营假种子的，由县级以上人民政府农业、林业主管部门责令停止生产经营，没收违法所得和种子，吊销种子生产经营许可证；违法生产经营的货值金额不足一万元的，并处一万元以上十万元以下罚款；货值金额一万元以上的，并处货值金额十倍以上二十倍以下罚款。

因生产经营假种子犯罪被判处有期徒刑以上刑罚的，种子企业或者其他单位的法定代表人、直接负责的主管人员自刑罚执行完毕之日起五年内不得担任种子企业的法定代表人、高级管理人员。

第七十六条 违反本法第四十九条规定，生产经营劣种子的，由县级以上人民政府农业、林业主管部门责令停止生产经营，没收违法所得和种子；违法生产经营的货值金额不足一万元的，并处五千元以上五万元以下罚款；货值金额一万元以上的，并处货值金额五倍以上十倍以下罚款；情节严重的，吊销种子生产经营许可证。

因生产经营劣种子犯罪被判处有期徒刑以上刑罚的，种子企业或者其他单位的法定代表人、直接负责的主管人员自刑罚执行完毕之日起五年内不得担任种子企业的法定代表人、高级管理人员。

第九十一条 违反本法规定，构成犯罪的，依法追究刑事责任。

二、《中华人民共和国农业法》（节录）（2002年12月28日中华人民共和国主席令第81号公布 自2003年3月1日起施行 2009年8月27日第一次修正 2012年12月28日第二次修正）

第二十五条 农药、兽药、饲料和饲料添加剂、肥料、种子、农业机械等可能危害人畜安全的农业生产资料的生产经营，依照相关法律、行政法规的规定实行登记或者许可制度。

各级人民政府应当建立健全农业生产资料的安全使用制度，农民和农业生产经营组织不得使用国家明令淘汰和禁止使用的农药、兽药、饲料添加剂等农业生产资料和其他禁止使用的产品。

农业生产资料的生产者、销售者应当对其生产、销售的产品的质量负责，禁止以次充好、以假充真、以不合格的产品冒充合格的产品；禁止生产和销售国家明令淘汰的农药、兽药、饲料添加剂、农业机械等农业生产资料。

第九十一条 违反本法第十九条、第二十五条、第六十二条、第七十一条规定的，依照相关法律或者行政法规的规定予以处罚。

三、《兽药管理条例》（节录）（2004年4月9日中华人民共和国国务院令第404号公布 自2004年11月1日起施行 2014年7月29日第一次修订 2016年2月6日第二次修订 2020年3月27日第三次修订）

第四十七条 有下列情形之一的，为假兽药：

（一）以非兽药冒充兽药或者以他种兽药冒充此种兽药的；

（二）兽药所含成分的种类、名称与兽药国家标准不符合的。

有下列情形之一的，按照假兽药处理：

（一）国务院兽医行政管理部门规定禁止使用的；

（二）依照本条例规定应当经审查批准而未经审查批准即生产、进口的，或者依照本条例规定应当经抽查检验、审查核对而未经抽查检验、审查核对即销售、进口的；

（三）变质的；

（四）被污染的；

（五）所标明的适应症或者功能主治超出规定范围的。

第四十八条 有下列情形之一的，为劣兽药：

（一）成分含量不符合兽药国家标准或者不标明有效成分的；

（二）不标明或者更改有效期或者超过有效期的；

（三）不标明或者更改产品批号的；

（四）其他不符合兽药国家标准，但不属于假兽药的。

第五十六条 违反本条例规定，无兽药生产许可证、兽药经营许可证生产、经营兽药的，或者虽有兽药生产许可证、兽药经营许可证，生产、经营假、劣兽药的，或者兽药经营企业经营人用药品的，责令其停止生产、经营，没收用于违法生产的原料、辅料、包装材料及生产、经营的兽药和违法所得，并处违法生产、经营的兽药（包括已出售的和未出售的兽药，下同）货值金额2倍以上5倍以下罚款，货值金额无法查证核实的，处10万元以上20万元以下罚款；无兽药生产许可证生产兽药，情节严重的，没收其生产设备；生产、经营假、劣兽药，情节严重的，吊销兽药生产许可证、兽药经营许可证；构成犯罪的，依法追究刑事责任；给他人造成损失的，依法承担赔偿责任。生产、经营企业的主要负责人和直接负责的主管人员终身不得从事兽药的生产、经营活动。

擅自生产强制免疫所需兽用生物制品的，按照无兽药生产许可证生产兽药处罚。

第七十二条 本条例下列用语的含义是：

（一）兽药，是指用于预防、治疗、诊断动物疾病或者有目的地调节动物生理机能的物质（含药物饲料添加剂），主要包括：血清制品、疫苗、诊断制品、微生态制品、中药材、中成药、化学药品、抗生素、生化药品、放射性药品及外用杀虫剂、消毒剂等。

（二）兽用处方药，是指凭兽医处方方可购买和使用的兽药。

（三）兽用非处方药，是指由国务院兽医行政管理部门公布的、不需要凭兽医处方就可以自行购买并按照说明书使用的兽药。

（四）兽药生产企业，是指专门生产兽药的企业和兼产兽药的企业，包括从事兽药分装的企业。

（五）兽药经营企业，是指经营兽药的专营企业或者兼营企业。

（六）新兽药，是指未曾在中国境内上市销售的兽用药品。

（七）兽药批准证明文件，是指兽药产品批准文号、进口兽药注册证书、出口兽药证明文件、新兽药注册证书等文件。

四、《农药管理条例》（节录）（1997年5月8日国务院令第216号公布 2001年11月29日修正 2017年2月8日修订）

第二条 本条例所称农药，是指用于预防、控制危害农业、林业的病、虫、草、鼠和其他有害生物以及有目的地调节植物、昆虫生长的化学合成或者来源于生物、其他天然物质的一种物质或者几种物质的混合物及其制剂。

前款规定的农药包括用于不同目的、场所的下列各类：

法律适用

相关法律法规

（一）预防、控制危害农业、林业的病、虫（包括昆虫、蜱、螨）、草、鼠、软体动物和其他有害生物；

（二）预防、控制仓储以及加工场所的病、虫、鼠和其他有害生物；

（三）调节植物、昆虫生长；

（四）农业、林业产品防腐或者保鲜；

（五）预防、控制蚊、蝇、蜚蠊、鼠和其他有害生物；

（六）预防、控制危害河流堤坝、铁路、码头、机场、建筑物和其他场所的有害生物。

第四十四条 有下列情形之一的，认定为假农药：

（一）以非农药冒充农药；

（二）以此种农药冒充他种农药；

（三）农药所含有效成分种类与农药的标签、说明书标注的有效成分不符。

禁用的农药，未依法取得农药登记证而生产、进口的农药，以及未附具标签的农药，按照假农药处理。

第四十五条 有下列情形之一的，认定为劣质农药：

（一）不符合农药产品质量标准；

（二）混有导致药害等有害成分。

超过农药质量保证期的农药，按照劣质农药处理。

第四十六条 假农药、劣质农药和回收的农药废弃物等应当交由具有危险废物经营资质的单位集中处置，处置费用由相应的农药生产企业、农药经营者承担；农药生产企业、农药经营者不明确的，处置费用由所在地县级人民政府财政列支。

第四十七条 禁止伪造、变造、转让、出租、出借农药登记证、农药生产许可证、农药经营许可证等许可证明文件。

第四十八条 县级以上人民政府农业主管部门及其工作人员和负责农药检定工作的机构及其工作人员，不得参与农药生产、经营活动。

第六十条 农药使用者有下列行为之一的，由县级人民政府农业主管部门责令改正，农药使用者为农产品生产企业、食品和食用农产品仓储企业、专业化病虫害防治服务组织和从事农产品生产的农民专业合作社等单位的，处5万元以上10万元以下罚款，农药使用者为个人的，处1万元以下罚款；构成犯罪的，依法追究刑事责任：

（一）不按照农药的标签标注的使用范围、使用方法和剂量、使用技术要求和注意事项、安全间隔期使用农药；

（二）使用禁用的农药；

（三）将剧毒、高毒农药用于防治卫生害虫，用于蔬菜、瓜果、茶叶、菌类、中草药材生产或者用于水生植物的病虫害防治；

（四）在饮用水水源保护区内使用农药；

（五）使用农药毒鱼、虾、鸟、兽等；

（六）在饮用水水源保护区、河道内丢弃农药、农药包装物或者清洗施药器械。

有前款第二项规定的行为的，县级人民政府农业主管部门还应当没收禁用的农药。

第六十一条 农产品生产企业、食品和食用农产品仓储企业、专业化病虫害防治服务组织和从事农产品生产的农民专业合作社等不执行农药使用记录制度的，由县级人民政府农业主管部门责令改正；拒不改正或者情节严重的，处2000元以上2万元以下罚款。

10 生产、销售不符合卫生标准的化妆品案

概念

本罪是指违反国家产品质量法规，生产不符合卫生标准的化妆品，或者销售明知是不符合卫生标准的化妆品，造成严重后果的行为。

立案标准

生产不符合卫生标准的化妆品，或者销售明知是不符合卫生标准的化妆品，涉嫌下列情形之一的，应予立案追诉：

（1）造成他人容貌毁损或者皮肤严重损伤的；

（2）造成他人器官组织损伤导致严重功能障碍的；

（3）致使他人精神失常或者自杀、自残造成重伤、死亡的；

（4）其他造成严重后果的情形。

定罪标准		
	犯罪客体	本罪侵犯的客体是复杂客体，包括国家对化妆品的卫生监督管理制度以及不特定多数人的健康权利。犯罪对象是化妆品。所谓化妆品，是指以涂擦、喷洒或者其他类似的方法，施用于皮肤、毛发、指甲、口唇等人体表面，以清洗、保护、美化、修饰为目的的日用化学工业品。国家制定了一系列的法律规定和标准来加强对化妆品的监督，以保障广大消费者的人身健康，如《产品质量法》《化妆品监督管理条例》等。通过这些法律、法规、规章，形成了国家对化妆品的一系列监督管理制度。违反这些法律、法规、规章，生产、销售不符合卫生标准的化妆品，就是对上述卫生监督管理制度的侵犯。同时，不符合卫生标准的化妆品往往还给消费者的身心健康造成损害，从而生产、销售不符合卫生标准的化妆品的行为也侵犯消费者的人身健康权利。
	犯罪客观方面	本罪在客观方面表现为行为人违反国家对化妆品的管理法规，生产不符合卫生标准的化妆品，或者销售明知是不符合卫生标准的化妆品，造成严重后果的行为。“不符合卫生标准”，是指不符合国家制定的各种化妆品的强制性标准。“造成严重后果”，根据司法实践，一般是指：（1）损害容貌的，即因使用劣质化妆品致容貌变形、丑陋；（2）致人皮肤严重损伤的，如皮肤红肿、灼痛、瘙痒、感染等；（3）导致其他严重后果的，如被害人精神失常、自杀等。 本罪是结果犯，即必须是由于生产、销售不符合卫生标准的化妆品造成了严重后果的，才构成犯罪。但是，如果销售金额在5万元以上的，即使未造成严重后果，也构成《刑法》第140条规定的生产、销售伪劣产品罪。
	犯罪主体	本罪的主体是一般主体，任何单位以及达到刑事责任年龄并具有刑事责任能力的自然人都可以成为本罪的主体，既包括合法的生产者、销售者，也包括非法的生产者、销售者。

定罪标准	犯罪主观方面	本罪在主观方面表现为故意，过失不构成本罪。故意内容为行为人明知其生产、销售的化妆品不符合卫生标准，并且其行为可能造成严重后果，却为非法牟利放任这种严重后果的发生。如果行为人把严重后果的发生作为犯罪目的积极追求，将构成其他性质的犯罪。本罪行为人一般都以非法牟利为目的，但犯罪目的不是本罪的必要要件，无论以何种目的实施上述行为，均不影响本罪的成立。
	罪与非罪	区分罪与非罪的界限，关键是看生产、销售伪劣化妆品是否造成了严重后果。如果生产、销售伪劣化妆品，只是使用以后没有任何效果，根本不起作用，或者没有造成严重后果的，不构成本罪。根据《刑法》第149条第1款的规定，如果销售金额在5万元以上的，可以生产、销售伪劣产品罪定罪处罚。应当注意的是，即使在有严重后果的情况下，也要正确区分该严重后果是否是由化妆品不符合卫生标准所引起的。有些化妆品使用后可能会引起不良反应，产品说明书已经说明了使用方法和注意事项。但如果由于消费者自身的过错没有按说明书上所说的方法和剂量使用，导致出现不良反应甚至严重后果的，则不能追究化妆品生产者和销售者的刑事责任。
	此罪与彼罪	一、本罪与生产、销售、提供劣药罪的界限。实践中某种化妆品内含有药物成分，或某种药物对皮肤起保护、去斑等功效，给区分两类犯罪带来一定困难。区分二者的关键在于：确定犯罪对象的性质属性。化妆品，一般是经化学方法加工，作用于皮肤表面的产品；药品则是制药单位提纯、精练直接作用于病症机理的产品。二者的出品单位、检验标准均有不同，实践中应注意加以区分。 二、本罪与生产、销售伪劣产品罪的界限。作为本罪的犯罪对象，不符合卫生标准的化妆品属于伪劣产品的范围，所以两罪存在一定的联系，本罪由于客体受到法律的特殊保护而从生产、销售伪劣产品罪独立出来，并与之相排斥，二罪在犯罪客体、犯罪对象、犯罪的客观认定标准方面存在明显区别。所以，如果行为人生产、销售不符合卫生标准的化妆品，未造成严重后果，不构成本罪，但若其销售金额在5万元以上，根据《刑法》第149条的规定，应构成生产、销售伪劣产品罪。若行为人的行为既造成严重后果，其销售金额又在5万元以上，根据《刑法》第149条第2款的规定，以处刑较重的规定定罪处罚。
证据参考标准	主体方面的证据	**一、证明行为人刑事责任年龄、身份等自然情况的证据。** 包括身份证明、户籍证明、任职证明、工作经历证明、特定职责证明等，主要是证明行为人的姓名（曾用名）、性别、出生年月日、民族、籍贯、出生地、职业（或职务）、住所地（或居所地）等证据材料，如户口簿、居民身份证、工作证、出生证、专业或技术等级证、干部履历表、职工登记表、护照等。 对于户籍、出生证等材料内容不实的，应提供其他证据材料。外国人犯罪的案件，应有护照等身份证明材料。人大代表、政协委员犯罪的案件，应注明身份，并附身份证明材料。 **二、证明行为人刑事责任能力的证据。** 证明行为人对自己的行为是否具有辨认能力与控制能力，如是否属于间歇性精神病人、尚未完全丧失辨认或者控制自己行为能力的精神病人的证明材料。

<table>
<tr><td rowspan="4">证据参考标准</td><td>主体方面的证据</td><td colspan="2">三、证明单位的证据。
证明是否属于依法成立并有合法经营、管理范围的公司、企业、事业单位、机关、团体。
证明单位的名称、住所地、性质、法定代表人、单位负责人、业务范围、成立时间等证据材料，如企业营业执照、国有公司性质证明及非法人单位的身份证明等。
四、证明法定代表人、单位负责人或直接责任人员等的身份证明。
法定代表人、直接负责的主管人员和其他直接责任人在单位的任职、职责、负责权限的证明材料等。包括身份证明、户籍证明、任职证明等，如户口簿、居民身份证、工作证、护照、专业或技术等级证、干部履历表、职工登记表、任命书、业务分工文件、委派文件、单位证明、单位规章制度等。</td></tr>
<tr><td>主观方面的证据</td><td colspan="2">证明行为人故意的证据：1. 证明行为人明知的证据：证明行为人明知自己的行为会发生危害社会的结果。2. 证明直接故意的证据：证明行为人希望危害结果发生。3. 证明间接故意的证据：证明行为人放任危害结果发生。4. 目的：（1）获取非法利润；（2）牟利；（3）营利。</td></tr>
<tr><td>客观方面的证据</td><td colspan="2">证明行为人生产、销售不符合卫生标准的化妆品犯罪行为的证据。
具体证据包括：1. 证明行为人生产不符合卫生标准的染发、烫发、防脱发、祛斑美白、防晒等特殊化妆品行为的证据；2. 证明行为人生产不符合卫生标准的洗发精、护发素、护肤霜、美容霜、唇膏、指甲油、香水、洗面奶、发胶等日用化妆品行为的证据；3. 证明行为人销售不符合卫生标准的染发、烫发、防脱发、祛斑美白、防晒等特殊化妆品行为的证据；4. 证明行为人销售不符合卫生标准的洗发精、护发素、护肤霜、美容霜、唇膏、指甲油、香水、洗面奶、发胶等日用化妆品行为的证据。</td></tr>
<tr><td>量刑方面的证据</td><td colspan="2">一、法定量刑情节证据。
1. 事实情节：（1）人体严重后果；（2）严重中毒。2. 法定从重情节。3. 法定从轻减轻情节：（1）可以从轻；（2）可以从轻或减轻；（3）应当从轻或者减轻。4. 法定从轻减轻免除情节：（1）可以从轻、减轻或者免除处罚；（2）应当从轻、减轻或者免除处罚。5. 法定减轻免除情节：（1）可以减轻或者免除处罚；（2）应当减轻或者免除处罚；（3）可以免除处罚。
二、酌定量刑情节证据。
1. 犯罪手段：（1）生产；（2）销售。2. 犯罪对象。3. 后果：（1）毁人容貌；（2）肉体痛苦；（3）恶劣影响；（4）引起自杀及其他严重后果。4. 危害结果。5. 动机。6. 平时表现。7. 认罪态度。8. 是否有前科。9. 其他证据。</td></tr>
<tr><td rowspan="2">量刑标准</td><td colspan="2">造成严重后果的</td><td>处三年以下有期徒刑或者拘役，并处或者单处销售金额百分之五十以上二倍以下罚金</td></tr>
<tr><td colspan="2">单位犯本罪的</td><td>对单位判处罚金，并对其直接负责的主管人员和其他直接责任人员依上述规定处罚</td></tr>
</table>

法律适用

刑法条文

第一百四十八条 生产不符合卫生标准的化妆品，或者销售明知是不符合卫生标准的化妆品，造成严重后果的，处三年以下有期徒刑或者拘役，并处或者单处销售金额百分之五十以上二倍以下罚金。

第一百四十九条 生产、销售本节第一百四十一条至第一百四十八条所列产品，不构成各该条规定的犯罪，但是销售金额在五万元以上的，依照本节第一百四十条的规定定罪处罚。

生产、销售本节第一百四十一条至第一百四十八条所列产品，构成各该条规定的犯罪，同时又构成本节第一百四十条规定之罪的，依照处罚较重的规定定罪处罚。

第一百五十条 单位犯本节第一百四十条至第一百四十八条规定之罪的，对单位判处罚金，并对其直接负责的主管人员和其他直接责任人员，依照各该条的规定处罚。

司法解释

最高人民检察院、公安部《关于公安机关管辖的刑事案件立案追诉标准的规定（一）》（节录）（2008年6月25日最高人民检察院、公安部公布　自公布之日起施行　2017年4月27日修正）

第二十四条〔生产、销售不符合卫生标准的化妆品案（刑法第一百四十八条）〕生产不符合卫生标准的化妆品，或者销售明知是不符合卫生标准的化妆品，涉嫌下列情形之一的，应予立案追诉：

（一）造成他人容貌毁损或者皮肤严重损伤的；

（二）造成他人器官组织损伤导致严重功能障碍的；

（三）致使他人精神失常或者自杀、自残造成重伤、死亡的；

（四）其他造成严重后果的情形。

规章及规范性文件

《化妆品监督管理条例》（节录）（2020年6月16日中华人民共和国国务院令第727号公布　自2021年1月1日起施行）

第一条 为了规范化妆品生产经营活动，加强化妆品监督管理，保证化妆品质量安全，保障消费者健康，促进化妆品产业健康发展，制定本条例。

第二条 在中华人民共和国境内从事化妆品生产经营活动及其监督管理，应当遵守本条例。

第三条 本条例所称化妆品，是指以涂擦、喷洒或者其他类似方法，施用于皮肤、毛发、指甲、口唇等人体表面，以清洁、保护、美化、修饰为目的的日用化学工业产品。

第四条 国家按照风险程度对化妆品、化妆品原料实行分类管理。

化妆品分为特殊化妆品和普通化妆品。国家对特殊化妆品实行注册管理，对普通化妆品实行备案管理。

化妆品原料分为新原料和已使用的原料。国家对风险程度较高的化妆品新原料实行注册管理，对其他化妆品新原料实行备案管理。

第五条 国务院药品监督管理部门负责全国化妆品监督管理工作。国务院有关部门在各自职责范围内负责与化妆品有关的监督管理工作。

县级以上地方人民政府负责药品监督管理的部门负责本行政区域的化妆品监督管理工作。县级以上地方人民政府有关部门在各自职责范围内负责与化妆品有关的监督管理工作。

第六条 化妆品注册人、备案人对化妆品的质量安全和功效宣称负责。

化妆品生产经营者应当依照法律、法规、强制性国家标准、技术规范从事生产经营活动，加强管理，诚信自律，保证化妆品质量安全。

第七条 化妆品行业协会应当加强行业自律，督促引导化妆品生产经营者依法从事生产经营活动，推动行业诚信建设。

第八条 消费者协会和其他消费者组织对违反本条例规定损害消费者合法权益的行为，依法进行社会监督。

第九条 国家鼓励和支持开展化妆品研究、创新，满足消费者需求，推进化妆品品牌建设，发挥品牌引领作用。国家保护单位和个人开展化妆品研究、创新的合法权益。

国家鼓励和支持化妆品生产经营者采用先进技术和先进管理规范，提高化妆品质量安全水平；鼓励和支持运用现代科学技术，结合我国传统优势项目和特色植物资源研究开发化妆品。

第十条 国家加强化妆品监督管理信息化建设，提高在线政务服务水平，为办理化妆品行政许可、备案提供便利，推进监督管理信息共享。

第十一条 在我国境内首次使用于化妆品的天然或者人工原料为化妆品新原料。具有防腐、防晒、着色、染发、祛斑美白功能的化妆品新原料，经国务院药品监督管理部门注册后方可使用；其他化妆品新原料应当在使用前向国务院药品监督管理部门备案。国务院药品监督管理部门可以根据科学研究的发展，调整实行注册管理的化妆品新原料的范围，经国务院批准后实施。

第十二条 申请化妆品新原料注册或者进行化妆品新原料备案，应当提交下列资料：

（一）注册申请人、备案人的名称、地址、联系方式；

（二）新原料研制报告；

（三）新原料的制备工艺、稳定性及其质量控制标准等研究资料；

（四）新原料安全评估资料。

注册申请人、备案人应当对所提交资料的真实性、科学性负责。

第十三条 国务院药品监督管理部门应当自受理化妆品新原料注册申请之日起 3 个工作日内将申请资料转交技术审评机构。技术审评机构应当自收到申请资料之日起 90 个工作日内完成技术审评，向国务院药品监督管理部门提交审评意见。国务院药品监督管理部门应当自收到审评意见之日起 20 个工作日内作出决定。对符合要求的，准予注册并发给化妆品新原料注册证；对不符合要求的，不予注册并书面说明理由。

化妆品新原料备案人通过国务院药品监督管理部门在线政务服务平台提交本条例规定的备案资料后即完成备案。

国务院药品监督管理部门应当自化妆品新原料准予注册之日起、备案人提交备案资料之日起 5 个工作日内向社会公布注册、备案有关信息。

第十四条 经注册、备案的化妆品新原料投入使用后 3 年内，新原料注册人、备案人应当每年向国务院药品监督管理部门报告新原料的使用和安全情况。对存在安全问题的化妆品新原料，由国务院药品监督管理部门撤销注册或者取消备案。3 年期满未发生安全问题的化妆品新原料，纳入国务院药品监督管理部门制定的已使用的化妆品原料目录。

经注册、备案的化妆品新原料纳入已使用的化妆品原料目录前，仍然按照化妆品新原料进行管理。

第十五条 禁止用于化妆品生产的原料目录由国务院药品监督管理部门制定、公布。

第十六条 用于染发、烫发、祛斑美白、防晒、防脱发的化妆品以及宣称新功效的化妆品为特殊化妆品。特殊化妆品以外的化妆品为普通化妆品。

国务院药品监督管理部门根据化妆品的功效宣称、作用部位、产品剂型、使用人群等因素，制定、公布化妆品分类规则和分类目录。

第十七条 特殊化妆品经国务院药品监督管理部门注册后方可生产、进口。国产普通化妆品应当在上市销售前向备案人所在地省、自治区、直辖市人民政府药品监督管理部门备案。进口普通化妆品应当在进口前向国务院药品监督管理部门备案。

第十八条 化妆品注册申请人、备案人应当具备下列条件：

（一）是依法设立的企业或者其他组织；

（二）有与申请注册、进行备案的产品相适应的质量管理体系；

（三）有化妆品不良反应监测与评价能力。

第十九条 申请特殊化妆品注册或者进行普通化妆品备案，应当提交下列资料：

（一）注册申请人、备案人的名称、地址、联系方式；

（二）生产企业的名称、地址、联系方式；

（三）产品名称；

（四）产品配方或者产品全成分；

（五）产品执行的标准；

（六）产品标签样稿；

（七）产品检验报告；

（八）产品安全评估资料。

注册申请人首次申请特殊化妆品注册或者备案人首次进行普通化妆品备案的，应当提交其符合本条例第十八条规定条件的证明资料。申请进口特殊化妆品注册或者进行进口普通化妆品备案的，应当同时提交产品在生产国（地区）已经上市销售的证明文件以及境外生产企业符合化妆品生产质量管理规范的证明资料；专为向我国出口生产、无法提交产品在生产国（地区）已经上市销售的证明文件的，应当提交面向我国消费者开展的相关研究和试验的资料。

注册申请人、备案人应当对所提交资料的真实性、科学性负责。

第二十条 国务院药品监督管理部门依照本条例第十三条第一款规定的化妆品新原料注册审查程序对特殊化妆品注册申请进行审查。对符合要求的，准予注册并发给特殊化妆品注册证；对不符合要求的，不予注册并书面说明理由。已经注册的特殊化妆品在生产工艺、功效宣称等方面发生实质性变化的，注册人应当向原注册部门申请变更注册。

普通化妆品备案人通过国务院药品监督管理部门在线政务服务平台提交本条例规定的备案资料后即完成备案。

省级以上人民政府药品监督管理部门应当自特殊化妆品准予注册之日起、普通化妆品备案人提交备案资料之日起5个工作日内向社会公布注册、备案有关信息。

第二十一条 化妆品新原料和化妆品注册、备案前，注册申请人、备案人应当自行或者委托专业机构开展安全评估。

从事安全评估的人员应当具备化妆品质量安全相关专业知识，并具有5年以上相关专业从业经历。

第二十二条 化妆品的功效宣称应当有充分的科学依据。化妆品注册人、备案人应当在国务院药品监督管理部门规定的专门网站公布功效宣称所依据的文献资料、研究数据或者产品功效评价资料的摘要，接受社会监督。

第二十三条 境外化妆品注册人、备案人应当指定我国境内的企业法人办理化妆品注册、备案，协助开展化妆品不良反应监测、实施产品召回。

第二十四条 特殊化妆品注册证有效期为5年。有效期届满需要延续注册的，应当在有效期届满30个工作日前提出延续注册的申请。除有本条第二款规定情形外，国务院药品监督管理部门应当在特殊化妆品注册证有效期届满前作出准予延续的决定；逾期未作决定的，视为准予延续。

有下列情形之一的，不予延续注册：

（一）注册人未在规定期限内提出延续注册申请；

（二）强制性国家标准、技术规范已经修订，申请延续注册的化妆品不能达到修订后标准、技术规范的要求。

第二十五条 国务院药品监督管理部门负责化妆品强制性国家标准的项目提出、组织起草、征求意见和技术审查。国务院标准化行政部门负责化妆品强制性国家标准的立项、编号和对外通报。

化妆品国家标准文本应当免费向社会公开。

化妆品应当符合强制性国家标准。鼓励企业制定严于强制性国家标准的企业标准。

第二十六条 从事化妆品生产活动，应当具备下列条件：

（一）是依法设立的企业；

（二）有与生产的化妆品相适应的生产场地、环境条件、生产设施设备；

（三）有与生产的化妆品相适应的技术人员；

（四）有能对生产的化妆品进行检验的检验人员和检验设备；

（五）有保证化妆品质量安全的管理制度。

第二十七条 从事化妆品生产活动，应当向所在地省、自治区、直辖市人民政府药品监督管理部门提出申请，提交其符合本条例第二十六条规定条件的证明资料，并对资料的真实性负责。

省、自治区、直辖市人民政府药品监督管理部门应当对申请资料进行审核，对申请人的生产场所进行现场核查，并自受理化妆品生产许可申请之日起30个工作日内作出决定。对符合规定条件的，准予许可并发给化妆品生产许可证；对不符合规定条件的，不予许可并书面说明理由。

化妆品生产许可证有效期为5年。有效期届满需要延续的，依照《中华人民共和国行政许可法》的规定办理。

第二十八条 化妆品注册人、备案人可以自行生产化妆品，也可以委托其他企业生产化妆品。

委托生产化妆品的，化妆品注册人、备案人应当委托取得相应化妆品生产许可的企业，并对受委托企业（以下称受托生产企业）的生产活动进行监督，保证其按照法定要求进行生产。受托生产企业应当依照法律、法规、强制性国家标准、技术规范以及合同约定进行生产，对生产活动负责，并接受化妆品注册人、备案人的监督。

第二十九条 化妆品注册人、备案人、受托生产企业应当按照国务院药品监督管理部门制定的化妆品生产质量管理规范的要求组织生产化妆品，建立化妆品生产质量管理体系，建立并执行供应商遴选、原料验收、生产过程及质量控制、设备管理、产品检验及留样等管理制度。

化妆品注册人、备案人、受托生产企业应当按照化妆品注册或者备案资料载明的技术要求生产化妆品。

第三十条 化妆品原料、直接接触化妆品的包装材料应当符合强制性国家标准、技术规范。

不得使用超过使用期限、废弃、回收的化妆品或者化妆品原料生产化妆品。

第三十一条 化妆品注册人、备案人、受托生产企业应当建立并执行原料以及直接接触化妆品的包装材料进货查验记录制度、产品销售记录制度。进货查验记录和产品销售记录应当真实、完整，保证可追溯，保存期限不得少于产品使用期限届满后1年；产品使用期限不足1年的，记录保存期限不得少于2年。

化妆品经出厂检验合格后方可上市销售。

第三十二条 化妆品注册人、备案人、受托生产企业应当设质量安全负责人，承担相应的产品质量安全管理和产品放行职责。

质量安全负责人应当具备化妆品质量安全相关专业知识，并具有5年以上化妆品生产或者质量安全管理经验。

第三十三条 化妆品注册人、备案人、受托生产企业应当建立并执行从业人员健康管理制度。患有国务院卫生主管部门规定的有碍化妆品质量安全疾病的人员不得直接从事化妆品生产活动。

第三十四条 化妆品注册人、备案人、受托生产企业应当定期对化妆品生产质量管理规范的执行情况进行自查；生产条件发生变化，不再符合化妆品生产质量管理规范要求的，应当立即采取整改措施；可能影响化妆品质量安全的，应当立即停止生产并向所在地省、自治区、直辖市人民政府药品监督管理部门报告。

第三十五条 化妆品的最小销售单元应当有标签。标签应当符合相关法律、行政法规、强制性国家标准，内容真实、完整、准确。

进口化妆品可以直接使用中文标签，也可以加贴中文标签；加贴中文标签的，中文标签内容应当与原标签内容一致。

第三十六条 化妆品标签应当标注下列内容：

（一）产品名称、特殊化妆品注册证编号；

（二）注册人、备案人、受托生产企业的名称、地址；

（三）化妆品生产许可证编号；

（四）产品执行的标准编号；

（五）全成分；

（六）净含量；

（七）使用期限、使用方法以及必要的安全警示；

（八）法律、行政法规和强制性国家标准规定应当标注的其他内容。

第三十七条 化妆品标签禁止标注下列内容：

（一）明示或者暗示具有医疗作用的内容；

（二）虚假或者引人误解的内容；

（三）违反社会公序良俗的内容；

（四）法律、行政法规禁止标注的其他内容。

第三十八条 化妆品经营者应当建立并执行进货查验记录制度，查验供货者的市场主体登记证明、化妆品注册或者备案情况、产品出厂检验合格证明，如实记录并保存相关凭证。记录和凭证保存期限应当符合本条例第三十一条第一款的规定。

化妆品经营者不得自行配制化妆品。

第三十九条 化妆品生产经营者应当依照有关法律、法规的规定和化妆品标签标示的要求贮存、运输化妆品，定期检查并及时处理变质或者超过使用期限的化妆品。

第四十条 化妆品集中交易市场开办者、展销会举办者应当审查入场化妆品经营者的市场主体登记证明，承担入场化妆品经营者管理责任，定期对入场化妆品经营者进行检查；发现入场化妆品经营者有违反本条例规定行为的，应当及时制止并报告所在地县级人民政府负责药品监督管理的部门。

第四十一条 电子商务平台经营者应当对平台内化妆品经营者进行实名登记，承担平台内化妆品经营者管理责任，发现平台内化妆品经营者有违反本条例规定行为的，应当及时制止并报告电子商务平台经营者所在地省、自治区、直辖市人民政府药品监督管理部门；发现严重违法行为的，应当立即停止向违法的化妆品经营者提供电子商务平台服务。

平台内化妆品经营者应当全面、真实、准确、及时披露所经营化妆品的信息。

第四十二条 美容美发机构、宾馆等在经营中使用化妆品或者为消费者提供化妆品的，应当履行本条例规定的化妆品经营者义务。

第四十三条 化妆品广告的内容应当真实、合法。

化妆品广告不得明示或者暗示产品具有医疗作用，不得含有虚假或者引人误解的内容，不得欺骗、误导消费者。

第四十四条 化妆品注册人、备案人发现化妆品存在质量缺陷或者其他问题，可能危害人体健康的，应当立即停止生产，召回已经上市销售的化妆品，通知相关化妆品经营者和消费者停止经营、使用，并记录召回和通知情况。化妆品注册人、备案人应当对召回的化妆品采取补救、无害化处理、销毁等措施，并将化妆品召回和处理情况向所在地省、自治区、直辖市人民政府药品监督管理部门报告。

受托生产企业、化妆品经营者发现其生产、经营的化妆品有前款规定情形的，应当立即停止生产、经营，通知相关化妆品注册人、备案人。化妆品注册人、备案人应当立即实施召回。

负责药品监督管理的部门在监督检查中发现化妆品有本条第一款规定情形的，应当通知化妆品注册人、备案人实施召回，通知受托生产企业、化妆品经营者停止生产、经营。

化妆品注册人、备案人实施召回的，受托生产企业、化妆品经营者应当予以配合。

化妆品注册人、备案人、受托生产企业、经营者未依照本条规定实施召回或者停止生产、经营的，负责药品监督管理的部门责令其实施召回或者停止生产、经营。

第四十五条 出入境检验检疫机构依照《中华人民共和国进出口商品检验法》的规定对进口的化妆品实施检验；检验不合格的，不得进口。

法律适用 | 规章及规范性文件

进口商应当对拟进口的化妆品是否已经注册或者备案以及是否符合本条例和强制性国家标准、技术规范进行审核；审核不合格的，不得进口。进口商应当如实记录进口化妆品的信息，记录保存期限应当符合本条例第三十一条第一款的规定。

出口的化妆品应当符合进口国（地区）的标准或者合同要求。

第七十七条 牙膏参照本条例有关普通化妆品的规定进行管理。牙膏备案人按照国家标准、行业标准进行功效评价后，可以宣称牙膏具有防龋、抑牙菌斑、抗牙本质敏感、减轻牙龈问题等功效。牙膏的具体管理办法由国务院药品监督管理部门拟订，报国务院市场监督管理部门审核、发布。

香皂不适用本条例，但是宣称具有特殊化妆品功效的适用本条例。

第七十八条 对本条例施行前已经注册的用于育发、脱毛、美乳、健美、除臭的化妆品自本条例施行之日起设置5年的过渡期，过渡期内可以继续生产、进口、销售，过渡期满后不得生产、进口、销售该化妆品。

11 走私武器、弹药案

概念

本罪是指违反海关法规，逃避海关监管，非法携带、运输、邮寄武器、弹药进出国（边）境的行为。

立案标准

根据《刑法》第151条和最高人民法院《关于办理走私刑事案件适用法律若干问题的解释》的规定，涉嫌走私武器、弹药，具有下列情形之一的，应当予以立案：

（1）走私以压缩气体等非火药为动力发射枪弹的枪支2支以上的；

（2）走私气枪铅弹500发以上，或者其他子弹10发以上的；

（3）未达到上述数量标准，但属于犯罪集团的首要分子，使用特种车辆从事走私活动，或者走私的武器、弹药被用于实施犯罪等情形的；

（4）走私管理炮弹、手榴弹或者枪榴弹等，或者走私具有巨大杀伤力的非常规炮弹1枚以上的。

定罪标准		
	犯罪客体	本罪所侵害的客体是国家对武器、弹药的禁止进出口制度。犯罪对象是武器、弹药。所谓武器、弹药，是指各种具有直接杀伤力、破坏力的器械、装置或其他物品。根据《禁止进出境物品表》的规定，既包括各种军用武器、弹药和爆炸物，如手枪、步枪、冲锋枪、机枪等常规武器，核武器、化学武器、细菌武器等现代化武器，枪弹、炮弹、炸弹、地雷、手榴弹等弹药；又包括各种类似军用武器的枪支、弹药和爆炸物，如射击运动用的枪支、狩猎用的散弹枪及其子弹等。
	犯罪客观方面	本罪在客观方面表现为违反海关法规，逃避海关监管，非法携带、运输、邮寄武器、弹药进出国（边）境的行为。所谓逃避海关监管，是指采用各种方法，躲避海关的监督、检查，企图将武器、弹药通过国（边）境。走私形式表现为：（1）绕关走私。即在没有海关或边防检查站的地方，非法携带、运输武器、弹药进出境。（2）通关走私，即企图以隐匿、伪装、假报等手段，欺骗海关，蒙混过关，有的则是采用藏匿、伪报等方法，以逃过邮检和海关的查验，非法邮寄武器、弹药进出国（边）境等。这些行为都是走私武器、弹药的典型行为。（3）准走私。根据《刑法》以及《海关法》的有关规定，主要包括下列情形：①直接向走私人非法收购武器、弹药的；②在内海、领海运输、收购、贩卖武器、弹药的；③与走私武器、弹药的犯罪分子进行通谋，为其提供贷款、资金、账号、发票、证明或为其提供运输、保管、邮寄或者其他方便条件的；等等。
	犯罪主体	本罪的主体为一般主体，既包括自然人，也包括公司、企业、事业单位、机关、团体等单位。

<table>
<tr><td rowspan="3">定罪标准</td><td>犯罪主观方面</td><td>本罪在主观方面必须出于故意，即明知是武器、弹药而仍然非法携带、运输、邮寄，企图使之进出国（边）境。过失不能构成本罪。如果行为人不知自己所携带、运输或邮寄的是武器、弹药，则不能以本罪论处，构成犯罪的，应以他罪如走私普通货物、物品罪等处罚。至于其目的，一般是为了牟利，但是否具有这种目的，并不影响本罪成立。</td></tr>
<tr><td>罪与非罪</td><td>区分罪与非罪的界限，关键看是否达到司法解释所规定的标准。</td></tr>
<tr><td>此罪与彼罪</td><td>一、自然人犯罪与单位犯罪的界限。单位走私犯罪是单位内部的成员为了单位的利益按单位决策机构或者主要负责人的旨意以单位的名义实施的走私行为。如果不是为了单位的利益，而是中饱私囊；或者不是经过单位决策机构决策或者主要负责人批准、同意或认可，而是盗用、冒用单位的名义进行走私的，都因不符合单位犯罪构成的条件而不能构成单位犯罪，对之，应当按个人即自然人走私罪论处。
二、本罪与非法制造、买卖、运输、邮寄、储存枪支、弹药、爆炸物罪的界限。其区别主要是：（1）侵犯的客体不同。本罪的客体是国家贸易管理；后罪的客体则是公共安全。（2）对象不完全相同。本罪对象为武器、弹药，其中的武器、弹药为《禁止进出境物品表》所规定，未加规定的则不能成为本罪对象。其范围要比后罪的对象即由《枪支管理法》等规定的枪支、弹药、爆炸物要小。（3）客观方面不同。本罪行为旨在强调逃避海关监管，行为人实施携带、运输、邮寄的行为是为了使走私物品进出国（边）境；而后罪则是在边境之内的非法运输、邮寄、储存等。当然，出于走私目的，进行走私行为，亦不可避免地要在国（边）境之内从事一些非法运输、邮寄、储存的活动，这时虽然触犯非法运输、邮寄、储存枪支、弹药、爆炸物罪，但属本罪的手段牵连，应按本罪论处。</td></tr>
<tr><td>证据参考标准</td><td>主体方面的证据</td><td>一、证明行为人刑事责任年龄、身份等自然情况的证据。
包括身份证明、户籍证明、任职证明、工作经历证明、特定职责证明等，主要是证明行为人的姓名（曾用名）、性别、出生年月日、民族、籍贯、出生地、职业（或职务）、住所地（或居所地）等证据材料，如户口簿、居民身份证、工作证、出生证、专业或技术等级证、干部履历表、职工登记表、护照等。
对于户籍、出生证等材料内容不实的，应提供其他证据材料。外国人犯罪的案件，应有护照等身份证明材料。人大代表、政协委员犯罪的案件，应注明身份，并附身份证明材料。
二、证明行为人刑事责任能力的证据。
证明行为人对自己的行为是否具有辨认能力与控制能力，如是否属于间歇性精神病人、尚未完全丧失辨认或者控制自己行为能力的精神病人的证明材料。
三、证明单位的证据。
证明是否属于依法成立并有合法经营、管理范围的公司、企业、事业单位、机关、团体。
证明单位的名称、住所地、性质、法定代表人、单位负责人、业务范围、成立时间等证据材料，如企业营业执照、国有公司性质证明及非法人单位的身份证明等。</td></tr>
</table>

<table>
<tr><td rowspan="4">证据参考标准</td><td>主体方面的证据</td><td>四、证明法定代表人、单位负责人或直接责任人员等的身份证明。
法定代表人、直接负责的主管人员和其他直接责任人在单位的任职、职责、负责权限的证明材料等。包括身份证明、户籍证明、任职证明等，如户口簿、居民身份证、工作证、护照、专业或技术等级证、干部履历表、职工登记表、任命书、业务分工文件、委派文件、单位证明、单位规章制度等。</td></tr>
<tr><td>主观方面的证据</td><td>证明行为人故意的证据：1. 证明行为人明知的证据：证明行为人明知自己的行为会发生危害社会的结果。2. 证明直接故意的证据：证明行为人希望危害结果发生。3. 目的：（1）获取非法利润；（2）牟利。</td></tr>
<tr><td>客观方面的证据</td><td>证明行为人走私武器、弹药犯罪行为的证据。
具体证据包括：1. 证明行为人不经过海关、边防检查站走私犯罪行为的证据：（1）非法偷运；（2）非法携带；（3）非法邮寄；（4）其他。2. 证明行为人经过海关、边防检查站进行走私犯罪行为的证据：（1）伪装；（2）藏匿；（3）谎报；（4）其他。3. 证明行为人“绕关”、“骗关”、“偷逃关税”等走私犯罪行为的证据。4. 证明行为人走私武器、弹药行为的证据。5. 证明行为人与走私犯通谋行为的证据。6. 证明行为人为走私犯提供贷款、资金、账号、发票、证明等行为的证据。7. 证明行为人为走私犯提供运输、保管、邮寄行为的证据。8. 证明行为人走私情节的证据。9. 证明行为人走私数额的证据。10. 证明行为人其他走私犯罪行为的证据。</td></tr>
<tr><td>量刑方面的证据</td><td>一、法定量刑情节证据。
1. 事实情节。2. 法定从重情节：（1）走私集团的首要分子；（2）武装走私、打死打伤缉私人员；（3）行凶报复、制造事端；（4）持枪聚众拒捕；（5）大量或屡次走私的国家工作人员，给国家和人民造成重大损失；（6）累犯。3. 法定从轻减轻情节：（1）可以从轻；（2）可以从轻或减轻；（3）应当从轻或者减轻。4. 法定从轻减轻免除情节：（1）可以从轻、减轻或者免除处罚；（2）应当从轻、减轻或者免除处罚。5. 法定减轻免除情节：（1）可以减轻或者免除处罚；（2）应当减轻或者免除处罚；（3）可以免除处罚。
二、酌定量刑情节证据。
1. 犯罪手段：（1）绕关；（2）骗关；（3）运输；（4）邮寄；（5）携带。2. 犯罪对象。3. 危害结果。4. 动机。5. 平时表现。6. 认罪态度。7. 是否有前科。8. 其他证据。</td></tr>
<tr><td rowspan="4">量刑标准</td><td>犯本罪的</td><td>处七年以上有期徒刑，并处罚金或者没收财产</td></tr>
<tr><td>情节特别严重的</td><td>处无期徒刑，并处没收财产</td></tr>
<tr><td>情节较轻的</td><td>处三年以上七年以下有期徒刑，并处罚金</td></tr>
<tr><td>单位犯本罪的</td><td>对单位判处罚金，并对其直接负责的主管人员和其他直接责任人员，依照相应的规定处罚</td></tr>
</table>

法律适用

刑法条文

第一百五十一条第一款 走私武器、弹药、核材料或者伪造的货币的，处七年以上有期徒刑，并处罚金或者没收财产；情节特别严重的，处无期徒刑，并处没收财产；情节较轻的，处三年以上七年以下有期徒刑，并处罚金。

第一百五十一条第四款 单位犯本条规定之罪的，对单位判处罚金，并对其直接负责的主管人员和其他直接责任人员，依照本条各款的规定处罚。

司法解释

一、最高人民法院、最高人民检察院、公安部《关于依法收缴非法枪爆等物品严厉打击涉枪涉爆等违法犯罪的通告》（2021年5月14日最高人民法院、最高人民检察院、公安部公布 自公布之日起施行）

为保护人民群众生命财产安全，维护国家安全和社会大局持续稳定，动员社会各界和广大人民群众积极参与打击整治枪爆违法犯罪专项行动，全面收缴流散社会的各类非法枪支、弹药、爆炸物品、仿真枪、弩等物品，依法严厉打击违反枪支、弹药、爆炸物品、仿真枪、弩管理的违法犯罪活动，全力维护社会治安大局稳定，根据《中华人民共和国刑法》《中华人民共和国枪支管理法》《中华人民共和国治安管理处罚法》和《民用爆炸物品安全管理条例》等有关规定，特通告如下：

一、严禁非法制造、买卖、运输、邮寄、储存枪支、弹药、爆炸物品、弩；严禁非法持有、私藏枪支、弹药；严禁非法使用、私藏爆炸物品；严禁盗窃、抢夺、抢劫、走私枪支、弹药、爆炸物品、弩；严禁非法携带枪支、弹药、爆炸物品、弩进入公共场所或者公共交通工具；严禁通过互联网等渠道违法违规制作、复制、发布、传播含有枪支、弹药、爆炸物品、弩的信息；严禁制造、销售仿真枪。

二、凡违反上述规定的，必须立即停止违法犯罪行为并投案自首，将非法枪支、弹药、爆炸物品、仿真枪、弩上交当地公安机关。

三、凡在本通告公布之日起至2021年9月30日前投案自首或者主动交出上述非法物品，构成犯罪的，可以依法从轻、减轻处罚或者免除处罚；构成违反治安管理行为的，依法减轻处罚或者不予处罚。逾期不投案自首、不交出非法物品的，依法从严惩处。

四、犯罪人员有检举、揭发他人涉枪涉爆涉弩等违法犯罪行为，经查证属实的，或者提供重要线索，从而得以侦破其他涉枪涉爆涉弩等案件等立功表现的，可以依法从轻或者减轻处罚；有重大立功表现的，可以依法减轻或者免除处罚。违法人员检举、揭发他人涉枪涉爆涉弩等违法犯罪行为，有立功表现的，依法减轻处罚或者不予处罚。

五、凡枪支、弹药、爆炸物品、弩被抢、被盗或者丢失的，应当及时报告当地公安机关。不及时报告的，依法追究有关责任单位和人员法律责任；公民发现遗弃的枪支、弹药、仿真枪、弩、爆炸物品或者疑似爆炸物品的，应当立即报告当地公安机关。

六、鼓励、保护广大人民群众积极举报涉枪支、弹药、爆炸物品、仿真枪、弩等违法犯罪活动、提供违法犯罪活动线索，动员、规劝在逃涉枪涉爆涉弩等案件犯罪人员投案自首。凡举报有功的，按有关规定给予奖励，公安机关将依法保护举报人的个人信息及安全。对窝藏、包庇涉枪涉爆涉弩等违法犯罪分子，帮助违法犯罪分子毁灭、伪造证据的，依法追究法律责任。对威胁、报复举报人、控告人的，依法从严追究法律责任。

七、严禁使用枪支、弹药、爆炸物品、仿真枪、弩等从事非法娱乐游艺活动。玩具制造企业不得生产、销售外形、颜色与制式枪支相同或者相似，或者枪口比动能大于0.16焦耳/平方厘米的玩具枪。广大人民群众在购买玩具枪时要选择正规企业生产的产品，不要购买无生产厂家、无许可证号、无产品标志、来源不明的玩具枪，不要购买仿真枪、火柴枪、水弹枪和仿真手雷、炸弹等易于造成危害的物品。

八、本通告所称枪支包括：军用枪、猎枪、射击运动枪、麻醉注射枪、气枪、彩弹枪、火药枪等各类制式枪支、非制式枪支及枪支零部件；弹药包括：以上各类枪支使用的制式、非制式弹丸；弩是指以机械外力助推箭的发射装置。爆炸物品包括：炸药、雷管、导火索、导爆索、震源弹、黑火药、烟火药、手榴弹、地雷等各类爆炸物品以及列入易制爆危险化学品名录，可用于制造爆炸物品的危险化学品。

本通告自发布之日起实施。

二、最高人民法院、最高人民检察院《关于办理走私刑事案件适用法律若干问题的解释》（2014年8月12日最高人民法院、最高人民检察院公布 自2014年9月10日起施行）

为依法惩治走私犯罪活动，根据刑法有关规定，现就办理走私刑事案件适用法律的若干问题解释如下：

第一条 走私武器、弹药，具有下列情形之一的，可以认定为刑法第一百五十一条第一款规定的“情节较轻”：

（一）走私以压缩气体等非火药为动力发射枪弹的枪支二支以上不满五支的；

（二）走私气枪铅弹五百发以上不满二千五百发，或者其他子弹十发以上不满五十发的；

（三）未达到上述数量标准，但属于犯罪集团的首要分子，使用特种车辆从事走私活动，或者走私的武器、弹药被用于实施犯罪等情形的；

（四）走私各种口径在六十毫米以下常规炮弹、手榴弹或者枪榴弹等分别或者合计不满五枚的。

具有下列情形之一的，依照刑法第一百五十一条第一款的规定处七年以上有期徒刑，并处罚金或者没收财产：

（一）走私以火药为动力发射枪弹的枪支一支，或者以压缩气体等非火药为动力发射枪弹的枪支五支以上不满十支的；

（二）走私第一款第二项规定的弹药，数量在该项规定的最高数量以上不满最高数量五倍的；

（三）走私各种口径在六十毫米以下常规炮弹、手榴弹或者枪榴弹等分别或者合计达到五枚以上不满十枚，或者各种口径超过六十毫米以上常规炮弹合计不满五枚的；

（四）达到第一款第一、二、四项规定的数量标准，且属于犯罪集团的首要分子，使用特种车辆从事走私活动，或者走私的武器、弹药被用于实施犯罪等情形的。

具有下列情形之一的，应当认定为刑法第一百五十一条第一款规定的“情节特别严重”：

（一）走私第二款第一项规定的枪支，数量超过该项规定的数量标准的；

（二）走私第一款第二项规定的弹药，数量在该项规定的最高数量标准五倍以上的；

法律适用 司法解释

（三）走私第二款第三项规定的弹药，数量超过该项规定的数量标准，或者走私具有巨大杀伤力的非常规炮弹一枚以上的；

（四）达到第二款第一项至第三项规定的数量标准，且属于犯罪集团的首要分子，使用特种车辆从事走私活动，或者走私的武器、弹药被用于实施犯罪等情形的。

走私其他武器、弹药，构成犯罪的，参照本条各款规定的标准处罚。

第二条 刑法第一百五十一条第一款规定的“武器、弹药”的种类，参照《中华人民共和国进口税则》及《中华人民共和国禁止进出境物品表》的有关规定确定。

第三条 走私枪支散件，构成犯罪的，依照刑法第一百五十一条第一款的规定，以走私武器罪定罪处罚。成套枪支散件以相应数量的枪支计，非成套枪支散件以每三十件为一套枪支散件计。

第四条 走私各种弹药的弹头、弹壳，构成犯罪的，依照刑法第一百五十一条第一款的规定，以走私弹药罪定罪处罚。具体的定罪量刑标准，按照本解释第一条规定的数量标准的五倍执行。

走私报废或者无法组装并使用的各种弹药的弹头、弹壳，构成犯罪的，依照刑法第一百五十三条的规定，以走私普通货物、物品罪定罪处罚；属于废物的，依照刑法第一百五十二条第二款的规定，以走私废物罪定罪处罚。

弹头、弹壳是否属于前款规定的“报废或者无法组装并使用”或者“废物”，由国家有关技术部门进行鉴定。

第五条 走私国家禁止或者限制进出口的仿真枪、管制刀具，构成犯罪的，依照刑法第一百五十一条第三款的规定，以走私国家禁止进出口的货物、物品罪定罪处罚。具体的定罪量刑标准，适用本解释第十一条第一款第六、七项和第二款的规定。

走私的仿真枪经鉴定为枪支，构成犯罪的，依照刑法第一百五十一条第一款的规定，以走私武器罪定罪处罚。不以牟利或者从事违法犯罪活动为目的，且无其他严重情节的，可以依法从轻处罚；情节轻微不需要判处刑罚的，可以免予刑事处罚。

第六条 走私伪造的货币，数额在二千元以上不满二万元，或者数量在二百张（枚）以上不满二千张（枚）的，可以认定为刑法第一百五十一条第一款规定的“情节较轻”。

具有下列情形之一的，依照刑法第一百五十一条第一款的规定处七年以上有期徒刑，并处罚金或者没收财产：

（一）走私数额在二万元以上不满二十万元，或者数量在二千张（枚）以上不满二万张（枚）的；

（二）走私数额或者数量达到第一款规定的标准，且具有走私的伪造货币流入市场等情节的。

具有下列情形之一的，应当认定为刑法第一百五十一条第一款规定的“情节特别严重”：

（一）走私数额在二十万元以上，或者数量在二万张（枚）以上的；

（二）走私数额或者数量达到第二款第一项规定的标准，且属于犯罪集团的首要分子，使用特种车辆从事走私活动，或者走私的伪造货币流入市场等情形的。

第七条 刑法第一百五十一条第一款规定的“货币”，包括正在流通的人民币和境外货币。伪造的境外货币数额，折合成人民币计算。

第八条 走私国家禁止出口的三级文物二件以下的，可以认定为刑法第一百五十一条第二款规定的“情节较轻”。

具有下列情形之一的，依照刑法第一百五十一条第二款的规定处五年以上十年以下有期徒刑，并处罚金：

（一）走私国家禁止出口的二级文物不满三件，或者三级文物三件以上不满九件的；

（二）走私国家禁止出口的三级文物不满三件，且具有造成文物严重毁损或者无法追回等情节的。

具有下列情形之一的，应当认定为刑法第一百五十一条第二款规定的“情节特别严重”：

（一）走私国家禁止出口的一级文物一件以上，或者二级文物三件以上，或者三级文物九件以上的；

（二）走私国家禁止出口的文物达到第二款第一项规定的数量标准，且属于犯罪集团的首要分子，使用特种车辆从事走私活动，或者造成文物严重毁损、无法追回等情形的。

第九条 走私国家一、二级保护动物未达到本解释附表中（一）规定的数量标准，或者走私珍贵动物制品数额不满二十万元的，可以认定为刑法第一百五十一条第二款规定的“情节较轻”。

具有下列情形之一的，依照刑法第一百五十一条第二款的规定处五年以上十年以下有期徒刑，并处罚金：

（一）走私国家一、二级保护动物达到本解释附表中（一）规定的数量标准的；

（二）走私珍贵动物制品数额在二十万元以上不满一百万元的；

（三）走私国家一、二级保护动物未达到本解释附表中（一）规定的数量标准，但具有造成该珍贵动物死亡或者无法追回等情节的。

具有下列情形之一的，应当认定为刑法第一百五十一条第二款规定的“情节特别严重”：

（一）走私国家一、二级保护动物达到本解释附表中（二）规定的数量标准的；

（二）走私珍贵动物制品数额在一百万元以上的；

（三）走私国家一、二级保护动物达到本解释附表中（一）规定的数量标准，且属于犯罪集团的首要分子，使用特种车辆从事走私活动，或者造成该珍贵动物死亡、无法追回等情形的。

不以牟利为目的，为留作纪念而走私珍贵动物制品进境，数额不满十万元的，可以免予刑事处罚；情节显著轻微的，不作为犯罪处理。

第十条 刑法第一百五十一条第二款规定的“珍贵动物”，包括列入《国家重点保护野生动物名录》中的国家一、二级保护野生动物，《濒危野生动植物种国际贸易公约》附录Ⅰ、附录Ⅱ中的野生动物，以及驯养繁殖的上述动物。

走私本解释附表中未规定的珍贵动物的，参照附表中规定的同属或者同科动物的数量标准执行。

走私本解释附表中未规定珍贵动物的制品的，按照《最高人民法院、最高人民检察院、国家林业局、公安部、海关总署关于破坏野生动物资源刑事案件中涉及的CITES附录Ⅰ和附录Ⅱ所列陆生野生动物制品价值核定问题的通知》（林濒发〔2012〕239号）的有关规定核定价值。

法律适用 司法解释

第十一条 走私国家禁止进出口的货物、物品，具有下列情形之一的，依照刑法第一百五十一条第三款的规定处五年以下有期徒刑或者拘役，并处或者单处罚金：

（一）走私国家一级保护野生植物五株以上不满二十五株，国家二级保护野生植物十株以上不满五十株，或者珍稀植物、珍稀植物制品数额在二十万元以上不满一百万元的；

（二）走私重点保护古生物化石或者未命名的古生物化石不满十件，或者一般保护古生物化石十件以上不满五十件的；

（三）走私禁止进出口的有毒物质一吨以上不满五吨，或者数额在二万元以上不满十万元的；

（四）走私来自境外疫区的动植物及其产品五吨以上不满二十五吨，或者数额在五万元以上不满二十五万元的；

（五）走私木炭、硅砂等妨害环境、资源保护的货物、物品十吨以上不满五十吨，或者数额在十万元以上不满五十万元的；

（六）走私旧机动车、切割车、旧机电产品或者其他禁止进出口的货物、物品二十吨以上不满一百吨，或者数额在二十万元以上不满一百万元的；

（七）数量或者数额未达到本款第一项至第六项规定的标准，但属于犯罪集团的首要分子，使用特种车辆从事走私活动，造成环境严重污染，或者引起甲类传染病传播、重大动植物疫情等情形的。

具有下列情形之一的，应当认定为刑法第一百五十一条第三款规定的“情节严重”：

（一）走私数量或者数额超过前款第一项至第六项规定的标准的；

（二）达到前款第一项至第六项规定的标准，且属于犯罪集团的首要分子，使用特种车辆从事走私活动，造成环境严重污染，或者引起甲类传染病传播、重大动植物疫情等情形的。

第十二条 刑法第一百五十一条第三款规定的“珍稀植物”，包括列入《国家重点保护野生植物名录》《国家重点保护野生药材物种名录》《国家珍贵树种名录》中的国家一、二级保护野生植物、国家重点保护的野生药材、珍贵树木，《濒危野生动植物种国际贸易公约》附录Ⅰ、附录Ⅱ中的野生植物，以及人工培育的上述植物。

本解释规定的“古生物化石”，按照《古生物化石保护条例》的规定予以认定。走私具有科学价值的古脊椎动物化石、古人类化石，构成犯罪的，依照刑法第一百五十一条第二款的规定，以走私文物罪定罪处罚。

第十三条 以牟利或者传播为目的，走私淫秽物品，达到下列数量之一的，可以认定为刑法第一百五十二条第一款规定的“情节较轻”：

（一）走私淫秽录像带、影碟五十盘（张）以上不满一百盘（张）的；

（二）走私淫秽录音带、音碟一百盘（张）以上不满二百盘（张）的；

（三）走私淫秽扑克、书刊、画册一百副（册）以上不满二百副（册）的；

（四）走私淫秽照片、画片五百张以上不满一千张的；

（五）走私其他淫秽物品相当于上述数量的。

走私淫秽物品在前款规定的最高数量以上不满最高数量五倍的，依照刑法第一百五十二条第一款的规定处三年以上十年以下有期徒刑，并处罚金。

走私淫秽物品在第一款规定的最高数量五倍以上，或者在第一款规定的最高数量以上不满五倍，但属于犯罪集团的首要分子，使用特种车辆从事走私活动等情形的，应当认定为刑法第一百五十二条第一款规定的“情节严重”。

第十四条 走私国家禁止进口的废物或者国家限制进口的可用作原料的废物，具有下列情形之一的，应当认定为刑法第一百五十二条第二款规定的“情节严重”：

（一）走私国家禁止进口的危险性固体废物、液态废物分别或者合计达到一吨以上不满五吨的；

（二）走私国家禁止进口的非危险性固体废物、液态废物分别或者合计达到五吨以上不满二十五吨的；

（三）走私国家限制进口的可用作原料的固体废物、液态废物分别或者合计达到二十吨以上不满一百吨的；

（四）未达到上述数量标准，但属于犯罪集团的首要分子，使用特种车辆从事走私活动，或者造成环境严重污染等情形的。

具有下列情形之一的，应当认定为刑法第一百五十二条第二款规定的“情节特别严重”：

（一）走私数量超过前款规定的标准的；

（二）达到前款规定的标准，且属于犯罪集团的首要分子，使用特种车辆从事走私活动，或者造成环境严重污染等情形的；

（三）未达到前款规定的标准，但造成环境严重污染且后果特别严重的。

走私置于容器中的气态废物，构成犯罪的，参照前两款规定的标准处罚。

第十五条 国家限制进口的可用作原料的废物的具体种类，参照国家有关部门的规定确定。

第十六条 走私普通货物、物品，偷逃应缴税额在十万元以上不满五十万元的，应当认定为刑法第一百五十三条第一款规定的“偷逃应缴税额较大”；偷逃应缴税额在五十万元以上不满二百五十万元的，应当认定为“偷逃应缴税额巨大”；偷逃应缴税额在二百五十万元以上的，应当认定为“偷逃应缴税额特别巨大”。

走私普通货物、物品，具有下列情形之一，偷逃应缴税额在三十万元以上不满五十万元的，应当认定为刑法第一百五十三条第一款规定的“其他严重情节”；偷逃应缴税额在一百五十万元以上不满二百五十万元的，应当认定为“其他特别严重情节”：

（一）犯罪集团的首要分子；

（二）使用特种车辆从事走私活动的；

（三）为实施走私犯罪，向国家机关工作人员行贿的；

（四）教唆、利用未成年人、孕妇等特殊人群走私的；

（五）聚众阻挠缉私的。

第十七条 刑法第一百五十三条第一款规定的“一年内曾因走私被给予二次行政处罚后又走私”中的“一年内”，以因走私第一次受到行政处罚的生效之日与“又走私”行为实施之日的时间间隔计算确定；“被给予二次行政处罚”的走私行为，包括走私普通货物、物品以及其他货物、物品；“又走私”行为仅指走私普通货物、物品。

第十八条 刑法第一百五十三条规定的“应缴税额”，包括进出口货物、物品应当缴纳的进出口关税和进口环节海关代征税的税额。应缴税额以走私行为实施时的税则、税率、汇率和完税价格计算；多次走私的，以每次走私行为实施时的税则、税率、汇率和完税价格逐票计算；走私行为实施时间不能确定的，以案发时的税则、税率、汇率和完税价格计算。

刑法第一百五十三条第三款规定的“多次走私未经处理”，包括未经行政处理和刑事处理。

第十九条 刑法第一百五十四条规定的“保税货物”，是指经海关批准，未办理纳税手续进境，在境内储存、加工、装配后应予复运出境的货物，包括通过加工贸易、补偿贸易等方式进口的货物，以及在保税仓库、保税工厂、保税区或者免税商店内等储存、加工、寄售的货物。

第二十条 直接向走私人非法收购走私进口的货物、物品，在内海、领海、界河、界湖运输、收购、贩卖国家禁止进出口的物品，或者没有合法证明，在内海、领海、界河、界湖运输、收购、贩卖国家限制进出口的货物、物品，构成犯罪的，应当按照走私货物、物品的种类，分别依照刑法第一百五十一条、第一百五十二条、第一百五十三条、第三百四十七条、第三百五十条的规定定罪处罚。

刑法第一百五十五条第二项规定的“内海”，包括内河的入海口水域。

第二十一条 未经许可进出口国家限制进出口的货物、物品，构成犯罪的，应当依照刑法第一百五十一条、第一百五十二条的规定，以走私国家禁止进出口的货物、物品罪等罪名定罪处罚；偷逃应缴税额，同时又构成走私普通货物、物品罪的，依照处罚较重的规定定罪处罚。

取得许可，但超过许可数量进出口国家限制进出口的货物、物品，构成犯罪的，依照刑法第一百五十三条的规定，以走私普通货物、物品罪定罪处罚。

租用、借用或者使用购买的他人许可证，进出口国家限制进出口的货物、物品的，适用本条第一款的规定定罪处罚。

第二十二条 在走私的货物、物品中藏匿刑法第一百五十一条、第一百五十二条、第三百四十七条、第三百五十条规定的货物、物品，构成犯罪的，以实际走私的货物、物品定罪处罚；构成数罪的，实行数罪并罚。

第二十三条 实施走私犯罪，具有下列情形之一的，应当认定为犯罪既遂：

（一）在海关监管现场被查获的；

（二）以虚假申报方式走私，申报行为实施完毕的；

（三）以保税货物或者特定减税、免税进口的货物、物品为对象走私，在境内销售的，或者申请核销行为实施完毕的。

第二十四条 单位犯刑法第一百五十一条、第一百五十二条规定之罪，依照本解释规定的标准定罪处罚。

单位犯走私普通货物、物品罪，偷逃应缴税额在二十万元以上不满一百万元的，应当依照刑法第一百五十三条第二款的规定，对单位判处罚金，并对其直接负责的主管人员和其他直接责任人员，处三年以下有期徒刑或者拘役；偷逃应缴税额在一百万元以上不满五百万元的，应当认定为“情节严重”；偷逃应缴税额在五百万元以上的，应当认定为“情节特别严重”。

第二十五条 本解释发布实施后，《最高人民法院关于审理走私刑事案件具体应用法律若干问题的解释》（法释〔2000〕30号）、《最高人民法院关于审理走私刑事案件具体应用法律若干问题的解释（二）》（法释〔2006〕9号）同时废止。之前发布的司法解释与本解释不一致的，以本解释为准。

法律适用

相关法律法规

一、《中华人民共和国海关法》（节录）（1987年1月22日中华人民共和国主席令第51号公布　自1987年7月1日起施行　2000年7月8日第一次修正　2013年6月29日第二次修正　2013年12月28日第三次修正　2016年11月7日第四次修正　2017年11月4日第五次修正　2021年4月29日第六次修正）

第一百零一条　经济特区等特定地区同境内其他地区之间往来的运输工具、货物、物品的监管办法，由国务院另行规定。

二、《中华人民共和国对外贸易法》（节录）（2004年4月6日中华人民共和国主席令第15号公布　自2004年7月1日起施行　2016年11月7日修正）

第十七条　国家对与裂变、聚变物质或者衍生此类物质的物质有关的货物、技术进出口，以及与武器、弹药或者其他军用物资有关的进出口，可以采取任何必要的措施，维护国家安全。

在战时或者为维护国际和平与安全，国家在货物、技术进出口方面可以采取任何必要的措施。

第六十一条　进出口属于禁止进出口的货物的，或者未经许可擅自进出口属于限制进出口的货物的，由海关依照有关法律、行政法规的规定处理、处罚；构成犯罪的，依法追究刑事责任。

进出口属于禁止进出口的技术的，或者未经许可擅自进出口属于限制进出口的技术的，依照有关法律、行政法规的规定处理、处罚；法律、行政法规没有规定的，由国务院对外贸易主管部门责令改正，没收违法所得，并处违法所得1倍以上5倍以下罚款，没有违法所得或者违法所得不足1万元的，处1万元以上5万元以下罚款；构成犯罪的，依法追究刑事责任。

自前两款规定的行政处罚决定生效之日或者刑事处罚判决生效之日起，国务院对外贸易主管部门或者国务院其他有关部门可以在3年内不受理违法行为人提出的进出口配额或者许可证的申请，或者禁止违法行为人在1年以上3年以下的期限内从事有关货物或者技术的进出口经营活动。

规章及规范性文件

一、《中华人民共和国禁止进出境物品表》（1993年2月26日海关总署发布　自发布之日起施行）

一、禁止进境物品

1. 各种武器、仿真武器、弹药及爆炸物品；
2. 伪造的货币及伪造的有价证券；
3. 对中国政治、经济、文化、道德有害的印刷品、胶卷、照片、唱片、影片、录音带、录像带、激光视盘、计算机存储介质及其它物品；
4. 各种烈性毒药；
5. 鸦片、吗啡、海洛英、大麻以及其它能使人成瘾的麻醉品、精神药物；
6. 带有危险性病菌、害虫及其它有害生物的动物、植物及其产品；
7. 有碍人畜健康的、来自疫区的以及其它能传播疾病的食品、药品或其它物品。

二、禁止出境物品

1. 列入禁止进境范围的所有物品；
2. 内容涉及国家秘密的手稿、印刷品、胶卷、照片、唱片、影片、录音带、录像

法律适用 | 规章及规范性文件

带、激光视盘、计算机存储介质及其它物品；

3. 珍贵文物及其它禁止出境的文体；

4. 濒危的和珍贵的动物、植物（均含标本）及其种子和繁殖材料。

二、《关于〈中华人民共和国禁止进出境物品表〉和〈中华人民共和国限制进出境物品表〉有关问题解释的公告》（2013年8月16日海关总署发布　自发布之日起生效）

为有效实施《中华人民共和国禁止进出境物品表》和《中华人民共和国限制进出境物品表》，现就有关问题解释如下：

一、赌博用筹码属于《中华人民共和国禁止进出境物品表》所列“对中国政治、经济、文化、道德有害的印刷品、胶卷、照片、唱片、影片、录音带、录像带、激光视盘、计算机存储介质及其它物品”中的“其它物品”。

二、微生物、生物制品、血液及其制品、人类遗传资源、管制刀具、卫星电视接收设备属于《中华人民共和国限制进出境物品表》所列“海关限制进境的其它物品”。

三、微生物、生物制品、血液及其制品、人类遗传资源、管制刀具属于《中华人民共和国限制进出境物品表》所列“海关限制出境的其它物品”。

本公告自发布之日起施行。

12 走私核材料案

概念

本罪是指违反海关法规和核材料管理法规，逃避海关监管，非法携带、运输、邮寄核材料进出国（边）境的行为。

立案标准

本罪属行为犯，只要行为人实施了非法运输、携带、邮寄核材料的行为，就应当立案追究。

定罪标准		
定罪标准	犯罪客体	本罪所侵害的客体是国家对核材料的禁止进出口制度，犯罪对象是核材料。所谓核材料，根据《核安全法》第2条第3款的规定，核材料，是指：（1）铀－235材料及其制品；（2）铀－233材料及其制品；（3）钚－239材料及其制品；（4）法律、行政法规规定的其他需要管制的核材料。
	犯罪客观方面	本罪在客观方面表现为违反海关法规，逃避海关监管、非法携带、运输、邮寄核材料进出国（边）境的行为。所谓逃避海关监管，是指采用各种方法，躲避海关的监督、检查，企图将核材料通过国（边）境。有的绕过关口，在没有海关或边防检查站的地方，非法携带、运输核材料进出境；有的虽通过关口，但企图以隐匿、伪装、假报等手段，以欺骗海关，蒙混过关；有的则是采用藏匿、伪报等方法，以逃过邮检和海关的查验，非法邮寄核材料进出国（边）境等。这些行为都是走私核材料的典型行为。此外，走私核材料还有一些非典型行为，根据《刑法》的有关规定，主要包括下列情形：（1）直接向走私人非法收购核材料的；（2）在内海、领海运输、收购、贩卖核材料的；（3）与走私核材料的犯罪分子进行通谋，为其提供贷款、资金、账号、发票、证明或为其提供运输、保管、邮寄或者其他方便条件等。
	犯罪主体	本罪的主体为一般主体，既包括自然人，也包括公司、企业、事业单位、机关、团体等单位。
	犯罪主观方面	本罪在主观方面必须出于故意，即明知是核材料而仍然非法携带、运输、邮寄，企图使之进出国（边）境。过失不能构成本罪，如果行为人不知自己所携带、运输或邮寄的是核材料，则不能以本罪论处，构成犯罪的，应以他罪如走私普通货物、物品罪等处罚。至于其目的，一般是为了牟利，但是否具有这种目的，并不影响本罪成立。

<table>
<tr><td rowspan="1">定罪标准</td><td>罪与非罪</td><td>区分罪与非罪的界限，要注意：由于走私核材料具有较大的社会危害性，除“情节显著轻微危害不大”，不构成犯罪以外，都应当以犯罪论处。走私含铀、钚等原矿石的，一般不以本罪论处，可以走私普通货物、物品罪处理。走私铀、钚等核裂变、核聚变反应材料半成品的，应以本罪论处。</td></tr>
<tr><td rowspan="3">证据参考标准</td><td>主体方面的证据</td><td>一、证明行为人刑事责任年龄、身份等自然情况的证据。
包括身份证明、户籍证明、任职证明、工作经历证明、特定职责证明等，主要是证明行为人的姓名（曾用名）、性别、出生年月日、民族、籍贯、出生地、职业（或职务）、住所地（或居所地）等证据材料，如户口簿、居民身份证、工作证、出生证、专业或技术等级证、干部履历表、职工登记表、护照等。
对于户籍、出生证等材料内容不实的，应提供其他证据材料。外国人犯罪的案件，应有护照等身份证明材料。人大代表、政协委员犯罪的案件，应注明身份，并附身份证明材料。
二、证明行为人刑事责任能力的证据。
证明行为人对自己的行为是否具有辨认能力与控制能力，如是否属于间歇性精神病人、尚未完全丧失辨认或者控制自己行为能力的精神病人的证明材料。
三、证明单位的证据。
证明是否属于依法成立并有合法经营、管理范围的公司、企业、事业单位、机关、团体。
证明单位的名称、住所地、性质、法定代表人、单位负责人、业务范围、成立时间等证据材料，如企业营业执照、国有公司性质证明及非法人单位的身份证明等。
四、证明法定代表人、单位负责人或直接责任人员等的身份证明。
法定代表人、直接负责的主管人员和其他直接责任人在单位的任职、职责、负责权限的证明材料等。包括身份证明、户籍证明、任职证明等，如户口簿、居民身份证、工作证、护照、专业或技术等级证、干部履历表、职工登记表、任命书、业务分工文件、委派文件、单位证明、单位规章制度等。</td></tr>
<tr><td>主观方面的证据</td><td>证明行为人故意的证据：1. 证明行为人明知的证据：证明行为人明知自己的行为会发生危害社会的结果。2. 证明直接故意的证据：证明行为人希望危害结果发生。3. 目的：（1）获取非法利润；（2）牟利。</td></tr>
<tr><td>客观方面的证据</td><td>证明行为人走私核材料犯罪行为的证据。
具体证据包括：1. 证明行为人不经过海关、边防检查站走私核材料犯罪行为的证据：（1）非法偷运；（2）非法携带；（3）非法邮寄。2. 证明行为人经过海关、边防检查站进行走私核材料犯罪行为的证据：（1）伪装；（2）藏匿；（3）谎报。3. 证明行为人“绕关”、“骗关”、“偷逃关税”等走私核材料犯罪行为的证据。4. 证明行为人运输、收购、贩卖走私核材料行为的证据。5. 证明行为人与走私核材料犯罪分子通谋行为的证据。6. 证明行为人为走私核材料犯罪分子提供贷款、资金、账号、发票、证明等行为的证据。7. 证明行为人为走私核材料犯罪分子提供运输、保管、邮寄行为的证据。8. 证明行为人武装掩护走私核材料犯罪行为的证据。</td></tr>
</table>

证据参考标准

量刑方面的证据

一、法定量刑情节证据。

1. 事实情节。2. 法定从重情节：（1）走私集团的首要分子和危害特别严重的主犯；（2）武装走私、打死打伤缉私人员；（3）行凶报复、制造事端；（4）持枪聚众拒捕；（5）大量或屡次走私的国家工作人员，给国家和人民造成重大损失；（6）手段特别恶劣，后果十分严重；（7）惯犯、累犯。3. 法定从轻减轻情节：（1）可以从轻；（2）可以从轻或减轻；（3）应当从轻或者减轻。4. 法定从轻减轻免除情节：（1）可以从轻、减轻或者免除处罚；（2）应当从轻、减轻或者免除处罚。5. 法定减轻免除情节：（1）可以减轻或者免除处罚；（2）应当减轻或者免除处罚；（3）可以免除处罚。

二、酌定量刑情节证据。

1. 犯罪手段：（1）绕关；（2）骗关；（3）运输；（4）邮寄；（5）携带。2. 犯罪对象。3. 危害结果。4. 动机。5. 平时表现。6. 认罪态度。7. 是否有前科。8. 其他证据。

量刑标准

犯本罪的	处七年以上有期徒刑，并处罚金或者没收财产
情节特别严重的	处无期徒刑，并处没收财产
情节较轻的	处三年以上七年以下有期徒刑，并处罚金
单位犯本罪的	对单位判处罚金，并对其直接负责的主管人员和其他直接责任人员，依照上述规定处罚

法律适用

刑法条文

第一百五十一条第一款 走私武器、弹药、核材料或者伪造的货币的，处七年以上有期徒刑，并处罚金或者没收财产；情节特别严重的，处无期徒刑，并处没收财产；情节较轻的，处三年以上七年以下有期徒刑，并处罚金。

第一百五十一条第四款 单位犯本条规定之罪的，对单位判处罚金，并对其直接负责的主管人员和其他直接责任人员，依照本条各款的规定处罚。

第一百五十七条 武装掩护走私的，依照本法第一百五十一条第一款的规定从重处罚。

以暴力、威胁方法抗拒缉私的，以走私罪和本法第二百七十七条规定的阻碍国家机关工作人员依法执行职务罪，依照数罪并罚的规定处罚。

相关法律法规

《中华人民共和国核出口管制条例》（2006年11月9日中华人民共和国国务院令第480号公布 自公布之日起施行）

第一条 为了加强对核出口的管制，防止核武器扩散，防范核恐怖主义行为，维护国家安全和社会公共利益，促进和平利用核能的国际合作，制定本条例。

第二条 本条例所称核出口，是指《核出口管制清单》（以下简称《管制清单》）所列的核材料、核设备和反应堆用非核材料等物项及其相关技术的贸易性出口及对外赠送、展览、科技合作和援助等方式进行的转移。

第三条 国家对核出口实行严格管制，严格履行所承担的不扩散核武器的国际义务。

国家严格限制铀浓缩设施、设备，辐照燃料后处理设施、设备，重水生产设施、设备等物项及其相关技术等核扩散敏感物项，以及可以用于核武器或者其他核爆炸装置的材料的出口。

第四条 核出口应当遵守国家有关法律、行政法规的规定，不得损害国家安全或者社会公共利益。

第五条 核出口审查、许可，应当遵循下列准则：

（一）接受方政府保证不将中国供应的核材料、核设备或者反应堆用非核材料以及通过其使用而生产的特种可裂变材料用于任何核爆炸目的。

（二）接受方政府保证对中国供应的核材料以及通过其使用而生产的特种可裂变材料采取适当的实物保护措施。

（三）接受方政府同国际原子能机构订有有效的全面保障协定。本项规定不适用于同国际原子能机构订有自愿保障协定的国家。

（四）接受方保证，未经中国国家原子能机构事先书面同意，不向第三方再转让中国所供应的核材料、核设备或者反应堆用非核材料及其相关技术；经事先同意进行再转让的，接受再转让的第三方应当承担相当于由中国直接供应所承担的义务。

（五）接受方政府保证，未经中国政府同意，不得利用中国供应的铀浓缩设施、技术或者以此技术为基础的任何设施生产富集度高于20%的浓缩铀。

第六条 核出口由国务院指定的单位专营，任何其他单位或者个人不得经营。

第七条 出口《管制清单》所列物项及其相关技术，应当向国家原子能机构提出申请，填写核出口申请表并提交下列文件：

（一）申请人从事核出口的专营资格证明；

（二）申请人的法定代表人、主要经营管理人以及经办人的身份证明；

（三）合同或者协议的副本；

（四）核材料或者反应堆用非核材料分析报告单；

（五）最终用户证明；

（六）接受方依照本条例第五条规定提供的保证证明；

（七）审查机关要求提交的其他文件。

第八条 申请人应当如实填写核出口申请表。

核出口申请表由国家原子能机构统一印制。

第九条 核出口申请表上填报的事项发生变化的，申请人应当及时提出修正，或者重新提出出口申请。

申请人中止核出口时，应当及时撤回核出口申请。

第十条 国家原子能机构应当自收到核出口申请表及本条例第七条所列文件之日起15个工作日内，提出审查意见，并通知申请人；经审查同意的，应当区分情况，依照下列规定处理：

（一）出口核材料的，转送国防科学技术工业委员会复审或者国防科学技术工业委员会会同有关部门复审；

（二）出口核设备或者反应堆用非核材料及其相关技术的，转送商务部复审或者商务部会同国防科学技术工业委员会等有关部门复审。

国防科学技术工业委员会、商务部应当自收到国家原子能机构转送的核出口申请表和本条例第七条所列文件及审查意见之日起15个工作日内提出复审意见，并通知申请人。

国家原子能机构、国防科学技术工业委员会、商务部因特殊情况，需要延长审查或者复审期限的，可以延长15个工作日，但是应当通知申请人。

第十一条 对国家安全、社会公共利益或者外交政策有重要影响的核出口，国家原子能机构、国防科学技术工业委员会、商务部审查或者复审时，应当会商外交部等有关部门；必要时，应当报国务院审批。

报国务院审批的，不受本条例第十条规定时限的限制。

第十二条 核出口申请依照本条例规定经复审或者审批同意的，由商务部颁发核出口许可证。

第十三条 核出口许可证持有人改变原申请出口的物项及其相关技术的，应当交回原许可证，并依照本条例的规定，重新申请、领取核出口许可证。

第十四条 商务部颁发核出口许可证后，应当书面通知国家原子能机构。

第十五条 核出口专营单位进行核出口时，应当向海关出具核出口许可证，依照海关法的规定办理海关手续，并接受海关监管。

第十六条 海关可对出口经营者出口的物项及其技术是否需要办理核出口证件提出质疑，并可要求其向商务部申请办理是否属于核出口管制范围的证明文件；属于核出口管制范围的，应当依照本条例的规定申请取得核出口许可证。

第十七条 接受方或者其政府违反其依照本条例第五条规定作出的保证，或者出现核扩散、核恐怖主义危险时，国防科学技术工业委员会、商务部会同外交部等有关部门，有权作出中止出口有关物项或者相关技术的决定，并书面通知海关执行。

第十八条 违反本条例规定，出口核材料、核设备、反应堆用非核材料的，依照海关法的规定处罚。

违反本条例规定，出口《管制清单》所列有关技术的，由商务部给予警告，处违法经营额1倍以上5倍以下罚款；违法经营额不足5万元的，处5万元以上25万元以下罚款；有违法所得的，没收违法所得；构成犯罪的，依法追究刑事责任。

第十九条 伪造、变造、买卖核出口许可证，或者以欺骗等不正当手段获取核出口许可证的，依照有关法律、行政法规的规定处罚；构成犯罪的，依法追究刑事责任。

第二十条 国家核出口管制工作人员玩忽职守、徇私舞弊或者滥用职权，构成犯罪的，依法追究刑事责任；尚不构成犯罪的，依法给予行政处分。

第二十一条 国家原子能机构会同国防科学技术工业委员会、商务部、外交部、海关总署等有关部门根据实际情况，可以对《管制清单》进行调整，并予以公布。

第二十二条 中华人民共和国缔结或者参加的国际条约同本条例有不同规定的，适用国际条约的规定；但是，中华人民共和国声明保留的条款除外。

第二十三条 《管制清单》所列物项及其相关技术从保税仓库、保税区、出口加工区等海关特殊监管区域、保税场所出口，适用本条例的规定。

《管制清单》所列物项及其相关技术的过境、转运、通运，参照本条例的规定执行。

第二十四条 本条例自发布之日起施行。

13 走私假币案

概念

本罪是指违反国家货币管理和海关法规，逃避海关监管，明知是非法伪造的货币而非法运输、携带、邮寄进出国（边）境的行为。

立案标准

涉嫌走私伪造的货币，总面额在2000元以上或者币量200张（枚）以上的，应予立案。“货币”包括正在流通的人民币和境外货币。伪造的境外货币数额，折合成人民币计算。

定罪标准		
	犯罪客体	本罪所侵害的客体是复杂客体，既侵犯了国家对货币的管理制度，也破坏了国家的对外贸易管理。本罪的对象，仅限于伪造的货币。所谓伪造的货币，是指依照人民币或外币的图案、形状、色彩、线条等特征，通过印刷、复印、石印、手描、照相等方法制作的以假充真的货币。既包括伪造的人民币，又包括伪造的外币。按照伪造的方法，其可分为机制胶印、凹印假币，石板、木板、蜡板印假币，复印、影印假币，照相假币，描绘假币，板印假币，复印、制板技术合成假币，模仿硬币铸造的假币等多种。对于变造的货币即对货币通过采用剪贴、挖补、揭层、涂改等的方法加工处理，而使其改变形态、升值产生的货币，严格说来，并不属于伪造的货币。对其走私的不宜以本罪论处。
	犯罪客观方面	本罪在客观方面表现为违反国家有关货币的管理法规及海关法规，逃避海关监管，非法携带、运输、邮寄伪造的货币进出国（边）境的行为。所谓逃避海关监管，是指采取种种方法，以躲避海关对其所运输、携带、邮寄的伪造货币进行监督和检查的行为。逃避海关监管是走私行为本质的特征之一，本罪亦不例外。其实，行为人明明知道伪造的货币是国家一再严厉禁止进出国（边）境的，如果被海关发现，必然会予以没收。因此，走私伪造的货币的犯罪分子要达到其目的，只有采取种种不正当手段，使其所运输、携带或邮寄的伪造的货币逃避海关的检查与监督。至于其方式则多种多样，有的是绕关走私，即绕过关口，在没有海关或边境检查站的地方，非法运输、携带伪造的货币进出国（边）境；有的是瞒关走私，即虽通过关口，但企图采用隐匿、假报、伪装等手段，以欺骗海关部门的检查，通过海陆空等运输线邮寄伪造的货币进出境。这些行为都是一些典型的走私伪造的货币行为。除此之外，还有一些非典型的走私伪造的货币的行为，在理论上，又常被称之为“间接走私”或“准走私”的行为。根据本法的有关规定，准走私的行为主要包括下列几种情形：（1）直接向走私伪造货币的犯罪分子收购伪造的货币的；（2）在内海、领海收购、运输、贩卖伪造的货币的；（3）与走私伪造的货币的犯罪分子通谋，为其提供贷款、资金、账号、发票、证明或为其提供运输、保管、邮寄或者其他方便条件的；等等。

<table>
<tr><td rowspan="4">定罪标准</td><td>犯罪主体</td><td>本罪的主体为一般主体，即年满 16 周岁、具有刑事责任能力的自然人，都可成为本罪主体。单位亦可构成本罪主体。</td></tr>
<tr><td>犯罪主观方面</td><td>本罪在主观方面必须出于故意，并且为直接故意，即行为人明知是伪造的货币，而仍决意躲避海关的监管并将其运输、携带或邮寄进出国（边）境。过失不能构成本罪。如果行为人在不知情或者完全受到蒙骗的情况下运输、携带或者邮寄伪造的货币进出境的，就不构成本罪。当然，这也并不排除可以构成他罪，如走私普通货物、物品罪等。行为人是否具有牟利的目的，对本罪的构成没有影响。</td></tr>
<tr><td>罪与非罪</td><td>区分罪与非罪的界限，要注意：本罪系行为犯，一般情况下，只要行为人出于故意实施了走私伪造的货币的行为，就可构成本罪。</td></tr>
<tr><td>此罪与彼罪</td><td>本罪与出售、购买、运输假币罪的界限。二者的主要区别在于：(1) 侵犯的客体不同。前者侵犯的是复杂客体，既侵犯了对外贸易管制，又侵犯了国家的货币管理制度；后者侵犯的客体是国家货币管理制度。(2) 客观方面表现不同。前者表现为违反海关法规，逃避海关监督检查的走私行为；后者表现为国内出售、运输、购买假币的行为。</td></tr>
<tr><td>证据参考标准</td><td>主体方面的证据</td><td>一、证明行为人刑事责任年龄、身份等自然情况的证据。
包括身份证明、户籍证明、任职证明、工作经历证明、特定职责证明等，主要是证明行为人的姓名（曾用名）、性别、出生年月日、民族、籍贯、出生地、职业（或职务）、住所地（或居所地）等证据材料，如户口簿、居民身份证、工作证、出生证、专业或技术等级证、干部履历表、职工登记表、护照等。
对于户籍、出生证等材料内容不实的，应提供其他证据材料。外国人犯罪的案件，应有护照等身份证明材料。人大代表、政协委员犯罪的案件，应注明身份，并附身份证明材料。
二、证明行为人刑事责任能力的证据。
证明行为人对自己的行为是否具有辨认能力与控制能力，如是否属于间歇性精神病人、尚未完全丧失辨认或者控制自己行为能力的精神病人的证明材料。
三、证明单位的证据。
证明是否属于依法成立并有合法经营、管理范围的公司、企业、事业单位、机关、团体。
证明单位的名称、住所地、性质、法定代表人、单位负责人、业务范围、成立时间等证据材料，如企业营业执照、国有公司性质证明及非法人单位的身份证明等。
四、证明法定代表人、单位负责人或直接责任人员等的身份证明。
法定代表人、直接负责的主管人员和其他直接责任人在单位的任职、职责、负责权限的证明材料等。包括身份证明、户籍证明、任职证明等，如户口簿、居民身份证、工作证、护照、专业或技术等级证、干部履历表、职工登记表、任命书、业务分工文件、委派文件、单位证明、单位规章制度等。</td></tr>
</table>

<table>
<tr><td rowspan="3">证据参考标准</td><td>主观方面的证据</td><td colspan="2">证明行为人故意的证据：1. 证明行为人明知的证据：证明行为人明知自己的行为会发生危害社会的结果。2. 证明直接故意的证据：证明行为人希望危害结果发生。3. 目的：（1）获取非法利润；（2）牟利。</td></tr>
<tr><td>客观方面的证据</td><td colspan="2">证明行为人走私假币犯罪行为的证据。
具体证据包括：1. 证明行为人不经过海关、边防检查站走私犯罪行为的证据：（1）非法运输；（2）非法携带；（3）非法邮寄；（4）其他。2. 证明行为人经过海关、边防检查站走私犯罪行为的证据：（1）伪装；（2）藏匿；（3）谎报；（4）其他。3. 证明行为人“绕关”、“骗关”等进行走私犯罪行为的证据。4. 证明行为人运输、收购、贩卖走私假币行为的证据。5. 证明行为人与走私犯通谋走私假币行为的证据。6. 证明行为人为走私假币犯提供贷款、资金、账号、发票、证明等行为的证据。7. 证明行为人为走私假币犯提供运输、保管、邮寄行为的证据。8. 证明行为人伪造货币行为的证据。9. 证明行为人武装掩护走私假币犯罪行为的证据。10. 证明行为人走私假币数额的证据。</td></tr>
<tr><td>量刑方面的证据</td><td colspan="2">一、法定量刑情节证据。
1. 事实情节：（1）情节严重；（2）其他。2. 法定从重情节。3. 法定从轻减轻情节：（1）可以从轻；（2）可以从轻或减轻；（3）应当从轻或者减轻。4. 法定从轻减轻免除情节：（1）可以从轻、减轻或者免除处罚；（2）应当从轻、减轻或者免除处罚。5. 法定减轻免除情节：（1）可以减轻或者免除处罚；（2）应当减轻或者免除处罚；（3）可以免除处罚。
二、酌定量刑情节证据。
1. 犯罪手段：（1）绕关；（2）骗关；（3）运输；（4）携带；（5）非法邮寄；（6）其他。2. 犯罪对象。3. 危害结果。4. 动机。5. 平时表现。6. 认罪态度。7. 是否有前科。8. 其他证据。</td></tr>
<tr><td rowspan="4">量刑标准</td><td colspan="2">犯本罪的</td><td>处七年以上有期徒刑，并处罚金或者没收财产</td></tr>
<tr><td colspan="2">情节特别严重的</td><td>处无期徒刑，并处没收财产</td></tr>
<tr><td colspan="2">情节较轻的</td><td>处三年以上七年以下有期徒刑，并处罚金</td></tr>
<tr><td colspan="2">单位犯本罪的</td><td>对单位处罚金，并对其直接负责的主管人员和其他直接责任人员，依上述规定处罚</td></tr>
</table>

法律适用

刑法条文

第一百五十一条第一款 走私武器、弹药、核材料或者伪造的货币的，处七年以上有期徒刑，并处罚金或者没收财产；情节特别严重的，处无期徒刑，并处没收财产；情节较轻的，处三年以上七年以下有期徒刑，并处罚金。

第一百五十一条第四款 单位犯本条规定之罪的，对单位判处罚金，并对其直接负责的主管人员和其他直接责任人员，依照本条各款的规定处罚。

第一百五十七条 武装掩护走私的，依照本法第一百五十一条第一款的规定从重处罚。

以暴力、威胁方法抗拒缉私的，以走私罪和本法第二百七十七条规定的阻碍国家机关工作人员依法执行职务罪，依照数罪并罚的规定处罚。

司法解释

一、最高人民法院、最高人民检察院《关于办理走私刑事案件适用法律若干问题的解释》（节录）（2014年8月12日最高人民法院、最高人民检察院公布　自2014年9月10日起施行）

第六条 走私伪造的货币，数额在二千元以上不满二万元，或者数量在二百张（枚）以上不满二千张（枚）的，可以认定为刑法第一百五十一条第一款规定的“情节较轻”。

具有下列情形之一的，依照刑法第一百五十一条第一款的规定处七年以上有期徒刑，并处罚金或者没收财产：

（一）走私数额在二万元以上不满二十万元，或者数量在二千张（枚）以上不满二万张（枚）的；

（二）走私数额或者数量达到第一款规定的标准，且具有走私的伪造货币流入市场等情节的。

具有下列情形之一的，应当认定为刑法第一百五十一条第一款规定的“情节特别严重”：

（一）走私数额在二十万元以上，或者数量在二万张（枚）以上的；

（二）走私数额或者数量达到第二款第一项规定的标准，且属于犯罪集团的首要分子，使用特种车辆从事走私活动，或者走私的伪造货币流入市场等情形的。

第七条 刑法第一百五十一条第一款规定的“货币”，包括正在流通的人民币和境外货币。伪造的境外货币数额，折合成人民币计算。

第二十条 直接向走私人非法收购走私进口的货物、物品，在内海、领海、界河、界湖运输、收购、贩卖国家禁止进出口的物品，或者没有合法证明，在内海、领海、界河、界湖运输、收购、贩卖国家限制进出口的货物、物品，构成犯罪的，应当按照走私货物、物品的种类，分别依照刑法第一百五十一条、第一百五十二条、第一百五十三条、第三百四十七条、第三百五十条的规定定罪处罚。

刑法第一百五十五条第二项规定的“内海”，包括内河的入海口水域。

第二十一条 未经许可进出口国家限制进出口的货物、物品，构成犯罪的，应当依照刑法第一百五十一条、第一百五十二条的规定，以走私国家禁止进出口的货物、物品罪等罪名定罪处罚；偷逃应缴税额，同时又构成走私普通货物、物品罪的，依照处罚较重的规定定罪处罚。

取得许可，但超过许可数量进出口国家限制进出口的货物、物品，构成犯罪的，依照刑法第一百五十三条的规定，以走私普通货物、物品罪定罪处罚。

租用、借用或者使用购买的他人许可证，进出口国家限制进出口的货物、物品的，适用本条第一款的规定定罪处罚。

法律适用

司法解释

第二十二条 在走私的货物、物品中藏匿刑法第一百五十一条、第一百五十二条、第三百四十七条、第三百五十条规定的货物、物品，构成犯罪的，以实际走私的货物、物品定罪处罚；构成数罪的，实行数罪并罚。

第二十三条 实施走私犯罪，具有下列情形之一的，应当认定为犯罪既遂：

（一）在海关监管现场被查获的；

（二）以虚假申报方式走私，申报行为实施完毕的；

（三）以保税货物或者特定减税、免税进口的货物、物品为对象走私，在境内销售的，或者申请核销行为实施完毕的。

第二十四条 单位犯刑法第一百五十一条、第一百五十二条规定之罪，依照本解释规定的标准定罪处罚。

单位犯走私普通货物、物品罪，偷逃应缴税额在二十万元以上不满一百万元的，应当依照刑法第一百五十三条第二款的规定，对单位判处罚金，并对其直接负责的主管人员和其他直接责任人员，处三年以下有期徒刑或者拘役；偷逃应缴税额在一百万元以上不满五百万元的，应当认定为“情节严重”；偷逃应缴税额在五百万元以上的，应当认定为“情节特别严重”。

二、最高人民检察院、公安部《关于公安机关管辖的刑事案件立案追诉标准的规定（二）》（节录）（2010年5月7日最高人民检察院、公安部公布 自公布之日起施行 2011年11月14日修正）

第二条 〔走私假币案（刑法第一百五十一条第一款）〕走私伪造的货币，总面额在二千元以上或者币量在二百张（枚）以上的，应予立案追诉。

规章及规范性文件

《中国人民银行假币收缴、鉴定管理办法》（节录）（2003年4月9日中国人民银行令〔2003〕第4号公布 自2003年7月1日起施行 2016年5月19日修正）

第三条 本办法所称货币是指人民币和外币。人民币是指中国人民银行依法发行的货币，包括纸币和硬币；外币是指在我国境内（香港特别行政区、澳门特别行政区及台湾地区除外）可收兑的其他国家或地区的法定货币。

本办法所称假币是指伪造、变造的货币。

伪造的货币是指仿照真币的图案、形状、色彩等，采用各种手段制作的假币。

变造的货币是指在真币的基础上，利用挖补、揭层、涂改、拼凑、移位、重印等多种方法制作，改变真币原形态的假币。

本办法所称办理货币存取款和外币兑换业务的金融机构（以下简称“金融机构”）是指商业银行、城乡信用社、邮政储蓄的业务机构。

本办法所称中国人民银行授权的鉴定机构，是指具有货币真伪鉴定技术与条件，并经中国人民银行授权的商业银行业务机构。

第四条 金融机构收缴的假币，每季末解缴中国人民银行当地分支行，由中国人民银行统一销毁，任何部门不得自行处理。

第五条 中国人民银行及其分支机构依照本办法对假币收缴、鉴定实施监督管理。

第六条 金融机构在办理业务时发现假币，由该金融机构两名以上业务人员当面予以收缴。对假人民币纸币，应当面加盖“假币”字样的戳记；对假外币纸币及各种假硬币，应当面以统一格式的专用袋加封，封口处加盖“假币”字样戳记，并在专用袋上标明币种、券别、面额、张（枚）数、冠字号码、收缴人、复核人名章等细项。收缴假币的金融机构（以下简称“收缴单位”）向持有人出具中国人民银行统一印制的《假币收缴凭证》，并告知持有人如对被收缴的货币真伪有异议，可向中国人民银行当地分支机构或中国人民银行授权的当地鉴定机构申请鉴定。收缴的假币，不得再交予持有人。

第七条 金融机构在收缴假币过程中有下列情形之一的，应当立即报告当地公安机关，提供有关线索：

（一）一次性发现假人民币20张（枚）（含20张、枚）以上、假外币10张（含10张、枚）以上的；

（二）属于利用新的造假手段制造假币的；

（三）有制造贩卖假币线索的；

（四）持有人不配合金融机构收缴行为的。

第八条 办理假币收缴业务的人员，应当取得《反假货币上岗资格证书》。《反假货币上岗资格证书》由中国人民银行印制。中国人民银行各分行、营业管理部、省会（首府）城市中心支行负责对所在省（自治区、直辖市）金融机构有关业务人员进行培训、考试和颁发《反假货币上岗资格证书》。

第九条 金融机构对收缴的假币实物进行单独管理，并建立假币收缴代保管登记簿。

第十七条 金融机构有下列行为之一，但尚未构成犯罪的，由中国人民银行给予警告、罚款，同时，责成金融机构对相关主管人员和其他直接责任人给予相应纪律处分：

（一）发现假币而不收缴的；

（二）未按照本办法规定程序收缴假币的；

（三）应向人民银行和公安机关报告而不报告的；

（四）截留或私自处理收缴的假币，或使已收缴的假币重新流入市场的。

上述行为涉及假人民币的，对金融机构处以1000元以上5万元以下罚款；涉及假外币的，对金融机构处以1000元以下的罚款。

第十八条 中国人民银行授权的鉴定机构有下列行为之一，但尚未构成犯罪的，由中国人民银行给予警告、罚款，同时责成金融机构对相关主管人员和其他直接责任人给予相应纪律处分：

（一）拒绝受理持有人、金融机构提出的货币真伪鉴定申请的；

（二）未按照本办法规定程序鉴定假币的；

（三）截留或私自处理鉴定、收缴的假币，或使已收缴、没收的假币重新流入市场的。

上述行为涉及假人民币的，对授权的鉴定机构处以1000元以上5万元以下罚款；涉及假外币的，对授权的鉴定机构处以1000元以下的罚款。

第十九条 中国人民银行工作人员有下列行为之一，但尚未构成犯罪的，对直接负责的主管人员和其他直接责任人员，依法给予行政处分：

（一）未按照本办法规定程序鉴定假币的；

（二）拒绝受理持有人、金融机构、授权的鉴定机构提出的货币真伪鉴定或再鉴定申请的；

（三）截留或私自处理鉴定、收缴、没收的假币，或使已收缴、没收的假币重新流入市场的。

14 走私文物案

概念

本罪是指违反海关法规，逃避海关监管，非法携带、运输、邮寄国家禁止出口的文物出国（边）境的行为。

立案标准

根据《刑法》第151条和最高人民法院《关于办理走私刑事案件适用法律若干问题的解释》的有关规定，走私国家禁止出口的文物，应当予以立案。

定罪标准		
定罪标准	犯罪客体	本罪所侵害的客体是国家对外贸易管理，具体为其中的禁止出口制度。犯罪对象是国家禁止出口的文物。所谓文物，是指遗存于社会，埋藏于地下、水下，具有历史、科学、艺术价值的人类的历史文化遗物。根据《文物保护法》第2条的规定，文物具体包括：（1）具有历史、艺术、科学价值的古文化遗址、古墓葬、古建筑、石窟寺和石刻、壁画；（2）与重大历史事件、革命运动或者著名人物有关的以及具有重要的纪念意义、教育意义或者史料价值的近代现代重要史迹、实物、代表性建筑；（3）历史上各时代珍贵的艺术品、工艺美术品；（4）历史上各时代重要的文献资料以及具有历史、艺术、科学价值的手稿和图书资料等；（5）反映历史上各时代、各民族社会制度、社会生产、社会生活的代表性实物；（6）具有科学价值的古脊椎动物化石和古人类化石等。 作为走私对象的文物并非包括上述所有文物，而只是国家禁止出口的文物。所谓国家禁止出口的文物，是指具有重要历史、艺术、科学价值的文物。根据我国《文物保护法》的规定，文物出口和个人携带文物出境，都必须事先向海关申报，经国家文化行政管理部门指定的省、自治区、直辖市文化行政管理部门进行鉴定并发给出口许可证才能出境，具有重要历史、艺术、科学价值的文物，除经国务院批准运往国外展览的外，一律禁止出境。 根据《文物保护法》的规定，任何组织或个人将收藏的国家禁止出口的珍贵文物私自出售或者私自赠送给外国人的，以走私论处，但《刑法》第325条已将此行为单独立罪，本法实行后，此行为不再构成走私罪。
定罪标准	犯罪客观方面	本罪在客观方面表现为违反海关法规，逃避海关监管，非法携带、运输、邮寄国家禁止出口的文物出国（边）境的行为。其行为方式与走私武器、弹药罪一致，这里不再赘述，具体可参见有关介绍。
定罪标准	犯罪主体	本罪的主体为一般主体，既可以是个人，亦可以是单位。
定罪标准	犯罪主观方面	本罪在主观方面必须出于故意，即明知为国家禁止出口的文物仍决意非法携带、运输、邮寄出国（边）境。过失不能构成本罪。至于其动机可多种多样，如卖给国外、赠送给国外之人等，但动机如何不影响本罪成立。

<table>
<tr><td rowspan="2">定罪标准</td><td>罪与非罪</td><td>区分罪与非罪的界限，应当从主观方面与客观方面两方面把握。在主观方面，如果行为人没有犯罪故意，即行为人不知其携带的是文物，或者不知其携带的文物是国家禁止出口的，即使其客观上具有运输、携带或邮寄国家禁止出口的文物出境的行为，也不能认为其构成本罪。从客观方面看，主要看行为人走私的文物是否属于国家禁止出口的文物。根据《文物保护法》规定，文物出口或个人携带文物出境，都必须先向海关申报，经国家文化行政管理部门指定的省、自治区、直辖市文化行政管理部门进行鉴定并发给出口许可凭证才能出境。可见，并非所有的文物都禁止出境。如果行为人违反海关法规，逃避海关监管，运输、携带或邮寄的文物并非国家禁止出口的，只能认为其行为是一般走私行为，而不能认为是走私文物罪。</td></tr>
<tr><td>此罪与彼罪</td><td>本罪与倒卖文物罪的界限。倒卖文物罪是以牟利为目的，倒卖国家禁止自由买卖的文物，情节严重的行为。走私文物罪与倒卖文物罪在犯罪对象上有一致之处，而且在客观方面，走私文物罪的行为人一般也有倒卖的行为表现，所以两罪存在某些相似。但两罪侵犯的客体不同。走私文物罪侵犯的客体是国家的对外贸易管制，而倒卖文物罪侵犯的客体则是国家的文物管理制度。另外，两罪在主观方面表现不同。倒卖文物罪的成立必须要“以牟利为目的”，而走私文物罪的成立对犯罪目的没有要求。在实践中，如果行为人往内海、领海运输、收购、贩卖国家禁止出口的文物，根据《刑法》第155条规定，应以走私罪论处，不定倒卖文物罪。</td></tr>
<tr><td>证据参考标准</td><td>主体方面的证据</td><td>一、证明行为人刑事责任年龄、身份等自然情况的证据。
包括身份证明、户籍证明、任职证明、工作经历证明、特定职责证明等，主要是证明行为人的姓名（曾用名）、性别、出生年月日、民族、籍贯、出生地、职业（或职务）、住所地（或居所地）等证据材料，如户口簿、居民身份证、工作证、出生证、专业或技术等级证、干部履历表、职工登记表、护照等。
对于户籍、出生证等材料内容不实的，应提供其他证据材料。外国人犯罪的案件，应有护照等身份证明材料。人大代表、政协委员犯罪的案件，应注明身份，并附身份证明材料。
二、证明行为人刑事责任能力的证据。
证明行为人对自己的行为是否具有辨认能力与控制能力，如是否属于间歇性精神病人、尚未完全丧失辨认或者控制自己行为能力的精神病人的证明材料。
三、证明单位的证据。
证明是否属于依法成立并有合法经营、管理范围的公司、企业、事业单位、机关、团体。
证明单位的名称、住所地、性质、法定代表人、单位负责人、业务范围、成立时间等证据材料，如企业营业执照、国有公司性质证明及非法人单位的身份证明等。
四、证明法定代表人、单位负责人或直接责任人员等的身份证明。
法定代表人、直接负责的主管人员和其他直接责任人在单位的任职、职责、负责权限的证明材料等。包括身份证明、户籍证明、任职证明等，如户口簿、居民身份证、工作证、护照、专业或技术等级证、干部履历表、职工登记表、任命书、业务分工文件、委派文件、单位证明、单位规章制度等。</td></tr>
</table>

<table>
<tr><td rowspan="3">证据参考标准</td><td>主观方面的证据</td><td colspan="2">证明行为人故意的证据：1. 证明行为人明知的证据：证明行为人明知自己的行为会发生危害社会的结果。2. 证明直接故意的证据：证明行为人希望危害结果发生。3. 目的：（1）获取非法利润；（2）牟利。</td></tr>
<tr><td>客观方面的证据</td><td colspan="2">证明行为人走私文物犯罪行为的证据。
具体证据包括：1. 证明行为人逃避海关监督、检查的证据：（1）采用隐瞒方式走私文物；（2）采用隐藏方式走私文物；（3）采用伪报方式走私文物；（4）采用蒙混方式走私文物；（5）采用绕关方式走私文物；（6）采用邮寄方式走私文物。2. 证明行为人违反海关法规行为的证据。3. 证明文物走私行为人行为的证据：（1）非法运输出境；（2）非法携带出境；（3）非法邮寄出境。</td></tr>
<tr><td>量刑方面的证据</td><td colspan="2">一、法定量刑情节证据。
1. 事实情节：（1）情节特别严重：①多次走私，严重危害国家利益；②走私手段特别恶劣，造成严重后果：武装掩护，拒捕，死伤后果；③走私国内仅有的文物，给国家造成较严重损失；④走私数额特别巨大的集团首要分子；⑤危害严重的主犯。（2）其他。2. 法定从重情节。3. 法定从轻减轻情节：（1）可以从轻。（2）可以从轻或减轻。（3）应当从轻或者减轻。4. 法定从轻减轻免除情节：（1）可以从轻、减轻或者免除处罚。（2）应当从轻、减轻或者免除处罚。5. 法定减轻免除情节：（1）可以减轻或者免除处罚。（2）应当减轻或者免除处罚。（3）可以免除处罚。
二、酌定量刑情节证据。
1. 犯罪手段：（1）绕关；（2）骗关；（3）运输；（4）邮寄；（5）携带。2. 犯罪对象。3. 危害结果。4. 动机。5. 平时表现。6. 认罪态度。7. 是否有前科。8. 其他证据。</td></tr>
<tr><td rowspan="4">量刑标准</td><td colspan="2">犯本罪的</td><td>处五年以上十年以下有期徒刑，并处罚金</td></tr>
<tr><td colspan="2">情节特别严重的</td><td>处十年以上有期徒刑或者无期徒刑，并处没收财产</td></tr>
<tr><td colspan="2">情节较轻的</td><td>处五年以下有期徒刑，并处罚金</td></tr>
<tr><td colspan="2">单位犯本罪的</td><td>对单位判处罚金，并对其直接负责的主管人员和其他直接责任人员，依照《刑法》第 151 条第 2 款的规定，即按自然人犯本罪处罚</td></tr>
<tr><td>法律适用</td><td>刑法条文</td><td colspan="2">第一百五十一条第二款　走私国家禁止出口的文物、黄金、白银和其他贵重金属或者国家禁止进出口的珍贵动物及其制品的，处五年以上十年以下有期徒刑，并处罚金；情节特别严重的，处十年以上有期徒刑或者无期徒刑，并处没收财产；情节较轻的，处五年以下有期徒刑，并处罚金。
第一百五十一条第四款　单位犯本条规定之罪的，对单位判处罚金，并对其直接负责的主管人员和其他直接责任人员，依照本条各款的规定处罚。</td></tr>
</table>

刑法条文

第一百五十七条 武装掩护走私的，依照本法第一百五十一条第一款的规定从重处罚。

以暴力、威胁方法抗拒缉私的，以走私罪和本法第二百七十七条规定的阻碍国家机关工作人员依法执行职务罪，依照数罪并罚的规定处罚。

第一百五十七条 武装掩护走私的，依照本法第一百五十一条第一款的规定从重处罚。

以暴力、威胁方法抗拒缉私的，以走私罪和本法第二百七十七条规定的阻碍国家机关工作人员依法执行职务罪，依照数罪并罚的规定处罚。

法律适用

司法解释

一、《最高人民法院、最高人民检察院关于办理妨害文物管理等刑事案件适用法律若干问题的解释》（2015年10月12日最高人民法院审判委员会第1663次会议、2015年11月18日最高人民检察院第十二届检察委员会第43次会议通过 法释〔2015〕23号）

为依法惩治文物犯罪，保护文物，根据《中华人民共和国刑法》《中华人民共和国刑事诉讼法》《中华人民共和国文物保护法》的有关规定，现就办理此类刑事案件适用法律的若干问题解释如下：

第一条 刑法第一百五十一条规定的“国家禁止出口的文物”，依照《中华人民共和国文物保护法》规定的“国家禁止出境的文物”的范围认定。

走私国家禁止出口的二级文物的，应当依照刑法第一百五十一条第二款的规定，以走私文物罪处五年以上十年以下有期徒刑，并处罚金；走私国家禁止出口的一级文物的，应当认定为刑法第一百五十一条第二款规定的“情节特别严重”；走私国家禁止出口的三级文物的，应当认定为刑法第一百五十一条第二款规定的“情节较轻”。

走私国家禁止出口的文物，无法确定文物等级，或者按照文物等级定罪量刑明显过轻或者过重的，可以按照走私的文物价值定罪量刑。走私的文物价值在二十万元以上不满一百万元的，应当依照刑法第一百五十一条第二款的规定，以走私文物罪处五年以上十年以下有期徒刑，并处罚金；文物价值在一百万元以上的，应当认定为刑法第一百五十一条第二款规定的“情节特别严重”；文物价值在五万元以上不满二十万元的，应当认定为刑法第一百五十一条第二款规定的“情节较轻”。

第二条 盗窃一般文物、三级文物、二级以上文物的，应当分别认定为刑法第二百六十四条规定的“数额较大”“数额巨大”“数额特别巨大”。

盗窃文物，无法确定文物等级，或者按照文物等级定罪量刑明显过轻或者过重的，按照盗窃的文物价值定罪量刑。

第三条 全国重点文物保护单位、省级文物保护单位的本体，应当认定为刑法第三百二十四条第一款规定的“被确定为全国重点文物保护单位、省级文物保护单位的文物”。

故意损毁国家保护的珍贵文物或者被确定为全国重点文物保护单位、省级文物保护单位的文物，具有下列情形之一的，应当认定为刑法第三百二十四条第一款规定的“情节严重”：

（一）造成五件以上三级文物损毁的；

（二）造成二级以上文物损毁的；

（三）致使全国重点文物保护单位、省级文物保护单位的本体严重损毁或者灭失的；

法律适用 司法解释

（四）多次损毁或者损毁多处全国重点文物保护单位、省级文物保护单位的本体的；

（五）其他情节严重的情形。

实施前款规定的行为，拒不执行国家行政主管部门作出的停止侵害文物的行政决定或者命令的，酌情从重处罚。

第四条 风景名胜区的核心景区以及未被确定为全国重点文物保护单位、省级文物保护单位的古文化遗址、古墓葬、古建筑、石窟寺、石刻、壁画、近代现代重要史迹和代表性建筑等不可移动文物的本体，应当认定为刑法第三百二十四条第二款规定的“国家保护的名胜古迹”。

故意损毁国家保护的名胜古迹，具有下列情形之一的，应当认定为刑法第三百二十四条第二款规定的“情节严重”：

（一）致使名胜古迹严重损毁或者灭失的；

（二）多次损毁或者损毁多处名胜古迹的；

（三）其他情节严重的情形。

实施前款规定的行为，拒不执行国家行政主管部门作出的停止侵害文物的行政决定或者命令的，酌情从重处罚。

故意损毁风景名胜区内被确定为全国重点文物保护单位、省级文物保护单位的文物的，依照刑法第三百二十四条第一款和本解释第三条的规定定罪量刑。

第五条 过失损毁国家保护的珍贵文物或者被确定为全国重点文物保护单位、省级文物保护单位的文物，具有本解释第三条第二款第一项至第三项规定情形之一的，应当认定为刑法第三百二十四条第三款规定的“造成严重后果”。

第六条 出售或者为出售而收购、运输、储存《中华人民共和国文物保护法》规定的“国家禁止买卖的文物”的，应当认定为刑法第三百二十六条规定的“倒卖国家禁止经营的文物”。

倒卖国家禁止经营的文物，具有下列情形之一的，应当认定为刑法第三百二十六条规定的“情节严重”：

（一）倒卖三级文物的；

（二）交易数额在五万元以上的；

（三）其他情节严重的情形。

实施前款规定的行为，具有下列情形之一的，应当认定为刑法第三百二十六条规定的“情节特别严重”：

（一）倒卖二级以上文物的；

（二）倒卖三级文物五件以上的；

（三）交易数额在二十五万元以上的；

（四）其他情节特别严重的情形。

第七条 国有博物馆、图书馆以及其他国有单位，违反文物保护法规，将收藏或者管理的国家保护的文物藏品出售或者私自送给非国有单位或者个人的，依照刑法第三百二十七条的规定，以非法出售、私赠文物藏品罪追究刑事责任。

第八条 刑法第三百二十八条第一款规定的“古文化遗址、古墓葬”包括水下古文化遗址、古墓葬。“古文化遗址、古墓葬”不以公布为不可移动文物的古文化遗址、古墓葬为限。

实施盗掘行为，已损害古文化遗址、古墓葬的历史、艺术、科学价值的，应当认定为盗掘古文化遗址、古墓葬罪既遂。

采用破坏性手段盗窃古文化遗址、古墓葬以外的古建筑、石窟寺、石刻、壁画、近代现代重要史迹和代表性建筑等其他不可移动文物的，依照刑法第二百六十四条的规定，以盗窃罪追究刑事责任。

第九条 明知是盗窃文物、盗掘古文化遗址、古墓葬等犯罪所获取的三级以上文物，而予以窝藏、转移、收购、加工、代为销售或者以其他方法掩饰、隐瞒的，依照刑法第三百一十二条的规定，以掩饰、隐瞒犯罪所得罪追究刑事责任。

实施前款规定的行为，事先通谋的，以共同犯罪论处。

第十条 国家机关工作人员严重不负责任，造成珍贵文物损毁或者流失，具有下列情形之一的，应当认定为刑法第四百一十九条规定的“后果严重”：

（一）导致二级以上文物或者五件以上三级文物损毁或者流失的；

（二）导致全国重点文物保护单位、省级文物保护单位的本体严重损毁或者灭失的；

（三）其他后果严重的情形。

第十一条 单位实施走私文物、倒卖文物等行为，构成犯罪的，依照本解释规定的相应自然人犯罪的定罪量刑标准，对直接负责的主管人员和其他直接责任人员定罪处罚，并对单位判处罚金。

公司、企业、事业单位、机关、团体等单位实施盗窃文物，故意损毁文物、名胜古迹，过失损毁文物，盗掘古文化遗址、古墓葬等行为的，依照本解释规定的相应定罪量刑标准，追究组织者、策划者、实施者的刑事责任。

第十二条 针对不可移动文物整体实施走私、盗窃、倒卖等行为的，根据所属不可移动文物的等级，依照本解释第一条、第二条、第六条的规定定罪量刑：

（一）尚未被确定为文物保护单位的不可移动文物，适用一般文物的定罪量刑标准；

（二）市、县级文物保护单位，适用三级文物的定罪量刑标准；

（三）全国重点文物保护单位、省级文物保护单位，适用二级以上文物的定罪量刑标准。

针对不可移动文物中的建筑构件、壁画、雕塑、石刻等实施走私、盗窃、倒卖等行为的，根据建筑构件、壁画、雕塑、石刻等文物本身的等级或者价值，依照本解释第一条、第二条、第六条的规定定罪量刑。建筑构件、壁画、雕塑、石刻等所属不可移动文物的等级，应当作为量刑情节予以考虑。

第十三条 案件涉及不同等级的文物的，按照高级别文物的量刑幅度量刑；有多件同级文物的，五件同级文物视为一件高一级文物，但是价值明显不相当的除外。

第十四条 依照文物价值定罪量刑的，根据涉案文物的有效价格证明认定文物价值；无有效价格证明，或者根据价格证明认定明显不合理的，根据销赃数额认定，或者结合本解释第十五条规定的鉴定意见、报告认定。

第十五条 在行为人实施有关行为前，文物行政部门已对涉案文物及其等级作出认定的，可以直接对有关案件事实作出认定。

对案件涉及的有关文物鉴定、价值认定等专门性问题难以确定的，由司法鉴定机构出具鉴定意见，或者由国务院文物行政部门指定的机构出具报告。其中，对于文物价值，也可以由有关价格认证机构作出价格认证并出具报告。

第十六条 实施本解释第一条、第二条、第六条至第九条规定的行为，虽已达到应当追究刑事责任的标准，但行为人系初犯，积极退回或者协助追回文物，未造成文物损毁，并确有悔罪表现的，可以认定为犯罪情节轻微，不起诉或者免予刑事处罚。

实施本解释第三条至第五条规定的行为，虽已达到应当追究刑事责任的标准，但行为人系初犯，积极赔偿损失，并确有悔罪表现的，可以认定为犯罪情节轻微，不起诉或者免予刑事处罚。

第十七条 走私、盗窃、损毁、倒卖、盗掘或者非法转让具有科学价值的古脊椎动物化石、古人类化石的，依照刑法和本解释的有关规定定罪量刑。

第十八条 本解释自2016年1月1日起施行。本解释公布施行后，《最高人民法院、最高人民检察院关于办理盗窃、盗掘、非法经营和走私文物的案件具体应用法律的若干问题的解释》（法（研）发〔1987〕32号）同时废止；之前发布的司法解释与本解释不一致的，以本解释为准。

二、最高人民法院、最高人民检察院《关于办理走私刑事案件适用法律若干问题的解释》（节录）（2014年8月12日最高人民法院、最高人民检察院公布 自2014年9月10日起施行）

第八条 走私国家禁止出口的三级文物二件以下的，可以认定为刑法第一百五十一条第二款规定的“情节较轻”。

具有下列情形之一的，依照刑法第一百五十一条第二款的规定处五年以上十年以下有期徒刑，并处罚金：

（一）走私国家禁止出口的二级文物不满三件，或者三级文物三件以上不满九件的；

（二）走私国家禁止出口的三级文物不满三件，且具有造成文物严重毁损或者无法追回等情节的。

具有下列情形之一的，应当认定为刑法第一百五十一条第二款规定的“情节特别严重”：

（一）走私国家禁止出口的一级文物一件以上，或者二级文物三件以上，或者三级文物九件以上的；

（二）走私国家禁止出口的文物达到第二款第一项规定的数量标准，且属于犯罪集团的首要分子，使用特种车辆从事走私活动，或者造成文物严重毁损、无法追回等情形的。

第二十条 直接向走私人非法收购走私进口的货物、物品，在内海、领海、界河、界湖运输、收购、贩卖国家禁止进出口的物品，或者没有合法证明，在内海、领海、界河、界湖运输、收购、贩卖国家限制进出口的货物、物品，构成犯罪的，应当按照走私货物、物品的种类，分别依照刑法第一百五十一条、第一百五十二条、第一百五十三条、第三百四十七条、第三百五十条的规定定罪处罚。

刑法第一百五十五条第二项规定的“内海”，包括内河的入海口水域。

第二十一条 未经许可进出口国家限制进出口的货物、物品，构成犯罪的，应当依照刑法第一百五十一条、第一百五十二条的规定，以走私国家禁止进出口的货物、物品罪等罪名定罪处罚；偷逃应缴税额，同时又构成走私普通货物、物品罪的，依照处罚较重的规定定罪处罚。

取得许可，但超过许可数量进出口国家限制进出口的货物、物品，构成犯罪的，依照刑法第一百五十三条的规定，以走私普通货物、物品罪定罪处罚。

司法解释

租用、借用或者使用购买的他人许可证，进出口国家限制进出口的货物、物品的，适用本条第一款的规定定罪处罚。

第二十二条 在走私的货物、物品中藏匿刑法第一百五十一条、第一百五十二条、第三百四十七条、第三百五十条规定的货物、物品，构成犯罪的，以实际走私的货物、物品定罪处罚；构成数罪的，实行数罪并罚。

第二十三条 实施走私犯罪，具有下列情形之一的，应当认定为犯罪既遂：

（一）在海关监管现场被查获的；

（二）以虚假申报方式走私，申报行为实施完毕的；

（三）以保税货物或者特定减税、免税进口的货物、物品为对象走私，在境内销售的，或者申请核销行为实施完毕的。

第二十四条 单位犯刑法第一百五十一条、第一百五十二条规定之罪，依照本解释规定的标准定罪处罚。

单位犯走私普通货物、物品罪，偷逃应缴税额在二十万元以上不满一百万元的，应当依照刑法第一百五十三条第二款的规定，对单位判处罚金，并对其直接负责的主管人员和其他直接责任人员，处三年以下有期徒刑或者拘役；偷逃应缴税额在一百万元以上不满五百万元的，应当认定为“情节严重”；偷逃应缴税额在五百万元以上的，应当认定为“情节特别严重”。

法律适用

相关法律法规

《中华人民共和国文物保护法》（节录）（1982年11月19日全国人大常务委员会令第11号公布　自公布之日起施行　1991年6月29日第一次修正　2002年10月28日修订　2007年12月29日第二次修正　2013年6月29日第三次修正　2015年4月24日第四次修正　2017年11月4日第五次修正）

第二条 在中华人民共和国境内，下列文物受国家保护：

（一）具有历史、艺术、科学价值的古文化遗址、古墓葬、古建筑、石窟寺和石刻、壁画；

（二）与重大历史事件、革命运动或者著名人物有关的以及具有重要纪念意义、教育意义或者史料价值的近代现代重要史迹、实物、代表性建筑；

（三）历史上各时代珍贵的艺术品、工艺美术品；

（四）历史上各时代重要的文献资料以及具有历史、艺术、科学价值的手稿和图书资料等；

（五）反映历史上各时代、各民族社会制度、社会生产、社会生活的代表性实物。

文物认定的标准和办法由国务院文物行政部门制定，并报国务院批准。

具有科学价值的古脊椎动物化石和古人类化石同文物一样受国家保护。

第三条 古文化遗址、古墓葬、古建筑、石窟寺、石刻、壁画、近代现代重要史迹和代表性建筑等不可移动文物，根据它们的历史、艺术、科学价值，可以分别确定为全国重点文物保护单位，省级文物保护单位，市、县级文物保护单位。

历史上各时代重要实物、艺术品、文献、手稿、图书资料、代表性实物等可移动文物，分为珍贵文物和一般文物；珍贵文物分为一级文物、二级文物、三级文物。

第五条 中华人民共和国境内地下、内水和领海中遗存的一切文物，属于国家所有。

法律适用

相关法律法规

古文化遗址、古墓葬、石窟寺属于国家所有。国家指定保护的纪念建筑物、古建筑、石刻、壁画、近代现代代表性建筑等不可移动文物，除国家另有规定的以外，属于国家所有。

国有不可移动文物的所有权不因其所依附的土地所有权或者使用权的改变而改变。

下列可移动文物，属于国家所有：

（一）中国境内出土的文物，国家另有规定的除外；

（二）国有文物收藏单位以及其他国家机关、部队和国有企业、事业组织等收藏、保管的文物；

（三）国家征集、购买的文物；

（四）公民、法人和其他组织捐赠给国家的文物；

（五）法律规定属于国家所有的其他文物。

属于国家所有的可移动文物的所有权不因其保管、收藏单位的终止或者变更而改变。

国有文物所有权受法律保护，不容侵犯。

第六十四条 违反本法规定，有下列行为之一，构成犯罪的，依法追究刑事责任：

（一）盗掘古文化遗址、古墓葬的；

（二）故意或者过失损毁国家保护的珍贵文物的；

（三）擅自将国有馆藏文物出售或者私自送给非国有单位或者个人的；

（四）将国家禁止出境的珍贵文物私自出售或者送给外国人的；

（五）以牟利为目的倒卖国家禁止经营的文物的；

（六）走私文物的；

（七）盗窃、哄抢、私分或者非法侵占国有文物的；

（八）应当追究刑事责任的其他妨害文物管理行为。

15 走私贵重金属案

概念

本罪是指违反海关法规，逃避海关监管，将国家禁止出口的黄金、白银和其他贵重金属非法携带、运输、邮寄出国（边）境的行为。

立案标准

根据《刑法》第151条的规定，涉嫌走私黄金、白银和其他贵重金属的，应当予以立案。

<table>
<tr><td rowspan="5">定罪标准</td><td>犯罪客体</td><td>本罪所侵害的客体是国家对外贸易管制中的对贵重金属禁止出口的制度。其对象是黄金、白银或者国家禁止出口的其他贵重金属。其他贵重金属，在这里是指除黄金、白银之外的，诸如铂、铱、锇、钌、铑、钛、钯等为国家禁止出口的贵重金属。贵重金属，是指具有高价值性或稀有性的金属，一般的非贵重金属或虽为贵重金属但尚未为国家禁止出口的，则不能构成本罪对象。对非贵重金属进行走私的，亦不能以本罪论处。应当指出，贵重金属，不仅指其自然本身，而且还包括含有贵重金属成分的各种制品、工艺品等。</td></tr>
<tr><td>犯罪客观方面</td><td>本罪在客观方面表现为违反海关法规，逃避海关监管，将黄金、白银或其他贵重金属非法携带、运输、邮寄出国（边）境的行为。其行为方式与走私武器、弹药罪的走私行为基本一致。</td></tr>
<tr><td>犯罪主体</td><td>本罪的主体属一般主体，即达到刑事责任年龄、具有刑事责任能力的自然人均可构成本罪。单位亦可成为本罪主体。</td></tr>
<tr><td>犯罪主观方面</td><td>本罪在主观方面出于故意，即明知属于国家禁止出口的黄金、白银或其他贵重金属仍然决意携带、运输、邮寄其出境。其不仅要求行为人认识属于黄金、白银或其他贵重金属，而且还要求其认识这种贵重金属为国家所禁止出口。过失不能构成本罪。如果确实不知道为贵重金属或虽知道为贵重金属但不知道其是属于国家禁止出口而运出国（边）境，以及明知为境外的黄金、白银等贵重金属而运进国（边）境的，就不能以本罪论处，构成犯罪的，可以他罪如走私普通货物、物品罪等定罪。</td></tr>
<tr><td>罪与非罪</td><td>区分罪与非罪的界限，要注意两点：一是要看行为人对于运输、携带、邮寄出境的物品是否属于贵重金属，有无明确的认识。如果不知道是贵重金属，即使有携带、运输、邮寄贵重金属出境的行为，也不可认为构成走私贵重金属罪。二是要看走私贵重金属的数量。尽管走私贵重金属原则上都构成犯罪，但也不可绝对化，如果走私贵重金属数量极少而且综合全案来看属于“情节显著轻微危害不大”的情况，可不认为是犯罪。</td></tr>
</table>

<table>
<tr><td rowspan="4">证据参考标准</td><td>主体方面的证据</td><td>

一、证明行为人刑事责任年龄、身份等自然情况的证据。

包括身份证明、户籍证明、任职证明、工作经历证明、特定职责证明等，主要是证明行为人的姓名（曾用名）、性别、出生年月日、民族、籍贯、出生地、职业（或职务）、住所地（或居所地）等证据材料，如户口簿、居民身份证、工作证、出生证、专业或技术等级证、干部履历表、职工登记表、护照等。

对于户籍、出生证等材料内容不实的，应提供其他证据材料。外国人犯罪的案件，应有护照等身份证明材料。人大代表、政协委员犯罪的案件，应注明身份，并附身份证明材料。

二、证明行为人刑事责任能力的证据。

证明行为人对自己的行为是否具有辨认能力与控制能力，如是否属于间歇性精神病人、尚未完全丧失辨认或者控制自己行为能力的精神病人的证明材料。

三、证明单位的证据。

证明是否属于依法成立并有合法经营、管理范围的公司、企业、事业单位、机关、团体。

证明单位的名称、住所地、性质、法定代表人、单位负责人、业务范围、成立时间等证据材料，如企业营业执照、国有公司性质证明及非法人单位的身份证明等。

四、证明法定代表人、单位负责人或直接责任人员等的身份证明。

法定代表人、直接负责的主管人员和其他直接责任人在单位的任职、职责、负责权限的证明材料等。包括身份证明、户籍证明、任职证明等，如户口簿、居民身份证、工作证、护照、专业或技术等级证、干部履历表、职工登记表、任命书、业务分工文件、委派文件、单位证明、单位规章制度等。

</td></tr>
<tr><td>主观方面的证据</td><td>

证明行为人故意的证据：1. 证明行为人明知的证据：证明行为人明知自己的行为会发生危害社会的结果。2. 证明直接故意的证据：证明行为人希望危害结果发生。3. 目的：（1）获取非法利润；（2）牟利。

</td></tr>
<tr><td>客观方面的证据</td><td>

证明行为人走私贵重金属犯罪行为的证据。

具体证据包括：1. 证明行为人逃避海关监督、检查的证据：（1）采用隐瞒方式走私贵重金属；（2）采用隐藏方式走私贵重金属；（3）采用伪报方式走私贵重金属；（4）采用蒙混方式走私贵重金属；（5）采用绕关方式走私贵重金属；（6）采用邮寄方式走私贵重金属。2. 证明行为人违反海关法规行为的证据。3. 证明走私行为的证据：（1）非法运输、携带、邮寄国家禁止出口的黄金、白银或其他贵重金属出（国）边境；（2）其他。4. 证明行为人与走私贵重金属犯罪分子通谋，为其提供贷款、资金、账号、发票、证明或者为其提供运输、保管、邮寄或其他方便等行为的证据。5. 证明行为人武装掩护走私行为的证据。

</td></tr>
<tr><td>量刑方面的证据</td><td>

一、法定量刑情节证据。

1. 事实情节：（1）情节特别严重：①多次走私，严重危害国家利益；②走私手段特别恶劣，造成严重后果：武装掩护，拒捕，死伤后果；③走私贵重金属数量巨大给国家造成较严重损失；④走私数额特别巨大的集团首要分子；⑤危害严重的主犯。（2）其他。2. 法定从重情节。3. 法定从轻减轻情节：（1）可以从轻。（2）可以从轻或

</td></tr>
</table>

<table>
<tr><td>证据参考标准</td><td>量刑方面的证据</td><td colspan="2">减轻。(3) 应当从轻或者减轻。4. 法定从轻减轻免除情节：(1) 可以从轻、减轻或者免除处罚。(2) 应当从轻、减轻或者免除处罚。5. 法定减轻免除情节：(1) 可以减轻或者免除处罚。(2) 应当减轻或者免除处罚。(3) 可以免除处罚。
二、酌定量刑情节证据。
1. 犯罪手段：(1) 绕关；(2) 骗关；(3) 运输；(4) 邮寄；(5) 携带。2. 犯罪对象。3. 危害结果。4. 动机。5. 平时表现。6. 认罪态度。7. 是否有前科。8. 其他证据。</td></tr>
<tr><td rowspan="4">量刑标准</td><td colspan="2">犯本罪的</td><td>处五年以上十年以下有期徒刑，并处罚金</td></tr>
<tr><td colspan="2">情节特别严重的</td><td>处十年以上有期徒刑或无期徒刑，并处没收财产</td></tr>
<tr><td colspan="2">情节较轻的</td><td>处五年以下有期徒刑，并处罚金</td></tr>
<tr><td colspan="2">单位犯本罪的</td><td>对单位判处罚金，并对其直接负责的主管人员和其他直接责任人员，依照《刑法》第 151 条第 2 款、第 4 款的规定即按自然人犯本罪处罚</td></tr>
<tr><td rowspan="2">法律适用</td><td>刑法条文</td><td colspan="2">第一百五十一条第二款　走私国家禁止出口的文物、黄金、白银和其他贵重金属或者国家禁止进出口的珍贵动物及其制品的，处五年以上十年以下有期徒刑，并处罚金；情节特别严重的，处十年以上有期徒刑或者无期徒刑，并处没收财产；情节较轻的，处五年以下有期徒刑，并处罚金。
第一百五十一条第四款　单位犯本条规定之罪的，对单位判处罚金，并对其直接负责的主管人员和其他直接责任人员，依照本条各款的规定处罚。
第一百五十七条　武装掩护走私的，依照本法第一百五十一条第一款的规定从重处罚。
以暴力、威胁方法抗拒缉私的，以走私罪和本法第二百七十七条规定的阻碍国家机关工作人员依法执行职务罪，依照数罪并罚的规定处罚。</td></tr>
<tr><td>相关法律法规</td><td colspan="2">一、《中华人民共和国金银管理条例》（节录）（1983 年 6 月 15 日中华人民共和国国务院公布　2011 年 1 月 8 日修订）
第二十五条　携带金银进入中华人民共和国国境，数量不受限制，但是必须向入境地中华人民共和国海关申报登记。
第二十六条　携带或者复带金银出境，中华人民共和国海关凭中国人民银行出具的证明或者原入境时的申报单登记的数量查验放行；不能提供证明的或者超过原入境时申报登记数量的，不许出境。
第二十七条　携带在中华人民共和国境内供应旅游者购买的金银饰品（包括镶嵌饰品、工艺品、器皿等）出境，中华人民共和国海关凭国内经营金银制品的单位开具的特种发货票查验放行。无凭据的，不许出境。
第二十八条　在中华人民共和国境内的中国人、外国侨民和无国籍人出境定居，每人携带金银的限额为：黄金饰品 1 市两（31.25 克），白银饰品 10 市两（312.50 克），银质器皿 20 市两（625 克）。经中华人民共和国海关查验符合规定限额的放行。</td></tr>
</table>

法律适用

相关法律法规

第二十九条 中华人民共和国境内的外资企业、中外合资企业，从国外进口金银作产品原料的，其数量不限；出口含金银量较高的产品，须经中国人民银行核准后放行。未经核准或者超过核准出口数量的，不许出境。

第三十二条 违反本条例规定，已构成犯罪行为的，由司法机关依法追究刑事责任。

二、《中华人民共和国对外贸易法》（节录）（1994年5月12日通过 2004年4月6日修订 2016年11月7日修正）

第三十四条 在对外贸易活动中，不得有下列行为：

（一）伪造、变造进出口货物原产地标记，伪造、变造或者买卖进出口货物原产地证书、进出口许可证、进出口配额证明或者其他进出口证明文件；

（二）骗取出口退税；

（三）走私；

（四）逃避法律、行政法规规定的认证、检验、检疫；

（五）违反法律、行政法规规定的其他行为。

第六十一条 进出口属于禁止进出口的货物的，或者未经许可擅自进出口属于限制进出口的货物的，由海关依照有关法律、行政法规的规定处理、处罚；构成犯罪的，依法追究刑事责任。

进出口属于禁止进出口的技术的，或者未经许可擅自进出口属于限制进出口的技术的，依照有关法律、行政法规的规定处理、处罚；法律、行政法规没有规定的，由国务院对外贸易主管部门责令改正，没收违法所得，并处违法所得一倍以上五倍以下罚款，没有违法所得或者违法所得不足一万元的，处一万元以上五万元以下罚款；构成犯罪的，依法追究刑事责任。

自前两款规定的行政处罚决定生效之日或者刑事处罚判决生效之日起，国务院对外贸易主管部门或者国务院其他有关部门可以在三年内不受理违法行为人提出的进出口配额或者许可证的申请，或者禁止违法行为人在一年以上三年以下的期限内从事有关货物或者技术的进出口经营活动。

第六十二条 从事属于禁止的国际服务贸易的，或者未经许可擅自从事属于限制的国际服务贸易的，依照有关法律、行政法规的规定处罚；法律、行政法规没有规定的，由国务院对外贸易主管部门责令改正，没收违法所得，并处违法所得一倍以上五倍以下罚款，没有违法所得或者违法所得不足一万元的，处一万元以上五万元以下罚款；构成犯罪的，依法追究刑事责任。

国务院对外贸易主管部门可以禁止违法行为人自前款规定的行政处罚决定生效之日或者刑事处罚判决生效之日起一年以上三年以下的期限内从事有关的国际服务贸易经营活动。

第六十三条 违反本法第三十四条规定，依照有关法律、行政法规的规定处罚；构成犯罪的，依法追究刑事责任。

国务院对外贸易主管部门可以禁止违法行为人自前款规定的行政处罚决定生效之日或者刑事处罚判决生效之日起一年以上三年以下的期限内从事有关的对外贸易经营活动。

16 走私珍贵动物、珍贵动物制品案

概念

本罪是指违反海关法规，逃避海关监管，非法携带、运输、邮寄国家禁止进出口的珍贵动物或其制品进出国（边）境的行为。本罪属选择性罪名，具体可分解为走私珍贵动物罪、走私珍贵动物制品罪。走私其中之一者即构成本罪，既走私了珍贵动物，又走私了珍贵动物制品，也只构成本罪一罪，不能实行数罪并罚。

立案标准

根据《刑法》第 151 条的规定，涉嫌走私珍贵动物、珍贵动物制品的，应当予以立案。

定罪标准		
定罪标准	犯罪客体	本罪所侵犯的客体是国家对珍贵动物及其制品禁止进出口的制度。本罪的犯罪对象则是国家禁止进出口的珍贵动物及其制品。所谓珍贵动物，是指国家重点保护的珍贵稀有的陆生、水生野生动物。其不仅包括具有重要观赏价值、科学研究价值、经济价值以及对生态环境具有重大意义的珍贵野生动物，亦包括品种数量稀少、濒危绝迹的濒危野生动物。既可以是我国特产的，亦可以是虽不属于我国特产但已在世界上列为珍稀濒危种类的动物。根据我国《野生动物保护法》的规定，国家重点保护的珍贵动物分为一级保护动物和二级保护动物。属于珍贵动物的如大熊猫、金丝猴、猕猴、文昌鱼、白唇鹿、扬子鳄、丹顶鹤、天鹅、野骆驼等。至于珍贵动物制品，是指珍贵动物皮、毛、骨等制成品，如大熊猫皮、虎皮等，上述珍贵动物及其制品还必须为国家禁止进出口，才能成为本罪对象。否则，虽为珍贵动物及其制品，但不为国家禁止进出口，即使有走私行为，亦不能构成本罪。
定罪标准	犯罪客观方面	本罪在客观方面表现为违反海关法规，逃避海关监管，非法携带、运输、邮寄国家禁止进出口的珍贵动物及其制品进出国（边）境的行为。其行为方式与走私武器、弹药罪的行为大体一致。
定罪标准	犯罪主体	本罪的主体为一般主体，年满 16 周岁、具有刑事责任能力的自然人及单位都可构成本罪。
定罪标准	犯罪主观方面	本罪在主观方面只能出于故意，过失不能构成本罪。行为人不知道属珍贵动物及其制品或虽知道为珍贵动物及其制品但却不知道为国家禁止进出口，即使有走私的客观行为，亦不能构成本罪。至于其目的，既可以是为了非法牟利，也可以是其他目的，但这不会影响本罪成立。
定罪标准	罪与非罪	区分罪与非罪的界限，应当从主观方面与客观方面两方面去把握。从主观方面看，如果行为人的确不知道其所携带、运输、邮寄过境的是珍贵动物及其制品，即其主观上没有故意，不能认为其构成走私珍贵动物、珍贵动物制品罪。从客观方面看，如果行为人走私行为的对象只是一般的动物及其制品，一般不以犯罪论处。当然，如果其走私一般动物及其制品，偷逃应税数额较大，可以构成走私普通货物、物品罪。

定罪标准	此罪与彼罪	一、本罪与危害珍贵、濒危野生动物罪的界限。危害珍贵、濒危野生动物罪，是指违反野生动物保护法规，非法收购、运输、出售国家重点保护的珍贵、濒危野生动物及其制品的行为。它与走私珍贵动物、珍贵动物制品罪在犯罪对象上有一致之处，且在客观方面，走私珍贵动物及其制品的犯罪分子往往具有收买、倒卖的行为表现，故而二罪有一定相似之处。关键在于两罪侵犯的客体不同。走私珍贵动物、珍贵动物制品罪侵犯的客体是国家对外贸易管制，而危害珍贵、濒危野生动物罪侵犯的客体则是国家对野生动物资源的保护制度。所以，在实践中，行为人在内海、领海运输、收购、贩卖国家禁止出口的珍贵动物及其制品，或者走私集团的成员分工在国内负责收购珍贵动物及其制品以及受走私团伙的收买、指使，帮助收购珍贵动物及其制品，这些行为均应认定为走私珍贵动物、珍贵动物制品罪，而不是危害珍贵、濒危野生动物罪。 二、为走私珍贵动物及其制品的罪犯提供便利条件行为的认定。根据《刑法》第156条的规定，与走私珍贵动物及其制品的罪犯通谋，为其提供贷款、资金、账号、发票、证明，或者为其提供运输、保管、邮寄或其他方便的，应以走私珍贵动物、珍贵动物制品罪的共犯论处。 三、以暴力、威胁方法抗拒缉私行为的认定。走私珍贵动物及其制品，并以暴力、威胁的方法抗拒海关人员的缉查，根据《刑法》第157条的规定，应以走私珍贵动物、珍贵动物制品罪和妨害公务罪对其进行数罪并罚。
证据参考标准	主体方面的证据	**一、证明行为人刑事责任年龄、身份等自然情况的证据。** 包括身份证明、户籍证明、任职证明、工作经历证明、特定职责证明等，主要是证明行为人的姓名（曾用名）、性别、出生年月日、民族、籍贯、出生地、职业（或职务）、住所地（或居所地）等证据材料，如户口簿、居民身份证、工作证、出生证、专业或技术等级证、干部履历表、职工登记表、护照等。 对于户籍、出生证等材料内容不实的，应提供其他证据材料。外国人犯罪的案件，应有护照等身份证明材料。人大代表、政协委员犯罪的案件，应注明身份，并附身份证明材料。 **二、证明行为人刑事责任能力的证据。** 证明行为人对自己的行为是否具有辨认能力与控制能力，如是否属于间歇性精神病人、尚未完全丧失辨认或者控制自己行为能力的精神病人的证明材料。 **三、证明单位的证据。** 证明是否属于依法成立并有合法经营、管理范围的公司、企业、事业单位、机关、团体。 证明单位的名称、住所地、性质、法定代表人、单位负责人、业务范围、成立时间等证据材料，如企业营业执照、国有公司性质证明及非法人单位的身份证明等。 **四、证明法定代表人、单位负责人或直接责任人员等的身份证明。** 法定代表人、直接负责的主管人员和其他直接责任人在单位的任职、职责、负责权限的证明材料等。包括身份证明、户籍证明、任职证明等，如户口簿、居民身份证、工作证、护照、专业或技术等级证、干部履历表、职工登记表、任命书、业务分工文件、委派文件、单位证明、单位规章制度等。

<table>
<tr><td rowspan="3">证据参考标准</td><td>主观方面的证据</td><td colspan="2">证明行为人故意的证据：1. 证明行为人明知的证据：证明行为人明知自己的行为会发生危害社会的结果。2. 证明直接故意的证据：证明行为人希望危害结果发生。3. 目的：（1）获取非法利润；（2）牟利。</td></tr>
<tr><td>客观方面的证据</td><td colspan="2">证明行为人走私珍贵动物、珍贵动物制品犯罪行为的证据。
具体证据包括：1. 证明行为人逃避海关监督、检查的证据：（1）采用隐瞒方式走私珍贵动物、珍贵动物制品；（2）采用隐藏方式走私珍贵动物、珍贵动物制品；（3）采用伪报方式走私珍贵动物、珍贵动物制品；（4）采用蒙混方式走私珍贵动物、珍贵动物制品；（5）采用绕关方式走私珍贵动物、珍贵动物制品；（6）采用邮寄方式走私珍贵动物、珍贵动物制品。2. 证明行为人违反海关法规行为的证据。3. 证明走私行为的证据：（1）非法运输、携带、邮寄国家禁止进出口的珍贵动物进出境；（2）非法运输、携带、邮寄国家禁止进出口的珍贵动物制品进出境。4. 证明行为人与走私珍贵动物、珍贵动物制品犯罪分子通谋，为其提供方便的证据。5. 证明行为人武装掩护走私珍贵动物、珍贵动物制品犯罪分子行为的证据。</td></tr>
<tr><td>量刑方面的证据</td><td colspan="2">一、法定量刑情节证据。
1. 事实情节：（1）情节特别严重：①多次走私，严重危害国家利益；②走私手段特别恶劣，造成严重后果：武装掩护，拒捕，死伤后果；③走私珍贵动物、珍贵动物制品给国家造成严重损失；④走私集团的首要分子；⑤危害严重的主犯。（2）其他。2. 法定从重情节。3. 法定从轻减轻情节：（1）可以从轻。（2）可以从轻或减轻。（3）应当从轻或者减轻。4. 法定从轻减轻免除情节：（1）可以从轻、减轻或者免除处罚。（2）应当从轻、减轻或者免除处罚。5. 法定减轻免除情节：（1）可以减轻或者免除处罚。（2）应当减轻或者免除处罚。（3）可以免除处罚。
二、酌定量刑情节证据。
1. 犯罪手段：（1）绕关；（2）骗关；（3）运输；（4）邮寄；（5）携带。2. 犯罪对象。3. 危害结果。4. 动机。5. 平时表现。6. 认罪态度。7. 是否有前科。8. 其他证据。</td></tr>
<tr><td rowspan="4">量刑标准</td><td colspan="2">犯本罪的</td><td>处五年以上十年以下有期徒刑，并处罚金</td></tr>
<tr><td colspan="2">情节特别严重的</td><td>处十年以上有期徒刑或者无期徒刑，并处没收财产</td></tr>
<tr><td colspan="2">情节较轻的</td><td>处五年以下有期徒刑，并处罚金</td></tr>
<tr><td colspan="2">单位犯本罪的</td><td>对单位判处罚金，并对其直接负责的主管人员和其他直接责任人员，依照《刑法》第151条第2款的规定即按自然人犯本罪处罚</td></tr>
</table>

法律适用

刑法条文

第一百五十一条第二款 走私国家禁止出口的文物、黄金、白银和其他贵重金属或者国家禁止进出口的珍贵动物及其制品的，处五年以上十年以下有期徒刑，并处罚金；情节特别严重的，处十年以上有期徒刑或者无期徒刑，并处没收财产；情节较轻的，处五年以下有期徒刑，并处罚金。

第一百五十一条第四款 单位犯本条规定之罪的，对单位判处罚金，并对其直接负责的主管人员和其他直接责任人员，依照本条各款的规定处罚。

第一百五十七条 武装掩护走私的，依照本法第一百五十一条第一款的规定从重处罚。

以暴力、威胁方法抗拒缉私的，以走私罪和本法第二百七十七条规定的阻碍国家机关工作人员依法执行职务罪，依照数罪并罚的规定处罚。

司法解释

最高人民法院、最高人民检察院《关于办理走私刑事案件适用法律若干问题的解释》（节录）（2014年8月12日最高人民法院、最高人民检察院公布　自2014年9月10日起施行）

第九条 走私国家一、二级保护动物未达到本解释附表中（一）规定的数量标准，或者走私珍贵动物制品数额不满二十万元的，可以认定为刑法第一百五十一条第二款规定的“情节较轻”。

具有下列情形之一的，依照刑法第一百五十一条第二款的规定处五年以上十年以下有期徒刑，并处罚金：

（一）走私国家一、二级保护动物达到本解释附表中（一）规定的数量标准的；

（二）走私珍贵动物制品数额在二十万元以上不满一百万元的；

（三）走私国家一、二级保护动物未达到本解释附表中（一）规定的数量标准，但具有造成该珍贵动物死亡或者无法追回等情节的。

具有下列情形之一的，应当认定为刑法第一百五十一条第二款规定的“情节特别严重”：

（一）走私国家一、二级保护动物达到本解释附表中（二）规定的数量标准的；

（二）走私珍贵动物制品数额在一百万元以上的；

（三）走私国家一、二级保护动物达到本解释附表中（一）规定的数量标准，且属于犯罪集团的首要分子，使用特种车辆从事走私活动，或者造成该珍贵动物死亡、无法追回等情形的。

不以牟利为目的，为留作纪念而走私珍贵动物制品进境，数额不满十万元的，可以免予刑事处罚；情节显著轻微的，不作为犯罪处理。

第十条 刑法第一百五十一条第二款规定的“珍贵动物”，包括列入《国家重点保护野生动物名录》中的国家一、二级保护野生动物，《濒危野生动植物种国际贸易公约》附录Ⅰ、附录Ⅱ中的野生动物，以及驯养繁殖的上述动物。

走私本解释附表中未规定的珍贵动物的，参照附表中规定的同属或者同科动物的数量标准执行。

走私本解释附表中未规定珍贵动物的制品的，按照《最高人民法院、最高人民检察院、国家林业局、公安部、海关总署关于破坏野生动物资源刑事案件中涉及的CITES附录Ⅰ和附录Ⅱ所列陆生野生动物制品价值核定问题的通知》（林濒发〔2012〕239号）的有关规定核定价值。

第二十条 直接向走私人非法收购走私进口的货物、物品，在内海、领海、界河、界湖运输、收购、贩卖国家禁止进出口的物品，或者没有合法证明，在内海、领海、界河、界湖运输、收购、贩卖国家限制进出口的货物、物品，构成犯罪的，应当按照走私货物、物品的种类，分别依照刑法第一百五十一条、第一百五十二条、第一百五十三条、第三百四十七条、第三百五十条的规定定罪处罚。

刑法第一百五十五条第二项规定的“内海”，包括内河的入海口水域。

第二十一条 未经许可进出口国家限制进出口的货物、物品，构成犯罪的，应当依照刑法第一百五十一条、第一百五十二条的规定，以走私国家禁止进出口的货物、物品罪等罪名定罪处罚；偷逃应缴税额，同时又构成走私普通货物、物品罪的，依照处罚较重的规定定罪处罚。

取得许可，但超过许可数量进出口国家限制进出口的货物、物品，构成犯罪的，依照刑法第一百五十三条的规定，以走私普通货物、物品罪定罪处罚。

租用、借用或者使用购买的他人许可证，进出口国家限制进出口的货物、物品的，适用本条第一款的规定定罪处罚。

第二十二条 在走私的货物、物品中藏匿刑法第一百五十一条、第一百五十二条、第三百四十七条、第三百五十条规定的货物、物品，构成犯罪的，以实际走私的货物、物品定罪处罚；构成数罪的，实行数罪并罚。

第二十三条 实施走私犯罪，具有下列情形之一的，应当认定为犯罪既遂：

（一）在海关监管现场被查获的；

（二）以虚假申报方式走私，申报行为实施完毕的；

（三）以保税货物或者特定减税、免税进口的货物、物品为对象走私，在境内销售的，或者申请核销行为实施完毕的。

第二十四条 单位犯刑法第一百五十一条、第一百五十二条规定之罪，依照本解释规定的标准定罪处罚。

单位犯走私普通货物、物品罪，偷逃应缴税额在二十万元以上不满一百万元的，应当依照刑法第一百五十三条第二款的规定，对单位判处罚金，并对其直接负责的主管人员和其他直接责任人员，处三年以下有期徒刑或者拘役；偷逃应缴税额在一百万元以上不满五百万元的，应当认定为“情节严重”；偷逃应缴税额在五百万元以上的，应当认定为“情节特别严重”。

最高人民法院、最高人民检察院《关于办理走私刑事案件适用法律若干问题的解释》（附表）

中文名	拉丁文名	级别	（一）	（二）
蜂猴	Nycticebus spp.	I	3	4
熊猴	Macaca assamensis	I	2	3
台湾猴	Macaca cyclopis	I	1	2
豚尾猴	Macaca nemestrina	I	2	3
叶猴（所有种）	Presbytis spp.	I	1	2
金丝猴（所有种）	Rhinopithecus spp.	I		1
长臂猿（所有种）	Hylobates spp.	I	1	2
马来熊	Helarctos malayanus	I	2	3

法律适用 司法解释

中文名	拉丁文名	级别	(一)	(二)
大熊猫	Ailuropoda melanoleuca	I		1
紫貂	Martes zibellina	I	3	4
貂熊	Gulo gulo	I	2	3
熊狸	Arctictis binturong	I	1	2
云豹	Neofelis nebulosa	I		1
豹	Panthera pardus	I		1
雪豹	Panthera uncia	I		1
虎	Panthera tigris	I		1
亚洲象	Elephas maximus	I		1
蒙古野驴	Equus hemionus	I	2	3
西藏野驴	Equus kiang	I	3	5
野马	Equus przewalskii	I		1
野骆驼	Camelus ferus（ = bactrianum）	I	1	2
鼷鹿	Tragulus javanicus	I	2	3
黑麂	Muntiacus crinifrons	I	1	2
白唇鹿	Cervus albirostris	I	1	2
坡鹿	Cervus eldi	I	1	2
梅花鹿	Cervus nippon	I	2	3
豚鹿	Cervus porcinus	I	2	3
麋鹿	Elaphurus davidianus	I	1	2
野牛	Bos gaurus	I	1	2
野牦牛	Bos mutus（ = grunniens）	I	2	3
普氏原羚	Procapra przewalskii	I	1	2
藏羚	Pantholops hodgsoni	I	2	3
高鼻羚羊	Saiga tatarica	I		1
扭角羚	Budorcas taxicolor	I	1	2
台湾鬣羚	Capricornis crispus	I	2	3
赤斑羚	Naemorhedus cranbrooki	I	2	4
塔尔羊	Hemitragus jemlahicus	I	2	4
北山羊	Capra ibex	I	2	4
河狸	Castor fiber	I	1	2
短尾信天翁	Diomedea albatrus	I	2	4
白腹军舰鸟	Fregata andrewsi	I	2	4
白鹳	Ciconia ciconia	I	2	4
黑鹳	Ciconia nigra	I	2	4
朱鹮	Nipponia nippon	I		1
中华沙秋鸭	Mergus squamatus	I	2	3

中文名	拉丁文名	级别	（一）	（二）
金雕	Aquila chrysaetos	Ⅰ	2	4
白肩雕	Aquila heliaca	Ⅰ	2	4
玉带海雕	Haliaeetus leucoryphus	Ⅰ	2	4
白尾海雕	Haliaeetus albcilla	Ⅰ	2	3
虎头海雕	Haliaeetus pelagicus	Ⅰ	2	4
拟兀鹫	Pseudogyps bengalensis	Ⅰ	2	4
胡兀鹫	Gypaetus barbatus	Ⅰ	2	4
细嘴松鸡	Tetrao parvirostris	Ⅰ	3	5
斑尾榛鸡	Tetrastes sewerzowi	Ⅰ	3	5
雉鹑	Tetraophasis obscurus	Ⅰ	3	5
四川山鹧鸪	Arborophila rufipectus	Ⅰ	3	5
海南山鹧鸪	Arborophila ardens	Ⅰ	3	5
黑头角雉	Tragopan melanocephalus	Ⅰ	2	3
红胸角雉	Tragopan satyra	Ⅰ	2	4
灰腹角雉	Tragopan blythii	Ⅰ	2	3
黄腹角雉	Tragopan caboti	Ⅰ	2	3
虹雉（所有种）	Lophophorus spp.	Ⅰ	2	4
褐马鸡	Crossoptilon mantchuricum	Ⅰ	2	3
蓝鹇	Lophura swinhoii	Ⅰ	2	3
黑颈长尾雉	Syrmaticus humiae	Ⅰ	2	4
白颈长尾雉	Syrmaticus ewllioti	Ⅰ	2	4
黑长尾雉	Syrmaticus mikado	Ⅰ	2	4
孔雀雉	Polyplectron bicalcaratum	Ⅰ	2	3
绿孔雀	Pavo muticus	Ⅰ	2	3
黑颈鹤	Grus nigricollis	Ⅰ	2	3
白头鹤	Grus monacha	Ⅰ	2	3
丹顶鹤	Grus japonensis	Ⅰ	2	3
白鹤	Grus leucogeranus	Ⅰ	2	3
赤颈鹤	Grus antigone	Ⅰ	1	2
鸨（所有种）	Otis spp.	Ⅰ	4	6
遗鸥	Larus relictus	Ⅰ	2	4
四爪陆龟	Testudo horsfieldi	Ⅰ	4	8
蜥鳄	Shinisaurus crocodilurus	Ⅰ	2	4
巨蜥	Varanus salvator	Ⅰ	2	4
蟒	Python molurus	Ⅰ	2	4
扬子鳄	Alligator sinensis	Ⅰ	1	2
中华蛩蠊	Galloisiana sinensis	Ⅰ	3	6

法律适用 司法解释

中文名	拉丁文名	级别	(一)	(二)
金斑喙风蝶	Teinopalpus aureus	Ⅰ	3	6
短尾猴	Macaca arctoides	Ⅱ	6	10
猕猴	Macaca mulatta	Ⅱ	6	10
藏酋猴	Macaca thibetana	Ⅱ	6	10
穿山甲	Manis pentadactyla	Ⅱ	8	16
豺	Cuon alpinus	Ⅱ	4	6
黑熊	Selenarctos thibetanus	Ⅱ	3	5
棕熊(包括马熊)	Ursus arctos (U. a. pruinosus)	Ⅱ	3	5
小熊猫	Ailurus fulgens	Ⅱ	3	5
石貂	Martes foina	Ⅱ	4	10
黄喉貂	Martes flavigula	Ⅱ	4	10
斑林狸	Pronodon pardicolor	Ⅱ	4	8
大灵猫	Viverra zibetha	Ⅱ	3	5
小灵猫	Viverricula indica	Ⅱ	4	8
草原斑猫	Felis lybica (= silvestris)	Ⅱ	4	8
荒漠猫	Felis bieti	Ⅱ	4	10
丛林猫	Felis chaus	Ⅱ	4	8
猞猁	Felis lynx	Ⅱ	2	3
兔狲	Felis manul	Ⅱ	3	5
金猫	Felis temmincki	Ⅱ	4	8
渔猫	Felis viverrinus	Ⅱ	4	8
麝(所有种)	Moschus spp.	Ⅱ	3	5
河麂	Hydropotes inermis	Ⅱ	4	8
马鹿(含白臀鹿)	Cervus elaphus (C. e. macneilli)	Ⅱ	4	6
水鹿	Cervus unicolor	Ⅱ	3	5
驼鹿	Alces alces	Ⅱ	3	5
黄羊	Procapra gutturosa	Ⅱ	8	15
藏原羚	Procapra picticaudata	Ⅱ	4	8
鹅喉羚	Gazella subgutturosa	Ⅱ	4	8
鬣羚	Capricornis sumatraensis	Ⅱ	3	4
斑羚	Naemorhedus goral	Ⅱ	4	8
岩羊	Pseudois nayaur	Ⅱ	4	8
盘羊	Ovis ammon	Ⅱ	3	5
海南兔	Lepus peguensis hainanus	Ⅱ	6	10
雪兔	Lepus timidus	Ⅱ	6	10
塔里木兔	Lepus yarkandensis	Ⅱ	20	40
巨松鼠	Ratufa bicolor	Ⅱ	6	10

中文名	拉丁文名	级别	(一)	(二)
角䴙䴘	Podiceps auritus	Ⅱ	6	10
赤颈䴙䴘	Podiceps grisegena	Ⅱ	6	8
鹈鹕（所有种）	Pelecanus spp.	Ⅱ	4	8
鲣鸟（所有种）	Sula spp.	Ⅱ	6	10
海鸬鹚	Phalacrocorax pelagicus	Ⅱ	4	8
黑颈鸬鹚	Phalacrocorax niger	Ⅱ	4	8
黄嘴白鹭	Egretta eulophotes	Ⅱ	6	10
岩鹭	Egretta sacra	Ⅱ	6	20
海南虎斑	Gorsachius magnificus	Ⅱ	6	10
小苇	Ixbrychus minutus	Ⅱ	6	10
彩鹳	Ibis leucocephalus	Ⅱ	3	4
白环	Threskiornis aethiopicus	Ⅱ	4	8
黑环	Pseudibis papillosa	Ⅱ	4	8
彩环	Plegadis falcinellus	Ⅱ	4	8
白琵鹭	Platalea leucorodia	Ⅱ	4	8
黑脸琵鹭	Platalea ninor	Ⅱ	4	8
红胸黑雁	Branta ruficollis	Ⅱ	4	8
白额雁	Anser albifrons	Ⅱ	6	10
天鹅（所有种）	Cygnus spp.	Ⅱ	6	10
鸳鸯	Aix galericulata	Ⅱ	6	10
其他鹰类	(Accipitridae)	Ⅱ	4	8
隼科（所有种）	Falconidae	Ⅱ	6	10
黑琴鸡	Lyrurus tetrix	Ⅱ	4	8
柳雷鸟	Lagopus lagopus	Ⅱ	4	8
岩雷鸟	Lagopus mutus	Ⅱ	6	10
镰翅鸡	Falcipennis falcipennis	Ⅱ	3	4
花尾榛鸡	Tetrastes bonasia	Ⅱ	10	20
雪鸡（所有种）	Tetraogallus spp.	Ⅱ	10	20
血雉	Ithaginis cruentus	Ⅱ	4	6
红腹角雉	Tragopan temminckii	Ⅱ	4	6
藏马鸡	Crossoptilon crossoptilon	Ⅱ	4	6
蓝马鸡	Crossoptilon aurtum	Ⅱ	4	10
黑鹇	Lophura leucomelana	Ⅱ	6	8
白鹇	Lophura nycthemera	Ⅱ	6	10
原鸡	Gallus gallus	Ⅱ	6	8
勺鸡	Pucrasia macrolopha	Ⅱ	6	8
白冠长尾雉	Syrmaticus reevesii	Ⅱ	4	6

中文名	拉丁文名	级别	(一)	(二)
锦鸡(所有种)	Chrysolophus spp.	Ⅱ	4	8
灰鹤	Grus grus	Ⅱ	4	8
沙丘鹤	Grus canadensis	Ⅱ	4	8
白枕鹤	Grus vipio	Ⅱ	4	8
蓑羽鹤	Anthropoides virgo	Ⅱ	6	10
长脚秧鸡	Crex crex	Ⅱ	6	10
姬田鸡	Porzana parva	Ⅱ	6	10
棕背田鸡	Porzana bicolor	Ⅱ	6	10
花田鸡	Coturnicops noveboracensis	Ⅱ	6	10
铜翅水雉	Metopidius indicus	Ⅱ	6	10
小杓鹬	Numenius borealis	Ⅱ	8	15
小青脚鹬	Tringa guttifer	Ⅱ	6	10
灰燕行	Glareola lactea	Ⅱ	6	10
小鸥	Larus minutus	Ⅱ	6	10
黑浮鸥	Chlidonias niger	Ⅱ	6	10
黄嘴河燕鸥	Sterna aurantia	Ⅱ	6	10
黑嘴端凤头燕鸥	Thalasseus zimmermanni	Ⅱ	4	8
黑腹沙鸡	Pterocles orientalis	Ⅱ	4	8
绿鸠(所有种)	Treron spp.	Ⅱ	6	8
黑颏果鸠	Ptilinopus leclancheri	Ⅱ	6	10
皇鸠(所有种)	Ducula spp.	Ⅱ	6	10
斑尾林鸽	Columba palumbus	Ⅱ	6	10
鹃鸠(所有种)	Macropygia spp.	Ⅱ	6	10
鹦鹉科(所有种)	Psittacidae.	Ⅱ	6	10
鸦鹃(所有种)	Centropus spp.	Ⅱ	6	10
号形目(所有种)	STRIGIFORMES	Ⅱ	6	10
灰喉针尾雨燕	Hirundapus cochinchinensis	Ⅱ	6	10
凤头雨燕	Hemiprocne longipennis	Ⅱ	6	10
橙胸咬鹃	Harpactes oreskios	Ⅱ	6	10
蓝耳翠鸟	Alcedo meninting	Ⅱ	6	10
鹳嘴翠鸟	Pelargopsis capensis	Ⅱ	6	10
黑胸蜂虎	Merops leschenaulti	Ⅱ	6	10
绿喉蜂虎	Merops orientalis	Ⅱ	6	10
犀鸟科(所有种)	Bucertidae	Ⅱ	4	8
白腹黑啄木鸟	Dryocopus javensis	Ⅱ	6	10
阔嘴鸟科(所有种)	Eurylaimidae	Ⅱ	6	10
八色鸫科(所有种)	Pittidae	Ⅱ	6	10

司法解释

中文名	拉丁文名	级别	（一）	（二）
凹甲陆龟	Manouria impressa	Ⅱ	6	10
大壁虎	Gekko gecko	Ⅱ	10	20
虎纹蛙	Rana tigrina	Ⅱ	100	200
伟铗	Atlasjapyx atlas	Ⅱ	6	10
尖板曦箭蜓	Heliogomphus retroflexus	Ⅱ	6	10
宽纹北箭蜓	Ophiogomphus spinicorne	Ⅱ	6	10
中华缺翅虫	Zorotypus sinensis	Ⅱ	6	10
墨脱缺翅虫	Zorotypus medoensis	Ⅱ	6	10
拉步甲	Carabus（Coptolabrus）lafossei	Ⅱ	6	10
硕步甲	Carabus（Apotopterus）davidi	Ⅱ	6	10
彩臂金龟（所有种）	Cheirotonus spp.	Ⅱ	6	10
叉犀金龟	Allomyrina davidis	Ⅱ	6	10
双尾褐凤蝶	Bhutanitis mansfieldi	Ⅱ	6	10
三尾褐凤蝶	Bhutanitis thaidina dongchuanensis	Ⅱ	6	10
中华虎凤蝶	Luehdorfia chinensis huashanensis	Ⅱ	6	10
阿波罗绢蝶	Parnassius apollo	Ⅱ	6	10

法律适用

相关法律法规

《中华人民共和国野生动物保护法》（节录）（1988年11月8日通过 2004年8月28日第一次修正 2009年8月27日第二次修正 2016年7月2日修订 2018年10月26日第三次修正）

第二条 在中华人民共和国领域及管辖的其他海域，从事野生动物保护及相关活动，适用本法。

本法规定保护的野生动物，是指珍贵、濒危的陆生、水生野生动物和有重要生态、科学、社会价值的陆生野生动物。

本法规定的野生动物及其制品，是指野生动物的整体（含卵、蛋）、部分及其衍生物。

珍贵、濒危的水生野生动物以外的其他水生野生动物的保护，适用《中华人民共和国渔业法》等有关法律的规定。

第三条 野生动物资源属于国家所有。

国家保障依法从事野生动物科学研究、人工繁育等保护及相关活动的组织和个人的合法权益。

第二十条 在相关自然保护区域和禁猎（渔）区、禁猎（渔）期内，禁止猎捕以及其他妨碍野生动物生息繁衍的活动，但法律法规另有规定的除外。

野生动物迁徙洄游期间，在前款规定区域外的迁徙洄游通道内，禁止猎捕并严格限制其他妨碍野生动物生息繁衍的活动。迁徙洄游通道的范围以及妨碍野生动物生息繁衍活动的内容，由县级以上人民政府或者其野生动物保护主管部门规定并公布。

第二十一条 禁止猎捕、杀害国家重点保护野生动物。

第三十五条 中华人民共和国缔结或者参加的国际公约禁止或者限制贸易的野生动物或者其制品名录，由国家濒危物种进出口管理机构制定、调整并公布。

法律适用

相关法律法规

进出口列入前款名录的野生动物或者其制品的，出口国家重点保护野生动物或者其制品的，应当经国务院野生动物保护主管部门或者国务院批准，并取得国家濒危物种进出口管理机构核发的允许进出口证明书。海关依法实施进出境检疫，凭允许进出口证明书、检疫证明按照规定办理通关手续。

涉及科学技术保密的野生动物物种的出口，按照国务院有关规定办理。

列入本条第一款名录的野生动物，经国务院野生动物保护主管部门核准，在本法适用范围内可以按照国家重点保护的野生动物管理。

第三十六条 国家组织开展野生动物保护及相关执法活动的国际合作与交流；建立防范、打击野生动物及其制品的走私和非法贸易的部门协调机制，开展防范、打击走私和非法贸易行动。

第三十七条 从境外引进野生动物物种的，应当经国务院野生动物保护主管部门批准。从境外引进列入本法第三十五条第一款名录的野生动物，还应当依法取得允许进出口证明书。海关依法实施进境检疫，凭进口批准文件或者允许进出口证明书以及检疫证明按照规定办理通关手续。

从境外引进野生动物物种的，应当采取安全可靠的防范措施，防止其进入野外环境，避免对生态系统造成危害。确需将其放归野外的，按照国家有关规定执行。

第三十八条 任何组织和个人将野生动物放生至野外环境，应当选择适合放生地野外生存的当地物种，不得干扰当地居民的正常生活、生产，避免对生态系统造成危害。随意放生野生动物，造成他人人身、财产损害或者危害生态系统的，依法承担法律责任。

第三十九条 禁止伪造、变造、买卖、转让、租借特许猎捕证、狩猎证、人工繁育许可证及专用标识，出售、购买、利用国家重点保护野生动物及其制品的批准文件，或者允许进出口证明书、进出口等批准文件。

前款规定的有关许可证书、专用标识、批准文件的发放情况，应当依法公开。

第四十条 外国人在我国对国家重点保护野生动物进行野外考察或者在野外拍摄电影、录像，应当经省、自治区、直辖市人民政府野生动物保护主管部门或者其授权的单位批准，并遵守有关法律法规规定。

第四十一条 地方重点保护野生动物和其他非国家重点保护野生动物的管理办法，由省、自治区、直辖市人民代表大会或者其常务委员会制定。

17 走私国家禁止进出口的货物、物品案

概念

本罪是指违反海关法规，逃避海关监管，非法携带、运输、邮寄珍稀植物及其制品等国家禁止进出口的其他货物、物品进出国（边）境的行为。

立案标准

根据《刑法》第151条的规定，走私珍稀植物及其制品等国家禁止进出口的其他货物、物品的，应当立案。

<table>
<tr><td rowspan="5">定罪标准</td><td>犯罪客体</td><td>本罪所侵犯的客体是国家对珍稀植物及其制品等国家禁止进出口的货物、物品禁止进出口的制度。犯罪对象则为珍稀植物及其制品等国家禁止进出口的其他货物、物品。所谓珍稀植物，是指国家重点保护的原生地天然生长的珍贵植物和原生地天然生长并具有重要经济、科学研究、文化价值的濒危稀有植物，如银杉、水杉、银杏、水松、杜仲、桫椤、珙桐、苏铁树、金钱松、台湾松、香果树等。既可以是原产、原生于我国，也可以是原产、原生于外国。具体指列入《国家重点保护野生植物名录》《国家重点保护野生药材物种名录》《国家珍贵树种名录》中的国家一、二级保护野生植物、国家重点保护的野生药材、珍贵树木，《濒危野生动植物种国际贸易公约》附录Ⅰ、附录Ⅱ中的野生植物，以及人工培育的上述植物。至于珍稀植物制品，则是指来源于珍稀植物，经加工出来的制成品，如药材、木材、标本、器具等。</td></tr>
<tr><td>犯罪客观方面</td><td>本罪在客观方面表现为违反海关法规，逃避海关监管，非法携带、运输、邮寄珍稀植物及其制品等国家禁止进出口的其他货物、物品进出国（边）境的行为。其具体方式可参见走私武器、弹药罪中对走私行为方式的介绍。</td></tr>
<tr><td>犯罪主体</td><td>本罪的主体为一般主体，既可以是个人，也可以是单位。</td></tr>
<tr><td>犯罪主观方面</td><td>本罪在主观方面必须出于故意，即明知是珍稀植物及其制品等国家禁止进出口的其他货物、物品，而仍决意非法携带、运输、邮寄进出国（边）境。过失不能构成本罪。如果不知是珍稀植物及其制品等货物、物品或虽知是珍稀植物及其制品等货物、物品但不知是国家禁止进出口的，即使有走私行为，也不能构成本罪。</td></tr>
<tr><td>罪与非罪</td><td>区分罪与非罪的界限，关键看是否达到有关司法解释所规定的标准。</td></tr>
</table>

<table>
<tr><td rowspan="4">证据参考标准</td><td>主体方面的证据</td><td>

一、证明行为人刑事责任年龄、身份等自然情况的证据。

包括身份证明、户籍证明、任职证明、工作经历证明、特定职责证明等，主要是证明行为人的姓名（曾用名）、性别、出生年月日、民族、籍贯、出生地、职业（或职务）、住所地（或居所地）等证据材料，如户口簿、居民身份证、工作证、出生证、专业或技术等级证、干部履历表、职工登记表、护照等。

对于户籍、出生证等材料内容不实的，应提供其他证据材料。外国人犯罪的案件，应有护照等身份证明材料。人大代表、政协委员犯罪的案件，应注明身份，并附身份证明材料。

二、证明行为人刑事责任能力的证据。

证明行为人对自己的行为是否具有辨认能力与控制能力，如是否属于间歇性精神病人、尚未完全丧失辨认或者控制自己行为能力的精神病人的证明材料。

三、证明单位的证据。

证明是否属于依法成立并有合法经营、管理范围的公司、企业、事业单位、机关、团体。

证明单位的名称、住所地、性质、法定代表人、单位负责人、业务范围、成立时间等证据材料，如企业营业执照、国有公司性质证明及非法人单位的身份证明等。

四、证明法定代表人、单位负责人或直接责任人员等的身份证明。

法定代表人、直接负责的主管人员和其他直接责任人在单位的任职、职责、负责权限的证明材料等。包括身份证明、户籍证明、任职证明等，如户口簿、居民身份证、工作证、护照、专业或技术等级证、干部履历表、职工登记表、任命书、业务分工文件、委派文件、单位证明、单位规章制度等。

</td></tr>
<tr><td>主观方面的证据</td><td>

证明行为人故意的证据：1. 证明行为人明知的证据：证明行为人明知自己的行为会发生危害社会的结果。2. 证明直接故意的证据：证明行为人希望危害结果发生。3. 目的：（1）获取非法利润；（2）牟利。

</td></tr>
<tr><td>客观方面的证据</td><td>

一、证明行为人非法携带、运输、邮寄珍稀植物及其制品等国家禁止进出口的货物、物品进出国（边）境的行为。

二、证明行为人走私珍稀植物、珍稀植物制品等国家禁止进出口的货物、物品犯罪行为的证据。

具体证据包括：1. 证明行为人采取逃避海关监督、检查行为的证据：（1）隐瞒；（2）隐藏；（3）伪报；（4）蒙混；（5）绕关；（6）邮寄。2. 证明行为人违反海关法规行为的证据。3. 证明行为人行为方式的证据：（1）非法运输珍稀植物及其制品等国家禁止进出口的货物、物品出境；（2）非法携带珍稀植物及其制品等国家禁止进出口的货物、物品出境；（3）非法邮寄珍稀植物及其制品等国家禁止进出口的货物、物品出境。

</td></tr>
<tr><td>量刑方面的证据</td><td>

一、法定量刑情节证据。

1. 事实情节。2. 法定从重情节。3. 法定从轻减轻情节：（1）可以从轻；（2）可以从轻或减轻；（3）应当从轻或者减轻。4. 法定从轻减轻免除情节：（1）可以从轻、减轻或者免除处罚；（2）应当从轻、减轻或者免除处罚。5. 法定减轻免除情节：（1）可

</td></tr>
</table>

证据参考标准

量刑方面的证据

以减轻或者免除处罚；（2）应当减轻或者免除处罚；（3）可以免除处罚。

二、酌定量刑情节证据。

1. 犯罪手段：（1）绕关；（2）骗关；（3）邮寄；（4）携带；（5）偷逃关税。2. 犯罪对象。3. 危害结果。4. 动机。5. 平时表现。6. 认罪态度。7. 是否有前科。8. 其他证据。

量刑标准

犯本罪的	处五年以下有期徒刑或者拘役，并处或者单处罚金
情节严重的	处五年以上有期徒刑，并处罚金
单位犯本罪的	对单位判处罚金，并对其直接负责的主管人员和其他直接责任人员，依照《刑法》第151条第3款的规定即按自然人犯本罪处罚

法律适用

刑法条文

第一百五十一条第三款 走私珍稀植物及其制品等国家禁止进出口的其他货物、物品的，处五年以下有期徒刑或者拘役，并处或者单处罚金；情节严重的，处五年以上有期徒刑，并处罚金。

第一百五十一条第四款 单位犯本条规定之罪的，对单位判处罚金，并对其直接负责的主管人员和其他直接责任人员，依照本条各款的规定处罚。

第一百五十七条 武装掩护走私的，依照本法第一百五十一条第一款的规定从重处罚。

以暴力、威胁方法抗拒缉私的，以走私罪和本法第二百七十七条规定的阻碍国家机关工作人员依法执行职务罪，依照数罪并罚的规定处罚。

司法解释

一、最高人民法院、最高人民检察院《关于办理走私刑事案件适用法律若干问题的解释》（节录）（2014年8月12日最高人民法院、最高人民检察院公布 自2014年9月10日起施行）

第十一条 走私国家禁止进出口的货物、物品，具有下列情形之一的，依照刑法第一百五十一条第三款的规定处五年以下有期徒刑或者拘役，并处或者单处罚金：

（一）走私国家一级保护野生植物五株以上不满二十五株，国家二级保护野生植物十株以上不满五十株，或者珍稀植物、珍稀植物制品数额在二十万元以上不满一百万元的；

（二）走私重点保护古生物化石或者未命名的古生物化石不满十件，或者一般保护古生物化石十件以上不满五十件的；

（三）走私禁止进出口的有毒物质一吨以上不满五吨，或者数额在二万元以上不满十万元的；

（四）走私来自境外疫区的动植物及其产品五吨以上不满二十五吨，或者数额在五万元以上不满二十五万元的；

（五）走私木炭、硅砂等妨害环境、资源保护的货物、物品十吨以上不满五十吨，或者数额在十万元以上不满五十万元的；

（六）走私旧机动车、切割车、旧机电产品或者其他禁止进出口的货物、物品二

法律适用 司法解释

十吨以上不满一百吨，或者数额在二十万元以上不满一百万元的；

（七）数量或者数额未达到本款第一项至第六项规定的标准，但属于犯罪集团的首要分子，使用特种车辆从事走私活动，造成环境严重污染，或者引起甲类传染病传播、重大动植物疫情等情形的。

具有下列情形之一的，应当认定为刑法第一百五十一条第三款规定的“情节严重”：

（一）走私数量或者数额超过前款第一项至第六项规定的标准的；

（二）达到前款第一项至第六项规定的标准，且属于犯罪集团的首要分子，使用特种车辆从事走私活动，造成环境严重污染，或者引起甲类传染病传播、重大动植物疫情等情形的。

第十二条 刑法第一百五十一条第三款规定的“珍稀植物”，包括列入《国家重点保护野生植物名录》《国家重点保护野生药材物种名录》《国家珍贵树种名录》中的国家一、二级保护野生植物、国家重点保护的野生药材、珍贵树木，《濒危野生动植物种国际贸易公约》附录Ⅰ、附录Ⅱ中的野生植物，以及人工培育的上述植物。

本解释规定的“古生物化石”，按照《古生物化石保护条例》的规定予以认定。走私具有科学价值的古脊椎动物化石、古人类化石，构成犯罪的，依照刑法第一百五十一条第二款的规定，以走私文物罪定罪处罚。

第二十条 直接向走私人非法收购走私进口的货物、物品，在内海、领海、界河、界湖运输、收购、贩卖国家禁止进出口的物品，或者没有合法证明，在内海、领海、界河、界湖运输、收购、贩卖国家限制进出口的货物、物品，构成犯罪的，应当按照走私货物、物品的种类，分别依照刑法第一百五十一条、第一百五十二条、第一百五十三条、第三百四十七条、第三百五十条的规定定罪处罚。

刑法第一百五十五条第二项规定的“内海”，包括内河的入海口水域。

第二十一条 未经许可进出口国家限制进出口的货物、物品，构成犯罪的，应当依照刑法第一百五十一条、第一百五十二条的规定，以走私国家禁止进出口的货物、物品罪等罪名定罪处罚；偷逃应缴税额，同时又构成走私普通货物、物品罪的，依照处罚较重的规定定罪处罚。

取得许可，但超过许可数量进出口国家限制进出口的货物、物品，构成犯罪的，依照刑法第一百五十三条的规定，以走私普通货物、物品罪定罪处罚。

租用、借用或者使用购买的他人许可证，进出口国家限制进出口的货物、物品的，适用本条第一款的规定定罪处罚。

第二十二条 在走私的货物、物品中藏匿刑法第一百五十一条、第一百五十二条、第三百四十七条、第三百五十条规定的货物、物品，构成犯罪的，以实际走私的货物、物品定罪处罚；构成数罪的，实行数罪并罚。

第二十三条 实施走私犯罪，具有下列情形之一的，应当认定为犯罪既遂：

（一）在海关监管现场被查获的；

（二）以虚假申报方式走私，申报行为实施完毕的；

（三）以保税货物或者特定减税、免税进口的货物、物品为对象走私，在境内销售的，或者申请核销行为实施完毕的。

第二十四条 单位犯刑法第一百五十一条、第一百五十二条规定之罪，依照本解释规定的标准定罪处罚。

单位犯走私普通货物、物品罪，偷逃应缴税额在二十万元以上不满一百万元的，应当依照刑法第一百五十三条第二款的规定，对单位判处罚金，并对其直接负责的主

法律适用 司法解释

管人员和其他直接责任人员，处三年以下有期徒刑或者拘役；偷逃应缴税额在一百万元以上不满五百万元的，应当认定为“情节严重”；偷逃应缴税额在五百万元以上的，应当认定为“情节特别严重”。

二、最高人民法院《关于审理走私、非法经营、非法使用兴奋剂刑事案件适用法律若干问题的解释》（2019年11月18日最高人民法院公布　自2020年1月1日起施行）

为依法惩治走私、非法经营、非法使用兴奋剂犯罪，维护体育竞赛的公平竞争，保护体育运动参加者的身心健康，根据《中华人民共和国刑法》《中华人民共和国刑事诉讼法》的规定，制定本解释。

第一条　运动员、运动员辅助人员走私兴奋剂目录所列物质，或者其他人员以在体育竞赛中非法使用为目的走私兴奋剂目录所列物质，涉案物质属于国家禁止进出口的货物、物品，具有下列情形之一的，应当依照刑法第一百五十一条第三款的规定，以走私国家禁止进出口的货物、物品罪定罪处罚：

（一）一年内曾因走私被给予二次以上行政处罚后又走私的；

（二）用于或者准备用于未成年人运动员、残疾人运动员的；

（三）用于或者准备用于国内、国际重大体育竞赛的；

（四）其他造成严重恶劣社会影响的情形。

实施前款规定的行为，涉案物质不属于国家禁止进出口的货物、物品，但偷逃应缴税额一万元以上或者一年内曾因走私被给予二次以上行政处罚后又走私的，应当依照刑法第一百五十三条的规定，以走私普通货物、物品罪定罪处罚。

对于本条第一款、第二款规定以外的走私兴奋剂目录所列物质行为，适用《最高人民法院、最高人民检察院关于办理走私刑事案件适用法律若干问题的解释》（法释〔2014〕10号）规定的定罪量刑标准。

第二条　违反国家规定，未经许可经营兴奋剂目录所列物质，涉案物质属于法律、行政法规规定的限制买卖的物品，扰乱市场秩序，情节严重的，应当依照刑法第二百二十五条的规定，以非法经营罪定罪处罚。

第三条　对未成年人、残疾人负有监护、看护职责的人组织未成年人、残疾人在体育运动中非法使用兴奋剂，具有下列情形之一的，应当认定为刑法第二百六十条之一规定的“情节恶劣”，以虐待被监护、看护人罪定罪处罚：

（一）强迫未成年人、残疾人使用的；

（二）引诱、欺骗未成年人、残疾人长期使用的；

（三）其他严重损害未成年人、残疾人身心健康的情形。

第四条　在普通高等学校招生、公务员录用等法律规定的国家考试涉及的体育、体能测试等体育运动中，组织考生非法使用兴奋剂的，应当依照刑法第二百八十四条之一的规定，以组织考试作弊罪定罪处罚。

明知他人实施前款犯罪而为其提供兴奋剂的，依照前款的规定定罪处罚。

第五条　生产、销售含有兴奋剂目录所列物质的食品，符合刑法第一百四十三条、第一百四十四条规定的，以生产、销售不符合安全标准的食品罪、生产、销售有毒、有害食品罪定罪处罚。

第六条　国家机关工作人员在行使反兴奋剂管理职权时滥用职权或者玩忽职守，造成严重兴奋剂违规事件，严重损害国家声誉或者造成恶劣社会影响，符合刑法第三百九十七条规定的，以滥用职权罪、玩忽职守罪定罪处罚。

法律适用

司法解释

依法或者受委托行使反兴奋剂管理职权的单位的工作人员，在行使反兴奋剂管理职权时滥用职权或者玩忽职守的，依照前款规定定罪处罚。

第七条 实施本解释规定的行为，涉案物质属于毒品、制毒物品等，构成有关犯罪的，依照相应犯罪定罪处罚。

第八条 对于是否属于本解释规定的“兴奋剂”“兴奋剂目录所列物质”“体育运动”“国内、国际重大体育竞赛”等专门性问题，应当依据《中华人民共和国体育法》《反兴奋剂条例》等法律法规，结合国务院体育主管部门出具的认定意见等证据材料作出认定。

第九条 本解释自2020年1月1日起施行。

三、最高人民法院、最高人民检察院《关于适用〈中华人民共和国刑法〉第三百四十四条有关问题的批复》（2020年3月19日最高人民法院、最高人民检察院公布 自2020年3月21日起施行）

各省、自治区、直辖市高级人民法院、人民检察院，解放军军事法院、军事检察院，新疆维吾尔自治区高级人民法院生产建设兵团分院、新疆生产建设兵团人民检察院：

近来，部分省、自治区、直辖市高级人民法院、人民检察院请示适用刑法第第三百四十四条的有关问题。经研究，批复如下：

一、古树名木以及列入《国家重点保护野生植物名录》的野生植物，属于刑法第三百四十四条规定的“珍贵树木或者国家重点保护的其他植物”。

二、根据《中华人民共和国野生植物保护条例》的规定，野生植物限于原生地天然生长的植物。人工培育的植物，除古树名木外，不属于刑法第三百四十四条规定的“珍贵树木或者国家重点保护的其他植物”。非法采伐、毁坏或者非法收购、运输人工培育的植物（古树名木除外），构成盗伐林木罪、滥伐林木罪、非法收购、运输盗伐、滥伐的林木罪等犯罪的，依照相关规定追究刑事责任。

三、对于非法移栽珍贵树木或者国家重点保护的其他植物，依法应当追究刑事责任的，依照刑法第三百四十四条的规定，以非法采伐国家重点保护植物罪定罪处罚。

鉴于移栽在社会危害程度上与砍伐存在一定差异，对非法移栽珍贵树木或者国家重点保护的其他植物的行为，在认定是否构成犯罪以及裁量刑罚时，应当考虑植物的珍贵程度、移栽目的、移栽手段、移栽数量、对生态环境的损害程度等情节，综合评估社会危害性，确保罪责刑相适应。

四、本批复自2020年3月21日起施行，之前发布的司法解释与本批复不一致的，以本批复为准。

相关法律法规

《中华人民共和国野生植物保护条例》（节录）（1996年9月30日公布 2017年10月7日修正）

第十条 野生植物分为国家重点保护野生植物和地方重点保护野生植物。

国家重点保护野生植物分为国家一级保护野生植物和国家二级保护野生植物。国家重点保护野生植物名录，由国务院林业行政主管部门、农业行政主管部门（以下简称国务院野生植物行政主管部门）商国务院环境保护、建设等有关部门制定，报国务院批准公布。

地方重点保护野生植物，是指国家重点保护野生植物以外，由省、自治区、直辖市保护的野生植物。地方重点保护野生植物名录，由省、自治区、直辖市人民政府制定并公布，报国务院备案。

18 走私淫秽物品案

概念

本罪是指违反海关法规，逃避海关监管，以牟利或者传播为目的，走私淫秽的影片、录像带、录音带、图片、书刊或者其他淫秽物品的行为。

立案标准

根据《刑法》第152条和最高人民法院《关于公安机关管辖的刑事案件立案追诉标准的规定（一）》的有关规定，涉嫌走私淫秽物品达到下列数量之一的，应当予以立案：

（1）走私淫秽录像带、影碟50盘（张）以上的；

（2）走私淫秽录音带、音碟100盘（张）以上的；

（3）走私淫秽扑克、书刊、画册100副（册）以上的；

（4）走私淫秽照片、画片500张以上的；

（5）走私其他淫秽物品相当于上述数量的；

（6）走私淫秽物品数量虽未达（1）到（4）规定标准，但分别达到其中两个以上标准50%以上的。

定罪标准

犯罪客体

本罪侵犯的客体是国家的对外贸易管理制度。淫秽物品是一种严重损害人们身心健康，尤其是青少年身心健康的物品，因而是国家严禁进出口的特殊物品，国家对它实行进出口的管理制度。走私淫秽物品侵犯的是特殊的对外贸易管理制度，即特定物品进出口的制度。走私淫秽物品，教唆、诱发各种性犯罪，破坏社会秩序的稳定，为此对之应予以严厉打击。淫秽物品是国家明令禁止进出口的特殊物品。走私淫秽物品的行为直接侵害了海关对该物品实行禁止进出口的管理制度。

本罪的犯罪对象是淫秽物品。所谓淫秽物品，根据《刑法》对淫秽物品的解释，是指具体描绘性行为或者露骨宣扬色情的诲淫性的影片、录像带、录音带、图片、书刊和影碟、音碟、电子出版物等其他淫秽物品。有关人体生理、医学知识的科学著作不是淫秽物品。包含有色情内容的有艺术价值的文学、艺术作品不视为淫秽物品。我国有关法律、法规或司法解释对淫秽物品的概念、范围都作出过相应的解释，淫秽物品大致具有以下几个特点：第一，淫秽性。即具体描写性行为和露骨宣扬色情，会导致腐化堕落；第二，违法性。即国家法律严禁此类物品存在或流通；第三，反伦理性。即违反社会道德观念和风俗习惯；第四，载体性。即具有一定的表现形式，可以通过一定的物体看见的，也可以是借助一定工具能听到的等。目前，我国关于认定淫秽物品的规定主要有：（1）1988年12月27日原新闻出版署公布的《关于认定淫秽及色情出版物的暂行规定》。这个规定对淫秽出版物及其范围作了较为详细的规定。（2）1989年11月3日原新闻出版署发布的《关于部分应取缔出版物认定标准的暂行规定》。这项规定对如何确定“夹杂淫秽色情内容、低级庸俗，有害于青少年身心健康的”出版物，作了具体的解释和规定。（3）1993年1月19日原新闻出版署、公安部发布的《关于鉴定淫秽录像带、淫秽图片有关问题的通知》。这项通知对鉴定淫秽

<table>
<tr><td rowspan="5">定罪标准</td><td>犯罪客体</td><td>录像带、淫秽图片的权限、程度等作了规定。（4）对淫秽影片的鉴定，根据公安部1996年12月5日《关于淫秽电影鉴定问题的批复》，由地（市）以上公安机关鉴定是否属于淫秽影片。从目前已有的规定看，《刑法》对淫秽物品的解释，应当具有最高的法律权威和法律效力。因此，应当根据《刑法》的上述规定，判定什么是淫秽物品。</td></tr>
<tr><td>犯罪客观方面</td><td>本罪在客观方面表现为违反海关法规，逃避海关监管，非法运输、携带、邮寄淫秽物品进出国（边）境的行为。违反海关法规，是指违反海关法和其他有关禁止淫秽物品进出口的规定。如海关总署《关于严格查禁淫秽物品进出口的实施办法》。逃避海关监管，是指采取各种方法，避开海关的监督、检查，企图将淫秽物品走私进出境的行为。实践中主要表现为行为人绕过海关、检查站以及不如实向海关申报物品两种行为。根据《海关法》第49条和《刑法》第155条、第156条的规定，有下列情形之一的，也构成本罪：（1）直接向走私淫秽物品的人收购淫秽物品的；在内海、领海运输、收购、贩卖淫秽物品的。（2）与走私淫秽物品的罪犯通谋，为其提供货款、资金、账号、发票、证明或者为其提供运输、保管、邮寄或者其他方便的，以走私淫秽物品罪的共犯论处。本罪的客观方面主要表现在：运输、携带、邮寄淫秽物品进出境的行为，同时，还有一些单位走私淫秽物品的行为方式也可构成本罪。如与走私淫秽物品罪犯通谋，为其提供运输、保管、邮寄或者其他便利的，构成本罪共犯。直接向走私者收购淫秽物品的或者在内海、领海运输、收购、贩卖淫秽物品的，也以走私淫秽物品罪论处。</td></tr>
<tr><td>犯罪主体</td><td>本罪的主体是一般主体，包括个人和单位。</td></tr>
<tr><td>犯罪主观方面</td><td>本罪在主观方面表现为故意，而且须具有牟利或者传播的目的。要求具有牟利或传播的目的，这是本罪与其他走私犯罪在主观方面的不同之处。所谓以牟利为目的，是指行为人走私淫秽物品是为了出卖、出租、放映或通过其他方式而获得财物或其他利益；所谓以传播为目的，指行为人走私淫秽物品，意图在社会上进行扩散。不具有上述目的，尽管故意地实施了走私淫秽物品的行为，如其目的是为了自娱，不能认为构成本罪。</td></tr>
<tr><td>罪与非罪</td><td>区分罪与非罪的界限，应重点从以下几方面予以把握：
一、从主观方面上看，走私淫秽物品罪须具有故意和牟利或传播的目的才能构成。所以，如果行为人不知道其所运输、携带、邮寄进出境的是淫秽物品，而认为只是一般物品，即使其故意以藏匿、伪装、瞒报、伪报或其他方式逃避海关监管，因为这种故意内容不是走私淫秽物品罪的故意内容，因而不能认为是走私淫秽物品罪；如果走私物品的数量又较小，只能认定为一般走私行为。其次，即使故意逃避海关监管，运输、携带、邮寄淫秽物品进出境，但行为人的目的不是为了牟利或传播，也不能认为其构成走私淫秽物品罪。
二、从客观方面看，如果行为人所走私的并非淫秽物品，不能认定构成本罪。以下物品虽然含有淫秽内容，但不属于淫秽物品：第一，夹杂有色情内容的有艺术价值</td></tr>
</table>

定罪标准	罪与非罪	的文学、艺术作品；第二，宣传人体生理、医学知识的科学著作；第三，表现人体、美学的艺术作品；第四，一些格调不高，对人们身心健康有一定毒害，但整体上看不属于淫秽物品的物品。走私以上这些物品，一般不构成犯罪。 三、本罪的成立主要是根据走私物品的性质来认定其是否构成犯罪。只要走私了淫秽物品，无论数量多少，原则上均应以犯罪论处。但如果行为人走私淫秽物品的数量微不足道，且从整个案情来看属于“情节显著轻微危害不大”的情况，一般不以犯罪论处。
	此罪与彼罪	本罪与制作、复制、出版、贩卖、传播淫秽物品牟利罪的界限。所谓制作、复制、出版、贩卖、传播淫秽物品牟利罪，是以牟利为目的，制作、复制、出版、贩卖、传播淫秽物品的行为。它与走私淫秽物品罪在犯罪对象以及主观目的上有一致的地方，而且，走私淫秽物品罪的犯罪分子往往也具有制作、复制、出版、贩卖、传播等行为表现，所以两罪有相似的地方。但两罪所侵犯的客体有很大区别。制作、复制、出版、贩卖、传播淫秽物品罪侵犯的客体是国家对于文化市场的管理秩序和社会道德风尚，而走私淫秽物品罪侵犯的客体是国家对外贸易管理制度，犯罪客体的不同是两罪区别的关键。所以，凡是以牟利或传播为目的，直接向走私人非法收购淫秽物品的；在内海、领海运输、收购、贩卖淫秽物品的；走私分子逃避海关检查进入国内以后，自己出卖淫秽物品的；走私集团的成员分工在国内负责制作、贩卖淫秽物品的，受走私团伙的收买、指使，帮助制作、贩卖淫秽物品的，对上述这些行为，因为侵犯的是国家对外贸易管理制度，所以应认定为走私淫秽物品罪。
证据参考标准	主体方面的证据	**一、证明行为人刑事责任年龄、身份等自然情况的证据。** 包括身份证明、户籍证明、任职证明、工作经历证明、特定职责证明等，主要是证明行为人的姓名（曾用名）、性别、出生年月日、民族、籍贯、出生地、职业（或职务）、住所地（或居所地）等证据材料，如户口簿、居民身份证、工作证、出生证、专业或技术等级证、干部履历表、职工登记表、护照等。 对于户籍、出生证等材料内容不实的，应提供其他证据材料。外国人犯罪的案件，应有护照等身份证明材料。人大代表、政协委员犯罪的案件，应注明身份，并附身份证明材料。 **二、证明行为人刑事责任能力的证据。** 证明行为人对自己的行为是否具有辨认能力与控制能力，如是否属于间歇性精神病人、尚未完全丧失辨认或者控制自己行为能力的精神病人的证明材料。 **三、证明单位的证据。** 证明是否属于依法成立并有合法经营、管理范围的公司、企业、事业单位、机关、团体。 证明单位的名称、住所地、性质、法定代表人、单位负责人、业务范围、成立时间等证据材料，如企业营业执照、国有公司性质证明及非法人单位的身份证明等。 **四、证明法定代表人、单位负责人或直接责任人员等的身份证明。** 法定代表人、直接负责的主管人员和其他直接责任人在单位的任职、职责、负责权限的证明材料等。包括身份证明、户籍证明、任职证明等，如户口簿、居民身份证、工作证、护照、专业或技术等级证、干部履历表、职工登记表、任命书、业务分工文件、委派文件、单位证明、单位规章制度等。

<table>
<tr><td rowspan="3">证据参考标准</td><td>主观方面的证据</td><td colspan="2">证明行为人故意的证据：1. 证明行为人明知的证据：证明行为人明知自己的行为会发生危害社会的结果。2. 证明直接故意的证据：证明行为人希望危害结果发生。3. 目的：（1）获取非法利润；（2）牟利；（3）营利；（4）传播。</td></tr>
<tr><td>客观方面的证据</td><td colspan="2">一、证明行为人走私淫秽的影片、录像带、录音带、图片、书刊或者其他淫秽物品的行为。
二、证明行为人走私淫秽物品犯罪行为的证据。
具体证据包括：1. 证明行为人违反海关法规行为的证据，如违反《海关法》。2. 证明行为人逃避海关监管行为的证据：（1）非法运输；（2）非法携带；（3）非法邮寄；（4）采取藏匿；（5）采取伪装；（6）不如实申报。3. 证明行为人走私淫秽物品行为的证据：（1）走私淫秽照片；（2）走私淫秽录音带；（3）走私淫秽录像带；（4）走私淫秽书刊；（5）走私淫秽图片；（6）走私淫秽计算机软件；（7）走私淫秽激光视盘；（8）走私其他淫秽物品。4. 证明行为人以牟利为目的的证据。5. 证明行为人以传播为目的的证据。</td></tr>
<tr><td>量刑方面的证据</td><td colspan="2">一、法定量刑情节证据。
1. 事实情节：（1）犯罪集团的首要分子；（2）国家工作人员利用职务之便；（3）教唆未成年人走私淫秽物品；（4）武装掩护走私淫秽物品；（5）其他。2. 法定从重情节。3. 法定从轻减轻情节：（1）可以从轻；（2）可以从轻或减轻；（3）应当从轻或者减轻。4. 法定从轻减轻免除情节：（1）可以从轻、减轻或者免除处罚；（2）应当从轻、减轻或者免除处罚。5. 法定减轻免除情节：（1）可以减轻或者免除处罚；（2）应当减轻或者免除处罚；（3）可以免除处罚。
二、酌定量刑情节证据。
1. 犯罪手段：（1）隐瞒；（2）隐藏；（3）伪报；（4）蒙混；（5）绕关；（6）邮寄；（7）其他。2. 犯罪对象。3. 危害结果。4. 动机。5. 平时表现。6. 认罪态度。7. 是否有前科。8. 其他证据。</td></tr>
<tr><td rowspan="4">量刑标准</td><td colspan="2">犯本罪的</td><td>处三年以上十年以下有期徒刑，并处罚金</td></tr>
<tr><td colspan="2">情节严重的</td><td>处十年以上有期徒刑或者无期徒刑，并处罚金或者没收财产</td></tr>
<tr><td colspan="2">情节较轻的</td><td>处三年以下有期徒刑、拘役或者管制，并处罚金</td></tr>
<tr><td colspan="2">单位犯本罪的</td><td>对单位判处罚金，并对其直接负责的主管人员和其他直接责任人员，依上述规定处罚</td></tr>
<tr><td>法律适用</td><td>刑法条文</td><td colspan="2">第一百五十二条第一款　以牟利或者传播为目的，走私淫秽的影片、录像带、录音带、图片、书刊或者其他淫秽物品的，处三年以上十年以下有期徒刑，并处罚金；情节严重的，处十年以上有期徒刑或者无期徒刑，并处罚金或者没收财产；情节较轻的，处三年以下有期徒刑、拘役或者管制，并处罚金。
第一百五十二条第三款　单位犯前两款罪的，对单位判处罚金，并对其直接负责的主管人员和其他直接责任人员，依照前两款的规定处罚。</td></tr>
</table>

刑法条文

第一百五十七条 武装掩护走私的，依照本法第一百五十一条第一款的规定从重处罚。

以暴力、威胁方法抗拒缉私的，以走私罪和本法第二百七十七条规定的阻碍国家机关工作人员依法执行职务罪，依照数罪并罚的规定处罚。

法律适用 司法解释

一、最高人民法院、最高人民检察院《关于办理走私刑事案件适用法律若干问题的解释》（节录）（2014年8月12日最高人民法院、最高人民检察院公布 自2014年9月10日起施行）

第十三条 以牟利或者传播为目的，走私淫秽物品，达到下列数量之一的，可以认定为刑法第一百五十二条第一款规定的“情节较轻”：

（一）走私淫秽录像带、影碟五十盘（张）以上不满一百盘（张）的；

（二）走私淫秽录音带、音碟一百盘（张）以上不满二百盘（张）的；

（三）走私淫秽扑克、书刊、画册一百副（册）以上不满二百副（册）的；

（四）走私淫秽照片、画片五百张以上不满一千张的；

（五）走私其他淫秽物品相当于上述数量的。

走私淫秽物品在前款规定的最高数量以上不满最高数量五倍的，依照刑法第一百五十二条第一款的规定处三年以上十年以下有期徒刑，并处罚金。

走私淫秽物品在第一款规定的最高数量五倍以上，或者在第一款规定的最高数量以上不满五倍，但属于犯罪集团的首要分子，使用特种车辆从事走私活动等情形的，应当认定为刑法第一百五十二条第一款规定的“情节严重”。

第二十条 直接向走私人非法收购走私进口的货物、物品，在内海、领海、界河、界湖运输、收购、贩卖国家禁止进出口的物品，或者没有合法证明，在内海、领海、界河、界湖运输、收购、贩卖国家限制进出口的货物、物品，构成犯罪的，应当按照走私货物、物品的种类，分别依照刑法第一百五十一条、第一百五十二条、第一百五十三条、第三百四十七条、第三百五十条的规定定罪处罚。

刑法第一百五十五条第二项规定的“内海”，包括内河的入海口水域。

第二十一条 未经许可进出口国家限制进出口的货物、物品，构成犯罪的，应当依照刑法第一百五十一条、第一百五十二条的规定，以走私国家禁止进出口的货物、物品罪等罪名定罪处罚；偷逃应缴税额，同时又构成走私普通货物、物品罪的，依照处罚较重的规定定罪处罚。

取得许可，但超过许可数量进出口国家限制进出口的货物、物品，构成犯罪的，依照刑法第一百五十三条的规定，以走私普通货物、物品罪定罪处罚。

租用、借用或者使用购买的他人许可证，进出口国家限制进出口的货物、物品的，适用本条第一款的规定定罪处罚。

第二十二条 在走私的货物、物品中藏匿刑法第一百五十一条、第一百五十二条、第三百四十七条、第三百五十条规定的货物、物品，构成犯罪的，以实际走私的货物、物品定罪处罚；构成数罪的，实行数罪并罚。

第二十三条 实施走私犯罪，具有下列情形之一的，应当认定为犯罪既遂：

（一）在海关监管现场被查获的；

（二）以虚假申报方式走私，申报行为实施完毕的；

（三）以保税货物或者特定减税、免税进口的货物、物品为对象走私，在境内销售的，或者申请核销行为实施完毕的。

法律适用　司法解释

第二十四条　单位犯刑法第一百五十一条、第一百五十二条规定之罪，依照本解释规定的标准定罪处罚。

单位犯走私普通货物、物品罪，偷逃应缴税额在二十万元以上不满一百万元的，应当依照刑法第一百五十三条第二款的规定，对单位判处罚金，并对其直接负责的主管人员和其他直接责任人员，处三年以下有期徒刑或者拘役；偷逃应缴税额在一百万元以上不满五百万元的，应当认定为“情节严重”；偷逃应缴税额在五百万元以上的，应当认定为“情节特别严重”。

二、最高人民检察院、公安部《关于公安机关管辖的刑事案件立案追诉标准的规定（一）》（节录）（2008年6月25日最高人民检察院、公安部公布　自公布之日起施行　2017年4月27日修正）

第二十五条〔走私淫秽物品案（刑法第一百五十二条第一款）〕以牟利或者传播为目的，走私淫秽的影片、录像带、录音带、图片、书刊或者其他通过文字、声音、形象等形式表现淫秽内容的影碟、音碟、电子出版物等物品，涉嫌下列情形之一的，应予立案追诉：

（一）走私淫秽录像带、影碟五十盘（张）以上的；

（二）走私淫秽录音带、音碟一百盘（张）以上的；

（三）走私淫秽扑克、书刊、画册一百副（册）以上的；

（四）走私淫秽照片、画片五百张以上的；

（五）走私其他淫秽物品相当于上述数量的；

（六）走私淫秽物品数量虽未达到本条第（一）项至第（四）项规定标准，但分别达到其中两项以上标准的百分之五十以上的。

19 走私废物案

概念

本罪是指违反海关法规和环境保护法规，逃避海关监管，将境外固体废物、液态废物和气态废物运输进入国（边）境的行为。

立案标准

根据《刑法》第152条、第339条和《关于办理走私刑事案件适用法律若干问题的解释》的有关规定，涉嫌下列情形之一的，应予立案：

（1）走私国家禁止进口的危险性固体废物、液态废物分别或者合计达到1吨以上不满5吨的；

（2）走私国家禁止进口的非危险性固体废物、液态废物分别或者合计达到5吨以上不满25吨的；

（3）未达到上述数量标准，但属于犯罪集团的首要分子，使用特种车辆从事走私活动，或者造成环境严重污染等情形的。

定罪标准		
定罪标准	犯罪客体	本罪所侵害的客体是国家对固体废物、液态废物或气态废物的禁止进口制度，对象是固体废物、液态废物或气态废物。固体废物，顾名思义，是指呈现出固体状态，具有一定体积和一定形状，质地比较坚硬的废物。液态废物呈现出液体状态，是具有一定体积但没有一定形状，并且可以流动的废物。气态废物，则呈现出气体状态，是既没有一定形状，又没有一定体积，并且可以流动的废物。根据《固体废物污染环境防治法》附则的有关规定，固体废物，是指在生产、生活和其他活动中产生的丧失原有利用价值或者虽未丧失利用价值但被抛弃或者放弃的固态、半固态和置于容器中的气态的物品、物质以及法律、行政法规规定纳入固体废物管理的物品、物质。其中，工业固体废物，是指在工业生产活动中产生的固体废物；生活垃圾，是指在日常生活中或者为日常生活提供服务的活动中产生的固体废物以及法律、行政法规规定视为生活垃圾的固体废物；危险废物，是指列入国家危险废物名录或者根据国家规定的危险废物鉴别标准和鉴别方法认定的具有危险特性的固体废物。
	犯罪客观方面	本罪在客观方面表现为违反海关法规，逃避海关监管，非法运输境外固体废物、液态废物或气态废物进入国（边）境，情节严重的行为。 一、必须有违反海关法规，逃避海关监管，将境外固体废物、液态废物或气态废物走私进入国（边）境的行为。所谓逃避海关监管，在这里是指采用各种方法，躲避海关的监督、检查，企图将固体废物、液态废物或气态废物通过国（边）境。有的采取绕关走私方式，即不经过国家海关或边境哨卡、检查站，而在没有海关或边境哨卡、检查站的地方，非法携带、运输固体废物、液态废物或气态废物进入境；有的采取通关走私方式，即通过关口，但企图以隐匿、伪装、假报等欺骗手段或者采取伪造、买卖海关单证、进出口许可证、假借捐赠名义进口货物、物品等欺骗方法，以蒙混过关等。这些行为都是走私固体废物、液态废物或气态废物的典型行为。此外，走私固体废物、液态废物或气态废物还有一些非典型行为。根据《刑法》第155条、第156条的规定，主要包括下列情形：（1）直接向走私人非法收购固体废物、液态废物

<table>
<tr><td rowspan="5">定罪标准</td><td>犯罪客观方面</td><td>或气态废物的。（2）在内海、领海、界河、界湖运输、收购、贩卖固体废物、液态废物或气态废物的。（3）与走私固体废物、液态废物或气态废物的罪犯通谋，为其提供贷款、资金、账号、发票、证明，或者为其提供运输、保管、邮寄或者其他方便的，应以走私废物罪的共犯论处。
二、必须是将境外固体废物、液态废物或气态废物非法运输进入我国国（边）境。不是将境外固体废物、液态废物或气态废物运输进入我国国（边）境，而是将我国境内的固体废物、液态废物或气态废物运输出我国国（边）境，即使情节严重，也不能构成本罪。构成犯罪的，应以他罪如走私普通货物、物品罪等依法定罪科刑。
三、非法运输固体废物、液态废物或气态废物进入我国境内的行为，必须属于情节严重，才能构成本罪。否则，即使有非法运输固体废物、液态废物或气态废物的行为，也不能以本罪论处。所谓情节严重，主要是指非法运输大量固体废物、液态废物或气态废物进入国（边）境的；多次将境外固体废物、液态废物或气态废物运输进入我国国（边）境的；因为将境外固体废物、液态废物或气态废物非法运输进入我国境内，受过两次行政处罚，再次非法运输境外固体废物、液态废物或气态废物的；因非法运输固体废物、液态废物或气态废物进入我国境内，造成环境污染，致人轻伤甚至重伤死亡，或者致使公私财产遭受较大损失的；非法运输固体废物、液态废物或气态废物受到查处，采取暴力、威胁方法进行抗拒的；冒充司法、海关等国家机关工作人员、军人或者与上述人员相勾结，或者伪造国家机关公文、证件，非法运输固体废物、液态废物或气态废物进入我国境内的，等等。</td></tr>
<tr><td>犯罪主体</td><td>本罪的主体为一般主体，任何达到刑事责任年龄且具备刑事责任能力的自然人均能构成本罪，单位亦能成为本罪主体。</td></tr>
<tr><td>犯罪主观方面</td><td>本罪在主观方面只能由故意构成，即明知是固体废物、液态废物或气态废物而仍非法运输，使之进入国（边）境。过失不能构成本罪。如果行为人不知自己所运输的是固体废物、液态废物或气态废物，则不能以本罪论处。构成犯罪的，应以他罪如走私普通货物、物品罪等处罚。至于其目的，一般是为了牟利，但是否具有这种目的，并不影响本罪的成立。</td></tr>
<tr><td>罪与非罪</td><td>区分罪与非罪的界限，关键是看是否是废物。废物是指没有任何利用价值或者利用价值很小从而为国家禁止进口的废物，如从病人、死人身上脱下的衣服、核废液、化工废液、装废液的器具等。走私废物的，由于废物属于国家禁止的进口物品，除情节轻微，如走私的数额不大，没有造成实际危害后果；被严重胁迫为走私废物提供运输、保管等方便条件，能及时中止或者揭露、告发等的外，都应认定为走私废物情节严重而以本罪依法定罪处罚。</td></tr>
<tr><td>此罪与彼罪</td><td>一、本罪与非法处置进口的固体废物罪的界限。两者的区别是，前者逃避海关监管，后者则不逃避海关监管；前者处罚的是走私行为，后者处罚的是将固体废物在我国境内倾倒、堆放、处置的行为。因此，如果行为人走私固体废物、液态废物或气态废物并在我国境内倾倒、堆放、处置的，既构成走私废物罪又构成非法处置进口的固体废物罪，应实行数罪并罚。
二、本罪与擅自进口固体废物罪的界限。两者的区别在于：（1）侵犯的客体不</td></tr>
</table>

定罪标准	此罪与彼罪	同。前者侵犯的主要是国家海关的监管制度；后者侵犯的则是国家的环境保护制度。(2)客观方面不同。前者表现为逃避海关监管的行为；后者则不逃避海关监管。(3)前者属于情节犯，行为人只要走私固体废物、液态废物或气态废物，情节严重的就构成犯罪；而后者则是结果犯，要求造成重大环境污染事故，致使公私财产遭受重大损失或者严重危害人体健康。(4)犯罪对象不同。前者走私的废物是国家禁止进口的固体废物、液态废物或气态废物；而后者进口的则是国家限制进口的固体废物，如果将这些固体废物进口用作原料，必须经国务院有关主管部门批准。
证据参考标准	主体方面的证据	**一、证明行为人刑事责任年龄、身份等自然情况的证据。** 包括身份证明、户籍证明、任职证明、工作经历证明、特定职责证明等，主要是证明行为人的姓名（曾用名）、性别、出生年月日、民族、籍贯、出生地、职业（或职务）、住所地（或居所地）等证据材料，如户口簿、居民身份证、工作证、出生证、专业或技术等级证、干部履历表、职工登记表、护照等。 对于户籍、出生证等材料内容不实的，应提供其他证据材料。外国人犯罪的案件，应有护照等身份证明材料。人大代表、政协委员犯罪的案件，应注明身份，并附身份证明材料。 **二、证明行为人刑事责任能力的证据。** 证明行为人对自己的行为是否具有辨认能力与控制能力，如是否属于间歇性精神病人、尚未完全丧失辨认或者控制自己行为能力的精神病人的证明材料。 **三、证明单位的证据。** 证明是否属于依法成立并有合法经营、管理范围的公司、企业、事业单位、机关、团体。 证明单位的名称、住所地、性质、法定代表人、单位负责人、业务范围、成立时间等证据材料，如企业营业执照、国有公司性质证明及非法人单位的身份证明等。 **四、证明法定代表人、单位负责人或直接责任人员等的身份证明。** 法定代表人、直接负责的主管人员和其他直接责任人在单位的任职、职责、负责权限的证明材料等。包括身份证明、户籍证明、任职证明等，如户口簿、居民身份证、工作证、护照、专业或技术等级证、干部履历表、职工登记表、任命书、业务分工文件、委派文件、单位证明、单位规章制度等。
	主观方面的证据	证明行为人故意的证据：1. 证明行为人明知的证据：证明行为人明知自己的行为会发生危害社会的结果。2. 证明直接故意的证据：证明行为人希望危害结果发生。3. 目的：(1) 获取非法利润；(2) 牟利。
	客观方面的证据	一、证明行为人违反海关法规和环境保护法规，逃避海关监管的证据。 二、证明行为人将境外固体废物、液态废物和气态废物运输进入国（边）境以及以原料利用为名，进口不能用作原料的固体废物、液态废物和气态废物的行为。 具体证据包括：1. 证明行为人逃避海关监督、检查的证据：(1) 隐瞒；(2) 隐藏；(3) 伪报；(4) 蒙混；(5) 绕关。2. 证明行为人将境外的固体废物、液态废物或气态废物运输进境的证据：(1) 工业固体废物、液态废物或气态废物；(2) 城市生活垃圾；(3) 危险废物。3. 证明行为人与走私固体废物犯罪分子共谋，为其提供方便的证据。4. 证明行为人武装掩护走私固体废物、液态废物或气态废物犯罪行为的证据。

<table>
<tr><td>证据参考标准</td><td>量刑方面的证据</td><td colspan="2">
一、法定量刑情节证据。
1. 事实情节。2. 法定从重情节。3. 法定从轻减轻情节：(1) 可以从轻；(2) 可以从轻或减轻；(3) 应当从轻或者减轻。4. 法定从轻减轻免除情节：(1) 可以从轻、减轻或者免除处罚；(2) 应当从轻、减轻或者免除处罚。5. 法定减轻免除情节：(1) 可以减轻或者免除处罚；(2) 应当减轻或者免除处罚；(3) 可以免除处罚。
二、酌定量刑情节证据。
1. 犯罪手段；2. 犯罪对象；3. 危害结果；4. 动机；5. 平时表现；6. 认罪态度；7. 是否有前科；8. 其他证据。
</td></tr>
<tr><td rowspan="3">量刑标准</td><td colspan="2">犯本罪，情节严重的</td><td>处五年以下有期徒刑，并处或者单处罚金</td></tr>
<tr><td colspan="2">犯本罪，情节特别严重的</td><td>处五年以上有期徒刑，并处罚金</td></tr>
<tr><td colspan="2">单位犯本罪的</td><td>对单位判处罚金，并对其直接负责的主管人员和其他直接责任人员，依照上述的规定处罚</td></tr>
<tr><td rowspan="2">法律适用</td><td>刑法条文</td><td colspan="2">
第一百五十二条第二款 逃避海关监管将境外固体废物、液态废物和气态废物运输进境，情节严重的，处五年以下有期徒刑，并处或者单处罚金；情节特别严重的，处五年以上有期徒刑，并处罚金。
第一百五十二条第三款 单位犯前两款罪的，对单位判处罚金，并对其直接负责的主管人员和其他直接责任人员，依照前两款的规定处罚。
第一百五十七条 武装掩护走私的，依照本法第一百五十一条第一款的规定从重处罚。
以暴力、威胁方法抗拒缉私的，以走私罪和本法第二百七十七条规定的阻碍国家机关工作人员依法执行职务罪，依照数罪并罚的规定处罚。
第三百三十九条第三款 以原料利用为名，进口不能用作原料的固体废物、液态废物和气态废物的，依照本法第一百五十二条第二款、第三款的规定定罪处罚。
</td></tr>
<tr><td>司法解释</td><td colspan="2">
最高人民法院、最高人民检察院《关于办理走私刑事案件适用法律若干问题的解释》（节录）（2014年8月12日最高人民法院、最高人民检察院公布 自2014年9月10日起施行）
第十四条 走私国家禁止进口的废物或者国家限制进口的可用作原料的废物，具有下列情形之一的，应当认定为刑法第一百五十二条第二款规定的“情节严重”：
（一）走私国家禁止进口的危险性固体废物、液态废物分别或者合计达到一吨以上不满五吨的；
（二）走私国家禁止进口的非危险性固体废物、液态废物分别或者合计达到五吨以上不满二十五吨的；
（三）走私国家限制进口的可用作原料的固体废物、液态废物分别或者合计达到二十吨以上不满一百吨的；
</td></tr>
</table>

（四）未达到上述数量标准，但属于犯罪集团的首要分子，使用特种车辆从事走私活动，或者造成环境严重污染等情形的。

具有下列情形之一的，应当认定为刑法第一百五十二条第二款规定的“情节特别严重”：

（一）走私数量超过前款规定的标准的；

（二）达到前款规定的标准，且属于犯罪集团的首要分子，使用特种车辆从事走私活动，或者造成环境严重污染等情形的；

（三）未达到前款规定的标准，但造成环境严重污染且后果特别严重的。

走私置于容器中的气态废物，构成犯罪的，参照前两款规定的标准处罚。

第十五条 国家限制进口的可用作原料的废物的具体种类，参照国家有关部门的规定确定。

第二十条 直接向走私人非法收购走私进口的货物、物品，在内海、领海、界河、界湖运输、收购、贩卖国家禁止进出口的物品，或者没有合法证明，在内海、领海、界河、界湖运输、收购、贩卖国家限制进出口的货物、物品，构成犯罪的，应当按照走私货物、物品的种类，分别依照刑法第一百五十一条、第一百五十二条、第一百五十三条、第三百四十七条、第三百五十条的规定定罪处罚。

刑法第一百五十五条第二项规定的“内海”，包括内河的入海口水域。

第二十一条 未经许可进出口国家限制进出口的货物、物品，构成犯罪的，应当依照刑法第一百五十一条、第一百五十二条的规定，以走私国家禁止进出口的货物、物品罪等罪名定罪处罚；偷逃应缴税额，同时又构成走私普通货物、物品罪的，依照处罚较重的规定定罪处罚。

取得许可，但超过许可数量进出口国家限制进出口的货物、物品，构成犯罪的，依照刑法第一百五十三条的规定，以走私普通货物、物品罪定罪处罚。

租用、借用或者使用购买的他人许可证，进出口国家限制进出口的货物、物品的，适用本条第一款的规定定罪处罚。

第二十二条 在走私的货物、物品中藏匿刑法第一百五十一条、第一百五十二条、第三百四十七条、第三百五十条规定的货物、物品，构成犯罪的，以实际走私的货物、物品定罪处罚；构成数罪的，实行数罪并罚。

第二十三条 实施走私犯罪，具有下列情形之一的，应当认定为犯罪既遂：

（一）在海关监管现场被查获的；

（二）以虚假申报方式走私，申报行为实施完毕的；

（三）以保税货物或者特定减税、免税进口的货物、物品为对象走私，在境内销售的，或者申请核销行为实施完毕的。

第二十四条 单位犯刑法第一百五十一条、第一百五十二条规定之罪，依照本解释规定的标准定罪处罚。

单位犯走私普通货物、物品罪，偷逃应缴税额在二十万元以上不满一百万元的，应当依照刑法第一百五十三条第二款的规定，对单位判处罚金，并对其直接负责的主管人员和其他直接责任人员，处三年以下有期徒刑或者拘役；偷逃应缴税额在一百万元以上不满五百万元的，应当认定为“情节严重”；偷逃应缴税额在五百万元以上的，应当认定为“情节特别严重”。

法律适用 相关法律法规

《中华人民共和国固体废物污染环境防治法》（节录）（2004 年 12 月 29 日第一次修订 2013 年 6 月 29 日第一次修正 2015 年 4 月 24 日第二次修正 2016 年 11 月 6 日第三次修正 2020 年 4 月 29 日第二次修订）

第二十三条 禁止中华人民共和国境外的固体废物进境倾倒、堆放、处置。

第二十四条 国家逐步实现固体废物零进口，由国务院生态环境主管部门会同国务院商务、发展改革、海关等主管部门组织实施。

第二十五条 海关发现进口货物疑似固体废物的，可以委托专业机构开展属性鉴别，并根据鉴别结论依法管理。

第二十六条 生态环境主管部门及其环境执法机构和其他负有固体废物污染环境防治监督管理职责的部门，在各自职责范围内有权对从事产生、收集、贮存、运输、利用、处置固体废物等活动的单位和其他生产经营者进行现场检查。被检查者应当如实反映情况，并提供必要的资料。

实施现场检查，可以采取现场监测、采集样品、查阅或者复制与固体废物污染环境防治相关的资料等措施。检查人员进行现场检查，应当出示证件。对现场检查中知悉的商业秘密应当保密。

第二十七条 有下列情形之一，生态环境主管部门和其他负有固体废物污染环境防治监督管理职责的部门，可以对违法收集、贮存、运输、利用、处置的固体废物及设施、设备、场所、工具、物品予以查封、扣押：

（一）可能造成证据灭失、被隐匿或者非法转移的；

（二）造成或者可能造成严重环境污染的。

第二十八条 生态环境主管部门应当会同有关部门建立产生、收集、贮存、运输、利用、处置固体废物的单位和其他生产经营者信用记录制度，将相关信用记录纳入全国信用信息共享平台。

第二十九条 设区的市级人民政府生态环境主管部门应当会同住房城乡建设、农业农村、卫生健康等主管部门，定期向社会发布固体废物的种类、产生量、处置能力、利用处置状况等信息。

产生、收集、贮存、运输、利用、处置固体废物的单位，应当依法及时公开固体废物污染环境防治信息，主动接受社会监督。

利用、处置固体废物的单位，应当依法向公众开放设施、场所，提高公众环境保护意识和参与程度。

第三十条 县级以上人民政府应当将工业固体废物、生活垃圾、危险废物等固体废物污染环境防治情况纳入环境状况和环境保护目标完成情况年度报告，向本级人民代表大会或者人民代表大会常务委员会报告。

第三十一条 任何单位和个人都有权对造成固体废物污染环境的单位和个人进行举报。

生态环境主管部门和其他负有固体废物污染环境防治监督管理职责的部门应当将固体废物污染环境防治举报方式向社会公布，方便公众举报。

接到举报的部门应当及时处理并对举报人的相关信息予以保密；对实名举报并查证属实的，给予奖励。

举报人举报所在单位的，该单位不得以解除、变更劳动合同或者其他方式对举报人进行打击报复。

法律适用

相关法律法规

第一百二十四条 本法下列用语的含义：

（一）固体废物，是指在生产、生活和其他活动中产生的丧失原有利用价值或者虽未丧失利用价值但被抛弃或者放弃的固态、半固态和置于容器中的气态的物品、物质以及法律、行政法规规定纳入固体废物管理的物品、物质。经无害化加工处理，并且符合强制性国家产品质量标准，不会危害公众健康和生态安全，或者根据固体废物鉴别标准和鉴别程序认定为不属于固体废物的除外。

（二）工业固体废物，是指在工业生产活动中产生的固体废物。

（三）生活垃圾，是指在日常生活中或者为日常生活提供服务的活动中产生的固体废物，以及法律、行政法规规定视为生活垃圾的固体废物。

（四）建筑垃圾，是指建设单位、施工单位新建、改建、扩建和拆除各类建筑物、构筑物、管网等，以及居民装饰装修房屋过程中产生的弃土、弃料和其他固体废物。

（五）农业固体废物，是指在农业生产活动中产生的固体废物。

（六）危险废物，是指列入国家危险废物名录或者根据国家规定的危险废物鉴别标准和鉴别方法认定的具有危险特性的固体废物。

（七）贮存，是指将固体废物临时置于特定设施或者场所中的活动。

（八）利用，是指从固体废物中提取物质作为原材料或者燃料的活动。

（九）处置，是指将固体废物焚烧和用其他改变固体废物的物理、化学、生物特性的方法，达到减少已产生的固体废物数量、缩小固体废物体积、减少或者消除其危险成分的活动，或者将固体废物最终置于符合环境保护规定要求的填埋场的活动。

20 走私普通货物、物品案

概念

本罪是指违反海关法规，非法从事运输、携带、邮寄除毒品、武器、弹药、核材料、伪造的货币、国家禁止出口的文物、黄金、白银和其他贵重金属、国家禁止进出口的珍贵动物及其制品、珍稀植物及其制品、淫秽物品、固体废物、液态废物和气态废物以外的其他货物、物品进出国（边）境，偷逃应缴税额数额较大或1年内曾因走私被给予2次行政处罚的行为后又走私。

立案标准

根据《刑法》第153条的有关规定，涉嫌走私毒品、武器、弹药、核材料、假币、文物、贵重金属、珍贵动物及其制品、珍稀植物及其制品、淫秽物品、固体废物、液态废物和气态废物以外的其他货物、物品偷逃应缴税额较大或者1年内曾因走私被给予2次行政处罚后又走私的，应当予以立案。

定罪标准		
定罪标准	犯罪客体	本罪所侵犯的客体是国家对外贸易管制。犯罪对象是除武器、弹药、伪造的货币，国家禁止出口的文物、黄金、白银和其他贵重金属，国家禁止进出口的珍贵动物及其制品、珍稀植物及其制品、淫秽物品、毒品、固体废物、液态废物和气态废物以外的一切货物与物品。根据国家是否禁止、限制的不同，又可以分为三种情况：（1）国家禁止进出口的货物、物品。主要有：对国家政治、经济、文化、道德有害或内容涉及国家秘密的印刷品、手稿、图片、胶卷、音像制品、软件等物品；烈性毒药、带有危险性病菌、害虫及其他有害生物的动植物及其制品；有碍人畜健康，来自疫区或者其他能传播疾病的仪器、药品等；按规定允许携带数额除外的人民币；濒危和珍贵植物（含标本）及种子和繁殖材料；侵犯知识产权的货物、物品；国家禁止进出口的一般性动物及其产品；等等。（2）国家限制进出口的货物、物品，即国家对其进出口实行配额或者许可证管理的货物、物品，如烟、酒、汽车、摩托车、电视机、电冰箱、计算器、个人电脑、外币及有价证券、通信保密机、无线电收发报机、贵重中药材及其成药等。（3）国家不禁止、不限制进出口但应缴纳关税的货物、物品，如服装、精矿、海蜇、淡水鱼、虾、土特产品等出口物品。陶瓷、塑料、化妆品、玻璃制品、造纸原料等进口物品。
	犯罪客观方面	本罪在客观上表现为违反海关法规，逃避海关监管，走私武器、弹药等违禁品以外的其他货物、物品进出境，情节严重的行为。根据走私普通货物、物品罪行为方式的具体不同，走私普通货物、物品罪可以区分为以下几种情况： 一、非法运输、携带或邮寄武器、弹药等违禁品以外的其他货物、物品进出境。 根据第153条的规定，只有非法运输、携带或邮寄武器、弹药、核材料、伪造的货币、珍贵动物及其制品、贵重金属、珍稀植物及其制品、淫秽物品等违禁品之外的其他货物、物品的，才构成走私普通货物、物品罪。普通货物、物品主要是指应纳税

定罪标准

犯罪客观方面

的、国家允许进出口的货物、物品。对于这类物品，国家并不禁止或限制进出口，但根据国民经济发展和社会发展的需要，又必须通过征收关税对其需求进行适当的调节。一般来说，只要对我国国计民生不发生重大影响，对我国国内经济发展不发生重大影响的货物、物品，如我国的服装、土特产品，国外的玻璃制品、化妆品等都可以自由进出口，但是必须依法缴纳关税。

二、擅自出售保税货物、特定减免税货物、捐赠进口货物和物品，以及假借捐赠名义进口货物、物品。

1. 未经海关许可并且未补缴关税，擅自将批准进口的来料加工、来件装配、补偿贸易的原料、零件、制成品、设备等保税货物在境内销售牟利。根据《关于办理走私刑事案件适用法律若干问题的解释》第 19 条规定，保税货物是指经海关批准未办理纳税手续进境，在境内储存、加工、装配后应予复运出境的货物。保税货物包括通过加工贸易、补偿贸易等方式进口的货物，以及在保税仓库、保税工厂、保税区或者免税商店内等储存、加工、寄售的货物。保税货物入境时未缴纳关税，因此不能像其他国内商品一样可以在市场上流通，如果因客观情况发生变化，保税货物不能复运出境需转入国内市场的，必须事先经过海关批准并补缴关税，如果行为人不经允许擅自采取隐瞒、欺骗手段在境内出售的，即属于走私行为。

2. 未经海关许可并且未补缴关税，擅自将捐赠进口货物、物品或者其他特定减免税货物、物品在境内销售牟利。根据《海关法》及其他海关法规的规定，特定减免税货物、物品，只能用于特定地区、特定企业或按特定用途使用。因为对这些货物、物品实行减税或者免税，是国家为了促进经济发展、社会发展需要而给予某些地区或单位的优惠政策，这些货物、物品的流通、使用就必须受到一定的限制，不能任意让其流入市场，否则就等于境内任何地区、单位都可以通过这一渠道减税或免税进口货物，这势必破坏国家的对外贸易管制，影响国家经济建设，因此我国法律将擅自出售特定减免税货物、物品规定为走私行为予以惩治。

三、间接走私普通货物、物品行为。

根据《刑法》第 155 条的规定，直接向走私人非法收购走私进口的一般货物、物品，数额较大的，或者在内海、领海运输、收购、贩卖国家禁止进出口物品的，或者限制进出口的货物、物品，数额较大，没有合法证明的，以及伪造、买卖海关单证及进出口许可证用于走私一般货物、物品的应以走私普通货物、物品罪论处。

这种间接走私行为又可称之为“准走私行为”或者“牵连走私行为”，因为这类行为的主体并没有直接从事走私活动，但其行为又与走私有很密切的联系，甚至有的行为人与走私分子之间达成了一种默契。由于这些行为的存在，使走私的货物、物品得以迅速销售、扩散，使走私分子的目的得以实现，因而这类行为与走私行为一样对国家外贸管制造成破坏，情节严重的也应以走私普通货物、物品罪论处。

上述行为中，“直接向走私人”非法收购，是指明知对方是走私分子，并且直接向其收购走私货物、物品；“没有合法证明”，是指不符合我国的进出口许可证制度。

根据我国法律规定，进出口商品一般必须从国家指定机关领取进出口许可证，但经国家批准有权经营进出口业务的单位，在其批准的经营范围内，可以凭进出口单证进出境，既无“许可证”又无“单证”的，即属没有合法证明，行为人的行为构成走私；“海关单证”是指进出口货物、物品时向海关进行申报的专用单证，如报税单

<table>
<tr><td rowspan="6">定罪标准</td><td>犯罪客观方面</td><td>等；“进出口许可证”是指国家外贸管理机关签发的允许货物、物品进口或出口的凭证。
上述走私行为，必须是“情节严重”的才构成走私普通货物、物品罪。
所谓“情节严重”，一般应以走私货物、物品偷逃应缴税额数额达到较大为标准。根据《关于办理走私刑事案件适用法律若干问题的解释》的规定，走私一般货物、物品的，偷逃应缴税额达到 10 万元以上不满 50 万元就可以视为数额较大。</td></tr>
<tr><td>犯罪主体</td><td>本罪的主体为一般主体，即达到刑事责任年龄且具有刑事责任能力的自然人均能构成本罪。依《刑法》第 153 条第 2 款的规定，单位亦能成为本罪主体。</td></tr>
<tr><td>犯罪主观方面</td><td>本罪的主观方面只能由故意构成，过失不构成本罪，并且本罪的犯罪目的是非法牟利。</td></tr>
<tr><td>罪与非罪</td><td>区别罪与非罪，应注意：本罪属结果犯。依规定，本罪的起刑点为走私货物、物品偷逃应缴税额 10 万元以上不满 50 万元。相对于特定对象的走私犯罪如走私淫秽物品罪等而言，本罪行为更为复杂。如未经海关许可并且未补缴应缴关税，擅自将特定减税、免税进口的货物、物品，在境内销售牟利的变相走私行为，是否构成本罪，则应认真分析其构成条件，只有同时符合下列几个条件的才可能认定为构成其罪：（1）由于牟利在境内销售了特定减税、免税的进口货物、物品；（2）销售行为未经海关批准；（3）未补缴应缴税额；（4）达到了情节严重的程度，应当补缴的税额达到 10 万元以上不满 50 万元。上面的 4 个条件如有一个或多个不能成立，就不能认定为犯罪。如虽然未经海关批准擅自在境内销售了特定减税、免税货物，但补缴了关税的；虽然未补缴关税但是在海关批准下才在境内销售特定减税、免税货物的；或者既未经过海关批准又未补交关税，且在境内销售了特定减税、免税货物但不是出于牟利的等等，就都不能认定为构成本罪。</td></tr>
<tr><td>此罪与彼罪</td><td>本罪与其他走私罪的界限。区分的关键在于犯罪对象不同，走私普通货物、物品罪的犯罪对象是除毒品、武器、弹药、核材料、伪造的货币、珍贵动物及其制品、珍稀植物及其制品、国家禁止出口的文物、黄金、白银和其他贵重金属、淫秽物品、固体废物、液态废物和气态废物以外的其他货物和物品。而其他走私罪的犯罪对象均为特定。随着实践的发展，单个走私罪的增加，本罪的犯罪对象将进一步缩小。</td></tr>
<tr><td colspan="2" style="display:none"></td></tr>
<tr><td>证据参考标准</td><td>主体方面的证据</td><td>一、证明行为人刑事责任年龄、身份等自然情况的证据。
包括身份证明、户籍证明、任职证明、工作经历证明、特定职责证明等，主要是证明行为人的姓名（曾用名）、性别、出生年月日、民族、籍贯、出生地、职业（或职务）、住所地（或居所地）等证据材料，如户口簿、居民身份证、工作证、出生证、专业或技术等级证、干部履历表、职工登记表、护照等。
对于户籍、出生证等材料内容不实的，应提供其他证据材料。外国人犯罪的案件，应有护照等身份证明材料。人大代表、政协委员犯罪的案件，应注明身份，并附身份证明材料。</td></tr>
</table>

证据参考标准	主体方面的证据	**二、证明行为人刑事责任能力的证据。** 证明行为人对自己的行为是否具有辨认能力与控制能力，如是否属于间歇性精神病人、尚未完全丧失辨认或者控制自己行为能力的精神病人的证明材料。 **三、证明单位的证据。** 证明是否属于依法成立并有合法经营、管理范围的公司、企业、事业单位、机关、团体。 证明单位的名称、住所地、性质、法定代表人、单位负责人、业务范围、成立时间等证据材料，如企业营业执照、国有公司性质证明及非法人单位的身份证明等。 **四、证明法定代表人、单位负责人或直接责任人员等的身份证明。** 法定代表人、直接负责的主管人员和其他直接责任人在单位的任职、职责、负责权限的证明材料等。包括身份证明、户籍证明、任职证明等，如户口簿、居民身份证、工作证、护照、专业或技术等级证、干部履历表、职工登记表、任命书、业务分工文件、委派文件、单位证明、单位规章制度等。
	主观方面的证据	证明行为人故意的证据：1. 证明行为人明知的证据：证明行为人明知自己的行为会发生危害社会的结果；2. 证明直接故意的证据：证明行为人希望危害结果发生；3. 目的：非法牟利。
	客观方面的证据	一、证明行为人非法从事运输、携带、邮寄除毒品、武器、弹药、核材料、伪造的货币、国家禁止出口的文物、黄金、白银和其他贵重金属、国家禁止进出口的珍贵动物及其制品、珍稀植物及其制品、淫秽物品、固体废物、液态废物和气态废物以外的其他货物、物品进出国（边）境，偷逃关税，情节严重的行为。 二、走私普通货物、物品犯罪行为的证据。 具体证据包括：1. 证明行为人逃避海关监督、检查的证据：（1）隐瞒；（2）隐藏；（3）伪报；（4）蒙混；（5）绕关。2. 证明违反海关法规的证据：（1）国家禁止出口的普通货物、物品；（2）国家限制出口的普通货物、物品；（3）应纳税的普通货物、物品：①伪造出入关报单；②伪造进出口许可证；③伪造纳税单；④未经海关许可而未补缴关税；⑤擅自将保税进口普通货物、物品在境内销售牟利；⑥擅自将特定减免税进口普通货物、物品在境内销售牟利。
	量刑方面的证据	**一、法定量刑情节证据。** 1. 事实情节：（1）情节严重；（2）其他。2. 法定从重情节。3. 法定从轻减轻情节：（1）可以从轻；（2）可以从轻或减轻；（3）应当从轻或者减轻。4. 法定从轻减轻免除情节：（1）可以从轻、减轻或者免除处罚；（2）应当从轻、减轻或者免除处罚。5. 法定减轻免除情节：（1）可以减轻或者免除处罚；（2）应当减轻或者免除处罚；（3）可以免除处罚。 **二、酌定量刑情节证据。** 1. 犯罪手段：（1）隐瞒；（2）隐藏；（3）伪报；（4）绕关；（5）骗关；（6）运输；（7）邮寄；（8）携带；（9）其他。2. 犯罪对象。3. 危害结果。4. 动机。5. 平时表现。6. 认罪态度。7. 是否有前科。8. 其他证据。

量刑标准	走私货物、物品偷逃应缴税额较大或者一年内曾因走私被给予二次行政处罚后又走私的	处三年以下有期徒刑或者拘役，并处偷逃应缴税额一倍以上五倍以下罚金
	走私货物、物品偷逃应缴税额巨大或者有其他严重情节的	处三年以上十年以下有期徒刑，并处偷逃应缴税额一倍以上五倍以下罚金
	走私货物、物品偷逃应缴税额特别巨大或者有其他特别严重情节的	处十年以上有期徒刑或者无期徒刑，并处偷逃应缴税额一倍以上五倍以下罚金或者没收财产
	对多次走私未经处理的	按照累计走私货物、物品的偷逃应缴税额处罚
	单位犯本罪的	对单位判处罚金，并对直接负责的主管人员和其他直接责任人员，处三年以下有期徒刑或者拘役
	单位犯本罪且情节严重的	对单位判处罚金，并对直接负责的主管人员和其他直接责任人员，处三年以上十年以下有期徒刑
	单位犯本罪且情节特别严重的	对单位判处罚金，并对直接负责的主管人员和其他直接责任人员，处十年以上有期徒刑

法律适用

刑法条文

第一百五十三条 走私本法第一百五十一条、第一百五十二条、第三百四十七条规定以外的货物、物品的，根据情节轻重，分别依照下列规定处罚：

（一）走私货物、物品偷逃应缴税额较大或者一年内曾因走私被给予二次行政处罚后又走私的，处三年以下有期徒刑或者拘役，并处偷逃应缴税额一倍以上五倍以下罚金。

（二）走私货物、物品偷逃应缴税额巨大或者有其他严重情节的，处三年以上十年以下有期徒刑，并处偷逃应缴税额一倍以上五倍以下罚金。

（三）走私货物、物品偷逃应缴税额特别巨大或者有其他特别严重情节的，处十年以上有期徒刑或者无期徒刑，并处偷逃应缴税额一倍以上五倍以下罚金或者没收财产。

单位犯前款罪的，对单位判处罚金，并对其直接负责的主管人员和其他直接责任人员，处三年以下有期徒刑或者拘役；情节严重的，处三年以上十年以下有期徒刑；情节特别严重的，处十年以上有期徒刑。

对多次走私未经处理的，按照累计走私货物、物品的偷逃应缴税额处罚。

第一百五十四条 下列走私行为，根据本节规定构成犯罪的，依照本法第一百五十三条的规定定罪处罚：

（一）未经海关许可并且未补缴应缴税额，擅自将批准进口的来料加工、来件装配、补偿贸易的原材料、零件、制成品、设备等保税货物，在境内销售牟利的；

（二）未经海关许可并且未补缴应缴税额，擅自将特定减税、免税进口的货物、物品，在境内销售牟利的。

刑法条文

第一百五十五条 下列行为，以走私罪论处，依照本节的有关规定处罚：

（一）直接向走私人非法收购国家禁止进口物品的，或者直接向走私人非法收购走私进口的其他货物、物品，数额较大的；

（二）在内海、领海、界河、界湖运输、收购、贩卖国家禁止进出口物品的，或者运输、收购、贩卖国家限制进出口货物、物品，数额较大，没有合法证明的。

法律适用 司法解释

一、最高人民法院、最高人民检察院《关于办理走私刑事案件适用法律若干问题的解释》（节录）（2014年8月12日最高人民法院、最高人民检察院公布 自2014年9月10日起施行）

第十六条 走私普通货物、物品，偷逃应缴税额在十万元以上不满五十万元的，应当认定为刑法第一百五十三条第一款规定的"偷逃应缴税额较大"；偷逃应缴税额在五十万元以上不满二百五十万元的，应当认定为"偷逃应缴税额巨大"；偷逃应缴税额在二百五十万元以上的，应当认定为"偷逃应缴税额特别巨大"。

走私普通货物、物品，具有下列情形之一，偷逃应缴税额在三十万元以上不满五十万元的，应当认定为刑法第一百五十三条第一款规定的"其他严重情节"；偷逃应缴税额在一百五十万元以上不满二百五十万元的，应当认定为"其他特别严重情节"：

（一）犯罪集团的首要分子；

（二）使用特种车辆从事走私活动的；

（三）为实施走私犯罪，向国家机关工作人员行贿的；

（四）教唆、利用未成年人、孕妇等特殊人群走私的；

（五）聚众阻挠缉私的。

第十七条 刑法第一百五十三条第一款规定的"一年内曾因走私被给予二次行政处罚后又走私"中的"一年内"，以因走私第一次受到行政处罚的生效之日与"又走私"行为实施之日的时间间隔计算确定；"被给予二次行政处罚"的走私行为，包括走私普通货物、物品以及其他货物、物品；"又走私"行为仅指走私普通货物、物品。

第十八条 刑法第一百五十三条规定的"应缴税额"，包括进出口货物、物品应当缴纳的进出口关税和进口环节海关代征税的税额。应缴税额以走私行为实施时的税则、税率、汇率和完税价格计算；多次走私的，以每次走私行为实施时的税则、税率、汇率和完税价格逐票计算；走私行为实施时间不能确定的，以案发时的税则、税率、汇率和完税价格计算。

刑法第一百五十三条第三款规定的"多次走私未经处理"，包括未经行政处理和刑事处理。

第十九条 刑法第一百五十四条规定的"保税货物"，是指经海关批准，未办理纳税手续进境，在境内储存、加工、装配后应予复运出境的货物，包括通过加工贸易、补偿贸易等方式进口的货物，以及在保税仓库、保税工厂、保税区或者免税商店内等储存、加工、寄售的货物。

第二十条 直接向走私人非法收购走私进口的货物、物品，在内海、领海、界河、界湖运输、收购、贩卖国家禁止进出口的物品，或者没有合法证明，在内海、领海、界河、界湖运输、收购、贩卖国家限制进出口的货物、物品，构成犯罪的，应当按照走私货物、物品的种类，分别依照刑法第一百五十一条、第一百五十二条、第一百五十三条、第三百四十七条、第三百五十条的规定定罪处罚。

法律适用 司法解释

刑法第一百五十五条第二项规定的“内海”，包括内河的入海口水域。

第二十一条 未经许可进出口国家限制进出口的货物、物品，构成犯罪的，应当依照刑法第一百五十一条、第一百五十二条的规定，以走私国家禁止进出口的货物、物品罪等罪名定罪处罚；偷逃应缴税额，同时又构成走私普通货物、物品罪的，依照处罚较重的规定定罪处罚。

取得许可，但超过许可数量进出口国家限制进出口的货物、物品，构成犯罪的，依照刑法第一百五十三条的规定，以走私普通货物、物品罪定罪处罚。

租用、借用或者使用购买的他人许可证，进出口国家限制进出口的货物、物品的，适用本条第一款的规定定罪处罚。

第二十二条 在走私的货物、物品中藏匿刑法第一百五十一条、第一百五十二条、第三百四十七条、第三百五十条规定的货物、物品，构成犯罪的，以实际走私的货物、物品定罪处罚；构成数罪的，实行数罪并罚。

第二十三条 实施走私犯罪，具有下列情形之一的，应当认定为犯罪既遂：

（一）在海关监管现场被查获的；

（二）以虚假申报方式走私，申报行为实施完毕的；

（三）以保税货物或者特定减税、免税进口的货物、物品为对象走私，在境内销售的，或者申请核销行为实施完毕的。

第二十四条 单位犯刑法第一百五十一条、第一百五十二条规定之罪，依照本解释规定的标准定罪处罚。

单位犯走私普通货物、物品罪，偷逃应缴税额在二十万元以上不满一百万元的，应当依照刑法第一百五十三条第二款的规定，对单位判处罚金，并对其直接负责的主管人员和其他直接责任人员，处三年以下有期徒刑或者拘役；偷逃应缴税额在一百万元以上不满五百万元的，应当认定为“情节严重”；偷逃应缴税额在五百万元以上的，应当认定为“情节特别严重”。

二、最高人民法院《关于审理走私、非法经营、非法使用兴奋剂刑事案件适用法律若干问题的解释》（节录）（2019年11月18日最高人民法院公布　自2020年1月1日起施行）

第一条 运动员、运动员辅助人员走私兴奋剂目录所列物质，或者其他人员以在体育竞赛中非法使用为目的走私兴奋剂目录所列物质，涉案物质属于国家禁止进出口的货物、物品，具有下列情形之一的，应当依照刑法第一百五十一条第三款的规定，以走私国家禁止进出口的货物、物品罪定罪处罚：

（一）一年内曾因走私被给予二次以上行政处罚后又走私的；

（二）用于或者准备用于未成年人运动员、残疾人运动员的；

（三）用于或者准备用于国内、国际重大体育竞赛的；

（四）其他造成严重恶劣社会影响的情形。

实施前款规定的行为，涉案物质不属于国家禁止进出口的货物、物品，但偷逃应缴税额一万元以上或者一年内曾因走私被给予二次以上行政处罚后又走私的，应当依照刑法第一百五十三条的规定，以走私普通货物、物品罪定罪处罚。

对于本条第一款、第二款规定以外的走私兴奋剂目录所列物质行为，适用《最高人民法院、最高人民检察院关于办理走私刑事案件适用法律若干问题的解释》（法释〔2014〕10号）规定的定罪量刑标准。

法律适用 相关法律法规

一、《中华人民共和国烟草专卖法》(节录)(1991年6月29日中华人民共和国主席令第46号公布　自公布之日起施行　2009年8月27日第一次修正　2013年12月28日第二次修正　2015年4月24日第三次修正)

第三十七条　走私烟草专卖品,构成走私罪的,依照刑法有关规定追究刑事责任;走私烟草专卖品,数额不大,不构成走私罪的,由海关没收走私货物、物品和违法所得,可以并处罚款。

烟草专卖行政主管部门和烟草公司工作人员利用职务上的便利犯前款罪的,依法从重处罚。

二、《中华人民共和国进出口关税条例》(节录)(2003年11月23日中华人民共和国国务院令第392号公布　2011年1月8第一次修订　2013年12月7日第二次修订　2016年2月6日第三次修订　2017年3月1日第四次修订)

第十五条　进出口货物,应当适用海关接受该货物申报进口或者出口之日实施的税率。

进口货物到达前,经海关核准先行申报的,应当适用装载该货物的运输工具申报进境之日实施的税率。

转关运输货物税率的适用日期,由海关总署另行规定。

第十六条　有下列情形之一,需缴纳税款的,应当适用海关接受申报办理纳税手续之日实施的税率:

(一)保税货物经批准不复运出境的;

(二)减免税货物经批准转让或者移作他用的;

(三)暂时进境货物经批准不复运出境,以及暂时出境货物经批准不复运进境的;

(四)租赁进口货物,分期缴纳税款的。

第十七条　补征和退还进出口货物关税,应当按照本条例第十五条或者第十六条的规定确定适用的税率。

因纳税义务人违反规定需要追征税款的,应当适用该行为发生之日实施的税率;行为发生之日不能确定的,适用海关发现该行为之日实施的税率。

第十八条　进口货物的完税价格由海关以符合本条第三款所列条件的成交价格以及该货物运抵中华人民共和国境内输入地点起卸前的运输及其相关费用、保险费为基础审查确定。

进口货物的成交价格,是指卖方向中华人民共和国境内销售该货物时买方为进口该货物向卖方实付、应付的,并按照本条例第十九条、第二十条规定调整后的价款总额,包括直接支付的价款和间接支付的价款。

进口货物的成交价格应当符合下列条件:

(一)对买方处置或者使用该货物不予限制,但法律、行政法规规定实施的限制、对货物转售地域的限制和对货物价格无实质性影响的限制除外;

(二)该货物的成交价格没有因搭售或者其他因素的影响而无法确定;

(三)卖方不得从买方直接或者间接获得因该货物进口后转售、处置或者使用而产生的任何收益,或者虽有收益但能够按照本条例第十九条、第二十条的规定进行调整;

(四)买卖双方没有特殊关系,或者虽有特殊关系但未对成交价格产生影响。

法律适用 相关法律法规

第十九条 进口货物的下列费用应当计入完税价格：

（一）由买方负担的购货佣金以外的佣金和经纪费；

（二）由买方负担的在审查确定完税价格时与该货物视为一体的容器的费用；

（三）由买方负担的包装材料费用和包装劳务费用；

（四）与该货物的生产和向中华人民共和国境内销售有关的，由买方以免费或者以低于成本的方式提供并可以按适当比例分摊的料件、工具、模具、消耗材料及类似货物的价款，以及在境外开发、设计等相关服务的费用；

（五）作为该货物向中华人民共和国境内销售的条件，买方必须支付的、与该货物有关的特许权使用费；

（六）卖方直接或者间接从买方获得的该货物进口后转售、处置或者使用的收益。

第二十条 进口时在货物的价款中列明的下列税收、费用，不计入该货物的完税价格：

（一）厂房、机械、设备等货物进口后进行建设、安装、装配、维修和技术服务的费用；

（二）进口货物运抵境内输入地点起卸后的运输及其相关费用、保险费；

（三）进口关税及国内税收。

第二十一条 进口货物的成交价格不符合本条例第十八条第三款规定条件的，或者成交价格不能确定的，海关经了解有关情况，并与纳税义务人进行价格磋商后，依次以下列价格估定该货物的完税价格：

（一）与该货物同时或者大约同时向中华人民共和国境内销售的相同货物的成交价格；

（二）与该货物同时或者大约同时向中华人民共和国境内销售的类似货物的成交价格；

（三）与该货物进口的同时或者大约同时，将该进口货物、相同或者类似进口货物在第一级销售环节销售给无特殊关系买方最大销售总量的单位价格，但应当扣除本条例第二十二条规定的项目；

（四）按照下列各项总和计算的价格：生产该货物所使用的料件成本和加工费用，向中华人民共和国境内销售同等级或者同种类货物通常的利润和一般费用，该货物运抵境内输入地点起卸前的运输及其相关费用、保险费；

（五）以合理方法估定的价格。

纳税义务人向海关提供有关资料后，可以提出申请，颠倒前款第（三）项和第（四）项的适用次序。

第二十二条 按照本条例第二十一条第一款第（三）项规定估定完税价格，应当扣除的项目是指：

（一）同等级或者同种类货物在中华人民共和国境内第一级销售环节销售时通常的利润和一般费用以及通常支付的佣金；

（二）进口货物运抵境内输入地点起卸后的运输及其相关费用、保险费；

（三）进口关税及国内税收。

第二十三条 以租赁方式进口的货物，以海关审查确定的该货物的租金作为完税价格。

纳税义务人要求一次性缴纳税款的，纳税义务人可以选择按照本条例第二十一条的规定估定完税价格，或者按照海关审查确定的租金总额作为完税价格。

第二十四条 运往境外加工的货物，出境时已向海关报明并在海关规定的期限内复运进境的，应当以境外加工费和料件费以及复运进境的运输及其相关费用和保险费审查确定完税价格。

第二十五条 运往境外修理的机械器具、运输工具或者其他货物，出境时已向海关报明并在海关规定的期限内复运进境的，应当以境外修理费和料件费审查确定完税价格。

第二十六条 出口货物的完税价格由海关以该货物的成交价格以及该货物运至中华人民共和国境内输出地点装载前的运输及其相关费用、保险费为基础审查确定。

出口货物的成交价格，是指该货物出口时卖方为出口该货物应当向买方直接收取和间接收取的价款总额。

出口关税不计入完税价格。

第二十七条 出口货物的成交价格不能确定的，海关经了解有关情况，并与纳税义务人进行价格磋商后，依次以下列价格估定该货物的完税价格：

（一）与该货物同时或者大约同时向同一国家或者地区出口的相同货物的成交价格；

（二）与该货物同时或者大约同时向同一国家或者地区出口的类似货物的成交价格；

（三）按照下列各项总和计算的价格：境内生产相同或者类似货物的料件成本、加工费用，通常的利润和一般费用，境内发生的运输及其相关费用、保险费；

（四）以合理方法估定的价格。

第二十八条 按照本条例规定计入或者不计入完税价格的成本、费用、税收，应当以客观、可量化的数据为依据。

第四十五条 下列进出口货物，免征关税：

（一）关税税额在人民币 50 元以下的一票货物；

（二）无商业价值的广告品和货样；

（三）外国政府、国际组织无偿赠送的物资；

（四）在海关放行前损失的货物；

（五）进出境运输工具装载的途中必需的燃料、物料和饮食用品。

在海关放行前遭受损坏的货物，可以根据海关认定的受损程度减征关税。

法律规定的其他免征或者减征关税的货物，海关根据规定予以免征或者减征。

第四十六条 特定地区、特定企业或者有特定用途的进出口货物减征或者免征关税，以及临时减征或者免征关税，按照国务院的有关规定执行。

第四十七条 进口货物减征或者免征进口环节海关代征税，按照有关法律、行政法规的规定执行。

第四十八条 纳税义务人进出口减免税货物的，除另有规定外，应当在进出口该货物之前，按照规定持有关文件向海关办理减免税审批手续。经海关审查符合规定的，予以减征或者免征关税。

第四十九条 需由海关监管使用的减免税进口货物，在监管年限内转让或者移作他用需要补税的，海关应当根据该货物进口时间折旧估价，补征进口关税。

特定减免税进口货物的监管年限由海关总署规定。

第五十条 有下列情形之一的，纳税义务人自缴纳税款之日起 1 年内，可以申请

法律适用

相关法律法规

退还关税，并应当以书面形式向海关说明理由，提供原缴款凭证及相关资料：

（一）已征进口关税的货物，因品质或者规格原因，原状退货复运出境的；

（二）已征出口关税的货物，因品质或者规格原因，原状退货复运进境，并已重新缴纳因出口而退还的国内环节有关税收的；

（三）已征出口关税的货物，因故未装运出口，申报退关的。

海关应当自受理退税申请之日起 30 日内查实并通知纳税义务人办理退还手续。纳税义务人应当自收到通知之日起 3 个月内办理有关退税手续。

按照其他有关法律、行政法规规定应当退还关税的，海关应当按照有关法律、行政法规的规定退税。

第五十一条 进出口货物放行后，海关发现少征或者漏征税款的，应当自缴纳税款或者货物放行之日起 1 年内，向纳税义务人补征税款。但因纳税义务人违反规定造成少征或者漏征税款的，海关可以自缴纳税款或者货物放行之日起 3 年内追征税款，并从缴纳税款或者货物放行之日起按日加收少征或者漏征税款万分之五的滞纳金。

海关发现海关监管货物因纳税义务人违反规定造成少征或者漏征税款的，应当自纳税义务人应缴纳税款之日起 3 年内追征税款，并从应缴纳税款之日起按日加收少征或者漏征税款万分之五的滞纳金。

第五十二条 海关发现多征税款的，应当立即通知纳税义务人办理退还手续。

纳税义务人发现多缴税款的，自缴纳税款之日起 1 年内，可以以书面形式要求海关退还多缴的税款并加算银行同期活期存款利息；海关应当自受理退税申请之日起 30 日内查实并通知纳税义务人办理退还手续。

纳税义务人应当自收到通知之日起 3 个月内办理有关退税手续。

第五十三条 按照本条例第五十条、第五十二条的规定退还税款、利息涉及从国库中退库的，按照法律、行政法规有关国库管理的规定执行。

第五十四条 报关企业接受纳税义务人的委托，以纳税义务人的名义办理报关纳税手续，因报关企业违反规定而造成海关少征、漏征税款的，报关企业对少征或者漏征的税款、滞纳金与纳税义务人承担纳税的连带责任。

报关企业接受纳税义务人的委托，以报关企业的名义办理报关纳税手续的，报关企业与纳税义务人承担纳税的连带责任。

除不可抗力外，在保管海关监管货物期间，海关监管货物损毁或者灭失的，对海关监管货物负有保管义务的人应当承担相应的纳税责任。

第五十五条 欠税的纳税义务人，有合并、分立情形的，在合并、分立前，应当向海关报告，依法缴清税款。纳税义务人合并时未缴清税款的，由合并后的法人或者其他组织继续履行未履行的纳税义务；纳税义务人分立时未缴清税款的，分立后的法人或者其他组织对未履行的纳税义务承担连带责任。

纳税义务人在减免税货物、保税货物监管期间，有合并、分立或者其他资产重组情形的，应当向海关报告。按照规定需要缴税的，应当依法缴清税款；按照规定可以继续享受减免税、保税待遇的，应当到海关办理变更纳税义务人的手续。

纳税义务人欠税或者在减免税货物、保税货物监管期间，有撤销、解散、破产或者其他依法终止经营情形的，应当在清算前向海关报告。海关应当依法对纳税义务人的应缴税款予以清缴。

第五十六条 进境物品的关税以及进口环节海关代征税合并为进口税，由海关依法征收。

第五十七条 海关总署规定数额以内的个人自用进境物品，免征进口税。

超过海关总署规定数额但仍在合理数量以内的个人自用进境物品，由进境物品的纳税义务人在进境物品放行前按照规定缴纳进口税。

超过合理、自用数量的进境物品应当按照进口货物依法办理相关手续。

国务院关税税则委员会规定按货物征税的进境物品，按照本条例第二章至第四章的规定征收关税。

第五十八条 进境物品的纳税义务人是指，携带物品进境的入境人员、进境邮递物品的收件人以及以其他方式进口物品的收件人。

第五十九条 进境物品的纳税义务人可以自行办理纳税手续，也可以委托他人办理纳税手续。接受委托的人应当遵守本章对纳税义务人的各项规定。

第六十条 进口税从价计征。

进口税的计算公式为：进口税税额＝完税价格×进口税税率

第六十一条 海关应当按照《进境物品进口税税率表》及海关总署制定的《中华人民共和国进境物品归类表》、《中华人民共和国进境物品完税价格表》对进境物品进行归类、确定完税价格和确定适用税率。

第六十二条 进境物品，适用海关填发税款缴款书之日实施的税率和完税价格。

第六十三条 进口税的减征、免征、补征、追征、退还以及对暂准进境物品征收进口税参照本条例对货物征收进口关税的有关规定执行。

三、《中华人民共和国对外贸易法》（节录）（1994年5月12日通过　2004年4月6日修订　2016年11月7日修正）

第三十四条 在对外贸易活动中，不得有下列行为：

（一）伪造、变造进出口货物原产地标记，伪造、变造或者买卖进出口货物原产地证书、进出口许可证、进出口配额证明或者其他进出口证明文件；

（二）骗取出口退税；

（三）走私；

（四）逃避法律、行政法规规定的认证、检验、检疫；

（五）违反法律、行政法规规定的其他行为。

第六十三条 违反本法第三十四条规定，依照有关法律、行政法规的规定处罚；构成犯罪的，依法追究刑事责任。

国务院对外贸易主管部门可以禁止违法行为人自前款规定的行政处罚决定生效之日或者刑事处罚判决生效之日起一年以上三年以下的期限内从事有关的对外贸易经营活动。

公安部《关于如何理解走私罪中“直接负责的主管人员”和“直接责任人员”的答复》（1994年3月3日公安部公布　自公布之日起施行　公法〔1994〕27号）

辽宁省公安厅：

你厅《关于执行全国人大常委会〈关于惩治走私罪的补充规定〉第五条中几个问题的请示》收悉。经商最高人民法院研究室同意，现答复如下：

所谓“直接负责的主管人员”，是指在企业事业单位、机关、团体中，对本单位实施走私犯罪起决定作用的、负有组织、决策、指挥责任的领导人员。单位的领导人

法律适用	规章及规范性文件	如果没有参与单位走私的组织、决策、指挥，或者仅是一般参与，并不是起决定作用的，则不应对单位的走私犯罪负刑事责任。 所谓“直接责任人员”，是指直接实施本单位走私犯罪行为或者虽对本单位走私犯罪负有部分组织责任，但对本单位走私犯罪行为不起决定作用，只是具体执行、积极参与的该单位的部门负责人或者一般工作人员。 对涉及两个或两个以上企事业单位、机关、团体联合走私的，认定“直接负责的主管人员”和“直接责任人员”，按上述原则办理。

21 虚报注册资本案

概念

本罪是指在申请公司登记过程中，使用虚假证明文件或者采取其他欺诈手段虚报注册资本，欺骗公司登记主管部门，取得公司登记，虚报注册资本数额巨大、后果严重或者有其他严重情节的行为。

立案标准

根据最高人民检察院、公安部《关于公安机关管辖的刑事案件立案追诉标准的规定（二）》，申请公司登记使用虚假证明文件或者采取其他欺诈手段虚报注册资本，欺骗公司登记主管部门，取得公司登记，涉嫌下列情形之一的，应予立案追诉：

1. 超过法定出资期限，实缴注册资本不足法定注册资本最低限额，有限责任公司虚报数额在30万元以上并占其应缴出资数额60%以上的，股份有限公司虚报数额在300万元以上并占其应缴出资数额30%以上的；

2. 超过法定出资期限，实缴注册资本达到法定注册资本最低限额，但仍虚报注册资本，有限责任公司虚报数额在100万元以上并占其应缴出资数额60%以上的，股份有限公司虚报数额在1000万元以上并占其应缴出资数额30%以上的；

3. 造成投资者或者其他债权人直接经济损失累计数额在10万元以上的；

4. 虽未达到上述数额标准，但具有下列情形之一的：

（1）两年内因虚报注册资本受过行政处罚二次以上，又虚报注册资本的；

（2）向公司登记主管人员行贿的；

（3）为进行违法活动而注册的。

5. 其他后果严重或者有其他严重情节的情形。

注意：根据相关立法解释的规定，虚报注册资本罪只适用于依法实行注册资本实缴登记制的公司。

定罪标准

犯罪客体

本罪侵犯的客体是国家对公司的登记管理制度。公司作为市场经济中重要的主体，在市场经济活动中占据着重要地位，发挥重要的作用。为提高公司的公示性和安全性，我国建立了公司登记制度。公司未经登记不得设立。

本罪的犯罪对象是注册资本。所谓注册资本，是指有限责任公司和股份有限公司的股东在公司登记机关登记的股东实际缴纳的出资总额。作为公司经营资本的一部分，注册资本是公司承担风险、偿还债务的一项基本保证。行为人虚报注册资本，取得登记设立公司，极大危害了社会主义市场经济秩序，对资本和债务安全构成重大威胁，应予以依法打击。

犯罪客观方面

本罪在客观方面表现为使用虚假证明文件或者采取其他欺诈手段虚报注册资本，欺骗公司登记主管部门，取得公司登记，且虚报注册资本数额巨大、后果严重或者有其他严重情节的行为。（1）本罪的行为方式是使用虚假证明文件或者采取其他欺诈手段虚报注册资本。这里的证明文件，主要是指公司股东缴纳全部出资或出资认购法定

<table>
<tr><td rowspan="4">定罪标准</td><td>犯罪客观方面</td><td>股份后，由依法设立的注册会计师事务所、审计师事务所等法定验资机构依法对申请公司登记的人的出资验资后所出具的验资报告、资产评估报告、验资证明以及出资者所拥有的出资单据、银行账户及有关产权转让的文件等。这些文件必须真实可靠、不能虚假，否则就应承担相应的法律责任。所谓使用虚假的证明文件，是指向公司登记主管部门提供与实际情况不相符合的、不真实的、伪造的或隐瞒了重要事实的证明文件。既可以是公司登记申请人伪造或篡改的，亦可以是与验资机构中的验资人员恶意串通，从而取得虚假的证明文件。但不论虚假证明文件来源如何，都不影响本罪成立。至于其他欺诈手段，则是指除使用虚假的证明文件以外的虚报注册资本的手段，如使用虚假的股东姓名、虚构生产经营场所等。但不论是使用虚假证明文件还是其他欺诈手段，都是为了虚报注册资本，并为虚报注册资本服务。如果与虚报注册资本无关，则不能构成本罪。虚报注册资本，是指公司实际上没有资本而谎称具有或者虽有资本，但实有资本却少于所申报的资本。具体到本罪，则是行为人不具有登记公司时所应要求的法定注册资本最低限额却说其有；如实交纳股本或出资额低于法定注册资本最低限额却说已达到最低限额；或者虽然达到了注册资本的最低限额，但是由于将出资中的实物、工业产权、非专利技术、土地使用权等作价高于其实际价格而产生实际资本与注册资本不符等。（2）行为人通过欺骗公司登记主管部门，取得了公司登记。行为人使用虚假证明文件或采取其他欺诈手段虚报注册资本的行为是申请公司登记的单位或个人在申请公司登记时针对公司登记主管部门即工商行政管理机关实施的。如果实施上述行为不是为登记公司而对公司登记主管部门进行的，则不构成本罪。如利用虚假证明文件与他人签订经济合同，诈骗钱财，则就不能构成本罪，构成犯罪，也应按他罪如合同诈骗罪定罪处罚。行为人只有欺诈登记的行为，但及时被公司登记主管部门发现，而没有取得公司登记，也不能构成犯罪，但公司登记主管部门可依照有关行政法规予以处罚。必须达到情节严重的程度，才能构成本罪。所谓情节严重，是指虚报注册资本数额巨大、后果严重或者具有其他严重情节。具体可参见相关司法解释的规定。</td></tr>
<tr><td>犯罪主体</td><td>本罪的主体要件是特殊主体，即申请公司登记的个人或单位。公司是指依照公司法在中国境内设立的有限责任公司和股份有限公司。根据《公司法》的规定，有限责任公司的“申请公司登记的人”是由全体股东指定的代表或者共同委托的代理人，股份有限公司的“申请公司设立的人”是董事会。单位犯本罪的，同时也要对其直接负责的主管人员和其他直接责任人员追究刑事责任。</td></tr>
<tr><td>犯罪主观方面</td><td>本罪主观方面由故意构成，犯罪的目的是为了欺骗公司登记机关，非法取得公司登记。过失不构成本罪，对于确实不知道公司登记条件，或者因工作疏忽造成注册资本虚假的，不能构成本罪。</td></tr>
<tr><td>罪与非罪</td><td>区分罪与非罪的界限，应当注意：行为人虽然虚报注册资本，如果没有取得公司登记的，则不构成本罪。构成本罪，还必须具备虚报注册资本数额巨大、后果严重或者有其他严重情节。所谓后果严重或者有其他严重情节，主要是指虚报注册资本虽然未达到数额巨大的标准，但严重损害股东或者债权人的利益，或者取得公司登记后从</td></tr>
</table>

<table>
<tr><td rowspan="2">定罪标准</td><td>罪与非罪</td><td>事违法犯罪活动等。对于不构成犯罪的，可根据《公司法》的有关规定处理，即办理公司登记时虚报注册资本、提交虚假证明文件或者采用欺骗手段隐瞒重要事实取得公司登记的，责令改正，对虚报注册资本的公司，处以虚报注册资本金额的5%以上15%以下的罚款；对提交虚假证明文件或者采取其他欺诈手段隐瞒严重事实的公司，处以5万元以上50万元以下罚款；情节严重的，撤销公司登记或者吊销营业执照。</td></tr>
<tr><td>此罪与彼罪</td><td>本罪与诈骗罪的界限。两者的区别在于：（1）犯罪主体不同。诈骗罪是一般主体，而且仅指自然人；本罪是特殊主体，除自然人外，还包括单位。(2) 客观方面表现不同。本罪的诈骗内容更具体化，仅指在公司登记活动中的欺诈行为；而一般诈骗的内容更为广泛。(3) 犯罪目的不同。诈骗罪的目的是以非法占有被害人的财物为目的；而本罪的直接目的是取得公司的登记。(4) 犯罪对象不同。诈骗罪一般都没有特定的对象；而本罪的行为一般都有特定的对象，即公司登记主管部门。</td></tr>
<tr><td rowspan="2">证据参考标准</td><td>主体方面的证据</td><td>一、证明行为人刑事责任年龄、身份等自然情况的证据。
包括身份证明、户籍证明、任职证明、工作经历证明、特定职责证明等，主要是证明行为人的姓名（曾用名）、性别、出生年月日、民族、籍贯、出生地、职业（或职务）、住所地（或居所地）等证据材料，如户口簿、居民身份证、工作证、出生证、专业或技术等级证、干部履历表、职工登记表、护照等。
对于户籍、出生证等材料内容不实的，应提供其他证据材料。外国人犯罪的案件，应有护照等身份证明材料。人大代表、政协委员犯罪的案件，应注明身份，并附身份证明材料。
二、证明行为人刑事责任能力的证据。
证明行为人对自己的行为是否具有辨认能力与控制能力，如是否属于间歇性精神病人、尚未完全丧失辨认或者控制自己行为能力的精神病人的证明材料。
三、证明单位的证据。
证明是否属于依法成立并有合法经营、管理范围的公司、企业、事业单位、机关、团体。
证明单位的名称、住所地、性质、法定代表人、单位负责人、业务范围、成立时间等证据材料，如企业营业执照、国有公司性质证明及非法人单位的身份证明等。
四、证明法定代表人、单位负责人或直接责任人员等的身份证明。
法定代表人、直接负责的主管人员和其他直接责任人在单位的任职、职责、负责权限的证明材料等。包括身份证明、户籍证明、任职证明等，如户口簿、居民身份证、工作证、护照、专业或技术等级证、干部履历表、职工登记表、任命书、业务分工文件、委派文件、单位证明、单位规章制度等。</td></tr>
<tr><td>主观方面的证据</td><td>证明行为人故意的证据：1. 证明行为人明知的证据：证明行为人明知自己的行为会发生危害社会的结果；2. 证明直接故意的证据：证明行为人希望危害结果发生；3. 目的：欺骗公司登记机关。</td></tr>
</table>

<table>
<tr><td rowspan="2">证据参考标准</td><td>客观方面的证据</td><td colspan="2">一、证明行为人使用虚假证明文件或者采取其他欺诈手段虚报注册资本的证据。
二、证明虚报注册资本犯罪行为的证据。
具体证据包括：1. 提供虚报注册资本行为的证据：（1）证明提供注册资本虚假证明文件；（2）以欺诈手段虚报注册资本；（3）采取隐瞒手段虚报注册资本；（4）其他。2. 证明骗取公司登记主管部门登记行为的证据：（1）采取某行为骗取公司登记；（2）以虚假的注册资本取得公司登记。3. 证明虚报注册资本情节行为的证据：（1）虚报注册资本数额巨大；（2）造成严重后果；（3）情节严重。4. 证明从事违法活动行为的证据。5. 其他证据。</td></tr>
<tr><td>量刑方面的证据</td><td colspan="2">一、法定量刑情节证据。
1. 事实情节：（1）情节严重；（2）其他。2. 法定从重情节。3. 法定从轻减轻情节：（1）可以从轻；（2）可以从轻或减轻；（3）应当从轻或者减轻。4. 法定从轻减轻免除情节：（1）可以从轻、减轻或者免除处罚；（2）应当从轻、减轻或者免除处罚。5. 法定减轻免除情节：（1）可以减轻或者免除处罚；（2）应当减轻或者免除处罚；（3）可以免除处罚。
二、酌定量刑情节证据。
1. 犯罪手段：（1）虚报；（2）欺骗；（3）隐瞒主要事实。2. 犯罪对象。3. 危害结果。4. 动机。5. 平时表现。6. 认罪态度。7. 是否有前科。8. 其他证据。</td></tr>
<tr><td rowspan="2">量刑标准</td><td colspan="2">犯本罪的</td><td>处三年以下有期徒刑或者拘役，并处或者单处虚报注册资本金额百分之一以上百分之五以下罚金</td></tr>
<tr><td colspan="2">单位犯本罪的</td><td>对单位判处罚金，并对其直接负责的主管人员和直接责任人员，处三年以下有期徒刑或者拘役</td></tr>
<tr><td rowspan="2">法律适用</td><td>刑法条文</td><td colspan="2">第一百五十八条　申请公司登记使用虚假证明文件或者采取其他欺诈手段虚报注册资本，欺骗公司登记主管部门，取得公司登记，虚报注册资本数额巨大、后果严重或者有其他严重情节的，处三年以下有期徒刑或者拘役，并处或者单处虚报注册资本金额百分之一以上百分之五以下罚金。
单位犯前款罪的，对单位判处罚金，并对其直接负责的主管人员和其他直接责任人员，处三年以下有期徒刑或者拘役。</td></tr>
<tr><td>立法解释</td><td colspan="2">全国人民代表大会常务委员会《关于〈中华人民共和国刑法〉第一百五十八条、第一百五十九条的解释》（2014年4月24日全国人大常委会公布　自公布之日起施行）
全国人民代表大会常务委员会讨论了公司法修改后刑法第一百五十八条、第一百五十九条对实行注册资本实缴登记制、认缴登记制的公司的适用范围问题，解释如下：
刑法第一百五十八条、第一百五十九条的规定，只适用于依法实行注册资本实缴登记制的公司。
现予公告。</td></tr>
</table>

法律适用

司法解释

最高人民检察院、公安部《关于公安机关管辖的刑事案件立案追诉标准的规定（二）》（节录）（2010年5月7日最高人民检察院、公安部公布　自公布之日起施行　2011年11月14日修正）

第三条〔虚报注册资本案（刑法第一百五十八条）〕申请公司登记使用虚假证明文件或者采取其他欺诈手段虚报注册资本，欺骗公司登记主管部门，取得公司登记，涉嫌下列情形之一的，应予立案追诉：

（一）超过法定出资期限，实缴注册资本不足法定注册资本最低限额，有限责任公司虚报数额在三十万元以上并占其应缴出资数额百分之六十以上的，股份有限公司虚报数额在三百万元以上并占其应缴出资数额百分之三十以上的；

（二）超过法定出资期限，实缴注册资本达到法定注册资本最低限额，但仍虚报注册资本，有限责任公司虚报数额在一百万元以上并占其应缴出资数额百分之六十以上的，股份有限公司虚报数额在一千万元以上并占其应缴出资数额百分之三十以上的；

（三）造成投资者或者其他债权人直接经济损失累计数额在十万元以上的；

（四）虽未达到上述数额标准，但具有下列情形之一的：

1. 两年内因虚报注册资本受过行政处罚二次以上，又虚报注册资本的；

2. 向公司登记主管人员行贿的；

3. 为进行违法活动而注册的。

（五）其他后果严重或者有其他严重情节的情形。

相关法律法规

一、《中华人民共和国公司法》（节录）（1993年12月29日中华人民共和国主席令第16号公布　自1994年7月1日起施行　1999年12月25日第一次修正　2004年8月28日第二次修正　2005年10月27日修订　2013年12月28日第三次修正　2018年10月26日第四次修正）

第二十三条　设立有限责任公司，应当具备下列条件：

（一）股东符合法定人数；

（二）有符合公司章程规定的全体股东认缴的出资额；

（三）股东共同制定公司章程；

（四）有公司名称，建立符合有限责任公司要求的组织机构；

（五）有公司住所。

第二十六条　有限责任公司的注册资本为在公司登记机关登记的全体股东认缴的出资额。

法律、行政法规以及国务院决定对有限责任公司注册资本实缴、注册资本最低限额另有规定的，从其规定。

第二十七条　股东可以用货币出资，也可以用实物、知识产权、土地使用权等可以用货币估价并可以依法转让的非货币财产作价出资；但是，法律、行政法规规定不得作为出资的财产除外。

对作为出资的非货币财产应当评估作价，核实财产，不得高估或者低估作价。法律、行政法规对评估作价有规定的，从其规定。

第二十八条　股东应当按期足额缴纳公司章程中规定的各自所认缴的出资额。股东以货币出资的，应当将货币出资足额存入有限责任公司在银行开设的账户；以非货

法律适用 相关法律法规

币财产出资的，应当依法办理其财产权的转移手续。

股东不按照前款规定缴纳出资的，除应当向公司足额缴纳外，还应当向已按期足额缴纳出资的股东承担违约责任。

第二十九条 股东认足公司章程规定的出资后，由全体股东指定的代表或者共同委托的代理人向公司登记机关报送公司登记申请书、公司章程等文件，申请设立登记。

第七十六条 设立股份有限公司，应当具备下列条件：

（一）发起人符合法定人数；

（二）有符合公司章程规定的全体发起人认购的股本总额或者募集的实收股本总额；

（三）股份发行、筹办事项符合法律规定；

（四）发起人制订公司章程，采用募集方式设立的经创立大会通过；

（五）有公司名称，建立符合股份有限公司要求的组织机构；

（六）有公司住所。

第八十条 股份有限公司采取发起设立方式设立的，注册资本为在公司登记机关登记的全体发起人认购的股本总额。在发起人认购的股份缴足前，不得向他人募集股份。

股份有限公司采取募集方式设立的，注册资本为在公司登记机关登记的实收股本总额。

法律、行政法规以及国务院决定对股份有限公司注册资本实缴、注册资本最低限额另有规定的，从其规定。

第八十三条 以发起设立方式设立股份有限公司的，发起人应当书面认足公司章程规定其认购的股份，并按照公司章程规定缴纳出资。以非货币财产出资的，应当依法办理其财产权的转移手续。

发起人不依照前款规定缴纳出资的，应当按照发起人协议承担违约责任。

发起人认足公司章程规定的出资后，应当选举董事会和监事会，由董事会向公司登记机关报送公司章程以及法律、行政法规规定的其他文件，申请设立登记。

第一百九十八条 违反本法规定，虚报注册资本、提交虚假材料或者采取其他欺诈手段隐瞒重要事实取得公司登记的，由公司登记机关责令改正，对虚报注册资本的公司，处以虚报注册资本金额百分之五以上百分之十五以下的罚款；对提交虚假材料或者采取其他欺诈手段隐瞒重要事实的公司，处以五万元以上五十万元以下的罚款；情节严重的，撤销公司登记或者吊销营业执照。

第一百九十九条 公司的发起人、股东虚假出资，未交付或者未按期交付作为出资的货币或者非货币财产的，由公司登记机关责令改正，处以虚假出资金额百分之五以上百分之十五以下的罚款。

第二百条 公司的发起人、股东在公司成立后，抽逃其出资的，由公司登记机关责令改正，处以所抽逃出资金额百分之五以上百分之十五以下的罚款。

二、《中华人民共和国公司登记管理条例》（节录）（1994年6月24日中华人民共和国国务院令第156号发布　2005年12月18日第一次修订　2014年2月19日第二次修订　2016年2月6日第三次修订）

第六十三条 虚报注册资本，取得公司登记的，由公司登记机关责令改正，处以虚报注册资本金额5%以上15%以下的罚款；情节严重的，撤销公司登记或者吊销营业执照。

第六十四条 提交虚假材料或者采取其他欺诈手段隐瞒重要事实，取得公司登记的，由公司登记机关责令改正，处以5万元以上50万元以下的罚款；情节严重的，撤销公司登记或者吊销营业执照。

《公司注册资本登记管理规定》（2014年2月20日国家工商行政管理总局令第64号公布 自2014年3月1日起施行）

第一条 为规范公司注册资本登记管理，根据《中华人民共和国公司法》（以下简称《公司法》）、《中华人民共和国公司登记管理条例》（以下简称《公司登记管理条例》）等有关规定，制定本规定。

第二条 有限责任公司的注册资本为在公司登记机关依法登记的全体股东认缴的出资额。

股份有限公司采取发起设立方式设立的，注册资本为在公司登记机关依法登记的全体发起人认购的股本总额。

股份有限公司采取募集设立方式设立的，注册资本为在公司登记机关依法登记的实收股本总额。

法律、行政法规以及国务院决定规定公司注册资本实行实缴的，注册资本为股东或者发起人实缴的出资额或者实收股本总额。

第三条 公司登记机关依据法律、行政法规和国家有关规定登记公司的注册资本，对符合规定的，予以登记；对不符合规定的，不予登记。

第四条 公司注册资本数额、股东或者发起人的出资时间及出资方式应当符合法律、行政法规的有关规定。

第五条 股东或者发起人可以用货币出资，也可以用实物、知识产权、土地使用权等可以用货币估价并可以依法转让的非货币财产作价出资。

股东或者发起人不得以劳务、信用、自然人姓名、商誉、特许经营权或者设定担保的财产等作价出资。

第六条 股东或者发起人可以以其持有的在中国境内设立的公司（以下称股权所在公司）股权出资。

以股权出资的，该股权应当权属清楚、权能完整、依法可以转让。

具有下列情形的股权不得用作出资：

（一）已被设立质权；

（二）股权所在公司章程约定不得转让；

（三）法律、行政法规或者国务院决定规定，股权所在公司股东转让股权应当报经批准而未经批准；

（四）法律、行政法规或者国务院决定规定不得转让的其他情形。

第七条 债权人可以将其依法享有的对在中国境内设立的公司的债权，转为公司股权。

转为公司股权的债权应当符合下列情形之一：

（一）债权人已经履行债权所对应的合同义务，且不违反法律、行政法规、国务院决定或者公司章程的禁止性规定；

（二）经人民法院生效裁判或者仲裁机构裁决确认；

（三）公司破产重整或者和解期间，列入经人民法院批准的重整计划或者裁定认可的和解协议。

用以转为公司股权的债权有两个以上债权人的，债权人对债权应当已经作出分割。

债权转为公司股权的，公司应当增加注册资本。

第八条 股东或者发起人应当以自己的名义出资。

第九条 公司的注册资本由公司章程规定，登记机关按照公司章程规定予以登记。

以募集方式设立的股份有限公司的注册资本应当经验资机构验资。

公司注册资本发生变化，应当修改公司章程并向公司登记机关依法申请办理变更登记。

第十条 公司增加注册资本的，有限责任公司股东认缴新增资本的出资和股份有限公司的股东认购新股，应当分别依照《公司法》设立有限责任公司和股份有限公司缴纳出资和缴纳股款的有关规定执行。股份有限公司以公开发行新股方式或者上市公司以非公开发行新股方式增加注册资本的，还应当提交国务院证券监督管理机构的核准文件。

第十一条 公司减少注册资本，应当符合《公司法》规定的程序。

法律、行政法规以及国务院决定规定公司注册资本有最低限额的，减少后的注册资本应当不少于最低限额。

第十二条 有限责任公司依据《公司法》第七十四条的规定收购其股东的股权的，应当依法申请减少注册资本的变更登记。

第十三条 有限责任公司变更为股份有限公司时，折合的实收股本总额不得高于公司净资产额。有限责任公司变更为股份有限公司，为增加资本公开发行股份时，应当依法办理。

第十四条 股东出资额或者发起人认购股份、出资时间及方式由公司章程规定。发生变化的，应当修改公司章程并向公司登记机关依法申请办理公司章程或者公司章程修正案备案。

第十五条 法律、行政法规以及国务院决定规定公司注册资本实缴的公司虚报注册资本，取得公司登记的，由公司登记机关依照《公司登记管理条例》的相关规定予以处理。

第十六条 法律、行政法规以及国务院决定规定公司注册资本实缴的，其股东或者发起人虚假出资，未交付作为出资的货币或者非货币财产的，由公司登记机关依照《公司登记管理条例》的相关规定予以处理。

第十七条 法律、行政法规以及国务院决定规定公司注册资本实缴的，其股东或者发起人在公司成立后抽逃其出资的，由公司登记机关依照《公司登记管理条例》的相关规定予以处理。

第十八条 公司注册资本发生变动，公司未按规定办理变更登记的，由公司登记机关依照《公司登记管理条例》的相关规定予以处理。

第十九条 验资机构、资产评估机构出具虚假证明文件的，公司登记机关应当依照《公司登记管理条例》的相关规定予以处理。

法律适用 | 规章及规范性文件

第二十条 公司未按规定办理公司章程备案的，由公司登记机关依照《公司登记管理条例》的相关规定予以处理。

第二十一条 撤销公司变更登记涉及公司注册资本变动的，由公司登记机关恢复公司该次登记前的登记状态，并予以公示。

对涉及变动内容不属于登记事项的，公司应当通过企业信用信息公示系统公示。

第二十二条 外商投资的公司注册资本的登记管理适用本规定，法律另有规定的除外。

第二十三条 本规定自 2014 年 3 月 1 日起施行。2005 年 12 月 27 日国家工商行政管理总局公布的《公司注册资本登记管理规定》、2009 年 1 月 14 日国家工商行政管理总局公布的《股权出资登记管理办法》、2011 年 11 月 23 日国家工商行政管理总局公布的《公司债权转股权登记管理办法》同时废止。

22 虚假出资、抽逃出资案

概念

本罪是指公司发起人、股东违反《公司法》的规定未交付货币、实物或者未转移财产权，虚假出资，或者在公司成立后又抽逃其出资，数额巨大、后果严重或者有其他严重情节的行为。

立案标准

根据最高人民检察院、公安部《关于公安机关管辖的刑事案件立案追诉标准的规定（二）》，公司发起人、股东违反《公司法》的规定未交付货币、实物或者未转移财产权，虚假出资，或者在公司成立后又抽逃其出资，涉嫌下列情形之一的，应予立案追诉：

1. 超过法定出资期限，有限责任公司股东虚假出资数额在30万元以上并占其应缴出资数额60%以上的，股份有限公司发起人、股东虚假出资数额在300万元以上并占其应缴出资数额30%以上的；

2. 有限责任公司股东抽逃出资数额在30万元以上并占其实缴出资数额60%以上的，股份有限公司发起人、股东抽逃出资数额在300万元以上并占其实缴出资数额30%以上的；

3. 造成公司、股东、债权人的直接经济损失累计数额在10万元以上的；

4. 虽未达到上述数额标准，但具有下列情形之一的：

（1）致使公司资不抵债或者无法正常经营的；

（2）公司发起人、股东合谋虚假出资、抽逃出资的；

（3）两年内因虚假出资、抽逃出资受过行政处罚二次以上，又虚假出资、抽逃出资的；

（4）利用虚假出资、抽逃出资所得资金进行违法活动的。

5. 其他后果严重或者有其他严重情节的情形。

注意：根据相关立法解释的规定，虚假出资、抽逃出资罪只适用于依法实行注册资本实缴登记制的公司。

定罪标准	犯罪客体	本罪的客体是国家的公司资本管理制度。为了稳定公司的注册资本及其正常运作，国家特地通过《公司法》对我国有限责任公司和股份有限公司的出资方式、转移出资或抽回股本的原则作了规范性规定，以实现国家对《公司法》规定的各类公司的监督管理。公司股东或发起人虚假出资，会在事实上使公司的注册资本大大低于其登记注册的资本甚或陷于虚无，从而使公司成为在事实上没有权利能力或责任能力的空壳子公司；而擅自抽逃公司出资或股本的行为，实质上是对其他股东的擅自单方解约，这种单方解约的当然后果也是注册资本的减少，并易导致公司因难以正常运营而终止。由于公司是当前我国市场经济条件下的主要商事主体，因而公司的注册资本、股本及其设立与终止是否稳定，对稳定市场经济条件下的交易秩序极为重要。惟其如此，广义看，本罪的被害人除依法认足并缴足出资或股金的公司的其他股东、发起人外，还包括受到欺诈的公司的债权人及与公司发生经济往来的公司的客户单位、用户单位、合作单位等社会上特定的、不特定的公司合约相对人等。

定罪标准

犯罪客观方面

本罪在客观方面表现为违反《公司法》的规定，未交付货币、实物或者未转移财产权，虚假出资，或者在公司成立后又抽逃其出资，数额巨大、后果严重或者有其他严重情节的行为。具体表现为以下三方面：

一、必须是违反《公司法》有关出资规定的行为。股份有限公司和有限责任公司本身的特有性质，决定了公司的发起人、股东出资的多少，直接关系到股东在公司中所享受的权利和承担义务的大小。而是否能按照《公司法》的规定，真实地足额地出资则又直接关系到公司能否正常地运转、公司承担责任的能力以及债权人和社会公众的利益。因此，《公司法》对股份有限公司的发起人、有限责任公司的股东的出资方式和履行出资义务都作了明确规定。《公司法》第27条规定："股东可以用货币出资，也可以用实物、知识产权、土地使用权等可以用货币估价并可以依法转让的非货币财产作价出资；但是，法律、行政法规规定不得作为出资的财产除外。对作为出资的非货币财产应当评估作价，核实财产，不得高估或者低估作价。法律、行政法规对评估作价有规定的，从其规定。"第82条规定："发起人的出资方式，适用本法第二十七条的规定"。第80条规定："股份有限公司采取发起设立方式设立的，注册资本为在公司登记机关登记的全体发起人认购的股本总额。在发起人认购的股份缴足前，不得向他人募集股份。股份有限公司采取募集方式设立的，注册资本为在公司登记机关登记的实收股本总额。法律、行政法规以及国务院决定对股份有限公司注册资本实缴、最低限额另有规定的，从其规定。"第83条规定："以发起设立方式设立股份有限公司的，发起人应当书面认足公司章程规定其认购的股份，并按照公司章程规定缴纳出资。以非货币财产出资的，应当依法办理其财产权的转移手续。发起人不依照前款规定缴纳出资的，应当按照发起人协议承担违约责任。发起人认足公司章程规定的出资后，应当选举董事会和监事会，由董事会向公司登记机关报送公司章程以及法律、行政法规规定的其他文件，申请设立登记。"其中，对以货币出资的，应当将货币出资足额存入准备设立的有限责任公司在银行开设的账户；以实物、工业产权、非专利技术或者土地使用权出资的，应当依法办理其财产权的转移手续。作为出资的实物、工业产权、非专利技术或者土地使用权必须经过评估作价，依照法律、行政法规的规定办理。需要强调指出的是，对于股份有限公司，除公司发起人可以采用以实物等五种出资方式当中的任何一种进行出资外，其他股东都不得用实物、工业产权、非专利技术或者土地使用权的方式出资，而只能以货币购买公司股票的方式而成为公司的股东。《公司法》以上的规定，都是对公司发起人、股东出资所作的规定，违反这些规定就是上述所称的违反《公司法》有关出资规定的行为。

二、必须有虚假出资或抽逃出资的行为。第一，违反《公司法》的规定未交付货币、实物或者未转移财产权，虚假出资的。按照《公司法》的规定，股份有限公司的发起人必须认购其应认购的股份。其中，以发起方式设立者，发起人应认购公司应发行的全部股份而设立公司；以募集方式设立者，发起人所认购的股份不得少于公司股份总数的35%，其余股份向社会公开募集。但由于响应其募集的认股人，在公司成立前既不具有发起人身份又不具有股东身份，即不具有本罪主体资格，因而本罪所谓违反《公司法》的规定未交付货币、实物或者未转移财产权者，对股份有限公司而言，仅指发起人，一般不包括发起人之外的认股人。根据《公司法》的规定，股份有限公司的发起人本应在召开公司创立大会之前缴足其认购的股款；而有限责任公司的股东则应在申请公司登记之前足额缴纳公司章程中规定的各自认缴的出资额。出资或缴股

定罪标准		
定罪标准	犯罪客观方面	的方式大致相同：都是既可以是货币、实物，也可以工业产权、非专利技术或土地使用权作价出资或折股。基于此，所谓违反《公司法》的规定未交付货币、实物或者未转移财产权，虚假出资的行为，主要表现为：(1)以货币方式出资的有限责任公司股东，未在法定期限内将其认缴的货币足额存入准备设立的有限责任公司在银行开设的账户；(2)以货币方式缴股的股份有限公司的发起人，未在法定期限内缴纳其以书面形式认缴的全部股款；(3)以实物、工业产权、非专利技术或者土地使用权出资或者抵作股款的股东、发起人未在法定期限内依法办理其财产权的转移手续。第二，违反《公司法》规定，在公司成立后又抽逃其出资的。公司的发起人、股东在公司成立后，抽逃其出资的行为是《公司法》第200条所明令禁止的行为。所谓抽逃出资，包括在公司成立后，非法抽回其出资和转走其出资两种方式。例如抽回其股本、转走其作为股金存入银行的资金、将已经作价出资的房屋产权、土地使用权又转移于他人等。但是，要注意将抽逃出资与合法转让其出资区别开来。合法转让出资，只是更换股东，其资金仍属公司占用的资本。 三、必须是数额巨大、后果严重或者有其他严重情节的行为。“数额巨大、后果严重或者有其他严重情节”是划清本罪与非罪的主要界限。行为人虚假出资或者抽逃出资如果数额不大、后果不严重，也没有其他严重情节的，就不能构成本罪。 以上三方面必须都具备才构成本罪。本罪是选择性罪名，行为人只要是违反《公司法》的规定，实施了虚假出资或抽逃出资，数额巨大、后果严重或者有其他严重情节时，就可构成本罪，不需虚假出资、抽逃出资同时具备。
定罪标准	犯罪主体	本罪主体是特殊主体，即公司发起人或者股东。所谓公司发起人，是指依法创立筹办股份有限公司事务的人。根据《公司法》的规定，作为股份有限公司的发起人应当具备下列条件：(1)发起人可以是自然人，也可以是法人。前者包括中国人、外国人或者海外侨胞；后者既包括具有法人资格的中国企业、事业单位、社会团体，也包括到我国投资设厂的外国法人以及其他经济组织。(2)发起人应当2人以上。(3)发起人中必须过半数的人在中国境内有住所。如果是国有企业改建为股份有限公司的，发起人可少于5人，但应当采取募集设立方式。所谓股东是指公司的出资人。股份有限公司的股东其资格在一般情况下都没有限制，根据《公司法》规定，自然人、法人、国家都可以依法成为股份有限公司的股东。有限责任公司的股东即公司的出资人，依《公司法》规定，公民、法人、国家以及外商投资者均可以成为有限责任公司的股东。但当国家成为股东时，应通过国有资产监督管理机构进行，《公司法》第64条第2款即对此明确规定：“本法所称国有独资公司，是指国家单独出资，由国务院或地方人民政府授权本级人民政府国有资产监督管理机构履行出资人职责的有限责任公司。”
定罪标准	犯罪主观方面	本罪的主观方面只能由故意构成。即故意未交付货币、实物或者未转移财产权、虚假出资，或抽逃出资。对于由于某种过失造成虚假出资的，不应作为犯罪处理。例如对非货币出资的评估出现一些误差造成的虚假出资等。这是因为货币以外的财产价值不能自我表现，且经常在变动中，有些工业产权和非专利技术本身的使用价值和经济效益具有很大的不确定性，由于种种原因造成评估误差较难避免，只要不是故意的，都不能追究其刑事责任。

定罪标准		
	罪与非罪	区分罪与非罪的界限，是否具有“数额巨大、后果严重或者有其他严重情节”关键看公司发起人、股东违反《公司法》的规定，实施了未交付货币、实物或者未转移财产权，虚假出资，或者在公司成立后又抽逃其出资的行为，如果数额不大，后果不严重，没有其他严重情节的，则不构成犯罪。对于不构成犯罪的，可按照《公司法》第199条、第200条的规定处理。即对虚假出资的，责令改正，处以虚假出资金额5%以上15%以下罚款；对抽逃出资的，责令改正，处以所抽逃出资金额5%以上15%以下罚款。
	此罪与彼罪	一、本罪与虚报注册资本罪的界限。二者都是违反《公司法》的行为，并且都有虚假出资的欺诈行为，二者的区别主要在于：(1) 犯罪主体不同。本罪的犯罪主体是公司的发起人、股东；而虚报注册资本罪的犯罪主体是申请公司登记的人。(2) 诈欺的对象不同。本罪诈欺的对象主要是本公司的其他股东或发起人、认股人；而虚报注册资本罪的诈欺对象主要是公司登记主管部门。(3) 行为方式不尽相同。本罪的行为方式除有虚假出资外，还包括抽逃出资行为；而虚报注册资本罪者，没有抽逃出资行为。(4) 行为发生的时间不同。本罪行为既可能发生在公司成立之前、也可能发生于成立之后；而虚报注册资本罪的行为只能发生在公司登记过程之中、成立之前。 二、本罪与诈骗罪的界限。本罪是公司发起人、股东违反《公司法》规定的出资义务，未出资或抽逃出资而欺骗其他股东、债权人和社会公众，虚假或抽逃出资数额巨大、后果严重、情节严重的欺骗行为。诈骗罪是以非法占有为目的，采取虚构事实或隐瞒事实真相的方法，骗取数额较大的公私财物的行为。二罪在隐瞒事实真相、骗取他人方面有相似之处，但二者有本质的不同：(1) 在客体方面，本罪侵害的客体是公司或债权人的权益及公司财产管理制度；而诈骗罪侵害的客体是公私财产所有权。(2) 在犯罪对象方面，本罪只是行为人自己应缴纳的资产份额，具有特定性；诈骗罪则是公私财物，具有不特定性。(3) 在客观方面，本罪行为人的欺骗行为是为了使他人相信自己已履行法定出资义务，因此并不表现为非法占有的直接目的；而诈骗罪的诈骗行为在于让财物所有人或占有人“自愿”将财物交给行为人，表现出非法占有的目的。(4) 在主体方面，本罪为特殊主体，即公司发起人、股东；而诈骗罪为一般主体。(5) 在主观方面两罪虽同为故意，但其动机和目的有所不同。 三、本罪与职务侵占罪的界限。二者在犯罪主体上有相似之处，在犯罪客体方面都侵犯了公司的财产权，并损害了其他股东、债权人和社会公众的合法权益。二者的区别是：(1) 在犯罪对象方面，本罪所侵犯的对象为本公司的注册资本，具有特定性；而职务侵占罪所侵犯的对象为本公司、企业的财物，这里的财物不限于本公司，还包括非公司化的本企业，这里的财物泛指一切有经济价值的钱财和物质，包括有形的，无形的（如电、煤气等）动产、不动产等。(2) 在客观方面，本罪表现为行为人违反《公司法》的规定虚假或抽逃出资，数额巨大、后果严重或者有其他严重情节的行为；而职务侵占罪表现为行为人利用职务上的便利，将本单位财物非法占为已有，数额较大的行为。(3) 在主体方面，二者虽同为特殊主体，但其特定范围有所不同。本罪主体是公司发起人、股东；而职务侵占罪的主体是公司、企业或者其他单位的人员，范围较前者要广得多。(4) 在主观方面，二者都出于故意，但本罪没有将本单位财物非法占为已有的目的；职务侵占罪则有将单位财物非法占为已有目的。

定罪标准	此罪与彼罪	四、本罪与挪用资金罪的界限。二者在犯罪主体、客体及主观方面有相似之处，但二者的区别是：（1）在主体方面，本罪主体为公司发起人、股东；而挪用资金罪的主体是公司、企业或者其他单位的工作人员，范围较前者要广。（2）在主观方面，二者同为直接故意，但挪用资金罪有非法暂时取得本单位资金使用权的目的；而本罪无此目的。（3）在客体方面，两罪同样侵犯了公司的财产权，但本罪侵犯的对象是公司的注册资本；而挪用资金罪侵犯的是本单位的资金，包括流动资金、固定资金。（4）在客观方面，本罪表现为行为人虚假出资或抽逃出资数额巨大、后果严重或者有其他严重情节的行为；而挪用资金罪表现为行为人利用职务上的便利，挪用本单位资金归个人使用或者借款给他人，数额较大，超过3个月未还的，或者虽未超过3个月，但数额较大，进行营利活动的，或者进行非法活动的行为。
证据参考标准	主体方面的证据	**一、证明行为人刑事责任年龄、身份等自然情况的证据。** 包括身份证明、户籍证明、任职证明、工作经历证明、特定职责证明等，主要是证明行为人的姓名（曾用名）、性别、出生年月日、民族、籍贯、出生地、职业（或职务）、住所地（或居所地）等证据材料，如户口簿、居民身份证、工作证、出生证、专业或技术等级证、干部履历表、职工登记表、护照等。 对于户籍、出生证等材料内容不实的，应提供其他证据材料。外国人犯罪的案件，应有护照等身份证明材料。人大代表、政协委员犯罪的案件，应注明身份，并附身份证明材料。 **二、证明行为人刑事责任能力的证据。** 证明行为人对自己的行为是否具有辨认能力与控制能力，如是否属于间歇性精神病人、尚未完全丧失辨认或者控制自己行为能力的精神病人的证明材料。 **三、证明单位的证据。** 证明是否属于依法成立并有合法经营、管理范围的公司、企业、事业单位、机关、团体。 证明单位的名称、住所地、性质、法定代表人、单位负责人、业务范围、成立时间等证据材料，如企业营业执照、国有公司性质证明及非法人单位的身份证明等。 **四、证明法定代表人、单位负责人或直接责任人员等的身份证明。** 法定代表人、直接负责的主管人员和其他直接责任人在单位的任职、职责、负责权限的证明材料等。包括身份证明、户籍证明、任职证明等，如户口簿、居民身份证、工作证、护照、专业或技术等级证、干部履历表、职工登记表、任命书、业务分工文件、委派文件、单位证明、单位规章制度等。
	主观方面的证据	证明行为人故意的证据：1. 证明行为人明知的证据：证明行为人明知自己的行为会发生危害社会的结果；2. 证明直接故意的证据：证明行为人希望危害结果发生；3. 证明间接故意的证据：证明行为人放任危害结果发生。

<table>
<tr><td rowspan="2">证据参考标准</td><td>客观方面的证据</td><td colspan="2">证明行为人虚假出资、抽逃出资犯罪行为的证据。
具体证据包括：1. 证明行为人虚假出资行为的证据：（1）未交付货币；（2）未交付实物；（3）未转移财产权；（4）虚报资本。2. 证明行为人抽逃出资金额巨大行为的证据。3. 证明行为人后果严重行为的证据。4. 证明行为人其他严重情节行为的证据。</td></tr>
<tr><td>量刑方面的证据</td><td colspan="2">一、法定量刑情节证据。
1. 事实情节：（1）情节严重；（2）其他。2. 法定从重情节。3. 法定从轻减轻情节：（1）可以从轻；（2）可以从轻或减轻；（3）应当从轻或者减轻。4. 法定从轻减轻免除情节：（1）可以从轻、减轻或者免除处罚；（2）应当从轻、减轻或者免除处罚。5. 法定减轻免除情节：（1）可以减轻或者免除处罚；（2）应当减轻或者免除处罚；（3）可以免除处罚。
二、酌定量刑情节证据。
1. 犯罪手段：（1）弄虚作假、虚假出资；（2）先出资，后抽逃。2. 犯罪对象。3. 危害结果。4. 动机。5. 平时表现。6. 认罪态度。7. 是否有前科。8. 其他证据。</td></tr>
<tr><td rowspan="2">量刑标准</td><td colspan="2">犯本罪的</td><td>处五年以下有期徒刑或者拘役，并处或者单处虚假出资金额或者抽逃出资金额百分之二以上百分之十以下罚金</td></tr>
<tr><td colspan="2">单位犯本罪的</td><td>对单位判处罚金，并对其直接负责的主管人员和其他直接责任人员处五年以下有期徒刑或者拘役</td></tr>
<tr><td rowspan="2">法律适用</td><td>刑法条文</td><td colspan="2">第一百五十九条　公司发起人、股东违反公司法的规定未交付货币、实物或者未转移财产权，虚假出资，或者在公司成立后又抽逃其出资，数额巨大、后果严重或者有其他严重情节的，处五年以下有期徒刑或者拘役，并处或者单处虚假出资金额或者抽逃出资金额百分之二以上百分之十以下罚金。
单位犯前款罪的，对单位判处罚金，并对其直接负责的主管人员和其他直接责任人员，处五年以下有期徒刑或者拘役。</td></tr>
<tr><td>立法解释</td><td colspan="2">全国人民代表大会常务委员会《关于〈中华人民共和国刑法〉第一百五十八条、第一百五十九条的解释》（2014年4月24日全国人大常委会公布　自公布之日起施行）
全国人民代表大会常务委员会讨论了公司法修改后刑法第一百五十八条、第一百五十九条对实行注册资本实缴登记制、认缴登记制的公司的适用范围问题，解释如下：
刑法第一百五十八条、第一百五十九条的规定，只适用于依法实行注册资本实缴登记制的公司。
现予公告。</td></tr>
</table>

法律适用

司法解释

最高人民检察院、公安部《关于公安机关管辖的刑事案件立案追诉标准的规定（二）》（节录）（2010年5月7日最高人民检察院、公安部公布　自公布之日起施行　2011年11月14日修正）

第四条〔虚假出资、抽逃出资案（刑法第一百五十九条）〕公司发起人、股东违反公司法的规定未交付货币、实物或者未转移财产权，虚假出资，或者在公司成立后又抽逃其出资，涉嫌下列情形之一的，应予立案追诉：

（一）超过法定出资期限，有限责任公司股东虚假出资数额在三十万元以上并占其应缴出资数额百分之六十以上的，股份有限公司发起人、股东虚假出资数额在三百万元以上并占其应缴出资数额百分之三十以上的；

（二）有限责任公司股东抽逃出资数额在三十万元以上并占其实缴出资数额百分之六十以上的，股份有限公司发起人、股东抽逃出资数额在三百万元以上并占其实缴出资数额百分之三十以上的；

（三）造成公司、股东、债权人的直接经济损失累计数额在十万元以上的；

（四）虽未达到上述数额标准，但具有下列情形之一的：

1. 致使公司资不抵债或者无法正常经营的；

2. 公司发起人、股东合谋虚假出资、抽逃出资的；

3. 两年内因虚假出资、抽逃出资受过行政处罚二次以上，又虚假出资、抽逃出资的；

4. 利用虚假出资、抽逃出资所得资金进行违法活动的。

（五）其他后果严重或者有其他严重情节的情形。

相关法律法规

一、《中华人民共和国公司法》（节录）（1993年12月29日中华人民共和国主席令第16号公布　自1994年7月1日起施行　1999年12月25日第一次修正　2004年8月28日第二次修正　2005年10月27日修订　2013年12月28日第三次修正　2018年10月26日第四次修正）

第一百九十八条　违反本法规定，虚报注册资本、提交虚假材料或者采取其他欺诈手段隐瞒重要事实取得公司登记的，由公司登记机关责令改正，对虚报注册资本的公司，处以虚报注册资本金额百分之五以上百分之十五以下的罚款；对提交虚假材料或者采取其他欺诈手段隐瞒重要事实的公司，处以五万元以上五十万元以下的罚款；情节严重的，撤销公司登记或者吊销营业执照。

第一百九十九条　公司的发起人、股东虚假出资，未交付或者未按期交付作为出资的货币或者非货币财产的，由公司登记机关责令改正，处以虚假出资金额百分之五以上百分之十五以下的罚款。

第二百条　公司的发起人、股东在公司成立后，抽逃其出资的，由公司登记机关责令改正，处以所抽逃出资金额百分之五以上百分之十五以下的罚款。

二、《中华人民共和国公司登记管理条例》（节录）（1994年6月24日中华人民共和国国务院令第156号发布　2005年12月18日第一次修订　2014年2月19日第二次修订　2016年2月6日第三次修订）

第六十五条　公司的发起人、股东虚假出资，未交付或者未按期交付作为出资的货币或者非货币财产的，由公司登记机关责令改正，处以虚假出资金额5%以上15%以下的罚款。

法律适用 相关法律法规

第六十六条 公司的发起人、股东在公司成立后，抽逃出资的，由公司登记机关责令改正，处以所抽逃出资金额5%以上15%以下的罚款。

三、《金融违法行为处罚办法》（节录）（1999年2月22日国务院令第260号公布 自公布之日起施行）

第二条 金融机构违反国家有关金融管理的规定，有关法律、行政法规有处罚规定的，依照其规定给予处罚；有关法律、行政法规未作处罚规定或者有关行政法规的处罚规定与本办法不一致的，依照本办法给予处罚。

本办法所称金融机构，是指在中华人民共和国境内依法设立和经营金融业务的机构，包括银行、信用合作社、财务公司、信托投资公司、金融租赁公司等。

第八条 金融机构不得虚假出资或者抽逃出资。

金融机构虚假出资或者抽逃出资的，责令停业整顿，并处虚假出资金额或者抽逃出资金额百分之五以上百分之十以下的罚款；对该金融机构直接负责的高级管理人员给予开除的纪律处分，对其他直接负责的主管人员和直接责任人员给予记过直至开除的纪律处分；情节严重的，吊销该金融机构的经营金融业务许可证；构成虚假出资、抽逃出资罪或者其他罪的，依法追究刑事责任。

第三十条 对中国人民银行所属从事金融业务的机构的金融违法行为的处罚，适用本办法。

23 欺诈发行证券案

概念

本罪是指在招股说明书、认股书、公司、企业债券募集办法等发行文件中隐瞒重要事实或者编造重大虚假内容，发行股票或者公司、企业债券、存托凭证或者国务院依法认定的其他证券，数额巨大、后果严重或者有其他严重情节的行为。

立案标准

根据最高人民检察院、公安部《关于公安机关管辖的刑事案件立案追诉标准的规定（二)》，在招股说明书、认股书、公司、企业债券募集办法中隐瞒重要事实或者编造重大虚假内容，发行股票或者公司、企业债券，涉嫌下列情形之一的，应予立案追诉：

（1）发行数额在500万元以上的；

（2）伪造、变造国家机关公文、有效证明文件或者相关凭证、单据的；

（3）利用募集的资金进行违法活动的；

（4）转移或者隐瞒所募集资金的；

（5）其他后果严重或者有其他严重情节的情形。

定罪标准

犯罪客体

本罪侵犯的客体是复杂客体，即国家对证券市场的管理秩序以及投资者的合法权益。“招股说明书 、认股书、公司、企业债券募集办法等发行文件” 是公司、企业设立和公司、企业向社会筹集资金的重要书面文件。《公司法》《证券法》以及国家有关规定对制作这些文件的内容和要求都有明确具体的规定，目的是使社会公众了解公司、企业真实情况，保护投资者和社会公众的利益、维护正常的市场经济秩序。如果内容虚假，其实质就是欺骗投资者，使投资者在不明真相的情况下作出错误的判断和选择，使投资处于高风险之中，不仅会给投资者带来重大的经济损失，还会扰乱证券市场管理秩序，影响社会稳定。

招股说明书，是公司发起人募股申请时提供的最重要文件之一，它是投资者投资决策的主要依据。根据《公司法》第86条规定，招股说明书除应当附有发起人制定的公司章程外，还应载明以下内容：（1）发起人认购的股份数，亦即所有公司发起人所认购股份的总额。根据《公司法》第84条规定，发起人认购的股份不得少于公司股份总数的35%。（2）每股的票面金额和发行价格。它是指每张股票上所载明的货币数额，认股人可以以此计算自己所持有的股票代表的公司资本数额及其在公司资本总额中所占的比例。（3）无记名股票的发行总数。它是指公司发行无记名股票的全部数量。无记名股票是相对于记名股票而言，依《公司法》规定，向国家授权投资的机构、发起人以及法人发行的股票，应当为记名股票，它必须载明该机构、发起人或者法人的名称，不得另立户名或者以代表人的姓名记名。向上述机构和人员以外的人发行的股票即为无记名股票、它不记载有关持股人的名称。（4）认股人的权利和义务。（5）本次募股的起止期限及逾期未募足时认股人可撤回所认股份的说明。其含义就是在招股说明书中必须说明本次募股从什么时候开始，到什么时候结束，如果在规定的

定罪标准	犯罪客体	期限内没有募足股份，认股人就可以撤回所认的股份。如果公司发行新股的，根据《公司法》第134条的规定，必须公告新股招股说明书和财务会计报表等，并制作认股书。按照国务院颁布的《股票发行与交易管理暂行条例》，发行新股的招股说明书应当载明所募资金的使用计划及收益、风险预测，发行对象、时间、地点及股票认购和股票缴纳的方式等。 认股书，是认股人接受股份的重要法律文件，认股书仍应当载明招股说明书的各类事项，并由认股人填写所认股数、金额、住所，并签名盖章方为有效。 公司、企业债券募集办法，主要是针对公司、企业经申请批准发行公司、企业债券而制作的文件。《公司法》第154条规定："发行公司债券的申请经国务院授权的部门核准后，应当公告公司债券募集办法。公司债券募集办法中应当载明下列主要事项：（一）公司名称；（二）债券募集资金的用途；（三）债券总额和债券的票面金额；（四）债券利率的确定方式；（五）还本付息的期限和方式；（六）债券担保情况；（七）债券的发行价格、发行的起止日期；（八）公司净资产额；（九）已发行的尚未到期的公司债券总额；（十）公司债券的承销机构。"根据《企业债券管理条例》的规定，企业发行企业债券应满足以下条件：（1）企业规模达到国家规定的要求；（2）企业财务会计制度符合国家规定；（3）具有偿债能力；（4）企业经济效益良好，发行企业债券前连续3年盈利；（5）所筹资金用途符合国家产业政策。 "等发行文件"包含了在发行过程中与"招股说明书、认股书、公司、企业债券募集办法"重要性一样的其他发行文件，包括公司的监事会对募集说明书真实性、准确性、完整性的审核意见、募集资金使用的可行性报告，以及增发、发行可转换公司债券等涉及的发行文件等。需要注意的是，注册制施行后，需要通过交易所审核和证券监督管理部门注册两个环节完成股票、债券等注册发行。交易所审核主要通过向发行人提出问题、发行人回答问题的方式来进行。这种"问答"环节所形成的文件也属于这里所说的发行文件。
	犯罪客观方面	本罪在客观上必须具有在招股说明书、认股书、公司、企业债券募集办法等发行文件中隐瞒重要事实或者编造重大虚假内容，发行股票或者公司、企业债券、存托凭证或者国务院依法认定的其他证券，数额巨大、后果严重或者有其他严重情节的行为。 一、"隐瞒重要事实或者编造虚假内容"，是指违反《公司法》《证券法》及其有关法律、法规的规定，制作的招股说明书、认股书、公司、企业债券募集办法等发行文件的内容全部都是虚构的，或者对其中重要的事项和部分内容作虚假的陈述或记载，或者对某些重要事实进行夸大或者隐瞒，或者故意遗漏有关的重要事项等。例如，虚构发起人认购股份数额；故意夸大公司、企业生产经营利润和公司、企业净资产额；对所筹资金的使用提出虚假的计划和虚假的经营生产项目；故意隐瞒公司、企业所负债务和正在进行的重大诉讼；故意遗漏公司、企业签订的重要合同等。 二、"发行股票或者公司、企业债券、存托凭证或者国务院依法认定的其他证券"，是指实际已经发行了股票或者公司、企业债券、存托凭证或者国务院依法认定的其他证券，如果制作或形成了虚假的招股说明书、认股书、公司、企业债券募集办法等发行文件，但只锁在办公室抽屉里，或者还未来得及发行就被阻止、不予注册或

定罪标准	犯罪客观方面	者主动撤回注册申请，未实施向社会发行股票或公司、企业债券、存托凭证或者国务院依法认定的其他证券的行为，不构成犯罪。“国务院依法认定的其他证券”并不是广义的兜底性规定，其与2020年施行的《证券法》第2条第1款中规定的“国务院依法认定的其他证券”的含义是一致的，只有经国务院的法定程序确认的新型证券品种才符合这一规定。 三、需要满足“数额巨大、后果严重或者有其他严重情节”的入罪门槛，才构成犯罪。这里所说的“数额巨大”，是指欺诈发行的股票或者公司、企业债券、存托凭证或者国务院依法认定的其他证券的数额巨大，如果数额不大，且又无其他严重后果或严重情节，虽然违法，但不构成犯罪。这里的“后果严重”，主要是指造成了投资者或者其他债权人的重大经济损失；严重影响了投资人、债权人的生产、经营活动；破坏了投资人、债权人的正常生活甚至激发了一些社会矛盾，影响了社会安定和正常的社会生活秩序等。“其他严重情节”，主要是指除数额巨大和后果严重外，严重违反法律规定，扰乱金融和社会管理秩序的其他情节。
	犯罪主体	根据《刑法》第160条的规定，本罪的犯罪主体主要包括三类：（1）个人。（2）控股股东、实际控制人。控股股东是指其持有的股份占公司股本总额50%以上的股东，或者其持有股份虽不足50%，但持有股份所享有的表决权已足以对股东大会的决议产生重大影响的股东。实际控制人，是指虽不是公司的股东，但通过投资关系、协议或者其他安排，能够实际支配公司的人。（3）单位。这里的单位包括有限责任公司、股份有限公司和其他企业法人。这里的单位犯本罪具体包括两种情形：一是单位直接构成欺诈发行犯罪的。二是控股股东、实际控制人是单位，组织、指使实施欺诈发行行为，构成欺诈发行犯罪的。
	犯罪主观方面	本罪在主观上只能由故意构成，过失不构成本罪，即行为人明知自己所制作的招股说明书、认股书、债券募集办法等发行文件不是对本公司、企业状况或本次股票、债券等发行状况的真实、准确、完整反映，仍然积极为之者。因而本罪行为人的罪过实质是诈欺募股或诈欺发行债券等。
	罪与非罪	区分罪与非罪的界限，应当注意：（1）行为人必须采取制作虚假的招股说明书、认股书、公司、企业债券募集办法等发行文件的手段，发行股票或者公司、企业债券、存托凭证或者国务院依法认定的其他证券。如果行为人仅仅制作了虚假的招股说明书、认股书、公司债券募集办法等发行文件，而未实施发行股票或者公司、企业债券、存托凭证或国务院依法认定的其他证券的行为，不构成犯罪。（2）行为人制作虚假的招股说明书、认股书、公司债券募集办法等发行文件发行股票或者公司、企业债券、存托凭证或国务院依法认定的其他证券，必须达到一定的程度，即数额巨大、后果严重或者有其他严重情节。如果金额不大，又无其他严重情节和后果的，则不构成犯罪。
	此罪与彼罪	在实际执行中，如果有限责任公司、股份有限公司和其他企业法人的直接负责的主管人员和其他有直接责任的人员将非法募集的资金中饱私囊，落入个人腰包，则属于贪污行为或侵占行为，构成犯罪的，应当分别依照刑法中规定的贪污罪、职务侵占罪定罪处罚。

<table>
<tr><td rowspan="4">证据参考标准</td><td>主体方面的证据</td><td>

一、证明行为人刑事责任年龄、身份等自然情况的证据。

包括身份证明、户籍证明、任职证明、工作经历证明、特定职责证明等，主要是证明行为人的姓名（曾用名）、性别、出生年月日、民族、籍贯、出生地、职业（或职务）、住所地（或居所地）等证据材料，如户口簿、居民身份证、工作证、出生证、专业或技术等级证、干部履历表、职工登记表、护照等。

对于户籍、出生证等材料内容不实的，应提供其他证据材料。外国人犯罪的案件，应有护照等身份证明材料。人大代表、政协委员犯罪的案件，应注明身份，并附身份证明材料。

二、证明行为人刑事责任能力的证据。

证明行为人对自己的行为是否具有辨认能力与控制能力，如是否属于间歇性精神病人、尚未完全丧失辨认或者控制自己行为能力的精神病人的证明材料。

三、证明单位的证据。

证明是否属于依法成立并有合法经营、管理范围的公司、企业、事业单位、机关、团体。

证明单位的名称、住所地、性质、法定代表人、单位负责人、业务范围、成立时间等证据材料，如企业营业执照、国有公司性质证明及非法人单位的身份证明等。

四、证明法定代表人、单位负责人或直接责任人员等的身份证明。

法定代表人、直接负责的主管人员和其他直接责任人在单位的任职、职责、负责权限的证明材料等。包括身份证明、户籍证明、任职证明等，如户口簿、居民身份证、工作证、护照、专业或技术等级证、干部履历表、职工登记表、任命书、业务分工文件、委派文件、单位证明、单位规章制度等。

</td></tr>
<tr><td>主观方面的证据</td><td>

证明行为人故意的证据：1. 证明行为人明知的证据：证明行为人明知自己的行为会发生危害社会的结果。2. 证明直接故意的证据：证明行为人希望危害结果发生。

</td></tr>
<tr><td>客观方面的证据</td><td>

证明行为人欺诈发行证券犯罪行为的证据。

具体证据包括：1. 证明行为人制作虚构招股说明书行为的证据；2. 证明行为人制作虚构认股书行为的证据；3. 证明未经法定部门批准发行股票、债券行为的证据；4. 证明行为人制作虚构债券募集办法行为的证据；5. 证明行为人发行股票数额巨大行为的证据；6. 证明行为人发行债券数额巨大行为的证据；7. 证明行为人发行存托凭证数额巨大行为的证据；8. 证明行为人发行国务院依法认定的其他证券数额巨大行为的证据。

</td></tr>
<tr><td>量刑方面的证据</td><td>

一、法定量刑情节证据。

1. 事实情节。2. 法定从重情节。3. 法定从轻减轻情节：（1）可以从轻；（2）可以从轻或减轻；（3）应当从轻或者减轻。4. 法定从轻减轻免除情节：（1）可以从轻、减轻或者免除处罚；（2）应当从轻、减轻或者免除处罚。5. 法定减轻免除情节：（1）可以减轻或者免除处罚；（2）应当减轻或者免除处罚；（3）可以免除处罚。

</td></tr>
</table>

<table>
<tr><td>证据参考标准</td><td>量刑方面的证据</td><td colspan="3">二、酌定量刑情节证据。
1. 犯罪手段：（1）隐瞒重要事实；（2）编造重大虚假内容；（3）发行。2. 危害结果。3. 动机。4. 平时表现。5. 认罪态度。6. 是否有前科。7. 其他证据。</td></tr>
<tr><td rowspan="5">量刑标准</td><td colspan="2" rowspan="2">犯本罪的</td><td colspan="2">处五年以下有期徒刑或者拘役，并处或者单处罚金</td></tr>
<tr><td>数额特别巨大、后果特别严重或者有其他特别严重情节的</td><td>处五年以上有期徒刑，并处罚金</td></tr>
<tr><td colspan="2" rowspan="2">控股股东、实际控制人犯本罪的</td><td colspan="2">处五年以下有期徒刑或者拘役，并处或者单处非法募集资金金额百分之二十以上一倍以下罚金</td></tr>
<tr><td>数额特别巨大、后果特别严重或者有其他特别严重情节的</td><td>处五年以上有期徒刑，并处非法募集资金金额百分之二十以上一倍以下罚金</td></tr>
<tr><td colspan="2">单位犯本罪的</td><td colspan="2">对单位判处非法募集资金金额百分之二十以上一倍以下罚金，并对其直接负责的主管人员和其他直接责任人员依照上述规定处罚</td></tr>
<tr><td rowspan="2">法律适用</td><td>刑法条文</td><td colspan="3">第一百六十条　在招股说明书、认股书、公司、企业债券募集办法等发行文件中隐瞒重要事实或者编造重大虚假内容，发行股票或者公司、企业债券、存托凭证或者国务院依法认定的其他证券，数额巨大、后果严重或者有其他严重情节的，处五年以下有期徒刑或者拘役，并处或者单处罚金；数额特别巨大、后果特别严重或者有其他特别严重情节的，处五年以上有期徒刑，并处罚金。
控股股东、实际控制人组织、指使实施前款行为的，处五年以下有期徒刑或者拘役，并处或者单处非法募集资金金额百分之二十以上一倍以下罚金；数额特别巨大、后果特别严重或者有其他特别严重情节的，处五年以上有期徒刑，并处非法募集资金金额百分之二十以上一倍以下罚金。
单位犯前两款罪的，对单位判处非法募集资金金额百分之二十以上一倍以下罚金，并对其直接负责的主管人员和其他直接责任人员，依照第一款的规定处罚。</td></tr>
<tr><td>司法解释</td><td colspan="3">最高人民检察院、公安部《关于公安机关管辖的刑事案件立案追诉标准的规定（二）》（节录）（2010年5月7日最高人民检察院、公安部公布　自公布之日起施行　2011年11月14日修正）
第五条〔欺诈发行股票、债券案（刑法第一百六十条）〕在招股说明书、认股书、公司、企业债券募集办法中隐瞒重要事实或者编造重大虚假内容，发行股票或者公司、企业债券，涉嫌下列情形之一的，应予立案追诉：
（一）发行数额在五百万元以上的；
（二）伪造、变造国家机关公文、有效证明文件或者相关凭证、单据的；
（三）利用募集的资金进行违法活动的；
（四）转移或者隐瞒所募集资金的；
（五）其他后果严重或者有其他严重情节的情形。</td></tr>
</table>

法律适用

相关法律法规

一、《中华人民共和国公司法》（节录）（1993年12月29日中华人民共和国主席令第16号公布　自1994年7月1日起施行　1999年12月25日第一次修正　2004年8月28日第二次修正　2005年10月27日修订　2013年12月28日第三次修正　2018年10月26日第四次修正）

第一百六十一条　上市公司经股东大会决议可以发行可转换为股票的公司债券，并在公司债券募集办法中规定具体的转换办法。上市公司发行可转换为股票的公司债券，应当报国务院证券监督管理机构核准。

发行可转换为股票的公司债券，应当在债券上标明可转换公司债券字样，并在公司债券存根簿上载明可转换公司债券的数额。

第一百六十二条　发行可转换为股票的公司债券的，公司应当按照其转换办法向债券持有人换发股票，但债券持有人对转换股票或者不转换股票有选择权。

二、《中华人民共和国证券法》（节录）（1998年12月29日第九届全国人民代表大会常务委员会第六次会议通过　2004年8月28日第一次修正　2005年10月27日第一次修订　2013年6月29日第二次修正　2014年8月31日第三次修正　2019年12月28日第二次修订）

第二条　在中华人民共和国境内，股票、公司债券、存托凭证和国务院依法认定的其他证券的发行和交易，适用本法；本法未规定的，适用《中华人民共和国公司法》和其他法律、行政法规的规定。

政府债券、证券投资基金份额的上市交易，适用本法；其他法律、行政法规另有规定的，适用其规定。

资产支持证券、资产管理产品发行、交易的管理办法，由国务院依照本法的原则规定。

在中华人民共和国境外的证券发行和交易活动，扰乱中华人民共和国境内市场秩序，损害境内投资者合法权益的，依照本法有关规定处理并追究法律责任。

第十九条　发行人报送的证券发行申请文件，应当充分披露投资者作出价值判断和投资决策所必需的信息，内容应当真实、准确、完整。

为证券发行出具有关文件的证券服务机构和人员，必须严格履行法定职责，保证所出具文件的真实性、准确性和完整性。

第一百八十一条　发行人在其公告的证券发行文件中隐瞒重要事实或者编造重大虚假内容，尚未发行证券的，处以二百万元以上二千万元以下的罚款；已经发行证券的，处以非法所募资金金额百分之十以上一倍以下的罚款。对直接负责的主管人员和其他直接责任人员，处以一百万元以上一千万元以下的罚款。

发行人的控股股东、实际控制人组织、指使从事前款违法行为的，没收违法所得，并处以违法所得百分之十以上一倍以下的罚款；没有违法所得或者违法所得不足二千万元的，处以二百万元以上二千万元以下的罚款。对直接负责的主管人员和其他直接责任人员，处以一百万元以上一千万元以下的罚款。

规章及规范性文件

一、《上市公司证券发行管理办法》（节录）（2006年5月6日中国证券监督管理委员会令第30号公布　自2006年5月8日起施行　2008年10月9日第一次修正　2020年2月14日第二次修正）

第十五条　可转换公司债券的期限最短为一年，最长为六年。

第十六条　可转换公司债券每张面值一百元。

可转换公司债券的利率由发行公司与主承销商协商确定，但必须符合国家的有关规定。

第十七条 公开发行可转换公司债券，应当委托具有资格的资信评级机构进行信用评级和跟踪评级。

资信评级机构每年至少公告一次跟踪评级报告。

第十八条 上市公司应当在可转换公司债券期满后五个工作日内办理完毕偿还债券余额本息的事项。

第十九条 公开发行可转换公司债券，应当约定保护债券持有人权利的办法，以及债券持有人会议的权利、程序和决议生效条件。

存在下列事项之一的，应当召开债券持有人会议：

（一）拟变更募集说明书的约定；

（二）发行人不能按期支付本息；

（三）发行人减资、合并、分立、解散或者申请破产；

（四）保证人或者担保物发生重大变化；

（五）其他影响债券持有人重大权益的事项。

第二十条 公开发行可转换公司债券，应当提供担保，但最近一期末经审计的净资产不低于人民币十五亿元的公司除外。

提供担保的，应当为全额担保，担保范围包括债券的本金及利息、违约金、损害赔偿金和实现债权的费用。

以保证方式提供担保的，应当为连带责任担保，且保证人最近一期经审计的净资产额应不低于其累计对外担保的金额。证券公司或上市公司不得作为发行可转债的担保人，但上市商业银行除外。

设定抵押或质押的，抵押或质押财产的估值应不低于担保金额。估值应经有资格的资产评估机构评估。

第二十一条 可转换公司债券自发行结束之日起六个月后方可转换为公司股票，转股期限由公司根据可转换公司债券的存续期限及公司财务状况确定。

债券持有人对转换股票或者不转换股票有选择权，并于转股的次日成为发行公司的股东。

第二十二条 转股价格应不低于募集说明书公告日前二十个交易日该公司股票交易均价和前一个交易日的均价。

前款所称转股价格，是指募集说明书事先约定的可转换公司债券转换为每股股份所支付的价格。

第二十三条 募集说明书可以约定赎回条款，规定上市公司可按事先约定的条件和价格赎回尚未转股的可转换公司债券。

第二十四条 募集说明书可以约定回售条款，规定债券持有人可按事先约定的条件和价格将所持债券回售给上市公司。

募集说明书应当约定，上市公司改变公告的募集资金用途的，赋予债券持有人一次回售的权利。

第二十五条 募集说明书应当约定转股价格调整的原则及方式。发行可转换公司债券后，因配股、增发、送股、派息、分立及其他原因引起上市公司股份变动的，应当同时调整转股价格。

第二十六条 募集说明书约定转股价格向下修正条款的，应当同时约定：

（一）转股价格修正方案须提交公司股东大会表决，且须经出席会议的股东所持表决权的三分之二以上同意。股东大会进行表决时，持有公司可转换债券的股东应当回避；

（二）修正后的转股价格不低于前项规定的股东大会召开日前二十个交易日该公司股票交易均价和前一个交易日的均价。

第二十七条 上市公司可以公开发行认股权和债券分离交易的可转换公司债券（以下简称分离交易的可转换公司债券）。

发行分离交易的可转换公司债券，除符合本章第一节规定外，还应当符合下列规定：

（一）公司最近一期末经审计的净资产不低于人民币十五亿元；

（二）最近三个会计年度实现的年均可分配利润不少于公司债券一年的利息；

（三）最近三个会计年度经营活动产生的现金流量净额平均不少于公司债券一年的利息，符合本办法第十四条第（一）项规定的公司除外；

（四）本次发行后累计公司债券余额不超过最近一期末净资产额的百分之四十，预计所附认股权全部行权后募集的资金总量不超过拟发行公司债券金额。

第二十八条 分离交易的可转换公司债券应当申请在上市公司股票上市的证券交易所上市交易。

分离交易的可转换公司债券中的公司债券和认股权分别符合证券交易所上市条件的，应当分别上市交易。

二、《公开发行证券的公司信息披露内容与格式准则第37号——创业板上市公司发行证券申请文件（2020年修订）》（2020年6月12日公布 自公布之日起施行）

第一条 为规范创业板上市公司（以下简称发行人）发行证券申请文件的报送行为，根据《公司法》《证券法》《创业板上市公司证券发行注册管理办法（试行）》（证监会令第168号），制定本准则。

第二条 发行人申请发行证券的，应按本准则的规定制作申请文件，并通过深圳证券交易所（以下简称交易所）发行上市审核业务系统报送电子文件。

报送的电子文件应和预留原件一致。发行人律师应对报送的电子文件和预留原件的一致性出具鉴证意见。报送的电子文件和预留原件具有同等的法律效力。

第三条 本准则规定的申请文件目录是对发行申请文件的最低要求，中国证券监督管理委员会（以下简称中国证监会）和交易所根据需要，可以要求发行人、保荐人和相关证券服务机构提供补充文件。补充文件和相关说明也应通过交易所发行上市审核业务系统报送。

第四条 发行人认为申请文件目录中的某些内容对其不适用的，应就不适用的内容作出列表说明。

第五条 申请文件一经受理，未经同意不得增加、撤回或更换。

第六条 发行人应确保申请文件的原始纸质文件已存档。

对于申请文件的原始纸质文件，发行人不能提供有关文件原件的，应由发行人律师提供鉴证意见，或由出文单位盖章，以保证与原件一致。如原出文单位不再存续，由承继其职权的单位或作出撤销决定的单位出文证明文件的真实性。

第七条 申请文件的原始纸质文件所有需要签名处，应载明签名字样的印刷体，并由签名人亲笔签名，不得以名章、签名章等代替。

申请文件的原始纸质文件中需要由发行人律师鉴证的文件，发行人律师应在该文件首页注明“以下第××页至第××页与原件一致”，并签名和签署鉴证日期，律师事务所应在该文件首页加盖公章，并在第××页至第××页侧面以公章加盖骑缝章。

第八条 发行人应根据交易所对发行申请文件的审核问询以及中国证监会对申请文件的注册反馈问题提供补充材料。保荐人和相关证券服务机构应对相关问题进行尽职调查并出具专业意见。

第九条 发行人向交易所发行上市审核业务系统报送的申请文件应采用标准“.doc”“.docx”或“.pdf”格式文件，按幅面为209毫米×295毫米规格的纸张（标准A4纸张规格）进行排版，并应采用合适的字体、字号、行距，以便于投资者阅读。

申请文件的正文文字应为宋体小四，1.5倍行距。一级标题应为黑体三号，二级标题应为黑体四号，三级标题应为黑体小四号，且各级标题应分别采用一致的段落间距。

申请文件章与章之间、节与节之间应有明显的分隔标识。为便于阅读，“.doc”“.docx”文档应根据各级标题建立文档结构图，“.pdf”文档应建立书签。

申请文件中的页码应与目录中的页码相符。例如，第四部分4－1的页码标注为：4－1－1，4－1－2，4－1－3，……4－1－n。

第十条 未按本准则的要求制作和报送发行申请文件的，交易所可按有关规定不予受理。

第十一条 红筹企业发行股票或存托凭证的，应按本准则和相关规定制作和报送申请文件。

第十二条 本准则由中国证监会负责解释。

第十三条 本准则自公布之日起施行。

附件： 创业板上市公司发行证券申请文件目录

附件：

创业板上市公司发行证券申请文件目录

第一章 本次证券发行的募集文件

1－1 募集说明书申报稿

第二章 发行人关于本次证券发行的申请与授权文件

2－1 发行人关于本次证券发行的申请报告

2－2 发行人关于本次发行方案的论证分析报告

2－3 董事会关于本次发行的决议

2－4 股东大会关于本次发行的决议

2－5 监事会对募集说明书真实性、准确性、完整性的审核意见

第三章 保荐人关于本次证券发行的文件

3－1 证券发行保荐书

3－2 发行保荐工作报告

3－3 尽职调查报告

3－4 关于战略投资者适格性的专项意见（向特定对象发行证券适用）

第四章　发行人律师关于本次证券发行的文件

4－1 法律意见书

4－2 律师工作报告

4－3 关于发行人董事、监事、高级管理人员以及发行人控股股东和实际控制人在相关文件上签名盖章的真实性的鉴证意见

4－4 关于申请电子文件与预留原件一致的鉴证意见

第五章　关于本次证券发行募集资金运用的文件

5－1 关于本次募集资金使用的可行性报告

5－2 有关部门对募集资金投资项目的审批、核准或备案文件

5－3 本次募集资金拟收购资产或股权的财务报告、审计报告及相关评估报告

5－4 发行人拟收购资产或股权的合同或其草案

第六章　其他文件

6－1 发行人最近三年的财务报告及其审计报告以及最近一期的财务报告（向不特定对象发行证券适用）

6－2 发行人最近一年的财务报告及其审计报告以及最近一期的财务报告（向特定对象发行证券适用）

6－3 最近三年一期合并口径和母公司口径的比较式财务报表（向特定对象发行证券适用）

6－4 盈利预测报告及其审核报告

6－5 会计师事务所关于发行人的内部控制鉴证报告

6－6 会计师事务所关于前次募集资金使用情况的报告

6－7 经注册会计师核验的发行人非经常性损益明细表

6－8 发行人董事会、会计师事务所及注册会计师关于最近一年保留意见审计报告的补充意见（向特定对象发行证券适用）

6－9 特定行业或企业的主管部门出具的相关意见

6－10 国务院主管部门关于引入境外战略投资者的有关文件（向特定对象发行证券适用）

6－11 附生效条件的认购合同（向特定对象发行证券适用）

6－12 本次发行可转换公司债券的资信评级报告

6－13 发行人营业执照及公司章程

6－14 发行人关于申请文件不适用情况的说明

6－15 发行人信息披露豁免申请

6－16 发行人关于本次发行是否涉及重大资产重组的说明

6－17 发行人保证不影响和干扰审核及注册程序的承诺函

6－18 发行人全体董事、监事、高级管理人员对发行申请文件真实性、准确性和完整性的承诺书

6－19 发行人关于申请电子文件与预留原件一致的承诺函

6－20 保荐人关于申请电子文件与预留原件一致的承诺函

6－21 其他相关文件

24 违规披露、不披露重要信息案

概念

本罪是指依法负有信息披露义务的公司、企业向股东和社会公众提供虚假的或者隐瞒重要事实的财务会计报告，或者对依法应当披露的其他重要信息不按照规定披露，严重损害股东或者其他人利益，或者有其他严重情节的以及依法负有信息披露义务的公司、企业的控股股东、实际控制人实施或者组织、指使实施前述行为的，或者隐瞒相关事项导致前述情形发生的行为。

立案标准

根据最高人民检察院、公安部《关于公安机关管辖的刑事案件立案追诉标准的规定（二）》，依法负有信息披露义务的公司、企业向股东和社会公众提供虚假的或者隐瞒重要事实的财务会计报告，或者对依法应当披露的其他重要信息不按照规定披露，涉嫌下列情形之一的，应予追诉：

（1）造成股东、债权人或者其他人直接经济损失数额累计在50万元以上的；

（2）虚增或者虚减资产达到当期披露的资产总额30%以上的；

（3）虚增或者虚减利润达到当期披露的利润总额30%以上的；

（4）未按规定披露的重大诉讼、仲裁、担保、关联交易或者其他重大事项所涉及的数额或者连续12个月的累计数额占净资产50%以上的；

（5）致使公司发行的股票、公司债券或者国务院依法认定的其他证券被终止上市交易或者多次被暂停上市交易的；

（6）致使不符合发行条件的公司、企业骗取发行核准并且上市交易的；

（7）在公司财务会计报告中将亏损披露为盈利，或者将盈利披露为亏损的；

（8）多次提供虚假的或者隐瞒重要事实的财务会计报告，或者多次对依法应当披露的其他重要信息不按照规定披露的；

（9）其他严重损害股东、债权人或者其他人利益，或者有其他严重情节的情形。

定罪标准		
定罪标准	犯罪客体	本罪侵犯的客体是复杂客体，不仅侵犯了国家对公司、企业的管理秩序，而且侵犯了股东或者其他相关人的利益。
定罪标准	犯罪客观方面	一、依法负有信息披露义务的公司、企业向股东和社会公众提供虚假的或者隐瞒重要事实的财务会计报告，或者对依法应当披露的其他重要信息不按照规定披露，严重损害股东或者其他人利益，或者有其他严重情节的行为。 1．“依法负有信息披露义务的公司、企业”。依据《公司法》《证券法》《银行业监督管理法》《商业银行法》《证券投资基金法》《保险法》等法律、法规的规定，负有信息披露义务的公司、企业包括：公开发行证券的申请人、上市公司、公司、企业债券上市交易的单位以及其他信息披露义务人、商业银行、基金管理人、基金托管人和其他基金信息披露义务人、保险公司等。另外，根据《证券法》第78条规定，国务院证券监督管理机构可以对其他信息披露义务人的范围作出规定。

定罪标准

犯罪客观方面

2. “虚假的或者隐瞒重要事实的财务会计报告”。根据《公司法》第62条、第164条、第165条的规定，公司应当在每一会计年度终了时，依照法律、行政法规和国务院财政部门的规定编制财务会计报告，并依法经会计师事务所审计。有限责任公司应当依照公司章程规定的期限将财务会计报告送交各股东。股份有限公司的财务会计报告应当在召开股东大会年会的20日前置备于本公司，供股东查阅；公开发行股票的股份有限公司必须公告其财务会计报告。依照上述规定，制作并向股东和社会公众提供财务会计报告是公司的一项法定义务。客观地记录和反映公司经营情况，如实地制作财务会计报告，才能让股东准确地了解其出资或投资的收益情况。公司向股东和社会公众提供虚假的或者隐瞒重要事实的财务会计报告，对股东和社会公众的利益造成损害，应追究其相应的刑事责任。

3. “依法应当披露的其他重要信息不按照规定披露”的行为，是指违反法律、行政法规和国务院证券管理部门等对信息披露的规定，对除财务会计报告以外的其他重要信息不披露或者进行虚假披露，如作虚假记载、误导性陈述或者有重大遗漏等。

根据《公司法》《证券法》《银行业监督管理法》《证券投资基金法》等法律、法规的规定，“依法应当披露的其他重要信息”包括：招股说明书、债券募集办法、财务会计报告、上市报告等文件，上市公司年度报告、中期报告、临时报告及其他信息披露资料；金融机构的财务会计报告、风险管理状况、董事和高级管理人员变更以及其他重大事项等信息及基金信息、实际控制人、控股股东应当依法披露的重要信息等。

例如，《证券法》第80条规定：“发生可能对上市公司、股票在国务院批准的其他全国性证券交易场所交易的公司的股票交易价格产生较大影响的重大事件，投资者尚未得知时，公司应当立即将有关该重大事件的情况向国务院证券监督管理机构和证券交易场所报送临时报告，并予公告，说明事件的起因、目前的状态和可能产生的法律后果。前款所称重大事件包括：（一）公司的经营方针和经营范围的重大变化；（二）公司的重大投资行为，公司在一年内购买、出售重大资产超过公司资产总额百分之三十，或者公司营业用主要资产的抵押、质押、出售或者报废一次超过该资产的百分之三十；（三）公司订立重要合同、提供重大担保或者从事关联交易，可能对公司的资产、负债、权益和经营成果产生重要影响；（四）公司发生重大债务和未能清偿到期重大债务的违约情况；（五）公司发生重大亏损或者重大损失；（六）公司生产经营的外部条件发生的重大变化；（七）公司的董事、三分之一以上监事或者经理发生变动，董事长或者经理无法履行职责；（八）持有公司百分之五以上股份的股东或者实际控制人持有股份或者控制公司的情况发生较大变化，公司的实际控制人及其控制的其他企业从事与公司相同或者相似业务的情况发生较大变化；（九）公司分配股利、增资的计划，公司股权结构的重要变化，公司减资、合并、分立、解散及申请破产的决定，或者依法进入破产程序、被责令关闭；（十）涉及公司的重大诉讼、仲裁，股东大会、董事会决议被依法撤销或者宣告无效；（十一）公司涉嫌犯罪被依法立案调查，公司的控股股东、实际控制人、董事、监事、高级管理人员涉嫌犯罪被依法采取强制措施；（十二）国务院证券监督管理机构规定的其他事项。公司的控股股东或者实际控制人对重大事件的发生、进展产生较大影响的，应当及时将其知悉的有关情况书面告知公司，并配合公司履行信息披露义务。”《证券投资基金法》第76条规定：“公开披露的基金信息包括：（一）基金招募说明书、基金合同、基金托管协

定罪标准

犯罪客观方面

议；（二）基金募集情况；（三）基金份额上市交易公告书；（四）基金资产净值、基金份额净值；（五）基金份额申购、赎回价格；（六）基金财产的资产组合季度报告、财务会计报告及中期和年度基金报告；（七）临时报告；（八）基金份额持有人大会决议；（九）基金管理人、基金托管人的专门基金托管部门的重大人事变动；（十）涉及基金财产、基金管理业务、基金托管业务的诉讼或者仲裁；（十一）国务院证券监督管理机构规定应予披露的其他信息。”

4. “严重损害股东或者其他人利益的，或者有其他严重情节的。关于损害标准可以参考《最高人民检察院、公安部关于公安机关管辖的刑事案件立案追诉标准的规定（二）》的相关规定。

二、依法负有信息披露义务的公司、企业的控股股东、实际控制人实施或者组织、指使实施违规披露、不披露重要信息的行为。

1. 公司、企业的控股股东、实际控制人实施不按照规定披露重要信息构成犯罪的情况。公司、企业的控股股东、实际控制人能够对发行人、公司、企业的行为产生重大影响或者实际支配公司、企业行为。实践中，出现了控股股东、实际控制人控制公司印章和信息披露渠道，绕开股东大会、董事会等法定机构，直接以公司名义实施披露虚假信息的情形。因此本款将控股股东、实际控制人直接实施不按照规定披露重要信息的行为规定为犯罪。

2. 公司、企业的控股股东、实际控制人组织、指使实施不按照规定披露重要信息构成犯罪的情况。控股股东、实际控制人能够实际影响或者支配公司行为，其容易组织、指使其他信息披露义务人不按照规定披露重要信息，对股东等他人利益的危害极大。因此，本款将控股股东、实际控制人组织、指使实施不按照规定披露重要信息的行为规定为犯罪。

3. 公司、企业的控股股东、实际控制人隐瞒相关事项导致公司、企业违规披露或者不披露重要信息构成犯罪的情况。公司、企业的控股股东、实际控制人对公司、企业具有较强的影响甚至是支配能力。这里的“隐瞒相关事项导致前款规定的情形发生”，包含了两种情形：第一种情形是，控股股东、实际控制人隐瞒自身应当披露的重要信息，导致公司、企业违规披露或者不披露重要信息构成犯罪。控股股东、实际控制人本身就具有十分重要的信息披露义务，如对其拥有的公司股权进行大宗交易买卖、抵押等都属于足以影响公司、企业的重大活动。因此，《证券法》等法律法规对公司、企业的控股股东、实际控制人的信息披露义务作了明确的规定。如果因控股股东、实际控制人违规披露或者不披露自身重要信息，导致公司、企业违规披露或者不披露重要信息构成犯罪的，其危害程度更大，对股东等他人利益所造成的损害也更重。虽然在公司、企业违规披露或者不披露重要信息构成犯罪的情况下，控股股东、实际控制人也能够作为单位犯罪的直接责任人员予以处罚。但是通过此款规定，强调控股股东、实际控制人的责任，特别是当控股股东、实际控制人是单位的情况下，能够对单位处以罚金，可以起到从重处罚的效果。因此，控股股东、实际控制人隐瞒自身应当披露的重要信息属于这里规定的“隐瞒相关事项”。第二种情形是，控股股东、实际控制人利用其控制公司、企业的权力，隐瞒一些其掌握的公司、企业的核心和关键性信息，如重大资产交易动向系虚构、进行关联交

定罪标准		
	犯罪客观方面	易实施损害公司、企业利益等。该行为导致公司、企业违规披露或者不披露重要信息构成犯罪的情况，也属于这里规定的“隐瞒相关事项”。基于此，本款将控股股东、实际控制人因隐瞒相关事项导致违规披露或者不披露重要信息的情形规定为犯罪。
	犯罪主体	本罪的犯罪主体是依法负有信息披露义务的公司、企业以及依法负有信息披露义务的公司、企业的控股股东、实际控制人。控股股东、实际控制人可以是单位。
	犯罪主观方面	本罪在主观方面表现为故意，包括直接故意和间接故意，即行为人明知自己提供虚假的或者隐瞒重要事实的财务会计报告，或者对依法应当披露的其他重要信息不按照规定披露的行为，必然或可能会严重损害股东或者其他人利益而有意为之。过失不构成本罪。
	罪与非罪	一、本罪与一般提供虚假财务会计报告、隐瞒有关信息行为的界限。构成本罪必须造成严重后果，即严重损害股东或者其他人利益，或者有其他严重情节。如果没有造成严重损害股东或者其他人利益的结果或存在其他严重情节，则不构成犯罪，可以依照《公司法》第202条以及其他有关规定给予行政处罚。 二、本罪与过失造成财务会计报告虚假或者没有按规定披露相关信息的界限。区别两者的关键在于主观方面不同：本罪的主观方面只能是故意；而后者则是过失。如因业务不熟练而把账算错，致使公布的财务会计报告中有些数字错误等，对此种行为不能以本罪论处。
	此罪与彼罪	一、本罪与诈骗罪的界限。本罪在客观上有提供虚假信息、隐瞒真实信息的行为，与诈骗罪有一定的相似之处。两者的区别主要在于：（1）主体不同。本罪的犯罪主体是依法负有信息披露义务的公司、企业以及依法负有信息披露义务的公司、企业的控股股东、实际控制人（控股股东、实际控制人可以是单位）。诈骗罪的主体为一般自然人主体，只要达到刑事责任年龄、具有刑事责任能力的自然人均能构成。（2）客体不同。本罪侵犯的客体是国家对公司、企业的管理秩序和股东及其他有关人的利益；诈骗罪侵犯的客体是公私财物的所有权。（3）客观方面不同。诈骗罪表现为用虚构事实或者隐瞒真相的方法，骗取公私财物的行为；本罪客观方面表现为违规披露、不披露重要信息。 二、本罪与编造并传播证券、期货交易虚假信息罪的界限。两者的区别主要在于：（1）主体不同。本罪的犯罪主体是依法负有信息披露义务的公司、企业以及依法负有信息披露义务的公司、企业的控股股东、实际控制人（控股股东、实际控制人可以是单位）。编造并传播证券、期货交易虚假信息罪的主体是一般主体，任何单位以及达到刑事责任年龄、具有刑事责任能力的自然人均能构成。（2）客观方面不同。本罪客观方面表现为违规披露、不披露重要信息；编造并传播证券、期货交易虚假信息罪则主要表现为编造并传播影响证券、期货交易的虚假信息的行为。（3）定罪情节或后果要求不同。本罪要求行为人的行为严重损害股东或者其他人利益，或者有其他严重情节；编造并传播证券、期货交易虚假信息罪则要求行为人的行为扰乱了证券、期货市场，造成严重后果，如造成投资者直接经济损失数额在3万元以上的，或致使交易价格和交易量异常波动的，或造成恶劣影响的。

<table>
<tr><td rowspan="3">证据参考标准</td><td>主体方面的证据</td><td>

一、证明行为人刑事责任年龄、身份等自然情况的证据。

包括身份证明、户籍证明、任职证明、工作经历证明、特定职责证明等，主要是证明行为人的姓名（曾用名）、性别、出生年月日、民族、籍贯、出生地、职业（或职务）、住所地（或居所地）等证据材料，如户口簿、居民身份证、工作证、出生证、专业或技术等级证、干部履历表、职工登记表、护照等。

对于户籍、出生证等材料内容不实的，应提供其他证据材料。外国人犯罪的案件，应有护照等身份证明材料。人大代表、政协委员犯罪的案件，应注明身份，并附身份证明材料。

二、证明行为人刑事责任能力的证据。

证明行为人对自己的行为是否具有辨认能力与控制能力，如是否属于间歇性精神病人、尚未完全丧失辨认或者控制自己行为能力的精神病人的证明材料。

三、证明单位的证据。

证明是否属于依法成立并有合法经营、管理范围的公司、企业、事业单位、机关、团体。

证明单位的名称、住所地、性质、法定代表人、单位负责人、业务范围、成立时间等证据材料，如企业营业执照、国有公司性质证明及非法人单位的身份证明等。

四、证明法定代表人、单位负责人或直接责任人员等的身份证明。

法定代表人、直接负责的主管人员和其他直接责任人在单位的任职、职责、负责权限的证明材料等。包括身份证明、户籍证明、任职证明等，如户口簿、居民身份证、工作证、护照、专业或技术等级证、干部履历表、职工登记表、任命书、业务分工文件、委派文件、单位证明、单位规章制度等。

</td></tr>
<tr><td>主观方面的证据</td><td>

证明行为人故意的证据：1. 证明行为人明知的证据：证明行为人明知自己的行为会发生危害社会的结果；2. 证明直接故意的证据：证明行为人希望危害结果发生；3. 证明间接故意的证据：证明行为人放任危害结果的发生。

</td></tr>
<tr><td>客观方面的证据</td><td>

证明行为人信息披露违规犯罪行为的证据。

具体证据包括：1. 证明行为人向股东和社会公众提供虚假的或者隐瞒重要事实的财务会计报告，严重损害了股东或者其他人利益，或者有其他严重情节的证据：（1）证明行为人向股东和社会公众提供了财务会计报告；（2）证明行为人提供的财务会计报告是虚假的或者隐瞒了重要事实；（3）证明行为人提供虚假的或者隐瞒重要事实的财务会计报告的行为，严重损害股东或者其他人利益，或者有其他严重情节。2. 证明行为人对依法应当披露的其他重要信息不按照规定披露，严重损害了股东或者其他人利益，或者有其他严重情节的证据：（1）证明行为人向股东和社会公众提供了财务会计报告；（2）证明行为人没有按照规定披露应当披露的重要信息；（3）证明行为人不按照规定披露依法应当披露的其他重要信息的行为，严重损害股东或者其他人利益，或者有其他严重情节。3. 证明控股股东、实际控制人实施或组织，指使实施违规披露、不披露重要信息行为的证据。

</td></tr>
</table>

<table>
<tr><td rowspan="1">证据参考标准</td><td>量刑方面的证据</td><td colspan="2">一、法定量刑情节证据。
1. 事实情节。2. 法定从重情节。3. 法定从轻情节：（1）可以从轻；（2）可以从轻或减轻；（3）应当从轻或者减轻。4. 法定从轻减轻免除情节：（1）可以从轻、减轻或免除处罚；（2）应当减轻或者免除处罚。5. 法定减轻免除情节：（1）可以减轻或者免除处罚；（2）应当减轻或者免除处罚；（3）可以免除处罚。
二、酌定量刑情节证据。
1. 犯罪手段；2. 犯罪对象；3. 危害结果；4. 动机；5. 平时表现；6. 认罪态度；7. 是否有前科；8. 其他证据。</td></tr>
<tr><td rowspan="3">量刑标准</td><td colspan="2">犯本罪的（包括依法负有信息披露义务的公司、企业及其控股股东、实际控制人）</td><td>对其直接负责的主管人员和其他直接责任人员，处五年以下有期徒刑或者拘役，并处或者单处罚金</td></tr>
<tr><td colspan="2">情节特别严重的</td><td>处五年以上十年以下有期徒刑，并处罚金</td></tr>
<tr><td colspan="2">控股股东、实际控制人是单位的</td><td>对单位判处罚金，并对其直接负责的主管人员和其他直接责任人员，依照前述规定处罚</td></tr>
<tr><td rowspan="2">法律适用</td><td>刑法条文</td><td colspan="2">第一百六十一条　依法负有信息披露义务的公司、企业向股东和社会公众提供虚假的或者隐瞒重要事实的财务会计报告，或者对依法应当披露的其他重要信息不按照规定披露，严重损害股东或者其他人利益，或者有其他严重情节的，对其直接负责的主管人员和其他直接责任人员，处五年以下有期徒刑或者拘役，并处或者单处罚金；情节特别严重的，处五年以上十年以下有期徒刑，并处罚金。
前款规定的公司、企业的控股股东、实际控制人实施或者组织、指使实施前款行为的，或者隐瞒相关事项导致前款规定的情形发生的，依照前款的规定处罚。
犯前款罪的控股股东、实际控制人是单位的，对单位判处罚金，并对其直接负责的主管人员和其他直接责任人员，依照第一款的规定处罚。</td></tr>
<tr><td>司法解释</td><td colspan="2">最高人民检察院、公安部《关于公安机关管辖的刑事案件立案追诉标准的规定（二）》（节录）（2010年5月7日最高人民检察院、公安部公布　自公布之日起施行　2011年11月14日修正）
第六条〔违规披露、不披露重要信息案（刑法第一百六十一条）〕依法负有信息披露义务的公司、企业向股东和社会公众提供虚假的或者隐瞒重要事实的财务会计报告，或者对依法应当披露的其他重要信息不按照规定披露，涉嫌下列情形之一的，应予立案追诉：
（一）造成股东、债权人或者其他人直接经济损失数额累计在五十万元以上的；
（二）虚增或者虚减资产达到当期披露的资产总额百分之三十以上的；
（三）虚增或者虚减利润达到当期披露的利润总额百分之三十以上的；
（四）未按照规定披露的重大诉讼、仲裁、担保、关联交易或者其他重大事项所涉及的数额或者连续十二个月的累计数额占净资产百分之五十以上的；</td></tr>
</table>

司法解释

（五）致使公司发行的股票、公司债券或者国务院依法认定的其他证券被终止上市交易或者多次被暂停上市交易的；

（六）致使不符合发行条件的公司、企业骗取发行核准并且上市交易的；

（七）在公司财务会计报告中将亏损披露为盈利，或者将盈利披露为亏损的；

（八）多次提供虚假的或者隐瞒重要事实的财务会计报告，或者多次对依法应当披露的其他重要信息不按照规定披露的；

（九）其他严重损害股东、债权人或者其他人利益，或者有其他严重情节的情形。

法律适用

相关法律法规

一、《中华人民共和国证券法》（节录）（1998年12月29日第九届全国人民代表大会常务委员会第六次会议通过　2004年8月28日第一次修正　2005年10月27日第一次修订　2013年6月29日第二次修正　2014年8月31日第三次修正　2019年12月28日第二次修订）

第七十八条　发行人及法律、行政法规和国务院证券监督管理机构规定的其他信息披露义务人，应当及时依法履行信息披露义务。

信息披露义务人披露的信息，应当真实、准确、完整，简明清晰，通俗易懂，不得有虚假记载、误导性陈述或者重大遗漏。

证券同时在境内境外公开发行、交易的，其信息披露义务人在境外披露的信息，应当在境内同时披露。

第七十九条　上市公司、公司债券上市交易的公司、股票在国务院批准的其他全国性证券交易场所交易的公司，应当按照国务院证券监督管理机构和证券交易场所规定的内容和格式编制定期报告，并按照以下规定报送和公告：

（一）在每一会计年度结束之日起四个月内，报送并公告年度报告，其中的年度财务会计报告应当经符合本法规定的会计师事务所审计；

（二）在每一会计年度的上半年结束之日起二个月内，报送并公告中期报告。

第八十条　发生可能对上市公司、股票在国务院批准的其他全国性证券交易场所交易的公司的股票交易价格产生较大影响的重大事件，投资者尚未得知时，公司应当立即将有关该重大事件的情况向国务院证券监督管理机构和证券交易场所报送临时报告，并予公告，说明事件的起因、目前的状态和可能产生的法律后果。

前款所称重大事件包括：

（一）公司的经营方针和经营范围的重大变化；

（二）公司的重大投资行为，公司在一年内购买、出售重大资产超过公司资产总额百分之三十，或者公司营业用主要资产的抵押、质押、出售或者报废一次超过该资产的百分之三十；

（三）公司订立重要合同、提供重大担保或者从事关联交易，可能对公司的资产、负债、权益和经营成果产生重要影响；

（四）公司发生重大债务和未能清偿到期重大债务的违约情况；

（五）公司发生重大亏损或者重大损失；

（六）公司生产经营的外部条件发生的重大变化；

（七）公司的董事、三分之一以上监事或者经理发生变动，董事长或者经理无法履行职责；

（八）持有公司百分之五以上股份的股东或者实际控制人持有股份或者控制公司的情况发生较大变化，公司的实际控制人及其控制的其他企业从事与公司相同或者相似业务的情况发生较大变化；

（九）公司分配股利、增资的计划，公司股权结构的重要变化，公司减资、合并、分立、解散及申请破产的决定，或者依法进入破产程序、被责令关闭；

（十）涉及公司的重大诉讼、仲裁，股东大会、董事会决议被依法撤销或者宣告无效；

（十一）公司涉嫌犯罪被依法立案调查，公司的控股股东、实际控制人、董事、监事、高级管理人员涉嫌犯罪被依法采取强制措施；

（十二）国务院证券监督管理机构规定的其他事项。

公司的控股股东或者实际控制人对重大事件的发生、进展产生较大影响的，应当及时将其知悉的有关情况书面告知公司，并配合公司履行信息披露义务。

第八十一条 发生可能对上市交易公司债券的交易价格产生较大影响的重大事件，投资者尚未得知时，公司应当立即将有关该重大事件的情况向国务院证券监督管理机构和证券交易场所报送临时报告，并予公告，说明事件的起因、目前的状态和可能产生的法律后果。

前款所称重大事件包括：

（一）公司股权结构或者生产经营状况发生重大变化；

（二）公司债券信用评级发生变化；

（三）公司重大资产抵押、质押、出售、转让、报废；

（四）公司发生未能清偿到期债务的情况；

（五）公司新增借款或者对外提供担保超过上年末净资产的百分之二十；

（六）公司放弃债权或者财产超过上年末净资产的百分之十；

（七）公司发生超过上年末净资产百分之十的重大损失；

（八）公司分配股利，作出减资、合并、分立、解散及申请破产的决定，或者依法进入破产程序、被责令关闭；

（九）涉及公司的重大诉讼、仲裁；

（十）公司涉嫌犯罪被依法立案调查，公司的控股股东、实际控制人、董事、监事、高级管理人员涉嫌犯罪被依法采取强制措施；

（十一）国务院证券监督管理机构规定的其他事项。

第八十二条 发行人的董事、高级管理人员应当对证券发行文件和定期报告签署书面确认意见。

发行人的监事会应当对董事会编制的证券发行文件和定期报告进行审核并提出书面审核意见。监事应当签署书面确认意见。

发行人的董事、监事和高级管理人员应当保证发行人及时、公平地披露信息，所披露的信息真实、准确、完整。

董事、监事和高级管理人员无法保证证券发行文件和定期报告内容的真实性、准确性、完整性或者有异议的，应当在书面确认意见中发表意见并陈述理由，发行人应当披露。发行人不予披露的，董事、监事和高级管理人员可以直接申请披露。

第八十三条 信息披露义务人披露的信息应当同时向所有投资者披露，不得提前向任何单位和个人泄露。但是，法律、行政法规另有规定的除外。

任何单位和个人不得非法要求信息披露义务人提供依法需要披露但尚未披露的信息。任何单位和个人提前获知的前述信息，在依法披露前应当保密。

第八十四条 除依法需要披露的信息之外，信息披露义务人可以自愿披露与投资者作出价值判断和投资决策有关的信息，但不得与依法披露的信息相冲突，不得误导投资者。

发行人及其控股股东、实际控制人、董事、监事、高级管理人员等作出公开承诺的，应当披露。不履行承诺给投资者造成损失的，应当依法承担赔偿责任。

第八十五条 信息披露义务人未按照规定披露信息，或者公告的证券发行文件、定期报告、临时报告及其他信息披露资料存在虚假记载、误导性陈述或者重大遗漏，致使投资者在证券交易中遭受损失的，信息披露义务人应当承担赔偿责任；发行人的控股股东、实际控制人、董事、监事、高级管理人员和其他直接责任人员以及保荐人、承销的证券公司及其直接责任人员，应当与发行人承担连带赔偿责任，但是能够证明自己没有过错的除外。

第八十六条 依法披露的信息，应当在证券交易场所的网站和符合国务院证券监督管理机构规定条件的媒体发布，同时将其置备于公司住所、证券交易场所，供社会公众查阅。

第八十七条 国务院证券监督管理机构对信息披露义务人的信息披露行为进行监督管理。

证券交易场所应当对其组织交易的证券的信息披露义务人的信息披露行为进行监督，督促其依法及时、准确地披露信息。

二、《中华人民共和国公司法》（节录）（1993年12月29日中华人民共和国主席令第16号公布　自1994年7月1日起施行　1999年12月25日第一次修正　2004年8月28日第二次修正　2005年10月27日修订　2013年12月28日第三次修正　2018年10月26日第四次修正）

第六十二条 一人有限责任公司应当在每一会计年度终了时编制财务会计报告，并经会计师事务所审计。

第一百六十四条 公司应当在每一会计年度终了时编制财务会计报告，并依法经会计师事务所审计。

财务会计报告应当依照法律、行政法规和国务院财政部门的规定制作。

第一百六十五条 有限责任公司应当依照公司章程规定的期限将财务会计报告送交各股东。

股份有限公司的财务会计报告应当在召开股东大会年会的二十日前置备于本公司，供股东查阅；公开发行股票的股份有限公司必须公告其财务会计报告。

三、《中华人民共和国商业银行法》（节录）（1995年5月10日第八届全国人民代表大会常务委员会第十三次会议通过　2003年12月27日第一次修正　2015年8月29日第二次修正）

第五十六条 商业银行应当于每一会计年度终了三个月内，按照国务院银行业监督管理机构的规定，公布其上一年度的经营业绩和审计报告。

第七十五条 商业银行有下列情形之一，由国务院银行业监督管理机构责令改正，并处二十万元以上五十万元以下罚款；情节特别严重或者逾期不改正的，可以责令停业整顿或者吊销其经营许可证；构成犯罪的，依法追究刑事责任：

（一）拒绝或者阻碍国务院银行业监督管理机构检查监督的；

（二）提供虚假的或者隐瞒重要事实的财务会计报告、报表和统计报表的；

（三）未遵守资本充足率、资产流动性比例、同一借款人贷款比例和国务院银行业监督管理机构有关资产负债比例管理的其他规定的。

四、《中华人民共和国银行业监督管理法》（节录）（2003年12月27日中华人民共和国主席令第11号公布　自2004年2月1日起施行　2006年10月31日修正）

第四十六条　银行业金融机构有下列情形之一，由国务院银行业监督管理机构责令改正，并处二十万元以上五十万元以下罚款；情节特别严重或者逾期不改正的，可以责令停业整顿或者吊销其经营许可证；构成犯罪的，依法追究刑事责任：

（一）未经任职资格审查任命董事、高级管理人员的；

（二）拒绝或者阻碍非现场监管或者现场检查的；

（三）提供虚假的或者隐瞒重要事实的报表、报告等文件、资料的；

（四）未按照规定进行信息披露的；

（五）严重违反审慎经营规则的；

（六）拒绝执行本法第三十七条规定的措施的。

五、《中华人民共和国证券投资基金法》（节录）（2003年10月28日中华人民共和国主席令第9号公布　自2004年6月1日起施行　2012年12月28日修订　2015年4月24日修正）

第十九条　公开募集基金的基金管理人应当履行下列职责：

（一）依法募集资金，办理基金份额的发售和登记事宜；

（二）办理基金备案手续；

（三）对所管理的不同基金财产分别管理、分别记账，进行证券投资；

（四）按照基金合同的约定确定基金收益分配方案，及时向基金份额持有人分配收益；

（五）进行基金会计核算并编制基金财务会计报告；

（六）编制中期和年度基金报告；

（七）计算并公告基金资产净值，确定基金份额申购、赎回价格；

（八）办理与基金财产管理业务活动有关的信息披露事项；

（九）按照规定召集基金份额持有人大会；

（十）保存基金财产管理业务活动的记录、账册、报表和其他相关资料；

（十一）以基金管理人名义，代表基金份额持有人利益行使诉讼权利或者实施其他法律行为；

（十二）国务院证券监督管理机构规定的其他职责。

第三十六条　基金托管人应当履行下列职责：

（一）安全保管基金财产；

（二）按照规定开设基金财产的资金账户和证券账户；

（三）对所托管的不同基金财产分别设置账户，确保基金财产的完整与独立；

（四）保存基金托管业务活动的记录、账册、报表和其他相关资料；

（五）按照基金合同的约定，根据基金管理人的投资指令，及时办理清算、交割事宜；

（六）办理与基金托管业务活动有关的信息披露事项；

法律适用 相关法律法规

（七）对基金财务会计报告、中期和年度基金报告出具意见；

（八）复核、审查基金管理人计算的基金资产净值和基金份额申购、赎回价格；

（九）按照规定召集基金份额持有人大会；

（十）按照规定监督基金管理人的投资运作；

（十一）国务院证券监督管理机构规定的其他职责。

第七十三条 基金财产不得用于下列投资或者活动：

（一）承销证券；

（二）违反规定向他人贷款或者提供担保；

（三）从事承担无限责任的投资；

（四）买卖其他基金份额，但是国务院证券监督管理机构另有规定的除外；

（五）向基金管理人、基金托管人出资；

（六）从事内幕交易、操纵证券交易价格及其他不正当的证券交易活动；

（七）法律、行政法规和国务院证券监督管理机构规定禁止的其他活动。

运用基金财产买卖基金管理人、基金托管人及其控股股东、实际控制人或者与其有其他重大利害关系的公司发行的证券或承销期内承销的证券，或者从事其他重大关联交易的，应当遵循基金份额持有人利益优先的原则，防范利益冲突，符合国务院证券监督管理机构的规定，并履行信息披露义务。

第七十四条 基金管理人、基金托管人和其他基金信息披露义务人应当依法披露基金信息，并保证所披露信息的真实性、准确性和完整性。

第七十五条 基金信息披露义务人应当确保应予披露的基金信息在国务院证券监督管理机构规定时间内披露，并保证投资人能够按照基金合同约定的时间和方式查阅或者复制公开披露的信息资料。

第七十七条 公开披露基金信息，不得有下列行为：

（一）虚假记载、误导性陈述或者重大遗漏；

（二）对证券投资业绩进行预测；

（三）违规承诺收益或者承担损失；

（四）诋毁其他基金管理人、基金托管人或者基金销售机构；

（五）法律、行政法规和国务院证券监督管理机构规定禁止的其他行为。

第一百三十一条 基金信息披露义务人不依法披露基金信息或者披露的信息有虚假记载、误导性陈述或者重大遗漏的，责令改正，没收违法所得，并处十万元以上一百万元以下罚款；对直接负责的主管人员和其他直接责任人员给予警告，暂停或者撤销基金从业资格，并处三万元以上三十万元以下罚款。

25 妨害清算案

概念

本罪是指在公司、企业清算时，隐匿公司、企业财产，对资产负债表或者财产清单作虚伪记载，或者在未清偿债务前分配公司、企业财产，严重损害债权人或者其他人利益的行为。

立案标准

根据最高人民检察院、公安部《关于公安机关管辖的刑事案件立案追诉标准的规定（二）》，公司、企业进行清算时，隐匿财产，对资产负债表或者财产清单作虚伪记载或者在未清偿债务前分配公司、企业财产，涉嫌下列情形之一的，应予立案追诉：

（1）隐匿财产价值在50万元以上的；

（2）对资产负债表或者财产清单作虚伪记载涉及金额在50万元以上的；

（3）在未清偿债务前分配公司、企业财产价值在50万元以上的；

（4）造成债权人或者其他人直接经济损失数额累计在10万元以上的；

（5）虽未达到上述数额标准，但应清偿的职工的工资、社会保险费用和法定补偿金得不到及时清偿，造成恶劣社会影响的；

（6）其他严重损害债权人或者其他人利益的情形。

定罪标准

犯罪客体

本罪侵犯的客体是国家对公司、企业管理制度以及债权人或其他人的合法权益。公司、企业清算是公司、企业解散或者破产活动中的一项重要活动。清算的目的是了结、清理公司、企业的债权债务，保护债权人的利益，并在能够清偿公司、企业债务的情况下，分配公司、企业的所有财产。可见，清算活动与公司、企业股东以及其他债权人、债务人有着直接的经济利害关系。为保护债权人利益，《公司法》规定公司解散时须成立清算组、《企业破产法》规定公司、企业破产时必须由人民法院指定管理人对公司、企业的财产进行清理。《公司法》对清算组的组成和具体的清算活动、《企业破产法》对管理人的职责都作了严格规定。行为人如果在清算组进行清算期间，为了隐匿财产而制作虚假的资产负债表或财产清单，或者在公司、企业债务尚未清偿之前私自分配公司、企业财产，这种行为不仅会造成公司、企业清算工作失去真实的、客观的依据，给公司、企业清算工作增加难度，更为严重的是妨害了对公司、企业财产的清理，侵害了债权人或其他人的合法权益。

犯罪客观方面

本罪在客观上表现为在公司、企业清算时，隐匿财产，对资产负债表或者财产清单作虚伪记载或者在未清偿债务前分配公司、企业财产，严重损害债权人或者其他人利益的行为。

一、本罪必须发生在公司、企业清算过程中。所谓公司、企业清算，是指因公司、企业解散或者破产，法律规定公司、企业应当清理公司、企业的债权、债务的活动。公司、企业清算主要发生在两种情况下：（1）公司、企业的解散，它是根据公司、企业的章程规定或者法律规定的条件，公司、企业决定停止对外经营活动，使其

定罪标准	犯罪客观方面	法人资格消失的行为。（2）公司、企业破产，根据《企业破产法》的规定，公司、企业因不能清偿到期的债务，被依法宣告破产的，应由人民法院指定管理人，对公司、企业进行破产清算。由于公司、企业清算直接关系到债权人及其他人的利益，因而《公司法》对清算组的组成与活动、《企业破产法》对管理人的职责都作了严格规定。只有实事求是地做好清算工作，理清公司、企业的债权债务关系，依法处理公司、企业的财产，才能减少和避免纠纷，维护正常稳定的经济秩序。 二、本罪的犯罪行为方式有以下几种：（1）隐匿财产，即采取各种方式隐匿、转移、私藏公司、企业的财产，并隐瞒不报，如将公司存款从甲银行转入乙银行另立账户、秘密隐藏。隐匿既可以是资金，亦可以是机器设备、生产成品等实物。（2）对资产负债表或财产清单作虚伪记载。所谓资产负债表，又称资产负债平衡表，是指会计定期核算时以货币形式反映，表示公司、企业一定时期内财产的总体构成状况，即公司、企业资金的来源与运用的报表。其以左右平衡式账户列示出借方又称资产方与贷方即负债方，借方记载资产的运用、贷方记载资产与负债，表示资金的来源、要求借贷双方必须平衡。平衡公式是：资产总额与负债总额的差就是所有者权益即净资产的总额。从表中可分析出公司、企业的财务情况及检查资金的使用情况。所谓财产清单，乃是公司、企业现有财产状况，包括固定资产、流动资金、剩余产品及原材料等的全面反映，是登记公司、企业现有全部财产的单子。资产负债表、公司、企业财产清单，是进行公司、企业清算的重要文件，不得作任何虚伪的记载。所谓虚伪记载，就是登记资产负债表、财产清单时不实在、不真实或隐瞒了重要事实，即进行虚假记载。如对资产负债情况，故意采取不报、不登、少报、少登、低报、低登等手段，隐瞒或缩小公司、企业的实际财产数额；或多报、多登、高报、高登公司、企业的资产数额，如把厂房、设备、产品的实际价值高估、高报，用以多抵、高抵债务；或夸张、缩小公司、企业的资产等，都是虚伪的记载。（3）在未清偿债务前，分配公司、企业财产。为了保护债权人、职工乃至国家的利益，公司、企业清算时，其财产处理应依照下列顺序进行安排：第一，保留足够的金额以及支付清算的费用；第二，支付职工工资和劳动保险费用；第三，缴纳税款；第四，清偿债务；第五，分配剩余财产。这就是说，只有在清偿债务后，即进行第四财产处分程序后，财产有剩余的，才能予以分配。如果在清偿债务之前就分配财产的，则必然造成对国家、职工、债权人的利益的损害，由此而造成严重后果的，应当予以刑事制裁。 三、本罪的构成还要以行为造成严重的后果为必要。如果只有行为，而没有造成后果或虽有后果却不那么严重，即未造成严重的后果，则不能构成其罪。所谓造成严重后果，是指因行为人妨害清算等的行为造成了债权人和其他利益人的利益严重损害的情况。其中，其他利益人主要是指公司、企业职工、清算组成员及代表国家征收公司、企业所欠税款的税务部门等。
	犯罪主体	本罪的主体是特殊主体，即进行清算的公司、企业。由于公司、企业已依法解散、被责令关闭或者被宣告破产，已经停止对外进行经营活动，公司、企业原来的代表人已不能进行有法律意义的活动，而应由清算组或管理人代表公司、企业清理财产，处理与清算有关的公司、企业未了结的业务，清缴所欠税款，清理债权债务，处理清偿债务后的剩余财产，代表公司、企业参与民事诉讼活动，所以，构成本罪的犯罪行为实际上是由清算组或管理人代表公司、企业所实施的，承担刑事责任的也就是

<table>
<tr><td rowspan="4">定罪标准</td><td>犯罪主体</td><td>清算组成员中直接负责的主管人员和其他直接责任人员或管理人。关于清算组的组成，根据《公司法》的规定，有限责任公司的清算组由股东组成，股份有限公司的清算组由董事或者股东大会确定的人员组成。逾期不成立清算组进行清算的，债权人可以申请人民法院指定有关人员组成清算组进行清算。人民法院应当受理该申请，并及时组织清算组进行清算。关于管理人的指定，根据《企业破产法》规定，管理人可以由有关部门、机构的人员组成的清算组或者依法设立的律师事务所、会计师事务所、破产清算事务所等社会中介机构担任。人民法院根据债务人的实际情况，可以在征询有关社会中介机构的意见后，指定该机构具备相关专业知识并取得执业资格的人员担任管理人。</td></tr>
<tr><td>犯罪主观方面</td><td>本罪在主观上只能由故意构成，即明知隐匿公司财产、对资产负债表或者财产清单作虚伪记载，或者清偿债务前分配公司财产会损害债权人或者其他人的利益，而故意实施。过失如因疏忽大意造成资产负债表或财产清单的记载不符合实际情况的不构成本罪。</td></tr>
<tr><td>罪与非罪</td><td>构成本罪，不仅要求行为人实施了隐匿公司、企业财产，对资产负债表或者财产清单作虚伪记载，或者在未清偿债务前分配公司、企业财产的行为，而且只有当这种行为严重损害债权人或者其他人利益时，才构成犯罪。未达到法定的危害程度，则不构成犯罪。</td></tr>
<tr><td>此罪与彼罪</td><td>本罪与职务侵占罪的界限。
本罪与职务侵占罪的区别主要在于：(1) 犯罪主体不同。本罪主体是公司、企业及清算组的直接负责的主管人员和直接责任人员或管理人，主要是单位犯罪；而职务侵占罪的主体是公司、企业或其他单位的工作人员，是自然人犯罪。(2) 犯罪的目的不同。本罪的目的是为了逃避公司、企业债务；而职务侵占罪的目的则是为了非法占有公司财产。(3) 侵犯的客体不同。本罪侵犯的是公司、企业清算制度和债权人及其他人的利益；而职务侵占罪所侵犯的客体是公司、企业或其他单位的财产权及股东的利益。(4) 客观方面不同。本罪表现为在公司、企业清算期间，隐匿财产、在资产负债表或财产清单上虚伪记载或者在未清偿债务前分配公司、企业财产，严重损害债权人及其他人利益的行为；职务侵占罪则表现为公司、企业或其他单位的工作人员，利用职务上的便利，将本单位财物非法占为己有，数额较大的行为。</td></tr>
<tr><td>证据参考标准</td><td>主体方面的证据</td><td>一、证明单位的证据。
证明是否属于依法成立并有合法经营、管理范围的公司、企业。证明单位的名称、住所地、性质、法定代表人、单位负责人、业务范围、成立时间等证据材料，如企业法人营业执照、法人注册登记证明、法人设立证明。
二、证明法定代表人、单位负责人或直接责任人员等的身份证明。
法定代表人、直接负责的主管人员和其他直接责任人在单位的任职、职责、负责权限的证明材料等。包括身份证明、户籍证明、任职证明等，如户口簿、居民身份证、工作证、护照、专业或技术等级证、干部履历表、职工登记表、单位证明、单位规章制度等。</td></tr>
</table>

<table>
<tr><td rowspan="2">证据参考标准</td><td>主观方面的证据</td><td colspan="2">证据证明行为人故意的证据：1. 证明行为人明知的证据：证明行为人明知自己的行为会发生危害社会的结果；2. 证明直接故意的证据：证明行为人希望危害结果发生。</td></tr>
<tr><td>客观方面的证据</td><td colspan="2">一、证明行为人在公司、企业清算时，隐匿公司、企业财产，对资产负债表或者财产清单作虚伪记载的证据。
二、证明行为人损害了债权人或者其他人利益的行为。
具体证据包括：1. 证明行为人编造虚假的清算手续行为的证据：（1）资产负债表；（2）财产目录；（3）有形资产；（4）无形资产；（5）财物登记册。2. 证明行为人隐匿财产行为的证据。3. 证明行为人未清算分配公司财产行为的证据。4. 其他的证据。</td></tr>
<tr><td>量刑标准</td><td colspan="2">犯本罪的</td><td>对直接负责的主管人员和其他直接责任人员，处五年以下有期徒刑或者拘役，并处或者单处二万元以上二十万元以下罚金</td></tr>
<tr><td rowspan="2">法律适用</td><td>刑法条文</td><td colspan="2">第一百六十二条　公司、企业进行清算时，隐匿财产，对资产负债表或者财产清单作虚伪记载或者在未清偿债务前分配公司、企业财产，严重损害债权人或者其他人利益的，对其直接负责的主管人员和其他直接责任人员，处五年以下有期徒刑或者拘役，并处或者单处二万元以上二十万元以下罚金。</td></tr>
<tr><td>司法解释</td><td colspan="2">最高人民检察院、公安部《关于公安机关管辖的刑事案件立案追诉标准的规定（二）》（节录）（2010年5月7日最高人民检察院、公安部公布　自公布之日起施行　2011年11月14日修正）
第七条〔妨害清算案（刑法第一百六十二条）〕公司、企业进行清算时，隐匿财产，对资产负债表或者财产清单作虚伪记载或者在未清偿债务前分配公司、企业财产，涉嫌下列情形之一的，应予立案追诉：
（一）隐匿财产价值在五十万元以上的；
（二）对资产负债表或者财产清单作虚伪记载涉及金额在五十万元以上的；
（三）在未清偿债务前分配公司、企业财产价值在五十万元以上的；
（四）造成债权人或者其他人直接经济损失数额累计在十万元以上的；
（五）虽未达到上述数额标准，但应清偿的职工的工资、社会保险费用和法定补偿金得不到及时清偿，造成恶劣社会影响的；
（六）其他严重损害债权人或者其他人利益的情形。</td></tr>
</table>

法律适用

相关法律法规

一、《中华人民共和国公司法》(节录)(1993年12月29日中华人民共和国主席令第16号公布 自1994年7月1日起施行 1999年12月25日第一次修正 2004年8月28日第二次修正 2005年10月27日修订 2013年12月28日第三次修正 2018年10月26日第四次修正)

第二百零四条 公司在合并、分立、减少注册资本或者进行清算时，不依照本法规定通知或者公告债权人的，由公司登记机关责令改正，对公司处以一万元以上十万元以下的罚款。

公司在进行清算时，隐匿财产，对资产负债表或者财产清单作虚假记载或者在未清偿债务前分配公司财产的，由公司登记机关责令改正，对公司处以隐匿财产或者未清偿债务前分配公司财产金额百分之五以上百分之十以下的罚款；对直接负责的主管人员和其他直接责任人员处以一万元以上十万元以下的罚款。

二、《中华人民共和国企业破产法》(节录)(2006年8月27日中华人民共和国主席令第54号公布 自2007年6月1日起施行)

第二十二条 管理人由人民法院指定。

债权人会议认为管理人不能依法、公正执行职务或者有其他不能胜任职务情形的，可以申请人民法院予以更换。

指定管理人和确定管理人报酬的办法，由最高人民法院规定。

第二十四条 管理人可以由有关部门、机构的人员组成的清算组或者依法设立的律师事务所、会计师事务所、破产清算事务所等社会中介机构担任。

人民法院根据债务人的实际情况，可以在征询有关社会中介机构的意见后，指定该机构具备相关专业知识并取得执业资格的人员担任管理人。

有下列情形之一的，不得担任管理人：

(一) 因故意犯罪受过刑事处罚；

(二) 曾被吊销相关专业执业证书；

(三) 与本案有利害关系；

(四) 人民法院认为不宜担任管理人的其他情形。

个人担任管理人的，应当参加执业责任保险。

第一百三十一条 违反本法规定，构成犯罪的，依法追究刑事责任。

26 隐匿、故意销毁会计凭证、会计账簿、财务会计报告案

概念

本罪是指隐匿或者故意销毁依法应当保存的会计凭证、会计账簿、财务会计报告，情节严重的行为。

立案标准

根据最高人民检察院、公安部《关于公安机关管辖的刑事案件立案追诉标准的规定（二）》，隐匿或者故意销毁依法应当保存的会计凭证、会计账簿、财务会计报告，涉嫌下列情形之一的，应予立案追诉：

（1）隐匿、故意销毁的会计凭证、会计账簿、财务会计报告涉及金额在50万元以上的；

（2）依法应当向司法机关、行政机关、有关主管部门等提供而隐匿、故意销毁或者拒不交出会计凭证、会计账簿、财务会计报告的；

（3）其他情节严重的情形。

定罪标准

犯罪客体

本罪侵犯的客体是会计档案管理制度。会计档案，是指会计凭证、会计账簿和财务会计报告等会计核算专业材料，是记录和反映单位经济业务的重要史料和证据。

本罪的犯罪对象是会计档案。按照《会计档案管理办法》第6条的规定，下列会计资料应当进行归档：（1）会计凭证，包括原始凭证、记账凭证；（2）会计账簿，包括总账、明细账、日记账、固定资产卡片及其他辅助性账簿；（3）财务会计报告，包括月度、季度、半年度、年度财务会计报告；（4）其他会计资料，包括银行存款余额调节表、银行对账单、纳税申报表、会计档案移交清册、会计档案保管清册、会计档案销毁清册、会计档案鉴定意见书及其他具有保存价值的会计资料。

会计凭证是指记录经济业务发生和完成情况的书面证明。按其填制程序和用途，可分为原始凭证和记账凭证。所谓原始凭证，是指在经济业务发生时取得或者填制的用以记录或者证明经济业务发生或者完成情况的原始书面证明。原始凭证是进行会计核算的原始资料和重要依据。原始凭证可以按照其取得渠道的不同，分为自制原始凭证和外来原始凭证两种。所谓自制原始凭证，是指本单位内部有关机构或者人员在执行或者完成某项经济业务时自行填制的原始凭证，如仓库管理部门填制的收料单、领料单、产品入库单，销售经营部门填制的销货发票等。所谓外来原始凭证，是指在同外单位或者个人发生经济业务往来时，从外单位或者个人那里取得的原始凭证，如在购买原料时从供货单位取得的发票、在向外单位付款时取得的收据等。所谓记账凭证，又称分录凭证、记账凭单等，是指由会计机构或者会计人员根据经过审核后确认无误的原始凭证或者汇总原始凭证，按照经济业务内容加以分类，并据以确定会计分类而填制的作为登记账簿依据的一种凭证。记账凭证可以按照不同的标准进行分类。按照记账凭证编制方式的不同，可以分为复式记账凭证和单式记账凭证两种。所谓复式记账凭证，是指将每一项经济业务所涉及的会计科目，集中到一起，填列在一张记

定罪标准		
	犯罪客体	账凭证上的一种凭证。所谓单式记账凭证，是指将一项经济业务所涉及的每个会计科目，分别填列记账凭证，每张记账凭证只填列涉及的一个会计科目的凭证。记账凭证的主要作用是对原始凭证进行归类、整理、确定会计分录，从而为直接记账提供依据。 会计账簿是指由一定格式、相互连缀的账页组成，用来有序地、分类地全面记录和反映一个单位经济业务的会计簿籍，是会计信息的主要载体之一。 财务会计报告是指一个单位依法向国家有关部门提供或者向社会公开披露的反映该单位财务状况和经营成果的书面文件。财务会计报告是根据账簿记录和其他日常核算资料，运用货币计量指标，对单位一定时期内的经济活动和财务收支情况进行综合的反映。按照服务对象的不同，财务会计报告可以分为对外报告和内部报告两种。所谓对外报告，是指必须定期编制、定期向上级部门、银行、财税部门报送或者按照规定向社会公布的财务会计报告，如资产负债表、损益表、财务状况变动表等；所谓内部报告，是指单位主要是指企业根据内部经营管理的需要而编制的、供内部管理人员使用的财务会计报告。本条规定的财务会计报告，是指对外报告。财务会计报告的内容，分为会计报表、会计报表附注和财务情况说明书三部分。(1) 会计报表。所谓会计报表，是指根据会计账簿的日常核算资料，按照规定的格式，总括反映一定期间的经济活动和财务收支情况及其结果的一种报告文件。会计报表是财务会计报告的核心内容。企业会计报表主要包括资产负债表、损益表、财务状况变动表（或者现金流量表）以及其他附表：①资产负债表。所谓资产负债表，是指反映企业在某一特定日期财务状况的报表。资产负债表的项目，应当按资产、负债和所有者权益的类别，分项列示。②损益表。所谓损益表，是指反映企业在一定期间的经营成果及其分配情况的报表。损益表的项目，应当按利润的构成和利润分配各项目分项列示。其中利润分配部分各个项目也可以另行编制利润分配表。③财务状况变动表。所谓财务状况变动表，是指综合反映一定会计期间内营运资金来源和运用及其增减变动情况的报表。财务状况变动表的项目分为营运资金来源和营运资金运用，营运资金来源与营运资金运用的差额为营运资金增加（或减少）净额。营运资金来源分为利润来源和其他来源，并分项列示。营运资金运用分为利润分配和其他用途，并分项列示。企业也可以编制现金流量表，反映财务状况的变动情况。现金流量表是反映在一定会计期间现金收入和支出情况的会计报表。(2) 会计报表附注。所谓会计报表附注，是指为帮助理解会计报表的内容而对报表的有关项目等所作的解释。会计报表附注的内容，主要包括：所采用的主要会计处理方法；会计处理方法的变更情况、变更原因以及对财务状况和经营成果的影响；非经常性项目的说明；会计报表中有关重要项目的明细资料；其他有助于理解和分析报表需要说明的事项。(3) 财务情况说明书。所谓财务情况说明书，是指为了方便报表使用者而对单位的一些财务情况所作的具体说明。财务情况说明书主要是以文字为主结合数字指标对财务状况进行分析，所以要求全面、详细，有情况、有分析、有建议。
	犯罪客观方面	本罪在客观方面表现为隐匿或者故意销毁依法应当保存的会计凭证、会计账簿、财务会计报告，情节严重的行为。(1) 隐匿依法应当保存的会计凭证、会计账簿、会计财务报告。隐匿，是指故意隐藏的行为。在有关行政主管部门依法实施会计监督

<table>
<tr><td rowspan="6">定罪标准</td><td>犯罪客观方面</td><td>时，将应当提供出来接受检查的会计凭证、会计账簿、会计财务报告隐藏起来拒不提供，或者对应当提供出来接受社会监督的会计凭证、会计账簿、会计财务报告隐藏起来拒不提供，都构成隐匿。（2）故意销毁依法应当保存的会计凭证、会计账簿、会计财务报告。故意销毁，是指将明知按照会计档案管理的有关规定或者国家统一会计制度的规定应当存档或者保存的会计凭证、会计账簿、会计财务报告予以销毁的行为。以纵火、水浸、销毁、粘连等方式使依法应当保存的会计凭证、会计账簿、会计财务报告毁坏，使之无法辨认，都可以构成故意销毁的行为。
隐匿、故意销毁会计凭证、会计账簿、财务会计报告的行为，只有达到情节严重时才构成犯罪。尚不构成犯罪的，由县级以上人民政府财政部门予以通报，可以对单位并处5000元以上10万元以下的罚款；对其直接负责的主管人员和其他直接责任人员，可以处3000元以上5万元以下的罚款；属于国家工作人员的，还应当由其所在单位或者有关单位依法给予撤职直至开除的行政处分；对其中的会计人员，并由县级以上人民政府财政部门吊销会计从业资格证书。</td></tr>
<tr><td>犯罪主体</td><td>本罪的主体为一般主体。年满16周岁、具有刑事责任能力的自然人均可构成本罪。单位亦可构成本罪。</td></tr>
<tr><td>犯罪主观方面</td><td>本罪在主观方面必须出于故意，即行为人明知属于应当保存的会计凭证、会计账簿、财务会计报告而决意隐匿或者销毁。过失不能构成本罪。确实不知是会计凭证、会计账簿或者财务会计报告，如受人欺骗、因为文化水平极低不清楚等而隐匿、销毁，或者知道是会计凭证、会计账簿或者财务会计报告，但不知道是应当保存的会计凭证、会计账簿或者财务会计报告，或者虽然明知是会计凭证、会计账簿或财务会计报告，但未意识到自己的行为会使其隐匿或销毁，如不注意将应当保存的会计凭证、会计账簿或者财务会计报告放置在某处而寻找不到，或者将之带回家里没注意保管，让小孩毁坏了，以及明知是上述会计资料但轻信自己的行为不会致使其隐匿、销毁，结果造成销毁、丢失的，等等，就因缺乏主观故意，而不能以本罪论处。至于其动机，有的是毁灭违法犯罪的证据；有的是为逃避债务；有的是想逃避国家税收；有的是想泄愤报复；有的是想栽赃陷害；等等。但动机如何，不会影响本罪成立。</td></tr>
<tr><td>罪与非罪</td><td>区别罪与非罪的界限，关键看情节是否严重。至于“情节严重”的具体标准，应当根据最高人民检察院、公安部《关于公安机关管辖的刑事案件立案追诉标准的规定（二）》确定。</td></tr>
<tr><td>此罪与彼罪</td><td>本罪与妨害清算罪的界限。妨害清算罪，是指违反公司、企业管理法规，在公司、企业进行清算时，隐匿财产，对资产负债表或者财产清单作虚假记载或者在未清偿债务前分配公司、企业财产，严重损害债权人或者其他人利益的行为。不难看出，两者有以下明显区别：（1）主体不同。本罪主体为一般主体，既包括单位，又包括个人；而后罪主体为特殊主体，只有因解散等原因需要进行清算的公司、企业的直接责任人员以及进行公司、企业清算的清算组的组成人员才能构成其罪。（2）客观方面不同。本罪在客观方面表现为隐匿、销毁会计凭证、会计账簿或财务会计报告，情节严重的行为；后罪则表现为隐匿财产、对资产负债表或者财产清单作虚假记载或者分配</td></tr>
</table>

定罪标准	此罪与彼罪	公司、企业财产，严重损害债权人或者其他人利益的行为。(3) 发生的时间不同。本罪行为的发生没有时间限制；后罪行为则要求必须发生在公司、企业进行清算时，对于分配公司、企业财产的行为还要求发生在未清偿债务前。在上述时间外，即使有隐匿财产、对资产负债表或者财产清单作虚假记载，或者分配公司、企业财产，严重损害债权人或其他人利益的行为，也不能构成其罪，构成犯罪的，应是他罪如贪污罪、挪用公款罪、私分国有资产罪等。(4) 犯罪对象不同。本罪对象为会计凭证、会计账簿及财务会计报告；后罪对象则为公司、企业的财产。(5) 犯罪客体不同。本罪所侵犯的客体为会计管理制度；后罪的客体为公司、企业的清算管理制度。当然，行为人为了阻碍清算，也可以通过隐匿、销毁会计凭证、会计账簿或财务会计报告的方法进行。由于本罪行为并不包括在妨害清算中，采用本罪行为方式妨害清算，构成犯罪的，仍是本罪，不是妨害清算罪。行为人在公司、企业清算时，又实施隐匿、销毁会计凭证、会计账簿或财务会计报告的行为情节严重，又实施隐匿财产，对资产负债表或财产清单作虚假记载，或者在未清偿债务前分配公司、企业财产，严重损害债权人或者其他人利益的行为，属于出于不同故意实施的两个独立犯罪行为，应当依法数罪并罚。
证据参考标准	主体方面的证据	**一、证明行为人刑事责任年龄、身份等自然情况的证据。** 包括身份证明、户籍证明、任职证明、工作经历证明、特定职责证明等，主要是证明行为人的姓名（曾用名）、性别、出生年月日、民族、籍贯、出生地、职业（或职务）、住所地（或居所地）等证据材料，如户口簿、居民身份证、工作证、出生证、专业或技术等级证、干部履历表、职工登记表、护照等。 对于户籍、出生证等材料内容不实的，应提供其他证据材料。外国人犯罪的案件，应有护照等身份证明材料。人大代表、政协委员犯罪的案件，应注明身份，并附身份证明材料。 **二、证明行为人刑事责任能力的证据。** 证明行为人对自己的行为是否具有辨认能力与控制能力，如是否属于间歇性精神病人、尚未完全丧失辨认或者控制自己行为能力的精神病人的证明材料。 **三、证明单位的证据。** 证明是否属于依法成立并有合法经营、管理范围的公司、企业、事业单位、机关、团体。 证明单位的名称、住所地、性质、法定代表人、单位负责人、业务范围、成立时间等证据材料，如企业营业执照、国有公司性质证明及非法人单位的身份证明等。 **四、证明法定代表人、单位负责人或直接责任人员等的身份证明。** 法定代表人、直接负责的主管人员和其他直接责任人在单位的任职、职责、负责权限的证明材料等。包括身份证明、户籍证明、任职证明等，如户口簿、居民身份证、工作证、护照、专业或技术等级证、干部履历表、职工登记表、任命书、业务分工文件、委派文件、单位证明、单位规章制度等。
	主观方面的证据	证明行为人故意的证据：1. 证明行为人明知的证据：证明行为人明知自己的行为会发生危害社会的结果；2. 证明直接故意的证据：证明行为人希望危害结果发生；3. 证明间接故意的证据：证明行为人放任危害结果发生。

<table>
<tr><td rowspan="2">证据参考标准</td><td>客观方面的证据</td><td colspan="2">证明行为人隐匿、故意销毁会计凭证、会计账簿、财务会计报告犯罪行为的证据。</td></tr>
<tr><td>量刑方面的证据</td><td colspan="2">一、法定量刑情节证据。
1. 事实情节：（1）情节严重；（2）其他。2. 法定从重情节。3. 法定从轻减轻情节：（1）可以从轻；（2）可以从轻或减轻；（3）应当从轻或者减轻。4. 法定从轻减轻免除情节：（1）可以从轻、减轻或者免除处罚；（2）应当从轻、减轻或者免除处罚。5. 法定减轻免除情节：（1）可以减轻或者免除处罚；（2）应当减轻或者免除处罚；（3）可以免除处罚。
二、酌定量刑情节证据。
1. 犯罪手段；2. 犯罪对象；3. 危害结果；4. 动机；5. 平时表现；6. 认罪态度；7. 是否有前科；8. 其他证据。</td></tr>
<tr><td rowspan="2">量刑标准</td><td colspan="2">犯本罪的</td><td>处五年以下有期徒刑或者拘役，并处或者单处二万元以上二十万元以下罚金</td></tr>
<tr><td colspan="2">单位犯本罪的</td><td>对单位判处罚金，并对其直接负责的主管人员和其他直接责任人员依上述规定处罚</td></tr>
<tr><td rowspan="3">法律适用</td><td>刑法条文</td><td colspan="2">第一百六十二条之一　隐匿或者故意销毁依法应当保存的会计凭证、会计账簿、财务会计报告，情节严重的，处五年以下有期徒刑或者拘役，并处或者单处二万元以上二十万元以下罚金。
单位犯前款罪的，对单位判处罚金，并对其直接负责的主管人员和其他直接责任人员，依照前款的规定处罚。</td></tr>
<tr><td>司法解释</td><td colspan="2">最高人民检察院、公安部《关于公安机关管辖的刑事案件立案追诉标准的规定（二）》（节录）（2010年5月7日最高人民检察院、公安部公布　自公布之日起施行　2011年11月14日修正）
第八条〔隐匿、故意销毁会计凭证、会计账簿、财务会计报告案（刑法第一百六十二条之一）〕隐匿或者故意销毁依法应当保存的会计凭证、会计账簿、财务会计报告，涉嫌下列情形之一的，应予立案追诉：
（一）隐匿、故意销毁的会计凭证、会计账簿、财务会计报告涉及金额在五十万元以上的；
（二）依法应当向司法机关、行政机关、有关主管部门等提供而隐匿、故意销毁或者拒不交出会计凭证、会计账簿、财务会计报告的；
（三）其他情节严重的情形。</td></tr>
<tr><td>相关法律法规</td><td colspan="2">一、《中华人民共和国会计法》（节录）（1985年1月21日通过　1993年12月29日第一次修正　1999年10月31日修订　2017年11月4日第二次修正）
第二十三条　各单位对会计凭证、会计账簿、财务会计报告和其他会计资料应当</td></tr>
</table>

建立档案，妥善保管。会计档案的保管期限和销毁办法，由国务院财政部门会同有关部门制定。

第四十四条 隐匿或者故意销毁依法应当保存的会计凭证、会计账簿、财务会计报告，构成犯罪的，依法追究刑事责任。

有前款行为，尚不构成犯罪的，由县级以上人民政府财政部门予以通报，可以对单位并处五千元以上十万元以下的罚款；对其直接负责的主管人员和其他直接责任人员，可以处三千元以上五万元以下的罚款；属于国家工作人员的，还应当由其所在单位或者有关单位依法给予撤职直至开除的行政处分；对其中的会计人员，并由县级以上人民政府财政部门吊销会计从业资格证书。

二、《中华人民共和国审计法》（节录）（2006年2月28日中华人民共和国主席令第48号公布 自2006年6月1日起施行）

第四十四条 被审计单位违反本法规定，转移、隐匿、篡改、毁弃会计凭证、会计账簿、财务会计报告以及其他与财政收支、财务收支有关的资料，或者转移、隐匿所持有的违反国家规定取得的资产，审计机关认为对直接负责的主管人员和其他直接责任人员依法应当给予处分的，应当提出给予处分的建议，被审计单位或者其上级机关、监察机关应当依法及时作出决定，并将结果书面通知审计机关；构成犯罪的，依法追究刑事责任。

《会计档案管理办法》（2015年12月11日财政部、国家档案局令第79号公布 自2016年1月1日起施行）

第一条 为了加强会计档案管理，有效保护和利用会计档案，根据《中华人民共和国会计法》《中华人民共和国档案法》等有关法律和行政法规，制定本办法。

第二条 国家机关、社会团体、企业、事业单位和其他组织（以下统称单位）管理会计档案适用本办法。

第三条 本办法所称会计档案是指单位在进行会计核算等过程中接收或形成的，记录和反映单位经济业务事项的，具有保存价值的文字、图表等各种形式的会计资料，包括通过计算机等电子设备形成、传输和存储的电子会计档案。

第四条 财政部和国家档案局主管全国会计档案工作，共同制定全国统一的会计档案工作制度，对全国会计档案工作实行监督和指导。

县级以上地方人民政府财政部门和档案行政管理部门管理本行政区域内的会计档案工作，并对本行政区域内会计档案工作实行监督和指导。

第五条 单位应当加强会计档案管理工作，建立和完善会计档案的收集、整理、保管、利用和鉴定销毁等管理制度，采取可靠的安全防护技术和措施，保证会计档案的真实、完整、可用、安全。

单位的档案机构或者档案工作人员所属机构（以下统称单位档案管理机构）负责管理本单位的会计档案。单位也可以委托具备档案管理条件的机构代为管理会计档案。

第六条 下列会计资料应当进行归档：

（一）会计凭证，包括原始凭证、记账凭证；

（二）会计账簿，包括总账、明细账、日记账、固定资产卡片及其他辅助性账簿；

（三）财务会计报告，包括月度、季度、半年度、年度财务会计报告；

（四）其他会计资料，包括银行存款余额调节表、银行对账单、纳税申报表、会计档案移交清册、会计档案保管清册、会计档案销毁清册、会计档案鉴定意见书及其他具有保存价值的会计资料。

第七条 单位可以利用计算机、网络通信等信息技术手段管理会计档案。

第八条 同时满足下列条件的，单位内部形成的属于归档范围的电子会计资料可仅以电子形式保存，形成电子会计档案：

（一）形成的电子会计资料来源真实有效，由计算机等电子设备形成和传输；

（二）使用的会计核算系统能够准确、完整、有效接收和读取电子会计资料，能够输出符合国家标准归档格式的会计凭证、会计账簿、财务会计报表等会计资料，设定了经办、审核、审批等必要的审签程序；

（三）使用的电子档案管理系统能够有效接收、管理、利用电子会计档案，符合电子档案的长期保管要求，并建立了电子会计档案与相关联的其他纸质会计档案的检索关系；

（四）采取有效措施，防止电子会计档案被篡改；

（五）建立电子会计档案备份制度，能够有效防范自然灾害、意外事故和人为破坏的影响；

（六）形成的电子会计资料不属于具有永久保存价值或者其他重要保存价值的会计档案。

第九条 满足本办法第八条规定条件，单位从外部接收的电子会计资料附有符合《中华人民共和国电子签名法》规定的电子签名的，可仅以电子形式归档保存，形成电子会计档案。

第十条 单位的会计机构或会计人员所属机构（以下统称单位会计管理机构）按照归档范围和归档要求，负责定期将应当归档的会计资料整理立卷，编制会计档案保管清册。

第十一条 当年形成的会计档案，在会计年度终了后，可由单位会计管理机构临时保管一年，再移交单位档案管理机构保管。因工作需要确需推迟移交的，应当经单位档案管理机构同意。

单位会计管理机构临时保管会计档案最长不超过三年。临时保管期间，会计档案的保管应当符合国家档案管理的有关规定，且出纳人员不得兼管会计档案。

第十二条 单位会计管理机构在办理会计档案移交时，应当编制会计档案移交清册，并按照国家档案管理的有关规定办理移交手续。

纸质会计档案移交时应当保持原卷的封装。电子会计档案移交时应当将电子会计档案及其元数据一并移交，且文件格式应当符合国家档案管理的有关规定。特殊格式的电子会计档案应当与其读取平台一并移交。

单位档案管理机构接收电子会计档案时，应当对电子会计档案的准确性、完整性、可用性、安全性进行检测，符合要求的才能接收。

第十三条 单位应当严格按照相关制度利用会计档案，在进行会计档案查阅、复制、借出时履行登记手续，严禁篡改和损坏。

单位保存的会计档案一般不得对外借出。确因工作需要且根据国家有关规定必须借出的，应当严格按照规定办理相关手续。

会计档案借用单位应当妥善保管和利用借入的会计档案，确保借入会计档案的安全完整，并在规定时间内归还。

第十四条 会计档案的保管期限分为永久、定期两类。定期保管期限一般分为10年和30年。

会计档案的保管期限，从会计年度终了后的第一天算起。

第十五条 各类会计档案的保管期限原则上应当按照本办法附表执行，本办法规定的会计档案保管期限为最低保管期限。

单位会计档案的具体名称如有同本办法附表所列档案名称不相符的，应当比照类似档案的保管期限办理。

第十六条 单位应当定期对已到保管期限的会计档案进行鉴定，并形成会计档案鉴定意见书。经鉴定，仍需继续保存的会计档案，应当重新划定保管期限；对保管期满，确无保存价值的会计档案，可以销毁。

第十七条 会计档案鉴定工作应当由单位档案管理机构牵头，组织单位会计、审计、纪检监察等机构或人员共同进行。

第十八条 经鉴定可以销毁的会计档案，应当按照以下程序销毁：

（一）单位档案管理机构编制会计档案销毁清册，列明拟销毁会计档案的名称、卷号、册数、起止年度、档案编号、应保管期限、已保管期限和销毁时间等内容。

（二）单位负责人、档案管理机构负责人、会计管理机构负责人、档案管理机构经办人、会计管理机构经办人在会计档案销毁清册上签署意见。

（三）单位档案管理机构负责组织会计档案销毁工作，并与会计管理机构共同派员监销。监销人在会计档案销毁前，应当按照会计档案销毁清册所列内容进行清点核对；在会计档案销毁后，应当在会计档案销毁清册上签名或盖章。

电子会计档案的销毁还应当符合国家有关电子档案的规定，并由单位档案管理机构、会计管理机构和信息系统管理机构共同派员监销。

第十九条 保管期满但未结清的债权债务会计凭证和涉及其他未了事项的会计凭证不得销毁，纸质会计档案应当单独抽出立卷，电子会计档案单独转存，保管到未了事项完结时为止。

单独抽出立卷或转存的会计档案，应当在会计档案鉴定意见书、会计档案销毁清册和会计档案保管清册中列明。

第二十条 单位因撤销、解散、破产或其他原因而终止的，在终止或办理注销登记手续之前形成的会计档案，按照国家档案管理的有关规定处置。

第二十一条 单位分立后原单位存续的，其会计档案应当由分立后的存续方统一保管，其他方可以查阅、复制与其业务相关的会计档案。

单位分立后原单位解散的，其会计档案应当经各方协商后由其中一方代管或按照国家档案管理的有关规定处置，各方可以查阅、复制与其业务相关的会计档案。

单位分立中未结清的会计事项所涉及的会计凭证，应当单独抽出由业务相关方保存，并按照规定办理交接手续。

单位因业务移交其他单位办理所涉及的会计档案，应当由原单位保管，承接业务单位可以查阅、复制与其业务相关的会计档案。对其中未结清的会计事项所涉及的会计凭证，应当单独抽出由承接业务单位保存，并按照规定办理交接手续。

第二十二条 单位合并后原各单位解散或者一方存续其他方解散的，原各单位的会计档案应当由合并后的单位统一保管。单位合并后原各单位仍存续的，其会计档案仍应当由原各单位保管。

法律适用 规章及规范性文件

第二十三条 建设单位在项目建设期间形成的会计档案，需要移交给建设项目接受单位的，应当在办理竣工财务决算后及时移交，并按照规定办理交接手续。

第二十四条 单位之间交接会计档案时，交接双方应当办理会计档案交接手续。

移交会计档案的单位，应当编制会计档案移交清册，列明应当移交的会计档案名称、卷号、册数、起止年度、档案编号、应保管期限和已保管期限等内容。

交接会计档案时，交接双方应当按照会计档案移交清册所列内容逐项交接，并由交接双方的单位有关负责人负责监督。交接完毕后，交接双方经办人和监督人应当在会计档案移交清册上签名或盖章。

电子会计档案应当与其元数据一并移交，特殊格式的电子会计档案应当与其读取平台一并移交。档案接受单位应当对保存电子会计档案的载体及其技术环境进行检验，确保所接收电子会计档案的准确、完整、可用和安全。

第二十五条 单位的会计档案及其复制件需要携带、寄运或者传输至境外的，应当按照国家有关规定执行。

第二十六条 单位委托中介机构代理记账的，应当在签订的书面委托合同中，明确会计档案的管理要求及相应责任。

第二十七条 违反本办法规定的单位和个人，由县级以上人民政府财政部门、档案行政管理部门依据《中华人民共和国会计法》《中华人民共和国档案法》等法律法规处理处罚。

第二十八条 预算、计划、制度等文件材料，应当执行文书档案管理规定，不适用本办法。

第二十九条 不具备设立档案机构或配备档案工作人员条件的单位和依法建账的个体工商户，其会计档案的收集、整理、保管、利用和鉴定销毁等参照本办法执行。

第三十条 各省、自治区、直辖市、计划单列市人民政府财政部门、档案行政管理部门，新疆生产建设兵团财务局、档案局，国务院各业务主管部门，中国人民解放军总后勤部，可以根据本办法制定具体实施办法。

第三十一条 本办法由财政部、国家档案局负责解释，自2016年1月1日起施行。1998年8月21日财政部、国家档案局发布的《会计档案管理办法》（财会字〔1998〕32号）同时废止。

27 虚假破产案

概念

本罪是指公司、企业通过隐匿财产、承担虚构的债务或者以其他方法转移、处分财产，实施虚假破产，严重损害债权人或者其他人利益的行为。

立案标准

根据最高人民检察院、公安部《关于公安机关管辖的刑事案件立案追诉标准的规定（二）》，公司、企业通过隐匿财产、承担虚构的债务或者以其他方法转移、处分财产，实施虚假破产，涉嫌下列情形之一的，应予立案追诉：

（1）隐匿财产价值在50万元以上的；

（2）承担虚构的债务涉及金额在50万元以上的；

（3）以其他方法转移、处分财产价值在50万元以上的；

（4）造成债权人或者其他人直接经济损失数额累计在10万元以上的；

（5）虽未达到上述数额标准，但应清偿的职工的工资、社会保险费用和法定补偿金得不到及时清偿，造成恶劣社会影响的；

（6）其他严重损害债权人或者其他人利益的情形。

定罪标准

犯罪客体

本罪侵犯的是复杂客体，不仅侵犯了国家有关公司、企业破产的管理制度，还侵犯了债务人及其他有关人的合法权益。法律上的破产，是指债务人的全部财产不足以抵偿其债务，或债务人无能力清偿到期债务的一种事实上和法律上的状态，它表明债务人之经营活动已然失败。当债务人所负的全部或部分债务清偿期限临界，债务人无能力予以清偿时，如果债权人仅为一人，债务纠纷可按普通诉讼程序予以解决，如果有两个以上的债权人，债权人之间为了各自的债权的实现会争相要求债务人予以优先清偿，就会产生混乱，迟到的债权人可能会一无所获。为防止这种不合理现象发生，公平地保护各债权人的利益，体现债权人地位平等原则，社会就需要一种救济制度——在债务人经营活动失败的条件下，合理处理债权人之间的关系和债权人集体与债务人的关系，对债务人的财产由法院予以强制管理和变价，使所有债权人得到公平清偿，未能清偿的部分也由全体债权人公平地承担损失，从而结束债权债务关系。债务人为自然人的，退出竞争市场；债务人为法人的，丧失法人资格。这种法律制度就是破产制度。

根据破产制度，只有债务人不能清偿到期债务并且资产不足以清偿全部债务或者明显缺乏清偿能力的时候，债权人才可以申请宣告债务人破产或者由债务人自行申请宣告破产。人民法院受理破产申请后，要进行审查，看被申请破产的企业有无破产资格，债务人是否已达到破产界限以及提交的申请破产的材料是否真实、齐全等。经审查，人民法院决定立案的，破产程序正式开始，指定管理人接管破产企业，清理、保管、估价、处理、分配破产财产。破产企业所欠债务只能从破产财产中按比例受偿。破产财产分配完毕，由管理人提请人民法院终结破产程序。破产程序终结后未得清偿的债权不再清偿。

<table>
<tr><td rowspan="2">定罪标准</td><td>犯罪客体</td><td>公司、企业实施虚假破产，在其尚未真正达到不能清偿到期债务的程度时，采取事先隐匿财产、承担虚构的债务或者转移、处分财产的其他方法制造无力偿还债务的假象，虚假申请破产，以仅有的“破产财产”来偿还所欠的债务，以“破产财产”不能清偿的就不再清偿。这种行为直接侵犯了我国公司、企业破产的管理制度，损害了公司、企业的债务人以及其他相关人的合法权益。</td></tr>
<tr><td>犯罪客观方面</td><td>本罪在客观方面主要表现为行为人通过隐匿财产、承担虚构的债务或者以其他方法转移、处分财产，实施虚假破产，严重损害债权人或者其他人利益的行为。其中实施虚假破产是行为的核心要素，隐匿财产、承担虚构的债务或者以其他方法转移、处分财产则是实施虚假破产的手段和预备行为。虚假破产是指公司、企业为逃避债务，在实际不符合法定破产条件的情况下，通过各种手段转移、处分公司、企业财产，使公司、企业出现不能清偿到期债务的假象，申请破产的行为。
一、隐匿财产。所谓隐匿财产，是指以各种形式将公司、企业的全部或部分财产予以转移、藏匿，隐瞒不报的行为。如将公司、企业存款从甲银行转入乙银行另立账户，秘密隐藏，就是一种隐匿财产的行为。公司、企业的财产既包括资金，也包括工具、设备、产品、货物等各种财物；既包括动产也包括不动产，甚至包括公司、企业的债权。此外，无形资产即知识产权也是公司、企业财产的一部分，通常为产品的秘密配方等专有技术。应当注意的是，本罪行为人为逃避债务所隐匿的财产应是公司、企业所有的或经国家授权经营管理的实物、资金或无形资产。隐匿非为公司、企业所有或非经国家授权经营管理，而由公司、企业自己经营管理的财产不构成本罪，如隐匿基于寄存、寄售或承包、租赁合同产生的公司、企业具有经营管理权的财产，由于公司、企业对其不具有所有权，公司、企业不能以其来偿还所欠的债务，在正常的破产程序中也不能成为破产财产，隐匿这些财产对债权人来说是没有什么实际意义的，因此不构成这里所说的“隐匿财产”。
二、承担虚构的债务。承担虚构的债务，是指公司、企业与他人之间并不存在真实的债权债务关系而向他人为给付，从而将财产转移给他人，或者在资产负债表中记载虚构的、实际上并不存在的债务等行为。这种承担虚构的债务的行为，实际上是故意隐瞒或者缩小了公司、企业的实际财产数额，使公司出现不能清偿到期债务的假象从而申请虚假破产。
三、以其他方法转移、处分财产。此规定实际上是一个“兜底条款”。通过隐匿财产、承担虚构的债务之外的其他方法转移、隐匿财产，实施虚假破产，只要严重损害了债权人或者其他人的合法利益的，同样构成本罪。我们认为，这里的“其他方法”主要包括：私分或者无偿转让财产，有意使公司、企业的资产流失，人为造成无偿债能力，以达到破产条件，促使其破产；以明显低于财产的可售价值出售财产，引起企业资产流失，造成无偿债能力的假象，从而促使公司、企业破产；公司、企业放弃其享有的债权，人为造成无偿债能力，以虚假申请破产；毁弃、涂改账簿或者做虚假财务报表，故意造成履债不能的表象并骗取相关职能部门批准，虚假申请破产等。
构成本罪，行为人实施虚假破产的行为还必须造成了严重损害债权人或者其他人利益的后果，如果行为人的行为并未严重损害债权人或者其他人的利益，则不能构成本罪，只能作为一般违法行为看待。其中，“债权人”包括银行、合同相对人等。“严</td></tr>
</table>

定罪标准	犯罪客观方面	重损害债权人利益”是指由于公司、企业的上述行为使本应得到偿还的债权人的巨额债务无法得到偿还等。“其他人”是指公司、企业的债权人之外的，与公司、企业在法律上有利害关系的人，包括公司、企业职工劳动保险的被保险人、收益人以及代表国家征收公司、企业所欠税款的税务机关等。“严重损害其他人的利益”是指严重损害实际债权人以外的其他人的利益。
	犯罪主体	本罪属于纯正的单位犯罪，只有公司、企业才能构成本罪。公司、企业包括在中国境内注册的具有中国法人资格的各类公司、企业，包括《公司法》上明文规定的有限责任公司、股份有限公司、国有独资公司及其各类公司下设的子公司、在中国境内注册的中外合资经营企业、具有中国法人资格并在组织形式上属于有限责任公司的外资企业和中外合作经营企业及合伙企业。
	犯罪主观方面	本罪在主观方面表现为故意，并且一般为直接故意，即行为人明知自己通过隐匿财产、承担虚构的债务或者以其他方法转移、处分财产实施虚假破产的行为必然或可能严重损害债权人或者其他人利益，仍故意实施上述行为，而且行为人在主观上一般都具有逃避公司、企业债务的目的。
	罪与非罪	一、本罪与一般违法行为的界限。区分两者的关键在于是否发生了严重损害债权人或者其他人利益的危害后果。未发生此种结果或损害轻微，尚未构成犯罪的，按一般违法行为给予行政处罚。 二、本罪与一般违法转移、处分公司、企业财产的界限。公司、企业在经营管理的过程中，可能会发生一些违法、违规转移、处分公司、企业财产的行为，如违反法定程序为他人提供担保等。两者的界限主要可以从三个方面来考察：首先，本罪在主观上具有恶意破产的故意，并且一般具有逃避债务的非法目的；而后者在主观上没有实施虚假破产来逃避债务的内容，一般是出于非法侵占公司、企业财产或者其他的目的。其次，本罪在客观上表现为虚假破产的行为，行为人向有关部门申请破产，破产程序可能已经开始或者完成；后者则与破产程序无关。再次，两者的后果不同。本罪必须造成严重损害债权人或其他人利益的后果；而后者造成的危害后果可能较轻。
	此罪与彼罪	一、本罪与职务侵占罪、贪污罪的界限。这三种犯罪都可能实施了隐匿公司、企业财产的行为。它们之间的区别主要表现为：(1) 主体不同。本罪属于纯正的单位犯罪，只有公司、企业才能构成；职务侵占罪的主体则是自然人主体，为非国有公司、企业或其他单位的工作人员；贪污罪的主体为国家工作人员或国家机关、国有公司、企业、事业单位、人民团体委托管理、经营国有财产的人员。其中国家工作人员是指国家机关中从事公务的人员。国有公司、企业、事业单位、人民团体中从事公务的人员和国家机关、国有公司、企业、事业单位委派到非国有公司、企业、事业单位、社会团体从事公务的人员，以及其他依照法律从事公务的人员，以国家工作人员论。(2) 客体不同。本罪不仅侵犯了债权人和其他人的利益，还侵犯了国家有关公司、企业破产的管理制度；职务侵占罪侵犯的客体是公司、企业或其他单位的财产所有权；贪污罪侵犯的客体则是国家工作人员职务行为的廉洁性和公共财产的所有权。(3) 目

定罪标准	此罪与彼罪	的不同。本罪的犯罪目的是逃避债务或应履行的其他财产义务；后两个罪的目的则是将单位的财产非法占为己有。（4）客观方面不同。本罪主要表现为通过隐匿财产、承担虚构的债务或者以其他方法转移、处分财产，实施虚假破产，严重损害债权人或者其他人利益的行为；职务侵占罪则表现为利用职务上的便利，将自己在职务上主管、经手或者管理的单位财物非法占为己有，数额较大的行为；贪污罪则表现为利用职务便利，以侵吞、窃取或者其他手段非法占有公共财物的行为。 二、本罪与诈骗罪的界限。两者都采取了虚构事实或者隐瞒真相的方法，都损害了他人的利益。它们的区别主要在于：（1）主体不同。本罪属于纯正的单位犯罪，只有公司、企业才能构成；诈骗罪的主体则是一般主体，所有达到刑事责任年龄、具有刑事责任能力的自然人均可构成。（2）客体不同。本罪侵犯的客体是复杂客体，行为人的行为不仅侵犯了债权人或其他相关人的利益，还侵犯了国家有关公司、企业破产的管理制度；诈骗罪的客体则是单一客体，即公私财产所有权。（3）目的不同。本罪的犯罪目的一般是逃避债务或应履行的其他财产义务；诈骗罪则以非法占有为目的。（4）客观方面不同。本罪主要表现为通过隐匿财产、承担虚构的债务或者以其他方法转移、处分财产，实施虚假破产，严重损害债权人或者其他人利益的行为；诈骗罪则主要表现为采取虚构事实、隐瞒真相的方法骗取公私财物的行为。 三、本罪与私分国有资产罪的界限。本罪的主体是国有公司、企业时，如果行为人采取私分公司、企业财产的方法来实施虚假破产，此中情形就和私分国有资产罪有一定程度的重合。区分两者的关键在于本罪行为的核心在于虚假破产，行为人只是通过私分财产的方法造成公司、企业破产的假象，行为人的真正目的在于通过破产来逃避应当清偿的债务，行为人向有关职能部门申请了破产，并且破产程序已经开始或者结束；后者行为人行为的核心就是私分公司、企业资产，与破产无关，行为人并不希望公司、企业进入破产程序。 四、本罪与妨害清算罪的界限。本罪与妨害清算罪的主体都是公司、企业，两者侵犯的客体也都是复杂客体，主观上都表现为故意，在客观方面也都与公司、企业的破产清算有关，都可能表现为隐匿财产、虚构债务的行为，因此两罪的相似之处很多，容易发生混淆。区分两者的关键主要在于两个方面：（1）两者的发生时间不同。妨害清算罪发生在公司、企业清算的过程中，行为人隐匿、分配财产的行为是在清算过程中实施的；本罪行为人转移、处分财产的行为是为了造成破产的假象，不是发生在破产过程中，而是发生在公司、企业申请破产之前。（2）公司、企业实际上是否真正达到了清算条件不同。构成妨害清算罪的公司、企业在事实上已经出现法定解散或者破产事由，对其财产的清算是符合法定条件和程序的；构成本罪的公司、企业则实际上并不具备破产条件，破产只是行为人通过转移、处分财产而出现的一种假象，意图通过破产来逃避应当清偿的债务，因此行为人的破产申请是违法的，实际上不应当对其财产进行破产清算。
证据参考标准	主体方面的证据	**一、证明单位的证据。** 证明是否属于依法成立并有合法经营、管理范围的公司、企业。 证明单位的名称、住所地、性质、法定代表人、单位负责人、业务范围、成立时间等证据材料，如企业法人营业执照、法人注册登记证明、法人设立证明、法人税务

<table>
<tr><td rowspan="4">证据参考标准</td><td>主体方面的证据</td><td colspan="2">登记证明和单位代码证等。
二、证明法定代表人、单位负责人或直接责任人员等的身份证明。
法定代表人、直接负责的主管人员和其他直接责任人在单位的任职、职责、负责权限的证明材料等。包括身份证明、户籍证明、任职证明等，如户口簿、居民身份证、工作证、护照、专业或技术等级证、干部履历表、职工登记表、单位证明、单位规章制度等。</td></tr>
<tr><td>主观方面的证据</td><td colspan="2">证明行为人故意的证据：1. 证明行为人明知的证据：证明行为人明知自己的行为会发生危害社会的结果；2. 证明直接故意的证据：证明行为人希望危害结果发生。</td></tr>
<tr><td>客观方面的证据</td><td colspan="2">证明行为人虚假破产犯罪行为的证据。
具体证据包括：1. 证明行为人实施了隐匿财产、虚构债务行为或以其他方式转移财产的证据。2. 证明行为人实施上述行为造成其资不抵债假象，并意图向或意图使债权人向法院申请破产的证据。3. 证明行为人上述行为严重损害债权人或其他人利益的证据。</td></tr>
<tr><td>量刑方面的证据</td><td colspan="2">**一、法定量刑情节证据。**
1. 事实情节严重损害债权人或其他人利益。2. 法定从重情节。3. 法定从轻情节：（1）可以从轻；（2）可以从轻或减轻；（3）应当从轻或者减轻。4. 法定从轻减轻免除情节：（1）可以从轻、减轻或免除处罚；（2）应当减轻或者免除处罚。5. 法定减轻免除情节：（1）可以减轻或者免除处罚；（2）应当减轻或者免除处罚；（3）可以免除处罚。
二、酌定量刑情节证据。
1. 犯罪手段；2. 犯罪对象；3. 危害结果；4. 动机；5. 平时表现；6. 认罪态度；7. 是否有前科；8. 其他证据。</td></tr>
<tr><td>量刑标准</td><td colspan="2">犯本罪的</td><td>对其直接负责的主管人员和其他直接责任人员，处五年以下有期徒刑或者拘役，并处或者单处二万元以上二十万元以下罚金。</td></tr>
<tr><td>法律适用</td><td>刑法条文</td><td colspan="2">**第一百六十二条之二** 公司、企业通过隐匿财产、承担虚构的债务或者以其他方法转移、处分财产，实施虚假破产，严重损害债权人或者其他人利益的，对其直接负责的主管人员和其他直接责任人员，处五年以下有期徒刑或者拘役，并处或者单处二万元以上二十万元以下罚金。</td></tr>
</table>

法律适用

司法解释

最高人民检察院、公安部《关于公安机关管辖的刑事案件立案追诉标准的规定（二）》（节录）（2010年5月7日最高人民检察院、公安部公布　自公布之日起施行　2011年11月14日修正）

第九条〔虚假破产案（刑法第一百六十二条之二）〕公司、企业通过隐匿财产、承担虚构的债务或者以其他方法转移、处分财产，实施虚假破产，涉嫌下列情形之一的，应予立案追诉：

（一）隐匿财产价值在五十万元以上的；

（二）承担虚构的债务涉及金额在五十万元以上的；

（三）以其他方法转移、处分财产价值在五十万元以上的；

（四）造成债权人或者其他人直接经济损失数额累计在十万元以上的；

（五）虽未达到上述数额标准，但应清偿的职工的工资、社会保险费用和法定补偿金得不到及时清偿，造成恶劣社会影响的；

（六）其他严重损害债权人或者其他人利益的情形。

相关法律法规

《中华人民共和国企业破产法》（节录）（2006年8月27日中华人民共和国主席令第54号公布　自2007年6月1日起施行）

第二条　企业法人不能清偿到期债务，并且资产不足以清偿全部债务或者明显缺乏清偿能力的，依照本法规定清理债务。

企业法人有前款规定情形，或者有明显丧失清偿能力可能的，可以依照本法规定进行重整。

第七条　债务人有本法第二条规定的情形，可以向人民法院提出重整、和解或者破产清算申请。

债务人不能清偿到期债务，债权人可以向人民法院提出对债务人进行重整或者破产清算的申请。

企业法人已解散但未清算或者未清算完毕，资产不足以清偿债务的，依法负有清算责任的人应当向人民法院申请破产清算。

第八条　向人民法院提出破产申请，应当提交破产申请书和有关证据。

破产申请书应当载明下列事项：

（一）申请人、被申请人的基本情况；

（二）申请目的；

（三）申请的事实和理由；

（四）人民法院认为应当载明的其他事项。

债务人提出申请的，还应当向人民法院提交财产状况说明、债务清册、债权清册、有关财务会计报告、职工安置预案以及职工工资的支付和社会保险费用的缴纳情况。

第一百三十一条　违反本法规定，构成犯罪的，依法追究刑事责任。

28 非国家工作人员受贿案

概念

本罪是指公司、企业或者其他单位的工作人员利用职务上的便利，索取他人财物或者非法收受他人财物，为他人谋取利益，数额较大的行为。

立案标准

公司、企业或者其他单位的工作人员利用职务上的便利，索取他人财物或者非法收受他人财物，为他人谋取利益，或者在经济往来中，利用职务上的便利，违反国家规定，收受各种名义的回扣、手续费，归个人所有，数额在 6 万元以上的，应予立案追诉。

定罪标准		
	犯罪客体	本罪的客体为复杂客体，既侵犯了公司、企业和其他单位的正常管理活动，又因其产生的不正当行为有碍公平竞争原则，使社会经济的正常秩序受到干扰。随着规范的现代企业制度的建立，各种类型的公司如雨后春笋般地产生。与此同时，公司、企业或其他单位人员利用职务之便，在各种经济往来中，大肆索取或收受贿赂，如购买原料、产品收受回扣等也越来越多。由于这些人员身份不一，不同于传统受贿罪中的国家工作人员，因而完全适用《刑法》第 385、386 条的规定容易造成对国家工作人员打击不力或者是对公司、企业的职工打击过滥的现象。所以，刑法针对当前公司、企业职员和其他单位工作人员贿赂犯罪日益严重的形势，设立了本罪，对贿赂犯罪的主体作出了修改。
	犯罪客观方面	本罪在客观上表现为利用职务上的便利，索取或者收受贿赂的行为或在经济往来中，违反国家规定，收受各种名义的回扣、手续费的行为。 一、利用职务上的便利，索取他人财物或者非法收受他人财物为他人谋取利益的行为。所谓“利用职务上的便利”，是指公司、企业或者其他单位的工作人员利用自己职务上组织、领导、监管、主管、经管、负责某项工作的便利条件。“索取他人财物”，主要是指公司、企业或者其他单位的工作人员以为他人谋取利益为条件，向他人索取财物。“非法收受他人财物”，主要是指公司、企业或者其他单位的工作人员利用其职务上的便利或权力，接受他人主动送予的财物。“为他人谋取利益”，从谋取利益的性质上看，既包括他人应当得到的合法的、正当的利益，也包括他人不应当得到的非法的、不正当的利益；从利益的实现方面看，包括已为他人谋取的利益、意图谋取或者正在谋取，但尚未谋取到的利益。根据《最高人民法院、最高人民检察院关于办理贪污贿赂刑事案件适用法律若干问题的解释》第 13 条第 1 款的规定，具有下列情形之一的，应当认定为“为他人谋取利益”，构成犯罪的，应当依照刑法关于受贿犯罪的规定定罪处罚：（1）实际或者承诺为他人谋取利益；（2）明知他人有具体请托事项；（3）履职时未被请托，但事后基于该履职事由收受他人财物。索取或者非法收受他人财物，必须达到数额较大，才构成犯罪。对受贿数额不大的，可以依照《反不正当竞争法》的规定处理。

定罪标准	犯罪客观方面	二、公司、企业或者其他单位的工作人员在经济往来中，利用职务上的便利，违反国家规定，收受各种名义的回扣、手续费，归个人所有的行为。这里所说的“回扣”，是指在商品或者劳务活动中，由卖方从所收到的价款中，按照一定的比例扣出一部分返还给买方或者其经办人的款项。“手续费”，是指在经济活动中，除回扣以外，其他违反国家规定支付给公司、企业或者其他单位的工作人员的各种名义的钱，如信息费、顾问费、劳务费、辛苦费、好处费等。违反国家规定，收取各种名义的回扣、手续费，是否归个人所有，是区分罪与非罪的主要界限，如果收取的回扣、手续费，都上交给公司、企业或者本单位的，不构成犯罪；只有将收取的回扣、手续费归个人所有的，才构成犯罪。根据本款规定，对收受各种名义的回扣、手续费，归个人所有的，按照第一款的规定处罚。
	犯罪主体	本罪的主体是公司、企业或者其他单位的工作人员。其中，公司工作人员，是指有限责任公司、股份有限公司的董事、监事或者职工。企业工作人员，是指有限责任公司、股份有限公司以外的企业中的工作人员。其他单位的工作人员，是指在公司、企业以外的单位中工作的非国家工作人员，包括在事业单位、机关以及团体中工作的非国家工作人员。 机关有广义和狭义之分。广义地理解，包括行政机关、立法机关、司法机关、军队、政党等有关机关。狭义地理解，机关主要是指行政机关，一般是地方国家行政机关。 团体，又称为社会团体，是指各种群众团体组织。例如，人民群众团体（工会、共青团、妇联等）、社会公益团体、学术研究团体、文化艺术团体、宗教团体等。 应当注意的是，并非所有事业单位、机关、团体中的工作人员都可以成为本罪的主体。在这些单位中工作的人员具有国家工作人员身份，而利用职务上的便利，索取他人财物或者非法收受他人财物，为他人谋取利益，数额较大的，则构成受贿罪，不能以本罪论处。 另外，依照《刑法》第163条第3款的规定，国有公司、企业或者其他国有单位中从事公务的人员和国有公司、企业或者其他国有单位委派到非国有公司、企业以及其他单位从事公务的人员有前两款行为的，依照受贿罪定罪处罚。但是，在国有公司、企业或者其他国有单位中不从事公务的人员，不具有国家工作人员的身份，不是受贿罪的主体，而是本罪的主体。
	犯罪主观方面	本罪主观方面表现是故意，过失不构成本罪。
	罪与非罪	一、本罪与收取合理报酬行为的界限。公司、企业人员或其他单位工作人员在法律、法规、政策以及公司、企业或其他单位章程允许的范围内，以自己的劳动换取合理报酬的行为不同于受贿行为。例如，公司、企业人员在企业与市场的中介活动中，经国家有关主管部门批准或本单位同意，从事正当的业务活动及技术、信息咨询服务

定罪标准	罪与非罪	为企业的生产发展解决各种技术难题，而获取合理的报酬是劳动所得，是一种合理的劳务报酬，而不是受贿行为。区别公司、企业或其他单位工作人员受贿罪与获取合理报酬的界限，关键在于看行为人获取的财物是否为劳动收入，如果行为人不是用劳动换取的报酬，而是利用职务之便，为他人谋取利益，以各种名义上的“劳动报酬”索取或收受他人财物，且数额较大，应认定为非国家工作人员受贿罪。 二、本罪与请客送礼、接受馈赠行为的界限。现实生活中，公司、企业或其他单位工作人员与亲友间出于联络感情、表达情谊，进行请客送礼，接受馈赠的行为，一般都以公开的方式进行，而且礼物的数额价值一般不大，行为人没有明显的、直接的谋利目的，这与以权谋私的受贿行为有根本性质的区别。区别的关键在于公司、企业或其他单位工作人员接受财物是否为他人谋取利益，是否利用了职务之便，接受财物的价值大小以及送礼人与受礼人之间的关系，是否是公开的方式进行等。 三、本罪与其他索取、收受提成、回扣、手续费等行为的界限。《刑法》第163条第2款规定，公司、企业人员在经济往来中，违反国家规定，收受各种名义的回扣、手续费，归个人所有的，应以非国家工作人员受贿罪论处，而如果收受的回扣、手续费不是归个人所有，或单位收受回扣、手续费，即使违反国家规定，也不构成本罪。没有利用本人职务上便利，为他人推销产品、购买物资、联系业务，以“酬谢费”为名索取、收受财物的；经国家有关主管部门批准成立的专门机构，从事提供信息、介绍业务、咨询服务等工作，按规定取得手续的，都不违反国家规定，不能认定为本罪。对此，区别的关键在于索取、收受回扣、手续费的，是否归个人所有，是否符合国家及有关主管部门的规定及同意。
	此罪与彼罪	本罪与受贿罪的界限。本罪与一般受贿罪在主观和客观特征上都具有犯罪故意及利用职务之便索取或收受贿赂、为他人谋取利益的特征，但两者有区别，主要表现在：(1) 侵犯的客体不同。非国家工作人员受贿罪侵犯的是公司、企业和其他单位的正常管理活动和信誉；而一般受贿罪所侵犯的是国家机关的正常管理活动和信誉。(2) 犯罪主体不同。本罪的主体是公司、企业或其他单位工作人员；而受贿罪的主体是国家工作人员，对于国有公司、企业中从事公务的人员，包括具有国家工作人员身份的人和没有国家工作人员身份的人，在国有公司、企业、事业单位、人民团体中从事公务的人员利用职务之便索贿、受贿，或者在经济往来中，违反国家规定收受各种名义的回扣、手续费，归个人所有，构成犯罪的，应以受贿罪论处。
证据参考标准	主体方面的证据	**一、证明行为人刑事责任年龄、身份等自然情况的证据。** 包括身份证明、户籍证明、任职证明、工作经历证明、特定职责证明等，主要是证明行为人的姓名（曾用名）、性别、出生年月日、民族、籍贯、出生地、职业（或职务）、住所地（或居所地）等证据材料，如户口簿、居民身份证、工作证、出生证、专业或技术等级证、干部履历表、职工登记表、护照等。 对于户籍、出生证等材料内容不实的，应提供其他证据材料。外国人犯罪的案件，应有护照等身份证明材料。人大代表、政协委员犯罪的案件，应注明身份，并附身份证明材料。

<table>
<tr><td rowspan="4">证据参考标准</td><td>主体方面的证据</td><td colspan="2">二、证明行为人刑事责任能力的证据。
证明行为人对自己的行为是否具有辨认能力与控制能力，如是否属于间歇性精神病人、尚未完全丧失辨认或者控制自己行为能力的精神病人的证明材料。</td></tr>
<tr><td>主观方面的证据</td><td colspan="2">证明行为人故意的证据：1. 证明行为人明知的证据：证明行为人明知自己的行为会发生危害社会的结果；2. 证明直接故意的证据：证明行为人希望危害结果发生；3. 目的：非法占有他人财物。</td></tr>
<tr><td>客观方面的证据</td><td colspan="2">证明公司、企业或其他单位工作人员受贿犯罪行为的证据。
具体证据包括：1. 证明公司、企业或其他单位工作人员利用职务上的便利行为的证据：（1）公司、企业或其他单位的经营管理职权；（2）从事相应活动所形成的便利条件。2. 证明公司、企业或其他单位工作人员为他人谋取利益行为的证据：（1）推销产品；（2）购买物资；（3）联系业务；（4）其他。3. 证明公司、企业或其他单位工作人员索取或收受贿赂行为的证据。</td></tr>
<tr><td>量刑方面的证据</td><td colspan="2">一、法定量刑情节证据。
1. 事实情节：（1）情节严重；（2）其他。2. 法定从重情节。3. 法定从轻减轻情节：（1）可以从轻；（2）可以从轻或减轻；（3）应当从轻或者减轻。4. 法定从轻减轻免除情节：（1）可以从轻、减轻或者免除处罚；（2）应当从轻、减轻或者免除处罚。5. 法定减轻免除情节：（1）可以减轻或者免除处罚；（2）应当减轻或者免除处罚；（3）可以免除处罚。
二、酌定量刑情节证据。
1. 犯罪手段：（1）利用职务上的便利；（2）索取和收受他人贿赂。2. 犯罪对象。3. 危害结果。4. 动机。5. 平时表现。6. 认罪态度。7. 是否有前科。8. 其他证据。</td></tr>
<tr><td rowspan="3">量刑标准</td><td colspan="2">数额较大的</td><td>处三年以下有期徒刑或者拘役，并处罚金</td></tr>
<tr><td colspan="2">数额巨大或者有其他严重情节的</td><td>处三年以上十年以下有期徒刑，并处罚金</td></tr>
<tr><td colspan="2">数额特别巨大或者有其他特别严重情节的</td><td>处十年以上有期徒刑或者无期徒刑，并处罚金</td></tr>
<tr><td>法律适用</td><td>刑法条文</td><td colspan="2">第一百六十三条　公司、企业或者其他单位的工作人员，利用职务上的便利，索取他人财物或者非法收受他人财物，为他人谋取利益，数额较大的，处三年以下有期徒刑或者拘役，并处罚金；数额巨大或者有其他严重情节的，处三年以上十年以下有期徒刑，并处罚金；数额特别巨大或者有其他特别严重情节的，处十年以上有期徒刑或者无期徒刑，并处罚金。
公司、企业或者其他单位的工作人员在经济往来中，利用职务上的便利，违反国家规定，收受各种名义的回扣、手续费，归个人所有的，依照前款的规定处罚。</td></tr>
</table>

刑法条文

国有公司、企业或者其他国有单位中从事公务的人员和国有公司、企业或者其他国有单位委派到非国有公司、企业以及其他单位从事公务的人员有前两款行为的，依照本法第三百八十五条、第三百八十六条的规定定罪处罚。

第一百八十四条第一款 银行或者其他金融机构的工作人员在金融业务活动中索取他人财物或者非法收受他人财物，为他人谋取利益的，或者违反国家规定，收受各种名义的回扣、手续费，归个人所有的，依照本法第一百六十三条的规定定罪处罚。

第三百八十五条 国家工作人员利用职务上的便利，索取他人财物的，或者非法收受他人财物，为他人谋取利益的，是受贿罪。

国家工作人员在经济往来中，违反国家规定，收受各种名义的回扣、手续费，归个人所有的，以受贿论处。

第三百八十六条 对犯受贿罪的，根据受贿所得数额及情节，依照本法第三百八十三条的规定处罚。索贿的从重处罚。

法律适用

司法解释

一、最高人民法院、最高人民检察院《关于办理贪污贿赂刑事案件适用法律若干问题的解释》（节录）（最高人民法院、最高人民检察院2016年4月18日公布 自公布之日起施行 法释〔2016〕9号）

第一条 贪污或者受贿数额在三万元以上不满二十万元的，应当认定为刑法第三百八十三条第一款规定的“数额较大”，依法判处三年以下有期徒刑或者拘役，并处罚金。

贪污数额在一万元以上不满三万元，具有下列情形之一的，应当认定为刑法第三百八十三条第一款规定的“其他较重情节”，依法判处三年以下有期徒刑或者拘役，并处罚金：

（一）贪污救灾、抢险、防汛、优抚、扶贫、移民、救济、防疫、社会捐助等特定款物的；

（二）曾因贪污、受贿、挪用公款受过党纪、行政处分的；

（三）曾因故意犯罪受过刑事追究的；

（四）赃款赃物用于非法活动的；

（五）拒不交待赃款赃物去向或者拒不配合追缴工作，致使无法追缴的；

（六）造成恶劣影响或者其他严重后果的。

受贿数额在一万元以上不满三万元，具有前款第二项至第六项规定的情形之一，或者具有下列情形之一的，应当认定为刑法第三百八十三条第一款规定的“其他较重情节”，依法判处三年以下有期徒刑或者拘役，并处罚金：

（一）多次索贿的；

（二）为他人谋取不正当利益，致使公共财产、国家和人民利益遭受损失的；

（三）为他人谋取职务提拔、调整的。

第二条 贪污或者受贿数额在二十万元以上不满三百万元的，应当认定为刑法第三百八十三条第一款规定的“数额巨大”，依法判处三年以上十年以下有期徒刑，并处罚金或者没收财产。

贪污数额在十万元以上不满二十万元，具有本解释第一条第二款规定的情形之一的，应当认定为刑法第三百八十三条第一款规定的“其他严重情节”，依法判处三年以上十年以下有期徒刑，并处罚金或者没收财产。

受贿数额在十万元以上不满二十万元，具有本解释第一条第三款规定的情形之一的，应当认定为刑法第三百八十三条第一款规定的“其他严重情节”，依法判处三年

法律适用 司法解释

以上十年以下有期徒刑，并处罚金或者没收财产。

第三条 贪污或者受贿数额在三百万元以上的，应当认定为刑法第三百八十三条第一款规定的“数额特别巨大”，依法判处十年以上有期徒刑、无期徒刑或者死刑，并处罚金或者没收财产。

贪污数额在一百五十万元以上不满三百万元，具有本解释第一条第二款规定的情形之一的，应当认定为刑法第三百八十三条第一款规定的“其他特别严重情节”，依法判处十年以上有期徒刑、无期徒刑或者死刑，并处罚金或者没收财产。

受贿数额在一百五十万元以上不满三百万元，具有本解释第一条第三款规定的情形之一的，应当认定为刑法第三百八十三条第一款规定的“其他特别严重情节”，依法判处十年以上有期徒刑、无期徒刑或者死刑，并处罚金或者没收财产。

第四条 贪污、受贿数额特别巨大，犯罪情节特别严重、社会影响特别恶劣、给国家和人民利益造成特别重大损失的，可以判处死刑。

符合前款规定的情形，但具有自首，立功，如实供述自己罪行、真诚悔罪、积极退赃，或者避免、减少损害结果的发生等情节，不是必须立即执行的，可以判处死刑缓期二年执行。

符合第一款规定情形的，根据犯罪情节等情况可以判处死刑缓期二年执行，同时裁判决定在其死刑缓期执行二年期满依法减为无期徒刑后，终身监禁，不得减刑、假释。

第十一条 刑法第一百六十三条规定的非国家工作人员受贿罪、第二百七十一条规定的职务侵占罪中的“数额较大”“数额巨大”的数额起点，按照本解释关于受贿罪、贪污罪相对应的数额标准规定的二倍、五倍执行。

刑法第二百七十二条规定的挪用资金罪中的“数额较大”“数额巨大”以及“进行非法活动”情形的数额起点，按照本解释关于挪用公款罪“数额较大”“情节严重”以及“进行非法活动”的数额标准规定的二倍执行。

刑法第一百六十四条第一款规定的对非国家工作人员行贿罪中的“数额较大”“数额巨大”的数额起点，按照本解释第七条、第八条第一款关于行贿罪的数额标准规定的二倍执行。

第十二条 贿赂犯罪中的“财物”，包括货币、物品和财产性利益。财产性利益包括可以折算为货币的物质利益如房屋装修、债务免除等，以及需要支付货币的其他利益如会员服务、旅游等。后者的犯罪数额，以实际支付或者应当支付的数额计算。

第十三条 具有下列情形之一的，应当认定为“为他人谋取利益”，构成犯罪的，应当依照刑法关于受贿犯罪的规定定罪处罚：

（一）实际或者承诺为他人谋取利益的；

（二）明知他人有具体请托事项的；

（三）履职时未被请托，但事后基于该履职事由收受他人财物的。

国家工作人员索取、收受具有上下级关系的下属或者具有行政管理关系的被管理人员的财物价值三万元以上，可能影响职权行使的，视为承诺为他人谋取利益。

二、最高人民检察院《关于佛教协会工作人员能否构成受贿罪或者公司、企业人员受贿罪主体问题的答复》（2003年1月13日最高人民检察院公布　自公布之日起施行　〔2003〕高检研发第2号）

浙江省人民检察院研究室：

你室《关于佛教协会工作人员能否构成受贿罪或公司、企业人员受贿罪主体的请示》（检研请〔2002〕9号）收悉。经研究，答复如下：

佛教协会属于社会团体，其工作人员除符合刑法第九十三条第二款的规定属于受委托从事公务的人员外，既不属于国家工作人员，也不属于公司、企业人员。根据刑法的规定，对非受委托从事公务的佛教协会的工作人员利用职务之便收受他人财物，为他人谋取利益的行为，不能按受贿罪或者公司、企业人员受贿罪追究刑事责任。

三、最高人民法院、最高人民检察院《关于办理商业贿赂刑事案件适用法律若干问题的意见》（2008年11月20日最高人民法院、最高人民检察院公布　法发〔2008〕33号）

为依法惩治商业贿赂犯罪，根据刑法有关规定，结合办案工作实际，现就办理商业贿赂刑事案件适用法律的若干问题，提出如下意见：

一、商业贿赂犯罪涉及刑法规定的以下八种罪名：（1）非国家工作人员受贿罪（刑法第一百六十三条）；（2）对非国家工作人员行贿罪（刑法第一百六十四条）；（3）受贿罪（刑法第三百八十五条）；（4）单位受贿罪（刑法第三百八十七条）；（5）行贿罪（刑法第三百八十九条）；（6）对单位行贿罪（刑法第三百九十一条）；（7）介绍贿赂罪（刑法第三百九十二条）；（8）单位行贿罪（刑法第三百九十三条）。

二、刑法第一百六十三条、第一百六十四条规定的“其他单位”，既包括事业单位、社会团体、村民委员会、居民委员会、村民小组等常设性的组织，也包括为组织体育赛事、文艺演出或者其他正当活动而成立的组委会、筹委会、工程承包队等非常设性的组织。

三、刑法第一百六十三条、第一百六十四条规定的“公司、企业或者其他单位的工作人员”，包括国有公司、企业以及其他国有单位中的非国家工作人员。

四、医疗机构中的国家工作人员，在药品、医疗器械、医用卫生材料等医药产品采购活动中，利用职务上的便利，索取销售方财物，或者非法收受销售方财物，为销售方谋取利益，构成犯罪的，依照刑法第三百八十五条的规定，以受贿罪定罪处罚。

医疗机构中的非国家工作人员，有前款行为，数额较大的，依照刑法第一百六十三条的规定，以非国家工作人员受贿罪定罪处罚。

医疗机构中的医务人员，利用开处方的职务便利，以各种名义非法收受药品、医疗器械、医用卫生材料等医药产品销售方财物，为医药产品销售方谋取利益，数额较大的，依照刑法第一百六十三条的规定，以非国家工作人员受贿罪定罪处罚。

五、学校及其他教育机构中的国家工作人员，在教材、教具、校服或者其他物品的采购等活动中，利用职务上的便利，索取销售方财物，或者非法收受销售方财物，为销售方谋取利益，构成犯罪的，依照刑法第三百八十五条的规定，以受贿罪定罪处罚。

学校及其他教育机构中的非国家工作人员，有前款行为，数额较大的，依照刑法第一百六十三条的规定，以非国家工作人员受贿罪定罪处罚。

学校及其他教育机构中的教师，利用教学活动的职务便利，以各种名义非法收受教材、教具、校服或者其他物品销售方财物，为教材、教具、校服或者其他物品销售方谋取利益，数额较大的，依照刑法第一百六十三条的规定，以非国家工作人员受贿罪定罪处罚。

六、依法组建的评标委员会、竞争性谈判采购中谈判小组、询价采购中询价小组的组成人员，在招标、政府采购等事项的评标或者采购活动中，索取他人财物或者非法收受他人财物，为他人谋取利益，数额较大的，依照刑法第一百六十三条的规定，以非国家工作人员受贿罪定罪处罚。

法律适用

司法解释

依法组建的评标委员会、竞争性谈判采购中谈判小组、询价采购中询价小组中国家机关或者其他国有单位的代表有前款行为的，依照刑法第三百八十五条的规定，以受贿罪定罪处罚。

七、商业贿赂中的财物，既包括金钱和实物，也包括可以用金钱计算数额的财产性利益，如提供房屋装修、含有金额的会员卡、代币卡（券）、旅游费用等。具体数额以实际支付的资费为准。

八、收受银行卡的，不论受贿人是否实际取出或者消费，卡内的存款数额一般应全额认定为受贿数额。使用银行卡透支的，如果由给予银行卡的一方承担还款责任，透支数额也应当认定为受贿数额。

九、在行贿犯罪中，“谋取不正当利益”，是指行贿人谋取违反法律、法规、规章或者政策规定的利益，或者要求对方违反法律、法规、规章、政策、行业规范的规定提供帮助或者方便条件。

在招标投标、政府采购等商业活动中，违背公平原则，给予相关人员财物以谋取竞争优势的，属于“谋取不正当利益”。

十、办理商业贿赂犯罪案件，要注意区分贿赂与馈赠的界限。主要应当结合以下因素全面分析、综合判断：

（1）发生财物往来的背景，如双方是否存在亲友关系及历史上交往的情形和程度；

（2）往来财物的价值；

（3）财物往来的缘由、时机和方式，提供财物方对于接受方有无职务上的请托；

（4）接受方是否利用职务上的便利为提供方谋取利益。

十一、非国家工作人员与国家工作人员通谋，共同收受他人财物，构成共同犯罪的，根据双方利用职务便利的具体情形分别定罪追究刑事责任：

（1）利用国家工作人员的职务便利为他人谋取利益的，以受贿罪追究刑事责任。

（2）利用非国家工作人员的职务便利为他人谋取利益的，以非国家工作人员受贿罪追究刑事责任。

（3）分别利用各自的职务便利为他人谋取利益的，按照主犯的犯罪性质追究刑事责任，不能分清主从犯的，可以受贿罪追究刑事责任。

相关法律法规

一、《中华人民共和国反不正当竞争法》（节录）（1993年9月2日通过　2017年11月4日修订　2019年4月23日修正）

第七条　经营者不得采用财物或者其他手段贿赂下列单位或者个人，以谋取交易机会或者竞争优势：

（一）交易相对方的工作人员；

（二）受交易相对方委托办理相关事务的单位或者个人；

（三）利用职权或者影响力影响交易的单位或者个人。

经营者在交易活动中，可以以明示方式向交易相对方支付折扣，或者向中间人支付佣金。经营者向交易相对方支付折扣、向中间人支付佣金的，应当如实入账。接受折扣、佣金的经营者也应当如实入账。

经营者的工作人员进行贿赂的，应当认定为经营者的行为；但是，经营者有证据证明该工作人员的行为与为经营者谋取交易机会或者竞争优势无关的除外。

第十九条　经营者违反本法第七条规定贿赂他人的，由监督检查部门没收违法所得，处十万元以上三百万元以下的罚款。情节严重的，吊销营业执照。

法律适用

相关法律法规

二、《中华人民共和国商业银行法》（节录）（1995年5月10日第八届全国人民代表大会常务委员会第十三次会议通过　2003年12月27日第一次修正　2015年8月29日第二次修正）

第五十二条　商业银行的工作人员应当遵守法律、行政法规和其他各项业务管理的规定，不得有下列行为：

（一）利用职务上的便利，索取、收受贿赂或者违反国家规定收受各种名义的回扣、手续费；

（二）利用职务上的便利，贪污、挪用、侵占本行或者客户的资金；

（三）违反规定徇私向亲属、朋友发放贷款或者提供担保；

（四）在其他经济组织兼职；

（五）违反法律、行政法规和业务管理规定的其他行为。

第八十四条　商业银行工作人员利用职务上的便利，索取、收受贿赂或者违反国家规定收受各种名义的回扣、手续费，构成犯罪的，依法追究刑事责任；尚不构成犯罪的，应当给予纪律处分。

有前款行为，发放贷款或者提供担保造成损失的，应当承担全部或者部分赔偿责任。

三、《中华人民共和国公司法》（节录）（1993年12月29日中华人民共和国主席令第16号公布　自1994年7月1日起施行　1999年12月25日第一次修正　2004年8月28日第二次修正　2005年10月27日修订　2013年12月28日第三次修正　2018年10月26日第四次修正）

第一百四十七条　董事、监事、高级管理人员应当遵守法律、行政法规和公司章程，对公司负有忠实义务和勤勉义务。

董事、监事、高级管理人员不得利用职权收受贿赂或者其他非法收入，不得侵占公司的财产。

第一百四十八条　董事、高级管理人员不得有下列行为：

（一）挪用公司资金；

（二）将公司资金以其个人名义或者以其他个人名义开立账户存储；

（三）违反公司章程的规定，未经股东会、股东大会或者董事会同意，将公司资金借贷给他人或者以公司财产为他人提供担保；

（四）违反公司章程的规定或者未经股东会、股东大会同意，与本公司订立合同或者进行交易；

（五）未经股东会或者股东大会同意，利用职务便利为自己或者他人谋取属于公司的商业机会，自营或者为他人经营与所任职公司同类的业务；

（六）接受他人与公司交易的佣金归为己有；

（七）擅自披露公司秘密；

（八）违反对公司忠实义务的其他行为。

董事、高级管理人员违反前款规定所得的收入应当归公司所有。

第一百四十九条　董事、监事、高级管理人员执行公司职务时违反法律、行政法规或者公司章程的规定，给公司造成损失的，应当承担赔偿责任。

法律适用

规章及规范性文件

国家工商行政管理局（已撤销）《关于禁止商业贿赂行为的暂行规定》（节录）

（1996年11月15日国家工商行政管理局令第60号公布　自公布之日起施行）

第二条　经营者不得违反《反不正当竞争法》第八条[①]规定，采用商业贿赂手段销售或者购买商品。

本规定所称商业贿赂，是指经营者为销售或者购买商品而采用财物或者其他手段贿赂对方单位或者个人的行为。

前款所称财物，是指现金和实物，包括经营者为销售或者购买商品，假借促销费、宣传费、赞助费、科研费、劳务费、咨询费、佣金等名义，或者以报销各种费用等方式，给付对方单位或者个人的财物。

第二款所称其他手段，是指提供国内外各种名义的旅游、考察等给付财物以外的其他利益的手段。

第三条　经营者的职工采用商业贿赂手段为经营者销售或者购买商品的行为，应当认定为经营者的行为。

第四条　任何单位或者个人在销售或者购买商品时不得收受或者索取贿赂。

第五条　在账外暗中给予对方单位或者个人回扣的，以行贿论处；对方单位或者个人在账外暗中收受回扣的，以受贿论处。

本规定所称回扣，是指经营者销售商品时在账外暗中以现金、实物或者其他方式退给对方单位或者个人的一定比例的商品价款。

本规定所称账外暗中，是指未在依法设立的反映其生产经营活动或者行政事业经费收支的财务账上按照财务会计制度规定明确如实记载，包括不记入财务账、转入其他财务账或者做假账等。

第六条　经营者销售商品，可以以明示方式给予对方折扣。经营者给予对方折扣的，必须如实入账；经营者或者其他单位接受折扣的，必须如实入账。

本规定所称折扣，即商品购销中的让利，是指经营者在销售商品时，以明示并如实入账的方式给予对方的价格优惠，包括支付价款时对价款总额按一定比例即时予以扣除和支付价款总额后再按一定比例予以退还两种形式。

本规定所称明示和入账，是指根据合同约定的金额和支付方式，在依法设立的反映其生产经营活动或者行政事业经费收支的财务账上按照财务会计制度规定明确如实记载。

第七条　经营者销售或者购买商品，可以以明示方式给中间人佣金。经营者给中间人佣金的，必须如实入账；中间人接受佣金的，必须如实入账。

本规定所称佣金，是指经营者在市场交易中给予为其提供服务的具有合法经营资格的中间人的劳务报酬。

第八条　经营者在商品交易中不得向对方单位或者其个人附赠现金或者物品。但按照商业惯例赠送小额广告礼品的除外。

违反前款规定的，视为商业贿赂行为。

① 《反不正当竞争法》已于2019年4月23日修正，对应的新条文为第7条。

29 对非国家工作人员行贿案

概念

本罪是指为谋取不正当利益，给予公司、企业或者其他单位的工作人员以财物，数额较大的行为。

立案标准

为谋取不正当利益，给予公司、企业或者其他单位的工作人员以财物，个人行贿数额在6万元以上、单位行贿数额在20万元以上的，应予立案追诉。

定罪标准

犯罪客体

本罪侵犯的是复杂客体，即国家对公司、企业和其他单位的正常管理秩序和市场竞争秩序。社会主义市场经济秩序是法治经济，各种经济行为都应规范化、合法化，各种营利性活动应当在市场经济公平竞争的机制下进行，应遵循国家法规乃至商业惯例。而对公司、企业或其他单位工作人员行贿行为则违背诚信、公平自愿的原则。违反国家规定，直接破坏市场经济公平竞争机制以及市场经济的有序性、规范性，严重的则构成对非国家工作人员行贿罪。在商品经济中，各经济主体带着各自的经济目的，参与到市场中进行交易竞争，其中部分经济主体不是依靠合格的商品质量，良好的劳务服务，按诚信原则公平竞争，而是依靠对公司、企业人员行贿这一不法手段，实现其经济目的，追求到不法利润。对公司、企业人员行贿，使得采购人员买远不买近，买坏不买好；伪劣产品充斥市场排挤合格产品，诋毁其信誉；技术先进、实力雄厚的承建加工单位被拒之门外，被一些七拼八凑的“杂牌军”抢走生意，严重挫伤合法经营者的积极性，使市场竞争、营业处于混乱无序的状态。在司法实践中以行贿罪认定和处理这些问题，囿于主体的公职身份、客观上利用职务之便要求的局限，难免存在困难偏差，出现打击盲点。加之部分商品经营者、从事营利活动的个人、企事业单位利用贿赂手段进行不正当竞争谋取非法利润的商业行贿犯罪隐蔽性和欺骗性很大，且可能引起其他多种犯罪，危害极大，为打击制裁经济犯罪、规范经济行为，本条设立对非国家工作人员行贿罪，乃形势发展变化所需，确有必要。

犯罪客观方面

本罪在客观上表现为为谋取不正当利益，给予公司、企业或其他单位的工作人员以财物，数额较大的行为。支付回扣、手续费是本罪客观方面的主要表现形式。回扣是商品买卖或劳务服务活动中，卖方从其卖得的价款中按比例或不按比例返还给买方的一部分款项，返还方式、比例由双方商定。回扣专指买方所得的由卖方返还的价款。手续费指佣金以及买卖双方当事人、居间人所得的佣金、报酬。这里的佣金专指买卖双方以外的第三人居间介绍买卖所得的，由买方或卖方单独给付或双方共同给付的款项，回扣、手续费在实践中名目繁多，花样翻新，是具有两面性的事物，有加速商品流通、促进经济发展的一面，也有阻碍、破坏商品经济的一面。原则上，只要买卖双方和中间人本着诚信、公平交易的原则，在不违反国家政策、法律的情况下支付、

<table>
<tr><td rowspan="6">定罪标准</td><td>犯罪客观方面</td><td>收受，对经济发展是有利的，法律上也应予以承认和保护，但是某些情况下，回扣、手续费的支付与收受会危害市场经济公平竞争机制、破坏市场经济秩序，严重的则可能构成本罪。</td></tr>
<tr><td>犯罪主体</td><td>本罪的主体是一般主体。个人和单位均可构成。其中，本罪个人主体是指已满16周岁且具有刑事责任能力的自然人，既可以是国家工作人员，也可以是一般公民。本罪的法人或者非法人单位主体，不一定要具备民法上的法人条件，只要符合《刑法》第30条规定的“公司、企业、事业单位、机关、团体”的条件即可。</td></tr>
<tr><td>犯罪主观方面</td><td>本罪主观方面由故意构成，行贿的目的在于使公司、企业或其他单位的工作人员，利用职务上的便利，为自己谋取不正当利益。至于谋取的是个人还是单位的不正当利益，所谋求的不正当利益是否实现，均不影响对非国家工作人员行贿罪的成立。</td></tr>
<tr><td>罪与非罪</td><td>一、本罪与请客送礼的界限。在现实生活中，礼尚往来的请客送礼一般都以公开的方式进行，且礼品的价值一般较小，行为人没有明显的、直接的谋取不正当利益的动机和目的，这与本罪的行贿行为有本质区别。
二、本罪与向公司、企业或其他单位工作人员一般行贿行为的界限。根据本条的规定，向公司、企业或其他单位工作人员行贿，达到数额较大的，才构成犯罪，因此，如果向公司、企业或其他单位工作人员行贿，数额未达到较大的，属于向公司、企业人员的一般行贿行为，不能以本罪论处。
三、行为人的犯罪目的必须是为谋取不正当利益。如行为人出于谋取正当利益或出于亲属、朋友间的单方面赠与目的，则不构成犯罪。</td></tr>
<tr><td>此罪与彼罪</td><td>一、本罪与行贿罪的界限。两者在客观上都表现为为谋取利益而给与他人以财物的行为。它们的区别主要在于：（1）客体不同。本罪侵犯的客体是国家对公司、企业或者其他单位的管理秩序以及公司、企业或其他单位工作人员职务行为的廉洁性；行贿罪的客体则是国家工作人员的职务廉洁性。（2）行贿的对象不同。本罪行为人行贿的对象是公司、企业或者其他单位的工作人员，是非国家工作人员；行贿罪的行贿对象则是国家工作人员，包括在公司、企业或者其他单位工作的具有国家工作人员身份的工作人员。
二、本罪中单位行贿与单位行贿罪、对单位行贿罪的界限。三者都与单位有关，但存在巨大差别：（1）主体不同。本罪的主体和对单位行贿罪的主体相同，是一般主体，而且个人和单位均可构成；单位行贿罪的主体则仅包括单位。（2）行贿对象不同。本罪的行贿对象为公司、企业或者其他单位的工作人员；单位行贿罪的行贿对象是国家工作人员；对单位行贿罪的行贿对象则是国家机关、国有公司、企业、事业单位、人民团体。（3）客观表现不同。本罪在客观方面的表现主要是为谋取不正当利益，给予公司、企业或者其他单位的工作人员以财物的行为；对单位行贿罪和单位行贿罪的客观方面不仅包括给予财物的行为，而且包括在经济往来中，违反国家规定，给予各种名义的回扣、手续费的行为。</td></tr>
</table>

<table>
<tr><td rowspan="4">证据参考标准</td><td>主体方面的证据</td><td>一、证明行为人刑事责任年龄、身份等自然情况的证据。
包括身份证明、户籍证明、任职证明、工作经历证明、特定职责证明等，主要是证明行为人的姓名（曾用名）、性别、出生年月日、民族、籍贯、出生地、职业（或职务）、住所地（或居所地）等证据材料，如户口簿、居民身份证、工作证、出生证、专业或技术等级证、干部履历表、职工登记表、护照等。
对于户籍、出生证等材料内容不实的，应提供其他证据材料。外国人犯罪的案件，应有护照等身份证明材料。人大代表、政协委员犯罪的案件，应注明身份，并附身份证明材料。
二、证明行为人刑事责任能力的证据。
证明行为人对自己的行为是否具有辨认能力与控制能力，如是否属于间歇性精神病人、尚未完全丧失辨认或者控制自己行为能力的精神病人的证明材料。
三、证明单位的证据。
证明是否属于依法成立并有合法经营、管理范围的公司、企业、事业单位、机关、团体。
证明单位的名称、住所地、性质、法定代表人、单位负责人、业务范围、成立时间等证据材料，如企业营业执照、国有公司性质证明及非法人单位的身份证明等。
四、证明法定代表人、单位负责人或直接责任人员等的身份证明。
法定代表人、直接负责的主管人员和其他直接责任人在单位的任职、职责、负责权限的证明材料等。包括身份证明、户籍证明、任职证明等，如户口簿、居民身份证、工作证、护照、专业或技术等级证、干部履历表、职工登记表、任命书、业务分工文件、委派文件、单位证明、单位规章制度等。</td></tr>
<tr><td>主观方面的证据</td><td>证明行为人故意的证据：1. 证明行为人明知的证据：证明行为人明知自己的行为会发生危害社会的结果。2. 证明直接故意的证据：证明行为人希望危害结果发生。3. 目的：（1）谋取不正当利益；（2）获取非法利润；（3）营利。</td></tr>
<tr><td>客观方面的证据</td><td>证明行为人商业行贿犯罪行为的证据。
具体证据包括：1. 证明行为人谋取不正当利益行为的证据；2. 证明行为人名借实贿行为的证据；3. 证明行为人高档产品低价销售行为的证据；4. 证明行为人以送提成、好处费、辛苦费、酬劳费等为名行贿行为的证据；5. 证明行为人以试用、试听、试看为名行贿行为的证据；6. 证明行为人行贿数额较大行为的证据。</td></tr>
<tr><td>量刑方面的证据</td><td>一、法定量刑情节证据。
1. 事实情节：（1）数额较大；（2）其他。2. 法定从重情节。3. 法定从轻减轻情节：（1）可以从轻；（2）可以从轻或减轻；（3）应当从轻或者减轻。4. 法定从轻减轻免除情节：（1）可以从轻、减轻或者免除处罚；（2）应当从轻、减轻或者免除处罚。5. 法定减轻免除情节：（1）可以减轻或者免除处罚；（2）应当减轻或者免除处罚；（3）可以免除处罚。
二、酌定量刑情节证据。
1. 犯罪手段：（1）财；（2）物。2. 犯罪对象。3. 危害结果。4. 动机。5. 平时表现。6. 认罪态度。7. 是否有前科。8. 其他证据。</td></tr>
</table>

量刑标准		
	数额较大的	处三年以下有期徒刑或者拘役，并处罚金
	数额巨大的	处三年以上十年以下有期徒刑，并处罚金
	单位犯本罪的	对单位判处罚金，并对其直接负责的主管人员和其他直接责任人员，依上述规定处罚

法律适用

刑法条文

第一百六十四条 为谋取不正当利益，给予公司、企业或者其他单位的工作人员以财物，数额较大的，处三年以下有期徒刑或者拘役，并处罚金；数额巨大的，处三年以上十年以下有期徒刑，并处罚金。

为谋取不正当商业利益，给予外国公职人员或者国际公共组织官员以财物的，依照前款的规定处罚。

单位犯前两款罪的，对单位判处罚金，并对其直接负责的主管人员和其他直接责任人员，依照第一款的规定处罚。

行贿人在被追诉前主动交待行贿行为的，可以减轻处罚或者免除处罚。

司法解释

一、最高人民法院、最高人民检察院《关于办理贪污贿赂刑事案件适用法律若干问题的解释》（节录）（最高人民法院、最高人民检察院2016年4月18日公布　自公布之日起施行　法释〔2016〕9号）

第七条 为谋取不正当利益，向国家工作人员行贿，数额在三万元以上的，应当依照刑法第三百九十条的规定以行贿罪追究刑事责任。

行贿数额在一万元以上不满三万元，具有下列情形之一的，应当依照刑法第三百九十条的规定以行贿罪追究刑事责任：

（一）向三人以上行贿的；

（二）将违法所得用于行贿的；

（三）通过行贿谋取职务提拔、调整的；

（四）向负有食品、药品、安全生产、环境保护等监督管理职责的国家工作人员行贿，实施非法活动的；

（五）向司法工作人员行贿，影响司法公正的；

（六）造成经济损失数额在五十万元以上不满一百万元的。

第八条 犯行贿罪，具有下列情形之一的，应当认定为刑法第三百九十条第一款规定的“情节严重”：

（一）行贿数额在一百万元以上不满五百万元的；

（二）行贿数额在五十万元以上不满一百万元，并具有本解释第七条第二款第一项至第五项规定的情形之一的；

（三）其他严重的情节。

为谋取不正当利益，向国家工作人员行贿，造成经济损失数额在一百万元以上不满五百万元的，应当认定为刑法第三百九十条第一款规定的“使国家利益遭受重大损失”。

第十一条 刑法第一百六十三条规定的非国家工作人员受贿罪、第二百七十一条规定的职务侵占罪中的“数额较大”“数额巨大”的数额起点，按照本解释关于受贿罪、贪污罪相对应的数额标准规定的二倍、五倍执行。

法律适用

司法解释

刑法第二百七十二条规定的挪用资金罪中的“数额较大”“数额巨大”以及“进行非法活动”情形的数额起点，按照本解释关于挪用公款罪“数额较大”“情节严重”以及“进行非法活动”的数额标准规定的二倍执行。

刑法第一百六十四条第一款规定的对非国家工作人员行贿罪中的“数额较大”“数额巨大”的数额起点，按照本解释第七条、第八条第一款关于行贿罪的数额标准规定的二倍执行。

二、最高人民法院、最高人民检察院《关于办理商业贿赂刑事案件适用法律若干问题的意见》（节录）（2008 年 11 月 20 日最高人民法院、最高人民检察院公布　法发〔2008〕33 号）

一、商业贿赂犯罪涉及刑法规定的以下八种罪名：（1）非国家工作人员受贿罪（刑法第一百六十三条）；（2）对非国家工作人员行贿罪（刑法第一百六十四条）；（3）受贿罪（刑法第三百八十五条）；（4）单位受贿罪（刑法第三百八十七条）；（5）行贿罪（刑法第三百八十九条）；（6）对单位行贿罪（刑法第三百九十一条）；（7）介绍贿赂罪（刑法第三百九十二条）；（8）单位行贿罪（刑法第三百九十三条）。

二、刑法第一百六十三条、第一百六十四条规定的“其他单位”，既包括事业单位、社会团体、村民委员会、居民委员会、村民小组等常设性的组织，也包括为组织体育赛事、文艺演出或者其他正当活动而成立的组委会、筹委会、工程承包队等非常设性的组织。

三、刑法第一百六十三条、第一百六十四条规定的“公司、企业或者其他单位的工作人员”，包括国有公司、企业以及其他国有单位中的非国家工作人员。

七、商业贿赂中的财物，既包括金钱和实物，也包括可以用金钱计算数额的财产性利益，如提供房屋装修、含有金额的会员卡、代币卡（券）、旅游费用等。具体数额以实际支付的资费为准。

九、在行贿犯罪中，“谋取不正当利益”，是指行贿人谋取违反法律、法规、规章或者政策规定的利益，或者要求对方违反法律、法规、规章、政策、行业规范的规定提供帮助或者方便条件。

在招标投标、政府采购等商业活动中，违背公平原则，给予相关人员财物以谋取竞争优势的，属于“谋取不正当利益”。

十、办理商业贿赂犯罪案件，要注意区分贿赂与馈赠的界限。主要应当结合以下因素全面分析、综合判断：

（1）发生财物往来的背景，如双方是否存在亲友关系及历史上交往的情形和程度；

（2）往来财物的价值；

（3）财物往来的缘由、时机和方式，提供财物方对于接受方有无职务上的请托；

（4）接受方是否利用职务上的便利为提供方谋取利益。

相关法律法规

《中华人民共和国反不正当竞争法》（节录）（1993 年 9 月 2 日通过　2017 年 11 月 4 日修订　2019 年 4 月 23 日修正）

第七条　经营者不得采用财物或者其他手段贿赂下列单位或者个人，以谋取交易机会或者竞争优势：

（一）交易相对方的工作人员；

（二）受交易相对方委托办理相关事务的单位或者个人；

（三）利用职权或者影响力影响交易的单位或者个人。

法律适用

相关法律法规

经营者在交易活动中，可以以明示方式向交易相对方支付折扣，或者向中间人支付佣金。经营者向交易相对方支付折扣、向中间人支付佣金的，应当如实入账。接受折扣、佣金的经营者也应当如实入账。

经营者的工作人员进行贿赂的，应当认定为经营者的行为；但是，经营者有证据证明该工作人员的行为与为经营者谋取交易机会或者竞争优势无关的除外。

第九条 经营者不得实施下列侵犯商业秘密的行为：

（一）以盗窃、贿赂、欺诈、胁迫、电子侵入或者其他不正当手段获取权利人的商业秘密；

（二）披露、使用或者允许他人使用以前项手段获取的权利人的商业秘密；

（三）违反保密义务或者违反权利人有关保守商业秘密的要求，披露、使用或者允许他人使用其所掌握的商业秘密；

（四）教唆、引诱、帮助他人违反保密义务或者违反权利人有关保守商业秘密的要求，获取、披露、使用或者允许他人使用权利人的商业秘密。

经营者以外的其他自然人、法人和非法人组织实施前款所列违法行为的，视为侵犯商业秘密。

第三人明知或者应知商业秘密权利人的员工、前员工或者其他单位、个人实施本条第一款所列违法行为，仍获取、披露、使用或者允许他人使用该商业秘密的，视为侵犯商业秘密。

本法所称的商业秘密，是指不为公众所知悉、具有商业价值并经权利人采取相应保密措施的技术信息、经营信息等商业信息。

第十九条 经营者违反本法第七条规定贿赂他人的，由监督检查部门没收违法所得，处十万元以上三百万元以下的罚款。情节严重的，吊销营业执照。

规章及规范性文件

国家工商行政管理局（已撤销）《关于禁止商业贿赂行为的暂行规定》（节录）

（1996年11月15日国家工商行政管理局令第60号公布　自公布之日起施行）（略，详见本书第296页）

30 对外国公职人员、国际公共组织官员行贿案

概念

本罪是指为谋取不正当商业利益，给予外国公职人员或者国际公共组织官员以财物，数额较大的行为。

立案标准

为谋取不正当商业利益，给予外国公职人员或者国际公共组织官员以财物，个人行贿数额在 1 万元以上的，单位行贿数额在 20 万元以上的，应予立案。

定罪标准		
定罪标准	犯罪客体	本罪所侵害的客体是国家对公司、企业的管理秩序。在国际商业活动中对外国公职人员或者国际公共组织官员行贿具有严重的社会危害性：（1）国际商业贿赂行为扰乱我国的国内市场竞争秩序。在开放型经济中，一国国内市场与海外市场是紧密联系的，要保护国内市场竞争，就必须对经营者的海外贿赂行为予以规制。（2）国际商业贿赂行为影响我国企业在国际市场上的竞争力。（3）该行为损害了我国的国际形象。在国际商业活动中，一国的经营者往往代表一国的形象，此类商业行贿行为将引起国际舆论对我国法律制度、投资环境的负面评价，从而带来经济损失。《联合国反腐败公约》确立了贿赂外国公职人员、国际公共组织官员罪，包括对外国公职人员、国际公共组织官员行贿罪和外国公职人员、国际公共组织官员受贿罪两个具体罪名。2005 年 10 月 27 日第十届全国人大常委会第十八次会议审议并批准了《联合国反腐败公约》，体现了我国与国际社会一同合作，打击腐败的坚定立场。2011 年 2 月 25 日第十一届全国人民代表大会常务委员会第十九次会议通过的《刑法修正案（八）》新增了对外国公职人员、国际公共组织官员行贿罪。
	犯罪客观方面	本罪在客观方面表现为为谋取不正当商业利益，给予外国公职人员或者国际公共组织官员以财物，数额较大的行为。根据《联合国反腐败公约》第 2 条第 2 项规定，外国公职人员系指外国无论是经任命还是经选举而担任立法、行政管理或者司法职务的任何人员；以及为外国，包括为公共机构或者公营企业行使公共职能的任何人员。根据《联合国反腐败公约》第 2 条第 3 项的规定，国际公共组织官员系指国际公务员或者经此种组织授权代表该组织行事的任何人员。国际公共组织官员主要包括两类：一是受国际组织聘用的国际公务员；二是虽没有受国际组织聘用，但受国际组织授权代表该组织行事的人员。
	犯罪主体	本罪主体为一般主体，个人和单位均能成为本罪主体。
	犯罪主观方面	本罪的主观方面为故意，并且必须具有谋取不正当商业利益的目的。所谋求的不正当商业利益是否实现，不影响本罪的成立。

<table>
<tr><td rowspan="2">定罪标准</td><td>罪与非罪</td><td>本罪是目的犯，行为人必须是为谋取不正当商业利益，才能构成犯罪，而且行为人行贿的对象是外国公职人员或者国际公共组织官员。本罪也是数额犯，行贿数额必须达到较大的标准，才能构成本罪。</td></tr>
<tr><td>此罪与彼罪</td><td>一、本罪与行贿罪的界限。两者在客观上都表现为为谋取利益而给与他人以财物的行为。它们的区别主要在于：（1）客体不同。本罪侵犯的客体是国家对公司的经营、管理秩序，外国公职人员、国际公共组织官员的职务廉洁性不属于我国《刑法》的保护范围；而行贿罪侵犯的客体是我国国家工作人员的职务廉洁性。（2）行贿的对象不同。本罪行为人行贿的对象是外国公职人员、国际公共组织官员；行贿罪的行贿对象是我国国家工作人员。
二、本罪与对非国家工作人员行贿罪的界限。两者的区别在于：（1）行贿的对象不同。本罪行为人行贿的对象是外国公职人员或者国际公共组织官员；而对非国家工作人员行贿罪行为人行贿的对象是我国非国家工作人员，即公司、企业或者其他单位的工作人员。（2）谋取的利益不同。本罪行为人谋取的不正当商业利益，限定于商业领域；而对非国家工作人员行贿罪行为人谋取的是不正当利益，没有作出具体限定。</td></tr>
<tr><td rowspan="2">证据参考标准</td><td>主体方面的证据</td><td>一、证明行为人刑事责任年龄、身份等自然情况的证据。
包括身份证明、户籍证明、任职证明、工作经历证明、特定职责证明等，主要是证明行为人的姓名（曾用名）、性别、出生年月日、民族、籍贯、出生地、职业（或职务）、住所地（或居住地）等证据材料，如户口簿、居民身份证、工作证、出生证、专业或技术等级证、干部履历表、职工登记表、护照等。
对于户籍、出生证等材料内容不实的，应提供其他证据材料。外国人犯罪的案件，应有护照等身份证明材料。人大代表、政协委员犯罪的案件，应注明身份，并附身份证明材料。
二、证明行为人刑事责任能力的证据。
证明行为人对自己的行为是否具有辨认能力与控制能力，如是否属于间歇性精神病人、尚未完全丧失辨认或者控制自己行为能力的精神病人的证明材料。
三、证明单位的证据。
证明是否属于依法成立并有合法经营、管理范围的公司、企业、事业单位、机关、团体。
证明单位的名称、住所地、性质、法定代表人、单位负责人、业务范围、成立时间等证据材料，如企业营业执照、国有公司性质证明及非法人单位的身份证明等。
四、证明法定代表人、单位负责人或直接责任人员等的身份证明。
法定代表人、直接负责的主管人员和其他直接责任人在单位的任职、职责、负责权限的证明材料等。包括身份证明、户籍证明、任职证明等，如户口簿、居民身份证、工作证、护照、专业或技术等级证、干部履历表、职工登记表、任命书、业务分工文件、委派文件、单位证明、单位规章制度等。</td></tr>
<tr><td>主观方面的证据</td><td>证明行为人故意的证据：1. 证明行为人明知的证据：证明行为人明知自己的行为会发生危害社会的结果。2. 证明直接故意的证据：证明行为人希望危害结果发生。3. 目的：（1）谋取不正当商业利益；（2）获取非法利润；（3）营利。</td></tr>
</table>

<table>
<tr><td rowspan="2">证据参考标准</td><td>客观方面的证据</td><td colspan="2">证明行为人对外国公职人员或者国际公共组织官员商业行贿行为的证据。</td></tr>
<tr><td>量刑方面的证据</td><td colspan="2">一、法定量刑情节证据。
1. 事实情节。2. 法定从重情节。3. 法定从轻情节：(1) 可以从轻；(2) 可以从轻或减轻；(3) 应当从轻或者减轻。4. 法定从轻减轻免除情节：(1) 可以从轻、减轻或者免除处罚；(2) 应当从轻、减轻或者免除处罚。5. 法定减轻免除情节：(1) 可以减轻或者免除处罚；(2) 应当减轻或者免除处罚；(3) 可以免除处罚。
二、酌定量刑情节证据。
1. 犯罪手段：(1) 钱财；(2) 物。2. 犯罪对象。3. 危害结果。4. 动机。5. 平时表现。6. 认罪态度。7. 是否有前科。8. 其他证据。</td></tr>
<tr><td rowspan="3">量刑标准</td><td colspan="2">数额较大的</td><td>处三年以下有期徒刑或者拘役，并处罚金</td></tr>
<tr><td colspan="2">数额巨大的</td><td>处三年以上十年以下有期徒刑，并处罚金</td></tr>
<tr><td colspan="2">单位犯本罪的</td><td>对单位判处罚金，并对其直接负责的主管人员和其他直接责任人员，依照有关自然人的规定处罚</td></tr>
<tr><td rowspan="2">法律适用</td><td>刑法条文</td><td colspan="2">第一百六十四条　为谋取不正当利益，给予公司、企业或者其他单位的工作人员以财物，数额较大的，处三年以下有期徒刑或者拘役，并处罚金；数额巨大的，处三年以上十年以下有期徒刑，并处罚金。
为谋取不正当商业利益，给予外国公职人员或者国际公共组织官员以财物的，依照前款的规定处罚。
单位犯前两款罪的，对单位判处罚金，并对其直接负责的主管人员和其他直接责任人员，依照第一款的规定处罚。
行贿人在被追诉前主动交待行贿行为的，可以减轻处罚或者免除处罚。</td></tr>
<tr><td>司法解释</td><td colspan="2">一、最高人民法院、最高人民检察院《关于办理贪污贿赂刑事案件适用法律若干问题的解释》（节录）（最高人民法院、最高人民检察院2016年4月18日公布　自公布之日起施行　法释〔2016〕9号）
第七条　为谋取不正当利益，向国家工作人员行贿，数额在三万元以上的，应当依照刑法第三百九十条的规定以行贿罪追究刑事责任。
行贿数额在一万元以上不满三万元，具有下列情形之一的，应当依照刑法第三百九十条的规定以行贿罪追究刑事责任：
（一）向三人以上行贿的；
（二）将违法所得用于行贿的；
（三）通过行贿谋取职务提拔、调整的；</td></tr>
</table>

法律适用 司法解释

（四）向负有食品、药品、安全生产、环境保护等监督管理职责的国家工作人员行贿，实施非法活动的；

（五）向司法工作人员行贿，影响司法公正的；

（六）造成经济损失数额在五十万元以上不满一百万元的。

第八条 犯行贿罪，具有下列情形之一的，应当认定为刑法第三百九十条第一款规定的"情节严重"：

（一）行贿数额在一百万元以上不满五百万元的；

（二）行贿数额在五十万元以上不满一百万元，并具有本解释第七条第二款第一项至第五项规定的情形之一的；

（三）其他严重的情节。

为谋取不正当利益，向国家工作人员行贿，造成经济损失数额在一百万元以上不满五百万元的，应当认定为刑法第三百九十条第一款规定的"使国家利益遭受重大损失"。

第十一条 刑法第一百六十三条规定的非国家工作人员受贿罪、第二百七十一条规定的职务侵占罪中的"数额较大""数额巨大"的数额起点，按照本解释关于受贿罪、贪污罪相对应的数额标准规定的二倍、五倍执行。

刑法第二百七十二条规定的挪用资金罪中的"数额较大""数额巨大"以及"进行非法活动"情形的数额起点，按照本解释关于挪用公款罪"数额较大""情节严重"以及"进行非法活动"的数额标准规定的二倍执行。

刑法第一百六十四条第一款规定的对非国家工作人员行贿罪中的"数额较大""数额巨大"的数额起点，按照本解释第七条、第八条第一款关于行贿罪的数额标准规定的二倍执行。

二、最高人民检察院、公安部《关于公安机关管辖的刑事案件立案追诉标准的规定（二）》（节录）（2010年5月7日最高人民检察院、公安部公布　自公布之日起施行　2011年11月14日修正）

第十一条之一 〔对外国公职人员、国际公共组织官员行贿案（刑法第一百六十四条第二款）〕为谋取不正当商业利益，给予外国公职人员或者国际公共组织官员以财物，个人行贿数额在一万元以上的，单位行贿数额在二十万元以上的，应予立案追诉。

31 非法经营同类营业案

概念

本罪是指国有公司、企业的董事、经理利用职务便利，自己经营或者为他人经营与其所任职公司、企业同类的营业，获取非法利益，数额巨大的行为。

立案标准

根据最高人民检察院、公安部《关于公安机关管辖的刑事案件立案追诉标准的规定（二）》的规定，国有公司、企业的董事、经理利用职务便利，自己经营或者为他人经营与其所任职公司、企业同类的营业，获取非法利益，数额在10万元以上的，应予立案追诉。

定罪标准

犯罪客体

本罪的客体为国有公司、企业的财产权益以及国家对公司的管理制度，根据我国《公司法》规定，有限责任公司董事会对股东会负责，行使下列职权：（1）召集股东会会议，并向股东会报告工作；（2）执行股东会的决议；（3）决定公司的经营计划和投资方案；（4）制订公司的年度财务预算方案、决算方案；（5）制订公司的利润分配方案和弥补亏损方案；（6）制订公司增加或者减少注册资本以及发行公司债券的方案；（7）制订公司合并、分立、解散或者变更公司形式的方案；（8）决定公司内部管理机构的设置；（9）决定聘任或者解聘公司经理及其报酬事项，并根据经理的提名决定聘任或者解聘公司副经理、财务负责人及其报酬事项；（10）制定公司的基本管理制度；（11）公司章程规定的其他职权。

有限责任公司可以设经理，由董事会决定聘任或者解聘。经理对董事会负责，行使下列职权：（1）主持公司的生产经营管理工作，组织实施董事会决议；（2）组织实施公司年度经营计划和投资方案；（3）拟订公司内部管理机构设置方案；（4）拟订公司的基本管理制度；（5）制定公司的具体规章；（6）提请聘任或者解聘公司副经理、财务负责人；（7）决定聘任或者解聘除应由董事会决定聘任或者解聘以外的负责管理人员；（8）董事会授予的其他职权。公司章程对经理职权另有规定的，从其规定。经理列席董事会会议。

股份有限公司设董事会，其成员为5人至19人。董事会对股东大会负责、行使下列职权：（1）召集股东会会议，并向股东会报告工作；（2）执行股东会的决议；（3）决定公司的经营计划和投资方案；（4）制定公司的年度财务预算方案、决算方案；（5）制定公司的利润分配方案和弥补亏损方案；（6）制定公司增加或者减少注册资本以及发行公司债券的方案；（7）制定公司合并、分立、解散或者变更公司形式的方案；（8）决定公司内部管理机构的设置；（9）决定聘任或者解聘公司经理及其报酬事项，并根据经理的提名决定聘任或者解聘公司副经理、财务负责人及其报酬事项；（10）制定公司的基本管理制度；（11）公司章程规定的其他职权。

股份有限公司设经理，由董事会聘任或者解聘。经理对董事会负责，行使下列职权：（1）主持公司的生产经营管理工作，组织实施董事会决议；（2）组织实施公司

定罪标准	犯罪客体	年度经营计划和投资方案；(3) 拟订公司内部管理机构设置方案；(4) 拟订公司的基本管理制度；(5) 制定公司的具体规章；(6) 提请聘任或者解聘公司副经理、财务负责人；(7) 决定聘任或者解聘除应由董事会决定聘任或者解聘以外的负责管理人员；(8) 董事会授予的其他职权。公司章程对经理职权另有规定的，从其规定。经理列席董事会会议。 由此可知，公司、企业的董事、经理具有很大的管理权限，其行为对公司、企业以及广大的股东和出资人的利益有很大影响。董事、经理的义务：(1) 董事、经理应当遵守公司章程，忠实履行职务，维护公司利益，不得利用在公司的地位和职权为自己谋取私利。董事、经理不得利用职权收受贿赂或者其他非法收入，不得侵占公司的财产。(2) 董事、经理不得挪用公司资金或者将公司资金借贷给他人。董事、经理不得以公司资产为本公司的股东或者其他个人债务提供担保。(3) 董事、经理不得自营或者为他人经营与其所任职公司同类的营业或者从事损害本公司利益的活动。从事上述营业或者活动的，所得收入应当归公司所有。董事、经理除公司章程规定或者股东会同意外，不得同本公司订立合同或者进行交易。(4) 董事、经理除依照法律规定或者经股东会同意外，不得泄露公司秘密。(5) 董事、经理执行公司职务时违反法律、行政法规或者公司章程的规定，给公司造成损害的，应当承担赔偿责任。 董事、经理违反相应的义务即侵犯了公司、企业的财产权益以及公司、企业的股东和出资人的财产权益，同时构成对国家公司管理制度的侵害，应承担相应的法律责任。
	犯罪客观方面	本罪的客观方面表现为国有公司、企业董事、经理利用职务上的便利，自己经营或者为他人经营与其所任职公司、企业同类的营业，获取非法利益，数额巨大的行为。行为方式有以下几种情形：(1) 自己经营或为他人经营业务。既可以是为自己经营，又可以是为他人经营，还可以是既为自己经营又为他人经营，具备其中之一的，即可构成本罪。自己经营，有的是以私人名义另行注册公司经营，有的是以亲人名义但实际是公司、企业董事、经理。自行经营，还有的是在他人经办的公司、企业中人股进行经营等。凡是自己独资或者参与了出资的公司、企业，不论是否以本人名义，都属于为自己经营。为他人经营包括为其他公司、企业进行经营，是指暗中担任他人独资、出资的公司、企业的管理人员，为其业务进行策划、指挥等。(2) 自己经营或为他人经营的营业与自己所任职的公司、企业的营业属于同一种类。否则，即使自己经营或为他人经营了某项营业，但这项营业与自己所任职公司、企业的营业不属同一类营业，亦不能构成本罪。如果经营的营业为两类以上，只要其中的一类与自己所任职公司、企业属同类营业，即可认定为经营了与自己所任职公司、企业的同一类营业。这是为了防止损害自己所任职公司、企业利益的不正当竞争的违法行为发生。公司、企业的董事、经理利用自己所任职公司、企业的人力、物力、资金、信息来源、客户渠道为自己经营或者为他人经营的公司、企业抢占市场；或者垄断供货渠道；或者巧立名目，将自己所任职公司、企业的正品、等内品产品的次品、等外品低价销售给个人或为他人经营的公司、企业；或者高价收购自己经营或为他人经营的公司、企业的滞销、残损、应降低的商品、次品、等外品等；或者套购所任职公司、企业的畅销、紧缺商品、转手倒卖等。(3) 为自己经营或为他人经营与自己所任职公司、企业同类营业的过程中利用了职务便利，如果没有利用职务之便，即使有为自己经营或为

定罪标准	犯罪客观方面	他人经营同类营业的行为，亦不能构成本罪。所谓利用职务便利，是指利用自己经营管理的职权或者与职务有关的便利条件，既包括利用自己直接掌管的经营材料、物质、市场、计划、销售等职权而为自己经营或为他人经营的公司、企业谋取非法利益，也包括利用自己职务及有关的便利条件如人事权力、地位等，指挥、控制他人利用职权而为自己经营或为他人经营的公司、企业谋取非法利益。(4) 自己经营或者为他人经营与其所任职公司、企业同类的营业，获取了非法利益，并且达到了数额巨大，才可构成本罪。否则，虽有经营行为，但没有获取非法利益，或者虽然获取了非法利益，但没有达到数额巨大的最低标准，亦不能构成本罪。
	犯罪主体	本罪主体是特殊主体，只能由国有公司、企业董事、经理构成。所谓董事，是指依照《公司法》的规定，经过有限责任公司的股东会或者股份有限公司的创立大会、股东大会选举的董事会的成员。所谓经理，是指依照《公司法》的规定，由董事会聘任，实施董事会决议，主持公司日常工作，或者政府主管部门根据企业情况委任或招聘，或由企业职工代表大会选举作企业法定代表人的人。
	犯罪主观方面	本罪在主观方面必须出于故意，并且具有获取非法利益的目的，即明知自己经营或为他人所经营的业务与自己所任职公司、企业经营的业务属于同类，出于非法谋取利益，仍决意进行经营。过失不能构成本罪。
	罪与非罪	区分罪与非罪，要注意以下三点：(1) 行为人是否利用了职务便利。如果行为人并未利用职务之便而经营同类营业的，就不能以犯罪论处，如行为人虽然经营了与其所任职公司、企业同类的营业，并获利巨大，但这一行为与其所任职的职务无关，就不构成犯罪。(2) 行为人经营的是否为同类营业。构成本罪必须是经营与其所任职公司、企业同类的营业，如果行为人经营的不是同类营业，不构成犯罪。(3) 行为人获取的非法利益是否达到数额巨大。如果行为人利用了职务之便，并且经营与其所任职公司、企业同类的营业，但获取非法利益未达到数额巨大，不能以犯罪论处。
	此罪与彼罪	本罪与非国家工作人员受贿罪的界限。二者在犯罪的主观方面均为直接故意，都有获取非法利益、财物的目的，但两罪在本质上有明显的区别，表现在：(1) 犯罪主体不同。非国家工作人员受贿罪的主体是在公司、企业中工作的不具有国家工作人员身份的工作人员。这里的公司、企业，包括不同种类或性质的公司、企业，公司、企业的工作人员包括在公司、企业中工作的所有工作人员；而本罪的主体只限于国有公司、企业的董事和经理，范围较前者要狭窄得多。(2) 犯罪客观方面不同。两罪在客观方面虽都有利用职务之便的特征，但获取非法利益所采取的客观手段有所不同。本罪是行为人利用职务便利，自己经营或者为他人经营与其所任职公司、企业同类的营业，主要是通过“竞业经营”来获取非法利益；而非国家工作人员受贿罪则是行为人利用职务之便，通过直接“索取”或者“非法收受”他人财物的方式，为他人谋取利益而获取非法利益。

<table>
<tr><td rowspan="4">证据参考标准</td><td>主体方面的证据</td><td colspan="2">一、证明行为人刑事责任年龄、身份等自然情况的证据。
包括身份证明、户籍证明、任职证明、工作经历证明、特定职责证明等，主要是证明行为人的姓名（曾用名）、性别、出生年月日、民族、籍贯、出生地、职业（或职务）、住所地（或居所地）等证据材料，如户口簿、居民身份证、工作证、出生证、专业或技术等级证、干部履历表、职工登记表、护照等。
对于户籍、出生证等材料内容不实的，应提供其他证据材料。外国人犯罪的案件，应有护照等身份证明材料。人大代表、政协委员犯罪的案件，应注明身份，并附身份证明材料。
二、证明行为人刑事责任能力的证据。
证明行为人对自己的行为是否具有辨认能力与控制能力，如是否属于间歇性精神病人、尚未完全丧失辨认或者控制自己行为能力的精神病人的证明材料。</td></tr>
<tr><td>主观方面的证据</td><td colspan="2">证明行为人故意的证据：1. 证明行为人明知的证据：证明行为人明知自己的行为会发生危害社会的结果；2. 证明直接故意的证据：证明行为人希望危害结果发生。</td></tr>
<tr><td>客观方面的证据</td><td colspan="2">证明行为人非法经营同类营业犯罪行为的证据。
具体证据包括：1. 证明国有公司、企业的董事、经理利用职务便利，自己经营与其任职公司、企业同类营业行为的证据；2. 证明国有公司、企业的董事、经理利用职务便利，为他人经营与其任职公司、企业同类营业行为的证据；3. 证明国有公司、企业的董事、经理利用职务便利，自己经营或者为他人经营与其任职公司、企业同类营业，获取非法利益，数额巨大行为的证据；4. 证明国有公司、企业的董事、经理利用职务便利，自己经营或者为他人经营与其任职同类营业，获取非法利益，数额特别巨大行为的证据。</td></tr>
<tr><td>量刑方面的证据</td><td colspan="2">一、法定量刑情节证据。
1. 事实情节：（1）数额巨大；（2）其他。2. 法定从重情节。3. 法定从轻减轻情节：（1）可以从轻；（2）可以从轻或减轻；（3）应当从轻或者减轻。4. 法定从轻减轻免除情节：（1）可以从轻、减轻或者免除处罚；（2）应当从轻、减轻或者免除处罚。5. 法定减轻免除情节：（1）可以减轻或者免除处罚；（2）应当减轻或者免除处罚；（3）可以免除处罚。
二、酌定量刑情节证据。
1. 犯罪手段：（1）自己经营；（2）为他人经营。2. 犯罪对象。3. 危害结果。4. 动机。5. 平时表现。6. 认罪态度。7. 是否有前科。8. 其他证据。</td></tr>
<tr><td rowspan="2">量刑标准</td><td colspan="2">数额巨大的</td><td>处三年以下有期徒刑或者拘役，并处或者单处罚金</td></tr>
<tr><td colspan="2">数额特别巨大的</td><td>处三年以上七年以下有期徒刑，并处罚金</td></tr>
</table>

法律适用

刑法条文

第一百六十五条 国有公司、企业的董事、经理利用职务便利，自己经营或者为他人经营与其所任职公司、企业同类的营业，获取非法利益，数额巨大的，处三年以下有期徒刑或者拘役，并处或者单处罚金；数额特别巨大的，处三年以上七年以下有期徒刑，并处罚金。

司法解释

最高人民检察院、公安部《关于公安机关管辖的刑事案件立案追诉标准的规定（二）》（节录）（2010年5月7日最高人民检察院、公安部公布 自公布之日起施行 2011年11月14日修正）

第十二条〔非法经营同类营业案（刑法第一百六十五条）〕国有公司、企业的董事、经理利用职务便利，自己经营或者为他人经营与其所任职公司、企业同类的营业，获取非法利益，数额在十万元以上的，应予立案追诉。

相关法律法规

《中华人民共和国公司法》（节录）（1993年12月29日中华人民共和国主席令第16号公布 自1994年7月1日起施行 1999年12月25日第一次修正 2004年8月28日第二次修正 2005年10月27日修订 2013年12月28日第三次修正 2018年10月26日第四次修正）

第一百四十八条 董事、高级管理人员不得有下列行为：

（一）挪用公司资金；

（二）将公司资金以其个人名义或者以其他个人名义开立账户存储；

（三）违反公司章程的规定，未经股东会、股东大会或者董事会同意，将公司资金借贷给他人或者以公司财产为他人提供担保；

（四）违反公司章程的规定或者未经股东会、股东大会同意，与本公司订立合同或者进行交易；

（五）未经股东会或者股东大会同意，利用职务便利为自己或者他人谋取属于公司的商业机会，自营或者为他人经营与所任职公司同类的业务；

（六）接受他人与公司交易的佣金归为己有；

（七）擅自披露公司秘密；

（八）违反对公司忠实义务的其他行为。

董事、高级管理人员违反前款规定所得的收入应当归公司所有。

第一百四十九条 董事、监事、高级管理人员执行公司职务时违反法律、行政法规或者公司章程的规定，给公司造成损失的，应当承担赔偿责任。

32 为亲友非法牟利案

概念

本罪是指国有公司、企业、事业单位的工作人员，利用职务便利，损公肥私，将本单位的盈利业务交由自己的亲友进行经营，或者为其经营活动提供其他便利，使国家利益遭受重大损失的行为。

立案标准

根据最高人民检察院、公安部《关于公安机关管辖的刑事案件立案追诉标准的规定（二）》的规定，国有公司、企业、事业单位的工作人员，利用职务便利，为亲友非法牟利，涉嫌下列情形之一的，应予立案追诉：

（1）造成国家直接经济损失数额在10万元以上的；

（2）使其亲友非法获利数额在20万元以上的；

（3）造成有关单位破产，停业、停产6个月以上，或者被吊销许可证和营业执照、责令关闭、撤销、解散的；

（4）其他致使国家利益遭受重大损失的情形。

定罪标准		
	犯罪客体	本罪侵犯的客体是国有公司、企业、事业单位的财产权益。国有公司、企业以获取财产上的最大利益为其目标，以国家授予其经营管理的财产从事民事活动，向投资者（即国家）承担资产保值增值的责任。国有事业单位虽不以营利为其最终目的，但以国家拨给的经费为财产基础，在国家法律允许的范围内从事民事活动，并承担民事责任。国有公司、企业、事业单位工作人员利用职务上的便利，将本单位的盈利业务交由自己的亲友进行经营，或者以明显高于市场的价格向自己的亲友经营管理的单位采购商品，或者以明显低于市场的价格向自己的亲友经营管理的单位销售商品或者向自己的亲友经营管理的单位采购不合格商品，必然损害国有公司、企业、事业单位的利益，从而使国有财产的保值增值成为泡影。鉴于国有公司、企业、事业单位在国民经济中的重要地位，有必要对其进行刑法保护。
	犯罪客观方面	本罪在客观方面表现为利用职务便利，为自己的亲友进行经营活动非法提供便利，致使国家利益遭受重大损害的行为。所谓亲友，泛指亲戚与朋友，宜作广义理解，只要行为人为他人进行经营活动非法提供便利，即可认定属于为亲友进行经营活动非法提供便利。为亲友进行经营活动非法提供便利的方式，根据《刑法》第166条规定，包括以下三种情况：（1）将本单位的盈利业务交由自己的亲友进行经营。其通常是行为人利用决定、参与经贸项目、购销往来掌握的经贸信息市场行情的职务便利，把明知是可以盈利的本应为本单位经营的业务交由自己的亲友去经营。但如果这项业务不属其所在单位经营的业务，即使是其利用职务便利了解到的，并交由自己的亲友进行经营，亦不能构成本罪。（2）以明显高于市场的价格向自己的亲友经营管理的单位采购商品或者以明显低于市场的价格向自己的亲友经营管理的单位销售商品。简言之，就是从亲友经营管理的单位高进低出，从而损害本公司、企业的利益。（3）向自己的亲友经营管理的单位采购不合格商品。其要求行为人明知自己亲友经营管理的

定罪标准	犯罪客观方面	单位的商品属于不合格商品而仍决意购买。明知，既包括行为人确实知道是不合格商品，又包括行为人可能知道是不合格商品。如果确实不知道是不合格商品而采购的，除非可以认定属于以明显高于市场的价格向自己的亲友经营管理的单位采购商品的情况，否则，亦不能构成本罪。还应指出，向自己亲友经营管理的单位收购不合格商品，不论其价格如何，是否属于高价收购，都对本罪成立没有影响。只要其行为严重损害了国家利益，致使国家利益遭受了重大损失，都可以本罪论处。为自己的亲友进行经营活动非法提供便利的行为，必须是利用了自己的职务便利。没有利用自己的职务便利的，亦不能构成本罪。所谓利用职务便利，在这里主要是指利用在国有公司、企业、事业单位工作，尤其是担任领导工作，主管生产、经营活动的便利条件。既可以是利用自己的职务直接去为自己的亲友经营提供非法便利，又可以是利用自己掌握的职权、地位去控制、指挥、要挟、左右他人去为自己的亲友经营提供非法便利等。行为人的行为必须造成了国家利益的重大损失才能构成本罪。行为人虽然利用职务便利，实施了为自己的亲友经营非法提供便利的行为，但如果没有给国家利益造成实际损失或者虽有实际损失但不属于重大损失，则都不能以本罪论处。所谓使国家利益遭受重大损失，在这里应是指因将本单位的盈利业务交由亲友进行经营，而使本单位丧失了可能得到的利润，即将单位本应得到的利润转移给了自己的亲友，数额巨大的；以及因向自己亲友经营管理的单位采取高价采购或低价销售商品甚至采购自己亲友经营管理的单位的不合格商品，从而将亲友经营的损失转嫁给单位，造成的损失数额巨大的。
	犯罪主体	本罪的主体为特殊主体，即国有公司、企业、事业单位的工作人员。这里的工作人员，不仅仅只是指国有公司、企业、事业单位的国家工作人员，而泛指国有公司、企业、事业单位的所有工作人员。非国有公司、企业、事业单位的工作人员不能成为本罪主体。
	犯罪主观方面	本罪在主观上只能由故意构成，并具有非法牟利的目的。即行为人明知自己利用职务便利为亲友进行经营活动提供便利条件是一种背信经营的行为，但为获取非法利益仍故意实施这种行为，过失不构成犯罪。
	罪与非罪	区分本罪与一般背信经营行为的界限，要注意以下三点：（1）看行为人是否利用了职务便利。如果行为人没有利用职务便利，即使对其亲友所进行的经营活动提供了帮助，也不能以本罪论处。（2）看行为人通过实施背信经营行为而使国家利益遭受的损失是否达到重大。如果行为人的背信经营行为未使国家利益遭受的损失达到重大的程度，就不能以本罪论处。数额是否巨大不是构成本罪的必要要件，因为本条中并无行为人非法获利及其数额大小的规定，而只有行为人利用职务便利，实施背信经营行为，使国家利益遭受重大损失或特别重大损失的规定。因此，划分本罪与非罪的界限，其标准之一，应为行为人实施背信经营行为而使国家利益遭受的损失是否达到重大或特别重大。在这里，国家利益遭受的重大损失与行为人非法获利数额巨大或采取高价采购或低价销售以及采购亲友经营管理的单位的不合格商品，从而将经营的损失转嫁给其他单位，造成的损失数额巨大，显然是不同的犯罪结果，不应混为一谈。

定罪标准	罪与非罪	(3) 为亲友非法牟利罪的犯罪主体为特殊主体，即国有公司、企业、事业单位的工作人员，除此以外人员的背信经营行为不构成本罪。对于他们的背信经营行为只能追究其民事责任和行政责任。如果构成侵占或者其他犯罪的，应以相关犯罪论处。
	此罪与彼罪	本罪与非法经营同类营业罪的界限。二者在客观方面都利用了职务便利，主观方面都出于故意，但这两个罪是两种不同性质的犯罪，它们的区别表现在：(1) 犯罪主体不同。本罪的主体是国有公司、企业、事业单位的工作人员；而非法经营同类营业罪的主体是国有公司、企业的董事和经理。(2) 客观方面不同。本罪在客观方面所实施的行为表现为利用职务便利，将本单位的盈利业务交由自己的亲友经营，或者以明显高于市场的价格向自己的亲友经营管理的单位采购商品或者明显低于市场的价格向自己的亲友经营管理的单位销售商品，或者向自己的亲友经营管理的单位采购不合格商品，而使国家利益遭受重大损失或特别重大损失；而非法经营同类营业罪在客观方面则表现为行为人利用职务便利，为自己经营或者为他人经营与其所任职公司、企业同类的营业，获取非法利益，数额巨大的行为。在此，两罪虽同为结果犯，但犯罪结果有所不同，本罪的犯罪结果为使国家利益遭受重大损失；而非法经营同类营业罪为行为人获取非法利益数额巨大。
证据参考标准	主体方面的证据	**一、证明行为人刑事责任年龄、身份等自然情况的证据。** 包括身份证明、户籍证明、任职证明、工作经历证明、特定职责证明等，主要是证明行为人的姓名（曾用名）、性别、出生年月日、民族、籍贯、出生地、职业（或职务）、住所地（或居所地）等证据材料，如户口簿、居民身份证、工作证、出生证、专业或技术等级证、干部履历表、职工登记表、护照等。 对于户籍、出生证等材料内容不实的，应提供其他证据材料。外国人犯罪的案件，应有护照等身份证明材料。人大代表、政协委员犯罪的案件，应注明身份，并附身份证明材料。 **二、证明行为人刑事责任能力的证据。** 证明行为人对自己的行为是否具有辨认能力与控制能力，如是否属于间歇性精神病人、尚未完全丧失辨认或者控制自己行为能力的精神病人的证明材料。
	主观方面的证据	证明行为人故意的证据：1. 证明行为人明知的证据：证明行为人明知自己的行为会发生危害社会的结果；2. 证明直接故意的证据：证明行为人希望危害结果发生；3. 证明间接故意的证据：证明行为人放任危害结果发生。
	客观方面的证据	证明行为人为亲友牟取商业利益犯罪行为的证据。 具体证据包括：1. 证明行为人将本单位盈利业务交由亲友经营行为的证据；2. 证明行为人以明显高于市场价格向自己亲友经营管理的单位采购商品行为的证据；3. 证明行为人以明显低于市场价格向自己亲友经营管理的单位销售商品行为的证据；4. 证明行为人向自己的亲友经营管理的单位采购不合格商品行为的证据；5. 证明行为人利用职务便利，非法牟利，使国家利益遭受重大损失的证据；6. 证明行为人利用职务便利，非法牟利，使国家利益遭受特别重大的损失的证据。

<table>
<tr><td>证据参考标准</td><td>量刑方面的证据</td><td colspan="2">一、法定量刑情节证据。
1. 事实情节：(1) 重大损失；(2) 特别重大损失。2. 法定从重情节。3. 法定从轻减轻情节：(1) 可以从轻；(2) 可以从轻或减轻；(3) 应当从轻或者减轻。4. 法定从轻减轻免除情节：(1) 可以从轻、减轻或者免除处罚；(2) 应当从轻、减轻或者免除处罚。5. 法定减轻免除情节：(1) 可以减轻或者免除处罚；(2) 应当减轻或者免除处罚；(3) 可以免除处罚。
二、酌定量刑情节证据。
1. 犯罪手段：(1) 将本单位盈利业务交由亲友经营；(2) 高价；(3) 低价；(4) 采购不合格品。2. 犯罪对象。3. 危害结果。4. 动机。5. 平时表现。6. 认罪态度。7. 是否有前科。8. 其他证据。</td></tr>
<tr><td rowspan="2">量刑标准</td><td colspan="2">使国家利益遭受重大损失的</td><td>处三年以下有期徒刑或者拘役，并处或者单处罚金</td></tr>
<tr><td colspan="2">使国家利益遭受特别重大损失的</td><td>处三年以上七年以下有期徒刑，并处罚金</td></tr>
<tr><td rowspan="2">法律适用</td><td>刑法条文</td><td colspan="2">第一百六十六条　国有公司、企业、事业单位的工作人员，利用职务便利，有下列情形之一，使国家利益遭受重大损失的，处三年以下有期徒刑或者拘役，并处或者单处罚金；致使国家利益遭受特别重大损失的，处三年以上七年以下有期徒刑，并处罚金：
（一）将本单位的盈利业务交由自己的亲友进行经营的；
（二）以明显高于市场的价格向自己的亲友经营管理的单位采购商品或者以明显低于市场的价格向自己的亲友经营管理的单位销售商品的；
（三）向自己的亲友经营管理的单位采购不合格商品的。</td></tr>
<tr><td>司法解释</td><td colspan="2">最高人民检察院、公安部《关于公安机关管辖的刑事案件立案追诉标准的规定（二）》（节录）（2010年5月7日最高人民检察院、公安部公布　自公布之日起施行　2011年11月14日修正）
第十三条〔为亲友非法牟利案（刑法第一百六十六条）〕国有公司、企业、事业单位的工作人员，利用职务便利，为亲友非法牟利，涉嫌下列情形之一的，应予立案追诉：
（一）造成国家直接经济损失数额在十万元以上的；
（二）使其亲友非法获利数额在二十万元以上的；
（三）造成有关单位破产，停业、停产六个月以上，或者被吊销许可证和营业执照、责令关闭、撤销、解散的；
（四）其他致使国家利益遭受重大损失的情形。</td></tr>
</table>

33 签订、履行合同失职被骗案

概念

本罪是指国有公司、企业、事业单位直接负责的主管人员，在签订、履行合同过程中，因严重不负责任被诈骗，致使国家利益遭受重大损失的行为。

立案标准

根据最高人民检察院、公安部《关于公安机关管辖的刑事案件立案追诉标准的规定（二）》的规定，国有公司、企业、事业单位直接负责的主管人员，在签订、履行合同过程中，因严重不负责任被诈骗，涉嫌下列情形之一的，应予立案追诉：

（1）造成国家直接经济损失数额在50万元以上的；

（2）造成有关单位破产，停业、停产6个月以上，或者被吊销许可证和营业执照、责令关闭、撤销、解散的；

（3）其他致使国家利益遭受重大损失的情形。

金融机构、从事对外贸易经营活动的公司、企业的工作人员严重不负责任，造成100万美元以上外汇被骗购或者逃汇1000万美元以上的，应予立案追诉。

本罪中的"诈骗"，是指对方当事人的行为已经涉嫌诈骗犯罪，不以对方当事人已经被人民法院判决构成诈骗犯罪作为立案追诉的前提。

<table>
<tr><td rowspan="2">定罪标准</td><td>犯罪客体</td><td>本罪侵犯的客体是国有公司、企业、事业单位的财产权益和社会主义市场经济秩序。国有公司、企业、事业单位在社会经济生活中担负着举足轻重的作用。国有公司、企业、事业单位的主管人员背离市场活动的基本原则，玩忽职守严重不负责任，被诈骗，必然会使国有公司、企业、事业单位的正常活动遭到破坏，使国家和人民利益受到损害。</td></tr>
<tr><td>犯罪客观方面</td><td>本罪在客观方面表现为在签订、履行合同的过程中，因严重不负责任，致使国家利益遭受重大损失的行为。（1）国有公司、企业、事业单位直接负责的主管人员，在签订、履行合同过程中，严重不负责任而被诈骗。所谓合同，是指处于平等地位的当事人之间设立、变更或终止民事关系的一种协议，如买卖合同、承揽合同、技术合同、融资合同、租赁合同、居间合同、担保合同、劳务合同、期货合同等合同。既可以是国内合同，又可以是涉外合同。所谓签订合同，是指当事人之间就合同的条款进行协商，从而使各方的意思表示趋于一致的过程。所谓履行合同，是指双方当事人按照合同规定的条款履行自己的义务，从而使双方当事人的合同目的得以实现的行为。合同生效后，除非一些法定情况，都应全面、实际、正确地履行，否则即应承担合同违约的法定责任。只有属于在签订、履行合同的过程中，因严重不负责任而导致了被诈骗的事实，才可构成本罪。所谓严重不负责任，在这里是指不履行或者虽然履行，但不是正确、认真地履行自己在合同签订、履行过程中应当履行的职责。其表现形式多种多样，如粗枝大叶、盲目轻信，不就对方当事人的合同主体资格、资信情况、履行能力等进行认真的咨询、调查、了解、审查；应当公证或者鉴证的不进行公证或鉴证；贪图个人私利，关心的不是标的质量、价格，而是从中得到多少回扣，捞到多少</td></tr>
</table>

<table>
<tr><td rowspan="5">定罪标准</td><td>犯罪客观方面</td><td>好处。得到好处后，在质量上舍优求劣，在价格上舍低就高，在路途上舍近求远，在来源上舍公取私等；违规让售或赊购非滞销或是紧俏的商品；擅自越权作主签订、履行合同；急功近利，不辨真假，盲目吸引外资，上当受骗；违反规定为他人签订经济担保合同；发现合同无效或对方根本没有履行能力，仍不坚持自己应当拥有的合法权益，甚至撒手不管，听之任之，等等。如果并不存在严重不负责任的行为，或者虽有严重不负责任的行为，但不是因此而被诈骗，即使有重大过失，亦不能以本罪论处。所谓被诈骗，是指他人出于非法占有的目的，在签订、履行合同的过程中，故意采用虚构事实或者隐瞒真相的手段，致使其发生错误的认识，从而导致公司、企业财产被他人骗取。无被诈骗的事实，即使国有公司、企业、事业单位的直接负责的主管人员，在工作中具有严重不负责任的玩忽职守行为，亦不能构成本罪，这是本罪构成的一个重要客观条件。（2）因在签订、履行合同过程中，严重不负责任而被诈骗，必须使国家利益遭受了重大损失。如果没有带来损失或者虽然带来损失但不是重大的损失，即使有上述严重不负责任的行为，也不能构成本罪。对方出于诈骗故意实施诈骗行为，如因意志以外的原因如被及时发现而未得逞，或者虽然得逞，但通过各种途径如法律途径得以追回，造成的损失包括诉讼费用、追缴被诈骗钱财的费用等并不重大，都不能以犯罪论处。所谓国家利益遭受重大损失，是指造成大量的财物被诈骗而无法追回；或因对方诈骗造成无法供货，被迫停产甚或濒临破产、倒闭等严重后果。</td></tr>
<tr><td>犯罪主体</td><td>本罪的主体为特殊主体，只有国有公司、企业、事业单位的直接负责的主管人员才能构成本罪，其他主体不构成本罪。本罪主体排除了其他直接责任人员。所谓直接负责的主管人员，是在国有公司、企业、事业单位中对该合同的签订、履行负领导责任的人员。所谓其他直接责任人员，是指对该合同的签订和履行在直接负责的主管人员领导下负执行义务的人员。</td></tr>
<tr><td>犯罪主观方面</td><td>本罪的主观方面只能由过失构成。行为人对签订、履行合同过程中被诈骗，并造成“重大损失”的危害后果，不是抱希望或放任其发生的心理态度，而是由于其过失造成的，故意不构成本罪。</td></tr>
<tr><td>罪与非罪</td><td>区别罪与非罪的关键看是否致使国家利益遭受重大损失。签订、履行合同失职被骗行为，造成重大损失的，构成本罪；未造成“重大损失”的，属一般的工作过失渎职行为，可由有关部门给予批评教育，或行政处分。</td></tr>
<tr><td>此罪与彼罪</td><td>本罪与玩忽职守罪的界限。二者在客观上都表现为行为人在工作中严重不负责任，不认真、不正确履行依其职责应履行的义务，在主观上都由过失构成，但两罪是有本质区别的，区别的关键在于：（1）犯罪主体不同。两罪的主体虽同为特殊主体，但特指的对象不同。本罪的主体为国有公司、企业、事业单位的直接负责的主管人员；而玩忽职守罪的主体只能是国家机关工作人员。（2）犯罪的客观方面有所不同。本罪的玩忽职守行为表现在签订、履行合同过程中，犯罪结果是使国家利益遭受重大损失；而玩忽职守罪的玩忽职守行为表现在国家机关的工作中，犯罪结果是使公共财产、国家和人民的利益遭受重大损失。（3）侵犯的客体不同。本罪侵犯的客体是国有公司、企业、事业单位的财产利益和社会主义市场经济的交易秩序；而玩忽职守罪侵犯的客体是国家机关的正常管理活动。</td></tr>
</table>

<table>
<tr><td rowspan="5">证据参考标准</td><td>主体方面的证据</td><td colspan="2">一、证明行为人刑事责任年龄、身份等自然情况的证据。
包括身份证明、户籍证明、任职证明、工作经历证明、特定职责证明等，主要是证明行为人的姓名（曾用名）、性别、出生年月日、民族、籍贯、出生地、职业（或职务）、住所地（或居所地）等证据材料，如户口簿、居民身份证、工作证、出生证、专业或技术等级证、干部履历表、职工登记表、护照等。
对于户籍、出生证等材料内容不实的，应提供其他证据材料。外国人犯罪的案件，应有护照等身份证明材料。人大代表、政协委员犯罪的案件，应注明身份，并附身份证明材料。
二、证明行为人刑事责任能力的证据。
证明行为人对自己的行为是否具有辨认能力与控制能力，如是否属于间歇性精神病人、尚未完全丧失辨认或者控制自己行为能力的精神病人的证明材料。</td></tr>
<tr><td>主观方面的证据</td><td colspan="2">证明行为人过失的证据：1. 证明行为人应当预见自己的行为可能发生危害社会的结果；2. 证明疏忽大意的过失的证据；3. 证明过于自信的过失的证据。</td></tr>
<tr><td>客观方面的证据</td><td colspan="2">证明行为人签订、履行合同失职被骗犯罪行为的证据。
具体证据包括：1. 证明行为人签订合同过程中不负责任被诈骗行为的证据：（1）假合同、假公章；（2）作废合同用纸、公章；（3）已关闭、破产企业的合同用纸、公章；（4）已注销、停业公司、企业的合同用纸、公章；（5）冒名合同、公章；（6）不审查资信证明；（7）对方无货可供；（8）对方根本没有资金、“空倒”；（9）单凭中间人介绍；（10）其他。2. 证明行为人履行合同过程中不负责任被诈骗行为的证据：（1）轻信对方，把货发走，人走财空；（2）轻信对方，轻易预付巨额货款或定金、人走货空；（3）发给少部分货物，骗走大部分货款；（4）付给少部分货款，骗走大部分货物；（5）其他。3. 证明行为人签订、履行合同不负责任，致使国家利益遭受重大损失行为的证据。4. 证明行为人签订、履行合同不负责任，致使国家利益遭受特别重大损失行为的证据。</td></tr>
<tr><td>量刑方面的证据</td><td colspan="2">一、法定量刑情节证据。
1. 事实情节：（1）重大损失；（2）特别重大损失。2. 法定从重情节。3. 法定从轻减轻情节：（1）可以从轻；（2）可以从轻或减轻；（3）应当从轻或者减轻。4. 法定从轻减轻免除情节：（1）可以从轻、减轻或者免除处罚；（2）应当从轻、减轻或者免除处罚。5. 法定减轻免除情节：（1）可以减轻或者免除处罚；（2）应当减轻或者免除处罚；（3）可以免除处罚。
二、酌定量刑情节证据。
1. 犯罪手段：（1）签订合同时被诈骗；（2）履行合同时被诈骗。2. 犯罪对象。3. 危害结果。4. 动机。5. 平时表现。6. 认罪态度。7. 是否有前科。8. 其他证据。</td></tr>
<tr><td colspan="3"></td></tr>
<tr><td rowspan="2">量刑标准</td><td colspan="2">致使国家利益遭受重大损失的</td><td>处三年以下有期徒刑或者拘役</td></tr>
<tr><td colspan="2">致使国家利益遭受特别重大损失的</td><td>处三年以上七年以下有期徒刑</td></tr>
</table>

法律适用

刑法条文

第一百六十七条 国有公司、企业、事业单位直接负责的主管人员，在签订、履行合同过程中，因严重不负责任被诈骗，致使国家利益遭受重大损失的，处三年以下有期徒刑或者拘役；致使国家利益遭受特别重大损失的，处三年以上七年以下有期徒刑。

司法解释

最高人民检察院、公安部《关于公安机关管辖的刑事案件立案追诉标准的规定(二)》(节录)（2010年5月7日最高人民检察院、公安部公布 自公布之日起施行 2011年11月14日修正）

第十四条〔签订、履行合同失职被骗案（刑法第一百六十七条）〕国有公司、企业、事业单位直接负责的主管人员，在签订、履行合同过程中，因严重不负责任被诈骗，涉嫌下列情形之一的，应予立案追诉：

（一）造成国家直接经济损失数额在五十万元以上的；

（二）造成有关单位破产，停业、停产六个月以上，或者被吊销许可证和营业执照、责令关闭、撤销、解散的；

（三）其他致使国家利益遭受重大损失的情形。

金融机构、从事对外贸易经营活动的公司、企业的工作人员严重不负责任，造成一百万美元以上外汇被骗购或者逃汇一千万美元以上的，应予立案追诉。

本条规定的“诈骗”，是指对方当事人的行为已经涉嫌诈骗犯罪，不以对方当事人已经被人民法院判决构成诈骗犯罪作为立案追诉的前提。

相关法律法规

一、全国人民代表大会常务委员会《关于惩治骗购外汇、逃汇和非法买卖外汇犯罪的决定》(节录)（1998年12月29日中华人民共和国主席令第14号公布 自公布之日起施行）

七、金融机构、从事对外贸易经营活动的公司、企业的工作人员严重不负责任，造成大量外汇被骗购或者逃汇，致使国家利益遭受重大损失的，依照刑法第一百六十七条的规定定罪处罚。

八、犯本决定规定之罪，依法被追缴、没收的财物和罚金，一律上缴国库。

二、《金融违法行为处罚办法》(节录)（1999年2月22日国务院令第260号公布 自公布之日起施行）

第二十五条 经营外汇业务的金融机构，不得有下列行为：

（一）对大额购汇、频繁购汇、存取大额外币现钞等异常情况不及时报告；

（二）未按照规定办理国际收支申报。

经营外汇业务的金融机构有前款所列行为之一的，给予警告，并处5万元以上30万元以下的罚款；对该金融机构直接负责的高级管理人员、其他直接负责的主管人员和直接责任人员，给予记过直至开除的纪律处分；情节严重的，对该金融机构直接负责的高级管理人员，给予撤职直至开除的纪律处分；构成签订、履行合同失职被骗罪或者其他罪的，依法追究刑事责任。

34 国有公司、企业、事业单位人员失职案

概念

本罪是指国有公司、企业、事业单位的工作人员，由于严重不负责任，造成国有公司、企业、事业单位破产或者严重损失，致使国家利益遭受重大损失的行为。

立案标准

根据最高人民检察院、公安部《关于公安机关管辖的刑事案件立案追诉标准的规定（二）》的规定，国有公司、企业、事业单位的工作人员，严重不负责任，涉嫌下列情形之一的，应予立案追诉：

（1）造成国家直接经济损失数额在50万元以上的；

（2）造成有关单位破产，停业、停产1年以上，或者被吊销许可证和营业执照、责令关闭、撤销、解散的；

（3）其他致使国家利益遭受重大损失的情形。

定罪标准		
定罪标准	犯罪客体	本罪侵犯的客体为国有公司、企业、事业单位的管理制度和正常管理秩序及国家利益。
定罪标准	犯罪客观方面	本罪在客观方面表现为严重不负责任，造成国有公司、企业、事业单位破产或者严重损失，致使国家利益遭受重大损失的行为。 一、要有严重不负责任的失职行为。所谓失职，是指工作严重不负责任，不履行或不认真、不正确地履行自己职责的行为。其中，不履行职责，既包括擅自离开自己的工作岗位，因而根本未尽其职责，又包括虽在工作岗位但没有实施法律或职务所规定的应当实施的行为与义务，即有职而不守，如不执行上级的指示、命令和规定，拒绝履行自己的职责，或者应当履行却放任不管，置之不理而放弃职责；或者发现问题，不及时履行自己应尽的职责；或者粗心大意，不认真负责，忘记了自己的职责，等等，都是不履行职责的表现。有的是在工作中极端不负责任以致发生差错；有的是对损公肥私、化公为私等违法犯罪问题，不及时、不得力地采取措施，置若罔闻；有的是在经济活动中，发现上当受骗，不是主动、及时报案，而是听之任之；或者严重不负责任，致使生产、销售伪劣产品等不法行为发生，单位因此被没收财物、罚款，从而造成单位利益遭受重大损失；等等。其与根本不履行职责完全不同，只是履行了职责，但是马马虎虎、不认真。 二、行为人的失职行为必须造成了国有公司、企业、事业单位破产或者严重损失，致使国家利益遭受重大损失，才能构成本罪。没有造成上述严重后果，即使具有严重不负责任的失职行为，也不能以本罪论处。所谓公司、企业破产，是指因经营管理不善，造成严重亏损或者全部资产不能清偿到期债务而宣告倒闭。既包括因经营或管理不善造成严重亏损，不能清偿到期债务而直接依法宣告破产，又包括公司、企业整顿期间，财务状况继续恶化，而终结整顿宣告破产，还包括整顿期间，不能按照和解协议清偿债务而破产。所谓严重损失，仅指经营性损失，不包括政策性损失，既包

定罪标准		
	犯罪客观方面	括造成严重亏损，即因经营或管理不善而使公司、企业、事业单位支出大大超过收入，资产不仅不能增值，而且还不能保值，致使国有资产大量损失，又包括总体上经营虽然没有出现亏损，但使得应当赢得的利益遭受损失，还包括经营未出现亏损，但使得单位赔偿巨大损失，等等。所谓致使国家利益遭受重大损失，除因玩忽职守造成公司、企业、事业单位破产或者严重损失外，还包括使国有公司、企业、事业单位职工长期发不出工资，生活困难，群众反映强烈，给党和政府的声誉造成了严重损害等情况。
	犯罪主体	本罪的主体为特殊主体，只有国有公司、企业、事业单位的工作人员，才能构成本罪。非上述人员，如各级党的机关、权力机关即各级人民代表大会及其常务委员会、行政机关即各级人民政府、审判机关即各级人民法院、检察机关即各级人民检察院、军事机关、政协机关等国家机关工作人员，共青团、工会、妇联、各民主党派等人民团体的工作人员，各种学会、协会、联合会等社会团体的工作人员，以及虽为公司、企业、事业单位的工作人员但属非国有公司、企业、事业单位的工作人员，如集体所有公司、企业、事业单位工作人员，私有公司、企业单位的工作人员，以及中外合资、中外合作、含有非国有股份的股份有限公司、企业等混合所有制公司、企业的工作人员，不能构成本罪，构成犯罪的，应以他罪如玩忽职守罪、滥用职权罪等论处。 国有公司、企业或事业单位的工作人员，既包括公司董事、监事、总经理、厂长等领导人员，也包括一般工作人员。当然，作为玩忽职守的失职行为人，主要应是那些握有一定职权的董事、监事、总经理、厂长等领导人员。
	犯罪主观方面	本罪在主观方面是出于过失。行为人应当预见自己严重不负责任的行为可能发生危害社会的结果，但因疏忽大意没有预见或者虽已预见但轻信能够避免，以致造成了国有公司、企业、事业单位破产或者严重损失，致使国家利益遭受重大损失。对于严重不负责任的行为，如不履行职守，也可能属明知故犯。另外，为了徇私舞弊而严重不负责任的，对危害结果而言仍是出于过失，而不是出于故意。这是本罪与国有公司、企业、事业单位人员滥用职权罪的重要区别，应当注意把握。
	罪与非罪	区分罪与非罪的界限，关键是三点：(1) 须有失职的行为。这是指国有公司、企业、事业单位的工作人员，严重不负责任，故意不履行或不正确履行自己的职责和义务，致使国有公司、企业、事业单位出现重大损失甚至破产。(2) 导致国有公司、企业、事业单位破产或者严重损失。(3) 须使国家利益遭受重大损失。
	此罪与彼罪	一、本罪与签订、履行合同失职被骗罪的界限。签订、履行合同失职被骗罪，是指国有公司、企业、事业单位直接负责的主管人员，在签订、履行合同过程中，因严重不负责任被诈骗，致使国家利益遭受重大损失的行为。本罪与之的主要区别为：(1) 主体范围不同。本罪的主体为国有公司、企业、事业单位的工作人员，既包括其中的直接负责的主管人员，又包括其他工作人员；后罪的主体则仅限于国有公司、企业、事业单位直接负责的主管人员。非直接负责的主管人员而是一般的工作人员在签订、履行合同过程中，玩忽职守，造成单位破产或损失，致使国家利益遭受重大损失，

定罪标准	此罪与彼罪	构成犯罪的，乃是本罪。（2）行为发生的时间不同。本罪严重不负责任的行为可以发生在有关国有公司、企业或事业单位的一切经营活动包括签订、履行合同这一特定的活动中；而后罪的行为只能发生在签订或履行合同过程中。国有公司、企业、事业单位直接负责的主管人员如果在签订、履行合同的过程之外的其他活动中，严重不负责任，构成犯罪的，应是他罪，如国有公司、企业、事业单位人员失职罪等。国有公司、企业的直接负责的主管人员，在签订、履行合同的过程中，因严重不负责任被诈骗，造成国有公司、企业破产或严重损失，致使国家利益遭受重大损失的，以及国有事业单位的直接负责的主管人员，在签订、履行合同的过程中，因严重不负责任被诈骗，致使国家利益遭受重大损失的，既触犯本罪，又触犯签订、履行合同失职被骗罪，属法条竞合，应适用特别法优于普通法的原则，以后罪即签订、履行合同失职被骗罪追究行为人的刑事责任。 二、本罪与违法发放贷款罪、违规出具金融票证罪、对违法票据承兑、付款、保证罪等金融活动中的渎职犯罪行为的界限。后面几种发生在金融活动中的犯罪行为，可以表现为严重不负责任的玩忽职守行为，如国有银行或其他金融机构的工作人员在发放贷款中，依法应对借款人是否符合有关贷款的条件进行审查而不审查；依法应对借款人的信用等级以及借款的安全性、合法性、盈利性进行调查、评估却不调查、评估；依法应与借款人签订借款合同而不签订合同；对借款人是否符合条件虽然进行了审查，但在审查时马马虎虎，应付从事，不做认真、细致、全面、深入的审查就作出合格的决定；等等，就是如此。如果是国有银行或者其他国有金融机构的工作人员在违法发放贷款、违规出具金融票证、对违法票据承兑、付款、保证等金融活动中，严重不负责任，造成银行等金融机构破产或严重损失，致使国家利益遭受重大损失的，既触犯本罪，又触犯违法向关系人发放贷款罪、违法发放贷款罪、违规出具金融票证罪、对违法票据承兑、付款、保证罪等金融渎职犯罪，属想象竞合，应当择一重罪，以后者即违法发放贷款罪等金融渎职犯罪定罪处罚。 三、本罪与玩忽职守罪的界限。玩忽职守罪，是指国家机关工作人员严重不负责任，致使公共财产、国家和人民利益遭受重大损失的行为。本罪与之虽然在主观方面、客观方面表现相同或类似，但由于主体身份、所侵害的客体完全不同，两者一般不会发生混淆。但在先为国有公司、企业、事业单位工作人员，严重不负责任，造成国有公司、企业、事业单位破产或严重损失，后为国家机关工作人员，严重不负责任，致使公共财产、国家和人民利益遭受重大损失的，则是出于不同故意实施的两个独立犯罪行为，应当以本罪和玩忽职守罪实行并罚。当然，只有一种严重不负责任的行为构成犯罪，如为国有公司、企业、事业单位工作人员失职且构成犯罪，为国家机关工作人员虽有玩忽职守行为但不构成其罪的，自然应以一罪追究行为人的刑事责任。另外，我国有些单位虽为企业、事业单位，但具有国家行政管理职权，如铁路集团公司、电力集团公司、中国证券监督管理委员会等。其中有的工作人员则具有双重身份。如果具有严重不负责任，造成国家利益遭受重大损失的行为，则应看其对哪一方面的工作严重不负责任，如在行使国家管理职权的职能活动中，严重不负责任，则应以国家机关工作人员的玩忽职守论；如在本单位具体的生产、经营、科研、教学等不具有国家管理职能性质的活动中，严重不负责任，则应以国有公司、企业、事业单位工作人员的失职论。当然，在司法实践中，要将两者截然分开，并不是那么简单。如果难以区分的，则宜以本罪的失职行为论，构成犯罪的，则构成国有公司、企业、事业单位人员失职罪。

<table>
<tr><td rowspan="1">定罪标准</td><td>此罪与彼罪</td><td>四、本罪与重大飞行事故罪、铁路营运安全事故罪、重大责任事故罪、重大劳动安全事故罪、危险物品肇事罪、教育设施重大安全事故罪、消防责任事故罪等危害公共安全罪的界限。本罪与后面这些危害公共安全罪的区别非常明显，一般不会发生混淆。但如属国有公司、企业、事业单位的工作人员，在有关飞行、铁路运营、生产、建筑、经营等各种活动中，严重不负责任，致使发生重大事故，造成重伤、死亡或者国家利益遭受重大损失的，既具有本罪特征，又具有危害公共安全犯罪的特征，属想象竞合，对之应当以性质严重的有关危害公共安全罪论处。
五、本罪与生产、销售伪劣商品犯罪的界限。生产、销售伪劣商品犯罪属于故意犯罪，主体、行为方式、所侵犯的客体都与本罪不同，不难区分。但国有公司、企业人员在生产、销售商品的过程中，如果严重不负责任，生产、销售了伪劣商品，造成国有公司、企业破产或者重大损失，致使国家利益遭受重大损失的，符合本罪条件，应以本罪依法追究行为人的刑事责任。</td></tr>
<tr><td rowspan="4">证据参考标准</td><td>主体方面的证据</td><td>一、证明行为人刑事责任年龄、身份等自然情况的证据。
包括身份证明、户籍证明、任职证明、工作经历证明、特定职责证明等，主要是证明行为人的姓名（曾用名）、性别、出生年月日、民族、籍贯、出生地、职业（或职务）、住所地（或居所地）等证据材料，如户口簿、居民身份证、工作证、出生证、专业或技术等级证、干部履历表、职工登记表、护照等。对于户籍、出生证等材料内容不实的，应提供其他证据材料。外国人犯罪的案件，应有护照等身份证明材料。人大代表、政协委员犯罪的案件，应注明身份，并附身份证明材料。
二、证明行为人刑事责任能力的证据。
证明行为人对自己的行为是否具有辨认能力与控制能力，如是否属于间歇性精神病人、尚未完全丧失辨认或者控制自己行为能力的精神病人的证明材料。</td></tr>
<tr><td>主观方面的证据</td><td>证明行为人过失的证据：1. 证明行为人应当预见自己的行为可能发生危害社会的结果；2. 证明疏忽大意的过失的证据；3. 证明过于自信的过失的证据。</td></tr>
<tr><td>客观方面的证据</td><td>证明国有公司、企业、事业单位人员失职犯罪行为的证据。
具体证据包括：1. 证明国有公司、企业、事业单位直接负责的主管人员徇私舞弊行为的证据；2. 证明国有企业、事业单位直接负责的主管人员玩忽职守行为的证据；3. 证明行为人造成国有公司、企业、事业单位破产行为的证据；4. 证明行为人造成国有公司、企业、事业单位严重亏损行为的证据；5. 证明行为人致使国家利益遭受重大损失行为的证据。</td></tr>
<tr><td>量刑方面的证据</td><td>一、法定量刑情节证据。
1. 事实情节：（1）重大损失；（2）特别重大损失。2. 法定从重情节。3. 法定从轻减轻情节：（1）可以从轻；（2）可以从轻或减轻；（3）应当从轻或者减轻。4. 法定从轻减轻免除情节：（1）可以从轻、减轻或者免除处罚；（2）应当从轻、减轻或者免除处罚。5. 法定减轻免除情节：（1）可以减轻或者免除处罚；（2）应当减轻或者免除处罚；（3）可以免除处罚。</td></tr>
</table>

证据参考标准

量刑方面的证据

二、酌定量刑情节证据。

1. 犯罪手段；2. 犯罪对象；3. 危害结果；4. 动机；5. 平时表现；6. 认罪态度；7. 是否有前科；8. 其他证据。

量刑标准

致使国家利益遭受重大损失的	处三年以下有期徒刑或者拘役
致使国家利益遭受特别重大损失的	处三年以上七年以下有期徒刑
国有公司、企业、事业单位的工作人员，徇私舞弊犯本罪的	依照上述的规定从重处罚

法律适用

刑法条文

第一百六十八条　国有公司、企业的工作人员，由于严重不负责任或者滥用职权，造成国有公司、企业破产或者严重损失，致使国家利益遭受重大损失的，处三年以下有期徒刑或者拘役；致使国家利益遭受特别重大损失的，处三年以上七年以下有期徒刑。

国有事业单位的工作人员有前款行为，致使国家利益遭受重大损失的，依照前款的规定处罚。

国有公司、企业、事业单位的工作人员，徇私舞弊，犯前两款罪的，依照第一款的规定从重处罚。

司法解释

一、最高人民法院《关于审理扰乱电信市场管理秩序案件具体应用法律若干问题的解释》（节录）（2000年5月12日最高人民法院公布　自2000年5月24日起施行　法释〔2000〕12号）

第六条　国有电信企业的工作人员，由于严重不负责任或者滥用职权，造成国有电信企业破产或者严重损失，致使国家利益遭受重大损失的，依照刑法第一百六十八条的规定定罪处罚。

二、最高人民检察院、公安部《关于公安机关管辖的刑事案件立案追诉标准的规定（二）》（节录）（2010年5月7日最高人民检察院、公安部公布　自公布之日起施行　2011年11月14日修正）

第十五条〔国有公司、企业、事业单位人员失职案（刑法第一百六十八条）〕国有公司、企业、事业单位的工作人员，严重不负责任，涉嫌下列情形之一的，应予立案追诉：

（一）造成国家直接经济损失数额在五十万元以上的；

（二）造成有关单位破产，停业、停产一年以上，或者被吊销许可证和营业执照、责令关闭、撤销、解散的；

（三）其他致使国家利益遭受重大损失的情形。

三、最高人民法院、最高人民检察院《关于办理妨害预防、控制突发传染病疫情等灾害的刑事案件具体应用法律若干问题的解释》（2003年5月14日最高人民法院、最高人民检察院公布　自2003年5月15日起施行　法释〔2003〕8号）

第四条　国有公司、企业、事业单位的工作人员，在预防、控制突发传染病疫情

法律适用

司法解释

等灾害的工作中，由于严重不负责任或者滥用职权，造成国有公司、企业破产或者严重损失，致使国家利益遭受重大损失的，依照刑法第一百六十八条的规定，以国有公司、企业、事业单位人员失职罪或者国有公司、企业、事业单位人员滥用职权罪定罪处罚。

相关法律法规

《中华人民共和国商业银行法》（节录）（1995 年 5 月 10 日第八届全国人民代表大会常务委员会第十三次会议通过　2003 年 12 月 27 日第一次修正　2015 年 8 月 29 日第二次修正）

第八十六条　商业银行工作人员违反本法规定玩忽职守造成损失的，应当给予纪律处分；构成犯罪的，依法追究刑事责任。

违反规定徇私向亲属、朋友发放贷款或者提供担保造成损失的，应当承担全部或者部分赔偿责任。

35 国有公司、企业、事业单位人员滥用职权案

概念

本罪是指国有公司、企业、事业单位工作人员，滥用职权，造成国有公司、企业、事业单位破产或者严重损失，致使国家利益遭受重大损失的行为。

立案标准

根据最高人民检察院、公安部《关于公安机关管辖的刑事案件立案追诉标准的规定（二）》的规定，国有公司、企业、事业单位的工作人员，滥用职权，涉嫌下列情形之一的，应予立案追诉：

（1）造成国家直接经济损失数额在30万元以上的；

（2）造成有关单位破产，停业、停产6个月以上，或者被吊销许可证和营业执照、责令关闭、撤销、解散的；

（3）其他致使国家利益遭受重大损失的情形。

<table>
<tr><td rowspan="2">定罪标准</td><td>犯罪客体</td><td>本罪侵犯的客体是国有公司、企业、事业单位的管理制度和国家利益。</td></tr>
<tr><td>犯罪客观方面</td><td>本罪在客观方面表现为滥用职权，造成国有公司、企业、事业单位破产或严重损失，致使国家利益遭受重大损失的行为。
一、要有滥用职权的行为。所谓滥用职权，是指胡乱地、过度地使用自己的职权。胡乱地使用自己的职权，是指不正当地甚至违法地使用自己的职权。既包括积极的作为，如应该这样做却那样做，应当那么做却又这样做。过度地使用职权，是指超越自己的职权范围实施不应当实施的所谓的“职权”。这种职权与超越行为人利用的职权要么属于同一类型，要么相互联系或制约。如公司经理在其职权的范围内可以决定动用资金100万元，其如超过权限擅作主张将200万元资金动用，就是一种超越职权的滥用职权。如公司的人事部长指使分公司的经理违规安置自己的亲友，或为其兴建、装修豪华住宅，或供钱让其挥霍、享受，则该人事部长的行为也属滥用职权，其职权与滥用的职权之间具有制约关系。当然，其职权倘若与所用职权没有任何关联，就不可能存在本罪的超越职权而滥用的问题。如某电力公司的工作人员不可能超越自己的职权去给他人违规贷款，行为人即使利用了自己职权所形成的方便而指使有关信贷人员滥用职权违法贷款，也不属于本罪的滥用职权，构成犯罪的，则应依信贷人员的行为性质而确定。
无论是超越职权的过度滥用，还是在职权范围内的胡乱使用，从本质上讲，都属于不正确地使用职权。前者是使用职权过了头，如果不过头则不存在滥用职权的问题；后者则是在职权范围内任意胡乱地使用，如公司副经理可以决定他人报销金额1万元的票据，其如给不符合条件的人报销就属于胡乱地滥用职权；而超过1万元不属其决定的报销，其决定报销就是过度地滥用职权。不论哪种方式，其形式都多种多样，如违反规定动用资金买股票、炒期货；追求享受，游山玩水，大吃大喝，任意挥霍公司、企业资财；奢侈腐化，违规购买高档汽车、公寓等消费品供己享用；任人唯</td></tr>
</table>

<table>
<tr><td rowspan="6">定罪标准</td><td>犯罪客观方面</td><td>亲、任人唯情，在公司、企业重点部门安插无能力的、不符合条件的亲友；违反规定拆借资金、为他人提供担保；指使单位工作人员违反操作规程，致使过失生产、销售出大量伪劣商品；滥用职权，自己或者指使单位工作人员进行违法活动，导致单位被没收财物或被罚款，造成国家利益遭受重大损失等。
二、行为人的滥用职权的行为必须造成了国有公司、企业、事业单位破产或者严重损失，致使国家利益遭受重大损失，才能构成本罪。没有造成上述严重后果，即使具有滥用职权行为，也不能以本罪论处。所谓公司、企业破产，是指因经营管理不善，造成严重亏损或者全部资产不能清偿到期债务而宣告倒闭。既包括因经营或管理不善造成严重亏损，不能清偿到期债务而直接依法宣告破产，又包括公司、企业整顿期间，财务状况继续恶化，而终以整顿宣告破产，还包括整顿期间，不能按照和解协议清偿债务而破产。所谓严重损失，仅指经营性损失，不包括政策性损失，既包括造成严重亏损，即因经营或管理不善而使公司、企业、事业单位的支出大大超过收入，资产不仅不能增值，而且还不能保值，致使国有资产大量损失，又包括总体上经营虽然没有出现亏损，但使得应当赢得的利益遭受损失，还包括经营未出现亏损，但使得单位赔偿巨大损失，等等。所谓致使国家利益遭受重大损失，除因徇私舞弊造成公司、企业、事业单位破产或者严重损失外，还包括使国有公司、企业、事业单位职工长期发不出工资，生活困难，群众反映强烈，给党和政府的声誉造成了严重损害甚至引发骚乱等情况。</td></tr>
<tr><td>犯罪主体</td><td>本罪的主体为特殊主体，只有国有公司、企业、事业单位的工作人员才能构成本罪。国家机关、社会团体、非国有公司、企业、事业单位的工作人员，因其滥用职权的行为给国家利益造成重大损失的，构成犯罪，不是构成本罪，而是他罪，如滥用职权罪等。</td></tr>
<tr><td>犯罪主观方面</td><td>本罪在主观方面必须出于故意，但为间接故意，即知道自己在滥用职权，也知道该滥用职权的行为可能造成国有公司、企业、事业单位破产或严重损失，国家利益因此会遭受重大损失，却仍然置之不顾放任其发生。过失不能构成本罪，构成犯罪的，应以他罪，如国有公司、企业、事业单位人员失职罪等论处。</td></tr>
<tr><td>罪与非罪</td><td>区别罪与非罪的界限，关键看行为人滥用职权的行为是否造成重大直接经济损失数额在30万元以上，或者造成有关单位破产，停业、停产6个月以上，或者被吊销许可证和营业执照、责令关闭、撤销、解散的，或者有其他致使国家利益遭受重大损失的情形。</td></tr>
<tr><td>此罪与彼罪</td><td>一、本罪与国有公司、企业、事业单位人员失职罪的界限。两者的主要区别在于：（1）主观方面不同。本罪在主观上出于间接故意；后罪在主观上则出于过失。（2）行为方式不同。本罪的行为方式为滥用职权；后罪的行为方式则为严重不负责任。但是，无论是滥用职权还是严重不负责任的失职即玩忽职守，从不正确地行使职权或履行职责来讲，本质上都一样，这由国有公司、企业、事业单位工作人员的职权与职责相统一的性质所决定。国有单位工作人员行使职权的过程往往也是履行职责的过程，两者相伴而行，无法真正区分。尤其是对国家而言，不论是不正确行使职权还是不正确履行职责，都是不正确地执行自己的职务，因而都属玩忽职守。尽管如此，</td></tr>
</table>

定罪标准

此罪与彼罪

两者的着重点还是不同。滥用职权是行为人意识到自己在行使权力，不该用而用，该用而不用，因此超越职权而滥用职权的行为一般不会认为是玩忽职守。对于根本不履行职责的不作为行为，认定其是玩忽职守还是滥用职权，在分析其主观因素后一般也不难加以区别。后罪的不履行职责主要表现为没有意识到自己未履行职责，等意识到了则已迟了，即使先意识到了对其后果也认为不可能或虽可能但凭借行为当时的情况可以防范，绝对不想结果发生。而作为滥用职权的不履行，则是明知该履行不去履行，对结果是否发生放任不管，不发生可以，发生了也可以，即不积极排斥危害结果的发生。在履行职责的过程中，区分行为是滥用职权还是玩忽职守，关键还是要看行为人的主观态度，即滥用职权者认识到自己是在滥用职权，明知不该用而用，该用而不用，因此，对危害结果则是采取放任的间接故意；而后者则意识到自己在履行职责，该履行而不履行或不认真地履行，其对危害结果，则是出于过失。有时候，玩忽职守与滥用职权的行为结伴而行，这时要认定其性质，则更要看行为人对危害结果的认识程度，如出于间接故意，则属于滥用职权，否则为玩忽职守。例如，对建筑工程，行为人不进行竣工验收，不作质量检查，就轻率决定投入使用，如是由于承建人声誉一贯良好，而放心未作检查、验收，本质就属玩忽职守。如果发生质量问题或者明知承建人一贯不讲信用或者为了私情而不作检查、验收，决定投入使用，本质上就属滥用职权。

二、本罪与签订、履行合同失职被骗罪的界限。二者的区别主要是：（1）主体范围不同。本罪的主体为国有公司、企业、事业单位的工作人员；后罪的主体则为国有公司、企业、事业单位直接负责的主管人员，为前罪主体所包含。（2）主观罪过不同。本罪在主观方面表现为间接故意；后罪在主观方面表现为过失。（3）行为方式不同。本罪的行为方式为滥用职权，因而造成国有单位破产或者严重损失，致使国家利益遭受重大损失；后罪的行为方式为严重不负责任而被诈骗，因而致使国家利益遭受重大损失。（4）行为发生的时间不同。本罪可以发生在国有公司、企业、事业单位工作人员的一切业务活动中；后罪则只能发生在签订、履行合同这一特定的过程中。国有公司、企业、事业单位的工作人员包括直接负责的主管人员，如果在签订、履行合同的过程中不是严重不负责任，而是出于间接故意，如个人英雄主义、出风头、逞能耐等，滥用职权导致被诈骗，从而造成国有公司、企业、事业单位破产或严重损失，致使国家利益遭受重大损失，构成犯罪的，不是符合签订、履行合同失职被骗罪的构成要件，而是符合本罪特征，因此，应以本罪依法追究行为人的刑事责任。当然，如果出于直接故意而滥用职权，构成犯罪的，则应根据具体情况以职务侵占罪、贪污罪、受贿罪等定罪处罚。

三、本罪与徇私舞弊低价折股、出售国有资产罪的界限。二者主要区别有：（1）主体不同。本罪的主体为国有公司、企业、事业单位的工作人员；后罪的主体则为国有公司、企业或者其上级主管部门直接负责的主管人员。（2）客观方面不同。本罪在客观方面表现为滥用职权，造成国有公司、企业、事业单位破产或者严重损失，致使国家利益遭受重大损失的行为；后罪在客观方面表现为徇私舞弊，将国有资产低价折股或者低价出售，致使国家利益遭受重大损失的行为。应当指出，徇私舞弊，将国有资产低价折股或者低价出售，实属滥用职权的行为。如果属于国有公司、企业、事业单位工作人员为之，造成国有公司、企业、事业单位破产或严重损失，致使国家利益遭受重大损失的，则既触犯本罪又触犯徇私舞弊低价折股、出售国有资产罪，属想象竞合。由于两罪的处罚一样，因此，亦以后罪这一具体的特定罪名定罪处罚。

定罪标准

此罪与彼罪

四、本罪与违法发放贷款罪、违规出具金融票证罪、对违法票据承兑、付款、保证罪等金融活动中的渎职犯罪行为的界限。后面几种金融活动中的渎职行为，可以表现为滥用职权的形式，如国有金融机构的工作人员在发放贷款的过程中，明知申请借款人不符合条件，但由于人情关系或接受了借款人贿赂及某种利益，利用自己的职权擅自向其发放贷款；违反中国人民银行贷款利率的上下限规定，擅自提高贷款利率而放松其他条件发放贷款；签订贷款合同，利用手中职权指使或亲自对一些重要条款如还款期限、还款方法、违约责任不予以明确；超越自己的职权，擅自批准发放贷款；等等，造成国有银行等金融机构破产或严重损失，致使国家利益遭受重大损失的，既触犯本罪，又触犯违法发放贷款罪等，属想象竞合，应择一重罪以后面的金融活动中的渎职犯罪依法追究行为人的刑事责任。

五、本罪与滥用职权罪的界限。滥用职权罪，是指国家机关工作人员滥用职权，致使公共财产、国家和人民利益遭受重大损失的行为。本罪与之虽然在主观方面、客观方面表现相同或类似，但由于主体身份、所侵害的客体完全不同，两者一般不会发生混淆。但在先为国有公司、企业、事业单位工作人员，滥用职权，造成国有公司、企业、事业单位破产或严重损失，后为国家机关工作人员，滥用职权，致使公共财产、国家和人民利益遭受重大损失的，则是出于不同的故意实施的两个独立犯罪行为，应当以本罪和滥用职权罪实行并罚。当然，只有一种滥用职权的行为构成犯罪，如为国有公司、企业、事业单位工作人员滥用职权且构成犯罪，为国家机关工作人员虽滥用职权，但不构成其罪的，自然应以一罪追究行为人的刑事责任。另外，我国有些单位虽为企业、事业单位，但具有国家行政管理职权，如铁路集团公司、电力集团公司、中国证券监督管理委员会等，其中有的工作人员就具有双重身份。如果滥用职权，造成国家利益遭受重大损失，则应看其对哪一方面的工作严重不负责任，如在行使国家管理权力的职能活动中，滥用职权，则应以国家机关工作人员的滥用职权论；如在本单位具体的生产、经营、科研、教学等不具有国家管理职能活动的过程中，滥用职权，则应以国有公司、企业、事业单位工作人员的滥用职权论。当然，在司法实践中，要将两者截然分开，并不是那么简单。如果难以区分的，宜以本罪的滥用职权论，构成犯罪的，则构成国有公司、企业、事业单位人员滥用职权罪。

证据参考标准

主体方面的证据

一、证明行为人刑事责任年龄、身份等自然情况的证据。

包括身份证明、户籍证明、任职证明、工作经历证明、特定职责证明等，主要是证明行为人的姓名（曾用名）、性别、出生年月日、民族、籍贯、出生地、职业（或职务）、住所地（或居所地）等证据材料，如户口簿、居民身份证、工作证、出生证、专业或技术等级证、干部履历表、职工登记表、护照等。

对于户籍、出生证等材料内容不实的，应提供其他证据材料。外国人犯罪的案件，应有护照等身份证明材料。人大代表、政协委员犯罪的案件，应注明身份，并附身份证明材料。

二、证明行为人刑事责任能力的证据。

证明行为人对自己的行为是否具有辨认能力与控制能力，如是否属于间歇性精神病人、尚未完全丧失辨认或者控制自己行为能力的精神病人的证明材料。

<table>
<tr><td rowspan="3">证据参考标准</td><td>主观方面的证据</td><td colspan="2">证明行为人故意的证据：1. 证明行为人明知的证据：证明行为人明知自己的行为会发生危害社会的结果；2. 证明间接故意的证据：证明行为人放任危害结果发生。</td></tr>
<tr><td>客观方面的证据</td><td colspan="2">证明国有公司、企业、事业单位人员滥用职权犯罪行为的证据。
具体证据包括：1. 证明国有公司直接负责的主管人员滥用职权行为的证据；2. 证明国有企业直接负责的主管人员滥用职权行为的证据；3. 证明行为人造成国有公司、企业破产行为的证据；4. 证明行为人造成国有公司、企业严重亏损行为的证据；5. 证明行为人致使国家利益遭受重大损失行为的证据。</td></tr>
<tr><td>量刑方面的证据</td><td colspan="2">一、法定量刑情节证据。
1. 事实情节：（1）重大损失；（2）特别重大损失。2. 法定从重情节；3. 法定从轻减轻情节：（1）可以从轻；（2）可以从轻或减轻；（3）应当从轻或者减轻。4. 法定从轻减轻免除情节：（1）可以从轻、减轻或者免除处罚；（2）应当从轻、减轻或者免除处罚。5. 法定减轻免除情节：（1）可以减轻或者免除处罚；（2）应当减轻或者免除处罚；（3）可以免除处罚。
二、酌定量刑情节证据。
1. 犯罪手段；2. 犯罪对象；3. 危害结果；4. 动机；5. 平时表现；6. 认罪态度；7. 是否有前科；8. 其他证据。</td></tr>
<tr><td rowspan="3">量刑标准</td><td colspan="2">致使国家利益遭受重大损失的</td><td>处三年以下有期徒刑或者拘役</td></tr>
<tr><td colspan="2">致使国家利益遭受特别重大损失的</td><td>处三年以上七年以下有期徒刑</td></tr>
<tr><td colspan="2">国有公司、企业、事业单位的工作人员，徇私舞弊犯本罪的</td><td>依照上述的规定从重处罚</td></tr>
<tr><td rowspan="2">法律适用</td><td>刑法条文</td><td colspan="2">第一百六十八条　国有公司、企业的工作人员，由于严重不负责任或者滥用职权，造成国有公司、企业破产或者严重损失，致使国家利益遭受重大损失的，处三年以下有期徒刑或者拘役；致使国家利益遭受特别重大损失的，处三年以上七年以下有期徒刑。
国有事业单位的工作人员有前款行为，致使国家利益遭受重大损失的，依照前款的规定处罚。
国有公司、企业、事业单位的工作人员，徇私舞弊，犯前两款罪的，依照第一款的规定从重处罚。</td></tr>
<tr><td>司法解释</td><td colspan="2">最高人民检察院、公安部《关于公安机关管辖的刑事案件立案追诉标准的规定（二）》（节录）（2010年5月7日最高人民检察院、公安部公布　自公布之日起施行　2011年11月14日修正）
第十六条〔国有公司、企业、事业单位人员滥用职权案（刑法第一百六十八条）〕国有公司、企业、事业单位的工作人员，滥用职权，涉嫌下列情形之一的，</td></tr>
</table>

法律适用

司法解释

应予立案追诉：

（一）造成国家直接经济损失数额在三十万元以上的；

（二）造成有关单位破产，停业、停产六个月以上，或者被吊销许可证和营业执照、责令关闭、撤销、解散的；

（三）其他致使国家利益遭受重大损失的情形。

相关法律法规

《中华人民共和国企业破产法》（节录）（2006年8月27日中华人民共和国主席令第54号公布　自2007年6月1日起施行）

第一百二十五条　企业董事、监事或者高级管理人员违反忠实义务、勤勉义务，致使所在企业破产的，依法承担民事责任。

有前款规定情形的人员，自破产程序终结之日起三年内不得担任任何企业的董事、监事、高级管理人员。

第一百二十六条　有义务列席债权人会议的债务人的有关人员，经人民法院传唤，无正当理由拒不列席债权人会议的，人民法院可以拘传，并依法处以罚款。债务人的有关人员违反本法规定，拒不陈述、回答，或者作虚假陈述、回答的，人民法院可以依法处以罚款。

第一百二十七条　债务人违反本法规定，拒不向人民法院提交或者提交不真实的财产状况说明、债务清册、债权清册、有关财务会计报告以及职工工资的支付情况和社会保险费用的缴纳情况的，人民法院可以对直接责任人员依法处以罚款。

债务人违反本法规定，拒不向管理人移交财产、印章和账簿、文书等资料的，或者伪造、销毁有关财产证据材料而使财产状况不明的，人民法院可以对直接责任人员依法处以罚款。

第一百二十八条　债务人有本法第三十一条、第三十二条、第三十三条规定的行为，损害债权人利益的，债务人的法定代表人和其他直接责任人员依法承担赔偿责任。

第一百二十九条　债务人的有关人员违反本法规定，擅自离开住所地的，人民法院可以予以训诫、拘留，可以依法并处罚款。

第一百三十条　管理人未依照本法规定勤勉尽责，忠实执行职务的，人民法院可以依法处以罚款；给债权人、债务人或者第三人造成损失的，依法承担赔偿责任。

第一百三十一条　违反本法规定，构成犯罪的，依法追究刑事责任。

36 徇私舞弊低价折股、出售国有资产案

概念

本罪是指国有公司、企业或者其上级主管部门直接负责的主管人员，徇私舞弊，将国有资产低价折股或者低价出售，致使国家利益遭受重大损失的行为。

立案标准

根据最高人民检察院、公安部《关于公安机关管辖的刑事案件立案追诉标准的规定（二）》的规定，国有公司、企业或者其上级主管部门直接负责的主管人员，徇私舞弊，将国有资产低价折股或者低价出售，涉嫌下列情形之一的，应予立案追诉：

（1）**造成国家直接经济损失数额在30万元以上的；**

（2）**造成有关单位破产，停业、停产6个月以上，或者被吊销许可证和营业执照、责令关闭、撤销、解散的；**

（3）**其他致使国家利益遭受重大损失的情形。**

定罪标准

犯罪客体

本罪侵犯的客体是国有公司、企业财产的国家所有权和国有资产管理制度。对于国有公司、企业来说，国家是其资产的所有者。作为资产终极所有者，国家拥有国有资产所有权，这是一种原始产权，是国家对企业的投资行为而形成的，是代表全体人民享有的财产权利，通常表现为财产的收益权和资产的最终处分权。由于国家不可能去经营成千上万的国有公司、企业，只有通过国有公司、企业自己的经营使国有资产在运营中保值增值，为国家带来收益，所以国家所有权必须分解出国有公司、企业法人财产权，将国有资产的实际支配使用和依法处置的权利交给国有公司、企业，而国家只享有原始产权。本罪的客观危害性具体表现在使国家丧失了部分原始产权，即丧失了被国有公司、企业或者其上级主管部门直接负责的主管人员低价折股或者低价出售的那部分国有资产其原有价值与现有价值的差价所代表的那部分国有资产的所有权，致使国家利益遭受重大损失。为防止国有资产流失，保障国有资产保值增值，国家制定了国有资产的管理制度，包括产权登记制度、国有资产统计报告制度、产权收益监缴管理制度、资产评估管理制度以及通过清产核资核实企业资本金的制度等。这些制度对于切实做好国有资产基础管理工作，有效防止和控制国有资产流失现象，有重要的作用。本罪在侵害国有资产所有权的同时，也破坏了国有资产管理制度，因为低价折股或低价出售国有资产，是建立在对国有资产评估中粗评、漏评、低评的基础上的，直接侵害了国有资产评估管理工作，以致造成国有资产的严重流失。

犯罪客观方面

本罪在客观上表现为违反国家规定，徇私舞弊，将国有资产低价折股或低价出售的行为。（1）违反国家规定。所谓违反国家规定，是指违反《公司法》以及其他国有资产保护法规的规定。（2）徇私舞弊。这是指本罪行为人为了牟取私利而做违反《公司法》及国有资产保护法规的事情。（3）实施了低价折股或者低价出售国有资产的行为。这里的国有资产，是指国有公司、企业的国有资产，即国家以各种形式对国

<table>
<tr><td rowspan="5">定罪标准</td><td>犯罪客观方面</td><td>有公司、企业投资和投资收益形成的财产，以及依据法律、行政法规认定为国有公司、企业的其他国有财产，具体表现为国家所有的资金、机器、设备、厂房、土地等有形或者无形的财产。这里的低价折股，是指将国有公司、企业的实物财产、工业产权、非专利技术或者土地使用权，故意低估作价，折合为股份作为出资。这里的低价出售，是指将上述国有资产以低于其实际价值的价格出卖给他人。将国有资产低价折股或者低价出售行为的表现形式是多种多样的，有的是在合资、合营、股份制改造过程中，对国有资产不进行资产评估，或者进行了资产评估，但低于所评估资产的实际应有的价值低价折股；有的低估实物资产；有的国有资产未按重置价格折股，未计算其增值部分，而是按账面原值折股；有的对国有公司、企业的商标、商誉、专利等无形资产未计入国家股；有的不经主管部门批准，不经评估机构评估作价，擅自将属于国有公司、企业的土地、厂房低价卖给小集体或私营业主，从中收取回扣等。（4）本罪是结果犯。行为人徇私舞弊，将国有资产低价折股或低价出售的行为只有在造成国家利益的重大损失结果时，才能构成本罪，否则只能使其承担行政责任。这里的重大损失，是指因低价折股或低价出售而使国有资产大量流失无法挽回，国家利益遭受重大损失的情况。如果行为人实施的将国有资产低价折股或低价出售的行为被国家有关主管部门发现，予以及时制止或纠正，客观上未发生致使国家利益遭受重大损失的危害结果，则不能认定为本罪。</td></tr>
<tr><td>犯罪主体</td><td>本罪主体是特殊主体，即只有国有公司、企业或者其上级主管部门直接负责的主管人员才能构成本罪。一般是指公司、企业的法定代表人或者厂长、经理、董事会成员以及其他直接责任人员。</td></tr>
<tr><td>犯罪主观方面</td><td>本罪主观方面由故意构成，并有明确的徇私动机，即行为人明知在对本公司、企业国有资产折股或出售时是低于正常价格并将导致国家利益遭受重大损失，但出于私利违反国家规定而仍然实施。如果不是出于故意，不具有徇私舞弊的动机，而行为人是由于思想知识水平低，专业知识不足，业务工作能力低，以致在国有资产折股和出售时发生错误，则不能构成本罪。</td></tr>
<tr><td>罪与非罪</td><td>主要应把握本罪与一般徇私低价处理国有资产行为的界限，区分的关键在于行为是否使国家利益遭受了重大损失。如果行为人低价处理国有资产的行为未使国家资产遭受重大损失，即不能以本罪定罪处罚。
造成低价折股和低价出售国有资产的原因很多，特别是在股份制改造过程中，由于没有经验、失误造成国有资产流失的现象也很严重，但这些都属于错误，不应以刑法规范去调整。一定要特别注意查究其原因，如果确实是由于行为人徇私舞弊造成的，才能追究其刑事责任。</td></tr>
<tr><td>此罪与彼罪</td><td>一、本罪与私分国有资产罪的界限。二者的区别主要在于：（1）侵犯的客体不同。本罪侵犯的客体是国有公司、企业财产的国家所有权和国有资产管理制度；而后罪侵犯的客体是国家机关、国有公司、企业、事业单位、社会团体的正常管理活动和公共财产的所有权，属于贪污贿赂犯罪。（2）客观方面表现不同。本罪在客观方面表现为行为人徇私舞弊，将国有资产低价折股或者低价出售，致使国家利益遭受重大损失的行为；而后罪在客观方面表现为行为人违反国家规定，以单位名义将国有资产集</td></tr>
</table>

定罪标准	此罪与彼罪	体私分给个人，数额较大的行为。(3) 犯罪主体不同。本罪的主体是国有公司、企业或者其上级主管部门直接负责的主管人员；而后罪的主体是国家机关、国有企业、事业单位、社会团体。 二、本罪与职务侵占罪的界限。本罪与职务侵占罪都侵犯了本单位的财产所有权，在主观上都出于故意，但两罪是有本质区别的：(1) 客观方面不同。本罪表现为徇私舞弊，低价变卖国有资产，致使国家利益遭受重大损失的行为；而职务侵占罪是公司、企业或者其他单位的工作人员，利用职务上的便利，将本单位财产非法占为己有，数额较大的行为。(2) 主体不同。本罪主体为国有公司、企业或者其上级主管部门直接负责的主管人员；而职务侵占罪主体为公司、企业或者其他单位的工作人员。(3) 主观目的不同。本罪的目的是为了徇私情或私利；而职务侵占罪的目的是为了非法占有单位财产。(4) 客体有所不同。本罪所侵犯的客体是国有公司、企业的财产所有权和国有资产管理制度；而职务侵占罪所侵犯的客体是本单位财产的所有权。
证据参考标准	主体方面的证据	**一、证明行为人刑事责任年龄、身份等自然情况的证据。** 包括身份证明、户籍证明、任职证明、工作经历证明、特定职责证明等，主要是证明行为人的姓名（曾用名）、性别、出生年月日、民族、籍贯、出生地、职业（或职务）、住所地（或居所地）等证据材料，如户口簿、居民身份证、工作证、出生证、专业或技术等级证、干部履历表、职工登记表、护照等。 对于户籍、出生证等材料内容不实的，应提供其他证据材料。外国人犯罪的案件，应有护照等身份证明材料。人大代表、政协委员犯罪的案件，应注明身份，并附身份证明材料。 **二、证明行为人刑事责任能力的证据。** 证明行为人对自己的行为是否具有辨认能力与控制能力，如是否属于间歇性精神病人、尚未完全丧失辨认或者控制自己行为能力的精神病人的证明材料。
	主观方面的证据	证明行为人故意的证据：1. 证明行为人明知的证据：证明行为人明知自己的行为会发生危害社会的结果；2. 证明直接故意的证据：证明行为人希望危害结果发生；3. 证明间接故意的证据：证明行为人放任危害结果发生。
	客观方面的证据	证明行为人低价折股、低价出售国有资产犯罪行为的证据。 具体证据包括：1. 证明行为人将国有公司、企业的国有资产低价折股行为的证据：(1) 国有公司直接负责的主管人员；(2) 国有公司上级主管部门直接负责的主管人员；(3) 国有企业直接负责的主管人员；(4) 国有企业上级主管部门直接负责的主管人员。2. 证明行为人将国有公司、企业的国有资产低价出售行为的证据：(1) 国有公司直接负责的主管人员；(2) 国有公司上级主管部门直接负责的主管人员；(3) 国有企业直接负责的主管人员；(4) 国有企业上级主管部门直接负责的主管人员。3. 证明国有公司、企业直接负责的主管人员徇私舞弊行为的证据。4. 证明国有公司、企业上级主管部门直接负责的主管人徇私舞弊行为的证据。5. 证明国有公司、企业或者上级主管部门直接负责的主管人员致使国家利益遭受重大损失行为的证据。6. 证明国有公司、企业或者上级主管部门直接负责的主管人员致使国家利益遭受特别重大损失行为的证据。

<table>
<tr><td rowspan="1">证据参考标准</td><td>量刑方面的证据</td><td colspan="2">一、法定量刑情节证据。
1. 事实情节：(1) 重大损失；(2) 特别重大损失。2. 法定从重情节。3. 法定从轻减轻情节：(1) 可以从轻；(2) 可以从轻或减轻；(3) 应当从轻或者减轻。4. 法定从轻减轻免除情节：(1) 可以从轻、减轻或者免除处罚；(2) 应当从轻、减轻或者免除处罚。5. 法定减轻免除情节：(1) 可以减轻或者免除处罚；(2) 应当减轻或者免除处罚；(3) 可以免除处罚。
二、酌定量刑情节证据。
1. 犯罪手段：(1) 低价折股；(2) 低价出售。2. 犯罪对象。3. 危害结果。4. 动机。5. 平时表现。6. 认罪态度。7. 是否有前科。8. 其他证据。</td></tr>
<tr><td rowspan="2">量刑标准</td><td colspan="2">致使国家利益遭受重大损失的</td><td>处三年以下有期徒刑或者拘役</td></tr>
<tr><td colspan="2">致使国家利益遭受特别重大损失的</td><td>处三年以上七年以下有期徒刑</td></tr>
<tr><td rowspan="3">法律适用</td><td>刑法条文</td><td colspan="2">第一百六十九条　国有公司、企业或者其上级主管部门直接负责的主管人员，徇私舞弊，将国有资产低价折股或者低价出售，致使国家利益遭受重大损失的，处三年以下有期徒刑或者拘役；致使国家利益遭受特别重大损失的，处三年以上七年以下有期徒刑。</td></tr>
<tr><td>司法解释</td><td colspan="2">最高人民检察院、公安部《关于公安机关管辖的刑事案件立案追诉标准的规定（二）》（节录）（2010年5月7日最高人民检察院、公安部公布　自公布之日起施行　2011年11月14日修正）
第十七条〔徇私舞弊低价折股、出售国有资产案（刑法第一百六十九条）〕国有公司、企业或者其上级主管部门直接负责的主管人员，徇私舞弊，将国有资产低价折股或者低价出售，涉嫌下列情形之一的，应予立案追诉：
（一）造成国家直接经济损失数额在三十万元以上的；
（二）造成有关单位破产，停业、停产六个月以上，或者被吊销许可证和营业执照、责令关闭、撤销、解散的；
（三）其他致使国家利益遭受重大损失的情形。</td></tr>
<tr><td>规章及规范性文件</td><td colspan="2">一、《企业公司制改建有关国有资本管理与财务处理的暂行规定》（节录）（2002年7月27日财政部公布　自公布之日起施行　财企〔2002〕313号）
第九条　企业实行公司制改建，不得将国有资本低价折股或者低价转让给经营者及其他职工个人。
企业实行整体改建的，改建企业的国有资本应当按照评估结果全部折算为国有股份，由原企业国有资本持有单位持有，并将改建企业全部资产转入公司制企业。
企业实行分立式改建的，应当按照转入公司制企业的资产、负债经过评估后的净资产折合为国有股份，并可以由原企业国有资本持有单位持有，也可以由存续企业持有。分立后没有纳入改建范围的资产，按照本规定第十四条进行处理。</td></tr>
</table>

企业实行合并式改建的，经过评估后的净资产折合的国有股份，合并前各方如果属于同一投资主体，应当由原共同的国有资本持有单位一并持有；如果分属不同投资主体，应当由合并前各方原国有资本持有单位分别持有。企业合并后没有纳入改建范围的资产，按照本规定第十四条进行处理。

第二十六条 主管财政机关对企业实行公司制改建中涉及的国有资本变动行为，应当进行检查监督。

企业未经批准擅自实行公司制改建的，或者在公司制改建过程中未按照本规定执行导致国有资产流失的，主管财政机关按照《中华人民共和国公司法》及国家其他有关法律、行政法规的规定给予处罚；涉嫌犯罪的，移交司法机关依法处理。

二、财政部《关于〈企业公司制改建有关国有资本管理与财务处理的暂行规定〉有关问题的补充通知》（2005年1月26日财政部公布 自公布之日起施行 财企〔2005〕12号）

国务院各部委、各直属机构，中直管理局，各省、自治区、直辖市、计划单列市财政厅（局），新疆生产建设兵团财务局，各中央管理企业：

财政部制定的《企业公司制改建有关国有资本管理与财务处理的暂行规定》（财企〔2002〕313号）发布后，对规范企业公司制改建中有关国有资本管理与财务处理行为，促进现代企业制度的建立和国有经济结构的调整，发挥了积极的作用。随着企业重组改制的深入进行，在执行中出现了一些新情况、新问题，需要加以完善。现就有关问题补充通知如下：

一、关于企业应付工资、应付福利费、职工教育经费余额的财务处理

改建企业账面原有的应付工资余额中，属于应发未发职工的工资部分，应予清偿；在符合国家政策、职工自愿的条件下，依法扣除个人所得税后，可转为个人投资。属于实施“工效挂钩”等办法提取数大于应发数形成的工资基金结余部分，应当转增资本公积金，不再作为负债管理，也不得转为个人投资。

改建企业账面原有的应付福利费、职工教育经费余额，应当转增资本公积金，不再作为负债管理，也不得转为个人投资。因医疗费超支产生的职工福利费不足部分，可以依次以公益金、盈余公积金、资本公积金和资本金弥补。

二、关于预提企业内退人员生活费及社会保险费等的财务处理

改建企业根据国家有关规定，对未达到法定退休年限的在册职工实行内部退养的，所需内退人员生活费及社会保险费等，应当作为管理费用，据实处理。

国有企业在分立式改建情况下，改建企业内退人员实行统一管理的，经批准可以从改建企业国有净资产中预提所需的内退人员生活费及社会保险费等，并实行专户管理。预提数额以改建企业可支付的国有净资产为限，不足部分作为管理费用，由内退人员的统一管理单位据实承担。

三、关于母公司对子公司在公司制改建中核销国有权益的财务处理

在企业集团内部，子公司实行公司制改建，由于资产损失或产权转让等原因，经核实批准实际折股的国有权益或国有产权转让作价少于原有账面价值的，母公司相应核销对子公司的股权投资，投资损失可以转入年初未分配利润，依次以结余的年初未分配利润及公益金、盈余公积金、资本公积金弥补，不足部分用以后年度实现的税后利润弥补。

37 背信损害上市公司利益案

概念

本罪是指上市公司的董事、监事、高级管理人员违背对公司的忠实义务，利用职务便利，操纵上市公司进行无偿向他人提供资金、商品等行为，致使上市公司利益遭受重大损失的行为。

立案标准

根据最高人民检察院、公安部《关于公安机关管辖的刑事案件立案追诉标准的规定（二）》的规定，上市公司的董事、监事、高级管理人员违背对公司的忠实义务，利用职务便利，操纵上市公司从事损害上市公司利益的行为，以及上市公司的控股股东或者实际控制人，指使上市公司的董事、监事、高级管理人员实施损害上市公司利益的行为，涉嫌下列情形之一的，应予立案追诉：

（1）无偿向其他单位或者个人提供资金、商品、服务或者其他资产，致使上市公司直接经济损失数额在150万元以上的；

（2）以明显不公平的条件，提供或者接受资金、商品、服务或者其他资产，致使上市公司直接经济损失数额在150万元以上的；

（3）向明显不具有清偿能力的单位或者个人提供资金、商品、服务或者其他资产，致使上市公司直接经济损失数额在150万元以上的；

（4）为明显不具有清偿能力的单位或者个人提供担保，或者无正当理由为其他单位或者个人提供担保，致使上市公司直接经济损失数额在150万元以上的；

（5）无正当理由放弃债权、承担债务，致使上市公司直接经济损失数额在150万元以上的；

（6）致使公司发行的股票、公司债券或者国务院依法认定的其他证券被终止上市交易或者多次被暂停上市交易的；

（7）其他致使上市公司利益遭受重大损失的。

定罪标准		
	犯罪客体	本罪侵犯的客体是国家对上市公司的管理制度以及上市公司及其股东的利益。
	犯罪客观方面	本罪的客观方面表现为上市公司的董事、监事、高级管理人员违背对公司的忠实义务，利用职务便利，操纵上市公司进行无偿向他人提供资金、商品等行为，致使上市公司利益遭受重大损失的行为。 一、违背对公司的忠实义务。所谓忠实义务是指公司董事、监事、高级管理人员不能将自己的个人利益置于公司利益之上，在个人利益与公司利益发生冲突时，必须无条件服从公司利益。依照我国《公司法》规定，不仅董事，而且监事、高级管理人员都负有对公司的忠实义务。《公司法》第147条第1款规定：“董事、监事、高级管理人员应当遵守法律、行政法规和公司章程，对公司负有忠实义务和勤勉义务。”第148条则具体规定了忠实义务的具体内容：“董事、高级管理人员不得有下列行为：

定罪标准	犯罪客观方面	（一）挪用公司资金；（二）将公司资金以其个人名义或者以其他个人名义开立账户存储；（三）违反公司章程的规定，未经股东会、股东大会或者董事会同意，将公司资金借贷给他人或者以公司财产为他人提供担保；（四）违反公司章程的规定或者未经股东会、股东大会同意，与本公司订立合同或者进行交易；（五）未经股东会或者股东大会同意，利用职务便利为自己或者他人谋取属于公司的商业机会，自营或者为他人经营与所任职公司同类的业务；（六）接受他人与公司交易的佣金归为己有；（七）擅自披露公司秘密；（八）违反对公司忠实义务的其他行为。董事、高级管理人员违反前款规定所得的收入应当归公司所有。” 二、利用职务便利，操纵公司进行无偿向他人提供资金、商品等行为。利用职务便利是构成本罪的要件之一。利用职务便利是指上市公司的董事、监事、高级管理人员利用其在上市公司中的职权或者与职务有关的便利条件，如制定、实施公司的利润分配方案、弥补亏损方案，决定、实施公司的经营计划、投资方案，组织实施公司经营计划、投资方案等。 行为人利用职务便利，操纵上市公司从事下列行为，均可构成本罪： 1. 无偿向其他单位或者个人提供资金、商品、服务或者其他资产的。“无偿”，是指上市公司的董事、监事、高级管理人员操纵公司向其他单位或者个人提供资金、商品、服务或者其他资产，而接受资金、商品、服务或者其他资产的单位、个人没有向上市公司支付相应的对价。所谓“对价”，是指一方为换取对方提供利益而付出代价。如在一般的买卖活动中，买方为获得对方的货物而支付价金，即为对价，而卖方交付货物，也为对价。无偿则是一方支付对价，而对方没有支付相应对价的情形。应当注意的是，这里所说的对价，并非指双方在经济利益上的绝对等同，允许一定程度的差异，但不能达到明显不公正的程度。其他单位和个人，是指除本上市公司以外的单位以及除本公司工作人员以外的个人。其他单位既包括公司、企业，也包括国家机关、事业单位、社会团体等，其中公司、企业既包括其他上市公司、企业，也包括非上市公司、企业；其他个人既包括其他上市公司董事、监事、高级管理人员，也包括社会一般公民，既包括具有中国国籍的自然人，也包括外国人、无国籍人。“资金、商品、服务或者其他资产”，是指公司所有或者经营管理的资金、资产，或者作为公司业务所生产的商品、提供的服务。至于行为人操纵上市公司，将本公司占有的他人所有的资金、资产、商品等无偿提供给其他的单位或个人的行为是否构成本罪，我们认为，只要行为人的行为造成了上市公司利益遭受重大损失的结果，如由于资金所有人追偿而使公司利益受到重大损失等，应当以本罪论处。 2. 以明显不公平的条件，提供或者接受资金、商品、服务或者其他资产的。明显不公平的条件，主要是指在行为人的操纵之下，本公司支付的价金或其他利益与所接受的资金、商品、服务或其他资产在经济利益上存在较大差距，或者本公司提供的资金、商品、服务或者其他资产与对方支付的价金或其他利益在经济利益上存在较大差距，明显违背了公平、等价有偿原则。主要包括两种情况：一是接受资金、商品、服务或者其他资产，而向对方支付明显高于市场的价格的价金或者提供明显高于所接受的利益的经济利益；二是向其他单位或个人提供资金、商品、服务或者其他资产，而对方支付的价金明显低于市场价格或者明显低于本公司所提供的利益。明显不公平的条件，还应当包括其他一些情况，如在行为人的操纵之下，本上市公司提供或者接受资金、商品、服务或者其他资产，双方提供的对价虽然是相当的，表面上虽然不存在

定罪标准

犯罪客观方面

明显不公平的情况，但是对方另外附加了可能致使本公司利益遭受重大损失的其他条件，如要求为其提供担保等。

此种行为与第一种行为的区别在于其既包括提供也包括接受资金、商品、服务或者其他资产的行为，而且只要是具有明显不公平的条件，均可成立本罪；而第一种行为仅指提供资金、商品、服务或者其他资产的情形，只有在无偿提供的情况下才可构成本罪。

3. 向明显不具有清偿能力的单位或者个人提供资金、商品、服务或者其他资产的。清偿，是指债务人依照法律规定或合同约定履行合同义务从而实现债权人债权的行为。清偿能力则是指当事人是否具有按照债规定的标的及其数量、质量，在适当的履行期限、履行地点、以适当的履行方式来全面履行债务的能力。明显不具有清偿能力，是指债务人事实上显而易见地处于无力清偿的客观经济状态，而不是有能力清偿而故意不清偿的消极行为或因一时资金周转不灵而出现的暂时支付不能。有无清偿能力的客观状态可以从两个方面来评价：一方面，应看债务人的财产状况，如果债务人只是一时欠缺支付手段而不能清偿债务，但有足够的财产确保债务清偿的，则不应视为缺乏清偿能力；另一方面，应看债务人非财产以外的其他因素，如果债务人的财产已不足以清偿债务，但其商业信用良好、生产效率高、资金周转快，能够在短时间内清偿债务的，则不构成缺乏清偿能力。上市公司在行为人的操纵之下，向明显不具有清偿能力的单位或者个人提供资金、商品、服务或者其他资产，所提供的经济利益基本上不可能得到清偿，因此存在本公司利益遭受重大损失的极大危险。

4. 为明显不具有清偿能力的单位或者个人提供担保，或者无正当理由为其他单位或者个人提供担保的。担保，是指对债务履行的保证。债权的担保方式除留置权是因法律规定而产生的外，其余均依当事人间的担保合同而成立。所谓担保合同，则是指为促使债务人履行其债务，保障债权人的债权得以实现，而在债权人（同时也是担保权人）和债务人之间，或在债权人、债务人和第三人（即担保人）之间协商形成的，当债务人不履行或无法履行债务时，以一定方式保证债权人债权得以实现的协议。《公司法》第 16 条明确规定了公司对外提供担保的决策程序：“公司向其他企业投资或者为他人提供担保，依照公司章程的规定，由董事会或者股东会、股东大会决议；公司章程对投资或者担保的总额及单项投资或者担保的数额有限额规定的，不得超过规定的限额。公司为公司股东或者实际控制人提供担保的，必须经股东会或者股东大会决议。前款规定的股东或者受前款规定的实际控制人支配的股东，不得参加前款规定事项的表决。该项表决由出席会议的其他股东所持表决权的过半数通过。”第 121 条对上市公司作了特别规定，上市公司在 1 年内购买、出售重大资产或者担保金额超过公司资产总额 30% 的，应当由股东大会作出决议，并经出席会议的股东所持表决权的 2/3 以上通过。

在上市公司的董事、监事、高级管理人员的操纵之下，违反《公司法》或者本公司章程的规定，为明显不具有清偿能力的单位或者个人提供担保，或者无正当理由为其他单位或者个人提供担保，其他单位或个人无法履行其债务时，依据担保合同，本公司就要代该单位或个人履行债务或者承担相应的民事责任，必然会损害公司的利益。

5. 无正当理由放弃债权、承担债务的。上市公司的董事、监事、高级管理人员操纵公司无正当理由放弃债权，公司的债务人因此无需再向公司履行债务，为一定的给

<table>
<tr><td rowspan="4">定罪标准</td><td>犯罪客观方面</td><td>付。这实际上是公司预期可得利益的灭失，减少了公司的积极财产，无疑是对公司利益的损害。承担债务则是指在不改变债的内容的前提下，债权人、债务人通过与第三人订立转让债务的协议，将债务全部或部分地移转给第三人承担。上市公司的董事、监事、高级管理人员操纵公司无正当理由承担债务，即充当了上述承担债务定义中的第三人的角色，承担了原本不应是本公司履行的其他单位或个人所负的债务，实际上增加了本公司的消极财产，损害了公司的利益。
6. 采用其他方式损害上市公司利益的。本项实际上是规定行为人违反忠实义务的行为表现形式的“兜底条款”。凡是符合本罪的下列本质特征的行为方式均可认为是“采用其他方式损害上市公司利益的”：一是行为的主体是对公司具有支配能力的董事、监事和高级管理人员；二是违背了对公司的忠实义务；三是从事了损害公司利益的行为。
经济生活中的行为方式是多种多样的，法律无法一一具体规定，我们应当严格把握这个罪的上述本质特征，根据具体情况作出判断和裁量，凡符合上述本质特征而不属于前五项所规定的行为的，均可认定为此处规定的其他方式，以本罪论处。
三、致使上市公司遭受重大的损失。本罪是结果犯，行为人的行为必须造成了“上市公司遭受重大的损失”的后果，否则不构成本罪。所谓“上市公司遭受重大的损失”，一般是指造成上市公司资产严重流失；造成上市公司严重亏损，无法进行生产经营，濒临破产等。</td></tr>
<tr><td>犯罪主体</td><td>本罪的主体是特殊主体，为上市公司的董事、监事、高级管理人员。
另外，按照《刑法》第169条之一的规定，上市公司的控股股东或者实际控制人，指使上市公司董事、监事、高级管理人员实施前款行为的，依照对上市公司的董事、监事、高级管理人员的处罚规定处罚。上市公司的控股股东或者实际控制人是单位的，对单位判处罚金，并对其直接负责的主管人员和其他直接责任人员，依照对上市公司的董事、监事、高级管理人员的处罚规定处罚。因此，作为上市公司的控股股东或者实际控制人的自然人和单位也可成为本罪的犯罪主体。
依照《公司法》第120条的规定，上市公司是指其股票在证券交易所上市交易的股份有限公司。依照《公司法》第126条的规定，上市公司的高级管理人员，是指公司的经理、副经理、财务负责人，上市公司董事会秘书和公司章程规定的其他人员。上市公司的控股股东，是指其出资额占有限责任公司资本总额50%以上或者其持有的股份占股份有限公司股本总额50%以上的股东；出资额或者持有股份的比例虽然不足50%，但依其出资额或者持有的股份所享有的表决权已足以对股东会、股东大会的决议产生重大影响的股东。上市公司的实际控制人，是指虽不是公司的股东，但通过投资关系、协议或者其他安排，能够实际支配公司行为的人。</td></tr>
<tr><td>犯罪主观方面</td><td>本罪的主观方面只能由故意构成，即行为人明知自己操纵上市公司所从事的行为会致使上市公司利益遭受重大损失而有意为之。</td></tr>
<tr><td>罪与非罪</td><td>区分罪与非罪的界限，主要可以从以下几个方面着手：
一、从犯罪的主体上区分。本罪的主体主要是上市公司的董事、监事、高级管理人员。上市公司的控股股东或者实际控制人，指使上市公司董事、监事、高级管理人</td></tr>
</table>

员实施本罪的，也依照本罪定罪处罚。上市公司的董事、监事、高级管理人员以及控股股东或实际控制人以外的人员不能构成本罪。非上市公司的工作人员同样不能构成本罪。

二、从危害结果上区分。行为人违背对公司的忠实义务，利用职务便利，操纵上市公司从事无偿向他人提供资金、商品等行为，致使上市公司利益遭受重大损失的，才构成本罪。如果行为人的危害行为没有使上市公司利益遭受重大损失的，则不构成犯罪。

三、从主观方面来区分。本罪只能由故意构成，过失不构成本罪。因而上市公司的董事、监事、高级管理人员由于过失造成上市公司利益遭受重大损失的，不构成本罪。

定罪标准

罪与非罪

此罪与彼罪

一、本罪与职务侵占罪的界限。本罪与职务侵占罪有一定的相似之处，两者的行为人都利用了职务上的便利，都侵犯了所在单位的财产权，造成了单位利益的损失。区分两者的关键是看行为人侵占的公司的利益归谁所有，如果行为人侵占公司资产，获得实际利益的是其他单位或个人，构成本罪；如果行为人直接将公司财产占为己有，则成立职务侵占罪。两罪还有一些其他的区别，具体有：（1）犯罪主体不同。本罪的主体主要是上市公司的董事、监事、高级管理人员；职务侵占罪的主体则只要是公司、企业或其他单位的工作人员即可构成，上市公司的工作人员可以构成，非上市公司、企业的工作人员也可以构成；董事、监事、高级管理人员可以构成，其他普通工作人员也可以构成。因此，相对于挪用资金罪而言，本罪的犯罪主体的范围要窄。（2）客体不同。本罪侵犯的客体是上市公司的管理制度以及上市公司、股东的权益；职务侵占罪侵犯的客体则是公司、企业或者其他单位的财产所有权。（3）利用职务便利的内容不同。本罪行为人利用职务上的便利，主要是为了操纵上市公司进行损害公司利益的各种行为；职务侵占罪利用职务之便利，主要是将本单位的财产非法占为己有。（4）具体行为表现不同。本罪主要表现为行为人操纵上市公司从事各种有损本公司利益的行为；职务侵占罪则主要表现为将本单位财产非法占为己有的行为。

二、本罪与挪用资金罪的界限。本罪与挪用资金罪在主体方面有重合之处，而且两罪都可能表现为行为人利用职务上的便利，将本单位的资金提供给他人的行为。因此两者有时极易混淆。区分的关键是：挪用资金罪的行为人在主观上对于所挪用的资金是“想还”的，而本罪的行为人将本公司的资金提供给其他单位或个人，则没有让其他单位或个人归还的想法。两者的具体区别主要有：（1）主体不同。本罪的主体主要是上市公司的董事、监事、高级管理人员等；挪用资金罪则只要是公司、企业或其他单位的工作人员即可构成。因此，相对于挪用资金罪而言，本罪的犯罪主体的范围要窄。（2）利用职务便利的内容不同。本罪行为人利用职务上的便利主要是为了操纵上市公司进行无偿向他人提供资金、商品等行为；挪用资金罪的行为人利用职务上的便利则主要是为了挪用本单位的资金归个人使用或借贷给他人。（3）具体行为表现不同。本罪除了向其他单位、个人提供资金这一表现形式外，还有其他损害公司利益的行为也可构成本罪；挪用资金罪则只有挪用本单位的资金归个人或他人使用这一种表现形式。

三、本罪与为亲友非法牟利罪的界限。上市公司的董事、监事、高级管理人员如果利用职务上的便利，操纵上市公司，无偿或者以明显低于市场的价格向自己的亲友经营管理的单位提供商品的，在客观行为方面与为亲友非法牟利罪有一定重合。但两者还是比较容易区分的，本罪的主体是上市公司的董事、监事、高级管理人员等，一

<table>
<tr><td rowspan="1">定罪标准</td><td>此罪与彼罪</td><td>般不具有国家工作人员的身份；为亲友非法牟利罪的主体为国有公司、企业、事业单位的工作人员，一般具有国家工作人员的身份。但是如果是国有上市公司的董事、监事、高级管理人员从事上述行为，应当以何罪论处呢？我们认为，《刑法》第169条之一的立法原意应该主要是规范非国有的上市公司，以和《刑法》第169条相对应。因此，对于国有上市公司的董事、监事、高级管理人员利用职务上的便利，操纵上市公司，无偿或者以明显低于市场的价格向自己的亲友经营管理的单位提供商品的行为，应以为亲友非法牟利罪论处。
四、本罪与国有公司、企业、事业单位人员失职罪，国有公司、企业、事业单位人员滥用职权罪的界限。本罪与国有公司、企业、事业单位人员失职罪，国有公司、企业、事业单位人员滥用职权罪在客观行为上都与行为人的职权有关，而且都给单位造成了重大损失，因此有一定的相似之处。主要的区别是三者的主体不同，本罪的主体主要是上市公司的董事、监事、高级管理人员等，后两者的主体则是国有公司、企业、事业单位的人员。三者在主观方面也不同，国有公司、企业、事业单位人员失职罪在主观上是过失，而本罪和国有公司、企业、事业单位人员滥用职权罪在主观上都表现为故意。对于上市国有公司的董事、监事、高级管理人员等，滥用职权，给公司造成重大损失的，应当以何罪论处呢？同样，我们认为，《刑法》第169条之一的立法原意应该主要是规范非国有的上市公司，以和《刑法》第169条相对应。因此，对于此种行为，以国有公司、企业、事业单位人员滥用职权罪论处为宜。
五、本罪与徇私舞弊低价折股、出售国有资产罪的界限。两者在客观上都表现为实施了损害单位利益的行为。它们的区别主要在于：（1）行为主体不同。本罪的行为主体是上市公司的董事、监事、高级管理人员等；徇私舞弊低价折股、出售国有资产罪的行为主体则为国有公司、企业或者其上级主管部门直接负责的主管人员。（2）行为对象不同。本罪的行为对象是资金、商品、服务或者其他资产，还包括债权、债务、担保等；徇私舞弊低价折股、出售国有资产罪的行为对象仅限于国有资产。（3）行为方式不同。本罪的行为方式有多种，而徇私舞弊低价折股、出售国有资产罪的行为方式仅限于低价折股或者低价出售。</td></tr>
<tr><td rowspan="2">证据参考标准</td><td>主体方面的证据</td><td>一、证明行为人刑事责任年龄、身份等自然情况的证据。
包括身份证明、户籍证明、任职证明、工作经历证明、特定职责证明等，主要是证明行为人的姓名（曾用名）、性别、出生年月日、民族、籍贯、出生地、职业（或职务）、住所地（或居所地）等证据材料，如户口簿、居民身份证、工作证、出生证、专业或技术等级证、干部履历表、职工登记表、护照等。
对于户籍、出生证等材料内容不实的，应提供其他证据材料。外国人犯罪的案件，应有护照等身份证明材料。人大代表、政协委员犯罪的案件，应注明身份，并附身份证明材料。
二、证明行为人刑事责任能力的证据。
证明行为人对自己的行为是否具有辨认能力与控制能力，如是否属于间歇性精神病人、尚未完全丧失辨认或者控制自己行为能力的精神病人的证明材料。</td></tr>
<tr><td>主观方面的证据</td><td>证明行为人故意的证据：1. 证明行为人明知的证据：证明行为人明知自己的行为会发生危害社会的结果；2. 证明直接故意的证据：证明行为人希望危害结果发生；3. 证明间接故意的证据：证明行为人放任危害结果发生。</td></tr>
</table>

<table>
<tr><td rowspan="2">证据参考标准</td><td>客观方面的证据</td><td colspan="2">证明行为人违背忠实义务背信损害上市公司利益犯罪行为的证据。
具体证据包括：1. 证明行为人对上市公司具有忠实义务的证据：（1）证明行为人无偿向其他单位或者个人提供资金、商品、服务或者其他资产的；（2）证明行为人以明显不公平的条件，提供或者接受资金、商品、服务或者其他资产的；（3）证明行为人向明显不具有清偿能力的单位或者个人提供资金、商品、服务或者其他资产的；（4）证明行为人为明显不具有清偿能力的单位或者个人提供担保，或者无正当理由为其他单位或者个人提供担保的；（5）证明行为人无正当理由放弃债权、承担债务的；（6）证明行为人采用其他方式损害上市公司利益的。2. 证明行为人上述任一行为致使上市公司遭受重大的损失的证据。</td></tr>
<tr><td>量刑方面的证据</td><td colspan="2">一、法定量刑情节证据。
1. 事实情节：重大损失。2. 法定从重情节：特别重大损失。3. 法定从轻情节：（1）可以从轻；（2）可以从轻或减轻；（3）应当从轻或者减轻。4. 法定从轻减轻免除情节：（1）可以从轻、减轻或免除处罚；（2）应当减轻或者免除处罚。5. 法定减轻免除情节：（1）可以减轻或者免除处罚；（2）应当减轻或者免除处罚；（3）可以免除处罚。
二、酌定量刑情节证据。
1. 犯罪手段；2. 犯罪对象；3. 危害结果；4. 动机；5. 平时表现；6. 认罪态度；7. 是否有前科；8. 其他证据。</td></tr>
<tr><td rowspan="2">量刑标准</td><td colspan="2">重大损失的</td><td>处三年以下有期徒刑或者拘役，并处或者单处罚金</td></tr>
<tr><td colspan="2">特别重大损失的</td><td>处三年以上七年以下有期徒刑，并处罚金</td></tr>
<tr><td>法律适用</td><td>刑法条文</td><td colspan="2">第一百六十九条之一　上市公司的董事、监事、高级管理人员违背对公司的忠实义务，利用职务便利，操纵上市公司从事下列行为之一，致使上市公司利益遭受重大损失的，处三年以下有期徒刑或者拘役，并处或者单处罚金；致使上市公司利益遭受特别重大损失的，处三年以上七年以下有期徒刑，并处罚金：
（一）无偿向其他单位或者个人提供资金、商品、服务或者其他资产的；
（二）以明显不公平的条件，提供或者接受资金、商品、服务或者其他资产的；
（三）向明显不具有清偿能力的单位或者个人提供资金、商品、服务或者其他资产的；
（四）为明显不具有清偿能力的单位或者个人提供担保，或者无正当理由为其他单位或者个人提供担保的；
（五）无正当理由放弃债权、承担债务的；
（六）采用其他方式损害上市公司利益的。
上市公司的控股股东或者实际控制人，指使上市公司董事、监事、高级管理人员实施前款行为的，依照前款的规定处罚。
犯前款罪的上市公司的控股股东或者实际控制人是单位的，对单位判处罚金，并对其直接负责的主管人员和其他直接责任人员，依照第一款的规定处罚。</td></tr>
</table>

法律适用

司法解释

最高人民检察院、公安部《关于公安机关管辖的刑事案件立案追诉标准的规定（二）》（节录）（2010年5月7日最高人民检察院、公安部公布　自公布之日起施行　2011年11月14日修正）

第十八条〔背信损害上市公司利益案（刑法第一百第一百六十九条之一）〕上市公司的董事、监事、高级管理人员违背对公司的忠实义务，利用职务便利，操纵上市公司从事损害上市公司利益的行为，以及上市公司的控股股东或者实际控制人，指使上市公司董事、监事、高级管理人员实施损害上市公司利益的行为，涉嫌下列情形之一的，应予立案追诉：

（一）无偿向其他单位或者个人提供资金、商品、服务或者其他资产，致使上市公司直接经济损失数额在一百五十万元以上的；

（二）以明显不公平的条件，提供或者接受资金、商品、服务或者其他资产，致使上市公司直接经济损失数额在一百五十万元以上的；

（三）向明显不具有清偿能力的单位或者个人提供资金、商品、服务或者其他资产，致使上市公司直接经济损失数额在一百五十万元以上的；

（四）为明显不具有清偿能力的单位或者个人提供担保，或者无正当理由为其他单位或者个人提供担保，致使上市公司直接经济损失数额在一百五十万元以上的；

（五）无正当理由放弃债权、承担债务，致使上市公司直接经济损失数额在一百五十万元以上的；

（六）致使公司发行的股票、公司债券或者国务院依法认定的其他证券被终止上市交易或者多次被暂停上市交易的；

（七）其他致使上市公司利益遭受重大损失的情形。

相关法律法规

《中华人民共和国公司法》（节录）（1993年12月29日中华人民共和国主席令第16号公布　自1994年7月1日起施行　1999年12月25日第一次修正　2004年8月28日第二次修正　2005年10月27日修订　2013年12月28日第三次修正　2018年10月26日第四次修正）

第十六条　公司向其他企业投资或者为他人提供担保，依照公司章程的规定，由董事会或者股东会、股东大会决议；公司章程对投资或者担保的总额及单项投资或者担保的数额有限额规定的，不得超过规定的限额。

公司为公司股东或者实际控制人提供担保的，必须经股东会或者股东大会决议。

前款规定的股东或者受前款规定的实际控制人支配的股东，不得参加前款规定事项的表决。该项表决由出席会议的其他股东所持表决权的过半数通过。

第一百二十条　本法所称上市公司，是指其股票在证券交易所上市交易的股份有限公司。

第一百二十一条　上市公司在一年内购买、出售重大资产或者担保金额超过公司资产总额百分之三十的，应当由股东大会作出决议，并经出席会议的股东所持表决权的三分之二以上通过。

第一百四十七条第一款　董事、监事、高级管理人员应当遵守法律、行政法规和公司章程，对公司负有忠实义务和勤勉义务。

第一百四十八条　董事、高级管理人员不得有下列行为：

（一）挪用公司资金；

（二）将公司资金以其个人名义或者以其他个人名义开立账户存储；

法律适用 相关法律法规

（三）违反公司章程的规定，未经股东会、股东大会或者董事会同意，将公司资金借贷给他人或者以公司财产为他人提供担保；

（四）违反公司章程的规定或者未经股东会、股东大会同意，与本公司订立合同或者进行交易；

（五）未经股东会或者股东大会同意，利用职务便利为自己或者他人谋取属于公司的商业机会，自营或者为他人经营与所任职公司同类的业务；

（六）接受他人与公司交易的佣金归为己有；

（七）擅自披露公司秘密；

（八）违反对公司忠实义务的其他行为。

董事、高级管理人员违反前款规定所得的收入应当归公司所有。

第二百一十六条 本法下列用语的含义：

（一）高级管理人员，是指公司的经理、副经理、财务负责人，上市公司董事会秘书和公司章程规定的其他人员。

（二）控股股东，是指其出资额占有限责任公司资本总额百分之五十以上或者其持有的股份占股份有限公司股本总额百分之五十以上的股东；出资额或者持有股份的比例虽然不足百分之五十，但依其出资额或者持有的股份所享有的表决权已足以对股东会、股东大会的决议产生重大影响的股东。

（三）实际控制人，是指虽不是公司的股东，但通过投资关系、协议或者其他安排，能够实际支配公司行为的人。

（四）关联关系，是指公司控股股东、实际控制人、董事、监事、高级管理人员与其直接或者间接控制的企业之间的关系，以及可能导致公司利益转移的其他关系。但是，国家控股的企业之间不仅因为同受国家控股而具有关联关系。

38 伪造货币案

概念

本罪是指伪造货币的图案、形状、色彩、防伪技术等特征，使用各种方法，非法制造假货币，冒充真货币的行为。

立案标准

根据最高人民检察院、公安部《关于公安机关管辖的刑事案件立案追诉标准的规定（二）》的规定，伪造货币，涉嫌下列情形之一的，应予立案追诉：

（1）伪造货币，总面额在2000元以上或者币量在200张（枚）以上的；

（2）制造货币版样或者为他人伪造货币提供版样的；

（3）其他伪造货币应予追究刑事责任的情形。

定罪标准

犯罪客体

本罪侵犯的客体是国家货币管理制度。国家的货币管理制度是国家财政金融制度的重要组成部分，它具体包括两方面的内容：一是本国货币管理制度；二是外币管理制度。所谓本国货币的管理制度，是指人民币的管理制度。根据《中国人民银行法》的规定，中华人民共和国的法定货币是人民币，具有强制流通力，以人民币支付中华人民共和国境内的一切公共的和私人的债务，任何单位和个人不得拒收。国家对货币印制和发行实行集中统一管理的原则，货币发行权属于国务院，中国人民银行是人民币的唯一印制和发行机构，其他任何单位和个人均无权印制和发行人民币。中国人民银行通过日常的现金收付和货币发行工作，来组织货币的投放与回笼，控制货币的供应量，调节货币的流通规模，使货币流通与商品流通相适应，保持货币的基本稳定。任何伪造人民币的行为都会侵犯上述货币管理制度。所谓外币管理制度，是外汇管理制度的重要内容之一。外汇管理制度，是指国家对外汇的收、支、存、兑等行为进行监督与控制的制度。根据《外汇管理条例》及有关法规的规定，国家对外汇实行集中管理、统一经营的方针，禁止外汇自由流通，并不得以外币计价结算。同时，公民和单位，可以持有外币，并可以到指定的银行根据当日外汇牌价兑换成人民币。在特定地区或部门，还可以用外币直接购买商品或支付服务费用。因此外币在一定意义上同人民币具有相同的性质，伪造外币同样侵害我国的货币管理制度，危害了交易的安全。伪造货币的行为，严重扰乱了国家的金融秩序，损害国家货币的信誉，严重危害国计民生，应为法律所不许。

本罪的犯罪对象是货币。所谓货币，也称通货，是指在一国或地区具有强制流通力的、代表一定价值的、用作支付手段的特定物。根据最高人民检察院、公安部《关于公安机关管辖的刑事案件立案追诉标准的规定（二）》的规定，“货币”是指流通的以下货币：（1）人民币（含普通纪念币、贵金属纪念币）、港元、澳门元、新台币；（2）其他国家及地区的法定货币。货币包括本国货币和外币。所谓外币，即外国货币，指境外正在流通的货币，包括外国钞票和外国铸币。需要注意的是，“外币”与“外汇”的含义是不同的，“外汇”除包括“外币”外，还包括以外币表示的可以用作国际清偿的支付手段和资产，如外币有价证券（外国政府债券、公司债券、股票

<table>
<tr><td rowspan="5">定罪标准</td><td>犯罪客体</td><td>等)、外币支付凭证（如外国票据、银行存款凭证、邮政储蓄凭证等)、特别提款权、欧洲货币单位和其他外汇资金。可见“外汇”的外延大于“外币”，伪造“外币”以外的其他外汇并不构成本罪。</td></tr>
<tr><td>犯罪客观方面</td><td>本罪在客观方面表现为违反国家货币管理法规，伪造货币的行为。所谓伪造货币，是指没有货币制造权的人，仿照人民币或者外币的面额、图案、色彩、质地、式样、规格等，使用多种方法，非法制造假货币，冒充真货币的行为。对于伪造的货币应当注意必须是仿照真人民币或外币制造的与真币相似的假币。如果不是仿照真人民币或外币制作的，构成诈骗罪，不构成本罪即伪造货币罪。伪造的货币，主要应在于它与真币的相似性，而不在于其相同性，即不要求与真币完全相同，一模一样。尽管科学技术已非常发达，致使伪造假币的手段越来越高明，伪造的效果极为逼真、难以辨认，但行为人毕竟是以假币冒充真币，因而有的自然不可能达到与真币完全一致的程度。其相似性则只要求足以蒙蔽、欺骗他人，达到以假币乱真、可使人信以为真即可。伪造货币，其行为的结果是假币。假币根据制造方法的不同，具体可分为以下几种不同的类型：一是机制胶印、凹印假币；二是石板、蜡板、木板印假币；三是影印假币；四是复印假币；五是照相假币；六是描绘假币；七是板印假币；八是复印、制板技术合成假币；九是仿照硬币铸造的假币；等等。
本罪系行为犯，行为人只要出于故意实施了伪造货币的行为，就可构成本罪。其不要求以情节严重或者造成实际的危害后果为构成犯罪的必要前提。至于未遂的标准，则应视其伪造的行为是否实施完毕而定。如果行为人仿照某种货币进行伪造，实施了所有制造工序的行为，即构成既遂，反之则为未遂。</td></tr>
<tr><td>犯罪主体</td><td>本罪的主体为一般主体，凡达到刑事责任年龄且具备刑事责任能力的自然人均可以构成，单位不能构成本罪主体。</td></tr>
<tr><td>犯罪主观方面</td><td>本罪在主观方面上只能由直接故意构成。间接故意和过失不构成本罪。过去理论上一般认为本罪在主观方面必须具有营利目的，否则不构成犯罪。但是本条并未对主观目的予以规定，行为人只要出于故意伪造货币的，一般就可以认为构成本罪，而不必过于苛求其必须具备什么目的。如果行为人确实是为了显示自己的技巧或为了自我欣赏而伪造极少量的货币的，可视为《刑法》第 13 条所称“情节显著轻微危害不大”的情况而不认为是犯罪。</td></tr>
<tr><td>罪与非罪</td><td>本罪为行为犯。一般说来，行为人只要出于故意实施了伪造货币的行为，就可构成本罪，但这并不是说一定就构成犯罪，这是因为任何违法行为包括伪造货币的行为，只有达到一定危害程度时才能构成犯罪。只要行为人实施了伪造货币的行为，不论是否完成全部的印制工序，即构成本罪。对于尚未制造出成品，无法计算伪造、销售假币面额的，或者制造、销售用于伪造货币版样的，不认定犯罪数额，依据犯罪情节决定刑罚。但是，金融、商业等部门为了某种宣传目的或作为艺术图案，模仿货币的样式、色彩等制出的仿真币制品，其大小、材料质地等与货币有明显不同，不可能作为真币使用，仿制者也不是为了“冒充真货币”，因而不属于伪造货币的犯罪行为。</td></tr>
</table>

<table>
<tr><td rowspan="1">定罪标准</td><td>此罪与彼罪</td><td>区分一罪与数罪。行为人既实施了伪造货币的行为，又使用伪造的货币去骗取财物，这种情况下不应适用数罪并罚，而应按照牵连犯的处罚原则，择一重罪处罚，即应按伪造货币罪论处。行为人制造货币版样或者与他人事前通谋，为他人伪造货币提供版样的，依照《刑法》第170条的规定定罪处罚。</td></tr>
<tr><td rowspan="4">证据参考标准</td><td>主体方面的证据</td><td>一、证明行为人刑事责任年龄、身份等自然情况的证据。
包括身份证明、户籍证明、任职证明、工作经历证明、特定职责证明等，主要是证明行为人的姓名（曾用名）、性别、出生年月日、民族、籍贯、出生地、职业（或职务）、住所地（或居所地）等证据材料，如户口簿、居民身份证、工作证、出生证、专业或技术等级证、干部履历表、职工登记表、护照等。
对于户籍、出生证等材料内容不实的，应提供其他证据材料。外国人犯罪的案件，应有护照等身份证明材料。人大代表、政协委员犯罪的案件，应注明身份，并附身份证明材料。
二、证明行为人刑事责任能力的证据。
证明行为人对自己的行为是否具有辨认能力与控制能力，如是否属于间歇性精神病人、尚未完全丧失辨认或者控制自己行为能力的精神病人的证明材料。</td></tr>
<tr><td>主观方面的证据</td><td>证明行为人故意的证据：1. 证明行为人明知的证据：证明行为人明知自己的行为会发生危害社会的结果；2. 证明直接故意的证据：证明行为人希望危害结果发生。</td></tr>
<tr><td>客观方面的证据</td><td>证明行为人伪造货币犯罪行为的证据。
具体证据包括：1. 证明行为人伪造货币行为的证据：（1）机械印刷；（2）石印；（3）影印；（4）复印；（5）描绘；（6）其他。2. 证明行为人运用证明伪造货币材料的证据：（1）纸张；（2）水印；（3）安全线；（4）有机无机荧光油；（5）墨；（6）纤维丝；（7）金属丝；（8）磁性油墨；（9）接线技术；（10）凹凸印技术；（11）全息图；（12）其他。3. 证明行为人伪造货币其他行为的证据：（1）集团的首要分子；（2）数额特别巨大；（3）其他特别严重情节。</td></tr>
<tr><td>量刑方面的证据</td><td>一、法定量刑情节证据。
1. 事实情节。2. 法定从重情节。3. 法定从轻减轻情节：（1）可以从轻；（2）可以从轻或减轻；（3）应当从轻或者减轻。4. 法定从轻减轻免除情节：（1）可以从轻、减轻或者免除处罚；（2）应当从轻、减轻或者免除处罚。5. 法定减轻免除情节：（1）可以减轻或者免除处罚；（2）应当减轻或者免除处罚；（3）可以免除处罚。
二、酌定量刑情节证据。
1. 犯罪手段：（1）伪造；（2）仿制；（3）其他。2. 犯罪对象。3. 危害结果。4. 动机。5. 平时表现。6. 认罪态度。7. 是否有前科。8. 其他证据。</td></tr>
</table>

量刑标准		
	伪造货币的总面额在2000元以上不满3万元或者币量在200张（枚）以上不足3000张（枚）的	处三年以上十年以下有期徒刑，并处五万元以上五十万元以下罚金
	情节特别严重的	处十年以上有期徒刑、无期徒刑或者死刑，并处五万元以上五十万元以下罚金或者没收财产

法律适用

刑法条文

第一百七十条 伪造货币的，处三年以上十年以下有期徒刑，并处罚金；有下列情形之一的，处十年以上有期徒刑或者无期徒刑，并处罚金或者没收财产：

（一）伪造货币集团的首要分子；

（二）伪造货币数额特别巨大的；

（三）有其他特别严重情节的。

第一百七十一条第三款 伪造货币并出售或者运输伪造的货币的，依照本法第一百七十条的规定定罪从重处罚。

司法解释

一、最高人民法院《关于审理伪造货币等案件具体应用法律若干问题的解释》

（2000年9月8日最高人民法院公布 自2000年9月14日起施行 法释〔2000〕26号）

为依法惩治伪造货币，出售、购买、运输假币等犯罪活动，根据刑法的有关规定，现就审理这类案件具体应用法律的若干问题解释如下：

第一条 伪造货币的总面额在二千元以上不满三万元或者币量在二百张（枚）以上不足三千张（枚）的，依照刑法第一百七十条的规定，处三年以上十年以下有期徒刑，并处五万元以上五十万元以下罚金。

伪造货币的总面额在三万元以上的，属于“伪造货币数额特别巨大”。

行为人制造货币版样或者与他人事前通谋，为他人伪造货币提供版样的，依照刑法第一百七十条的规定定罪处罚。

第二条 行为人购买假币后使用，构成犯罪的，依照刑法第一百七十一条的规定，以购买假币罪定罪，从重处罚。

行为人出售、运输假币构成犯罪，同时有使用假币行为的，依照刑法第一百七十一条、第一百七十二条的规定，实行数罪并罚。

第三条 出售、购买假币或者明知是假币而运输，总面额在四千元以上不满五万元的，属于“数额较大”；总面额在五万元以上不满二十万元的，属于“数额巨大”；总面额在二十万元以上的，属于“数额特别巨大”，依照刑法第一百七十一条第一款的规定定罪处罚。

第四条 银行或者其他金融机构的工作人员购买假币或者利用职务上的便利，以假币换取货币，总面额在四千元以上不满五万元或者币量在四百张（枚）以上不足五千张（枚）的，处三年以上十年以下有期徒刑，并处二万元以上二十万元以下罚金；总面额在五万元以上或者币量在五千张（枚）以上或者有其他严重情节的，处十年以上有期徒刑或者无期徒刑，并处二万元以上二十万元以下罚金或者没收财产；总面额不满人民币四千元或者币量不足四百张（枚）或者具有其他情节较轻情形的，处三年以下有期徒刑或者拘役，并处或者单处一万元以上十万元以下罚金。

第五条 明知是假币而持有、使用，总面额在四千元以上不满五万元的，属于“数额较大”；总面额在五万元以上不满二十万元的，属于“数额巨大”；总面额在二十万元以上的，属于“数额特别巨大”，依照刑法第一百七十二条的规定定罪处罚。

法律适用 司法解释

第六条 变造货币的总面额在二千元以上不满三万元的，属于“数额较大”；总面额在三万元以上的，属于“数额巨大”，依照刑法第一百七十三条的规定定罪处罚。

第七条 本解释所称“货币”是指可在国内市场流通或者兑换的人民币和境外货币。

货币面额应当以人民币计算，其他币种以案发时国家外汇管理机关公布的外汇牌价折算成人民币。

二、最高人民法院《关于审理伪造货币等案件具体应用法律若干问题的解释（二）》（2010年10月20日最高人民法院公布 自2010年11月3日起施行 法释〔2010〕14号）

为依法惩治伪造货币、变造货币等犯罪活动，根据刑法有关规定和近一个时期的司法实践，就审理此类刑事案件具体应用法律的若干问题解释如下：

第一条 仿照真货币的图案、形状、色彩等特征非法制造假币，冒充真币的行为，应当认定为刑法第一百七十条规定的“伪造货币”。

对真货币采用剪贴、挖补、揭层、涂改、移位、重印等方法加工处理，改变真币形态、价值的行为，应当认定为刑法第一百七十三条规定的“变造货币”。

第二条 同时采用伪造和变造手段，制造真伪拼凑货币的行为，依照刑法第一百七十条的规定，以伪造货币罪定罪处罚。

第三条 以正在流通的境外货币为对象的假币犯罪，依照刑法第一百七十条至第一百七十三条的规定定罪处罚。

假境外货币犯罪的数额，按照案发当日中国外汇交易中心或者中国人民银行授权机构公布的人民币对该货币的中间价折合成人民币计算。中国外汇交易中心或者中国人民银行授权机构未公布汇率中间价的境外货币，按照案发当日境内银行人民币对该货币的中间价折算成人民币，或者该货币在境内银行、国际外汇市场对美元汇率，与人民币对美元汇率中间价进行套算。

第四条 以中国人民银行发行的普通纪念币和贵金属纪念币为对象的假币犯罪，依照刑法第一百七十条至第一百七十三条的规定定罪处罚。

假普通纪念币犯罪的数额，以面额计算；假贵金属纪念币犯罪的数额，以贵金属纪念币的初始发售价格计算。

第五条 以使用为目的，伪造停止流通的货币，或者使用伪造的停止流通的货币的，依照刑法第二百六十六条的规定，以诈骗罪定罪处罚。

第六条 此前发布的司法解释与本解释不一致的，以本解释为准。

三、最高人民检察院、公安部《关于公安机关管辖的刑事案件立案追诉标准的规定（二）》（节录）（2010年5月7日最高人民检察院、公安部公布 自公布之日起施行 2011年11月14日修正）

第十九条 〔伪造货币案（刑法第一百七十条）〕伪造货币，涉嫌下列情形之一的，应予立案追诉：

（一）伪造货币，总面额在二千元以上或者币量在二百张（枚）以上的；

（二）制造货币版样或者为他人伪造货币提供版样的；

（三）其他伪造货币应予追究刑事责任的情形。

本规定中的“货币”是指流通的以下货币：

（一）人民币（含普通纪念币、贵金属纪念币）、港元、澳门元、新台币；

（二）其他国家及地区的法定货币。

贵金属纪念币的面额以中国人民银行授权中国金币总公司的初始发售价格为准。

四、最高人民法院《全国法院审理金融犯罪案件工作座谈会纪要》（节录）

（2001年1月21日最高人民法院公布　自公布之日起施行　法〔2001〕8号）

2. 关于假币犯罪

假币犯罪的认定。假币犯罪是一种严重破坏金融管理秩序的犯罪。只要有证据证明行为人实施了出售、购买、运输、使用假币行为，且数额较大，就构成犯罪。伪造货币的，只要实施了伪造行为，不论是否完成全部印制工序，即构成伪造货币罪；对于尚未制造成品，无法计算伪造、销售假币面额的，或者制造、销售用于伪造货币的版样的，不认定犯罪数额，依据犯罪情节决定刑罚。明知是伪造的货币而持有，数额较大，根据现有证据不能认定行为人是为了进行其他假币犯罪的，以持有假币罪定罪处罚；如果有证据证明其持有的假币已构成其他假币犯罪的，应当以其他假币犯罪定罪处罚。

假币犯罪罪名的确定。假币犯罪案件中犯罪分子实施数个相关行为的，在确定罪名时应把握以下原则：

（1）对同一宗假币实施了法律规定为选择性罪名的行为，应根据行为人所实施的数个行为，按相关罪名刑法规定的排列顺序并列确定罪名，数额不累计计算，不实行数罪并罚。

（2）对不同宗假币实施法律规定为选择性罪名的行为，并列确定罪名，数额按全部假币面额累计计算，不实行数罪并罚。

（3）对同一宗假币实施了刑法没有规定为选择性罪名的数个犯罪行为，择一重罪从重处罚。如伪造货币或者购买假币后使用的，以伪造货币罪从重处罚。如伪造货币或者购买假币后使用的，以伪造货币罪或购买假币罪定罪，从重处罚。

（4）对不同宗假币实施了刑法没有规定为选择性罪名的数个犯罪行为，分别定罪，数罪并罚。

出售假币被查获部分的处理。在出售假币时被抓获的，除现场查获的假币应认定为出售假币的犯罪数额外，现场之外在行为人住所或者其他藏匿地查获的假币，亦应认定为出售假币的犯罪数额。但有证据证实后者是行为人有实施其他假币犯罪的除外。

制造或者出售伪造的台币行为的处理。对于伪造台币的，应当以伪造货币罪定罪处罚；出售伪造的台币的，应当以出售假币罪定罪处罚。

五、最高人民检察院《部分罪案审查逮捕证据参考标准（试行）》（节录）（2003年11月27日最高人民检察院公布　自公布之日起施行　高检侦监发〔2003〕107号）

一、审查逮捕通用证据参考标准

人民检察院侦查监督部门对有关部门移送审查逮捕的案件，应从程序和实体两个方面审查证据：

（一）程序方面。

1. 诉讼程序的有关证据材料：

（1）受案登记表、立案决定书。

（2）证明案件来源的有关证据材料。

（3）破获案件过程说明或破案报告书。

（4）拘留证、监视居住决定书、取保候审决定书，保证书、缴纳保证金收据，对被拘留人家属或单位通知书等有关法律文书。

法律适用 司法解释

（5）拘留人大代表、政协委员的报告及该代表所属的同级人大主席团或常委会同意拘留的许可证明。

（6）其他有关证明材料。

2. 取证程序的有关证据材料：

（1）证明讯问犯罪嫌疑人、询问证人的主体合法，并且为两人以上进行的证据。

（2）证明已经告知犯罪嫌疑人、证人权利、义务的证据。

（3）犯罪嫌疑人、证人被讯问、询问后，在笔录上签署的意见；侦查人员的签名。

（4）证明没有刑讯逼供、诱供、诱证情况的证据。

（5）提供证据的个人或单位的签名及加盖的单位公章。

（6）搜查、起获赃物时的见证人。

（二）实体方面。

1. 主体身份：

（1）自然人普通主体的身份证明：证明犯罪嫌疑人的姓名、性别、出生年月日、居住地的户籍资料、居民身份证、出生证、户口迁移证明、护照或经会晤后外方出具的外籍身份证明材料等法定身份证件（原件或附有制作过程文字说明并加盖复制单位印章的复制件），或者户籍所在地公安机关核实的其他证据（以上证据材料在排除合理怀疑的情况下可以只具备其中一种）。对于户籍、出生证等材料内容不实的，应提供其他证据材料。

对于不讲真实姓名、住址，身份不明的犯罪嫌疑人可以按照其自报的姓名、身份、年龄或者拍照编号审查批捕，必要时可以对其进行骨龄鉴定。对于流窜作案的犯罪嫌疑人，除处于法定责任年龄段，应当具备能够证明其年龄的身份证件等材料外，如一时难以取得犯罪嫌疑人的法定身份证件或户籍所在地公安机关的其他证据，根据其自报的身份或者同案人证明的身份材料审查批捕。

（2）自然人的特殊主体的身份证明：证明所在单位性质或所有制形式的证据材料、所在单位或组织人事部门出具的表明犯罪嫌疑人身份、职务及职权范围或职责权限的有关证明材料。外国人犯罪的案件，应有护照等身份证明材料。人大代表、政协委员犯罪的案件，应注明身份，并附身份证明材料。

（3）单位主体的身份证明：企业法人营业执照、法人工商注册登记证明、法人设立证明、国有公司性质证明及非法人单位的身份证明、法人税务登记证明和单位代码证等。

（4）法定代表人等的身份证明：法定代表人、直接负责的主管人员和其他直接责任人在单位的任职、职责、负责权限的证明材料。

2. 需要追究刑事责任并可能判处徒刑以上刑罚：

犯罪嫌疑人达到刑事责任年龄，具有刑事责任能力，不属于正当防卫、紧急避险或刑诉法第十五条规定情形之一，根据《刑法》总则和分则有关条款的规定，可能判处有期徒刑以上刑罚。

3. 有逮捕必要：

（1）犯罪嫌疑人具有社会危险性，即采取取保候审、监视居住等方法不足以防止发生社会危险性。

①犯罪嫌疑人有行政刑事处罚记录，也包括：受过刑事处罚，曾因其他案件被相对不起诉，受过劳动教养、治安处罚及其他行政处罚。

②属于危害国家安全犯罪、恐怖犯罪、有组织犯罪、黑社会性质组织犯罪、暴力犯罪等严重危害社会治安和社会秩序的犯罪嫌疑人，累犯或多次犯罪、犯罪集团或共同犯罪的主犯，流窜犯罪；属于犯罪情节特别严重；具有法定从重情节；犯罪嫌疑人没有悔罪表现。

③犯罪嫌疑人可能逃跑、自杀、串供、干扰证人作证以及伪造、毁灭证据等妨害刑事诉讼活动的正常进行的，或者存在行凶报复、继续作案的可能，如曾以自伤、自残方法逃避侦查，持有外国护照或者可能逃避侦查；已经逃跑或逃跑后抓获的。

④属于违反刑诉法第五十六条、第五十七条规定，情节严重的。

（2）犯罪嫌疑人不具有不适合羁押的特殊情况。

①犯罪嫌疑人未患有严重疾病或正在怀孕、哺乳自己婴儿，不属于未成年人、在校学生和年老体弱及残障。

②经济犯罪案件逮捕法人代表或其他骨干不可能严重影响企业合法的生产经营。

九、伪造货币罪案审查逮捕证据参考标准

伪造货币罪，是指触犯《刑法》第170条的规定，仿照人民币或者外币的面额、图案、色彩、质地、式样、规格等，使用各种方法，非法制造假货币、冒充真货币的行为。其他以伪造货币罪定罪处罚的有：行为人销售、伪造货币版样或者与他人事前通谋、为他人伪造货币提供版样的。

对提请批捕的伪造货币案件，应当注意从以下几个方面审查证据：

（一）有证据证明发生了伪造货币犯罪事实。

重点审查：

1. 查获的伪造货币的实物或照片、收缴的犯罪工具或照片等证明发生伪造货币的行为的证据。

2. 证明伪造货币的总面额达到二千元以上，或者币量达到二百张（枚）以上的证据。

3. 证明伪造货币犯罪事实发生的证人证言、犯罪嫌疑人供述等。

4. 证明是假币的有关部门的鉴定。

（二）有证据证明伪造货币犯罪事实是否系犯罪嫌疑人实施的。

重点审查：

1. 现场查获犯罪嫌疑人实施伪造货币犯罪的证据。

2. 犯罪嫌疑人的供认。

3. 证人证言。

4. 同案犯罪嫌疑人的供述。

5. 其他能够证明犯罪嫌疑人实施伪造货币犯罪的证据。

（三）证明犯罪嫌疑人实施伪造货币犯罪行为的证据已有查证属实的。

重点审查：

1. 现场查获犯罪嫌疑人实施犯罪的，现场勘查笔录、收缴的假币、犯罪工具或照片等证据。

2. 其他证据能够印证的犯罪嫌疑人的供述。

3. 能够相互印证的证人证言。

4. 能够与其他证据相互印证的证人证言或者同案犯、被雇人员供述。

5. 其他已有查证属实的证明犯罪嫌疑人实施伪造货币犯罪的证据。

法律适用

相关法律法规

《中华人民共和国中国人民银行法》（节录）（1995年3月18日中华人民共和国主席令第46号公布　2003年12月27日修正）

第十六条　中华人民共和国的法定货币是人民币。以人民币支付中华人民共和国境内的一切公共的和私人的债务，任何单位和个人不得拒收。

第十七条　人民币的单位为元，人民币辅币单位为角、分。

第十八条　人民币由中国人民银行统一印制、发行。

中国人民银行发行新版人民币，应当将发行时间、面额、图案、式样、规格予以公告。

第十九条　禁止伪造、变造人民币。禁止出售、购买伪造、变造的人民币。禁止运输、持有、使用伪造、变造的人民币。禁止故意毁损人民币。禁止在宣传品、出版物或者其他商品上非法使用人民币图样。

第四十二条　伪造、变造人民币，出售伪造、变造的人民币，或者明知是伪造、变造的人民币而运输，构成犯罪的，依法追究刑事责任；尚不构成犯罪的，由公安机关处十五日以下拘留、一万元以下罚款。

规章及规范性文件

一、《中国人民银行假币收缴、鉴定管理办法》（节录）（2003年4月9日中国人民银行令〔2003〕第4号公布　自2003年7月1日起施行　2016年5月19日修正）

第二条　办理货币存取款和外币兑换业务的金融机构收缴假币、中国人民银行及其授权的鉴定机构鉴定货币真伪适用本办法。

第三条　本办法所称货币是指人民币和外币。人民币是指中国人民银行依法发行的货币，包括纸币和硬币；外币是指在我国境内（香港特别行政区、澳门特别行政区及台湾地区除外）可收兑的其他国家或地区的法定货币。

本办法所称假币是指伪造、变造的货币。

伪造的货币是指仿照真币的图案、形状、色彩等，采用各种手段制作的假币。

变造的货币是指在真币的基础上，利用挖补、揭层、涂改、拼凑、移位、重印等多种方法制作，改变真币原形态的假币。

本办法所称办理货币存取款和外币兑换业务的金融机构（以下简称“金融机构”）是指商业银行、城乡信用社、邮政储蓄的业务机构。

本办法所称中国人民银行授权的鉴定机构，是指具有货币真伪鉴定技术与条件，并经中国人民银行授权的商业银行业务机构。

第六条　金融机构在办理业务时发现假币，由该金融机构两名以上业务人员当面予以收缴。对假人民币纸币，应当面加盖“假币”字样的戳记；对假外币纸币及各种假硬币，应当面以统一格式的专用袋加封，封口处加盖“假币”字样戳记，并在专用袋上标明币种、券别、面额、张（枚）数、冠字号码、收缴人、复核人名章等细项。收缴假币的金融机构（以下简称“收缴单位”）向持有人出具中国人民银行统一印制的《假币收缴凭证》，并告知持有人如对被收缴的货币真伪有异议，可向中国人民银行当地分支机构或中国人民银行授权的当地鉴定机构申请鉴定。收缴的假币，不得再交予持有人。

第七条　金融机构在收缴假币过程中有下列情形之一的，应当立即报告当地公安机关，提供有关线索：

（一）一次性发现假人民币20张（枚）（含20张、枚）以上、假外币10张（含10张、枚）以上的；

（二）属于利用新的造假手段制造假币的；

（三）有制造贩卖假币线索的；

（四）持有人不配合金融机构收缴行为的。

第八条 办理假币收缴业务的人员，应掌握货币防伪知识，具备熟练挑剔和收缴假币的业务能力。中国人民银行及其分支机构负责组织金融机构有关业务人员进行货币防伪和反假培训、考试。

第九条 金融机构对收缴的假币实物进行单独管理，并建立假币收缴代保管登记簿。

第十七条 金融机构有下列行为之一，但尚未构成犯罪的，由中国人民银行给予警告、罚款，同时，责成金融机构对相关主管人员和其他直接责任人给予相应纪律处分：

（一）发现假币而不收缴的；

（二）未按照本办法规定程序收缴假币的；

（三）应向人民银行和公安机关报告而不报告的；

（四）截留或私自处理收缴的假币，或使已收缴的假币重新流入市场的。

上述行为涉及假人民币的，对金融机构处以1000元以上5万元以下罚款；涉及假外币的，对金融机构处以1000元以下的罚款。

第十八条 中国人民银行授权的鉴定机构有下列行为之一，但尚未构成犯罪的，由中国人民银行给予警告、罚款，同时责成金融机构对相关主管人员和其他直接责任人给予相应纪律处分：

（一）拒绝受理持有人、金融机构提出的货币真伪鉴定申请的；

（二）未按照本办法规定程序鉴定假币的；

（三）截留或私自处理鉴定、收缴的假币，或使已收缴、没收的假币重新流入市场的。

上述行为涉及假人民币的，对授权的鉴定机构处以1000元以上5万元以下罚款；涉及假外币的，对授权的鉴定机构处以1000元以下的罚款。

第十九条 中国人民银行工作人员有下列行为之一，但尚未构成犯罪的，对直接负责的主管人员和其他直接责任人员，依法给予行政处分：

（一）未按照本办法规定程序鉴定假币的；

（二）拒绝受理持有人、金融机构、授权的鉴定机构提出的货币真伪鉴定或再鉴定申请的；

（三）截留或私自处理鉴定、收缴、没收的假币，或使已收缴、没收的假币重新流入市场的。

二、公安部经济犯罪侦查局《关于制造、销售用于伪造货币的版样的行为如何定性问题的批复》（2003年6月19日公安部公布 自公布之日起施行 公经〔2003〕660号）

广东省公安厅经侦总队：

你总队《关于对买卖假币胶片行为定性问题的请示》（广公（经）字〔2003〕439号）收悉。经研究并征询最高人民检察院、最高人民法院有关部门的意见，现批复如下：

根据《最高人民法院关于审理伪造货币等案件具体应用法律若干问题的解释》（法释〔2000〕26号）以及《全国法院审理金融犯罪案件工作座谈会纪要》的有关规定，对制造、销售用于伪造货币的版样的行为以伪造货币罪定罪处罚。

39 出售、购买、运输假币案

概念

本罪是指出售、购买伪造的货币或者明知是伪造的货币而进行运输，数额较大的行为。

立案标准

根据最高人民检察院、公安部《关于公安机关管辖的刑事案件立案追诉标准的规定（二）》的规定，出售、购买伪造的货币或者明知是伪造的货币而运输，总面额在4000元以上或者币量在400张（枚）以上的，应予立案追诉。在出售假币时被抓获的，除现场查获的假币应认定为出售假币的数额外，现场之外在行为人住所或者其他藏匿地查获的假币，也应认定为出售假币的数额。

定罪标准		
	犯罪客体	本罪侵犯的客体是国家货币管理制度。
	犯罪客观方面	本罪在客观方面表现为出售、购买或者运输伪造的货币，数额较大的行为。所谓出售伪造的货币，是指以营利为目的，以各种方式，通过各种途径以一定的价格卖出伪造的货币的行为；所谓购买伪造的货币，是指行为人以一定的价格用货币换取伪造的货币的行为；所谓运输伪造的货币，是指行为人主观上明知是伪造的货币，而使用汽车、航空器、火车、轮船等交通工具或者以其他方式将伪造的货币从甲地携带至乙地的行为。 本罪属于选择性罪名，行为人只要实施上述行为之一的，即构成本罪，同时实施上述两个行为或三个行为的，也只按一罪论处，不定数罪实行数罪并罚。
	犯罪主体	本罪的主体是一般主体，任何达到刑事责任年龄且具备刑事责任能力的自然人均可构成。由于伪造货币并出售或者运输伪造的货币的，要以伪造货币罪从重处罚。因此，本罪的主体实际上是伪造货币者以外的自然人。当然即便是伪造货币者以外的自然人，如果事先与伪造者通谋的，也构成伪造货币罪，而不构成本罪。
	犯罪主观方面	本罪在主观方面，无论是出售、购买行为，还是运输行为，都必须是出于故意。对于出售行为，其故意的内容是明显的，并且还具有通过此行为达到营利之目的。我们知道，货币作为从商品游离出来的充当一般等价物的特殊商品，不能像其他商品一样，可以出卖或购买。在现实生活中，不可能出现用低于某种货币的面值出售这一货币的情况，除非所持有的货币是伪造的，在不具备货币面值的情况下，才有可能出现低于货币面值的价格而出售货币的现象。这样，行为人对自己所出售货币的性质及其危害，以及对于自己行为的动机或目的即为了出售而牟取非法利益都是明知。对于购买行为，行为人明知不可能以低于货币面值的价格买到某种货币，但其用低于货币面值的价格买到某种货币，其对于这种货币的假币性质亦是明知的，明知是假币而仍决意购买，显然是出于一种故意的支配。至于购买伪造的货币的目的，一般都是为了牟

定罪标准	犯罪主观方面	取非法利益，如有的购买后再进行贩卖，有的购买后用于行骗或使用等。当然，这并不排除可以出于其他的违法目的。无论其目的如何，只要行为人出于故意实施了购买行为，即可构成本罪。对于运输行为，区别于出售、购买的行为，刑法在主观上作了“明知是伪造的货币”这一特定的限制。这是因为此种行为与出售、购买行为不同。后者只要实施其相应的犯罪行为，就不可能不知道所出售、购买的货币是假的。而运输行为，在某些情况下，则可能不知道运输的货币是伪造的。如在不知道是伪造的货币而运输的情况下，不构成犯罪。如承运人在托运人不提供所运货物的实情，自己又无法了解其真实情况而受蒙蔽运输的，就是属于这一种情况。运输行为的目的，则不要求一定出于营利。这就是说，既可以出于营利，也可以是出于其他目的，如为了帮朋友的忙等。但是为伪造或走私伪造的货币的犯罪分子而运输的，应以伪造货币罪或走私假币罪定罪科刑，过失不可能构成本罪。行为人如果是误收、误运伪造的货币的，则不应以该罪论处。
	罪与非罪	区分罪与非罪的界限，主要注意以下三点：(1) 行为人是否“明知”。如果行为人因为上当受骗或出于过失，不知其所出售、购买或者运输的是伪造的货币，其行为不构成犯罪；(2) 数额是否达到较大程度。如果行为人出售、购买或者运输伪造的货币数额未达到较大程度的，即使有其他严重情节，也不能以犯罪论处。(3) 本罪属于行为犯，并不要求有特定结果的发生，因而行为人只要将出售、购买或者运输之行为实施完毕，即可构成既遂。
	此罪与彼罪	一、本罪与金融工作人员购买假币罪的界限。二者不同之处在于：(1) 侵犯的客体稍有不同。后者除侵犯了国家的货币制度外，还损害了金融机构的信誉。(2) 前者购买伪造的货币数额较大的才构成犯罪，后者则没有这一限制，金融机构的工作人员不论购买多少伪造的货币都构成犯罪。(3) 主体不同。前者是一般主体；后者是特殊主体，即只有银行或者其他金融机构的工作人员才可以成为犯罪的主体。 二、本罪与金融工作人员以假币换取货币罪的界限。二者的主要区别在于：(1) 侵犯的客体不同。后者除侵犯国家的货币制度外，还损害了金融机构的信誉。(2) 客观方面表现不同。前者在客观方面表现为出售、购买、运输数额较大的伪造货币；后者在客观方面则表现为利用职务上的便利，以伪造的货币换取货币。(3) 主体不同。前者是一般主体；后者是特殊主体，即只有银行或者其他金融机构的工作人员才可以成为犯罪的主体。
证据参考标准	主体方面的证据	**一、证明行为人刑事责任年龄、身份等自然情况的证据。** 包括身份证明、户籍证明、任职证明、工作经历证明、特定职责证明等，主要是证明行为人的姓名（曾用名）、性别、出生年月日、民族、籍贯、出生地、职业（或职务）、住所地（或居所地）等证据材料，如户口簿、居民身份证、工作证、出生证、专业或技术等级证、干部履历表、职工登记表、护照等。 对于户籍、出生证等材料内容不实的，应提供其他证据材料。外国人犯罪的案件，应有护照等身份证明材料。人大代表、政协委员犯罪的案件，应注明身份，并附身份证明材料。 **二、证明行为人刑事责任能力的证据。** 证明行为人对自己的行为是否具有辨认能力与控制能力，如是否属于间歇性精神病人、尚未完全丧失辨认或者控制自己行为能力的精神病人的证明材料。

<table>
<tr><td rowspan="3">证据参考标准</td><td>主观方面的证据</td><td colspan="2">证明行为人故意的证据：1. 证明行为人明知的证据：证明行为人明知自己的行为会发生危害社会的结果；2. 证明直接故意的证据：证明行为人希望危害结果发生；3. 证明间接故意的证据：证明行为人放任危害结果发生。</td></tr>
<tr><td>客观方面的证据</td><td colspan="2">证明行为人出售、购买、运输假币犯罪行为的证据。
具体证据包括：1. 证明行为人将假币卖出行为的证据。2. 证明行为人用假币换取真币行为的证据。3. 证明行为人将假币买进行为的证据。4. 证明行为人运输假币行为的证据：（1）随身携带；（2）委托他人携带；（3）借助运输工具。5. 证明行为人出售、购买、运输假币数额行为的证据：（1）数额较大；（2）数额巨大；（3）数额特别巨大。</td></tr>
<tr><td>量刑方面的证据</td><td colspan="2">一、法定量刑情节证据。
1. 事实情节。2. 法定从重情节。3. 法定从轻减轻情节：（1）可以从轻；（2）可以从轻或减轻；（3）应当从轻或者减轻。4. 法定从轻减轻免除情节：（1）可以从轻、减轻或者免除处罚；（2）应当从轻、减轻或者免除处罚。5. 法定减轻免除情节：（1）可以减轻或者免除处罚；（2）应当减轻或者免除处罚；（3）可以免除处罚。
二、酌定量刑情节证据。
1. 犯罪手段：（1）邮运；（2）携带；（3）藏匿；（4）夹带；（5）其他。2. 犯罪对象。3. 危害结果。4. 动机。5. 平时表现。6. 认罪态度。7. 是否有前科。8. 其他证据。</td></tr>
<tr><td rowspan="3">量刑标准</td><td colspan="2">数额较大的（4000 元以上不满 5 万元）</td><td>处三年以下有期徒刑或者拘役，并处二万元以上二十万元以下罚金</td></tr>
<tr><td colspan="2">数额巨大的（5 万元以上不满 20 万元）</td><td>处三年以上十年以下有期徒刑，并处五万元以上五十万元以下罚金</td></tr>
<tr><td colspan="2">数额特别巨大的（20 万元以上）</td><td>处十年以上有期徒刑或者无期徒刑，并处五万元以上五十万元以下罚金或者没收财产</td></tr>
<tr><td rowspan="2">法律适用</td><td>刑法条文</td><td colspan="2">第一百七十一条第一款　出售、购买伪造的货币或者明知是伪造的货币而运输，数额较大的，处三年以下有期徒刑或者拘役，并处二万元以上二十万元以下罚金；数额巨大的，处三年以上十年以下有期徒刑，并处五万元以上五十万元以下罚金；数额特别巨大的，处十年以上有期徒刑或者无期徒刑，并处五万元以上五十万元以下罚金或者没收财产。
第一百七十一条第三款　伪造货币并出售或者运输伪造的货币的，依照本法第一百七十条的规定定罪从重处罚。</td></tr>
<tr><td>司法解释</td><td colspan="2">一、最高人民法院《关于审理伪造货币等案件具体应用法律若干问题的解释》（节录）
（2000 年 9 月 8 日最高人民法院公布　自 2000 年 9 月 14 日起施行　法释〔2000〕26 号）
第一条　伪造货币的总面额在二千元以上不满三万元或者币量在二百张（枚）以上不足三千张（枚）的，依照刑法第一百七十条的规定，处三年以上十年以下有期徒</td></tr>
</table>

刑，并处五万元以上五十万元以下罚金。

伪造货币的总面额在三万元以上的，属于“伪造货币数额特别巨大”。

行为人制造货币版样或者与他人事前通谋，为他人伪造货币提供版样的，依照刑法第一百七十条的规定定罪处罚。

第二条 行为人购买假币后使用，构成犯罪的，依照刑法第一百七十一条的规定，以购买假币罪定罪，从重处罚。

行为人出售、运输假币构成犯罪，同时有使用假币行为的，依照刑法第一百七十一条、第一百七十二条的规定，实行数罪并罚。

第三条 出售、购买假币或者明知是假币而运输，总面额在四千元以上不满五万元的，属于“数额较大”；总面额在五万元以上不满二十万元的，属于“数额巨大”；总面额在二十万元以上的，属于“数额特别巨大”，依照刑法第一百七十一条第一款的规定定罪处罚。

第四条 银行或者其他金融机构的工作人员购买假币或者利用职务上的便利，以假币换取货币，总面额在四千元以上不满五万元或者币量在四百张（枚）以上不足五千张（枚）的，处三年以上十年以下有期徒刑，并处二万元以上二十万元以下罚金；总面额在五万元以上或者币量在五千张（枚）以上或者有其他严重情节的，处十年以上有期徒刑或者无期徒刑，并处二万元以上二十万元以下罚金或者没收财产；总面额不满人民币四千元或者币量不足四百张（枚）或者具有其他情节较轻情形的，处三年以下有期徒刑或者拘役，并处或者单处一万元以上十万元以下罚金。

第五条 明知是假币而持有、使用，总面额在四千元以上不满五万元的，属于“数额较大”；总面额在五万元以上不满二十万元的，属于“数额巨大”；总面额在二十万元以上的，属于“数额特别巨大”，依照刑法第一百七十二条的规定定罪处罚。

第六条 变造货币的总面额在二千元以上不满三万元的，属于“数额较大”；总面额在三万元以上的，属于“数额巨大”，依照刑法第一百七十三条的规定定罪处罚。

第七条 本解释所称“货币”是指可在国内市场流通或者兑换的人民币和境外货币。

货币面额应当以人民币计算，其他币种以案发时国家外汇管理机关公布的外汇牌价折算成人民币。

二、最高人民法院《关于审理伪造货币等案件具体应用法律若干问题的解释（二）》（节录）（2010 年 10 月 20 日最高人民法院公布　自 2010 年 11 月 3 日起施行　法释〔2010〕14 号）

第三条 以正在流通的境外货币为对象的假币犯罪，依照刑法第一百七十条至第一百七十三条的规定定罪处罚。

假境外货币犯罪的数额，按照案发当日中国外汇交易中心或者中国人民银行授权机构公布的人民币对该货币的中间价折合成人民币计算。中国外汇交易中心或者中国人民银行授权机构未公布汇率中间价的境外货币，按照案发当日境内银行人民币对该货币的中间价折算成人民币，或者该货币在境内银行、国际外汇市场对美元汇率，与人民币对美元汇率中间价进行套算。

第四条 以中国人民银行发行的普通纪念币和贵金属纪念币为对象的假币犯罪，依照刑法第一百七十条至第一百七十三条的规定定罪处罚。

假普通纪念币犯罪的数额，以面额计算；假贵金属纪念币犯罪的数额，以贵金属纪念币的初始发售价格计算。

法律适用

司法解释

三、最高人民检察院、公安部《关于公安机关管辖的刑事案件立案追诉标准的规定（二）》（节录）（2010年5月7日最高人民检察院、公安部公布　自公布之日起施行　2011年11月14日修正）

第二十条〔出售、购买、运输假币案（刑法第一百七十一条第一款）〕出售、购买伪造的货币或者明知是伪造的货币而运输，总面额在四千元以上或者币量在四百张（枚）以上的，应予立案追诉。

在出售假币时被抓获的，除现场查获的假币应认定为出售假币的数额外，现场之外在行为人住所或者其他藏匿地查获的假币，也应认定为出售假币的数额。

相关法律法规

《中华人民共和国中国人民银行法》（节录）（1995年3月18日中华人民共和国主席令第46号公布　2003年12月27日修正）

第四十三条　购买伪造、变造的人民币或者明知是伪造、变造的人民币而持有、使用，构成犯罪的，依法追究刑事责任；尚不构成犯罪的，由公安机关处十五日以下拘留、一万元以下罚款。

规章及规范性文件

《中国人民银行假币收缴、鉴定管理办法》（节录）（2003年4月9日中国人民银行令〔2003〕第4号公布　自2003年7月1日起施行　2016年5月19日修正）

第三条　本办法所称货币是指人民币和外币。人民币是指中国人民银行依法发行的货币，包括纸币和硬币；外币是指在我国境内（香港特别行政区、澳门特别行政区及台湾地区除外）可收兑的其他国家或地区的法定货币。

本办法所称假币是指伪造、变造的货币。

伪造的货币是指仿照真币的图案、形状、色彩等，采用各种手段制作的假币。

变造的货币是指在真币的基础上，利用挖补、揭层、涂改、拼凑、移位、重印等多种方法制作，改变真币原形态的假币。

本办法所称办理货币存取款和外币兑换业务的金融机构（以下简称“金融机构”）是指商业银行、城乡信用社、邮政储蓄的业务机构。

本办法所称中国人民银行授权的鉴定机构，是指具有货币真伪鉴定技术与条件，并经中国人民银行授权的商业银行业务机构。

第七条　金融机构在收缴假币过程中有下列情形之一的，应当立即报告当地公安机关，提供有关线索：

（一）一次性发现假人民币20张（枚）（含20张、枚）以上、假外币10张（含10张、枚）以上的；

（二）属于利用新的造假手段制造假币的；

（三）有制造贩卖假币线索的；

（四）持有人不配合金融机构收缴行为的。

第十条　持有人对被收缴货币的真伪有异议，可以自收缴之日起3个工作日内，持《假币收缴凭证》直接或通过收缴单位向中国人民银行当地分支机构或中国人民银行授权的当地鉴定机构提出书面鉴定申请。

中国人民银行分支机构和中国人民银行授权的鉴定机构应当无偿提供鉴定货币真伪的服务，鉴定后应出具中国人民银行统一印制的《货币真伪鉴定书》，并加盖货币鉴定专用章和鉴定人名章。

中国人民银行授权的鉴定机构，应当在营业场所公示授权证书。

40 金融工作人员购买假币、以假币换取货币案

概念

本罪是指银行或者其他金融机构的工作人员明知是伪造的货币而予以购买，或者利用职务上的便利，以伪造的货币换取真货币的行为。

立案标准

根据最高人民检察院、公安部《关于公安机关管辖的刑事案件立案追诉标准的规定（二）》的规定，银行或者其他金融机构的工作人员购买伪造的货币或者利用职务上的便利，以伪造的货币换取货币，总面额在2000元以上或者币量在200张（枚）以上的，应予立案追诉。

定罪标准

犯罪客体

本罪侵犯的客体是国家的货币管理制度。金融机构工作人员利用职务便利换取货币的行为还同时侵犯了金融机构的正常活动，具有一定的渎职性。由于本罪主体的特殊性，因而本罪对国家货币管理制度的危害比一般人实施同样的行为的危害要大，所以《刑法》第171条第2款规定了更重的法定刑。

犯罪客观方面

本罪在客观方面表现为银行或者其他金融机构工作人员购买伪造的货币，或者利用职务上的便利以伪造的货币换取货币的行为。所谓伪造的货币，简称假币，是指依照我国的货币即人民币和外币含港、澳、台币（包括现行流通的纸币和硬币）的形态、格式、图案、色彩、线条等特征，通过印刷、复印、石印、影印、手描等方法制作的以假充真的货币，不包括变造的货币。

所谓购买伪造的货币，是指以一定的价格利用货币或物品买回、换取伪造的货币之行为。所谓以伪造的货币换取货币的行为，是指以伪造的假币换取真币的行为。这种行为方式，必须在利用职务之便的情况下实施，才能构成本罪的客观之方面。如果没有利用职务之便，即使有以伪造的货币换取真币的行为，亦不可能构成本罪。构成犯罪的，也只能以其他罪论处。所谓利用职务之便，在这里是指利用职务范围内的权力和地位所形成的主管、经管、经手货币的便利条件。既包括利用职权的便利，即在自己职务范围内因职务而产生、享有的处理某种事物的便利，如人事权、物权等，又包括利用本人的职权或地位所形成的便利条件。无论出于哪一种情况，都应当与自己的诸如管理货币的发行、流通与回笼，存款的吸收与提取，贷款的发放与收回，国内外汇兑换的往来等从事货币流通及相关的业务职责活动相联系。如利用管理金库、出纳现金、吸收付出存款、放出与收回贷款等就可形成本罪的便利条件。如果没有利用本身的职务之便，只是因工作关系熟悉作案的环境、方法、条件等，而将伪造的货币换取真币的，就不是本罪的客观之行为。如某银行的一工作人员将假币向其银行某一储蓄所与之不相识的人员兑换真币，以及晚上趁无人之机，潜入金库将假币换取真币的行为，都因未利用职务之便因而不能构成本罪。当然，这不排除可以构成他罪，如使用假币罪、诈骗罪、盗窃罪等。

定罪标准		
	犯罪主体	本罪的主体是特殊主体，即只有金融机构的工作人员才能构成。所谓金融机构，是指专门从事各种金融活动的组织。目前，我国已形成以中央银行即中国人民银行为核心，以商业银行为主体的多种金融机构并存的体系。其中商业银行主要有中国工商银行、中国农业银行、中国银行、中国建设银行、交通银行、光大银行、中信实业银行以及各种地方性商业银行等。其他金融机构是指银行以外的城乡信用合作社、融资租赁机构、信托投资公司、保险公司、邮政储蓄机构、证券机构等具有货币资金融通职能的机构。金融机构工作人员即是在上述机构中从事公务的人员。如果不是在上述金融机构而是在其他机构中工作的人员或者虽然是在上述金融机构中工作，但其不是从事公务而是从事劳务的人员，不能构成本罪主体。
	犯罪主观方面	本罪的主观方面必须是故意，即明知是伪造的货币而予以购买或者利用职务之便利换取货币。如果行为人在工作中误将假币支付给他人，不能视为利用职务便利以假币换取真币。
	罪与非罪	区分罪与非罪的界限，应注意以下两点：（1）行为人购买伪造的货币或者以伪造的货币换取的货币数额大小。如果数额不大的，则不构成犯罪。（2）行为人主观上是否出于故意。如果行为人在不知情的情况下买进了伪造的货币或者以伪造的货币换取了货币，其行为一般也不构成本罪，如果构成其他犯罪的，以其他犯罪论处。
	此罪与彼罪	一、本罪与购买假币罪的界限。本罪与购买假币罪的客观行为的性质并没有本质上的不同。所不同的主要有：（1）行为主体的不同。本罪客观行为的主体是银行等金融机构的工作人员；而购买假币罪的主体则为一般主体。（2）客观方面不同。本罪只要具有购买的行为，无论其购买数额的多少都可构成本罪；但后罪的客观方面，不仅要求具有购买假币的行为，而且亦要求购买假币的数量达到数额较大的标准，否则即不可能构成犯罪。另外需要指出的是，金融机构工作人员出于走私的故意而购买假币的，这时又牵连触犯走私假币罪，对之应从重按走私假币罪论处。 二、本罪与伪造货币罪的界限。如果行为人伪造货币后，再用自己伪造的货币换取真币，则又触犯伪造货币罪。由于后者这种以假币换取真币的行为是前者伪造行为的一种自然的后继行为，加之，《刑法》对伪造货币的行为处罚要比本罪重，对此，应从重择取伪造货币罪处罚。对于后面的以假币换取真币的行为，则作为一个从重的情节予以考虑。如果金融工作人员既有伪造货币的行为，又有不是以自己伪造的货币而是以他人伪造的货币换取真币的行为，此时，两者之间没有必然联系，因此，应当分别定为伪造货币罪与本罪，然后实行数罪并罚。 三、本罪与走私假币罪的界限。行为人如果出于走私的故意或与走私犯罪分子共谋实施本罪行为的，则又牵连触犯了走私假币罪，此时，应择一重罪即走私假币罪从重处罚。根据走私行为的性质，下列行为，即使为金融工作人员所为，亦应按走私假币罪处罚：（1）直接向走私犯罪分子非法购买国家禁止进出口的伪造的货币的；（2）在内海、领海购买国家禁止进出口的伪造的货币的；（3）与走私伪造的货币的犯罪分子共谋，为其将伪造的货币换取真币的；等等。

<table>
<tr><td rowspan="4">证据参考标准</td><td>主体方面的证据</td><td colspan="2">一、证明行为人刑事责任年龄、身份等自然情况的证据。
包括身份证明、户籍证明、任职证明、工作经历证明、特定职责证明等，主要是证明行为人的姓名（曾用名）、性别、出生年月日、民族、籍贯、出生地、职业（或职务）、住所地（或居所地）等证据材料，如户口簿、居民身份证、工作证、出生证、专业或技术等级证、干部履历表、职工登记表、护照等。
对于户籍、出生证等材料内容不实的，应提供其他证据材料。外国人犯罪的案件，应有护照等身份证明材料。人大代表、政协委员犯罪的案件，应注明身份，并附身份证明材料。
二、证明行为人刑事责任能力的证据。
证明行为人对自己的行为是否具有辨认能力与控制能力，如是否属于间歇性精神病人、尚未完全丧失辨认或者控制自己行为能力的精神病人的证明材料。</td></tr>
<tr><td>主观方面的证据</td><td colspan="2">证明行为人故意的证据：1. 证明行为人明知的证据：证明行为人明知自己的行为会发生危害社会的结果；2. 证明直接故意的证据：证明行为人希望危害结果发生。</td></tr>
<tr><td>客观方面的证据</td><td colspan="2">证明金融工作人员购买假币、以假币换取货币行为的证据。
具体证据包括：1. 证明行为人购买假币行为的证据。2. 证明行为人以假币换取货币行为的证据。3. 证明行为人其他行为的证据：（1）数额巨大；（2）其他严重情节；（3）情节较轻。</td></tr>
<tr><td>量刑方面的证据</td><td colspan="2">一、法定量刑情节证据。
1. 事实情节。2. 法定从重情节。3. 法定从轻减轻情节：（1）可以从轻；（2）可以从轻或减轻；（3）应当从轻或者减轻。4. 法定从轻减轻免除情节：（1）可以从轻、减轻或者免除处罚；（2）应当从轻、减轻或者免除处罚。5. 法定减轻免除情节：（1）可以减轻或者免除处罚；（2）应当减轻或者免除处罚；（3）可以免除处罚。
二、酌定量刑情节证据。
1. 犯罪手段：（1）购买；（2）换取。2. 犯罪对象。3. 危害结果。4. 动机。5. 平时表现。6. 认罪态度。7. 是否有前科。8. 其他证据。</td></tr>
<tr><td rowspan="3">量刑标准</td><td colspan="2">构成犯罪的</td><td>处三年以上十年以下有期徒刑，并处二万元以上二十万元以下的罚金</td></tr>
<tr><td colspan="2">数额巨大或者有其他严重情节的</td><td>处十年以上有期徒刑或者无期徒刑，并处二万元以上二十万元以下罚金或者没收财产</td></tr>
<tr><td colspan="2">情节较轻的</td><td>处三年以下有期徒刑或者拘役，并处或单处一万元以上十万元以下罚金</td></tr>
</table>

法律适用

刑法条文

第一百七十一条第二款 银行或者其他金融机构的工作人员购买伪造的货币或者利用职务上的便利，以伪造的货币换取货币的，处三年以上十年以下有期徒刑，并处二万元以上二十万元以下罚金；数额巨大或者有其他严重情节的，处十年以上有期徒刑或者无期徒刑，并处二万元以上二十万元以下罚金或者没收财产；情节较轻的，处三年以下有期徒刑或者拘役，并处或者单处一万元以上十万元以下罚金。

司法解释

一、最高人民法院《关于审理伪造货币等案件具体应用法律若干问题的解释》（节录）（2000年9月8日最高人民法院公布　自2000年9月14日起施行　法释〔2000〕26号）

第二条 行为人购买假币后使用，构成犯罪的，依照刑法第一百七十一条的规定，以购买假币罪定罪，从重处罚。

行为人出售、运输假币构成犯罪，同时有使用假币行为的，依照刑法第一百七十一条、第一百七十二条的规定，实行数罪并罚。

第四条 银行或者他金融机构的工作人员购买假币或者利用职务上便利，以假币换取货币，总面额在四千元以上不满五万元或者币量在四百张（枚）以上不足五千张（枚）的，处三年以上十年以下有期徒刑，并处二万元以上二十万元以下罚金；总面额在五万元以上或者币量在五千张（枚）以上或者有其他严重情节的，处十年以上有期徒刑或者无期徒刑，并处二万元以上二十万元以下罚金或者没收财产；总面额不满人民币四千元或者币量不足四百张（枚）或者具有其他情节较轻情形的，处三年以下有期徒刑或者拘役，并处或者单处一万元以上十万元以下罚金。

第五条 明知是假币而持有、使用、总面额在四千元以上不满五万元的，属于“数额较大”；总面额在五万元以上不满二十万元的，属于“数额巨大”；总面额在二十万元以上的，属于“数额特别巨大”，依照刑法第一百七十二条的规定定罪处罚。

第七条 本解释所称“货币”是指可在国内市场流通或者兑换的人民币和境外货币。

货币面额应当以人民币计算，其他币种以案发时国家外汇管理机关公布的外汇牌价折算成人民币。

二、最高人民检察院、公安部《关于公安机关管辖的刑事案件立案追诉标准的规定（二）》（节录）（2010年5月7日最高人民检察院、公安部公布　自公布之日起施行　2011年11月14日修正）

第二十一条 〔金融工作人员购买假币、以假币换取货币案（刑法第一百七十一条第二款）〕银行或者其他金融机构的工作人员购买伪造的货币或者利用职务上的便利，以伪造的货币换取货币，总面额在二千元以上或者币量在二百张（枚）以上的，应予立案追诉。

41 持有、使用假币案

概念

本罪是指明知是伪造的货币而故意持有或使用，数额较大的行为。

立案标准

根据最高人民检察院、公安部《关于公安机关管辖的刑事案件立案追诉标准的规定（二）》的规定，明知是伪造的货币而持有、使用，总面额在4000元以上或者币量在400张（枚）以上的，应予立案追诉。

定罪标准		
定罪标准	犯罪客体	本罪侵犯的客体是国家货币管理制度。持有或者使用伪造的货币的行为危害或已经危害国家货币流通秩序，妨害国家货币管理制度。
	犯罪客观方面	本罪在客观方面表现为持有、使用伪造的货币，数额较大的行为。所谓持有，是指控制、掌握伪造的货币的行为。具体来说，它既可以是行为人把伪造的货币带在身上、藏在家中或其他地方，也可以是把伪造的货币委托他人保管，处于自己支配的范围之内。不管行为人持有伪造的货币的原因和目的是什么，只要能证明行为人确实掌握、控制了一定数额的伪造的货币，即符合本罪的行为特征。所谓使用，是指将伪造的货币冒充真币而予以流通的行为。一般来说，接受货币的对方并不知该货币属于伪造的货币，因此这种使用带有欺骗的性质。至于使用的具体方法，可以多种多样。如有的用以购买商品，有的用之偿还债务，有的借予他人，甚至有的充当赌资等。具体使用方法不影响本罪的行为方式特征。
	犯罪主体	本罪的主体是一般主体，即凡是达到刑事责任年龄、具备刑事责任能力的人，其持有、使用伪造货币的行为都可构成本罪。
	犯罪主观方面	本罪在主观方面只能出于故意，即明知是伪造的货币而仍非法持有或使用。如受他人的蒙蔽、欺骗误以为是货币而为之携带或保管的，在出卖商品、经济往来等活动中误收了伪造的货币后不知道而持有或使用的，因不具有本罪故意而不构成本罪。但误收后发现为伪造的货币仍继续持有或使用的，仍可构成本罪而按本罪论处。所谓明知，既包括对伪造的货币的确知，即完全知道所持有、使用的货币是伪造的，也包括对伪造的货币的可能知道，即对持有、使用的货币虽然不能完全肯定是伪造的，但却知道其有可能是伪造的。至于犯罪的动机则多种多样，但不能出于走私、伪造、出售、购买、运输以及金融工作人员出于购买及以假币换取真币等他罪的故意，否则应构成他罪，而不是本罪。另外，明知他人持有的是伪造的货币，而代为收藏，对于他人则是本罪的故意，而对于收藏人，则由于不具有实际上的支配与控制力，因此，其故意的内容则是帮助他人窝藏赃物，构成犯罪的，应以掩饰、隐瞒犯罪所得、犯罪所得收益罪论处。
	罪与非罪	区分罪与非罪的界限，关键是看数额是否较大。

<table>
<tr><td>定罪标准</td><td>此罪与彼罪</td><td>一、本罪与出售假币罪的界限。关键在于区分“使用”与“出售”之间的差别。一般来说，使用伪造的货币必须以对方不知是伪造的货币为条件。如果对方是知情者而交付伪造的货币，并且以低于票面的价值卖给对方，则是“出售”。因此，出售伪造的货币的行为是将伪造的货币作为“物品”非法进行交易。交易中是以低于票面的价值卖给他人，并且他人是知情者。买卖双方是刑法理论上的对合犯：买者构成购买假币罪，卖者构成出售假币罪。在使用伪造的货币的情况下，对方是不知情者，并且是根据伪造的货币本身的价值使用，因而具有诈骗的因素。
二、本罪与出售、购买、运输假币罪的界限。二者在侵犯的客体、主体、主观方面都相同，不同的是：前者行为人将假币已置于自己的实际支配之下或者将假币投入市场、作为一种支付手段而运用；后者则以一定的价格将假币卖出、以一定的价格用真币换取假币或者使用交通工具将假币从甲地运往乙地。</td></tr>
<tr><td rowspan="4">证据参考标准</td><td>主体方面的证据</td><td>一、证明行为人刑事责任年龄、身份等自然情况的证据。
包括身份证明、户籍证明、任职证明、工作经历证明、特定职责证明等，主要是证明行为人的姓名（曾用名）、性别、出生年月日、民族、籍贯、出生地、职业（或职务）、住所地（或居所地）等证据材料，如户口簿、居民身份证、工作证、出生证、专业或技术等级证、干部履历表、职工登记表、护照等。
对于户籍、出生证等材料内容不实的，应提供其他证据材料。外国人犯罪的案件，应有护照等身份证明材料。人大代表、政协委员犯罪的案件，应注明身份，并附身份证明材料。
二、证明行为人刑事责任能力的证据。
证明行为人对自己的行为是否具有辨认能力与控制能力，如是否属于间歇性精神病人、尚未完全丧失辨认或者控制自己行为能力的精神病人的证明材料。</td></tr>
<tr><td>主观方面的证据</td><td>证明行为人故意的证据：1. 证明行为人明知的证据：证明行为人明知自己的行为会发生危害社会的结果；2. 证明直接故意的证据：证明行为人希望危害结果发生；3. 证明间接故意的证据：证明行为人放任危害结果发生。</td></tr>
<tr><td>客观方面的证据</td><td>证明行为人持有、使用假币犯罪行为的证据。
具体证据包括：1. 证明行为人持有假币数量的证据。2. 证明行为人使用假币行为的证据：（1）兑换；（2）购物支付；（3）结算支付。3. 证明行为人持有假币数额较大、数额巨大、数额特别巨大行为的证据。</td></tr>
<tr><td>量刑方面的证据</td><td>一、法定量刑情节证据。
1. 事实情节：（1）数额较大；（2）其他。2. 法定从重情节。3. 法定从轻减轻情节：（1）可以从轻；（2）可以从轻或减轻；（3）应当从轻或者减轻。4. 法定从轻减轻免除情节：（1）可以从轻、减轻或者免除处罚；（2）应当从轻、减轻或者免除处罚。5. 法定减轻免除情节：（1）可以减轻或者免除处罚；（2）应当减轻或者免除处罚；（3）可以免除处罚。
二、酌定量刑情节证据。
1. 犯罪手段：（1）持有；（2）使用。2. 犯罪对象。3. 危害结果。4. 动机。5. 平时表现。6. 认罪态度。7. 是否有前科。8. 其他证据。</td></tr>
</table>

量刑标准		
	数额较大的（4000 元以上不满 5 万元）	处三年以下有期徒刑或者拘役，并处或者单处一万元以上十万元以下罚金
	数额巨大的（5 万元以上不满 20 万元）	处三年以上十年以下有期徒刑，并处二万元以上二十万元以下罚金
	数额特别巨大的（20 万元以上）	处十年以上有期徒刑，并处五万元以上五十万元以下罚金或者没收财产

法律适用

刑法条文

第一百七十二条 明知是伪造的货币而持有、使用，数额较大的，处三年以下有期徒刑或者拘役，并处或者单处一万元以上十万元以下罚金；数额巨大的，处三年以上十年以下有期徒刑，并处二万元以上二十万元以下罚金；数额特别巨大的，处十年以上有期徒刑，并处五万元以上五十万元以下罚金或者没收财产。

司法解释

一、最高人民法院《关于审理伪造货币等案件具体应用法律若干问题的解释》（节录）（2000 年 9 月 8 日最高人民法院公布　自 2000 年 9 月 14 日起施行　法释〔2000〕26 号）

第二条 行为人购买假币后使用，构成犯罪的，依照刑法第一百七十一条的规定，以购买假币罪定罪，从重处罚。

行为人出售、运输假币构成犯罪，同时有使用假币行为的，依照刑法第一百七十一条、第一百七十二条的规定，实行数罪并罚。

第五条 明知是假币而持有、使用，总面额在四千元以上不满五万元的，属于“数额较大”；总面额在五万元以上不满二十万元的，属于“数额巨大”；总面额在二十万元以上的，属于“数额特别巨大”，依照刑法第一百七十二条的规定定罪处罚。

第七条 本解释所称“货币”是指可在国内市场流通或者兑换的人民币和境外货币。

货币面额应当以人民币计算，其他币种以案发时国家外汇管理机关公布的外汇牌价折算成人民币。

二、最高人民检察院、公安部《关于公安机关管辖的刑事案件立案追诉标准的规定（二）》（节录）（2010 年 5 月 7 日最高人民检察院、公安部公布　自公布之日起施行　2011 年 11 月 14 日修正）

第二十二条〔持有、使用假币案（刑法第一百七十二条）〕明知是伪造的货币而持有、使用，总面额在四千元以上或者币量在四百张（枚）以上的，应予立案追诉。

相关法律法规

《中华人民共和国中国人民银行法》（节录）（1995 年 3 月 18 日中华人民共和国主席令第 46 号公布　2003 年 12 月 27 日修正）

第十九条 禁止伪造、变造人民币。禁止出售、购买伪造、变造的人民币。禁止运输、持有、使用伪造、变造的人民币。禁止故意毁损人民币。禁止在宣传品、出版物或者其他商品上非法使用人民币图样。

第四十三条 购买伪造、变造的人民币或者明知是伪造、变造的人民币而持有、使用，构成犯罪的，依法追究刑事责任；尚不构成犯罪的，由公安机关处十五日以下拘留、一万元以下罚款。

42 变造货币案

概念

本罪是指对货币采用剪贴、挖补、揭层、涂改、拼接等方法加工处理，以增加货币面值或增大货币数量，数额较大的行为。

立案标准

根据最高人民检察院、公安部《关于公安机关管辖的刑事案件立案追诉标准的规定（二）》的规定，变造货币，总面额在2000元以上或者币量在200张（枚）以上的，应予立案追诉。

定罪标准		
定罪标准	犯罪客体	本罪侵犯的客体是国家货币管理制度。变造货币与伪造货币，是两种具有较大差异的行为。前者是对真正的货币予以加工而增加币值或币量的行为，其特点是假中有真；而后者则是仿照真币制造假币的行为，完全是以假充真。变造行为的手段、特点决定了其变造货币的数量是有限的，不可能与伪造货币的数量相提并论，因此变造货币罪的社会危害性也远小于伪造货币罪。尽管如此，变造货币也会使人们怀疑货币的信用，担心交易的安全，从而影响国家币制的稳定，因而变造货币行为同样侵犯了国家的货币管理制度。在客体要件这一问题上，变造货币与伪造货币相比，只有侵犯程度的不同，而无实质上的差异。
定罪标准	犯罪客观方面	本罪在客观方面表现为变造货币，数额较大的行为。所谓变造货币，是指行为人在真币的基础上，以真币为基本的材料，通过对其剪贴、挖补、拼凑、揭层、涂改等方法加工处理，致使原有的货币改变形态、数量、面值造成原货币升值的行为。如将50元面额的人民币经过涂改变为100元面额的人民币，或把一张50元面额的人民币经过揭层加工后变为两张50元额的人民币等，就都是变造货币的行为。变造货币，从广义上来讲，应属于伪造货币的一种方式，因为经过变造的货币已不会再是起初真正的货币，而是一种以假充真的假币，但从严格的意义上来说，两者的行为方式还是有明显的区别。变造的货币是在货币的基础上，对其所进行的加工与改造而使其增加数量、面值的行为，无论其如何加工处理，变造后的货币在某种程度上或多或少存在原货币即被加工对象的成分，如原货币的纸张、金属防伪线、油墨、颜色、图案等。其是一种在货币存在的前提下，由少量货币变为多量货币的行为。而伪造货币则不同，它是从无货币到有货币的行为。采用将一些非货币的物质材料经过一系列的诸如复印、影印、描绘等方法而使其变成货币的行为，有的伪造不需要使用货币，如利用报纸、绘画、凹缩印本剪裁粘贴假币就可不利用货币；有的虽然要利用货币，如用彩色复印机复印，用照相机拍摄而制成假币等，但无论是利用货币还是不利用货币伪造货币，伪造后的货币都不会有原有货币的成分。再从产生和后果看，伪造往往可以成批大量地进行，但变造就难以做到，因此，前者产生的数量常常要比后者大得多，并且由于伪造利用的一般都是先进的技术设备，而变造行为则主要是依靠一些手工所为，所以，在逼真程度方面亦是伪造的要比变造的像得多。为此，将两种行为分别规

<table>
<tr><td rowspan="6">定罪标准</td><td>犯罪客观方面</td><td>定为不同的犯罪，并据其社会危害性的大小规定不同刑罚，显然有其内在的必然性。
变造货币必须是数额较大的行为才能构成犯罪。“数额较大”的认定标准，根据最高人民检察院、公安部《关于公安机关管辖的刑事案件立案追诉标准的规定(二)》的规定，变造货币“总面额在2000元以上或者币量在200张（枚）以上的”，视为“数额较大”。未达到以上数额的变造货币行为不宜以犯罪论处。需要注意的是，这里的货币数额应该是指变造后的货币额，而不是变造前真币的数额，因为对国家货币管理制度危害的显然是变造的货币而非变造前的真币。</td></tr>
<tr><td>犯罪主体</td><td>本罪的主体为一般主体。任何达到法定刑事责任年龄且具备刑事责任能力的自然人均可构成本罪。</td></tr>
<tr><td>犯罪主观方面</td><td>本罪在主观上须由故意构成，即行为人必须明知是货币并进行变造以增大面值或增多币量的，才能构成本罪。如果行为人确实不知是货币而进行加工的，不管其加工变成的面值或币量多大，均不构成犯罪。例如，在实践中可能有的行为人因各种原因间接获得外币而又不认识，行为人出于好奇等心理对其进行剪贴、挖补、拼凑、揭层、涂改等，有的变造后还作为纪念品送给他人，对此当然不能以犯罪论处。应注意的是，本条没有规定构成本罪必须具有营利或者流通使用的目的，因此只要行为人出于故意变造货币且数额较大的即可构成本罪。实际上，行为人如果仅仅是为了炫耀自己的技巧或出于自己玩赏、收藏的目的，一般变造的数量也不会太大。行为人变造数量较大的一般也可推定行为人具有营利或流通使用的目的，只不过本条对此不要求，这样更便于司法实践对故意变造货币行为的认定和惩治。</td></tr>
<tr><td>罪与非罪</td><td>区分罪与非罪的界限，应注意：（1）变造的货币是否数额较大；（2）是否故意变造货币。行为人实施了变造货币的行为，同时又实施了买卖、运输、持有、使用这些变造货币行为的，不应适用数罪并罚，而应按变造货币罪从重处罚。</td></tr>
<tr><td>此罪与彼罪</td><td>本罪与伪造货币罪的界限。变造货币与伪造货币是不同的，变造货币是在货币的基础上进行加工处理，以增加原货币的面值；伪造货币则是将非货币的一些物质经过加工后伪造成货币，有的伪造货币的行为要利用货币，如用彩色复印机伪造货币的。变造的货币在某种程度上有原货币的成分，如原货币的纸张、金属防伪线等；伪造的货币则不具有原货币的成分，如将真实的金属货币熔化之后铸成新币。变造货币的犯罪受到其行为方式的限制，变造的数额远远小于伪造的货币的数额，而且变造货币的犯罪是在真实货币的基础上进行加工处理，行为人为此还需先行投入一部分货币才能进行变造货币的犯罪；其牟取的非法利益往往小于伪造货币的非法所得利益；而伪造货币的犯罪有的是成批、大量地“生产货币”，社会危害性相对变造货币更大些。因此，它不能成为伪造、变造有价证券罪的对象。</td></tr>
</table>

<table>
<tr><td>证据参考标准</td><td>主体方面的证据</td><td>一、证明行为人刑事责任年龄、身份等自然情况的证据。
包括身份证明、户籍证明、任职证明、工作经历证明、特定职责证明等，主要是证明行为人的姓名（曾用名）、性别、出生年月日、民族、籍贯、出生地、职业（或职务）、住所地（或居所地）等证据材料，如户口簿、居民身份证、工作证、出生证、专业或技术等级证、干部履历表、职工登记表、护照等。</td></tr>
</table>

<table>
<tr><td rowspan="4">证据参考标准</td><td>主体方面的证据</td><td colspan="2">对于户籍、出生证等材料内容不实的，应提供其他证据材料。外国人犯罪的案件，应有护照等身份证明材料。人大代表、政协委员犯罪的案件，应注明身份，并附身份证明材料。
二、证明行为人刑事责任能力的证据。
证明行为人对自己的行为是否具有辨认能力与控制能力，如是否属于间歇性精神病人、尚未完全丧失辨认或者控制自己行为能力的精神病人的证明材料。</td></tr>
<tr><td>主观方面的证据</td><td colspan="2">证明行为人故意的证据：1. 证明行为人明知的证据：证明行为人明知自己的行为会发生危害社会的结果；2. 证明直接故意的证据：证明行为人希望危害结果发生；3. 证明间接故意的证据：证明行为人放任危害结果发生。</td></tr>
<tr><td>客观方面的证据</td><td colspan="2">证明行为人变造货币犯罪行为的证据。
具体证据包括：1. 证明行为人变造货币行为方法的证据：（1）剪贴；（2）挖补；（3）揭层；（4）拼凑；（5）涂改。2. 证明行为人变造货币数额较大、数额巨大行为的证据。</td></tr>
<tr><td>量刑方面的证据</td><td colspan="2">一、法定量刑情节证据。
1. 事实情节。2. 法定从重情节。3. 法定从轻减轻情节：（1）可以从轻；（2）可以从轻或减轻；（3）应当从轻或者减轻。4. 法定从轻减轻免除情节：（1）可以从轻、减轻或者免除处罚；（2）应当从轻、减轻或者免除处罚。5. 法定减轻免除情节：（1）可以减轻或者免除处罚；（2）应当减轻或者免除处罚；（3）可以免除处罚。
二、酌定量刑情节证据。
1. 犯罪手段：（1）剪贴；（2）挖补；（3）揭层；（4）拼凑；（5）涂改。2. 犯罪对象。3. 危害结果。4. 动机。5. 平时表现。6. 认罪态度。7. 是否有前科。8. 其他证据。</td></tr>
<tr><td rowspan="2">量刑标准</td><td colspan="2">数额较大（2000 元以上不满 30000 元）的</td><td>处三年以下有期徒刑或者拘役，并处或者单处一万元以上十万元下罚金</td></tr>
<tr><td colspan="2">数额巨大（30000 元以上）的</td><td>处三年以上十年以下有期徒刑，并处二万元以上二十万元以下罚金</td></tr>
<tr><td>法律适用</td><td>刑法条文</td><td colspan="2">第一百七十三条　变造货币，数额较大的，处三年以下有期徒刑或者拘役，并处或者单处一万元以上十万元以下罚金；数额巨大的，处三年以上十年以下有期徒刑，并处二万元以上二十万元以下罚金。</td></tr>
</table>

法律适用

司法解释

一、最高人民法院《关于审理伪造货币等案件具体应用法律若干问题的解释》（节录）（2000年9月8日最高人民法院公布 自2000年9月14日起施行 法释〔2000〕26号）

第六条 变造货币的总面额在二千元以上不满三万元的，属于“数额较大”；总面额在三万元以上的，属于“数额巨大”，依照刑法第一百七十三条的规定定罪处罚。

第七条 本解释所称“货币”是指可在国内市场流通或者兑换的人民币和境外货币。

货币面额应当以人民币计算，其他币种以案发时国家外汇管理机关公布的外汇牌价折算成人民币。

二、最高人民法院《关于审理伪造货币等案件具体应用法律若干问题的解释（二）》（节录）（2010年10月20日最高人民法院公布 自2010年11月3日起施行 法释〔2010〕14号）

第一条 仿照真货币的图案、形状、色彩等特征非法制造假币，冒充真币的行为，应当认定为刑法第一百七十条规定的“伪造货币”。

对真货币采用剪贴、挖补、揭层、涂改、移位、重印等方法加工处理，改变真币形态、价值的行为，应当认定为刑法第一百七十三条规定的“变造货币”

第三条 以正在流通的境外货币为对象的假币犯罪，依照刑法第一百七十条至第一百七十三条的规定定罪处罚。

假境外货币犯罪的数额，按照案发当日中国外汇交易中心或者中国人民银行授权机构公布的人民币对该货币的中间价折合成人民币计算。中国外汇交易中心或者中国人民银行授权机构未公布汇率中间价的境外货币，按照案发当日境内银行人民币对该货币的中间价折算成人民币，或者该货币在境内银行、国际外汇市场对美元汇率，与人民币对美元汇率中间价进行套算。

第四条 以中国人民银行发行的普通纪念币和贵金属纪念币为对象的假币犯罪，依照刑法第一百七十条至第一百七十三条的规定定罪处罚。

假普通纪念币犯罪的数额，以面额计算；假贵金属纪念币犯罪的数额，以贵金属纪念币的初始发售价格计算。

三、最高人民检察院、公安部《关于公安机关管辖的刑事案件立案追诉标准的规定（二）》（节录）（2010年5月7日最高人民检察院、公安部公布 自公布之日起施行 2011年11月14日修正）

第二十三条〔变造货币案（刑法第一百七十三条）〕变造货币，总面额在二千元以上或者币量在二百张（枚）以上的，应予立案追诉。

相关法律法规

《中华人民共和国中国人民银行法》（节录）（1995年3月18日中华人民共和国主席令第46号公布 2003年12月27日修正）

第十九条 禁止伪造、变造人民币。禁止出售、购买伪造、变造的人民币。禁止运输、持有、使用伪造、变造的人民币。禁止故意毁损人民币。禁止在宣传品、出版物或者其他商品上非法使用人民币图样。

第四十二条 伪造、变造人民币，出售伪造、变造的人民币，或者明知是伪造、变造的人民币而运输，构成犯罪的，依法追究刑事责任；尚不构成犯罪的，由公安机关处十五日以下拘留、一万元以下罚款。

43 擅自设立金融机构案

概念

本罪是指未经国家有关主管部门批准，擅自设立商业银行、证券交易所、期货交易所、证券公司、期货经纪公司、保险公司或者其他金融机构的行为。

立案标准

根据最高人民检察院、公安部《关于公安机关管辖的刑事案件立案追诉标准的规定（二）》的规定，未经国家有关主管部门批准，擅自设立金融机构，涉嫌下列情形之一的，应予立案追诉：

（1）擅自设立商业银行、证券交易所、期货交易所、证券公司、期货公司、保险公司或者其他金融机构的；

（2）擅自设立商业银行、证券交易所、期货交易所、证券公司、期货公司、保险公司或者其他金融机构筹备组织的。

定罪标准

犯罪客体

本罪侵犯的客体是国家的金融管理制度。所谓金融，即货币资金的融通，是货币流通和信用活动以及与之相关的经济活动的总称。金融活动是一个动态的运动过程，各种机构和人员参与其间，因此必须形成一定的法律秩序，否则，混乱不堪的金融活动就会对国民经济产生严重的破坏作用。金融活动都是通过银行等各种金融机构的业务活动来进行的，银行等金融机构担负着筹集融通资金、引导资金流向、提高资金使用效益和调节社会总需求等重任，是联结国民经济的纽带，必须掌握在国家的宏观控制下。为了促进金融体制改革，有利于我国金融市场的发展和完善，《银行业监督管理法》第19条规定："未经国务院银行业监督管理机构批准，任何单位或个人不得设立银行业金融机构或者从事银行业金融机构的业务活动。"不经批准擅自设立金融机构，必然影响国家金融方针政策和信贷计划等的贯彻实施，导致金融秩序的混乱，最终影响国民经济的发展。《刑法》将相关规定具体化，有利于维护金融秩序的稳定。

犯罪客观方面

本罪在客观方面表现为未经国家有关主管部门批准，擅自设立商业银行、证券交易所、期货交易所、证券公司、期货经纪公司、保险公司或者其他金融机构的行为。根据《商业银行法》和有关银行法规的规定，设立商业银行或者其他金融机构，必须符合一定的条件，按照规定的程序提出申请，经审核批准，发给《经营金融业务许可证》，始得营业。凡未经批准，擅自开业或者经营金融业务，构成犯罪的，以本罪论处。

所谓商业银行，是指根据《商业银行法》和《公司法》成立的，并经批准以"银行"名义对外吸收公众存款、发放贷款、办理结算以及开展其他金融业务，具有法人资格的，以实现利润为其经营目的的金融机构。所谓擅自设立商业银行，包括擅自设立一个原本不存在的商业银行，也包括未经批准，冒用其他商业银行或者商业银行分支机构名称进行活动。所谓其他金融机构，是指除银行及其分支机构以外，能依

定罪标准	犯罪客观方面	法参与金融活动、开展金融业务的、具有法人资格的组织。从我国目前的情况看，银行以外的其他金融机构，主要有以下几类：（1）证券交易所；（2）期货交易所；（3）证券公司；（4）期货经纪公司；（5）保险公司；（6）信托投资公司；（7）融资租赁公司；（8）农村信用合作社；（9）城市信用合作社；（10）企业集团财务公司；（11）侨资、外资在我国境内设立的金融机构，等等。 本罪是结果犯，即必须有成立商业银行或者其他金融机构的结果。如果设立金融机构还在预备阶段，或者由于某种原因使行为人意图设立的商业银行或者其他金融机构并未实际成立，则不构成本罪。至于擅自设立的商业银行或者其他金融机构是不是已开展业务，是否从事相应的金融业务，是否已经造成了危害，均不影响本罪的成立。 本款规定中的“情节严重”主要是指从行为、手段、实际造成的危害后果等因素确定。一般可包括：成立多家商业银行或者其他金融机构的；采取恶劣手段，如以伪造批准文件或国务院文件等方式，或者编造谎言，欺骗群众，或者国家机关擅自设立金融机构；不顾主管机关的批评擅自设立金融机构，造成恶劣影响，给他人造成了重大的经济损失等。
	犯罪主体	本罪的主体，既可以是达到刑事责任年龄并具备刑事责任能力的自然人，也可以是单位。单位犯本罪的，实行双罚制，即对单位判处罚金，对其直接负责的主管人员和其他直接责任人员，判处相应刑罚。
	犯罪主观方面	本罪在主观方面必须出于直接故意，间接故意或过失都不能构成本罪。这就是说，行为人明知设立金融机构应当经过批准，擅自设立属于违法的行为，亦明知自己是在私自设立金融机构而仍决意设立之，并希望发生金融机构擅自设立成功的危害结果。至于设立的目的，则是为了谋取非法利润。如果设立后又从事非法吸收公众存款、进行集资诈骗等犯罪活动的，则又牵连触犯其他罪名，如非法吸收公众存款罪、集资诈骗罪等，这时，应按牵连犯的处罚原则择一重罪处罚。
	罪与非罪	区分罪与非罪的界限，应注意：有些商业银行、证券交易所、期货交易所、证券公司、期货经纪公司、保险公司或者其他金融机构为了扩大业务，不向主管机关申报而擅自设立营业网点，增设分支机构，或者虽向主管机关申报，在主管机关未批准前就擅自设立分支机构进行营业活动，这些行为都是违法的，但是这种商业银行或者其他金融机构擅自设立分支机构的行为与擅自设立商业银行或者其他金融机构的行为在性质上是不同的。因此，对商业银行、证券交易所、期货交易所、证券公司、期货经纪公司、保险公司或者其他金融机构擅自设立分支机构的行为不能作为犯罪处理。

<table>
<tr><td rowspan="3">证据参考标准</td><td>主体方面的证据</td><td>一、证明行为人刑事责任年龄、身份等自然情况的证据。
包括身份证明、户籍证明、任职证明、工作经历证明、特定职责证明等，主要是证明行为人的姓名（曾用名）、性别、出生年月日、民族、籍贯、出生地、职业（或职务）、住所地（或居所地）等证据材料，如户口簿、居民身份证、工作证、出生证、专业或技术等级证、干部履历表、职工登记表、护照等。
对于户籍、出生证等材料内容不实的，应提供其他证据材料。外国人犯罪的案件，应有护照等身份证明材料。人大代表、政协委员犯罪的案件，应注明身份，并附身份证明材料。
二、证明行为人刑事责任能力的证据。
证明行为人对自己的行为是否具有辨认能力与控制能力，如是否属于间歇性精神病人、尚未完全丧失辨认或者控制自己行为能力的精神病人的证明材料。
三、证明单位的证据。
证明是否属于依法成立并有合法经营、管理范围的公司、企业、事业单位、机关、团体。
证明单位的名称、住所地、性质、法定代表人、单位负责人、业务范围、成立时间等证据材料，如企业营业执照、国有公司性质证明及非法人单位的身份证明等。
四、证明法定代表人、单位负责人或直接责任人员等的身份证明。
法定代表人、直接负责的主管人员和其他直接责任人在单位的任职、职责、负责权限的证明材料等。包括身份证明、户籍证明、任职证明等，如户口簿、居民身份证、工作证、护照、专业或技术等级证、干部履历表、职工登记表、任命书、业务分工文件、委派文件、单位证明、单位规章制度等。</td></tr>
<tr><td>主观方面的证据</td><td>证明行为人故意的证据：1. 证明行为人明知的证据：证明行为人明知自己的行为会发生危害社会的结果；2. 证明直接故意的证据：证明行为人希望危害结果发生。</td></tr>
<tr><td>客观方面的证据</td><td>一、未经国家有关主管部门批准，擅自设立商业银行、证券交易所、期货交易所、证券公司、期货经纪公司、保险公司或者其他金融机构的行为。
二、证明行为人擅自设立金融机构犯罪行为的证据。
具体证据包括：1. 证明行为人吸收公众存款行为的证据；2. 证明行为人发放短、中期和长期贷款行为的证据；3. 证明行为人办理国内外结算行为的证据；4. 证明行为人发行金融债券行为的证据；5. 证明行为人代理发行、代理兑付、承销政府债券行为的证据；6. 证明行为人买卖政府债券行为的证据；7. 证明行为人从事同业拆借行为的证据；8. 证明行为人买卖、代理买卖外汇行为的证据；9. 证明行为人提供保险箱服务行为的证据；10. 证明行为人提供信用证服务及担保行为的证据；11. 代理收付款项及代理保险业务行为的证据；12. 证明行为人其他行为的证据。</td></tr>
</table>

证据参考标准

量刑方面的证据

一、法定量刑情节证据。

1. 事实情节。2. 法定从重情节。3. 法定从轻减轻情节：（1）可以从轻；（2）可以从轻或减轻；（3）应当从轻或者减轻。4. 法定从轻减轻免除情节：（1）可以从轻、减轻或者免除处罚；（2）应当从轻、减轻或者免除处罚。5. 法定减轻免除情节：（1）可以减轻或者免除处罚；（2）应当减轻或者免除处罚；（3）可以免除处罚。

二、酌定量刑情节证据。

1. 犯罪手段：（1）非法设立；（2）其他。2. 犯罪对象。3. 危害结果。4. 动机。5. 平时表现。6. 认罪态度。7. 是否有前科。8. 其他证据。

量刑标准

犯本罪的	处三年以下有期徒刑或者拘役，并处或者单处二万元以上二十万元以下罚金
情节严重的	处三年以上十年以下有期徒刑，并处五万元以上五十万元以下罚金
单位犯本罪的	对单位判处罚金，并对其直接负责的主管人员和其他直接责任人员依上述规定处罚

法律适用

刑法条文

第一百七十四条 未经国家有关主管部门批准，擅自设立商业银行、证券交易所、期货交易所、证券公司、期货经纪公司、保险公司或者其他金融机构的，处三年以下有期徒刑或者拘役，并处或者单处二万元以上二十万元以下罚金；情节严重的，处三年以上十年以下有期徒刑，并处五万元以上五十万元以下罚金。

伪造、变造、转让商业银行、证券交易所、期货交易所、证券公司、期货经纪公司、保险公司或者其他金融机构的经营许可证或者批准文件的，依照前款的规定处罚。

单位犯前两款罪的，对单位判处罚金，并对其直接负责的主管人员和其他直接责任人员，依照第一款的规定处罚。

司法解释

最高人民检察院、公安部《关于公安机关管辖的刑事案件立案追诉标准的规定（二）》（节录）（2010年5月7日最高人民检察院、公安部公布 自公布之日起施行 2011年11月14日修正）

第二十四条 〔擅自设立金融机构案（刑法第一百七十四条第一款）〕未经国家有关主管部门批准，擅自设立金融机构，涉嫌下列情形之一的，应予立案追诉：

（一）擅自设立商业银行、证券交易所、期货交易所、证券公司、期货公司、保险公司或者其他金融机构的；

（二）擅自设立商业银行、证券交易所、期货交易所、证券公司、期货公司、保险公司或者其他金融机构筹备组织的。

法律适用

相关法律法规

一、《中华人民共和国银行业监督管理法》（节录）（2003年12月27日中华人民共和国主席令第11号公布　自2004年2月1日起施行　2006年10月31日修正）

第四十四条　擅自设立银行业金融机构或者非法从事银行业金融机构的业务活动的，由国务院银行业监督管理机构予以取缔；构成犯罪的，依法追究刑事责任；尚不构成犯罪的，由国务院银行业监督管理机构没收违法所得，违法所得五十万元以上的，并处违法所得一倍以上五倍以下罚款；没有违法所得或者违法所得不足五十万元的，处五十万元以上二百万元以下罚款。

第四十五条　银行业金融机构有下列情形之一，由国务院银行业监督管理机构责令改正，有违法所得的，没收违法所得，违法所得五十万元以上的，并处违法所得一倍以上五倍以下罚款；没有违法所得或者违法所得不足五十万元的，处五十万元以上二百万元以下罚款；情节特别严重或者逾期不改正的，可以责令停业整顿或者吊销其经营许可证；构成犯罪的，依法追究刑事责任：

（一）未经批准设立分支机构的；

（二）未经批准变更、终止的；

（三）违反规定从事未经批准或者未备案的业务活动的；

（四）违反规定提高或者降低存款利率、贷款利率的。

二、《中华人民共和国商业银行法》（节录）（1995年5月10日第八届全国人民代表大会常务委员会第十三次会议通过　2003年12月27日第一次修正　2015年8月29日第二次修正）

第七十四条　商业银行有下列情形之一，由国务院银行业监督管理机构责令改正，有违法所得的，没收违法所得，违法所得五十万元以上的，并处违法所得一倍以上五倍以下罚款；没有违法所得或者违法所得不足五十万元的，处五十万元以上二百万元以下罚款；情节特别严重或者逾期不改正的，可以责令停业整顿或者吊销其经营许可证；构成犯罪的，依法追究刑事责任：

（一）未经批准设立分支机构的；

（二）未经批准分立、合并或者违反规定对变更事项不报批的；

（三）违反规定提高或者降低利率以及采用其他不正当手段，吸收存款，发放贷款的；

（四）出租、出借经营许可证的；

（五）未经批准买卖、代理买卖外汇的；

（六）未经批准买卖政府债券或者发行、买卖金融债券的；

（七）违反国家规定从事信托投资和证券经营业务、向非自用不动产投资或者向非银行金融机构和企业投资的；

（八）向关系人发放信用贷款或者发放担保贷款的条件优于其他借款人同类贷款的条件的。

第七十八条　商业银行有本法第七十三条至第七十七条规定情形的，对直接负责的董事、高级管理人员和其他直接责任人员，应当给予纪律处分；构成犯罪的，依法追究刑事责任。

第八十一条　未经国务院银行业监督管理机构批准，擅自设立商业银行，或者非法吸收公众存款、变相吸收公众存款，构成犯罪的，依法追究刑事责任；并由国务院银行业监督管理机构予以取缔。

伪造、变造、转让商业银行经营许可证，构成犯罪的，依法追究刑事责任。

第九十二条 外资商业银行、中外合资商业银行、外国商业银行分行适用本法规定，法律、行政法规另有规定的，依照其规定。

第九十三条 城市信用合作社、农村信用合作社办理存款、贷款和结算等业务，适用本法有关规定。

三、《中华人民共和国保险法》（节录）（1995年6月30日中华人民共和国主席令第51号公布　2002年10月28日第一次修正　2009年2月28日修订　2014年8月31日第二次修正　2015年4月24日第三次修正）

第六十七条 设立保险公司应当经国务院保险监督管理机构批准。

国务院保险监督管理机构审查保险公司的设立申请时，应当考虑保险业的发展和公平竞争的需要。

第一百五十八条 违反本法规定，擅自设立保险公司、保险资产管理公司或者非法经营商业保险业务的，由保险监督管理机构予以取缔，没收违法所得，并处违法所得一倍以上五倍以下的罚款；没有违法所得或者违法所得不足二十万元的，处二十万元以上一百万元以下的罚款。

第一百六十条 保险公司违反本法规定，超出批准的业务范围经营的，由保险监督管理机构责令限期改正，没收违法所得，并处违法所得一倍以上五倍以下的罚款；没有违法所得或者违法所得不足十万元的，处十万元以上五十万元以下的罚款。逾期不改正或者造成严重后果的，责令停业整顿或者吊销业务许可证。

四、《非法金融机构和非法金融业务活动取缔办法》（节录）（1998年7月13日中华人民共和国国务院令第247号公布　自公布之日起施行　2011年1月8日修订）

第三条 本办法所称非法金融机构，是指未经中国人民银行批准，擅自设立从事或者主要从事吸收存款、发放贷款、办理结算、票据贴现、资金拆借、信托投资、金融租赁、融资担保、外汇买卖等金融业务活动的机构。

非法金融机构的筹备组织，视为非法金融机构。

第五条 未经中国人民银行依法批准，任何单位和个人不得擅自设立金融机构或者擅自从事金融业务活动。

对非法金融机构和非法金融业务活动，工商行政管理机关不予办理登记。

对非法金融机构和非法金融业务活动，金融机构不予开立账户、办理结算和提供贷款。

五、《中华人民共和国外资银行管理条例》（节录）（2006年11月11日中华人民共和国国务院令第478号公布　2014年7月29日第一次修订　2014年11月27日第二次修订　2019年9月30日第三次修订）

第二条 本条例所称外资银行，是指依照中华人民共和国有关法律、法规，经批准在中华人民共和国境内设立的下列机构：

（一）1家外国银行单独出资或者1家外国银行与其他外国金融机构共同出资设立的外商独资银行；

（二）外国金融机构与中国的公司、企业共同出资设立的中外合资银行；

（三）外国银行分行；

（四）外国银行代表处。

法律适用　相关法律法规

前款第一项至第三项所列机构，以下统称外资银行营业性机构。

第十三条　外国银行在中华人民共和国境内设立营业性机构的，除已设立的代表处外，不得增设代表处，但符合国家区域经济发展战略及相关政策的地区除外。

代表处经批准改制为营业性机构的，应当依法办理原代表处的注销登记手续。

第六十三条　未经国务院银行业监督管理机构审查批准，擅自设立外资银行或者非法从事银行业金融机构的业务活动的，由国务院银行业监督管理机构予以取缔，自被取缔之日起 5 年内，国务院银行业监督管理机构不受理该当事人设立外资银行的申请；构成犯罪的，依法追究刑事责任；尚不构成犯罪的，由国务院银行业监督管理机构没收违法所得，违法所得 50 万元以上的，并处违法所得 1 倍以上 5 倍以下罚款；没有违法所得或者违法所得不足 50 万元的，处 50 万元以上 200 万元以下罚款。

44 伪造、变造、转让金融机构经营许可证、批准文件案

概念

本罪是指违反国家金融机构组织管理法规，非法伪造、变造、转让商业银行、证券交易所、期货交易所、证券公司、期货经纪公司、保险公司或者其他金融机构的经营许可证或者批准文件的行为。

立案标准

根据最高人民检察院、公安部《关于公安机关管辖的刑事案件立案追诉标准的规定（二）》的规定，伪造、变造、转让商业银行、证券交易所、期货交易所、证券公司、期货公司、保险公司或者其他金融机构经营许可证或者批准文件的，应予追诉。“伪造、变造、转让”三种行为是选择性关系，行为人实施上述一种或者一种以上行为的，公安机关就应当立案侦查。

定罪标准

犯罪客体

本罪所侵犯的客体是国家的金融管理制度。犯罪对象则为商业银行、证券交易所、期货交易所、证券公司、期货经纪公司、保险公司或者其他金融机构的经营许可证或者批准文件。

犯罪客观方面

本罪在客观方面表现为伪造、变造、转让商业银行、证券交易所、期货交易所、证券公司、期货经纪公司、保险公司或者其他金融机构的经营许可证或者批准文件的行为。

一、要有伪造、变造、转让之一的行为。所谓伪造，是指无权制作的单位或个人，依照颁证机关即国家有关主管部门统一制造的经营金融业务许可证、批准文件的式样，包括形状、色彩、内容、格式等特征，非法制作的假的经营金融业务许可证、批准文件之行为。行为的结果是假的经营许可证或者批准文件。既然是假的，就不要求与真正的经营金融业务许可证、批准文件完全一致。只要冠之以此种证件或者批准文件的名称，足以达到以假乱真、蒙蔽他人的目的即可。至于伪造的方式，则可以多种多样，有的是依照印刷，有的是予以复印，有的是用石印、影印、木印、胶印等方法加以复制，有的则是通过手工描绘，如此等等。无论其方式如何，只要是依照真的制造出来了假的金融机构经营许可证或者批准文件，即可构成本罪的伪造。

所谓变造，是指行为人采取剪裁、挖补、拼凑、涂改、覆盖、揭层等方法对真的经营金融业务许可证、批准文件加以改造处理，从而使其内容加以改变的行为，如变更经营许可证中的经营单位的名称与地址、经营业务的范围、批准的日期、批准单位、批准字号等。变造与伪造不同，其是将真的金融机构经营许可证或者批准文件改变其内容而变为假的之行为。其式样、形状等总还有属于真的，只不过是其内容已发生变化，可或多或少含有原来证件的基本成分，而伪造则是将无变成有，即无论是证件的形式还是内容均是假的，其根本不含有真的成分。

所谓转让，是指行为人将自己或他人的金融机构经营许可证或者批准文件转交给别的单位或个人使用的行为。既包括通过出售、出租等有偿的方式转让，亦包括以出借、赠与等无偿的方式转让。

定罪标准		
	犯罪客观方面	既可永久地交给他人使用，也可暂时地在一定的时间内交与他人使用。转交的证件既可以是自己的，也可以是通过购买、出租等方式获得的。至于转让的相对人即受让方，既可以是金融机构，也可以是非金融机构；既包括单位，亦包括个人。总之，上述交付行为的方式、时间、对象等均不会影响转让行为的性质成立。 二、伪造、变造、转让的必须是金融机构的经营许可证或者批准文件，才能构成本罪。否则，如果不是金融机构的经营许可证或者批准文件，即使有上述伪造、变造或者转让的行为，亦不能以本罪论处。倘若是非金融机构的经营许可证或者批准文件，如属烟草主管部门颁发的烟草专卖经营许可证或批准文件，或虽属金融机构的证件但不是它的经营许可证或批准文件，如属于工商行政管理部门发给金融机构的经营执照等，构成犯罪的，就应当依照他罪如伪造、变造、买卖国家机关公文、证件罪等处罚。 所谓金融机构经营许可证，是指金融监督管理机构，具体是指中国人民银行、国务院证券监督管理机构等国家有关主管部门，依法核发的准许其经营金融业务的具有法律意义的凭证。它是领证人进行金融活动、开展金融业务的重要法律证明。根据国家有关金融法律、法规规定，经营证券、期货、保险等金融业务，必须经过国家有关金融主管部门批准，并获得金融主管部门颁发的经营金融业务许可证。未经批准，没有取得经营金融业务许可证的，任何单位与个人都不得从事金融业务。2007 年 7 月 3 日中国银行业监督管理委员会[①]发布《金融许可证管理办法》，对金融许可证的审核管理作了明确规定。金融许可证由正本和副本组成，并注明金融机构的名称、编号、企业性质及形式、注册资本金或营运资金数额、法定代表人和主要负责人、业务范围、颁发日期及有效期限等内容，等等。正因为如此，一些非法经营金融业务的不法分子为了掩盖其非法行为，便采取不正当途径获取金融机构经营许可证和有关批准文件，伪造、变造或者转让金融机构经营许可证、批准文件的行为由此孳生，并为非法经营金融业务推波助澜，严重妨害了正常的金融秩序，应当依法予以惩治。 至于金融机构的批准文件，则是国家有关主管部门依照有关法律、法规准许设立金融机构及其分支机构、变更业务范围或者注册资本、变更公司章程、合并、分立、变更公司形式或者解散等事项的公文，通常是指国家有关主管部门就设立金融机构及其分支机构而签发的公文。
	犯罪主体	本罪的主体为一般主体。年满 16 周岁、具有刑事责任能力的自然人，均可构成本罪。根据《刑法》第 174 条第 3 款规定，单位亦可构成本罪。一般情况下，伪造、变造金融机构经营许可证或者批准文件的行为，为自然人所为，但也不排除某些单位为了开设金融机构等实施伪造、变造金融机构经营许可证、批准文件的行为。对于转让行为来说，一般则是持有这种金融机构经营许可证、批准文件的单位。当然，在司法实践中，一些个人从金融机构获取其经营许可证者或者窃取、骗取、拾得金融机构经营许可证、批准文件后再进行转让的情形，也时有发生。

① 现由中国银行保险监督管理委员会行使相应职能，下同——编者注。

定罪标准		
	犯罪主观方面	本罪在主观方面必须出于故意，即明知自己伪造、变造或者转让的是金融机构的经营许可证或批准文件，但出于营利或其他不法意图而决意为之。过失不能构成本罪。至于其动机，可多种多样，有的是为了自用，有的是为了出卖，有的是为了帮助他人实现不法之意图，等等。但动机如何，不会影响本罪成立。行为人如是为了非法设立商业银行或者其他金融机构，进行非法的诸如吸收公众存款或变相吸收公众存款、集资诈骗等活动的，则又牵连其他犯罪，如擅自设立金融机构罪、非法吸收公众存款罪、集资诈骗罪等。对此，根据牵连犯的处罚原则应择一重罪定罪处罚。然而，对于擅自设立金融机构罪、非法吸收公众存款罪的处罚，两者都与本罪完全相同，这样，就存在轻重无法确定的问题。考虑到行为人伪造、变造、转让的目的是为了擅自设立金融机构或进行非法吸收公众存款等活动，而伪造、变造等行为本身不过是实现其目的的一种牵连手段。因此，在这种情况下定罪，依照其目的行为的性质以擅自设立金融机构罪、非法吸收公众存款罪等定罪，显然更为适宜，更符合法理。但在本罪行为既遂而其他目的行为未遂的情况下，则应以本罪从重论处，而不能以目的行为所触犯的罪名定性再按犯罪未遂从轻或者减轻处罚。
	罪与非罪	区别罪与非罪，要注意：本罪为行为犯，一般情况下，只要出于故意实施完了伪造、变造、转让金融机构经营许可证或者批准文件的行为，即构成本罪。但是，其仍要受到《刑法》第13条“但书”的制约，即对于情节显著轻微的伪造、变造、转让金融机构经营许可证或者批准文件的行为，危害不大的，不应以犯罪论处。一般情况下，伪造、变造或转让没有颁发主管部门的印章的许可证文本的行为，因为其尚不构成金融机构经营许可证或者批准文件，不宜以本罪论处。但是，出于伪造、变造金融机构经营许可证或者批准文件的故意，开始实施了伪造、变造的行为，但尚未将印章伪造、变造成功，或者基于分工，只伪造、变造文书，印章则让他人伪造、变造的，则仍可构成犯罪，前者为本罪未遂，后者为本罪共犯，只要完成了其所做的工序，即应以本罪既遂论处。伪造、变造或者转让的金融机构经营许可证或者批准文件应当是为国家法律、法规所规定的金融机构的经营许可证或者批准文件。既可以伪造、变造或转让某一实际存在的金融机构如中国农业银行广州支行的经营许可证，又可以伪造并不实际存在的金融机构的所谓金融机构经营许可证，如仿照金融机构经营许可证的式样进行伪造，但将一虚设的金融机构填入伪造的许可证中。有的认为此时不构成本罪，因为无论是伪造、变造都必须以真实存在的金融机构的经营许可证为范本，否则无从仿造、变造，形似有理，其实是不正确的，应当注意甄别。
	此罪与彼罪	一、本罪与伪造、变造、买卖国家机关公文、证件罪的界限。金融机构的经营许可证、批准文件必须由中国银行业监督管理委员会、国务院证券监督管理机构等国家金融监督管理部门颁发，属于国家机关公文、证件的范围，因此，伪造、变造、转让金融机构经营许可证、批准文件的，又会触犯伪造、变造、买卖国家机关公文、证件罪，两者存在包容与被包容的法条竞合关系。根据法条竞合的一般适用原则，即特别法条（被包容的法条）优于普通法条（包容法条）的原则，对于伪造、变造、转让金融机构经营许可证或者批准文件的行为，应依本罪即特别法条定罪处罚。

<table>
<tr><td>定罪标准</td><td>此罪与彼罪</td><td>二、本罪与伪造国家机关印章罪、伪造事业单位印章罪的界限。行为人伪造金融机构的经营许可证或批准文件，必须同时伪造国家机关或事业单位的印章，既触犯本罪，又触犯伪造国家机关印章罪或伪造事业单位印章罪，属想象竞合，应择一重罪即本罪定罪处罚。
三、本罪与盗窃、抢夺、毁灭国家机关公文、证件罪的界限。本罪行为为伪造、变造或者转让，与盗窃、抢夺、毁灭行为有质的不同，不能混淆。行为人抢夺、盗窃或者毁灭金融机构经营许可证或者批准文件，构成犯罪的，应以盗窃、抢夺、毁灭国家机关公文、证件罪定罪处罚。明知是金融机构的经营许可证或者批准文件而抢夺的，触犯盗窃、抢夺国家机关公文、证件罪，之后又加转让或者用于其他金融犯罪活动的，之间存在牵连关系，应择一重罪定罪处罚。</td></tr>
<tr><td rowspan="2">证据参考标准</td><td>主体方面的证据</td><td>一、证明行为人刑事责任年龄、身份等自然情况的证据。
包括身份证明、户籍证明、任职证明、工作经历证明、特定职责证明等，主要是证明行为人的姓名（曾用名）、性别、出生年月日、民族、籍贯、出生地、职业（或职务）、住所地（或居所地）等证据材料，如户口簿、居民身份证、工作证、出生证、专业或技术等级证、干部履历表、职工登记表、护照等。
对于户籍、出生证等材料内容不实的，应提供其他证据材料。外国人犯罪的案件，应有护照等身份证明材料。人大代表、政协委员犯罪的案件，应注明身份，并附身份证明材料。
二、证明行为人刑事责任能力的证据。
证明行为人对自己的行为是否具有辨认能力与控制能力，如是否属于间歇性精神病人、尚未完全丧失辨认或者控制自己行为能力的精神病人的证明材料。
三、证明单位的证据。
证明是否属于依法成立并有合法经营、管理范围的公司、企业、事业单位、机关、团体。
证明单位的名称、住所地、性质、法定代表人、单位负责人、业务范围、成立时间等证据材料，如企业营业执照、国有公司性质证明及非法人单位的身份证明等。
四、证明法定代表人、单位负责人或直接责任人员等的身份证明。
法定代表人、直接负责的主管人员和其他直接责任人在单位的任职、职责、负责权限的证明材料等。包括身份证明、户籍证明、任职证明等，如户口簿、居民身份证、工作证、护照、专业或技术等级证、干部履历表、职工登记表、任命书、业务分工文件、委派文件、单位证明、单位规章制度等。</td></tr>
<tr><td>主观方面的证据</td><td>证明行为人故意的证据：1. 证明行为人明知的证据：证明行为人明知自己的行为会发生危害社会的结果；2. 证明直接故意的证据：证明行为人希望危害结果发生。</td></tr>
</table>

<table>
<tr><td rowspan="2">证据参考标准</td><td>客观方面的证据</td><td colspan="2">证明行为人伪造、变造、转让金融机构经营许可证、批准文件犯罪行为的证据。
具体证据包括：1. 证明行为人伪造经营许可证、批准文件行为的证据：（1）印刷；（2）照相；（3）复印；（4）绘制；（5）其他。2. 证明行为人变造经营许可证、批准文件行为的证据：（1）剪贴；（2）挖补；（3）拼凑；（4）涂改；（5）其他。3. 证明未经银保监会批准而转让经营许可证、批准文件行为的证据：（1）商业银行；（2）信托投资公司；（3）城市信用合作社；（4）农村信用合作社；（5）保险公司；（6）其他。</td></tr>
<tr><td>量刑方面的证据</td><td colspan="2">一、法定量刑情节证据。
1. 事实情节。2. 法定从重情节。3. 法定从轻减轻情节：（1）可以从轻；（2）可以从轻或减轻；（3）应当从轻或者减轻。4. 法定从轻减轻免除情节：（1）可以从轻、减轻或者免除处罚；（2）应当从轻、减轻或者免除处罚。5. 法定减轻免除情节：（1）可以减轻或者免除处罚；（2）应当减轻或者免除处罚；（3）可以免除处罚。
二、酌定量刑情节证据。
1. 犯罪手段：（1）伪造；（2）变造；（3）转让；（4）其他。2. 犯罪对象。3. 危害结果。4. 动机。5. 平时表现。6. 认罪态度。7. 是否有前科。8. 其他证据。</td></tr>
<tr><td rowspan="3">量刑标准</td><td colspan="2">犯本罪的</td><td>处三年以下有期徒刑或者拘役，并处或者单处二万元以上二十万元以下罚金</td></tr>
<tr><td colspan="2">情节严重的</td><td>处三年以上十年以下有期徒刑，并处五万元以上五十万元以下罚金</td></tr>
<tr><td colspan="2">单位犯本罪的</td><td>对单位判处罚金，并对其直接负责的主管人员和其他直接责任人员依上述规定处罚</td></tr>
<tr><td>法律适用</td><td>刑法条文</td><td colspan="2">第一百七十四条　未经国家有关主管部门批准，擅自设立商业银行、证券交易所、期货交易所、证券公司、期货经纪公司、保险公司或者其他金融机构的，处三年以下有期徒刑或者拘役，并处或者单处二万元以上二十万元以下罚金；情节严重的，处三年以上十年以下有期徒刑，并处五万元以上五十万元以下罚金。
伪造、变造、转让商业银行、证券交易所、期货交易所、证券公司、期货经纪公司、保险公司或者其他金融机构的经营许可证或者批准文件的，依照前款的规定处罚。
单位犯前两款罪的，对单位判处罚金，并对其直接负责的主管人员和其他直接责任人员，依照第一款的规定处罚。</td></tr>
</table>

法律适用

司法解释

最高人民检察院、公安部《关于公安机关管辖的刑事案件立案追诉标准的规定(二)》(节录)(2010年5月7日最高人民检察院、公安部公布 自公布之日起施行 2011年11月14日修正)

第二十五条〔伪造、变造、转让金融机构经营许可证、批准文件案(刑法第一百七十四条第二款)〕伪造、变造、转让商业银行、证券交易所、期货交易所、证券公司、期货公司、保险公司或者其他金融机构的经营许可证或者批准文件的,应予立案追诉。

相关法律法规

一、《中华人民共和国商业银行法》(节录)(1995年5月10日第八届全国人民代表大会常务委员会第十三次会议通过 2003年12月27日第一次修正 2015年8月29日第二次修正)

第二十六条 商业银行应当依照法律、行政法规的规定使用经营许可证。禁止伪造、变造、转让、出租、出借经营许可证。

第七十四条 商业银行有下列情形之一,由国务院银行业监督管理机构责令改正,有违法所得的,没收违法所得,违法所得五十万元以上的,并处违法所得一倍以上五倍以下罚款;没有违法所得或者违法所得不足五十万元的,处五十万元以上二百万元以下罚款;情节特别严重或者逾期不改正的,可以责令停业整顿或者吊销其经营许可证;构成犯罪的,依法追究刑事责任:

(一)未经批准设立分支机构的;

(二)未经批准分立、合并或者违反规定对变更事项不报批的;

(三)违反规定提高或者降低利率以及采用其他不正当手段,吸收存款,发放贷款的;

(四)出租、出借经营许可证的;

(五)未经批准买卖、代理买卖外汇的;

(六)未经批准买卖政府债券或者发行、买卖金融债券的;

(七)违反国家规定从事信托投资和证券经营业务、向非自用不动产投资或者向非银行金融机构和企业投资的;

(八)向关系人发放信用贷款或者发放担保贷款的条件优于其他借款人同类贷款的条件的。

第七十八条 商业银行有本法第七十三条至第七十七条规定情形的,对直接负责的董事、高级管理人员和其他直接责任人员,应当给予纪律处分;构成犯罪的,依法追究刑事责任。

第八十一条 未经国务院银行业监督管理机构批准,擅自设立商业银行,或者非法吸收公众存款、变相吸收公众存款,构成犯罪的,依法追究刑事责任;并由国务院银行业监督管理机构予以取缔。

伪造、变造、转让商业银行经营许可证,构成犯罪的,依法追究刑事责任。

二、《中华人民共和国保险法》(节录)(1995年6月30日中华人民共和国主席令第51号公布 2002年10月28日第一次修正 2009年2月28日修订 2014年8月31日第二次修正 2015年4月24日第三次修正)

第七十六条 保险监督管理机构应当对保险公司设立分支机构的申请进行审查,自受理之日起六十日内作出批准或者不批准的决定。决定批准的,颁发分支机构经营

法律适用

相关法律法规

保险业务许可证；决定不批准的，应当书面通知申请人并说明理由。

第一百一十三条 保险公司及其分支机构应当依法使用经营保险业务许可证，不得转让、出租、出借经营保险业务许可证。

第一百五十八条 违反本法规定，擅自设立保险公司、保险资产管理公司或者非法经营商业保险业务的，由保险监督管理机构予以取缔，没收违法所得，并处违法所得一倍以上五倍以下的罚款；没有违法所得或者违法所得不足二十万元的，处二十万元以上一百万元以下的罚款。

第一百六十条 保险公司违反本法规定，超出批准的业务范围经营的，由保险监督管理机构责令限期改正，没收违法所得，并处违法所得一倍以上五倍以下的罚款；没有违法所得或者违法所得不足十万元的，处十万元以上五十万元以下的罚款。逾期不改正或者造成严重后果的，责令停业整顿或者吊销业务许可证。

第一百六十八条 违反本法规定，转让、出租、出借业务许可证的，由保险监督管理机构处一万元以上十万元以下的罚款；情节严重的，责令停业整顿或者吊销业务许可证。

45 高利转贷案

概念

本罪是指行为人以转贷牟利为目的，套取金融机构信贷资金高利转贷他人，违法所得数额较大的行为。

立案标准

根据最高人民检察院、公安部《关于公安机关管辖的刑事案件立案追诉标准的规定（二）》的规定，以转贷牟利为目的，套取金融机构信贷资金高利转贷他人，涉嫌下列情形之一的，应予立案追诉：

（1）高利转贷，违法所得数额在10万元以上的；

（2）虽未达到上述数额标准，但2年内因高利转贷受过行政处罚2次以上又高利转贷的。

定罪标准		
	犯罪客体	本罪所侵犯的直接客体是国家对信贷资金的发放及利率管理秩序。 所谓金融机构，包括银行和非银行金融机构。非银行金融机构主要指依法享有存、贷款经营权的非银行金融单位，如信托投资部门、保险机构、金融租赁公司、城市、农村信用合作社等。 信贷资金，指金融机构根据中央银行有关贷款方针、政策，用于发放农村、城市贷款的资金。主要由下述三部分构成：（1）银行及其他金融机构吸收的各种形式的存款，主要是单位的公营存款。这是信贷资金的主体部分。（2）国家财政拨发给银行及其他金融机构的自有资金。这在信贷资金中占极小比例。（3）由资金市场拆借而入的资金。包括从人民银行贷入的短期贷款；本行内部上、下系统内的借款；金融机构之间的拆借款。此类资金原则上不能安排长期贷款。 根据我国有关金融管理法规，对此用作发放贷款的信贷资金，贷款申请人必须述明贷款的合法用途、偿还能力、还款方式，原则上还应提供担保人或质押、不动产抵押等，经银行及其他金融机构有关工作人员审查、评估后，方能确认是否贷款。凡通过编造假去向、假用途、假担保套取信贷资金者，本身即属违反信贷资金管理法规的金融不法行为；另一方面，根据我国有关金融市场管理法规，任何单位不得在央行规定的贷款利率幅度以上发放贷款，否则，亦属违背我国信贷资金发放利率管理秩序的高利转贷行为。
	犯罪客观方面	本罪在客观上表现为以转贷牟利为目的，套取金融机构信贷资金高利转贷他人，违法所得数额较大的行为。简言之，借款人在依正常程序依法贷得金融机构信贷资金之后，以转贷牟利为目的，将贷款高利转贷他人。本罪属结果犯，只有在转贷行为违法所得达到数额较大的情形下，才构成犯罪。
	犯罪主体	本罪的主体为特殊主体，即借款人。根据《贷款通则》之规定，借款人申请贷款，应当具备产品有市场、生产经营有效益、不挤占挪用资金、恪守信用等基本条件，并且应当符合下列要求：（1）有按期还本付息的能力，原应付贷款利息和到期贷

定罪标准	犯罪主体	款已清偿；没有清偿的，已经做了贷款人认可的偿还计划。(2) 除自然人和不需要核准登记的事业法人外，应当经过主管部门办理年检手续。(3) 已开立基本账户或一般存款账户。(4) 除国务院规定外，有限责任公司和股份有限公司对外股本权益性投资累计额未超过其净资产总额的 50%。(5) 借款人的资产负债率符合贷款人的要求。(6) 申请中期、长期贷款的，新建项目的企业法人所有者权益与项目所需总投资的比例不低于国家规定的投资项目的资本金比例。
	犯罪主观方面	本罪主观方面是直接故意，行为人是以转贷牟利为目的。过失不能构成本罪。至于行为人动机则是多种多样的，如贪图钱财、集体私分等。无论行为人动机如何，均不影响本罪的构成。
	罪与非罪	区别罪与非罪，关键看违法所得是否达到数额较大的标准。根据最高人民检察院、公安部《关于公安机关管辖的刑事案件立案追诉标准的规定（二）》的规定，以转贷牟利为目的，套取金融机构信贷资金高利转贷他人，违法所得数额在 10 万元以上的为数额较大，达到上述标准的，应当立案侦查。另外，违法所得虽未达到上述数额标准，但两年内因高利转贷受过行政处罚 2 次以上，又高利转贷的，也应当立案侦查。行为人以转贷牟利为目的，套取金融机构信贷资金高利转贷他人的数额不大的，不作为犯罪处理，可以给予相应的行政处罚。
	此罪与彼罪	一、本罪与吸收客户资金不入账罪的界限。二者的区别在于：(1) 主体不同。前者的主体是一般主体；后者主体必须是银行或者其他金融机构的工作人员。(2) 主观方面不同。前者是以转贷牟利为目的，与“牟利”是互为因果的；而后者法律并没有明文规定必须以牟利为目的。(3) 客观方面不同。前者是套取金融机构信贷资金转贷他人的行为；后者是采取吸收客户资金不入账的方式，将资金用于非法拆借、发放贷款的行为。 二、本罪与贷款诈骗罪的界限。二者的区别在于：(1) 犯罪主观方面不同。前者主观上是以转贷牟利为目的；后者是以非法占有为目的。(2) 犯罪的客观方面不同。前者是套取金融机构信贷资金转贷他人；后者是采取《刑法》第 193 条明确规定的 5 种诈骗贷款的方法之一骗取贷款的行为。 三、本罪与违法发放贷款罪的界限。区别在于：(1) 主体不同。后者的主体必须是银行或者其他金融机构的工作人员；前者的主体可能是金融机构工作人员，也可能是其他自然人。(2) 后者构成必须以违反法律、行政法规规定为必要要件；而对前者没有此项要求。(3) 客观方面不同。后者是行为人向关系人、关系人以外的其他人发放贷款的行为；而前者仅是套取银行信贷资金高利转贷他人的行为，而不论是否是关系人。
证据参考标准	主体方面的证据	**一、证明行为人刑事责任年龄、身份等自然情况的证据。** 包括身份证明、户籍证明、任职证明、工作经历证明、特定职责证明等，主要是证明行为人的姓名（曾用名）、性别、出生年月日、民族、籍贯、出生地、职业（或职务）、住所地（或居所地）等证据材料，如户口簿、居民身份证、工作证、出生证、专业或技术等级证、干部履历表、职工登记表、护照等。 对于户籍、出生证等材料内容不实的，应提供其他证据材料。外国人犯罪的案件，

<table>
<tr><td rowspan="4">证据参考标准</td><td>主体方面的证据</td><td>应有护照等身份证明材料。人大代表、政协委员犯罪的案件，应注明身份，并附身份证明材料。
二、证明行为人刑事责任能力的证据。
证明行为人对自己的行为是否具有辨认能力与控制能力，如是否属于间歇性精神病人、尚未完全丧失辨认或者控制自己行为能力的精神病人的证明材料。
三、证明单位的证据。
证明是否属于依法成立并有合法经营、管理范围的公司、企业、事业单位、机关、团体。
证明单位的名称、住所地、性质、法定代表人、单位负责人、业务范围、成立时间等证据材料，如企业营业执照、国有公司性质证明及非法人单位的身份证明等。
四、证明法定代表人、单位负责人或直接责任人员等的身份证明。
法定代表人、直接负责的主管人员和其他直接责任人在单位的任职、职责、负责权限的证明材料等。包括身份证明、户籍证明、任职证明等，如户口簿、居民身份证、工作证、护照、专业或技术等级证、干部履历表、职工登记表、任命书、业务分工文件、委派文件、单位证明、单位规章制度等。</td></tr>
<tr><td>主观方面的证据</td><td>证明行为人故意的证据：1. 证明行为人明知的证据：证明行为人明知自己的行为会发生危害社会的结果；2. 证明直接故意的证据：证明行为人希望危害结果发生。</td></tr>
<tr><td>客观方面的证据</td><td>证明行为人高利转贷犯罪行为的证据。
具体证据包括：1. 证明行为人套取金融机构信贷资金行为的证据；2. 证明行为人高利转贷行为的证据；3. 证明行为人违法所得数额较大、数额巨大行为的证据。</td></tr>
<tr><td>量刑方面的证据</td><td>一、法定量刑情节证据。
1. 事实情节。2. 法定从重情节。3. 法定从轻减轻情节：（1）可以从轻；（2）可以从轻或减轻；（3）应当从轻或者减轻。4. 法定从轻减轻免除情节：（1）可以从轻、减轻或者免除处罚；（2）应当从轻、减轻或者免除处罚。5. 法定减轻免除情节：（1）可以减轻或者免除处罚；（2）应当减轻或者免除处罚；（3）可以免除处罚。
二、酌定量刑情节证据。
1. 犯罪手段：（1）套取信贷资金；（2）高利转贷。2. 犯罪对象。3. 危害结果。4. 动机。5. 平时表现。6. 认罪态度。7. 是否有前科。8. 其他证据。</td></tr>
</table>

量刑标准		
	违法所得数额较大的	处三年以下有期徒刑或者拘役，并处违法所得一倍以上五倍以下罚金
	数额巨大的	处三年以上七年以下有期徒刑，并处违法所得一倍以上五倍以下罚金
	单位犯本罪的	对单位判处罚金，并对其直接负责的主管人员和其他直接责任人员处三年以下有期徒刑或者拘役

法律适用		
	刑法条文	**第一百七十五条** 以转贷牟利为目的，套取金融机构信贷资金高利转贷他人，违法所得数额较大的，处三年以下有期徒刑或者拘役，并处违法所得一倍以上五倍以下罚金；数额巨大的，处三年以上七年以下有期徒刑，并处违法所得一倍以上五倍以下罚金。 单位犯前款罪的，对单位判处罚金，并对其直接负责的主管人员和其他直接责任人员，处三年以下有期徒刑或者拘役。
	司法解释	**最高人民检察院、公安部《关于公安机关管辖的刑事案件立案追诉标准的规定（二）》（节录）**（2010 年 5 月 7 日最高人民检察院、公安部公布　自公布之日起施行　2011 年 11 月 14 日修正） **第二十六条**〔高利转贷案（刑法第一百七十五条）〕以转贷牟利为目的，套取金融机构信贷资金高利转贷他人，涉嫌下列情形之一的，应予立案追诉： （一）高利转贷，违法所得数额在十万元以上的； （二）虽未达到上述数额标准，但两年内因高利转贷受过行政处罚二次以上，又高利转贷的。

46 骗取贷款、票据承兑、金融票证案

概念

本罪是指行为人以欺骗手段取得银行或者其他金融机构贷款、票据承兑、信用证、保函等，给银行或者其他金融机构造成重大损失的行为。

立案标准

根据最高人民检察院、公安部《关于公安机关管辖的刑事案件立案追诉标准的规定（二）》的规定，以欺骗手段取得银行或者其他金融机构贷款、票据承兑、信用证、保函等，涉嫌下列情形之一的，应予立案追诉：

（1）以欺骗手段取得贷款、票据承兑、信用证、保函等，数额在100万元以上的；

（2）以欺骗手段取得贷款、票据承兑、信用证、保函等，给银行或者其他金融机构造成直接经济损失数额在20万元以上的；

（3）其他给银行或者其他金融机构造成重大损失的情形。

定罪标准		
定罪标准	犯罪客体	本罪侵犯的客体是复杂客体，包括国家金融管理制度以及银行的资金和信用安全。 犯罪的对象是银行或者其他金融机构的贷款、票据承兑、信用证、保函等。这里所说的“银行”，包括中国人民银行和各类商业银行。“其他金融机构”，是指除银行以外的各种开展金融业务的机构，如证券、保险、期货、外汇、融资租赁、信托投资公司等。“贷款”，是指贷款人向借款人提供的、按照借款合同的约定还本付息的货币资金。“信用证”，是指开证银行根据客户（申请开证人）的请求或者自己主动向一方（受益人）所签发的一种书面约定，如果受益人满足了该书面约定的各项条款，开证银行即向受益人支付该书面约定的款项的凭证。实际上，信用证就是开证行有条件地向受益人付款的书面凭证。“票据承兑”，是指汇票付款人承诺在汇票到期日支付汇票金额的票据行为，其目的在于使承兑人依票据载明的义务承担支付票据金额的义务。“保函”，是指银行以自身的信用为他人承担责任的担保文件，是重要的银行资信文件。
定罪标准	犯罪客观方面	本罪的客观方面表现为行为人以欺骗手段取得银行或者其他金融机构贷款、票据承兑、信用证、保函等，给银行或者其他金融机构造成重大损失的行为。 一、“欺骗手段”，是指行为人在取得银行或者其他金融机构的贷款、票据承兑、信用证、保函等信贷资金、信用时，采用的是虚构事实、隐瞒真相等手段，掩盖了客观事实，骗取了银行或者其他金融机构的信任。申请人在申请贷款的过程中有虚构事实、掩盖真相的情节，或者在申请贷款过程中，提供假证明、假材料，符合这一条件。需要注意的是，对“欺骗手段”的理解不能过于宽泛，欺骗手段应当是严重影响银行对借款人资信状况、还款能力判断的实质性事项，这类事项应当属于银行等金融机构一旦知晓真实情况就会基于风险控制而不会为其融资的事项。如行为人编造虚假的资信证明、资金用途、抵押物价值等虚假材料，导致银行或者其他金融机构高估其资信现状的，可以认定为使用“欺骗手段”。

定罪标准		
	犯罪客观方面	二、“给银行或者其他金融机构造成重大损失”。这是一个客观标准，指的是上述行为直接造成的经济损失，如贷款无法追回，银行由于出具的信用所承担的还款或者付款等实际经济损失。《最高人民检察院、公安部关于公安机关管辖的刑事案件立案追诉标准的规定（二）》对“造成重大损失”作了规定，“以欺骗手段取得贷款、票据承兑、信用证、保函等，给银行或者其他金融机构造成直接经济损失数额在二十万元以上的”，应予立案追诉。“直接经济损失”是指侦查机关立案时逾期未偿还银行或者其他金融机构的信贷资金。实践中对于偿还了银行贷款，或者提供了足额真实担保，未给银行造成直接损失的，一般不应追究骗取贷款、票据承兑、金融票证罪的刑事责任。需要注意的是，实践中对是否造成“重大损失”的判断时点和标准不能过于拘泥，不能要求穷尽一切法律手段后才确定是否造成损失，如行为采取欺骗手段骗取贷款，不能按期归还资金，也没有提供有效担保，就应认定给银行等金融机构造成重大损失，而不能要求银行等在采取诉讼等法律手段追偿行为人房产等财产不能清偿之后，才判定其遭到重大损失。对于后期在判决前通过法律手段获得清偿的，可酌定从宽处罚。
	犯罪主体	本罪的主体是贷款、票据承兑、信用证、保函的申请人，既包括自然人，也包括单位。就自然人而言，本罪是一般主体，凡是年满16周岁、具有刑事责任能力的人都可以构成本罪。从司法实践角度讲，实施本罪的犯罪主要有三种人：一是真实的贷款、票据承兑、信用证、保函的申请人，主要通过虚构有关事实骗取贷款、票据承兑、信用证、保函，如提供虚假的资信证明，申请远远超出实际偿还能力的超额贷款。二是银行等金融机构外部假冒某企业法人名义申请贷款、票据承兑、信用证、保函的人。三是虚构根本不存在的企业法人和自然人申请贷款、票据承兑、信用证、保函的人。 就单位犯罪而言，一般来说，有贷款业务经营权的金融机构不能成为本罪的主体。那些没有贷款业务经营权的金融机构，如典当行、保险公司、证券公司等仍然可以构成本罪。
	犯罪主观方面	本罪的主观方面较为复杂。就欺骗行为而言，本罪的认识方面，行为人认识到其行为具有欺骗性，意识方面具有欺骗的故意。然而本罪并没有采取行为犯的立法模式，而是采取了结果犯的立法模式。尽管行为上是故意，但是行为人对于行为的危害结果，一般是持过失的态度的，但是也有的是间接故意。所谓间接故意，也就是放任损失的发生或者对于不能还款抱无所谓的态度，行为人充分认识到可能没法还款或归还票证下的资金，会造成重大损失，但是仍然要欺诈贷款和获取银行信用证、票据承兑和保函。也就是说，行为人对于结果的发生的态度是模糊的、放任的。这样的情况在实践中是屡见不鲜的。这与贷款诈骗罪无间接故意不同，一般认为，贷款诈骗中不存在间接故意，原因是贷款诈骗属于目的犯，目的犯只存在于直接故意犯罪中。而本罪没有要求其主观上具有非法占有的目的，对放任损失的欺骗行为仍然是可罚的。 如果行为人虚假贷款和信用申请时，希望重大损失的发生，那么就不构成本罪，而应以金融诈骗类犯罪处理。

定罪标准	罪与非罪	一、银行必须是受到欺骗才发放的贷款或者提供信用证、票据承兑或者保函。如果银行对此是知情的，即便行为人提供了虚假的材料，也不构成本罪。如某银行基于某客户是大客户的关系，在明知其没有基础交易的情况下，而根据其虚假提供的材料，为其提供信用证，造成重大损失的。该客户不构成骗取贷款、票据承兑、金融票证罪。 二、该犯罪具有或然性，银行可能因之遭受资金损失，也可能不会，只有在虚假贷款和信用申请后给金融机构造成重大损失的情况下才能认定为犯罪。
	此罪与彼罪	一、本罪与高利转贷罪的区别。本罪与高利转贷罪客观上有相似的部分，都表现为使用了欺诈手段，骗取金融机构信贷资金。二者的区分表现在：（1）是否具有转贷牟利目的。这是最主要的区别。构成高利转贷罪，行为人必须以牟利为目的将所套取的信贷资金高利转贷给了他人，而本罪则对于骗取的资金的去向没有作具体要求。如果将骗取来的贷款转贷给了他人，但不是高利转贷，而是无偿借给或者按照中国人民银行规定的贷款利率上下限借给他人，那么就不构成高利转贷罪。如果造成重大损失的，那么对于骗取贷款的行为应以骗取贷款、票据承兑、金融票证罪定罪。如果行为人本来是以高利转贷为目的骗取银行的信贷资金，但是骗得资金后改变了用途，用作正常生活开支和经营，后无法归还的，也同样可以骗取贷款、票据承兑、金融票证罪定罪。而将资金用于其他非法活动造成重大损失的，则参照贷款诈骗罪的规定处理。（2）本罪的行为涵盖范围要广。本罪不仅包含了虚假贷款申请行为，还对骗取银行的信用证、票据承兑、保函等作出了规定。（3）定罪的标准不同。高利转贷罪是以违法所得作为定罪的标准；而本罪是以造成重大损失作为定罪标准。 二、与贷款诈骗罪、信用证诈骗罪等金融诈骗罪的区分。本罪中的骗贷行为与贷款诈骗罪客观上都表现为使用了欺诈手段，到期后不能归还贷款。“以欺骗手段取得银行信用证”也与《刑法》第195条第3项规定的“骗取信用证”进行信用证诈骗活动的手段行为一致。因此，有必要对本罪与易混淆的金融诈骗罪作出区分。本书认为，二者区分的关键在于是否具有非法占有目的。最高人民法院在2001年1月21日发布的《全国法院审理金融犯罪案件工作座谈会纪要》中明确指出，所有的金融诈骗犯罪都必须具有非法占有的目的。对于非法占有的认定，《全国法院审理金融犯罪案件工作座谈会纪要》规定：对于行为人通过诈骗的方法非法获取资金，造成数额较大资金不能归还，并具有下列情形之一的，可以认定为具有非法占有的目的：（1）明知没有归还能力而大量骗取资金的；（2）非法获取资金后逃跑的；（3）肆意挥霍骗取资金的；（4）使用骗取的资金进行违法犯罪活动的；（5）抽逃、转移资金、隐匿财产，以逃避返还资金的；（6）隐匿、销毁账目，或者搞假破产、假倒闭，以逃避返还资金的；（7）其他非法占有资金、拒不返还的行为。但是，《全国法院审理金融犯罪案件工作座谈会纪要》同时补充规定：“对于有证据证明行为人不具有非法占有目的的，不能单纯以财产不能归还就按金融诈骗罪处罚。”应该说，这一规定对于认定金融诈骗罪和骗取贷款、票据承兑、金融票证罪的界限有重大指导意义。通过主观方面的考察，如果行为人具有非法占有贷款和银行资金的目的，那么行为人就构成金融诈骗罪，如果行为人不具有非法占有目的或者认定非法占有目的的证据不足，就定骗取贷款、票据承兑、金融票证罪。

<table>
<tr><td rowspan="1">定罪标准</td><td>此罪与彼罪</td><td>那么行为人使用欺诈手段骗取金融机构贷款时不具有非法占有目的，但是骗取金融机构贷款后主观目的发生变化，拒不归还到期贷款的，应该如何认定？本书认为，根据我国刑法理论主客观相统一原则，行为的主观目的和行为当时必须统一，不能以事后的非法占有目的来认定骗取行为当时的骗用目的，如果行为人占有贷款后才产生非法占有之目的，因为不可能有诈骗的行为与之相呼应，这种时候故意不能成为贷款诈骗的犯罪故意。因此，对于这种事后的产生非法占有目的的情形，不宜定贷款诈骗罪，而是应该按照骗取贷款、票据承兑、金融票证罪定罪处罚。</td></tr>
<tr><td rowspan="3">证据参考标准</td><td>主体方面的证据</td><td>一、证明行为人刑事责任年龄、身份等自然情况的证据。
包括身份证明、户籍证明、任职证明、工作经历证明、特定职责证明等，主要是证明行为人的姓名（曾用名）、性别、出生年月日、民族、籍贯、出生地、职业（或职务）、住所地（或居所地）等证据材料，如户口簿、居民身份证、工作证、出生证、专业或技术等级证、干部履历表、职工登记表、护照等。
对于户籍、出生证等材料内容不实的，应提供其他证据材料。外国人犯罪的案件，应有护照等身份证明材料。人大代表、政协委员犯罪的案件，应注明身份，并附身份证明材料。
二、证明行为人刑事责任能力的证据。
证明行为人对自己的行为是否具有辨认能力与控制能力，如是否属于间歇性精神病人、尚未完全丧失辨认或者控制自己行为能力的精神病人的证明材料。
三、证明单位的证据。
证明是否属于依法成立并有合法经营、管理范围的公司、企业、事业单位、机关、团体。
证明单位的名称、住所地、性质、法定代表人、单位负责人、业务范围、成立时间等证据材料，如企业营业执照、国有公司性质证明及非法人单位的身份证明等。
四、证明法定代表人、单位负责人或直接责任人员等的身份证明。
法定代表人、直接负责的主管人员和其他直接责任人在单位的任职、职责、负责权限的证明材料等。包括身份证明、户籍证明、任职证明等，如户口簿、居民身份证、工作证、护照、专业或技术等级证、干部履历表、职工登记表、任命书、业务分工文件、委派文件、单位证明、单位规章制度等。</td></tr>
<tr><td>主观方面的证据</td><td>证明行为人故意的证据：1. 证明行为人明知自己的行为会造成银行或其他金融机构重大损失的证据；2. 证明行为人对危害结果持希望或放任态度的证据。</td></tr>
<tr><td>客观方面的证据</td><td>证明行为人骗取贷款、票据承兑、金融票证犯罪行为的证据。
具体证据包括：1. 证明行为人实施了以欺骗手段取得银行或者其他金融机构贷款的证据；2. 证明以欺骗手段取得银行或者其他金融机构的票据承兑的证据；3. 证明以欺骗手段取得银行或者其他金融机构的信用证的证据；4. 证明以欺骗手段取得银行或者其他金融机构的保函的证据；5. 上述行为造成银行或其他金融机构重大损失的证据。</td></tr>
</table>

证据参考标准

量刑方面的证据

一、法定量刑情节证据。

1. 事实情节：重大损失；2. 法定从重情节：特别重大损失或其他特别严重情节。3. 法定从轻情节：（1）可以从轻；（2）可以从轻或减轻；（3）应当从轻或者减轻。4. 法定从轻减轻免除情节：（1）可以从轻、减轻或免除处罚；（2）应当减轻或者免除处罚。5. 法定减轻免除情节：（1）可以减轻或者免除处罚；（2）应当减轻或者免除处罚；（3）可以免除处罚。

二、酌定量刑情节证据。

1. 犯罪手段；2. 犯罪对象；3. 危害结果；4. 动机；5. 平时表现；6. 认罪态度；7. 是否有前科；8. 其他证据。

量刑标准

造成重大损失的	处三年以下有期徒刑或者拘役，并处或者单处罚金
造成特别重大损失或者有其他特别严重情节的	处三年以上七年以下有期徒刑，并处罚金
单位犯本罪的	对单位判处罚金，并对其直接负责的主管人员和其他直接责任人员依照上述规定处罚

法律适用

刑法条文

第一百七十五条之一 以欺骗手段取得银行或者其他金融机构贷款、票据承兑、信用证、保函等，给银行或者其他金融机构造成重大损失的，处三年以下有期徒刑或者拘役，并处或者单处罚金；给银行或者其他金融机构造成特别重大损失或者有其他特别严重情节的，处三年以上七年以下有期徒刑，并处罚金。

单位犯前款罪的，对单位判处罚金，并对其直接负责的主管人员和其他直接责任人员，依照前款的规定处罚。

司法解释

最高人民检察院、公安部《关于公安机关管辖的刑事案件立案追诉标准的规定（二）》（节录）（2010年5月7日最高人民检察院、公安部公布 自公布之日起施行 2011年11月14日修正）

第二十七条〔骗取贷款、票据承兑、金融票证案（刑法第一百七十五条之一）〕以欺骗手段取得银行或者其他金融机构贷款、票据承兑、信用证、保函等，涉嫌下列情形之一的，应予立案追诉：

（一）以欺骗手段取得贷款、票据承兑、信用证、保函等，数额在一百万元以上的；

（二）以欺骗手段取得贷款、票据承兑、信用证、保函等，给银行或者其他金融机构造成直接经济损失数额在二十万元以上的；

（三）虽未达到上述数额标准，但多次以欺骗手段取得贷款、票据承兑、信用证、保函等的；

（四）其他给银行或者其他金融机构造成重大损失或者有其他严重情节的情形。

47 非法吸收公众存款案

概念

本罪是指无权办理存款业务的单位或个人采用非法方法吸收公众存款或变相吸收公众存款，或者金融机构违反规定，以提高利率及其他不正当手段吸收存款、扰乱金融秩序的行为。

立案标准

非法吸收公众存款或者变相吸收公众存款，扰乱金融秩序，涉嫌下列情形之一的，应予立案追诉：

（1）个人非法吸收或者变相吸收公众存款，数额在20万元以上的，单位非法吸收或者变相吸收公众存款，数额在100万元以上的；

（2）个人非法吸收或者变相吸收公众存款对象30人以上的，单位非法吸收或者变相吸收公众存款对象150人以上的；

（3）个人非法吸收或者变相吸收公众存款，给存款人造成直接经济损失数额在10万元以上的，单位非法吸收或者变相吸收公众存款，给存款人造成直接经济损失数额在50元以上的；

（4）造成恶劣社会影响或者其他严重后果的。

定罪标准		
	犯罪客体	本罪侵犯的客体是国家金融管理秩序。 本罪的犯罪对象是公众存款。所谓存款，是指存款人将资金存入银行或者其他金融机构，银行或者其他金融机构向存款人支付利息的一种经济活动。所谓公众存款，是指存款人是不特定的群体，如果存款人只是少数个人或者是特定的，不能认为是公众存款。
	犯罪客观方面	本罪在客观方面表现为行为人实施了非法吸收公众存款或变相吸收公众存款的行为。“非法吸收公众存款”，是指行为人违反国家法律、法规的规定在社会上以存款的形式公开吸收公众资金的行为。广义的非法吸收公众存款，包含两种情况：一是行为人不具有吸收存款的主体资格而吸收公众存款，破坏金融秩序。二是行为人具有吸收存款的主体资格，但是，其吸收公众存款所采用的方法是违法的。例如，有的银行或其他金融机构为争揽储户，违反中国人民银行关于利率的规定，采用擅自提高利率的方式吸收存款，进行恶意竞争，破坏了国家的利率政策，扰乱了金融秩序。对后一种情况，《商业银行法》已具体规定了行政处罚，一般不宜作为犯罪处理。“变相吸收公众存款”，是指行为人不以存款的名义而是通过其他形式吸收公众资金，从而达到吸收公众存款的目的的行为。例如，有些单位和个人，未经批准成立各种基金会吸收公众的资金，或者以投资、集资入股等名义吸收公众资金，但并不按正常投资的形式分配利润、股息，而是以一定的利息进行支付的行为。变相吸收公众存款规避国家对吸收公众存款的监督管理，其危害和犯罪的性质与非法吸收公众存款是相同的。

定罪标准		
	犯罪客观方面	实践中，行为人吸收存款的手段可能是多种多样的，无论其采取什么方法，只要其行为具有非法吸收公众存款的特征，即符合本条规定的条件。至于采取什么样的手段、吸收的存款的人数、存款的数量，均不影响本罪的构成。特别是随着互联网的发展，互联网金融成为新型的金融业务模式。互联网金融涉及 P2P 网络借贷、股权众筹、第三方支付、互联网保险以及通过互联网开展资产管理及跨界从事金融业务等多个金融领域，行为方式多样，所涉法律关系复杂。部分机构、业态偏离了正确方向，有些甚至打着“金融创新”的幌子进行非法集资等违法犯罪活动，严重扰乱了金融管理秩序，侵害了人民群众合法权益。根据 2017 年 6 月《最高人民检察院关于办理涉互联网金融犯罪案件有关问题座谈会纪要》，对于涉互联网金融活动在未经有关部门依法批准的情形下，公开宣传并向不特定公众吸收资金，承诺在一定期限内还本付息的，应当依法追究刑事责任。其中，应重点审查互联网金融活动相关体是否存在归集资金、沉淀资金，致使投资人资金存在被挪用、侵占等重大风险等情形，以准确适用法律。 《刑法修正案（十一）》对本条增加了从宽处罚规定，即在提起公诉前积极退赃退赔，减少损害结果发生的，可以从轻或者减轻处罚。一是，在提起公诉前。“提起公诉”是人民检察院对公安机关移送起诉的非法吸收公众存款案件，经全面审查，对事实清楚，证据确实充分，依法应当判处刑罚的，提交人民法院审判的诉讼活动。二是，行为人必须积极退赃退赔。“退赃”是指将非法吸收的存款退回原所有人。“退赔”是指在非法吸收的存款无法直接退回的情况下，赔偿等值财产。三是，减少损害结果的发生。行为人积极退赃退赔的表现，必须要达到避免或者减少损害结果发生的实际效果。在同时具备以上前提的条件下，对犯非法吸收公众存款罪的行为人，可以根据不同情形，从轻或者减轻处罚。
	犯罪主体	本罪的主体为一般主体，凡是达到刑事责任年龄且具有刑事责任能力的自然人均可构成本罪。依《刑法》第 176 条第 2 款的规定，单位也可以成为本罪的主体。这里的单位，既可以是可以经营吸收公众存款业务的商业银行等银行金融机构，也可以是不能经营吸收公众存款业务的证券公司等非银行金融机构，还可以是其他非金融机构。
	犯罪主观方面	本罪在主观方面表现为故意，即行为人必须是明知自己非法吸收公众存款的行为会造成扰乱金融秩序的危害结果，而希望或者放任这种结果发生。过失不构成本罪。
	罪与非罪	区分罪与非罪的界限。主要应考虑以下三个因素：（1）吸收公众存款数额大小。如果吸收公众存款数额较小的，属“情节显著轻微危害不大”，依《刑法》第 13 条之规定，不构成犯罪。（2）是否出于故意。如果不是出于故意实施的，不构成犯罪。（3）是否违反法律、法规的规定。如果未违反法律、法规规定的不构成犯罪。如行为人在法律、法规允许的幅度内提高利率吸收公众存款的，不能认为构成犯罪。

定罪标准	此罪与彼罪	一、本罪与集资诈骗罪的界限。二者的主要区别在于行为人主观方面的故意不同。本罪行为人的主观目的是非法牟利，追求本息按期归还存款人后的剩余利润；而集资诈骗罪的行为人是以非法占有为目的，是为了无偿占有存款人所存资金本金，更不会还给存款人利息。有的集资诈骗案件是以先偿还本息为名，再非法骗取更多人更大数额的存款，但仍应以集资诈骗罪处罚。 二、本罪与诈骗罪的界限。两者的区别是：(1) 侵犯的客体和犯罪对象不同。前者侵犯的客体是国家金融管理制度，犯罪对象是公众存款；后者侵犯的客体是公私财产所有权，犯罪对象可以是任何财物。(2) 客观方面不同。前者包括用欺骗方法吸收公众存款，还包括利用强迫、利诱等其他方法吸收公众存款；后者只表现为以虚构事实或隐瞒真相的欺骗方法获得财物。(3) 主观方面不同。前者无非法占有目的；后者必须具有非法占有的目的。(4) 主体要件不同。前者既可以由自然人，也可以由单位构成；后者只能由自然人构成。 三、本罪和擅自设立金融机构罪的界限。由于非法吸收公众存款罪和擅自设立金融机构罪两者之间有一定的联系，有的擅自设立金融机构者同时又非法吸收了存款，而非法吸收存款又是擅自设立的金融机构所为；有的先擅自设立金融机构，而后又非法吸收了公众的存款，或者擅自设立金融机构的目的就是为了非法吸收公众的存款，所以，司法机关在办理具体案件时，应当注意将这两种不同的犯罪区别开来。擅自设立金融机构罪和非法吸收公众存款罪的犯罪构成不同，应注意区分这两种犯罪的区别，对于构成数罪的，应当依照数罪并罚的规定处罚。
证据参考标准	主体方面的证据	**一、证明行为人刑事责任年龄、身份等自然情况的证据。** 包括身份证明、户籍证明、任职证明、工作经历证明、特定职责证明等，主要是证明行为人的姓名（曾用名）、性别、出生年月日、民族、籍贯、出生地、职业（或职务）、住所地（或居所地）等证据材料，如户口簿、居民身份证、工作证、出生证、专业或技术等级证、干部履历表、职工登记表、护照等。 对于户籍、出生证等材料内容不实的，应提供其他证据材料。外国人犯罪的案件，应有护照等身份证明材料。人大代表、政协委员犯罪的案件，应注明身份，并附身份证明材料。 **二、证明行为人刑事责任能力的证据。** 证明行为人对自己的行为是否具有辨认能力与控制能力，如是否属于间歇性精神病人、尚未完全丧失辨认或者控制自己行为能力的精神病人的证明材料。 **三、证明单位的证据。** 证明是否属于依法成立并有合法经营、管理范围的公司、企业、事业单位、机关、团体。 证明单位的名称、住所地、性质、法定代表人、单位负责人、业务范围、成立时间等证据材料，如企业营业执照、国有公司性质证明及非法人单位的身份证明等。 **四、证明法定代表人、单位负责人或直接责任人员等的身份证明。** 法定代表人、直接负责的主管人员和其他直接责任人在单位的任职、职责、负责权限的证明材料等。包括身份证明、户籍证明、任职证明等，如户口簿、居民身份证、工作证、护照、专业或技术等级证、干部履历表、职工登记表、任命书、业务分工文件、委派文件、单位证明、单位规章制度等。

<table>
<tr><td rowspan="3">证据参考标准</td><td>主观方面的证据</td><td colspan="2">证明行为人故意的证据：1. 证明行为人明知的证据：证明行为人明知自己的行为会发生危害社会的结果；2. 证明直接故意的证据：证明行为人希望危害结果发生。</td></tr>
<tr><td>客观方面的证据</td><td colspan="2">证明行为人非法吸收公众存款犯罪行为的证据。
具体证据包括：1. 证明行为人未经中国人民银行和中国银保监会批准的证据；2. 证明行为人非法向社会集资：（1）提高利息；（2）先付利息。3. 证明非法吸收公众存款行为的证据。4. 证明变相吸收公众存款行为的证据。5. 证明行为人非法吸收公众存款数额巨大或者有其他严重情节行为的证据。6. 证明行为人非法或变相吸收公众存款数额特别巨大或有其他特别严重情节的证据。</td></tr>
<tr><td>量刑方面的证据</td><td colspan="2">一、法定量刑情节证据。
1. 事实情节。2. 法定从重情节。3. 法定从轻减轻情节：（1）可以从轻；（2）可以从轻或减轻；（3）应当从轻或者减轻。4. 法定从轻减轻免除情节：（1）可以从轻、减轻或者免除处罚；（2）应当从轻、减轻或者免除处罚。5. 法定减轻免除情节：（1）可以减轻或者免除处罚；（2）应当减轻或者免除处罚；（3）可以免除处罚。
二、酌定量刑情节证据。
1. 犯罪手段：（1）非法吸收公众存款；（2）变相吸收公众存款。2. 犯罪对象。3. 危害结果。4. 动机。5. 平时表现。6. 认罪态度。7. 是否有前科。8. 其他证据。</td></tr>
<tr><td rowspan="5">量刑标准</td><td colspan="2">犯本罪的</td><td>处三年以下有期徒刑或者拘役，并处或者单处罚金</td></tr>
<tr><td colspan="2">数额巨大或者有其他严重情节的</td><td>处三年以上十年以下有期徒刑，并处罚金</td></tr>
<tr><td colspan="2">数额特别巨大或者有其他特别严重情节的</td><td>处十年以上有期徒刑，并处罚金</td></tr>
<tr><td colspan="2">单位犯本罪的</td><td>对单位判处罚金，并对其直接负责的主管人员和其他直接责任人员，依照上述规定处罚</td></tr>
<tr><td colspan="2">提起公诉前积极退赃退赔，减少损害结果发生的</td><td>可以从轻或者减轻处罚</td></tr>
<tr><td>法律适用</td><td>刑法条文</td><td colspan="2">第一百七十六条　非法吸收公众存款或者变相吸收公众存款，扰乱金融秩序的，处三年以下有期徒刑或者拘役，并处或者单处罚金；数额巨大或者有其他严重情节的，处三年以上十年以下有期徒刑，并处罚金；数额特别巨大或者有其他特别严重情节的，处十年以上有期徒刑，并处罚金。
单位犯前款罪的，对单位判处罚金，并对其直接负责的主管人员和其他直接责任人员，依照前款的规定处罚。
有前两款行为，在提起公诉前积极退赃退赔，减少损害结果发生的，可以从轻或者减轻处罚。</td></tr>
</table>

一、最高人民法院、最高人民检察院、公安部《关于办理非法集资刑事案件适用法律若干问题的意见》（2014年3月25日最高人民法院、最高人民检察院、公安部公布　自公布之日起施行）

各省、自治区、直辖市高级人民法院，人民检察院，公安厅、局，解放军军事法院、军事检察院，新疆维吾尔自治区高级人民法院生产建设兵团分院，新疆生产建设兵团人民检察院、公安局：

为解决近年来公安机关、人民检察院、人民法院在办理非法集资刑事案件中遇到的问题，依法惩治非法吸收公众存款、集资诈骗等犯罪，根据刑法、刑事诉讼法的规定，结合司法实践，现就办理非法集资刑事案件适用法律问题提出以下意见：

一、关于行政认定的问题

行政部门对于非法集资的性质认定，不是非法集资刑事案件进入刑事诉讼程序的必经程序。行政部门未对非法集资作出性质认定的，不影响非法集资刑事案件的侦查、起诉和审判。

公安机关、人民检察院、人民法院应当依法认定案件事实的性质，对于案情复杂、性质认定疑难的案件，可参考有关部门的认定意见，根据案件事实和法律规定作出性质认定。

二、关于“向社会公开宣传”的认定问题

《最高人民法院关于审理非法集资刑事案件具体应用法律若干问题的解释》第一条第一款第二项中的“向社会公开宣传”，包括以各种途径向社会公众传播吸收资金的信息，以及明知吸收资金的信息向社会公众扩散而予以放任等情形。

三、关于“社会公众”的认定问题

下列情形不属于《最高人民法院关于审理非法集资刑事案件具体应用法律若干问题的解释》第一条第二款规定的“针对特定对象吸收资金”的行为，应当认定为向社会公众吸收资金：

（一）在向亲友或者单位内部人员吸收资金的过程中，明知亲友或者单位内部人员向不特定对象吸收资金而予以放任的；

（二）以吸收资金为目的，将社会人员吸收为单位内部人员，并向其吸收资金的。

四、关于共同犯罪的处理问题

为他人向社会公众非法吸收资金提供帮助，从中收取代理费、好处费、返点费、佣金、提成等费用，构成非法集资共同犯罪的，应当依法追究刑事责任。能够及时退缴上述费用的，可依法从轻处罚；其中情节轻微的，可以免除处罚；情节显著轻微、危害不大的，不作为犯罪处理。

五、关于涉案财物的追缴和处置问题

向社会公众非法吸收的资金属于违法所得。以吸收的资金向集资参与人支付的利息、分红等回报，以及向帮助吸收资金人员支付的代理费、好处费、返点费、佣金、提成等费用，应当依法追缴。集资参与人本金尚未归还的，所支付的回报可予折抵本金。

将非法吸收的资金及其转换财物用于清偿债务或者转让给他人，有下列情形之一的，应当依法追缴：

（一）他人明知是上述资金及财物而收取的；

（二）他人无偿取得上述资金及财物的；

（三）他人以明显低于市场的价格取得上述资金及财物的；

（四）他人取得上述资金及财物系源于非法债务或者违法犯罪活动的；

(五)其他依法应当追缴的情形。

查封、扣押、冻结的易贬值及保管、养护成本较高的涉案财物，可以在诉讼终结前依照有关规定变卖、拍卖。所得价款由查封、扣押、冻结机关予以保管，待诉讼终结后一并处置。

查封、扣押、冻结的涉案财物，一般应在诉讼终结后，返还集资参与人。涉案财物不足全部返还的，按照集资参与人的集资额比例返还。

六、关于证据的收集问题

办理非法集资刑事案件中，确因客观条件的限制无法逐一收集集资参与人的言词证据的，可结合已收集的集资参与人的言词证据和依法收集并查证属实的书面合同、银行账户交易记录、会计凭证及会计账簿、资金收付凭证、审计报告、互联网电子数据等证据，综合认定非法集资对象人数和吸收资金数额等犯罪事实。

七、关于涉及民事案件的处理问题

对于公安机关、人民检察院、人民法院正在侦查、起诉、审理的非法集资刑事案件，有关单位或者个人就同一事实向人民法院提起民事诉讼或者申请执行涉案财物的，人民法院应当不予受理，并将有关材料移送公安机关或者检察机关。

人民法院在审理民事案件或者执行过程中，发现有非法集资犯罪嫌疑的，应当裁定驳回起诉或者中止执行，并及时将有关材料移送公安机关或者检察机关。

公安机关、人民检察院、人民法院在侦查、起诉、审理非法集资刑事案件中，发现与人民法院正在审理的民事案件属同一事实，或者被申请执行的财物属于涉案财物的，应当及时通报相关人民法院。人民法院经审查认为确属涉嫌犯罪的，依照前款规定处理。

八、关于跨区域案件的处理问题

跨区域非法集资刑事案件，在查清犯罪事实的基础上，可以由不同地区的公安机关、人民检察院、人民法院分别处理。

对于分别处理的跨区域非法集资刑事案件，应当按照统一制定的方案处置涉案财物。

国家机关工作人员违反规定处置涉案财物，构成渎职等犯罪的，应当依法追究刑事责任。

二、最高人民法院《关于审理非法集资刑事案件具体应用法律若干问题的解释》

(2010年12月13日最高人民法院公布　自2011年1月4日起施行　法释〔2010〕18号)

第一条　违反国家金融管理法律规定，向社会公众（包括单位和个人）吸收资金的行为，同时具备下列四个条件的，除刑法另有规定的以外，应当认定为刑法第一百七十六条规定的“非法吸收公众存款或者变相吸收公众存款”：

(一)未经有关部门依法批准或者借用合法经营的形式吸收资金；

(二)通过媒体、推介会、传单、手机短信等途径向社会公开宣传；

(三)承诺在一定期限内以货币、实物、股权等方式还本付息或者给付回报；

(四)向社会公众即社会不特定对象吸收资金。

未向社会公开宣传，在亲友或者单位内部针对特定对象吸收资金的，不属于非法吸收或者变相吸收公众存款。

第二条　实施下列行为之一，符合本解释第一条第一款规定的条件的，应当依照刑法第一百七十六条的规定，以非法吸收公众存款罪定罪处罚：

(一)不具有房产销售的真实内容或者不以房产销售为主要目的，以返本销售、售后包租、约定回购、销售房产份额等方式非法吸收资金的；

（二）以转让林权并代为管护等方式非法吸收资金的；

（三）以代种植（养殖）、租种植（养殖）、联合种植（养殖）等方式非法吸收资金的；

（四）不具有销售商品、提供服务的真实内容或者不以销售商品、提供服务为主要目的，以商品回购、寄存代售等方式非法吸收资金的；

（五）不具有发行股票、债券的真实内容，以虚假转让股权、发售虚构债券等方式非法吸收资金的；

（六）不具有募集基金的真实内容，以假借境外基金、发售虚构基金等方式非法吸收资金的；

（七）不具有销售保险的真实内容，以假冒保险公司、伪造保险单据等方式非法吸收资金的；

（八）以投资入股的方式非法吸收资金的；

（九）以委托理财的方式非法吸收资金的；

（十）利用民间“会”、“社”等组织非法吸收资金的；

（十一）其他非法吸收资金的行为。

第三条 非法吸收或者变相吸收公众存款，具有下列情形之一的，应当依法追究刑事责任：

（一）个人非法吸收或者变相吸收公众存款，数额在20万元以上的，单位非法吸收或者变相吸收公众存款，数额在100万元以上的；

（二）个人非法吸收或者变相吸收公众存款对象30人以上的，单位非法吸收或者变相吸收公众存款对象150人以上的；

（三）个人非法吸收或者变相吸收公众存款，给存款人造成直接经济损失数额在10万元以上的，单位非法吸收或者变相吸收公众存款，给存款人造成直接经济损失数额在50万元以上的；

（四）造成恶劣社会影响或者其他严重后果的。

具有下列情形之一的，属于刑法第一百七十六条规定的“数额巨大或者有其他严重情节”：

（一）个人非法吸收或者变相吸收公众存款，数额在100万元以上的，单位非法吸收或者变相吸收公众存款，数额在500万元以上的；

（二）个人非法吸收或者变相吸收公众存款对象100人以上的，单位非法吸收或者变相吸收公众存款对象500人以上的；

（三）个人非法吸收或者变相吸收公众存款，给存款人造成直接经济损失数额在50万元以上的，单位非法吸收或者变相吸收公众存款，给存款人造成直接经济损失数额在250万元以上的；

（四）造成特别恶劣社会影响或者其他特别严重后果的。

非法吸收或者变相吸收公众存款的数额，以行为人所吸收的资金全额计算。案发前后已归还的数额，可以作为量刑情节酌情考虑。

非法吸收或者变相吸收公众存款，主要用于正常的生产经营活动，能够及时清退所吸收资金，可以免予刑事处罚；情节显著轻微的，不作为犯罪处理。

第四条 以非法占有为目的，使用诈骗方法实施本解释第二条规定所列行为的，应当依照刑法第一百九十二条的规定，以集资诈骗罪定罪处罚。

使用诈骗方法非法集资，具有下列情形之一的，可以认定为“以非法占有为目的”：

（一）集资后不用于生产经营活动或者用于生产经营活动与筹集资金规模明显不成比例，致使集资款不能返还的；

（二）肆意挥霍集资款，致使集资款不能返还的；

（三）携带集资款逃匿的；

（四）将集资款用于违法犯罪活动的；

（五）抽逃、转移资金、隐匿财产，逃避返还资金的；

（六）隐匿、销毁账目，或者搞假破产、假倒闭，逃避返还资金的；

（七）拒不交代资金去向，逃避返还资金的；

（八）其他可以认定非法占有目的的情形。

集资诈骗罪中的非法占有目的，应当区分情形进行具体认定。行为人部分非法集资行为具有非法占有目的的，对该部分非法集资行为所涉集资款以集资诈骗罪定罪处罚；非法集资共同犯罪中部分行为人具有非法占有目的，其他行为人没有非法占有集资款的共同故意和行为的，对具有非法占有目的的行为人以集资诈骗罪定罪处罚。

第五条 个人进行集资诈骗，数额在10万元以上的，应当认定为“数额较大”；数额在30万元以上的，应当认定为“数额巨大”；数额在100万元以上的，应当认定为“数额特别巨大”。

单位进行集资诈骗，数额在50万元以上的，应当认定为“数额较大”；数额在150万元以上的，应当认定为“数额巨大”；数额在500万元以上的，应当认定为“数额特别巨大”。

集资诈骗的数额以行为人实际骗取的数额计算，案发前已归还的数额应予扣除。行为人为实施集资诈骗活动而支付的广告费、中介费、手续费、回扣，或者用于行贿、赠与等费用，不予扣除。行为人为实施集资诈骗活动而支付的利息，除本金未归还可予折抵本金以外，应当计入诈骗数额。

第六条 未经国家有关主管部门批准，向社会不特定对象发行、以转让股权等方式变相发行股票或者公司、企业债券，或者向特定对象发行、变相发行股票或者公司、企业债券累计超过200人的，应当认定为刑法第一百七十九条规定的“擅自发行股票、公司、企业债券”。构成犯罪的，以擅自发行股票、公司、企业债券罪定罪处罚。

第七条 违反国家规定，未经依法核准擅自发行基金份额募集基金，情节严重的，依照刑法第二百二十五条的规定，以非法经营罪定罪处罚。

第八条 广告经营者、广告发布者违反国家规定，利用广告为非法集资活动相关的商品或者服务作虚假宣传，具有下列情形之一的，依照刑法第二百二十二条的规定，以虚假广告罪定罪处罚：

（一）违法所得数额在10万元以上的；

（二）造成严重危害后果或者恶劣社会影响的；

（三）二年内利用广告作虚假宣传，受过行政处罚二次以上的；

（四）其他情节严重的情形。

明知他人从事欺诈发行股票、债券，非法吸收公众存款，擅自发行股票、债券，集资诈骗或者组织、领导传销活动等集资犯罪活动，为其提供广告等宣传的，以相关犯罪的共犯论处。

第九条 此前发布的司法解释与本解释不一致的，以本解释为准。

法律适用

司法解释

三、最高人民法院、最高人民检察院《关于常见犯罪的量刑指导意见（试行）》（节录）（2021年7月1日起施行　法发〔2021〕21号）

四、常见犯罪的量刑

（三）非法吸收公众存款罪

1. 构成非法吸收公众存款罪的，根据下列情形在相应的幅度内确定量刑起点：

（1）犯罪情节一般的，在一年以下有期徒刑、拘役幅度内确定量刑起点。

（2）达到数额巨大起点或者有其他严重情节的，在三年至四年有期徒刑幅度内确定量刑起点。

（3）达到数额特别巨大起点或者有其他特别严重情节的，在十年至十二年有期徒刑幅度内确定量刑起点。

2. 在量刑起点的基础上，根据非法吸收存款数额等其他影响犯罪构成的犯罪事实增加刑罚量，确定基准刑。

3. 对于在提起公诉前积极退赃退赔，减少损害结果发生的，可以减少基准刑的40%以下；犯罪较轻的，可以减少基准刑的40%以上或者依法免除处罚。

4. 构成非法吸收公众存款罪的，根据非法吸收公众存款数额、存款人人数、给存款人造成的直接经济损失数额等犯罪情节，综合考虑被告人缴纳罚金的能力，决定罚金数额。

5. 构成非法吸收公众存款罪的，综合考虑非法吸收存款数额、存款人人数、给存款人造成的直接经济损失数额、清退资金数额等犯罪事实、量刑情节，以及被告人主观恶性、人身危险性、认罪悔罪表现等因素，决定缓刑的适用。

相关法律法规

一、《中华人民共和国商业银行法》（节录）（1995年5月10日第八届全国人民代表大会常务委员会第十三次会议通过　2003年12月27日第一次修正　2015年8月29日第二次修正）

第十一条　设立商业银行，应当经国务院银行业监督管理机构审查批准。

未经国务院银行业监督管理机构批准，任何单位和个人不得从事吸收公众存款等商业银行业务，任何单位不得在名称中使用“银行”字样。

第四十七条　商业银行不得违反规定提高或者降低利率以及采用其他不正当手段，吸收存款，发放贷款。

第八十一条　未经国务院银行业监督管理机构批准，擅自设立商业银行，或者非法吸收公众存款、变相吸收公众存款，构成犯罪的，依法追究刑事责任；并由国务院银行业监督管理机构予以取缔。

伪造、变造、转让商业银行经营许可证，构成犯罪的，依法追究刑事责任。

二、《储蓄管理条例》（节录）（1992年12月11日中华人民共和国国务院令第107号公布　2011年1月8日修订）

第三条　本条例所称储蓄是指个人将属于其所有的人民币或者外币存入储蓄机构，储蓄机构开具存折或者存单作为凭证，个人凭存折或者存单可以支取存款本金和利息，储蓄机构依照规定支付存款本金和利息的活动。

任何单位和个人不得将公款以个人名义转为储蓄存款。

第四条　本条例所称储蓄机构是指经中国人民银行或其分支机构批准，各银行、信用合作社办理储蓄业务的机构，以及邮政企业依法办理储蓄业务的机构。

法律适用

相关法律法规

第三十四条 违反本条例规定，有下列行为之一的单位和个人，由中国人民银行或其分支机构责令其纠正，并可以根据情节轻重处以罚款、停业整顿、吊销《经营金融业务许可证》；情节严重，构成犯罪的，依法追究刑事责任：

（一）擅自开办储蓄业务的；

（二）擅自设置储蓄机构的；

（三）储蓄机构擅自开办新的储蓄种类的；

（四）储蓄机构擅自办理本条例规定以外的其他金融业务的；

（五）擅自停业或者缩短营业时间的；

（六）储蓄机构采取不正当手段吸收储蓄存款的；

（七）违反国家利率规定，擅自变动储蓄存款利率的；

（八）泄露储户储蓄情况或者未经法定程序代为查询、冻结、划拨储蓄存款的；

（九）其他违反国家储蓄法律、法规和政策的。

违反本条例第三条第二款规定的，依照国家有关规定予以处罚。

三、《非法金融机构和非法金融业务活动取缔办法》（节录）（1998年7月13日中华人民共和国国务院令第247号公布 自公布之日起施行 2011年1月8日修订）

第四条 本办法所称非法金融业务活动，是指未经中国人民银行批准，擅自从事的下列活动：

（一）非法吸收公众存款或者变相吸收公众存款；

（二）未经依法批准，以任何名义向社会不特定对象进行的非法集资；

（三）非法发放贷款、办理结算、票据贴现、资金拆借、信托投资、金融租赁、融资担保、外汇买卖；

（四）中国人民银行认定的其他非法金融业务活动。

前款所称非法吸收公众存款，是指未经中国人民银行批准，向社会不特定对象吸收资金，出具凭证，承诺在一定期限内还本付息的活动；所称变相吸收公众存款，是指未经中国人民银行批准，不以吸收公众存款的名义，向社会不特定对象吸收资金，但承诺履行的义务与吸收公众存款性质相同的活动。

第五条 未经中国人民银行依法批准，任何单位和个人不得擅自设立金融机构或者擅自从事金融业务活动。

对非法金融机构和非法金融业务活动，工商行政管理机关不予办理登记。

对非法金融机构和非法金融业务活动，金融机构不予开立账户、办理结算和提供贷款。

第二十二条 设立非法金融机构或者从事非法金融业务活动，构成犯罪的，依法追究刑事责任；尚不构成犯罪的，由中国人民银行没收非法所得，并处非法所得1倍以上5倍以下的罚款；没有非法所得的，处10万元以上50万元以下的罚款。

48 伪造、变造金融票证案

概念

本罪是指行为人以各种方法，伪造、变造汇票、本票、支票或委托收款凭证、汇款凭证、银行存单等其他银行结算凭证的，或者伪造、变造信用证或者附随的单据、文件或者伪造信用卡的行为。

立案标准

根据最高人民检察院、公安部《关于公安机关管辖的刑事案件立案追诉标准的规定（二）》的规定，伪造、变造金融票证，涉嫌下列情形之一的，应予立案追诉：

（1）伪造、变造汇票、本票、支票，或者伪造、变造委托收款凭证、汇款凭证、银行存单等其他银行结算凭证，或者伪造、变造信用证或者附随的单据、文件，总面额在1万元以上或者数量在10张以上的；

（2）伪造信用卡1张以上，或者伪造空白信用卡10张以上的。

定罪标准		
	犯罪客体	本罪侵犯的客体是国家的金融票证管理秩序。金融票证是商品交换和信用活动的产物，它对于加速资金周转，提高社会资金使用效益；及时进行商品交易，促进商品流通；及时清结债权债务，节省流通费用以及规范商业信用等具有重要意义。随着我国改革开放后经济的快速发展，金融票证在商品交易、清结债权债务等方面逐渐得到了日益广泛的应用。金融票证已成为我国经济生活中日益重要的信用支付或结算工具。随着金融票证在经济生活中重要性的越来越大，伪造、变造金融票证的违法犯罪活动也开始滋生、蔓延。这种犯罪行为不仅损害了有关当事人的正当权益，更影响了金融票证应有的信誉，破坏了国家的金融票证管理制度，妨害了经济健康有序地发展。因此刑法将这种行为单独规定为犯罪予以惩处。
	犯罪客观方面	本罪在客观方面表现为伪造、变造各种金融票证的行为。所谓伪造金融票证，是指无权制作金融票证但假冒他人或虚构他人的名义擅自制作金融票证的行为；所谓变造金融票证，是指擅自对他人的有效金融票证上所载内容进行变更的行为。伪造和变造金融票证的结果都产生“假金融票证”，但伪造是一种完全的造假行为，变造则以真实的金融票证为前提，变造后的金融票证并未完全否定原来的有效成分。因此相对来说，伪造金融票证的危害性要大于变造金融票证，前者可能给被害人造成更大的损失。 本罪在客观上可以由下列行为构成：（1）伪造、变造汇票、本票、支票的。所谓伪造，是指行为人仿照真实的汇票、本票、支票的形式、图案、颜色、格式，通过印刷、复印、拓印、绘制等制作方法，非法制造汇票、本票、支票的行为。所谓变造，是指行为人在真实的汇票、本票、支票的基础上或者以真实票据为基本材料，通过剪接、挖补、覆盖、涂改等方法，对票据的主要内容，非法加以改变的行为。如改变出票人名称、持票人名称、金额、有效期等。所谓汇票，是指出票人签发的，委托付款人在见票时或者在指定日期无条件支付确定的金额给收款人或者持票人的票据，汇票

<table>
<tr><td rowspan="2">定罪标准</td><td>犯罪客观方面</td><td>分为银行汇票和商业汇票。所谓本票，是指由出票人签发的，承诺自己在见票时无条件支付确定的金额给收款人或者持票人的票据，这里所说的本票仅指银行本票。所谓支票，是指由出票人签发的，委托办理支票存款业务的银行或者其他金融机构在见票时无条件支付确定的金额给收款人或持票人的票据。（2）伪造、变造委托收款凭证、汇款凭证、银行存单等其他银行结算凭证的。所谓伪造，是指行为人未经国家有关主管部门的批准，非法印制委托收款凭证、汇款凭证、银行存款单等其他银行结算凭证的行为。所谓变造，是指行为人在真实、合法的银行结算凭证的基础上或者以真实的银行结算凭证为基本材料，通过剪接、挖补、涂改等手段，对银行结算凭证的主要内容，非法加以改变的行为。所谓委托收款凭证，是指收款人在委托银行向付款人收取款项时，所填写的凭证和证明，有邮寄和电报划扣两种。所谓汇款凭证，是指汇款人委托银行将款项汇给外地收款人时，所填写的凭据和证明。所谓银行存单，是指由储户向银行交存款项，办理开户，银行签发载有户名、账号、存款金额、存期、存入日、到期日、利率等内容的存单。（3）伪造、变造信用证或者附随的单据、文件的。所谓伪造，是指行为人采用描绘、复制、印刷等方法仿照信用证的模式、内容制造假信用证的行为或者以编造、冒用某金融机构的名义开出假信用证的行为。伪造信用证主要是行为人通过编造虚假的根本不存在的银行开出信用证或者假冒有影响的银行的名义开出假信用证的手段伪造信用证。所谓变造，是指行为人在原信用证的基础上，采用涂改、剪贴、挖补等方法改变原信用证的内容和主要条款使其成为虚假的信用证的行为。伪造、变造附随的单据、文件，是指行为人在使用信用证时伪造、变造提单等必须附随信用证的单据的行为。所谓信用证，是指开证银行根据作为进口商的开证申请人的请求，开给受益人的一种在其具备了约定的条件以后，即可保证由开证银行或支付银行支付约定金额的保证付款的凭证。所谓附随的单据文件，主要有运输单据、商业发票、保险单据三种。运输单据是指表明运送人已将货物装船或发运或接受监管的单据，包括海运提单、航空运单、铁路运单等，保险单据是关于货物运输保险的单据。由于国际贸易中的货物运输路途遥远、时间较长，为避免因长途运输或遇有意外情况货物受到损失，对货物有保险利益的人大多采取为货物投保的方法以转移由此造成的损失。商业发票是卖方向买方签发的货物价目总清单。在商业发票中，卖方要对所作的交易作客观的全面的叙述，因为商业发票不仅是证明卖方已履行了合同的凭证，而且是海关实行货物进出口管理的依据，是买方验收货物的依据。使用信用证除附随上述单据外，有时还需要附其他的文件，如领事发票、海关发票、出口许可证、产地证明书等。（4）伪造信用卡的。伪造信用卡的行为主要表现为两种情形：一是非法制造信用卡，即模仿信用卡的质地、模式、版块、图样以及磁条密码等制造信用卡；一是在真卡的基础上进行伪造，即信用卡本身是合法制造出来的，但是未经银行或者信用卡发卡机构发行给用户正式使用，即在信用卡面上未加打用户的账号或姓名，在磁条上也未输入一定的密码等信息，行为人将这种空白的信用卡再进行“加工”，使其貌似已经发行给用户的信用卡。所谓信用卡，是指银行或者信用卡公司发给用户用于购买商品、取得服务或者提取现金的信用凭证。</td></tr>
<tr><td>犯罪主体</td><td>本罪主体包括自然人和单位。实践中，主要是以下一些人员和单位：银行或其他金融机构及其从业人员，其他与金融活动密切相关的单位和个人，以及社会上的投机钻营者和其他冒险分子。</td></tr>
</table>

<table>
<tr><td rowspan="3">定罪标准</td><td>犯罪主观方面</td><td>本罪主观方面由故意构成。伪造、变造金融票证的目的是为了谋取直接的或间接的非法利益。所谓直接非法利益，是指直接将伪造、变造的金融票证出售或转让牟利。所谓间接非法利益，是指将伪造、变造的金融票证用于金融诈骗，通过实施金融诈骗获取非法利益。由于行为人在伪造、变造金融票证时已具有了获取非法利益的目的，因此，该罪在主观方面属于直接故意。</td></tr>
<tr><td>罪与非罪</td><td>区分罪与非罪的界限，应当注意：行为人故意伪造、变造金融票证的，原则上都构成犯罪，如果行为人是由于过失而误写、错填票证有关内容的，当然不能以犯罪论处。同时行为人虽系有意伪造、变造金融票证，但其主观上确实出于自我欣赏、收藏等个人目的，而且客观上也确实没有使票证流通的，可视为《刑法》第 13 条规定的“情节显著轻微危害不大”的情形，而不认为构成犯罪。</td></tr>
<tr><td>此罪与彼罪</td><td>一、本罪与伪造、变造国家有价证券罪的界限。（1）侵犯的客体和犯罪对象不同。前者侵犯的是国家对金融票证的管理制度，犯罪对象是汇票、支票、本票、委托收款凭证、汇款凭证、银行存单、信用证或者附随的单据、文件，以及信用卡等金融票证；后者侵犯的是国家对一般有价证券的管理制度，犯罪对象是上述金融票证以外的其他有价证券，如国库券、政府债券、股票等。（2）两者在客观方面表现不同。后者把数额较大作为构成伪造、变造有价证券罪的要件；前者则否。
二、本罪与贪污罪的界限。对于国家工作人员利用职务上的便利，在经营、使用金融票证的过程中，采取伪造、变造票面数额等手段，骗取、侵吞公共财物，应以贪污罪论处，不构成本罪。</td></tr>
<tr><td>证据参考标准</td><td>主体方面的证据</td><td>一、证明行为人刑事责任年龄、身份等自然情况的证据。
包括身份证明、户籍证明、任职证明、工作经历证明、特定职责证明等，主要是证明行为人的姓名（曾用名）、性别、出生年月日、民族、籍贯、出生地、职业（或职务）、住所地（或居所地）等证据材料，如户口簿、居民身份证、工作证、出生证、专业或技术等级证、干部履历表、职工登记表、护照等。
对于户籍、出生证等材料内容不实的，应提供其他证据材料。外国人犯罪的案件，应有护照等身份证明材料。人大代表、政协委员犯罪的案件，应注明身份，并附身份证明材料。
二、证明行为人刑事责任能力的证据。
证明行为人对自己的行为是否具有辨认能力与控制能力，如是否属于间歇性精神病人、尚未完全丧失辨认或者控制自己行为能力的精神病人的证明材料。
三、证明单位的证据。
证明是否属于依法成立并有合法经营、管理范围的公司、企业、事业单位、机关、团体。
证明单位的名称、住所地、性质、法定代表人、单位负责人、业务范围、成立时间等证据材料，如企业营业执照、国有公司性质证明及非法人单位的身份证明等。
四、证明法定代表人、单位负责人或直接责任人员等的身份证明。
法定代表人、直接负责的主管人员和其他直接责任人在单位的任职、职责、负责权限的证明材料等。包括身份证明、户籍证明、任职证明等，如户口簿、居民身份证、工作证、护照、专业或技术等级证、干部履历表、职工登记表、任命书、业务分工文件、委派文件、单位证明、单位规章制度等。</td></tr>
</table>

证据参考标准	主观方面的证据	证明行为人故意的证据：1. 证明行为人明知的证据：证明行为人明知自己的行为会发生危害社会的结果；2. 证明直接故意的证据：证明行为人希望危害结果发生。
	客观方面的证据	证明行为人伪造、变造金融票证犯罪行为的证据。 具体证据包括：1. 证明行为人伪造金融票证行为的证据：仿造表明各种金融票证的特征：（1）图案；（2）形态；（3）色彩；（4）纸张；（5）接线技术；（6）凹凸印技术；（7）全息图；（8）其他。2. 证明行为人变造金融票证行为的证据：（1）剪贴；（2）挖补；（3）揭层；（4）涂改；（5）其他。3. 证明行为人伪造的金融票证行为的证据：（1）汇票；（2）本票；（3）支票；（4）委托收款凭证；（5）汇款凭证；（6）银行存单；（7）其他结算凭证；（8）信用证；（9）信用卡；（10）其他。4. 证明行为人变造的金融票证行为的证据：（1）汇票；（2）本票；（3）支票；（4）委托收款凭证；（5）银行存单；（6）汇款凭证；（7）其他结算凭证；（8）信用证；（9）信用卡；（10）其他。5. 证明行为人伪造、变造金融票证情节严重、情节特别严重行为的证据。
	量刑方面的证据	**一、法定量刑情节证据**。 1. 事实情节。2. 法定从重情节。3. 法定从轻减轻情节：（1）可以从轻；（2）可以从轻或减轻；（3）应当从轻或者减轻。4. 法定从轻减轻免除情节：（1）可以从轻、减轻或者免除处罚；（2）应当从轻、减轻或者免除处罚。5. 法定减轻免除情节：（1）可以减轻或者免除处罚；（2）应当减轻或者免除处罚；（3）可以免除处罚。 **二、酌定量刑情节证据**。 1. 犯罪手段：（1）伪造；（2）变造。2. 犯罪对象。3. 危害结果。4. 动机。5. 平时表现。6. 认罪态度。7. 是否有前科。8. 其他证据。
量刑标准	犯本罪的	处五年以下有期徒刑或者拘役，并处或单处二万元以上二十万元以下罚金
	情节严重的	处五年以上十年以下有期徒刑，并处五万元以上五十万元以下罚金
	情节特别严重的	处十年以上有期徒刑或者无期徒刑，并处五万元以上五十万元以下罚金或者没收财产
	单位犯本罪的	对单位判处罚金，并对其直接负责的主管人员和其他直接责任人员，依上述规定处罚

刑法条文

第一百七十七条 有下列情形之一，伪造、变造金融票证的，处五年以下有期徒刑或者拘役，并处或者单处二万元以上二十万元以下罚金；情节严重的，处五年以上十年以下有期徒刑，并处五万元以上五十万元以下罚金；情节特别严重的，处十年以上有期徒刑或者无期徒刑，并处五万元以上五十万元以下罚金或者没收财产：

（一）伪造、变造汇票、本票、支票的；

（二）伪造、变造委托收款凭证、汇款凭证、银行存单等其他银行结算凭证的；

（三）伪造、变造信用证或者附随的单据、文件的；

（四）伪造信用卡的。

单位犯前款罪的，对单位判处罚金，并对其直接负责的主管人员和其他直接责任人员，依照前款的规定处罚。

法律适用 司法解释

一、最高人民检察院、公安部《关于公安机关管辖的刑事案件立案追诉标准的规定（二）》（节录）（2010年5月7日最高人民检察院、公安部公布 自公布之日起施行 2011年11月14日修正）

第二十九条〔伪造、变造金融票证案（刑法第一百七十七条）〕伪造、变造金融票证，涉嫌下列情形之一的，应予立案追诉：

（一）伪造、变造汇票、本票、支票，或者伪造、变造委托收款凭证、汇款凭证、银行存单等其他银行结算凭证，或者伪造、变造信用证或者附随的单据、文件，总面额在一万元以上或者数量在十张以上的；

（二）伪造信用卡一张以上，或者伪造空白信用卡十张以上的。

二、最高人民法院、最高人民检察院《关于办理妨害信用卡管理刑事案件具体应用法律若干问题的解释》（2018年11月28日公布 自2018年12月1日起施行 法释〔2018〕19号）

为依法惩治妨害信用卡管理犯罪活动，维护信用卡管理秩序和持卡人合法权益，根据《中华人民共和国刑法》规定，现就办理这类刑事案件具体应用法律的若干问题解释如下：

第一条 复制他人信用卡、将他人信用卡信息资料写入磁条介质、芯片或者以其他方法伪造信用卡一张以上的，应当认定为刑法第一百七十七条第一款第四项规定的“伪造信用卡”，以伪造金融票证罪定罪处罚。

伪造空白信用卡十张以上的，应当认定为刑法第一百七十七条第一款第四项规定的“伪造信用卡”，以伪造金融票证罪定罪处罚。

伪造信用卡，有下列情形之一的，应当认定为刑法第一百七十七条规定的“情节严重”：

（一）伪造信用卡五张以上不满二十五张的；

（二）伪造的信用卡内存款余额、透支额度单独或者合计数额在二十万元以上不满一百万元的；

（三）伪造空白信用卡五十张以上不满二百五十张的；

（四）其他情节严重的情形。

伪造信用卡，有下列情形之一的，应当认定为刑法第一百七十七条规定的“情节特别严重”：

（一）伪造信用卡二十五张以上的；

（二）伪造的信用卡内存款余额、透支额度单独或者合计数额在一百万元以上的；

（三）伪造空白信用卡二百五十张以上的；

（四）其他情节特别严重的情形。

本条所称“信用卡内存款余额、透支额度”，以信用卡被伪造后发卡行记录的最高存款余额、可透支额度计算。

第二条 明知是伪造的空白信用卡而持有、运输十张以上不满一百张的，应当认定为刑法第一百七十七条之一第一款第一项规定的“数量较大”；非法持有他人信用卡五张以上不满五十张的，应当认定为刑法第一百七十七条之一第一款第二项规定的“数量较大”。

有下列情形之一的，应当认定为刑法第一百七十七条之一第一款规定的“数量巨大”：

（一）明知是伪造的信用卡而持有、运输十张以上的；

（二）明知是伪造的空白信用卡而持有、运输一百张以上的；

（三）非法持有他人信用卡五十张以上的；

（四）使用虚假的身份证明骗领信用卡十张以上的；

（五）出售、购买、为他人提供伪造的信用卡或者以虚假的身份证明骗领的信用卡十张以上的。

违背他人意愿，使用其居民身份证、军官证、士兵证、港澳居民往来内地通行证、台湾居民来往大陆通行证、护照等身份证明申领信用卡的，或者使用伪造、变造的身份证明申领信用卡的，应当认定为刑法第一百七十七条之一第一款第三项规定的“使用虚假的身份证明骗领信用卡”。

第三条 窃取、收买、非法提供他人信用卡信息资料，足以伪造可进行交易的信用卡，或者足以使他人以信用卡持卡人名义进行交易，涉及信用卡一张以上不满五张的，依照刑法第一百七十七条之一第二款的规定，以窃取、收买、非法提供信用卡信息罪定罪处罚；涉及信用卡五张以上的，应当认定为刑法第一百七十七条之一第一款规定的“数量巨大”。

第四条 为信用卡申请人制作、提供虚假的财产状况、收入、职务等资信证明材料，涉及伪造、变造、买卖国家机关公文、证件、印章，或者涉及伪造公司、企业、事业单位、人民团体印章，应当追究刑事责任的，依照刑法第二百八十条的规定，分别以伪造、变造、买卖国家机关公文、证件、印章罪和伪造公司、企业、事业单位、人民团体印章罪定罪处罚。

承担资产评估、验资、验证、会计、审计、法律服务等职责的中介组织或其人员，为信用卡申请人提供虚假的财产状况、收入、职务等资信证明材料，应当追究刑事责任的，依照刑法第二百二十九条的规定，分别以提供虚假证明文件罪和出具证明文件重大失实罪定罪处罚。

第五条 使用伪造的信用卡、以虚假的身份证明骗领的信用卡、作废的信用卡或者冒用他人信用卡，进行信用卡诈骗活动，数额在五千元以上不满五万元的，应当认定为刑法第一百九十六条规定的“数额较大”；数额在五万元以上不满五十万元的，应当认定为刑法第一百九十六条规定的“数额巨大”；数额在五十万元以上的，应当认定为刑法第一百九十六条规定的“数额特别巨大”。

刑法第一百九十六条第一款第三项所称“冒用他人信用卡”，包括以下情形：

（一）拾得他人信用卡并使用的；

（二）骗取他人信用卡并使用的；

（三）窃取、收买、骗取或者以其他非法方式获取他人信用卡信息资料，并通过互联网、通讯终端等使用的；

（四）其他冒用他人信用卡的情形。

第六条 持卡人以非法占有为目的，超过规定限额或者规定期限透支，经发卡银行两次有效催收后超过三个月仍不归还的，应当认定为刑法第一百九十六条规定的“恶意透支”。

对于是否以非法占有为目的，应当综合持卡人信用记录、还款能力和意愿、申领和透支信用卡的状况、透支资金的用途、透支后的表现、未按规定还款的原因等情节作出判断。不得单纯依据持卡人未按规定还款的事实认定非法占有目的。

具有以下情形之一的，应当认定为刑法第一百九十六条第二款规定的“以非法占有为目的”，但有证据证明持卡人确实不具有非法占有目的的除外：

（一）明知没有还款能力而大量透支，无法归还的；

（二）使用虚假资信证明申领信用卡后透支，无法归还的；

（三）透支后通过逃匿、改变联系方式等手段，逃避银行催收的；

（四）抽逃、转移资金，隐匿财产，逃避还款的；

（五）使用透支的资金进行犯罪活动的；

（六）其他非法占有资金，拒不归还的情形。

第七条 催收同时符合下列条件的，应当认定为本解释第六条规定的“有效催收”：

（一）在透支超过规定限额或者规定期限后进行；

（二）催收应当采用能够确认持卡人收悉的方式，但持卡人故意逃避催收的除外；

（三）两次催收至少间隔三十日；

（四）符合催收的有关规定或者约定。

对于是否属于有效催收，应当根据发卡银行提供的电话录音、信息送达记录、信函送达回执、电子邮件送达记录、持卡人或者其家属签字以及其他催收原始证据材料作出判断。

发卡银行提供的相关证据材料，应当有银行工作人员签名和银行公章。

第八条 恶意透支，数额在五万元以上不满五十万元的，应当认定为刑法第一百九十六条规定的“数额较大”；数额在五十万元以上不满五百万元的，应当认定为刑法第一百九十六条规定的“数额巨大”；数额在五百万元以上的，应当认定为刑法第一百九十六条规定的“数额特别巨大”。

第九条 恶意透支的数额，是指公安机关刑事立案时尚未归还的实际透支的本金数额，不包括利息、复利、滞纳金、手续费等发卡银行收取的费用。归还或者支付的数额，应当认定为归还实际透支的本金。

检察机关在审查起诉、提起公诉时，应当根据发卡银行提供的交易明细、分类账单（透支账单、还款账单）等证据材料，结合犯罪嫌疑人、被告人及其辩护人所提辩解、辩护意见及相关证据材料，审查认定恶意透支的数额；恶意透支的数额难以确定的，应当依据司法会计、审计报告，结合其他证据材料审查认定。人民法院在审判过程中，应当在对上述证据材料查证属实的基础上，对恶意透支的数额作出认定。

发卡银行提供的相关证据材料，应当有银行工作人员签名和银行公章。

法律适用

司法解释

第十条 恶意透支数额较大，在提起公诉前全部归还或者具有其他情节轻微情形的，可以不起诉；在一审判决前全部归还或者具有其他情节轻微情形的，可以免予刑事处罚。但是，曾因信用卡诈骗受过两次以上处罚的除外。

第十一条 发卡银行违规以信用卡透支形式变相发放贷款，持卡人未按规定归还的，不适用刑法第一百九十六条“恶意透支”的规定。构成其他犯罪的，以其他犯罪论处。

第十二条 违反国家规定，使用销售点终端机具（POS 机）等方法，以虚构交易、虚开价格、现金退货等方式向信用卡持卡人直接支付现金，情节严重的，应当依据刑法第二百二十五条的规定，以非法经营罪定罪处罚。

实施前款行为，数额在一百万元以上的，或者造成金融机构资金二十万元以上逾期未还的，或者造成金融机构经济损失十万元以上的，应当认定为刑法第二百二十五条规定的“情节严重”；数额在五百万元以上的，或者造成金融机构资金一百万元以上逾期未还的，或者造成金融机构经济损失五十万元以上的，应当认定为刑法第二百二十五条规定的“情节特别严重”。

持卡人以非法占有为目的，采用上述方式恶意透支，应当追究刑事责任的，依照刑法第一百九十六条的规定，以信用卡诈骗罪定罪处罚。

第十三条 单位实施本解释规定的行为，适用本解释规定的相应自然人犯罪的定罪量刑标准。

相关法律法规

《中华人民共和国票据法》（节录）（1995 年 5 月 10 日中华人民共和国主席令第 149 号公布　2004 年 8 月 28 日修正）

第十四条 票据上的记载事项应当真实，不得伪造、变造。伪造、变造票据上的签章和其他记载事项的，应当承担法律责任。

票据上有伪造、变造的签章的，不影响票据上其他真实签章的效力。

票据上其他记载事项被变造的，在变造之前签章的人，对原记载事项负责；在变造之后签章的人，对变造之后的记载事项负责；不能辨别是在票据被变造之前或者之后签章的，视同在变造之前签章。

第一百零二条 有下列票据欺诈行为之一的，依法追究刑事责任：

（一）伪造、变造票据的；

（二）故意使用伪造、变造的票据的；

（三）签发空头支票或者故意签发与其预留的本名签名式样或者印鉴不符的支票，骗取财物的；

（四）签发无可靠资金来源的汇票、本票，骗取资金的；

（五）汇票、本票的出票人在出票时作虚假记载，骗取财物的；

（六）冒用他人的票据，或者故意使用过期或者作废的票据，骗取财物的；

（七）付款人同出票人、持票人恶意串通，实施前六项所列行为之一的。

法律适用

规章及规范性文件

《银行卡业务管理办法》(节录)(1999年1月27日中国人民银行公布 自1999年3月1日起施行)

第二条 本办法所称银行卡，是指由商业银行（含邮政金融机构，下同）向社会发行的具有消费信用、转账结算、存取现金等全部或部分功能的信用支付工具。

商业银行未经中国人民银行批准不得发行银行卡。

第六十一条 任何单位和个人有下列情形之一的，根据《中华人民共和国刑法》及相关法规进行处理：

（一）骗领、冒用信用卡的；

（二）伪造、变造银行卡的；

（三）恶意透支的；

（四）利用银行卡及其机具欺诈银行资金的。

49 妨害信用卡管理案

概念

本罪是指违反信用卡管理法规，故意妨害信用卡管理的行为。

立案标准

根据最高人民检察院、公安部《关于公安机关管辖的刑事案件立案追诉标准的规定（二）》的规定，妨害信用卡管理，涉嫌下列情形之一的，应予立案追诉：

（1）明知是伪造的信用卡而持有、运输的；

（2）明知是伪造的空白信用卡而持有、运输，数量累计在10张以上的；

（3）非法持有他人信用卡，数量累计在5张以上的；

（4）使用虚假的身份证明骗领信用卡的；

（5）出售、购买、为他人提供伪造的信用卡或者以虚假的身份证明骗领的信用卡的。

违背他人意愿，使用其居民身份证、军官证、士兵证、港澳居民往来内地通行证、台湾居民来往大陆通行证、护照等身份证明申领信用卡的，或者使用伪造、变造的身份证明申领信用卡的，应当认定为“使用虚假的身份证明骗领信用卡”。

<table>
<tr><td rowspan="2">定罪标准</td><td>犯罪客体</td><td>本罪所侵害的客体是国家对信用卡的管理制度。</td></tr>
<tr><td>犯罪客观方面</td><td>本罪在客观方面表现为故意妨害信用卡管理的行为。根据《刑法》第177条之一的规定，主要有四种行为方式：
一、明知是伪造的信用卡而持有、运输的，或者明知是伪造的空白信用卡而持有、运输，数量较大的。所谓信用卡，是指银行或者其他特定金融机构发给持卡人用于存取现金、转账结算、消费信贷的一种信用凭证。持有、运输伪造的信用卡，要求行为人必须明知。即对于持有、运输伪造的信用卡，只要有持有、运输的行为，就构成妨害信用卡管理罪，而不要求数量较大。持有、运输伪造的空白信用卡，除要求行为人明知是伪造的空白信用卡，还必须达到数量较大，才能构成妨害信用卡管理罪。
二、非法持有他人信用卡，数量较大的。行为人非法持有他人信用卡，严重影响了国家信用卡管理秩序以及信用卡所有人的合法权益，只要数量较大，就构成妨害信用卡管理罪。
三、使用虚假的身份证明骗领信用卡的。所谓虚假的身份证明，是指不表明行为人真实身份的证明，身份证明上所载的身份信息不具有真实性，是虚假编造的。行为人使用虚假的身份证明欺骗金融机构领取信用卡的，不要求数量较大，即可构成妨害信用卡管理罪。
四、出售、购买、为他人提供伪造的信用卡或者以虚假的身份证明骗领的信用卡的。行为人只要有出售、购买、为他人提供伪造的信用卡或者以虚假的身份证明骗领的信用卡行为之一的，就构成妨害信用卡管理罪，不要求数量较大。</td></tr>
</table>

<table>
<tr><td rowspan="4">定罪标准</td><td>犯罪主体</td><td>本罪主体为一般主体，凡达到刑事责任年龄、具有刑事责任能力的自然人均能成为本罪主体。</td></tr>
<tr><td>犯罪主观方面</td><td>本罪的主观方面为故意。</td></tr>
<tr><td>罪与非罪</td><td>区分罪与非罪，要注意以下几点：
明知是伪造的信用卡而持有、运输的，是“行为犯”，只要行为人有持有、运输伪造的信用卡的行为，无论信用卡数量大小，就构成本罪。
明知是伪造的空白信用卡而持有、运输，是“数额犯”，构成本罪要求数量较大。
非法持有他人信用卡，是“数额犯”，要求达到数量较大的标准才能构成本罪。
使用虚假的身份证明骗领信用卡，是“行为犯”，行为人只要有以虚假的身份证明欺骗金融机构领取信用卡，则构成本罪，而不论骗领信用卡的数量大小。
出售、购买、为他人提供伪造的信用卡或者以虚假的身份证明骗领的信用卡，也是“行为犯”，行为人只要实施了出售、购买、为他人提供伪造的信用卡或者以虚假的身份证明骗领的信用卡的行为，无论数量大小，都构成本罪。这种行为的对象必须是伪造的信用卡或者是以虚假的身份证明骗领的信用卡。</td></tr>
<tr><td>此罪与彼罪</td><td>本罪和信用卡诈骗罪的界限。两罪在主体要件、主观方面都有相同之处，行为对象都是信用卡。但两者犯罪客观方面要件不同：行为人持有、运输或骗领信用卡通常是为了用于信用卡诈骗，本属于信用卡诈骗罪的预备行为，《刑法修正案（五）》将这些行为规定为犯罪后，就是独立的犯罪行为。即行为人为了进行信用卡诈骗活动而持有、运输信用卡或骗领信用卡的，直接依照本罪定罪处罚，不再以信用卡诈骗罪的预备犯论处。为了进行信用卡诈骗而伪造、持有、运输、买卖假信用卡或者骗领信用卡，并且使用该信用卡实施了诈骗活动的，属于牵连犯，应择一重罪论处，而不实行数罪并罚。</td></tr>
<tr><td>证据参考标准</td><td>主体方面的证据</td><td>一、证明行为人刑事责任年龄、身份等自然情况的证据。
包括身份证明、户籍证明、任职证明、工作经历证明、特定职责证明等，主要是证明行为人的姓名（曾用名）、性别、出生年月日、民族、籍贯、出生地、职业（或职务）、住所地（或居住地）等证据材料，如户口簿、居民身份证、工作证、出生证、专业或技术等级证、干部履历表、职工登记表、护照等。
对于户籍、出生证等材料内容不实的，应提供其他证据材料。外国人犯罪的案件，应有护照等身份证明材料。人大代表、政协委员犯罪的案件，应注明身份，并附身份证明材料。
二、证明行为人刑事责任能力的证据。
证明行为人对自己的行为是否具有辨认能力与控制能力，如是否属于间歇性精神病人、尚未完全丧失辨认或者控制自己行为能力的精神病人的证明材料。</td></tr>
</table>

<table>
<tr><td rowspan="4">证据参考标准</td><td>主观方面的证据</td><td colspan="2">证明行为人故意的证据：1. 证明行为人明知的证据：证明行为人明知自己的行为会发生危害社会的结果；2. 证明直接故意的证据：证明行为人希望危害结果发生。</td></tr>
<tr><td>客观方面的证据</td><td colspan="2">证明行为人妨害信用卡管理行为的证据。
具体证据包括：1. 证明行为人非法持有伪造的信用卡行为的证据；2. 证明行为人非法运输伪造的信用卡行为的证据；3. 证明行为人非法持有伪造的空白信用卡，数量较大行为的证据；4. 证明行为人非法运输伪造的空白信用卡，数量较大行为的证据；5. 证明行为人明知是伪造的信用卡或者是伪造的空白信用卡行为的证据；6. 证明行为人非法持有他人信用卡，数量较大行为的证据；7. 证明行为人使用虚假的身份证明骗领信用卡行为的证据；8. 证明行为人出售、购买、为他人提供伪造的信用卡行为的证据；9. 证明行为人出售、购买、为他人提供以虚假的身份证明骗领的信用卡的证据。</td></tr>
<tr><td>量刑方面的证据</td><td colspan="2">一、法定量刑情节证据。
1. 事实情节；2. 法定从重情节；3. 法定从轻情节：（1）可以从轻；（2）可以从轻或减轻；（3）应当从轻或者减轻。4. 法定从轻减轻免除情节：（1）可以从轻、减轻或者免除处罚；（2）应当从轻、减轻或者免除处罚。5. 法定减轻免除情节：（1）可以减轻或者免除处罚；（2）应当减轻或者免除处罚；（3）可以免除处罚。
二、酌定量刑情节证据。
1. 犯罪手段：（1）持有；（2）运输；（3）骗领；（4）出售；（5）购买；（6）为他人提供。2. 犯罪对象。3. 危害结果。4. 动机。5. 平时表现。6. 认罪态度。7. 是否有前科。8. 其他证据。</td></tr>
</table>

<table>
<tr><td rowspan="2">量刑标准</td><td>犯本罪的</td><td>处三年以下有期徒刑或者拘役，并处或者单处一万元以上十万元以下罚金</td></tr>
<tr><td>数量巨大或者有其他严重情节的</td><td>处三年以上十年以下有期徒刑，并处二万元以上二十万元以下罚金</td></tr>
<tr><td>法律适用</td><td>刑法条文</td><td>第一百七十七条之一第一款　有下列情形之一，妨害信用卡管理的，处三年以下有期徒刑或者拘役，并处或者单处一万元以上十万元以下罚金；数量巨大或者有其他严重情节的，处三年以上十年以下有期徒刑，并处二万元以上二十万元以下罚金：
（一）明知是伪造的信用卡而持有、运输的，或者明知是伪造的空白信用卡而持有、运输，数量较大的；
（二）非法持有他人信用卡，数量较大的；
（三）使用虚假的身份证明骗领信用卡的；
（四）出售、购买、为他人提供伪造的信用卡或者以虚假的身份证明骗领的信用卡的。</td></tr>
</table>

法律适用

司法解释

一、最高人民检察院、公安部《关于公安机关管辖的刑事案件立案追诉标准的规定（二）》（节录）（2010年5月7日最高人民检察院、公安部公布　自公布之日起施行　2011年11月14日修正）

第三十条〔妨害信用卡管理案（刑法第一百七十七条之一第一款）〕妨害信用卡管理，涉嫌下列情形之一的，应予立案追诉：

（一）明知是伪造的信用卡而持有、运输的；

（二）明知是伪造的空白信用卡而持有、运输，数量累计在十张以上的；

（三）非法持有他人信用卡，数量累计在五张以上的；

（四）使用虚假的身份证明骗领信用卡的；

（五）出售、购买、为他人提供伪造的信用卡或者以虚假的身份证明骗领的信用卡的。

违背他人意愿，使用其居民身份证、军官证、士兵证、港澳居民往来内地通行证、台湾居民来往大陆通行证、护照等身份证明申领信用卡的，或者使用伪造、变造的身份证明申领信用卡的，应当认定为“使用虚假的身份证明骗领信用卡”。

二、最高人民法院、最高人民检察院《关于办理妨害信用卡管理刑事案件具体应用法律若干问题的解释》（节录）（2018年11月28日公布　自2018年12月1日起施行　法释〔2018〕19号）

第二条　明知是伪造的空白信用卡而持有、运输十张以上不满一百张的，应当认定为刑法第一百七十七条之一第一款第一项规定的“数量较大”；非法持有他人信用卡五张以上不满五十张的，应当认定为刑法第一百七十七条之一第一款第二项规定的“数量较大”。

有下列情形之一的，应当认定为刑法第一百七十七条之一第一款规定的“数量巨大”：

（一）明知是伪造的信用卡而持有、运输十张以上的；

（二）明知是伪造的空白信用卡而持有、运输一百张以上的；

（三）非法持有他人信用卡五十张以上的；

（四）使用虚假的身份证明骗领信用卡十张以上的；

（五）出售、购买、为他人提供伪造的信用卡或者以虚假的身份证明骗领的信用卡十张以上的。

违背他人意愿，使用其居民身份证、军官证、士兵证、港澳居民往来内地通行证、台湾居民来往大陆通行证、护照等身份证明申领信用卡的，或者使用伪造、变造的身份证明申领信用卡的，应当认定为刑法第一百七十七条之一第一款第三项规定的“使用虚假的身份证明骗领信用卡”。

50 窃取、收买、非法提供信用卡信息案

概念

本罪是指违反信用卡管理法规，秘密窃取、收买或者非法提供他人信用卡信息的行为。

立案标准

根据最高人民检察院、公安部《关于公安机关管辖的刑事案件立案追诉标准的规定（二）》的规定，窃取、收买、非法提供他人信用卡信息资料，足以伪造可进行交易的信用卡，或者足以使他人以信用卡持卡人名义进行交易，涉及信用卡1张以上不满5张的，应予立案追诉。

定罪标准	犯罪客体	本罪所侵害的客体是国家对信用卡的管理制度。
	犯罪客观方面	根据《刑法》第177条之一第2款的规定，主要表现为窃取、收买、非法提供他人信用卡信息的行为。
	犯罪主体	本罪主体为一般主体，银行或者其他金融机构的工作人员利用职务上的便利犯本罪的，从重处罚。
	犯罪主观方面	本罪的主观方面为故意。
	罪与非罪	区分罪与非罪，关键要从行为人的主观恶性和行为的危害结果综合考虑。如果情节显著轻微，危害不大的，可不作犯罪处理。
	此罪与彼罪	本罪和侵犯商业秘密罪的界限。二罪的主要区别在于：（1）侵犯的客体不同。本罪侵犯的是信用卡管理制度，或者说国家的金融管理秩序；而侵犯商业秘密罪侵犯的是权利人的知识产权。（2）侵犯的对象不同。本罪侵犯的是置于银行和金融机构管理之下的信用卡信息资料，而侵犯商业秘密罪侵犯的是为公司、企业所拥有的商业秘密。
证据参考标准	主体方面的证据	**一、证明行为人刑事责任年龄、身份等自然情况的证据。** 包括身份证明、户籍证明、任职证明、工作经历证明、特定职责证明等，主要是证明行为人的姓名（曾用名）、性别、出生年月日、民族、籍贯、出生地、职业（或职务）、住所地（或居住地）等证据材料，如户口簿、居民身份证、工作证、出生证、专业或技术等级证、干部履历表、职工登记表、护照等。

<table>
<tr><td rowspan="4">证据参考标准</td><td>主体方面的证据</td><td colspan="2">对于户籍、出生证等材料内容不实的，应提供其他证据材料。外国人犯罪的案件，应有护照等身份证明材料。人大代表、政协委员犯罪的案件，应注明身份，并附身份证明材料。
二、证明行为人刑事责任能力的证据。
证明行为人对自己的行为是否具有辨认能力与控制能力，如是否属于间歇性精神病人、尚未完全丧失辨认或者控制自己行为能力的精神病人的证明材料。</td></tr>
<tr><td>主观方面的证据</td><td colspan="2">证明行为人故意的证据：1. 证明行为人明知的证据：证明行为人明知自己的行为会发生危害社会的结果；2. 证明直接故意的证据：证明行为人希望危害结果发生。</td></tr>
<tr><td>客观方面的证据</td><td colspan="2">证明行为人窃取、收买、非法提供信用卡信息资料行为的证据。
具体证据包括：1. 证明行为人窃取他人信用卡信息资料行为的证据；2. 证明行为人收买他人信用卡信息资料行为的证据；3. 证明行为人非法提供他人信用卡信息资料行为的证据；4. 证明行为人窃取他人信用卡信息资料数量巨大或情节严重的证据；5. 证明行为人收买他人信用卡信息资料数量巨大或情节严重的证据；6. 证明行为人非法提供他人信用卡信息资料数量巨大或情节严重的证据；7. 证明行为人窃取、收买、非法提供他人信用卡信息资料造成严重后果的证据；8. 证明行为人窃取、收买、非法提供他人信用卡信息资料数量较小、情节较轻的证据。</td></tr>
<tr><td>量刑方面的证据</td><td colspan="2">**一、法定量刑情节证据。**
1. 事实情节。2. 法定从重情节。3. 法定从轻情节：（1）可以从轻；（2）可以从轻或减轻；（3）应当从轻或者减轻。4. 法定从轻减轻免除情节：（1）可以从轻、减轻或者免除处罚；（2）应当从轻、减轻或者免除处罚。5. 法定减轻免除情节：（1）可以减轻或者免除处罚；（2）应当减轻或者免除处罚；（3）可以免除处罚。
二、酌定量刑情节证据。
1. 犯罪手段：（1）窃取；（2）收买；（3）非法提供。2. 犯罪对象。3. 危害结果。4. 动机。5. 平时表现。6. 认罪态度。7. 是否有前科。8. 其他证据。</td></tr>
<tr><td rowspan="2">量刑标准</td><td colspan="2">犯本罪的</td><td>处三年以下有期徒刑或者拘役，并处或者单处一万元以上十万元以下罚金</td></tr>
<tr><td colspan="2">数量巨大或者有其他严重情节的</td><td>处三年以上十年以下有期徒刑，并处二万元以上二十万元以下罚金</td></tr>
<tr><td>法律适用</td><td>刑法条文</td><td colspan="2">**第一百七十七条之一**　有下列情形之一，妨害信用卡管理的，处三年以下有期徒刑或者拘役，并处或者单处一万元以上十万元以下罚金；数量巨大或者有其他严重情节的，处三年以上十年以下有期徒刑，并处二万元以上二十万元以下罚金：
（一）明知是伪造的信用卡而持有、运输的，或者明知是伪造的空白信用卡而持有、运输，数量较大的；
（二）非法持有他人信用卡，数量较大的；
（三）使用虚假的身份证明骗领信用卡的；</td></tr>
</table>

法律适用

刑法条文

（四）出售、购买、为他人提供伪造的信用卡或者以虚假的身份证明骗领的信用卡的。

窃取、收买或者非法提供他人信用卡信息资料的，依照前款规定处罚。

银行或者其他金融机构的工作人员利用职务上的便利，犯第二款罪的，从重处罚。

司法解释

一、最高人民法院、最高人民检察院、公安部《关于办理电信网络诈骗等刑事案件适用法律若干问题的意见（二）》（节录）（2021年6月17日最高人民法院、最高人民检察院、公安部公布　自公布之日起施行）

四、无正当理由持有他人的单位结算卡的，属于刑法第一百七十七条之一第一款第（二）项规定的“非法持有他人信用卡”。

二、最高人民检察院、公安部《关于公安机关管辖的刑事案件立案追诉标准的规定（二）》（节录）（2010年5月7日最高人民检察院、公安部公布　自公布之日起施行　2011年11月14日修正）

第三十一条〔窃取、收买、非法提供信用卡信息案（刑法第一百七十七条之一第二款）〕窃取、收买或者非法提供他人信用卡信息资料，足以伪造可进行交易的信用卡，或者足以使他人以信用卡持卡人名义进行交易，涉及信用卡一张以上的，应予立案追诉。

三、最高人民法院、最高人民检察《关于办理妨害信用卡管理刑事案件具体应用法律若干问题的解释》（节录）（2018年11月28日公布　自2018年12月1日起施行　法释〔2018〕19号）

第三条　窃取、收买、非法提供他人信用卡信息资料，足以伪造可进行交易的信用卡，或者足以使他人以信用卡持卡人名义进行交易，涉及信用卡一张以上不满五张的，依照刑法第一百七十七条之一第二款的规定，以窃取、收买、非法提供信用卡信息罪定罪处罚；涉及信用卡五张以上的，应当认定为刑法第一百七十七条之一第一款规定的“数量巨大”。

51 伪造、变造国家有价证券案

概念

本罪是指伪造、变造国库券或者国家发行的其他有价证券，数额较大的行为。

立案标准

根据最高人民检察院、公安部《关于公安机关管辖的刑事案件立案追诉标准的规定（二）》的规定，伪造、变造国库券或者国家发行的其他有价证券，总面额在2000元以上的，应予立案追诉。本罪是数额犯，构成犯罪必须达到“数额较大”的标准。

定罪标准		
	犯罪客体	本罪侵犯的客体是国家对有价证券的管理制度。
	犯罪客观方面	本罪在客观方面表现为伪造、变造国库券或者国家发行的其他有价证券，数额较大的行为。所谓伪造，是指仿照有价证券的图案、形式、颜色、面值、格式等外面形态特征，通过复印、绘制、印刷等方法制作假证券的行为，使非有价证券摇身而变成“有价证券”，是从无到有的假。所谓变造，是指对真实有效的有价证券使用涂改、挖补、拼凑、剪接、覆盖等各种方式进行加工，使其主要内容如发行的面额、发行期限或张数等加以改变的行为。其是在真的基础上变真的少为多，使真的有价证券变成非原来的有价证券。所谓国家有价证券，包括国库券和国家发行的其他有价证券。国库券是指国家为解决急需的预算支出而由财政部发行的一种国家债券。它按面值公开发行，上面注明了偿还债务的期限与到期的利息。一段时间后可以依法予以转让、买卖。所谓国家发行的其他有价证券，是指国家发行的国库券以外的载明一定财产价值的其他有价证券，如国家建设债券、保值公债、财政债券等。所谓数额较大，是指伪造、变造国家证券的数额较大。如果仅有伪造、变造国家证券的行为，但没有达到数额较大的，就不能以本罪论处。
	犯罪主体	本罪的主体是一般主体，自然人和单位均可成为本罪的主体。
	犯罪主观方面	本罪主观方面表现为故意，其目的是为了谋取非法利益。行为人只要实施了伪造有价证券的行为并将其伪造、变造出来，即构成本罪既遂。至于是否利用其骗取财物，并不影响本罪的构成。如果既伪造、变造了有价证券，又利用其骗取财物的，应当按牵连犯的处罚原则从一重罪论处，不实行数罪并罚。如果只是出于好奇心或炫耀技巧而伪造、变造国家有价证券的行为则不构成犯罪。
	罪与非罪	区别罪与非罪，关键看数额是否较大。行为人只要出于故意实施了伪造或变造国家有价证券的行为并且达到了数额较大，即就构成本罪既遂，其是否已谋取了非法利益，则不影响其既遂成立。如果数额较大的国家有价证券因意志以外的原因没有伪造、变造出来，即伪造、变造行为已开始实施但未完毕的，则构成未遂。

<table>
<tr><td>定罪标准</td><td>此罪与彼罪</td><td>本罪与诈骗罪、有价证券诈骗罪的界限。本罪必须具有伪造或变造的行为，如果没有伪造或变造的行为，而是将失效的国家有价证券或其他物品直接拿出谎称为有价证券骗取他人钱财的，则构成诈骗罪而不是本罪。行为人如果在伪造、变造国家有价证券后又用之去骗取他人钱财的，则同时触犯本罪与有价证券诈骗罪，对之应按牵连犯择一重罪处罚的原则，选择一重罪从重处罚。</td></tr>
<tr><td rowspan="3">证据参考标准</td><td>主体方面的证据</td><td>一、证明行为人刑事责任年龄、身份等自然情况的证据。
包括身份证明、户籍证明、任职证明、工作经历证明、特定职责证明等，主要是证明行为人的姓名（曾用名）、性别、出生年月日、民族、籍贯、出生地、职业（或职务）、住所地（或居所地）等证据材料，如户口簿、居民身份证、工作证、出生证、专业或技术等级证、干部履历表、职工登记表、护照等。
对于户籍、出生证等材料内容不实的，应提供其他证据材料。外国人犯罪的案件，应有护照等身份证明材料。人大代表、政协委员犯罪的案件，应注明身份，并附身份证明材料。
二、证明行为人刑事责任能力的证据。
证明行为人对自己的行为是否具有辨认能力与控制能力，如是否属于间歇性精神病人、尚未完全丧失辨认或者控制自己行为能力的精神病人的证明材料。
三、证明单位的证据。
证明是否属于依法成立并有合法经营、管理范围的公司、企业、事业单位、机关、团体。
证明单位的名称、住所地、性质、法定代表人、单位负责人、业务范围、成立时间等证据材料，如企业营业执照、国有公司性质证明及非法人单位的身份证明等。
四、证明法定代表人、单位负责人或直接责任人员等的身份证明。
法定代表人、直接负责的主管人员和其他直接责任人在单位的任职、职责、负责权限的证明材料等。包括身份证明、户籍证明、任职证明等，如户口簿、居民身份证、工作证、护照、专业或技术等级证、干部履历表、职工登记表、任命书、业务分工文件、委派文件、单位证明、单位规章制度等。</td></tr>
<tr><td>主观方面的证据</td><td>证明行为人故意的证据：1. 证明行为人明知的证据：证明行为人明知自己的行为会发生危害社会的结果；2. 证明直接故意的证据：证明行为人希望危害结果发生；3. 证明间接故意的证据：证明行为人放任危害结果发生。</td></tr>
<tr><td>客观方面的证据</td><td>证明行为人伪造、变造国家有价证券犯罪行为的证据。
具体证据包括：1. 证明行为人伪造国家有价证券行为的证据：仿造表明各种国家有价证券的特征：（1）图案；（2）形态；（3）色彩；（4）纸质；（5）接线技术；（6）凹凸印技术；（7）全息图；（8）其他。2. 证明变造国家有价证券行为的证据：（1）剪贴；（2）挖补；（3）揭层；（4）涂改；（5）其他。3. 证明行为人伪造的国家有价证券行为的证据。4. 证明行为人变造的国家有价证券行为的证据。5. 证明数额较大、数额巨大、数额特别巨大行为的证据。</td></tr>
</table>

<table>
<tr><td rowspan="2">证据参考标准</td><td>量刑方面的证据</td><td colspan="2">一、法定量刑情节证据。
1. 事实情节。2. 法定从重情节。3. 法定从轻减轻情节：(1) 可以从轻；(2) 可以从轻或减轻；(3) 应当从轻或者减轻。4. 法定从轻减轻免除情节：(1) 可以从轻、减轻或者免除处罚；(2) 应当从轻、减轻或者免除处罚。5. 法定减轻免除情节：(1) 可以减轻或者免除处罚；(2) 应当减轻或者免除处罚；(3) 可以免除处罚。
二、酌定量刑情节证据。
1. 犯罪手段：(1) 伪造；(2) 变造。2. 犯罪对象。3. 危害结果。4. 动机。5. 平时表现。6. 认罪态度。7. 是否有前科。8. 其他证据。</td></tr>
<tr><td colspan="3"></td></tr>
<tr><td rowspan="4">量刑标准</td><td colspan="2">数额较大的</td><td>处三年以下有期徒刑或者拘役，并处或者单处二万元以上二十万元以下罚金</td></tr>
<tr><td colspan="2">数额巨大的</td><td>处三年以上十年以下有期徒刑，并处五万元以上五十万元以下罚金</td></tr>
<tr><td colspan="2">数额特别巨大的</td><td>处十年以上有期徒刑或者无期徒刑，并处五万元以上五十万元以下罚金或者没收财产</td></tr>
<tr><td colspan="2">单位犯本罪的</td><td>对单位判处罚金，并对其直接负责的主管人员和其他直接责任人员，依上述规定处罚</td></tr>
<tr><td rowspan="2">法律适用</td><td>刑法条文</td><td colspan="2">第一百七十八条第一款　伪造、变造国库券或者国家发行的其他有价证券，数额较大的，处三年以下有期徒刑或者拘役，并处或者单处二万元以上二十万元以下罚金；数额巨大的，处三年以上十年以下有期徒刑，并处五万元以上五十万元以下罚金；数额特别巨大的，处十年以上有期徒刑或者无期徒刑，并处五万元以上五十万元以下罚金或者没收财产。
第一百七十八条第三款　单位犯前两款罪的，对单位判处罚金，并对其直接负责的主管人员和其他直接责任人员，依照前两款的规定处罚。</td></tr>
<tr><td>司法解释</td><td colspan="2">最高人民检察院、公安部《关于公安机关管辖的刑事案件立案追诉标准的规定(二)》(节录)(2010年5月7日最高人民检察院、公安部公布　自公布之日起施行　2011年11月14日修正)
第三十二条〔伪造、变造国家有价证券案（刑法第一百七十八条第一款）〕伪造、变造国库券或者国家发行的其他有价证券，总面额在二千元以上的，应予立案追诉。</td></tr>
</table>

52 伪造、变造股票、公司、企业债券案

概念

本罪是指违反国家有关有价证券管理法规，伪造、变造股票或者公司、企业债券，数额较大的行为。本罪为选择性罪名。只要实施其中方式之一涉及其中一个对象的，即构成本罪。具有一种行为方式涉及两个对象或者具有两种行为方式涉及一个对象或两个对象的，都只构成本罪的一罪，不应实行数罪并罚，罪名则根据行为方式及所涉对象而定。

立案标准

根据最高人民检察院、公安部《关于公安机关管辖的刑事案件立案追诉标准的规定（二）》的规定，伪造、变造股票或者公司、企业债券，总面额在5000元以上的，应予立案追诉。本罪的犯罪对象是股票、公司、企业债券。只要行为人伪造、变造股票或者公司、企业债券，总面额累计达到5000元以上的，公安机关就应当立案侦查。

定罪标准		
	犯罪客体	本罪侵害的客体为国家有关有价证券的管理制度。
	犯罪客观方面	本罪在客观方面表现为违反国家有价证券管理法规，伪造、变造股票或者公司、企业债券，数额较大的行为。所谓伪造、变造，见伪造、变造国家有价证券罪中有关解释。所谓股票，是由公司签发的证明股东所持股份的要式凭证。根据《公司法》规定，应当载明下列主要事项：（1）公司名称；（2）公司登记成立的日期；（3）股票种类、票面金额及代表的股份数，股票的编号等等。作为证权证券，作用是证明股东的权利，而不是创设权利。其制成必须依照法律规定的形式，其签发是由股份公司对缴纳股款的认股人所进行的。股票的发行价格既可以按票面金额，也可以超过票面金额，不过，无论如何不得低于票面金额。所谓公司、企业债券，是公司、企业依照法定程序发行的，约定在一定期限内还本付息的有价证券，是一种用以显示和证明与他人形成的金钱债务关系的证券。根据《公司法》的规定，债券必须载明公司的名称、债券面金额、利率、偿还期限等事项。所谓数额较大，是指伪造、变造股票或者公司、企业债券的面额较大。本罪不仅要求具有伪造、变造股票或者公司、企业债券的行为，而且还要达到数额较大的标准。缺少其一，都不能构成本罪。
	犯罪主体	本罪的主体为一般主体，既包括单位，又包括自然人即达到刑事责任年龄、具有刑事责任能力的自然人。
	犯罪主观方面	本罪在主观方面必须出于故意，并且具有牟取非法利益的目的。过失不能构成本罪。

<table>
<tr><td rowspan="2">定罪标准</td><td>罪与非罪</td><td>区分罪与非罪的界限，要注意两点：
一、数额是否较大。实践中，行为人如果伪造、变造股票、公司、企业债券量少而数额小，社会危害性不大的，不以犯罪论处，可作为一般违法行为处理。
二、行为人只要出于故意实施了伪造、变造股票或公司、企业债券的行为，一达到数额较大，即构成本罪既遂，其目的是否实现则没有影响。行为人出于故意实施伪造、变造行为，但由于意志以外的原因尚未完成，只要能查明其足以达到数额巨大的标准，则就可构成本罪既遂。</td></tr>
<tr><td>此罪与彼罪</td><td>一、本罪与伪造、变造国家有价证券罪的界限。两者在主观方面、客观行为方式、主体、客体都相一致，所不同的则是对象不同。本罪的对象虽然亦为有价证券，但其属于公司、企业依法发行的一种有价证券；而后罪的对象则是国家发行的有价证券，其危害性比本罪更大。
二、本罪与诈骗罪的界限。本罪在客观方面表现为伪造、变造股票或者公司、企业债券的行为。如果没有此种伪造、变造行为，而是直接将假的或失效的甚或其他票证用之去骗取财物，则应以诈骗罪定性，而不是构成本罪。如果伪造、变造股票或公司、企业债券后又用之骗取钱财的，则属牵连行为，根据牵连犯择一重罪处罚的原则，应选择一重罪定罪科刑。</td></tr>
<tr><td rowspan="2">证据参考标准</td><td>主体方面的证据</td><td>一、证明行为人刑事责任年龄、身份等自然情况的证据。
包括身份证明、户籍证明、任职证明、工作经历证明、特定职责证明等，主要是证明行为人的姓名（曾用名）、性别、出生年月日、民族、籍贯、出生地、职业（或职务）、住所地（或居所地）等证据材料，如户口簿、居民身份证、工作证、出生证、专业或技术等级证、干部履历表、职工登记表、护照等。
对于户籍、出生证等材料内容不实的，应提供其他证据材料。外国人犯罪的案件，应有护照等身份证明材料。人大代表、政协委员犯罪的案件，应注明身份，并附身份证明材料。
二、证明行为人刑事责任能力的证据。
证明行为人对自己的行为是否具有辨认能力与控制能力，如是否属于间歇性精神病人、尚未完全丧失辨认或者控制自己行为能力的精神病人的证明材料。
三、证明单位的证据。
证明是否属于依法成立并有合法经营、管理范围的公司、企业、事业单位、机关、团体。
证明单位的名称、住所地、性质、法定代表人、单位负责人、业务范围、成立时间等证据材料，如企业营业执照、国有公司性质证明及非法人单位的身份证明等。
四、证明法定代表人、单位负责人或直接责任人员等的身份证明。
法定代表人、直接负责的主管人员和其他直接责任人在单位的任职、职责、负责权限的证明材料等。包括身份证明、户籍证明、任职证明等，如户口簿、居民身份证、工作证、护照、专业或技术等级证、干部履历表、职工登记表、任命书、业务分工文件、委派文件、单位证明、单位规章制度等。</td></tr>
<tr><td>主观方面的证据</td><td>证明行为人故意的证据：1. 证明行为人明知的证据：证明行为人明知自己的行为会发生危害社会的结果；2. 证明直接故意的证据：证明行为人希望危害结果发生。</td></tr>
</table>

证据参考标准

客观方面的证据

证明行为人伪造、变造股票、公司、企业债券犯罪行为的证据。

具体证据包括：1. 证明行为人伪造股票、债券行为的证据：伪造表明股票、债券的特征：（1）印刷；（2）纸质；（3）图案；（4）形态；（5）文字；（6）水印；（7）颜色；（8）其他。2. 证明行为人变造股票、债券行为的证据：（1）剪贴；（2）挖补；（3）揭层；（4）其他。3. 证明行为人伪造的股票、债券行为的证据。4. 证明行为人变造的股票、债券行为的证据。5. 证明行为人伪造、变造股票、公司、企业债券数额巨大行为的证据。

量刑方面的证据

一、法定量刑情节证据。

1. 事实情节。2. 法定从重情节。3. 法定从轻减轻情节：（1）可以从轻；（2）可以从轻或减轻；（3）应当从轻或者减轻。4. 法定从轻减轻免除情节：（1）可以从轻、减轻或者免除处罚；（2）应当从轻、减轻或者免除处罚。5. 法定减轻免除情节：（1）可以减轻或者免除处罚；（2）应当减轻或者免除处罚；（3）可以免除处罚。

二、酌定量刑情节证据。

1. 犯罪手段：（1）伪造；（2）变造；（3）采购不合格品。2. 犯罪对象。3. 危害结果。4. 动机。5. 平时表现。6. 认罪态度。7. 是否有前科。8. 其他证据。

量刑标准

犯本罪的	处三年以下有期徒刑或者拘役，并处或者单处一万元以上十万元以下罚金
数额巨大的	处三年以上十年以下有期徒刑，并处二万元以上二十万元以下罚金
单位犯本罪的	对单位判处罚金，并对其直接负责的主管人员和其他直接责任人员，依上述规定处罚

法律适用

刑法条文

第一百七十八条第二款 伪造、变造股票或者公司、企业债券，数额较大的，处三年以下有期徒刑或者拘役，并处或者单处一万元以上十万元以下罚金；数额巨大的，处三年以上十年以下有期徒刑，并处二万元以上二十万元以下罚金。

第一百七十八条第三款 单位犯前两款罪的，对单位判处罚金，并对其直接负责的主管人员和其他直接责任人员，依照前两款的规定处罚。

司法解释

最高人民检察院、公安部《关于公安机关管辖的刑事案件立案追诉标准的规定（二）》（节录）（2010年5月7日最高人民检察院、公安部公布　自公布之日起施行　2011年11月14日修正）

第三十三条〔伪造、变造股票、公司、企业债券案（刑法第一百七十八条第二款）〕伪造、变造股票或者公司、企业债券，总面额在五千元以上的，应予立案追诉。

53 擅自发行股票、公司、企业债券案

概念

本罪是指未经注册，擅自发行股票、公司、企业债券，数额巨大、后果严重或者有其他严重情节的行为。

立案标准

根据最高人民检察院、公安部《关于公安机关管辖的刑事案件立案追诉标准的规定（二）》的规定，未经注册，擅自发行股票或者公司、企业债券，涉嫌下列情形之一的，应予立案追诉：

（1）发行数额在 50 万元以上的；

（2）虽未达到上述数额标准，但擅自发行致使 30 人以上的投资者购买了股票或者公司、企业债券的；

（3）不能及时清偿或者清退的；

（4）其他后果严重或者有其他严重情节的情形。

定罪标准

犯罪客体

本罪侵犯的客体为复杂客体，即国家对证券市场的管理制度以及投资者和债权人的合法权益。发行股票、公司、企业债券，是公司、企业在市场经济条件下一种有效的集资手段。所谓股票，是股份有限公司签发的证明股东所持股份的凭证。所谓公司债券，是指公司依照法定程序发行的，约定在一定期限内还本付息的有价证券。所谓企业债券，是指企业依照法定程序发行、约定在一定期限内还本付息的有价证券。

注意：《证券法》第 9 条规定，公开发行证券，必须符合法律、行政法规规定的条件，并依法报经国务院证券监督管理机构或者国务院授权的部门注册。未经依法注册，任何单位和个人不得公开发行证券。证券发行注册制的具体范围、实施步骤，由国务院规定。有下列情形之一的，为公开发行：（1）向不特定对象发行证券；（2）向特定对象发行证券累计超过 200 人，但依法实施员工持股计划的员工人数不计算在内；（3）法律、行政法规规定的其他发行行为。非公开发行证券，不得采用广告、公开劝诱和变相公开方式。该条规定将证券的发行由以前的批准制改成了注册制。

犯罪客观方面

本罪在客观方面表现为行为人必须实施了未经注册，擅自发行股票、公司、企业债券，数额巨大、造成严重后果或者有其他严重情节的行为。

一、行为人须有发行股票、公司、企业债券的行为。如果尚未发行或正在准备发行的，不构成本罪；同时，如果不是采取发行股票、公司、企业债券的方式，而是采取其他方法非法集资的，也不构成本罪，例如，公司之间以高利贷方式相互拆借资金，如果构成其他罪，应依照《刑法》的有关规定处罚。这是因为本罪所惩治的是侵犯股票、公司、企业债券发行管理制度的行为。

二、行为人发行股票、公司、企业债券的行为是擅自进行，未经注册。根据《证券法》第 12 条的规定，公司首次公开发行新股，应当符合下列条件：（1）具备健全

<table>
<tr><td rowspan="4">定罪标准</td><td>犯罪客观方面</td><td>且运行良好的组织机构；（2）具有持续经营能力；（3）最近 3 年财务会计报告被出具无保留意见审计报告；（4）发行人及其控股股东、实际控制人最近 3 年不存在贪污、贿赂、侵占财产、挪用财产或者破坏社会主义市场经济秩序的刑事犯罪；（5）经国务院批准的国务院证券监督管理机构规定的其他条件。上市公司发行新股，应当符合经国务院批准的国务院证券监督管理机构规定的条件，具体管理办法由国务院证券监督管理机构规定。公开发行存托凭证的，应当符合首次公开发行新股的条件以及国务院证券监督管理机构规定的其他条件。《证券法》第 15 条规定，公开发行公司债券，应当符合下列条件：（1）具备健全且运行良好的组织机构；（2）最近 3 年平均可分配利润足以支付公司债券一年的利息；（3）国务院规定的其他条件。公开发行公司债券筹集的资金，必须按照公司债券募集办法所列资金用途使用；改变资金用途，必须经债券持有人会议作出决议。公开发行公司债券筹集的资金，不得用于弥补亏损和非生产性支出。上市公司发行可转换为股票的公司债券，除应当符合第一款规定的条件外，还应当遵守本法第十二条第二款的规定。但是，按照公司债券募集办法，上市公司通过收购本公司股份的方式进行公司债券转换的除外。《证券法》第 24 条规定，国务院证券监督管理机构或者国务院授权的部门对已作出的证券发行注册的决定，发现不符合法定条件或者法定程序，尚未发行证券的，应当予以撤销，停止发行。已经发行尚未上市的，撤销发行注册决定，发行人应当按照发行价并加算银行同期存款利息返还证券持有人；发行人的控股股东、实际控制人以及保荐人，应当与发行人承担连带责任，但是能够证明自己没有过错的除外。股票的发行人在招股说明书等证券发行文件中隐瞒重要事实或者编造重大虚假内容，已经发行并上市的，国务院证券监督管理机构可以责令发行人回购证券，或者责令负有责任的控股股东、实际控制人买回证券。

三、擅自发行股票、公司、企业债券的行为必须达到情节严重的程度，才能构成犯罪。如果情节较轻，不宜作为犯罪来认定和处理，所谓情节严重，本条原则列举为数额巨大、后果严重或者有其他严重情节的行为。最高人民检察院、公安部《关于公安机关管辖的刑事案件立案追诉标准的规定（二）》第 34 条规定，擅自发行股票或者公司、企业债券，发行数额在 50 万元以上，或者虽未达到上述数额标准，但擅自发行致使 30 人以上的投资者购买了股票或者公司、企业债券，或者不能及时清偿或者清退，或者有其他后果严重或者其他严重情节的情形的，应予立案。</td></tr>
<tr><td>犯罪主体</td><td>本罪的主体要件为一般主体，凡达到刑事责任年龄并具备刑事责任能力的自然人均能构成本罪。单位亦能成为本罪主体。单位犯本罪时，实行双罚制，即既对单位判处罚金，又对其直接负责的主管人员和其他直接责任人员判处相应的刑罚。</td></tr>
<tr><td>犯罪主观方面</td><td>本罪主观方面由故意构成，即明知发行股票、公司、企业债券是非法的而擅自发行股票、公司、企业债券，其目的一般是为了非法筹集资金。</td></tr>
<tr><td>罪与非罪</td><td>区分罪与非罪的界限，要注意从三个方面来把握，即数额是否巨大、后果是否严重或者是否有其他严重情节。如果擅自发行股票、公司、企业债券未达到数额巨大、后果严重或者其他严重情节的，属于一般违法行为，不予立案，可由有关部门给予行政处罚。</td></tr>
</table>

定罪标准	此罪与彼罪	一、本罪与集资诈骗罪的界限。集资诈骗罪在行为方式上也可能采取擅自发行股票、公司、企业债券的方法。两者的区别在于：（1）侵害的客体不同。集资诈骗罪侵犯的主要是公私财产的所有权，同时也侵犯国家正常的金融管理秩序；而擅自发行股票、公司、企业债券罪侵犯的主要是证券市场管理秩序。（2）犯罪目的不同。集资诈骗罪是以非法占有公私财产为目的，从一开始就根本不想偿还非法发行股票、公司、企业债券所骗取的款项，就是说发行股票、公司、企业债券只是其诈骗、获取公私财产的一种手段和借口；而擅自发行股票、公司、企业债券罪的主观方面是为了非法募集生产经营资金，并准备按约定给付股息、偿还债券本息，不具有非法占有的目的。（3）客观方面不同。集资诈骗罪采取的是隐瞒真实情况、捏造虚假事实的手段，以发行股票、公司、企业债券的名义，欺骗公众，骗取他人的资金；而擅自发行股票、公司、企业债券罪并没有伪造事实、隐瞒真相，而是不符合发行股票、公司、企业债券的条件而擅自发行，或者虽然符合发行条件，但未注册而发行。 二、本罪与欺诈发行证券罪的界限。（1）擅自发行，是指未注册而自作主张发行；而欺诈发行，则是制作虚假的招股说明书、认股书、公司、企业债券招募办法等发行文件发行的行为。（2）擅自发行在程序上是不合法的，至于是否具有发行的实质条件，则不作要求。符合发行的实质条件，未注册而发行也可构成犯罪；不符合发行的实质条件，自然更不能例外。而欺诈发行，则一般是不符合发行的实质条件而发行。（3）擅自发行中既可能以欺诈的行为发行，即通过制作虚假的招股说明书、认股书、公司、企业债券募集办法等发行文件发行，亦可以不采取上述欺诈手段发行。对于擅自发行中又采取了欺诈手段的，则又牵连触犯欺诈发行证券罪。从理论上来讲，应择一重罪定罪处罚。
证据参考标准	主体方面的证据	**一、证明行为人刑事责任年龄、身份等自然情况的证据。** 包括身份证明、户籍证明、任职证明、工作经历证明、特定职责证明等，主要是证明行为人的姓名（曾用名）、性别、出生年月日、民族、籍贯、出生地、职业（或职务）、住所地（或居所地）等证据材料，如户口簿、居民身份证、工作证、出生证、专业或技术等级证、干部履历表、职工登记表、护照等。 对于户籍、出生证等材料内容不实的，应提供其他证据材料。外国人犯罪的案件，应有护照等身份证明材料。人大代表、政协委员犯罪的案件，应注明身份，并附身份证明材料。 **二、证明行为人刑事责任能力的证据。** 证明行为人对自己的行为是否具有辨认能力与控制能力，如是否属于间歇性精神病人、尚未完全丧失辨认或者控制自己行为能力的精神病人的证明材料。 **三、证明单位的证据。** 证明是否属于依法成立并有合法经营、管理范围的公司、企业、事业单位、机关、团体。 证明单位的名称、住所地、性质、法定代表人、单位负责人、业务范围、成立时间等证据材料，如企业营业执照、国有公司性质证明及非法人单位的身份证明等。 **四、证明法定代表人、单位负责人或直接责任人员等的身份证明。** 法定代表人、直接负责的主管人员和其他直接责任人在单位的任职、职责、负责权限的证明材料等。包括身份证明、户籍证明、任职证明等，如户口簿、居民身份证、工作证、护照、专业或技术等级证、干部履历表、职工登记表、任命书、业务分工文件、委派文件、单位证明、单位规章制度等。

<table>
<tr><td rowspan="4">证据参考标准</td><td>主观方面的证据</td><td colspan="2">证明行为人故意的证据：1. 证明行为人明知的证据：证明行为人明知自己的行为会发生危害社会的结果；2. 证明直接故意的证据：证明行为人希望危害结果发生。</td></tr>
<tr><td>客观方面的证据</td><td colspan="2">证明行为人擅自发行股票、公司、企业债券犯罪行为的证据。
具体证据包括：1. 证明行为人未经注册的证据；2. 证明行为人发行股票数额巨大行为的证据；3. 证明行为人发行公司、企业债券数额巨大行为的证据；4. 证明行为人后果严重行为的证据；5. 证明行为人其他严重情节行为的证据。</td></tr>
<tr><td>量刑方面的证据</td><td colspan="2">一、法定量刑情节证据。
1. 事实情节。2. 法定从重情节。3. 法定从轻减轻情节：(1) 可以从轻；(2) 可以从轻或减轻；(3) 应当从轻或者减轻。4. 法定从轻减轻免除情节：(1) 可以从轻、减轻或者免除处罚；(2) 应当从轻、减轻或者免除处罚。5. 法定减轻免除情节：(1) 可以减轻或者免除处罚；(2) 应当减轻或者免除处罚；(3) 可以免除处罚。
二、酌定量刑情节证据。
1. 犯罪手段：(1) 不经批准；(2) 其他。2. 犯罪对象。3. 危害结果。4. 动机。5. 平时表现。6. 认罪态度。7. 是否有前科。8. 其他证据。</td></tr>
<tr><td></td><td></td><td></td></tr>
<tr><td rowspan="2">量刑标准</td><td colspan="2">犯本罪的</td><td>处五年以下有期徒刑或者拘役，并处或单处非法募集资金金额百分之一以上百分之五以下罚金</td></tr>
<tr><td colspan="2">单位犯本罪的</td><td>对单位判处罚金，并对其直接负责的主管人员和其他直接责任人员，处五年以下有期徒刑或者拘役</td></tr>
<tr><td rowspan="2">法律适用</td><td>刑法条文</td><td colspan="2">第一百七十九条　未经国家有关主管部门批准，擅自发行股票或者公司、企业债券，数额巨大、后果严重或者有其他严重情节的，处五年以下有期徒刑或者拘役，并处或者单处非法募集资金金额百分之一以上百分之五以下罚金。
单位犯前款罪的，对单位判处罚金，并对其直接负责的主管人员和其他直接责任人员，处五年以下有期徒刑或者拘役。</td></tr>
<tr><td>司法解释</td><td colspan="2">一、最高人民检察院、公安部《关于公安机关管辖的刑事案件立案追诉标准的规定（二）》（节录）（2010年5月7日最高人民检察院、公安部公布　自公布之日起施行　2011年11月14日修正）
第三十四条〔擅自发行股票、公司、企业债券案（刑法第一百七十九条）〕未经国家有关主管部门批准，擅自发行股票或者公司、企业债券，涉嫌下列情形之一的，应予立案追诉：
（一）发行数额在五十万元以上的；
（二）虽未达到上述数额标准，但擅自发行致使三十人以上的投资者购买了股票或者公司、企业债券的；
（三）不能及时清偿或者清退的；
（四）其他后果严重或者有其他严重情节的情形。</td></tr>
</table>

司法解释

二、最高人民法院《关于审理非法集资刑事案件具体应用法律若干问题的解释》（节录）（2010年12月13日最高人民法院公布　自2011年1月4日起施行　法释〔2010〕18号）

第六条　未经国家有关主管部门批准，向社会不特定对象发行、以转让股权等方式变相发行股票或者公司、企业债券，或者向特定对象发行、变相发行股票或者公司、企业债券累计超过200人的，应当认定为刑法第一百七十九条规定的“擅自发行股票、公司、企业债券”。构成犯罪的，以擅自发行股票、公司、企业债券罪定罪处罚。

法律适用

相关法律法规

《中华人民共和国证券法》（节录）（1998年12月29日第九届全国人民代表大会常务委员会第六次会议通过　2004年8月28日第一次修正　2005年10月27日第一次修订　2013年6月29日第二次修正　2014年8月31日第三次修正　2019年12月28日第二次修订）

第十条　发行人申请公开发行股票、可转换为股票的公司债券，依法采取承销方式的，或者公开发行法律、行政法规规定实行保荐制度的其他证券的，应当聘请证券公司担任保荐人。

保荐人应当遵守业务规则和行业规范，诚实守信，勤勉尽责，对发行人的申请文件和信息披露资料进行审慎核查，督导发行人规范运作。

保荐人的管理办法由国务院证券监督管理机构规定。

第十一条　设立股份有限公司公开发行股票，应当符合《中华人民共和国公司法》规定的条件和经国务院批准的国务院证券监督管理机构规定的其他条件，向国务院证券监督管理机构报送募股申请和下列文件：

（一）公司章程；

（二）发起人协议；

（三）发起人姓名或者名称，发起人认购的股份数、出资种类及验资证明；

（四）招股说明书；

（五）代收股款银行的名称及地址；

（六）承销机构名称及有关的协议。

依照本法规定聘请保荐人的，还应当报送保荐人出具的发行保荐书。

法律、行政法规规定设立公司必须报经批准的，还应当提交相应的批准文件。

第十二条　公司首次公开发行新股，应当符合下列条件：

（一）具备健全且运行良好的组织机构；

（二）具有持续经营能力；

（三）最近三年财务会计报告被出具无保留意见审计报告；

（四）发行人及其控股股东、实际控制人最近三年不存在贪污、贿赂、侵占财产、挪用财产或者破坏社会主义市场经济秩序的刑事犯罪；

（五）经国务院批准的国务院证券监督管理机构规定的其他条件。

上市公司发行新股，应当符合经国务院批准的国务院证券监督管理机构规定的条件，具体管理办法由国务院证券监督管理机构规定。

公开发行存托凭证的，应当符合首次公开发行新股的条件以及国务院证券监督管理机构规定的其他条件。

第十三条　公司公开发行新股，应当报送募股申请和下列文件：

（一）公司营业执照；

（二）公司章程；

（三）股东大会决议；

（四）招股说明书或者其他公开发行募集文件；

（五）财务会计报告；

（六）代收股款银行的名称及地址。

依照本法规定聘请保荐人的，还应当报送保荐人出具的发行保荐书。依照本法规定实行承销的，还应当报送承销机构名称及有关的协议。

第十四条　公司对公开发行股票所募集资金，必须按照招股说明书或者其他公开发行募集文件所列资金用途使用；改变资金用途，必须经股东大会作出决议。擅自改变用途，未作纠正的，或者未经股东大会认可的，不得公开发行新股。

第十五条　公开发行公司债券，应当符合下列条件：

（一）具备健全且运行良好的组织机构；

（二）最近三年平均可分配利润足以支付公司债券一年的利息；

（三）国务院规定的其他条件。

公开发行公司债券筹集的资金，必须按照公司债券募集办法所列资金用途使用；改变资金用途，必须经债券持有人会议作出决议。公开发行公司债券筹集的资金，不得用于弥补亏损和非生产性支出。

上市公司发行可转换为股票的公司债券，除应当符合第一款规定的条件外，还应当遵守本法第十二条第二款的规定。但是，按照公司债券募集办法，上市公司通过收购本公司股份的方式进行公司债券转换的除外。

第十六条　申请公开发行公司债券，应当向国务院授权的部门或者国务院证券监督管理机构报送下列文件：

（一）公司营业执照；

（二）公司章程；

（三）公司债券募集办法；

（四）国务院授权的部门或者国务院证券监督管理机构规定的其他文件。

依照本法规定聘请保荐人的，还应当报送保荐人出具的发行保荐书。

第十七条　有下列情形之一的，不得再次公开发行公司债券：

（一）对已公开发行的公司债券或者其他债务有违约或者延迟支付本息的事实，仍处于继续状态；

（二）违反本法规定，改变公开发行公司债券所募资金的用途。

第十八条　发行人依法申请公开发行证券所报送的申请文件的格式、报送方式，由依法负责注册的机构或者部门规定。

第十九条　发行人报送的证券发行申请文件，应当充分披露投资者作出价值判断和投资决策所必需的信息，内容应当真实、准确、完整。

为证券发行出具有关文件的证券服务机构和人员，必须严格履行法定职责，保证所出具文件的真实性、准确性和完整性。

第二十条　发行人申请首次公开发行股票的，在提交申请文件后，应当按照国务院证券监督管理机构的规定预先披露有关申请文件。

第二十一条 国务院证券监督管理机构或者国务院授权的部门依照法定条件负责证券发行申请的注册。证券公开发行注册的具体办法由国务院规定。

按照国务院的规定，证券交易所等可以审核公开发行证券申请，判断发行人是否符合发行条件、信息披露要求，督促发行人完善信息披露内容。

依照前两款规定参与证券发行申请注册的人员，不得与发行申请人有利害关系，不得直接或者间接接受发行申请人的馈赠，不得持有所注册的发行申请的证券，不得私下与发行申请人进行接触。

第二十二条 国务院证券监督管理机构或者国务院授权的部门应当自受理证券发行申请文件之日起三个月内，依照法定条件和法定程序作出予以注册或者不予注册的决定，发行人根据要求补充、修改发行申请文件的时间不计算在内。不予注册的，应当说明理由。

第二十三条 证券发行申请经注册后，发行人应当依照法律、行政法规的规定，在证券公开发行前公告公开发行募集文件，并将该文件置备于指定场所供公众查阅。

发行证券的信息依法公开前，任何知情人不得公开或者泄露该信息。

发行人不得在公告公开发行募集文件前发行证券。

第二十四条 国务院证券监督管理机构或者国务院授权的部门对已作出的证券发行注册的决定，发现不符合法定条件或者法定程序，尚未发行证券的，应当予以撤销，停止发行。已经发行尚未上市的，撤销发行注册决定，发行人应当按照发行价并加算银行同期存款利息返还证券持有人；发行人的控股股东、实际控制人以及保荐人，应当与发行人承担连带责任，但是能够证明自己没有过错的除外。

股票的发行人在招股说明书等证券发行文件中隐瞒重要事实或者编造重大虚假内容，已经发行并上市的，国务院证券监督管理机构可以责令发行人回购证券，或者责令负有责任的控股股东、实际控制人买回证券。

第二十五条 股票依法发行后，发行人经营与收益的变化，由发行人自行负责；由此变化引致的投资风险，由投资者自行负责。

第二十六条 发行人向不特定对象发行的证券，法律、行政法规规定应当由证券公司承销的，发行人应当同证券公司签订承销协议。证券承销业务采取代销或者包销方式。

证券代销是指证券公司代发行人发售证券，在承销期结束时，将未售出的证券全部退还给发行人的承销方式。

证券包销是指证券公司将发行人的证券按照协议全部购入或者在承销期结束时将售后剩余证券全部自行购入的承销方式。

第二十七条 公开发行证券的发行人有权依法自主选择承销的证券公司。

第二十八条 证券公司承销证券，应当同发行人签订代销或者包销协议，载明下列事项：

（一）当事人的名称、住所及法定代表人姓名；

（二）代销、包销证券的种类、数量、金额及发行价格；

（三）代销、包销的期限及起止日期；

（四）代销、包销的付款方式及日期；

（五）代销、包销的费用和结算办法；

（六）违约责任；

法律适用

相关法律法规

（七）国务院证券监督管理机构规定的其他事项。

第二十九条 证券公司承销证券，应当对公开发行募集文件的真实性、准确性、完整性进行核查。发现有虚假记载、误导性陈述或者重大遗漏的，不得进行销售活动；已经销售的，必须立即停止销售活动，并采取纠正措施。

证券公司承销证券，不得有下列行为：

（一）进行虚假的或者误导投资者的广告宣传或者其他宣传推介活动；

（二）以不正当竞争手段招揽承销业务；

（三）其他违反证券承销业务规定的行为。

证券公司有前款所列行为，给其他证券承销机构或者投资者造成损失的，应当依法承担赔偿责任。

第三十条 向不特定对象发行证券聘请承销团承销的，承销团应当由主承销和参与承销的证券公司组成。

第三十一条 证券的代销、包销期限最长不得超过九十日。

证券公司在代销、包销期内，对所代销、包销的证券应当保证先行出售给认购人，证券公司不得为本公司预留所代销的证券和预先购入并留存所包销的证券。

第三十二条 股票发行采取溢价发行的，其发行价格由发行人与承销的证券公司协商确定。

第三十三条 股票发行采用代销方式，代销期限届满，向投资者出售的股票数量未达到拟公开发行股票数量百分之七十的，为发行失败。发行人应当按照发行价并加算银行同期存款利息返还股票认购人。

第三十四条 公开发行股票，代销、包销期限届满，发行人应当在规定的期限内将股票发行情况报国务院证券监督管理机构备案。

第三十五条 证券交易当事人依法买卖的证券，必须是依法发行并交付的证券。

非依法发行的证券，不得买卖。

第三十六条 依法发行的证券，《中华人民共和国公司法》和其他法律对其转让期限有限制性规定的，在限定的期限内不得转让。

上市公司持有百分之五以上股份的股东、实际控制人、董事、监事、高级管理人员，以及其他持有发行人首次公开发行前发行的股份或者上市公司向特定对象发行的股份的股东，转让其持有的本公司股份的，不得违反法律、行政法规和国务院证券监督管理机构关于持有期限、卖出时间、卖出数量、卖出方式、信息披露等规定，并应当遵守证券交易所的业务规则。

54 内幕交易、泄露内幕信息案

概念

本罪是指证券、期货交易内幕信息的知情人员或者非法获取证券、期货交易内幕信息的人员，违反证券、期货交易管理法规，在涉及证券的发行，证券、期货交易或者其他对证券、期货交易价格有重大影响的信息尚未公开前，买入或者卖出该证券，或者从事与该内幕信息有关的期货交易，或者泄露该信息，或者明示、暗示他人从事上述交易活动情节严重的行为。

立案标准

根据最高人民检察院、公安部《关于公安机关管辖的刑事案件立案追诉标准的规定（二）》的规定，证券、期货交易内幕信息的知情人员、单位或者非法获取证券、期货交易内幕信息的人员、单位，在涉及证券的发行，证券、期货交易或者其他对证券、期货交易价格有重大影响的信息尚未公开前，买入或者卖出该证券，或者从事与该内幕信息有关的期货交易，或者泄露该信息，或者明示、暗示他人从事上述交易活动，涉嫌下列情形之一的，应予立案追诉：

（1）证券交易成交额累计在50万元以上的；

（2）期货交易占用保证金数额累计在30万元以上的；

（3）获利或者避免损失数额累计在15万元以上的；

（4）多次进行内幕交易、泄露内幕信息的；

（5）其他情节严重的情形。

定罪标准

犯罪客体

本罪侵害的客体是证券、期货市场的正常管理秩序和证券、期货投资人的合法利益。证券、期货市场的运用在客观上要求公正而高效的管理秩序。唯有如此，证券、期货市场才能健康地发展。作为证券、期货管理制度的内容之一的证券、期货信息保密制度是根据这样一项原则建立的，在证券、期货市场中，所有的投资者对于重要情报都享有同等的权利。在重要情报公之于众之前，掌握这种内幕信息的人员（内幕人员）不得利用它为自己和其他个人牟利或者避免损失服务，否则，就使其他的证券、期货投资者处于极不公平的位置上。内幕信息交易行为违反了这一证券、期货市场原则，违反了国家关于证券发行、证券、期货交易方面的法律、法规的禁止性规定，同时，内幕交易行为也侵犯了证券、期货投资者的合法权益。证券、期货投资者的权利相当广泛，包括“知”的权利、平等参与权、自由交易权、投资收益权等。证券、期货管理制度的核心精神之一，就是保证有关发售证券的公司或单位不间断地供给投资公众正确的资料讯息，帮助投资者做成投资决定。投资者的经济利益往往因获得信息的快慢和多少而受到影响。可见，投资者“知”的权利尤为重要，是其他合法权利存在的前提和基础。内幕交易存在的情况下，各投资者获得信息的渠道不公平，投资机会亦不公平，非内幕交易投资者处于不利处境，其合法权益受到严重侵犯。从根本上破坏了证券、期货市场的公开、公平与公正原则的行为。由此可见，在大多数情况下，本罪侵害的是双重客体。当然，在这两种客体中，证券、期货市场的正常管理秩

<table>
<tr><td rowspan="2">定罪标准</td><td>犯罪客体</td><td>序是起决定作用，因而是主要客体。正是在这个定义上，把本罪纳入破坏社会主义市场经济秩序罪的范畴。本罪是利用内幕信息实施的。根据《证券法》第52条之规定，证券交易活动中，涉及发行人的经营、财务或者对该发行人证券的市场价格有重大影响的尚未公开的信息，为内幕信息。《证券法》第80条第2款、第81条第2款所列重大事件属于内幕信息。
内幕信息不包括运用公开的信息和资料，对证券市场作出的预测和分析。内幕信息具有两大特征：(1) 重要性。所谓重要性应依以下确定：该被忽略的事实公开后，极有可能被理智的投资者看成是改变了自己所掌握的信息的性质，那么，这些事实也就是重要的。如发行人发生重大债务、发行人资产遭到重大损失等都属于内幕信息，投资者一旦知悉，必然会慎重考虑，重新估价发行证券的企业、公司的价值，决定资金新的投资方向。一般说来，内幕信息都被列入“机密”的范围，其重要性体现在一旦公开，就可能影响到证券市场相关股票、债券的价格。(2) 未公开性。也就是说，这些重要的信息和资料尚未公开，未让广大投资者广泛知晓并运用它进行证券买卖。通常认为，如果股价曾受有关情报通知的影响而波动，但很快趋于稳定，则该稳定时间可以认为是该情报已公开的时间，我们认为内幕交易的实质即抓住内幕信息公开前后的时间差牟利，因而界定内幕信息已公开化的时间十分重要，因为它关系到内幕交易罪犯罪时间的认定。如果内幕人员在交易过程中利用的内幕信息是该消息公开后引起股票价格起伏的唯一原因，从消息公布时起，到市场消化、分析消息，从而引起股价变动这一段时间，都应视为消息尚未公开。在这时间以前利用内幕信息进行证券买卖都应构成内幕交易。</td></tr>
<tr><td>犯罪客观方面</td><td>本罪在客观上表现为行为人违反有关法规，在涉及证券发行，证券、期货交易或者其他对证券、期货交易价格有重大影响的信息正式公开前，利用自己所知的内幕信息进行证券、期货买卖，或者建议其他人利用该内幕信息进行证券、期货买卖，或者泄露内幕信息，情节严重的行为。具体包括以下行为：(1) 内幕人员利用内幕信息买卖证券、期货或者根据内幕信息建议他人买卖证券、期货；(2) 内幕人员向他人泄露内幕信息，使他人利用该信息进行内幕交易；(3) 非内幕人员通过不正当的手段或者其他途径获得内幕信息，并根据该信息买卖证券、期货或者建议他人买卖证券、期货；(4) 内幕人员或者非内幕人员明示、暗示他人从事上述交易活动；(5) 其他内幕交易行为。
本罪的客观特征表现为以下两个方面：(1) 行为人利用内幕信息，直接参与证券、期货买卖，即行为人在涉及证券发行，证券、期货交易或者其他对证券、期货交易价格有重大影响的信息正式公开以前，本人利用自己所处的特殊位置而获悉的内幕信息，掌握有利的条件和时机，进行证券、期货的买入或卖出，从而使自己从中获利或减少损失。(2) 行为人故意泄露内幕信息，即行为人在涉及证券发行，证券、期货交易或者其他对证券、期货交易价格有重大影响的信息正式公开前，将自己所知悉的内幕信息故意予以泄露，主要是指行为人以明示或者暗示的方式透露、提供给与公司没有关系的第三人。这里的“泄露”是指将处于保密状态的信息公开化，使之进入公开领域。其具体表现又有两种形式：①将信息告知不应或无权知道该信息的人，也就是说，扩大了信息公布范围。此乃信息在空间范围上的泄露；②在保密期届满前解密，也就是说，超前公布信息。此乃信息在时间阶段上的泄露。当然，信息上的上述两种泄露情形是同步的，即信息在空间范围上的泄露，针对获密者来说，也就是信息</td></tr>
</table>

定罪标准	犯罪客观方面	在时间阶段上的泄露；反之亦然。此外，对泄露内幕信息行为而言，泄露者本人不一定直接参与证券、期货的买卖行为，但通过为他人提供公司内幕信息，从而间接地参与了证券、期货交易行为。与第一种情形直接买卖证券、期货相比，泄露内幕信息对证券、期货交易市场、投资者及相关公司所造成的损失，往往更为严重。知情人员一般由于人数少，财力有限，买卖证券、期货数量不会太大，而泄露内幕信息则可能一传十，十传百，甚至引起外界财团参与，从而会引起相当严重的后果。
	犯罪主体	本罪的主体为特定主体，是知悉内幕信息的人，即内幕人员。所谓内幕人员，是指证券、期货交易内幕信息的知情人员或者非法获取证券、期货交易内幕信息的人员。《期货交易管理条例》第 81 条第 12 项规定：“内幕信息的知情人员，是指由于其管理地位、监督地位或者职业地位，或者作为雇员、专业顾问履行职务，能够接触或者获得内幕信息的人员，包括：期货交易所的管理人员以及其他由于任职可获取内幕信息的从业人员，国务院期货监督管理机构和其他有关部门的工作人员以及国务院期货监督管理机构规定的其他人员。”《证券法》第 51 条规定：“证券交易内幕信息的知情人包括：（一）发行人及其董事、监事、高级管理人员；（二）持有公司百分之五以上股份的股东及其董事、监事、高级管理人员，公司的实际控制人及其董事、监事、高级管理人员；（三）发行人控股或者实际控制的公司及其董事、监事、高级管理人员；（四）由于所任公司职务或者因与公司业务往来可以获取公司有关内幕信息的人员；（五）上市公司收购人或者重大资产交易方及其控股股东、实际控制人、董事、监事和高级管理人员；（六）因职务、工作可以获取内幕信息的证券交易场所、证券公司、证券登记结算机构、证券服务机构的有关人员；（七）因职责、工作可以获取内幕信息的证券监督管理机构工作人员；（八）因法定职责对证券的发行、交易或者对上市公司及其收购、重大资产交易进行管理可以获取内幕信息的有关主管部门、监管机构的工作人员；（九）国务院证券监督管理机构规定的可以获取内幕信息的其他人员。”依据最高人民法院、最高人民检察院《关于办理内幕信息、泄露内幕信息刑事案件具体应用法律若干问题的解释》第 2 条的规定，非法获取证券、期货交易内幕信息的人员包括：（1）利用窃取、骗取、套取、窃听、利诱、刺探或者私下交易等手段获取内幕信息的；（2）内幕信息知情人员的近亲属或者其他与内幕信息知情人员关系密切的人员，在内幕信息敏感期内，从事或者明示、暗示他人从事，或者泄露内幕信息导致他人从事与该内幕信息有关的证券、期货交易，相关交易行为明显异常，且无正当理由或者正当信息来源的；（3）在内幕信息敏感期内，与内幕信息知情人员联络、接触，从事或者明示、暗示他人从事，或者泄露内幕信息导致他人从事与该内幕信息有关的证券、期货交易，相关交易行为明显异常，且无正当理由或者正当信息来源的。
	犯罪主观方面	本罪在主观方面只能由故意构成，包括直接故意和间接故意。行为人故意的内容，即行为人明知自己或他人内幕交易行为会侵犯其他投资者的合法权益，扰乱证券、期货市场管理秩序，却希望或放任这种结果发生的心理态度。过失行为不构成本罪。过失行为者主观上没有恶意，不以非法牟利或非法避免损失为目的，其客观上利用内幕信息进行证券、期货交易的行为只能是因疏忽大意没有尽到应尽的注意义务，而错误地认为该信息已经公开。但是对此类过失行为也应施以行政处罚。

定罪标准	犯罪主观方面	以下两种情况可以认定行为人不具有故意：（1）被告知内幕信息的人，没有理由能够知道，或根本不可能知道告诉自己该消息的人违反了他本人应负的信用义务；（2）由行为人的贸易活动可以合理地推断出他认为这些情报不属于内幕信息。
	罪与非罪	区别罪与非罪，要注意：行为人利用内幕信息进行证券、期货交易的行为极易与知悉内幕信息的内幕人员没有利用内幕信息的正当交易行为发生混淆，前者情节严重的构成内幕交易、泄露内幕信息罪，后者则是法律法规允许的行为。一般来说，行为人尤其是内幕人员的正当的交易行为有以下两种情形：（1）不知内幕信息的内幕人员所进行的允许进行的证券、期货交易行为。此类内幕人员根本就不知道内幕信息。（2）知悉内幕信息的内幕人员所进行的允许进行的证券、期货交易行为与其所知悉的内幕信息无关。此类内幕人员知悉内幕信息但其所进行的交易行为并没有利用其所知信息。对于第一种情况，由于缺乏内幕交易、泄露内幕信息罪的犯罪对象，此类内幕人员根本就不知道内幕信息，因而很容易地与内幕交易行为区分开。对于第二种情况，由于内幕人员所知悉的内幕信息并未被内幕人员在证券、期货交易中加以利用，从而内幕信息也就不会对证券、期货市场价格产生影响，显然，不具备内幕交易行为的特性。为了更好地区分上述情形，我们有必要科学地掌握内幕交易行为的几个基本构成要件，具体包括：（1）存在证券、期货交易行为；（2）该交易行为系内幕人员或非内幕人员所为；（3）该交易行为利用了内幕人员合法持有或非内幕人员非法持有的内幕信息。
	此罪与彼罪	一、本罪与侵犯商业秘密罪的界限。构成内幕交易、泄露内幕信息罪的客观表现包括知道内幕信息的内幕人员或非内幕人员将内幕信息非法泄露和公开的情形；而侵犯商业秘密罪的客观方面包括披露、使用或者允许他人使用以不正当手段获取的权利人的商业秘密和违反保密义务或者违反权利人有关保守商业秘密的要求，披露、使用或者允许他人使用其所掌握的商业秘密两种情形，因此，内幕交易罪与侵犯商业秘密罪就存在一定的联系，如两者的犯罪对象都具有秘密性，两者的客观方面都包括泄露或提前公开不该公开的相关内容等。但是，两者的差别还是很明显的：（1）两者侵犯的对象不同。前者侵犯的是内幕信息，该信息必然影响证券、期货交易市场价格；而后者侵犯的是商业秘密，是指不为公众知悉，能为权利人带来经济利益、具有实用性并经权利人采取保密措施的技术信息与经营信息。（2）两者客观行为也不同。前者包括行为人不公开内幕信息而本人直接加以利用，或者将内幕信息公开建议别人加以利用从而本人间接参与两种情形；而后者包括以下三种情形：①以盗窃、贿赂、欺诈、胁迫、电子侵入或者其他不正当手段获取权利人的商业秘密；②披露、使用或者允许他人使用以前项手段获取的权利人的商业秘密；③违反保密义务或者违反权利人有关保守商业秘密的要求，披露、使用或者允许他人使用其所掌握的商业秘密。如果行为人的行为侵害的既属于内幕信息，又属于商业秘密。这种情况，行为人的行为构成想象竞合犯，即行为人主观上出于一个故意，客观上实施了一个危害行为，同时触犯了刑法所规定的两个独立罪名，也即触犯了内幕交易、泄露内幕信息罪和侵犯商业秘密罪。根据想象竞合的处罚原则，应以重罪论处。 二、本罪与泄露国家秘密罪的界限。二者的主体均可以是国家工作人员，泄露的内容均可以是国家的经济秘密和影响证券发行、证券、期货交易及其相关活动的国家

<table>
<tr><td rowspan="1">定罪标准</td><td>此罪与彼罪</td><td>外交、财政、立法等秘密。因此，两罪存在一定的联系。两罪也存在以下区别：(1) 在主观方面，前者只能是故意，行为人往往在主观上还具有牟取非法利益或避免损失的犯罪目的；后者既可以是故意，也可以是过失。(2) 在主体方面，前者包括内幕人员和非内幕人员，并不一定都是国家机关工作人员；后者只能是国家机关工作人员。(3) 在犯罪对象方面，前者侵犯的是内幕信息，具体范围由法律和行政法规来确定，并非都属于国家秘密的范畴；后者侵犯的是国家秘密，具体包括国防、外交、立法、司法、财政、经济、科技等方面不应公开的事项，也包括一切未经决定或虽经决定而尚未公开的国家事项，以及一切有关国家机密的文件、电报、函件、资料、统计、机构、编制、仓库等。显然，前者的范围要小，机密程度要低。(4) 在客观方面，前者是指违反有关证券、期货法规，行为人利用内幕信息进行证券、期货交易或泄露内幕信息的行为；后者指行为人违反国家秘密法规，故意或过失泄露国家秘密的行为。此外，实践中也会出现内幕交易、泄露内幕信息罪和泄露国家秘密罪想象竞合的问题。例如，知悉内幕信息的人为国家机关工作人员，其所泄露的内幕信息属于国家秘密。此种情形应依照想象竞合原则来处理。</td></tr>
<tr><td rowspan="2">证据参考标准</td><td>主体方面的证据</td><td>一、证明行为人刑事责任年龄、身份等自然情况的证据。
包括身份证明、户籍证明、任职证明、工作经历证明、特定职责证明等，主要是证明行为人的姓名（曾用名）、性别、出生年月日、民族、籍贯、出生地、职业（或职务）、住所地（或居所地）等证据材料，如户口簿、居民身份证、工作证、出生证、专业或技术等级证、干部履历表、职工登记表、护照等。
对于户籍、出生证等材料内容不实的，应提供其他证据材料。外国人犯罪的案件，应有护照等身份证明材料。人大代表、政协委员犯罪的案件，应注明身份，并附身份证明材料。
二、证明行为人刑事责任能力的证据。
证明行为人对自己的行为是否具有辨认能力与控制能力，如是否属于间歇性精神病人、尚未完全丧失辨认或者控制自己行为能力的精神病人的证明材料。
三、证明单位的证据。
证明是否属于依法成立并有合法经营、管理范围的公司、企业、事业单位、机关、团体。
证明单位的名称、住所地、性质、法定代表人、单位负责人、业务范围、成立时间等证据材料，如企业营业执照、国有公司性质证明及非法人单位的身份证明等。
四、证明法定代表人、单位负责人或直接责任人员等的身份证明。
法定代表人、直接负责的主管人员和其他直接责任人在单位的任职、职责、负责权限的证明材料等。包括身份证明、户籍证明、任职证明等，如户口簿、居民身份证、工作证、护照、专业或技术等级证、干部履历表、职工登记表、任命书、业务分工文件、委派文件、单位证明、单位规章制度等。</td></tr>
<tr><td>主观方面的证据</td><td>证明行为人故意的证据：1. 证明行为人明知的证据：证明行为人明知自己的行为会发生危害社会的结果；2. 证明直接故意的证据：证明行为人希望危害结果发生；3. 证明间接故意的证据：证明行为人放任危害结果发生。</td></tr>
</table>

<table>
<tr><td rowspan="2">证据参考标准</td><td>客观方面的证据</td><td colspan="2">证明行为人内幕交易、泄露内幕信息犯罪行为的证据。
具体证据包括：1. 证明行为人是内幕人员的证据。2. 证明行为人已卖出该证券行为的证据。3. 证明行为人已买入该证券行为的证据。4. 证明行为人泄露该信息行为的证据。</td></tr>
<tr><td>量刑方面的证据</td><td colspan="2">一、法定量刑情节证据。
1. 事实情节。2. 法定从重情节。3. 法定从轻减轻情节：（1）可以从轻；（2）可以从轻或减轻；（3）应当从轻或者减轻。4. 法定从轻减轻免除情节：（1）可以从轻、减轻或者免除处罚；（2）应当从轻、减轻或者免除处罚。5. 法定减轻免除情节：（1）可以减轻或者免除处罚；（2）应当减轻或者免除处罚；（3）可以免除处罚。
二、酌定量刑情节证据。
1. 犯罪手段：（1）买入；（2）卖出；（3）泄露；（4）其他。2. 犯罪对象。3. 危害结果。4. 动机。5. 平时表现。6. 认罪态度。7. 是否有前科。8. 其他证据。</td></tr>
<tr><td rowspan="3">量刑标准</td><td colspan="2">犯本罪的</td><td>处五年以下有期徒刑或者拘役，并处或者单处违法所得一倍以上五倍以下罚金</td></tr>
<tr><td colspan="2">情节特别严重的</td><td>处五年以上十年以下有期徒刑，并处违法所得一倍以上五倍以下罚金</td></tr>
<tr><td colspan="2">单位犯本罪的</td><td>对单位判处罚金，并对其直接负责的主管人员和其他直接责任人员，处五年以下有期徒刑或者拘役</td></tr>
<tr><td rowspan="2">法律适用</td><td>刑法条文</td><td colspan="2">第一百八十条第一至三款　证券、期货交易内幕信息的知情人员或者非法获取证券、期货交易内幕信息的人员，在涉及证券的发行，证券、期货交易或者其他对证券、期货交易价格有重大影响的信息尚未公开前，买入或者卖出该证券，或者从事与该内幕信息有关的期货交易，或者泄露该信息，或者明示、暗示他人从事上述交易活动，情节严重的，处五年以下有期徒刑或者拘役，并处或者单处违法所得一倍以上五倍以下罚金；情节特别严重的，处五年以上十年以下有期徒刑，并处违法所得一倍以上五倍以下罚金。
单位犯前款罪的，对单位判处罚金，并对其直接负责的主管人员和其他直接责任人员，处五年以下有期徒刑或者拘役。
内幕信息、知情人员的范围，依照法律、行政法规的规定确定。</td></tr>
<tr><td>司法解释</td><td colspan="2">一、最高人民检察院、公安部《关于公安机关管辖的刑事案件立案追诉标准的规定（二）》（节录）（2010年5月7日最高人民检察院、公安部公布　自公布之日起施行　2011年11月14日修正）
第三十五条〔内幕交易、泄露内幕信息案（刑法第一百八十条第一款）〕证券、期货交易内幕信息的知情人员、单位或者非法获取证券、期货交易内幕信息的人员、单位，在涉及证券的发行，证券、期货交易或者其他对证券、期货交易价格有重大影</td></tr>
</table>

法律适用 司法解释

响的信息尚未公开前，买入或者卖出该证券，或者从事与该内幕信息有关的期货交易，或者泄露该信息，或者明示、暗示他人从事上述交易活动，涉嫌下列情形之一的，应予立案追诉：

（一）证券交易成交额累计在五十万元以上的；

（二）期货交易占用保证金数额累计在三十万元以上的；

（三）获利或者避免损失数额累计在十五万元以上的；

（四）多次进行内幕交易、泄露内幕信息的；

（五）其他情节严重的情形。

二、最高人民法院、最高人民检察院《关于办理内幕交易、泄露内幕信息刑事案件具体应用法律若干问题的解释》（2012年3月29日最高人民法院、最高人民检察院公布　自2012年6月1日起施行　法释〔2012〕6号）

为维护证券、期货市场管理秩序，依法惩治证券、期货犯罪，根据刑法有关规定，现就办理内幕交易、泄露内幕信息刑事案件具体应用法律的若干问题解释如下：

第一条　下列人员应当认定为刑法第一百八十条第一款规定的“证券、期货交易内幕信息的知情人员”：

（一）证券法第七十四条规定的人员；

（二）期货交易管理条例第八十五条①第十二项规定的人员。

第二条　具有下列行为的人员应当认定为刑法第一百八十条第一款规定的“非法获取证券、期货交易内幕信息的人员”：

（一）利用窃取、骗取、套取、窃听、利诱、刺探或者私下交易等手段获取内幕信息的；

（二）内幕信息知情人员的近亲属或者其他与内幕信息知情人员关系密切的人员，在内幕信息敏感期内，从事或者明示、暗示他人从事，或者泄露内幕信息导致他人从事与该内幕信息有关的证券、期货交易，相关交易行为明显异常，且无正当理由或者正当信息来源的；

（三）在内幕信息敏感期内，与内幕信息知情人员联络、接触，从事或者明示、暗示他人从事，或者泄露内幕信息导致他人从事与该内幕信息有关的证券、期货交易，相关交易行为明显异常，且无正当理由或者正当信息来源的。

第三条　本解释第二条第二项、第三项规定的“相关交易行为明显异常”，要综合以下情形，从时间吻合程度、交易背离程度和利益关联程度等方面予以认定：

（一）开户、销户、激活资金账户或者指定交易（托管）、撤销指定交易（转托管）的时间与该内幕信息形成、变化、公开时间基本一致的；

（二）资金变化与该内幕信息形成、变化、公开时间基本一致的；

（三）买入或者卖出与内幕信息有关的证券、期货合约时间与内幕信息的形成、变化和公开时间基本一致的；

（四）买入或者卖出与内幕信息有关的证券、期货合约时间与获悉内幕信息的时间基本一致的；

（五）买入或者卖出证券、期货合约行为明显与平时交易习惯不同的；

---

① 2012年10月24日国务院对《期货交易管理条例》进行了第一次修订，2013年7月18日第二次修订，2016年2月6日第三次修订。此处的第八十五条对应第三次修订后的《期货交易管理条例》第八十一条。

法律适用　司法解释

（六）买入或者卖出证券、期货合约行为，或者集中持有证券、期货合约行为与该证券、期货公开信息反映的基本面明显背离的；

（七）账户交易资金进出与该内幕信息知情人员或者非法获取人员有关联或者利害关系的；

（八）其他交易行为明显异常情形。

第四条　具有下列情形之一的，不属于刑法第一百八十条第一款规定的从事与内幕信息有关的证券、期货交易：

（一）持有或者通过协议、其他安排与他人共同持有上市公司百分之五以上股份的自然人、法人或者其他组织收购该上市公司股份的；

（二）按照事先订立的书面合同、指令、计划从事相关证券、期货交易的；

（三）依据已被他人披露的信息而交易的；

（四）交易具有其他正当理由或者正当信息来源的。

第五条　本解释所称“内幕信息敏感期”是指内幕信息自形成至公开的期间。

证券法第六十七条第二款所列“重大事件”的发生时间，第七十五条规定的“计划”、“方案”以及期货交易管理条例第八十五条第十一项规定的“政策”、“决定”等的形成时间，应当认定为内幕信息的形成之时。

影响内幕信息形成的动议、筹划、决策或者执行人员，其动议、筹划、决策或者执行初始时间，应当认定为内幕信息的形成之时。

内幕信息的公开，是指内幕信息在国务院证券、期货监督管理机构指定的报刊、网站等媒体披露。

第六条　在内幕信息敏感期内从事或者明示、暗示他人从事或者泄露内幕信息导致他人从事与该内幕信息有关的证券、期货交易，具有下列情形之一的，应当认定为刑法第一百八十条第一款规定的“情节严重”：

（一）证券交易成交额在五十万元以上的；

（二）期货交易占用保证金数额在三十万元以上的；

（三）获利或者避免损失数额在十五万元以上的；

（四）三次以上的；

（五）具有其他严重情节的。

第七条　在内幕信息敏感期内从事或者明示、暗示他人从事或者泄露内幕信息导致他人从事与该内幕信息有关的证券、期货交易，具有下列情形之一的，应当认定为刑法第一百八十条第一款规定的“情节特别严重”：

（一）证券交易成交额在二百五十万元以上的；

（二）期货交易占用保证金数额在一百五十万元以上的；

（三）获利或者避免损失数额在七十五万元以上的；

（四）具有其他特别严重情节的。

第八条　二次以上实施内幕交易或者泄露内幕信息行为，未经行政处理或者刑事处理的，应当对相关交易数额依法累计计算。

第九条　同一案件中，成交额、占用保证金额、获利或者避免损失额分别构成情节严重、情节特别严重的，按照处罚较重的数额定罪处罚。

构成共同犯罪的，按照共同犯罪行为人的成交总额、占用保证金总额、获利或者避免损失总额定罪处罚，但判处各被告人罚金的总额应掌握在获利或者避免损失总额的一倍以上五倍以下。

司法解释

第十条 刑法第一百八十条第一款规定的“违法所得”，是指通过内幕交易行为所获利益或者避免的损失。

内幕信息的泄露人员或者内幕交易的明示、暗示人员未实际从事内幕交易的，其罚金数额按照因泄露而获悉内幕信息人员或者被明示、暗示人员从事内幕交易的违法所得计算。

第十一条 单位实施刑法第一百八十条第一款规定的行为，具有本解释第六条规定情形之一的，按照刑法第一百八十条第二款的规定定罪处罚。

法律适用 相关法律法规

一、《中华人民共和国证券法》（节录）（1998年12月29日第九届全国人民代表大会常务委员会第六次会议通过 2004年8月28日第一次修正 2005年10月27日第一次修订 2013年6月29日第二次修正 2014年8月31日第三次修正 2019年12月28日第二次修订）

第五十条 禁止证券交易内幕信息的知情人和非法获取内幕信息的人利用内幕信息从事证券交易活动。

第五十一条 证券交易内幕信息的知情人包括：

（一）发行人及其董事、监事、高级管理人员；

（二）持有公司百分之五以上股份的股东及其董事、监事、高级管理人员，公司的实际控制人及其董事、监事、高级管理人员；

（三）发行人控股或者实际控制的公司及其董事、监事、高级管理人员；

（四）由于所任公司职务或者因与公司业务往来可以获取公司有关内幕信息的人员；

（五）上市公司收购人或者重大资产交易方及其控股股东、实际控制人、董事、监事和高级管理人员；

（六）因职务、工作可以获取内幕信息的证券交易场所、证券公司、证券登记结算机构、证券服务机构的有关人员；

（七）因职责、工作可以获取内幕信息的证券监督管理机构工作人员；

（八）因法定职责对证券的发行、交易或者对上市公司及其收购、重大资产交易进行管理可以获取内幕信息的有关主管部门、监管机构的工作人员；

（九）国务院证券监督管理机构规定的可以获取内幕信息的其他人员。

第五十二条 证券交易活动中，涉及发行人的经营、财务或者对该发行人证券的市场价格有重大影响的尚未公开的信息，为内幕信息。

本法第八十条第二款、第八十一条第二款所列重大事件属于内幕信息。

第五十三条 证券交易内幕信息的知情人和非法获取内幕信息的人，在内幕信息公开前，不得买卖该公司的证券，或者泄露该信息，或者建议他人买卖该证券。

持有或者通过协议、其他安排与他人共同持有公司百分之五以上股份的自然人、法人、非法人组织收购上市公司的股份，本法另有规定的，适用其规定。

内幕交易行为给投资者造成损失的，应当依法承担赔偿责任。

第五十四条 禁止证券交易场所、证券公司、证券登记结算机构、证券服务机构和其他金融机构的从业人员、有关监管部门或者行业协会的工作人员，利用因职务便利获取的内幕信息以外的其他未公开的信息，违反规定，从事与该信息相关的证券交易活动，或者明示、暗示他人从事相关交易活动。

利用未公开信息进行交易给投资者造成损失的，应当依法承担赔偿责任。

二、《期货交易管理条例》（节录）（2007年3月6日中华人民共和国国务院令第489号公布 自2007年4月15日起施行 2012年10月24日第一次修订 2013年7月18日第二次修订 2016年2月6日第三次修订 2017年3月1日第四次修订）

第三条 从事期货交易活动，应当遵循公开、公平、公正和诚实信用的原则。禁止欺诈、内幕交易和操纵期货交易价格等违法行为。

第六十九条 期货交易内幕信息的知情人或者非法获取期货交易内幕信息的人，在对期货交易价格有重大影响的信息尚未公开前，利用内幕信息从事期货交易，或者向他人泄露内幕信息，使他人利用内幕信息进行期货交易的，没收违法所得，并处违法所得1倍以上5倍以下的罚款；没有违法所得或者违法所得不满10万元的，处10万元以上50万元以下的罚款。单位从事内幕交易的，还应当对直接负责的主管人员和其他直接责任人员给予警告，并处3万元以上30万元以下的罚款。

国务院期货监督管理机构、期货交易所和期货保证金安全存管监控机构的工作人员进行内幕交易的，从重处罚。

第八十一条 本条例下列用语的含义：

（一）商品期货合约，是指以农产品、工业品、能源和其他商品及其相关指数产品为标的物的期货合约。

（二）金融期货合约，是指以有价证券、利率、汇率等金融产品及其相关指数产品为标的物的期货合约。

（三）保证金，是指期货交易者按照规定交纳的资金或者提交的价值稳定、流动性强的标准仓单、国债等有价证券，用于结算和保证履约。

（四）结算，是指根据期货交易所公布的结算价格对交易双方的交易结果进行的资金清算和划转。

（五）交割，是指合约到期时，按照期货交易所的规则和程序，交易双方通过该合约所载标的物所有权的转移，或者按照规定结算价格进行现金差价结算，了结到期未平仓合约的过程。

（六）平仓，是指期货交易者买入或者卖出与其所持合约的品种、数量和交割月份相同但交易方向相反的合约，了结期货交易的行为。

（七）持仓量，是指期货交易者所持有的未平仓合约的数量。

（八）持仓限额，是指期货交易所对期货交易者的持仓量规定的最高数额。

（九）标准仓单，是指交割仓库开具并经期货交易所认定的标准化提货凭证。

（十）涨跌停板，是指合约在1个交易日中的交易价格不得高于或者低于规定的涨跌幅度，超出该涨跌幅度的报价将被视为无效，不能成交。

（十一）内幕信息，是指可能对期货交易价格产生重大影响的尚未公开的信息，包括：国务院期货监督管理机构以及其他相关部门制定的对期货交易价格可能发生重大影响的政策，期货交易所作出的可能对期货交易价格发生重大影响的决定，期货交易所会员、客户的资金和交易动向以及国务院期货监督管理机构认定的对期货交易价格有显著影响的其他重要信息。

（十二）内幕信息的知情人员，是指由于其管理地位、监督地位或者职业地位，或者作为雇员、专业顾问履行职务，能够接触或者获得内幕信息的人员，包括：期货交易所的管理人员以及其他由于任职可获取内幕信息的从业人员，国务院期货监督管理机构和其他有关部门的工作人员以及国务院期货监督管理机构规定的其他人员。

55 利用未公开信息交易案

概念

本罪是指证券交易所、期货交易所、证券公司、期货经纪公司、基金管理公司、商业银行、保险公司等金融机构的从业人员以及有关监管部门或者行业协会的工作人员，利用因职务便利获取的内幕信息以外的其他未公开的信息，违反规定，从事与该信息相关的证券、期货交易活动，或者明示、暗示他人从事相关交易活动，情节严重的行为。

立案标准

根据最高人民法院、最高人民检察院《关于办理利用未公开信息交易刑事案件适用法律若干问题的解释》的规定，利用未公开信息交易，具有下列情形之一的，应当认定为“情节严重”：

（1）违法所得数额在100万元以上的；

（2）2年内3次以上利用未公开信息交易的；

（3）明示、暗示3人以上从事相关交易活动的。

利用未公开信息交易，违法所得数额在50万元以上，或者证券交易成交额在500万元以上，或者期货交易占用保证金数额在100万元以上，具有下列情形之一的，应当认定为“情节严重”：

（1）以出售或者变相出售未公开信息等方式，明示、暗示他人从事相关交易活动的；

（2）因证券、期货犯罪行为受过刑事追究的；

（3）2年内因证券、期货违法行为受过行政处罚的；

（4）造成恶劣社会影响或者其他严重后果的。

定罪标准		
定罪标准	犯罪客体	本罪侵犯的客体是金融市场管理秩序。近些年来，一些证券交易所、期货交易所、证券公司等金融机构的从业人员以及有关监管部门或者行业协会的工作人员，利用职务便利获取内幕信息以外的其他未公开的相关经营信息，违反规定，从事相关证券、期货交易活动，私密地谋取非法利益，“偷食”盈利，被形象地称为“老鼠仓”。“老鼠仓”行为日益猖獗，严重危害金融市场秩序，损害公众投资者的合法权益，违背市场公平、公开和公正原则，同时也损害了金融行业的信誉，因此2009年2月28日第十一届全国人民代表大会常务委员会第七次会议通过的《刑法修正案（七）》第2条规定，《刑法》第180条增加1款作为第4款，将此行为定性为犯罪，最高人民法院、最高人民检察院《关于执行〈中华人民共和国刑法〉确定罪名的补充规定（四）》将该罪名确定为利用未公开信息交易罪。
	犯罪客观方面	本罪在客观方面表现为证券交易所、期货交易所、证券公司、期货经纪公司、基金管理公司、商业银行、保险公司等金融机构的从业人员以及有关监管部门或者行业协会的工作人员，利用因职务便利获取的内幕信息以外的其他未公开的信息，违反规定，从事与该信息相关的证券、期货交易活动，或者明示、暗示他人从事相关交易活动，情节严重的行为。

<table>
<tr><td rowspan="5">定罪标准</td><td>犯罪客观方面</td><td>一、必须是利用因职务便利获取的内幕信息以外的其他未公开的信息。所谓“内幕信息以外的其他未公开的信息”，是指：（1）证券、期货的投资决策、交易执行信息；（2）证券持仓数量及变化、资金数量及变化、交易动向信息；（3）其他可能影响证券、期货交易活动的信息。
二、必须是违反规定，从事与该信息相关的证券、期货交易活动，或者明示、暗示他人从事相关交易活动。“违反规定”，是指违反法律、行政法规、部门规章、全国性行业规范有关证券、期货未公开信息保护的规定，以及行为人所在的金融机构有关信息保密、禁止交易、禁止利益输送等规定。
“明示、暗示他人从事相关交易活动”，应当综合以下方面进行认定：（1）行为人具有获取未公开信息的职务便利；（2）行为人获取未公开信息的初始时间与他人从事相关交易活动的初始时间具有关联性；（3）行为人与他人之间具有亲友关系、利益关联、交易终端关联等关联关系；（4）他人从事相关交易的证券、期货品种、交易时间与未公开信息所涉证券、期货品种、交易时间等方面基本一致；（5）他人从事的相关交易活动明显不具有符合交易习惯、专业判断等正当理由；（6）行为人对明示、暗示他人从事相关交易活动没有合理解释。
三、本罪是情节犯，要求利用未公开信息交易必须情节严重，才能构成本罪。</td></tr>
<tr><td>犯罪主体</td><td>本罪主体为特殊主体，即证券交易所、期货交易所、证券公司、期货经纪公司、基金管理公司、商业银行、保险公司等金融机构的从业人员以及有关监管部门或者行业协会的工作人员。</td></tr>
<tr><td>犯罪主观方面</td><td>本罪主观方面是故意，并且一般具有谋取非法利益或者转嫁风险的目的。过失不能构成本罪。</td></tr>
<tr><td>罪与非罪</td><td>区分罪与非罪的界限关键在于情节是否严重。</td></tr>
<tr><td>此罪与彼罪</td><td>本罪与内幕交易、泄露内幕信息罪的界限。两罪在犯罪主体、犯罪主观方面、犯罪客体、犯罪客观方面相同或者近似。两罪的主要区别在于犯罪行为的对象不同，即利用信息内容上的不同。本罪利用的是因职务便利获取的内幕信息以外的其他未公开的信息；而后罪是利用内幕信息交易，泄露的是内幕信息。</td></tr>
<tr><td>证据参考标准</td><td>主体方面的证据</td><td>一、证明行为人刑事责任年龄、身份等自然情况的证据。
包括身份证明、户籍证明、任职证明、工作经历证明、特定职责证明等，主要是证明行为人的姓名（曾用名）、性别、出生年月日、民族、籍贯、出生地、职业（或职务）、住所地（或居住地）等证据材料，如户口簿、居民身份证、工作证、出生证、专业或技术等级证、干部履历表、职工登记表、护照等。
对于户籍、出生证等材料内容不实的，应提供其他证据材料。外国人犯罪的案件，应有护照等身份证明材料。人大代表、政协委员犯罪的案件，应注明身份，并附身份证明材料。
二、证明行为人刑事责任能力的证据。
证明行为人对自己的行为是否具有辨认能力与控制能力，如是否属于间歇性精神病人、尚未完全丧失辨认或者控制自己行为能力的精神病人的证明材料。</td></tr>
</table>

<table>
<tr><td rowspan="3">证据参考标准</td><td>主观方面的证据</td><td colspan="2">证明行为人故意的证据：1. 证明行为人明知的证据：证明行为人明知自己的行为会发生危害社会的结果；2. 证明直接故意的证据：证明行为人希望危害结果发生。</td></tr>
<tr><td>客观方面的证据</td><td colspan="2">证明利用未公开信息交易行为的证据。
具体证据包括：1. 证明行为人因职务便利获取了内幕信息以外的其他未公开的信息的证据；2. 证明行为人违反规定，从事与该信息相关的证券、期货交易活动行为的证据；3. 证明行为人违反规定，明示、暗示他人从事相关交易活动行为的证据；4. 证明行为人利用未公开信息交易情节严重行为的证据；5. 证明行为人利用未公开信息交易情节特别严重行为的证据。</td></tr>
<tr><td>量刑方面的证据</td><td colspan="2">一、法定量刑情节证据。
1. 事实情节。2. 法定从重情节。3. 法定从轻情节：（1）可以从轻；（2）可以从轻或减轻；（3）应当从轻或者减轻。4. 法定从轻减轻免除情节：（1）可以从轻、减轻或者免除处罚；（2）应当从轻、减轻或者免除处罚。5. 法定减轻免除情节：（1）可以减轻或者免除处罚；（2）应当减轻或者免除处罚；（3）可以免除处罚。
二、酌定量刑情节证据。
1. 犯罪手段：交易；2. 犯罪对象；3. 危害结果；4. 动机；5. 平时表现；6. 认罪态度；7. 是否有前科；8. 其他证据。</td></tr>
<tr><td rowspan="2">量刑标准</td><td colspan="2">情节严重的</td><td>处五年以下有期徒刑或者拘役，并处或者单处违法所得一倍以上五倍以下罚金</td></tr>
<tr><td colspan="2">情节特别严重的</td><td>处五年以上十年以下有期徒刑，并处违法所得一倍以上五倍以下罚金</td></tr>
<tr><td rowspan="2">法律适用</td><td>刑法条文</td><td colspan="2">第一百八十条第四款　证券交易所、期货交易所、证券公司、期货经纪公司、基金管理公司、商业银行、保险公司等金融机构的从业人员以及有关监管部门或者行业协会的工作人员，利用因职务便利获取的内幕信息以外的其他未公开的信息，违反规定，从事与该信息相关的证券、期货交易活动，或者明示、暗示他人从事相关交易活动，情节严重的，依照第一款的规定处罚。</td></tr>
<tr><td>司法解释</td><td colspan="2">最高人民法院、最高人民检察院关于办理利用未公开信息交易刑事案件适用法律若干问题的解释（2019年6月27日最高人民法院、最高人民检察院公布　自2019年7月1日起施行）
为依法惩治证券、期货犯罪，维护证券、期货市场管理秩序，促进证券、期货市场稳定健康发展，保护投资者合法权益，根据《中华人民共和国刑法》《中华人民共和国刑事诉讼法》的规定，现就办理利用未公开信息交易刑事案件适用法律的若干问题解释如下：</td></tr>
</table>

法律适用　司法解释

第一条　刑法第一百八十条第四款规定的“内幕信息以外的其他未公开的信息”，包括下列信息：

（一）证券、期货的投资决策、交易执行信息；

（二）证券持仓数量及变化、资金数量及变化、交易动向信息；

（三）其他可能影响证券、期货交易活动的信息。

第二条　内幕信息以外的其他未公开的信息难以认定的，司法机关可以在有关行政主（监）管部门的认定意见的基础上，根据案件事实和法律规定作出认定。

第三条　刑法第一百八十条第四款规定的“违反规定”，是指违反法律、行政法规、部门规章、全国性行业规范有关证券、期货未公开信息保护的规定，以及行为人所在的金融机构有关信息保密、禁止交易、禁止利益输送等规定。

第四条　刑法第一百八十条第四款规定的行为人“明示、暗示他人从事相关交易活动”，应当综合以下方面进行认定：

（一）行为人具有获取未公开信息的职务便利；

（二）行为人获取未公开信息的初始时间与他人从事相关交易活动的初始时间具有关联性；

（三）行为人与他人之间具有亲友关系、利益关联、交易终端关联等关联关系；

（四）他人从事相关交易的证券、期货品种、交易时间与未公开信息所涉证券、期货品种、交易时间等方面基本一致；

（五）他人从事的相关交易活动明显不具有符合交易习惯、专业判断等正当理由；

（六）行为人对明示、暗示他人从事相关交易活动没有合理解释。

第五条　利用未公开信息交易，具有下列情形之一的，应当认定为刑法第一百八十条第四款规定的“情节严重”：

（一）违法所得数额在一百万元以上的；

（二）二年内三次以上利用未公开信息交易的；

（三）明示、暗示三人以上从事相关交易活动的。

第六条　利用未公开信息交易，违法所得数额在五十万元以上，或者证券交易成交额在五百万元以上，或者期货交易占用保证金数额在一百万元以上，具有下列情形之一的，应当认定为刑法第一百八十条第四款规定的“情节严重”：

（一）以出售或者变相出售未公开信息等方式，明示、暗示他人从事相关交易活动的；

（二）因证券、期货犯罪行为受过刑事追究的；

（三）二年内因证券、期货违法行为受过行政处罚的；

（四）造成恶劣社会影响或者其他严重后果的。

第七条　刑法第一百八十条第四款规定的“依照第一款的规定处罚”，包括该条第一款关于“情节特别严重”的规定。

利用未公开信息交易，违法所得数额在一千万元以上的，应当认定为“情节特别严重”。

违法所得数额在五百万元以上，或者证券交易成交额在五千万元以上，或者期货交易占用保证金数额在一千万元以上，具有本解释第六条规定的四种情形之一的，应当认定为“情节特别严重”。

第八条　二次以上利用未公开信息交易，依法应予行政处理或者刑事处理而未经处理的，相关交易数额或者违法所得数额累计计算。

法律适用

司法解释

第九条 本解释所称"违法所得"，是指行为人利用未公开信息从事与该信息相关的证券、期货交易活动所获利益或者避免的损失。

行为人明示、暗示他人利用未公开信息从事相关交易活动，被明示、暗示人员从事相关交易活动所获利益或者避免的损失，应当认定为"违法所得"。

第十条 行为人未实际从事与未公开信息相关的证券、期货交易活动的，其罚金数额按照被明示、暗示人员从事相关交易活动的违法所得计算。

第十一条 符合本解释第五条、第六条规定的标准，行为人如实供述犯罪事实，认罪悔罪，并积极配合调查，退缴违法所得的，可以从轻处罚；其中犯罪情节轻微的，可以依法不起诉或者免予刑事处罚。

符合刑事诉讼法规定的认罪认罚从宽适用范围和条件的，依照刑事诉讼法的规定处理。

第十二条 本解释自 2019 年 7 月 1 日起施行。

56 编造并传播证券、期货交易虚假信息案

概念

本罪是指行为人故意编造并且传播并不存在或者没有发生的、影响证券、期货交易的虚假信息，扰乱证券、期货交易市场正常秩序，造成严重后果的行为。

立案标准

根据最高人民检察院、公安部《关于公安机关管辖的刑事案件立案追诉标准的规定（二）》的规定，编造并且传播影响证券、期货交易的虚假信息，扰乱证券、期货交易市场，涉嫌下列情形之一的，应予立案追诉：

（1）获利或者避免损失数额累计在5万元以上的；

（2）造成投资者直接经济损失数额在5万元以上的；

（3）致使交易价格和交易量异常波动的；

（4）虽未达到上述数额标准，但多次编造并且传播影响证券、期货交易的虚假信息的；

（5）其他造成严重后果的情形。

<table>
<tr><td rowspan="2">定罪标准</td><td>犯罪客体</td><td>本罪侵害的客体为复杂客体，不仅侵害国家有关证券、期货交易的管理制度，扰乱证券、期货交易市场，而且还会由此造成投资者利益主要是经济利益的重大损害。</td></tr>
<tr><td>犯罪客观方面</td><td>本罪在客观方面表现为编造并且传播对证券、期货交易具有影响的虚假信息，扰乱证券、期货交易市场，造成严重后果的行为。
一、要有编造并且传播虚假信息的行为。编造、传播行为必须同时成立才能构成本罪。不然，虽然编造了虚假的信息但没有加以传播，或者虽然传播了虚假信息，但这信息不是自己所编造，如道听途说后又散布给他人的，就不应以本罪论处。当然，行为人编造后故意要他人传播的，亦应认定为其既编造了且加以传播。他人被人要求传播，如果明知所要其传播的虚假信息是编造的，对他人也应当以本罪行为论处。但他人如果不知道是要求人编造的，则不宜认定为本罪的既编造又传播的行为，构成犯罪的，应以他罪如操纵证券、期货交易价格罪等论处。所谓编造，是指编制、捏造根本不存在的或虚构的事实，为无中生有的捏造、胡编乱造。其结果必须是产生虚假的即与事实不相符、不真实、不全面的消息。所谓传播，是指以各种途径加以宣传、散布或误导。传播，既可以是口头的，也可以是诸如书刊、报纸、广告、告示等书面的，还可以利用录音、录像、计算机网络等现代传播的手段。既可以单个传播，又可以当众传播。既可以当面传播，又可以不当面如将所编造的事实书面张贴或写于公共场所等。无论其形式如何，只要能够达到将所编造的信息加以扩散、公开的目的，即应认定为本罪中的传播。如果行为人没有编造，而是将所取得的信息加以利用或泄露的，如属内幕信息，则应以内幕交易或泄露内幕信息的行为论处。</td></tr>
</table>

定罪标准	犯罪客观方面	二、所编造并传播的虚假信息必须会对证券期货交易产生影响，即属影响证券、期货交易的虚假信息。对证券、期货交易有影响的虚假信息，应当注意从两个方面加以把握：（1）除去其虚假性不谈，则该信息在内容上足以影响证券、期货交易价格的波动。这样，有关证券、期货交易的所谓“内幕信息”都可以用来编造虚假的影响证券、期货交易的信息。如公司的经营方针和经营范围的重大变化，公司的重大投资行为和重大的购置财产的决定，公司订立重要合同，而该合同可能对公司的资产、负债、权益和经营成果产生重要影响，公司发生重大债务和未能清偿到期重大债务的违约情况，公司发生重大亏损或者遭受超过净资产 10% 以上的重大损失，公司生产经营的外部条件发生重大变化，公司的董事长，1/3 以上的董事或者总经理发生变动，持有公司 5% 以上股份的股东，其持有股份情况发生较大变化，公司减资、合并、分立、解散及申请破产的决定，涉及公司的重大诉讼，法院依法撤销股东大会、董事会决议，公司分配股利或者增资的计划，公司股权结构的重大变化，公司债务担保的重大变更，公司营业用主要资产的抵押、出售或者报废一次超过该资产的 30%，公司的董事、监事、经理、副经理或者其他高级管理人员的行为可能依法承担重大损害赔偿责任，上市公司收购的有关方案，以及中国证监会及其相关部门制定的对期货交易价格可能发生重大影响的政策，期货交易所作出的可能对期货交易价格发生重大影响的决定，等等，都可以用来编造虚假的证券、期货交易信息，对上述事项加以编造的，就可以构成本罪。（2）从内容的真假性来讲，则是不真实的、虚假的信息，如公司根本没有重大投资行为，则无中生有捏造公司有一重大的赢利投资行为；公司的董事长没有变动，捏造出公司董事长因患病等原因而辞职，等等，则该子虚乌有的重大投资行为以及董事长的辞职变更就属于虚假的会影响证券、期货交易的信息。 应当指出，有的虚假信息可能只是针对某一或几个特定的公司、企业，如就上述所讲的某公司债务担保的重大变更、某公司生产经营的外部条件发生重大变化等所捏造的虚假信息，就是如此。有的虚假信息，则不针对某一或数个特定的公司、企业，而是针对不特定的公司、企业，如就金融政策、有关会议内容、市场整顿措施、税率调整、保证金比例的提高、新法规新措施出台，以及某些灾难性事件，如霍乱流行、某领导人健康恶化、将会遭受恐怖事件袭击等作虚假的编造并且传播，同样能够影响证券、期货交易，扰乱了证券、期货市场秩序，构成犯罪的，亦可构成本罪，应当依法追究行为人的刑事责任。 三、本罪为结果犯，其构成需以编造并传播影响证券、期货交易虚假信息的行为扰乱证券、期货交易市场，造成了严重的危害后果为必要。如果没有扰乱证券、期货交易市场，未造成实际危害后果或者虽然扰乱了证券、期货交易市场，造成了实际危害后果但不属于严重的后果，亦不能构成本罪而以本罪治罪科刑。所谓造成严重后果，主要是指因行为人的行为造成了证券、期货交易价格强烈波动；在股民或者期货交易者中引起了恐慌，致使其大量抛售或购买证券或者期货合约；给投资者造成了重大的经济损失；造成了恶劣的社会影响；等等。
	犯罪主体	本罪的主体为一般主体。年满 16 周岁、具有刑事责任能力的自然人均可构成本罪。既包括我国公民，又包括外国人及无国籍人。根据《刑法》第 181 条第 3 款规定，单位亦可构成本罪。在司法实践中，构成本罪的，常常是那些证券、期货投资者，尤以单位为主。有些新闻媒体，出于增加收视率等动机，亦作夸张不实报道，从而不时触犯本罪。

<table>
<tr><td rowspan="3">定罪标准</td><td>犯罪主观方面</td><td>本罪在主观方面必须出于故意，即明知自己在编造并传播能够影响证券、期货交易的虚假信息，会扰乱证券、期货交易市场，造成严重后果，仍然决意编造并且加以传播。过失不能构成本罪。确实不知道自己编造并且传播的是虚假的会影响证券、期货交易的信息，而误认为是真实的能够影响证券、期货交易的信息，或者在编造并传播真实的能够影响证券、期货交易信息的过程中，不小心编造并传播了不真实的证券、期货交易的信息，构成犯罪的，不是构成本罪，对之应当根据主体、主观故意等内容的不同，以泄露内幕信息罪未遂，操纵证券、期货市场罪，诱骗投资者买卖证券、期货合约罪等治罪。至于其动机，一般是为自己或者关系人牟取不正当利益或者转嫁应由自己承担的风险，但也不排除诸如对社会不满，故意制造混乱，影响证券、期货交易价格以泄私愤，或者栽赃陷害他人，等等。不论动机如何，都不影响本罪成立。</td></tr>
<tr><td>罪与非罪</td><td>区分罪与非罪的界限，要注意两个方面的问题：(1) 从主观方面区分。看行为人是否有犯罪的故意。特别是要注意正确处理股评或者有关证券、期货市场上的新闻报道中出现失误的情况。在实践中，一些股评者根据自己手中掌握的资料以及本人对形势的判断而作出与股价走势不相吻合的股评，一些新闻报道由于报道者对事实了解不够清楚、全面而出现了失误或差错，对于这两种情况，由于行为人没有编造并传播虚假信息以扰乱证券、期货交易市场的故意，因此不能认定为犯罪。但如果股评者出于诱骗投资者陷入圈套的目的，而故意在股评文章中编造并传播虚假信息，或者新闻报道者故意歪曲事实作煽动性的报道，以扰乱证券、期货交易市场，则构成本罪。(2) 从犯罪的客观方面上把握。主要是看行为人的行为是否造成了严重后果，即是否符合最高人民检察院、公安部《关于公安机关管辖的刑事案件立案追诉标准的规定(二)》中关于本罪立案标准的五种情形。</td></tr>
<tr><td>此罪与彼罪</td><td>一、本罪与诱骗投资者买卖证券、期货合约罪的界限。(1) 犯罪主体不同。前者是一般主体；后者是特殊主体。(2) 犯罪客观方面表现不同。前者行为人必须编造并传播编造的虚假证券、期货交易信息；后者只要故意提供虚假的证券、期货信息就构成犯罪，而不管该信息是自己还是他人编造的。
二、本罪与诈骗罪的界限。(1) 犯罪主体不同。前者既可以由自然人构成，又可以由单位构成；后者只能由自然人构成。(2) 侵犯的客体不同。前者侵犯的是国家对证券、期货交易的管理秩序和投资者的合法权益；后者侵犯的是公私财产的所有权。(3) 犯罪行为侵犯的对象不同。前者侵犯的对象是不特定的众多投资者；而后者的犯罪对象只能是特定的某一个人或者某一些人。
三、本罪与泄露内幕信息罪的界限。其主要是：(1) 主体不同。本罪为一般主体，既可以是内幕信息的知情人员，也可以不是内幕信息的知情人员；而后罪的主体为特殊主体，必须为内幕信息的知情人员或者非法获取了内幕信息的人员。(2) 客观行为方式不同。本罪的行为方式为编造并传播影响证券、期货交易的虚假信息，信息必须是假的、不真实的；后罪则表现为泄露内幕信息的行为，其对象必须是真实的信息，不是行为人所编造的，从而不属于假的范畴。(3) 对情节的要求不同。本罪要以行为人的行为扰乱了证券、期货交易市场，并造成了严重后果为必要；后罪则以行为人的情节严重为构成条件；显然，情节严重包括造成严重后果在内，但其外延要比后</td></tr>
</table>

<table>
<tr>
<td>定罪标准</td>
<td>此罪与彼罪</td>
<td>者宽泛。行为人如果泄露内幕信息的同时又编造并传播了能够影响证券、期货交易的虚假信息，严重扰乱证券、期货市场秩序并且造成严重后果的，乃是出于不同故意实施的两种犯罪行为，对之应当实行数罪并罚。
四、本罪与提供虚假证明文件罪的界限。在司法实践中，律师事务所、会计师事务所、审计事务所以及承担资产评估、验资、验证等职责的中介组织及其人员，在证券市场中要为证券发行单位出具法律意见书、审计报告、资产评估报告及其他有关证明文件，反映证券发行单位客观的、真实的情况，以帮助投资者作出正确的投资决策。倘若上述中介组织及其工作人员，对证券发行交易及其相关活动的事实、性质、前景等事项，出具虚假的法律意见书、审计报告、资产评估报告、验资报告或其他证明文件，同样会影响证券交易，扰乱证券市场，甚至造成严重后果。此时与本罪有相似之处，但与本罪行为在主体、客观方面有着明显的区别。后者属于中介职务活动中的利用职务便利的不法行为，构成犯罪的，应以提供虚假证明文件罪治罪，而不以本罪论处。</td>
</tr>
<tr>
<td rowspan="2">证据参考标准</td>
<td>主体方面的证据</td>
<td>一、证明行为人刑事责任年龄、身份等自然情况的证据。
包括身份证明、户籍证明、任职证明、工作经历证明、特定职责证明等，主要是证明行为人的姓名（曾用名）、性别、出生年月日、民族、籍贯、出生地、职业（或职务）、住所地（或居所地）等证据材料，如户口簿、居民身份证、工作证、出生证、专业或技术等级证、干部履历表、职工登记表、护照等。
对于户籍、出生证等材料内容不实的，应提供其他证据材料。外国人犯罪的案件，应有护照等身份证明材料。人大代表、政协委员犯罪的案件，应注明身份，并附身份证明材料。
二、证明行为人刑事责任能力的证据。
证明行为人对自己的行为是否具有辨认能力与控制能力，如是否属于间歇性精神病人、尚未完全丧失辨认或者控制自己行为能力的精神病人的证明材料。
三、证明单位的证据。
证明是否属于依法成立并有合法经营、管理范围的公司、企业、事业单位、机关、团体。
证明单位的名称、住所地、性质、法定代表人、单位负责人、业务范围、成立时间等证据材料，如企业营业执照、国有公司性质证明及非法人单位的身份证明等。
四、证明法定代表人、单位负责人或直接责任人员等的身份证明。
法定代表人、直接负责的主管人员和其他直接责任人在单位的任职、职责、负责权限的证明材料等。包括身份证明、户籍证明、任职证明等，如户口簿、居民身份证、工作证、护照、专业或技术等级证、干部履历表、职工登记表、任命书、业务分工文件、委派文件、单位证明、单位规章制度等。</td>
</tr>
<tr>
<td>主观方面的证据</td>
<td>证明行为人故意的证据：1. 证明行为人明知的证据：证明行为人明知自己的行为会发生危害社会的结果；2. 证明直接故意的证据：证明行为人希望危害结果发生；3. 证明间接故意的证据：证明行为人放任危害结果发生。</td>
</tr>
</table>

<table>
<tr><td rowspan="2">证据参考标准</td><td>客观方面的证据</td><td colspan="2">证明行为人编造并传播证券、期货交易虚假信息犯罪行为的证据。
具体证据包括：1. 证明行为人编造证券、期货交易虚假信息行为的证据；2. 证明行为人传播证券、期货交易虚假信息行为的证据；3. 证明行为人编造虚假信息扰乱证券、期货交易市场行为的证据；4. 证明行为人编造证券、期货交易虚假信息造成严重后果行为的证据；5. 证明行为人传播证券、期货交易虚假信息造成严重后果行为的证据。</td></tr>
<tr><td>量刑方面的证据</td><td colspan="2">一、法定量刑情节证据。
1. 事实情节：（1）情节严重；（2）其他。2. 法定从重情节。3. 法定从轻减轻情节：（1）可以从轻；（2）可以从轻或减轻；（3）应当从轻或者减轻。4. 法定从轻减轻免除情节：（1）可以从轻、减轻或者免除处罚；（2）应当从轻、减轻或者免除处罚。5. 法定减轻免除情节：（1）可以减轻或者免除处罚；（2）应当减轻或者免除处罚；（3）可以免除处罚。
二、酌定量刑情节证据。
1. 犯罪手段：（1）编造；（2）传播。2. 犯罪对象。3. 危害结果。4. 动机。5. 平时表现。6. 认罪态度。7. 是否有前科。8. 其他证据。</td></tr>
<tr><td rowspan="2">量刑标准</td><td colspan="2">犯本罪的</td><td>处五年以下有期徒刑或者拘役，并处或者单处一万元以上十万元以下罚金</td></tr>
<tr><td colspan="2">单位犯本罪的</td><td>对单位判处罚金，并对其直接负责的主管人员和其他直接责任人员，处五年以下有期徒刑或者拘役</td></tr>
<tr><td rowspan="2">法律适用</td><td>刑法条文</td><td colspan="2">第一百八十一条第一款　编造并且传播影响证券、期货交易的虚假信息，扰乱证券、期货交易市场，造成严重后果的，处五年以下有期徒刑或者拘役，并处或者单处一万元以上十万元以下罚金。
第一百八十一条第三款　单位犯前两款罪的，对单位判处罚金，并对其直接负责的主管人员和其他直接责任人员，处五年以下有期徒刑或者拘役。</td></tr>
<tr><td>司法解释</td><td colspan="2">最高人民检察院、公安部《关于公安机关管辖的刑事案件立案追诉标准的规定（二）》（节录）（2010年5月7日最高人民检察院、公安部公布　自公布之日起施行　2011年11月14日修正）
第三十七条［编造并传播证券、期货交易虚假信息案（刑法第一百八十一条第一款）］编造并且传播影响证券、期货交易的虚假信息，扰乱证券、期货交易市场，涉嫌下列情形之一的，应予立案追诉：
（一）获利或者避免损失数额累计在五万元以上的；
（二）造成投资者直接经济损失数额在五万元以上的；
（三）致使交易价格和交易量异常波动的；
（四）虽未达到上述数额标准，但多次编造并且传播影响证券、期货交易的虚假信息的；
（五）其他造成严重后果的情形。</td></tr>
</table>

法律适用

相关法律法规

一、《中华人民共和国证券法》（节录）（1998 年 12 月 29 日第九届全国人民代表大会常务委员会第六次会议通过　2004 年 8 月 28 日第一次修正　2005 年 10 月 27 日第一次修订　2013 年 6 月 29 日第二次修正　2014 年 8 月 31 日第三次修正　2019 年 12 月 28 日第二次修订）

第五十六条　禁止任何单位和个人编造、传播虚假信息或者误导性信息，扰乱证券市场。

禁止证券交易场所、证券公司、证券登记结算机构、证券服务机构及其从业人员，证券业协会、证券监督管理机构及其工作人员，在证券交易活动中作出虚假陈述或者信息误导。

各种传播媒介传播证券市场信息必须真实、客观，禁止误导。传播媒介及其从事证券市场信息报道的工作人员不得从事与其工作职责发生利益冲突的证券买卖。

编造、传播虚假信息或者误导性信息，扰乱证券市场，给投资者造成损失的，应当依法承担赔偿责任。

第一百九十三条　违反本法第五十六条第一款、第三款的规定，编造、传播虚假信息或者误导性信息，扰乱证券市场的，没收违法所得，并处以违法所得一倍以上十倍以下的罚款；没有违法所得或者违法所得不足二十万元的，处以二十万元以上二百万元以下的罚款。

违反本法第五十六条第二款的规定，在证券交易活动中作出虚假陈述或者信息误导的，责令改正，处以二十万元以上二百万元以下的罚款；属于国家工作人员的，还应当依法给予处分。

传播媒介及其从事证券市场信息报道的工作人员违反本法第五十六条第三款的规定，从事与其工作职责发生利益冲突的证券买卖的，没收违法所得，并处以买卖证券等值以下的罚款。

二、《股票发行与交易管理暂行条例》（节录）（1993 年 4 月 22 日中华人民共和国国务院令第 112 号公布　自公布之日起施行）

第七十四条　任何单位和个人违反本条例规定，有下列行为之一的，根据不同情况，单处或者并处警告、没收非法获取的股票和其他非法所得、罚款：

（一）在证券委批准可以进行股票交易的证券交易场所之外进行股票交易的；

（二）在股票发行、交易过程中，作出虚假、严重误导性陈述或者遗漏重大信息的；

（三）通过合谋或者集中资金操纵股票市场价格，或者以散布谣言等手段影响股票发行、交易的；

（四）为制造股票的虚假价格与他人串通，不转移股票的所有权或者实际控制，虚买虚卖的；

（五）出售或者要约出售其并不持有的股票，扰乱股票市场秩序的；

（六）利用职权或者其他不正当手段，索取或者强行买卖股票，或者协助他人买卖股票的；

（七）未经批准对股票及其指数的期权、期货进行交易的；

（八）未按照规定履行有关文件和信息的报告、公开、公布义务的；

（九）伪造、篡改或者销毁与股票发行、交易有关的业务记录、财务账簿等文件的；

法律适用 | 相关法律法规

（十）其他非法从事股票发行、交易及其相关活动的。

股份有限公司有前款所列行为，情节严重的，可以停止其发行股票的资格；证券经营机构有前款所列行为，情节严重的，可以限制、暂停其证券经营业务或者撤销其证券经营业务许可。

第七十八条 违反本条例规定，构成犯罪的，依法追究刑事责任。

三、《期货交易管理条例》（节录）（2007年3月6日中华人民共和国国务院令第489号公布 自2007年4月15日起施行 2012年10月24日第一次修订 2013年7月18日第二次修订 2016年2月6日第三次修订 2017年3月1日第四次修订）

第三条 从事期货交易活动，应当遵循公开、公平、公正和诚实信用的原则。禁止欺诈、内幕交易和操纵期货交易价格等违法行为。

第三十九条 任何单位或者个人不得编造、传播有关期货交易的虚假信息，不得恶意串通、联手买卖或者以其他方式操纵期货交易价格。

57 诱骗投资者买卖证券、期货合约案

概念

本罪是指证券交易所、期货交易所、证券公司、期货经纪公司的从业人员，证券业协会、期货业协会或者证券期货监督管理部门的工作人员，故意提供虚假信息或者伪造、变造、销毁交易记录，诱骗投资者买卖证券、期货合约，造成严重后果的行为。

立案标准

根据最高人民检察院、公安部《关于公安机关管辖的刑事案件立案追诉标准的规定（二）》的规定，证券交易所、期货交易所、证券公司、期货公司的从业人员，证券业协会、期货业协会或者证券期货监督管理部门的工作人员，故意提供虚假信息或者伪造、变造、销毁交易记录，诱骗投资者买卖证券、期货合约，涉嫌下列情形之一的，应予立案追诉：

（1）获利或者避免损失数额累计在5万元以上的；

（2）造成投资者直接经济损失数额在5万元以上的；

（3）致使交易价格和交易量异常波动的；

（4）其他造成严重后果的情形。

定罪标准		
	犯罪客体	本罪所侵害的客体是复杂客体，即国家证券、期货交易管理制度和投资者的合法利益，利益则主要是财产性利益。本罪的对象为证券和期货合约。期货合约，是由期货交易所统一制定的、规定在将来某一特定的时间和地点交割一定数量和质量商品的标准化合约。
	犯罪客观方面	本罪在客观方面表现为提供虚假信息或者伪造、变造、销毁交易记录，诱骗投资者买卖证券、期货合约，造成严重后果的行为。 一、必须具有提供虚假信息或者伪造、变造、毁灭交易记录之一的诱骗投资者买卖证券、期货合约的行为。所谓提供虚假信息，是指将虚假的有关证券、期货交易的虚假信息故意传播或扩散。既可以提供给个人，又可以提供给单位；既可以当面口头提供，又可以不面对他人而采用书面、影视、计算机网络等方式提供；既可以单个地提供，又可以成群成批地提供。但无论其方法如何，其所提供的必须与证券、期货交易相关且必为虚假的信息。所提供的如果与证券、期货交易无关或者所提供的不是虚假的信息，则不构成本罪。这是因为，行为人要达到诱骗投资者买卖证券、期货合约的目的，提供的固然是与证券、期货交易相关的虚假信息。如果没有任何关系，投资者就不会受骗上当，从而难以达到其目的。至于虚假信息的来源，是自己编造的还是他人编造的，并不影响本罪的成立。 所谓伪造交易记录，在这里是指按照证券、期货交易记录的特征包括形式特征如式样、格式、形状等内容，采用印刷、复印、描绘、拓印、石印等各种方法，制作假交易记录冒充真交易记录的行为。所谓变造交易记录，是指在真实交易记录的基础

<table>
<tr><td rowspan="4">定罪标准</td><td>犯罪客观方面</td><td>上，通过涂改、擦消、剪接、挖补、拼凑等加工方法，从而使原交易记录改变其内容的行为。所谓销毁，是指将证券、期货交易记录采用诸如撕裂、火烧、水浸、丢弃等方法予以毁灭。
至于诱骗，则是指采取提供虚假信息或将交易记录加以伪造、变造、销毁的方式，以对投资者进行欺骗、引诱、误导，从而骗取投资者信任使投资者买卖该证券、期货合约的行为。
二、提供虚假信息或者伪造、变造、毁灭交易记录，诱骗投资者买卖证券、期货合约的行为，必须造成了严重的后果，才能构成本罪。即本罪为结果犯。行为人虽然故意提供了虚假信息或伪造、变造、销毁了交易记录，以诱骗投资者买卖证券、期货合约，但没有造成实际的严重后果或者虽有实际损害后果但不是严重的后果，如投资者根本不相信而未购买，或者行为一实施即被发现警告，等等，则不能构成本罪。</td></tr>
<tr><td>犯罪主体</td><td>本罪的主体为特殊主体，即只有证券交易所、期货交易所、证券公司、期货经纪公司的从业人员，证券业协会、期货业协会或者证券、期货监督管理部门的工作人员，以及有关单位，才能构成本罪。非上述人员、单位不能成为本罪主体而构成本罪。</td></tr>
<tr><td>犯罪主观方面</td><td>本罪在主观方面必须出于故意，即明知为虚假信息而故意提供或者明知是证券、期货交易记录仍决意伪造、变造或者销毁，并且具有诱骗投资者买卖证券、期货合约的目的。过失不能构成本罪。所谓诱骗，即引诱、欺骗，是指采取故意提供虚假信息或者伪造、变造或者销毁证券、期货交易记录的方法使投资方自愿地按照自己的意愿做出决定。应当指出，作为证券交易所、期货交易所、证券公司、期货经纪公司及其从业人员，以及证券业协会、期货业协会或者证券期货监督管理部门及其工作人员，无疑都应知道其发布的有关证券、期货交易的信息，以及证券、期货交易记录对证券、期货投资者的影响，因此，行为人一旦故意实施提供虚假信息或者伪造、变造、毁灭交易记录的行为，就可以认定具有影响、诱骗投资者作出错误决策以买卖证券、期货合约的目的，即使没有进一步采用明示或暗示的方法促使投资者自愿地进行投资的行为，也不影响。在故意实施提供虚假信息或者伪造、变造、毁灭交易记录后，如果进一步采取其他方法促使投资者买卖证券、期货合约，固然更加可以认定具有诱骗投资者买卖证券、期货合约的目的。至于行为人诱骗投资者买卖证券、期货合约的动机，多种多样，有的是出于将持有的证券、期货合约卖出，牟取暴利或者转嫁风险的动机；有的是为了扰乱证券、期货交易市场，造成证券、期货交易市场的混乱；有的是针对某一证券、期货提供虚假信息或伪造、变造、毁灭交易记录，企图挤垮相应的公司；等等。动机如何，并不影响本罪成立。</td></tr>
<tr><td>罪与非罪</td><td>区别罪与非罪的界限，关键是诱骗投资者买卖证券、期货合约，必须造成严重后果。如果由于种种原因，行为人发布消息虽然不实，但并未导致投资者合法权益的重大损失，不能以本罪处罚。至于造成严重后果的标准，应当符合 2010 年 5 月 7 日最高人民检察院、公安部《关于公安机关管辖的刑事案件立案追诉标准的规定（二）》中关于本罪立案标准的四种情形之一。</td></tr>
</table>

定罪标准

此罪与彼罪

一、本罪与编造并传播证券、期货交易虚假信息罪的界限。(1) 本罪的主体是特殊主体，只有证券交易所、期货交易所、证券公司、期货经纪公司的从业人员、证券业协会、期货业协会或者证券、期货监督管理部门的工作人员及单位，才能构成本罪，非上述人员不能成为本罪主体；而后罪的主体为一般主体，其不仅限于上述特殊人员及单位。(2) 本罪在主观方面出于故意且是为了诱骗他人买卖证券、期货合约；后罪则意在扰乱证券、期货交易市场，并不是出于诱骗他人买卖证券、期货合约的确切故意。(3) 本罪在客观方面表现为两种行为形式，即故意提供虚假信息和伪造、变造、销毁交易记录。提供虚假信息的也不要求是自己编造；后罪则要求具有编造虚假信息再予以传播的行为。(4) 本罪主体如果编造虚假信息而又故意扰乱证券、期货交易市场，则同时触犯本罪与后罪，这时应根据牵连犯择重处罚的原则，应以本罪定罪量刑。

二、本罪与诈骗罪的界限。(1) 犯罪主体不同。本罪的主体为特殊主体，只有证券交易所、期货交易所、证券公司、期货经纪公司的从业人员，证券业协会、期货业协会或者证券、期货监督管理部门的工作人员及其单位，才能构成本罪；后罪的主体为一般主体，即年满16周岁、具有刑事责任能力的自然人才能构成其罪，单位不能构成其罪。(2) 犯罪主观方面的内容不同。本罪在主观方面表现为明知是有关证券、期货交易的虚假信息仍决意提供，或者明知是证券、期货交易记录而决意伪造、变造或毁灭，其目的则是诱骗投资者买卖证券、期货合约；后罪主观方面的内容为占有公私财物而决意采取虚构事实或者隐瞒事实真相的方法以欺骗被害人。(3) 客观行为方式不同。本罪的行为方式是提供虚假信息或者伪造、变造、毁灭交易记录，并以此诱骗投资者买卖证券、期货合约；后罪的行为方式为采取虚构事实或者隐瞒事实真相的方法以骗取公私财物。提供虚假信息或者伪造、变造、毁灭交易记录，虽然属于虚构事实或者隐瞒事实真相的方法，但其是用以诱骗投资者买卖证券、期货合约，并不是直接以此从投资者那里获取。其要从投资者那里获得不法利益，必须以证券、期货交易为媒介，否则，就不能达到不法意图；后罪则是直接以虚构事实或者隐瞒事实真相的方法骗取被害人，被害人信以为真直接交给行为人以财物，不需要经过证券、期货交易这一媒介。(4) 行为发生的场合不同。本罪行为必须发生在证券、期货交易的过程中，属于经济活动中的欺诈行为；后罪行为则可能发生在一切场合，并不限于证券、期货交易这一特定场合。(5) 行为对象不同。本罪行为的对象对提供行为来说，是有关证券、期货交易的虚假信息，对伪造、变造、毁灭行为来说，则是证券、期货交易记录，诱骗的是证券、期货交易的投资者；后罪的对象则是公私财物，欺骗的则是公私财物的所有人、管理人、经手人。(6) 定罪情节不同。本罪的定罪情节为造成严重后果，即本罪的构成以行为造成严重后果为必要；后罪的定罪情节则为诈骗行为骗得的公私财物数额较大。(7) 相对人是否受到损失不同。本罪行为的相对方即投资者倘若基于行为人的诱骗行为买卖了证券、期货合约，并不必然遭受损失，并且可能因为买卖证券、期货合约而获利，这由证券、期货交易价格瞬息万变的特殊性质所决定；后罪行为的相对方除诈骗未遂外，则必然因为相信诈骗行为致使财产遭受损失。(8) 犯罪客体不同。本罪属于破坏金融管理秩序犯罪，侵害的客体为国家有关证券、期货交易的管理制度和投资者的合法利益；后罪属于侵犯财产犯罪，侵害的客体为公私财物的所有权。

定罪标准	此罪与彼罪	三、本罪与内幕交易、泄露内幕信息罪的界限。(1) 主体不同。两罪虽然均为特殊主体，但本罪的主体限于证券交易所、期货交易所、证券公司、期货经纪公司的从业人员，证券业协会、期货业协会或者证券、期货监督管理部门的工作人员；后罪的主体则限于证券、期货交易内幕信息的知情单位、人员，或者非法获取证券、期货交易内幕信息的单位、人员。两者具有交叉性。一方面，本罪主体有的可能是证券、期货交易内幕信息的知情人员，或者非法获取证券、期货交易内幕信息的人员，也可能并非内幕信息的知情人员。另一方面，后罪主体不仅限于本罪主体的单位、人员中的内幕信息知情人员，而且还包括其他诸如税务、审计部门工作人员等因职责而获知内幕信息的知情人员，以及通过各种非法手段获取内幕信息的人员。(2) 客观行为方式不同。本罪的行为方式为提供虚假信息或者伪造、变造、毁灭交易记录，诱骗投资者买卖证券、期货合约。其实，行为人只要故意实施了提供虚假信息或者伪造、变造、毁灭交易记录的行为，不论是否进一步明示或暗示投资者买卖证券、期货合约，均可认定在诱骗投资者买卖证券、期货合约；后罪在客观方面则表现为在内幕信息即涉及证券的发行，证券、期货交易或者其他对证券、期货交易价格有重大影响的信息尚未公开前，买入或者卖出该证券，或者从事与该内幕信息有关的期货交易，或者泄露该信息的行为。本罪行为在于提供虚假信息或者伪造、变造、毁灭交易记录，并不要求进一步进行有关证券、期货交易，即行为人是否进行了有关证券、期货的交易，并不影响本罪成立。(3) 客观行为发生的时间不同。本罪在证券、期货交易的过程中均可发生，既可在内幕信息公布前，也可在内幕信息公布后；后罪行为则只能发生在内幕信息公布前，内幕信息公布后，则不存在利用内幕信息进行内幕交易或者泄露内幕信息的问题。此时，自然不能构成其罪。(4) 行为的对象不同。本罪行为对象对于提供行为来说是有关证券、期货交易的虚假信息，对伪造、变造、毁灭行为来说，则是证券、期货交易记录；后罪行为对象对内幕交易行为来说是与内幕信息相关的证券、期货合约，对泄露行为来说，则是真实的有关证券、期货交易的内幕信息。(5) 定罪情节不同。本罪的定罪情节为造成严重后果，只有提供虚假信息或者伪造、变造、毁灭交易记录，诱骗投资者买卖证券、期货合约的行为造成了严重后果才能构成其罪；后罪的定罪情节则为情节严重，除造成严重后果外，具有其他严重情节，如内幕交易数额巨大，多次进行内幕交易或者泄露内幕信息等，即使没有造成严重后果，也可构成其罪。
证据参考标准	主体方面的证据	**一、证明行为人刑事责任年龄、身份等自然情况的证据。** 包括身份证明、户籍证明、任职证明、工作经历证明、特定职责证明等，主要是证明行为人的姓名（曾用名）、性别、出生年月日、民族、籍贯、出生地、职业（或职务）、住所地（或居所地）等证据材料，如户口簿、居民身份证、工作证、出生证、专业或技术等级证、干部履历表、职工登记表、护照等。 对于户籍、出生证等材料内容不实的，应提供其他证据材料。外国人犯罪的案件，应有护照等身份证明材料。人大代表、政协委员犯罪的案件，应注明身份，并附身份证明材料。 **二、证明行为人刑事责任能力的证据。** 证明行为人对自己的行为是否具有辨认能力与控制能力，如是否属于间歇性精神病人、尚未完全丧失辨认或者控制自己行为能力的精神病人的证明材料。

证据参考标准	主体方面的证据	**三、证明单位的证据。** 证明是否属于依法成立并有合法经营、管理范围的公司、企业、事业单位、机关、团体。 证明单位的名称、住所地、性质、法定代表人、单位负责人、业务范围、成立时间等证据材料，如企业营业执照、国有公司性质证明及非法人单位的身份证明等。 **四、证明法定代表人、单位负责人或直接责任人员等的身份证明。** 法定代表人、直接负责的主管人员和其他直接责任人在单位的任职、职责、负责权限的证明材料等。包括身份证明、户籍证明、任职证明等，如户口簿、居民身份证、工作证、护照、专业或技术等级证、干部履历表、职工登记表、任命书、业务分工文件、委派文件、单位证明、单位规章制度等。
	主观方面的证据	证明行为人故意的证据：1. 证明行为人明知的证据：证明行为人明知自己的行为会发生危害社会的结果；2. 证明直接故意的证据：证明行为人希望危害结果发生。
	客观方面的证据	证明行为人诱骗投资者买卖证券、期货合约犯罪行为的证据。 具体证据包括：1. 证明故意提供虚假信息行为人员的证据：（1）证券、期货交易所从业人员；（2）证券、期货公司从业人员；（3）证券、期货业协会工作人员；（4）证券、期货业管理部门工作人员。2. 证明伪造交易记录行为人员的证据：（1）证券、期货交易所从业人员；（2）证券、期货公司从业人员；（3）证券、期货业协会工作人员；（4）证券、期货业管理部门工作人员。3. 证明变造交易记录行为人员的证据：（1）证券、期货交易所从业人员；（2）证券、期货公司从业人员；（3）证券、期货业协会工作人员；（4）证券、期货业管理部门工作人员。4. 证明销毁交易记录行为人员的证据：（1）证券、期货交易公司从业人员；（2）证券、期货公司从业人员；（3）证券、期货业协会工作人员；（4）证券、期货业管理部门工作人员。5. 证明行为人造成严重后果行为的证据：（1）企业单位破产；（2）股民倾家荡产；（3）证券、期货持有人倾家荡产；（4）股民自杀；（5）证券、期货持有者自杀。6. 其他的证据。
	量刑方面的证据	**一、法定量刑情节证据。** 1. 事实情节：（1）情节严重；（2）其他。2. 法定从重情节。3. 法定从轻减轻情节：（1）可以从轻；（2）可以从轻或减轻；（3）应当从轻或者减轻。4. 法定从轻减轻免除情节：（1）可以从轻、减轻或者免除处罚；（2）应当从轻、减轻或者免除处罚。5. 法定减轻免除情节：（1）可以减轻或者免除处罚；（2）应当减轻或者免除处罚；（3）可以免除处罚。 **二、酌定量刑情节证据。** 1. 犯罪手段：（1）提供虚假信息；（2）伪造、变造、销毁交易记录；（3）其他。2. 犯罪对象。3. 危害结果。4. 动机。5. 平时表现。6. 认罪态度。7. 是否有前科。8. 其他证据。

量刑标准

情形	量刑
造成严重后果的	处五年以下有期徒刑或者拘役，并处或者单处一万元以上十万元以下罚金
情节特别恶劣的	处五年以上十年以下有期徒刑，并处二万元以上二十万元以下罚金
单位犯本罪的	对单位判处罚金，并对其直接负责的主管人员和其他直接责任人员，处五年以下有期徒刑或者拘役

法律适用

刑法条文

第一百八十一条第二款 证券交易所、期货交易所、证券公司、期货经纪公司的从业人员，证券业协会、期货业协会或者证券期货监督管理部门的工作人员，故意提供虚假信息或者伪造、变造、销毁交易记录，诱骗投资者买卖证券、期货合约，造成严重后果的，处五年以下有期徒刑或者拘役，并处或者单处一万元以上十万元以下罚金；情节特别恶劣的，处五年以上十年以下有期徒刑，并处二万元以上二十万元以下罚金。

第一百八十一条第三款 单位犯前两款罪的，对单位判处罚金，并对其直接负责的主管人员和其他直接责任人员，处五年以下有期徒刑或者拘役。

司法解释

最高人民检察院、公安部《关于公安机关管辖的刑事案件立案追诉标准的（二）》（节录）（2010年5月7日最高人民检察院、公安部公布　自公布之日起施行　2011年11月14日修正）

第三十八条〔诱骗投资者买卖证券、期货合约案（刑法第一百八十一条第二款）〕证券交易所、期货交易所、证券公司、期货公司的从业人员，证券业协会、期货业协会或者证券期货监督管理部门的工作人员，故意提供虚假信息或者伪造、变造、销毁交易记录，诱骗投资者买卖证券、期货合约，涉嫌下列情形之一的，应予立案追诉：

（一）获利或者避免损失数额累计在五万元以上的；

（二）造成投资者直接经济损失数额在五万元以上的；

（三）致使交易价格和交易量异常波动的；

（四）其他造成严重后果的情形。

相关法律法规

一、《中华人民共和国证券法》（节录）（1998年12月29日第九届全国人民代表大会常务委员会第六次会议通过　2004年8月28日第一次修正　2005年10月27日第一次修订　2013年6月29日第二次修正　2014年8月31日第三次修正　2019年12月28日第二次修订）

第五十六条 禁止任何单位和个人编造、传播虚假信息或者误导性信息，扰乱证券市场。

禁止证券交易场所、证券公司、证券登记结算机构、证券服务机构及其从业人员，证券业协会、证券监督管理机构及其工作人员，在证券交易活动中作出虚假陈述或者信息误导。

各种传播媒介传播证券市场信息必须真实、客观，禁止误导。传播媒介及其从事证券市场信息报道的工作人员不得从事与其工作职责发生利益冲突的证券买卖。

编造、传播虚假信息或者误导性信息，扰乱证券市场，给投资者造成损失的，应当依法承担赔偿责任。

第一百九十三条 违反本法第五十六条第一款、第三款的规定，编造、传播虚假信息或者误导性信息，扰乱证券市场的，没收违法所得，并处以违法所得一倍以上十倍以下的罚款；没有违法所得或者违法所得不足二十万元的，处以二十万元以上二百万元以下的罚款。

违反本法第五十六条第二款的规定，在证券交易活动中作出虚假陈述或者信息误导的，责令改正，处以二十万元以上二百万元以下的罚款；属于国家工作人员的，还应当依法给予处分。

传播媒介及其从事证券市场信息报道的工作人员违反本法第五十六条第三款的规定，从事与其工作职责发生利益冲突的证券买卖的，没收违法所得，并处以买卖证券等值以下的罚款。

二、《股票发行与交易管理暂行条例》（节录）（1993年4月22日中华人民共和国国务院令第112号公布　自公布之日起施行）

第七十四条 任何单位和个人违反本条例规定，有下列行为之一的，根据不同情况，单处或者并处警告、没收非法获取的股票和其他非法所得、罚款：

（一）在证券委批准可以进行股票交易的证券交易场所之外进行股票交易的；

（二）在股票发行、交易过程中，作出虚假、严重误导性陈述或者遗漏重大信息的；

（三）通过合谋或者集中资金操纵股票市场价格，或者以散布谣言等手段影响股票发行、交易的；

（四）为制造股票的虚假价格与他人串通，不转移股票的所有权或者实际控制，虚买虚卖的；

（五）出售或者要约出售其并不持有的股票，扰乱股票市场秩序的；

（六）利用职权或者其他不正当手段，索取或者强行买卖股票，或者协助他人买卖股票的；

（七）未经批准对股票及其指数的期权、期货进行交易的；

（八）未按照规定履行有关文件和信息的报告、公开、公布义务的；

（九）伪造、篡改或者销毁与股票发行、交易有关的业务记录、财务账簿等文件的；

（十）其他非法从事股票发行、交易及其相关活动的。

股份有限公司有前款所列行为，情节严重的，可以停止其发行股票的资格；证券经营机构有前款所列行为，情节严重的，可以限制、暂停其证券经营业务或者撤销其证券经营业务许可。

第七十八条 违反本条例规定，构成犯罪的，依法追究刑事责任。

三、《期货交易管理条例》（节录）（2007年3月6日中华人民共和国国务院令第489号公布　自2007年4月15日起施行　2012年10月24日第一次修订　2013年7月18日第二次修订　2016年2月6日第三次修订　2017年3月1日第四次修订）

第六十七条 期货公司有下列欺诈客户行为之一的，责令改正，给予警告，没收违法所得，并处违法所得1倍以上5倍以下的罚款；没有违法所得或者违法所得不满10万元的，并处10万元以上50万元以下的罚款；情节严重的，责令停业整顿或者吊销期货业务许可证：

法律适用

相关法律法规

（一）向客户作获利保证或者不按照规定向客户出示风险说明书的；

（二）在经纪业务中与客户约定分享利益、共担风险的；

（三）不按照规定接受客户委托或者不按照客户委托内容擅自进行期货交易的；

（四）隐瞒重要事项或者使用其他不正当手段，诱骗客户发出交易指令的；

（五）向客户提供虚假成交回报的；

（六）未将客户交易指令下达到期货交易所的；

（七）挪用客户保证金的；

（八）不按照规定在期货保证金存管银行开立保证金账户，或者违规划转客户保证金的；

（九）国务院期货监督管理机构规定的其他欺诈客户的行为。

期货公司有前款所列行为之一的，对直接负责的主管人员和其他直接责任人员给予警告，并处1万元以上10万元以下的罚款；情节严重的，暂停或者撤销期货从业人员资格。

任何单位或者个人编造并且传播有关期货交易的虚假信息，扰乱期货交易市场的，依照本条第一款、第二款的规定处罚。

第六十八条 期货公司及其他期货经营机构、非期货公司结算会员、期货保证金存管银行提供虚假申请文件或者采取其他欺诈手段隐瞒重要事实骗取期货业务许可的，撤销其期货业务许可，没收违法所得。

第七十五条 期货公司的交易软件、结算软件供应商拒不配合国务院期货监督管理机构调查，或者未按照规定向国务院期货监督管理机构提供相关软件资料，或者提供的软件资料有虚假、重大遗漏的，责令改正，处3万元以上10万元以下的罚款。对直接负责的主管人员和其他直接责任人员给予警告，并处1万元以上5万元以下的罚款。

第七十六条 会计师事务所、律师事务所、资产评估机构等中介服务机构未勤勉尽责，所出具的文件有虚假记载、误导性陈述或者重大遗漏的，责令改正，没收业务收入，暂停或者撤销相关业务许可，并处业务收入1倍以上5倍以下的罚款。对直接负责的主管人员和其他直接责任人员给予警告，并处3万元以上10万元以下的罚款。

58 操纵证券、期货市场案

概念

本罪是指操纵证券、期货市场，影响证券、期货交易价格或者证券、期货交易量，情节严重的行为。

立案标准

根据最高人民法院、最高人民检察院《关于办理操纵证券、期货市场刑事案件适用法律若干问题的解释》的规定，操纵证券、期货市场，具有下列情形之一的，应当认定为“情节严重”：

（1）持有或者实际控制证券的流通股份数量达到该证券的实际流通股份总量10%以上，实施《刑法》第182条第1款第1项操纵证券市场行为，连续10个交易日的累计成交量达到同期该证券总成交量20%以上的；

（2）实施《刑法》第182条第1款第2项、第3项操纵证券市场行为，连续10个交易日的累计成交量达到同期该证券总成交量20%以上的；

（3）实施本解释第1条第1项至第4项操纵证券市场行为，证券交易成交额在1000万元以上的；

（4）实施《刑法》第182条第1款第1项及本解释第1条第6项操纵期货市场行为，实际控制的账户合并持仓连续10个交易日的最高值超过期货交易所限仓标准的2倍，累计成交量达到同期该期货合约总成交量20%以上，且期货交易占用保证金数额在500万元以上的；

（5）实施《刑法》第182条第1款第2项、第3项及本解释第1条第1项、第2项操纵期货市场行为，实际控制的账户连续10个交易日的累计成交量达到同期该期货合约总成交量20%以上，且期货交易占用保证金数额在500万元以上的；

（6）实施本解释第1条第5项操纵证券、期货市场行为，当日累计撤回申报量达到同期该证券、期货合约总申报量50%以上，且证券撤回申报额在1000万元以上、撤回申报的期货合约占用保证金数额在500万元以上的；

（7）实施操纵证券、期货市场行为，违法所得数额在100万元以上的。

操纵证券、期货市场，违法所得数额在50万元以上，具有下列情形之一的，应当认定为“情节严重”：

（1）发行人、上市公司及其董事、监事、高级管理人员、控股股东或者实际控制人实施操纵证券、期货市场行为的；

（2）收购人、重大资产重组的交易对方及其董事、监事、高级管理人员、控股股东或者实际控制人实施操纵证券、期货市场行为的；

（3）行为人明知操纵证券、期货市场行为被有关部门调查，仍继续实施的；

（4）因操纵证券、期货市场行为受过刑事追究的；

（5）2年内因操纵证券、期货市场行为受过行政处罚的；

（6）在市场出现重大异常波动等特定时段操纵证券、期货市场的；

（7）造成恶劣社会影响或者其他严重后果的。

<table>
<tr><td rowspan="2">定罪标准</td><td>犯罪客体</td><td>本罪侵害的客体是国家对证券、期货交易的管理制度和投资者的合法权益。在证券、期货市场上，证券、期货价格举足轻重，由供需关系形成的证券、期货价格升落是正常的。由于证券、期货进入市场，受经营状况和市场因素等影响，具有很大程度的不确定性。因此需要对证券、期货的交易操作制定规范的行为准则，以避免证券、期货市场上敏感的价格受到非法操纵、控制和影响。而操纵证券、期货交易价格是行为人人为地扭曲证券、期货市场价格，造成虚假的供求关系，违反证券、期货市场公平、公正的原则，致使投资公众的财产和被投资企业的财产及声誉受到损害，扰乱证券、期货市场秩序。因此，对这类行为情节严重构成犯罪的，必须依法给予严厉的惩处。</td></tr>
<tr><td>犯罪客观方面</td><td>一、具有操纵证券、期货市场的行为。根据《刑法》第182条第1款的规定，主要包括以下七种：
1. 单独或者合谋，集中资金优势、持股或者持仓优势或者利用信息优势联合或者连续买卖。所谓“单独或者合谋”，是指操纵证券、期货交易价格的行为人既可以是买方也可以是卖方，甚至既是买方又是卖方，可以是一个人所为也可以是多人联合所为。“集中资金优势、持股或者持仓优势或者利用信息优势”，是指证券、期货的投资大户、会员单位等利用手中持有的大量资金、股票、期货合约或者利用了解某些内幕信息等优势，进行证券、期货交易。“联合买卖”，是指行为人在一段时间内共同对某种股票或者期货合约进行买进或者卖出的行为。“连续买卖”即连续交易，是指行为人在短时间内对同一股票或者期货合约反复进行买进又卖出的行为。这种操纵方式一般是行为人先筹足一大笔资金，并锁定某种具有炒作潜力且易操作的股票或者期货合约，暗中利用不同账户在市场上吸足筹码，然后配合各式炒作题材连续拉抬股价或期货价格，制造多头行情，以诱使投资人跟进追小涨，使股价或期货价格一路攀升，等股价或期货价格上涨到一定高度时，暗中释放出手中所持股票或期货合约，甚至融券卖空，此时交易量明显放大，价格出现剧烈震荡，行为人出清所持股票或期货合约后，交易量萎缩，股票或期货价格丧失支撑旋即暴跌，等价格回跌再乘低补进，以便为下次操作准备筹码，以此方式循环操作，操纵证券、期货交易价格，从上涨和下跌中两面获利。
2. 与他人串通，以事先约定的时间、价格和方式相互进行证券、期货交易。这种操纵证券价格的方式又称为“对敲”，主要表现为行为人与他人通谋，在事先以约定的时间、约定的价格在自己卖出或者买入股票或者期货合约时，另一约定人同时实施买入或者卖出股票或者期货合约，或者相互买卖证券或者期货合约，通过几家联手反复实施买卖行为，目的在于虚假造势，从而可能抬高或者打压某种股票或者期货的价格，最后，行为人乘机建仓或者平仓，以获取暴利或者转嫁风险。
3. 在自己实际控制的帐户之间进行证券交易，或者以自己为交易对象，自买自卖期货合约。“在自己实际控制的帐户之间进行证券交易”，是指将预先配好的委托分别下达给两个证券公司，由一个证券公司买进，另一个证券公司卖出，实际上是自买自卖证券的行为，其所有权并没有发生转移。这种行为实际上也对证券的交易价格和交易量产生着很大的影响。“以自己为交易对象，自买自卖期货合约”，主要是指以不转移期货合约形式进行虚假买卖。这种情况也称为虚假交易。
4. 不以成交为目的，频繁或者大量申报买入、卖出证券、期货合约并撤销申报。这种操纵方式通常称为“虚假申报操纵”或者“恍骗交易操纵”，具体包括分层挂</td></tr>
</table>

定罪标准		
	犯罪客观方面	单、反向交易等行为其核心特征是通过不以成交为目的的挂单，诱骗其他投资者交易或者放弃交易，从而实现对证券、期货交易价格或者交易量的影响。随着计算机程序交易的普及，通过计算机程序快速下单和撤单已经具备了可能性。该种操纵方式多利用程序化交易等技术手段进行，以实现高频交易或者大量申报但最终不成交，进而影响证券交易的数据，从而抬高股价，牟取非法利益。 5. 利用虚假或者不确定的重大信息，诱导投资者进行证券、期货交易。这种操纵证券、期货市场的行为通常称为“蛊惑交易操纵”。实践中，该种行为通过公开传播虚假、重大误导性信息来影响投资者的判断和交易，并进而影响特定证券、期货交易的价格、交易量。实施该类操纵行为的犯罪行为人利用许多投资者存在迷信内部消息、追捧热点信息的心理，通过“编故事、画大饼”等方式，传播公司重组意图、投资意向、行业信息等所谓重大信息，引起证券、期货市场关注和反应，吸引大量投资者跟风交易，以达到行为人操纵证券、期货市场的目的。 6. 对证券、证券发行人、期货交易标的公开作出评价、预测或者投资建议，同时进行反向证券交易或者相关期货交易。这种操纵证券、期货市场的行为通常称为“抢帽子交易操纵”。这里作出公开评价、预测或者投资建议的主体是不特定主体，既有证券公司、证券咨询机构、专业中介机构及其工作人员等，也有各种所谓炒股专家、专业分析师等，其往往预先买入证券、期货合约，然后利用其身份在互联网、电视等平台对其买入的股票、证券发行人、期货标的进行公开评价、预测及推荐，影响股票、期货的价格以及交易量，并通过操作以获利。需要注意的是，这里行为人所进行的交易对于证券要求是“反向证券易”，即“言行不一致”从中获取不法利益；而对期货交易没有相关要求，这是因为期货为双向交易，既可以买入开仓以看涨，也可以卖出开仓以看跌，同时各种期货品种之间具有一定的关联性，行为人实施操纵行为后获利的方式多样，例如可能暗中开仓，公开作出对自己市场有利的评价，诱导他人对其进行相同方向的交易，影响期货价格或者交易量，最后通过实际交割或者行权了结获利，因此这里规定的是行为人进行“相关”期货交易。 7. 以其他方法操纵证券、期货市场，即除上述六种情形以外其他操纵证券、期货市场的方法。 二、操纵行为要符合“影响证券、期货交易价格或者证券、期货交易量”的要求。操纵行为必然表现为影响了证券、期货交易价格或者证券、期货交易量。实践中，对认定构成操纵证券、期货市场犯罪的，一般都需要从“证券、期货交易价格或者证券、期货交易量”是否被影响的角度固定证据，如持有或者实际控制证券的流通股份数量、数个交易日总成交量等。 三、行为人有操纵证券、期货市场的行为，情节严重的才构成犯罪。“情节严重”，主要是指行为人获取不正当利益巨大的；多次操纵证券、期货市场的；造成恶劣社会影响的；造成股票、期货价格暴涨暴跌，严重影响证券、期货市场交易秩序的；给其他投资者造成巨大经济损失的等。
	犯罪主体	本罪的主体为一般主体，年满16周岁、具有刑事责任能力的自然人均可构成犯罪。根据《刑法》第182条第2款规定，单位亦可构成本罪。

定罪标准	犯罪主观方面	本罪在主观方面必须出于故意，即明知自己的行为会造成证券、期货交易价格或证券、期货交易量按照自己的意图发生变化，即证券、期货交易价格或证券、期货交易量的变化能为行为人进行的行为所控制、所支配，仍然决意为之。过失不能构成本罪。不仅如此，行为人必须具有获取不正当利益或者转嫁风险的目的。虽然知道自己的行为能够造成证券、期货交易价格或证券、期货交易量的波动甚至剧烈波动，实际也造成了这种价格或交易量的变化，但如没有获取不正当利益或者转嫁风险的目的，则也不能以本罪论处。
	罪与非罪	区分罪与非罪的界限，应注意确认行为人在主观上是否具有操纵证券、期货交易价格或证券、期货交易量的故意，客观上是否造成证券、期货交易价格或证券、期货交易量的急剧波动。操纵证券、期货交易价格或证券、期货交易量行为，如虚买虚卖或自买自卖等行为本身属不正常行为，根据这种行为一般就能推定行为人具有操纵的目的。因此，在认定本罪时，行为人是否在主观上具有操纵证券、期货交易价格或证券、期货交易量的故意一般可以通过其行为的不正常性加以认定。构成本罪，必须具有情节严重的情形。如果违规操纵证券、期货交易价格或证券、期货交易量的行为，尚不属情节严重的，属于一般违法行为，可由证券、期货管理部门依法予以行政处罚。
	此罪与彼罪	本罪与内幕交易、泄露内幕信息罪的界限。(1) 犯罪主体不同。本罪主体为一般主体，即年满16周岁、具有刑事责任能力的自然人及所有单位均可构成本罪。后罪的主体则为特殊主体。只有证券、期货交易内幕信息的知情单位和人员以及非法获取证券、期货交易内幕信息的单位和人员，才可构成其罪。(2) 有无犯罪目的不同。本罪在主观方面不仅要出于故意，而且要有获取不正当利益或者转嫁风险的目的。没有这种目的，即使出于故意，也不能构成本罪。后罪在主观方面则只要求出于故意，并不要求具有获取不正当利益或者转嫁风险的目的，尽管行为人往往也是出于这一目的。(3) 客观行为方式不同。本罪客观方面表现为各种各样的操纵证券、期货交易或证券、期货交易量的行为，如单独或者合谋，集中资金优势、持股或者持仓优势或者利用信息优势联合或者连续买卖证券、期货合约；与他人串通，以事先约定的时间、价格和方式相互进行证券、期货交易，或者相互买卖并不持有的证券；在自己实际控制的账户之间进行证券交易，或者以自己为交易对象，自买自卖期货合约，等等，均可以用来操纵证券、期货交易价格或证券、期货交易量，从而成为本罪的客观行为。后罪的客观行为方式则表现为在涉及证券的发行，证券、期货交易或者其他对证券、期货交易价格有重大影响的信息尚未公开前，买入或者卖出该证券，或者从事与该内幕信息有关的期货交易，或者泄露该信息的行为。在司法实践中，有些证券、期货交易内幕信息的知情单位、人员，或者非法获取证券、期货交易内幕信息的人员，出于获取不正当利益或转嫁风险的目的，利用自己所掌握的内幕信息，通过内幕交易，或者泄露内幕信息的方法来操纵、控制证券、期货交易价格，且情节严重，则既触犯本罪，又触犯内幕交易、泄露内幕信息罪，两者存在手段与目的的牵连关系，属牵连犯，根据牵连犯的处罚原则，应当从一重罪处断。

<table>
<tr><td rowspan="3">证据参考标准</td><td>主体方面的证据</td><td>

一、证明行为人刑事责任年龄、身份等自然情况的证据。

包括身份证明、户籍证明、任职证明、工作经历证明、特定职责证明等，主要是证明行为人的姓名（曾用名）、性别、出生年月日、民族、籍贯、出生地、职业（或职务）、住所地（或居所地）等证据材料，如户口簿、居民身份证、工作证、出生证、专业或技术等级证、干部履历表、职工登记表、护照等。

对于户籍、出生证等材料内容不实的，应提供其他证据材料。外国人犯罪的案件，应有护照等身份证明材料。人大代表、政协委员犯罪的案件，应注明身份，并附身份证明材料。

二、证明行为人刑事责任能力的证据。

证明行为人对自己的行为是否具有辨认能力与控制能力，如是否属于间歇性精神病人、尚未完全丧失辨认或者控制自己行为能力的精神病人的证明材料。

三、证明单位的证据。

证明是否属于依法成立并有合法经营、管理范围的公司、企业、事业单位、机关、团体。

证明单位的名称、住所地、性质、法定代表人、单位负责人、业务范围、成立时间等证据材料，如企业营业执照、国有公司性质证明及非法人单位的身份证明等。

四、证明法定代表人、单位负责人或直接责任人员等的身份证明。

法定代表人、直接负责的主管人员和其他直接责任人在单位的任职、职责、负责权限的证明材料等。包括身份证明、户籍证明、任职证明等，如户口簿、居民身份证、工作证、护照、专业或技术等级证、干部履历表、职工登记表、任命书、业务分工文件、委派文件、单位证明、单位规章制度等。

</td></tr>
<tr><td>主观方面的证据</td><td>

证明行为人故意的证据：1. 证明行为人明知的证据：证明行为人明知自己的行为会发生危害社会的结果；2. 证明直接故意的证据：证明行为人希望危害结果发生。

</td></tr>
<tr><td>客观方面的证据</td><td>

证明行为人操纵证券、期货市场犯罪行为的证据。

具体证据包括：1. 证明行为人单独或合谋操纵证券、期货价格或证券、期货交易量行为的证据：（1）集中资金优势；（2）利用持股优势；（3）利用信息优势；（4）连续买卖股票。2. 证明行为人与他人串通操纵证券、期货价格或证券、期货交易量行为的证据：（1）以串通约定时间、价格、方式相互进行证券、期货交易；（2）互相买卖并不持有的证券、期货。3. 证明行为人进行不转移证券、期货所有权的自买自卖行为的证据。4. 证明行为人不以成交为目的，频繁或者大量申报买入、卖出证券、期货合约并撤销申报行为的证据。5. 证明行为人利用虚假或者不确定的重大信息，诱导投资者进行证券、期货交易行为的证据。6. 证明行为人对证券、证券发行人、期货交易标的公开作出评价、预测或者投资建议，同时进行反向证券交易或者相关期货交易行为的证据。7. 证明行为人用其他方法操纵证券、期货价格或证券、期货交易量行为的证据。8. 证明行为人操纵证券、期货交易价格或证券、期货交易量情节严重行为的证据。

</td></tr>
</table>

证据参考标准

量刑方面的证据

一、法定量刑情节证据。

1. 事实情节：（1）情节严重；（2）其他。2. 法定从重情节。3. 法定从轻减轻情节：（1）可以从轻；（2）可以从轻或减轻；（3）应当从轻或者减轻。4. 法定从轻减轻免除情节：（1）可以从轻、减轻或者免除处罚；（2）应当从轻、减轻或者免除处罚。5. 法定减轻免除情节：（1）可以减轻或者免除处罚；（2）应当减轻或者免除处罚；（3）可以免除处罚。

二、酌定量刑情节证据。

1. 犯罪手段：（1）合谋；（2）串通；（3）自买自卖；（4）其他。2. 犯罪对象。3. 危害结果。4. 动机。5. 平时表现。6. 认罪态度。7. 是否有前科。8. 其他证据。

量刑标准

情节严重的	处五年以下有期徒刑或者拘役，并处或者单处罚金
情节特别严重的	处五年以上十年以下有期徒刑，并处罚金
单位犯前款罪的	对单位判处罚金，并对其直接负责的主管人员和其他直接责任人员，依照前述规定处罚

法律适用

刑法条文

第一百八十二条　有下列情形之一，操纵证券、期货市场，影响证券、期货交易价格或者证券、期货交易量，情节严重的，处五年以下有期徒刑或者拘役，并处或者单处罚金；情节特别严重的，处五年以上十年以下有期徒刑，并处罚金：

（一）单独或者合谋，集中资金优势、持股或者持仓优势或者利用信息优势联合或者连续买卖的；

（二）与他人串通，以事先约定的时间、价格和方式相互进行证券、期货交易的；

（三）在自己实际控制的帐户之间进行证券交易，或者以自己为交易对象，自买自卖期货合约的；

（四）不以成交为目的，频繁或者大量申报买入、卖出证券、期货合约并撤销申报的；

（五）利用虚假或者不确定的重大信息，诱导投资者进行证券、期货交易的；

（六）对证券、证券发行人、期货交易标的公开作出评价、预测或者投资建议，同时进行反向证券交易或者相关期货交易的；

（七）以其他方法操纵证券、期货市场的。

单位犯前款罪的，对单位判处罚金，并对其直接负责的主管人员和其他直接责任人员，依照前款的规定处罚。

司法解释

最高人民法院、最高人民检察院《关于办理操纵证券、期货市场刑事案件适用法律若干问题的解释》（2019年6月27日最高人民法院、最高人民检察院公布　自2019年7月1日起施行）

为依法惩治证券、期货犯罪，维护证券、期货市场管理秩序，促进证券、期货市场稳定健康发展，保护投资者合法权益，根据《中华人民共和国刑法》《中华人民共和国刑事诉讼法》的规定，现就办理操纵证券、期货市场刑事案件适用法律的若干问题解释如下：

法律适用 司法解释

第一条 行为人具有下列情形之一的，可以认定为刑法第一百八十二条第一款第四项规定的“以其他方法操纵证券、期货市场”：

（一）利用虚假或者不确定的重大信息，诱导投资者作出投资决策，影响证券、期货交易价格或者证券、期货交易量，并进行相关交易或者谋取相关利益的；

（二）通过对证券及其发行人、上市公司、期货交易标的公开作出评价、预测或者投资建议，误导投资者作出投资决策，影响证券、期货交易价格或者证券、期货交易量，并进行与其评价、预测、投资建议方向相反的证券交易或者相关期货交易的；

（三）通过策划、实施资产收购或者重组、投资新业务、股权转让、上市公司收购等虚假重大事项，误导投资者作出投资决策，影响证券交易价格或者证券交易量，并进行相关交易或者谋取相关利益的；

（四）通过控制发行人、上市公司信息的生成或者控制信息披露的内容、时点、节奏，误导投资者作出投资决策，影响证券交易价格或者证券交易量，并进行相关交易或者谋取相关利益的；

（五）不以成交为目的，频繁申报、撤单或者大额申报、撤单，误导投资者作出投资决策，影响证券、期货交易价格或者证券、期货交易量，并进行与申报相反的交易或者谋取相关利益的；

（六）通过囤积现货，影响特定期货品种市场行情，并进行相关期货交易的；

（七）以其他方法操纵证券、期货市场的。

第二条 操纵证券、期货市场，具有下列情形之一的，应当认定为刑法第一百八十二条第一款规定的“情节严重”：

（一）持有或者实际控制证券的流通股份数量达到该证券的实际流通股份总量百分之十以上，实施刑法第一百八十二条第一款第一项操纵证券市场行为，连续十个交易日的累计成交量达到同期该证券总成交量百分之二十以上的；

（二）实施刑法第一百八十二条第一款第二项、第三项操纵证券市场行为，连续十个交易日的累计成交量达到同期该证券总成交量百分之二十以上的；

（三）实施本解释第一条第一项至第四项操纵证券市场行为，证券交易成交额在一千万元以上的；

（四）实施刑法第一百八十二条第一款第一项及本解释第一条第六项操纵期货市场行为，实际控制的账户合并持仓连续十个交易日的最高值超过期货交易所限仓标准的二倍，累计成交量达到同期该期货合约总成交量百分之二十以上，且期货交易占用保证金数额在五百万元以上的；

（五）实施刑法第一百八十二条第一款第二项、第三项及本解释第一条第一项、第二项操纵期货市场行为，实际控制的账户连续十个交易日的累计成交量达到同期该期货合约总成交量百分之二十以上，且期货交易占用保证金数额在五百万元以上的；

（六）实施本解释第一条第五项操纵证券、期货市场行为，当日累计撤回申报量达到同期该证券、期货合约总申报量百分之五十以上，且证券撤回申报额在一千万元以上、撤回申报的期货合约占用保证金数额在五百万元以上的；

（七）实施操纵证券、期货市场行为，违法所得数额在一百万元以上的。

第三条 操纵证券、期货市场，违法所得数额在五十万元以上，具有下列情形之一的，应当认定为刑法第一百八十二条第一款规定的“情节严重”：

（一）发行人、上市公司及其董事、监事、高级管理人员、控股股东或者实际控制人实施操纵证券、期货市场行为的；

法律适用　司法解释

（二）收购人、重大资产重组的交易对方及其董事、监事、高级管理人员、控股股东或者实际控制人实施操纵证券、期货市场行为的；

（三）行为人明知操纵证券、期货市场行为被有关部门调查，仍继续实施的；

（四）因操纵证券、期货市场行为受过刑事追究的；

（五）二年内因操纵证券、期货市场行为受过行政处罚的；

（六）在市场出现重大异常波动等特定时段操纵证券、期货市场的；

（七）造成恶劣社会影响或者其他严重后果的。

第四条　具有下列情形之一的，应当认定为刑法第一百八十二条第一款规定的“情节特别严重”：

（一）持有或者实际控制证券的流通股份数量达到该证券的实际流通股份总量百分之十以上，实施刑法第一百八十二条第一款第一项操纵证券市场行为，连续十个交易日的累计成交量达到同期该证券总成交量百分之五十以上的；

（二）实施刑法第一百八十二条第一款第二项、第三项操纵证券市场行为，连续十个交易日的累计成交量达到同期该证券总成交量百分之五十以上的；

（三）实施本解释第一条第一项至第四项操纵证券市场行为，证券交易成交额在五千万元以上的；

（四）实施刑法第一百八十二条第一款第一项及本解释第一条第六项操纵期货市场行为，实际控制的账户合并持仓连续十个交易日的最高值超过期货交易所限仓标准的五倍，累计成交量达到同期该期货合约总成交量百分之五十以上，且期货交易占用保证金数额在二千五百万元以上的；

（五）实施刑法第一百八十二条第一款第二项、第三项及本解释第一条第一项、第二项操纵期货市场行为，实际控制的账户连续十个交易日的累计成交量达到同期该期货合约总成交量百分之五十以上，且期货交易占用保证金数额在二千五百万元以上的；

（六）实施操纵证券、期货市场行为，违法所得数额在一千万元以上的。

实施操纵证券、期货市场行为，违法所得数额在五百万元以上，并具有本解释第三条规定的七种情形之一的，应当认定为“情节特别严重”。

第五条　下列账户应当认定为刑法第一百八十二条中规定的“自己实际控制的账户”：

（一）行为人以自己名义开户并使用的实名账户；

（二）行为人向账户转入或者从账户转出资金，并承担实际损益的他人账户；

（三）行为人通过第一项、第二项以外的方式管理、支配或者使用的他人账户；

（四）行为人通过投资关系、协议等方式对账户内资产行使交易决策权的他人账户；

（五）其他有证据证明行为人具有交易决策权的账户。

有证据证明行为人对前款第一项至第三项账户内资产没有交易决策权的除外。

第六条　二次以上实施操纵证券、期货市场行为，依法应予行政处理或者刑事处理而未经处理的，相关交易数额或者违法所得数额累计计算。

第七条　符合本解释第二条、第三条规定的标准，行为人如实供述犯罪事实，认罪悔罪，并积极配合调查，退缴违法所得的，可以从轻处罚；其中犯罪情节轻微的，可以依法不起诉或者免予刑事处罚。

符合刑事诉讼法规定的认罪认罚从宽适用范围和条件的，依照刑事诉讼法的规定处理。

司法解释

第八条 单位实施刑法第一百八十二条第一款行为的，依照本解释规定的定罪量刑标准，对其直接负责的主管人员和其他直接责任人员定罪处罚，并对单位判处罚金。

第九条 本解释所称"违法所得"，是指通过操纵证券、期货市场所获利益或者避免的损失。

本解释所称"连续十个交易日"，是指证券、期货市场开市交易的连续十个交易日，并非指行为人连续交易的十个交易日。

第十条 对于在全国中小企业股份转让系统中实施操纵证券市场行为，社会危害性大，严重破坏公平公正的市场秩序的，比照本解释的规定执行，但本解释第二条第一项、第二项和第四条第一项、第二项除外。

第十一条 本解释自2019年7月1日起施行。

法律适用

相关法律法规

一、《中华人民共和国证券法》（节录）（1998年12月29日第九届全国人民代表大会常务委员会第六次会议通过 2004年8月28日第一次修正 2005年10月27日第一次修订 2013年6月29日第二次修正 2014年8月31日第三次修正 2019年12月28日第二次修订）

第五十五条 禁止任何人以下列手段操纵证券市场，影响或者意图影响证券交易价格或者证券交易量：

（一）单独或者通过合谋，集中资金优势、持股优势或者利用信息优势联合或者连续买卖；

（二）与他人串通，以事先约定的时间、价格和方式相互进行证券交易；

（三）在自己实际控制的账户之间进行证券交易；

（四）不以成交为目的，频繁或者大量申报并撤销申报；

（五）利用虚假或者不确定的重大信息，诱导投资者进行证券交易；

（六）对证券、发行人公开作出评价、预测或者投资建议，并进行反向证券交易；

（七）利用在其他相关市场的活动操纵证券市场；

（八）操纵证券市场的其他手段。

操纵证券市场行为给投资者造成损失的，应当依法承担赔偿责任。

第一百七十条 国务院证券监督管理机构依法履行职责，有权采取下列措施：

（一）对证券发行人、证券公司、证券服务机构、证券交易场所、证券登记结算机构进行现场检查；

（二）进入涉嫌违法行为发生场所调查取证；

（三）询问当事人和与被调查事件有关的单位和个人，要求其对与被调查事件有关的事项作出说明；或者要求其按照指定的方式报送与被调查事件有关的文件和资料；

（四）查阅、复制与被调查事件有关的财产权登记、通讯记录等文件和资料；

（五）查阅、复制当事人和与被调查事件有关的单位和个人的证券交易记录、登记过户记录、财务会计资料及其他相关文件和资料；对可能被转移、隐匿或者毁损的文件和资料，可以予以封存、扣押；

（六）查询当事人和与被调查事件有关的单位和个人的资金账户、证券账户、银行账户以及其他具有支付、托管、结算等功能的账户信息，可以对有关文件和资料进

法律适用

相关法律法规

行复制；对有证据证明已经或者可能转移或者隐匿违法资金、证券等涉案财产或者隐匿、伪造、毁损重要证据的，经国务院证券监督管理机构主要负责人或者其授权的其他负责人批准，可以冻结或者查封，期限为六个月；因特殊原因需要延长的，每次延长期限不得超过三个月，冻结、查封期限最长不得超过二年；

（七）在调查操纵证券市场、内幕交易等重大证券违法行为时，经国务院证券监督管理机构主要负责人或者其授权的其他负责人批准，可以限制被调查的当事人的证券买卖，但限制的期限不得超过三个月；案情复杂的，可以延长三个月；

（八）通知出境入境管理机关依法阻止涉嫌违法人员、涉嫌违法单位的主管人员和其他直接责任人员出境。

为防范证券市场风险，维护市场秩序，国务院证券监督管理机构可以采取责令改正、监管谈话、出具警示函等措施。

第一百九十二条 违反本法第五十五条的规定，操纵证券市场的，责令依法处理其非法持有的证券，没收违法所得，并处以违法所得一倍以上十倍以下的罚款；没有违法所得或者违法所得不足一百万元的，处以一百万元以上一千万元以下的罚款。单位操纵证券市场的，还应当对直接负责的主管人员和其他直接责任人员给予警告，并处以五十万元以上五百万元以下的罚款。

二、《期货交易管理条例》（节录）（2007 年 3 月 6 日国务院令第 489 号公布　自 2007 年 4 月 15 日起施行　2012 年 10 月 24 日第一次修订　2013 年 7 月 18 日第二次修订　2016 年 2 月 6 日第三次修订　2017 年 3 月 1 日第四次修订）

第七十条 任何单位或者个人有下列行为之一，操纵期货交易价格的，责令改正，没收违法所得，并处违法所得 1 倍以上 5 倍以下的罚款；没有违法所得或者违法所得不满 20 万元的，处 20 万元以上 100 万元以下的罚款：

（一）单独或者合谋，集中资金优势、持仓优势或者利用信息优势联合或者连续买卖合约，操纵期货交易价格的；

（二）蓄意串通，按事先约定的时间、价格和方式相互进行期货交易，影响期货交易价格或者期货交易量的；

（三）以自己为交易对象，自买自卖，影响期货交易价格或者期货交易量的；

（四）为影响期货市场行情囤积现货的；

（五）国务院期货监督管理机构规定的其他操纵期货交易价格的行为。

单位有前款所列行为之一的，对直接负责的主管人员和其他直接责任人员给予警告，并处 1 万元以上 10 万元以下的罚款。

59 背信运用受托财产案

概念

本罪是指商业银行、证券交易所、期货交易所、证券公司、期货经纪公司、保险公司或者其他金融机构，违背受托义务，擅自运用客户资金或者其他委托、信托的财产，情节严重的行为。

立案标准

根据最高人民检察院、公安部《关于公安机关管辖的刑事案件立案追诉标准的规定（二）》的规定，商业银行、证券交易所、期货交易所、证券公司、期货公司、保险公司或者其他金融机构，违背受托义务，擅自运用客户资金或者其他委托、信托的财产，涉嫌下列情形之一的，应予追诉：

（1）擅自运用客户资金或者其他委托、信托的财产数额累计在30万元以上的；

（2）虽未达到上述数额标准，但多次擅自运用客户资金或者其他委托、信托的财产，或者擅自运用多个客户资金或者其他委托、信托的财产的；

（3）其他情节严重的情形。

定罪标准

犯罪客体

本罪侵犯的客体是国家金融管理制度和客户的合法权益。根据《证券法》《证券投资基金法》《住房公积金管理条例》等金融法律法规，我国证券交易所、期货交易所、证券公司、期货经纪公司、保险公司或者其他金融机构不得擅自动用客户的资金以及其他委托或者信托财产。上述金融机构一旦出现违反国家规定运用资金的情况，将会严重影响公众资金的安全，给社会稳定带来极坏的影响，而且一旦挪用规模大、占用比例高，会造成市场行情波动剧烈，影响国家金融市场的正常运行。总的来说，破坏了国家的金融管理制度。从客户的角度来说，擅自运用客户交易结算资金、侵犯了客户的资金使用权和收益权，有碍客户资金的正常使用，会影响客户的正常交易结算，客户还有可能因为上述单位挪用经营自营业务的亏损，甚至因为他们的破产，而遭受重大经济损失。

犯罪客观方面

本罪在客观方面表现为违背受托义务，擅自运用客户资金或者其他委托、信托的财产，情节严重的行为。

一、首先要厘清以下概念：（1）“擅自”。这里的“擅自”，是指没有经过客户或委托人的同意，不是指没有经过上级同意或批准。由于本罪的主体是单位而不是个人，所以，即使经过上级同意但没有经过客户或委托人的同意，仍属于“擅自”。（2）“运用”。这里的“运用”，应包括“动用”、“提取”、“动支”、“并户”等在行业中能够采取的手段。这里的“运用”是否包括财产处分行为？本书认为，擅自运用不同于侵占，其关键在于用完之后有归还的意图，而不是要非法占有，但是基于货币的特殊性，行为人往往是要通过处分来获取更大的利益。因此，运用过程中的处分财产行为恰恰是其运用的一部分，财产处分并不影响本罪的定性。（3）“违背受托义务”。“受托义务”一般来源于委托合同和信托合同，除法律有规定必须采用书面合

<table>
<tr><td rowspan="3">定罪标准</td><td>犯罪客观方面</td><td>同的以外，不问其采用口头形式还是书面形式。所以，一般而言，“违背受托义务”就是违反合同义务，应负违约责任。但由于行为人实施了擅自运用客户等行为并达到情节严重程度，所以，行为人要负刑事责任。(4)“违背受托义务”和“利用职务之便”是不同的。《刑法》第185条规定的是“利用职务上的便利”；本条规定的是“违背受托义务”，也就是说，没有任何职务便利的人员也可能“违背受托义务”，只要有委托合同或信托合同存在即可。而“利用职务之便”却不以“委托合同”的存在为前提，只要该职务存在，就可利用该职务上的便利。

二、本条规定了商业银行、证券交易所、期货交易所、证券公司、期货经纪公司、保险公司或者其他金融机构，违背受托义务，擅自运用客户资金或者其他委托、信托的财产的行为。在这里无法一一列举其行为方式，下面试以证券公司擅自运用客户保证金为例，来看本罪客观方面具体的表现。

在引入保证金第三方存管制度之前，客户保证金是投资者交存于证券公司营业部，用于证券买卖结算的资金。证券公司与客户之间就保证金的存放来说，双方是保管关系。作为保管人的证券公司应当尽到勤勉尽责、诚信的义务，并不得侵害存管人的利益。换句话说，只有客户实施了交易行为，按照约定，证券公司才可以扣划保证金，客户没有实施交易行为，证券公司就不得扣划任何款项，否则，构成对客户财产的侵害。证券公司擅自运用客户保证金是我国法律法规所严格禁止的。《证券法》第57条规定：“禁止证券公司及其从业人员从事下列损害客户利益的行为：……（三）未经客户的委托，擅自为客户买卖证券，或者假借客户的名义买卖证券；……”第131条规定，禁止任何单位或者个人以任何形式挪用客户的交易结算资金和证券。

为了遏制证券公司擅自运用客户资金，《证券法》第131条规定，证券公司客户的交易结算资金应当存放在商业银行，以每个客户的名义单独立户管理。证券公司不得将客户的交易结算资金和证券归入其自有财产。禁止任何单位或者个人以任何形式挪用客户的交易结算资金和证券。同时，《证券法》取消了禁止券商融资融券的规定，证监会也适时发布了《证券公司融资融券业务试点管理办法》，开始对证券公司融资融券业务进行试点，从而为证券公司合法的融资融券和信用交易扫清了道路。应该说，上述举措，可以大大减少证券公司违规擅自运用客户保证金和债券的行为，确保投资者信托财产的安全性。</td></tr>
<tr><td>犯罪主体</td><td>本罪的犯罪主体是特殊主体，只能由单位构成。因此本罪也属于纯正的单位犯罪。而且，这里的单位限于商业银行、证券交易所、期货交易所、证券公司、期货经纪公司、保险公司或者其他金融机构。

上述主体都因为管理或者保管着大量的客户财产，而有擅自运用的可能，事实上，经济生活中主要的客户财产被擅自运用的行为都发生在以上机构所在领域。因此，《刑法》采取列举的方式对本罪的主体作出了严格的限定。</td></tr>
<tr><td>犯罪主观方面</td><td>本罪的主观方面是故意，即明知是违背受托义务，擅自运用客户资金或者其他委托、信托的财产，情节严重而故意为之。</td></tr>
</table>

<table>
<tr><td>定罪标准</td><td>此罪与彼罪</td><td>本罪与挪用资金罪、挪用公款罪的区分。在实践中，对于一些挪用行为，到底是对个人依照第 185 条以挪用资金罪、挪用公款罪予以处罚，还是对于单位按照第 185 条之一以背信运用受托财产罪对单位处以罚金，并对单位直接负责的主管人员和其他直接责任人员处以刑罚可能会存在困扰。这就涉及罪名的区分问题。这几个罪名关键是犯罪主体的区分。挪用资金罪、挪用公款罪的主体是个人，而本罪是单位主体。所以首先要看在具体的实施犯罪的过程中，是个人的私自行为还是经过单位的决议或者负责人的同意，以单位名义实施的行为。其次，要看是为了谁的利益。一般来说，个人的挪用行为往往是为了牟取私利，而单位犯罪则是为了本单位的利益。</td></tr>
<tr><td rowspan="4">证据参考标准</td><td>主体方面的证据</td><td>一、证明单位的证据。
证明是否属于依法成立并有合法经营、管理范围的公司、企业、事业单位、机关、团体。
证明单位的名称、住所地、性质、法定代表人、单位负责人、业务范围、成立时间等证据材料，如企业营业执照、国有公司性质证明及非法人单位的身份证明等。
二、证明法定代表人、单位负责人或直接责任人员等的身份证明。
法定代表人、直接负责的主管人员和其他直接责任人在单位的任职、职责、负责权限的证明材料等。包括身份证明、户籍证明、任职证明等，如户口簿、居民身份证、工作证、护照、专业或技术等级证、干部履历表、职工登记表、任命书、业务分工文件、委派文件、单位证明、单位规章制度等。</td></tr>
<tr><td>主观方面的证据</td><td>证明行为人故意的证据：1. 证明行为人明知的证据：证明行为人明知自己的行为会发生危害社会的结果；2. 证明行为人希望或放任危害结果发生的证据。</td></tr>
<tr><td>客观方面的证据</td><td>证明行为人擅自运用客户资金行为的证据。
具体证据包括：1. 行为人没有经过客户或委托人的同意；2. 在未经同意的情况下，行为人“动用”、“提取”、“动支”或“并户”了客户的资金；3. 行为人的上述行为违背了委托义务；4. 上述行为情节严重。</td></tr>
<tr><td>量刑方面的证据</td><td>一、法定量刑情节证据。
1. 事实情节：情节严重。2. 法定从重情节：情节特别严重。3. 法定从轻情节：（1）可以从轻；（2）可以从轻或减轻；（3）应当从轻或者减轻。4. 法定从轻减轻免除情节：（1）可以从轻、减轻或免除处罚；（2）应当减轻或者免除处罚。5. 法定减轻免除情节：（1）可以减轻或者免除处罚；（2）应当减轻或者免除处罚；（3）可以免除处罚。
二、酌定量刑情节证据。
1. 犯罪手段；2. 犯罪对象；3. 危害结果；4. 动机：为牟取本单位利益等；5. 平时表现；6. 认罪态度；7. 是否有前科；8. 其他证据。</td></tr>
</table>

量刑标准		
	情节严重的	对单位判处罚金，并对其直接负责的主管人员和其他直接责任人员，处三年以下有期徒刑或者拘役，并处三万元以上三十万元以下罚金
	情节特别严重的	对单位判处罚金，并对其直接负责的主管人员和其他直接责任人员，处三年以上十年以下有期徒刑，并处五万元以上五十万元以下罚金

法律适用

刑法条文

第一百八十五条之一第一款 商业银行、证券交易所、期货交易所、证券公司、期货经纪公司、保险公司或者其他金融机构，违背受托义务，擅自运用客户资金或者其他委托、信托的财产，情节严重的，对单位判处罚金，并对其直接负责的主管人员和其他直接责任人员，处三年以下有期徒刑或者拘役，并处三万元以上三十万元以下罚金；情节特别严重的，处三年以上十年以下有期徒刑，并处五万元以上五十万元以下罚金。

司法解释

最高人民检察院、公安部《关于公安机关管辖的刑事案件立案追诉标准的规定（二）》（节录）（2010年5月7日最高人民检察院、公安部公布 自公布之日起施行 2011年11月14日修正）

第四十条〔背信运用受托财产案（刑法第一百八十五条之一第一款）〕商业银行、证券交易所、期货交易所、证券公司、期货公司、保险公司或者其他金融机构，违背受托义务，擅自运用客户资金或者其他委托、信托的财产，涉嫌下列情形之一的，应予立案追诉：

（一）擅自运用客户资金或者其他委托、信托的财产数额在三十万元以上的；

（二）虽未达到上述数额标准，但多次擅自运用客户资金或者其他委托、信托的财产，或者擅自运用多个客户资金或者其他委托、信托的财产的；

（三）其他情节严重的情形。

相关法律法规

一、《中华人民共和国证券法》（节录）（1998年12月29日第九届全国人民代表大会常务委员会第六次会议通过 2004年8月28日第一次修正 2005年10月27日第一次修订 2013年6月29日第二次修正 2014年8月31日第三次修正 2019年12月28日第二次修订）

第五十七条 禁止证券公司及其从业人员从事下列损害客户利益的行为：

（一）违背客户的委托为其买卖证券；

（二）不在规定时间内向客户提供交易的确认文件；

（三）未经客户的委托，擅自为客户买卖证券，或者假借客户的名义买卖证券；

（四）为牟取佣金收入，诱使客户进行不必要的证券买卖；

（五）其他违背客户真实意思表示，损害客户利益的行为。

违反前款规定给客户造成损失的，应当依法承担赔偿责任。

二、《住房公积金管理条例》（节录）（1999年4月3日中华人民共和国国务院令第262号发布 2002年3月24日第一次修订 2019年3月24日第二次修订）

第四条 住房公积金的管理实行住房公积金管理委员会决策、住房公积金管理中心运作、银行专户存储、财政监督的原则。

第五条 住房公积金应当用于职工购买、建造、翻建、大修自住住房，任何单位和个人不得挪作他用。

60 违法运用资金案

概念

本罪是指社会保障基金管理机构、住房公积金管理机构等公众资金管理机构，以及保险公司、保险资产管理公司、证券投资基金管理公司，违反国家规定运用资金的行为。

立案标准

根据最高人民检察院、公安部《关于公安机关管辖的刑事案件立案追诉标准的规定（二）》的规定，社会保障基金管理机构、住房公积金管理机构等公众资金管理机构，以及保险公司、保险资产管理公司、证券投资基金管理公司，违反国家规定运用资金，涉嫌下列情形之一的，应予立案追诉：

（1）**违反国家规定运用资金数额在 30 万元以上的；**

（2）**虽未达到上述数额标准，但多次违反国家规定运用资金的；**

（3）**其他情节严重的情形。**

定罪标准		
定罪标准	犯罪客体	本罪侵犯的客体是金融市场管理秩序，具体是公众资金管理制度。
定罪标准	犯罪客观方面	本罪在客观方面表现为社会保障基金管理机构、住房公积金管理机构等公众资金管理机构，以及保险公司、保险资产管理公司、证券投资基金管理公司，违反国家规定运用资金的行为。
定罪标准	犯罪主体	本罪主体为特殊主体，仅限于社会保障基金管理机构、住房公积金管理机构等公众资金管理机构，以及保险公司、保险资产管理公司、证券投资基金管理公司。自然人不能构成本罪。但本罪实行单罚制，仅处罚直接负责的主管人员和其他直接责任人员。
定罪标准	犯罪主观方面	本罪主观方面是故意。
定罪标准	罪与非罪	本罪是行为犯，只要有上述机构违反国家规定运用资金，就构成本罪。如果上述机构在法律允许的范围内运作资金的，不是犯罪。
定罪标准	此罪与彼罪	本罪与背信运用受托财产罪的界限。两罪在犯罪主观方面、犯罪客体方面大致相同。主要区别在于：（1）主体不同。本罪主体仅限于社会保障基金管理机构、住房公积金管理机构等公众资金管理机构，以及保险公司、保险资产管理公司、证券投资基金管理公司；而后罪主体限于商业银行、证券交易所、期货交易所、证券公司、期货经纪公司、保险公司或者其他金融机构。（2）客观方面不同。本罪是社会保障基金

<table>
<tr><td>定罪标准</td><td>此罪与彼罪</td><td>管理机构、住房公积金管理机构等公众资金管理机构，以及保险公司、保险资产管理公司、证券投资基金管理公司，违反国家规定运用资金；而后罪是商业银行、证券交易所、期货交易所、证券公司、期货经纪公司、保险公司或者其他金融机构，违背受托义务，擅自运用客户资金或者其他委托、信托的财产，情节严重。</td></tr>
<tr><td rowspan="4">证据参考标准</td><td>主体方面的证据</td><td>一、证明单位的证据。
证明是否属于依法成立并有合法经营、管理范围的公司、企业、事业单位、机关、团体。
证明单位的名称、住所地、性质、法定代表人、单位负责人、业务范围、成立时间等证据材料，如企业法人营业执照、法人注册登记证明、法人设立证明、国有公司性质证明及法人单位的身份证明、法人税务登记证明和单位代码证等。
二、证明法定代表人、单位负责人或直接责任人员的身份证明。
法定代表人、直接负责的主管人员和其他直接责任人员在单位的任职、职责、负责权限的证明材料等。包括身份证明、户籍证明、任职证明等，如户口簿、居民身份证、工作证、护照、专业或技术等级证、干部履历表、职工登记表、任命书、业务分工文件、委派文件、单位证明、单位规章制度等。</td></tr>
<tr><td>主观方面的证据</td><td>证明行为人故意的证据：1. 证明行为人明知的证据：证明行为人明知自己的行为会发生危害社会的结果；2. 证明行为人希望或放任危害结果发生的证据。</td></tr>
<tr><td>客观方面的证据</td><td>证明违反国家规定运用资金行为的证据。
具体证据包括：1. 证明社会保障基金管理机构违反国家规定运用社会保障基金行为的证据；2. 证明住房公积金管理机构等公众资金管理机构违反国家规定运用公众资金行为的证据；3. 证明其他公众资金管理机构违反国家规定运用公众资金行为的证据；4. 证明保险公司违反国家规定运用资金行为的证据；5. 证明保险资产管理公司违反国家规定运用资金行为的证据；6. 证明证券投资基金管理公司违反国家规定运用资金行为的证据；7. 证明上述机构违反国家规定运用资金情节特别严重行为的证据；8. 证明上述机构违反国家规定运用资金情节较轻行为的证据。</td></tr>
<tr><td>量刑方面的证据</td><td>一、法定量刑情节证据。
1. 事实情节。2. 法定从重情节。3. 法定从轻情节：（1）可以从轻；（2）可以从轻或减轻；（3）应当从轻或者减轻。4. 法定从轻减轻免除情节：（1）可以从轻、减轻或者免除处罚；（2）应当从轻、减轻或者免除处罚。5. 法定减轻免除情节：（1）可以减轻或者免除处罚；（2）应当减轻或者免除处罚；（3）可以免除处罚。
二、酌定量刑情节证据。
1. 犯罪手段；2. 犯罪对象；3. 危害结果；4. 动机；5. 平时表现；6. 认罪态度；7. 是否有前科；8. 其他证据。</td></tr>
</table>

<table>
<tr><td rowspan="2">量刑标准</td><td colspan="2">犯本罪的</td><td>对其直接负责的主管人员和其他直接责任人员，处三年以下有期徒刑或者拘役，并处三万元以上三十万元以下罚金</td></tr>
<tr><td colspan="2">情节特别严重的</td><td>处三年以上十年以下有期徒刑，并处五万元以上五十万元以下罚金</td></tr>
<tr><td rowspan="2">法律适用</td><td>刑法条文</td><td colspan="2">第一百八十五条之一　商业银行、证券交易所、期货交易所、证券公司、期货经纪公司、保险公司或者其他金融机构，违背受托义务，擅自运用客户资金或者其他委托、信托的财产，情节严重的，对单位判处罚金，并对其直接负责的主管人员和其他直接责任人员，处三年以下有期徒刑或者拘役，并处三万元以上三十万元以下罚金；情节特别严重的，处三年以上十年以下有期徒刑，并处五万元以上五十万元以下罚金。
社会保障基金管理机构、住房公积金管理机构等公众资金管理机构，以及保险公司、保险资产管理公司、证券投资基金管理公司，违反国家规定运用资金的，对其直接负责的主管人员和其他直接责任人员，依照前款的规定处罚。</td></tr>
<tr><td>司法解释</td><td colspan="2">最高人民检察院、公安部《关于公安机关管辖的刑事案件立案追诉标准的规定(二)》(节录)(2010年5月7日最高人民检察院、公安部公布　自公布之日起施行　2011年11月14日修正)
第四十一条〔违法运用资金案(刑法第一百八十五条之一第二款)〕社会保障基金管理机构、住房公积金管理机构等公众资金管理机构，以及保险公司、保险资产管理公司、证券投资基金管理公司，违反国家规定运用资金，涉嫌下列情形之一的，应予立案追诉：
(一)违反国家规定运用资金数额在三十万元以上的；
(二)虽未达到上述数额标准，但多次违反国家规定运用资金的；
(三)其他情节严重的情形。</td></tr>
</table>

61 违法发放贷款案

概念

本罪是指银行或者其他金融机构的工作人员，违反国家规定，发放贷款，数额巨大或者造成重大损失的行为。

立案标准

根据最高人民检察院、公安部《关于公安机关管辖的刑事案件立案追诉标准的规定（二）》的规定，银行或者其他金融机构及其工作人员违反国家规定发放贷款，涉嫌下列情形之一的，应予立案追诉：

（1）违法发放贷款，数额在100万元以上的；

（2）违法发放贷款，造成直接经济损失数额在20万元以上的。

定罪标准

犯罪客体

本罪侵犯的客体是国家的信贷管理制度。贷款是金融业的传统业务之一，也是金融活动的主要作用之一。从宏观方面来看，在商品社会中，将社会闲散资金通过银行等金融机构的信用机制组织起来，以贷款的形式进行适当合理的支配，能够支持生产和商品流通，有利于经济的高速增长，而人为的不合理的分配，会使金融市场自身的调节作用减弱，会有碍经济的发展。从微观方面来看，防范和化解金融风险是摆在金融机构面前的重大课题，尤其是加入世界贸易组织以后，我国金融机构要想提高竞争力，必须要提高信贷资产的质量，防止和减少不良信贷资产。实践当中，银行或其他金融机构的工作人员违反国家信贷制度，违法发放贷款，滥用职权，以贷谋私的情况很严重，还有些金融工作人员业务素质不高，玩忽职守或工作极端不负责任，不认真审查借贷人的资信状况就放贷，还有的银行及其他金融机构及其工作人员发放“关系贷款”、“人情贷款”，造成贷款无法收回的严重后果。还有一些人，尽管没有造成重大损失，但是违法贷款数额巨大，使得有用的资金没有能够发挥其真正功效，造成信贷不公和不平等，所有这些行为严重侵犯了国家信贷管理制度，造成国家贷款的损失，影响国家金融秩序的稳定。

犯罪客观方面

本罪在客观方面表现为银行或其他金融机构的工作人员，违反国家规定，发放贷款，数额巨大或者造成重大损失的行为。

一、违反国家规定的内涵。违法发放贷款罪的本质在于发放贷款行为的违法，何以违法则必须参照国家的有关规定。

根据《刑法》第96条，《刑法》中所称违反国家规定，是指违反全国人民代表大会及其常务委员会制定的法律和决定，国务院制定的行政法规、规定的行政措施、发布的决定和命令。这里主要是指与金融有关特别是信贷有关的法律法规，如《中国人民银行法》《商业银行法》，国务院颁布的《金融违法行为处罚办法》等。中国人民银行发布的《贷款通则》等其他部委金融规章，银行业的行业规范、其他银行制定的内部规范则并不在“国家规定”之列，此外，我国加入的国际金融公约所规定的内容如果没有在国内法律法规反映出来，也不能作为本罪中的国家规定。

定罪标准

犯罪客观方面

《中华人民共和国刑法修正案（六）》以“违反国家规定”取代原来的“违反法律、行政法规”，并没有实质性的改变，只是违反国家规定本身因为有刑法总则条文的规定而更加明确了。

既然违反国家规定是作为构成要件的客观行为出现的，那么在认定行为人发放贷款的行为的违法性时，必须注意结合各种具体信贷业务的法律和政策加以分析，从而确定发放贷款行为的违法性。

二、违法发放贷款的一般表现。违法发放贷款表现为违反《商业银行法》《金融违法行为处罚办法》等金融法律法规的规定，发放贷款的行为。例如，我国《商业银行法》第 34 条规定，商业银行根据国民经济和社会发展的需要，在国家产业政策指导下开展贷款业务。第 35 条规定，商业银行贷款，应当对借款人的借款用途、偿还能力、还款方式等情况进行严格审查。第 36 条规定，商业银行贷款，借款人应当提供担保。商业银行应当对保证人的偿还能力、抵押物、质物的权属和价值以及实现抵押权、质权的可行性进行严格审查。经商业银行审查、评估，确认借款人资信良好，确能偿还贷款的，可以不提供担保。违法发放贷款中的贷款包括信用贷款和担保贷款。第 47 条规定，商业银行不得违反规定提高或者降低利率以及采用其他不正当手段，吸收存款，发放贷款。因此，如果行为人违反上述规定发放贷款就属于违法发放贷款，一般表现为：在发放担保贷款的时候，金融机构的工作人员，不经过实际信贷调查、没有任何担保或者担保价值远远小于贷款数额而发放贷款；行为人不严格审查借款人资信状况，工作极不负责任地发放信用贷款；金融机构及其工作人员降低利率发放贷款等。

三、关系人的内涵。发放贷款的对象既包括关系人也包括关系人以外的其他人。而违法向关系人发放贷款，构成本罪的加重情节。违法向关系人发放贷款中的“关系人”，不是泛指一切与金融机构或其工作人员有关系的人，而是《刑法》第 186 条第 4 款规定的，“关系人的范围，依照《中华人民共和国商业银行法》和有关金融法规等确定”。《商业银行法》第 40 条第 2 款对商业银行的关系人确定为：商业银行的董事、监事、管理人员、信贷业务人员及其近亲属；上列人员投资或担任高级管理职务的公司、企业和其他经济组织。

四、违法向关系人发放贷款的表现。一般认为主要有以下三种情形：第一种是向关系人发放信用贷款；第二种是以降低担保要求的优惠方法向关系人发放担保贷款；第三种是以降低利率的优惠方法向关系人发放贷款。

五、必须造成了重大损失或者数额巨大，才能构成本罪。这是本罪行为在量的方面一个重要的限制。如果没有发生实际损失，或虽有损失但不是重大损失，或者数额不够巨大，即使有违法发放贷款的行为，亦不可能构成本罪。而“数额巨大或者造成重大损失”的认定，根据最高人民检察院、公安部《关于公安机关管辖的刑事案件立案追诉标准的规定（二）》第 42 条的规定，银行或者其他金融机构及其工作人员违反国家规定发放贷款，数额在 100 万元以上，或者造成直接经济损失数额在 20 万元以上的，应予立案。

犯罪主体

本罪的犯罪主体是特殊主体，包括银行或者其他金融机构的工作人员，既有单位主体又有自然人主体。

违法发放贷款罪的单位主体是银行或其他金融机构。这里的银行是指商业银行，根据《商业银行法》的规定，商业银行是依照商业银行法和公司法的规定设立的吸收

<table>
<tr><td rowspan="3">定罪标准</td><td>犯罪主体</td><td>公众存款、发放贷款、办理结算等业务的企业法人，主要有中国银行、工商银行、农业银行、建设银行、交通银行、光大银行等。根据《商业银行法》的规定，外资商业银行、中外合资商业银行、外国商业银行分行适用商业银行法，城市信用合作社、农村信用合作社办理存款、贷款和结算等业务，适用《商业银行法》。上述机构也理应成为本罪规制的对象。本罪中规定的其他金融机构应当是指能够从事信贷业务的金融机构，包括信托投资公司、金融资产管理公司、财务公司和金融租赁公司及其分支机构等。
违法发放贷款的自然人主体是指银行或其他金融机构的工作人员。单就自然人犯罪而言，主要是信贷业务人员，包括指示、命令或者与信贷人员共同实施本罪的金融机构的人员。在单位犯罪中，负有领导责任的主管人员和其他直接责任人员，包括银行或其他金融机构的董事、行长、副行长、主管信贷的负责人和直接从事信贷业务，负责审核、报批等放贷业务的人员，是承担责任的主体。
不具备信贷职能的金融机构或其工作人员不能成为本罪的主体，如证券公司、基金管理公司、保险公司等，中央人民银行及其工作人员也不能构成本罪的主体。不具备资格，擅自经营贷款业务的合法或者非法的金融机构及其工作人员也不构成本罪的主体。</td></tr>
<tr><td>犯罪主观方面</td><td>从违法发放贷款的行为的本身来看，行为人对违法发放贷款行为本身是故意，对损失结果的发生是过失。行为人对其发放贷款的行为本身既可能是为了牟利，明知其违法，或者业务本身要求其应当知道违法，行为人希望或者放任这种行为的发生，但是对于损害结果的发生，行为人一般是不愿意看到的，往往是过失。本罪也不排除间接故意。尤其是那些收受好处或者因为亲属关系而滥用职权对不具备资格的人或者资信能力差的发放贷款的，行为人实际上是在放任贷款的损失。那么有没有故意？一般来说，积极希望贷款损失的，往往是伙同贷款人诈骗，构成贷款诈骗罪的共犯。当然也有特例，就是那些意图报复单位，而肆意发放贷款的，符合本罪的犯罪构成。还有人认为，在行为人违法降低利率向关系人或者关系人以外的人发放担保贷款时，由于造成的损失是必然的，这个时候其主观心态可以推定为故意。
以数额巨大定罪的，主观心态只能是故意，行为人对于其违法发放数额较大的贷款这种行为本身所造成的对金融秩序的破坏的危害结果是希望其发生的。例如，在违法向关系人发放贷款数额巨大时，其主观方面表现为明知不得向关系人发放信用贷款或者不得以优于其他借款人的同类贷款的条件向关系人发放担保贷款，而故意发放贷款，数额巨大。
在司法实践中，对于行为人的主观心态，可以参照上述结论，根据具体情况予以认定。</td></tr>
<tr><td>罪与非罪</td><td>区分本罪罪与非罪的界限主要应注意考察以下几点：(1) 行为人是否违反国家规定而玩忽职守或者滥用职权。如果行为人既未玩忽职守，也未滥用职权，而是符合有关规定向借款人发放贷款，借款人因特殊原因不能按期偿还贷款本息造成贷款人损失的，由于行为人对损失的发生既无故意，也不存在过失，当然不能对其追究刑事责任。(2) 如果行为人及时收回贷款本金和利息，或虽未全部收回，但造成的损失并未达到数额较大或者发放的时候不是数额巨大，就不构成本罪，而属于一般违法行为。这种一般违法行为应由国务院银行业监督管理机构责令改正，没收违法所得，并处</td></tr>
</table>

定罪标准	罪与非罪	以一定的罚款。因此，损失是否重大或者数额是否巨大是区分本罪罪与非罪的重要界限。对于没有造成损失或者损失不大的，或者违法发放贷款数额只是较大的，不构成犯罪，应按照《商业银行法》第 74 条的规定，给予行政处罚。
	此罪与彼罪	本罪与挪用公款罪、挪用资金罪的界限：在客观方面都是利用了职务上的便利，采用违法的手段将公款、银行资金供私人或者单位使用，且他们所侵犯的客体都是我国《刑法》所保护的经济管理制度和财产关系。它们的区别主要体现在：（1）挪用公款罪、挪用资金罪的犯罪主体只能是自然人，单位不能构成挪用公款罪、挪用资金罪的犯罪主体，而违法发放贷款罪的犯罪主体，既可以是自然人，也可以是单位。而且，挪用公款罪的主体只能是国家工作人员。（2）在客观方面，一是获取款项手段仍有差别。虽然都是以违法手段获得资金，但是本罪表现为履行一定的贷款手续，形式上还是贷款，有合法有效的民事存单作为凭证，挪用公款罪和挪用资金罪往往形式上五花八门，多是弄虚作假，掩盖事实。二是款项用途不同。挪用公款罪、挪用资金罪的款项用途，是用于挪用者本人，也包括挪用者将款借给他人使用。而违法发放贷款罪的款项用途，既可以是给个人（不包括违法发放贷款者本人），也可以是给单位使用。三是对造成的后果要求不同。违法发放贷款罪的后果要求必须是数额巨大或者造成重大损失，而挪用公款罪、挪用资金罪则无此要求，是否造成重大损失不影响挪用公款罪、挪用资金罪的构成。
证据参考标准	主体方面的证据	**一、证明行为人刑事责任年龄、身份等自然情况的证据。** 包括身份证明、户籍证明、任职证明、工作经历证明、特定职责证明等，主要是证明行为人的姓名（曾用名）、性别、出生年月日、民族、籍贯、出生地、职业（或职务）、住所地（或居所地）等证据材料，如户口簿、居民身份证、工作证、出生证、专业或技术等级证、干部履历表、职工登记表、护照等。 对于户籍、出生证等材料内容不实的，应提供其他证据材料。外国人犯罪的案件，应有护照等身份证明材料。人大代表、政协委员犯罪的案件，应注明身份，并附身份证明材料。 **二、证明行为人刑事责任能力的证据。** 证明行为人对自己的行为是否具有辨认能力与控制能力，如是否属于间歇性精神病人、尚未完全丧失辨认或者控制自己行为能力的精神病人的证明材料。 **三、证明单位的证据。** 证明是否属于依法成立并有合法经营、管理范围的公司、企业、事业单位、机关、团体。 证明单位的名称、住所地、性质、法定代表人、单位负责人、业务范围、成立时间等证据材料，如企业营业执照、国有公司性质证明及非法人单位的身份证明等。 **四、证明法定代表人、单位负责人或直接责任人员等的身份证明。** 法定代表人、直接负责的主管人员和其他直接责任人在单位的任职、职责、负责权限的证明材料等。包括身份证明、户籍证明、任职证明等，如户口簿、居民身份证、工作证、护照、专业或技术等级证、干部履历表、职工登记表、任命书、业务分工文件、委派文件、单位证明、单位规章制度等。

<table>
<tr><td rowspan="3">证据参考标准</td><td>主观方面的证据</td><td colspan="2">证明行为人过失的证据：1. 证明行为人过失的证据：证明行为人应当预见到自己的行为可能发生危害社会的结果；2. 证明疏忽大意的过失的证据；3. 证明过于自信的过失的证据。
证明行为人故意的证据：1. 证明行为人明知的证据：证明行为人明知自己的行为会发生危害社会的结果；2. 证明直接故意的证据：证明行为人希望危害结果发生；3. 证明间接故意的证据：证明行为人放任危害结果发生。</td></tr>
<tr><td>客观方面的证据</td><td colspan="2">证明行为人违法发放贷款犯罪行为的证据。
具体证据包括：1. 行为人违反国家规定发放了贷款：（1）证明行为人对借款人的借款用途、偿还能力、还款方式等情况未进行严格审查；（2）对于借款人应当提供担保的，行为人对保证人的偿还能力、抵押物、质押物的权属和价值以及实现抵押权、质押权的可行性未进行严格审查；（3）行为人降低利率以及采用其他不正当手段，吸收存款，发放贷款；（4）违法向关系人发放了贷款，关系人的范围可参照《商业银行法》关于关系人的界定，《商业银行法》第40条第2款对商业银行的关系人确定为：商业银行的董事、监事、管理人员、信贷业务人员及其近亲属；上列人员投资或担任高级管理职务的公司、企业和其他经济组织。2. 行为人违法发放贷款的数额巨大或造成重大损失，数额巨大和重大损失可参见上述立案标准或犯罪客观方面的阐述。</td></tr>
<tr><td>量刑方面的证据</td><td colspan="2">一、法定量刑情节证据。
1. 事实情节：（1）数额巨大；（2）重大损失。2. 法定从重情节：（1）数额特别巨大；（2）特别重大损失；（3）向关系人发放贷款。3. 法定从轻减轻情节：（1）可以从轻；（2）可以从轻或减轻；（3）应当从轻或者减轻。4. 法定从轻减轻免除情节：（1）可以从轻、减轻或者免除处罚；（2）应当从轻、减轻或者免除处罚。5. 法定减轻免除情节：（1）可以减轻或者免除处罚；（2）应当减轻或者免除处罚；（3）可以免除处罚。
二、酌定量刑情节证据。
1. 犯罪手段；2. 犯罪对象；3. 后果：经济损失；4. 危害结果；5. 动机：牟取个人利益；6. 平时表现；7. 认罪态度；8. 是否有前科；9. 其他证据。</td></tr>
<tr><td rowspan="4">量刑标准</td><td colspan="2">数额巨大或者造成重大损失的</td><td>处五年以下有期徒刑或者拘役，并处一万元以上十万元以下罚金</td></tr>
<tr><td colspan="2">数额特别巨大或者造成特别重大损失的</td><td>处五年以上有期徒刑，并处二万元以上二十万元以下罚金</td></tr>
<tr><td colspan="2">向关系人发放贷款的</td><td>依照前款的规定从重处罚</td></tr>
<tr><td colspan="2">单位犯前两款罪的</td><td>对单位判处罚金，并对其直接负责的主管人员和其他直接责任人员，依前两款规定处罚</td></tr>
</table>

法律适用

刑法条文

第一百八十六条 银行或者其他金融机构的工作人员违反国家规定发放贷款，数额巨大或者造成重大损失的，处五年以下有期徒刑或者拘役，并处一万元以上十万元以下罚金；数额特别巨大或者造成特别重大损失的，处五年以上有期徒刑，并处二万元以上二十万元以下罚金。

银行或者其他金融机构的工作人员违反国家规定，向关系人发放贷款的，依照前款的规定从重处罚。

单位犯前两款罪的，对单位判处罚金，并对其直接负责的主管人员和其他直接责任人员，依照前两款的规定处罚。

关系人的范围，依照《中华人民共和国商业银行法》和有关金融法规确定。

司法解释

最高人民检察院、公安部《关于公安机关管辖的刑事案件立案追诉标准的规定（二）》（节录）（2010年5月7日最高人民检察院、公安部公布　自公布之日起施行　2011年11月14日修正）

第四十二条［违法发放贷款案（刑法第一百八十六条）］银行或者其他金融机构及其工作人员违反国家规定发放贷款，涉嫌下列情形之一的，应予立案追诉：

（一）违法发放贷款，数额在一百万元以上的；

（二）违法发放贷款，造成直接经济损失数额在二十万元以上的。

相关法律法规

一、《中华人民共和国中国人民银行法》（节录）（1995年3月18日中华人民共和国主席令第46号公布　2003年12月27日修正）

第二十九条 中国人民银行不得对政府财政透支，不得直接认购、包销国债和其他政府债券。

第三十条 中国人民银行不得向地方政府、各级政府部门提供贷款，不得向非银行金融机构以及其他单位和个人提供贷款，但国务院决定中国人民银行可以向特定的非银行金融机构提供贷款的除外。

中国人民银行不得向任何单位和个人提供担保。

第四十八条 中国人民银行有下列行为之一的，对负有直接责任的主管人员和其他直接责任人员，依法给予行政处分；构成犯罪的，依法追究刑事责任：

（一）违反本法第三十条第一款的规定提供贷款的；

（二）对单位和个人提供担保的；

（三）擅自动用发行基金的。

有前款所列行为之一，造成损失的，负有直接责任的主管人员和其他直接责任人员应当承担部分或者全部赔偿责任。

二、《中华人民共和国商业银行法》（节录）（1995年5月10日第八届全国人民代表大会常务委员会第十三次会议通过　2003年12月27日第一次修正　2015年8月29日第二次修正）

第四十条 商业银行不得向关系人发放信用贷款；向关系人发放担保贷款的条件不得优于其他借款人同类贷款的条件。

前款所称关系人是指：

（一）商业银行的董事、监事、管理人员、信贷业务人员及其近亲属；

（二）前项所列人员投资或者担任高级管理职务的公司、企业和其他经济组织。

第四十一条 任何单位和个人不得强令商业银行发放贷款或者提供担保。商业银

法律适用

相关法律法规

行有权拒绝任何单位和个人强令要求其发放贷款或者提供担保。

第七十四条 商业银行有下列情形之一，由国务院银行业监督管理机构责令改正，有违法所得的，没收违法所得，违法所得五十万元以上的，并处违法所得一倍以上五倍以下罚款；没有违法所得或者违法所得不足五十万元的，处五十万元以上二百万元以下罚款；情节特别严重或者逾期不改正的，可以责令停业整顿或者吊销其经营许可证；构成犯罪的，依法追究刑事责任：

（一）未经批准设立分支机构的；

（二）未经批准分立、合并或者违反规定对变更事项不报批的；

（三）违反规定提高或者降低利率以及采用其他不正当手段，吸收存款，发放贷款的；

（四）出租、出借经营许可证的；

（五）未经批准买卖、代理买卖外汇的；

（六）未经批准买卖政府债券或者发行、买卖金融债券的；

（七）违反国家规定从事信托投资和证券经营业务、向非自用不动产投资或者向非银行金融机构和企业投资的；

（八）向关系人发放信用贷款或者发放担保贷款的条件优于其他借款人同类贷款的条件的。

第七十八条 商业银行有本法第七十三条至第七十七条规定情形的，对直接负责的董事、高级管理人员和其他直接责任人员，应当给予纪律处分；构成犯罪的，依法追究刑事责任。

三、《金融违法行为处罚办法》（节录）（1999年2月22日中华人民共和国国务院令第260号公布　自公布之日起施行）

第十六条 金融机构办理贷款业务，不得有下列行为：

（一）向关系人发放信用贷款；

（二）向关系人发放担保贷款的条件优于其他借款人同类贷款的条件；

（三）违反规定提高或者降低利率以及采用其他不正当手段发放贷款；

（四）违反中国人民银行规定的其他贷款行为。

金融机构有前款所列行为之一的，给予警告，没收违法所得，并处违法所得1倍以上5倍以下的罚款，没有违法所得的，处10万元以上50万元以下的罚款；对该金融机构直接负责的高级管理人员、其他直接负责的主管人员和直接责任人员，给予撤职直至开除的纪律处分；情节严重的，责令该金融机构停业整顿或者吊销经营金融业务许可证；构成违法向关系人发放贷款罪、违法发放贷款罪或者其他罪的，依法追究刑事责任。

第十八条 金融机构不得违反国家规定从事证券、期货或者其他衍生金融工具交易，不得为证券、期货或者其他衍生金融工具交易提供信贷资金或者担保，不得违反国家规定从事非自用不动产、股权、实业等投资活动。

金融机构违反前款规定的，给予警告，没收违法所得，并处违法所得1倍以上5倍以下的罚款，没有违法所得的，处10万元以上50万元以下的罚款；对该金融机构直接负责的高级管理人员给予开除的纪律处分，对其他直接负责的主管人员和直接责任人员给予撤职直至开除的纪律处分；情节严重的，责令该金融机构停业整顿或者吊销经营金融业务许可证；构成非法经营罪、违法发放贷款罪或者其他罪的，依法追究刑事责任。

62 吸收客户资金不入账案

概念

本罪是指银行或者其他金融机构的工作人员吸收客户资金不入账，数额巨大或者造成重大损失的行为。

立案标准

根据最高人民检察院、公安部《关于公安机关管辖的刑事案件立案追诉标准的规定（二）》的规定，银行或者其他金融机构及其工作人员吸收客户资金不入账，涉嫌下列情形之一的，应予立案追诉：

（1）吸收客户资金不入账，数额在100万元以上的；

（2）吸收客户资金不入账，造成直接经济损失数额在20万元以上的。

定罪标准		
	犯罪客体	本罪侵犯的客体是复杂客体，包括国家的金融管理制度和及银行及其他金融机构的财产权利。 银行或者其他金融机构的工作人员吸收客户资金不入账，行为人大多借助于有关金融凭证，与客户建立表面形式上的存款、保管法律关系，以吸收客户资金。如借助银行存单（包括监守自盗存单、存折，伪造、变造存单等）、进账单、对账单、存款合同，证券公司委托股票投资、委托国债投资协议等。行为人凭借上述金融凭证吸收客户资金，实质上是利用金融机构信用欺骗客户，又逃避单位监管，利用和侵犯金融机构信用。这种行为本身违反了国家有关贷款、客户资金的管理制度，破坏了金融机构的正常经营管理秩序。同时由于吸收客户资金不入账进行“体外循环”的行为实际上逃避了国家对金融活动的监督管理，妨害了国家货币政策，导致信用失控，使得国家无法准确地把握金融运行的整体状况，还将严重破坏国家金融秩序。 本罪还侵犯了银行和其他金融机构的财产权利。客户资金是银行账务用语，在客户交给银行或者其他金融机构之前，它是属于客户的，吸收客户资金不入账说的就是这个阶段。但是在客户资金交给银行或者其他金融机构，所有权就移转给银行或者其他金融机构了，虽然行为人吸收客户资金未入账，但那属于金融机构内部行为，与客户无关，客户拿到的还是合法有效的存单或者其他资金凭证，可以依法请求银行或者其他金融机构履行给付义务。所以造成重大损失不是客户的损失而是银行或者其他金融机构的损失，理解这一点，有助于理解本罪侵犯的客体一般是银行和其他金融机构的财产所有权而非客户的财产所有权。
	犯罪客观方面	本罪在客观方面表现为吸收客户资金不入账，数额巨大或者造成重大损失的行为。 一、吸收客户资金不入账的理解认定。所谓“吸收客户资金不入账”，是指违反金融法律、法规，对收受客户资金不如实记入银行等金融机构的账目，账目上反映不出新增加的存款、保证金、委托资金业务，或者与出具给储户的存单、存折上、资金凭证上记载不相符合。至于是否记入法定账目以外设立的账目，其是否向客户开具了

定罪标准	犯罪客观方面	合法有效的存单或其他金融凭证以及客户是否知晓其资金不被入账，不影响该罪成立。其手段主要有销毁原始凭证、自制来账凭证、私自篡改凭证、将款项转入私设账户、向存款客户提供假账号等。 如果行为人吸收客户资金入了金融机构的账目，俗称“大账”，但是又偷支客户资金的，构成挪用公款或者挪用资金行为。 本条还规定了单位犯罪。《商业银行法》第47条规定，商业银行不得违反规定提高或者降低利率以及采用其他不正当手段，吸收存款，发放贷款。这就包含了以吸收客户资金不入账的方式，发放贷款的行为。国务院《金融违法行为处罚办法》第11条也规定：“金融机构不得以下列方式从事账外经营行为：（一）办理存款、贷款等业务不按照会计制度记账、登记，或者不在会计报表中反映；……”现实生活中，有些金融机构为了获取利益，在没有贷款额度或者对客户贷款申请不合格的情况下，组织体外循环，吸收其他单位资金用于放贷，严重扰乱了金融秩序，破坏了银行的信誉和形象。 本罪既然只规定了“吸收客户资金不入账”，则表明并不问其运用途径。但是鉴于本罪与其他罪名的区别，还是应该明确几点：（1）修正前“用账外客户资金非法拆借、发放贷款”的行为构成本罪的客观表现之一，而且现实生活中大多也是这类案例。具体来说，拆借是商业银行或者其他金融机构之间为解决资金不足而相互借款的一种融资方式，而贷款是银行或者其他金融机构通过借款合同发放资金给非金融机构的公司、企业、事业单位和个人的行为，对于非法贷款，国务院《金融违法行为处罚办法》第16条作了明确规定：“金融机构办理贷款业务，不得有下列行为：（一）向关系人发放信用贷款；（二）向关系人发放担保贷款的条件优于其他借款人同类贷款的条件；（三）违反规定提高或者降低利率以及采用其他不正当手段发放贷款；（四）违反中国人民银行规定的其他贷款行为。……”对于非法拆借，《金融违法行为处罚办法》第17条作了明确规定：“金融机构从事拆借活动，不得有下列行为：（一）拆借资金超过最高限额；（二）拆借资金超过最长期限；（三）不具有同业拆借业务资格而从事同业拆借业务；（四）在全国统一同业拆借网络之外从事同业拆借业务；（五）违反中国人民银行规定的其他拆借行为。……”（2）吸收客户资金不入账，还可以构成金融工作人员为主体的挪用公款罪、挪用资金罪、贪污罪、职务侵占罪、非法吸收公众存款罪、集资诈骗罪等金融犯罪手段的手段行为，我们把这些金融犯罪称为吸收客户资金不入账手段的关联犯罪。在认定本罪的客观表现时，有必要区分这些犯罪，通过主观目的、个人还是单位行为、资金流向等作出此罪与彼罪的区分，在排除了上述关联犯罪之后，才宜肯定是吸收客户资金不入账罪而非其他罪名的客观表现。 二、数额巨大或者造成重大损失的理解与认定。这里的数额巨大是指吸收客户资金不入账的数额，这里所称的“造成重大损失”，通常认为包括行为人吸收客户资金不入账后未能收回的部分，银行等金融机构向客户支付的利息，银行等金融机构为追讨被不入账的资金而支出的费用等。根据最高人民检察院、公安部《关于公安机关管辖的刑事案件立案追诉标准的规定（二）》第43条的规定，银行或者其他金融机构及其工作人员吸收客户资金不入账，数额在100万元以上，或者造成直接经济损失数额在20万元以上的，认定为“数额巨大或者造成重大损失”，应予立案侦查。

定罪标准		
定罪标准	犯罪主体	本罪的犯罪主体是特殊主体，包括自然人和单位两类。 单位主体是指银行或者其他金融机构。这里的银行是指商业银行，根据《商业银行法》的规定，商业银行是依照《商业银行法》和《公司法》的规定设立的吸收公众存款、发放贷款、办理结算等业务的企业法人，主要有中国银行、工商银行、农业银行、建设银行、交通银行、光大银行等。根据《商业银行法》的规定，外资商业银行、中外合资商业银行、外国商业银行分行适用《商业银行法》，城市信用合作社、农村信用合作社办理存款、贷款和结算等业务，适用《商业银行法》。上述机构也理应成为本罪规制的对象。本罪中规定的其他金融机构应当是指能够吸收客户资金的金融机构，包括：(1) 保险公司及其分支机构、保险经纪人公司、保险代理人公司；(2) 证券公司及其分支机构、证券交易中心、投资基金管理公司、证券登记公司；(3) 信托投资公司、财务公司和金融租赁公司及其分支机构、融资公司、融资中心、金融期货公司、信用担保公司、信用卡公司；(4) 中国人民银行认定的其他从事金融业务并且能够吸收客户资金的机构。那些不能吸收客户资金的金融机构不构成本罪的主体，如典当行。 应该注意的是，金融机构不同，其所吸收的客户资金的名称有所不同，银行和信用社吸收的客户资金叫储蓄存款，信托公司则是客户委托资金，证券交易中心是客户保证金。这需要在司法实践中要把握住“吸收客户资金”的本质，根据相关金融法规，确定犯罪主体资格。 吸收客户资金不入账罪的自然人主体是指银行或者其他金融机构的工作人员。上述单位犯罪中直接负责的主管人员和其他直接责任人员构成承担单位犯罪刑事责任的主体。
定罪标准	犯罪主观方面	本罪的主观方面比较复杂，突破了传统单一罪过模式。 在以“数额巨大”定罪的情形下，行为人的主观心态为故意，即行为人明知其实施了吸收客户资金不入账的行为，其数额巨大还故意实施。本罪之立法意在重视行为本身的危害性。即便当事人行为当时对于造成重大损失是不希望的，或者是放任的，只要按照一般人的认识，认定他对数额巨大有足够的认识，那么就构成本罪。 在造成“重大损失”的场合，行为人的主观心态一般是过失，即行为人虽然实施了吸收客户资金不入账的行为，但是其并非是要非法占有，而是要通过“体外经营”来运作资金，其对于损失的结果，行为人是持过失，而且更多的是过于自信的过失心理。同时也不排除有些金融机构工作人员在牟利心理的驱使下，明知资金可能无法收回，为了自己从中赚钱，仍然听之任之，实施“吸收客户资金不入账”的间接故意的心态。
定罪标准	此罪与彼罪	一、本罪与违法发放贷款罪的区别。本罪和违法发放贷款罪都作了修改，都以“数额巨大或者造成重大损失”作为具体犯罪构成的结果要件，吸收了行为犯的合理因素。本罪以“吸收客户资金不入账”作为行为方式，违法发放贷款罪以“违反国家规定，发放贷款”作为行为方式，由于吸收客户资金不入账之后可以用来拆借、发放贷款，因而客观方面有相似之处。但是两罪的区别还是很明显的：(1) 两罪侵犯的客体不同。违法发放贷款罪侵犯的客体是国家的信贷管理制度，性质上属于没有按照

定罪标准

此罪与彼罪

国家规定发放贷款，发放的贷款应当是已经在金融机构账户上的资金；而本罪侵犯的客体是国家的金融管理制度、银行等金融机构的正常经营活动及其财产所有权，性质上属于逃避金融监管，搞“体外循环”。(2) 客观方面不同。违法发放贷款罪的客观方面表现为违反国家规定，向不符合条件的借款人发放贷款或者向符合条件的人发放贷款未遵守有关规定。行为人一般不隐瞒发放贷款之事实、资金来源；本罪的客观方面表现为吸收客户资金不入账，行为人对资金来源、去向都进行掩饰，不入银行或其他金融机构的账户，而入自己私设的账户甚至没有账目。

二、本罪与挪用公款罪、挪用资金罪的界限。一般来说，客户资金交给银行或者其他金融机构，所有权就移转给银行或者其他金融机构了，客户拿着合法有效的存单或者其他资金凭证，可以依法请求银行或者其他金融机构履行给付义务。所以资金实际上属于银行或者其他金融机构。那么行为人将这些资金用作其他用途的，是不是也构成挪用公款罪或者挪用资金罪呢？本书认为，这是一种特殊的挪用，或者说不典型的挪用。而且就自然人犯罪而言，都利用了职务的便利，都是挪用单位的资金。但是二者仍是有区别的。

1. 侵犯的客体不同。本罪除了侵犯到金融机构的财产利益外，更重要的是侵犯了国家的金融管理秩序。应该说，国家对于金融机构及其工作人员违规操作，使资金“体外循环”所造成的金融秩序的破坏的关注远大于挪用单位资金的关注；而挪用资金罪侵犯的客体是单位的财产权利，挪用公款罪侵犯的客体是国家工作人员职务的廉洁性和公共财产的占有、使用、收益权。

2. 虽然同是单位的资金，但是仍有细微区别。本罪的对象是客户资金，它体现为客户要存入金融机构但是被不入账的钱款，只是实际上是要由单位承担债务的；而挪用资金罪和挪用公款罪的对象是本单位的资金或者公款。

3. 在行为方式上，有以下几点不同：一是使用人不同。本罪吸收客户资金不入账之后，是进行“体外循环”，至于何种方式的“体外循环”，本罪没有予以限定，所以使用人可以是任何个人、单位；而挪用公款罪、挪用资金罪则是要归个人使用。如果是给单位使用，则必须符合“以个人名义将公款供其他单位使用”或者“个人决定以单位名义将公款供其他单位使用，谋取个人利益”的要求。二是使用的名义不同。吸收客户资金不入账罪的行为人往往以金融机构的名义非法使用资金；挪用公款罪的行为人则是以个人名义将公款私用。三是挪作他用的性质有所区别。吸收客户资金不入账罪的行为人将资金用于非法发放贷款或者其他用途，尽管非法，但发放贷款等是银行或者其他金融机构获得利润的一种主要的资金运用方式，故行为人对资金的使用仍属银行或其他金融机构使用，具有“账外经营”的特点；挪用公款罪的行为人对公款的使用属于纯粹的公款私用。

4. 犯罪主体不同。除了规定自然人犯罪外，本罪还规定了单位犯罪；而挪用资金罪与挪用公款罪的犯罪主体是自然人。

尽管上面细数了吸收客户资金不入账与挪用资金、挪用公款之间的区别，但是在行为人吸收客户资金不入账，供自己使用的场合下，区分已经不明显了。例如，行为人先吸收客户资金不入账，然后将资金存在其他非法高息吸款的银行或者金融机构，利用利差牟利的。这时候，《刑法》对于同一法益在不同的地方作出了规定，这就产生了法条竞合。这个时候属于交叉竞合中的交互竞合。根据交互竞合的适用原则，重法优于轻法，择一重法论处。

<table>
<tr><td rowspan="4">证据参考标准</td><td>主体方面的证据</td><td>

一、证明行为人刑事责任年龄、身份等自然情况的证据。

包括身份证明、户籍证明、任职证明、工作经历证明、特定职责证明等，主要是证明行为人的姓名（曾用名）、性别、出生年月日、民族、籍贯、出生地、职业（或职务）、住所地（或居所地）等证据材料，如户口簿、居民身份证、工作证、出生证、专业或技术等级证、干部履历表、职工登记表、护照等。

对于户籍、出生证等材料内容不实的，应提供其他证据材料。外国人犯罪的案件，应有护照等身份证明材料。人大代表、政协委员犯罪的案件，应注明身份，并附身份证明材料。

二、证明行为人刑事责任能力的证据。

证明行为人对自己的行为是否具有辨认能力与控制能力，如是否属于间歇性精神病人、尚未完全丧失辨认或者控制自己行为能力的精神病人的证明材料。

三、证明单位的证据。

证明是否属于依法成立并有合法经营、管理范围的公司、企业、事业单位、机关、团体。

证明单位的名称、住所地、性质、法定代表人、单位负责人、业务范围、成立时间等证据材料，如企业营业执照、国有公司性质证明及非法人单位的身份证明等。

四、证明法定代表人、单位负责人或直接责任人员等的身份证明。

法定代表人、直接负责的主管人员和其他直接责任人在单位的任职、职责、负责权限的证明材料等。包括身份证明、户籍证明、任职证明等，如户口簿、居民身份证、工作证、护照、专业或技术等级证、干部履历表、职工登记表、任命书、业务分工文件、委派文件、单位证明、单位规章制度等。

</td></tr>
<tr><td>主观方面的证据</td><td>

证明行为人过失的证据：1. 证明行为人过失的证据：证明行为人应当预见到自己的行为可能发生危害社会的结果；2. 证明疏忽大意的过失的证据；3. 证明过于自信的过失的证据。

证明行为人故意的证据：1. 证明行为人明知的证据：证明行为人明知自己的行为会发生危害社会的结果；2. 证明行为人意志内容的证据：证明行为人希望放任危害结果发生。

</td></tr>
<tr><td>客观方面的证据</td><td>

证明行为人吸收客户资金不入账犯罪行为的证据。

具体证据包括：1. 证明行为人不入账的证据：（1）证明行为人违反金融法律、法规，对收受客户资金不如实记入银行等金融机构的账目；（2）证明账目上反映不出新增加的存款、保证金、委托资金业务；（3）证明行为人出具给储户的存单、存折上、资金凭证上记载不相符合。2. 证明不入账的客户资金数额巨大或造成重大损失。

</td></tr>
<tr><td>量刑方面的证据</td><td>

一、法定量刑情节证据。

1. 事实情节：（1）数额巨大；（2）重大损失。2. 法定从重情节：（1）数额特别巨大；（2）特别重大损失。3. 法定从轻减轻情节：（1）可以从轻；（2）可以从轻或减轻；（3）应当从轻或者减轻。4. 法定从轻减轻免除情节：（1）可以从轻、减轻或者免除处罚；（2）应当从轻、减轻或者免除处罚。5. 法定减轻免除情节：（1）可以减轻或者免除处罚；（2）应当减轻或者免除处罚；（3）可以免除处罚。

</td></tr>
</table>

<table>
<tr><td rowspan="1">证据参考标准</td><td>量刑方面的证据</td><td colspan="2">二、酌定量刑情节证据。
1. 犯罪手段；2. 犯罪对象；3. 后果；4. 危害结果；5. 动机；6. 平时表现；7. 认罪态度；8. 是否有前科；9. 其他证据。</td></tr>
<tr><td rowspan="3">量刑标准</td><td colspan="2">数额巨大或者造成重大损失的</td><td>处五年以下有期徒刑或者拘役，并处二万元以上二十万元以下罚金</td></tr>
<tr><td colspan="2">数额特别巨大或者造成特别重大损失的</td><td>处五年以上有期徒刑，并处五万元以上五十万元以下罚金</td></tr>
<tr><td colspan="2">单位犯前款罪的</td><td>对单位判处罚金，并对其直接负责的主管人员和其他直接责任人员，依照前款的规定处罚</td></tr>
<tr><td rowspan="3">法律适用</td><td>刑法条文</td><td colspan="2">第一百八十七条　银行或者其他金融机构的工作人员吸收客户资金不入账，数额巨大或者造成重大损失的，处五年以下有期徒刑或者拘役，并处二万元以上二十万元以下罚金；数额特别巨大或者造成特别重大损失的，处五年以上有期徒刑，并处五万元以上五十万元以下罚金。
单位犯前款罪的，对单位判处罚金，并对其直接负责的主管人员和其他直接责任人员，依照前款的规定处罚。</td></tr>
<tr><td>司法解释</td><td colspan="2">最高人民检察院、公安部《关于公安机关管辖的刑事案件立案追诉标准的规定（二）》（节录）（2010年5月7日最高人民检察院、公安部公布　自公布之日起施行　2011年11月14日修正）
第四十三条〔吸收客户资金不入账案（刑法第一百八十七条）〕银行或者其他金融机构及其工作人员吸收客户资金不入账，涉嫌下列情形之一的，应予立案追诉：
（一）吸收客户资金不入账，数额在一百万元以上的；
（二）吸收客户资金不入账，造成直接经济损失数额在二十万元以上的。</td></tr>
<tr><td>相关法律法规</td><td colspan="2">一、《中华人民共和国商业银行法》（节录）（1995年5月10日第八届全国人民代表大会常务委员会第十三次会议通过　2003年12月27日第一次修正　2015年8月29日第二次修正）
第七十五条　商业银行有下列情形之一，由国务院银行业监督管理机构责令改正，并处二十万元以上五十万元以下罚款；情节特别严重或者逾期不改正的，可以责令停业整顿或者吊销其经营许可证；构成犯罪的，依法追究刑事责任：
（一）拒绝或者阻碍国务院银行业监督管理机构检查监督的；
（二）提供虚假的或者隐瞒重要事实的财务会计报告、报表和统计报表的；
（三）未遵守资本充足率、存贷比例、资产流动性比例、同一借款人贷款比例和国务院银行业监督管理机构有关资产负债比例管理的其他规定的。
第七十八条　商业银行有本法第七十三条至第七十七条规定情形的，对直接负责的董事、高级管理人员和其他直接责任人员，应当给予纪律处分；构成犯罪的，依法追究刑事责任。</td></tr>
</table>

法律适用

相关法律法规

二、《金融违法行为处罚办法》（节录）（1999年2月22日中华人民共和国国务院令第260号公布　自公布之日起施行）

第十一条　金融机构不得以下列方式从事账外经营行为：

（一）办理存款、贷款等业务不按照会计制度记账、登记，或者不在会计报表中反映；

（二）将存款与贷款等不同业务在同一账户内轧差处理；

（三）经营收入未列入会计账册；

（四）其他方式的账外经营行为。

金融机构违反前款规定的，给予警告，没收违法所得，并处违法所得1倍以上5倍以下的罚款，没有违法所得的，处10万元以上50万元以下的罚款；对该金融机构直接负责的高级管理人员、其他直接负责的主管人员和直接责任人员，给予开除的纪律处分；情节严重的，责令该金融机构停业整顿或者吊销经营金融业务许可证；构成用账外客户资金非法拆借、发放贷款罪或者其他罪的，依法追究刑事责任。

63 违规出具金融票证案

概念

本罪是指银行或者其他金融机构的工作人员违反规定，为他人出具信用证或其他保函、票据、资信证明等金融票证，情节严重的行为。

立案标准

根据最高人民检察院、公安部《关于公安机关管辖的刑事案件立案追诉标准的规定（二）》的规定，银行或者其他金融机构及其工作人员违反规定，为他人出具信用证或者其他保函、票据、存单、资信证明，涉嫌下列情形之一的，应予立案追诉：

（1）违反规定为他人出具信用证或者其他保函、票据、存单、资信证明，数额在100万元以上的；

（2）违反规定为他人出具信用证或者其他保函、票据、存单、资信证明，造成直接经济损失数额在20万元以上的；

（3）多次违规出具信用证或者其他保函、票据、存单、资信证明的；

（4）接受贿赂违规出具信用证或者其他保函、票据、存单、资信证明的；

（5）其他情节严重的情形。

定罪标准

犯罪客体

本罪侵犯的客体是国家金融管理秩序。有些银行或者其他金融机构的工作人员，违反国家规定，出具信用证或者其他保函、票据、存单、资信证明等。一方面，给国家造成经济上的重大损失；另一方面，又给诈骗犯罪分子进行其他诈骗犯罪创造了条件，提供了帮助，造成了严重扰乱金融秩序和社会秩序的后果，为严厉打击这类犯罪分子，《刑法》设专条规定予以打击。

本罪的犯罪对象为信用证、保函、票据、存单、资信证明。其中，信用证，票据即本票、汇票、支票存单等已在相关犯罪如伪造、变造金融票证罪、信用证诈骗罪作了介绍，这里不再赘述。至于保函，又称担保函，作为银行最为重要的资信文件之一，是指应申请人的请求，向第三方开具的保证受益人会按照保函的规定履行某种特定的义务，一旦申请人未能履行保函所规定的义务时，则由担保人代为履行义务的书面保证文件。担保人为银行，即由银行出具的保函，为银行保函。保函是银行主要的日常业务之一，但也存在较大的金融风险。保函，根据其经济功能及业务性质的不同，通常分为信用保函与融资保函。前者主要包括：借款保函、付款保函、预付款保函。首先，由于申请人作为第一付款人在申请开立保函时，一般不需要交纳保证金，一旦申请人破产、倒闭或采取一些欺诈方法不履行义务时，银行依照保函履行某种义务如偿还约定债务后，缺少必要的手段追索代偿资金；其次，银行出具的保函不能借助于货物作为申请人未能履行义务的保证，对其用于抵押的物品的处理，往往要受到这样或那样的限制；再次，申请人违约不履行义务时，为了彻底推卸责任，往往也是极力阻碍银行承付，而否认自己的违约行为，从而易使银行牵入到他们之间的贸易纠纷中去。由于保函受益人的不间断索债的行为往往造成自己陷于被动的境地，尤其是

定罪标准		
	犯罪客体	融资性的保函，其索偿条款一般都是无条件的，担保银行对受益人的即使是不公正的索赔要求，也无力抗拒，除付款之外，别无选择。为此，银行在承办保函业务时，必须对申请人的资信情况、经营能力及状况等各方面进行认真的审查，避免为那些资信情况不好、经营状况不佳的客户出具保函。出具时，应要求申请人提供充分的有效质押，密切注意基础交易即申请人与受益人之间的经济交易的执行情况，加强风险防范工作，不得不负责任，草率为之。
	犯罪客观方面	一、本罪在客观方面表现为行为人实施了违反规定为他人出具信用证或者其他保函、票据、存单、资信证明的行为。所谓违反规定，既包括违反国务院及其金融监督管理机构即中国人民银行的有关规定，也包括违反其他银行及除银行以外的诸如中国人民保险公司、信托投资公司等非银行金融机构的内部管理规定。为了加强对上述信用凭证的管理，杜绝金融机构内部的非法出具行为，国家有关金融法律、法规对其出具的条件及程序都作了严格而明确的规定。例如，根据有关规定，银行汇票只限于中国人民银行和各专业银行参加全国联行往来的银行机构签发。在不能签发银行汇票的银行开户的汇款人需要使用银行汇票时，应将款项转交附近可以签发银行汇票的银行办理。汇款人申请办理银行汇票，应向签发银行填写“银行汇票委托书”。委托书一式三联：第一联为存根；第二联为支款凭证；第三联为收入凭证。交付现金办理汇票的，第二联应当注销，其应详细填明单位、个体经济户名称或个人姓名；确定不了的，应填写汇款人指定人员的姓名；个体经济户和个人需要兑付支取现金的，须填明兑付银行名称，并在“汇款金额”栏先填写“现金”字样，后填写汇款金额；确定不得转汇的，应当在备注栏说明；签发行管理时，应当认真审理委托书的内容是否齐全、清晰。填明“现金”字样的，还应当审查是否是个体经济户或个人；在收受有关款项后，才能据以签发银行汇票。又如，出具保函进行担保，应当对担保对象的商业背景、资信情况进行认真的审查，并在进行必要的风险预测后，认为符合有关条件的，才能出具。此外，根据《中国人民银行法》第 30 条第 2 款规定，中国人民银行不得向任何单位和个人提供担保。作为银行或其他金融机构的工作人员，都有义务予以认真执行与遵守。所谓非法出具，是指违反金融法律、法规有关信用证、票据、保函、存单、资信证明的管理规定规定的出具的条件和程序，玩忽职守或者滥用职权，开出上述代表银行信用的特定凭据与证明的行为。所谓“为他人出具”中的“他人”，是指除出具人以外的其他人，包括单位与个人。只要违反规定，无论是为单位还是为个人非法出具了信用证、保函、票据、存单、资信证明的，均可构成本罪。信用证、保函、存单、票据作为一种付款保证，其本身亦是一种信用凭证；资信证明虽不是付款保证，但它亦代表着某个单位或个人的资金信用的可信性程度，亦是一种信用证明。无论是信用证、保函、存单、票据等付款凭证，还是仅起信用证明作用的资信证明，其一经银行等金融机构开立与出具，就代表出具者即银行与其他金融机构的信用。一些没有经济实力，不讲信用的违法犯罪分子，为了骗取他人信任，趁机浑水摸鱼，诈骗他人钱财，往往千方百计借用银行信用的招牌。他们有的伪造、变造银行及其他金融机构出具的信用证、票据、保函、存单、资信证明肆意进行诈骗犯罪活动；有的购买伪造、变造的上述证件到处行骗；也有的是通过种种渠道与途径，如虚构事实或隐瞒真相等手段欺骗金融机构，或者与银行及其他金融机构的工作人员相互勾结，或者以贿赂、色相等收买金融机构的有关工作人员等非法获取信用证、保函、

<table>
<tr><td rowspan="5">定罪标准</td><td>犯罪客观方面</td><td>票据、存单、资信证明等信用凭证，而后用之诈骗财物。但有些金融机构的工作人员却无视上述规定，他们对工作玩忽职守，该作审查的不加以审查，或者虽作审查亦是马马虎虎、粗枝大叶而不做全面、认真审查，或者明知申请人不具有开具的条件仍因某种原因如接受了贿赂，碍于亲情、朋友、上下级之间的情面，违反规章制度而出具；有的则是滥用职权，擅作主张为他人出具；这既违背了作为一个金融机构工作人员所应具备的基本职业道德以及应当履行、承担的义务与职责，同时也置他人及金融机构本身的财物等经济利益于极大的风险之中，并会给出具人所在的银行及其他金融机构的声誉造成严重的损害。为此，非法出具人必然承担起相应的法律责任。
二、非法出具的行为必须情节严重才能构成本罪。如果仅有非法出具的行为，情节不严重的，不能以本罪论处，这时可依有关规定作出行政或经济上的处罚。情节严重一般包括“造成较大损失”，“数额巨大”，“造成其他严重后果”等。</td></tr>
<tr><td>犯罪主体</td><td>本罪的主体是特殊主体，即必须是银行或者其他金融机构的工作人员。这里的银行是广义的银行，包括中国人民银行、各商业银行、政策性银行以及其他在我国境内设立的中外合资银行和外资银行。其他金融机构，是指除银行以外的其他金融机构，即所谓非银行金融机构。</td></tr>
<tr><td>犯罪主观方面</td><td>本罪在主观上是由故意构成。</td></tr>
<tr><td>罪与非罪</td><td>区分罪与非罪的界限，要注意：只有违反规定出具金融票证情节严重的，才能构成犯罪；情节较轻的，不以犯罪论处，可依照《商业银行法》等有关法律、法规的规定，给予行政处罚或者纪律处分。</td></tr>
<tr><td>此罪与彼罪</td><td>一、本罪与伪造、变造金融票证罪的界限。两罪在犯罪对象上有相同之处，但在犯罪构成上却有根本的不同。本罪是银行或者其他金融机构的工作人员违反规定出具信用证明文件，不一定是假信用证明，对可能造成的经济损失是出于过失的心态，并且这种损失也不一定是金融机构的经济损失；而伪造、变造金融票证罪是故意犯罪，其主体是一般主体，其所伪造、变造的金融票证是假的，行为人只要实施了伪造、变造金融票证的行为，即构成犯罪，不以必须造成较大损失为构成要件。
二、本罪与伪造、变造信用证罪的界限。本罪是银行或者其他金融机构的工作人员违反规定出具信用证或者其他信用证明，不一定是假信用证明，可能造成的经济损失也不一定是金融机构的经济损失；而伪造、变造信用证罪，其主体是一般主体，其所伪造、变造的信用证是假的，直接破坏银行对信用证的管理秩序和造成银行的钱款损失。
三、本罪与玩忽职守罪的界限。银行或者其他金融机构的工作人员违反规定为他人出具信用证或者其他保函、票据、存单、资信证明，造成较大损失的行为，本质上属于一种玩忽职守行为。为了体现严厉打击这类犯罪行为，本条将这种行为从玩忽职守罪中独立出来，规定了新的罪名。</td></tr>
</table>

<table>
<tr><td rowspan="4">证据参考标准</td><td>主体方面的证据</td><td>一、证明行为人刑事责任年龄、身份等自然情况的证据。
包括身份证明、户籍证明、任职证明、工作经历证明、特定职责证明等，主要是证明行为人的姓名（曾用名）、性别、出生年月日、民族、籍贯、出生地、职业（或职务）、住所地（或居所地）等证据材料，如户口簿、居民身份证、工作证、出生证、专业或技术等级证、干部履历表、职工登记表、护照等。
对于户籍、出生证等材料内容不实的，应提供其他证据材料。外国人犯罪的案件，应有护照等身份证明材料。人大代表、政协委员犯罪的案件，应注明身份，并附身份证明材料。
二、证明行为人刑事责任能力的证据。
证明行为人对自己的行为是否具有辨认能力与控制能力，如是否属于间歇性精神病人、尚未完全丧失辨认或者控制自己行为能力的精神病人的证明材料。
三、证明单位的证据。
证明是否属于依法成立并有合法经营、管理范围的公司、企业、事业单位、机关、团体。
证明单位的名称、住所地、性质、法定代表人、单位负责人、业务范围、成立时间等证据材料，如企业营业执照、国有公司性质证明及非法人单位的身份证明等。
四、证明法定代表人、单位负责人或直接责任人员等的身份证明。
法定代表人、直接负责的主管人员和其他直接责任人在单位的任职、职责、负责权限的证明材料等。包括身份证明、户籍证明、任职证明等，如户口簿、居民身份证、工作证、护照、专业或技术等级证、干部履历表、职工登记表、任命书、业务分工文件、委派文件、单位证明、单位规章制度等。</td></tr>
<tr><td>主观方面的证据</td><td>证明行为人故意的证据：1. 证明行为人明知的证据：证明行为人明知自己的行为会发生危害社会的结果；2. 证明直接故意的证据：证明行为人希望危害结果发生；3. 证明间接故意的证据：证明行为人放任危害结果发生。</td></tr>
<tr><td>客观方面的证据</td><td>证明行为人非法出具金融票证犯罪行为的证据。
具体证据包括：1. 证明行为人出具银行信用证行为的证据；2. 证明行为人出具银行保函行为的证据；3. 证明行为人在票据、存单上签字担保行为的证据；4. 证明行为人出具银行虚假资信证明或滥用职权出具银行资信证明行为的证据；5. 证明情节严重的证据；6. 证明情节特别严重的证据。</td></tr>
<tr><td>量刑方面的证据</td><td>一、法定量刑情节证据。
1. 事实情节：（1）情节严重；（2）情节特别严重。2. 法定从重情节。3. 法定从轻减轻情节：（1）可以从轻；（2）可以从轻或减轻；（3）应当从轻或者减轻。4. 法定从轻减轻免除情节：（1）可以从轻、减轻或者免除处罚；（2）应当从轻、减轻或者免除处罚。5. 法定减轻免除情节：（1）可以减轻或者免除处罚；（2）应当减轻或者免除处罚；（3）可以免除处罚。</td></tr>
</table>

<table>
<tr><td rowspan="1">证据参考标准</td><td>量刑方面的证据</td><td colspan="2">二、酌定量刑情节证据。
1. 犯罪手段。2. 犯罪对象。3. 后果：（1）赔偿受益人；（2）负连带清偿责任；（3）承担票据付款人义务；（4）客户（非客户）、第三人、债权人遭受损失；（5）其他。4. 危害结果。5. 动机。6. 平时表现。7. 认罪态度。8. 是否有前科。9. 其他证据。</td></tr>
<tr><td rowspan="3">量刑标准</td><td colspan="2">情节严重的</td><td>处五年以下有期徒刑或者拘役</td></tr>
<tr><td colspan="2">情节特别严重的</td><td>处五年以上有期徒刑</td></tr>
<tr><td colspan="2">单位犯本罪的</td><td>对单位判处罚金，并对其直接负责的主管人员和其他直接责任人员，依上述规定处罚</td></tr>
<tr><td rowspan="3">法律适用</td><td>刑法条文</td><td colspan="2">第一百八十八条　银行或者其他金融机构的工作人员违反规定，为他人出具信用证或者其他保函、票据、存单、资信证明，情节严重的，处五年以下有期徒刑或者拘役；情节特别严重的，处五年以上有期徒刑。
单位犯前款罪的，对单位判处罚金，并对其直接负责的主管人员和其他直接责任人员，依照前款的规定处罚。</td></tr>
<tr><td>司法解释</td><td colspan="2">最高人民检察院、公安部《关于公安机关管辖的刑事案件立案追诉标准的规定（二）》（节录）（2010年5月7日最高人民检察院、公安部公布　自公布之日起施行　2011年11月14日修正）
第四十四条〔违规出具金融票证案（刑法第一百八十八条）〕银行或者其他金融机构及其工作人员违反规定，为他人出具信用证或者其他保函、票据、存单、资信证明，涉嫌下列情形之一的，应予立案追诉：
（一）违反规定为他人出具信用证或者其他保函、票据、存单、资信证明，数额在一百万元以上的；
（二）违反规定为他人出具信用证或者其他保函、票据、存单、资信证明，造成直接经济损失数额在二十万元以上的；
（三）多次违规出具信用证或者其他保函、票据、存单、资信证明的；
（四）接受贿赂违规出具信用证或者其他保函、票据、存单、资信证明的；
（五）其他情节严重的情形。</td></tr>
<tr><td>相关法律法规</td><td colspan="2">《金融违法行为处罚办法》（节录）（1999年2月22日中华人民共和国国务院令第260号公布自公布之日起施行）
第十三条　金融机构不得出具与事实不符的信用证、保函、票据、存单、资信证明等金融票证。
金融机构弄虚作假，出具与事实不符的信用证、保函、票据、存单、资信证明等金融票证的，给予警告，没收违法所得，并处违法所得1倍以上5倍以下的罚款，没有违法所得的，处10万元以上50万元以下的罚款；对该金融机构直接负责的高级管理人员、其他直接负责的主管人员和直接责任人员，给予开除的纪律处分；构成非法出具金融票证罪或者其他罪的，依法追究刑事责任。</td></tr>
</table>

相关法律法规

第二十九条 金融机构缴纳的罚款和被没收的违法所得，不得列入该金融机构的成本、费用。

第三十条 对中国人民银行所属从事金融业务的机构的金融违法行为的处罚，适用本办法。

法律适用 规章及规范性文件

公安部《关于对涉嫌非法出具金融票证犯罪案件涉及的部分法律问题的批复》

（2003年1月27日公安部公布　自公布之日起施行　公经〔2003〕88号）

四川省公安厅：

你厅《关于“4·20”案等案件涉及的部分法律问题的请示》（公厅经发〔2002〕97号）收悉。现批复如下：

一、关于损失的认定问题

对于借款人有下列情形之一，其借款不能归还的，应认定为损失：

（一）法院宣布借款人破产，已清算完毕的；

（二）借款人被依法撤销、关闭、解散，并终止法人资格的；

（三）借款人虽未被依法终止法人资格，但生产经营活动已停止，借款人已名存实亡的；

（四）借款人的经营活动虽未停止，但公司、企业已亏损严重，资不抵债的；

（五）其他应认定为损失的情形。

关于损失的认定时间，应分为定罪损失和量刑损失两种情形来考虑：定罪损失是立案损失、成罪损失，应以公安机关立案时为标准；量刑损失是法院审理案件时的实际损失，以确定最终量刑幅度。

二、关于用资人行为的定性问题

在金融机构及其工作人员非法出具金融票证等破坏金融管理秩序犯罪活动中，用资人的行为能否被认定为金融诈骗犯罪，首先应当考察其主观上是否有非法占有的故意。对此，可参照最高人民法院2001年1月21日印发的《全国法院审理金融犯罪案件工作座谈会纪要》（法〔2001〕8号）中的有关内容，即对于行为人通过诈骗的方法非法获取资金，造成数额较大资金不能归还，并具有下列情形之一的，可以认定为具有非法占有的目的：

（一）明知没有归还能力而大量骗取资金的；

（二）非法获取资金后逃跑的；

（三）肆意挥霍骗取资金的；

（四）使用骗取的资金进行违法犯罪活动的；

（五）抽逃、转移资金、隐匿财产，以逃避返还资金的；

（六）隐匿、销毁账目，或者拒不说明资金去向，或者搞假破产、假倒闭，以逃避返还资金的；

（七）其他非法占有资金、拒不返还的行为。

64 对违法票据承兑、付款、保证案

概念

本罪是指银行或者其他金融机构的工作人员，在票据业务中，对违反《票据法》规定的票据予以承兑、付款或者保证，造成重大损失的行为。

立案标准

根据最高人民检察院、公安部《关于公安机关管辖的刑事案件立案追诉标准的规定（二）》的规定，银行或者其他金融机构的工作人员在票据业务中，对违反《票据法》规定的票据予以承兑、付款或者保证，造成直接经济损失数额在20万元以上的，应予立案追诉。

定罪标准

犯罪客体

本罪侵犯的是国家票据管理制度及票据当事人的合法权益。票据是商品经济发展到一定阶段的产物，是在商品交换和信用活动中产生和发展起来的。由于货币作为一般等价物的出现，极大地促进了商品交换的发展，同时，商品经济的迅速发展，使得仅以直接的货币交换方式进行商品交易，局限性很大并出现了许多困难。因此，为了适应商品经济的发展，产生了不需要货币直接出现而使买卖顺利进行资金周转的信用制度，票据正是作为一种信用工具而产生的。所以，也可以说票据是商品交换的媒介和货币支付工具。为了调整和规范票据活动，保障票据活动中当事人的合法权益，维护社会经济秩序，促进社会主义市场经济的发展，第十届全国人大常委会第十一次会议于2004年8月28日修订了《票据法》。

随着我国社会主义市场经济的不断发展和我国银行结算制度的改革，票据在市场经济活动中，得到越来越广泛的使用。票据是一种有价证券，就其性质和适用范围而言，票据有狭义和广义之分。广义上的票据，是泛指用于商品交易中的各种单据。如汇票、本票、支票、提单、仓单、保单等；狭义上的票据，仅指依照法定样式签发和流通的汇票、本票、支票这三种票据。我国《票据法》所调整的是狭义上的票据，即《票据法》第2条规定："本法所称的票据，是指汇票、本票和支票。"

所谓"汇票"，是指出票人签发的，委托付款人在见票时或者在指定日期无条件支付确定的金额给收款人或者持票人的票据。汇票分为银行汇票和商业汇票，而商业汇票中按其承兑人不同，又分为银行承兑汇票和商业承兑汇票。根据《票据法》的规定，汇票的概念一般包括五个方面的内容：（1）汇票是由出票人签发的；（2）委托他人进行的一定金额支付的；（3）票面金额的支付应当是无条件的；（4）金额的支付应有确定的日期；（5）票面金额是向收款人或持票人支付。汇票的基本当事人有三个：（1）出票人，即签发票据的人；（2）付款人，即接受出票人委托而无条件支付票据金额的人；（3）收款人，即持有汇票而向付款人请求付款的人。汇款的基本当事人，是指在汇票签发时就已经存在的当事人，他们是汇票关系中必不可少的。

所谓本票，是指由出票人签发的，承诺自己在见票时无条件支付确定的金额给收款人或者持票人的票据。这里所说的"本票"仅指银行本票。本票和汇票在基本内容

定罪标准		
	犯罪客体	上有很多相同之处，即都是以货币表示的；金额是确定的；都必须无条件支付票面金额的；付款期也是确定的等。本票与汇票最重要的区别是，本票出票人自己担任付款人，也就是说，本票的基本当事人只有二个，一个是出票人，也是付款人；另一个是收款人。 所谓支票，是指由出票人签发的，委托办理支票存款业务的银行或者其他金融机构在见票时无条件支付确定的金额给收款人或者持票人的票据。支票与汇票相比较，二者的区别主要体现在以下两个方面：（1）支票的出票人必须是银行的存户，而且出票时账户上有足额存款，签发空头支票的，要受到行政处罚，严重的要追究刑事责任，其付款人必须是银行等法定金融机构；（2）支票的付款方式仅限于见票即付，不规定定期的付款日期，因此，支票的基本当事人有三个：一是出票人，即在开户银行有相应存款的签发票据的人；二是付款人，即银行等法定金融机构；三是收款人，即接受付款的人。 汇票、本票、支票之所以能成为商品交易中的重要工具，主要是它在促进商品流通和保证按时清偿债务方面，具备各种功能，发挥了越来越大的作用，其作用主要体现在支付、汇兑、流通、信用、融资等方面。票据的这些作用，使票据制度成为现代商品经济中一项基本的制度，为了保障这一制度的正常运行，促进经济发展，《票据法》在法律责任一章中，对违反《票据法》的，情节轻微的行为，规定给予行政处罚，对情节较重的行为，规定了刑事责任，《刑法》于本条将其中的规定具体化。 金融机构的工作人员对违反《票据法》规定的票据予以承兑、付款或者保证，无异于用国家、企事业单位或者公民个人的财产进行赌博，其社会危害极其严重。如对没有真实委托付款关系的汇票予以承兑，将使办理该承兑业务的金融机构沦为该票据的主债务人，无端承担该票据到期付款的责任。如对形式要件欠缺或者签章与预留印鉴不符的票据予以付款，将使办理该项付款业务的金融机构或者由其代理的付款人的资金蒙受损失。如对没有财产担保的票据予以保证，将使办理该项保证业务的金融机构变为被保证的票据的债务人之一，与被保证人承担同一票据责任。由此可知，金融机构的工作人员对违反《票据法》规定的票据予以承兑、付款、保证的行为，不仅侵犯了国家票据管理制度，又损害了票据当事人的合法权益。
	犯罪客观方面	本罪在客观方面表现为银行或者其他金融机构的工作人员在票据业务中，对违反《票据法》规定的票据予以承兑、付款或者保证，造成重大损失的行为。（1）必须是对违反《票据法》规定的票据所实施的行为。所谓违反《票据法》规定的票据，是指违反《票据法》有关票据的签章、记载、背书等规定的票据。根据《票据法》的规定，票据出票人制作票据，应当按照法定条件在票据上签章，并按照所记载的事项承担票据责任。持票人行使票据权利，应当按照法定程序在票据上签章，并出示票据。其他票据债务人在票据上签章的，按照票据所记载的事项承担票据责任。票据当事人可以委托其代理人在票据上签章，并应当在票据上表明其代理关系。没有代理权而以被代理人名义在票据上签章的，应当由签章人承担票据责任；代理人超越代理权限的，应当就其超越权限的部分承担票据责任。无民事行为能力人或者限制民事行为能力人在票据上签章的，其签章无效，但是不影响其他签章的效力。票据上的签章，为签名、盖章或者签名加盖章。法人和其他使用票据的单位在票据上的签章，为该法

<table>
<tr><td rowspan="4">定罪标准</td><td>犯罪客观方面</td><td>人或者该单位的盖章加其法定代理人或者其授权的代理人的签章。在票据上的签名，应当为该当事人的本名。票据金额以中文大写和数码同时记载，二者必须一致，二者不一致的，票据无效。票据上的记载事项必须符合《票据法》的规定。票据金额、日期、收款人名称不得更改，更改的票据无效。对票据上的其他记载事项，原记载人可以更改，更改时应当由原记载人签章证明。票据上的记载事项应当真实，不得伪造、变造。伪造、变造票据上的签章和其他记载事项的，应当承担法律责任。票据上有伪造、变造的签章的，不影响票据上其他真实签章的效力。票据上其他记载事项被变造的，在变造之前签章的人，对原记载事项负责；在变造之后签章的人，对变造之后的记载事项负责；不能辨别是在票据被变造之前或者之后签章的，视同在变造之前签章。（2）必须是对违反《票据法》规定的票据予以承兑、付款或者保证的行为。所谓承兑，是指票据付款人在票据上承诺出票人的付款委托，负担支付票面金额的义务并在汇票上表示愿意按照票据文义付款的附属票据行为，亦即票据付款人承诺在汇票到期支付票据金额的票据行为。所谓付款，是指票据的付款人或代理付款人（担当付款人）支付票据金额以消灭票据关系的附属票据行为。所谓保证，是指票据债务人以外的第三人以担保特定票据债务人履行票据债务为目的而在票据上所为的附属票据行为。所谓对违反《票据法》规定的票据予以承兑、付款或者保证，是指金融机构及其工作人员在票据业务中，玩忽职守，对没有真实委托付款关系的汇票予以承兑；对背书不连续（以其合法方式取得的例外）、形式要件欠缺、签章与预留印鉴不付、票载金额（文字与数码记载）不一致、超过时效期限及其他违反《票据法》规定的票据予以付款；对没有财产担保的出票人签发的票据或者没有财产担保的承兑人承兑的票据（汇票）予以保证等。（3）必须造成重大损失。对违反《票据法》规定的票据予以承兑、付款或者保证的行为必须造成重大损失时，才构成犯罪。</td></tr>
<tr><td>犯罪主体</td><td>本罪的主体是特殊主体，即只能由金融机构的工作人员构成。这里的金融机构包括各商业银行、政策性银行及在中国境内的中外合资银行、外资银行及其他具有上述业务的非银行金融机构。</td></tr>
<tr><td>犯罪主观方面</td><td>本罪行为人对造成重大损失是过失的心态，包括应当预见这种重大损失而没有预见，或者根据常识，已经预见到可能造成重大损失而轻信能够避免两种情况。但是，行为人对于给予承兑、付款或保证的票据的不符合《票据法》规定的违章性是明知的。如果不是明知其不合规定性而受骗给予承兑、付款或者保证的，则不构成本罪。是否明知应根据具体情况、票据的不合规定性程度、当事人的鉴别经验等进行综合评判，而不能仅以当事人的陈述为准。</td></tr>
<tr><td>罪与非罪</td><td>区分罪与非罪的界限，要注意：本罪属于结果犯，只有行为人对违反《票据法》规定的票据予以承兑、付款或者保证，造成重大损失时，才能以犯罪论处。对于没有造成损失或者损失不大的，不构成犯罪，应按照《票据法》的有关规定，给予处理。</td></tr>
</table>

<table>
<tr><td rowspan="1">定罪标准</td><td>此罪与彼罪</td><td>一、本罪与金融诈骗罪共犯的界限。银行或者其他金融机构的工作人员，与进行金融诈骗活动的犯罪分子串通，为其诈骗活动提供帮助的，以共犯论。这与本罪有一些牵连关系，在适用中应注意区别。金融诈骗罪的共犯是事前与诈骗犯串通，事中积极为诈骗犯罪分子提供帮助，属于直接故意，往往具有骗取公私财物的目的，构成诈骗犯罪的共犯。而本罪上述事前的串通，事中积极提供帮助并不明显，但具有获取非法利益的目的。
二、本罪与渎职罪的界限。渎职罪是指国家工作人员滥用职权或者玩忽职守，致使公共财产、国家和人民利益遭受重大损失的行为。本罪在客观方面表现为一种渎职行为。在本罪设立前，对金融机构工作人员的这种渎职行为，按玩忽职守罪处理，但在本罪设立后，对这种行为就应依本罪处理。</td></tr>
<tr><td rowspan="2">证据参考标准</td><td>主体方面的证据</td><td>一、证明行为人刑事责任年龄、身份等自然情况的证据。
包括身份证明、户籍证明、任职证明、工作经历证明、特定职责证明等，主要是证明行为人的姓名（曾用名）、性别、出生年月日、民族、籍贯、出生地、职业（或职务）、住所地（或居所地）等证据材料，如户口簿、居民身份证、工作证、出生证、专业或技术等级证、干部履历表、职工登记表、护照等。
对于户籍、出生证等材料内容不实的，应提供其他证据材料。外国人犯罪的案件，应有护照等身份证明材料。人大代表、政协委员犯罪的案件，应注明身份，并附身份证明材料。
二、证明行为人刑事责任能力的证据。
证明行为人对自己的行为是否具有辨认能力与控制能力，如是否属于间歇性精神病人、尚未完全丧失辨认或者控制自己行为能力的精神病人的证明材料。
三、证明单位的证据。
证明是否属于依法成立并有合法经营、管理范围的公司、企业、事业单位、机关、团体。
证明单位的名称、住所地、性质、法定代表人、单位负责人、业务范围、成立时间等证据材料，如企业营业执照、国有公司性质证明及非法人单位的身份证明等。
四、证明法定代表人、单位负责人或直接责任人员等的身份证明。
法定代表人、直接负责的主管人员和其他直接责任人在单位的任职、职责、负责权限的证明材料等。包括身份证明、户籍证明、任职证明等，如户口簿、居民身份证、工作证、护照、专业或技术等级证、干部履历表、职工登记表、任命书、业务分工文件、委派文件、单位证明、单位规章制度等。</td></tr>
<tr><td>主观方面的证据</td><td>证明行为人过失的证据：1. 证明行为人过失的证据：证明行为人应当预见自己的行为可能发生危害社会的结果；2. 证明疏忽大意的过失的证据；3. 证明过于自信的过失的证据。
证明行为人故意的证据：1. 证明行为人明知的证据：证明行为人明知自己的行为会发生危害社会的结果；2. 证明行为人意志内容的证据：证明行为人希望放任危害结果发生。</td></tr>
</table>

<table>
<tr><td rowspan="2">证据参考标准</td><td>客观方面的证据</td><td colspan="2">证明行为人对违法票据承兑、付款、保证犯罪行为的证据。
具体证据包括：1. 证明行为人对违法票据承兑行为的证据；2. 证明行为人对违法票据付款行为的证据；3. 证明行为人对违法票据保证行为的证据；4. 证明行为人对违法票据承兑、付款、保证造成重大损失行为的证据；5. 证明行为人对违法票据承兑、付款、保证造成特别重大损失行为的证据；6. 证明行为人对违法票据承兑、付款、保证导致承担赔偿责任行为的证据；7. 证明行为人对违法票据承兑、付款、保证导致承担连带责任行为的证据。</td></tr>
<tr><td>量刑方面的证据</td><td colspan="2">一、法定量刑情节证据。
1. 事实情节：（1）情节严重；（2）其他。2. 法定从重情节。3. 法定从轻减轻情节：（1）可以从轻；（2）可以从轻或减轻；（3）应当从轻或者减轻。4. 法定从轻减轻免除情节：（1）可以从轻、减轻或者免除处罚；（2）应当从轻、减轻或者免除处罚。5. 法定减轻免除情节：（1）可以减轻或者免除处罚；（2）应当减轻或者免除处罚；（3）可以免除处罚。
二、酌定量刑情节证据。
1. 犯罪手段；2. 犯罪对象；3. 危害结果；4. 动机；5. 平时表现；6. 认罪态度；7. 是否有前科；8. 其他证据。</td></tr>
<tr><td rowspan="3">量刑标准</td><td colspan="2">造成重大损失的</td><td>处五年以下有期徒刑或者拘役</td></tr>
<tr><td colspan="2">造成特别重大损失的</td><td>处五年以上有期徒刑</td></tr>
<tr><td colspan="2">单位犯本罪的</td><td>对单位判处罚金，并对其直接负责的主管人员和其他直接责任人员，依上述规定处罚</td></tr>
<tr><td rowspan="2">法律适用</td><td>刑法条文</td><td colspan="2">第一百八十九条　银行或者其他金融机构的工作人员在票据业务中，对违反票据法规定的票据予以承兑、付款或者保证，造成重大损失的，处五年以下有期徒刑或者拘役；造成特别重大损失的，处五年以上有期徒刑。
单位犯前款罪的，对单位判处罚金，并对其直接负责的主管人员和其他直接责任人员，依照前款的规定处罚。</td></tr>
<tr><td>司法解释</td><td colspan="2">最高人民检察院、公安部《关于公安机关管辖的刑事案件立案追诉标准的规定（二）》（节录）（2010年5月7日最高人民检察院、公安部公布　自公布之日起施行　2011年11月14日修正）
第四十五条〔对违法票据承兑、付款、保证案（刑法第一百八十九条）〕银行或者其他金融机构及其工作人员在票据业务中，对违反票据法规定的票据予以承兑、付款或者保证，造成直接经济损失数额在二十万元以上的，应予立案追诉。</td></tr>
</table>

法律适用

相关法律法规

一、《中华人民共和国票据法》（节录）（2004 年 8 月 28 日中华人民共和国主席令第 22 号公布　自公布之日起施行）

第一百零四条　金融机构工作人员在票据业务中玩忽职守，对违反本法规定的票据予以承兑、付款或者保证的，给予处分；造成重大损失，构成犯罪的，依法追究刑事责任。

由于金融机构工作人员因前款行为给当事人造成损失的，由该金融机构和直接责任人员依法承担赔偿责任。

二、《金融违法行为处罚办法》（节录）（1999 年 2 月 22 日中华人民共和国国务院令第 260 号公布　自公布之日起施行）

第十四条　金融机构对违反票据法规定的票据，不得承兑、贴现、付款或者保证。

金融机构对违反票据法规定的票据，予以承兑、贴现、付款或者保证的，给予警告，没收违法所得，并处违法所得 1 倍以上 3 倍以下的罚款，没有违法所得的，处 5 万元以上 30 万元以下的罚款；对该金融机构直接负责的高级管理人员、其他直接负责的主管人员和直接责任人员，给予记大过直至开除的纪律处分；造成资金损失的，对该金融机构直接负责的高级管理人员，给予撤职直至开除的纪律处分；构成对违法票据承兑、付款、保证罪或者其他罪的，依法追究刑事责任。

65 逃汇案

概念

本罪是指公司、企业或者其他单位，违反国家外汇管理法规，擅自将外汇存放境外，或者将境内的外汇非法转移到境外，数额较大的行为。

立案标准

根据最高人民检察院、公安部《关于公安机关管辖的刑事案件立案追诉标准的规定（二）》的规定，公司、企业或者其他单位，违反国家规定，擅自将外汇存放境外，或者将境内的外汇非法转移到境外，单笔在200万美元以上或者累计数额在500万美元以上的，应予立案追诉。

定罪标准		
	犯罪客体	本罪侵犯的客体是国家的外汇管理制度。根据我国《外汇管理条例》的规定，外汇，是指下列以外币表示的可以用作国际清偿的支付手段和资产：（1）现钞，包括纸币、铸币；（2）支付凭证或者支付工具，包括票据、银行存款凭证、银行卡等；（3）有价证券，包括债券、股票等；（4）特别提款权；（5）其他外汇资产。 我国外汇管理制度主要包括经常项目和资本项目管理两大部分。（1）经常项目外汇管理。所谓经常项目，是指国际收支中经常发生的交易项目，包括贸易收支、劳务收支、单方面转移等。境内机构的经常项目外汇收入必须调回境内，不得违反国家有关规定将外汇擅自存放在境外。境内机构的经常项目外汇收入，应当按照国务院关于结汇、售汇及付汇管理的规定卖给外汇指定银行，或者经批准在外汇指定银行开立外汇账户。境内机构的经常项目用汇，应当按照国务院关于结汇、售汇及付汇管理的规定，持有效凭证和商业单据向外汇指定银行购汇支付。境内机构的出口收汇和进口付汇，应当按照国家关于出口收汇核销管理和进口付汇核销管理的规定办理核销手续。（2）资本项目外汇管理。所谓资本项目，是指国际收支中因资本输出和输入而产生的资产与负债的增减项目，包括直接投资、各类贷款、证券投资等。境内机构的资本项目外汇收入，除国务院另有规定外，应当调回境内。境内机构的资本项目外汇收入，应当按照国家有关规定在外汇指定银行开立外汇账户；卖给外汇指定银行的，须经外汇管理机关批准。境内机构向境外投资，在向审批主管部门申请前，由外汇管理机关审查其外汇资金来源；经批准后，按照国务院关于境外投资外汇管理的规定办理有关资金汇出手续。
	犯罪客观方面	本罪在客观方面表现为违反国家规定，擅自将外汇存放境外，或者将境内的外汇非法转移至境外，数额较大的行为。 所谓逃汇，是指国家机关、企事业单位、团体或者个人，违反国家外汇管理规定，将应售给国家的外汇，私自转移、转让、买卖、存放境外，以及将外汇私自携带、托带或者邮寄出境等。根据《外汇管理条例》第39条的规定，逃汇行为主要有：（1）违反规定将外汇转移境外的。（2）以欺骗手段将境内资本转移到境外的。

定罪标准		
	犯罪客观方面	逃汇的方式很多，但并不是一切逃汇套汇行为都构成犯罪。本条关于逃汇罪的规定，只列举了两种表现方式：（1）擅自将外汇存放境外；（2）把境内的外汇非法转移到境外。以上两种逃汇行为必须达到“情节严重”，才能构成犯罪。本条没有具体规定情节严重的标准。我们认为，逃汇罪作为一种经济犯罪，衡量情节是否严重主要应从数额，同时结合其他情节综合考虑。主要包括：（1）逃汇数额的大小；（2）是否伪造和冒用有关单位的证件、印章逃汇；（3）是否国家工作人员利用职权或者勾结国家工作人员进行逃汇的；（4）是否严重影响了国家有关计划的执行，等等。
	犯罪主体	本罪的主体，根据《刑法》第190条规定，包括公司、企业或者其他单位。不论是国家机关、国有公司、企业、事业单位、人民团体，还是集体公司、企业、事业单位，以及私有公司、企业、事业单位、外资企业、中外合资经营企业、中外合作经营企业等非国有公司、企业，均可构成本罪。本罪为纯正的单位犯罪，单独的自然人不能成为本罪的主体。其违反外汇管理法律、法规逃汇的，只能由外汇管理机关按照外汇管理法律、法规依法处理。
	犯罪主观方面	本罪在主观方面必须出于故意，一般还具有谋取非法利益的目的，即公司、企业或其他单位明知自己的行为违反外汇管理法规，却为了谋取非法利益而决意为之。过失不能构成本罪。
	罪与非罪	区分罪与非罪的界限，要注意以下两点： 一、数额是否较大。如果数额达到较大，并且具有严重情节的，则应适用重罪情节所对应的法定刑幅度裁量刑罚。 二、根据全国人大常委会《关于惩治骗购外汇、逃汇和非法买卖外汇犯罪的决定》第5条规定，海关、外汇管理部门以及金融机构、从事对外贸易经营活动的公司、企业或者其他单位的工作人员与骗购外汇或者逃汇的行为人通谋，为其提供购买外汇的有关凭证或者其他便利的，或者明知是伪造、变造的凭证和单据而售汇、付汇的，以共犯论，依照本决定从重处罚。
	此罪与彼罪	一、本罪与骗取出口退税罪的界限。（1）犯罪的主体不同。逃汇罪的主体仅限于公司、企业和其他单位；而骗取出口退税罪的主体是纳税人，包括自然人和单位。（2）客观方面表现不同。本罪的客观方面主要表现为逃汇和套汇行为；而骗取出口退税罪的客观方面主要表现为骗取国家出口退税税款。（3）侵犯的客体不同。逃汇罪侵犯的是国家外汇管理制度；而骗取出口退税罪针对的是国家税收，实行的是如何运用特定方法偷逃税款的行为，其行为侵犯的是税收管理制度。 二、本罪与走私罪的界限。（1）犯罪主体不同。本罪的主体是特殊主体，其仅限于公司、企业或者其他单位；走私罪的主体则为一般主体，凡达到刑事责任年龄、具有刑事责任能力的自然人，均可成为本罪的主体。此外，单位亦可构成其罪。（2）客观方面的表现形式不同。本罪在客观方面表现为逃汇的行为。逃汇的外在形式是将境外取得的外汇应当调回境内而不调回存放于境外，或者把境内的外汇非法转移到国外等；走私罪的客观行为却是行为人逃避海关监管，非法运输、携带、邮寄货物、物品进出国（边）境。（3）犯罪对象不同。本罪的对象仅限于外汇；走私罪的对象却比本

定罪标准	此罪与彼罪	罪广泛得多，它包括外汇在内的一切禁止或限制进出境的货物、物品或者应当缴纳关税的货物及物品。(4) 所侵犯的客体不同。本罪所侵犯的客体是国家的外汇管理制度，其与进出口贸易及关税无关；而走私罪所侵犯的客体则是对外贸易管制，后者这种管制的目的是通过对进出口货物的监督、管理与控制，防止偷逃关税及阻止或限制不该进出口的物资进出口。它与进出口贸易及关税紧密联系在一起。(5) 本罪为具体罪名；走私罪则为种罪名，其包括走私武器、弹药罪、走私假币罪、走私文物罪等多个具体罪名。公司、企业或其他单位，如果采取逃避海关监管，非法携带、运输、邮寄等方法将境内的外汇非法转移至境外的，既触犯本罪，又触犯走私普通货物、物品罪，属想象竞合，对之，应择一重罪处断，即按走私普通货物、物品罪依法追究刑事责任，不实行数罪并罚。
证据参考标准	主体方面的证据	**一、证明行为人刑事责任年龄、身份等自然情况的证据。** 包括身份证明、户籍证明、任职证明、工作经历证明、特定职责证明等，主要是证明行为人的姓名（曾用名）、性别、出生年月日、民族、籍贯、出生地、职业（或职务）、住所地（或居所地）等证据材料，如户口簿、居民身份证、工作证、出生证、专业或技术等级证、干部履历表、职工登记表、护照等。 对于户籍、出生证等材料内容不实的，应提供其他证据材料。外国人犯罪的案件，应有护照等身份证明材料。人大代表、政协委员犯罪的案件，应注明身份，并附身份证明材料。 **二、证明行为人刑事责任能力的证据。** 证明行为人对自己的行为是否具有辨认能力与控制能力，如是否属于间歇性精神病人、尚未完全丧失辨认或者控制自己行为能力的精神病人的证明材料。 **三、证明单位的证据。** 证明是否属于依法成立并有合法经营、管理范围的公司、企业、事业单位、机关、团体。 证明单位的名称、住所地、性质、法定代表人、单位负责人、业务范围、成立时间等证据材料，如企业营业执照、国有公司性质证明及非法人单位的身份证明等。 **四、证明法定代表人、单位负责人或直接责任人员等的身份证明。** 法定代表人、直接负责的主管人员和其他直接责任人在单位的任职、职责、负责权限的证明材料等。包括身份证明、户籍证明、任职证明等，如户口簿、居民身份证、工作证、护照、专业或技术等级证、干部履历表、职工登记表、任命书、业务分工文件、委派文件、单位证明、单位规章制度等。
	主观方面的证据	证明行为人故意的证据：1. 证明行为人明知的证据：证明行为人明知自己的行为会发生危害社会的结果；2. 证明直接故意的证据：证明行为人希望危害结果发生。
	客观方面的证据	证明行为人逃汇犯罪行为的证据。 具体证据包括：1. 证明行为人擅自将外汇存放在境外行为的证据：(1) 自由外汇；(2) 记账外汇。2. 证明行为人非法将境内的外汇转移到境外行为的证据：(1) 自由外汇；(2) 记账外汇。3. 证明行为人逃汇情节严重行为的证据。

<table>
<tr><td rowspan="2">证据参考标准</td><td>量刑方面的证据</td><td colspan="2">**一、法定量刑情节证据。**
1. 事实情节：(1) 数额较大；(2) 其他。2. 法定从重情节。3. 法定从轻减轻情节：(1) 可以从轻；(2) 可以从轻或减轻；(3) 应当从轻或者减轻。4. 法定从轻减轻免除情节：(1) 可以从轻、减轻或者免除处罚；(2) 应当从轻、减轻或者免除处罚。5. 法定减轻免除情节：(1) 可以减轻或者免除处罚；(2) 应当减轻或者免除处罚；(3) 可以免除处罚。
二、酌定量刑情节证据。
1. 犯罪手段：(1) 存放；(2) 转移。2. 犯罪对象。3. 危害结果。4. 动机。5. 平时表现。6. 认罪态度。7. 是否有前科。8. 其他证据。</td></tr>
<tr><td colspan="3"></td></tr>
<tr><td rowspan="2">量刑标准</td><td colspan="2">数额较大的</td><td>对单位判处逃汇数额百分之五以上百分之三十以下罚金，并对其直接负责的主管人员和其他直接责任人员处五年以下有期徒刑或者拘役</td></tr>
<tr><td colspan="2">数额巨大或者有其他严重情节的</td><td>对单位判处逃汇数额百分之五以上百分之三十以下罚金，并对其直接负责的主管人员和其他直接责任人员处五年以上有期徒刑</td></tr>
<tr><td rowspan="2">法律适用</td><td>刑法条文</td><td colspan="2">**第一百九十条** 公司、企业或者其他单位，违反国家规定，擅自将外汇存放境外，或者将境内的外汇非法转移到境外，数额较大的，对单位判处逃汇数额百分之五以上百分之三十以下罚金，并对其直接负责的主管人员和其他直接责任人员处五年以下有期徒刑或者拘役；数额巨大或者有其他严重情节的，对单位判处逃汇数额百分之五以上百分之三十以下罚金，并对其直接负责的主管人员和其他直接责任人员处五年以上有期徒刑。</td></tr>
<tr><td>司法解释</td><td colspan="2">**一、最高人民法院《关于审理骗购外汇、非法买卖外汇刑事案件具体应用法律若干问题的解释》（节录）**（1998年8月28日最高人民法院公布 自1998年9月1日起施行 法释〔1998〕20号）
为依法惩处骗购外汇、非法买卖外汇的犯罪行为，根据刑法的有关规定，现对审理骗购外汇、非法买卖外汇案件具体应用法律的若干问题解释如下：
第一条 以进行走私、逃汇、洗钱、骗税等犯罪活动为目的，使用虚假、无效的凭证、商业单据或者采取其他手段向外汇指定银行骗购外汇的，应当分别按照刑法分则第三章第二节、第一百九十条、第一百九十一条和第二百零四条等规定定罪处罚。
非国有公司、企业或者其他单位，与国有公司、企业或者其他国有单位勾结逃汇的，以逃汇罪的共犯处罚。
第二条 伪造、变造、买卖海关签发的报关单、进口证明、外汇管理机关的核准件等凭证或者购买伪造、变造的上述凭证的，按照刑法第二百八十条第一款的规定定罪处罚。
第五条 海关、银行、外汇管理机关工作人员与骗购外汇的行为人通谋，为其提供购买外汇的有关凭证，或者明知是伪造、变造的凭证和商业单据而出售外汇，构成犯罪的，按照刑法的有关规定从重处罚。</td></tr>
</table>

法律适用

司法解释

第六条 实施本解释规定的行为，同时触犯二个以上罪名的，择一重罪从重处罚。

第七条 根据刑法第六十四条规定，骗购外汇、非法买卖外汇的，其违法所得予以追缴，用于骗购外汇、非法买卖外汇的资金予以没收，上缴国库。

第八条 骗购、非法买卖不同币种的外汇的，以案发时国家外汇管理机关制定的统一折算率折合后依照本解释处罚。

二、最高人民检察院、公安部《关于公安机关管辖的刑事案件立案追诉标准的规定（二）》（节录）（2010年5月7日最高人民检察院、公安部公布　自公布之日起施行　2011年11月14日修正）

第四十六条〔逃汇案（刑法第一百九十条）〕公司、企业或者其他单位，违反国家规定，擅自将外汇存放境外，或者将境内的外汇非法转移到境外，单笔在二百万美元以上或者累计数额在五百万美元以上的，应予立案追诉。

相关法律法规

一、全国人民代表大会常务委员会《关于惩治骗购外汇、逃汇和非法买卖外汇犯罪的决定》（1998年12月29日中华人民共和国主席令第14号公布　自公布之日起施行）

为了惩治骗购外汇、逃汇和非法买卖外汇的犯罪行为，维护国家外汇管理秩序，对刑法作如下补充修改：

一、有下列情形之一，骗购外汇，数额较大的，处五年以下有期徒刑或者拘役，并处骗购外汇数额百分之五以上百分之三十以下罚金；数额巨大或者有其他严重情节的，处五年以上十年以下有期徒刑，并处骗购外汇数额百分之五以上百分之三十以下罚金；数额特别巨大或者有其他特别严重情节的，处十年以上期徒刑或者无期徒刑，并处骗购外汇数额百分之五以上百分之三十以下罚金或者没收财产：

（一）使用伪造、变造的海关签发的报关单、进口证明、外汇管理部门核准件等凭证和单据的；

（二）重复使用海关签发的报关单、进口证明、外汇管理部门核准件等凭证和单据的；

（三）以其他方式骗购外汇的。

伪造、变造海关签发的报关单、进口证明、外汇管理部门核准件等凭证和单据，并用于骗购外汇的，依照前款的规定从重处罚。

明知用于骗购外汇而提供人民币资金的，以共犯论处。

单位犯前三款罪的，对单位依照第一款的规定判处罚金，并对其直接负责的主管人员和其他直接责任人员，处五年以下有期徒刑或者拘役；数额巨大或者有其他严重情节的，处五年以上十年以下有期徒刑，数额特别巨大或者有其他特别严重情节，处十年以上有期徒刑或者无期徒刑。

二、买卖伪造、变造的海关签发的报关单、进口证明、外汇管理部门核准件等凭证和单据或者国家机关的其他公文、证件、印章的，依照刑法第二百八十条的规定定罪处罚。

三、将刑法第一百九十条修改为：公司、企业或者其他单位，违反国家规定，擅自将外汇存放境外，或者将境内的外汇非法转移到境外，数额较大的，对单位判处逃汇数额百分之五以上百分之三十以下罚金，并对其直接负责的主管人员和其他直接责任人员处五年以下有期徒刑或者拘役；数额巨大或者有其他严重情节的，对单位判处逃汇数额百分之五以上百分之三十以下罚金，并对其直接负责的主管人员和其他直接责任人员处五年以上有期徒刑。

四、在国家规定的交易场所以外非法买卖外汇，扰乱市场秩序，情节严重的，依照刑法第二百二十五条的规定定罪处罚。

单位犯前款罪的，依照刑法第二百三十一条的规定处罚。

五、海关、外汇管理部门以及金融机构、从事对外贸易经营活动的公司、企业或者其他单位的工作人员与骗购外汇或者逃汇的行为人通谋，为其提供购买外汇的有关凭证或者其他便利的，或者明知是伪造、变造的凭证和单据而售汇、付汇的，以共犯论，依照本决定从重处罚。

六、海关、外汇管理部门的工作人员严重不负责任，造成大量外汇被骗购或者逃汇，致使国家利益遭受重大损失的，依照刑法第三百九十七条的规定定罪处罚。

七、金融机构、从事对外贸易经营活动的公司、企业的工作人员严重不负责任，造成大量外汇被骗购或者逃汇，致使国家利益遭受重大损失的，依照刑法第一百六十七条的规定定罪处罚。

八、犯本决定规定之罪，依法被追缴、没收的财物和罚金，一律上缴国库。

九、本决定自公布之日起施行。

二、《中华人民共和国外汇管理条例》（节录）（2008年8月5日中华人民共和国国务院令第532号公布　自公布之日起施行）

第三条　本条例所称外汇，是指下列以外币表示的可以用作国际清偿的支付手段和资产：

（一）外币现钞，包括纸币、铸币；

（二）外币支付凭证或者支付工具，包括票据、银行存款凭证、银行卡等；

（三）外币有价证券，包括债券、股票等；

（四）特别提款权；

（五）其他外汇资产。

第三十九条　有违反规定将境内外汇转移境外，或者以欺骗手段将境内资本转移境外等逃汇行为的，由外汇管理机关责令限期调回外汇，处逃汇金额30%以下的罚款；情节严重的，处逃汇金额30%以上等值以下的罚款；构成犯罪的，依法追究刑事责任。

第四十条　有违反规定以外汇收付应当以人民币收付的款项，或者以虚假、无效的交易单证等向经营结汇、售汇业务的金融机构骗购外汇等非法套汇行为的，由外汇管理机关责令对非法套汇资金予以回兑，处非法套汇金额30%以下的罚款；情节严重的，处非法套汇金额30%以上等值以下的罚款；构成犯罪的，依法追究刑事责任。

第四十一条　违反规定将外汇汇入境内的，由外汇管理机关责令改正，处违法金额30%以下的罚款；情节严重的，处违法金额30%以上等值以下的罚款。

非法结汇的，由外汇管理机关责令对非法结汇资金予以回兑，处违法金额30%以下的罚款。

第四十二条　违反规定携带外汇出入境的，由外汇管理机关给予警告，可以处违法金额20%以下的罚款。法律、行政法规规定由海关予以处罚的，从其规定。

第四十三条　有擅自对外借款、在境外发行债券或者提供对外担保等违反外债管理行为的，由外汇管理机关给予警告，处违法金额30%以下的罚款。

法律适用

相关法律法规

第四十四条 违反规定，擅自改变外汇或者结汇资金用途的，由外汇管理机关责令改正，没收违法所得，处违法金额30%以下的罚款；情节严重的，处违法金额30%以上等值以下的罚款。

有违反规定以外币在境内计价结算或者划转外汇等非法使用外汇行为的，由外汇管理机关责令改正，给予警告，可以处违法金额30%以下的罚款。

第四十五条 私自买卖外汇、变相买卖外汇、倒买倒卖外汇或者非法介绍买卖外汇数额较大的，由外汇管理机关给予警告，没收违法所得，处违法金额30%以下的罚款；情节严重的，处违法金额30%以上等值以下的罚款；构成犯罪的，依法追究刑事责任。

第四十六条 未经批准擅自经营结汇、售汇业务的，由外汇管理机关责令改正，有违法所得的，没收违法所得，违法所得50万元以上的，并处违法所得1倍以上5倍以下的罚款；没有违法所得或者违法所得不足50万元的，处50万元以上200万元以下的罚款；情节严重的，由有关主管部门责令停业整顿或者吊销业务许可证；构成犯罪的，依法追究刑事责任。

未经批准经营结汇、售汇业务以外的其他外汇业务的，由外汇管理机关或者金融业监督管理机构依照前款规定予以处罚。

第四十七条 金融机构有下列情形之一的，由外汇管理机关责令限期改正，没收违法所得，并处20万元以上100万元以下的罚款；情节严重或者逾期不改正的，由外汇管理机关责令停止经营相关业务：

（一）办理经常项目资金收付，未对交易单证的真实性及其与外汇收支的一致性进行合理审查的；

（二）违反规定办理资本项目资金收付的；

（三）违反规定办理结汇、售汇业务的；

（四）违反外汇业务综合头寸管理的；

（五）违反外汇市场交易管理的。

第四十八条 有下列情形之一的，由外汇管理机关责令改正，给予警告，对机构可以处30万元以下的罚款，对个人可以处5万元以下的罚款：

（一）未按照规定进行国际收支统计申报的；

（二）未按照规定报送财务会计报告、统计报表等资料的；

（三）未按照规定提交有效单证或者提交的单证不真实的；

（四）违反外汇账户管理规定的；

（五）违反外汇登记管理规定的；

（六）拒绝、阻碍外汇管理机关依法进行监督检查或者调查的。

第四十九条 境内机构违反外汇管理规定的，除依照本条例给予处罚外，对直接负责的主管人员和其他直接责任人员，应当给予处分；对金融机构负有直接责任的董事、监事、高级管理人员和其他直接责任人员给予警告，处5万元以上50万元以下的罚款；构成犯罪的，依法追究刑事责任。

第五十条 外汇管理机关工作人员徇私舞弊、滥用职权、玩忽职守，构成犯罪的，依法追究刑事责任；尚不构成犯罪的，依法给予处分。

第五十一条 当事人对外汇管理机关作出的具体行政行为不服的，可以依法申请行政复议；对行政复议决定仍不服的，可以依法向人民法院提起行政诉讼。

66 骗购外汇案

概念

本罪是指违反国家外汇管理法规，采取各种欺骗方法从国家规定的交易场所购买外汇，数额较大的行为。

立案标准

根据最高人民检察院、公安部《关于公安机关管辖的刑事案件立案追诉标准的规定（二）》的规定，骗购外汇，数额在50万美元以上的，应予立案追诉。

定罪标准

犯罪客体

本罪所侵害的客体为国家外汇管理制度，犯罪对象为外汇。根据我国《外汇管理条例》的规定，外汇，是指下列以外币表示的可以用作国际清偿的支付手段和资产：(1)现钞，包括纸币、铸币；(2)支付凭证或者支付工具，包括票据、银行存款凭证、银行卡等；(3)有价证券，包括债券、股票等；(4)特别提款权；(5)其他外汇资产。

犯罪客观方面

本罪在客观方面表现为采取各种欺骗方法从国家规定的外汇交易场所购买外汇，数额较大的行为。

一、必须具有从国家规定的外汇交易场所购买外汇的行为。为了加强对外汇的监督、管理，我国实行外汇业务专营制度。凡是经营售付外汇等外汇业务，都必须经过国家外汇管理部门依法批准，购买、出售都应在经过批准有权经营外汇业务的中资银行和非银行金融机构及其分支机构、外资银行、中外合资银行分行等国家规定的交易场所进行。无权经营外汇业务的单位与个人非法出售外汇，以及从无权经营外汇业务的单位和个人购买外汇，都属非法经营，情节严重，构成犯罪的，应以非法经营罪治罪科刑，而不是构成本罪。

二、从国家规定的交易场所购买外汇必须采取了欺骗方法。如果没有采取欺骗方法购买外汇，而是依法购买外汇的，自然不会构成本罪。在我国，购买外汇必须符合外汇管理法规规定的条件，如持有海关签发的报关单、进口证明、外汇管理部门的核准件等有效凭证及有效商业单据等。没有上述有效凭证、单据即不能购买外汇。为此，没有上述凭证、单据等的单位和个人，为了购得外汇，即采取使用伪造、变造的有关凭证、单据或者重复使用有关凭证、单据等手段欺骗外汇交易场所从而购得外汇。应当指出，本罪的欺骗方法在于利用虚假的证明，虚构事实或者隐瞒真相以证明自己符合购买外汇的条件，进而从国家规定的外汇交易场所购买到外汇，即对买卖外汇的行为而言，确实属于有代价的取得外汇的行为，只不过是自己不符合购买外汇的条件，依法不能购买外汇，而采取欺骗手法证明自己符合购买外汇的条件进而以“合法”的购买者去买得外汇。如果行为人不是为了购买外汇，而是出于非法占有的目的采取欺骗方法从外汇经营单位骗取外汇，则属诈骗行为，构成犯罪的，应以他罪如贷款诈骗罪、合同诈骗罪等论处，而不是构成本罪。就本罪所采取的具体诈骗方法而言，根据《关于惩治骗购外汇、逃汇和非法买卖外汇犯罪的决定》第1条的规定，具有下列三种情形：

定罪标准

犯罪客观方面

1. 使用伪造、变造的海关签发的报关单、进口证明、外汇管理部门核准件等凭证和单据骗购外汇的。所谓报关单，是指进出口货物的收发货人或者其代理人填写并向海关递交的报告进出口货物情况，申请海关审查、放行的一种法律凭证。既是海关对进出口货物依法监管、征税、统计以及开展稽查、调查的重要依据，又是加工贸易进出口货物核销及出口退税、外汇管理的重要凭证，还是海关、外汇管理部门等依法查处走私、骗税、套汇等违法犯罪活动的重要凭证。包括进口货物报关单及出口货物报关单。所谓进口证明，是报关单位在申请付汇时，依据有关法律、法规提交的除进口货物报关单以外的有关单据及证明，如进口许可证、进口合同、信用证开证申请书、进口付汇通知书、发票、正本运输单据、进口保险费收据、验货合格证明等。进口货物，其结算方式及费用不同，所需的证明亦有所不同。所谓外汇管理部门核准件，是指国家外汇管理部门及其分支机构制发的，由进出口单位或者其委托的单位在出口收汇、进口付汇的过程中填写的，海关凭以管理报关、外汇管理部门凭以核销收汇或者付汇的法律凭证，如进口付汇核销单、出口收汇核销单等。

另外，除上述海关签发的报关单、进口证明、外汇管理部门核准件外，还有一些凭证可以作为单位与个人取得外汇的依据，如《结汇、售汇及付汇管理规定》第 16 条规定，境内机构偿还境内中资金融机构外汇贷款利息，持《外汇（转）贷款登记证》、借贷合同及债权人的付息通知单，从其外汇帐户中支付或者到外汇指定银行兑付。第 18 条规定，财政预算外的境内机构下列非经营性用汇，持所列有效凭证从其外汇帐户中支付或者到外汇指定银行兑付：（1）在境外举办展览、招商、培训及拍摄影视片等用汇，持合同、境外机构的支付通知书及主管部门批准文件；（2）对外宣传费、对外援助费、对外捐赠外汇、国际组织会费、参加国际会议的注册费、报名费，持主管部门的批准文件及有关函件；（3）在境外设立代表或者办事机构的开办费和年度预算经费，持主管部门批准设立该机构的批准文件和经费预算书；（4）国家教委国外考试协调机构支付境外的考试费，持对外合同和国外考试机构的账单或者通知书；（5）在境外办理商标、版权注册、申请专利和法律、咨询服务等所需费用，持合同和发票；（6）因公出国费用，持国家授权部门出国任务批件，等等。

所谓伪造报关单、进口证明、外汇管理部门核准件等凭证和单据，是指依照报关单、进口证明、外汇管理部门核准件等凭证和单据的形状、式样、规格、项目等特征，以印刷、复印、描绘等方法，制作出假的报关单、进口证明、外汇管理部门的核准件等凭证和单据，以冒充真实的报关单、进口证明或者外汇管理部门核准件等凭证和单据的行为。有的是根本没有报关单而仿制，有的是在海关制作的报关单上填写，但不经过海关审查而伪造海关审查专用印章加盖上面，不论属于哪种情况，都是以假充真的行为，两者没有实质区别。通过伪造而产生的海关签发的报关单、进口证明、外汇管理部门核准件等凭证和单据，便是伪造的海关签发的报关单、进口证明、外汇管理部门核准件等凭证和单据。使用伪造的凭证、单据去国家规定的外汇交易场所购买外汇，就属骗购外汇的一种行为方式，数额较大，构成犯罪的即应依法追究刑事责任。

所谓变造海关签发的报关单、进口证明、外汇管理部门核准件等凭证和单据，是指在真实的海关签发的报关单、进口证明、外汇管理部门核准件等凭证和单据上，采取涂改、添加等方法以改变其内容的行为，如将报关单上的货物名称、数量、单价、金额、税率等进行改变，以增加要付的外汇数额，骗购外汇。通过变造行为产生的海

定罪标准	犯罪客观方面	关签发的报关单、进口证明、外汇管理部门核准件等凭证和单据，便是变造的海关签发的报关单、进口证明、外汇管理部门核准件等凭证和单据。将之用于购买外汇的，亦属骗购外汇，应当依法追究行为人的法律责任直至刑事责任。 2. 重复使用海关签发的报关单、进口证明、外汇管理部门核准件等凭证和单据骗购外汇的。海关签发的报关单、进口证明、外汇管理部核准件等凭证和单据用于进口付汇，购买外汇，只能使用一次。如果依据上述凭证、单据购买了外汇后，再次用于购买外汇，便属本罪的骗购外汇。当然，重复使用不仅仅限于只使用两次，将同一份海关签发的报关单、进口证明、外汇管理部门核准件等凭证和单据使用多次，自然应属重复使用。不难看出，此种骗购外汇的方法，所使用的虽然是真实的海关签发的报关单、进口证明、外汇管理部门核准件等凭证和单据，但由于其重复使用，从而多从国家规定的外汇交易市场购得不应购买的外汇，同样亦属骗购其不应购买的外汇，一旦达到数额较大，也应依法追究刑事责任。 3. 采取其他方式骗购外汇的。其他方式，在这里是指使用伪造、变造的海关签发的报关单、进口证明、外汇管理部门核准件等凭证和单据，以及重复使用海关签发的报关单、进口证明、外汇管理部门核准件等凭证和单据骗购外汇方式外的其他所有的，采取虚构事实、隐瞒真相的在国家规定的外汇交易场所购买到本不应当购买的外汇方法，如伪造、变造有关证明，以对外宣传、援助、境外举办各种展览、招商投标、业务培训、学习访问，以及拍摄电影、电视等名义骗购外汇；以在境外设立代表处、办事机构等需用外汇的名义骗购外汇；以在境外办理商标、版权注册、申请专利和法律、咨询服务等所需费用骗购外汇；以国家教委国外考试协调机构支付境外的考试费、因公出国等名义骗购外汇；使用无效的、过期的、拾来的，或者向海关、外汇管理部门骗来的，通过行贿、提供女色诱惑等不正当手段使海关、外汇管理部门的工作人员违法为其提供的报关单、进口证明、外汇管理部门核准件等凭证、单据骗购外汇，等等。只要行为人没有购买外汇的条件，而采取其他欺骗方法，巧立名目，从国家规定的外汇交易市场购得不应购买的外汇，就属于采用其他方式骗购外汇，数额较大的，即应依法追究行为人的刑事责任。 三、采取欺骗方法骗购外汇的数额必须达到较大，才能构成本罪既遂。虽然采取了欺骗方法骗购了外汇，但数额不大，也不能以本罪论处。此时，通常属于一般违法行为，应由有关部门依法给予行政处罚。行为人如果伪造、变造海关签发的报关单、进口证明、外汇管理部门核准件等凭证和单据，或者买卖上述证件重复使用而骗购外汇，数额不大，构成犯罪的，可以他罪如伪造、变造、买卖国家机关公文、证件罪论处，而不构成本罪。应当指出，骗购外汇数额较大，作为本罪的定罪情节，即骗购外汇行为构成本罪的必要条件，并不意味着一定实际买得了数额较大的外汇。出于骗购外汇数额巨大外汇的目的，开始实施骗购外汇的行为，但由于外汇交易市场工作人员认真审核，发现其骗购的行为，以致未能骗购成功，属于未遂，情节严重的，仍然可以构成本罪。
	犯罪主体	本罪的主体为一般主体，即年满16周岁、具有刑事责任能力的自然人，均可成为本罪主体而构成本罪。根据全国人大常委会1998年12月29日通过、同日公布并施行的《关于惩治骗购外汇、逃汇和非法买卖外汇犯罪的决定》第1条第4款规定，单位亦可构成本罪。单位，既包括国有单位，又包括集体单位、私有单位，还包括股份有限公司、企业，中外合资、合作经营企业等混合所有制单位。

定罪标准	犯罪主观方面	本罪在主观方面必须出于故意，即明知自己在采取欺骗方法购买外汇仍然决意实施。过失不能构成本罪。至于犯罪动机，可多种多样，有的是骗购外汇自用，有的是骗购外汇倒卖牟利，有的是骗购外汇进行走私、逃汇、洗钱、骗税等犯罪活动，等等。动机如何，并不影响本罪成立。出于走私、逃汇、洗钱、骗税等犯罪目的，采取欺骗方法从国家规定的场所购买外汇的，以及将骗购的外汇用于其他犯罪的，属于牵连犯，应择一重罪从重处罚。当然，骗购外汇行为已构成犯罪，其他犯罪没有使用所骗购的外汇，则属数个独立的犯罪行为，对之应当实行数罪并罚。
	罪与非罪	区分罪与非罪的关键是看骗取的外汇数额是否较大。
	此罪与彼罪	一、本罪与诈骗罪的界限。两者在主观方面均出于故意，在客观方面都采取了虚构事实或者隐瞒真相的欺骗手段，有相似之处。但其间的区别却很明显，主要是：（1）犯罪主体不同。本罪的主体既可以是自然人，又可以是单位；后罪的主体则仅限于自然人，单位不能构成其罪。（2）犯罪的目的不同。本罪采用欺骗手段的目的在于骗购外汇，购买外汇不是非法的无偿即不给付对价的占有，而是有偿的给付对价的交换、买卖；后罪的目的则是非法占有公私财物，即采取欺骗的手段无偿地占有，即不给付对价的占有。（3）客观行为方式不同。本罪的行为方式为采取欺骗方法向外汇指定银行及其交易场所购买外汇。虽然采取了欺骗方法，但对于获取的外汇来说是有偿即支付对价而得到的。使用欺骗方法的目的在于掩饰自己没有购买外汇的资格、条件，并使外汇指定银行或外汇交易场所误认为其有购买外汇的资格、条件，从而向其出售。从这种意义上来说，行为人骗购外汇的行为乃属一种违法进行外汇交易的行为；而后罪的行为方式则是采取虚构事实或者隐瞒真相的欺骗方法骗取公私财物。行为人没有交易意图，与被害人之间也没有真正意义上的交易行为，而是使被害人信以为真自愿将自己的财物交给行为人。行为人没有支付与被骗取的财物相对应的价款，即使支付，两者价值也存在相当大的差距，属于纯粹的诈骗。（4）行为发生的场所不同。本罪行为发生的场所只能是国家规定的外汇交易场所，在其他场所发生的骗购外汇的行为，不构成本罪，构成犯罪的，应以非法经营罪论处；而后罪的诈骗行为则没有场所限制。（5）定罪情节不同。两罪的定罪情节虽然都为数额较大，但数额标准差距很大。根据有关司法解释规定，骗购外汇在50万美元以上的才予追诉；后罪的数额较大，则指3000元至10000元以上。（6）犯罪对象不同。本罪行为欺骗的对象为经营外汇业务的各种银行，骗购的对象则为外汇；后罪行为欺骗的对象则为一切单位和个人，诈骗的对象则为公私财物。（7）犯罪客体不同。本罪所侵犯的客体为国家外汇管理制度；后罪侵犯的客体则为公私财物的所有权。 二、本罪与非法经营罪的界限。从本质上讲，骗购外汇的行为乃为因不符合购买外汇条件而无资格购买外汇的单位或个人采取欺骗手段购买外汇，从而属于非法经营的范畴。但是，全国人大常委会《关于惩治骗购外汇、逃汇和非法买卖外汇犯罪的决定》将在国家规定的交易场所采取欺骗的手段购买外汇的行为单独规定为了一种独立的犯罪即骗购外汇罪，从而与非法经营罪相区别。其主要是：（1）主观故意的内容不同。本罪的主观内容在于明知自己采取欺骗的手段购买外汇违反国家外汇管理规定而

定罪标准	此罪与彼罪	仍决意购买，其行为的直接目的在于购买外汇。购买外汇后是否出售牟利，则不影响其罪成立；后罪的主观内容则为明知自己的经营行为非法而仍决意为之。对于出售方来说，还具有牟取非法利益的目的。（2）客观行为方式不同。本罪客观行为的方式为骗购外汇。欺骗方法虽然多种多样，但都是用来骗购外汇，即对于交易行为来说，则只有一种形式，即购买外汇；后罪客观行为的方式则表现为各种各样的非法经营行为，不仅包括违反法律、法规的购买、出售等非法交易行为，而且表现为违反法律、法规生产、加工、制造、运输、储存等各种各样的非法经营行为，如未经许可经营法律、行政法规规定的专营、专卖物品或者其他限制买卖物品；买卖进出口许可证、进出口原产地证明以及其他法律、行政法规规定的经营许可证或者批准文件；未经批准，擅自经营证券、期货或者保险业务；非法传销，等等。其中，在国家规定交易场所之外的地方买卖外汇的，仅是非法经营犯罪行为方式之一，并且，这种非法经营行为不需以欺骗方法骗购为构成条件。只要是在国家规定交易场所之外购买，不论是否采取欺骗手段，均属非法经营，情节严重的，都可构成非法经营罪。（3）行为的场所不同。本罪行为必须发生在国家规定的交易场所，否则，即使构成犯罪，也不是本罪，应以非法经营罪论处；后罪行为的场所则无定所，可以发生在任何地方，对于非法买卖外汇的非法经营行为而言，则只能发生在国家规定的交易场所之外。（4）定罪情节不同。本罪的定罪情节为数额较大，即骗购外汇达50万美元以上；后罪的定罪情节则为情节严重，既包括非法经营数额较大，又包括违法所得数额较大，还包括其他严重情节，并且由于非法经营对象的不同情节严重的标准也不相同。（5）犯罪对象不同。本罪行为的对象为外汇；后罪行为的对象则为包括外汇在内的各种对象。（6）犯罪客体不同。本罪所侵犯的客体为国家外汇管理制度，同类客体则为金融管理秩序；后罪所侵犯的客体则为市场管理秩序。（7）相对人构成犯罪所触犯的罪名不同。本罪行为的相对人为依法经营外汇的银行等机构。银行等机构被骗出售外汇，不会构成犯罪。其中的工作人员如果严重不负责任，造成大量外汇被骗购，致使国家利益遭受重大损失，构成犯罪的，应以签订、履行合同失职被骗罪定罪处罚；后罪非法经营的任何一方，只要出于故意，即可构成其罪，一般还都是非法经营罪。
证据参考标准	主体方面的证据	**一、证明行为人刑事责任年龄、身份等自然情况的证据。** 包括身份证明、户籍证明、任职证明、工作经历证明、特定职责证明等，主要是证明行为人的姓名（曾用名）、性别、出生年月日、民族、籍贯、出生地、职业（或职务）、住所地（或居所地）等证据材料，如户口簿、居民身份证、工作证、出生证、专业或技术等级证、干部履历表、职工登记表、护照等。 对于户籍、出生证等材料内容不实的，应提供其他证据材料。外国人犯罪的案件，应有护照等身份证明材料。人大代表、政协委员犯罪的案件，应注明身份，并附身份证明材料。 **二、证明行为人刑事责任能力的证据。** 证明行为人对自己的行为是否具有辨认能力与控制能力，如是否属于间歇性精神病人、尚未完全丧失辨认或者控制自己行为能力的精神病人的证明材料。 **三、证明单位的证据。** 证明是否属于依法成立并有合法经营、管理范围的公司、企业、事业单位、机关、团体。

<table>
<tr><td rowspan="4">证据参考标准</td><td>主体方面的证据</td><td colspan="2">证明单位的名称、住所地、性质、法定代表人、单位负责人、业务范围、成立时间等证据材料，如企业营业执照、国有公司性质证明及非法人单位的身份证明等。
四、证明法定代表人、单位负责人或直接责任人员等的身份证明。
法定代表人、直接负责的主管人员和其他直接责任人在单位的任职、职责、负责权限的证明材料等。包括身份证明、户籍证明、任职证明等，如户口簿、居民身份证、工作证、护照、专业或技术等级证、干部履历表、职工登记表、任命书、业务分工文件、委派文件、单位证明、单位规章制度等。</td></tr>
<tr><td>主观方面的证据</td><td colspan="2">证明行为人故意的证据：1. 证明行为人明知的证据：证明行为人明知自己的行为会发生危害社会的结果；2. 证明直接故意的证据：证明行为人希望危害结果发生。</td></tr>
<tr><td>客观方面的证据</td><td colspan="2">证明行为人骗购汇犯罪行为的证据。
具体证据包括：1. 证明行为人必须从国家规定的外汇交易场所购买外汇的行为的证据；2. 证明行为人从国家规定的交易场所购买外汇必须采取了欺骗方法的证据；3. 证明行为人采取欺骗方法骗购外汇的数额达到较大的证据。</td></tr>
<tr><td>量刑方面的证据</td><td colspan="2">一、法定量刑情节证据。
1. 事实情节：（1）数额较大；（2）其他。2. 法定从重情节。3. 法定从轻减轻情节：（1）可以从轻；（2）可以从轻或减轻；（3）应当从轻或者减轻。4. 法定从轻减轻免除情节：（1）可以从轻、减轻或者免除处罚；（2）应当从轻、减轻或者免除处罚。5. 法定减轻免除情节：（1）可以减轻或者免除处罚；（2）应当减轻或者免除处罚；（3）可以免除处罚。
二、酌定量刑情节证据。
1. 犯罪手段：（1）欺骗；（2）其他。2. 犯罪对象。3. 危害结果。4. 动机。5. 平时表现。6. 认罪态度。7. 是否有前科。8. 其他证据。</td></tr>
<tr><td rowspan="4">量刑标准</td><td colspan="2">犯本罪的</td><td>处五年以下有期徒刑或者拘役，并处骗购外汇数额百分之五以上百分之三十以下罚金</td></tr>
<tr><td colspan="2">数额巨大或者有其他严重情节的</td><td>处五年以上十年以下有期徒刑，并处骗购外汇数额百分之五以上百分之三十以下罚金</td></tr>
<tr><td colspan="2">数额特别巨大或者有其他特别严重情节的</td><td>处十年以上有期徒刑或者无期徒刑，并处骗购外汇数额百分之五以上百分之三十以下罚金或者没收财产</td></tr>
<tr><td colspan="2">单位犯罪的</td><td>依照《关于惩治骗购外汇、逃汇和非法买卖外汇犯罪的决定》第一条第四款有关规定处罚</td></tr>
</table>

法律适用

司法解释

一、最高人民法院《关于审理骗购外汇、非法买卖外汇刑事案件具体应用法律若干问题的解释》（节录）（1998年8月28日最高人民法院公布　自1998年9月1日起施行　法释〔1998〕20号）

为依法惩处骗购外汇、非法买卖外汇的犯罪行为，根据刑法的有关规定，现对审理骗购外汇、非法买卖外汇案件具体应用法律的若干问题解释如下：

第一条　以进行走私、逃汇、洗钱、骗税等犯罪活动为目的，使用虚假、无效的凭证、商业单据或者采取其他手段向外汇指定银行骗购外汇的，应当分别按照刑法分则第三章第二节、第一百九十条、第一百九十一条和第二百零四条等规定定罪处罚。

非国有公司、企业或者其他单位，与国有公司、企业或者其他国有单位勾结逃汇的，以逃汇罪的共犯处罚。

第二条　伪造、变造、买卖海关签发的报关单、进口证明、外汇管理机关的核准件等凭证或者购买伪造、变造的上述凭证的，按照刑法第二百八十条第一款的规定定罪处罚。

第五条　海关、银行、外汇管理机关工作人员与骗购外汇的行为人通谋，为其提供购买外汇的有关凭证，或者明知是伪造、变造的凭证和商业单据而出售外汇，构成犯罪的，按照刑法的有关规定从重处罚。

第六条　实施本解释规定的行为，同时触犯二个以上罪名的，择一重罪从重处罚。

第七条　根据刑法第六十四条规定，骗购外汇、非法买卖外汇的，其违法所得予以追缴，用于骗购外汇、非法买卖外汇的资金予以没收，上缴国库。

第八条　骗购、非法买卖不同币种的外汇的，以案发时国家外汇管理机关制定的统一折算率折合后依照本解释处罚。

二、最高人民检察院、公安部《关于公安机关管辖的刑事案件立案追诉标准的规定（二）》（节录）（2010年5月7日最高人民检察院、公安部公布　自公布之日起施行　2011年11月14日修正）

第四十七条〔骗购外汇案（全国人民代表大会常务委员会《关于惩治骗购外汇、逃汇和非法买卖外汇犯罪的决定》第一条）〕骗购外汇，数额在五十万美元以上的，应予立案追诉。

相关法律法规

一、全国人民代表大会常务委员会《关于惩治骗购外汇、逃汇和非法买卖外汇犯罪的决定》（节录）（1998年12月29日中华人民共和国主席令第14号公布　自公布之日起施行）

为了惩治骗购外汇、逃汇和非法买卖外汇的犯罪行为，维护国家外汇管理秩序，对刑法作如下补充修改：

一、有下列情形之一，骗购外汇，数额较大的，处五年以下有期徒刑或者拘役，并处骗购外汇数额百分之五以上百分之三十以下罚金；数额巨大或者有其他严重情节的，处五年以上十年以下有期徒刑，并处骗购外汇数额百分之五以上百分之三十以下罚金；数额特别巨大或者有其他特别严重情节的，处十年以上有期徒刑或者无期徒刑，并处骗购外汇数额百分之五以上百分之三十以下罚金或者没收财产：

（一）使用伪造、变造的海关签发的报关单、进口证明、外汇管理部门核准件等凭证和单据的；

（二）重复使用海关签发的报关单、进口证明、外汇管理部门核准件等凭证和单据的；

（三）以其他方式骗购外汇的。

伪造、变造海关签发的报关单、进口证明、外汇管理部门核准件等凭证和单据，并用于骗购外汇的，依照前款的规定从重处罚。

明知用于骗购外汇而提供人民币资金的，以共犯论处。

单位犯前三款罪的，对单位依照第一款的规定判处罚金，并对其直接负责的主管人员和其他直接责任人员，处五年以下有期徒刑或者拘役；数额巨大或者有其他严重情节的，处五年以上十年以下有期徒刑，数额特别巨大或者有其他特别严重情节，处十年以上有期徒刑或者无期徒刑。

五、海关、外汇管理部门以及金融机构、从事对外贸易以营活动的公司、企业或者其他单位的工作人员与骗购外汇或者逃汇的行为人通谋，为其提供购买外汇的有关凭证或者其他便利的，或者明知是伪造、变造的凭证和单据而售汇、付汇的，以共犯论，依照本决定从重处罚。

八、犯本决定规定之罪，依法被追缴、没收的财物和罚金，一律上缴国库。

二、《中华人民共和国外汇管理条例》（节录）（2008年8月5日中华人民共和国国务院令第532号公布　自公布之日起施行）

第三条　本条例所称外汇，是指下列以外币表示的可以用作国际清偿的支付手段和资产：

（一）外币现钞，包括纸币、铸币；

（二）外币支付凭证或者支付工具，包括票据、银行存款凭证、银行卡等；

（三）外币有价证券，包括债券、股票等；

（四）特别提款权；

（五）其他外汇资产。

第四十条　有违反规定以外汇收付应当以人民币收付的款项，或者以虚假、无效的交易单证等向经营结汇、售汇业务的金融机构骗购外汇等非法套汇行为的，由外汇管理机关责令对非法套汇资金予以回兑，处非法套汇金额30%以下的罚款；情节严重的，处非法套汇金额30%以上等值以下的罚款；构成犯罪的，依法追究刑事责任。

第四十一条　违反规定将外汇汇入境内的，由外汇管理机关责令改正，处违法金额30%以下的罚款；情节严重的，处违法金额30%以上等值以下的罚款。

非法结汇的，由外汇管理机关责令对非法结汇资金予以回兑，处违法金额30%以下的罚款。

第四十二条　违反规定携带外汇出入境的，由外汇管理机关给予警告，可以处违法金额20%以下的罚款。法律、行政法规规定由海关予以处罚的，从其规定。

第四十三条　有擅自对外借款、在境外发行债券或者提供对外担保等违反外债管理行为的，由外汇管理机关给予警告，处违法金额30%以下的罚款。

第四十四条　违反规定，擅自改变外汇或者结汇资金用途的，由外汇管理机关责令改正，没收违法所得，处违法金额30%以下的罚款；情节严重的，处违法金额30%以上等值以下的罚款。

有违反规定以外币在境内计价结算或者划转外汇等非法使用外汇行为的，由外汇管理机关责令改正，给予警告，可以处违法金额30%以下的罚款。

法律适用 相关法律法规

第四十五条 私自买卖外汇、变相买卖外汇、倒买倒卖外汇或者非法介绍买卖外汇数额较大的，由外汇管理机关给予警告，没收违法所得，处违法金额30%以下的罚款；情节严重的，处违法金额30%以上等值以下的罚款；构成犯罪的，依法追究刑事责任。

第四十六条 未经批准擅自经营结汇、售汇业务的，由外汇管理机关责令改正，有违法所得的，没收违法所得，违法所得50万元以上的，并处违法所得1倍以上5倍以下的罚款；没有违法所得或者违法所得不足50万元的，处50万元以上200万元以下的罚款；情节严重的，由有关主管部门责令停业整顿或者吊销业务许可证；构成犯罪的，依法追究刑事责任。

未经批准经营结汇、售汇业务以外的其他外汇业务的，由外汇管理机关或者金融业监督管理机构依照前款规定予以处罚。

第四十七条 金融机构有下列情形之一的，由外汇管理机关责令限期改正，没收违法所得，并处20万元以上100万元以下的罚款；情节严重或者逾期不改正的，由外汇管理机关责令停止经营相关业务：

（一）办理经常项目资金收付，未对交易单证的真实性及其与外汇收支的一致性进行合理审查的；

（二）违反规定办理资本项目资金收付的；

（三）违反规定办理结汇、售汇业务的；

（四）违反外汇业务综合头寸管理的；

（五）违反外汇市场交易管理的。

第四十八条 有下列情形之一的，由外汇管理机关责令改正，给予警告，对机构可以处30万元以下的罚款，对个人可以处5万元以下的罚款：

（一）未按照规定进行国际收支统计申报的；

（二）未按照规定报送财务会计报告、统计报表等资料的；

（三）未按照规定提交有效单证或者提交的单证不真实的；

（四）违反外汇账户管理规定的；

（五）违反外汇登记管理规定的；

（六）拒绝、阻碍外汇管理机关依法进行监督检查或者调查的。

第四十九条 境内机构违反外汇管理规定的，除依照本条例给予处罚外，对直接负责的主管人员和其他直接责任人员，应当给予处分；对金融机构负有直接责任的董事、监事、高级管理人员和其他直接责任人员给予警告，处5万元以上50万元以下的罚款；构成犯罪的，依法追究刑事责任。

第五十条 外汇管理机关工作人员徇私舞弊、滥用职权、玩忽职守，构成犯罪的，依法追究刑事责任；尚不构成犯罪的，依法给予处分。

第五十一条 当事人对外汇管理机关作出的具体行政行为不服的，可以依法申请行政复议；对行政复议决定仍不服的，可以依法向人民法院提起行政诉讼。

67 洗钱案

概念

本罪是指为掩饰、隐瞒毒品犯罪、黑社会性质的组织犯罪、恐怖活动犯罪、走私犯罪、贪污贿赂犯罪、破坏金融管理秩序犯罪、金融诈骗犯罪的所得及其产生的收益的来源和性质，而通过存入金融机构、投资在企业或市场上流通等手段使其合法化的行为。

立案标准

为掩饰、隐瞒毒品犯罪、黑社会性质的组织犯罪、恐怖活动犯罪、走私犯罪、贪污贿赂犯罪、破坏金融管理秩序犯罪、金融诈骗犯罪的所得及其产生的收益的来源和性质，涉嫌下列情形之一的，应予立案追诉：

（1）提供资金账户的；

（2）将财产转换为现金、金融票据、有价证券的；

（3）通过转账或者其他支付结算方式转移资金的；

（4）跨境转移资产的；

（5）以其他方法掩饰、隐瞒犯罪所得及其收益的性质和来源的。

定罪标准	犯罪客体	本罪侵犯的客体是国家金融管理秩序和司法机关的正常活动。掩饰、隐瞒犯罪所得及其收益的性质和来源的行为又称洗钱，其意思是指犯罪分子为掩盖其不法行为，将赃款通过金融活动将“黑钱变白”，从而达到可以公开使用的目的。换言之，即犯罪分子将犯罪所得的赃款，通过另一种犯罪行为，使其合法化。
	犯罪客观方面	本罪在客观方面表现为行为人实施了掩饰、隐瞒毒品犯罪、黑社会性质的组织犯罪、走私犯罪、贪污贿赂犯罪、破坏金融管理秩序犯罪、金融诈骗犯罪的违法所得及其产生的收益的来源和性质的行为。洗钱罪的本质在于为特定上游犯罪的犯罪所得披上合法外衣，消灭犯罪线索和证据，逃避法律追究和制裁，实现犯罪所得的安全循环使用。《刑法》第191条主要列举了五种洗钱行为：（1）提供资金账户，是指为犯罪行为人提供金融机构账户等的行为，包括提供各种真名账户、匿名账户、假名账户等，为其转移犯罪所得及其收益提供方便。（2）将财产转换为现金、金融票据或者有价证券，是指犯罪行为人本人或者协助他人将犯罪所得及其收益的财产通过交易等方式转换为现金或者汇票、本票、支票等金融票据或者股票、债券等有价证券，以掩饰、隐瞒犯罪所得财产的真实所有权关系。（3）通过转账或者其他支付结算方式转移资金。这种行为的目的是犯罪行为人为自己或者为他人掩盖犯罪所得资金的来源、去向。这里的支付结算方式包括转账、票据承兑和贴现等资金支付结算业务。（4）跨境转移资产，是指以各种方式将犯罪所得的资产转移到境外的国家或地区，兑换成外币、动产、不动产等；或者将犯罪所得的资产从境外转移到境内，兑换成人民币、动产、不动产等。实践中，跨境转移资产有直接跨境实施的，如通过运输、邮寄、携带等方式跨越国（边）境实现资产转移，以投资等方式购买境外资产等；也有间接跨境实施的，如犯罪集团控制境内、境外分别设立的两个资金池，当境内完成收款后，通

<table>
<tr><td rowspan="6">定罪标准</td><td>犯罪客观方面</td><td>知境外资金向外放款，实现跨境转移资产。(5)以其他方法掩饰、隐瞒犯罪所得及其收益的来源和性质，是一个兜底性规定，包括将犯罪所得投资于各种行业进行合法经营，将非法获得的收入注入合法收入中，或者用犯罪所得购买不动产等各种手段，掩饰、隐瞒犯罪所得及其收益的来源和性质的行为。《最高人民法院关于审理洗钱等刑事案件具体应用法律若干问题的解释》第2条对该款原规定又作了进一步细化，包括：(1)通过典当、租赁、买卖、投资等方式，转移、转换犯罪所得及其收益的；(2)通过与商场、饭店、娱乐场所等现金密集型场所的经营收入相混合的方式，转移、转换犯罪所得及其收益的；(3)通过虚构交易、虚设债权债务、虚假担保、虚报收入等方式，将犯罪所得及其收益转换为“合法”财物的；(4)通过买卖彩票、奖券等方式，转换犯罪所得及其收益的；(5)通过赌博方式，将犯罪所得及其收益转换为赌博收益的；(6)将犯罪所得及其收益携带、运输或者邮寄出入境的；(7)通过前述规定以外的方式转移、转换犯罪所得及其收益的。</td></tr>
<tr><td>犯罪主体</td><td>本罪的主体为自然人和单位。注意：《刑法修正案（十一）》对本条进行了修订，增加了“自洗钱”行为。行为人自洗钱的行为也构成洗钱罪。</td></tr>
<tr><td>犯罪主观方面</td><td>本罪主观方面由故意构成，其目的是为了掩饰、隐瞒上游犯罪的所得及其产生的收益的来源和性质。行为人的主观方面，可以通过行为人的认知能力，接触和掌握上游犯罪及其犯罪所得和收益的情况，犯罪所得及其收益的种类、数额，掩饰、隐瞒犯罪所得及其收益的方式等，结合客观实际情况与犯罪意图综合判断。</td></tr>
<tr><td>罪与非罪</td><td>区分罪与非罪的界限，要注意本罪属于行为犯，行为人只要实施了掩饰、隐瞒毒品犯罪、黑社会性质的组织犯罪、恐怖活动犯罪、走私犯罪、贪污贿赂犯罪、破坏金融管理秩序犯罪、金融诈骗犯罪的所得及其收益的来源和性质的行为，就构成犯罪。对于情节显著轻微、危害不大，不构成犯罪的，可以根据《刑法》第13条的规定，不予立案追究。</td></tr>
<tr><td>此罪与彼罪</td><td>一、本罪与掩饰、隐瞒犯罪所得、犯罪所得收益罪的界限。从具体犯罪构成要件而言，两者存在以下几方面的区别：(1)侵犯的客体不同。前者侵犯的是双重客体，其中主要客体是金融管理秩序，从而该罪被归类在“破坏社会主义市场经济秩序罪”中；后者侵犯的是单一客体，即社会管理秩序。(2)行为的对象不同。前者特指毒品犯罪、黑社会性质的组织犯罪、恐怖活动犯罪、走私犯罪、贪污贿赂犯罪、破坏金融管理秩序犯罪、金融诈骗犯罪的所得及其产生的收益；后者泛指一切犯罪的犯罪所得及其收益。(3)行为方式不同。前者是指通过法定五种行为来隐瞒和掩饰犯罪所得及其收益的性质和来源；后者则包括窝藏、转移、收购、代为销售或其他掩饰、隐瞒方法。
二、本罪与窝藏、转移、隐瞒毒品、毒赃罪的界限。(1)侵犯的客体不同。前者侵犯的是双重客体，其中主要是金融管理秩序；后者侵犯的是单一客体，即社会管理秩序。(2)行为的对象不同。前者指毒品犯罪、黑社会性质的组织犯罪、恐怖活动犯罪、走私犯罪、贪污贿赂犯罪、破坏金融管理秩序犯罪、金融诈骗犯罪的所得及其产生的收益；后者特指走私、贩卖、运输、制造毒品罪的毒品和毒赃。(3)行为方式不</td></tr>
</table>

<table>
<tr><td rowspan="1">定罪标准</td><td>此罪与彼罪</td><td>同。前者指行为人通过法定五种行为将有关犯罪所得及其产生的收益的来源和性质加以隐瞒和掩饰；后者指行为人为走私、贩卖、运输、制造毒品罪的犯罪分子窝藏、转移、隐瞒毒品或者犯罪所得的财物。</td></tr>
<tr><td rowspan="3">证据参考标准</td><td>主体方面的证据</td><td>一、证明行为人刑事责任年龄、身份等自然情况的证据。
包括身份证明、户籍证明、任职证明、工作经历证明、特定职责证明等，主要是证明行为人的姓名（曾用名）、性别、出生年月日、民族、籍贯、出生地、职业（或职务）、住所地（或居所地）等证据材料，如户口簿、居民身份证、工作证、出生证、专业或技术等级证、干部履历表、职工登记表、护照等。
对于户籍、出生证等材料内容不实的，应提供其他证据材料。外国人犯罪的案件，应有护照等身份证明材料。人大代表、政协委员犯罪的案件，应注明身份，并附身份证明材料。
二、证明行为人刑事责任能力的证据。
证明行为人对自己的行为是否具有辨认能力与控制能力，如是否属于间歇性精神病人、尚未完全丧失辨认或者控制自己行为能力的精神病人的证明材料。
三、证明单位的证据。
证明是否属于依法成立并有合法经营、管理范围的公司、企业、事业单位、机关、团体。
证明单位的名称、住所地、性质、法定代表人、单位负责人、业务范围、成立时间等证据材料，如企业营业执照、国有公司性质证明及非法人单位的身份证明等。
四、证明法定代表人、单位负责人或直接责任人员等的身份证明。
法定代表人、直接负责的主管人员和其他直接责任人在单位的任职、职责、负责权限的证明材料等。包括身份证明、户籍证明、任职证明等，如户口簿、居民身份证、工作证、护照、专业或技术等级证、干部履历表、职工登记表、任命书、业务分工文件、委派文件、单位证明、单位规章制度等。</td></tr>
<tr><td>主观方面的证据</td><td>证明行为人故意的证据：1. 证明行为人明知的证据：证明行为人明知自己的行为会发生危害社会的结果；2. 证明直接故意的证据：证明行为人希望危害结果发生。</td></tr>
<tr><td>客观方面的证据</td><td>证明行为人洗钱犯罪行为的证据。
具体证据包括：证明行为人掩饰、隐瞒毒品犯罪、黑社会性质组织犯罪、恐怖活动犯罪、走私犯罪、贪污贿赂犯罪、破坏金融管理秩序犯罪、金融诈骗犯罪违法所得及其产生的收益的来源和性质行为的证据：（1）提供资金账户的；（2）将财产转换为现金、金融票据、有价证券的；（3）通过转账或者其他支付结算方式转移资金的；（4）跨境转移资产的；（5）以其他方法掩饰、隐瞒犯罪所得及其收益的来源和性质的。</td></tr>
</table>

证据参考标准

量刑方面的证据

一、法定量刑情节证据。

1. 事实情节。2. 法定从重情节。3. 法定从轻减轻情节：（1）可以从轻；（2）可以从轻或减轻；（3）应当从轻或者减轻。4. 法定从轻减轻免除情节：（1）可以从轻、减轻或者免除处罚；（2）应当从轻、减轻或者免除处罚。5. 法定减轻免除情节：（1）可以减轻或者免除处罚；（2）应当减轻或者免除处罚；（3）可以免除处罚。

二、酌定量刑情节证据。

1. 犯罪手段：（1）掩饰；（2）隐瞒。2. 犯罪对象。3. 危害结果。4. 动机。5. 平时表现。6. 认罪态度。7. 是否有前科。8. 其他证据。

量刑标准

犯本罪的	没收实施以上犯罪的所得及其产生的收益，处五年以下有期徒刑或者拘役，并处或者单处罚金
情节严重的	处五年以上十年以下有期徒刑，并处罚金
单位犯本罪的	对单位判处罚金，并对其直接负责的主管人员和其他直接责任人员，依照前述规定处罚

法律适用

刑法条文

第一百九十一条 为掩饰、隐瞒毒品犯罪、黑社会性质的组织犯罪、恐怖活动犯罪、走私犯罪、贪污贿赂犯罪、破坏金融管理秩序犯罪、金融诈骗犯罪的所得及其产生的收益的来源和性质，有下列行为之一的，没收实施以上犯罪的所得及其产生的收益，处五年以下有期徒刑或者拘役，并处或者单处罚金；情节严重的，处五年以上十年以下有期徒刑，并处罚金：

（一）提供资金帐户的；

（二）将财产转换为现金、金融票据、有价证券的；

（三）通过转帐或者其他支付结算方式转移资金的；

（四）跨境转移资产的；

（五）以其他方法掩饰、隐瞒犯罪所得及其收益的来源和性质的。

单位犯前款罪的，对单位判处罚金，并对其直接负责的主管人员和其他直接责任人员，依照前款的规定处罚。

司法解释

一、最高人民检察院、公安部《关于公安机关管辖的刑事案件立案追诉标准的规定（二）》（节录）（2010年5月7日最高人民检察院、公安部公布 自公布之日起施行 2011年11月14日修正）

第四十八条〔洗钱案（刑法第一百九十一条）〕明知是毒品犯罪、黑社会性质的组织犯罪、恐怖活动犯罪、走私犯罪、贪污贿赂犯罪、破坏金融管理秩序犯罪、金融诈骗犯罪的所得及其产生的收益，为掩饰、隐瞒其来源和性质，涉嫌下列情形之一的，应予立案追诉：

（一）提供资金账户的；

（二）协助将财产转换为现金、金融票据、有价证券的；

（三）通过转账或者其他结算方式协助资金转移的；

（四）协助将资金汇往境外的；

（五）以其他方法掩饰、隐瞒犯罪所得及其收益的来源和性质的。

二、最高人民法院《关于审理洗钱等刑事案件具体应用法律若干问题的解释》

（2009年11月4日最高人民法院公布　自2009年11月11日起施行）

为依法惩治洗钱，掩饰、隐瞒犯罪所得、犯罪所得收益，资助恐怖活动等犯罪活动，根据刑法有关规定，现就审理此类刑事案件具体应用法律的若干问题解释如下：

第一条　刑法第一百九十一条、第三百一十二条规定的“明知”，应当结合被告人的认知能力，接触他人犯罪所得及其收益的情况，犯罪所得及其收益的种类、数额，犯罪所得及其收益的转换、转移方式以及被告人的供述等主、客观因素进行认定。

具有下列情形之一的，可以认定被告人明知系犯罪所得及其收益，但有证据证明确实不知道的除外：

（一）知道他人从事犯罪活动，协助转换或者转移财物的；

（二）没有正当理由，通过非法途径协助转换或者转移财物的；

（三）没有正当理由，以明显低于市场的价格收购财物的；

（四）没有正当理由，协助转换或者转移财物，收取明显高于市场的“手续费”的；

（五）没有正当理由，协助他人将巨额现金散存于多个银行账户或者在不同银行账户之间频繁划转的；

（六）协助近亲属或者其他关系密切的人转换或者转移与其职业或者财产状况明显不符的财物的；

（七）其他可以认定行为人明知的情形。

被告人将刑法第一百九十一条规定的某一上游犯罪的犯罪所得及其收益误认为刑法第一百九十一条规定的上游犯罪范围内的其他犯罪所得及其收益的，不影响刑法第一百九十一条规定的“明知”的认定。

第二条　具有下列情形之一的，可以认定为刑法第一百九十一条第一款第（五）项规定的“以其他方法掩饰、隐瞒犯罪所得及其收益的来源和性质”：

（一）通过典当、租赁、买卖、投资等方式，协助转移、转换犯罪所得及其收益的；

（二）通过与商场、饭店、娱乐场所等现金密集型场所的经营收入相混合的方式，协助转移、转换犯罪所得及其收益的；

（三）通过虚构交易、虚设债权债务、虚假担保、虚报收入等方式，协助将犯罪所得及其收益转换为“合法”财物的；

（四）通过买卖彩票、奖券等方式，协助转换犯罪所得及其收益的；

（五）通过赌博方式，协助将犯罪所得及其收益转换为赌博收益的；

（六）协助将犯罪所得及其收益携带、运输或者邮寄出入境的；

（七）通过前述规定以外的方式协助转移、转换犯罪所得及其收益的。

第三条　明知是犯罪所得及其产生的收益而予以掩饰、隐瞒，构成刑法第三百一十二条规定的犯罪，同时又构成刑法第一百九十一条或者第三百四十九条规定的犯罪的，依照处罚较重的规定定罪处罚。

第四条　刑法第一百九十一条、第三百一十二条、第三百四十九条规定的犯罪，应当以上游犯罪事实成立为认定前提。上游犯罪尚未依法裁判，但查证属实的，不影响刑法第一百九十一条、第三百一十二条、第三百四十九条规定的犯罪的审判。

法律适用

司法解释

上游犯罪事实可以确认，因行为人死亡等原因依法不予追究刑事责任的，不影响刑法第一百九十一条、第三百一十二条、第三百四十九条规定的犯罪的认定。

上游犯罪事实可以确认，依法以其他罪名定罪处罚的，不影响刑法第一百九十一条、第三百一十二条、第三百四十九条规定的犯罪的认定。

本条所称“上游犯罪”，是指产生刑法第一百九十一条、第三百一十二条、第三百四十九条规定的犯罪所得及其收益的各种犯罪行为。

第五条 刑法第一百二十条之一规定的“资助”，是指为恐怖活动组织或者实施恐怖活动的个人筹集、提供经费、物资或者提供场所以及其他物质便利的行为。

刑法第一百二十条之一规定的“实施恐怖活动的个人”，包括预谋实施、准备实施和实际实施恐怖活动的个人。

相关法律法规

《中华人民共和国反洗钱法》（节录）（2006年10月31日中华人民共和国主席令第56号公布　自2007年1月1日起施行）

第二条 本法所称反洗钱，是指为了预防通过各种方式掩饰、隐瞒毒品犯罪、黑社会性质的组织犯罪、恐怖活动犯罪、走私犯罪、贪污贿赂犯罪、破坏金融管理秩序犯罪、金融诈骗犯罪等犯罪所得及其收益的来源和性质的洗钱活动，依照本法规定采取相关措施的行为。

第三条 在中华人民共和国境内设立的金融机构和按照规定应当履行反洗钱义务的特定非金融机构，应当依法采取预防、监控措施，建立健全客户身份识别制度、客户身份资料和交易记录保存制度、大额交易和可疑交易报告制度，履行反洗钱义务。

第四条 国务院反洗钱行政主管部门负责全国的反洗钱监督管理工作。国务院有关部门、机构在各自的职责范围内履行反洗钱监督管理职责。

国务院反洗钱行政主管部门、国务院有关部门、机构和司法机关在反洗钱工作中应当相互配合。

第五条 对依法履行反洗钱职责或者义务获得的客户身份资料和交易信息，应当予以保密；非依法律规定，不得向任何单位和个人提供。

反洗钱行政主管部门和其他依法负有反洗钱监督管理职责的部门、机构履行反洗钱职责获得的客户身份资料和交易信息，只能用于反洗钱行政调查。

司法机关依照本法获得的客户身份资料和交易信息，只能用于反洗钱刑事诉讼。

第六条 履行反洗钱义务的机构及其工作人员依法提交大额交易和可疑交易报告，受法律保护。

第七条 任何单位和个人发现洗钱活动，有权向反洗钱行政主管部门或者公安机关举报。接受举报的机关应当对举报人和举报内容保密。

规章及规范性文件

一、《金融机构大额交易和可疑交易报告管理办法》（节录）（2006年11月6日通过　2016年12月9日修订　2018年7月26日修正）

第十一条 金融机构发现或者有合理理由怀疑客户、客户的资金或者其他资产、客户的交易或者试图进行的交易与洗钱、恐怖融资等犯罪活动相关的，不论所涉资金金额或者资产价值大小，应当提交可疑交易报告。

第十二条 金融机构应当制定本机构的交易监测标准，并对其有效性负责。交易监测标准包括并不限于客户的身份、行为，交易的资金来源、金额、频率、流向、性质等存在异常的情形，并应当参考以下因素：

（一）中国人民银行及其分支机构发布的反洗钱、反恐怖融资规定及指引、风险提示、洗钱类型分析报告和风险评估报告。

（二）公安机关、司法机关发布的犯罪形势分析、风险提示、犯罪类型报告和工作报告。

（三）本机构的资产规模、地域分布、业务特点、客户群体、交易特征，洗钱和恐怖融资风险评估结论。

（四）中国人民银行及其分支机构出具的反洗钱监管意见。

（五）中国人民银行要求关注的其他因素。

第十三条 金融机构应当定期对交易监测标准进行评估，并根据评估结果完善交易监测标准。如发生突发情况或者应当关注的情况的，金融机构应当及时评估和完善交易监测标准。

第十四条 金融机构应当对通过交易监测标准筛选出的交易进行人工分析、识别，并记录分析过程；不作为可疑交易报告的，应当记录分析排除的合理理由；确认为可疑交易的，应当在可疑交易报告理由中完整记录对客户身份特征、交易特征或行为特征的分析过程。

第十五条 金融机构应当在按本机构可疑交易报告内部操作规程确认为可疑交易后，及时以电子方式提交可疑交易报告。

第十六条 既属于大额交易又属于可疑交易的交易，金融机构应当分别提交大额交易报告和可疑交易报告。

第十七条 可疑交易符合下列情形之一的，金融机构应当在向中国反洗钱监测分析中心提交可疑交易报告的同时，以电子形式或书面形式向所在地中国人民银行或者其分支机构报告，并配合反洗钱调查：

（一）明显涉嫌洗钱、恐怖融资等犯罪活动的。

（二）严重危害国家安全或者影响社会稳定的。

（三）其他情节严重或者情况紧急的情形。

第十八条 金融机构应当对下列恐怖活动组织及恐怖活动人员名单开展实时监测，有合理理由怀疑客户或者其交易对手、资金或者其他资产与名单相关的，应当在立即向中国反洗钱监测分析中心提交可疑交易报告的同时，以电子形式或书面形式向所在地中国人民银行或者其分支机构报告，并按照相关主管部门的要求依法采取措施。

（一）中国政府发布的或者要求执行的恐怖活动组织及恐怖活动人员名单。

（二）联合国安理会决议中所列的恐怖活动组织及恐怖活动人员名单。

（三）中国人民银行要求关注的其他涉嫌恐怖活动的组织及人员名单。

恐怖活动组织及恐怖活动人员名单调整的，金融机构应当立即开展回溯性调查，并按前款规定提交可疑交易报告。

法律、行政法规、规章对上述名单的监控另有规定的，从其规定。

第三十条 本办法自2017年7月1日起施行。中国人民银行2006年11月14日发布的《金融机构大额交易和可疑交易报告管理办法》（中国人民银行令〔2006〕第2号）和2007年6月11日发布的《金融机构报告涉嫌恐怖融资的可疑交易管理办法》（中国人民银行令〔2007〕第1号）同时废止。中国人民银行此前发布的大额交易和可疑交易报告的其他规定，与本办法不一致的，以本办法为准。

二、《金融机构反洗钱规定》（节录）（2006年11月14日中国人民银行令〔2006〕第1号公布 自2007年1月1日起施行）

第七条 中国人民银行及其工作人员应当对依法履行反洗钱职责获得的信息予以保密，不得违反规定对外提供。

中国反洗钱监测分析中心及其工作人员应当对依法履行反洗钱职责获得的客户身份资料、大额交易和可疑交易信息予以保密；非依法律规定，不得向任何单位和个人提供。

第八条 金融机构及其分支机构应当依法建立健全反洗钱内部控制制度，设立反洗钱专门机构或者指定内设机构负责反洗钱工作，制定反洗钱内部操作规程和控制措施，对工作人员进行反洗钱培训，增强反洗钱工作能力。

金融机构及其分支机构的负责人应当对反洗钱内部控制制度的有效实施负责。

第九条 金融机构应当按照规定建立和实施客户身份识别制度。

（一）对要求建立业务关系或者办理规定金额以上的一次性金融业务的客户身份进行识别，要求客户出示真实有效的身份证件或者其他身份证明文件，进行核对并登记，客户身份信息发生变化时，应当及时予以更新；

（二）按照规定了解客户的交易目的和交易性质，有效识别交易的受益人；

（三）在办理业务中发现异常迹象或者对先前获得的客户身份资料的真实性、有效性、完整性有疑问的，应当重新识别客户身份；

（四）保证与其有代理关系或者类似业务关系的境外金融机构进行有效的客户身份识别，并可从该境外金融机构获得所需的客户身份信息。

前款规定的具体实施办法由中国人民银行会同中国银行业监督管理委员会、中国证券监督管理委员会和中国保险监督管理委员会制定。

第十条 金融机构应当在规定的期限内，妥善保存客户身份资料和能够反映每笔交易的数据信息、业务凭证、账簿等相关资料。

前款规定的具体实施办法由中国人民银行会同中国银行业监督管理委员会、中国证券监督管理委员会、中国保险监督管理委员会制定。

第十一条 金融机构应当按照规定向中国反洗钱监测分析中心报告人民币、外币大额交易和可疑交易。

前款规定的具体实施办法由中国人民银行另行制定。

第十二条 中国人民银行会同中国银行业监督管理委员会、中国证券监督管理委员会、中国保险监督管理委员会指导金融行业自律组织制定本行业的反洗钱工作指引。

第十三条 金融机构在履行反洗钱义务过程中，发现涉嫌犯罪的，应当及时以书面形式向中国人民银行当地分支机构和当地公安机关报告。

第十四条 金融机构及其工作人员应当依法协助、配合司法机关和行政执法机关打击洗钱活动。

金融机构的境外分支机构应当遵循驻在国家或者地区反洗钱方面的法律规定，协助配合驻在国家或者地区反洗钱机构的工作。

第十五条 金融机构及其工作人员对依法履行反洗钱义务获得的客户身份资料和交易信息应当予以保密；非依法律规定，不得向任何单位和个人提供。

金融机构及其工作人员应当对报告可疑交易、配合中国人民银行调查可疑交易活动等有关反洗钱工作信息予以保密，不得违反规定向客户和其他人员提供。

法律适用 规章及规范性文件

第十六条 金融机构及其工作人员依法提交大额交易和可疑交易报告，受法律保护。

第十七条 金融机构应当按照中国人民银行的规定，报送反洗钱统计报表、信息资料以及稽核审计报告中与反洗钱工作有关的内容。

第十八条 中国人民银行及其分支机构根据履行反洗钱职责的需要，可以采取下列措施进行反洗钱现场检查：

（一）进入金融机构进行检查；

（二）询问金融机构的工作人员，要求其对有关检查事项作出说明；

（三）查阅、复制金融机构与检查事项有关的文件、资料，并对可能被转移、销毁、隐匿或者篡改的文件资料予以封存；

（四）检查金融机构运用电子计算机管理业务数据的系统。

中国人民银行或者其分支机构实施现场检查前，应填写现场检查立项审批表，列明检查对象、检查内容、时间安排等内容，经中国人民银行或者其分支机构负责人批准后实施。

现场检查时，检查人员不得少于2人，并应出示执法证和检查通知书；检查人员少于2人或者未出示执法证和检查通知书的，金融机构有权拒绝检查。

现场检查后，中国人民银行或者其分支机构应当制作现场检查意见书，加盖公章，送达被检查机构。现场检查意见书的内容包括检查情况、检查评价、改进意见与措施。

第十九条 中国人民银行及其分支机构根据履行反洗钱职责的需要，可以与金融机构董事、高级管理人员谈话，要求其就金融机构履行反洗钱义务的重大事项作出说明。

68 集资诈骗案

概念

本罪是指以非法占有为目的，使用诈骗方法非法集资，数额较大的行为。

立案标准

根据最高人民检察院、公安部《关于公安机关管辖的刑事案件立案追诉标准的规定（二）》的规定，以非法占有为目的，使用诈骗方法非法集资，涉嫌下列情形之一的，应予立案追诉：

（1）个人集资诈骗，数额在10万元以上的；

（2）单位集资诈骗，数额在50万元以上的。

<table>
<tr><td rowspan="2">定罪标准</td><td>犯罪客体</td><td>本罪侵犯的客体是复杂客体，既侵犯了公私财产所有权，又侵犯了国家金融管理秩序。在现代社会，资金是企业进行生产经营不可缺少的资源和生产要素。而生产者、经营者自有资金极为有限，因此向社会筹集资金成为一种越来越重要的金融活动。与此同时，一些名为集资，实为诈骗的犯罪行为也开始滋生、蔓延。这种集资诈骗行为采取欺骗手段蒙骗社会公众，不仅造成投资者的经济损失，同时更干扰了金融机构储蓄、贷款等业务的正常进行，破坏国家的金融管理秩序。广大投资者对集资活动的过于谨慎，甚至对金融机构进行集资也可能产生不信任感，影响了经济的发展。</td></tr>
<tr><td>犯罪客观方面</td><td>本罪在客观方面表现为行为人必须实施了使用诈骗方法非法集资，数额较大的行为。
“使用诈骗方法”是指行为人以非法占有为目的，通过编造谎言、捏造或者隐瞒事实真相等欺骗的方法，骗取他人资金的行为。不论其采取什么欺骗手段，实质都是为了隐瞒事实真相，诱使公众信以为真，错误地相信非法集资者的谎言，以达到其进行非法集资进而非法占有集资款的目的。“非法集资”，是指违反国家金融管理法规，向社会公众（包括单位和个人）吸收资金的行为。一般来说，应同时具备下列四个条件：（1）未经有关部门依法批准，或者以合法经营的形式掩盖非法吸收资金的实质；（2）通过媒体、推介会、传单、手机短信等途径向社会公开宣传；（3）承诺在一定期限内以货币、实物、股权等方式还本付息或者给付回报；（4）向社会公众即社会不特定对象吸收资金。关于非法集资的“非法性”认定，即违反国家金融管理法规，包括未经有关部门依法批准和以合法经营的形式掩盖非法吸收资金的实质两种。对于实践中形式复杂且国家金融管理法规仅作原则性规定的，可以根据金融管理法规的精神，并结合中国人民银行、中国银行保险监督管理委员会、中国证券监督管理委员会等金融监管部门依照国家金融管理法律法规制定的部门规章或者国家有关金融管理的规定、办法、实施细则等规范性文件的规定予以认定。根据本条的规定，行为人在客观方面缺少上述任何一个条件，都不符合该罪行为的特征。至于行为人是否已实际将他人的资金占为己有，并不影响本罪的成立。</td></tr>
</table>

<table>
<tr><td rowspan="5">定罪标准</td><td>犯罪主体</td><td>本罪的主体包括自然人和单位。从司法实践的情况看，集资诈骗行为多是以单位的名义实施的，即使是自然人作为犯罪主体时，很多也都以公司、企业或他组织的名义进行。究其原因，主要是以单位名义实施，更具有可信性、资金筹措规模更大、更容易使人受骗上当。司法实践中正确认定案件的主体，关键在于准确认定犯罪行为所体现出的是个人的意志，还是单位的意志。对于受个人意志支配而实施的集资诈骗行为，应当按照刑法中有关自然人犯罪的规定处理；对于受单位意志支配而实施的集资诈骗行为，则应当按照刑法关于单位犯罪的规定处理。</td></tr>
<tr><td>犯罪主观方面</td><td>本罪在主观上由故意构成，且以非法占有为目的，即犯罪行为人在主观上具有将非法聚集的资金据为己有的目的。具有下列情形之一的，可以认定为具有非法占有的目的：（1）集资后不用于生产经营活动或者用于生产经营活动与筹集资金规模明显不成比例，致使集资款不能返还的；（2）肆意挥霍集资款，致使集资款不能返还的；（3）携带集资款逃匿的；（4）将集资款用于违法犯罪活动的；（5）抽逃、转移资金、隐匿财产，逃避返还资金的；（6）隐匿、销毁账目，或者搞假破产、假倒闭，逃避返还资金的；（7）拒不交代资金去向，逃避返还资金的；（8）其他可以认定非法占有目的的情形。</td></tr>
<tr><td>罪与非罪</td><td>区分罪与非罪的界限，关键是把握两点：（1）行为人主观上是否具有非法占有他人财物的目的。如果行为人无此目的，其行为属于一般的集资借贷。即使行为人为获得集资款而故意夸大了回报集资的条件，而且集资后因经营管理不善或市场因素变化等原因造成亏损而无力偿付集资本息并引起纠纷的，也只能按债务纠纷处理，而不能以犯罪论处。（2）集资诈骗的数额大小。如果数额不大的，不应认定构成犯罪。</td></tr>
<tr><td>此罪与彼罪</td><td>一、本罪与诈骗罪的界限。集资诈骗罪实际上是一种特殊的诈骗罪，因此它既有一般诈骗罪所具有的共性，也具有一般诈骗罪所不具有的特殊性。两者区别主要是：（1）犯罪的对象不同。本罪的对象是不特定多数人的用以集资获利的资金，包括金钱与财物；但后罪即诈骗罪的对象则是特定的，即行为人是针对某一特定的人或单位去实施诈骗行为并获取其钱财。（2）客观行为的表现形式不同。诈骗罪在客观方面表现为用虚构事实或隐瞒真相的方法直接使被骗人交付财物的行为，被骗人交付财物既可以是为了投资营利，亦可以是购买某物或借给欺骗人；但本罪不仅要使用诈骗方法即虚构事实或隐瞒真相的方法，而且还是以聚集资金的名义进行的，被骗人交付钱财是认为所交付的资金是集资而营利，而没有其他意图。这样，本罪客观行为不仅要有诈骗的方法，而且还要有非法集资的行为，诈骗方法实施的目的就是为了骗取他人用以集资的钱财，而不是他种用途的财物。当然，从诈骗行为的本质来讲，其应当包括诈骗他人集资的行为在内。这样就使得本罪行为为诈骗罪的行为所包容，形成两者之间的包容与被包容的法条竞合的关系，根据法条竞合的适用原则，没有特别规定的，应当依照特别法条定罪量刑。对于本罪与诈骗罪而言，本罪行为是被包容的法条属特别法条，因此，对以诈骗方法骗取集资的，应当以本罪定罪科刑。</td></tr>
</table>

定罪标准	此罪与彼罪	二、本罪与非法吸收公众存款罪的界限。非法吸收公众存款，在一定意义上讲，也是一种非法集资的形式，二者的主要区别有：（1）侵犯的对象不同。本罪的对象是他人用于集资获利所交付的集资款，既可以表现为资金，又可以表现为财物；后罪的对象则是公众的存款，它只能表现为金钱的形式，并且只能以存款人用于存款而获取一定利息的形式出现。（2）犯罪客观行为的表现方式不同。本罪是以诈骗的方法去非法聚集资金，表现为诈骗方法与非法集资两种行为的统一。诈骗行为属于方法行为，其是为非法集资这一目的行为服务的；后罪即非法吸收公众存款罪，是以存款的形式非法吸收公众存款。其虽可采用欺骗的方法进行，但不是必备的条件之一。（3）犯罪的目的不同。本罪的目的是为了将所非法募集到的集资资金据为己有，即具有非法占有之目的；但非法吸收公众存款罪的目的是为了营利，其不具有占有的目的意图。如果出于占有的故意采取以存款的形式骗取他人存款的，则不构成其罪，而应构成本罪。为了营利，是指将所聚集的资金用于一些诸如生产投资、高利放贷等生产或服务的经营活动。（4）侵犯的客体不同。本罪侵犯的客体为双重客体，其既侵犯了国家有关集资的金融管理制度，而且亦会侵犯公私财物所有权；而后罪侵犯的客体是单一的，即为国家有关集资主要是吸收公众存款的金融信贷管理制度。行为人出于营利之目的非法吸收公众存款用于经营，但由于经营不善或意外事故等原因造成了经营的亏损，即使无法给存款人还本付息，亦不能认定为出于非法占有之目的，构成犯罪的，也只能依非法吸收公众存款罪定罪处罚。因此无法支付存款人的本息而造成存款人的经济损失，则作为一个量刑情节加以考虑。
证据参考标准	主体方面的证据	**一、证明行为人刑事责任年龄、身份等自然情况的证据。** 包括身份证明、户籍证明、任职证明、工作经历证明、特定职责证明等，主要是证明行为人的姓名（曾用名）、性别、出生年月日、民族、籍贯、出生地、职业（或职务）、住所地（或居所地）等证据材料，如户口簿、居民身份证、工作证、出生证、专业或技术等级证、干部履历表、职工登记表、护照等。 对于户籍、出生证等材料内容不实的，应提供其他证据材料。外国人犯罪的案件，应有护照等身份证明材料。人大代表、政协委员犯罪的案件，应注明身份，并附身份证明材料。 **二、证明行为人刑事责任能力的证据。** 证明行为人对自己的行为是否具有辨认能力与控制能力，如是否属于间歇性精神病人、尚未完全丧失辨认或者控制自己行为能力的精神病人的证明材料。 **三、证明单位的证据。** 证明是否属于依法成立并有合法经营、管理范围的公司、企业、事业单位、机关、团体。 证明单位的名称、住所地、性质、法定代表人、单位负责人、业务范围、成立时间等证据材料，如企业营业执照、国有公司性质证明及非法人单位的身份证明等。 **四、证明法定代表人、单位负责人或直接责任人员等的身份证明。** 法定代表人、直接负责的主管人员和其他直接责任人在单位的任职、职责、负责权限的证明材料等。包括身份证明、户籍证明、任职证明等，如户口簿、居民身份证、

<table>
<tr><td rowspan="4">证据参考标准</td><td>主体方面的证据</td><td colspan="2">工作证、护照、专业或技术等级证、干部履历表、职工登记表、任命书、业务分工文件、委派文件、单位证明、单位规章制度等。</td></tr>
<tr><td>主观方面的证据</td><td colspan="2">证明行为人故意的证据：1. 证明行为人明知的证据：证明行为人明知自己的行为会发生危害社会的结果；2. 证明直接故意的证据：证明行为人希望危害结果发生。</td></tr>
<tr><td>客观方面的证据</td><td colspan="2">证明行为人集资诈骗犯罪行为的证据。
具体证据包括：1. 证明行为人虚构事实非法集资行为的证据：（1）编造虚假广告；（2）发放无偿还能力的高息债券；（3）提供优厚的待遇、条件；（4）其他。2. 证明行为人隐瞒事实真相非法集资行为的证据：（1）挥霍集资款；（2）购置其他物品；（3）其他。3. 证明行为人集资诈骗数额较大行为的证据。4. 证明行为人集资诈骗数额巨大或者有其他严重情节行为的证据。</td></tr>
<tr><td>量刑方面的证据</td><td colspan="2">一、法定量刑情节证据。
1. 事实情节：（1）其他严重情节；（2）其他特别严重情节。2. 法定从重情节。3. 法定从轻减轻情节：（1）可以从轻；（2）可以从轻或减轻；（3）应当从轻或者减轻。4. 法定从轻减轻免除情节：（1）可以从轻、减轻或者免除处罚；（2）应当从轻、减轻或者免除处罚。5. 法定减轻免除情节：（1）可以减轻或者免除处罚；（2）应当减轻或者免除处罚；（3）可以免除处罚。
二、酌定量刑情节证据。
1. 犯罪手段：（1）虚构事实；（2）隐瞒事实。2. 犯罪对象。3. 危害结果。4. 动机。5. 平时表现。6. 认罪态度。7. 是否有前科。8. 其他证据。</td></tr>
<tr><td rowspan="3">量刑标准</td><td colspan="2">数额较大的</td><td>处三年以上七年以下有期徒刑，并处罚金</td></tr>
<tr><td colspan="2">数额巨大或者有其他严重情节的</td><td>处七年以上有期徒刑或者无期徒刑，并处罚金或者没收财产</td></tr>
<tr><td colspan="2">单位犯本罪的</td><td>对单位判处罚金，并对其直接负责的主管人员和其他直接责任人员，依照前述规定处罚</td></tr>
<tr><td>法律适用</td><td>刑法条文</td><td colspan="2">第一百九十二条　以非法占有为目的，使用诈骗方法非法集资，数额较大的，处三年以上七年以下有期徒刑，并处罚金；数额巨大或者有其他严重情节的，处七年以上有期徒刑或者无期徒刑，并处罚金或者没收财产。
单位犯前款罪的，对单位判处罚金，并对其直接负责的主管人员和其他直接责任人员，依照前款的规定处罚。</td></tr>
</table>

法律适用　司法解释

一、最高人民法院、最高人民检察院、公安部《关于办理非法集资刑事案件若干问题的意见》（节录）（2019年1月30日最高人民法院、最高人民检察院、公安部公布　自公布之日起施行）

一、关于非法集资的“非法性”认定依据问题

人民法院、人民检察院、公安机关认定非法集资的“非法性”，应当以国家金融管理法律法规作为依据。对于国家金融管理法律法规仅作原则性规定的，可以根据法律规定的精神并参考中国人民银行、中国银行保险监督管理委员会、中国证券监督管理委员会等行政主管部门依照国家金融管理法律法规制定的部门规章或者国家有关金融管理的规定、办法、实施细则等规范性文件的规定予以认定。

二、关于单位犯罪的认定问题

单位实施非法集资犯罪活动，全部或者大部分违法所得归单位所有的，应当认定为单位犯罪。

个人为进行非法集资犯罪活动而设立的单位实施犯罪的，或者单位设立后，以实施非法集资犯罪活动为主要活动的，不以单位犯罪论处，对单位中组织、策划、实施非法集资犯罪活动的人员应当以自然人犯罪依法追究刑事责任。

判断单位是否以实施非法集资犯罪活动为主要活动，应当根据单位实施非法集资的次数、频度、持续时间、资金规模、资金流向、投入人力物力情况、单位进行正当经营的状况以及犯罪活动的影响、后果等因素综合考虑认定。

三、关于涉案下属单位的处理问题

办理非法集资刑事案件中，人民法院、人民检察院、公安机关应当全面查清涉案单位，包括上级单位（总公司、母公司）和下属单位（分公司、子公司）的主体资格、层级、关系、地位、作用、资金流向等，区分情况依法作出处理。

上级单位已被认定为单位犯罪，下属单位实施非法集资犯罪活动，且全部或者大部分违法所得归下属单位所有的，对该下属单位也应当认定为单位犯罪。上级单位和下属单位构成共同犯罪的，应当根据犯罪单位的地位、作用，确定犯罪单位的刑事责任。

上级单位已被认定为单位犯罪，下属单位实施非法集资犯罪活动，但全部或者大部分违法所得归上级单位所有的，对下属单位不单独认定为单位犯罪。下属单位中涉嫌犯罪的人员，可以作为上级单位的其他直接责任人员依法追究刑事责任。

上级单位未被认定为单位犯罪，下属单位被认定为单位犯罪的，对上级单位中组织、策划、实施非法集资犯罪的人员，一般可以与下属单位按照自然人与单位共同犯罪处理。

上级单位与下属单位均未被认定为单位犯罪的，一般以上级单位与下属单位中承担组织、领导、管理、协调职责的主管人员和发挥主要作用的人员作为主犯，以其他积极参加非法集资犯罪的人员作为从犯，按照自然人共同犯罪处理。

四、关于主观故意的认定问题

认定犯罪嫌疑人、被告人是否具有非法吸收公众存款的犯罪故意，应当依据犯罪嫌疑人、被告人的任职情况、职业经历、专业背景、培训经历、本人因同类行为受到行政处罚或者刑事追究情况以及吸收资金方式、宣传推广、合同资料、业务流程等证据，结合其供述，进行综合分析判断。

犯罪嫌疑人、被告人使用诈骗方法非法集资，符合《最高人民法院关于审理非法集资刑事案件具体应用法律若干问题的解释》第四条规定的，可以认定为集资诈骗罪

法律适用　司法解释

中“以非法占有为目的”。

办案机关在办理非法集资刑事案件中，应当根据案件具体情况注意收集运用涉及犯罪嫌疑人、被告人的以下证据：是否使用虚假身份信息对外开展业务；是否虚假订立合同、协议；是否虚假宣传，明显超出经营范围或者夸大经营、投资、服务项目及盈利能力；是否吸收资金后隐匿、销毁合同、协议、账目；是否传授或者接受规避法律、逃避监管的方法，等等。

五、关于犯罪数额的认定问题

非法吸收或者变相吸收公众存款构成犯罪，具有下列情形之一的，向亲友或者单位内部人员吸收的资金应当与向不特定对象吸收的资金一并计入犯罪数额：

（一）在向亲友或者单位内部人员吸收资金的过程中，明知亲友或者单位内部人员向不特定对象吸收资金而予以放任的；

（二）以吸收资金为目的，将社会人员吸收为单位内部人员，并向其吸收资金的；

（三）向社会公开宣传，同时向不特定对象、亲友或者单位内部人员吸收资金的。

非法吸收或者变相吸收公众存款的数额，以行为人所吸收的资金全额计算。集资参与人收回本金或者获得回报后又重复投资的数额不予扣除，但可以作为量刑情节酌情考虑。

九、关于涉案财物追缴处置问题

办理跨区域非法集资刑事案件，案件主办地办案机关应当及时归集涉案财物，为统一资产处置做好基础性工作。其他涉案地办案机关应当及时查明涉案财物，明确其来源、去向、用途、流转情况，依法办理查封、扣押、冻结手续，并制作详细清单，对扣押款项应当设立明细账，在扣押后立即存入办案机关唯一合规账户，并将有关情况提供案件主办地办案机关。

人民法院、人民检察院、公安机关应当严格依照刑事诉讼法和相关司法解释的规定，依法移送、审查、处理查封、扣押、冻结的涉案财物。对审判时尚未追缴到案或者尚未足额退赔的违法所得，人民法院应当判决继续追缴或者责令退赔，并由人民法院负责执行，处置非法集资职能部门、人民检察院、公安机关等应当予以配合。

人民法院对涉案财物依法作出判决后，有关地方和部门应当在处置非法集资职能部门统筹协调下，切实履行协作义务，综合运用多种手段，做好涉案财物清运、财产变现、资金归集、资金清退等工作，确保最大限度减少实际损失。

根据有关规定，查封、扣押、冻结的涉案财物，一般应在诉讼终结后返还集资参与人。涉案财物不足全部返还的，按照集资参与人的集资额比例返还。退赔集资参与人的损失一般优先于其他民事债务以及罚金、没收财产的执行。

十、关于集资参与人权利保障问题

集资参与人，是指向非法集资活动投入资金的单位和个人，为非法集资活动提供帮助并获取经济利益的单位和个人除外。

人民法院、人民检察院、公安机关应当通过及时公布案件进展、涉案资产处置情况等方式，依法保障集资参与人的合法权利。集资参与人可以推选代表人向人民法院提出相关意见和建议；推选不出代表人的，人民法院可以指定代表人。人民法院可以视案件情况决定集资参与人代表人参加或者旁听庭审，对集资参与人提起附带民事诉讼等请求不予受理。

十二、关于国家工作人员相关法律责任问题

国家工作人员具有下列行为之一，构成犯罪的，应当依法追究刑事责任：

（一）明知单位和个人所申请机构或者业务涉嫌非法集资，仍为其办理行政许可或者注册手续的；

（二）明知所主管、监管的单位有涉嫌非法集资行为，未依法及时处理或者移送处置非法集资职能部门的；

（三）查处非法集资过程中滥用职权、玩忽职守、徇私舞弊的；

（四）徇私舞弊不向司法机关移交非法集资刑事案件的；

（五）其他通过职务行为或者利用职务影响，支持、帮助、纵容非法集资的。

二、最高人民法院、最高人民检察院、公安部《关于办理非法集资刑事案件适用法律若干问题的意见》（2014年3月25日最高人民法院、最高人民检察院、公安部公布　自公布之日起施行）

各省、自治区、直辖市高级人民法院，人民检察院，公安厅、局，解放军军事法院、军事检察院，新疆维吾尔自治区高级人民法院生产建设兵团分院，新疆生产建设兵团人民检察院、公安局：

为解决近年来公安机关、人民检察院、人民法院在办理非法集资刑事案件中遇到的问题，依法惩治非法吸收公众存款、集资诈骗等犯罪，根据刑法、刑事诉讼法的规定，结合司法实践，现就办理非法集资刑事案件适用法律问题提出以下意见：

一、关于行政认定的问题

行政部门对于非法集资的性质认定，不是非法集资刑事案件进入刑事诉讼程序的必经程序。行政部门未对非法集资作出性质认定的，不影响非法集资刑事案件的侦查、起诉和审判。

公安机关、人民检察院、人民法院应当依法认定案件事实的性质，对于案情复杂、性质认定疑难的案件，可参考有关部门的认定意见，根据案件事实和法律规定作出性质认定。

二、关于"向社会公开宣传"的认定问题

《最高人民法院关于审理非法集资刑事案件具体应用法律若干问题的解释》第一条第一款第二项中的"向社会公开宣传"，包括以各种途径向社会公众传播吸收资金的信息，以及明知吸收资金的信息向社会公众扩散而予以放任等情形。

三、关于"社会公众"的认定问题

下列情形不属于《最高人民法院关于审理非法集资刑事案件具体应用法律若干问题的解释》第一条第二款规定的"针对特定对象吸收资金"的行为，应当认定为向社会公众吸收资金：

（一）在向亲友或者单位内部人员吸收资金的过程中，明知亲友或者单位内部人员向不特定对象吸收资金而予以放任的；

（二）以吸收资金为目的，将社会人员吸收为单位内部人员，并向其吸收资金的。

四、关于共同犯罪的处理问题

为他人向社会公众非法吸收资金提供帮助，从中收取代理费、好处费、返点费、佣金、提成等费用，构成非法集资共同犯罪的，应当依法追究刑事责任。能够及时退缴上述费用的，可依法从轻处罚；其中情节轻微的，可以免除处罚；情节显著轻微、危害不大的，不作为犯罪处理。

五、关于涉案财物的追缴和处置问题

向社会公众非法吸收的资金属于违法所得。以吸收的资金向集资参与人支付的利息、分红等回报，以及向帮助吸收资金人员支付的代理费、好处费、返点费、佣金、提成等费用，应当依法追缴。集资参与人本金尚未归还的，所支付的回报可予折抵本金。

将非法吸收的资金及其转换财物用于清偿债务或者转让给他人，有下列情形之一的，应当依法追缴：

（一）他人明知是上述资金及财物而收取的；

（二）他人无偿取得上述资金及财物的；

（三）他人以明显低于市场的价格取得上述资金及财物的；

（四）他人取得上述资金及财物系源于非法债务或者违法犯罪活动的；

（五）其他依法应当追缴的情形。

查封、扣押、冻结的易贬值及保管、养护成本较高的涉案财物，可以在诉讼终结前依照有关规定变卖、拍卖。所得价款由查封、扣押、冻结机关予以保管，待诉讼终结后一并处置。

查封、扣押、冻结的涉案财物，一般应在诉讼终结后，返还集资参与人。涉案财物不足全部返还的，按照集资参与人的集资额比例返还。

六、关于证据的收集问题

办理非法集资刑事案件中，确因客观条件的限制无法逐一收集集资参与人的言词证据的，可结合已收集的集资参与人的言词证据和依法收集并查证属实的书面合同、银行账户交易记录、会计凭证及会计账簿、资金收付凭证、审计报告、互联网电子数据等证据，综合认定非法集资对象人数和吸收资金数额等犯罪事实。

七、关于涉及民事案件的处理问题

对于公安机关、人民检察院、人民法院正在侦查、起诉、审理的非法集资刑事案件，有关单位或者个人就同一事实向人民法院提起民事诉讼或者申请执行涉案财物的，人民法院应当不予受理，并将有关材料移送公安机关或者检察机关。

人民法院在审理民事案件或者执行过程中，发现有非法集资犯罪嫌疑的，应当裁定驳回起诉或者中止执行，并及时将有关材料移送公安机关或者检察机关。

公安机关、人民检察院、人民法院在侦查、起诉、审理非法集资刑事案件中，发现与人民法院正在审理的民事案件属同一事实，或者被申请执行的财物属于涉案财物的，应当及时通报相关人民法院。人民法院经审查认为确属涉嫌犯罪的，依照前款规定处理。

八、关于跨区域案件的处理问题

跨区域非法集资刑事案件，在查清犯罪事实的基础上，可以由不同地区的公安机关、人民检察院、人民法院分别处理。

对于分别处理的跨区域非法集资刑事案件，应当按照统一制定的方案处置涉案财物。

国家机关工作人员违反规定处置涉案财物，构成渎职等犯罪的，应当依法追究刑事责任。

三、最高人民法院《关于审理非法集资刑事案件具体应用法律若干问题的解释》（节录）（2010年12月13日最高人民法院公布　自2011年1月4日起施行　法释〔2010〕18号）

第二条　实施下列行为之一，符合本解释第一条第一款规定的条件的，应当依照刑法第一百七十六条的规定，以非法吸收公众存款罪定罪处罚：

法律适用 司法解释

（一）不具有房产销售的真实内容或者不以房产销售为主要目的，以返本销售、售后包租、约定回购、销售房产份额等方式非法吸收资金的；

（二）以转让林权并代为管护等方式非法吸收资金的；

（三）以代种植（养殖）、租种植（养殖）、联合种植（养殖）等方式非法吸收资金的；

（四）不具有销售商品、提供服务的真实内容或者不以销售商品、提供服务为主要目的，以商品回购、寄存代售等方式非法吸收资金的；

（五）不具有发行股票、债券的真实内容，以虚假转让股权、发售虚构债券等方式非法吸收资金的；

（六）不具有募集基金的真实内容，以假借境外基金、发售虚构基金等方式非法吸收资金的；

（七）不具有销售保险的真实内容，以假冒保险公司、伪造保险单据等方式非法吸收资金的；

（八）以投资入股的方式非法吸收资金的；

（九）以委托理财的方式非法吸收资金的；

（十）利用民间“会”、“社”等组织非法吸收资金的；

（十一）其他非法吸收资金的行为。

第四条 以非法占有为目的，使用诈骗方法实施本解释第二条规定所列行为的，应当依照刑法第一百九十二条的规定，以集资诈骗罪定罪处罚。

使用诈骗方法非法集资，具有下列情形之一的，可以认定为“以非法占有为目的”：

（一）集资后不用于生产经营活动或者用于生产经营活动与筹集资金规模明显不成比例，致使集资款不能返还的；

（二）肆意挥霍集资款，致使集资款不能返还的；

（三）携带集资款逃匿的；

（四）将集资款用于违法犯罪活动的；

（五）抽逃、转移资金、隐匿财产，逃避返还资金的；

（六）隐匿、销毁账目，或者搞假破产、假倒闭，逃避返还资金的；

（七）拒不交代资金去向，逃避返还资金的；

（八）其他可以认定非法占有目的的情形。

集资诈骗罪中的非法占有目的，应当区分情形进行具体认定。行为人部分非法集资行为具有非法占有目的的，对该部分非法集资行为所涉集资款以集资诈骗罪定罪处罚；非法集资共同犯罪中部分行为人具有非法占有目的，其他行为人没有非法占有集资款的共同故意和行为的，对具有非法占有目的的行为人以集资诈骗罪定罪处罚。

第五条 个人进行集资诈骗，数额在10万元以上的，应当认定为“数额较大”；数额在30万元以上的，应当认定为“数额巨大”；数额在100万元以上的，应当认定为“数额特别巨大”。

单位进行集资诈骗，数额在50万元以上的，应当认定为“数额较大”；数额在150万元以上的，应当认定为“数额巨大”；数额在500万元以上的，应当认定为“数额特别巨大”。

集资诈骗的数额以行为人实际骗取的数额计算，案发前已归还的数额应予扣除。

法律适用

司法解释

行为人为实施集资诈骗活动而支付的广告费、中介费、手续费、回扣，或者用于行贿、赠与等费用，不予扣除。行为人为实施集资诈骗活动而支付的利息，除本金未归还可予折抵本金以外，应当计入诈骗数额。

四、最高人民检察院、公安部《关于公安机关管辖的刑事案件立案追诉标准的规定（二）》（节录）（2010年5月7日最高人民检察院、公安部公布　自公布之日起施行　2011年11月14日修正）

第四十九条〔集资诈骗案（刑法第一百九十二条）〕以非法占有为目的，使用诈骗方法非法集资，涉嫌下列情形之一的，应予立案追诉：

（一）个人集资诈骗，数额在十万元以上的；

（二）单位集资诈骗，数额在五十万元以上的。

五、最高人民法院、最高人民检察院《关于常见犯罪的量刑指导意见（试行）》（节录）（2021年7月1日起施行　法发〔2021〕21号）

四、常见犯罪的量刑

（四）集资诈骗罪

1. 构成集资诈骗罪的，根据下列情形在相应的幅度内确定量刑起点：

（1）达到数额较大起点的，在三年至四年有期徒刑幅度内确定量刑起点。

（2）达到数额巨大起点或者有其他严重情节的，在七年至九年有期徒刑幅度内确定量刑起点。依法应当判处无期徒刑的除外。

2. 在量刑起点基础上，根据集资诈骗数额等其他影响犯罪构成的犯罪事实增加刑罚量，确定基准刑。

3. 构成集资诈骗罪的，根据犯罪数额、危害后果等犯罪情节，综合考虑被告人缴纳罚金的能力，决定罚金数额。

4. 构成集资诈骗罪的，综合考虑犯罪数额、诈骗对象、危害后果、退赃退赔等犯罪事实、量刑情节，以及被告人主观恶性、人身危险性、认罪悔罪表现等因素，决定缓刑的适用。

相关法律法规

《金融违法行为处罚办法》（节录）（1999年2月22日中华人民共和国国务院令第260号公布　自公布之日起施行）

第二十八条　信托投资公司不得以办理委托、信托业务名义吸收公众存款、发放贷款，不得违反国家规定办理委托、信托业务。

信托投资公司违反前款规定的，给予警告，没收违法所得，并处违法所得1倍以上5倍以下的罚款，没有违法所得的，处10万元以上50万元以下的罚款；对该信托投资公司直接负责的高级管理人员、其他直接负责的主管人员和直接责任人员，给予记大过直至开除的纪律处分；情节严重的，暂停或者停止该项业务，对直接负责的高级管理人员给予撤职直至开除的纪律处分；构成非法吸收公众存款罪、集资诈骗罪或者其他罪的，依法追究刑事责任。

69 贷款诈骗案

概念

本罪是指以非法占有为目的，采用虚构事实或者隐瞒真相的方法，诈骗银行或者其他金融机构的贷款，数额较大的行为。

立案标准

根据最高人民检察院、公安部《关于公安机关管辖的刑事案件立案追诉标准的规定（二）》的规定，以非法占有为目的，诈骗银行或者其他金融机构的贷款，数额在2万元以上的，应予立案追诉。

定罪标准

犯罪客体

本罪侵犯的客体是双重客体，既侵犯了银行或者其他金融机构对贷款的所有权，还侵犯了国家金融管理制度。贷款是指作为贷款人的银行或者其他金融机构对借款人提供的并按约定的利率和期限还本付息的货币资金。在现代社会中，随着国民经济和社会发展对资金需求的日益增大，贷款在社会经济生活中所起的作用日益突出。银行等金融机构不仅通过发放贷款参与企业流动资金周转，并支持企业购置固定资产和进行技术改造，促进生产发展，同时还通过发放贷款促进商品流通，促进科技文化卫生事业等发展。与此同时，随着我国贷款金融业务的日益发展，诈骗贷款违法犯罪活动也随之产生并愈益严重。诈骗贷款行为不仅侵犯了银行等金融机构的财产所有权，而且必然影响银行等金融机构贷款业务和其他金融业务的正常进行，破坏我国金融秩序的稳定。因此，诈骗贷款行为同时侵犯了银行等金融机构的贷款所有权以及国家的贷款管理制度，具有比一般诈骗行为更大的社会危害性。

犯罪客观方面

本罪在客观方面表现为采用虚构事实、隐瞒真相的方法，诈骗银行或者其他金融机构的贷款，数额较大的行为。

一、本罪表现为行为人实施了虚构事实、隐瞒真相的方法诈骗银行或者其他金融机构贷款的行为。所谓虚构事实，是指编造客观上不存在的事实，以骗取银行或者其他金融机构的信任；所谓隐瞒真相，是指有意掩盖客观存在的某些事实，使银行或者其他金融机构产生错觉。根据《刑法》第193条的规定，行为人诈骗贷款所使用的方法主要有以下几种表现形式：（1）编造引进资金、项目等虚假理由骗取银行或者其他金融机构的贷款。案犯一般是伪造国外某财团的巨额资金或者“在国外的爱国华人”的巨额私人存款等以优惠条件存入某银行，以骗取银行的贷款和手续费。此外，还有许多犯罪分子编造效益好的投资项目，以骗取银行等金融机构的贷款。（2）使用虚假的经济合同诈骗银行或者其他金融机构的贷款。为支持生产，鼓励出口，使有限的资金增值，银行或其他金融机构有时也要根据经济合同发放贷款，有些犯罪分子伪造或使用虚假的出口合同或者其他短期内产生很好效益的经济合同，诈骗银行或其他金融机构的贷款。如犯罪分子张某伪造某公司的出口供货合同，并以虚假的合同向上海某银行申请了几百万元的贷款后携款潜逃。（3）使用虚假的证明文件诈骗银行或其他金融机构的贷款。所谓证明文件，是指担保函、存款证明等向银行或其他金融机构申请

定罪标准	犯罪客观方面	贷款时所需要的文件。如某公司通过银行内部的工作人员开出了一张虚假的存款证明，并以此向另一银行贷款几百万元。（4）使用虚假的产权证明作担保或超出抵押物价值重复担保，骗取银行或其他金融机构贷款的。这里的产权证明，是指能够证明行为人对房屋等不动产或者汽车、货币、可随时兑付的票据等动产具有所有权的一切文件。如罪犯张某以伪造的某房屋开发公司房产证明为抵押，骗取某银行贷款一百余万元。（5）以其他方法诈骗银行或其他金融机构贷款的。这里的“其他方法”，是指伪造单位公章、印鉴骗贷的；以假货币为抵押骗贷的；先借贷后采用欺诈手段拒不还贷的等情况。本项规定的精神是不论行为人以何种方法诈骗贷款都要依本罪依法追究刑事责任。 司法实践中，行为人具有下列情形之一的，应认定其行为属于“以非法占有为目的，诈骗银行或者其他金融机构的贷款”：（1）贷款后携带贷款潜逃的；（2）未将贷款按用途使用而是挥霍致使贷款无法偿还的；（3）使用贷款进行违法犯罪活动，致使贷款无法偿还的；（4）改变贷款用途将贷款用于高风险的经济活动，造成重大经济损失，致使贷款无法偿还的；（5）为谋取不正当利益，改变贷款用途，造成重大经济损失致使贷款无法偿还的；（6）提供虚假的担保申请贷款，造成重大经济损失致使贷款无法偿还的，等等情形。 二、诈骗贷款必须达到“数额较大”，即数额在2万元以上。
	犯罪主体	本罪的主体是一般主体，任何达到刑事责任年龄、具有刑事责任能力的自然人均可构成。单位不能成为本罪的主体。银行或其他金融机构的工作人员与诈骗贷款的犯罪分子串通并为之提供诈骗贷款帮助的，应以贷款诈骗罪的共犯论处。所谓串通，在本罪是指银行或者其他金融机构的工作人员与诈骗贷款的犯罪分子在实施诈骗前或在诈骗的过程中，相互暗中勾结，共同商量或进行策划，与诈骗犯罪分子予以配合，充当内应而为之提供帮助的行为。对于银行及其他金融机构的工作人员与其他犯罪分子相互勾结骗取银行等金融机构钱财的行为，应当注意分清两种人员在共同犯罪中采用行为的性质，如果是以银行等金融机构工作人员为主，而采用的行为主要是利用职务之便进行，社会上的其他人员仅是提供帮助的，这时就应以银行等金融机构的工作人员所犯的罪行来定性处理，如是贪污，就应依贪污罪处罚，社会上的其他人员则以贪污罪的共犯论处；如是侵占就应以职务侵占罪治罪，其他人员则以职务侵占罪的共犯处之。如采用的行为以虚构事实、隐瞒真相的欺骗方法为主，银行等金融机构的工作人员仅是为之提供帮助的，这时就以本罪定性处罚。而不能不分情况，都以本罪或他罪论处。
	犯罪主观方面	本罪在主观上由故意构成，且以非法占有为目的。至于行为人非法占有贷款的动机是为了挥霍享受，还是为了转移隐匿，都不影响本罪的构成。反之，如果行为人不具有非法占有的目的，虽然其在申请贷款时使用了欺骗手段，也不能按犯罪处理，可由银行根据有关规定给予停止发放贷款、提前收回贷款或者加收贷款利息等办法处理。
	罪与非罪	区分罪与非罪的界限，关键是把握两点： 一、是否“以非法占有为目的”是区分罪与非罪界限的重要标准。在认定贷款诈骗罪时，不能简单地认为，只要贷款到期不能偿还，就以贷款诈骗罪论处。实际生活中，贷款不能按期偿还的情况时有发生，其原因也很复杂，如有的因为经营不善或者

<table>
<tr>
<td rowspan="2">定罪标准</td>
<td>罪与非罪</td>
<td>市场行情的变动，使营利计划无法实现不能按时偿还贷款。这种情况中，行为人虽然主观有过错，但其没有非法占有贷款的目的，故不能以本罪认定。有的是本人对自己的偿还能力估计过高，以致不能按时还贷，这种情形行为人主观上虽然具有过失，但其没有非法占有的目的，也不应以本罪论处。只有那些以非法占有为目的，采用欺骗的方法取得贷款的行为，才构成贷款诈骗罪。
二、要把贷款诈骗与借贷纠纷区别开来。有些借贷人在获得贷款后长期拖欠不还，甚至在申请贷款时就有夸大履约能力、编造谎言等情节，而到期又未能偿还。应当把握以下四点：(1) 若发生了到期不还的结果，还要看行为人在申请贷款时，履行能力不足的事实是否已经存在，行为人对此是否清楚。如无法履约这一点并不十分了解，即使到期不还，也不应认定为贷款诈骗罪，而应以借贷纠纷处理。(2) 要看行为人获得贷款后，是否积极将贷款用于借贷合同所规定的用途。尽管到期后行为人无法偿还，但如果贷款确实被用于所规定的项目，一般也说明行为人主观上没有诈骗贷款的故意，不应以本罪处理。(3) 要看行为人于贷款到期后是否积极偿还。如果行为人仅仅口头上承认还款，而实际上没有积极筹款准备归还的行为，也不能证明行为人没有诈骗的故意，不赖账，不一定就没有诈骗的故意。(4) 将上述因素综合起来考察，通过多种客观行为全面考察行为人主观心态，从而得出是否有非法占有贷款的目的，这对于正确区分贷款诈骗与借贷纠纷的界限具有重要意义。</td>
</tr>
<tr>
<td>此罪与彼罪</td>
<td>本罪与诈骗罪的界限。两者的区别是：(1) 犯罪对象不同。本罪的对象仅是指银行等金融机构的贷款，受害人是银行或其他金融机构；而诈骗罪的对象既包括货币，亦包括财物，对象不仅指银行或其他金融机构，其范围比贷款诈骗罪广泛得多。(2) 发生的领域不同。本罪发生在金融领域进行贷款的过程中；而诈骗罪的领域范围则极为广泛，可以涉及任何领域，自然也包括金融领域在内。(3) 侵害的客体不同。本罪不仅会对国家、公众贷款的所有权造成侵害，同时亦侵害了国家有关金融信贷的管理制度，其属于复杂客体；而诈骗罪的客体则是公私财物的所有权。(4) 客观行为的表现方式不完全相同。两者行为的本质特征虽然都是虚构事实或隐瞒真相，但本罪所使用的方法却是围绕骗取贷款进行的，所使用的具体方法都是与贷款所需的文件有关，如虚构引进资金、项目，使用虚假的经济合同等就是如此；而诈骗罪的行为方式更多样化，有时仅凭其三寸不烂之舌便可达到骗取他人财物的目的。(5) 犯罪的起点额不同。本罪的认定为犯罪的起点数额是 2 万元；而诈骗罪的起点数额是 3000 元。</td>
</tr>
<tr>
<td>证据参考标准</td>
<td>主体方面的证据</td>
<td>一、证明行为人刑事责任年龄、身份等自然情况的证据。
包括身份证明、户籍证明、任职证明、工作经历证明、特定职责证明等，主要是证明行为人的姓名（曾用名）、性别、出生年月日、民族、籍贯、出生地、职业（或职务）、住所地（或居住地）等证据材料，如户口簿、居民身份证、工作证、出生证、专业或技术等级证、干部履历表、职工登记表、护照等。
对于户籍、出生证等材料内容不实的，应提供其他证据材料。外国人犯罪的案件，应有护照等身份证明材料。人大代表、政协委员犯罪的案件，应注明身份，并附身份证明材料。
二、证明行为人刑事责任能力的证据。
证明行为人对自己的行为是否具有辨认能力与控制能力，如是否属于间歇性精神病人、尚未完全丧失辨认或者控制自己行为能力的精神病人的证明材料。</td>
</tr>
</table>

<table>
<tr><td rowspan="3">证据参考标准</td><td>主观方面的证据</td><td colspan="2">证明行为人故意的证据：1. 证明行为人明知的证据：证明行为人明知自己的行为会发生危害社会的结果；2. 证明直接故意的证据：证明行为人希望危害结果发生。3. 目的：非法占有。</td></tr>
<tr><td>客观方面的证据</td><td colspan="2">1. 诈骗贷款行为方面的证据：（1）“编造引进资金、项目等虚假理由”的证据；（2）“使用虚假的经济合同”的证据；（3）“使用虚假的证明文件”的证据；（4）“使用虚假的产权证明作担保或者超出抵押物价值重复担保”的证据；（5）“以其他方法诈骗贷款”的证据。
2. 获得骗贷款项“数额较大”的证据：（1）双方签订的贷款合同；（2）银行划拨账目；（3）犯罪嫌疑人银行账户资金的往来记录；（4）犯罪嫌疑人使用贷款的资金流向及银行往来账目；（5）犯罪嫌疑人提款单证；（6）犯罪嫌疑人所获赃款或赃款的存单等书证、物证。</td></tr>
<tr><td>量刑方面的证据</td><td colspan="2">一、法定量刑情节证据。
1. 事实情节：（1）其他严重情节；（2）其他特别严重情节。2. 法定从重情节。3. 法定从轻减轻情节：（1）可以从轻；（2）可以从轻或减轻；（3）应当从轻或者减轻。4. 法定从轻减轻免除情节：（1）可以从轻、减轻或者免除处罚；（2）应当从轻、减轻或者免除处罚。5. 法定减轻免除情节：（1）可以减轻或者免除处罚；（2）应当减轻或者免除处罚；（3）可以免除处罚。
二、酌定量刑情节证据。
1. 犯罪手段：（1）虚构事实；（2）隐瞒事实真相。2. 犯罪对象。3. 危害结果。4. 动机。5. 平时表现。6. 认罪态度。7. 是否有前科。8. 其他证据。</td></tr>
<tr><td rowspan="3">量刑标准</td><td colspan="2">数额较大的</td><td>处五年以下有期徒刑或者拘役，并处二万元以上二十万元以下罚金</td></tr>
<tr><td colspan="2">数额巨大或者有其他严重情节的</td><td>处五年以上十年以下有期徒刑，并处五万元以上五十万元以下罚金</td></tr>
<tr><td colspan="2">数额特别巨大或者有其他特别严重情节的</td><td>处十年以上有期徒刑或者无期徒刑，并处五万元以上五十万元以下罚金或者没收财产</td></tr>
<tr><td>法律适用</td><td>刑法条文</td><td colspan="2">第一百九十三条　有下列情形之一，以非法占有为目的，诈骗银行或者其他金融机构的贷款，数额较大的，处五年以下有期徒刑或者拘役，并处二万元以上二十万元以下罚金；数额巨大或者有其他严重情节的，处五年以上十年以下有期徒刑，并处五万元以上五十万元以下罚金；数额特别巨大或者有其他特别严重情节的，处十年以上有期徒刑或者无期徒刑，并处五万元以上五十万元以下罚金或者没收财产：
（一）编造引进资金、项目等虚假理由的；
（二）使用虚假的经济合同的；
（三）使用虚假的证明文件的；
（四）使用虚假的产权证明作担保或者超出抵押物价值重复担保的；
（五）以其他方法诈骗贷款的。</td></tr>
</table>

法律适用 司法解释

一、最高人民法院、最高人民检察院《关于办理诈骗刑事案件具体应用法律若干问题的解释》（节录）（2011年3月1日最高人民法院、最高人民检察院公布　自2011年4月8日起施行）

第一条　诈骗公私财物价值三千元至一万元以上、三万元至十万元以上、五十万元以上的，应当分别认定为刑法第二百六十六条规定的“数额较大”、“数额巨大”、“数额特别巨大”。

各省、自治区、直辖市高级人民法院、人民检察院可以结合本地区经济社会发展状况，在前款规定的数额幅度内，共同研究确定本地区执行的具体数额标准，报最高人民法院、最高人民检察院备案。

第二条　诈骗公私财物达到本解释第一条规定的数额标准，具有下列情形之一的，可以依照刑法第二百六十六条的规定酌情从严惩处：

（一）通过发送短信、拨打电话或者利用互联网、广播电视、报刊杂志等发布虚假信息，对不特定多数人实施诈骗的；

（二）诈骗救灾、抢险、防汛、优抚、扶贫、移民、救济、医疗款物的；

（三）以赈灾募捐名义实施诈骗的；

（四）诈骗残疾人、老年人或者丧失劳动能力人的财物的；

（五）造成被害人自杀、精神失常或者其他严重后果的。

诈骗数额接近本解释第一条规定的“数额巨大”、“数额特别巨大”的标准，并具有前款规定的情形之一或者属于诈骗集团首要分子的，应当分别认定为刑法第二百六十六条规定的“其他严重情节”、“其他特别严重情节”。

第三条　诈骗公私财物虽已达到本解释第一条规定的“数额较大”的标准，但具有下列情形之一，且行为人认罪、悔罪的，可以根据刑法第三十七条、刑事诉讼法第一百四十二条的规定不起诉或者免予刑事处罚：

（一）具有法定从宽处罚情节的；

（二）一审宣判前全部退赃、退赔的；

（三）没有参与分赃或者获赃较少且不是主犯的；

（四）被害人谅解的；

（五）其他情节轻微、危害不大的。

二、最高人民检察院、公安部《关于公安机关管辖的刑事案件立案追诉标准的规定（二）》（节录）（2010年5月7日最高人民检察院、公安部公布　自公布之日起施行　2011年11月14日修正）

第五十条〔贷款诈骗案（刑法第一百九十三条）〕以非法占有为目的，诈骗银行或者其他金融机构的贷款，数额在二万元以上的，应予立案追诉。

三、最高人民法院《全国法院审理金融犯罪案件工作座谈会纪要》（节录）

（2001年1月21日最高人民法院公布　自公布之日起施行）

（三）关于金融诈骗罪

2. 贷款诈骗罪的认定和处理。贷款诈骗罪是目前案发较多的金融诈骗犯罪之一。审理贷款诈骗犯罪案件，应当注意以下两个问题：

一是单位不能构成贷款诈骗罪。根据刑法第三十条和第一百九十三条的规定，单位不构成贷款诈骗罪。对于单位实施的贷款诈骗行为，不能以贷款诈骗罪定罪处罚，也不能以贷款诈骗罪追究直接负责的主管人员和其他直接责任人员的刑事责任。但

<table>
<tr><td rowspan="2">法律适用</td><td>司法解释</td><td>是，在司法实践中，对于单位十分明显地以非法占有为目的，利用签订、履行借款合同诈骗银行或其他金融机构贷款，符合刑法第二百二十四条规定的合同诈骗罪构成要件的，应当以合同诈骗罪定罪处罚。
二是要严格区分贷款诈骗与贷款纠纷的界限。对于合法取得贷款后，没有按规定的用途使用贷款，到期没有归还贷款的，不能以贷款诈骗罪定罪处罚；对于确有证据证明行为人不具有非法占有的目的，因为不具备贷款的条件而采取了欺骗手段获取贷款，案发时有能力履行还贷义务，或者案发时不能归还贷款是因为意志以外的原因，如因经营不善、被骗、市场风险等，不应以贷款诈骗罪定罪处罚。</td></tr>
<tr><td>相关法律法规</td><td>《中华人民共和国商业银行法》（节录）（1995 年 5 月 10 日第八届全国人民代表大会常务委员会第十三次会议通过　2003 年 12 月 27 日第一次修正　2015 年 8 月 29 日第二次修正）
第三十五条　商业银行贷款，应当对借款人的借款用途、偿还能力、还款方式等情况进行严格审查。
商业银行贷款，应当实行审贷分离、分级审批的制度。
第八十二条　借款人采取欺诈手段骗取贷款，构成犯罪的，依法追究刑事责任。</td></tr>
</table>

70 票据诈骗案

概念

本罪是指用虚构事实或者隐瞒真相的方法，利用金融票据骗取财物，数额较大的行为。

立案标准

根据最高人民检察院、公安部《关于公安机关管辖的刑事案件立案追诉标准的规定（二）》的规定，进行金融票据诈骗活动，涉嫌下列情形之一的，应予立案追诉：

（1）个人进行金融票据诈骗，数额在1万元以上的；

（2）单位进行金融票据诈骗，数额在10万元以上的。

定罪标准		
	犯罪客体	本罪侵犯的客体是复杂客体，既侵犯了他人的财物所有权，又侵犯了国家的金融管理秩序。金融票据是可流通转让的信用支付工具。广义的金融票据包括各种有价证券，狭义的金融票据仅指汇票、本票和支票。作为一种可流通转让的有价证券，金融票据具有有价性、物权性、无因性、要式性等特点。有价性即金融票据以支付一定金钱为目的；物权性即占有票据就享有物权，持票人可以依法向票据债务人行使请求权；无因性即持票人出示票据就可以行使票据权利，对取得票据的原因不负证明责任；要式性指票据形式和内容必须符合法律规定，否则无效。
	犯罪客观方面	本罪在客观方面表现为利用金融票据进行诈骗活动，骗取财物数额较大的行为。一般表现为以下五种行为方式：（1）明知是伪造、变造的汇票、本票、支票而使用。这种情形是指行为人以伪造、变造的金融票据冒充真票据进而骗取他人财物的行为。构成这种形式的犯罪要求行为人在使用票据时，“明知”是伪造、变造的。如果行为人在使用汇票、本票、支票时，确实不知道该票据是伪造、变造的，则不构成此项犯罪。（2）明知是作废的汇票、本票、支票而使用。这种情形是指利用已经作废的汇票、本票、支票进行诈骗行为。这里所说的“作废”的票据，是指根据法律和有关规定不能使用的票据，它包括《票据法》中所说的过期的票据，也包括无效的以及被依法宣布作废的票据，还包括银行根据国家有关规定予以作废的票据。同上述第一种情形一样，构成这种形式的犯罪，也要求行为人在使用票据时，“明知”是已经作废的。（3）冒用他人的汇票、本票、支票。这种情形是指行为人擅自以合法持票人的名义，支配、使用、转让自己不具备支配权利的他人的汇票、本票、支票，进行诈骗的行为。这里所说的“冒用”通常表现为以下几种情况：一是指行为人以非法手段获取的票据，如以欺诈、偷盗或者胁迫等手段取得的票据，或者明知是以上述手段取得的票据，而使用进行诈骗活动；二是指没有代理权而以代理人名义或者超越代理权限的行为；三是指用他人委托代为保管的或者捡拾他人遗失的票据进行使用，骗取财物的行为。（4）签发空头支票或者与其预留印鉴不符的支票，骗取财物的。这里所说的“空

<table>
<tr><td rowspan="4">定罪标准</td><td>犯罪客观方面</td><td>头支票”是指出票人所签发的支票金额超过其付款时在付款人处实有的存款金额的支票。“签发与其预留印鉴不符的支票”是指票据签发人在其签发的支票上加盖的与其预留于银行或者其他金融机构处的印鉴不一致的财务公章或者支票签发人的名章。“与其预留印鉴不符”，可以是与其预留的某一个印鉴不符，也可以是与所有预留印鉴不符。（5）汇票、本票的出票人签发无资金保证的汇票、本票或者在出票时作虚假记载，骗取财物的。汇票、本票的出票人是票据的当事人之一，是依法定方式制作汇票、本票并在这些票据上签章，将汇票、本票交付给收款人的人。出票人签发汇票、本票时，必须具有可靠的资金保证。这里的“资金保证”，是指票据的出票人在承兑票据时，具有按票据支付的能力，它既包括有可靠的资金来源，又包括出票人从出票时起就具有支付能力。</td></tr>
<tr><td>犯罪主体</td><td>本罪的主体是一般主体，凡达到刑事责任年龄并具有刑事责任能力的自然人均可构成。根据《刑法》第200条的规定，单位亦能成为本罪的主体。银行或其他金融机构的工作人员与票据诈骗的犯罪分子串通，即在实施票据诈骗的前后过程中，相互暗中勾结、共同策划、商量对策、充当内应，为诈骗犯罪分子提供诈骗帮助的，应以票据诈骗共犯论处。这是因为，进行票据诈骗活动实现其非法骗取他人财物的意图，往往离不开银行或其他金融机构的内部工作人员利用职务上的便利为犯罪分子提供企业账号、联行行号及密押等信息。还应注意的是，对于银行等金融机构的工作人员的上述行为不能一概以票据诈骗共犯而论。例如，因自己利用职务之便的主要行为，造成了本单位的经济损失的，此时应当按照贪污罪或职务侵占罪定性。只有因其帮助行为在造成了除自己所在金融机构以外的其他金融机构的经济损失的，以及不是金融机构工作人员为主利用职务之便而侵吞、诈骗的，才以本罪共犯处罚。但无论以何罪处罚，都应从重处罚。如果在进行此种犯罪的过程中还有其他犯罪行为如受贿的，则按牵连犯从重处罚。</td></tr>
<tr><td>犯罪主观方面</td><td>本罪在主观上须由故意构成，且以非法占有为目的。如果行为人出于过失而使用金融票据，如不知是伪造、变造或作废的金融票据、误签空头支票、对票据事项因过失而导致记载错误等，不构成犯罪。</td></tr>
<tr><td>罪与非罪</td><td>区分罪与非罪的界限，要注意行为人主观上是否明知。在司法实践中判断行为人主观上是否明知，不是仅依据行为人自己的供述，而是要在全面了解整个案件的基础上进行综合分析后得出结论。对于冒用他人的票据、签发空头支票或者与其预留印鉴不符的支票、签发无资金保证的汇票、本票或者在出票时作虚伪记载以及使用伪造、变造的其他银行结算凭证的行为人必须具有诈骗他人财物的故意和目的，没有这种故意和目的，就不能构成本罪。一般说来，具有以下情形的行为不构成犯罪：（1）不知是伪造、变造、作废的金融票据而使用的；（2）将他人的金融票据误认为是自己的金融票据而使用的；（3）不知存款已不足而误签空头支票或者误签与其预留印鉴不符的支票的；（4）签发汇票、本票时因过失而作错误记载的；（5）不知是伪造、变造的委托收款凭证、汇款凭证、银行存单而使用的；等等。</td></tr>
</table>

定罪标准	此罪与彼罪	本罪与伪造、变造金融票证罪的界限。二者的主要区别在于：伪造、变造金融票证罪所惩治的是伪造、变造行为本身；而票据诈骗罪所惩治的是使用这些金融票据进行诈骗的行为。如果行为人仅仅伪造、变造金融票证，而没有使用的，则这种行为仅构成伪造、变造金融票证罪。
证据参考标准	主体方面的证据	**一、证明行为人刑事责任年龄、身份等自然情况的证据。** 包括身份证明、户籍证明、任职证明、工作经历证明、特定职责证明等，主要是证明行为人的姓名（曾用名）、性别、出生年月日、民族、籍贯、出生地、职业（或职务）、住所地（或居所地）等证据材料，如户口簿、居民身份证、工作证、出生证、专业或技术等级证、干部履历表、职工登记表、护照等。 对于户籍、出生证等材料内容不实的，应提供其他证据材料。外国人犯罪的案件，应有护照等身份证明材料。人大代表、政协委员犯罪的案件，应注明身份，并附身份证明材料。 **二、证明行为人刑事责任能力的证据。** 证明行为人对自己的行为是否具有辨认能力与控制能力，如是否属于间歇性精神病人、尚未完全丧失辨认或者控制自己行为能力的精神病人的证明材料。 **三、证明单位的证据。** 证明是否属于依法成立并有合法经营、管理范围的公司、企业、事业单位、机关、团体。 证明单位的名称、住所地、性质、法定代表人、单位负责人、业务范围、成立时间等证据材料，如企业营业执照、国有公司性质证明及非法人单位的身份证明等。 **四、证明法定代表人、单位负责人或直接责任人员等的身份证明。** 法定代表人、直接负责的主管人员和其他直接责任人在单位的任职、职责、负责权限的证明材料等。包括身份证明、户籍证明、任职证明等，如户口簿、居民身份证、工作证、护照、专业或技术等级证、干部履历表、职工登记表、任命书、业务分工文件、委派文件、单位证明、单位规章制度等。
	主观方面的证据	证明行为人故意的证据：1. 证明行为人明知的证据：证明行为人明知自己的行为会发生危害社会的结果；2. 证明直接故意的证据：证明行为人希望危害结果发生；3. 目的：非法占有。
	客观方面的证据	证明行为人票据诈骗犯罪行为的证据。 具体证据包括：1. 证明行为人虚构事实行为的证据：（1）伪造、变造汇票、本票、支票；（2）使用作废的汇票、本票、支票；（3）冒用他人的汇票、本票、支票；（4）签发空头支票或者与预留印鉴不符的支票；（5）签发无资金保证的或者在出票时作虚假记载的汇票、本票、支票。2. 证明行为人隐瞒真相行为的证据：（1）伪造、变造委托收款凭证；（2）伪造、变造汇款凭证；（3）伪造、变造委托银行存单；（4）其他。3. 证明行为人金融票据诈骗数额较大行为的证据。4. 证明行为人金融票据诈骗数额巨大或者有其他严重情节行为的证据。5. 证明行为人金融票据诈骗数额特别巨大或者有其他特别严重情节行为的证据。6. 证明行为人其他行为的证据。

证据参考标准

量刑方面的证据

一、法定量刑情节证据。

1. 事实情节：（1）其他严重情节；（2）其他特别严重情节。2. 法定从重情节。3. 法定从轻减轻情节：（1）可以从轻；（2）可以从轻或减轻；（3）应当从轻或者减轻。4. 法定从轻减轻免除情节：（1）可以从轻、减轻或者免除处罚；（2）应当从轻、减轻或者免除处罚。5. 法定减轻免除情节：（1）可以减轻或者免除处罚；（2）应当减轻或者免除处罚；（3）可以免除处罚。

二、酌定量刑情节证据。

1. 犯罪手段：（1）虚构事实；（2）隐瞒真相。2. 犯罪对象。3. 危害结果。4. 动机。5. 平时表现。6. 认罪态度。7. 是否有前科。8. 其他证据。

量刑标准

数额较大的（个人10000元以上）	处五年以下有期徒刑或者拘役，并处二万元以上二十万元以下罚金
数额巨大或者有其他严重情节的	处五年以上十年以下有期徒刑，并处五万元以上五十万元以下罚金
数额特别巨大或者有其他特别严重情节的	处十年以上有期徒刑或者无期徒刑，并处五万元以上五十万元以下罚金或者没收财产
单位犯本罪的（单位10万元以上）	对单位判处罚金，并对其直接负责的主管人员和其他直接责任人员，处五年以下有期徒刑或者拘役
单位构成犯罪且数额巨大或者有其他严重情节的	对单位判处罚金，并对直接负责的主管人员和其他直接责任人员，处五年以上十年以下有期徒刑
单位构成犯罪且数额特别巨大或者有其他特别严重情节的	对单位判处罚金，并对直接负责的主管人员和其他直接责任人员，处十年以上有期徒刑或者无期徒刑，并处罚金

法律适用

刑法条文

第一百九十四条第一款 有下列情形之一，进行金融票据诈骗活动，数额较大的，处五年以下有期徒刑或者拘役，并处二万元以上二十万元以下罚金；数额巨大或者有其他严重情节的，处五年以上十年以下有期徒刑，并处五万元以上五十万元以下罚金；数额特别巨大或者有其他特别严重情节的，处十年以上有期徒刑或者无期徒刑，并处五万元以上五十万元以下罚金或者没收财产：

（一）明知是伪造、变造的汇票、本票、支票而使用的；

（二）明知是作废的汇票、本票、支票而使用的；

（三）冒用他人的汇票、本票、支票的；

（四）签发空头支票或者与其预留印鉴不符的支票，骗取财物的；

（五）汇票、本票的出票人签发无资金保证的汇票、本票或者在出票时作虚假记载，骗取财物的。

<table>
<tr><td rowspan="3">法律适用</td><td>刑法条文</td><td>第二百条　单位犯本节第一百九十四条、第一百九十五条规定之罪的，对单位判处罚金，并对其直接负责的主管人员和其他直接责任人员，处五年以下有期徒刑或者拘役，可以并处罚金；数额巨大或者有其他严重情节的，处五年以上十年以下有期徒刑，并处罚金；数额特别巨大或者有其他特别严重情节的，处十年以上有期徒刑或者无期徒刑，并处罚金。</td></tr>
<tr><td>司法解释</td><td>最高人民检察院、公安部《关于公安机关管辖的刑事案件立案追诉标准的规定（二）》（节录）（2010 年 5 月 7 日最高人民检察院、公安部公布　自公布之日起施行　2011 年 11 月 14 日修正）
第五十一条〔票据诈骗案（刑法第一百九十四条第一款）〕进行金融票据诈骗活动，涉嫌下列情形之一的，应予立案追诉：
（一）个人进行金融票据诈骗，数额在一万元以上的；
（二）单位进行金融票据诈骗，数额在十万元以上的。</td></tr>
<tr><td>相关法律法规</td><td>《中华人民共和国票据法》（节录）（1995 年 5 月 10 日中华人民共和国主席令第 49 号公布　2004 年 8 月 28 日修正）
第一百零二条　有下列票据欺诈行为之一的，依法追究刑事责任：
（一）伪造、变造票据的；
（二）故意使用伪造、变造的票据的；
（三）签发空头支票或者故意签发与其预留的本名签名式样或者印鉴不符的支票，骗取财物的；
（四）签发无可靠资金来源的汇票、本票，骗取资金的；
（五）汇票、本票的出票人在出票时作虚假记载，骗取财物的；
（六）冒用他人的票据，或者故意使用过期或者作废的票据，骗取财物的；
（七）付款人同出票人、持票人恶意串通，实施前六项所列行为之一的。</td></tr>
</table>

71 金融凭证诈骗案

概念

本罪是指使用伪造、变造的委托收款凭证、汇款凭证、银行存单等其他银行结算凭证进行诈骗活动，数额较大的行为。

立案标准

根据最高人民检察院、公安部《关于公安机关管辖的刑事案件立案追诉标准的规定（二）》的规定，使用伪造、变造的委托收款凭证、汇款凭证、银行存单等其他银行结算凭证进行诈骗活动，涉嫌下列情形之一的，应予立案追诉：

（1）个人进行金融凭证诈骗，数额在1万元以上的；

（2）单位进行金融凭证诈骗，数额在10万元以上的。

定罪标准		
定罪标准	犯罪客体	本罪所侵犯的客体是复杂客体，既侵犯了国家有关金融凭证的管理秩序，同时又对公私财产的所有权造成损害。从广义上来说，汇票、本票、支票都属于银行的结算凭证，与委托收款凭证、汇款凭证、银行存单等其他银行结算凭证等金融凭证具有相同的性质。但作为本罪行为对象的金融凭证，则仅是指委托收款凭证、汇款凭证及银行存单。如果使用伪造的、变造的汇票、本票、支票进行诈骗，构成犯罪的，不构成本罪，而应是票据诈骗罪。 所谓委托收款凭证，是指收款人委托银行向付款人收取款项所提供的凭据与证明。利用委托收款的方式进行银行结算，其必以收款人向其开户银行填写委托收款的凭证，并提供收款依据为前提。收款的依据一般有经济合同、各项劳务费用的收费单据、各项代办业务的手续费凭证等证明。委托收款凭证根据其方式的不同可分为邮寄和电子划回两种情况，具体采用哪种，则由收款人自己加以选择，在付款期满后，银行即将应付的款项划转到收款人的账户上。 所谓汇款凭证，是指汇款人委托银行将款项汇给外地收款人时所提供的凭据和证明。按照银行传递凭证的方式不同，可分为信汇和电汇两种方式。前者即信汇方式，是指委托银行以邮寄的方法划转款项；后者即电汇，则是指委托银行采用电子的方式划转款项。 所谓银行存单，作为一种银行结算凭证，亦是一种信用凭证。它是由客户即存款人向银行交存款项、办理开户后，由银行签发的载有户名、账号、存款金额、存期、存入日、到期日、利率等内容的一种银行到期绝对付款的结算凭据和证明。存款人凭其可以办理存款的取存，银行则凭其办理收付款项，次数较少，是具有相对固定性的储蓄业务，如一次性的整存整取、定活两便的储蓄存款等就是凭银行存单予以结算。
	犯罪客观方面	本罪在客观方面表现为使用伪造、变造的委托收款凭证、汇款凭证、银行存单等其他银行结算凭证，进行诈骗活动，数额较大的行为。 所谓伪造，是指仿照真实的金融凭证形式的图样、格式、颜色等特征擅自通过印刷、复印、描绘、复制等方法非法制造金融凭证或者在真实的空白金融凭证上作虚假

定罪标准	犯罪客观方面	的记载的行为。所谓变造，则是指在真实的金融凭证的基础上或者以真实的金融凭证为基本材料，通过挖补、剪贴、粘接、涂改、覆盖等方法，非法改变其主要内容的行为，如改变确定的金融、有效日期等。所谓伪造、变造的金融凭证，就是已经过伪造手段产生或变造手段加以改变的虚假金融凭证。 所谓使用，在这里是指将伪造或变造的金融凭证谎称、冒充为真实的金融凭证，用之骗取他人财物的行为。是否实施了使用之行为，是构成本罪与非罪、此罪与彼罪的重要界限。行为人如果仅有伪造、变造金融凭证的行为，但没有使用的，则只构成伪造、变造金融票证罪。如果既有伪造、变造金融凭证的行为，又用之骗取了他人财物的，这时，伪造、变造的行为实属本罪的手段牵连行为，对此应择一重罪定罪科刑。 应当指出，进行金融凭证诈骗活动，只有达到了数额较大的起点标准，才能构成本罪。否则，如果没有达到数额较大的最低起点，即使有使用金融凭证进行诈骗的行为，也不能构成本罪。对于数额较大，不能仅仅理解为行为人在客观上已实际骗取的数额，其应当结合行为人的主观企图或在客观上可能骗取的数额加以全面分析而认定。可能达到数额较大，但由于意志以外的原因而没有得逞，构成犯罪的，应以金融凭证诈骗罪的未遂论处。所谓数额较大，是指个人进行金融凭证诈骗，数额在 1 万元以上，单位进行金融凭证诈骗，数额在 10 万元以上。
	犯罪主体	本罪的主体为一般主体，既包括个人，亦包括单位。银行或其他金融机构的工作人员与金融凭证诈骗的犯罪分子串通，即在实施金融凭证诈骗的前后过程中，相互暗中勾结、共同策划、商量对策、充当内应，为诈骗犯罪分子提供诈骗帮助的，应以金融凭证诈骗共犯论处。这是因为，进行金融凭证诈骗活动实现其非法骗取他人财物的意图，往往离不开银行或其他金融机构的内部工作人员利用职务上的便利为犯罪分子提供企业信号、联行行号及密押等信息。还应注意的是，对于银行等金融机构的工作人员的上述行为不能一概而以金融凭证诈骗共犯而论。例如，因自己利用职务之便的主要行为，造成了本单位的经济损失的，此时应当按照贪污罪或职务侵占罪定性。只有因其帮助行为在造成了除自己所在金融机构以外的其他金融机构的经济损失的，以及不是金融机构工作人员为主利用职务之便而侵吞、诈骗的，才以本罪共犯处罚。但无论以何罪处罚，都应从重处罚。如果在进行此种犯罪的过程中还有其他犯罪行为如受贿的，则按牵连犯从重处罚。
	犯罪主观方面	本罪在主观方面必须出于故意，过失不能构成本罪。行为人对所使用的伪造、变造的金融凭证必须表现出明知。如对伪造、变造的金融凭证不表现为明知，即不知道所使用的金融凭证是伪造或变造的，则不构成本罪。行为人如果是在不知道的情况下使用的，如持有金融凭证的人所持有的金融凭证是其着手诈骗、盗窃、抢劫、抢夺而来自己却不知情的；或者受人委托使用委托人提供的本身是冒用的金融凭证的、自己完全不知情的，就因为不是出于故意而不构成本罪。 本罪要求出于非法占有之目的。否则，如无非法占有的目的，即使出于故意也不可能构成本罪。不过，行为人明知自己所使用的属于伪造、变造的金融凭证，仍决意使用，其非法占有的目的不言而喻。

定罪标准	罪与非罪	区分罪与非罪的界限，关键在于诈骗数额的大小，即行为人利用金融凭证进行诈骗，数额较大的，才构成犯罪；数额未达到较大标准的，属于一般违法行为，可由公安机关给予治安行政处罚。
	此罪与彼罪	本罪与伪造、变造金融票证罪的界限。二罪的根本区别在于：后者所惩治的是伪造、变造行为本身，而本罪所惩治的是使用这些金融票据进行诈骗的行为。如果行为人仅仅伪造、变造金融票证，而没有使用的，则只构成伪造、变造金融票证罪。实践中，这两种犯罪又往往交织在一起，表现为行为人先伪造、变造委托收款凭证、汇款凭证、银行存单等其他银行结算凭证，然后使用该伪造的票证进行诈骗活动。这种情形实际上属于一种牵连犯的情形，应当从一重罪论处，即应以金融凭证诈骗罪处罚，一般不实行数罪并罚。
证据参考标准	主体方面的证据	**一、证明行为人刑事责任年龄、身份等自然情况的证据。** 包括身份证明、户籍证明、任职证明、工作经历证明、特定职责证明等，主要是证明行为人的姓名（曾用名）、性别、出生年月日、民族、籍贯、出生地、职业（或职务）、住所地（或居所地）等证据材料，如户口簿、居民身份证、工作证、出生证、专业或技术等级证、干部履历表、职工登记表、护照等。 对于户籍、出生证等材料内容不实的，应提供其他证据材料。外国人犯罪的案件，应有护照等身份证明材料。人大代表、政协委员犯罪的案件，应注明身份，并附身份证明材料。 **二、证明行为人刑事责任能力的证据。** 证明行为人对自己的行为是否具有辨认能力与控制能力，如是否属于间歇性精神病人、尚未完全丧失辨认或者控制自己行为能力的精神病人的证明材料。 **三、证明单位的证据。** 证明是否属于依法成立并有合法经营、管理范围的公司、企业、事业单位、机关、团体。 证明单位的名称、住所地、性质、法定代表人、单位负责人、业务范围、成立时间等证据材料，如企业营业执照、国有公司性质证明及非法人单位的身份证明等。 **四、证明法定代表人、单位负责人或直接责任人员等的身份证明。** 法定代表人、直接负责的主管人员和其他直接责任人在单位的任职、职责、负责权限的证明材料等。包括身份证明、户籍证明、任职证明等，如户口簿、居民身份证、工作证、护照、专业或技术等级证、干部履历表、职工登记表、任命书、业务分工文件、委派文件、单位证明、单位规章制度等。
	主观方面的证据	证明行为人故意的证据：1. 证明行为人明知的证据：证明行为人明知自己的行为会发生危害社会的结果；2. 证明直接故意的证据：证明行为人希望危害结果发生；3. 目的：非法占有。

<table>
<tr><td rowspan="2">证据参考标准</td><td>客观方面的证据</td><td colspan="2">证明行为人金融凭证诈骗犯罪行为的证据。
具体证据包括：1. 证明行为人隐瞒真相行为的证据：（1）伪造、变造委托收款凭证；（2）伪造、变造汇款凭证；（3）伪造、变造银行存单；（4）其他。2. 证明行为人金融凭证诈骗数额较大行为的证据。3. 证明行为人金融凭证诈骗数额巨大或者有其他严重情节行为的证据。4. 证明行为人金融凭证诈骗数额特别巨大或者有其他特别严重情节行为的证据。</td></tr>
<tr><td>量刑方面的证据</td><td colspan="2">一、法定量刑情节证据。
1. 事实情节：（1）其他严重情节；（2）其他特别严重情节。2. 法定从重情节。3. 法定从轻减轻情节：（1）可以从轻；（2）可以从轻或减轻；（3）应当从轻或者减轻。4. 法定从轻减轻免除情节：（1）可以从轻、减轻或者免除处罚；（2）应当从轻、减轻或者免除处罚。5. 法定减轻免除情节：（1）可以减轻或者免除处罚；（2）应当减轻或者免除处罚；（3）可以免除处罚。
二、酌定量刑情节证据。
1. 犯罪手段：（1）隐瞒真相；（2）虚构事实。2. 犯罪对象。3. 危害结果。4. 动机。5. 平时表现。6. 认罪态度。7. 是否有前科。8. 其他证据。</td></tr>
<tr><td rowspan="6">量刑标准</td><td colspan="2">数额较大的</td><td>处五年以下有期徒刑或者拘役，并处二万元以上二十万元以下罚金</td></tr>
<tr><td colspan="2">数额巨大或者有其他严重情节的</td><td>处五年以上十年以下有期徒刑，并处五万元以上五十万元以下罚金</td></tr>
<tr><td colspan="2">数额特别巨大或者有其他特别严重情节的</td><td>处十年以上有期徒刑或者无期徒刑，并处五万元以上五十万元以下罚金或者没收财产</td></tr>
<tr><td colspan="2">单位犯本罪的</td><td>对单位判处罚金，并对其直接负责的主管人员和其他直接责任人员，处五年以下有期徒刑或者拘役</td></tr>
<tr><td colspan="2">单位犯本罪且数额巨大或者有其他严重情节的</td><td>对单位判处罚金，并对其直接负责的主管人员和其他直接责任人员，处五年以上十年以下有期徒刑</td></tr>
<tr><td colspan="2">单位犯本罪且数额特别巨大或者有其他特别严重情节的</td><td>对单位判处罚金，并对其直接负责的主管人员和其他直接责任人员，处十年以上有期徒刑或者无期徒刑，并处罚金</td></tr>
<tr><td>法律适用</td><td>刑法条文</td><td colspan="2">第一百九十四条第二款　使用伪造、变造的委托收款凭证、汇款凭证、银行存单等其他银行结算凭证的，依照前款的规定处罚。
第二百条　单位犯本节第一百九十四条、第一百九十五条规定之罪的，对单位判处罚金，并对其直接负责的主管人员和其他直接责任人员，处五年以下有期徒刑或者拘役，可以并处罚金；数额巨大或者有其他严重情节的，处五年以上十年以下有期徒刑，并处罚金；数额特别巨大或者有其他特别严重情节的，处十年以上有期徒刑或者无期徒刑，并处罚金。</td></tr>
</table>

法律适用	司法解释	**最高人民检察院、公安部《关于公安机关管辖的刑事案件立案追诉标准的规定(二)》(节录)**(2010年5月7日最高人民检察院、公安部公布　自公布之日起施行　2011年11月14日修正) **第五十二条**〔金融凭证诈骗案(刑法第一百九十四条第二款)〕使用伪造、变造的委托收款凭证、汇款凭证、银行存单等其他银行结算凭证进行诈骗活动，涉嫌下列情形之一的，应予立案追诉： (一)个人进行金融凭证诈骗，数额在一万元以上的； (二)单位进行金融凭证诈骗，数额在十万元以上的。

72 信用证诈骗案

概念

本罪是指使用伪造、变造的信用证或附随的单据、文件，使用作废的信用证，骗取信用证以及以其他方法进行信用证诈骗活动的行为。

立案标准

根据最高人民检察院、公安部《关于公安机关管辖的刑事案件立案追诉标准的规定（二）》的规定，进行信用证诈骗活动，涉嫌下列情形之一的，应予立案追诉：

(1) **使用伪造、变造的信用证或者附随的单据、文件的；**

(2) **使用作废的信用证的；**

(3) **骗取信用证的；**

(4) **以其他方法进行信用证诈骗活动的。**

定罪标准

犯罪客体

本罪侵犯的客体是双重客体，既侵犯了他人的财物所有权，又侵犯了国家的金融管理秩序。信用证，是银行有条件地承诺付款的一种保证。它是某一银行（开证行）应买方（开证申请人）要求或指示开给卖方（受益人）的保证在规定的期限内以规定的单据为依据，即期或在以后某一规定的日期支付一定金额的书面文件。信用证是随着国际贸易的发展由银行介入而产生的付款方式，其目的在于通过运用一个或多个银行的金融技能及信誉，加速国际间付款的进行。信用证交易是商业信用和银行信用的互相结合，它能给买卖双方提供安全的保证。买方可以从信用证规定的单据中获得安全保障，他向银行付款后便能取得代表货物的单据，同时他还可以在信用证中加上一些特别条款对卖方实行控制，以保证在所有条件与信用证规定相符后才向卖方付款；而卖方只要提交了无瑕疵的、与信用证条款相一致的单据就能取得货款，这不必依赖于买方的意愿或能力。同时，使用信用证交易还在相当程度上为出口方、进口方提供资金融通。因此，信用证支付方式成为国际贸易中极其重要的付款方式。同时，信用证交易的特殊支付方式，也为犯罪分子使用伪造、变造、作废的信用证或以其他方式进行信用证诈骗活动提供了可能。利用信用证诈骗活动，不仅使他人财产遭受损失，而且使信用证的安全信誉受到极大破坏，对国际贸易的发展危害严重。

犯罪客观方面

本罪在客观方面表现为行为人实施了利用信用证进行诈骗的行为，这类行为具体表现为如下几个方面：(1) 使用伪造、变造的信用证或者附随的单据、文件。所谓使用伪造的信用证，是指行为人利用伪造的信用证骗取财物的行为。所谓使用变造的信用证，是指行为人利用变造的信用证诈骗财物的行为。使用伪造、变造的附随的单据、文件，是指使用信用证时，伪造、变造提单等必须附随信用证的单据，骗取信用证项下货款的行为。使用伪造、变造的信用证或者附随的单据、文件，可以是伪造、变造后自己使用，也可以是伪造、变造后提供给他人使用，这两种情况都属于本条所定之使用。(2) 使用作废的信用证。这种情形主要是指使用过期的信用证、使用无效

定罪标准		
定罪标准	犯罪客观方面	的信用证、使用明知是经他人涂改的信用证进行诈骗的行为。(3)骗取信用证的。这种情形是指行为人编造虚假的事实或隐瞒事实真相，欺骗银行为其开具信用证的行为。(4)以其他方法进行信用证诈骗活动。这种情形指的是行为人以前三种以外的其他方法进行信用证诈骗的行为，司法实践中尤其需要引起重视的是利用"软条款"信用证进行诈骗的犯罪行为。所谓"软条款"信用证，是指在开立信用证时，故意制造一些隐蔽性的条款，这些条款，实际上赋予开证人或开证行单方面的主动权，从而使信用证随时因开证行或开证申请人单方面的行为而解除，以达到骗取财物的目的，这种信用证实际上是一种可撤销的"陷阱"信用证。诈骗分子通过"软条款"信用证设下的陷阱主要表现在以下几个方面：(1)信用证开出后暂不生效，需待开证行签发通知书后生效；(2)规定公司船名、目的港、起运港或验货人、装船日期须待开证申请人通知或须开证申请人同意，并以修改书形式通知；(3)品质证书须由开证申请人出具，开证行核实或与开证行存档之样相符；(4)收货收据须开证申请人签发或核实。另外，有些不法分子利用一些信用证本身的特点进行诈骗活动，如利用远期信用证诈骗。由于采用远期信用证支付时，进口商是先取货，后付款，在信用证到期付款前存有一段时间，犯罪分子就利用这段时间，将财产转移、宣布企业破产；有的则是与银行勾结，在信用证到期付款前，将银行资金转移，宣布银行破产，甚至有的国外小银行，其本身的资金就少于信用证所开出的金额，仍以开证行名义为进口商开具信用证，待进口商取得货物后，宣告资不抵债。
定罪标准	犯罪主体	本罪的主体是一般主体，任何达到刑事责任年龄且具有刑事责任能力的自然人均可构成。单位也可以成为本罪的主体。
定罪标准	犯罪主观方面	本罪在主观方面必须出于故意，并且具有非法占有之目的。过失不能构成本罪。如对于使用伪造、变造的信用证或者附随的单据、文件、作废的信用证进行诈骗的，构成犯罪必须以明知所使用的信用证属于伪造、变造或是作废的为必要。倘若行为人确实不知道是伪造、变造、作废的，如对于可转让的信用证通过转让而得来自己不知道的，或出于过失设立了一些"软条款"的，则因不具有本罪故意而不构成本罪。即使出于故意，如没有非法占有的目的，用信用证开出贷款后，并没有占有贷款之目的，亦不能构成本罪。
定罪标准	罪与非罪	区分罪与非罪的界限，要注意：本罪属于行为犯，即行为人只要实施了刑法规定的四项行为之一的就构成本罪，不要求造成实际的危害后果。但是，在司法实践中，对于"情节显著轻微危害不大的"，也应根据《刑法》第13条的规定，不以犯罪论处。
定罪标准	此罪与彼罪	一、本罪与伪造、变造金融票证罪的界限。实践中存在行为人先伪造、变造信用证，然后又利用伪造或者变造的信用证进行诈骗活动，在这种情况下，应适用牵连犯的处罚原则，从一重罪即以信用证诈骗罪处罚。 二、本罪与贷款诈骗罪的界限。实践中，一些不法分子为骗取银行贷款，预先编造虚假的事实，骗取进口商与其订立货物买卖合同后为其开具信用证，得到信用证后，向自己所在地银行作抵押，申请贷款。由于有信用证作抵押，不法分子很容易取得银行的信任，骗得贷款，得款后挪作他用或携款潜逃。这种行为，既构成本罪，又触犯了《刑法》第193条的贷款诈骗罪的规定，属于法条竞合犯，根据法条竞合的处理原则，对这种行为应按本罪定罪量刑。

证据参考标准	主体方面的证据	**一、证明行为人刑事责任年龄、身份等自然情况的证据。** 包括身份证明、户籍证明、任职证明、工作经历证明、特定职责证明等，主要是证明行为人的姓名（曾用名）、性别、出生年月日、民族、籍贯、出生地、职业（或职务）、住所地（或居所地）等证据材料，如户口簿、居民身份证、工作证、出生证、专业或技术等级证、干部履历表、职工登记表、护照等。 对于户籍、出生证等材料内容不实的，应提供其他证据材料。外国人犯罪的案件，应有护照等身份证明材料。人大代表、政协委员犯罪的案件，应注明身份，并附身份证明材料。 **二、证明行为人刑事责任能力的证据。** 证明行为人对自己的行为是否具有辨认能力与控制能力，如是否属于间歇性精神病人、尚未完全丧失辨认或者控制自己行为能力的精神病人的证明材料。 **三、证明单位的证据。** 证明是否属于依法成立并有合法经营、管理范围的公司、企业、事业单位、机关、团体。 证明单位的名称、住所地、性质、法定代表人、单位负责人、业务范围、成立时间等证据材料，如企业营业执照、国有公司性质证明及非法人单位的身份证明等。 **四、证明法定代表人、单位负责人或直接责任人员等的身份证明。** 法定代表人、直接负责的主管人员和其他直接责任人在单位的任职、职责、负责权限的证明材料等。包括身份证明、户籍证明、任职证明等，如户口簿、居民身份证、工作证、护照、专业或技术等级证、干部履历表、职工登记表、任命书、业务分工文件、委派文件、单位证明、单位规章制度等。
	主观方面的证据	证明行为人故意的证据：1. 证明行为人明知的证据：证明行为人明知自己的行为会发生危害社会的结果；2. 证明直接故意的证据：证明行为人希望危害结果发生；3. 目的：非法占有。
	客观方面的证据	证明行为人利用信用证诈骗行为的证据。 具体证据包括：1. 证明行为人骗取货物或者银行款项行为的证据：（1）使用伪造的信用证或者附随的单据、文件；（2）使用变造的信用证或者附随的单据、文件；（3）使用作废的信用证；（4）使用骗取的信用证；（5）以其他方法进行信用证诈骗活动的。2. 证明行为人骗取货物、银行款项数额巨大或者有其他严重情节行为的证据。3. 证明行为人骗取货物、银行款项数额特别巨大或者有其他特别严重情节行为的证据。
	量刑方面的证据	**一、法定量刑情节证据。** 1. 事实情节：（1）严重情节；（2）特别严重情节。2. 法定从重情节。3. 法定从轻减轻情节：（1）可以从轻；（2）可以从轻或减轻；（3）应当从轻或者减轻。4. 法定从轻减轻免除情节：（1）可以从轻、减轻或者免除处罚；（2）应当从轻、减轻或者免除处罚。5. 法定减轻免除情节：（1）可以减轻或者免除处罚；（2）应当减轻或者免除处罚；（3）可以免除处罚。

证据参考标准	量刑方面的证据	二、酌定量刑情节证据。 1. 犯罪手段：（1）虚购事实；（2）隐瞒事实真相。2. 犯罪对象。3. 危害结果。4. 动机。5. 平时表现。6. 认罪态度。7. 是否有前科。8. 其他证据。

量刑标准		
	犯本罪的	处五年以下有期徒刑或者拘役，并处二万元以上二十万元以下罚金
	数额巨大或者有其他严重情节的	处五年以上十年以下有期徒刑，并处五万元以上五十万元以下罚金
	数额特别巨大或者有其他特别严重情节的	处十年以上有期徒刑或者无期徒刑，并处五万元以上五十万元以下罚金或者没收财产
	单位犯本罪的	对单位判处罚金，并对其直接负责的主管人员和其他直接责任人员，处五年以下有期徒刑或者拘役
	单位构成犯罪且数额巨大或者有其他严重情节的	对单位判处罚金，并对其直接负责的主管人员和其他直接责任人员，处五年以上十年以下有期徒刑
	单位构成犯罪且数额特别巨大或者有其他特别严重情节的	对单位判处罚金，并对其直接负责的主管人员和其他直接责任人员，处十年以上有期徒刑或者无期徒刑，并处罚金

法律适用 — 刑法条文

第一百九十五条 有下列情形之一，进行信用证诈骗活动的，处五年以下有期徒刑或者拘役，并处二万元以上二十万元以下罚金；数额巨大或者有其他严重情节的，处五年以上十年以下有期徒刑，并处五万元以上五十万元以下罚金；数额特别巨大或者有其他特别严重情节的，处十年以上有期徒刑或者无期徒刑，并处五万元以上五十万元以下罚金或者没收财产：

（一）使用伪造、变造的信用证或者附随的单据、文件的；

（二）使用作废的信用证的；

（三）骗取信用证的；

（四）以其他方法进行信用证诈骗活动的。

第二百条 单位犯本节第一百九十四条、第一百九十五条规定之罪的，对单位判处罚金，并对其直接负责的主管人员和其他直接责任人员，处五年以下有期徒刑或者拘役，可以并处罚金；数额巨大或者有其他严重情节的，处五年以上十年以下有期徒刑，并处罚金；数额特别巨大或者有其他特别严重情节的，处十年以上有期徒刑或者无期徒刑，并处罚金。

法律适用

司法解释

最高人民检察院、公安部《关于公安机关管辖的刑事案件立案追诉标准的规定(二)》(节录)（2010年5月7日最高人民检察院、公安部公布　自公布之日起施行　2011年11月14日修正）

第五十三条〔信用证诈骗案（刑法第一百九十五条）〕进行信用证诈骗活动，涉嫌下列情形之一的，应予立案追诉：

（一）使用伪造、变造的信用证或者附随的单据、文件的；

（二）使用作废的信用证的；

（三）骗取信用证的；

（四）以其他方法进行信用证诈骗活动的。

73 信用卡诈骗案

概念

本罪是指使用伪造、作废的信用卡，或者冒用他人信用卡，或者利用信用卡恶意透支，诈骗公私财物，数额较大的行为。

立案标准

进行信用卡诈骗活动，涉嫌下列情形之一的，应予立案追诉：

（1）使用伪造的信用卡、以虚假的身份证明骗领的信用卡、作废的信用卡或者冒用他人信用卡，进行信用卡诈骗活动，数额在5000元以上不满5万元的；

（2）恶意透支，数额在5万元以上不满50万元的。

定罪标准	犯罪客体	本罪所侵害的客体是复杂客体，其既对国家有关的金融票证管理秩序，具体来讲是信用卡的管理秩序造成侵害，同时也给银行以及信用卡的有关关系人的公私财物所有权产生损害。犯罪对象是信用卡。根据《全国人民代表大会常务委员会关于〈中华人民共和国刑法〉有关信用卡规定的解释》，信用卡，是指由商业银行或者其他金融机构发行的具有消费支付、信用贷款、转账结算、存取现金等全部功能或者部分功能的电子支付卡。以此凭证，持卡人可以到指定的地点进行消费，接受服务，如到商场、商店购买物品，到宾馆、饭店、娱乐场所享受服务等，而不必支付现金。而后由发卡行向信用卡指定消费的地点通常称为信用卡特约商户支付款项，发卡行再从持卡人所存取的款项中扣除有关消费费用。同时，持卡人还可以凭卡到发卡机构指定的营业网点存取现金，信用卡只能供本人使用，不得转让或转借，更不能典当或抵押。信用卡，就其内容而言，一般应包括：（1）在卡片的正面上，应印有信用卡公司设计的图案、公司名称及信用卡名称，并有信用卡专用标志或防伪暗记。（2）用打卡机将信用卡公司的代号、信用卡号码、持卡人姓名、有效期等内容用凸起的字码打在卡上，以便在使用时可用压卡机将这些内容复写在签字单上；已在信用卡的背面预留持卡人的签字，用之与签字单上的字体相对较。一般还印有发卡公司诸如限用范围、支付货币种类限定等的简单声明。（3）在背面设置一条磁带，记录持卡人的有关资料与密码，以供电脑终端或自动柜员机鉴别真伪。
	犯罪客观方面	本罪在客观上表现为使用伪造、作废的信用卡，或者冒用他人信用卡，或者利用信用卡恶意透支，诈骗公私财物，数额较大的行为。其具体行为表现为： 一、使用伪造的信用卡进行诈骗，或者使用以虚假的身份证明骗领的信用卡。所谓使用，包括用信用卡购买商品、在银行或者自动取款机上支取现金以及接受信用卡进行支付、结算的各种服务。这里“伪造的信用卡”，是指《刑法》第177条规定的伪造的信用卡，即使用各种非法方法制造的信用卡。对伪造的信用卡，有的是伪造者自己使用进行诈骗活动，也有的是伪造者将伪造的信用卡出售给他人或者送给他人，由他人使用，进行诈骗活动。无论是自己使用或者是由他人使用，对使用者来说，都属于“使用伪造的信用卡”的情形。使用伪造的信用卡，无论是进行购物或者接受各种有偿性的服务，在性质上都属于诈骗行为。

定罪标准	犯罪客观方面	二、使用作废的信用卡进行诈骗。所谓作废的信用卡，是指使用因法定的原因失去效用的信用卡。根据有关规定，作废的信用卡主要有以下几种：(1) 信用卡超过有效使用期限而自动失效。根据发卡银行和信用卡种类不同、信用卡的有效使用期限也有所不同，有一年、二年、三年或更长时限的。对于超过有效使用期限而不再继续使用的信用卡或仍需要继续使用而办理换卡手续的，都应将过期的信用卡交回发卡银行或者发卡公司。(2) 信用卡持卡人在有效期限内中途停止使用该卡，此时该信用卡有效期虽未到，但在办理退卡手续后即归于作废的。(3) 因挂失信用卡而使信用卡失效。 三、冒用他人的信用卡进行诈骗。所谓冒用他人的信用卡，是指非持卡人以持卡人的名义使用持卡人的信用卡而骗取财物的行为。如拾得他人信用卡并使用，骗取他人信用卡并使用；窃取、收买、骗取或以其他非法方式获取他人信用卡信息资料，并通过互联网、通讯终端等使用。 四、使用信用卡进行恶意透支。恶意透支是指持卡人以非法占有为目的，超过规定限额或者规定期限透支，经发卡银行两次有效催收后超过 3 个月仍不归还的行为。具有以下情形之一的，应当认定为“以非法占有为目的”，但有证据证明持卡人确实不具有非法占有目的的除外：(1) 明知没有还款能力而大量透支，无法归还的；(2) 使用虚假资信证明申领信用卡后透支，无法归还的；(3) 透支后通过逃匿、改变联系方式等手段，逃避银行催收的；(4) 抽逃、转移资金，隐匿财产，逃避还款的；(5) 使用透支的资金进行犯罪活动的；(6) 其他非法占有资金，拒不归还的情形。
	犯罪主体	本罪主体是一般主体，凡是达到刑事责任年龄、具备刑事责任能力的人，均可以成为本罪的主体。单位不能构成本罪。
	犯罪主观方面	本罪在主观上只能由故意构成，并且必须具有非法占有公私财物的目的。如果行为人确无诈骗故意，即使违反有关信用卡管理规定获取了财物，也不能以犯罪论处。如不知是伪造、作废的信用卡而使用，善意透支，误用他人信用卡等，均不能作犯罪论处。
	罪与非罪	区分罪与非罪的界限，要把握以下三点： 一、行为人主观上必须具备骗取他人财物的目的。只有主观上具备诈骗的故意，客观上有冒用他人信用卡的行为，才能构成本罪。实践中有的信用卡持有人将自己的信用卡借给他人使用，如借给自己的亲属、朋友等。在表现形式上使用人也是在冒用他人的信用卡，但使用人冒用他人信用卡的行为是经持卡人同意的。虽然这种行为违反了信用卡使用规定，但是使用人在主观上并不是以非法占有持卡人的财物为目的，因此，不具备信用卡诈骗罪的本质特征，在这种情况下可以对其进行纠正或者按照有关规定处理，不能适用本条作为犯罪处理。 二、分清善意透支与恶意透支。善意透支与恶意透支的本质区别就在于行为人具有不同的主观故意。二者在客观表现上虽然都是造成了透支，但前者的行为人是为了先用后还，届时将归还透支款和利息；而后者是为了将透支款占为己有，根本不想偿还或者没有能力偿还，因此在行为上必然表现出千方百计地逃避有关部门的催款，甚至采取潜逃的方法躲避债务。在现实生活中，使用信用卡进行透支的情况经常发生，但行为人究竟是善意还是恶意，必须对其行为进行综合分析，才能得出正确的判断。

定罪标准	罪与非罪	具体结合到前述情况，如果采取提供假证明、假身份证的欺骗方法办理信用卡，然后进行大量透支的，其行为本身就足以证明是进行恶意透支；如果是合法地办理信用卡，并使用自己的信用卡进行大量透支的，就从其透支前后的具体表现来进行分析，比如透支后潜逃的，或者经银行两次有效催款后超过3个月仍不偿还的，可以认定其属于恶意透支。 三、下列情形可以证明行为人没有诈骗故意的，不能以犯罪论处：(1) 不知使用的是伪造、作废的信用卡的。一般来说，使用伪造、作废的信用卡大多可以推定行为人主观上具有诈骗故意，因为行为人自己是否拥有信用卡其本人应该是清楚的。但实践中可能还有这类情况，即他人谎称为行为人办了信用卡而将伪造、作废的信用卡交由行为人去获取财物，行为人对此信以为真。对类似这种情况当然不能认为行为人有诈骗故意。(2) 误用他人信用卡或者虽系冒用但无非法占有他人财物的目的。行为人自己拥有信用卡但因过失或其他原因拿错他人的信用卡而使用的，行为人并非出于故意，当然不能以犯罪论处，还有行为人对使用他人的信用卡是明知的，但行为人是出于开玩笑、解自己燃眉之急等原因而使用，过后立即向合法持卡人说明并予以偿还的，由于行为人没有非法占有他人财物的目的，也不应以犯罪论处。(3) 善意透支。善意透支是允许的，因此不存在构成犯罪的问题。对于区分行为人的透支是属于善意还是恶意的问题，一般来说，行为人连续透支造成巨大透支额或者对已透支额未按期归还又继续超限额透支且拒不偿还的均可认为属恶意透支；如果行为人在限额内透支或虽超过限额透支但按期偿还的则属于善意透支。
	此罪与彼罪	一、本罪与伪造、变造金融票证罪的界限。二者在犯罪主体、主观方面的表现是相同的。不同之处在于：(1) 侵犯的客体不同。前者侵犯的是国家的金融管理制度和公私财产的所有权；而后者侵犯的是国家的金融票证管理制度。(2) 客观方面表现不同。前者表现为利用信用卡诈骗他人财物的行为；而后者则表现为伪造、变造信用卡等金融票证的行为。 二、盗窃信用卡并使用的，应以盗窃罪认定。《刑法》第196条第3款规定："盗窃信用卡并使用的，依照本法第二百六十四条规定处罚。"这种情形是指盗窃犯罪分子盗窃他人的信用卡后并使用该信用卡进行诈骗财物的行为。所谓盗窃信用卡并使用的，包括犯罪分子盗窃信用卡后自己使用该信用卡，也包括犯罪分子的同伙或朋友明知是盗窃来的信用卡而使用该信用卡的。在后一种情况下，对盗窃犯罪分子的同伙或朋友可按盗窃犯罪的共犯处理。如果某人不知道信用卡是盗窃来的而使用，对使用者则不应按盗窃罪进行处罚，应当按照其使用的具体情况和情节，依照有关法律处理。如某盗窃分子窃得一张信用卡后，对其朋友说是拾来的，由其朋友使用，在这种情况下，对使用者就不应按照盗窃罪处理，应当按照冒用他人的信用卡进行诈骗的规定处理。
证据参考标准	主体方面的证据	**一、证明行为人刑事责任年龄、身份等自然情况的证据。** 包括身份证明、户籍证明、任职证明、工作经历证明、特定职责证明等，主要是证明行为人的姓名（曾用名）、性别、出生年月日、民族、籍贯、出生地、职业（或职务）、住所地（或居所地）等证据材料，如户口簿、居民身份证、工作证、出生证、专业或技术等级证、干部履历表、职工登记表、护照等。

<table>
<tr><td rowspan="4">证据参考标准</td><td>主体方面的证据</td><td colspan="2">对于户籍、出生证等材料内容不实的，应提供其他证据材料。外国人犯罪的案件，应有护照等身份证明材料。人大代表、政协委员犯罪的案件，应注明身份，并附身份证明材料。
二、证明行为人刑事责任能力的证据。
证明行为人对自己的行为是否具有辨认能力与控制能力，如是否属于间歇性精神病人、尚未完全丧失辨认或者控制自己行为能力的精神病人的证明材料。</td></tr>
<tr><td>主观方面的证据</td><td colspan="2">证明行为人故意的证据：1. 证明行为人明知的证据：证明行为人明知自己的行为会发生危害社会的结果；2. 证明直接故意的证据：证明行为人希望危害结果发生；3. 目的：非法占有公私财物。</td></tr>
<tr><td>客观方面的证据</td><td colspan="2">证明行为人利用信用卡进行诈骗犯罪行为的证据。
具体证据包括：1. 证明行为人使用伪造的信用卡行为的证据；2. 证明行为人使用作废的信用卡行为的证据；3. 证明行为人冒用他人的信用卡行为的证据；4. 证明行为人恶意透支行为的证据；5. 证明行为人诈骗数额较大行为的证据；6. 证明行为人诈骗数额巨大或者有其他严重情节行为的证据；7. 证明行为人诈骗数额特别巨大或者有其他特别严重情节行为的证据。</td></tr>
<tr><td>量刑方面的证据</td><td colspan="2">**一、法定量刑情节证据。**
1. 事实情节：（1）严重情节；（2）特别严重情节。2. 法定从重情节。3. 法定从轻减轻情节：（1）可以从轻；（2）可以从轻或减轻；（3）应当从轻或者减轻。4. 法定从轻减轻免除情节：（1）可以从轻、减轻或者免除处罚；（2）应当从轻、减轻或者免除处罚。5. 法定减轻免除情节：（1）可以减轻或者免除处罚；（2）应当减轻或者免除处罚；（3）可以免除处罚。
二、酌定量刑情节证据。
1. 犯罪手段：（1）虚构事实；（2）隐瞒事实真相。2. 犯罪对象。3. 危害结果。4. 动机。5. 平时表现。6. 认罪态度。7. 是否有前科。8. 其他证据。</td></tr>
<tr><td rowspan="3">量刑标准</td><td colspan="2">数额较大的（诈骗 5000 元以上，恶意透支 5 万元以上）</td><td>处五年以下有期徒刑或者拘役，并处二万元以上二十万元以下罚金</td></tr>
<tr><td colspan="2">数额巨大（诈骗 5 万元以上，恶意透支 50 万元以上）或者其他严重情节的</td><td>处五年以上十年以下有期徒刑，并处五万元以上五十万元以下罚金</td></tr>
<tr><td colspan="2">数额特别巨大（诈骗 50 万元以上，恶意透支 500 万元以上）或者有其他特别严重情节的</td><td>处十年以上有期徒刑或者无期徒刑，并处五万元以上五十万元以下罚金或者没收财产</td></tr>
</table>

法律适用

刑法条文

第一百九十六条 有下列情形之一，进行信用卡诈骗活动，数额较大的，处五年以下有期徒刑或者拘役，并处二万元以上二十万元以下罚金；数额巨大或者有其他严重情节的，处五年以上十年以下有期徒刑，并处五万元以上五十万元以下罚金；数额特别巨大或者有其他特别严重情节的，处十年以上有期徒刑或者无期徒刑，并处五万元以上五十万元以下罚金或者没收财产：

（一）使用伪造的信用卡，或者使用以虚假的身份证明骗领的信用卡的；

（二）使用作废的信用卡的；

（三）冒用他人信用卡的；

（四）恶意透支的。

前款所称恶意透支，是指持卡人以非法占有为目的，超过规定限额或者规定期限透支，并且经发卡银行催收后仍不归还的行为。

盗窃信用卡并使用的，依照本法第二百六十四条的规定定罪处罚。

立法解释

全国人民代表大会常务委员会《关于〈中华人民共和国刑法〉有关信用卡规定的解释》（2004年12月29日全国人民代表大会常务委员会公布　自2004年12月29日起施行）

全国人民代表大会常务委员会根据司法实践中遇到的情况，讨论了刑法规定的“信用卡”的含义问题，解释如下：

刑法规定的“信用卡”，是指由商业银行或者其他金融机构发行的具有消费支付、信用贷款、转账结算、存取现金等全部功能或者部分功能的电子支付卡。

现予公告。

司法解释

一、最高人民检察院《关于拾得他人信用卡并在自动柜员机（ATM机）上使用的行为如何定性问题的批复》（2008年4月18日最高人民检察院公布　自2008年5月7日起施行）

浙江省人民检察院：

你院《关于拾得他人信用卡并在ATM机上使用的行为应如何定性的请示》（浙检研〔2007〕227号）收悉。经研究，批复如下：

拾得他人信用卡并在自动柜员机（ATM机）上使用的行为，属于刑法第一百九十六条第一款第（三）项规定的“冒用他人信用卡”的情形，构成犯罪的，以信用卡诈骗罪追究刑事责任。

此复。

二、最高人民法院、最高人民检察院《关于办理妨害信用卡管理刑事案件具体应用法律若干问题的解释》（2018年11月28日公布　自2018年12月1日起施行　法释〔2018〕19号）

为依法惩治妨害信用卡管理犯罪活动，维护信用卡管理秩序和持卡人合法权益，根据《中华人民共和国刑法》规定，现就办理这类刑事案件具体应用法律的若干问题解释如下：

第一条 复制他人信用卡、将他人信用卡信息资料写入磁条介质、芯片或者以其他方法伪造信用卡一张以上的，应当认定为刑法第一百七十七条第一款第四项规定的“伪造信用卡”，以伪造金融票证罪定罪处罚。

伪造空白信用卡十张以上的，应当认定为刑法第一百七十七条第一款第四项规定的“伪造信用卡”，以伪造金融票证罪定罪处罚。

伪造信用卡，有下列情形之一的，应当认定为刑法第一百七十七条规定的“情节严重”：

（一）伪造信用卡五张以上不满二十五张的；

（二）伪造的信用卡内存款余额、透支额度单独或者合计数额在二十万元以上不满一百万元的；

（三）伪造空白信用卡五十张以上不满二百五十张的；

（四）其他情节严重的情形。

伪造信用卡，有下列情形之一的，应当认定为刑法第一百七十七条规定的“情节特别严重”：

（一）伪造信用卡二十五张以上的；

（二）伪造的信用卡内存款余额、透支额度单独或者合计数额在一百万元以上的；

（三）伪造空白信用卡二百五十张以上的；

（四）其他情节特别严重的情形。

本条所称“信用卡内存款余额、透支额度”，以信用卡被伪造后发卡行记录的最高存款余额、可透支额度计算。

第二条 明知是伪造的空白信用卡而持有、运输十张以上不满一百张的，应当认定为刑法第一百七十七条之一第一款第一项规定的“数量较大”；非法持有他人信用卡五张以上不满五十张的，应当认定为刑法第一百七十七条之一第一款第二项规定的“数量较大”。

有下列情形之一的，应当认定为刑法第一百七十七条之一第一款规定的“数量巨大”：

（一）明知是伪造的信用卡而持有、运输十张以上的；

（二）明知是伪造的空白信用卡而持有、运输一百张以上的；

（三）非法持有他人信用卡五十张以上的；

（四）使用虚假的身份证明骗领信用卡十张以上的；

（五）出售、购买、为他人提供伪造的信用卡或者以虚假的身份证明骗领的信用卡十张以上的。

违背他人意愿，使用其居民身份证、军官证、士兵证、港澳居民往来内地通行证、台湾居民来往大陆通行证、护照等身份证明申领信用卡的，或者使用伪造、变造的身份证明申领信用卡的，应当认定为刑法第一百七十七条之一第一款第三项规定的“使用虚假的身份证明骗领信用卡”。

第三条 窃取、收买、非法提供他人信用卡信息资料，足以伪造可进行交易的信用卡，或者足以使他人以信用卡持卡人名义进行交易，涉及信用卡一张以上不满五张的，依照刑法第一百七十七条之一第二款的规定，以窃取、收买、非法提供信用卡信息罪定罪处罚；涉及信用卡五张以上的，应当认定为刑法第一百七十七条之一第一款规定的“数量巨大”。

第四条 为信用卡申请人制作、提供虚假的财产状况、收入、职务等资信证明材料，涉及伪造、变造、买卖国家机关公文、证件、印章，或者涉及伪造公司、企业、事业单位、人民团体印章，应当追究刑事责任的，依照刑法第二百八十条的规定，分别以伪造、变造、买卖国家机关公文、证件、印章罪和伪造公司、企业、事业单位、人民团体印章罪定罪处罚。

承担资产评估、验资、验证、会计、审计、法律服务等职责的中介组织或其人员，为信用卡申请人提供虚假的财产状况、收入、职务等资信证明材料，应当追究刑事责任的，依照刑法第二百二十九条的规定，分别以提供虚假证明文件罪和出具证明文件重大失实罪定罪处罚。

第五条 使用伪造的信用卡、以虚假的身份证明骗领的信用卡、作废的信用卡或者冒用他人信用卡，进行信用卡诈骗活动，数额在五千元以上不满五万元的，应当认定为刑法第一百九十六条规定的“数额较大”；数额在五万元以上不满五十万元的，应当认定为刑法第一百九十六条规定的“数额巨大”；数额在五十万元以上的，应当认定为刑法第一百九十六条规定的“数额特别巨大”。

刑法第一百九十六条第一款第三项所称“冒用他人信用卡”，包括以下情形：

（一）拾得他人信用卡并使用的；

（二）骗取他人信用卡并使用的；

（三）窃取、收买、骗取或者以其他非法方式获取他人信用卡信息资料，并通过互联网、通讯终端等使用的；

（四）其他冒用他人信用卡的情形。

第六条 持卡人以非法占有为目的，超过规定限额或者规定期限透支，经发卡银行两次有效催收后超过三个月仍不归还的，应当认定为刑法第一百九十六条规定的“恶意透支”。

对于是否以非法占有为目的，应当综合持卡人信用记录、还款能力和意愿、申领和透支信用卡的状况、透支资金的用途、透支后的表现、未按规定还款的原因等情节作出判断。不得单纯依据持卡人未按规定还款的事实认定非法占有目的。

具有以下情形之一的，应当认定为刑法第一百九十六条第二款规定的“以非法占有为目的”，但有证据证明持卡人确实不具有非法占有目的的除外：

（一）明知没有还款能力而大量透支，无法归还的；

（二）使用虚假资信证明申领信用卡后透支，无法归还的；

（三）透支后通过逃匿、改变联系方式等手段，逃避银行催收的；

（四）抽逃、转移资金，隐匿财产，逃避还款的；

（五）使用透支的资金进行犯罪活动的；

（六）其他非法占有资金，拒不归还的情形。

第七条 催收同时符合下列条件的，应当认定为本解释第六条规定的“有效催收”：

（一）在透支超过规定限额或者规定期限后进行；

（二）催收应当采用能够确认持卡人收悉的方式，但持卡人故意逃避催收的除外；

（三）两次催收至少间隔三十日；

（四）符合催收的有关规定或者约定。

对于是否属于有效催收，应当根据发卡银行提供的电话录音、信息送达记录、信函送达回执、电子邮件送达记录、持卡人或者其家属签字以及其他催收原始证据材料作出判断。

发卡银行提供的相关证据材料，应当有银行工作人员签名和银行公章。

第八条 恶意透支，数额在五万元以上不满五十万元的，应当认定为刑法第一百九十六条规定的“数额较大”；数额在五十万元以上不满五百万元的，应当认定为刑法第一百九十六条规定的“数额巨大”；数额在五百万元以上的，应当认定为刑法第一百九十六条规定的“数额特别巨大”。

第九条 恶意透支的数额，是指公安机关刑事立案时尚未归还的实际透支的本金数额，不包括利息、复利、滞纳金、手续费等发卡银行收取的费用。归还或者支付的数额，应当认定为归还实际透支的本金。

检察机关在审查起诉、提起公诉时，应当根据发卡银行提供的交易明细、分类账单（透支账单、还款账单）等证据材料，结合犯罪嫌疑人、被告人及其辩护人所提辩解、辩护意见及相关证据材料，审查认定恶意透支的数额；恶意透支的数额难以确定的，应当依据司法会计、审计报告，结合其他证据材料审查认定。人民法院在审判过程中，应当在对上述证据材料查证属实的基础上，对恶意透支的数额作出认定。

发卡银行提供的相关证据材料，应当有银行工作人员签名和银行公章。

第十条 恶意透支数额较大，在提起公诉前全部归还或者具有其他情节轻微情形的，可以不起诉；在一审判决前全部归还或者具有其他情节轻微情形的，可以免予刑事处罚。但是，曾因信用卡诈骗受过两次以上处罚的除外。

第十一条 发卡银行违规以信用卡透支形式变相发放贷款，持卡人未按规定归还的，不适用刑法第一百九十六条“恶意透支”的规定。构成其他犯罪的，以其他犯罪论处。

第十二条 违反国家规定，使用销售点终端机具（POS 机）等方法，以虚构交易、虚开价格、现金退货等方式向信用卡持卡人直接支付现金，情节严重的，应当依据刑法第二百二十五条的规定，以非法经营罪定罪处罚。

实施前款行为，数额在一百万元以上的，或者造成金融机构资金二十万元以上逾期未还的，或者造成金融机构经济损失十万元以上的，应当认定为刑法第二百二十五条规定的“情节严重”；数额在五百万元以上的，或者造成金融机构资金一百万元以上逾期未还的，或者造成金融机构经济损失五十万元以上的，应当认定为刑法第二百二十五条规定的“情节特别严重”。

持卡人以非法占有为目的，采用上述方式恶意透支，应当追究刑事责任的，依照刑法第一百九十六条的规定，以信用卡诈骗罪定罪处罚。

第十三条 单位实施本解释规定的行为，适用本解释规定的相应自然人犯罪的定罪量刑标准。

三、最高人民法院、最高人民检察院《关于常见犯罪的量刑指导意见（试行）》（节录）（2021 年 7 月 1 日起施行 法发〔2021〕21 号）

四、常见犯罪的量刑

（五）信用卡诈骗罪

1. 构成信用卡诈骗罪的，根据下列情形在相应的幅度内确定量刑起点：

（1）达到数额较大起点的，在二年以下有期徒刑、拘役幅度内确定量刑起点。

（2）达到数额巨大起点或者有其他严重情节的，在五年至六年有期徒刑幅度内确定量刑起点。

（3）达到数额特别巨大起点或者有其他严重情节的，在十年至十二年有期徒刑幅度内确定量刑起点。依法应当判处无期徒刑的除外。

2. 在量刑起点的基础上，根据信用卡诈骗数额等其他影响犯罪构成的犯罪事实增加刑罚量，确认基准刑。

3. 构成信用卡诈骗罪的，根据诈骗手段、犯罪数额、危害后果等犯罪情节，综合考虑被告人缴纳罚金的能力，决定罚金数额。

4. 构成信用卡诈骗罪的，综合考虑诈骗手段、犯罪数额、危害后果、退赃退赔等犯罪事实、量刑情节，以及被告人主观恶性、人身危险性、认罪悔罪表现等因素，决定缓刑的适用。

74 有价证券诈骗案

概念

本罪是指使用伪造、变造的国库券或者国家发行的其他有价证券进行诈骗活动，数额较大的行为。

立案标准

根据最高人民检察院、公安部《关于公安机关管辖的刑事案件立案追诉标准的规定（二）》的规定，使用伪造、变造的国库券或者国家发行的其他有价证券进行诈骗活动，数额在1万元以上的，应予立案追诉。

定罪标准		
	犯罪客体	本罪侵犯的客体是双重客体，既侵犯了他人财产所有权，又侵犯了国家有价证券管理秩序。所谓有价证券，是指以票面货币价值表示的财产权利凭证，并被作为替代货币使用的信用工具或代表持有者资本所有权和资本收益要求权，在特定范围和条件下，进行支付、汇兑、信贷、清算等融资活动的凭证。它具有以下三个特征：(1) 有价证券必须以财产权利为内容、表明一定的财产价值。(2) 有价证券必须以一定的票面货币价值加以表示。某些证券虽然是以财产权利为内容的，但其本身未以票面价值加以表示，如物品寄存凭证、运输部门的行李托运单和提单等，都不是有价证券。(3) 有价证券是支付、汇兑、信贷、清算等融资活动的工具。发行有价证券的目的就在于，以有价证券为手段进行支付、汇兑、信贷、清算等金融活动，方便经济往来，提高结算效率，加速货币流通，这是有价证券最重要和最本质的特征。与本罪有关的有价证券是国库券或者国家发行的其他有价证券，亦即公债券。公债券由国家发行，由国库（国家财政）作为还款保证，它对国家金融市场的稳定起着不可低估的作用。国家发行的有价证券，包括国库券和国家发行的其他有价证券。前者即国库券是指为解决急需预算支出而由财政部发行的一种国家债券。其以面值发行，过一段时间后可以依法转让，到期则由国家还本付息；后者即国家发行的其他有价证券，是指国家发行的除国库券之外的载明一定财产权利的有价证券，如保值公债、国家重点建设债券、财政债券等，但不包括非国家发行的本票、汇票、支票、存单、委托付款凭证、股票、公司或企业债券等有价证券。使用伪造、变造的国库券或者国家发行的其他有价证券进行诈骗活动，不仅侵犯了国家有价证券管理制度，而且侵犯了他人的财产所有权。
	犯罪客观方面	本罪在客观方面表现为使用伪造、变造的国库券或者国家发行的其他有价证券，进行诈骗活动，数额较大的行为。 所谓伪造的国家发行的有价证券，是指仿照真实的国家发行的有价证券的格式、式样、颜色、形状、面值等特征，采用印刷、复印、拓印等各种方法制作的冒充真国家有价证券的假证券。所谓变造的国家有价证券，是指在真实的国家有价证券上，采用涂改、掩盖、挖补、拼凑等方法加以处理以改变其内容如增大证券的面值、张数等后的有价证券。前者是以完全的假冒充真，后者则是将真变成为不完全的真，即有部

定罪标准		
定罪标准	犯罪客观方面	分的假。不论是伪造的国家有价证券还是变造的国家有价证券，只要行为人使用了其中之一就构成本罪；使用了两者的，也只构成本罪一罪，不能数罪并罚。所谓使用伪造、变造的国家有价证券，是指将之用于兑换现金、抵销债务等财产性的利益活动。所使用的既可以是自己伪造、变造的，也可以是他人伪造、变造的。不论是自己还是他人伪造、变造的，只要属于明知而仍加以使用，就可构成本罪。 使用伪造、变造的国家有价证券进行诈骗，达到了数额较大，才可构成本罪。如果没有达到数额较大，即使有使用伪造、变造的国家有价证券的行为，亦不能以本罪论处。值得注意的是，这里的数额较大，是指使用行为所骗取的财物数额较大，而不是国家证券面值的数额较大。两者可以相同，即以伪造、变造的国家有价证券获取了证券面值相同的财物；也可以相互不同，即以伪造、变造的国家有价证券获取了与之面值不相符如多于或少于的财物。此外，数额较大，并不是指实际所得、实际获得数额较大的财物，构成本罪且为既遂无疑。实施了使用伪造、变造国家有价证券的行为，但由于意志以外的原因还未实际诈骗到数额巨大的财物，只要能查明行为人完全有可能获取数额巨大的财物，情节严重的，亦可构成本罪，但这时应为未遂。
	犯罪主体	本罪的主体是一般主体，即达到刑事责任年龄、具备刑事责任能力的自然人，均可以构成本罪的主体。
	犯罪主观方面	本罪主观方面由故意构成，即行为人明知使用的是伪造、变造的有价证券，且为了非法占有公私财物，进行诈骗犯罪活动，从而骗取数额较大的公私财物。过失不能构成本罪。
	罪与非罪	区分罪与非罪的界限，要注意进行诈骗活动，数额较大的，才构成犯罪。数额未达到较大的，是一般违法行为，由有关部门给予相应的行政处罚。
	此罪与彼罪	一、本罪与伪造、变造有价证券罪的界限。二者的主要区别在于：(1) 侵犯的客体不同。伪造、变造有价证券罪侵犯的是国家对有价证券的管理活动；本罪侵犯的是国家对有价证券的管理秩序和公私财产的所有权。(2) 客观方面表现不同。伪造、变造有价证券罪惩罚的是伪造、变造有价证券的行为；而本罪惩罚的是使用伪造、变造有价证券进行的诈骗活动。本罪以伪造、变造有价证券为前提，如果行为人不是使用伪造、变造的有价证券，而是使用其他方法进行诈骗活动，则不构成本罪，而构成诈骗罪。 二、本罪与诈骗罪的界限。两罪的犯罪主体都是自然人，在客观方面都是以欺骗手段骗取他人财物，但二者的不同之处在于：(1) 客观方面表现不同。本罪是使用特殊的手段即使用伪造、变造的国库券和国家发行的其他有价证券去进行诈骗活动；而诈骗罪使用的是虚构事实或者隐瞒真相的方法。(2) 侵犯的客体不同。诈骗罪侵犯的是公私财产所有权；而本罪主要侵犯的是国家对有价证券的管理秩序和公私财产的所有权。

<table>
<tr><td rowspan="4">证据参考标准</td><td>主体方面的证据</td><td colspan="2">一、证明行为人刑事责任年龄、身份等自然情况的证据。
包括身份证明、户籍证明、任职证明、工作经历证明、特定职责证明等，主要是证明行为人的姓名（曾用名）、性别、出生年月日、民族、籍贯、出生地、职业（或职务）、住所地（或居所地）等证据材料，如户口簿、居民身份证、工作证、出生证、专业或技术等级证、干部履历表、职工登记表、护照等。
对于户籍、出生证等材料内容不实的，应提供其他证据材料。外国人犯罪的案件，应有护照等身份证明材料。人大代表、政协委员犯罪的案件，应注明身份，并附身份证明材料。
二、证明行为人刑事责任能力的证据。
证明行为人对自己的行为是否具有辨认能力与控制能力，如是否属于间歇性精神病人、尚未完全丧失辨认或者控制自己行为能力的精神病人的证明材料。</td></tr>
<tr><td>主观方面的证据</td><td colspan="2">证明行为人故意的证据：1. 证明行为人明知的证据：证明行为人明知自己的行为会发生危害社会的结果；2. 证明直接故意的证据：证明行为人希望危害结果发生；3. 目的：非法占有公私财物。</td></tr>
<tr><td>客观方面的证据</td><td colspan="2">证明行为人使用有价证券诈骗犯罪行为的证据。
具体证据包括：1. 证明行为人明知是伪造的国库券而诈骗财物行为的证据；2. 证明行为人明知是变造的国库券而诈骗财物行为的证据；3. 证明行为人明知是伪造国家发行的其他有价证券而诈骗财物行为的证据；4. 证明行为人明知是变造国家发行的其他有价证券而诈骗财物行为的证据；5. 证明行为人诈骗数额较大行为的证据；6. 证明行为人诈骗数额巨大或者有其他严重情节行为的证据；7. 证明行为人诈骗数额特别巨大或者有其他特别严重情节行为的证据。</td></tr>
<tr><td>量刑方面的证据</td><td colspan="2">一、法定量刑情节证据。
1. 事实情节：（1）情节严重；（2）特别严重情节。2. 法定从重情节。3. 法定从轻减轻情节：（1）可以从轻；（2）可以从轻或减轻；（3）应当从轻或者减轻。4. 法定从轻减轻免除情节：（1）可以从轻、减轻或者免除处罚；（2）应当从轻、减轻或者免除处罚。5. 法定减轻免除情节：（1）可以减轻或者免除处罚；（2）应当减轻或者免除处罚；（3）可以免除处罚。
二、酌定量刑情节证据。
1. 犯罪手段：（1）伪造；（2）变造。2. 犯罪对象。3. 危害结果。4. 动机。5. 平时表现。6. 认罪态度。7. 是否有前科。8. 其他证据。</td></tr>
<tr><td rowspan="3">量刑标准</td><td colspan="2">数额较大的</td><td>处五年以下有期徒刑或者拘役，并处二万元以上二十万元以下罚金</td></tr>
<tr><td colspan="2">数额巨大或者有其他严重情节的</td><td>处五年以上十年以下有期徒刑，并处五万元以上五十万元以下罚金</td></tr>
<tr><td colspan="2">数额特别巨大或者有其他特别严重情节的</td><td>处十年以上有期徒刑或者无期徒刑，并处五万元以上五十万元下罚金或者没收财产</td></tr>
</table>

法律适用		
	刑法条文	**第一百九十七条** 使用伪造、变造的国库券或者国家发行的其他有价证券，进行诈骗活动，数额较大的，处五年以下有期徒刑或者拘役，并处二万元以上二十万元以下罚金；数额巨大或者有其他严重情节的，处五年以上十年以下有期徒刑，并处五万元以上五十万元以下罚金；数额特别巨大或者有其他特别严重情节的，处十年以上有期徒刑或者无期徒刑，并处五万元以上五十万元以下罚金或者没收财产。
	司法解释	**最高人民检察院、公安部《关于公安机关管辖的刑事案件立案追诉标准的规定（二）》（节录）**（2010年5月7日最高人民检察院、公安部公布　自公布之日起施行　2011年11月14日修正） **第五十五条**〔有价证券诈骗案（刑法第一百九十七条）〕使用伪造、变造的国库券或者国家发行的其他有价证券进行诈骗活动，数额在一万元以上的，应予立案追诉。

75 保险诈骗案

概念

本罪是指投保人、被保险人或者受益人，违反《保险法》规定，用虚构事实或者隐瞒真相的方法，骗取保险金，数额较大的行为。

立案标准

根据最高人民检察院、公安部《关于公安机关管辖的刑事案件立案追诉标准的规定（二）》的规定，进行保险诈骗活动，涉嫌下列情形之一的，应予立案追诉：

（1）个人进行保险诈骗，数额在1万元以上的；

（2）单位进行保险诈骗，数额在5万元以上的。

定罪标准

犯罪客体

本罪侵犯的客体是双重客体，既侵犯了保险公司的财产所有权，又侵犯了国家的保险制度。保险，是指投保人根据合同约定，向保险人（即保险公司）支付保险费，保险人对于合同约定的可能发生的事故因其发生所造成的财产损失承担赔偿保险金责任，或者当被保险人死亡、伤残、疾病或者达到合同约定的年龄、期限时承担给付保险金责任的商业保险行为。保险制度是为了确保经济生活的安定，对特定危险事故的发生所导致的损失，运用社会和集体的力量共同建立基金以补偿或给付的经济制度，它具有共济互助和经济补偿性质，是一种个人危险的社会分散化。在现代社会，保险制度已成为一种越来越重要的社会保障制度，它对于保证企业的正常生产经营，保障个人的生活安定，减少社会财富损失都具有重要意义。同时，保险业务也成为积聚建设资金、发展国民经济的一个重要渠道。因此，保证保险制度不受侵犯，促进国民经济的持续发展和人民生活的安全成为法律保护的一项重要任务。犯罪分子利用欺骗手段获取保险金的行为，不仅侵犯了保险公司的财产所有权，更侵犯了国家的保险制度，干扰了保险业务的正常发展。

本罪犯罪的对象是保险金。保险金又称保险金额、保额，它是保险人承担赔偿或者给付保险金责任的最高限额。如果行为人以欺骗方法骗取保险公司保险金以外的其他财产的，不能构成本罪。

犯罪客观方面

本罪在客观方面表现为下述五种情形：

一、投保人故意虚构保险标的，骗取保险金。这种情形是指投保人为获取保险金，故意使用虚假的证明材料或虚构事实编造保险标的，发生保险事故后非法获取保险金的行为。所谓保险标的，是指作为保险对象的财产及其有关利益或者人的寿命和身体。

二、投保人、被保险人或者受益人对发生保险事故编造虚假的原因或者夸大损失的程度，骗取保险金。所谓保险事故，是指保险合同约定的保险责任范围内的事故。根据《保险法》第22条的规定，保险事故发生后，按照保险合同请求保险人赔偿或者给付保险金时，投保人、被保险人或者受益人应当向保险人提供其所能提供的与确认保险事故的性质、原因、损失程度等有关的证明和资料。保险人只对保险责任范围

定罪标准

犯罪客观方面

内的保险事故承担赔偿责任或给付保险金。对于不属于保险责任范围的保险事故，行为人编造发生事故的虚假原因以骗取保险金，或者虽属保险责任范围的保险事故，但行为人伪造证据或夸大损失程度以扩大受益金额的，都属于诈骗保险金的行为。这里所谓对发生保险事故编造虚假的原因，主要是指投保人、被保险人或者受益人为了骗取保险金，在发生保险事故后，对造成保险事故的原因作虚假的陈述或者隐瞒真实情况的行为。我国有关保险方面的法律、法规一般都明确规定了某种保险的责任范围及除外条款，以明确保险人在什么情况下才负有保险赔偿责任，什么情况下不予赔偿。故一般保险合同中关于保险事故发生后的赔偿约定都是有条件的，也是有一定原因的，不是对任何原因引起的保险事故保险人都负赔偿责任。编造的虚假原因就是指编造那些使保险人承担保险责任的虚假原因。如财产保险中的火灾险，如果火灾的原因是由于投保人、被保险人或者受益人的过错行为引致，按照财产保险条款的除外责任的规定，保险公司就不负赔偿责任。为了取得赔偿，弥补自己的损失，有的投保人在保险人调查事故原因过程中，不如实反映情况，而故意编造与事实相悖的虚假原因，例如声称是由于雷电等自然原因所致引起的火灾，使保险人承担保险事故赔偿责任，从而骗取保险赔偿。所谓夸大损失程度骗取保险金的，是指投保人、被投保人或者受益人对发生的保险事故，故意夸大由于保险事故造成保险标的的损失程度，从而更多地取得保险赔偿金的行为。应当明确的是，该项规定的“对发生保险事故编造虚假的原因或者夸大损失的程度”是两种行为，行为人只要实施了其中的一个行为，就构成犯罪，应当依照本罪追究刑事责任。

三、投保人、被保险人或者受益人编造未曾发生的保险事故，骗取保险金。保险事故，是投保人、被保险人或受益人能向保险人提出索赔以及保险人依合同约定的责任进行赔偿的前提条件。如果没有发生合同约定的保险事故，就不能借此索赔，否则以谎称保险事故发生而取得赔偿的，即属违反诚实信用、最大善意原则的保险欺诈行为。所谓编造未曾发生的保险事故，是指保险事故在实际没有发生的情况下，采取虚构、捏造事实的方法，欺骗保险人，谎称保险事故已发生而骗取保险金的行为，如把并没有丢失的参加保险的财产谎称已经丢失；并没有发生保险财产被毁的事件，却谎称为因保险事故被毁。《保险法》规定，被保险人或者受益人在没有发生保险事故的情况下，谎称发生了保险事故，向保险人提出索赔或者给予保险金请求的，保险人有权解除保险合同，并不退还保险费。即要行为人承担实施此项欺诈行为尚未骗得保险金的民事上的法律责任。如果利用此种谎称保险事故发生的欺诈行为实际取得了数额较大的保险金，则属本罪客观之行为，即构成本项所规定的此项保险诈骗犯罪。

四、投保人、被保险人故意造成财产损失的保险事故，骗取保险金。显然，这项犯罪行为只限于财产保险活动中。根据《保险法》规定，投保人、被保险人或者受益人故意制造保险事故的，保险人不承担赔偿或者给付保险金的责任。作为一种经济补偿的法律制度的保险，其意旨是为了抗御并防范灾害。保险人进行保险经营，就是要为了避免各种各样的自然灾害与意外事故的发生或少发生，即使发生了，也要尽量抑制其蔓延而造成损失的扩大。如果本来没有发生保险事故，却通过人为的故意办法而加以制造，致使财物遭受损失，无疑是一种为法律所禁止的不法行为，构成犯罪的，还应依法追究其有关的刑事责任。倘若又借此向保险人索赔而骗取保险金，显然又有悖于保险制度的本质与宗旨，因而亦为保险法律制度所不容。实施制造保险事故而故

<table>
<tr><td rowspan="3">定罪标准</td><td>犯罪客观方面</td><td>意造成财产损失所骗取保险金的，不仅要承担此行为造成实际损失所应负的各种法律责任，如制造火灾、爆炸保险事故的，应分别承担放火罪、爆炸罪的刑事责任；如违反交通法规，故意破坏交通工具、交通设施的，则应分别承担破坏交通工具罪、破坏交通设施罪的刑事责任等。不仅如此，而且还应承担由此行为骗取保险金的各种责任，如《保险法》第27条规定的经济责任，《刑法》规定的本罪之刑事责任等。所谓故意造成财产损失的保险事故，是指在保险合同的有效期限内，故意造成使保险标的出险的保险事故，致使保险财产损失，从而骗取保险金的行为。如因违章导致翻车，为索取保险金，使用炸药使其彻底破坏并谎称是他人炸毁而骗取保险金的，就是这种犯罪行为。值得注意的是，这种制造保险事故发生的犯罪行为，只有出于故意时才能构成本罪，如果是由于过失，而后又骗取保险金的，对于保险法律制度来讲，则属于编造保险事故发生的原因骗取保险金的违法犯罪行为，不构成犯罪时，只承担民事责任，如不能获得保险赔偿等。构成犯罪的，则构成本罪，同时也不排除过失致财产损失的这一行为而应负的其他刑事责任。
五、投保人、受益人故意造成被保险人死亡、伤残或者疾病，骗取保险金。所谓故意造成被保险人死亡、伤残或者疾病，骗取保险金，是指投保人、受益人采取杀害、伤害、虐待、遗弃、爆炸、放火、投放危险物质以及其他方法故意制造人身保险事故、致使被保险人死亡、伤害或疾病，骗取保险金的行为。对于过失致人死亡、伤害或疾病的行为，如过失引起爆炸、水灾、失火、交通肇事、重大责任事故、过失致人伤害等行为致人死亡、伤残或疾病，即使骗取保险金的，一般亦不为此项行为的犯罪。此时构成本罪，往往也是编造保险事故发生的原因那种情况的犯罪。当然不管是否以此行为而骗取保险金，都不排除可以构成因过失行为致人死亡、重伤或疾病的有关犯罪，如失火罪、过失投放危险物质罪、过失爆炸罪、重大责任事故罪、交通肇事罪、过失致人死亡罪、过失致人重伤罪等。</td></tr>
<tr><td>犯罪主体</td><td>本罪的主体是特殊主体，只能由投保人、被保险人、受益人构成。这里的投保人、被保险人、受益人既可以是具备刑事责任能力、达到刑事责任年龄的自然人，也可以是单位。所谓投保人，是指与保险人订立保险合同，并按照保险合同负有支付保险费义务的人；被保险人，是指其财产或者人身受保险合同保障，享有保险金请求权的人，投保人可以成为被保险人；受益人，是指人身保险合同中由被保险人或者投保人指定的享有保险金请求权的人。投保人、被保险人可以成为受益人。另外，保险事故的鉴定人、证明人、财产评估人故意提供虚假的证明文件，为他人诈骗提供条件的，以保险诈骗罪的共犯论处。单位也可构成本罪，因为单位也可成为投保人、被保险人、受益人。</td></tr>
<tr><td>犯罪主观方面</td><td>本罪在主观上只能由故意构成，并且具有非法占有保险金的目的。如果行为人出于过失行为而引起保险事故发生，或因认识错误而认为发生实际未发生的保险事故，或计算错误而多报了事故损失等，并因此获取了保险金的，均不构成犯罪。至于本罪的故意，既可以产生于投保前，也可以产生于投保后；也既可以产生在保险事故发生前，还可以产生在保险事故发生后，犯罪故意产生的时间先后不影响本罪的定性，但在量刑时可以作为情节适当予以考虑。</td></tr>
</table>

定罪标准		
定罪标准	罪与非罪	区分罪与非罪的界限，要注意以下两点： 一、是否既遂。本罪列举的五项情形均为既遂行为，即骗取了保险金的行为，这是构成这类犯罪的必要要件。因此区分保险诈骗罪罪与非罪的界限，其中一个极其重要的标准，是看其行为是否达到既遂状态，即是否实际骗取了保险金。司法实践中在查处这类案件时不仅要考察行为人是否已经实施了本罪所列五种情形之一的行为，还要看其行为的结果，即是否骗取了保险金。如果行为人虽然实施了本罪所列五种情形之一的行为，但其骗赔行为被及时揭穿，未骗得保险金，那么，其行为性质属于违反保险法的违法行为。保险公司根据《保险法》的规定，有权解除保险合同，并不退还投保人的保险费。如果行为人骗取了保险金，即构成了本项所规定的犯罪行为，就应当受到刑事制裁。 二、除看其骗取保险金的数额大小外，主要应注意考察行为人主观上是否具有诈骗保险金的故意。如果具有下列情形之一表明行为人不具有诈骗故意，其行为不构成犯罪：（1）因过失而虚构保险标的的。如不知保险标的不合格而以合格标的保险，或因对保险标的价值计算错误而逾额保险；（2）对保险事故发生原因认识错误而错报或对损失计算错误而夸大的；（3）误认为发生保险事故的。如保险财产被人借走，行为人因忘记而以为丢失因而进行索赔的；（4）投保人、被保险人因过失行为或意外行为造成财产损失的；（5）投保人、受益人因过失行为或意外行为而致被保险人死亡、伤残或者疾病的。
	一罪与数罪	在保险诈骗活动中，投保人、被保险人或者受益人为了获取保险金而人为地制造保险事故发生时，常常又触犯其他罪名。如行为人以放火或者爆炸等方法毁坏保险财产时可能触犯放火罪或者爆炸罪等犯罪；行为人致使被保险人死亡、伤残或者疾病的行为可能触犯故意杀人罪或者故意伤害罪。这种情形下手段行为构成了其他犯罪，目的行为构成了保险诈骗罪，因而属于牵连犯。按理论上的通行观点应从一重罪处罚。但是《刑法》第 198 条第 2 款对此明确规定这种情况依照本法数罪并罚的规定处罚，因而不能再像处理一般牵连犯那样从一重罪处罚。
	此罪与彼罪	在保险诈骗活动中，保险诈骗犯罪分子为了实现诈骗目的，常常勾结有关保险事故的鉴定人、证明人或者财产评估人，让他们提供虚假证明文件。《刑法》第 198 条第 4 款规定："保险事故的鉴定人、证明人、财产评估人故意提供虚假的证明文件，为他人诈骗提供条件的，以保险诈骗罪的共犯论处。"其中，保险事故的鉴定人、证明人、财产评估人，是指在保险事故发生后参与保险事故调查工作的当事人，他们所提供的鉴定、证明和财产评估的材料直接影响保险事故调查的真伪，因此法律对其行为作了严格规定。如果他们故意提供虚假的证明文件，为他人诈骗提供了条件，则以保险诈骗罪的共犯论处。
证据参考标准	主体方面的证据	**一、证明行为人刑事责任年龄、身份等自然情况的证据。** 包括身份证明、户籍证明、任职证明、工作经历证明、特定职责证明等，主要是证明行为人的姓名（曾用名）、性别、出生年月日、民族、籍贯、出生地、职业（或职务）、住所地（或居所地）等证据材料，如户口簿、居民身份证、工作证、出生证、专业或技术等级证、干部履历表、职工登记表、护照等。

<table>
<tr><td rowspan="4">证据参考标准</td><td>主体方面的证据</td><td>对于户籍、出生证等材料内容不实的，应提供其他证据材料。外国人犯罪的案件，应有护照等身份证明材料。人大代表、政协委员犯罪的案件，应注明身份，并附身份证明材料。
二、证明行为人刑事责任能力的证据。
证明行为人对自己的行为是否具有辨认能力与控制能力，如是否属于间歇性精神病人、尚未完全丧失辨认或者控制自己行为能力的精神病人的证明材料。
三、证明单位的证据。
证明是否属于依法成立并有合法经营、管理范围的公司、企业、事业单位、机关、团体。
证明单位的名称、住所地、性质、法定代表人、单位负责人、业务范围、成立时间等证据材料，如企业营业执照、国有公司性质证明及非法人单位的身份证明等。
四、证明法定代表人、单位负责人或直接责任人员等的身份证明。
法定代表人、直接负责的主管人员和其他直接责任人在单位的任职、职责、负责权限的证明材料等。包括身份证明、户籍证明、任职证明等，如户口簿、居民身份证、工作证、护照、专业或技术等级证、干部履历表、职工登记表、任命书、业务分工文件、委派文件、单位证明、单位规章制度等。</td></tr>
<tr><td>主观方面的证据</td><td>证明行为人故意的证据：1. 证明行为人明知的证据：证明行为人明知自己的行为会发生危害社会的结果；2. 证明直接故意的证据：证明行为人希望危害结果发生；3. 目的：非法占有保险金。</td></tr>
<tr><td>客观方面的证据</td><td>证明行为人保险诈骗犯罪行为的证据。
具体证据包括：1. 投保人故意虚构保险标的，骗取保险金行为的证据；2. 投保人对发生的保险事故编造虚假原因或者夸大损失程度，骗取保险金行为的证据；3. 被保险人对发生的保险事故编造虚假原因或者夸大损失程度，骗取保险金行为的证据；4. 受益人对发生的保险事故编造虚假原因或者夸大损失程度，骗取保险金行为的证据；5. 投保人编造未曾发生的保险事故，骗取保险金行为的证据；6. 被保险人编造未曾发生的保险事故，骗取保险金行为的证据；7. 受益人编造未曾发生的保险事故，骗取保险金行为的证据；8. 投保人故意造成财产损失的保险事故，骗取保险金行为的证据；9. 被保险人故意造成财产损失的保险事故，骗取保险金行为的证据；10. 投保人故意造成被保险人死亡，骗取保险金行为的证据；11. 受益人故意造成被保险人死亡，骗取保险金行为的证据；12. 投保人故意造成被保险人伤残或者疾病，骗取保险金行为的证据；13. 受益人故意造成被保险人伤残或者疾病，骗取保险金行为的证据；14. 证明行为人保险诈骗数额较大行为的证据；15. 证明行为人保险诈骗数额巨大或者有其他严重情节行为的证据；16. 证明行为人保险诈骗数额特别巨大或者有其他特别严重情节行为的证据。</td></tr>
<tr><td>量刑方面的证据</td><td>一、法定量刑情节证据。
1. 事实情节：(1) 情节严重；(2) 情节特别严重。2. 法定从重情节。3. 法定从轻减轻情节：(1) 可以从轻；(2) 可以从轻或减轻；(3) 应当从轻或者减轻。4. 法定从轻减轻免除情节：(1) 可以从轻、减轻或者免除处罚；(2) 应当从轻、减轻或</td></tr>
</table>

证据参考标准	量刑方面的证据	者免除处罚。5. 法定减轻免除情节：(1) 可以减轻或者免除处罚；(2) 应当减轻或者免除处罚；(3) 可以免除处罚。 **二、酌定量刑情节证据。** 1. 犯罪手段：(1) 故意虚构事实；(2) 编造未曾发生的保险事故；(3) 故意造成财产损失；(4) 故意造成被保险人伤亡。2. 犯罪对象。3. 危害结果。4. 动机。5. 平时表现。6. 认罪态度。7. 是否有前科。8. 其他证据。

量刑标准		
	数额较大的（个人1万元以上、单位5万元以上）	处五年以下有期徒刑或者拘役，并处一万元以上十万元以下罚金
	数额巨大（个人5万元以上、单位25万元以上）或者有其他严重情节的	处五年以上十年以下有期徒刑，并处二万元以上二十万元以下罚金
	数额特别巨大（个人20万元以上、单位100万元以上）或者有其他特别严重情节的	处十年以上有期徒刑，并处二万元以上二十万元以下罚金或者没收财产
	单位犯本罪的	对单位判处罚金，并对其直接负责的主管人员和其他直接责任人员，处五年以下有期徒刑或者拘役
	单位犯本罪数额巨大或者有其他严重情节的	对单位判处罚金，并对其直接负责的主管人员和其他直接责任人员，处五年以上十年以下有期徒刑
	单位犯本罪数额特别巨大或者有其他特别严重情节的	对单位判处罚金，并对其直接负责的主管人员和其他直接责任人员，处十年以上有期徒刑

法律适用 — 刑法条文

第一百九十八条 有下列情形之一，进行保险诈骗活动，数额较大的，处五年以下有期徒刑或者拘役，并处一万元以上十万元以下罚金；数额巨大或者有其他严重情节的，处五年以上十年以下有期徒刑，并处二万元以上二十万元以下罚金；数额特别巨大或者有其他特别严重情节的，处十年以上有期徒刑，并处二万元以上二十万元以下罚金或者没收财产：

（一）投保人故意虚构保险标的，骗取保险金的；

（二）投保人、被保险人或者受益人对发生的保险事故编造虚假的原因或者夸大损失的程度，骗取保险金的；

（三）投保人、被保险人或者受益人编造未曾发生的保险事故，骗取保险金的；

（四）投保人、被保险人故意造成财产损失的保险事故，骗取保险金的；

（五）投保人、受益人故意造成被保险人死亡、伤残或者疾病，骗取保险金的。

有前款第四项、第五项所列行为，同时构成其他犯罪的，依照数罪并罚的规定处罚。

单位犯第一款罪的，对单位判处罚金，并对其直接负责的主管人员和其他直接责任人员，处五年以下有期徒刑或者拘役；数额巨大或者有其他严重情节的，处五年以上十年以下有期徒刑；数额特别巨大或者有其他特别严重情节的，处十年以上有期徒刑。

保险事故的鉴定人、证明人、财产评估人故意提供虚假的证明文件，为他人诈骗提供条件的，以保险诈骗的共犯论处。

法律适用

司法解释

最高人民检察院、公安部《关于公安机关管辖的刑事案件立案追诉标准的规定（二）》（节录）（2010年5月7日最高人民检察院、公安部公布　自公布之日起施行　2011年11月14日修正）

第五十六条〔保险诈骗案（刑法第一百九十八条）〕进行保险诈骗活动，涉嫌下列情形之一的，应予立案追诉：

（一）个人进行保险诈骗，数额在一万元以上的；

（二）单位进行保险诈骗，数额在五万元以上的。

相关法律法规

《中华人民共和国保险法》（节录）（1995年6月30日中华人民共和国主席令第51号公布　2002年10月28日第一次修正　2009年2月28日修订　2014年8月31日第二次修正　2015年4月24日第三次修正）

第二条　本法所称保险，是指投保人根据合同约定，向保险人支付保险费，保险人对于合同约定的可能发生的事故因其发生所造成的财产损失承担赔偿保险金责任，或者当被保险人死亡、伤残、疾病或者达到合同约定的年龄、期限等条件时承担给付保险金责任的商业保险行为。

第二十七条　未发生保险事故，被保险人或者受益人谎称发生了保险事故，向保险人提出赔偿或者给付保险金请求的，保险人有权解除合同，并不退还保险费。

投保人、被保险人故意制造保险事故的，保险人有权解除合同，不承担赔偿或者给付保险金的责任；除本法第四十三条规定外，不退还保险费。

保险事故发生后，投保人、被保险人或者受益人以伪造、变造的有关证明、资料或者其他证据，编造虚假的事故原因或者夸大损失程度的，保险人对其虚报的部分不承担赔偿或者给付保险金的责任。

投保人、被保险人或者受益人有前三款规定行为之一，致使保险人支付保险金或者支出费用的，应当退回或者赔偿。

第四十三条　投保人故意造成被保险人死亡、伤残或者疾病的，保险人不承担给付保险金的责任。投保人已交足二年以上保险费的，保险人应当按照合同约定向其他权利人退还保险单的现金价值。

受益人故意造成被保险人死亡、伤残、疾病的，或者故意杀害被保险人未遂的，该受益人丧失受益权。

第一百七十四条　投保人、被保险人或者受益人有下列行为之一，进行保险诈骗活动，尚不构成犯罪的，依法给予行政处罚：

（一）投保人故意虚构保险标的，骗取保险金的；

（二）编造未曾发生的保险事故，或者编造虚假的事故原因或者夸大损失程度，骗取保险金的；

（三）故意造成保险事故，骗取保险金的。

保险事故的鉴定人、评估人、证明人故意提供虚假的证明文件，为投保人、被保险人或者受益人进行保险诈骗提供条件的，依照前款规定给予处罚。

76 逃税案

概念

本罪是指纳税人采取欺骗、隐瞒手段进行虚假纳税申报或者不申报，逃避缴纳税款数额较大且占应纳税额10%以上或扣缴义务人采取前述手段不缴或者少缴已扣、已收税款，数额较大的行为。

立案标准

根据最高人民检察院、公安部《关于公安机关管辖的刑事案件立案追诉标准的规定（二）》的规定，逃避缴纳税款，涉嫌下列情形之一的，应予立案追诉：

（1）纳税人采取欺骗、隐瞒手段进行虚假纳税申报或者不申报，逃避缴纳税款，数额在5万元以上并且占各税种应纳税总额10%以上，经税务机关依法下达追缴通知后，不补缴应纳税款、不缴纳滞纳金或者不接受行政处罚的；

（2）纳税人5年内因逃避缴纳税款受过刑事处罚或者被税务机关给予2次以上行政处罚，又逃避缴纳税款，数额在5万元以上并且占各税种应纳税总额10%以上的；

（3）扣缴义务人采取欺骗、隐瞒手段，不缴或者少缴已扣、已收税款，数额在5万元以上的。

纳税人在公安机关立案后再补缴应纳税款、缴纳滞纳金或者接受行政处罚的，不影响刑事责任的追究。

定罪标准		
定罪标准	犯罪客体	本罪侵犯的客体是国家的税收管理制度。税收是国家财政收入的重要来源，直接关系到整个国计民生。因此，随着社会经济的发展和需要，国家根据行业的不同情况，颁布了一系列税收管理法规，以加强对税收工作的管理和监督，主要有《税收征收管理法》《个人所得税法》《企业所得税法》《增值税暂行条例》等。一切负有纳税义务的自然人和法人，都应当根据有关的税收法规准时交纳税款，任何逃税漏税的行为，都是对国家税收管理制度的破坏。本罪的犯罪对象为应纳税款，即纳税人按照税法规定应当交纳的税款。
	犯罪客观方面	一、纳税人采取欺骗、隐瞒手段进行虚假纳税申报或者不申报，逃避缴纳税款数额较大并且占应纳税额10%以上，或者扣缴义务人采取前述手段，不缴或者少缴已扣、已收税款，数额较大。其具体手段可能表现为以下方式： 1. 伪造、变造、隐匿、擅自销毁账簿和记账凭证。所谓伪造账簿、记账凭证，是指行为人为了逃税，平时没有按照税法设置账簿，为了应付税务检查而编造出假凭证、假账簿，无中生有、欺骗他人；所谓“变造”账簿和记账凭证，即把已有的真实账簿和凭证进行篡改、合并或删除，以此充彼、以少充多或以多充少，或者账外设账、账外经营、真假并存，从而使人对其经营数额和应税项目产生误解，达到不缴或少缴税款的目的。这种方式多为个体经营者所采用，以此使税务人员无法得知其经营收支情况。

定罪标准	犯罪客观方面	2. 在账簿上多列支出或者不列、少列收入。行为人通过此举以图减少应税数额，达到逃税目的。主要方法有：（1）明销暗记；（2）将产品直接作价抵债款后不记销售；（3）已经销售而不开发票或以白条抵库不记销售；（4）用罚款、滞纳金、违约金、赔偿金冲减销售收入；（5）将展品或样品作价处理后不按销售记账，等等。此外，多行开户，同时使用，而只向税务工作人员提供其中的一个，也是行为人隐瞒收入的常用方法。 3. 进行虚假的纳税申报。纳税申报是依法纳税的前提，纳税人必须在法定时间内办理纳税申报，如实报送纳税申报表、财务会计报表以及税务机关要求的其他纳税资料。行为人往往通过对生产规模、盈亏情况、收入状况等内容作虚假申报，来达到逃税目的。行为人有时虚报一项，有时虚报数项。 二、经税务机关依法下达追缴通知后，仍未补缴应纳税款和滞纳金的，或者虽然补缴，但存在5年内因逃避缴纳税款受过刑事处罚或者被税务机关给予了2次以上行政处罚的情形。
	犯罪主体	本罪主体为特殊主体，只有纳税人和扣缴义务人才能构成本罪主体。既包括负有纳税义务的个人，也包括负有纳税义务的国有、集体、私有企事业单位以及外资企业、中外合资企业等法人或单位，而且还包括扣缴义务人，即依照法律或行政法规规定负有代扣代缴、代收代缴税款义务的单位和个人。既可以是中国公民，也可以是外国公民。没有纳税义务的公民，如与纳税、扣缴义务人相互勾结，为逃税犯罪提供账号、发票证明或者以其他手段共同实施逃税行为的，应以逃税罪共犯论处。税务工作人员构成共犯的，应当从重处罚。根据《税收征收管理法》第4条的规定，纳税人，是指法律、行政法规规定负有纳税义务的单位和个人。扣缴义务人，是指法律、行政法规规定负有代扣代缴、代收代缴税款义务的单位和个人。
	犯罪主观方面	本罪主观方面由直接故意构成，并具有逃避应纳税款和非法获利的目的。如果行为人没有故意逃避应纳税款和非法获利的目的，即使因为有关人员的疏忽或其他原因而发生的漏税和欠税行为，不以本罪论处。
	罪与非罪	区分罪与非罪的界限，要注意把握三点： 一、逃税罪是结果犯，它必须达到法定结果才能成立。对于纳税人而言，法定结果（即逃税罪成立的最低标准）有两个：其一，逃税数额较大且占应纳税额的10%以上，经税务机关依法下达追缴通知后，不补缴应纳税款，不缴纳滞纳金或不接受行政处罚；其二，5年内因逃税受过刑事处罚或被税务机关给予2次以上行政处罚，又逃避缴纳税款，数额在5万元以上并且占各种应纳税款10%以上。这两点成并列关系，行为人只要具备其中一点，即可构成逃税罪。 第二点所要求的“2次行政处罚”标准是一项富有特色的规定。凡经济犯罪，定罪量刑几乎皆以犯罪数额为依据，这是计算经济犯罪的损失时以数额表示的特性。然而，逃税罪作为一种经济犯罪，在为其规定了定罪量刑的数额标准后，又为其特设了一个“2次行政处罚”的标准，亦可说是“补充规定”的一项创举。该规定实际上确立了一项“依据数额，不唯数额”的定罪量刑原则，而对行为人的一贯表现给予考虑，行为人在实施逃税犯罪行为以前，曾因逃税而受到2次行政处罚，这一事实说明行为人的主观恶性比较严重。这一规定将行政处罚与刑事处罚紧密地联系起来，它把

<table>
<tr><td rowspan="2">定罪标准</td><td>罪与非罪</td><td>对犯罪结果的考察追溯到行为人的先前行为，进行动态的考察，体现了刑罚个别化原则。
二、注意以下几种行为的区别：（1）要注意区分逃税与漏税。漏税是指纳税人（包括扣缴义务人）并非故意，没有依照税法规定缴纳或者足额缴纳税款的行为，是一种一般税务违法行为，应由税务机关责令其补缴漏缴的税款，并加收滞纳金；逃税则是一种故意行为，行为人目的明确。从性质上看，逃税性质要比漏税严重得多，逃税情节严重，符合规定的逃税罪的条件的，应当由司法机关依法追究刑事责任。（2）要注意区分逃税与避税。所谓避税，是指采用合法手段减轻或者不履行纳税义务的行为。逃税与避税虽然都是减少或者不履行纳税义务的行为，但二者之间有着本质的不同：避税是在纳税义务发生前采取各种合乎法律规定的方法，有意减轻或者免除税收负担的行为，大多数情况下是符合立法意图的，如利用经济特区的税收优惠政策在经济特区投资，有些则是钻税法不够完善的空子；逃税是发生纳税义务后，采用非法的手段减少或者不履行纳税义务，在任何情况下，逃税都是国家法律所不允许的。对于钻法律空子的避税，只能通过不断完善税收法律的方法来防止；对于逃税，依法追究刑事责任，加强打击，是减少逃税犯罪的重要手段。（3）要注意区分一般逃税行为与逃税犯罪。本条明确规定了逃税犯罪的定罪标准，这是区分一般逃税行为与逃税犯罪的标准，必须严格执行。
三、本罪与挪用税款的界限。有些纳税人在资金紧张的情况下，常将应缴纳的税款不上缴，随意挪作他用，造成税款无法按时缴纳，这种挪用税款的行为与逃税行为是有区别的，其主要区别在于主观用意不同。如果挪用税款是为欺骗、隐瞒应纳项目和经营利润，达到非法获利的目的，则应以逃税罪论处。如果由于资金紧张，暂时挪用税款，待资金周转后便及时缴纳税款的，不应作为犯罪，则应作为违反财经制度处理。</td></tr>
<tr><td>此罪与彼罪</td><td>本罪与行贿罪的界限。如果纳税人仅仅向税务人员行贿，并没有采取欺骗、隐瞒的手段逃避纳税义务，则应按行贿罪处理。如果纳税人在行贿的同时，又采取了欺骗、隐瞒的手段来逃避纳税义务，不缴或者少缴应纳税款数额较大的，则应按行贿罪和逃税罪实行数罪并罚。</td></tr>
<tr><td>证据参考标准</td><td>主体方面的证据</td><td>一、犯罪嫌疑人为单位的，证据包括：
1. 单位营业执照，税务登记证，享受税收减免优惠政策的有关证明，一般纳税人资格证明，银行账号证明，工商注册登记资料，具体包括：设立或者开业登记申请书、有关批准文件、创立大会会议记录、章程、资金信用证明、验资证明或者资金担保证明、股东或者发起人法人资格证明或者自然人身份证明、载明公司董事、监事、经理姓名、住所的文件以及有关委派、选举或者聘用的证明、法定代表人任职文件和身份证明、单位住所地证明等；
2. 直接负责的主管人员和其他直接责任人员的身份证明，包括法定代表人、实际投资者、实际经营决策者、财务主管、财务会计人员、业务人员等人员的户口簿、居民身份证、户口底卡、工作证、护照或者其他有效证件。
二、犯罪嫌疑人为自然人的，证据包括户口簿、居民身份证、户口底卡、工作证、护照或者其他有效证件。</td></tr>
</table>

证据参考标准	主体方面的证据	三、犯罪嫌疑人为扣缴义务人的，除上述相关证据外，收集能够证明其具有法定扣缴义务的证据材料，如委托合同、协议书等。 四、犯罪嫌疑人为未办理登记、未办理税务登记的单位或者个人以及非法经营的单位或者个人的，除以上规定的相关证据外，还应收集税务机关通知其纳税申报的书面或者口头通知其纳税申报的相关证明、笔录，市场监督管理、税务部门关于其没有依法办理工商、税务登记的证明等。 五、犯罪嫌疑人为扣缴代理人（税务代理人）等非纳税人的，应当收集能够证明其为共同犯罪人的证据。 六、几个主要税种的证据范围： 1. 增值税主体方面，收集、调取证明涉案单位为增值税一般纳税人资格的相关证明。 2. 消费税主体方面，如果经营范围涉及国家专营专卖物品的，应收集、调取相关经营许可证明。
	主观方面的证据	一、单位犯罪中的直接负责的主管人员主观方面的证据包括： 1. 能够证明其明知单位负有纳税义务，并且明知单位有关经营状况（如明知有一笔应税收入），而授意、指使或者放任会计等财务人员“伪造、变造、隐匿、擅自销毁账簿、记账凭证”，“在账簿上多列支出或者不列、少列收入”，“经税务机关通知申报而拒不申报或者进行虚假的纳税申报”，从而不缴或者少缴应纳税款的书证、物证、证人证言、犯罪嫌疑人供述和辩解、视听资料等。 2. 单位的法定代表人、负责人等，在证明逃税行为成立的财务报表、纳税申报表等纳税申报资料上签字的，认定其具有逃税的主观故意，但是确有证据证明其没有逃税故意的除外。 二、单位犯罪中的其他直接责任人员主观方面的证据包括： 能够证明其明知单位负有纳税义务，并且实施了某项具体的“伪造、变造、隐匿、擅自销毁账簿、记账凭证”、“在账簿上多列支出或者少列、不列收入”、“经税务机关通知申报而拒不申报”、“进行虚假纳税申报”等逃税犯罪行为的书证、物证、证人证言、犯罪嫌疑人供述和辩解、视听资料等。 三、自然人犯罪的，主观方面的证据包括： 能够证明其明知负有纳税义务，并且实施了某项具体的“伪造、变造、隐匿、擅自销毁账簿、记账凭证”、“在账簿上多列支出或者少列、不列收入”、“经税务机关通知申报而拒不申报”、“进行虚假纳税申报”等逃税犯罪行为的书证、物证、证人证言、犯罪嫌疑人供述和辩解、视听资料等。 四、犯罪嫌疑人已经依法办理税务登记或者扣缴税款登记的，或虽依法不需要办理税务登记或者扣缴税款登记但经税务机关已书面通知其纳税申报的，或依法应当办理税务登记或者扣缴税款登记但尚未依法办理而税务机关已书面通知其申报的，可以认定为“明知”负有纳税义务。 五、通过犯罪嫌疑人的供述、证人证言等反映其主观方面的证据，并结合客观方面的证据，综合证实犯罪嫌疑人具有逃税的主观故意。

证据参考标准

客观方面的证据

一、逃税数额为“应纳税额”与“已纳税额”的差额。

二、“已纳税额”证据包括：(1) 相关账簿，如“应纳税金”、“待扣税金”、“主营业务税金及付加”、“所得税”等会计账簿；(2) “纳税申报表”及相关资料；(3) 各种完税证明；(4) 税务机关保管的纳税申报资料。

三、“应纳税额”证据包括：(1) 相关会计凭证及相关资料，如各种原始凭证(外来原始凭证，一次凭证、累计凭证、汇总凭证等自制原始凭证)、记账凭证（收款、付款、转账专用等记账凭证及通用记账凭证)、其他相关的各种单证、证明、合同等；(2) 相关账簿，如总账、明细账（材料明细账、产品明细账、销售明细账、发出商品明细账、应付账款明细账、存货明细账等)、日记账（现金日记账、银行存款日记账等）以及其他辅助性账簿；(3) 伪造、变造、隐匿、擅自销毁的账簿、会计凭证、合同等。对伪造、变造的账簿、会计凭证及相关纳税资料，在必要时可进行笔迹等司法鉴定；如果存在隐匿、擅自销毁账簿、会计凭证等证据现场的，可进行现场勘查，提取相关物证、书证，并对现场及有关物证拍照固定；对于擅自销毁的账簿、会计凭证及相关纳税资料，如果能提取残存物的，应当提取残存物，并加以固定；(4) 库存情况证据。应对货物进库、出库及库存的情况进行核查，并对原材料及产成品的入库单、出库单、库存实物盘点情况统计等相关证据进行固定；(5) 资金流向情况证据。应对其相关银行账户进行调查，调取反映其资金流向的相关资料；(6) 如果系移送案件，应调取税务机关出具的税务稽查报告、审理报告等相关资料；(7) 涉嫌逃税犯罪的会议记录、相关文件、录音带、录像带、电子数据等其他证据。

四、纳税人因逃税被税务机关给予二次以上行政处罚又逃税的，除上述相关证据外，还应调取前二次以上因逃税被税务机关处罚的税务稽查报告、审理报告、税务处理决定书、行政处罚决定书、补税及罚款收据等相关资料及送达证明。对强制执行的，还应调取税务机关强制执行申请书及执行报告。

五、扣缴义务人涉嫌逃税的，除上述相关证据外，其证据还包括代扣代缴、代收代缴税款凭证，代扣代缴、代收代缴税款报告表，与代扣、代收税款有关的合同、协议书，应扣缴税金细目清单，扣税项目表等。

六、税务人员与纳税人共同逃税的，除上述相关证据外，收集、调取税务人员涉嫌职务犯罪的有关证据。

七、几个主要税种的证据范围：

(一) 增值税客观方面，从购、销两个环节收集、调取相关会计资料：

1. 购货环节的相关凭证及资料，包括尚未入账的增值税专用发票、普通发票，入账但未作进项抵扣的增值税专用发票、普通发票，已作进项抵扣的增值税专用发票、普通发票，非法购买、伪造、变造、虚开的增值税专用发票、普通发票或者其他票据；犯罪嫌疑人对应的售货单位的基本情况，业务往来情况及具体过程，货物价格及数量，付款情况，两者之间的债权债务关系，相关销售资料、合同等；

2. 销售环节的相关凭证及资料，包括尚未入账的增值税专用发票及普通发票，入账但未申报纳税的增值税专用发票及普通发票，非法购买、伪造、变造、虚开的增值税专用发票、普通发票或者其他票据；犯罪嫌疑人对应的购货单位的基本情况，业务往来情况及具体过程，货物价格及数量，付款情况，两者之间的债权债务关系，相关销售资料、合同等。

<table>
<tr><td rowspan="2">证据参考标准</td><td>客观方面的证据</td><td>（二）消费税客观方面，重点调取应纳消费税货物销售环节的相关证据，包括向购货方开具的货物销售发票，双方签订的销售合同等相关凭证和资料：
1. 自产自用应税消费品，证据包括：（1）用于连续生产应税消费品的，虽不征收消费税，但根据案情需要，要收集能够证明用于连续生产应税消费品事实的相关账簿、凭证、资料；（2）应税消费品用于生产非应税消费品，或者用于在建工程、管理部门、非生产机构、提供劳务以及用于馈赠、赞助、集资、广告、样品、职工福利、奖励等其他方面，移送使用时应予征税的，要收集移送时取得的相关凭证、收据、证明等；
2. 委托加工应税消费品，证据包括：委托加工合同、受托方向委托方开具的发票、代收代缴消费税凭证等；
对作为用于生产应纳消费税货物原材料的外购已纳消费税货物，还应调取外购已纳消费税货物的相关会计资料，包括已入账和未入账的相关发票，售货方提供的原材料销售资料，购销合同等；对外购已税消费品生产应税消费品的，还应收集已作扣除的已纳消费税税款的凭证。
（三）营业税客观方面，收集涉案单位营业收入方面的会计资料，包括提供应税劳务、转让无形资产或者销售不动产取得营业收入的相关会计凭证及资料；收集允许从计税依据中作适当扣除项目的会计凭证、业务合同及其他相关资料。
（四）企业所得税客观方面，收集涉案单位取得应税收入（如生产经营收入、财产转让收入、利息、租赁收入、股息收入、特许权使用费收入及其他收入）的相关凭证及资料；收集涉案单位准予扣除项目（如成本、费用、税金、损失等）的相关凭证及证明，包括发票、提货单据、验收记录等。
对于采取“以货易货”交易方式的，收集关联企业的相关资料。</td></tr>
<tr><td>量刑方面的证据</td><td>一、法定量刑情节证据。
1. 事实情节。2. 法定从重情节。3. 法定从轻减轻情节：（1）可以从轻；（2）可以从轻或减轻；（3）应当从轻或者减轻。4. 法定从轻减轻免除情节：（1）可以从轻、减轻或者免除处罚；（2）应当从轻、减轻或者免除处罚。5. 法定减轻免除情节：（1）可以减轻或者免除处罚；（2）应当减轻或者免除处罚；（3）可以免除处罚。
二、酌定量刑情节证据。
1. 犯罪手段：（1）伪造账目；（2）变造账目；（3）账外账；（4）隐匿账目；（5）销毁账簿、记账凭证；（6）虚报成本；（7）少报收入；（8）多报职工人数；（9）收入不入账；（10）其他。2. 犯罪对象。3. 危害结果。4. 动机。5. 平时表现。6. 认罪态度。7. 是否有前科。8. 其他证据。</td></tr>
<tr><td rowspan="3">量刑标准</td><td>逃避缴纳税款数额较大并且占应纳税额10%以上的</td><td>处三年以下有期徒刑或者拘役，并处罚金</td></tr>
<tr><td>数额巨大并且占应纳税额30%以上的</td><td>处三年以上七年以下有期徒刑，并处罚金</td></tr>
<tr><td>单位犯本罪的</td><td>对单位判处罚金，并对其直接负责的主管人员和其他直接责任人员，依上述规定处罚。对多次犯有前两款行为，未经处理的，按照累计数额计算</td></tr>
</table>

法律适用

刑法条文

第二百零一条 纳税人采取欺骗、隐瞒手段进行虚假纳税申报或者不申报，逃避缴纳税款数额较大并且占应纳税额百分之十以上的，处三年以下有期徒刑或者拘役，并处罚金；数额巨大并且占应纳税额百分之三十以上的，处三年以上七年以下有期徒刑，并处罚金。

扣缴义务人采取前款所列手段，不缴或者少缴已扣、已收税款，数额较大的，依照前款的规定处罚。

对多次实施前两款行为，未经处理的，按照累计数额计算。

有第一款行为，经税务机关依法下达追缴通知后，补缴应纳税款，缴纳滞纳金，已受行政处罚的，不予追究刑事责任；但是，五年内因逃避缴纳税款受过刑事处罚或者被税务机关给予二次以上行政处罚的除外。

第二百一十一条 单位犯本节第二百零一条、第二百零三条、第二百零四条、第二百零七条、第二百零八条、第二百零九条规定之罪的，对单位判处罚金，并对其直接负责的主管人员和其他直接责任人员，依照各该条的规定处罚。

第二百一十二条 犯本节第二百零一条至第二百零五条规定之罪，被判处罚金、没收财产的，在执行前，应当先由税务机关追缴税款和所骗取的出口退税款。

司法解释

最高人民检察院、公安部《关于公安机关管辖的刑事案件立案追诉标准的规定（二）》（节录）（2010年5月7日最高人民检察院、公安部公布 自公布之日起施行 2011年11月14日修正）

第五十七条〔逃税案（刑法第二百零一条）〕逃避缴纳税款，涉嫌下列情形之一的，应予立案追诉：

（一）纳税人采取欺骗、隐瞒手段进行虚假纳税申报或者不申报，逃避缴纳税款，数额在五万元以上并且占各税种应纳税总额百分之十以上，经税务机关依法下达追缴通知后，不补缴应纳税款、不缴纳滞纳金或者不接受行政处罚的；

（二）纳税人五年内因逃避缴纳税款受过刑事处罚或者被税务机关给予二次以上行政处罚，又逃避缴纳税款，数额在五万元以上并且占各税种应纳税总额百分之十以上的；

（三）扣缴义务人采取欺骗、隐瞒手段，不缴或者少缴已扣、已收税款，数额在五万元以上的。

纳税人在公安机关立案后再补缴应纳税款、缴纳滞纳金或者接受行政处罚的，不影响刑事责任的追究。

相关法律法规

《中华人民共和国税收征收管理法》（节录）（1992年9月4日中华人民共和国主席令第60号公布 1995年2月28日第一次修正 2001年4月28日修订 2013年6月29日第二次修正 2015年4月24日第三次修正）

第十五条 企业，企业在外地设立的分支机构和从事生产、经营的场所，个体工商户和从事生产、经营的事业单位（以下统称从事生产、经营的纳税人）自领取营业执照之日起三十日内，持有关证件，向税务机关申报办理税务登记。税务机关应当于收到申报的当日办理登记并发给税务登记证件。

工商行政管理机关应当将办理登记注册、核发营业执照的情况，定期向税务机关通报。

本条第一款规定以外的纳税人办理税务登记和扣缴义务人办理扣缴税款登记的范围和办法，由国务院规定。

第十六条 从事生产、经营的纳税人，税务登记内容发生变化的，自工商行政管理机关办理变更登记之日起三十日内或者在向工商行政管理机关申请办理注销登记之前，持有关证件向税务机关申报办理变更或者注销税务登记。

第十七条 从事生产、经营的纳税人应当按照国家有关规定，持税务登记证件，在银行或者其他金融机构开立基本存款账户和其他存款账户，并将其全部账号向税务机关报告。

银行和其他金融机构应当在从事生产、经营的纳税人的账户中登录税务登记证件号码，并在税务登记证件中登录从事生产、经营的纳税人的账户账号。

税务机关依法查询从事生产、经营的纳税人开立账户的情况时，有关银行和其他金融机构应当予以协助。

第十八条 纳税人按照国务院税务主管部门的规定使用税务登记证件。税务登记证件不得转借、涂改、损毁、买卖或者伪造。

第十九条 纳税人、扣缴义务人按照有关法律、行政法规和国务院财政、税务主管部门的规定设置账簿，根据合法、有效凭证记账，进行核算。

第二十条 从事生产、经营的纳税人的财务、会计制度或者财务、会计处理办法和会计核算软件，应当报送税务机关备案。

纳税人、扣缴义务人的财务、会计制度或者财务、会计处理办法与国务院或者国务院财政、税务主管部门有关税收的规定抵触的，依照国务院或者国务院财政、税务主管部门有关税收的规定计算应纳税款、代扣代缴和代收代缴税款。

第二十一条 税务机关是发票的主管机关，负责发票印制、领购、开具、取得、保管、缴销的管理和监督。

单位、个人在购销商品、提供或者接受经营服务以及从事其他经营活动中，应当按照规定开具、使用、取得发票。

发票的管理办法由国务院规定。

第二十二条 增值税专用发票由国务院税务主管部门指定的企业印制；其他发票，按照国务院税务主管部门的规定，分别由省、自治区、直辖市国家税务局、地方税务局指定企业印制。

未经前款规定的税务机关指定，不得印制发票。

第二十三条 国家根据税收征收管理的需要，积极推广使用税控装置。纳税人应当按照规定安装、使用税控装置，不得损毁或者擅自改动税控装置。

第二十四条 从事生产、经营的纳税人、扣缴义务人必须按照国务院财政、税务主管部门规定的保管期限保管账簿、记账凭证、完税凭证及其他有关资料。

账簿、记账凭证、完税凭证及其他有关资料不得伪造、变造或者擅自损毁。

第二十五条 纳税人必须依照法律、行政法规规定或者税务机关依照法律、行政法规的规定确定的申报期限、申报内容如实办理纳税申报，报送纳税申报表、财务会计报表以及税务机关根据实际需要要求纳税人报送的其他纳税资料。

扣缴义务人必须依照法律、行政法规规定或者税务机关依照法律、行政法规的规定确定的申报期限、申报内容如实报送代扣代缴、代收代缴税款报告表以及税务机关根据实际需要要求扣缴义务人报送的其他有关资料。

第二十六条　纳税人、扣缴义务人可以直接到税务机关办理纳税申报或者报送代扣代缴、代收代缴税款报告表，也可以按照规定采取邮寄、数据电文或者其他方式办理上述申报、报送事项。

第二十七条　纳税人、扣缴义务人不能按期办理纳税申报或者报送代扣代缴、代收代缴税款报告表的，经税务机关核准，可以延期申报。

经核准延期办理前款规定的申报、报送事项的，应当在纳税期内按照上期实际缴纳的税额或者税务机关核定的税额预缴税款，并在核准的延期内办理税款结算。

第二十八条　税务机关依照法律、行政法规的规定征收税款，不得违反法律、行政法规的规定开征、停征、多征、少征、提前征收、延缓征收或者摊派税款。

农业税应纳税额按照法律、行政法规的规定核定。

第二十九条　除税务机关、税务人员以及经税务机关依照法律、行政法规委托的单位和人员外，任何单位和个人不得进行税款征收活动。

第三十条　扣缴义务人依照法律、行政法规的规定履行代扣、代收税款的义务。对法律、行政法规没有规定负有代扣、代收税款义务的单位和个人，税务机关不得要求其履行代扣、代收税款义务。

扣缴义务人依法履行代扣、代收税款义务时，纳税人不得拒绝。纳税人拒绝的，扣缴义务人应当及时报告税务机关处理。

税务机关按照规定付给扣缴义务人代扣、代收手续费。

第三十一条　纳税人、扣缴义务人按照法律、行政法规规定或者税务机关依照法律、行政法规的规定确定的期限，缴纳或者解缴税款。

纳税人因有特殊困难，不能按期缴纳税款的，经省、自治区、直辖市国家税务局、地方税务局批准，可以延期缴纳税款，但是最长不得超过三个月。

第三十二条　纳税人未按照规定期限缴纳税款的，扣缴义务人未按照规定期限解缴税款的，税务机关除责令限期缴纳外，从滞纳税款之日起，按日加收滞纳税款万分之五的滞纳金。

第三十三条　纳税人依照法律、行政法规的规定办理减税、免税。

地方各级人民政府、各级人民政府主管部门、单位和个人违反法律、行政法规规定，擅自作出的减税、免税决定无效，税务机关不得执行，并向上级税务机关报告。

第三十四条　税务机关征收税款时，必须给纳税人开具完税凭证。扣缴义务人代扣、代收税款时，纳税人要求扣缴义务人开具代扣、代收税款凭证的，扣缴义务人应当开具。

第三十五条　纳税人有下列情形之一的，税务机关有权核定其应纳税额：

（一）依照法律、行政法规的规定可以不设置账簿的；

（二）依照法律、行政法规的规定应当设置账簿但未设置的；

（三）擅自销毁账簿或者拒不提供纳税资料的；

（四）虽设置账簿，但账目混乱或者成本资料、收入凭证、费用凭证残缺不全，难以查账的；

（五）发生纳税义务，未按照规定的期限办理纳税申报，经税务机关责令限期申报，逾期仍不申报的；

（六）纳税人申报的计税依据明显偏低，又无正当理由的。

税务机关核定应纳税额的具体程序和方法由国务院税务主管部门规定。

第三十六条 企业或者外国企业在中国境内设立的从事生产、经营的机构、场所与其关联企业之间的业务往来，应当按照独立企业之间的业务往来收取或者支付价款、费用；不按照独立企业之间的业务往来收取或者支付价款、费用，而减少其应纳税的收入或者所得额的，税务机关有权进行合理调整。

第三十七条 对未按照规定办理税务登记的从事生产、经营的纳税人以及临时从事经营的纳税人，由税务机关核定其应纳税额，责令缴纳；不缴纳的，税务机关可以扣押其价值相当于应纳税款的商品、货物。扣押后缴纳应纳税款的，税务机关必须立即解除扣押，并归还所扣押的商品、货物；扣押后仍不缴纳应纳税款的，经县以上税务局（分局）局长批准，依法拍卖或者变卖所扣押的商品、货物，以拍卖或者变卖所得抵缴税款。

第三十八条 税务机关有根据认为从事生产、经营的纳税人有逃避纳税义务行为的，可以在规定的纳税期之前，责令限期缴纳应纳税款；在限期内发现纳税人有明显的转移、隐匿其应纳税的商品、货物以及其他财产或者应纳税的收入的迹象的，税务机关可以责成纳税人提供纳税担保。如果纳税人不能提供纳税担保，经县以上税务局（分局）局长批准，税务机关可以采取下列税收保全措施：

（一）书面通知纳税人开户银行或者其他金融机构冻结纳税人的金额相当于应纳税款的存款；

（二）扣押、查封纳税人的价值相当于应纳税款的商品、货物或者其他财产。

纳税人在前款规定的限期内缴纳税款的，税务机关必须立即解除税收保全措施；限期期满仍未缴纳税款的，经县以上税务局（分局）局长批准，税务机关可以书面通知纳税人开户银行或者其他金融机构从其冻结的存款中扣缴税款，或者依法拍卖或者变卖所扣押、查封的商品、货物或者其他财产，以拍卖或者变卖所得抵缴税款。

个人及其所扶养家属维持生活必需的住房和用品，不在税收保全措施的范围之内。

第三十九条 纳税人在限期内已缴纳税款，税务机关未立即解除税收保全措施，使纳税人的合法利益遭受损失的，税务机关应当承担赔偿责任。

第四十条 从事生产、经营的纳税人、扣缴义务人未按照规定的期限缴纳或者解缴税款，纳税担保人未按照规定的期限缴纳所担保的税款，由税务机关责令限期缴纳，逾期仍未缴纳的，经县以上税务局（分局）局长批准，税务机关可以采取下列强制执行措施：

（一）书面通知其开户银行或者其他金融机构从其存款中扣缴税款；

（二）扣押、查封、依法拍卖或者变卖其价值相当于应纳税款的商品、货物或者其他财产，以拍卖或者变卖所得抵缴税款。

税务机关采取强制执行措施时，对前款所列纳税人、扣缴义务人、纳税担保人未缴纳的滞纳金同时强制执行。

个人及其所扶养家属维持生活必需的住房和用品，不在强制执行措施的范围之内。

第四十一条 本法第三十七条、第三十八条、第四十条规定的采取税收保全措施、强制执行措施的权力，不得由法定的税务机关以外的单位和个人行使。

第四十二条 税务机关采取税收保全措施和强制执行措施必须依照法定权限和法定程序，不得查封、扣押纳税人个人及其所扶养家属维持生活必需的住房和用品。

第四十三条 税务机关滥用职权违法采取税收保全措施、强制执行措施，或者采取税收保全措施、强制执行措施不当，使纳税人、扣缴义务人或者纳税担保人的合法权益遭受损失的，应当依法承担赔偿责任。

第四十四条 欠缴税款的纳税人或者他的法定代表人需要出境的，应当在出境前向税务机关结清应纳税款、滞纳金或者提供担保。未结清税款、滞纳金，又不提供担保的，税务机关可以通知出境管理机关阻止其出境。

第四十五条 税务机关征收税款，税收优先于无担保债权，法律另有规定的除外；纳税人欠缴的税款发生在纳税人以其财产设定抵押、质押或者纳税人的财产被留置之前的，税收应当先于抵押权、质权、留置权执行。

纳税人欠缴税款，同时又被行政机关决定处以罚款、没收违法所得的，税收优先于罚款、没收违法所得。

税务机关应当对纳税人欠缴税款的情况定期予以公告。

第四十六条 纳税人有欠税情形而以其财产设定抵押、质押的，应当向抵押权人、质权人说明其欠税情况。抵押权人、质权人可以请求税务机关提供有关的欠税情况。

第四十七条 税务机关扣押商品、货物或者其他财产时，必须开付收据；查封商品、货物或者其他财产时，必须开付清单。

第四十八条 纳税人有合并、分立情形的，应当向税务机关报告，并依法缴清税款。纳税人合并时未缴清税款的，应当由合并后的纳税人继续履行未履行的纳税义务；纳税人分立时未缴清税款的，分立后的纳税人对未履行的纳税义务应当承担连带责任。

第四十九条 欠缴税款数额较大的纳税人在处分其不动产或者大额资产之前，应当向税务机关报告。

第五十条 欠缴税款的纳税人因怠于行使到期债权，或者放弃到期债权，或者无偿转让财产，或者以明显不合理的低价转让财产而受让人知道该情形，对国家税收造成损害的，税务机关可以依照合同法第七十三条、第七十四条的规定行使代位权、撤销权。

税务机关依照前款规定行使代位权、撤销权的，不免除欠缴税款的纳税人尚未履行的纳税义务和应承担的法律责任。

第五十一条 纳税人超过应纳税额缴纳的税款，税务机关发现后应当立即退还；纳税人自结算缴纳税款之日起三年内发现的，可以向税务机关要求退还多缴的税款并加算银行同期存款利息，税务机关及时查实后应当立即退还；涉及从国库中退库的，依照法律、行政法规有关国库管理的规定退还。

第五十二条 因税务机关的责任，致使纳税人、扣缴义务人未缴或者少缴税款的，税务机关在三年内可以要求纳税人、扣缴义务人补缴税款，但是不得加收滞纳金。

因纳税人、扣缴义务人计算错误等失误，未缴或者少缴税款的，税务机关在三年内可以追征税款、滞纳金；有特殊情况的，追征期可以延长到五年。

对偷税、抗税、骗税的，税务机关追征其未缴或者少缴的税款、滞纳金或者所骗取的税款，不受前款规定期限的限制。

第五十三条 国家税务局和地方税务局应当按照国家规定的税收征收管理范围和税款入库预算级次，将征收的税款缴入国库。

对审计机关、财政机关依法查出的税收违法行为，税务机关应当根据有关机关的决定、意见书，依法将应收的税款、滞纳金按照税款入库预算级次缴入国库，并将结果及时回复有关机关。

77 抗税案

概念

本罪是指负有纳税义务或者代扣代缴、代收代缴义务的个人或者企业事业单位的直接责任人员，故意违反税收法规，以暴力、威胁方法拒不缴纳税款的行为。

立案标准

根据最高人民检察院、公安部《关于公安机关管辖的刑事案件立案追诉标准的规定（二）》的规定，以暴力、威胁方法拒不缴纳税款，涉嫌下列情形之一的，应予立案追诉：

（1）造成税务工作人员轻微伤以上的；

（2）以给税务工作人员及其亲友的生命、健康、财产等造成损害为威胁，抗拒缴纳税款的；

（3）聚众抗拒缴纳税款的；

（4）以其他暴力、威胁方法拒不缴纳税款的。

定罪标准		
定罪标准	犯罪客体	本罪侵犯的客体是复杂客体，不仅侵犯了国家的税收管理制度，又同时侵犯执行征税职务活动的税务人员的人身权利。如果行为人因使用暴力方法抗税，致使他人重伤或者死亡，就应定为故意伤害罪、故意杀人罪。本罪的犯罪对象，包括依法应缴纳的税款及依法征税的税务人员。这里的税款是除关税以外的国内税收。这里的税务人员也限于依法征收国内税的工作人员。
	犯罪客观方面	本罪在客观方面表现为违反税收法规，以暴力、威胁方法拒不缴纳税款的行为。（1）抗税罪表现为违反税收法规的行为。税收法规主要指《税收征收管理法》等法律、法规。如果行为没有违反税收法规则不能构成抗税罪。如没有纳税义务的个人用暴力阻碍税务人员征税，虽然客观上使他人得以拒不缴纳税款，但其行为违反的不是税收法规，不能以抗税罪论处。（2）抗税罪表现为以暴力、威胁方法拒不缴纳税款的行为。这是抗税罪与逃税罪的根本区别。所谓暴力，是指犯罪分子对他人身体实施袭击或者使用其他强暴手段，如殴打、伤害、捆绑、禁闭等足以危及他人人身安全的行为；所谓胁迫，是指犯罪分子对他人进行威胁、恐吓，达到精神上的强制、使他人不能抗拒的手段。如手持凶器威吓、扬言行凶报复、揭发隐私、毁坏名誉、加害亲属等相威胁。根据本条，只要行为人实施了以暴力、威胁方法拒不缴纳税款的行为就可以构成抗税罪，而不需要达到情节严重的程度。当然，根据《刑法》第 13 条的规定，如果情节显著轻微危害不大的，则不认为是犯罪，如果行为人拒不缴纳税款的行为不是以上述暴力、威胁方法实施的，而是以诸如不能成立的各种理由为借口进行抵制或者只是消极地不缴纳税款等，则不构成本罪。
	犯罪主体	本罪主体为特殊主体，只有纳税人和扣缴义务人个人才能构成本罪主体。根据《税收征收管理法》的规定，纳税人是指法律、行政法规规定负有纳税义务的个人；扣缴义务人，是指法律、行政法规规定负有代扣代缴、代收代缴税款义务的个人。

定罪标准	犯罪主观方面	本罪主观方面由故意构成，即行为人明知应该依法缴纳税款，却故意以暴力、威胁方法拒不缴纳，并具有非法获利的目的。
	罪与非罪	区分罪与非罪的界限，要注意把握以下几点： 一、本罪与欠税的界限。欠税，又称拖欠税款，是指纳税人或扣缴义务人由于客观原因超过了税务机关核定的纳税期限，未缴或者少缴税款的行为。一般表现为消极的不作为，欠税与抗税罪在主观上都具有故意性，行为都具有公开性，即欠税人未缴税款与抗税罪的拒不缴纳税款一样，都是行为人明知没有缴纳税款，且毫不欺骗或隐瞒，税务机关也知道其未缴纳税款。两者的不同点在于：第一，抗税罪具有逃避缴纳税款而非法获利的目的；欠税，一般并不具有逃避缴纳税款的目的，而多是因故不缴纳或故意暂时拖欠。第二，抗税罪表现为以暴力、威胁方法拒不缴纳税款的行为；而欠税并不采用暴力、威胁方法，一般表现为消极的不作为。 二、本罪与一般拒不缴纳税款行为的界限。两者区分的关键在于是否采取了暴力、威胁的方法。抗税罪是采取暴力、威胁方法拒不缴纳税款的行为；而一般拒不缴纳税款的行为并没有采取暴力、威胁的方法进行，多表现为无视税收法规，消极地拒不缴纳税款；以各种借口，采取软磨硬泡的方式，抵制税务机关的纳税通知，拒不纳税；拒不依法办理纳税申报或提供纳税资料；或者因发生纳税争议而拒不纳税。对于一般的拒不缴纳税款的行为应由税务机关依照税收法规处理，构成其他罪的按照其他罪论处，但不能以抗税罪论处。因此，两者的界限在于情节是否轻微。犯罪情节可考虑两方面内容：一是暴力程度、后果以及威胁的内容；二是拒缴税款数额大小及抗税次数的多少。如只有一般推搡等行为，未造成比较严重后果的；或只有一般威胁言词的；或者数额小且是偶尔为之的，可认为属于情节轻微而不构成犯罪。 三、本罪与使用暴力、威胁方法拒缴错征税款的界限。错征税款是因税收人员工作疏忽或者不熟悉税法等原因搞错征税对象、征税项目和应税数额等错误征税的行为，如该减免未减免、应少征却多征以及重复征收等。在该种情况下，如果税务人员坚持征税而引起抗拒缴纳的，不以抗税罪论处，如果使用暴力造成税务人员伤害的，可以按故意伤害罪追究其刑事责任。
	此罪与彼罪	一、本罪与逃税罪的界限。两者的区别主要是：（1）主体要件不同。抗税罪只能由个人和单位的直接责任人员构成；而逃税罪的主体则包括单位和个人，也包括单位的直接主管人员和其他直接责任人员。（2）客观方面不同。抗税罪表现为以暴力、威胁方法拒不缴纳税款的行为；而逃税罪则表现为纳税人采取欺骗、隐瞒手段进行虚假纳税申报或者不申报，逃避缴纳税款数额较大且占应纳税额10%以上或扣缴义务人采取前述手段不缴或者少缴已扣、已收税款，数额较大的行为。（3）犯罪标准不同。抗税罪只要行为人实施了以暴力、威胁方法拒不缴纳税款的行为就可构成；而逃税罪必须是逃税行为情节严重的才构成犯罪。 二、本罪与妨害公务罪的界限。二者在客观方面都表现为以暴力、威胁方法的手段，主观上都出于故意。其不同之处在于：（1）主体要件不同。妨害公务罪的主体要件是一般主体，凡达到刑事责任年龄且具有刑事责任能力的自然人都可以构成；抗税罪的主体要件是特殊主体，只有负有纳税义务或者代扣代缴、代收代缴税款义务的个人或单位的直接责任人员才可以构成。（2）主观目的不同。妨害公务罪目的在于使国家工作人员不能依法执行职务；抗税罪目的在于逃避缴纳税款而非法获利。（3）犯罪

定罪标准	此罪与彼罪	对象的范围不同。抗税罪侵害的对象是执行税收征管任务的税务人员；而妨害公务罪侵害的对象则是执行职务的国家工作人员，后者范围较广，前者属于后者的一种。(4) 侵犯的客体不同。妨害公务罪侵犯的是国家机关的公务活动；抗税罪侵犯的是国家的税收管理制度。在实践中，纳税人以暴力、威胁方法阻碍税务人员依法征税的，都应以抗税罪论处。只有不负有纳税义务的个人以暴力、威胁方法阻碍税务人员征税，且事先与纳税人无通谋的，才构成妨害公务罪。
证据参考标准	主体方面的证据	**一、证明行为人刑事责任年龄、身份等自然情况的证据。** 包括身份证明、户籍证明、任职证明、工作经历证明、特定职责证明等，主要是证明行为人的姓名（曾用名）、性别、出生年月日、民族、籍贯、出生地、职业（或职务）、住所地（或居所地）等证据材料，如户口簿、居民身份证、工作证、出生证、专业或技术等级证、干部履历表、职工登记表、护照等。 对于户籍、出生证等材料内容不实的，应提供其他证据材料。外国人犯罪的案件，应有护照等身份证明材料。人大代表、政协委员犯罪的案件，应注明身份，并附身份证明材料。 **二、证明行为人刑事责任能力的证据。** 证明行为人对自己的行为是否具有辨认能力与控制能力，如是否属于间歇性精神病人、尚未完全丧失辨认或者控制自己行为能力的精神病人的证明材料。
	主观方面的证据	一、证明犯罪嫌疑人是否具有不缴或者少缴税款的故意，纳税人以外的共同犯罪嫌疑人是否明知纳税人、扣缴义务人具有不缴或者少缴税款的故意等证据。 二、通过犯罪嫌疑人的供述、证人证言等直接反映其主观方面的证据，并结合客观方面证据，综合证实犯罪嫌疑人明知有依法纳税的义务，以不缴或者少缴税款为目的，亲自或者指使、授意他人采取暴力、威胁的方法拒不缴纳税款，从而证明其具有抗税的主观故意。 没有犯罪嫌疑人的供述，其他反映其主观方面特征的证据确实充分的，也可判断其主观方面特征。
	客观方面的证据	一、受侵害的税务人员身份的证明，所受侵害是因其依法履行税收征管职责而引发的证明；侵害后果的证明；侵害对象是税务人员近亲属的，除上述证明外，收集其与税务人员为近亲属的证明。 二、税务机关书面通知或者口头告知犯罪嫌疑人应当依法缴纳税款的证据材料。书面通知包括税收缴款通知书、税务处理决定书、通知、通告等；口头告知包括税务人员证言、犯罪嫌疑人供述和辩解，犯罪嫌疑人单位同事或者合伙人、近亲属、围观群众、知情人的证言等。 三、纳税人或者扣缴义务人相关会计凭证、账簿、财务报表、纳税申报资料及完税凭证等，核查其应纳、已纳的税额及税种。 四、犯罪嫌疑人的供述和辩解，包括作案的时间、地点、动机、目的、手段、方法、行为、经过、结果等。 五、证人证言，包括税务人员、犯罪嫌疑人单位同事或者合伙人、近亲属、知情人、围观群众的证言，核实犯罪嫌疑人作案的时间、地点、动机、目的、手段、方法、行为、经过和结果等。 六、对发案现场进行勘查，制作勘查笔录，绘制现场图，对现场及有关物证拍

<table>
<tr><td rowspan="2">证据参考标准</td><td>客观方面的证据</td><td>照固定。
七、提取并拍照固定相关物证，包括枪械、刀具、棍棒、石块等作案凶器；汽车、摩托车等被毁坏的税务执法人员的交通工具；被损坏的现场税务执法人员服装、携带的文件、单据、凭证等；被围攻打砸的税务机关的办公设备等。
八、因抗税致人伤亡的，收集医疗过程的证明材料，必要时依法进行法医鉴定。
九、犯罪嫌疑人抗税的其他证据，包括录像带、录音带、照片等。</td></tr>
<tr><td>量刑方面的证据</td><td>一、法定量刑情节证据。
1. 事实情节。2. 法定从重情节。3. 法定从轻减轻情节：（1）可以从轻；（2）可以从轻或减轻；（3）应当从轻或者减轻。4. 法定从轻减轻免除情节：（1）可以从轻、减轻或者免除处罚；（2）应当从轻、减轻或者免除处罚。5. 法定减轻免除情节：（1）可以减轻或者免除处罚；（2）应当减轻或者免除处罚；（3）可以免除处罚。
二、酌定量刑情节证据。
1. 犯罪手段：（1）暴力；（2）威胁；（3）围攻；（4）辱骂；（5）其他。2. 犯罪对象。3. 危害结果。4. 动机。5. 平时表现。6. 认罪态度。7. 是否有前科。8. 其他证据。</td></tr>
<tr><td rowspan="2">量刑标准</td><td>犯本罪的</td><td>处三年以下有期徒刑或者拘役，并处拒缴税款一倍以上五倍以下的罚金</td></tr>
<tr><td>情节严重的</td><td>处三年以上七年以下有期徒刑，并处拒缴税款一倍以上五倍以下的罚金</td></tr>
<tr><td rowspan="2">法律适用</td><td>刑法条文</td><td>第二百零二条　以暴力、威胁方法拒不缴纳税款的，处三年以下有期徒刑或者拘役，并处拒缴税款一倍以上五倍以下罚金；情节严重的，处三年以上七年以下有期徒刑，并处拒缴税款一倍以上五倍以下罚金。
第二百一十二条　犯本节第二百零一条至第二百零五条规定之罪，被判处罚金、没收财产的，在执行前，应当先由税务机关追缴税款和所骗取的出口退税款。</td></tr>
<tr><td>司法解释</td><td>一、最高人民法院《关于审理偷税抗税刑事案件具体应用法律若干问题的解释》（节录）（2002 年 11 月 5 日最高人民法院公布　自 2002 年 11 月 7 日起施行　法释〔2002〕33 号）
第五条　实施抗税行为具有下列情形之一的，属于刑法第二百零二条规定的“情节严重”：
（一）聚众抗税的首要分子；
（二）抗税数额在十万元以上的；
（三）多次抗税的；
（四）故意伤害致人轻伤的；
（五）具有其他严重情节。
第六条　实施抗税行为致人重伤、死亡，构成故意伤害罪、故意杀人罪的，分别依照刑法第二百三十四条第二款、第二百三十二条的规定定罪处罚。
与纳税人或者扣缴义务人共同实施抗税行为的，以抗税罪的共犯依法处罚。</td></tr>
</table>

法律适用

司法解释

二、最高人民检察院、公安部《关于公安机关管辖的刑事案件立案追诉标准的规定（二）》（节录）（2010年5月7日最高人民检察院、公安部公布　自公布之日起施行　2011年11月14日修正）

第五十八条〔抗税案（刑法第二百零二条）〕以暴力、威胁方法拒不缴纳税款，涉嫌下列情形之一的，应予立案追诉：

（一）造成税务工作人员轻微伤以上的；

（二）以给税务工作人员及其亲友的生命、健康、财产等造成损害为威胁，抗拒缴纳税款的；

（三）聚众抗拒缴纳税款的；

（四）以其他暴力、威胁方法拒不缴纳税款的。

相关法律法规

《中华人民共和国税收征收管理法》（节录）（1992年9月4日中华人民共和国主席令第60号公布　1995年2月28日第一次修正　2001年4月28日修订　2013年6月29日第二次修正　2015年4月24日第三次修正）

第四十条　从事生产、经营的纳税人、扣缴义务人未按照规定的期限缴纳或者解缴税款，纳税担保人未按照规定的期限缴纳所担保的税款，由税务机关责令限期缴纳，逾期仍未缴纳的，经县以上税务局（分局）局长批准，税务机关可以采取下列强制执行措施：

（一）书面通知其开户银行或者其他金融机构从其存款中扣缴税款；

（二）扣押、查封、依法拍卖或者变卖其价值相当于应纳税款的商品、货物或者其他财产，以拍卖或者变卖所得抵缴税款。

税务机关采取强制执行措施时，对前款所列纳税人、扣缴义务人、纳税担保人未缴纳的滞纳金同时强制执行。

个人及其所扶养家属维持生活必需的住房和用品，不在强制执行措施的范围之内。

第六十七条　以暴力、威胁方法拒不缴纳税款的，是抗税，除由税务机关追缴其拒缴的税款、滞纳金外，依法追究刑事责任。情节轻微，未构成犯罪的，由税务机关追缴其拒缴的税款、滞纳金，并处拒缴税款一倍以上五倍以下的罚款。

规章及规范性文件

《公安机关办理危害税收征管刑事案件管辖若干问题的规定》（节录）（2004年2月19日公安部公布　自公布之日起施行　公通字〔2004〕12号）

二、抗税案（刑法第202条）

由抗税行为发生地县级以上公安机关管辖。

八、对于本规定第一条至第七条规定的案件，如果由犯罪嫌疑人居住地公安机关管辖更为适宜的，由犯罪嫌疑人居住地县级以上公安机关管辖。

九、对于本规定第一条至第七条规定的案件，凡是属于重大涉外犯罪、重大集团犯罪和下级公安机关侦破有困难的严重刑事案件，由地（市）级以上公安机关管辖。

十、对管辖不明确或者几个公安机关都有权管辖的案件，可以由有关公安机关协商确定管辖。对管辖有争议或者情况特殊的案件，可以由共同的上级公安机关指定管辖。

十一、上级公安机关可以指定下级公安机关立案侦查管辖不明确或者需要改变管辖的案件。下级公安机关认为案情重大、复杂，需要由上级公安机关侦查的案件，可以请求移送上级公安机关侦查。

78 逃避追缴欠税案

概念

本罪是指纳税人欠缴应纳税款，采取转移或者隐匿财产的手段，致使税务机关无法追缴欠缴的税款的行为。

立案标准

根据最高人民检察院、公安部《关于公安机关管辖的刑事案件立案追诉标准的规定（二）》的规定，纳税人欠缴应纳税款，采取转移或者隐匿财产的手段，致使税务机关无法追缴欠缴的税款，数额在1万元以上的，应予立案追诉。

定罪标准

犯罪客体

本罪侵犯的客体是国家的税收管理制度。为了保障国家税金的收入，根据《税收征收管理法》的有关规定，对纳税人的欠税，可以责令其限期补缴所欠税款和相应的滞纳金，还可以采用追缴手段，如通知其开户银行扣纳入库等。因此，如纳税人实施转移或者隐匿财产的行为，致使税务机关无法追缴欠缴税款的，严重侵犯了国家的税收管理制度，应当依法严惩。

犯罪客观方面

本罪在客观方面表现为行为人必须具有违反税收法规，欠缴应纳税款，并采取转移或者隐匿财产的手段，致使税务机关无法追缴欠缴的税款，数额较大的行为。(1)必须有欠税的事实。欠税事实是该罪赖以成立的前提条件，如果行为人不欠税，就谈不上追缴，无追缴也就谈不上逃避追缴。欠税是指纳税单位或个人超过税务机关核定的纳税期限，没有按时缴纳、拖欠税款的行为。在认定行为是否“欠税”时，必须查明其欠税行为是否已过法定期限，只有超过了法定的纳税期限，其欠税行为才是逃避追缴欠税罪所要求的“欠税”事实。至于具体的法定期限，各个税种规定不尽一致，应依据具体的税收法规来确定。在考虑欠税事实的时候，必须考虑到欠税的原因，是行为人财力不支、资金短缺，还是拥有纳税能力而故意拖欠。如系前者，《税收征收管理法》第31条规定，纳税人因有特殊困难，不能按期缴纳税款的，经省、自治区、直辖市税务机关批准，可以延期缴纳税款，但最长不得超过3个月。这说明因合法理由欠税是允许的。所以，逃避追缴欠税显然是指第二种情况，即故意拖欠。(2)行为人必须有实际的逃避行为。这是该罪能否成立的关键所在。根据法律规定，逃避行为是专指转移财产和隐匿财产，如转移开户行、提走存款、运走商品隐匿存货等，如果不是将财产转移或隐匿，而是欠税人本人逃匿起来，则不构成本罪。此处必须明确，行为人实施的“逃避”行为要与“欠税”行为存在必然因果联系。即“逃避”就是为了“欠税”。(3)致使税务机关无法追缴，这是行为人的犯罪目的，也是本罪所要求的客观结果。税收实践中的欠税是时常发生的，对于拥有纳税能力而故意欠税者，依据《税收征收管理法》第40条，税务机关可采取强制措施，如通过银行从其账户上扣缴税款，或扣押、查封、依法拍卖或者变卖其财产抵缴税款。所以，只要欠税人拥有相当数量的资金和财产，所欠税款是可以追缴的；但如行为人将资金和财产转移、隐匿，所欠税款就难以追缴，给国家造成损失。所以逃避追缴欠税罪是结果犯，

<table>
<tr><td rowspan="4">定罪标准</td><td>犯罪客观方面</td><td>只有造成“欠税无法追缴”的事实，才能成立该罪既遂，如果行为人尽管采取了逃避的行为，但其转移或隐匿的财产最终还是被税务机关追回，弥补了税款，则构成本罪未遂形态。(4)无法追缴的欠税数额需达法定的量刑标准，即1万元以上。该罪是结果犯，如果不足1万元，即便具备前述要素，也不构成犯罪，这里的数额指税务机关无法追回的欠税数额，亦即国家税款的损失数额，而非行为人转移或隐匿的财产数额，也不是行为人的实际欠税数额。这三个数额有时是同一的，有时是不同一的，必须准确把握。无法追缴的欠税达不到法定数额的，由税务部门依法作行政处罚。
上述四个要素是相互统一的，对于逃避追缴欠税罪的成立来说，都是缺一不可的必要条件，同时也是与逃税、抗税和一般欠税行为相区别的关键。</td></tr>
<tr><td>犯罪主体</td><td>本罪的主体是特殊主体，即法律规定负有纳税义务的单位和个人。不具有纳税义务的单位和个人不能构成本罪的主体。
根据《税收征收管理法》第4条第1款的规定，纳税人是法律、行政法规规定负有纳税义务的单位和个人。每一种实体税收法律、法规都对该税种的纳税人范围作了具体明确的规定，税种不同，纳税人范围各不相同。例如，根据《增值税暂行条例》第1条的规定，增值税的纳税人是“在中华人民共和国境内销售货物或者提供加工、修理修配劳务以及进口货物的单位和个人”。而根据《消费税暂行条例》第1条的规定，消费税的纳税人则是“在中华人民共和国境内生产、委托加工和进口本条例规定的消费品的单位和个人”。依《刑法》第211条的规定，负有纳税义务的企业、事业单位也可以成为本罪的主体。单位犯罪的，实行双罚制。负有直接责任的主管人员和其他直接责任人员应当理解为妨碍追缴欠税单位中对该罪负有直接责任的法定代表人、主管人员和其他直接参与人员。</td></tr>
<tr><td>犯罪主观方面</td><td>本罪在主观方面表现为故意，并且具有逃避缴纳应缴纳税款而非法获利的目的。行为人的故意不仅表现为其对欠款应纳税款的事实是明知的，还表现为行为人为达到最终逃避纳税的目的而故意转移或者隐匿财产，致使税务机关无法追缴其欠缴的税款。至于行为人的动机可能是多种多样的，有的是为了使职工能多发奖金，有的是为了使本单位扭亏为盈或扩大再生产，也有的是为了牟取个人私利，但动机并不影响本罪成立。</td></tr>
<tr><td>罪与非罪</td><td>区分罪与非罪的界限，要注意把握以下几点：
一、本罪与欠税行为的区别。二者都是明知没有缴纳税款而不予缴纳的行为。其区别关键在于逃避追缴欠税罪中行为人采取了转移或者隐匿财产的手段而致使税务机关无法追缴欠缴的税款；而欠税行为人则没有采取上述手段以致于使税务机关无法追缴欠缴税款。另外，二者主观内容也不同，逃避追缴欠税罪是出于逃避纳税而非法获利的目的；而欠税行为一般只是暂时拖欠税款，而无逃避纳税的故意。
二、本罪与一般的妨碍追缴税款违法行为。二者区别的关键在于行为人采取转移或者隐匿财产的手段致使税务机关无法追缴税款数额是否较大。根据本条，妨碍追缴税款数额在一万元以上的才构成犯罪，如果没有达到这一数额，则应当由税务机关依照税法规定处理，而不能以犯罪论处。</td></tr>
</table>

定罪标准	此罪与彼罪	一、本罪与抗税罪的界限。二者都是公开拒绝缴纳税款的行为，主要区别在于客观方面表现不同。本罪主要表现为纳税人采取转移或者隐匿财产的手段，致使税务机关无法追缴欠缴税款的行为；而抗税罪表现为纳税人采用暴力、威胁方法拒不缴纳税款的行为。 二、本罪与逃税罪的界限。二者的主要区别在于客观方面表现形式不同。逃税罪是暗中逃避纳税义务，其所要达到的效果是造成纳税人没有纳税义务、有较少的纳税义务的假象，使税务机关没有或者失去追缴税款的依据，从而逃避缴纳税款；而逃避追缴欠税罪是在纳税人承认其应当缴纳其税款的数额或者在税务机关已经掌握其应当缴纳税款数额的情况下，采取转移或者隐匿财产的手段，致使税务机关无法追缴其欠缴的税款，从而达到不缴税款的目的。
证据参考标准	主体方面的证据	一、犯罪嫌疑人为单位的，证据包括：1. 单位营业执照，税务登记证，享受税收减免优惠政策的有关证明，一般纳税人资格证明，银行账号证明，工商注册登记资料。具体包括：设立或者开业登记申请书、有关批准文件、创立大会会议记录、章程、资金信用证明、验资证明或者资金担保证明、股东或者发起人法人资格证明或者自然人身份证明、载明公司董事、监事、经理姓名、住所的文件以及有关委派、选举或者聘用的证明、法定代表人任职文件和身份证明、单位住所地证明等；2. 直接负责的主管人员和其他直接责任人员的身份证明，包括法定代表人、实际投资者、实际经营决策者、财务主管、财务会计人员、业务人员等人员的户口簿、居民身份证、户口底卡、工作证、护照或者其他有效证件。 二、犯罪嫌疑人为自然人的，证据包括户口簿、居民身份证、户口底卡、工作证、护照或者其他有效证件。
	主观方面的证据	一、证明犯罪嫌疑人是否明知其有依法纳税的义务，是否明知欠税，并希望税务机关无法追缴，从而达到逃避缴纳应纳税款的目的的证据。必要时调查犯罪嫌疑人对所欠税款有无异议，转移或隐匿财产有无其他原因等。 二、通过犯罪嫌疑人的供述、证人证言等直接反映其主观方面的证据，并结合客观方面证据，综合证实犯罪嫌疑人具有逃避追缴欠税的主观故意。
	客观方面的证据	一、税务机关移送案卷中应提供的有关资料，包括犯罪嫌疑人应纳税款、欠缴税款的资料，如欠税税种、纳税期限及应纳税额、欠税数额等；税务机关通知犯罪嫌疑人纳税申报的资料，如税收缴款通知书、税务处理决定书等；税务机关通知犯罪嫌疑人缴纳欠税的资料，如欠税通知书等；税务机关出具的关于犯罪嫌疑人已采取逃避追缴欠税措施的有关资料，包括犯罪嫌疑人转移或者隐匿财产的证据资料；税务机关无法追缴欠缴税款的资料，包括税务机关采取的各种充分有效的征缴措施，出具的各种文书，以及已无法追缴税款的书面证明等。 二、审核、固定犯罪嫌疑人欠税的证据资料，包括相关的会计凭证、会计账簿、财务报表、纳税申报资料等。

<table>
<tr><td rowspan="2">证据参考标准</td><td>客观方面的证据</td><td colspan="2">三、核查犯罪嫌疑人转移或者隐匿财产前的全部财产状况，证实犯罪嫌疑人转移或者隐匿财产前有无按期缴纳所欠税款的能力，包括现金、银行存款、库存商品、有价证券、有形资产、无形资产、动产、不动产等。
四、核查犯罪嫌疑人转移或者隐匿财产后的财产状况，包括现金、银行存款、库存商品、有价证券、有形资产、无形资产、动产、不动产等，并予以固定，证实税务机关无法追缴欠缴的税款。
五、核查犯罪嫌疑人为逃避追缴欠税，采取何种手段转移或者隐匿财产，包括将现金、银行存款、库存商品、有价证券等转移或者隐匿至其他场所，或者进行动产、不动产转让等。
六、如果有转移或者隐匿财产现场，进行现场勘查，提取有关物证、书证并拍照、固定。
七、犯罪嫌疑人的供述及证人证言，调查核实犯罪嫌疑人逃避追缴欠税的具体情况，包括实施转移或者隐匿财产的人员、时间、地点、经过、结果等。
八、审核、固定犯罪嫌疑人在税务机关追缴欠税期间，因转移或者隐匿财产，致使税务机关无法追缴税款的证据，包括税务机关在依法追缴欠税期间采取的各种充分有效的征缴措施，出具的各种文书，以及已无法追缴欠税款的证明等。
九、税务机关确已采取过征缴措施的证人证言。
十、犯罪嫌疑人逃避追缴欠税的其他证据，如会议记录、录音带、录像带等。</td></tr>
<tr><td>量刑方面的证据</td><td colspan="2">一、法定量刑情节证据。
1. 事实情节：（1）逃避追缴欠税款达1万元以上；（2）其他。2. 法定从重情节。3. 法定从轻减轻情节：（1）可以从轻；（2）可以从轻或减轻；（3）应当从轻或者减轻。4. 法定从轻减轻免除情节：（1）可以从轻、减轻或者免除处罚；（2）应当从轻、减轻或者免除处罚。5. 法定减轻免除情节：（1）可以减轻或者免除处罚；（2）应当减轻或者免除处罚；（3）可以免除处罚。
二、酌定量刑情节证据。
1. 犯罪手段：（1）转移财产；（2）隐匿财产。2. 犯罪对象。3. 危害结果。4. 动机。5. 平时表现。6. 认罪态度。7. 是否有前科。8. 其他证据。</td></tr>
<tr><td rowspan="4">量刑标准</td><td colspan="2">数额在1万元以上不满10万元的</td><td>处三年以下有期徒刑或者拘役，并处或者单处欠缴税款一倍以上五倍以下的罚金</td></tr>
<tr><td colspan="2">数额在10万元以上的</td><td>处三年以上七年以下有期徒刑，并处欠缴税款数额一倍以上五倍以下的罚金</td></tr>
<tr><td colspan="2">单位犯本罪的</td><td>对单位判处罚金，并对其直接负责的主管人员和其他直接责任人员，依上述规定处罚</td></tr>
<tr><td colspan="2">犯逃避追缴税款罪的</td><td>被判处罚金、没收财产的，在执行前，应当先由税务机关追缴税款</td></tr>
</table>

法律适用

刑法条文

第二百零三条 纳税人欠缴应纳税款，采取转移或者隐匿财产的手段，致使税务机关无法追缴欠缴的税款，数额在一万元以上不满十万元的，处三年以下有期徒刑或者拘役，并处或者单处欠缴税款一倍以上五倍以下罚金；数额在十万元以上的，处三年以上七年以下有期徒刑，并处欠缴税款一倍以上五倍以下罚金。

第二百一十一条 单位犯本节第二百零一条、第二百零三条、第二百零四条、第二百零七条、第二百零八条、第二百零九条规定之罪的，对单位判处罚金，并对其直接负责的主管人员和其他直接责任人员，依照各该条的规定处罚。

第二百一十二条 犯本节第二百零一条至第二百零五条规定之罪，被判处罚金、没收财产的，在执行前，应当先由税务机关追缴税款和所骗取的出口退税款。

司法解释

最高人民检察院、公安部《关于公安机关管辖的刑事案件立案追诉标准的规定（二）》（节录）（2010年5月7日最高人民检察院、公安部公布 自公布之日起施行 2011年11月14日修正）

第五十九条〔逃避追缴欠税案（刑法第二百零三条）〕纳税人欠缴应纳税款，采取转移或者隐匿财产的手段，致使税务机关无法追缴欠缴的税款，数额在一万元以上的，应予立案追诉。

相关法律法规

《中华人民共和国税收征收管理法》（节录）（1992年9月4日中华人民共和国主席令第60号公布 1995年2月28日第一次修正 2001年4月28日修订 2013年6月29日第二次修正 2015年4月24日第三次修正）

第六十五条 纳税人欠缴应纳税款，采取转移或者隐匿财产的手段，妨碍税务机关追缴欠缴的税款的，由税务机关追缴欠缴的税款、滞纳金，并处欠缴税款百分之五十以上五倍以下的罚款；构成犯罪的，依法追究刑事责任。

规章及规范性文件

《公安机关办理危害税收征管刑事案件管辖若干问题的规定》（节录）（2004年2月19日公安部公布 自公布之日起施行 公通字〔2004〕12号）

一、偷税案①、逃避追缴欠税案（刑法第201条、第203条）

纳税人未根据法律、行政法规规定应当向税务机关办理税务的登记的，由税务登记机关所地地县级以上公安机关管辖。如果由纳税义务发生地公安机关管辖更为适宜的，可以由纳税义务发生地县级以上公安机关管辖；纳税人未根据法律、行政法规规定不需要向税务机关办理税务登记的，由纳税义务发生地或其他法定纳税地县级以上公安机关管辖。

扣缴义务人偷税案适用前款规定。

① 2009年2月28日《中华人民共和国刑法修正案（七）》对《刑法》第201条进行了修改，罪名相应变更为逃税罪。

79 骗取出口退税案

概念

本罪是指以假报出口或者其他欺骗手段，骗取国家出口退税款，数额较大的行为。

立案标准

根据最高人民检察院、公安部《关于公安机关管辖的刑事案件立案追诉标准的规定（二）》的规定，以假报出口或者其他欺骗手段，骗取国家出口退税款，数额在5万元以上的，应予立案追诉。

定罪标准

犯罪客体

本罪侵犯的客体是国家出口退税管理制度和国家财产权。出口退税制度，是指国家为了体现鼓励出口的政策，使出口商品以不含税的价格进入国际市场，以提高出口商品在国际市场的竞争能力，依法对在国内已征增值税、营业税、消费税的产品（除国家明确规定不予退税的产品外），在其出口时将已征税款予以退还的制度。它是我国特定税收政策的产物。1985年初，国务院对我国税收政策、外贸政策进行重大调整，决定从1985年4月1日起对所有经营外贸业务的企业、事业单位的出口产品全面实行退税政策，以增强其出口产品在国际市场上的竞争能力，支持出口创汇，同时还颁布了《出口产品退税审批管理办法》等相应的法规，自此，出口退税成为我国税收领域中一普遍而又独特的活动。1988年1月开始实行全面彻底退税，属于产品税、增值税征收范围的产品，按核定的综合退税率计算退税，并对出口的应退税款一律由国家预算收入退付。1991年开始实行外贸体制改革，重申出口退税政策不变，但改由中央和地方共同负担出口退税。至此，我国已建立起了一套完整的出口退税制度。实践证明，实行出口退税制度，对于鼓励出口，扩大和占领国际市场，参与国际竞争，发展外向型经济，都具有重要意义。然而，少数企业事业单位却趁机采取假报出口等手段，骗取国家出口退税款。它不仅严重地破坏了国家关于出口退税的管理制度，扰乱了国家出口退税政策的顺利执行，而且还给国家财政造成严重损失。

犯罪客观方面

本罪在客观方面表现为采取以假报出口等欺骗手段，骗取国家出口退税款，数额较大的行为。骗税是以退税为前提的。我国目前退税有两种基本形式：一种是一般的退税，另一种是出口退税。一般的退税是指由于税务机关错用税率或纳税人申报的错误，或者国家税收政策调整等，造成多征或误征税收，而按规定把多征或误征的税款退还给原纳税人，以及按照规定提取的代征代扣税收的手续费，集贸市场税收分成和按照税收管理制度规定批准的减免税的退税。这种退税属于正常的退税，如果行为人以欺骗、隐瞒等手段骗取这种退税的，属于一般的骗税。由于税务机关根据原征税凭证能够对一般的退税进行比较有效的监督管理，因此对一般的骗税只视为逃税行为进行处罚，数额较大的可以逃税罪论处。而出口退税不同于一般的退税，这种退税是国家为鼓励出口，增强产品在国际市场上的竞争能力而给予的优惠待遇，而不是因对纳

定罪标准

犯罪客观方面

税人多征、误征或减免税收等引起的退税，因此骗取出口退税比一般的骗税的危害性要大。

一、行为人采取了假报出口等欺骗手段。根据司法实践，常见的欺骗手段主要有：(1) 串通有出口经营权的企业，非法获取出口单证、代理出口业务。在这一环节中，犯罪分子通常主动找到有关外贸企业，以给“回扣”等各种条件为诱饵、提出代为组织国内“货源”、代理寻找外商客户和代理出口报关等项业务。在外贸企业作出承诺后，犯罪分子以外商名义发来订单，有的犯罪分子甚至随身携带伪造的境外公司印章，直接以外商代理人身份与外贸企业签订出口协议书。与此同时，犯罪分子又以代为组织国内“货源”名义，串通国内不法生产、销售企业与外贸公司签订内贸合同；有的犯罪分子甚至直接与外贸公司签订内贸合同，同时向外贸企业提供虚开、代开的增值税专用发票，并取得外贸企业提供的出口报关单等单证，代理外贸企业进行所谓“出口报关”业务。(2) 串通国内不法生产、销售企业，非法获取虚开、代开的增值税专用发票。在这一环节中，犯罪分子通常流窜于全国各省市，用贿赂企业工作人员和“优惠”的开票价格（一般按开票金额的比例计算）等手段，取得这些不法企业开出的没有实际商品购销活动的虚假增值税专用发票。开票的货名通常是一些没有外贸出口限制的皮革制品、服装、电器元件以及其他日用小商品等，开票的单价通常远远高于实际商品价格的十几倍甚至几十倍。有的犯罪分子直接或间接地与国内不法生产、销售企业建立联系，从企业获取空白增值税专用发票自行填开，或坐地收购不法企业虚开、代开的增值税专用发票。(3) 串通境内外不法商人与外贸企业非法调汇，从中获取非法利益。由银行出具的出口收汇单，是标志外贸企业完成商品出口的重要凭证，因而是犯罪分子在实施其一系列骗取出口退税犯罪行为中必须完成的一个步骤，也是犯罪分子实际获取非法利益的关键环节。在这一环节中，犯罪分子通常与境内外不法商人相勾结，以向国内投资需要人民币等为由，借用境内外企业的外汇与外贸企业进行非法调汇；有时犯罪分子则通过各种手段，将境内套取的外汇非法汇至境外银行，然后以外商名义与国内外贸企业进行非法调汇交易。这种非法调汇的价格通常比正常调汇价格高出许多，犯罪分子便从这非法调汇的差价中获得了巨额利益。国内外贸企业虽然相应地在非法调汇中造成了损失，但为弥补这一损失并从中获取一定“盈利”，他们只得冒险地使用犯罪分子提供的虚假退税凭证骗取国家出口退税款。犯罪分子与外贸企业的这种非法交易一旦成功，便使双方从中均获得可观利益，最终只有国家的出口退税蒙受巨大损失。(4) 采取行贿或欺骗手段，非法获取盖有海关验讫章的出口货物报关单。在这一环节中，犯罪分子通常采用的手段大体有四种：一是在《出口货物报关单（出口退税联）》上加盖私刻伪造的海关验讫章，虚构货物已报关出口的事实。二是贿赂海关工作人员，以少报多、以假充真或在根本没有货物出口的情况下，在《出口货物报关单（出口退税联）》上加盖海关验讫章，虚构货物已报关出口的事实。三是利用海关口岸把关检查不严的漏洞，以假充真或空车过境，骗取海关在《出口货物报关单（出口退税联）》上加盖海关验讫章，隐瞒无货出口的事实真相。四是购买少量货物或租用他人货物通关报验，然后以少报多，骗取海关在《出口货物报关单（出口退税联）》上加盖海关验讫章。特别是犯罪分子租用他人的货物，出境后通常又以走私手段或以较低价值报关入境，一批货物往复多次使用、搞货物“旅行”。这种虚构货物出口事实的作案手法，具有很强的隐蔽性和欺骗性，是当前诈骗（出口退税）犯罪分子较常用的伎俩。值得一提的是，目前在沿海地

定罪标准	犯罪客观方面	区的一些重要口岸，发现有少数海关工作人员和其他不法分子，与骗取出口退税犯罪分子相勾结，专门从事出租货物的犯罪活动，从中谋取非法利益。这种人通常被称为“货主”，对他们的犯罪行为也应当依法予以严厉打击。 二、行为人必须是对其所生产或者经营的商品采取假报出口等欺骗手段。如果不是对其所生产或者经营的商品假报出口，而是通过伪造或者行贿等手段，借出口退税的名义，凭空骗取国家财产的，则不构成本罪，应为诈骗罪。 三、骗税行为必须是在从事出口业务的过程中实施。如果不是从事出口业务的单位和个人，冒充出口企业，假报出口、伪造、变造或者骗取退税凭证，骗取退税款，则不能构成本罪，属于诈骗行为，数额较大的应定诈骗罪。 四、骗取国家出口退税款的数额必须达到5万元以上。
	犯罪主体	本罪主体为一般主体，凡达到刑事责任年龄且具备刑事责任能力的自然人均能构成本罪主体。依《刑法》第211条之规定，单位亦能构成本罪。其中单位主要是具有出口经营权的单位。因为出口退税实质上是国家为了鼓励产品出口而给予的财政性资助，不具有出口经营权的单位不可能享受这种优惠。根据现行税法的规定，我国享有出口退税权的单位有三种：（1）享有独立对外出口经营权的中央和地方的外贸企业、工业贸易公司以及部分工业生产企业；（2）特定出口退税企业，如外轮供应公司、对外承包工程公司等；（3）委托出口企业。前两种单位可直接申报出口退税，自然可以构成本罪主体；后一种情况中，委托方虽不具有直接出口经营权，但其仍有权享有出口退税利益，所以也可以构成本罪主体。至于代理方本身具有直接出口经营权，当然可以成为本罪主体。
	犯罪主观方面	本罪在主观方面为直接故意，并且具有骗取出口退税的目的。由于出口企业工作人员的失误，或者产品出口以后由于质量等原因又被退回，造成税务机关多退税款的，因没有骗税的犯罪故意，因此不能以骗取出口退税款罪追究其刑事责任，而只能由税务机关责令出口企业限期退回其多退的税款，属于出口企业失误的，还可按日加收滞纳金。出口企业骗取出口退税的动机，一般是为了完成国家规定的继续享有进出口经营权所必须达到的创汇任务，并从中获取一定比例的代理出口手续费。但是动机并不影响本罪的成立。
	罪与非罪	区分罪与非罪的界限，要注意：骗取国家出口退税款，数额较大的才构成犯罪，但具体的起刑点，《刑法》未作规定，应根据有关司法解释确定。行为人骗取国家出口退税款，未达到数额较大的标准的，属于一般违法行为，不构成犯罪，应由税务机关追缴其骗取的出口退税款，并处骗取税款一定比例的罚金。
	此罪与彼罪	一、本罪与逃税罪的界限。两罪同属危害税收犯罪，但在犯罪构成诸要件方面有着显著区别：（1）在犯罪客观方面。逃税罪通常是纳税人在商品的国内生产、销售环节，实施伪造、变造、隐匿、擅自销毁账簿、记账凭证，在账簿上多列支出或者不列、少列收入，拒不申报纳税或者进行虚假纳税申报等手段，逃避应缴纳的税款；骗取出口退税则是行为人在商品的出口环节，采取假报出口或者其他欺骗手段，骗取国家的出口退税款。应当注意的是，在商品的出口环节，只有行为人在根本没有出口货物，而采取假报出口或者其他欺骗手段骗取出口退税款的，才能构成骗取出口退税

定罪标准	此罪与彼罪	罪。对有些纳税人虽有商品出口，而采取在数量上以少报多，在价格上以低报高等欺骗手段骗取出口退税款的，应当按照《刑法》第204条第2款的规定，分别情况进行定罪处罚：①对纳税人骗取税款未超过其所缴纳的税款的，应以逃税罪定罪处罚；②纳税人骗取税款超过其所缴纳的税款的，对超过的部分，应以骗取出口退税罪定罪处罚，并可适用数罪并罚。（2）在犯罪主体方面。逃税罪是特殊主体，通常只能由纳税人（包括自然人和法人）构成，并且突出表现在该纳税人必须对其所逃税款负有纳税的义务；骗取出口退税罪是一般主体，可由纳税人构成，也可由非纳税人构成，并且突出表现在该行为人通常不是其所骗税收的纳税人。（3）在犯罪的主观方面。骗取出口退税罪与逃税罪同为故意犯罪，但两者的犯罪目的各不相同。逃税罪的目的，是行为人在有纳税义务的情况下，不缴或少缴税款、逃避纳税义务；骗取出口退税的目的，则是行为人在未实际履行纳税义务的情况下，从国家的出口退税款中获取非法利益。 二、本罪与诈骗罪的界限。主要区别在于：诈骗罪是指以非法占有为目的，用虚构事实或者隐瞒真相的方法，骗取数额较大的公私财物的行为，欺骗性是该罪的本质特征。骗取出口退税罪是指单位或个人以骗取国家出口退税款为目的，采用虚开增值税专用发票、搞假货物报关出口骗取货物出口报关单、内外勾结提供出口收汇单证等欺骗手段、非法组织虚假的出口退税凭证，在根本未缴纳税款的情况下，从税务机关或出口企业骗取出口退税款的行为。因此，骗取出口退税行为实质上是一种诈骗的行为。近些年来，诈骗犯罪的手段越来越多，诈骗的对象也越来越广，如信用证诈骗、金融票据诈骗、保险诈骗、合同诈骗、骗取出口退税等，为了有效地惩治这些犯罪行为，本法分别单独规定了罪名和法定刑。按照特别规定优于普通规定的原则，凡符合骗取出口退税犯罪构成要件的，直接以骗取出口退税罪定罪处罚，不再以一般诈骗罪定罪处罚。
证据参考标准	主体方面的证据	一、犯罪嫌疑人为单位的，证据包括： 1. 单位营业执照，享受税收减免优惠政策的有关证明，一般纳税人资格证明，银行账号证明，企业的上级单位、隶属关系，注册登记资料，具体包括：设立或者开业登记申请书、有关批准文件、创立大会会议记录、章程、资金信用证明、验资证明或者资金担保证明、股东或者发起人法人资格证明或者自然人身份证明、载明公司董事、监事、经理姓名、住所的文件以及有关委派、选举或者聘用的证明、法定代表人任职文件和身份证明、单位住所地证明等；对外贸进出口企业，还应收集该企业的出口退税登记证、外经贸主管部门对该企业出口经营权的审批文件等。 2. 直接负责的主管人员和其他直接责任人员的身份证明，包括法定代表人、实际投资者、实际经营决策者、财务主管、财务会计人员、业务人员等人员的户口簿、居民身份证、户口底卡、工作证、护照或者其他有效证件。 二、犯罪嫌疑人为自然人的，证据包括户口簿、居民身份证、户口底卡、工作证、护照或者其他有效证件。
	主观方面的证据	一、有进出口经营权的公司、企业，其直接负责的主管人员及其他直接责任人员，在国家禁止“四自三不见”（供货企业自带客户、自带货源、自带汇票、自行报关，外贸出口企业不见出口商品、不见供货货主、不见外商）代理出口的情况下，为收取代理出口手续费或者完成创汇任务等，明知“四自三不见”仍代理出口；或者明

<table>
<tr><td rowspan="2">证据参考标准</td><td>主观方面的证据</td><td>知他人以假报出口或者其他欺骗手段，全部或者部分虚构已税货物出口事实，为收取代理出口手续费或者完成创汇任务以及其他非法获利等，仍代理出口。
二、幕后组织策划者以及其他环节的犯罪嫌疑人，明知以假报出口或者其他欺骗手段，全部或者部分虚构已税货物出口事实，骗取国家出口退税款。
三、通过犯罪嫌疑人的供述、证人证言等直接反映其主观方面的证据，并结合客观方面的证据，综合证实犯罪嫌疑人明知以假报出口或者其他欺骗手段，全部或者部分虚构已税货物出口事实，骗取国家出口退税款，认定其具有骗取国家出口退税款的主观故意。
有进出口经营权的公司、企业，违反国家有关进出口经营的规定，允许他人“四自三不见”代理出口，认定其具有骗取国家出口退税款的主观故意，但是确有证据证明其没有骗取国家出口退税故意的除外。</td></tr>
<tr><td>客观方面的证据</td><td>一、到涉案的外贸进出口公司、企业调查取证：
1. 相关外贸合同文本、档案，包括与外商签定的合同或者协议、货物销售发票等，并核实其真实性；
2. 相关内贸合同文本、档案，包括与供货企业的购销合同、协议，并核实其真实性；
3. 申请出口退税的相关资料，包括退税申请书，退库通知书，申请退税时所附增值税专用发票、出口货物报关单、外汇核销单、销售发票、出口货物专用缴款书等单据；
4. 有关账簿，核查出口货物的购、销情况及资金往来情况，提取并固定涉嫌出口骗税的有关记录。主要包括总账、出口货物购进明细账、出口货物销售明细账、库存明细账、资金往来账等；
5. 核查、清理其相关银行账户；
6. 购进货物的增值税专用发票（发票联、抵扣联）或者普通发票，以及相应的记账凭证，与相关账簿进行比对；
7. 给供货企业的资金支付单据、记账凭证及相关账务处理资料，并与相应交易、票证进行比对；
8. 出口货物的入库单据及库存明细账，核实实际库存，并与相应交易、票证进行比对；
9. 出口货物内贸、外贸运输单据及记账凭证，查清货物境内交接直至出境的过程，包括时间、地点、人员、手续等；
10. 核查内贸、外贸的结算方式。银行结算的，收集银行对账单及收、付款单据；现金结算的，查清现金的来源、流向；
11. 已申报退税的，收集申报退税的单证及相关资料，主要包括出口货物报关单（出口退税专用联）、收汇核销单（出口退税专用联）、增值税专用发票（抵扣联）、税收（出口货物专用）缴款书、外销发票、销售明细账以及其他证明资料，如委托代理证明等；
12. 审查、核实是代理出口还是自营出口，包括企业财务上是作代理还是自营处理，退税后税款如何处理，与被代理人如何分账，是否打入被代理人指定账户等；</td></tr>
</table>

证据参考标准

客观方面的证据

13. 犯罪嫌疑人的供述及证人证言。对外贸进出口企业的调查主要围绕是否“四自三不见”进行：

（1）业务来源详细经过。包括何人、何时、何地，以何种方式或者通过何种途径与该外贸企业取得联系；外贸企业何人参与接洽业务；供货企业的名称、地址、参与人员的姓名、住址、联系方式等详细情况；是否有中间介绍人及其详细情况；

（2）业务协商及“出口合同”主要条款商定的详细过程。包括外商如何确定，供货企业如何确定，出口货物货源如何确定，结算方式及结算资金来源（汇票谁提供），如何结汇，如何报关，如何监管货物出境，手续费如何计算，手续费如何兑现支付等；

（3）是否见过外商，外商是何人联系的，外商基本情况，如何协商，如何签约；

（4）是否见过出口货物，货物来源情况，如何验货，货物的交接人、交接地点及交接方式，是否监管货物运输、出境，货款的支付方式、支付时间及金额；

（5）是否见过供货企业有关人员，是否到供货企业实地考察及具体经过；

（6）货物报关出口情况，包括何人、何时、何地、以何种运输方式、手续或者手段到何海关报关；是否与海关内部人员相互通谋；是否伪造、变造报关单证，如何伪造、变造；海关人员、报关员、报关行是否明知报关单证系伪造、变造；自身是否有报关员，为何不用自己的报关员；报关员、报关行如何确定，基本情况，报关手续费如何计算，如何支付、兑现；其他报关出口的详细过程；

（7）出口收汇的外汇来源情况，包括何人提供，何人为收汇人，何时从境外何账户汇款，汇入何账户，何人通知外汇到账，具体数额、币种，数额如何确定等；

（8）结汇情况，包括何人、何时、何地、以何种手续或者手段到何外汇管理部门结汇；是否与外汇管理部门内部人员相互通谋；是否伪造、变造结汇单证，如何伪造、变造；外汇管理人员是否明知结汇单证系伪造、变造；其他结汇的详细过程；

（9）结汇后人民币资金流向，包括资金流向如何确定，资金的逐一具体流向，收款人逐一基本情况，何时、以何方式逐一汇出，外贸进出口企业自身最终获利情况等；

（10）如何拿到有关退税资料、单证，具体过程；

（11）是否申报退税，如何申报退税，包括何人、何时、以何资料单证、何名义（代理还是自营）到何税务机关申请退税，申报退税数额，如何向税务机关申报，税务机关是否严格审查有关单证，是否与税务机关内部人员相互通谋，税务机关批准退税及实际退税数额等；

（12）与被代理人分账后是否与其保持联系，联系方式，联系内容等。

二、到外贸进出口企业的所有开户银行调查取证：

1. 银行对账单及企业的收、付款单据，并与在企业获取的有关证据比对、印证，逐一核查票、货、款是否一致；如果是汇票付款，应提取银行兑付联；

2. 逐一疏理、核实资金流向，扩大线索，固定证据；

3. 必要时予以冻结；

4. 银行预留的有关人员印鉴，确定责任；

5. 如果存在虚假账号，提取银行提供的有效证明。

证据参考标准

客观方面的证据

三、到外贸进出口企业的退税主管税务机关调查取证：

1. 企业全部退税申报资料，包括出口货物报关单、出口收汇核销单、购进出口货物增值税专用发票、税收（出口货物专用）缴款书、出口企业出口退税申报表、出口货物销售明细账等；

2. 税务机关已经批准退税、企业申报但尚未退税的全部资料、档案等；

3. 税务机关出具的已批准退税的税款数额书面证明等。

四、到外贸进出口企业当地国库调查取证：

包括出口退税企业的税收通用缴款书（第三联）、税收（出口货物专用）缴款书（第四联）、税收收入退还书（第二联）等。

五、到供货企业调查取证：

1. 参照前述内容，收集、提取能够证明涉嫌骗取出口退税对应的增值税专用发票等属于虚开的所有证据材料；

2. 通过此环节有关证据，进一步核查案件事实，发现证实幕后组织策划骗取出口退税的犯罪嫌疑人的有关情况，并与在外贸进出口企业获取的有关证据相互比对、印证。

六、到货物报关出口的海关调查取证：

1. 该外贸进出口企业所有报关出口的有关资料、电子数据等，包括货物出口报关单、货物购销合同、货物销售发票等，将报关单出口退税联与海关留存资料进行比对，核实报关单证的真伪，核实报关出口货物的名称、数量、价格及其他详细情况，提取外商、货物承运单位、报关人员及该外贸出口企业的有关情况等；

2. 如果报关单证涉嫌伪造、变造，由海关对报关单证的真实性进行鉴别、鉴定，并出具证明。

七、到外贸进出口企业主管外汇管理部门调查取证：

1. 核实涉嫌骗取出口退税对应的外汇核销等单证、资料的真伪，并出具证明；

2. 对该外贸进出口企业所有收汇、结汇情况进行全面核查；

3. 必要时对涉嫌骗取出口退税的境外汇入的外汇予以冻结。

八、证实幕后组织策划骗取出口退税的犯罪嫌疑人的有关证据：

1. 犯罪嫌疑人供述和辩解，包括选择确定代理出口的外贸进出口企业的过程，合同条款的协商过程，签订代理出口合同的过程，选择供货企业的过程，虚开发票的过程，虚假报关出口或者伪造、变造报关单证的过程，外汇来源及过程，选择外商的过程和外商的基本情况，申报退税过程，分赃过程等有关事实经过；

2. 中间人、联系人基本情况，中间人手续费计算及支付情况，与政府主管机关内部人员相互通谋过程等；

3. 能够证明上述事实的全部书证、物证等证据材料；

4. 作案工具、赃款赃物等。

九、收集涉案单位及人员其他证据，包括会议记录、相关文件、录音带、录像带等。

十、对伪造、变造的账簿、会计凭证、业务合同、退税申报单据等相关资料要予以查获；对隐匿的上述证据材料要予以追缴；擅自销毁的，如能提取残存物的要提取残存物，并加以固定；如果存在隐匿、销毁证据现场的，要进行现场勘查，并提取相关物证、书证，制作勘查笔录，绘制现场图，对现场及有关物证拍照固定。

<table>
<tr><td rowspan="2">证据参考标准</td><td>客观方面的证据</td><td>十一、税务、海关、银行、外汇管理部门、外经贸部门以及地方政府工作人员，与犯罪嫌疑人共同骗税的，除收集上述相关证据外，还要收集上述人员涉嫌职务犯罪的有关证据。</td></tr>
<tr><td>量刑方面的证据</td><td>一、法定量刑情节证据。
1. 事实情节：（1）骗取出口退税款数额较大；（2）骗取出口退税款数额巨大或者有其他特别严重情节的；（3）骗取出口退税款数额特别巨大或者有其他特别严重情节的。2. 法定从重情节；3. 法定从轻减轻情节：（1）可以从轻；（2）可以从轻或减轻；（3）应当从轻或者减轻。4. 法定从轻减轻免除情节：（1）可以从轻、减轻或者免除处罚；（2）应当从轻、减轻或者免除处罚。5. 法定减轻免除情节：（1）可以减轻或者免除处罚；（2）应当减轻或者免除处罚；（3）可以免除处罚。
二、酌定量刑情节证据。
1. 犯罪手段：（1）假报；（2）多报；（3）高报；（4）谎报；（5）其他。2. 犯罪对象；3. 危害结果；4. 动机；5. 平时表现；6. 认罪态度；7. 是否有前科；8. 其他证据。</td></tr>
<tr><td rowspan="4">量刑标准</td><td>数额较大的（5 万元以上）</td><td>处五年以下有期徒刑或者拘役，并处骗取税款一倍以上五倍以下罚金</td></tr>
<tr><td>数额巨大或者有其他严重情节的（50 万元以上）</td><td>处五年以上十年以下有期徒刑，并处骗取税款一倍以上五倍以下罚金</td></tr>
<tr><td>数额特别巨大或者有其他特别严重情节的（250 万元以上）</td><td>处十年以上有期徒刑或者无期徒刑，并处骗取税款一倍以上五倍以下罚金或者没收财产</td></tr>
<tr><td>单位犯本罪的</td><td>对单位判处罚金，并对其直接负责的主管人员和其他直接责任人员依上述规定处罚</td></tr>
<tr><td>法律适用</td><td>刑法条文</td><td>第二百零四条　以假报出口或者其他欺骗手段，骗取国家出口退税款，数额较大的，处五年以下有期徒刑或者拘役，并处骗取税款一倍以上五倍以下罚金；数额巨大或者有其他严重情节的，处五年以上十年以下有期徒刑，并处骗取税款一倍以上五倍以下罚金；数额特别巨大或者有其他特别严重情节的，处十年以上有期徒刑或者无期徒刑，并处骗取税款一倍以上五倍以下罚金或者没收财产。
纳税人缴纳税款后，采取前款规定的欺骗方法，骗取所缴纳的税款的，依照本法第二百零一条的规定定罪处罚；骗取税款超过所缴纳的税款部分，依照前款的规定处罚。
第二百一十一条　单位犯本节第二百零一条、第二百零三条、第二百零四条、第二百零七条、第二百零八条、第二百零九条规定之罪的，对单位判处罚金，并对其直接负责的主管人员和其他直接责任人员，依照各该条的规定处罚。
第二百一十二条　犯本节第二百零一条至第二百零五条规定之罪，被判处罚金、没收财产的，在执行前，应当先由税务机关追缴税款和所骗取的出口退税款。</td></tr>
</table>

法律适用 司法解释

一、最高人民法院《关于审理骗取出口退税刑事案件具体应用法律若干问题的解释》（2002年9月17日最高人民法院公布　自2002年9月23日起施行　法释〔2002〕30号）

为依法惩治骗取出口退税犯罪活动，根据《中华人民共和国刑法》的有关规定，现就审理骗取出口退税刑事案件具体应用法律的若干问题解释如下：

第一条　刑法第二百零四条规定的“假报出口”，是指以虚构已税货物出口事实为目的，具有下列情形之一的行为：

（一）伪造或者签订虚假的买卖合同；

（二）以伪造、变造或者其他非法手段取得出口货物报关单、出口收汇核销单、出口货物专用缴款书等有关出口退税单据、凭证；

（三）虚开、伪造、非法购买增值税专用发票或者其他可以用于出口退税的发票；

（四）其他虚构已税货物出口事实的行为。

第二条　具有下列情形之一的，应当认定为刑法第二百零四条规定的“其他欺骗手段”：

（一）骗取出口货物退税资格的；

（二）将未纳税或者免税货物作为已税货物出口的；

（三）虽有货物出口，但虚构该出口货物的品名、数量、单价等要素，骗取未实际纳税部分出口退税款的；

（四）以其他手段骗取出口退税款的。

第三条　骗取国家出口退税款5万元以上的，为刑法第二百零四条规定的“数额较大”；骗取国家出口退税款50万元以上的，为刑法第二百零四条规定的“数额巨大”；骗取国家出口退税款250万元以上的，为刑法第二百零四条规定的“数额特别巨大”。

第四条　具有下列情形之一的，属于刑法第二百零四条规定的“其他严重情节”：

（一）造成国家税款损失30万元以上并且在第一审判决宣告前无法追回的；

（二）因骗取国家出口退税行为受过行政处罚，两年内又骗取国家出口退税款数额在30万元以上的；

（三）情节严重的其他情形。

第五条　具有下列情形之一的，属于刑法第二百零四条规定的“其他特别严重情节”：

（一）造成国家税款损失150万元以上并且在第一审判决宣告前无法追回的；

（二）因骗取国家出口退税行为受过行政处罚，两年内又骗取国家出口退税款数额在150万元以上的；

（三）情节特别严重的其他情形。

第六条　有进出口经营权的公司、企业，明知他人意欲骗取国家出口退税款，仍违反国家有关进出口经营的规定，允许他人自带客户、自带货源、自带汇票并自行报关，骗取国家出口退税款的，依照刑法第二百零四条第一款、第二百一十一条的规定定罪处罚。

第七条　实施骗取国家出口退税行为，没有实际取得出口退税款的，可以比照既遂犯从轻或者减轻处罚。

法律适用

司法解释

第八条 国家工作人员参与实施骗取出口退税犯罪活动的，依照刑法第二百零四条第一款的规定从重处罚。

第九条 实施骗取出口退税犯罪，同时构成虚开增值税专用发票罪等其他犯罪的，依照刑法处罚较重的规定定罪处罚。

二、最高人民检察院、公安部《关于公安机关管辖的刑事案件立案追诉标准的规定（二）》（节录）（2010 年 5 月 7 日最高人民检察院、公安部公布 自公布之日起施行 2011 年 11 月 14 日修正）

第六十条〔骗取出口退税案（刑法第二百零四条第一款）〕以假报出口或者其他欺骗手段，骗取国家出口退税款，数额在五万元以上的，应予立案追诉。

相关法律法规

《中华人民共和国税收征收管理法》（节录）（1992 年 9 月 4 日中华人民共和国主席令第 60 号公布 1995 年 2 月 28 日第一次修正 2001 年 4 月 28 日修订 2013 年 6 月 29 日第二次修正 2015 年 4 月 24 日第三次修正）

第六十六条 以假报出口或者其他欺骗手段，骗取国家出口退税款的，由税务机关追缴其骗取的退税款，并处骗取税款一倍以上五倍以下的罚款；构成犯罪的，依法追究刑事责任。

对骗取国家出口退税款的，税务机关可以在规定期间内停止为其办理出口退税。

规章及规范性文件

公安部《公安机关办理危害税收征管刑事案件管辖若干问题的规定》（节录）（2004 年 2 月 19 日公安部公布 自公布之日起施行 公通字〔2004〕12 号）

三、骗取出口退税案（刑法第 204 条第 1 款）

由骗取出口退税地县级以上公安机关管辖，其他涉案地公安机关予以配合。

八、对于本规定第一条至第七条规定的案件，如果由犯罪嫌疑人居住地公安机关管辖更为适宜的，由犯罪嫌疑人居住地县级以上公安机关管辖。

九、对于本规定第一条至第七条规定的案件，凡是属于重大涉外犯罪、重大集团犯罪和下级公安机关侦破有困难的严重刑事案件，由地（市）级以上公安机关管辖。

十、对管辖不明确或者几个公安机关都有权管辖的案件，可以由有关公安机关协商确定管辖。对管辖有争议或者情况特殊的案件，可以由共同的上级公安机关指定管辖。

十一、上级公安机关可以指定下级公安机关立案侦查管辖不明确或者需要改变管辖的案件。下级公安机关认为案情重大、复杂，需要由上级公安机关侦查的案件，可以请求移送上级公安机关侦查。

80 虚开增值税专用发票、用于骗取出口退税、抵扣税款发票案

概念

本罪是指违反国家增值税专用发票管理法规，为他人虚开、为自己虚开、让他人为自己虚开、介绍他人虚开增值税专用发票或者用于骗取出口退税、抵扣税款的其他发票的行为。

立案标准

虚开增值税专用发票，虚开数额在5万元以上的，或者虚开用于骗取出口退税、抵扣税款的其他发票，虚开的税款数额在1万元以上或者致使国家税款被骗数额在5000元以上的，应予立案追诉。

定罪标准

犯罪客体

本罪侵犯的客体是国家对增值税专用发票和可用于出口退税、抵扣税款的其他发票的监督管理制度。《发票管理办法》第22条规定："开具发票应当按照规定的时限、顺序、栏目，全部联次一次性如实开具，并加盖发票专用章。任何单位和个人不得有下列虚开发票行为：（一）为他人、为自己开具与实际经营业务情况不符的发票；（二）让他人为自己开具与实际经营业务情况不符的发票；（三）介绍他人开具与实际经营业务情况不符的发票。"第24条规定："任何单位和个人应当按照发票管理规定使用发票，不得有下列行为：（一）转借、转让、介绍他人转让发票、发票监制章和发票防伪专用品；……"而为了骗取税款，虚开增值税专用发票或用于骗取出口退税、抵扣税款的其他发票的行为就是违反了发票管理制度，同时虚开增值税专用发票或用于骗取出口退税、抵扣税款的其他发票，可以抵扣大量税款，造成国家税款的大量流失，也严重地破坏了社会主义经济秩序。

所谓用于骗取出口退税、抵扣税款的其他发票，是指可以用于申请出口退税、抵扣税款的非增值税专用发票，如运输发票、废旧物品收购发票、农业产品收购发票等。

犯罪客观方面

本罪在客观方面表现为没有货物购销或者没有提供或接受应税劳务而为他人、为自己、让他人为自己、介绍他人开具增值税专用发票或用于骗取出口退税、抵扣税款的其他发票或者即使有货物购销或提供或接受了应税劳务，但为他人、为自己、让他人为自己、介绍他人开具数量或者金额不实的增值税专用发票或用于骗取出口退税、抵扣税款的其他发票或者进行了实际经营活动，但让他人为自己代开增值税专用发票或用于骗取出口退税、抵扣税款的其他发票的行为。

虚开，是指行为人违反有关发票开具管理的规定，不按照实际情况如实开具增值税专用发票及其他可用于骗取出口退税、抵扣税款的发票之行为。从广义上讲，一切不如实出具发票的行为都是虚开的行为，包括没有经营活动而开具或虽有经营活动但不作真实的开具，如改变客户的名称、商品名称、经营项目、夸大或缩小产品或经营项目的数量、单价及其实际收取或支出的金额，委托代扣、代收、代征税种的税率及税额、增值税税率及税额，虚写开票人、开票日期等。狭义的虚开，则是指对发票能

定罪标准

犯罪客观方面

反映纳税人纳税情况、数额的有关内容作不实填写致使所开发票的税款与实际缴纳不符的一系列之行为。如没有销售商品、提供服务等经营活动，却虚构经济活动的项目、数量、单价、收取金额或者有关税率、税额予以填写；或在销售商品提供服务开具发票时，变更经营项目的名称、数量、单价、税额、税率及税款等，从而使发票不能反映出交易双方进行经营活动以及应纳或已纳税款的真实情况，主要体现在票与物或经营项目不符、票面金额与实际收取的金额不一致。参照1996年10月17日最高人民法院《关于适用〈全国人民代表大会常务委员会关于惩治虚开、伪造和非法出售增值税专用发票犯罪的决定〉若干问题的解释》的规定，具有下列行为之一的，即属本罪的虚开：（1）没有货物购销或者没有提供或接受应税劳务而为他人、为自己、让他人为自己、介绍他人开具；（2）有货物购销或者提供或接受应税劳务但为他人、为自己、让他人为自己、介绍他人开具数量或者金额不实；（3）进行实际经营活动，但让他人为自己代开增值税专用发票。如只是虚设开票人或不按规定时限提前或滞后开具日期等，虽属违法不实开具，但仍不是本罪意义上的虚开，对此不能以本罪论处。

虚开增值税专用发票或用于骗取出口退税、抵扣税款的其他发票的具体行为方式有以下四种：（1）为他人虚开增值税专用发票或用于骗取出口退税、抵扣税款的其他发票，指合法拥有增值税专用发票或用于骗取出口退税、抵扣税款的其他发票的单位或者个人，明知他人没有货物购销或者没有提供或接受应税劳务而为其开具增值税专用发票或用于骗取出口退税、抵扣税款的其他发票，或者即使有货物购销或者提供了应税劳务但为其开具数量或者金额不实的增值税专用发票或用于骗取出口退税、抵扣税款的其他发票的行为。（2）为自己虚开增值税专用发票或用于骗取出口退税、抵扣税款的其他发票，指合法拥有增值税专用发票或用于骗取出口退税、抵扣税款的其他发票的单位和个人，明知他人没有货物购销或者没有提供或接受应税劳务的情况下为其开具增值税专用发票或用于骗取出口退税、抵扣税款的其他发票，或者即使有货物购销或者提供或接受了应税劳务但却为自己开具数量或者金额不实的增值税专用发票或用于骗取出口退税、抵扣税款的其他发票的行为。（3）让他人为自己虚开增值税专用发票或用于骗取出口退税、抵扣税款的其他发票，指没有货物购销或者没有提供或接受应税劳务的单位或者个人要求合法拥有增值税专用发票或用于骗取出口退税、抵扣税款的其他发票的单位或者个人为其开具增值税专用发票或用于骗取出口退税、抵扣税款的其他发票，或者即使有货物购销或者提供或接受了应税劳务，但要求他人开具数量或者金额不实的增值税专用发票或用于骗取出口退税、抵扣税款的其他发票或者进行了实际经营活动，但让他人为自己代开增值税专用发票或用于骗取出口退税、抵扣税款的其他发票的行为。（4）介绍他人虚开增值税专用发票或用于骗取出口退税、抵扣税款的其他发票，指在合法拥有增值税专用发票或用于骗取出口退税、抵扣税款的其他发票的单位或者个人与要求虚开增值税专用发票或用于骗取出口退税、抵扣税款的其他发票的单位或者个人之间沟通联系、牵线搭桥的行为。

虚开增值税专用发票或用于骗取出口退税、抵扣税款的其他发票需达到一定情节才能构成犯罪，否则应依《刑法》第13条之规定，不认为是犯罪。根据相关规定，虚开的税款数额在5万元以上的，以虚开增值税专用发票罪处3年以下有期徒刑或者拘役，并处2万元以上20万元以下罚金；虚开的税款数额在50万元以上的，认定为《刑法》第205条规定的“数额较大”；虚开的税款数额在250万元以上的，认定为刑法第205条规定的“数额巨大”。

定罪标准	犯罪主体	本罪主体为一般主体，自然人和单位均可构成本罪主体。
	犯罪主观方面	本罪在主观方面必须是故意，而且一般具有牟利的目的。实践中，为他人虚开增值税专用发票或可用于骗取出口退税、抵扣税款的其他发票的单位和个人一般都以收取高额的手续费为目的；为自己虚开、让他人为自己虚开的单位和个人一般都是以骗取出口退税、抵扣税款为目的；介绍他人虚开的单位和个人一般都是以收取高额的中介费、信息费为目的。但“以营利为目的”并不是本罪主观上的必要条件。
	罪与非罪	区分罪与非罪的界限，要注意：《刑法》第205条虽然对虚开增值税专用发票、用于骗取出口退税、抵扣税款罪未规定任何情节上的限制，但并非所有的虚开增值税专用发票的行为和虚开用于骗取出口退税、抵扣税款的其他发票行为都应以犯罪论处。对于其中情节显著轻微危害不大的行为，应根据《刑法》第13条的规定，不认为是犯罪。如虚开增值税专用发票、用于骗取出口退税、抵扣税款的其他发票数额较小而又无伪造、非法购买增值税专用发票、用于骗取出口退税、抵扣税款的其他发票等其他情节的，虚开数额较小尚未造成逃税、骗取出口退税等其他后果的；图谋虚开但尚未着手且无其他严重情节的；在他人的威胁、要挟之下被迫为他人虚开但虚开数额不大的，等等，应不作为犯罪处理。
	此罪与彼罪	一、本罪与逃税罪的界限。二罪在行为方式上有些竞合之处，如涂改单据、伪造账目等，尤其是行为人虚开增值税专用发票的最终目的就是用来骗取（抵扣）国家税款，从实质上说是逃税。因此，可以认为，二罪之间存在手段与目的关系，即“虚开”只不过是逃税的手段之一，它们之间属牵连犯关系，按照从一重处的原则，以虚开增值税专用发票、用于骗取出口退税、抵扣税款罪定罪量刑；但“虚开”行为又不完全包容于逃税罪之中，“虚开”有着它自己的一套相对独立而又比较复杂的行为过程，只有当虚开的增值税专用发票用以去抵扣税款时，才与逃税罪发生关系。而虚开增值税专用发票、用于骗取出口退税、抵扣税款罪的成立并不必然以抵扣税款的出现或实现为必然条件，只要虚开增值税专用发票达到法定数额（即便是没有抵扣），就可构成犯罪。“虚开”和“抵扣”，是构成虚开增值税专用发票、用于骗取出口退税、抵扣税款罪的两个选择性条件，因此，虚开增值税专用发票、用于骗取出口退税、抵扣税款罪与逃税罪之间的竞合还是很有限的。从总的行为方式上看，二罪之间的区别也很明显：逃税是不缴或少缴应纳税款，使国家得不到应该得到的税款；而“虚开”是没有缴税而伪装缴税，将国家已经得到的税款通过抵扣再骗回来。 二、介绍他人虚开增值税专用发票或用于骗取出口退税、抵扣税款的其他发票犯罪与教唆犯罪及传授犯罪方法罪的界限。介绍他人虚开增值税专用发票或用于骗取出口退税、抵扣税款的其他发票，是指在拥有增值税专用发票或用于骗取出口退税、抵扣税款的其他发票的单位或者个人（即开票方）与需要虚开增值税专用发票或用于骗取出口退税、抵扣税款的其他发票的单位或者个人（即受票方）之间互相介绍、牵线搭桥，使虚开增值税专用发票或用于骗取出口退税、抵扣税款的其他发票犯罪的行为得以成立。介绍人属于中介人，是虚开的主体，对其应按本条的规定处罚；教唆虚开是指唆使他人虚开的行为，教唆者既不在行为人之间牵线搭桥，也不具体教唆犯罪方

<table>
<tr><td rowspan="2">定罪标准</td><td>此罪与彼罪</td><td>法，对教唆犯应按其在其间犯罪中所起的作用处罚；传授虚开的方法和技巧的行为，其主体只能是自然人，对其应按《刑法》第 295 条的规定处罚。</td></tr>
<tr><td>一罪与数罪</td><td>一、行为人伪造或购买伪造的增值税专用发票、用于骗取出口退税、抵扣税款的其他发票或非法购买增值税专用发票、用于骗取出口退税、抵扣税款的其他发票后又将其虚开的情况，应属于数罪，但因为行为人的前一行为与后一行为存在手段和目的的牵连关系，因此应视为牵连犯，而应以其中的一个重罪论处，即应以虚开增值税专用发票、用于骗取出口退税、抵扣税款罪论处。对于伪造或购买伪造的增值税专用发票、用于骗取出口退税、抵扣税款的其他发票或非法购买增值税专用发票、用于骗取出口退税、抵扣税款的其他发票行为，可作为一个从重的量刑情节对待。
二、虚开增值税专用发票、用于骗取出口退税、抵扣税款的其他发票后又以此骗取出口退税、抵扣税款的情况下，存在行为同时适用本罪与《刑法》第 204 条骗取出口退税罪、《刑法》第 201 条逃税罪的可能。这属于一罪同时触犯数法条的法条竞合，应适用特别法优于普通法的原则处理，即《刑法》第 205 条是特别法，第 204 条、第 201 条是普通法，应以本罪论处。</td></tr>
<tr><td rowspan="2">证据参考标准</td><td>主体方面的证据</td><td>一、犯罪嫌疑人为单位的，证据包括：
1. 单位营业执照、享受税收减免优惠政策的有关证明、一般纳税人资格证明、银行账号证明和注册登记资料，具体包括：设立或者开业登记申请书、有关批准文件、创立大会会议记录、章程、资金信用证明、验资证明或者资金担保证明、股东或者发起人法人资格证明或者自然人身份证明、载明公司董事、监事、经理姓名、住所的文件以及有关委派、选举或者聘用的证明、法定代表人任职文件和身份证明、单位住所地证明等。
2. 直接负责的主管人员和其他直接责任人员的身份证明，包括法定代表人、实际投资者、实际经营决策者、财务主管、财务会计人员、业务人员等人员的户口簿、居民身份证、户口底卡、工作证、护照或者其他有效证件。
3. 核实单位的基本情况，包括公司企业是否存在，是否依法进行注册、税务登记，是否具有一般纳税人资格，是否正在经营或者已倒闭，由主管部门出具证明。
二、犯罪嫌疑人为自然人的，证据包括户口簿、居民身份证、户口底卡、工作证、护照或者其他有效证件。</td></tr>
<tr><td>主观方面的证据</td><td>一、证明犯罪嫌疑人是否具有虚开、接受虚开或者介绍虚开发票的故意的证据。
二、通过犯罪嫌疑人的供述、证人证言等直接反映其主观方面的证据，并结合客观方面的证据，综合证实犯罪嫌疑人具有虚开发票的主观故意。</td></tr>
</table>

<table>
<tr><td rowspan="2">证据参考标准</td><td>客观方面的证据</td><td colspan="2">证明行为人虚开增值税专用发票、用于骗取出口退税、抵扣税款发票犯罪行为的证据。
具体证据包括：1. 证明行为人在领取的增值税专用发票、用于骗取出口退税、抵扣税款发票上开具不属于该商店（或单位）销售（或生产）的货物行为的证据。2. 证明行为人为他人、为自己、让他人为自己、介绍他人开具实际上并无商品交易的空头增值税专用发票、用于骗取出口退税、抵扣税款发票行为的证据。3. 证明行为人为他人、为自己、让他人为自己、介绍他人开具与发票存根数额不符的大头小尾增值税专用发票、用于骗取出口退税、抵扣税款发票行为的证据。4. 证明行为人将领取的增值税专用发票、用于骗取出口退税、抵扣税款发票连同公章、营业执照交付他人使用，以此提取手续费行为的证据。5. 证明行为人其他行为的证据：（1）数额较大或者其他严重情节；（2）数额巨大或者其他特别严重情节；（3）数额特别巨大；（4）情节特别严重；（5）给国家利益造成特别重大损失。</td></tr>
<tr><td>量刑方面的证据</td><td colspan="2">一、法定量刑情节证据。
1. 事实情节：（1）数额较大或者其他严重情节；（2）数额巨大或者其他特别严重情节；（3）犯罪集团的首要分子；（4）数额特别巨大；（5）情节特别严重；（6）造成特别重大损失。2. 法定从重情节。3. 法定从轻减轻情节：（1）可以从轻；（2）可以从轻或减轻；（3）应当从轻或者减轻。4. 法定从轻减轻免除情节：（1）可以从轻、减轻或者免除处罚；（2）应当从轻、减轻或者免除处罚。5. 法定减轻免除情节：（1）可以减轻或者免除处罚；（2）应当减轻或者免除处罚；（3）可以免除处罚。
二、酌定量刑情节证据。
1. 犯罪手段：（1）虚开；（2）交付他人使用。2. 犯罪对象。3. 危害结果。4. 动机。5. 平时表现。6. 认罪态度。7. 是否有前科。8. 其他证据。</td></tr>
<tr><td rowspan="7">量刑标准</td><td colspan="2">犯本罪的</td><td>处三年以下有期徒刑或者拘役，并处二万元以上二十万元以下罚金</td></tr>
<tr><td colspan="2">虚开的税款数额较大或者有其他严重情节的</td><td>处三年以上十年以下有期徒刑，并处五万元以上五十万元以下罚金</td></tr>
<tr><td colspan="2">虚开的税款数额巨大或者有其他特别严重情节的</td><td>处十年以上有期徒刑或者无期徒刑，并处五万元以上五十万元以下罚金或者没收财产</td></tr>
<tr><td colspan="2">单位犯本罪的</td><td>对单位判处罚金，并对其直接负责的主管人员和其他直接责任人员，处三年以下有期徒刑或者拘役</td></tr>
<tr><td colspan="2">单位犯本罪虚开的税款数额较大或者有其他严重情节的</td><td>对单位判处罚金，并对其直接负责的主管人员和其他直接责任人员，处三年以上十年以下有期徒刑</td></tr>
<tr><td colspan="2">单位犯本罪虚开的税款数额巨大或者有其他特别严重情节的</td><td>对单位判处罚金，并对其直接负责的主管人员和其他直接责任人员，处十年以上有期徒刑或者无期徒刑</td></tr>
<tr><td colspan="2">单位构成虚开增值税专用发票、用于骗取出口退税、抵扣税款发票罪的</td><td>被判处罚金、没收财产的根据《刑法》第212条的规定，在执行前，应当先由税务机关追缴税款和所骗取的出口退税款</td></tr>
</table>

法律适用

刑法条文

第二百零五条 虚开增值税专用发票或者虚开用于骗取出口退税、抵扣税款的其他发票的，处三年以下有期徒刑或者拘役，并处二万元以上二十万元以下罚金；虚开的税款数额较大或者有其他严重情节的，处三年以上十年以下有期徒刑，并处五万元以上五十万元以下罚金；虚开的税款数额巨大或者有其他特别严重情节的，处十年以上有期徒刑或者无期徒刑，并处五万元以上五十万元以下罚金或者没收财产。

单位犯本条规定之罪的，对单位判处罚金，并对其直接负责的主管人员和其他直接责任人员，处三年以下有期徒刑或者拘役；虚开的税款数额较大或者有其他严重情节的，处三年以上十年以下有期徒刑；虚开的税款数额巨大或者有其他特别严重情节的，处十年以上有期徒刑或者无期徒刑。

虚开增值税专用发票或者虚开用于骗取出口退税、抵扣税款的其他发票，是指有为他人虚开、为自己虚开、让他人为自己虚开、介绍他人虚开行为之一的。

第二百零八条第二款 非法购买增值税专用发票或者购买伪造的增值税专用发票又虚开或者出售的，分别依照本法第二百零五条、第二百零六条、第二百零七条的规定定罪处罚。

第二百一十二条 犯本节第二百零一条至第二百零五条规定之罪，被判处罚金、没收财产的，在执行前，应当先由税务机关追缴税款和所骗取的出口退税款。

立法解释

全国人民代表大会常务委员会《关于〈中华人民共和国刑法〉有关出口退税、抵扣税款的其他发票规定的解释》（2005年12月29日全国人大常委会公布　自公布之日起施行）

全国人民代表大会常务委员会根据司法实践中遇到的情况，讨论了刑法规定的“出口退税、抵扣税款的其他发票”的含义问题，解释如下：

刑法规定的“出口退税、抵扣税款的其他发票”，是指除增值税专用发票以外的，具有出口退税、抵扣税款功能的收付款凭证或者完税凭证。

现予公告。

司法解释

最高人民法院《关于虚开增值税专用发票定罪量刑标准有关问题的通知》（法〔2018〕226号）

各省、自治区、直辖市高级人民法院，解放军军事法院，新疆维吾尔自治区高级人民法院生产建设兵团分院：

为正确适用刑法第二百零五条关于虚开增值税专用发票罪的有关规定，确保罪责刑相适应，现就有关问题通知如下：

一、自本通知下发之日起，人民法院在审判工作中不再参照执行《最高人民法院关于适用〈全国人民代表大会常务委员会关于惩治虚开、伪造和非法出售增值税专用发票犯罪的决定〉的若干问题的解释》（法发［1996］30号）第一条规定的虚开增值税专用发票罪的定罪量刑标准。

二、在新的司法解释颁行前，对虚开增值税专用发票刑事案件定罪量刑的数额标准，可以参照《最高人民法院关于审理骗取出口退税刑事案件具体应用法律若干问题的解释》（法释［2002］30号）第三条的执行规定，即虚开的税款数额在五万元以上的，以虚开增值税专用发票罪处三年以下有期徒刑或者拘役，并处二万元以上二十万元以下罚金；虚开的税款数额在五十万元以上的，认定为刑法第二百零五条规定的“数额较大”；虚开的税款数额在二百五十万元以上的，认定为刑法第二百零五条规定的“数额巨大”。

以上通知，请遵照执行。执行中发现的新情况、新问题请及时报告我院。

法律适用

相关法律法规

《中华人民共和国发票管理办法》（节录）（1993年12月12日国务院批准 1993年12月23日财政部令第6号公布 自公布之日起施行 2010年12月20日第一次修订 2019年3月2日第二次修订）

第十九条 销售商品、提供服务以及从事其他经营活动的单位和个人，对外发生经营业务收取款项，收款方应当向付款方开具发票；特殊情况下，由付款方向收款方开具发票。

第二十条 所有单位和从事生产、经营活动的个人在购买商品、接受服务以及从事其他经营活动支付款项，应当向收款方取得发票。取得发票时，不得要求变更品名和金额。

第二十一条 不符合规定的发票，不得作为财务报销凭证，任何单位和个人有权拒收。

第二十二条 开具发票应当按照规定的时限、顺序、栏目，全部联次一次性如实开具，并加盖发票专用章。

任何单位和个人不得有下列虚开发票行为：

（一）为他人、为自己开具与实际经营业务情况不符的发票；

（二）让他人为自己开具与实际经营业务情况不符的发票；

（三）介绍他人开具与实际经营业务情况不符的发票。

第二十三条 安装税控装置的单位和个人，应当按照规定使用税控装置开具发票，并按期向主管税务机关报送开具发票的数据。

使用非税控电子器具开具发票的，应当将非税控电子器具使用的软件程序说明资料报主管税务机关备案，并按照规定保存、报送开具发票的数据。

国家推广使用网络发票管理系统开具发票，具体管理办法由国务院税务主管部门制定。

第二十四条 任何单位和个人应当按照发票管理规定使用发票，不得有下列行为：

（一）转借、转让、介绍他人转让发票、发票监制章和发票防伪专用品；

（二）知道或者应当知道是私自印制、伪造、变造、非法取得或者废止的发票而受让、开具、存放、携带、邮寄、运输；

（三）拆本使用发票；

（四）扩大发票使用范围；

（五）以其他凭证代替发票使用。

税务机关应当提供查询发票真伪的便捷渠道。

第二十五条 除国务院税务主管部门规定的特殊情形外，发票限于领购单位和个人在本省、自治区、直辖市内开具。

省、自治区、直辖市税务机关可以规定跨市、县开具发票的办法。

第二十六条 除国务院税务主管部门规定的特殊情形外，任何单位和个人不得跨规定的使用区域携带、邮寄、运输空白发票。

禁止携带、邮寄或者运输空白发票出入境。

第二十七条 开具发票的单位和个人应当建立发票使用登记制度，设置发票登记簿，并定期向主管税务机关报告发票使用情况。

第二十八条 开具发票的单位和个人应当在办理变更或者注销税务登记的同时，办理发票和发票领购簿的变更、缴销手续。

相关法律法规

第二十九条 开具发票的单位和个人应当按照税务机关的规定存放和保管发票，不得擅自损毁。已经开具的发票存根联和发票登记簿，应当保存5年。保存期满，报经税务机关查验后销毁。

第三十七条 违反本办法第二十二条第二款的规定虚开发票的，由税务机关没收违法所得；虚开金额在1万元以下的，可以并处5万元以下的罚款；虚开金额超过1万元的，并处5万元以上50万元以下的罚款；构成犯罪的，依法追究刑事责任。

非法代开发票的，依照前款规定处罚。

法律适用

规章及规范性文件

一、《中华人民共和国发票管理办法实施细则》（节录）（2011年2月14日国家税务总局令第25号公布 自2011年2月1日起施行 2014年12月27日第一次修正 2018年6月15日第二次修正 2019年7月24日第三次修正）

第二十四条 《办法》第十九条所称特殊情况下，由付款方向收款方开具发票，是指下列情况：

（一）收购单位和扣缴义务人支付个人款项时；

（二）国家税务总局认为其他需要由付款方向收款方开具发票的。

第二十五条 向消费者个人零售小额商品或者提供零星服务的，是否可免予逐笔开具发票，由省税务局确定。

第二十六条 填开发票的单位和个人必须在发生经营业务确认营业收入时开具发票。未发生经营业务一律不准开具发票。

第二十七条 开具发票后，如发生销货退回需开红字发票的，必须收回原发票并注明“作废”字样或取得对方有效证明。

开具发票后，如发生销售折让的，必须在收回原发票并注明“作废”字样后重新开具销售发票或取得对方有效证明后开具红字发票。

第二十八条 单位和个人在开具发票时，必须做到按照号码顺序填开，填写项目齐全，内容真实，字迹清楚，全部联次一次打印，内容完全一致，并在发票联和抵扣联加盖发票专用章。

第二十九条 开具发票应当使用中文。民族自治地方可以同时使用当地通用的一种民族文字。

第三十条 《办法》第二十六条所称规定的使用区域是指国家税务总局和省税务局规定的区域。

第三十一条 使用发票的单位和个人应当妥善保管发票。发生发票丢失情形时，应当于发现丢失当日书面报告税务机关。

第三十四条 税务机关对违反发票管理法规的行为进行处罚，应当将行政处罚决定书面通知当事人；对违反发票管理法规的案件，应当立案查处。

对违反发票管理法规的行政处罚，由县以上税务机关决定；罚款额在2000元以下的，可由税务所决定。

二、公安部《公安机关办理危害税收征管刑事案件管辖若干问题的规定》（节录）（2004年2月19日公安部公布 自公布之日起施行 公通字〔2004〕12号）

四、虚开增值税专用发票、用于骗取出口退税、抵扣税款发票案（刑法第205条）

为他人虚开案件，由开票企业税务登记机关所在地县级以上公安机关管辖；为自己虚开案件、让他人为自己虚开案件，由受票企业税务登记机关所在地县级以上公安机关管辖；介绍他人虚开案件，可以与为他人虚开案件、让他人为自己虚开案件并案处理。

法律适用

规章及规范性文件

对于自然人实施的前款规定的虚开案件，由虚开地县级以上公安机关管辖。如果几个公安机关都有权管辖的，由最初受理的公安机关管辖；必要时，可以由主要犯罪地县级以上公安机关管辖。

对为他人虚开、为自己虚开、让他人为自己虚开、介绍他人虚开等几种情况交织在一起，且几个公安机关都有权管辖的，由最初受理的公安机关管辖；必要时，由票源集中地或虚开行为集中企业的税务登记机关所在地县级以上公安机关管辖。

八、对于本规定第一条至第七条规定的案件，如果由犯罪嫌疑人居住地公安机关管辖更为适宜的，由犯罪嫌疑人居住地县级以上公安机关管辖。

九、对于本规定第一条至第七条规定的案件，凡是属于重大涉外犯罪、重大集团犯罪和下级公安机关侦破有困难的严重刑事案件，由地（市）级以上公安机关管辖。

十、对管辖不明确或者几个公安机关都有权管辖的案件，可以由有关公安机关协商确定管辖。对管辖有争议或者情况特殊的案件，可以由共同的上级公安机关指定管辖。

十一、上级公安机关可以指定下级公安机关立案侦查管辖不明确或者需要改变管辖的案件。下级公安机关认为案情重大、复杂，需要由上级公安机关侦查的案件，可以请求移送上级公安机关侦查。

81 虚开发票案

概念

本罪为虚开《刑法》第205条规定以外的其他发票，情节严重的行为。

立案标准

根据最高人民检察院、公安部《关于公安机关管辖的刑事案件立案追诉标准的规定（二）》第61条之一的规定，虚开《刑法》第205条规定以外的其他发票，涉嫌下列情形之一的，应予立案追诉：

（1）虚开发票100份以上或者虚开金额累计在40万元以上的；

（2）虽未达到上述数额标准，但5年内因虚开发票行为受过行政处罚2次以上，又虚开发票的；

（3）其他情节严重的情形。

定罪标准		
	犯罪客体	本罪所侵害的客体是国家对增值税专用发票和可用于出口退税、抵扣税款发票以外的其他发票的管理制度。犯罪对象是普通发票，即增值税专用发票和可用于出口退税、抵扣税款发票以外的其他发票。这些发票既不是伪造的，也不是擅自制造的。本罪是2011年2月25日第十一届全国人民代表大会常务委员会第十九次会议通过、自2011年5月1日起施行的《刑法修正案（八）》新增的罪名，体现《刑法》对虚开普通发票行为的严厉打击。
	犯罪客观方面	本罪在客观方面表现为虚开《刑法》第205条规定以外的其他发票，情节严重的行为。也就是说，虚开增值税专用发票和可用于出口退税、抵扣税款发票以外的其他发票，情节严重的行为。根据《发票管理办法》的规定，开具发票应当按照规定的时限、顺序、栏目，全部联次一次性如实开具，并加盖发票专用章。任何单位和个人不得有下列虚开发票行为：（1）为他人、为自己开具与实际经营业务情况不符的发票；（2）让他人为自己开具与实际经营业务情况不符的发票；（3）介绍他人开具与实际经营业务情况不符的发票。
	犯罪主体	本罪主体为一般主体，个人和单位均能成为本罪主体。
	犯罪主观方面	本罪在主观方面必须是故意，一般具有牟利的目的。
	罪与非罪	区分罪与非罪的界限，要注意：本罪是情节犯，虚开增值税专用发票和可用于出口退税、抵扣税款发票以外的其他发票的行为，必须情节严重，才能构成本罪。对于如何认定“情节严重”，《刑法》没有作出具体规定，有待最高司法机关出台司法解释作出界定。

<table>
<tr><td rowspan="1">定罪标准</td><td>此罪与彼罪</td><td>本罪与虚开增值税专用发票、用于骗取出口退税、抵扣税款发票罪的界限。两罪的区别主要在于：（1）犯罪对象不同。本罪的犯罪对象是增值税专用发票和可用于出口退税、抵扣税款发票以外的其他发票；而后罪的犯罪对象是增值税专用发票、用于骗取出口退税、抵扣税款的其他发票。（2）犯罪客观方面不同。本罪要求虚开普通发票的行为，要达到情节严重，才构成犯罪；而后罪是行为犯，虚开增值税专用发票、用于骗取出口退税、抵扣税款的其他发票的行为不要求达到情节严重，即可构成此罪。</td></tr>
<tr><td rowspan="3">证据参考标准</td><td>主体方面的证据</td><td>一、证明行为人刑事责任年龄、身份等自然情况的证据。
包括身份证明、户籍证明、任职证明、工作经历证明、特定职责证明等，主要是证明行为人的姓名（曾用名）、性别、出生年月日、民族、籍贯、出生地、职业（或职务）、住所地（或居住地）等证据材料，如户口簿、居民身份证、工作证、出生证、专业或技术等级证、干部履历表、职工登记表、护照等。
对于户籍、出生证等材料内容不实的，应提供其他证据材料。外国人犯罪的案件，应有护照等身份证明材料。人大代表、政协委员犯罪的案件，应注明身份，并附身份证明材料。
二、证明行为人刑事责任能力的证据。
证明行为人对自己的行为是否具有辨认能力与控制能力，如是否属于间歇性精神病人、尚未完全丧失辨认或者控制自己行为能力的精神病人的证明材料。
三、证明单位的证据。
证明是否属于依法成立并有合法经营、管理范围的公司、企业、事业单位、机关、团体。
证明单位的名称、住所地、性质、法定代表人、单位负责人、业务范围、成立时间等证据材料，如企业营业执照、国有公司性质证明及非法人单位的身份证明等。
四、证明法定代表人、单位负责人或直接责任人员等的身份证明。
法定代表人、直接负责的主管人员和其他直接责任人在单位的任职、职责、负责权限的证明材料等。包括身份证明、户籍证明、任职证明等，如户口簿、居民身份证、工作证、护照、专业或技术等级证、干部履历表、职工登记表、任命书、业务分工文件、委派文件、单位证明、单位规章制度等。</td></tr>
<tr><td>主观方面的证据</td><td>一、证明犯罪嫌疑人是否具有虚开、接受虚开或者介绍虚开普通发票的故意的证据；
二、证明犯罪嫌疑人的供述、证人证言等直接反映其主观方面的证据，并结合客观方面的证据，综合证实犯罪嫌疑人是否具有虚开普通发票的故意。</td></tr>
<tr><td>客观方面的证据</td><td>证明行为人虚开增值税专用发票和可用于出口退税、抵扣税款的其他发票以外的其他发票行为的证据。</td></tr>
</table>

<table>
<tr><td>证据参考标准</td><td colspan="2">量刑方面的证据</td><td colspan="2">

一、法定量刑情节证据。

1. 事实情节。2. 法定从重情节。3. 法定从轻情节：（1）可以从轻；（2）可以从轻或减轻；（3）应当从轻或者减轻。4. 法定从轻减轻免除情节：（1）可以从轻、减轻或者免除处罚；（2）应当从轻、减轻或者免除处罚。5. 法定减轻免除情节：（1）可以减轻或者免除处罚；（2）应当减轻或者免除处罚；（3）可以免除处罚。

二、酌定量刑情节证据。

1. 犯罪手段：（1）虚开；（2）交付他人使用。2. 犯罪对象。3. 危害结果。4. 动机。5. 平时表现。6. 认罪态度。7. 是否有前科。8. 其他证据。

</td></tr>
<tr><td rowspan="3">量刑标准</td><td colspan="2">情节严重的</td><td colspan="2">处二年以下有期徒刑、拘役或者管制，并处罚金</td></tr>
<tr><td colspan="2">情节特别严重的</td><td colspan="2">处二年以上七年以下有期徒刑，并处罚金</td></tr>
<tr><td colspan="2">单位犯本罪的</td><td colspan="2">对单位判处罚金，并对其直接负责的主管人员和其他直接责任人员，依照上述规定处罚</td></tr>
<tr><td rowspan="2">法律适用</td><td colspan="2">刑法条文</td><td colspan="2">

第二百零五条之一　虚开本法第二百零五条规定以外的其他发票，情节严重的，处二年以下有期徒刑、拘役或者管制，并处罚金；情节特别严重的，处二年以上七年以下有期徒刑，并处罚金。

单位犯前款罪的，对单位判处罚金，并对其直接负责的主管人员和其他直接责任人员，依照前款的规定处罚。

</td></tr>
<tr><td colspan="2">司法解释</td><td colspan="2">

最高人民检察院、公安部《关于公安机关管辖的刑事案件立案追诉标准的规定（二）》（节录）（2010年5月7日最高人民检察院、公安部公布　自公布之日起施行　2011年11月14日修正）

第六十一条之一〔虚开发票案（刑法第二百零五条之一）〕虚开刑法第二百零五条规定以外的其他发票，涉嫌下列情形之一的，应予立案追诉：

（一）虚开发票一百份以上或者虚开金额累计在四十万元以上的；

（二）虽未达到上述数额标准，但五年内因虚开发票行为受过行政处罚二次以上，又虚开发票的；

（三）其他情节严重的情形。

</td></tr>
</table>

82 伪造、出售伪造的增值税专用发票案

概念

本罪是指违反国家发票管理法规，伪造或者出售伪造的增值税专用发票的行为。

立案标准

根据最高人民检察院、公安部《关于公安机关管辖的刑事案件立案追诉标准的规定（二）》的规定，伪造或者出售伪造的增值税专用发票25份以上或者票面额累计在10万元以上的，应予立案追诉。

定罪标准		
定罪标准	犯罪客体	本罪侵犯的客体是国家对增值税专用发票的管理制度。我国实行改革，建立以增值税为主体的流转税制度，是深化改革、促进竞争、公平税负和保障国家税收的需要。鉴于增值税专用发票关系税制改革的成败，所以国家对增值税专用发票实行严格管理。如《发票管理办法》第7条规定："增值税专用发票由国务院税务主管部门确定的企业印制；其他发票，按照国务院税务主管部门的规定，由省、自治区、直辖市税务机关确定的企业印制。禁止私自印制、伪造、变造发票。"可见，伪造或出售伪造的增值税专用发票的行为就是违反了发票管理法规，干扰了税制改革。 本罪的犯罪对象为增值税专用发票，包括增值税专用发票防伪专用品和发票监制章。发票防伪专用品，是指国家税务总局规定的用于发票防伪的专用物品，属国家专控商品，包括发票底纹版，专用纸张，有色、无色荧光专用油墨等其他专用品。增值税专用发票防伪专用品和发票监制章是增值税专用发票的有机组成部分。
	犯罪客观方面	本罪在客观方面表现为伪造增值税专用发票和出售伪造的增值税专用发票两种行为方式。（1）伪造增值税专用发票的行为。所谓伪造，是指行为人仿照增值税专用发票的图案、色彩、形状、式样，包括发票所属的种类、各联用途、内容、版面排列、规格、使用范围等事项，使用印刷、复制、复印、描绘、拓印、蜡印、石印等方法，非法制造假增值税专用发票的行为。（2）出售伪造的增值税专用发票的行为。所谓出售即有偿让与，是指以营利为目的，以各种方法通过各种途径将伪造的增值税专用发票以一定价格卖出的行为。既包括以票换取金钱的典型出卖行为，同时也包括以票换取其他财物或者其他财产性利益与报酬的非典型出卖行为。本罪出卖行为的对象仅限于伪造的增值税专用发票，否则不能构成本罪。如非法出售真实的增值税专用发票，出售伪造、擅自制造的可以用于骗取出口退税、抵扣税款的其他发票或者普通发票，构成犯罪的，应以他罪论处，即非法出售增值税专用发票罪、出售非法制造的用于骗取出口退税、抵扣税款发票罪、出售非法制造的发票罪、非法出售用于骗取出口退税、抵扣税款发票罪、非法出售发票罪等。所谓伪造的增值税专用发票，是指通过伪造行为而产生的虚假发票，它并不要求与真实的完全一样，只要足以以假乱真、能蒙骗他人即可。至于出售的是自己伪造的，还是他人伪造的，是通过购买而从他人手上得到的，还是他人伪造后送与的，都不影响行为的性质，只要行为人出于明知，即可构成本罪。

<table>
<tr><td rowspan="4">定罪标准</td><td>犯罪主体</td><td>本罪的主体是一般主体，即达到刑事责任年龄且具有刑事责任能力的自然人均可构成，单位也可以构成本罪。单位构成本罪的，实行双罚制，既对单位判处罚金，并对直接负责的主管人员和其他直接责任人员追究刑事责任。</td></tr>
<tr><td>犯罪主观方面</td><td>本罪的主观方面是直接故意，即明知自己伪造、出售伪造的增值税专用发票的行为违反发票管理法规，会造成危害社会的结果，而希望和追求这种结果的发生。由于本条没有规定行为人主观上必须具备一定目的，因此，只要行为人故意实施了伪造、出售伪造的增值税专用发票的行为，则不论是何种动机和目的，也不论其是否营利，均应构成本罪。如果行为人确实是为了显示自己的技巧或为了自我欣赏或收藏而伪造极少量的增值税专用发票的，可以视为“情节显著轻微危害不大”的情况，而不认为是犯罪。</td></tr>
<tr><td>罪与非罪</td><td>区分罪与非罪的界限，要注意以下几点：
1. 本罪属于行为犯，行为人只要实施了伪造或者出售伪造的增值税专用发票的行为，即可构成犯罪，并没有犯罪数量上的限制。但是，对于“情节显著轻微、危害不大的”，不应作犯罪处理。根据《发票管理办法》第 38 条规定，私自印制、伪造、变造发票，非法制造发票防伪专用品，伪造发票监制章的，由税务机关没收违法所得，没收、销毁作案工具和非法物品，并处 1 万元以上 5 万元以下的罚款；情节严重的，并处 5 万元以上 50 万元以下的罚款；对印制发票的企业，可以并处吊销发票准印证；构成犯罪的，依法追究刑事责任。
2. 本罪的罪数认定。伪造并出售伪造的同一宗增值税专用发票的，按本罪处理，数量不重复计算，不实行数罪并罚。但如果不是同一宗伪造的增值税专用发票，如在自己伪造增值税专用发票的同时又出售他人伪造的增值税专用发票，则分别定罪处罚。</td></tr>
<tr><td>此罪与彼罪</td><td>本罪与非法出售增值税专用发票罪的界限。应当注意，构成本罪，行为人非法出售的“增值税专用发票”，不是国家统一印制的增值税专用发票，而是伪造的增值税专用发票。如果行为人出售的是国家统一印制的增值税专用发票，则不构成本罪，应当依照《刑法》第 207 条的规定，按非法出售增值税专用发票罪处罚。</td></tr>
<tr><td>证据参考标准</td><td>主体方面的证据</td><td>一、犯罪嫌疑人为单位的，证据包括：
1. 单位营业执照，享受税收减免优惠政策的有关证明，一般纳税人资格证明，银行账号证明，注册登记资料，具体包括：设立或者开业登记申请书、有关批准文件、创立大会会议记录、章程、资金信用证明、验资证明或者资金担保证明、股东或者发起人法人资格证明或者自然人身份证明、载明公司董事、监事、经理姓名、住所的文件以及有关委派、选举或者聘用的证明、法定代表人任职文件和身份证明、单位住所地证明等。
2. 直接负责的主管人员和其他直接责任人员的身份证明，包括法定代表人、实际投资者、实际经营决策者、财务主管、财务会计人员、业务人员等人员的户口簿、居民身份证、户口底卡、工作证、护照或者其他有效证件。
二、犯罪嫌疑人为自然人的，证据包括户口簿、居民身份证、户口底卡、工作证、护照或者其他有效证件。</td></tr>
</table>

<table>
<tr><td rowspan="3">证据参考标准</td><td>主观方面的证据</td><td colspan="2">一、证明犯罪嫌疑人是否具有伪造、出售伪造的增值税专用发票的故意，是否明知出售的增值税专用发票系伪造的证据。
二、通过犯罪嫌疑人的供述、证人证言等反映其主观方面的证据，并结合客观方面证据，综合证实犯罪嫌疑人具有伪造、出售伪造的增值税专用发票的主观故意。
没有犯罪嫌疑人的供述，其他反映其主观方面特征的证据确实充分的，也可判断其主观方面特征。</td></tr>
<tr><td>客观方面的证据</td><td colspan="2">一、犯罪嫌疑人伪造、出售伪造的增值税专用发票。伪造包括使用印刷、复制、描绘、拓印等方法伪造发票底纹水印、专用纸张、荧光油墨、防伪拓印号、防伪标志、增值税专用发票监制章等。
二、对涉嫌伪造的增值税专用发票真伪的认定，以刑事司法鉴定为准。
三、伪造增值税专用发票的工具和物品，包括印刷设备、印刷胶片、印刷铅版、专用纸张、荧光油墨等。
四、查获并固定犯罪嫌疑人因伪造、出售伪造的增值税专用发票所获得的赃款、赃物。
五、犯罪嫌疑人的供述和辩解，调查核实伪造、出售伪造的增值税专用发票的犯罪事实，包括作案的时间、地点、人员、经过、结果，伪造、出售伪造的增值税专用发票的价格、数量等。
六、涉案共犯、知情人、目击人等人的证言，证实犯罪嫌疑人伪造、出售伪造的增值税专用发票的有关事实及具体过程。
七、如果存在伪造、出售伪造的增值税专用发票的现场，可对现场进行勘查，提取有关书证物证并拍照固定。
八、证实伪造、出售伪造的增值税专用发票的其他证据，如会议记录、录音带、录像带等。</td></tr>
<tr><td>量刑方面的证据</td><td colspan="2">一、法定量刑情节证据。
1. 事实情节：（1）数量较大；（2）数量巨大；（3）情节严重；（4）情节特别严重；（5）数量特别巨大；（6）情节特别恶劣；（7）严重破坏经济秩序。2. 法定从重情节。3. 法定从轻减轻情节：（1）可以从轻；（2）可以从轻或减轻；（3）应当从轻或者减轻。4. 法定从轻减轻免除情节：（1）可以从轻、减轻或者免除处罚；（2）应当从轻、减轻或者免除处罚。5. 法定减轻免除情节：（1）可以减轻或者免除处罚；（2）应当减轻或者免除处罚；（3）可以免除处罚。
二、酌定量刑情节证据。
1. 犯罪手段：（1）伪造；（2）变造；（3）印制；（4）复制。2. 犯罪对象。3. 危害结果。4. 动机。5. 平时表现。6. 认罪态度。7. 是否有前科。8. 其他证据。</td></tr>
<tr><td rowspan="2">量刑标准</td><td colspan="2">犯本罪的</td><td>处三年以下有期徒刑、拘役或者管制，并处二万元以上二十万元以下罚金</td></tr>
<tr><td colspan="2">数量较大或者有其他严重情节的</td><td>处三年以上十年以下有期徒刑，并处五万元以上五十万元以下罚金</td></tr>
</table>

量刑标准		
	数量巨大或者有其他特别严重情节的	处十年以上有期徒刑或者无期徒刑，并处五万元以上五十万元以下罚金或者没收财产
	单位犯本罪的	对单位判处罚金，并对其直接负责的主管人员和其他直接责任人员处三年以下有期徒刑、拘役或者管制
	单位犯本罪且数量较大或者有其他严重情节的	对单位判处罚金，并对其直接负责的主管人员和其他直接责任人员处三年以上十年以下有期徒刑
	单位犯本罪且数量巨大或者有其他特别严重情节的	对单位判处罚金，并对其直接负责的主管人员和其他直接责任人员处十年以上有期徒刑或者无期徒刑

法律适用

刑法条文

第二百零六条 伪造或者出售伪造的增值税专用发票的，处三年以下有期徒刑、拘役或者管制，并处二万元以上二十万元以下罚金；数量较大或者有其他严重情节的，处三年以上十年以下有期徒刑，并处五万元以上五十万元以下罚金；数量巨大或者有其他特别严重情节的，处十年以上有期徒刑或者无期徒刑，并处五万元以上五十万元以下罚金或者没收财产。

单位犯本条规定之罪的，对单位判处罚金，并对其直接负责的主管人员和其他直接责任人员，处三年以下有期徒刑、拘役或者管制；数量较大或者有其他严重情节的，处三年以上十年以下有期徒刑；数量巨大或者有其他特别严重情节的，处十年以上有期徒刑或者无期徒刑。

第二百零八条第二款 非法购买增值税专用发票或者购买伪造的增值税专用发票又虚开或者出售的，分别依照本法第二百零五条、第二百零六条、第二百零七条的规定定罪处罚。

司法解释

最高人民检察院、公安部《关于公安机关管辖的刑事案件立案追诉标准的规定（二）》（节录）（2010 年 5 月 7 日最高人民检察院、公安部公布　自公布之日起施行　2011 年 11 月 14 日修正）

第六十二条〔伪造、出售伪造的增值税专用发票案（刑法第二百零六条）〕伪造或者出售伪造的增值税专用发票二十五份以上或者票面额累计在十万元以上的，应予立案追诉。

规章及规范性文件

公安部《公安机关办理危害税收征管刑事案件管辖若干问题的规定》（节录）

（2004 年 2 月 19 日公安部公布　自公布之日起施行　公通字〔2004〕12 号）

五、伪造增值税专用发票案、非法制造用于骗取出口退税、抵扣税款发票案、非法制造发票案（刑法第 206 条、第 209 条第 1 款、第 2 款）

由伪造地、非法制造地县级以上公安机关管辖。

六、出售伪造的增值税专用发票案、购买伪造的增值税专用发票案、出售非法制造的用于骗取出口退税、抵扣税款发票案、出售非法制造的发票案（刑法第 206 条、第 208 条第 1 款、第 209 条第 1 款、第 2 款）

由出售地、购买地县级以上公安机关管辖；在办理本条规定的案件过程中，发现伪造地、非法制造地的，由最初受理的公安机关管辖，伪造地、非法制造地公安机关

法律适用	规章及规范性文件	予以配合；如果由伪造地、非法制造地公安机关管辖更为适宜的，可以将案件移交伪造地、非法制造地县级以上公安机关管辖。 十、对管辖不明确或者几个公安机关都有权管辖的案件，可以由有关公安机关协商确定管辖。对管辖有争议或者情况特殊的案件，可以由共同的上级公安机关指定管辖。 十一、上级公安机关可以指定下级公安机关立案侦查管辖不明确或者需要改变管辖的案件。下级公安机关认为案情重大、复杂，需要由上级公安机关侦查的案件，可以请求移送上级公安机关侦查。

83 非法出售增值税专用发票案

概念

本罪是指违反国家发票管理法规，故意非法出售增值税专用发票的行为。

立案标准

根据最高人民检察院、公安部《关于公安机关管辖的刑事案件立案追诉标准的规定（二）》的规定，非法出售增值税专用发票25份以上或者票面额累计在10万元以上的，应予立案追诉。

定罪标准		
	犯罪客体	本罪侵犯的客体是国家的发票管理制度，主要是增值税专用发票的监督管理制度。犯罪对象是增值税专用发票。根据我国《发票管理办法》等规定，增值税专用发票只能由税务部门依法出售。纳税单位和个人应按有关规定向税务部门提出领购增值税专用发票的申请，经税务部门审核，认为申请人属于符合使用增值税专用发票条件的，才发售增值税专用发票。由于增值税专用发票可直接用于抵扣税款，因此，应当由税务部门依法统一负责增值税专用发票的发售工作。凡是非法出售增值税专用发票的行为，都是对我国增值税专用发票制度的破坏，不仅会造成税务部门对增值税专用发票使用情况的监督、管理失控，而且会造成国家税款的大量流失。因此，对这类犯罪行为，应当依法予以严惩。
	犯罪客观方面	本罪的客观方面表现为违反有关发票管理法规，非法出售增值税专用发票的行为。我国对增值税专用发票实行严格的管理制度。根据《发票管理办法》的规定，禁止倒买倒卖发票。凡经税务机关批准认定为一般纳税人者，可持批准的证件，向主管税务机关领购发票，并规定一般纳税人销售货物和应税劳务应当开具专用发票。使用专用发票必须按月在《增值税纳税申报表》附列资料栏目中如实填列购、用（包括作废）、存等情况。从上述规定可以看出，增值税专用发票的发售单位只能是主管税务机关，任何单位和个人都无权出售增值税专用发票，非法出售增值税专用发票的行为就是犯罪行为。司法实践中，非法出售主要包括以下几种情况：（1）出售主体不合法，即除税务机关及其有关工作人员之外的任何单位和个人有出售行为的，如一般纳税人出售、一般纳税人给他人出售、盗窃增值税专用发票后出售等就都属非法。（2）主体合法，即为有权出售的税务工作人员，如果明知购买人不符合购买条件而予以出售的，亦属于非法出售。这里要以明知为条件，如因工作马虎，严重不负责任而过失不知购买人不符合条件或者未经依法批准以及不按批准的数量向可以购买增值税专用发票的一般纳税人出售，虽属违法行为，但不构成本罪，构成犯罪的，要以玩忽职守罪或者徇私舞弊发售发票、抵扣税款、出口退税罪论处。
	犯罪主体	本罪主体是一般主体，自然人和单位均可构成本罪的主体。实践中主要是拥有增值税专用发票的单位和个人，税务机关的工作人员违反规定出售增值税专用发票的，也可以成为本罪的主体。

<table>
<tr><td rowspan="3">定罪标准</td><td>犯罪主观方面</td><td>本罪的主观方面是直接故意。只要行为人故意实施了非法出售的行为，则不论出于何种动机和目的，也不论其是否达到营利目的，均构成本罪。过失不构成本罪。如果税务机关的工作人员在发售发票中玩忽职守，致使国家利益遭受重大损失的，依刑法有关规定定罪处罚。</td></tr>
<tr><td>罪与非罪</td><td>区分罪与非罪的界限，要注意：本罪属于行为犯，只要行为人实施了非法出售增值税专用发票的行为，原则上即可构成犯罪，《刑法》没有规定本罪的起刑点。但是，根据最高人民检察院、公安部《关于公安机关管辖的刑事案件立案追诉标准的规定(二)》第63条的规定，非法出售增值税专用发票25份以上或者票面额累计在10万元以上的，应予立案侦查。对于非法出售增值税专用发票情节显著轻微，危害不大，尚不构成犯罪的，由税务机关没收违法所得，没收、销毁作案工具和非法物品并处1万元以上5万元以下罚款。</td></tr>
<tr><td>此罪与彼罪</td><td>本罪与出售伪造的增值税专用发票罪的界限。二者的主要区别在于：(1)犯罪对象不同。前者的犯罪对象是由国家统一印制的增值税专用发票；后者的犯罪对象则是伪造的国家增值税专用发票。(2)主观方面不同。前者明知是国家的增值税专用发票而故意非法出售；而后者明知是伪造的增值税专用发票而故意出售。</td></tr>
<tr><td rowspan="2">证据参考标准</td><td>主体方面的证据</td><td>一、犯罪嫌疑人为单位的，证据包括：
1. 单位营业执照，享受税收减免优惠政策的有关证明，一般纳税人资格证明，银行账号证明，法定注册登记资料，具体包括：设立或者开业登记申请书、有关批准文件、创立大会会议记录、章程、资金信用证明、验资证明或者资金担保证明、股东或者发起人法人资格证明或者自然人身份证明、载明公司董事、监事、经理姓名、住所的文件以及有关委派、选举或者聘用的证明、法定代表人任职文件和身份证明、单位住所地证明等。
2. 直接负责的主管人员和其他直接责任人员的身份证明，包括法定代表人、实际投资者、实际经营决策者、财务主管、财务会计人员、业务人员等人员的户口簿、居民身份证、户口底卡、工作证、护照或者其他有效证件。
二、犯罪嫌疑人为自然人的，证据包括户口簿、居民身份证、户口底卡、工作证、护照或者其他有效证件。</td></tr>
<tr><td>主观方面的证据</td><td>一、证明犯罪嫌疑人是否具有出售增值税专用发票的故意的证据。
二、通过犯罪嫌疑人的供述、证人证言等直接反映其主观方面的证据，并结合客观方面证据，综合证实犯罪嫌疑人具有非法出售增值税专用发票的主观故意。</td></tr>
</table>

<table>
<tr><td rowspan="2">证据参考标准</td><td>客观方面的证据</td><td>一、犯罪嫌疑人非法出售的增值税专用发票。
二、查获并固定犯罪嫌疑人因非法出售增值税专用发票所获得的赃款、赃物。
三、犯罪嫌疑人的供述和辩解，调查核实非法出售增值税专用发票的犯罪事实，包括出售的时间、地点、价格、数量、运输工具、存放地点、购销经过等。
四、涉案共犯、知情人、目击人等人的证言，证实犯罪嫌疑人非法出售增值税专用发票的有关事实及具体过程。
五、通过邮寄、托运、托带的手段出售的，收集邮寄、托运凭证或者委托书等。
六、如果存在非法出售增值税专用发票的现场，可对现场进行勘查，提取有关书证物证并拍照固定。
七、非法出售增值税专用发票的其他证据，如会议记录、录音带、录像带等。
八、调查核实非法出售的增值税专用发票的来源，并固定相关证据。
如果是盗窃所得，查清盗窃发票的时间、地点、作案人、盗窃工具、经过、结果等；如果是诈骗取得，查清诈骗的时间、地点、手段、参与人、经过、结果等；如果是与税务人员通谋获得，对税务机关的内部人员调查取证，查清事实；如果是一般纳税人购得发票，对其发票的领、用、存情况调查，查清事实；如果是伪造的增值税专用发票，追查其来源，查清伪造地点。</td></tr>
<tr><td>量刑方面的证据</td><td>一、法定量刑情节证据。
1. 事实情节：（1）数量较大；（2）数量巨大。2. 法定从重情节。3. 法定从轻减轻情节：（1）可以从轻；（2）可以从轻或减轻；（3）应当从轻或者减轻。4. 法定从轻减轻免除情节：（1）可以从轻、减轻或者免除处罚；（2）应当从轻、减轻或者免除处罚。5. 法定减轻免除情节：（1）可以减轻或者免除处罚；（2）应当减轻或者免除处罚；（3）可以免除处罚。
二、酌定量刑情节证据。
1. 犯罪手段：（1）出卖；（2）其他。2. 犯罪对象。3. 危害结果。4. 动机。5. 平时表现。6. 认罪态度。7. 是否有前科。8. 其他证据。</td></tr>
</table>

<table>
<tr><td rowspan="4">量刑标准</td><td>犯本罪的</td><td>处三年以下有期徒刑、拘役或者管制，并处二万元以上二十万元以下罚金</td></tr>
<tr><td>数量较大的</td><td>处三年以上十年以下有期徒刑，并处五万元以上五十万元以下罚金</td></tr>
<tr><td>数量巨大的</td><td>处十年以上有期徒刑或者无期徒刑，并处五万元以上五十万元以下罚金或者没收财产</td></tr>
<tr><td>单位犯本罪的</td><td>对单位判处罚金，并对其直接负责的主管人员和其他直接责任人员，依上述规定处罚</td></tr>
</table>

刑法条文

第二百零七条 非法出售增值税专用发票的，处三年以下有期徒刑、拘役或者管制，并处二万元以上二十万元以下罚金；数量较大的，处三年以上十年以下有期徒刑，并处五万元以上五十万元以下罚金；数量巨大的，处十年以上有期徒刑或者无期徒刑，并处五万元以上五十万元以下罚金或者没收财产。

第二百零八条第二款 非法购买增值税专用发票或者购买伪造的增值税专用发票又虚开或者出售的，分别依照本法第二百零五条、第二百零六条、第二百零七条的规定定罪处罚。

第二百一十一条 单位犯本节第二百零一条、第二百零三条、第二百零四条、第二百零七条、第二百零八条、第二百零九条规定之罪的，对单位判处罚金，并对其直接负责的主管人员和其他直接责任人员，依照各该条的规定处罚。

法律适用

司法解释

一、最高人民法院《关于适用〈全国人民代表大会常务委员会关于惩治虚开、伪造和非法出售增值税专用发票犯罪的决定〉的若干问题的解释》（节录）（1996年10月17日最高人民法院公布　自公布之日起施行　法发〔1996〕30号）

二、根据《决定》第二条规定，伪造或者出售伪造的增值税专用发票的，构成伪造、出售伪造的增值税专用发票罪。

伪造或者出售伪造的增值税专用发票25份以上或者票面额（百元版以每份100元，千元版以每份1000元，万元版以每份1万元计算，以此类推。下同）累计10万元以上的应当依法定罪处罚。

伪造或者出售伪造的增值税专用发票100份以上或者票面额累计50万元以上的，属于“数量较大”；具有下列情形之一的，属于“有其他严重情节”：（1）违法所得数额在1万元以上的；（2）伪造并出售伪造的增值税专用发票60份以上或者票面额累计30万元以上的；（3）造成严重后果或者具有其他严重情节的。

伪造或者出售伪造的增值税专用发票500份以上或者票面额累计250万元以上的，属于“数量巨大”；具有下列情形之一的，属于“有其他特别严重情节”：（1）违法所得数额在5万元以上的；（2）伪造并出售伪造的增值税专用发票300份以上或者票面额累计200万元以上的；（3）伪造或者出售伪造的增值税专用发票接近“数量巨大”并有其他严重情节的；（4）造成特别严重后果或者具有其他特别严重情节的。

……

伪造并出售同一宗增值税专用发票的，数量或者票面额不重复计算。

变造增值税专用发票的，按照伪造增值税专用发票行为处理。

三、根据《决定》第三条规定，非法出售增值税专用发票的，构成非法出售增值税专用发票罪。

非法出售增值税专用发票案件的定罪量刑数量标准按照本解释第二条第二、三、四款的规定执行。

二、最高人民检察院、公安部《关于公安机关管辖的刑事案件立案追诉标准的规定（二）》（节录）（2010年5月7日最高人民检察院、公安部公布　自公布之日起施行　2011年11月14日修正）

第六十三条〔非法出售增值税专用发票案（刑法第二百零七条）〕非法出售增值税专用发票二十五份以上或者票面额累计在十万元以上的，应予立案追诉。

法律适用

规章及规范性文件

公安部《公安机关办理危害税收征管刑事案件管辖若干问题的规定》（节录）

（2004年2月19日公安部公布　自公布之日起施行　公通字〔2004〕12号）

七、非法出售增值税专用发票案、非法购买增值税专用发票案、非法出售用于骗取出口退税、抵扣税款发票案、非法出售发票案（刑法第207条、第208条第1款、第209条第3款、第4款）

由出售地、购买地县级以上公安机关管辖。如果由最初受理的公安机关管辖更为适宜的，由最初受理的公安机关管辖；必要时，可以将案件移交票源集中地县级以上公安机关管辖。

十、对管辖不明确或者几个公安机关都有权管辖的案件，可以由有关公安机关协商确定管辖。对管辖有争议或者情况特殊的案件，可以由共同的上级公安机关指定管辖。

十一、上级公安机关可以指定下级公安机关立案侦查管辖不明确或者需要改变管辖的案件。下级公安机关认为案情重大、复杂，需要由上级公安机关侦查的案件，可以请求移送上级公安机关侦查。

84 非法购买增值税专用发票、购买伪造的增值税专用发票案

概念

本罪是指违反国家发票管理法规，非法购买增值税专用发票或者购买伪造的增值税专用发票的行为。

立案标准

根据最高人民检察院、公安部《关于公安机关管辖的刑事案件立案追诉标准的规定（二）》的规定，非法购买增值税专用发票或者购买伪造的增值税专用发票25份以上或者票面额累计在10万元以上的，应予立案追诉。

<table>
<tr><td rowspan="2">定罪标准</td><td>犯罪客体</td><td>本罪侵犯的客体是国家对增值税专用发票的管理制度。关于增值税方面犯罪之所以十分突出，除了犯罪分子为追求巨额财富，而进行增值税专用发票犯罪外，另外一个重要原因是存在一个很大的购买增值税专用发票市场，使得犯罪分子为牟取巨额财富而伪造、出售、盗窃增值税专用发票的犯罪活动十分猖狂，严重地干扰了国家税制。因此，必须加强增值税专用发票管理，严厉打击增值税专用发票的购买市场。本罪的犯罪对象是增值税专用发票或者伪造的增值税专用发票。</td></tr>
<tr><td>犯罪客观方面</td><td>本罪在客观方面表现为违反国家发票管理法规，非法购买增值税专用发票或者购买伪造的增值税专用发票的行为。
一、非法购买增值税专用发票的行为。所谓购买，是指行为人以一定价格用货币或者其他利益从他人处换回增值税专用发票的行为。所谓非法购买，是指违反国家法律、法规有关增值税专用发票购买规定的购买行为。为了加强对发票的管理，《发票管理办法》及其实施细则等对发票的领购条件、程序及其发售的主体都作了具体而明确的规定，任何单位与个人都不得违反，否则即属非法，应当承担相应的法律责任。根据有关规定，非法购买主要包括下面几种情况：
一是主体不合法的购买。除由税务机关审核确认为增值税一般纳税人以外的任何单位与个人的购买，都不符合法定的条件，其购买不论采取何种手段都属非法。一般纳税人如果出现法定的购买阻碍事由，而采取欺骗手段购买，也属非法购买。所谓法定的购买阻碍事由，是指具有下列情形之一的：（1）会计核算不健全，不能向税务机关准确提供增值税进项税额、销项税额、应纳税额数据以及其他有关增值税税务资料的；（2）私自印制专用发票，向个人或税务机关以外的单位买取专用发票，借用他人专用发票，向他人提供专用发票，未按增值税有关规定要求填开专用发票，未按规定保管专用发票、未按照规定按月在《增值税纳税申报表》附列资料栏目中如实填写购用、存废情况、未按规定接受税务机关检查等行为，经税务机关责令限期改正的；（3）销售的货物全部属于免税项目的。有上述三种情况之一的一般纳税人已经领购的，税务机关应当收缴其结存的专用发票。
二是手段不合法的购买。如果不按法律要求的程序购买，亦属非法购买。如提供的证件是伪造的或行贿税务机关工作人员而购买的，或不依核准的数量进行购买的，等等，都属于手段不合法的购买。</td></tr>
</table>

<table>
<tr><td rowspan="6">定罪标准</td><td>犯罪客观方面</td><td>三是从无出售权的单位与个人处购买，在我国，有权发售发票的唯一主体是税务机关，如果从税务机关以外的单位与个人处购买，也属非法购买。
二、购买伪造的增值税专用发票的行为。此种行为，本质上亦是一种非法购买。其区别在于第一项行为的“非法购买”对象是伪造的，而后者则是真实的。判断是否属于“购买伪造的行为”，要依行为人主观上的确认而定，如果确认是伪造的而购买，即属本项意义上的购买，否则即属“非法购买”。明知伪造而购买，不论其手段与方式，亦不论从何人何处购买，都可构成本罪。所谓伪造，则是指依照增值税专用发票的数额、式样、图案、色彩、结构等特征采取印刷、复制、石印、描绘、拓印等各种方法，非法制造增值税专用发票的行为。通过伪造手段而产生的增值税专用发票即属伪造的增值税专用发票。
本罪是选择性罪名，购买的既有真的增值税专用发票，又有伪造的增值税专用发票的，定非法购买增值税专用发票、购买伪造的增值税专用发票罪；购买的是真的或者是假的增值税专用发票，则定非法购买增值税专用发票罪或者购买伪造的增值税专用发票罪。行为人非法购买真假两种增值税专用发票的，数量累计计算，不实行数罪并罚。</td></tr>
<tr><td>犯罪主体</td><td>本罪主体为一般主体，自然人和单位均可构成本罪的主体。</td></tr>
<tr><td>犯罪主观方面</td><td>本罪主观方面由直接故意构成，并且一般具有营利的目的，即明知增值税专用发票不能私自买卖而予以非法购买，或者明知伪造的增值税专用发票而予以购买。间接故意和过失不构成本罪。</td></tr>
<tr><td>罪与非罪</td><td>区分罪与非罪的界限，要注意：本罪属于行为犯，只要行为人实施了非法购买增值税专用发票、购买伪造的增值税专用发票的行为即可构成犯罪。《刑法》没有规定本罪的起刑点，但是，根据最高人民检察院、公安部《关于公安机关管辖的刑事案件立案追诉标准的规定（二）》的有关规定，非法购买增值税专用发票或者购买伪造的增值税专用发票25份以上或者票面额累计在10万元以上的，应予立案侦查。对非法出售增值税专用发票情节显著轻微，危害不大，尚不构成犯罪的，由税务机关没收违法所得，没收、销毁作案工具和非法物品，并处1万元以上5万元以下罚款。</td></tr>
<tr><td>此罪与彼罪</td><td>本罪与虚开增值税专用发票罪、出售伪造的增值税专用发票罪、非法出售增值税专用发票罪的界限。根据《刑法》第208条第2款的规定，行为人非法购买增值税专用发票或者购买伪造的增值税专用发票又虚开的，应按《刑法》第205条的规定以虚开增值税专用发票罪定罪处罚；行为人购买伪造的增值税专用发票又出售的，应按《刑法》206条的规定以出售伪造的增值税专用发票罪定罪处罚；行为人非法购买增值税专用发票又出售的，应按《刑法》第207条的规定以非法出售增值税专用发票罪定罪处罚。</td></tr>
<tr><td>一罪与数罪</td><td>非法购买增值税专用发票、购买伪造的增值税专用发票后又虚开或者出售的，既构成非法购买增值税专用发票、伪造的增值税专用发票行为，又构成虚开增值税专用发票行为、出售伪造的增值税专用发票行为、非法出售增值税专用发票行为，属于刑</td></tr>
</table>

定罪标准	一罪与数罪	法理论上的牵连犯，在处理上不作为数罪，按重罪吸收轻罪原则，择一重罪，从重处罚。根据《刑法》208 条第 2 款的规定，非法购买增值税专用发票或者购买伪造的增值税专用发票又虚开或者出售的，分别依照虚开增值税专用发票罪、出售伪造的增值税专用发票罪、非法出售增值税专用发票罪的规定处罚。 非法购买增值税专用发票或者购买伪造的增值税专用发票后进行逃税、骗取出口退税、贪污等违法犯罪活动的，既构成非法购买增值税专用发票罪、购买伪造的增值税专用发票罪，又构成逃税罪、骗取出口退税罪和贪污罪等犯罪，在处理上也应择一重罪，从重处罚，不实行数罪并罚。
证据参考标准	主体方面的证据	一、犯罪嫌疑人为单位的，证据包括： 1. 单位营业执照，享受税收减免优惠政策的有关证明，一般纳税人资格证明，银行账号证明，注册登记资料，具体包括：设立或者开业登记申请书、有关批准文件、创立大会会议记录、章程、资金信用证明、验资证明或者资金担保证明、股东或者发起人法人资格证明或者自然人身份证明、载明公司董事、监事、经理姓名、住所的文件以及有关委派、选举或者聘用的证明、法定代表人任职文件和身份证明、单位住所地证明等。 2. 直接负责的主管人员和其他直接责任人员的身份证明，包括法定代表人、实际投资者、实际经营决策者、财务主管、财务会计人员、业务人员等人员的户口簿、居民身份证、户口底卡、工作证、护照或者其他有效证件。 二、犯罪嫌疑人为自然人的，证据包括户口簿、居民身份证、户口底卡、工作证、护照或者其他有效证件。 三、证明前科劣迹的证据： 1. 判决书；2. 释放证明书；3. 不起诉决定书；4. 其他劣迹证据。
	主观方面的证据	一、证明犯罪嫌疑人是否具有非法购买增值税专用发票、购买伪造的增值税专用发票的故意的证据。 二、通过犯罪嫌疑人的供述、证人证言等直接反映其主观方面的证据，并结合客观方面证据，综合证实犯罪嫌疑人具有非法购买增值税专用发票、购买伪造的增值税专用发票的主观故意。 没有犯罪嫌疑人的供述，其他反映其主观方面特征的证据确实充分的，也可判断其主观方面特征。
	客观方面的证据	一、犯罪嫌疑人非法购买的增值税专用发票、购买的伪造的增值税专用发票。 二、查获并固定犯罪嫌疑人非法购买增值税专用发票、购买伪造的增值税专用发票时所交付的款物。 三、犯罪嫌疑人的供述和辩解，调查核实非法购买增值税专用发票、购买伪造的增值税专用发票的具体情况，包括购买的时间、地点、价格、数量、运输工具、存放地点、购销经过等。 四、涉案共犯、知情人、目击人等人的证言，证实犯罪嫌疑人非法购买增值税专用发票、购买伪造的增值税专用发票的有关事实及具体过程。 五、通过邮寄、托运、托带的手段购买的，收集相关的邮寄凭证、托运凭证等。

证据参考标准

客观方面的证据

六、调查核实非法购买的增值税专用发票、购买伪造的增值税专用发票的用途。

七、犯罪嫌疑人非法购买增值税专用发票、购买伪造的增值税专用发票的其他证据，包括会议记录、录音带、录像带等。

量刑方面的证据

一、法定量刑情节证据。

1. 事实情节。2. 法定从重情节。3. 法定从轻减轻情节：(1) 可以从轻；(2) 可以从轻或减轻；(3) 应当从轻或者减轻。4. 法定从轻减轻免除情节：(1) 可以从轻、减轻或者免除处罚；(2) 应当从轻、减轻或者免除处罚。5. 法定减轻免除情节：(1) 可以减轻或者免除处罚；(2) 应当减轻或者免除处罚；(3) 可以免除处罚。

二、酌定量刑情节证据。

1. 犯罪手段：(1) 购买；(2) 虚开；(3) 出售。2. 犯罪对象。3. 危害结果。4. 动机。5. 平时表现。6. 认罪态度。7. 是否有前科。8. 其他证据。

量刑标准

犯本罪的	处五年以下有期徒刑或者拘役，并处或者单处二万元以上二十万元以下罚金
单位犯本罪的	对单位判处罚金，并对直接负责的主管人员和其他直接责任人员，依上述规定处罚

法律适用

刑法条文

第二百零八条第一款 非法购买增值税专用发票或者购买伪造的增值税专用发票的，处五年以下有期徒刑或者拘役，并处或者单处二万元以上二十万元以下罚金。

第二百一十一条 单位犯本节第二百零一条、第二百零三条、第二百零四条、第二百零七条、第二百零八条、第二百零九条规定之罪的，对单位判处罚金，并对其直接负责的主管人员和其他直接责任人员，依照各该条的规定处罚。

司法解释

一、最高人民法院《关于适用〈全国人民代表大会常务委员会关于惩治虚开、伪造和非法出售增值税专用发票犯罪的决定〉的若干问题的解释》(节录)（1996年10月17日最高人民法院公布　自公布之日起施行　法发〔1996〕30号）

四、根据《决定》第四条规定，非法购买增值税专用发票或者购买伪造的增值税专用发票的，构成非法购买增值税专用发票、伪造的增值税专用发票罪。

非法购买增值税专用发票或者购买伪造的增值税专用发票25份以上或者票面额累计10万元以上的，应当依法定罪处罚。

非法购买真、伪两种增值税专用发票的，数量累计计算，不实行数罪并罚。

二、最高人民检察院、公安部《关于公安机关管辖的刑事案件立案追诉标准的规定（二）》(节录)（2010年5月7日最高人民检察院、公安部公布　自公布之日起施行　2011年11月14日修正）

第六十四条〔非法购买增值税专用发票、购买伪造的增值税专用发票案（刑法第二百零八条第一款）〕非法购买增值税专用发票或者购买伪造的增值税专用发票二十五份以上或者票面额累计在十万元以上的，应予立案追诉。

85 非法制造、出售非法制造的用于骗取出口退税、抵扣税款发票案

概念

本罪是指违反国家发票管理法规，伪造、擅自制造或者出售伪造、擅自制造的可以用于骗取国家出口退税、抵扣税款的其他发票的行为。

立案标准

根据最高人民检察院、公安部《关于公安机关管辖的刑事案件立案追诉标准的规定（二）》的规定，伪造、擅自制造或者出售伪造、擅自制造的可以用于骗取出口退税、抵扣税款的非增值税专用发票50份以上或者票面额累计在20万元以上的，应予立案追诉。

定罪标准

犯罪客体

本罪侵犯的客体是国家发票管理制度。犯罪对象是除增值税专用发票以外的可以用来骗取出口退税、抵扣税款的其他发票。我国《税收征收管理法》规定，发票必须由省、自治区、直辖市人民政府税务主管部门指定的企业印制；未经省、自治区、直辖市人民政府税务主管部门指定，不得印制发票。根据我国《发票管理办法》等的有关规定，可以用于出口退税、抵扣税款的其他发票由省、自治区、直辖市税务机关确定的企业印制。印制发票的企业必须按照税务机关批准的式样和数量印制发票。因此，无印制用于出口退税、抵扣税款的其他发票资格的单位私自伪造，或者单位虽有印制量而不按税务机关批准的式样和数量擅自制造用于出口退税、抵扣税款的其他发票的行为都是违反上述规定的行为。这些行为不仅是对我国发票管理制度的侵犯，同时也是对我国税收管理制度的侵犯。对这种犯罪行为，应当依法予以严惩。

犯罪客观方面

本罪客观方面表现为伪造、擅自制造或者出售伪造、擅自制造的用于骗取出口退税、抵扣税款的其他发票的行为。（1）非法制造用于骗取出口退税、抵扣税款的发票。根据《发票管理办法》的规定，发票必须是由防伪专用品制成，并套印全国统一发票监制章才有效。因此，非法制造用于骗取出口退税、抵扣税款发票的，包括非法制造用于制作该发票的防伪专用品及套印在其上面的发票监制章，非法制造该类发票的，有两种具体行为方式：一是伪造；二是擅自制造。伪造，是指无权印制增值税专用发票之外的其他具有出口退税、抵扣税款功能的发票的人仿照真实的该类发票的式样，非法制造假发票，冒充真发票的行为。具体表现是：按照该类真发票的联次、内容、版面排列、规格、色彩、图案等，使用印刷、复印、描绘、拓印等各种方法印制假发票。伪造该类发票，除了要将发票本身制成和真发票一样之外，还必须使用上述各种制假方法伪造发票监制章、防伪水印、紫外线防伪措施等。擅自制造，是指印制发票企业或生产发票防伪专用品企业未经有关主管税务机关批准，私自印制发票或私自制造防伪专用品，或虽经批准，但未按发票印制通知书或发票防伪专用品生产通知书所规定的印制数量或生产产量，私自超量加印或制造的行为。擅自制造与伪造的不同主要在于：第一，行为人不同。前者为印制发票企业或生产防伪专用品企业；后者为任何人。第二，所制成的发票效力不同。前者制成的发票是真实有效的；后者制成

定罪标准	犯罪客观方面	的发票是虚假无效的。但无论是伪造还是擅自制造，均是非法制造的行为。(2) 出售非法制造的用于骗取出退税、抵扣税款的发票。出售，是指以一定的价格将非法制造的用于骗取出口退税、抵扣税款的发票卖出的行为。有金钱交易、转移所有权是基本特征。因此，那些无金钱交易、不转移所有权的行为，如租用、转让、赠与等，就不能算是出售，因而也就不能构成本罪。出售的方法不限于私下成交，公开叫卖、大声吆喝、走街串巷、拦截强卖均可。出售的方式也不限于买卖双方直接会面，邮寄、托运、托带均可。出售非法制造的发票必须以占有该非法制造的发票为前提，其来源有二：一是自己伪造、擅自制造的；二是他人伪造、擅自制造的。后一种发票主要是通过盗窃、骗取、买入等手段获得的。出售的发票不限于假发票，真发票也可，如擅自制造的发票，尽管其擅自制造的行为是违法的，但其制造出来的发票却是真实有效的。 本罪是选择性罪名，实施伪造、擅自制造或出售任一行为的，均构成本罪，既实施伪造、擅自制造，又实施出售行为的，构成一罪，不实行数罪并罚。
	犯罪主体	本罪主体为一般主体，自然人和单位均可构成本罪的主体。但其中擅自制造用于骗取出口退税、抵扣税款的其他发票罪的主体为特殊主体，专指那些被授权制造发票的单位。
	犯罪主观方面	本罪在主观方面只能由直接故意构成，即明知伪造、擅自制造或者出售伪造、擅自制造的用于骗取出口退税、抵扣税款的其他发票违反发票管理法规，会造成危害社会的结果，而希望和追求这种结果的发生。由于本条没有规定行为人主观上必须具备一定的目的，因此，只要行为人故意实施了伪造、擅自制造或出售可以用于骗取国家税款的非专用发票的行为，则不论是何种动机和目的，也不论其是否营利，均可构成本罪。如果行为人确实是为了显示自己的技巧或为了自我欣赏或收藏而伪造极少量的，可不认为是犯罪。
	罪与非罪	实践中，如果无印制资格的单位和个人私自印制用于骗取出口退税、抵扣税款的其他发票的，一般都可以认定为故意行为而构成本罪，但也不能排除因上当受骗等原因而过失印制的可能。如果有印制的单位和个人因工作不负责任等原因而多印、错印发票的，一般不能以犯罪论处；税务机关工作人员不知是伪造的或者是擅自制造的有用于骗取出口退税、抵扣税款的发票而予以发售的，也不能以本罪论处，构成其他犯罪的，按其他犯罪追究刑事责任。
	此罪与彼罪	本罪与伪造、出售伪造的增值税专用发票罪的界限。两者的主要区别在于犯罪的对象不同。前者的犯罪对象是用于骗取出口退税、抵扣税款的其他发票，即增值税专用发票以外的其他发票；后者的犯罪对象则是增值税专用发票。
证据参考标准	主体方面的证据	一、犯罪嫌疑人为单位的，证据包括： 1. 单位营业执照，享受税收减免优惠政策的有关证明，一般纳税人资格证明，银行账号证明，注册登记资料，具体包括：设立或者开业登记申请书、有关批准文件、创立大会会议记录、章程、资金信用证明、验资证明或者资金担保证明、股东或者发起人法人资格证明或者自然人身份证明、载明公司董事、监事、经理姓名、住所的文件以及有关委派、选举或者聘用的证明、法定代表人任职文件和身份证明、单位住所

<table>
<tr><td rowspan="4">证据参考标准</td><td>主体方面的证据</td><td>地证明等。
2. 直接负责的主管人员和其他直接责任人员的身份证明，包括法定代表人、实际投资者、实际经营决策者、财务主管、财务会计人员、业务人员等人员的户口簿、居民身份证、户口底卡、工作证、护照或者其他有效证件。
二、犯罪嫌疑人为自然人的，证据包括户口簿、居民身份证、户口底卡、工作证、护照或者其他有效证件。
三、证明前科劣迹的证据：
1. 判决书；2. 释放证明书；3. 不起诉决定书；4. 行政处罚决定书；5. 其他劣迹证据。</td></tr>
<tr><td>主观方面的证据</td><td>一、证明犯罪嫌疑人是否具有非法制造、出售非法制造的用于骗取出口退税、抵扣税款的发票的故意的证据。
二、通过犯罪嫌疑人的供述、证人证言等直接反映其主观方面的证据，并结合客观方面的证据，综合证实犯罪嫌疑人具有非法制造、出售非法制造的用于骗取出口退税、抵扣税款发票的主观故意。</td></tr>
<tr><td>客观方面的证据</td><td>一、犯罪嫌疑人非法制造、出售非法制造的用于骗取出口退税、抵扣税款的发票，包括：伪造的发票，印刷企业未经有关主管税务机关批准私自印制的发票，或虽经批准私自超量、超范围印制的发票。
二、非法制造发票所使用的防伪专用品（包括发票底纹版、专用纸张、有色、无色荧光油墨及其他专用品等），非法制造的发票监制章等。
三、犯罪嫌疑人非法制造用于骗取出口退税、抵扣税款发票的工具和物品，包括：印刷设备、印刷胶片、印刷铅版等；对擅自印制发票、生产发票防伪专用品的，应收集税务机关下达的发票印制和发票防伪专用品生产通知书，并与其实际生产的发票及防伪专用品进行核对，查清超量、超范围生产的数量，并对相关的印刷设备、工具等物证拍照固定。
四、查获并固定犯罪嫌疑人因非法制造、出售非法制造的用于骗取出口退税、抵扣税款的发票所获得的赃款、赃物。
五、犯罪嫌疑人的供述和辩解，调查核实非法制造、出售非法制造的用于骗取出口退税、抵扣税款发票的犯罪事实，包括：时间、地点、人员、经过、结果、出售非法制造发票的价格、数量等。
六、涉案共犯、知情人、目击人等人的证言，证实犯罪嫌疑人非法制造、出售非法制造的用于骗取出口退税、抵扣税款的发票的犯罪事实及具体过程。
七、如果存在非法制造、出售非法制造的用于骗取出口退税、抵扣税款的发票的现场，可对现场进行勘查，提取有关书证物证并拍照固定。
八、证实犯罪嫌疑人非法制造、出售非法制造的用于骗取出口退税、抵扣税款发票的其他证据，如会议记录、录音带、录像带等。</td></tr>
<tr><td>量刑方面的证据</td><td>一、法定量刑情节证据。
1. 事实情节：（1）数量巨大；（2）数量特别巨大。2. 法定从重情节。3. 法定从轻减轻情节：（1）可以从轻；（2）可以从轻或减轻；（3）应当从轻或者减轻。4. 法定从轻减轻免除情节：（1）可以从轻、减轻或者免除处罚；（2）应当从轻、减轻或</td></tr>
</table>

<table>
<tr><td rowspan="1">证据参考标准</td><td colspan="1">量刑方面的证据</td><td colspan="2">者免除处罚。5. 法定减轻免除情节：（1）可以减轻或者免除处罚；（2）应当减轻或者免除处罚；（3）可以免除处罚。
二、酌定量刑情节证据。
1. 犯罪手段：（1）伪造；（2）变造；（3）印制；（4）复制。2. 犯罪对象。3. 危害结果。4. 动机。5. 平时表现。6. 认罪态度。7. 是否有前科。8. 其他证据。</td></tr>
<tr><td rowspan="4">量刑标准</td><td>犯本罪的</td><td colspan="2">处三年以下有期徒刑、拘役或者管制，并处二万元以上二十万元以下罚金</td></tr>
<tr><td>数量巨大的</td><td colspan="2">处三年以上七年以下有期徒刑，并处五万元以上五十万元以下罚金</td></tr>
<tr><td>数量特别巨大的</td><td colspan="2">处七年以上有期徒刑，并处五万元以上五十万元以下罚金或者没收财产</td></tr>
<tr><td>单位犯本罪的</td><td colspan="2">对单位判处罚金，并对其直接负责的主管人员和其他直接责任人员，依上述规定处罚</td></tr>
<tr><td rowspan="3">法律适用</td><td>刑法条文</td><td colspan="2">第二百零九条第一款　伪造、擅自制造或者出售伪造、擅自制造的可以用于骗取出口退税、抵扣税款的其他发票的，处三年以下有期徒刑、拘役或者管制，并处二万元以上二十万元以下罚金；数量巨大的，处三年以上七年以下有期徒刑，并处五万元以上五十万元以下罚金；数量特别巨大的，处七年以上有期徒刑，并处五万元以上五十万元以下罚金或者没收财产。
第二百一十条　单位犯本节第二百零一条、第二百零三条、第二百零四条、第二百零七条、第二百零八条、第二百零九条规定之罪的，对单位判处罚金，并对其直接负责的主管人员和其他直接责任人员，依照各该条的规定处罚。</td></tr>
<tr><td>立法解释</td><td colspan="2">全国人民代表大会常务委员会《关于〈中华人民共和国刑法〉有关出口退税、抵扣税款的其他发票规定的解释》（2005年12月29日全国人大常委会公布　自公布之日起施行）
全国人民代表大会常务委员会根据司法实践中遇到的情况，讨论了刑法规定的“出口退税、抵扣税款的其他发票”的含义问题，解释如下：
刑法规定的“出口退税、抵扣税款的其他发票”，是指除增值税专用发票以外的，具有出口退税、抵扣税款功能的收付款凭证或者完税凭证。
现予公告。</td></tr>
<tr><td>司法解释</td><td colspan="2">最高人民检察院、公安部《关于公安机关管辖的刑事案件立案追诉标准的规定（二）》（节录）（2010年5月7日最高人民检察院、公安部公布　自公布之日起施行　2011年11月14日修正）
第六十五条〔非法制造、出售非法制造的用于骗取出口退税、抵扣税款发票案（刑法第二百零九条第一款）〕伪造、擅自制造或者出售伪造、擅自制造的可以用于骗取出口退税、抵扣税款的非增值税专用发票五十份以上或者票面额累计在二十万元以上的，应予立案追诉。</td></tr>
</table>

法律适用

规章及规范性文件

一、最高人民法院、最高人民检察院、公安部、国家工商行政管理局（已撤销）《关于依法查处盗窃、抢劫机动车案件的规定》（节录）（1998年5月8日公布　自公布之日起施行　公通字〔1998〕31号）

六、非法出售机动车有关发票的，或者伪造、擅自制造或者出售伪造、擅自制造的机动车有关发票的，依照《刑法》第二百零九条的规定处罚。

二、公安部《公安机关办理危害税收征管刑事案件管辖若干问题的规定》（节录）（2004年2月19日公安部公布　自公布之日起施行　公通字〔2004〕12号）

五、伪造增值税专用发票案、非法制造用于骗取出口退税、抵扣税款发票案、非法制造发票案（刑法第206条、第209条第1款、第2款）

由伪造地、非法制造地县级以上公安机关管辖。

八、对于本规定第一条至第七条规定的案件，如果由犯罪嫌疑人居住地公安机关管辖更为适宜的，由犯罪嫌疑人居住地县级以上公安机关管辖。

九、对于本规定第一条至第七条规定的案件，凡是属于重大涉外犯罪、重大集团犯罪和下级公安机关侦破有困难的严重刑事案件，由地（市）级以上公安机关管辖。

十、对管辖不明确或者几个公安机关都有权管辖的案件，可以由有关公安机关协商确定管辖。对管辖有争议或者情况特殊的案件，可以由共同的上级公安机关指定管辖。

十一、上级公安机关可以指定下级公安机关立案侦查管辖不明确或者需要改变管辖的案件。下级公安机关认为案情重大、复杂，需要由上级公安机关侦查的案件，可以请求移送上级公安机关侦查。

86 非法制造、出售非法制造的发票案

概念

本罪是指违反国家发票管理法规，伪造、擅自制造或者出售伪造、擅自制造的不能用于骗取出口退税、抵扣税款的普通发票的行为。

立案标准

根据最高人民检察院、公安部《关于公安机关管辖的刑事案件立案追诉标准的规定（二）》的规定，伪造、擅自制造或者出售伪造、擅自制造的不具有骗取出口退税、抵扣税款功能的普通发票100份以上或者票面额累计在40万元以上的，应予立案追诉。

定罪标准		
	犯罪客体	本罪侵犯的客体为双重客体，即国家的发票管理秩序和税收秩序。我国《税收征收管理法》规定："发票必须由省、自治区、直辖市人民政府税务主管部门指定的企业印制；未经省、自治区、直辖市人民政府税务主管部门指定，不得印制发票。"
	犯罪客观方面	本罪在客观方面表现为违反国家有关发票管理法规，实施了非法制造、出售非法制造的发票的行为。(1) 非法制造发票。根据《发票管理办法》的规定，发票必须是由防伪专用品制成，并套印全国统一发票监制章才有效。非法制造普通发票有二种具体行为方式：一是伪造；二是擅自制造。伪造，是指无权印制普通发票的人仿照真实的普通发票，非法制造假发票、冒充真发票的行为。其具体表现是：按照该类发票的联次、内容、版面排列、规格、色彩、图案等，使用印刷、复印、描绘、拓印等各种方法印制假发票，伪造该类发票，除了要将发票本身制成和真发票一样之外，还必须使用各种方法制造发票监制章、防伪水印、紫外线防伪措施等。擅自制造，是指印制发票企业或生产发票防伪专用品企业未经有关主管税务机关批准、私自印制发票、或私自制造防伪专用品，或虽经批准，但未按发票印制通知书或发票防伪专用品生产通知书所规定的印制数量或生产产量，私自超量加印或制造的行为。此外，我国《发票管理办法》第14条规定："各省、自治区、直辖市内的单位和个人使用的发票，除增值税发票外，应当在本省、自治区、直辖市内印制；确有必要到外省、自治区、直辖市印制的，应当由省、自治区、直辖市税务机关商印制地省、自治区、直辖市税务机关同意，由印制地省、自治区、直辖市税务机关确定的企业印制。禁止在境外印制发票。"据此，如果印制发票企业未经本省（自治区、直辖市）税务机关同意、私自接受外省（自治区、直辖市）的诸单位或个人或外省、自治区、直辖市税务机关的委托，而印制发票的，也应是擅自制造的行为。(2) 出售非法制造的发票。出售是指以一定的价格将非法制造的普通发票卖出的行为。有金钱交易、转移所有权是其本质特征。因此，没有此种特征的行为如租用、转让、赠与等，就不是出售。出售的方法不限于私下成交，公开叫卖、大声吆喝、走街串巷、拦截强卖均可。出售的方式也不限于面对面的直接交货，邮寄、托运、托带均可。非法出售的发票，其来源有二：一是自己伪造、擅自制造的；二是盗窃、骗取、买入、拾得他人伪造、擅自制造的。出售的发票不限于假发票，真发票亦可，如擅自制造的发票，尽管其行为是非法的，但其制造出来的发票却是真实有效的。

定罪标准	犯罪主体	犯罪主体为一般主体，自然人和单位均可构成本罪主体。
	犯罪主观方面	本罪在主观方面表现为直接故意，一般以营利为目的。过失和间接故意均不能成为本罪的罪过。因此，过失造成超量印制发票的，不以犯罪论。
	罪与非罪	区分罪与非罪的界限，应当注意：（1）伪造、擅自制造或者出售伪造、擅自制造的不具有骗取出口退税、抵扣税款功能的普通发票必须达到一定的数量标准，才构成犯罪。根据最高人民检察院、公安部《关于公安机关管辖的刑事案件立案追诉标准的规定（二）》第66条的规定，伪造、擅自制造或者出售伪造、擅自制造的不具有骗取出口退税、抵扣税款功能的普通发票100份以上或者票面额累计在40万元以上的，应予立案追诉。未达到上述数量标准的，可由有关部门给予相应的行政处罚。（2）认定非法制造、出售非法制造的发票罪时，应根据行为人非法制造的具体内容，确定相应的罪名，进行处罚。
证据参考标准	主体方面的证据	**一、证明行为人刑事责任年龄、身份等自然情况的证据。** 包括身份证明、户籍证明、任职证明、工作经历证明、特定职责证明等，主要是证明行为人的姓名（曾用名）、性别、出生年月日、民族、籍贯、出生地、职业（或职务）、住所地（或居所地）等证据材料，如户口簿、居民身份证、工作证、出生证、专业或技术等级证、干部履历表、职工登记表、护照等。 对于户籍、出生证等材料内容不实的，应提供其他证据材料。外国人犯罪的案件，应有护照等身份证明材料。人大代表、政协委员犯罪的案件，应注明身份，并附身份证明材料。 **二、证明行为人刑事责任能力的证据。** 证明行为人对自己的行为是否具有辨认能力与控制能力，如是否属于间歇性精神病人、尚未完全丧失辨认或者控制自己行为能力的精神病人的证明材料。 **三、证明单位的证据。** 证明是否属于依法成立并有合法经营、管理范围的公司、企业、事业单位、机关、团体。 证明单位的名称、住所地、性质、法定代表人、单位负责人、业务范围、成立时间等证据材料，如企业营业执照、国有公司性质证明及非法人单位的身份证明等。 **四、证明法定代表人、单位负责人或直接责任人员等的身份证明。** 法定代表人、直接负责的主管人员和其他直接责任人在单位的任职、职责、负责权限的证明材料等。包括身份证明、户籍证明、任职证明等，如户口簿、居民身份证、工作证、护照、专业或技术等级证、干部履历表、职工登记表、任命书、业务分工文件、委派文件、单位证明、单位规章制度等。
	主观方面的证据	一、证明犯罪嫌疑人是否具有非法制造、出售非法制造的发票的故意的证据。 二、通过犯罪嫌疑人的供述、证人证言等直接反映其主观方面的证据，并结合客观方面证据，综合证实犯罪嫌疑人具有非法制造、出售非法制造的发票的主观故意。

<table>
<tr><td rowspan="2">证据参考标准</td><td>客观方面的证据</td><td colspan="2">一、犯罪嫌疑人非法制造、出售非法制造的发票，包括：非法制造的发票，印刷发票企业未经有关主管税务机关批准私自印制的发票，或者虽经批准私自超量、超范围印制的发票。
二、非法制造发票所使用的防伪专用品（如发票底纹版、专用纸张、有色或无色荧光油墨等），非法制造的发票监制章等。
三、对非法制造发票所使用的防伪专用品，伪造的发票监制章，必要时可由造币公司、刑事技术部门进行鉴定，并出具结论，或者由税务机关出具相关证明。
四、犯罪嫌疑人非法制造发票的工具和物品，包括印刷设备、印刷胶片、印刷铅版等；对擅自印制发票、生产发票防伪专用品的，应收集税务机关下达的发票印制和发票防伪专用品生产通知书，并对相关的印刷设备、工具等物证进行拍照固定。
五、查获并固定犯罪嫌疑人因非法制造、出售非法制造的发票所获得的赃款、赃物。
六、犯罪嫌疑人的供述和辩解，调查核实非法制造、出售非法制造发票的犯罪事实，包括：作案的时间、地点、人员、经过、结果，非法制造、出售非法制造的发票的价格、数量等。
七、涉案共犯、知情人、目击人等人的证言，证实犯罪嫌疑人非法制造、出售非法制造的发票的有关事实及具体过程。
八、如果存在非法制造、出售非法制造发票的现场，对现场进行勘查，提取有关书证、物证并拍照固定。
九、证实犯罪嫌疑人非法制造、出售非法制造的发票的其他证据，如会议记录、录音带、录像带等。</td></tr>
<tr><td>量刑方面的证据</td><td colspan="2">一、法定量刑情节证据。
1. 事实情节：（1）情节严重；（2）其他。2. 法定从重情节。3. 法定从轻减轻情节：（1）可以从轻；（2）可以从轻或减轻；（3）应当从轻或者减轻。4. 法定从轻减轻免除情节：（1）可以从轻、减轻或者免除处罚；（2）应当从轻、减轻或者免除处罚。5. 法定减轻免除情节：（1）可以减轻或者免除处罚；（2）应当减轻或者免除处罚；（3）可以免除处罚。
二、酌定量刑情节证据。
1. 犯罪手段：（1）伪造；（2）变造；（3）印制；（4）复制。2. 犯罪对象。3. 危害结果。4. 动机。5. 平时表现。6. 认罪态度。7. 是否有前科。8. 其他证据。</td></tr>
<tr><td rowspan="3">量刑标准</td><td colspan="2">犯本罪的</td><td>处二年以下有期徒刑、拘役或者管制，并处或者单处一万元以上五万元以下罚金</td></tr>
<tr><td colspan="2">情节严重的</td><td>处二年以上七年以下有期徒刑，并处五万元以上五十万元以下罚金</td></tr>
<tr><td colspan="2">单位犯本罪的</td><td>对单位判处罚金，并对其直接负责的主管人员和其他直接责任人员，依上述规定处罚</td></tr>
</table>

法律适用	刑法条文	**第二百零九条第二款** 伪造、擅自制造或者出售伪造、擅自制造的前款规定以外的其他发票的，处二年以下有期徒刑、拘役或者管制，并处或者单处一万元以上五万元以下罚金；情节严重的，处二年以上七年以下有期徒刑，并处五万元以上五十万元以下罚金。 **第二百一十一条** 单位犯本节第二百零一条、第二百零三条、第二百零四条、第二百零七条、第二百零八条、第二百零九条规定之罪的，对单位判处罚金，并对其直接负责的主管人员和其他直接责任人员，依照各该条的规定处罚。
	司法解释	**最高人民检察院、公安部《关于公安机关管辖的刑事案件立案追诉标准的规定（二）》（节录）**（2010年5月7日最高人民检察院、公安部公布 自公布之日起施行 2011年11月14日修正） **第六十六条**〔非法制造、出售非法制造的发票案（刑法第二百零九条第二款）〕伪造、擅自制造或者出售伪造、擅自制造的不具有骗取出口退税、抵扣税款功能的普通发票一百份以上或者票面额累计在四十万元以上的，应予立案追诉。
	规章及规范性文件	**一、最高人民法院、最高人民检察院、公安部、国家工商行政管理局（已撤销）《关于依法查处盗窃、抢劫机动车案件的规定》（节录）**（1998年5月8日公布 自公布之日起施行 公通字〔1998〕31号） 六、非法出售机动车有关发票的，或者伪造、擅自制造或者出售伪造、擅自制造的机动车有关发票的，依照《刑法》第二百零九条的规定处罚。 **二、公安部《公安机关办理危害税收征管刑事案件管辖若干问题的规定》（节录）**（2004年2月19日公安部公布 自公布之日起施行 公通字〔2004〕12号） 五、伪造增值税专用发票案、非法制造用于骗取出口退税、抵扣税款发票案、非法制造发票案（刑法第206条、第209条第1款、第2款） 由伪造地、非法制造地县级以上公安机关管辖。 八、对于本规定第一条至第七条规定的案件，如果由犯罪嫌疑人居住地公安机关管辖更为适宜的，由犯罪嫌疑人居住地县级以上公安机关管辖。 九、对于本规定第一条至第七条规定的案件，凡是属于重大涉外犯罪、重大集团犯罪和下级公安机关侦破有困难的严重刑事案件，由地（市）级以上公安机关管辖。

87 非法出售用于骗取出口退税、抵扣税款发票案

概念

本罪是指违反国家发票管理法规规定，非法出售可以用于骗取出口退税、抵扣税款的其他发票的行为。

立案标准

根据最高人民检察院、公安部《关于公安机关管辖的刑事案件立案追诉标准的规定（二）》的规定，非法出售可以用于骗取出口退税、抵扣税款的非增值税专用发票50份以上或者票面额累计在20万元以上的，应予立案追诉。

定罪标准		
	犯罪客体	本罪侵犯的客体是国家对发票的监督管理制度。犯罪对象为除增值税专用发票外可以用于骗取出口退税、抵扣税款的其他发票，这些发票不是伪造的，也不是擅自制造的。
	犯罪客观方面	本罪在客观方面具体行为方式上表现为非法出售增值税专用发票以外可以用于骗取出口退税、抵扣税款的发票。根据《发票管理办法》的规定，开具发票仅限于购售商品、提供服务以及从事其他经营活动的单位和个人对外发生经营业务、收取款项的情况。通常情况下，由收款方向付款方开具发票；在特殊情况下，则由付款方向收款方开具发票。任何单位和个人都不得转借、转让、代开发票；禁止倒买倒卖发票。从事生产、经营的企业、事业单位或者个人，如果需要使用发票，只能依法向主管税务机关申请领购。因此，除税务机关可以依法发售各种发票外，其他一切出售发票的行为都是非法的。对于出售，应当作狭义的理解，不包括行为人没有从中牟利的转借发票的行为。对于名为转借，实为非法出售的，应当按其实际性质，认定为非法出售。对于非法购买不能用于骗取出口退税、抵扣税款的发票的，应当根据行为人购买发票的目的和用途来确定。行为人购买发票的目的是为了转手倒卖的，其购买行为是倒卖发票犯罪的一个环节，应当认定为非法出售（未遂）；行为人购买发票的目的是为了其他非法目的，供自己使用，不构成本罪，但可以构成其他行政违法或者犯罪，如利用购买的发票虚报冒领，贪污公款等。所谓增值税专用发票以外可以用于骗取出口退税、抵扣税款的发票，是指废旧物品收购发票、运输发票、农业产品收购发票等既不是增值税专用发票，但又具有与增值税专用发票相同的功能，可以用于骗取出口退税、抵扣税款的发票。
	犯罪主体	本罪主体为一般主体，自然人和单位均可构成本罪主体。既可以是合法拥有可以用于骗取出口退税、抵扣税款的其他发票者，也可以是非法拥有者，还可以是负责发售可以用于骗取出口退税、抵扣税款的其他发票的税务部门及其工作人员。
	犯罪主观方面	本罪主观方面由直接故意构成，并且一般具有牟利的目的。间接故意和过失不构成本罪。

定罪标准	罪与非罪	区分罪与非罪的界限，应当注意把握以下几点： 一、从犯罪客观方面来看，并不是所有的非法出售可以用于骗取出口退税、抵扣税款发票的行为都构成犯罪，必须达到一定的数额标准才能定罪处罚。根据最高人民检察院、公安部《关于公安机关管辖的刑事案件立案追诉标准的规定（二）》第67条的规定，非法出售可以用于骗取出口退税、抵扣税款的非增值税专用发票50份以上或者票面额累计在20万元以上的，应予立案追诉。对于达不到上述数量标准的，可由有关部门给予行政处罚。 二、从犯罪的主观方面来看，本罪只能由故意构成。如果行为人因工作马虎、不负责任等原因过失出售可以用于骗取出口退税、抵扣税款的其他发票的，一般不构成犯罪。这种情况一般指有权发售可以用于骗取出口退税、抵扣税款的其他发票的税务工作人员，因工作粗心等原因错售发票的行为。由于行为人不是故意非法出售，因此不能以本罪论处。
	一罪与数罪	关于本罪罪数的认定，主要有以下几种情况：一是行为人因收受了贿赂而将可以用于骗取出口退税、抵扣税款的其他发票非法出售给他人的，应对其行为分别定受贿罪和本罪，实行数罪并罚。二是行为人明知对方是进行虚开可以用于骗取出口退税、抵扣税款的其他发票的犯罪活动的犯罪分子而仍向其非法出售的，应视为骗取出口退税罪的共犯而予以处罚，不宜再定本罪。三是行为人非法出售既有真的、又有假的可以用于骗取出口退税、抵扣税款的其他发票的，如果行为人不知有的系伪造或擅自制造的，对行为人按认识错误处理，仍应以本罪论处。四是行为人先盗窃或骗取可以用于骗取出口退税、抵扣税款的其他发票然后予以非法出售的，属于牵连犯罪，根据《刑法》第210条的规定，对行为人应以盗窃罪或诈骗罪论处，而不再另定本罪并实行数罪并罚。
证据参考标准	主体方面的证据	一、犯罪嫌疑人为单位的，证据包括： 1. 单位营业执照，享受税收减免优惠政策的有关证明，一般纳税人资格证明，银行账号证明，注册登记资料，具体包括：设立或者开业登记申请书、有关批准文件、创立大会会议记录、章程、资金信用证明、验资证明或者资金担保证明、股东或者发起人法人资格证明或者自然人身份证明、载明公司董事、监事、经理姓名、住所的文件以及有关委派、选举或者聘用的证明、法定代表人任职文件和身份证明、单位住所地证明等。 2. 直接负责的主管人员和其他直接责任人员的身份证明，包括法定代表人、实际投资者、实际经营决策者、财务主管、财务会计人员、业务人员等人员的户口簿、居民身份证、户口底卡、工作证、护照或者其他有效证件。 二、犯罪嫌疑人为自然人的，证据包括户口簿、居民身份证、户口底卡、工作证、护照或者其他有效证件。 三、证明前科劣迹的证据： 1. 判决书；2. 释放证明书；3. 不起诉决定书；4. 其他劣迹证据。
	主观方面的证据	一、证明犯罪嫌疑人是否具有出售用于骗取出口退税、抵扣税款发票的故意的证据。 二、通过犯罪嫌疑人的供述、证人证言等反映其主观方面的证据，并结合客观方面的证据，综合证实犯罪嫌疑具有非法出售用于骗取出口退税、抵扣税款发票的主观故意。

<table>
<tr><td rowspan="2">证据参考标准</td><td>客观方面的证据</td><td colspan="2">一、犯罪嫌疑人非法出售的用于骗取出口退税、抵扣税款的发票。
二、查获并固定犯罪嫌疑人非法出售用于骗取出口退税、抵扣税款的发票所获取的赃款赃物。
三、犯罪嫌疑人的供述和辩解，调查核实非法出售用于骗取出口退税、抵扣税款发票的具体情况，包括出售的时间、地点、价格、数量、运输工具、购销经过、存放地点、处理结果等。
四、涉案共犯、知情人、目击人等人的证言，证实犯罪嫌疑人非法出售用于骗取出口退税、抵扣税款发票的有关事实及具体过程。
五、通过邮寄、托运、托带的手段出售的，收集相关的邮寄、托运凭证或者委托书等。
六、如果存在非法出售用于骗取出口退税、抵扣税款发票的现场，可对现场进行勘查，提取有关书证物证并拍照固定。
七、犯罪嫌疑人非法出售用于骗取出口退税、抵扣税款发票的其他证据，包括会议记录、录音带、录像带等。
八、调查核实非法出售的用于骗取出口退税、抵扣税款发票的来源，参照前述有关规定进行。</td></tr>
<tr><td>量刑方面的证据</td><td colspan="2">一、法定量刑情节证据。
1. 事实情节：（1）一般情节；（2）数量特别巨大；（3）情节严重。2. 法定从重情节。3. 法定从轻减轻情节：（1）可以从轻；（2）可以从轻或减轻；（3）应当从轻或者减轻。4. 法定从轻减轻免除情节：（1）可以从轻、减轻或者免除处罚；（2）应当从轻、减轻或者免除处罚。5. 法定减轻免除情节：（1）可以减轻或者免除处罚；（2）应当减轻或者免除处罚；（3）可以免除处罚。
二、酌定量刑情节证据。
1. 犯罪手段：（1）非法出售；（2）其他。2. 犯罪对象。3. 危害结果。4. 动机。5. 平时表现。6. 认罪态度。7. 是否有前科。8. 其他证据。</td></tr>
<tr><td rowspan="4">量刑标准</td><td colspan="2">犯本罪的</td><td>处三年以下有期徒刑、拘役或者管制，并处二万元以上二十万元以下罚金</td></tr>
<tr><td colspan="2">数量巨大的</td><td>处三年以上七年以下有期徒刑，并处五万元以上五十万元以下罚金</td></tr>
<tr><td colspan="2">数量特别巨大的</td><td>处七年以上有期徒刑，并处五万元以上五十万元以下罚金或者没收财产</td></tr>
<tr><td colspan="2">单位犯本罪的</td><td>对单位判处罚金，并对其直接负责的主管人员和其他直接责任人员，依上述规定处罚</td></tr>
</table>

法律适用		
	刑法条文	**第二百零九条第一款** 伪造、擅自制造或者出售伪造、擅自制造的可以用于骗取出口退税、抵扣税款的其他发票的，处三年以下有期徒刑、拘役或者管制，并处二万元以上二十万元以下罚金；数量巨大的，处三年以上七年以下有期徒刑，并处五万元以上五十万元以下罚金；数量特别巨大的，处七年以上有期徒刑，并处五万元以上五十万元以下罚金或者没收财产。 **第二百零九条第三款** 非法出售可以用于骗取出口退税、抵扣税款的其他发票的，依照第一款的规定处罚。 **第二百一十一条** 单位犯本节第二百零一条、第二百零三条、第二百零四条、第二百零七条、第二百零八条、第二百零九条规定之罪的，对单位判处罚金，并对其直接负责的主管人员和其他直接责任人员，依照各该条的规定处罚。
	司法解释	**最高人民检察院、公安部《关于公安机关管辖的刑事案件立案追诉标准的规定（二）》（节录）**（2010年5月7日最高人民检察院、公安部公布 自公布之日起施行 2011年11月14日修正） **第六十七条**〔非法出售用于骗取出口退税、抵扣税款发票案（刑法第二百零九条第三款）〕非法出售可以用于骗取出口退税、抵扣税款的非增值税专用发票五十份以上或者票面额累计在二十万元以上的，应予立案追诉。
	规章及规范性文件	**公安部《公安机关办理危害税收征管刑事案件管辖若干问题的规定》（节录）** （2004年2月19日公安部公布 自公布之日起施行 公通字〔2004〕12号） 七、非法出售增值税专用发票案、非法购买增值税专用发票案、非法出售用于骗取出口退税、抵扣税款发票案、非法出售发票案（刑法第207条、第208条第1款、第209条第3款、第4款） 由出售地、购买地县级以上公安机关管辖。如果由最初受理的公安机关管辖更为适宜的，由最初受理的公安机关管辖；必要时，可以将案件移交票源集中地县级以上公安机关管辖。

88 非法出售发票案

概念

本罪是指违反国家发票管理法规，非法出售不能用于骗取出口退税、抵扣税款的普通发票的行为。

立案标准

根据最高人民检察院、公安部《关于公安机关管辖的刑事案件立案追诉标准的规定（二）》的规定，非法出售普通发票100份以上或者票面额累计在40万元以上的，应予立案追诉。

定罪标准		
定罪标准	犯罪客体	本罪侵犯的客体是国家对发票的监督管理制度和税收管理制度。犯罪对象是普通发票，即指增值税专用发票、可以用于骗取出口退税、抵扣税款的发票以外的其他发票。这些发票既不是伪造的，也不是擅自制造的。
	犯罪客观方面	本罪客观方面表现为非法出售各种不能用于骗取出口退税、抵扣税款的发票。根据《发票管理办法》的规定，开具发票仅限于购售商品、提供服务以及从事其他经营活动的单位和个人对外发生经营业务，收取款项的情况。通常情况下，由收款方向付款方开具发票；在特殊情况下，则由付款方向收款方开具发票。任何单位和个人都不得转借、转让、代开发票；禁止倒买倒卖发票。从事生产、经营的企业、事业单位或者个人，如果需要使用发票，只能依法向主管税务机关申请领购。因此，除税务机关可以依法发售各种发票外，其他一切出售发票的行为都是非法的。对于出售，应当作狭义的理解，不包括行为人没有从中牟利的转借发票的行为。对于名为转借，实为非法出售的，应当按其实际性质，认定为非法出售。对于非法购买不能用于骗取出口退税、抵扣税款的发票的，应当根据行为人购买发票的目的和用途来确定。行为人购买发票的目的是为了转手倒卖的，其购买行为是倒卖发票犯罪的一个环节，应当认定为非法出售（未遂）；行为人购买发票的目的是为了其他非法目的，供自己使用，不构成本罪，但可以构成其他行政违法或者犯罪，如利用购买的发票虚报冒领，贪污公款等。这里的发票仅指依法办理了税务登记的单位或者个人，在领取税务登记证件后，向税务机关领购的发票。凡不是从税务机关领购的发票，均属伪造、擅自制造的发票。如果出售伪造、擅自制造的增值税专用发票外可以用于出口退税、抵扣税款的发票，构成出售非法制造的用于骗取出口退税、抵扣税款发票罪，而不构成本罪。
	犯罪主体	本罪主体为一般主体，自然人和单位均可构成本罪的主体。
	犯罪主观方面	本罪主观方面由直接故意构成，并且一般具有牟利的目的，即行为人明知出售发票这种行为是非法的，但为了牟利仍然予以出售。间接故意和过失不构成本罪。

<table>
<tr><td>定罪标准</td><td>罪与非罪</td><td>区分罪与非罪的界限，应当注意：(1) 从犯罪客观方面来看，并不是行为人非法出售普通发票的行为都以犯罪论处，必须达到一定的数量标准才能构成本罪。根据最高人民检察院、公安部《关于公安机关管辖的刑事案件立案追诉标准的规定（二）》第68条的规定，非法出售普通发票100份以上或者票面额累计在40万元以上的，应予立案追诉。对于未达到上述标准的，可由有关部门给予行政处罚。(2) 出售后他人是否使用，是否牟利，不影响本罪的成立。如果既实施出售行为，又实施虚开行为，应该数罪并罚。(3) 购买增值税专用发票的行为属于犯罪，《刑法》单独规定了一个罪名，但购买普通发票《刑法》没有规定。如果行为人仅仅实施购买普通发票行为的，不能以犯罪论处。如果购买后又进行出售，则可以定非法出售发票罪。</td></tr>
<tr><td rowspan="3">证据参考标准</td><td>主体方面的证据</td><td>一、犯罪嫌疑人为单位的，证据包括：
1. 单位营业执照，享受税收减免优惠政策的有关证明，一般纳税人资格证明，银行账号证明，注册登记资料，具体包括：设立或者开业登记申请书、有关批准文件、创立大会会议记录、章程、资金信用证明、验资证明或者资金担保证明、股东或者发起人法人资格证明或者自然人身份证明、载明公司董事、监事、经理姓名、住所的文件以及有关委派、选举或者聘用的证明、法定代表人任职文件和身份证明、单位住所地证明等。
2. 直接负责的主管人员和其他直接责任人员的身份证明，包括法定代表人、实际投资者、实际经营决策者、财务主管、财务会计人员、业务人员等人员的户口簿、居民身份证、户口底卡、工作证、护照或者其他有效证件。
二、犯罪嫌疑人为自然人的，证据包括户口簿、居民身份证、户口底卡、工作证、护照或者其他有效证件。
三、证明前科劣迹的证据：
1. 判决书；2. 释放证明书；3. 不起诉决定书；4. 其他劣迹证据。</td></tr>
<tr><td>主观方面的证据</td><td>一、证明犯罪嫌疑人是否具有非法出售发票的故意的证据。
二、证明犯罪嫌疑人具有非法出售发票的直接故意的证据。</td></tr>
<tr><td>客观方面的证据</td><td>一、犯罪嫌疑人非法出售的发票。
二、查获并固定犯罪嫌疑人非法出售发票所获取的赃款、赃物。
三、犯罪嫌疑人的供述和辩解，调查核实非法出售发票的具体情况，包括出售的时间、地点、价格、数量、销售人、购买人、运输工具、存放地点、经过、结果等。
四、涉案共犯、知情人、目击人等人的证言，证实犯罪嫌疑人非法出售发票的有关事实及具体过程。
五、通过邮寄、托运、托带的手段出售的，收集相关的邮寄、托运凭证或者委托书等。
六、如果存在非法出售发票的现场，可对其进行勘查，提取有关书证物证并拍照固定。</td></tr>
</table>

<table>
<tr><td rowspan="2">证据参考标准</td><td>客观方面的证据</td><td colspan="2">七、犯罪嫌疑人非法出售发票的其他证据，包括会议记录、录音带、录像带等。
八、调查核实非法出售的发票的来源，并固定相关证据。如果是盗窃所得，查清盗窃发票的时间、地点、作案人、盗窃工具、经过、结果等；如果是诈骗取得，查清诈骗的时间、地点、手段、参与人、经过、结果等；如果是与税务人员通谋获得，对税务机关的内部人员调查取证，查清事实；如果是一般纳税人购得发票，对其发票的领、用、存情况调查，查清事实；如果是伪造的增值税专用发票，追查其来源，查清伪造地点。</td></tr>
<tr><td>量刑方面的证据</td><td colspan="2">一、法定量刑情节证据。
1. 事实情节：（1）情节严重；（2）其他。2. 法定从重情节。3. 法定从轻减轻情节：（1）可以从轻；（2）可以从轻或减轻；（3）应当从轻或者减轻。4. 法定从轻减轻免除情节：（1）可以从轻、减轻或者免除处罚；（2）应当从轻、减轻或者免除处罚。5. 法定减轻免除情节：（1）可以减轻或者免除处罚；（2）应当减轻或者免除处罚；（3）可以免除处罚。
二、酌定量刑情节证据。
1. 犯罪手段：（1）出售；（2）其他。2. 犯罪对象。3. 危害结果。4. 动机。5. 平时表现。6. 认罪态度。7. 是否有前科。8. 其他证据。</td></tr>
<tr><td rowspan="3">量刑标准</td><td colspan="2">犯本罪的</td><td>处二年以下有期徒刑、拘役或者管制，并处或单处一万元以上五万元以下罚金</td></tr>
<tr><td colspan="2">情节严重的</td><td>处二年以上七年以下有期徒刑，并处五万元以上五十万元以下罚金</td></tr>
<tr><td colspan="2">单位犯本罪的</td><td>对单位判处罚金，并对其直接负责的主管人员和其他直接责任人员，依上述规定处罚</td></tr>
<tr><td rowspan="2">法律适用</td><td>刑法条文</td><td colspan="2">第二百零九条第二款　伪造、擅自制造或者出售伪造、擅自制造的前款规定以外的其他发票的，处二年以下有期徒刑、拘役或者管制，并处或者单处一万元以上五万元以下罚金；情节严重的，处二年以上七年以下有期徒刑，并处五万元以上五十万元以下罚金。
第二百零九条第四款　非法出售第三款规定以外的其他发票的，依照第二款的规定处罚。
第二百一十一条　单位犯本节第二百零一条、第二百零三条、第二百零四条、第二百零七条、第二百零八条、第二百零九条规定之罪的，对单位判处罚金，并对其直接负责的主管人员和其他直接责任人员，依照各该条的规定处罚。</td></tr>
<tr><td>司法解释</td><td colspan="2">最高人民检察院、公安部《关于公安机关管辖的刑事案件立案追诉标准的规定（二）》（节录）（2010年5月7日最高人民检察院、公安部公布　自公布之日起施行　2011年11月14日修正）
第六十八条〔非法出售发票案（刑法第二百零九条第四款）〕非法出售普通发票一百份以上或者票面额累计在四十万元以上的，应予立案追诉。</td></tr>
</table>

法律适用　规章及规范性文件

公安部《公安机关办理危害税收征管刑事案件管辖若干问题的规定》(节录)

(2004年2月19日公安部公布　自公布之日起施行　公通字〔2004〕12号)

七、非法出售增值税专用发票案、非法购买增值税专用发票案、非法出售用于骗取出口退税、抵扣税款发票案、非法出售发票案(刑法第207条、第208条第1款、第209条第3款、第4款)

由出售地、购买地县级以上公安机关管辖。如果由最初受理的公安机关管辖更为适宜的,由最初受理的公安机关管辖;必要时,可以将案件移交票源集中地县级以上公安机关管辖。

89 持有伪造的发票案

概念

本罪为明知是伪造的发票而持有，数量较大的行为。

立案标准

根据最高人民检察院、公安部《关于公安机关管辖的刑事案件立案追诉标准的规定（二）》第68条之一的规定，明知是伪造的发票而持有，具有下列情形之一的，应予立案追诉：

（1）持有伪造的增值税专用发票50份以上或者票面额累计在20万元以上的，应予立案追诉；

（2）持有伪造的可以用于骗取出口退税、抵扣税款的其他发票100份以上或者票面额累计在40万元以上的，应予立案追诉；

（3）持有伪造的第（1）项、第（2）项规定以外的其他发票200份以上或者票面额累计在80万元以上的，应予立案追诉。

定罪标准	犯罪客体	本罪侵犯的客体是国家对发票的管理秩序。本罪的犯罪对象是伪造的发票，包括伪造的增值税专用发票、可用于出口退税、抵扣税款发票，以及普通发票。行为人持有数额较大的伪造的发票，严重侵害了国家对票的管理制度，因此，2011年2月25日第十一届全国人民代表大会常务委员会第十九次会议通过、自2011年5月1日起施行的《刑法修正案（八）》将此行为入罪，增加新的罪名即持有伪造的发票罪。
	犯罪客观方面	本罪在客观方面表现为明知是伪造的发票而持有，数量较大的行为。
	犯罪主体	本罪主体为一般主体，个人和单位均能成为本罪主体。
	犯罪主观方面	本罪在主观方面必须是故意，即行为人必须明知是伪造的发票，而仍然大量持有，才构成本罪。如果行为人并不明知持有的发票是伪造的发票，则不能构成本罪。
	罪与非罪	区分罪与非罪的界限，要注意：本罪是数额犯，必须明知是伪造的发票而持有，达到数量较大的标准，才能构成本罪。否则，持有数量较小的伪造的发票，可认定“情节显著轻微危害不大”，依照《刑法》第13条规定，不认为是犯罪。

<table>
<tr><td rowspan="4">证据参考标准</td><td>主体方面的证据</td><td>一、证明行为人刑事责任年龄、身份等自然情况的证据。
包括身份证明、户籍证明、任职证明、工作经历证明、特定职责证明等，主要是证明行为人的姓名（曾用名）、性别、出生年月日、民族、籍贯、出生地、职业（或职务）、住所地（或居住地）等证据材料，如户口簿、居民身份证、工作证、出生证、专业或技术等级证、干部履历表、职工登记表、护照等。
对于户籍、出生证等材料内容不实的，应提供其他证据材料。外国人犯罪的案件，应有护照等身份证明材料。人大代表、政协委员犯罪的案件，应注明身份，并附身份证明材料。
二、证明行为人刑事责任能力的证据。
证明行为人对自己的行为是否具有辨认能力与控制能力，如是否属于间歇性精神病人、尚未完全丧失辨认或者控制自己行为能力的精神病人的证明材料。
三、证明单位的证据。
证明是否属于依法成立并有合法经营、管理范围的公司、企业、事业单位、机关、团体。证明单位的名称、住所地、性质、法定代表人、单位负责人、业务范围、成立时间等证据材料，如企业营业执照、国有公司性质证明及非法人单位的身份证明等。
四、证明法定代表人、单位负责人或直接责任人员等的身份证明。
法定代表人、直接负责的主管人员和其他直接责任人在单位的任职、职责、负责权限的证明材料等。包括身份证明、户籍证明、任职证明等，如户口簿、居民身份证、工作证、护照、专业或技术等级证、干部履历表、职工登记表、任命书、业务分工文件、委派文件、单位证明、单位规章制度等。</td></tr>
<tr><td>主观方面的证据</td><td>一、证明犯罪嫌疑人是否具有明知是伪造的发票的证据；
二、证明犯罪嫌疑人的供述、证人证言等直接反映其主观方面的证据，并结合客观方面的证据，综合证实犯罪嫌疑人具有明知是伪造的发票而持有的故意。</td></tr>
<tr><td>客观方面的证据</td><td>证明行为人明知是伪造的发票而持有的证据。
1. 证明行为人明知是伪造的发票仍持有的证据；2. 证明行为人持有伪造的发票数量较大的证据；3. 证明行为人持有伪造的发票数量巨大的证据。</td></tr>
<tr><td>量刑方面的证据</td><td>一、法定量刑情节证据。
1. 事实情节。2. 法定从重情节。3. 法定从轻情节：（1）可以从轻；（2）可以从轻或减轻；（3）应当从轻或者减轻。4. 法定从轻减轻免除情节：（1）可以从轻、减轻或者免除处罚；（2）应当从轻、减轻或者免除处罚。5. 法定减轻免除情节：（1）可以减轻或者免除处罚；（2）应当减轻或者免除处罚；（3）可以免除处罚。
二、酌定量刑情节证据。
1. 犯罪手段：持有；2. 犯罪对象；3. 危害结果；4. 动机；5. 平时表现；6. 认罪态度；7. 是否有前科；8. 其他证据。</td></tr>
</table>

<table>
<tr><td rowspan="3">量刑标准</td><td colspan="2">数量较大的</td><td>处二年以下有期徒刑、拘役或者管制，并处罚金</td></tr>
<tr><td colspan="2">数量巨大的</td><td>处二年以上七年以下有期徒刑，并处罚金</td></tr>
<tr><td colspan="2">单位犯本罪的</td><td>对单位判处罚金，并对其直接负责的主管人员和其他直接责任人员，依照上述规定处罚</td></tr>
<tr><td rowspan="2">法律适用</td><td>刑法条文</td><td colspan="2">第二百一十条之一　明知是伪造的发票而持有，数量较大的，处二年以下有期徒刑、拘役或者管制，并处罚金；数量巨大的，处二年以上七年以下有期徒刑，并处罚金。
单位犯前款罪的，对单位判处罚金，并对其直接负责的主管人员和其他直接责任人员，依照前款的规定处罚。</td></tr>
<tr><td>司法解释</td><td colspan="2">最高人民检察院、公安部《关于公安机关管辖的刑事案件立案追诉标准的规定（二）》（节录）（2010年5月7日最高人民检察院、公安部公布　自公布之日起施行　2011年11月14日修正）
第六十八条之一〔持有伪造的发票案（刑法第二百一十条之一）〕明知是伪造的发票而持有，具有下列情形之一的，应予立案追诉：
（一）持有伪造的增值税专用发票五十份以上或者票面额累计在二十万元以上的，应予立案追诉；
（二）持有伪造的可以用于骗取出口退税、抵扣税款的其他发票一百份以上或者票面额累计在四十万元以上的，应予立案追诉；
（三）持有伪造的第（一）项、第（二）项规定以外的其他发票二百份以上或者票面额累计在八十万元以上的，应予立案追诉。</td></tr>
</table>

90 假冒注册商标案

概念

本罪是指违反国家商标管理法规，未经注册商标所有人许可，在同一种商品、服务上使用与其注册商标相同的商标，情节严重的行为。

立案标准

未经注册商标所有人许可，在同一种商品、服务上使用与其注册商标相同的商标，具有下列情形之一的，应予立案追诉：(1) 非法经营数额在5万元以上或者违法所得数额在3万元以上的；(2) 假冒两种以上注册商标，非法经营数额在3万元以上或者违法所得数额在2万元以上的；(3) 其他情节严重的情形。

<table>
<tr><td rowspan="2">定罪标准</td><td>犯罪客体</td><td>本罪侵犯的客体是国家对商标的管理制度和他人注册商标的专用权。专用权是商标权最主要的法律表现，保护商标专用权是维护社会主义市场经济的重要组成部分。假冒他人注册商标，不仅侵犯注册商标所有人的商标专用权和使用许可权，扰乱了国家对商标的管理制度，而且破坏了社会主义市场经济秩序，损害了商标所有人和广大消费者的利益。</td></tr>
<tr><td>犯罪客观方面</td><td>本罪客观方面表现为违反商标管理法规，未经注册商标所有人许可，在同一种商品、服务上使用与其注册商标相同的商标的行为。
一、行为人使用他人注册商标未经注册商标所有人许可。“注册商标所有人”，即商标注册人。在我国，凡依法提出商标注册申请，并经商标局核准的商标注册申请人即成为注册商标所有人。“未经注册商标所有人许可”，是指行为人使用他人注册商标时，未经注册商标所有人同意。这是构成本罪的前提条件，根据《商标法》第43条的规定，商标注册人可以通过签订商标使用许可合同的方式，许可他人使用其注册商标。如果行为人已得到注册商标所有人的许可，而只是未按法定程序办理有关手续，不能认为构成犯罪。
二、行为人实施了在同一种商品、服务上使用与他人注册商标相同的商标的行为，即商标相同，使用该商标的商品、服务为同一种类，这两个条件必须同时具备。这里所称的“同一种商品、服务”是指与注册商标核定使用的商品、服务相同的商品、服务；“相同的商标”是指违法行为人使用的商标与权利人注册商标高度一致。具体指：(1) 改变注册商标的字体、字母大小写或者文字横竖排列，与注册商标之间基本无差别的；(2) 改变注册商标的文字、字母、数字等之间的间距，与注册商标之间基本无差别的；(3) 改变注册商标颜色，不影响体现注册商标显著特征的；(4) 在注册商标上仅增加商品通用名称、型号等缺乏显著特征要素，不影响体现注册商标显著特征的；(5) 与立体注册商标的三维标志及平面要素基本无差别的；(6) 其他与注册商标基本无差别、足以对公众产生误导的商标。如果行为人在同一种商品、服务</td></tr>
</table>

<table>
<tr><td rowspan="6">定罪标准</td><td>犯罪客观方面</td><td>上使用与他人注册商标近似的商标，或者在类似商品、服务上使用与他人注册商标相同的商标，或者在类似商品、服务上使用与他人注册商标近似的商标，也属于商标侵权行为，但不构成本罪。</td></tr>
<tr><td>犯罪主体</td><td>本罪主体是一般主体，自然人和单位均能构成本罪。</td></tr>
<tr><td>犯罪主观方面</td><td>本罪主观方面只能是故意，一般具有营利的目的。</td></tr>
<tr><td>罪与非罪</td><td>区分罪与非罪的界限，主要是看假冒他人注册商标行为的情节是否严重，具备情节严重的，才构成犯罪。所谓情节严重，是指非法所得数额较大，给注册商标所有人造成较大损失或者有其他严重行为。如果是情节一般的，则属一般民事侵权行为。</td></tr>
<tr><td>此罪与彼罪</td><td>一、本罪与生产、销售伪劣产品犯罪的界限。在实践中，对于既生产、销售伪劣产品，又在伪劣产品上假冒他人注册商标的犯罪行为，在法律没有特别规定的情况下，应以一重罪论处。
二、本罪与非法制造注册商标标识罪的界限。两者的主要区别在于：（1）犯罪对象不同。前者是注册商标；后者则是注册商标标识。商标是商品、服务的标记，商标标识则是这种标记的物质载体，即用以体现商标图样的制品，通常包括印刷制品、刻印制品、贴花等。（2）客观方面不同。前者表现为未经注册商标所有人许可，在同一种商品、服务上使用与其注册商标相同的商标的行为，即以假冒的手段实施犯罪；后者则表现为伪造、擅自制造他人注册商标标识的行为，即以非法制造的手段实施犯罪。</td></tr>
</table>

<table>
<tr><td>证据参考标准</td><td>主体方面的证据</td><td>一、证明行为人刑事责任年龄、身份等自然情况的证据。
包括身份证明、户籍证明、任职证明、工作经历证明、特定职责证明等，主要是证明行为人的姓名（曾用名）、性别、出生年月日、民族、籍贯、出生地、职业（或职务）、住所地（或居所地）等证据材料，如户口簿、居民身份证、工作证、出生证、专业或技术等级证、干部履历表、职工登记表、护照等。
对于户籍、出生证等材料内容不实的，应提供其他证据材料。外国人犯罪的案件，应有护照等身份证明材料。人大代表、政协委员犯罪的案件，应注明身份，并附身份证明材料。
二、证明行为人刑事责任能力的证据。
证明行为人对自己的行为是否具有辨认能力与控制能力，如是否属于间歇性精神病人、尚未完全丧失辨认或者控制自己行为能力的精神病人的证明材料。
三、证明单位的证据。
证明是否属于依法成立并有合法经营、管理范围的公司、企业、事业单位、机关、团体。
证明单位的名称、住所地、性质、法定代表人、单位负责人、业务范围、成立时</td></tr>
</table>

<table>
<tr><td rowspan="4">证据参考标准</td><td>主体方面的证据</td><td>间等证据材料，如企业营业执照、国有公司性质证明及非法人单位的身份证明等。
四、证明法定代表人、单位负责人或直接责任人员等的身份证明。
法定代表人、直接负责的主管人员和其他直接责任人在单位的任职、职责、负责权限的证明材料等。包括身份证明、户籍证明、任职证明等，如户口簿、居民身份证、工作证、护照、专业或技术等级证、干部履历表、职工登记表、任命书、业务分工文件、委派文件、单位证明、单位规章制度等。</td></tr>
<tr><td>主观方面的证据</td><td>证明行为人故意的证据：1. 证明行为人明知的证据：证明行为人明知自己的行为会发生危害社会的结果。2. 证明直接故意的证据：证明行为人希望危害结果发生。3. 目的：（1）营利；（2）破坏他人商标信誉；（3）侵害他人商标专用权益。</td></tr>
<tr><td>客观方面的证据</td><td>证明行为人假冒注册商标犯罪行为的证据。
具体证据包括：1. 证明行为人在同一种商品、服务上使用未经注册商标所有人许可的与其注册相同的商标行为的证据。2. 证明行为人情节严重的证据。3. 证明行为人情节特别严重的证据。</td></tr>
<tr><td>量刑方面的证据</td><td>**一、法定量刑情节证据。**
1. 事实情节：（1）情节严重；（2）情节特别严重。2. 法定从重情节。3. 法定从轻减轻情节：（1）可以从轻；（2）可以从轻或减轻；（3）应当从轻或者减轻。4. 法定从轻减轻免除情节：（1）可以从轻、减轻或者免除处罚；（2）应当从轻、减轻或者免除处罚。5. 法定减轻免除情节：（1）可以减轻或者免除处罚；（2）应当减轻或者免除处罚；（3）可以免除处罚。
二、酌定量刑情节证据。
1. 犯罪手段：（1）以假乱真；（2）其他。2. 犯罪对象。3. 危害结果。4. 动机。5. 平时表现。6. 认罪态度。7. 是否有前科。8. 其他证据。</td></tr>
<tr><td rowspan="5">量刑标准</td><td>犯本罪的</td><td>处三年以下有期徒刑，并处或者单处罚金</td></tr>
<tr><td>情节特别严重的</td><td>处三年以上十年以下有期徒刑，并处罚金</td></tr>
<tr><td>单位犯本罪的</td><td>对单位判处罚金，并对其直接负责的主管人员和其他直接责任人员，依上述规定处罚</td></tr>
<tr><td>可以酌情从重处罚，一般不适用缓刑</td><td>（1）主要以侵犯知识产权为业的；
（2）因侵犯知识产权被行政处罚后再次侵犯知识产权构成犯罪的；
（3）在重大自然灾害、事故灾难、公共卫生事件期间，假冒抢险救灾、防疫物资等商品的注册商标的；
（4）拒不交出违法所得的。</td></tr>
<tr><td>可以酌情从轻处罚</td><td>（1）认罪认罚的；
（2）取得权利人谅解的；
（3）具有悔罪表现的。</td></tr>
</table>

刑法条文

第一百一十三条 未经注册商标所有人许可，在同一种商品、服务上使用与其注册商标相同的商标，情节严重的，处三年以下有期徒刑，并处或者单处罚金；情节特别严重的，处三年以上十年以下有期徒刑，并处罚金。

第二百二十条 单位犯本节第二百一十三条至第二百一十九条之一规定之罪的，对单位判处罚金，并对其直接负责的主管人员和其他直接责任人员，依照本节各该条的规定处罚。

法律适用

司法解释

一、最高人民法院、最高人民检察院《关于办理侵犯知识产权刑事案件具体应用法律若干问题的解释（三）》（节录）（2020年9月12日最高人民法院、最高人民检察院公布 自2020年9月14日起施行）

第一条 具有下列情形之一的，可以认定为刑法第二百一十三条规定的“与其注册商标相同的商标”：

（一）改变注册商标的字体、字母大小写或者文字横竖排列，与注册商标之间基本无差别的；

（二）改变注册商标的文字、字母、数字等之间的间距，与注册商标之间基本无差别的；

（三）改变注册商标颜色，不影响体现注册商标显著特征的；

（四）在注册商标上仅增加商品通用名称、型号等缺乏显著特征要素，不影响体现注册商标显著特征的；

（五）与立体注册商标的三维标志及平面要素基本无差别的；

（六）其他与注册商标基本无差别、足以对公众产生误导的商标。

第七条 除特殊情况外，假冒注册商标的商品、非法制造的注册商标标识、侵犯著作权的复制品、主要用于制造假冒注册商标的商品、注册商标标识或者侵权复制品的材料和工具，应当依法予以没收和销毁。

上述物品需要作为民事、行政案件的证据使用的，经权利人申请，可以在民事、行政案件终结后或者采取取样、拍照等方式对证据固定后予以销毁。

第八条 具有下列情形之一的，可以酌情从重处罚，一般不适用缓刑：

（一）主要以侵犯知识产权为业的；

（二）因侵犯知识产权被行政处罚后再次侵犯知识产权构成犯罪的；

（三）在重大自然灾害、事故灾难、公共卫生事件期间，假冒抢险救灾、防疫物资等商品的注册商标的；

（四）拒不交出违法所得的。

第九条 具有下列情形之一的，可以酌情从轻处罚：

（一）认罪认罚的；

（二）取得权利人谅解的；

（三）具有悔罪表现的；

（四）以不正当手段获取权利人的商业秘密后尚未披露、使用或者允许他人使用的。

第十条 对于侵犯知识产权犯罪的，应当综合考虑犯罪违法所得数额、非法经营数额、给权利人造成的损失数额、侵权假冒物品数量及社会危害性等情节，依法判处罚金。

法律适用　司法解释

罚金数额一般在违法所得数额的一倍以上五倍以下确定。违法所得数额无法查清的，罚金数额一般按照非法经营数额的百分之五十以上一倍以下确定。违法所得数额和非法经营数额均无法查清，判处三年以下有期徒刑、拘役、管制或者单处罚金的，一般在三万元以上一百万元以下确定罚金数额；判处三年以上有期徒刑的，一般在十五万元以上五百万元以下确定罚金数额。

二、最高人民法院、最高人民检察院《关于办理侵犯知识产权刑事案件具体应用法律若干问题的解释》（2004年12月8日最高人民法院、最高人民检察院公布　自2004年12月22日起施行　法释〔2004〕19号）

为依法惩治侵犯知识产权犯罪活动，维护社会主义市场经济秩序，根据刑法有关规定，现就办理侵犯知识产权刑事案件具体应用法律的若干问题解释如下：

第一条　未经注册商标所有人许可，在同一种商品上使用与其注册商标相同的商标，具有下列情形之一的，属于刑法第二百一十三条规定的“情节严重”，应当以假冒注册商标罪判处三年以下有期徒刑或者拘役，并处或者单处罚金：

（一）非法经营数额在五万元以上或者违法所得数额在三万元以上的；

（二）假冒两种以上注册商标，非法经营数额在三万元以上或者违法所得数额在二万元以上的；

（三）其他情节严重的情形。

具有下列情形之一的，属于刑法第二百一十三条规定的“情节特别严重”，应当以假冒注册商标罪判处三年以上七年以下有期徒刑，并处罚金：

（一）非法经营数额在二十五万元以上或者违法所得数额在十五万元以上的；

（二）假冒两种以上注册商标，非法经营数额在十五万元以上或者违法所得数额在十万元以上的；

（三）其他情节特别严重的情形。

第二条　销售明知是假冒注册商标的商品，销售金额在五万元以上的，属于刑法第二百一十四条规定的“数额较大”，应当以销售假冒注册商标的商品罪判处三年以下有期徒刑或者拘役，并处或者单处罚金。

销售金额在二十五万元以上的，属于刑法第二百一十四条规定的“数额巨大”，应当以销售假冒注册商标的商品罪判处三年以上七年以下有期徒刑，并处罚金。

第三条　伪造、擅自制造他人注册商标标识或者销售伪造、擅自制造的注册商标标识，具有下列情形之一的，属于刑法第二百一十五条规定的“情节严重”，应当以非法制造、销售非法制造的注册商标标识罪判处三年以下有期徒刑、拘役或者管制，并处或者单处罚金：

（一）伪造、擅自制造或者销售伪造、擅自制造的注册商标标识数量在二万件以上，或者非法经营数额在五万元以上，或者违法所得数额在三万元以上的；

（二）伪造、擅自制造或者销售伪造、擅自制造两种以上注册商标标识数量在一万件以上，或者非法经营数额在三万元以上，或者违法所得数额在二万元以上的；

（三）其他情节严重的情形。

具有下列情形之一的，属于刑法第二百一十五条规定的“情节特别严重”，应当以非法制造、销售非法制造的注册商标标识罪判处三年以上七年以下有期徒刑，并处罚金：

（一）伪造、擅自制造或者销售伪造、擅自制造的注册商标标识数量在十万件以上，或者非法经营数额在二十五万元以上，或者违法所得数额在十五万元以上的；

（二）伪造、擅自制造或者销售伪造、擅自制造两种以上注册商标标识数量在五万件以上，或者非法经营数额在十五万元以上，或者违法所得数额在十万元以上的；

（三）其他情节特别严重的情形。

第四条 假冒他人专利，具有下列情形之一的，属于刑法第二百一十六条规定的“情节严重”，应当以假冒专利罪判处三年以下有期徒刑或者拘役，并处或者单处罚金：

（一）非法经营数额在二十万元以上或者违法所得数额在十万元以上的；

（二）给专利权人造成直接经济损失五十万元以上的；

（三）假冒两项以上他人专利，非法经营数额在十万元以上或者违法所得数额在五万元以上的；

（四）其他情节严重的情形。

第五条 以营利为目的，实施刑法第二百一十七条所列侵犯著作权行为之一，违法所得数额在三万元以上的，属于“违法所得数额较大”；具有下列情形之一的，属于“有其他严重情节”，应当以侵犯著作权罪判处三年以下有期徒刑或者拘役，并处或者单处罚金：

（一）非法经营数额在五万元以上的；

（二）未经著作权人许可，复制发行其文字作品、音乐、电影、电视、录像作品、计算机软件及其他作品，复制品数量合计在一千张（份）以上的；

（三）其他严重情节的情形。

以营利为目的，实施刑法第二百一十七条所列侵犯著作权行为之一，违法所得数额在十五万元以上的，属于“违法所得数额巨大”；具有下列情形之一的，属于“有其他特别严重情节”，应当以侵犯著作权罪判处三年以上七年以下有期徒刑，并处罚金：

（一）非法经营数额在二十五万元以上的；

（二）未经著作权人许可，复制发行其文字作品、音乐、电影、电视、录像作品、计算机软件及其他作品，复制品数量合计在五千张（份）以上的；

（三）其他特别严重情节的情形。

第六条 以营利为目的，实施刑法第二百一十八条规定的行为，违法所得数额在十万元以上的，属于“违法所得数额巨大”，应当以销售侵权复制品罪判处三年以下有期徒刑或者拘役，并处或者单处罚金。

第七条 实施刑法第二百一十九条规定的行为之一，给商业秘密的权利人造成损失数额在五十万元以上的，属于“给商业秘密的权利人造成重大损失”，应当以侵犯商业秘密罪判处三年以下有期徒刑或者拘役，并处或者单处罚金。

给商业秘密的权利人造成损失数额在二百五十万元以上的，属于刑法第二百一十九条规定的“造成特别严重后果”，应当以侵犯商业秘密罪判处三年以上七年以下有期徒刑，并处罚金。

第八条 刑法第二百一十三条规定的“相同的商标”，是指与被假冒的注册商标完全相同，或者与被假冒的注册商标在视觉上基本无差别、足以对公众产生误导的商标。

刑法第二百一十三条规定的“使用”，是指将注册商标或者假冒的注册商标用于商品、商品包装或者容器以及产品说明书、商品交易文书，或者将注册商标或者假冒的注册商标用于广告宣传、展览以及其他商业活动等行为。

法律适用 司法解释

第九条 刑法第二百一十四条规定的“销售金额”，是指销售假冒注册商标的商品后所得和应得的全部违法收入。

具有下列情形之一的，应当认定为属于刑法第二百一十四条规定的“明知”：

（一）知道自己销售的商品上的注册商标被涂改、调换或者覆盖的；

（二）因销售假冒注册商标的商品受到过行政处罚或者承担过民事责任、又销售同一种假冒注册商标的商品的；

（三）伪造、涂改商标注册人授权文件或者知道该文件被伪造、涂改的；

（四）其他知道或者应当知道是假冒注册商标的商品的情形。

第十条 实施下列行为之一的，属于刑法第二百一十六条规定的“假冒他人专利”的行为：

（一）未经许可，在其制造或者销售的产品、产品的包装上标注他人专利号的；

（二）未经许可，在广告或者其他宣传材料中使用他人的专利号，使人将所涉及的技术误认为是他人专利技术的；

（三）未经许可，在合同中使用他人的专利号，使人将合同涉及的技术误认为是他人专利技术的；

（四）伪造或者变造他人的专利证书、专利文件或者专利申请文件的。

第十一条 以刊登收费广告等方式直接或者间接收取费用的情形，属于刑法第二百一十七条规定的“以营利为目的”。

刑法第二百一十七条规定的“未经著作权人许可”，是指没有得到著作权人授权或者伪造、涂改著作权人授权许可文件或者超出授权许可范围的情形。

通过信息网络向公众传播他人文字作品、音乐、电影、电视、录像作品、计算机软件及其他作品的行为，应当视为刑法第二百一十七条规定的“复制发行”。

第十二条 本解释所称“非法经营数额”，是指行为人在实施侵犯知识产权行为过程中，制造、储存、运输、销售侵权产品的价值。已销售的侵权产品的价值，按照实际销售的价格计算。制造、储存、运输和未销售的侵权产品的价值，按照标价或者已经查清的侵权产品的实际销售平均价格计算。侵权产品没有标价或者无法查清其实际销售价格的，按照被侵权产品的市场中间价格计算。

多次实施侵犯知识产权行为，未经行政处理或者刑事处罚的，非法经营数额、违法所得数额或者销售金额累计计算。

本解释第三条所规定的“件”，是指标有完整商标图样的一份标识。

第十三条 实施刑法第二百一十三条规定的假冒注册商标犯罪，又销售该假冒注册商标的商品，构成犯罪的，应当依照刑法第二百一十三条的规定，以假冒注册商标罪定罪处罚。

实施刑法第二百一十三条规定的假冒注册商标犯罪，又销售明知是他人的假冒注册商标的商品，构成犯罪的，应当实行数罪并罚。

第十四条 实施刑法第二百一十七条规定的侵犯著作权犯罪，又销售该侵权复制品，构成犯罪的，应当依照刑法第二百一十七条的规定，以侵犯著作权罪定罪处罚。

实施刑法第二百一十七条规定的侵犯著作权犯罪，又销售明知是他人的侵权复制品，构成犯罪的，应当实行数罪并罚。

第十五条 单位实施刑法第二百一十三条至第二百一十九条规定的行为，按照本解释规定的相应个人犯罪的定罪量刑标准的三倍定罪量刑。

第十六条 明知他人实施侵犯知识产权犯罪，而为其提供贷款、资金、账号、发票、证明、许可证件，或者提供生产、经营场所或者运输、储存、代理进出口等便利条件、帮助的，以侵犯知识产权犯罪的共犯论处。

第十七条 以前发布的有关侵犯知识产权犯罪的司法解释，与本解释相抵触的，自本解释施行后不再适用。

三、最高人民法院、最高人民检察院《关于办理侵犯知识产权刑事案件具体应用法律若干问题的解释（二）》（2007年4月5日最高人民法院、最高人民检察院公布自公布之日起施行）

为维护社会主义市场经济秩序，依法惩治侵犯知识产权犯罪活动，根据刑法、刑事诉讼法有关规定，现就办理侵犯知识产权刑事案件具体应用法律的若干问题解释如下：

第一条 以营利为目的，未经著作权人许可，复制发行其文字作品、音乐、电影、电视、录像作品、计算机软件及其他作品，复制品数量合计在五百张（份）以上的，属于刑法第二百一十七条规定的“有其他严重情节”；复制品数量在二千五百张（份）以上的，属于刑法第二百一十七条规定的“有其他特别严重情节”。

第二条 刑法第二百一十七条侵犯著作权罪中的“复制发行”，包括复制、发行或者既复制又发行的行为。

侵权产品的持有人通过广告、征订等方式推销侵权产品的，属于刑法第二百一十七条规定的“发行”。

非法出版、复制、发行他人作品，侵犯著作权构成犯罪的，按照侵犯著作权罪定罪处罚。

第三条 侵犯知识产权犯罪，符合刑法规定的缓刑条件的，依法适用缓刑。有下列情形之一的，一般不适用缓刑：

（一）因侵犯知识产权被刑事处罚或者行政处罚后，再次侵犯知识产权构成犯罪的；

（二）不具有悔罪表现的；

（三）拒不交出违法所得的；

（四）其他不宜适用缓刑的情形。

第四条 对于侵犯知识产权犯罪的，人民法院应当综合考虑犯罪的违法所得、非法经营数额、给权利人造成的损失、社会危害性等情节，依法判处罚金。罚金数额一般在违法所得的一倍以上五倍以下，或者按照非法经营数额的50%以上一倍以下确定。

第五条 被害人有证据证明的侵犯知识产权刑事案件，直接向人民法院起诉的，人民法院应当依法受理；严重危害社会秩序和国家利益的侵犯知识产权刑事案件，由人民检察院依法提起公诉。

第六条 单位实施刑法第二百一十三条至第二百一十九条规定的行为，按照《最高人民法院、最高人民检察院关于办理侵犯知识产权刑事案件具体应用法律若干问题的解释》和本解释规定的相应个人犯罪的定罪量刑标准定罪处罚。

第七条 以前发布的司法解释与本解释不一致的，以本解释为准。

四、最高人民检察院、公安部《关于公安机关管辖的刑事案件立案追诉标准的规定（二）》（节录）（2010年5月7日最高人民检察院、公安部公布　自公布之日起施行　2011年11月14日修正）

第六十九条　〔假冒注册商标案（刑法第二百一十三条）〕未经注册商标所有人许可，在同一种商品上使用与其注册商标相同的商标，涉嫌下列情形之一的，应予立案追诉：

（一）非法经营数额在五万元以上或者违法所得数额在三万元以上的；

（二）假冒两种以上注册商标，非法经营数额在三万元以上或者违法所得数额在二万元以上的；

（三）其他情节严重的情形。

五、最高人民法院、最高人民检察院《关于办理非法生产、销售烟草专卖品等刑事案件具体应用法律若干问题的解释》（节录）（2010年3月2日最高人民法院、最高人民检察院公布　自2010年3月26日起施行　法释〔2010〕7号）

第一条第二款　未经卷烟、雪茄烟等烟草专卖品注册商标所有人许可，在卷烟、雪茄烟等烟草专卖品上使用与其注册商标相同的商标，情节严重的，依照刑法第二百一十三条的规定，以假冒注册商标罪定罪处罚。

第六条　明知他人实施本解释第一条所列犯罪，而为其提供贷款、资金、账号、发票、证明、许可证件，或者提供生产、经营场所、设备、运输、仓储、保管、邮寄、代理进出口等便利条件，或者提供生产技术、卷烟配方的，应当按照共犯追究刑事责任。

六、最高人民法院、最高人民检察院、公安部《关于办理侵犯知识产权刑事案件适用法律若干问题的意见》（2011年1月10日最高人民法院、最高人民检察院、公安部公布　自公布之日起施行　法发〔2011〕3号）

为解决近年来公安机关、人民检察院、人民法院在办理侵犯知识产权刑事案件中遇到的新情况、新问题，依法惩治侵犯知识产权犯罪活动，维护社会主义市场经济秩序，根据刑法、刑事诉讼法及有关司法解释的规定，结合侦查、起诉、审判实践，制定本意见。

一、关于侵犯知识产权犯罪案件的管辖问题

侵犯知识产权犯罪案件由犯罪地公安机关立案侦查。必要时，可以由犯罪嫌疑人居住地公安机关立案侦查。侵犯知识产权犯罪案件的犯罪地，包括侵权产品制造地、储存地、运输地、销售地，传播侵权作品、销售侵权产品的网站服务器所在地、网络接入地、网站建立者或者管理者所在地，侵权作品上传者所在地，权利人受到实际侵害的犯罪结果发生地。对有多个侵犯知识产权犯罪地的，由最初受理的公安机关或者主要犯罪地公安机关管辖。多个侵犯知识产权犯罪地的公安机关对管辖有争议的，由共同的上级公安机关指定管辖，需要提请批准逮捕、移送审查起诉、提起公诉的，由该公安机关所在地的同级人民检察院、人民法院受理。

对于不同犯罪嫌疑人、犯罪团伙跨地区实施的涉及同一批侵权产品的制造、储存、运输、销售等侵犯知识产权犯罪行为，符合并案处理要求的，有关公安机关可以一并立案侦查，需要提请批准逮捕、移送审查起诉、提起公诉的，由该公安机关所在地的同级人民检察院、人民法院受理。

二、关于办理侵犯知识产权刑事案件中行政执法部门收集、调取证据的效力问题

行政执法部门依法收集、调取、制作的物证、书证、视听资料、检验报告、鉴定结论、勘验笔录、现场笔录，经公安机关、人民检察院审查，人民法院庭审质证确认，可以作为刑事证据使用。

行政执法部门制作的证人证言、当事人陈述等调查笔录，公安机关认为有必要作为刑事证据使用的，应当依法重新收集、制作。

三、关于办理侵犯知识产权刑事案件的抽样取证问题和委托鉴定问题

公安机关在办理侵犯知识产权刑事案件时，可以根据工作需要抽样取证，或者商请同级行政执法部门、有关检验机构协助抽样取证。法律、法规对抽样机构或者抽样方法有规定的，应当委托规定的机构并按照规定方法抽取样品。

公安机关、人民检察院、人民法院在办理侵犯知识产权刑事案件时，对于需要鉴定的事项，应当委托国家认可的有鉴定资质的鉴定机构进行鉴定。

公安机关、人民检察院、人民法院应当对鉴定结论进行审查，听取权利人、犯罪嫌疑人、被告人对鉴定结论的意见，可以要求鉴定机构作出相应说明。

四、关于侵犯知识产权犯罪自诉案件的证据收集问题

人民法院依法受理侵犯知识产权刑事自诉案件，对于当事人因客观原因不能取得的证据，在提起自诉时能够提供有关线索，申请人民法院调取的，人民法院应当依法调取。

五、关于刑法第二百一十三条规定的“同一种商品”的认定问题

名称相同的商品以及名称不同但指同一事物的商品，可以认定为“同一种商品”。“名称”是指国家工商行政管理总局商标局在商标注册工作中对商品使用的名称，通常即《商标注册用商品和服务国际分类》中规定的商品名称。“名称不同但指同一事物的商品”是指在功能、用途、主要原料、消费对象、销售渠道等方面相同或者基本相同，相关公众一般认为是同一种事物的商品。

认定“同一种商品”，应当在权利人注册商标核定使用的商品和行为人实际生产销售的商品之间进行比较。

六、关于刑法第二百一十三条规定的“与其注册商标相同的商标”的认定问题

具有下列情形之一，可以认定为“与其注册商标相同的商标”：

（一）改变注册商标的字体、字母大小写或者文字横竖排列，与注册商标之间仅有细微差别的；

（二）改变注册商标的文字、字母、数字等之间的间距，不影响体现注册商标显著特征的；

（三）改变注册商标颜色的；

（四）其他与注册商标在视觉上基本无差别、足以对公众产生误导的商标。

七、关于尚未附着或者尚未全部附着假冒注册商标标识的侵权产品价值是否计入非法经营数额的问题

在计算制造、储存、运输和未销售的假冒注册商标侵权产品价值时，对于已经制作完成但尚未附着（含加贴）或者尚未全部附着（含加贴）假冒注册商标标识的产品，如果有确实、充分证据证明该产品将假冒他人注册商标，其价值计入非法经营数额。

八、关于销售假冒注册商标的商品犯罪案件中尚未销售或者部分销售情形的定罪量刑问题

销售明知是假冒注册商标的商品，具有下列情形之一的，依照刑法第二百一十四条的规定，以销售假冒注册商标的商品罪（未遂）定罪处罚：

（一）假冒注册商标的商品尚未销售，货值金额在十五万元以上的；

（二）假冒注册商标的商品部分销售，已销售金额不满五万元，但与尚未销售的假冒注册商标的商品的货值金额合计在十五万元以上的。

假冒注册商标的商品尚未销售，货值金额分别达到十五万元以上不满二十五万元、二十五万元以上的，分别依照刑法第二百一十四条规定的各法定刑幅度定罪处罚。

销售金额和未销售货值金额分别达到不同的法定刑幅度或者均达到同一法定刑幅度的，在处罚较重的法定刑或者同一法定刑幅度内酌情从重处罚。

九、关于销售他人非法制造的注册商标标识犯罪案件中尚未销售或者部分销售情形的定罪问题

销售他人伪造、擅自制造的注册商标标识，具有下列情形之一的，依照刑法第二百一十五条的规定，以销售非法制造的注册商标标识罪（未遂）定罪处罚：

（一）尚未销售他人伪造、擅自制造的注册商标标识数量在六万件以上的；

（二）尚未销售他人伪造、擅自制造的两种以上注册商标标识数量在三万件以上的；

（三）部分销售他人伪造、擅自制造的注册商标标识，已销售标识数量不满二万件，但与尚未销售标识数量合计在六万件以上的；

（四）部分销售他人伪造、擅自制造的两种以上注册商标标识，已销售标识数量不满一万件，但与尚未销售标识数量合计在三万件以上的。

十、关于侵犯著作权犯罪案件“以营利为目的”的认定问题

除销售外，具有下列情形之一的，可以认定为“以营利为目的”：

（一）以在他人作品中刊登收费广告、捆绑第三方作品等方式直接或者间接收取费用的；

（二）通过信息网络传播他人作品，或者利用他人上传的侵权作品，在网站或者网页上提供刊登收费广告服务，直接或者间接收取费用的；

（三）以会员制方式通过信息网络传播他人作品，收取会员注册费或者其他费用的；

（四）其他利用他人作品牟利的情形。

十一、关于侵犯著作权犯罪案件“未经著作权人许可”的认定问题

“未经著作权人许可”一般应当依据著作权人或者其授权的代理人、著作权集体管理组织、国家著作权行政管理部门指定的著作权认证机构出具的涉案作品版权认证文书，或者证明出版者、复制发行者伪造、涂改授权许可文件或者超出授权许可范围的证据，结合其他证据综合予以认定。

在涉案作品种类众多且权利人分散的案件中，上述证据确实难以一一取得，但有证据证明涉案复制品系非法出版、复制发行的，且出版者、复制发行者不能提供获得著作权人许可的相关证明材料的，可以认定为“未经著作权人许可”。但是，有证据证明权利人放弃权利、涉案作品的著作权不受我国著作权法保护，或者著作权保护期限已经届满的除外。

十二、关于刑法第二百一十七条规定的“发行”的认定及相关问题

“发行”，包括总发行、批发、零售、通过信息网络传播以及出租、展销等活动。

非法出版、复制、发行他人作品，侵犯著作权构成犯罪的，按照侵犯著作权罪定罪处罚，不认定为非法经营罪等其他犯罪。

法律适用

司法解释

十三、关于通过信息网络传播侵权作品行为的定罪处罚标准问题

以营利为目的，未经著作权人许可，通过信息网络向公众传播他人文字作品、音乐、电影、电视、美术、摄影、录像作品、录音录像制品、计算机软件及其他作品，具有下列情形之一的，属于刑法第二百一十七条规定的“其他严重情节”：

（一）非法经营数额在五万元以上的；

（二）传播他人作品的数量合计在五百件（部）以上的；

（三）传播他人作品的实际被点击数达到五万次以上的；

（四）以会员制方式传播他人作品，注册会员达到一千人以上的；

（五）数额或者数量虽未达到第（一）项至第（四）项规定标准，但分别达到其中两项以上标准一半以上的；

（六）其他严重情节的情形。

实施前款规定的行为，数额或者数量达到前款第（一）项至第（五）项规定标准五倍以上的，属于刑法第二百一十七条规定的“其他特别严重情节”。

十四、关于多次实施侵犯知识产权行为累计计算数额问题

依照《最高人民法院、最高人民检察院关于办理侵犯知识产权刑事案件具体应用法律若干问题的解释》第十二条第二款的规定，多次实施侵犯知识产权行为，未经行政处理或者刑事处罚的，非法经营数额、违法所得数额或者销售金额累计计算。

二年内多次实施侵犯知识产权违法行为，未经行政处理，累计数额构成犯罪的，应当依法定罪处罚。实施侵犯知识产权犯罪行为的追诉期限，适用刑法的有关规定，不受前述二年的限制。

十五、关于为他人实施侵犯知识产权犯罪提供原材料、机械设备等行为的定性问题

明知他人实施侵犯知识产权犯罪，而为其提供生产、制造侵权产品的主要原材料、辅助材料、半成品、包装材料、机械设备、标签标识、生产技术、配方等帮助，或者提供互联网接入、服务器托管、网络存储空间、通讯传输通道、代收费、费用结算等服务的，以侵犯知识产权犯罪的共犯论处。

十六、关于侵犯知识产权犯罪竞合的处理问题

行为人实施侵犯知识产权犯罪，同时构成生产、销售伪劣商品犯罪的，依照侵犯知识产权犯罪与生产、销售伪劣商品犯罪中处罚较重的规定定罪处罚。

相关法律法规

一、《中华人民共和国商标法》（节录）（1982年8月23日全国人大常委会令第10号公布　1993年2月22日第一次修正　2001年10月27日第二次修正　2013年8月30日第三次修正　2019年4月23日第四次修正）

第六十七条　未经商标注册人许可，在同一种商品上使用与其注册商标相同的商标，构成犯罪的，除赔偿被侵权人的损失外，依法追究刑事责任。

伪造、擅自制造他人注册商标标识或者销售伪造、擅自制造的注册商标标识，构成犯罪的，除赔偿被侵权人的损失外，依法追究刑事责任。

销售明知是假冒注册商标的商品，构成犯罪的，除赔偿被侵权人的损失外，依法追究刑事责任。

法律适用

相关法律法规

二、《中华人民共和国烟草专卖法》(节录)(1991年6月29日中华人民共和国主席令第46号公布　自1992年1月1日起施行　2009年8月27日第一次修正　2013年12月28日第二次修正　2015年4月24日第三次修正)

第十九条　卷烟、雪茄烟和有包装的烟丝必须申请商标注册，未经核准注册的，不得生产、销售。

禁止生产、销售假冒他人注册商标的烟草制品。

第三十三条　生产、销售没有注册商标的卷烟、雪茄烟、有包装的烟丝的，由工商行政管理部门责令停止生产、销售，并处罚款。

生产、销售假冒他人注册商标的烟草制品的，由工商行政管理部门责令停止侵权行为，赔偿被侵权人的损失，可以并处罚款；构成犯罪的，依法追究刑事责任。

三、《中华人民共和国反不正当竞争法》(节录)(1993年9月2日中华人民共和国主席令第10号公布　自1993年12月1日起施行　2017年11月4日修订　2019年4月23日修正)

第六条　经营者不得实施下列混淆行为，引人误认为是他人商品或者与他人存在特定联系：

(一)擅自使用与他人有一定影响的商品名称、包装、装潢等相同或者近似的标识；

(二)擅自使用他人有一定影响的企业名称(包括简称、字号等)、社会组织名称(包括简称等)、姓名(包括笔名、艺名、译名等)；

(三)擅自使用他人有一定影响的域名主体部分、网站名称、网页等；

(四)其他足以引人误认为是他人商品或者与他人存在特定联系的混淆行为。

91 销售假冒注册商标的商品案

概念

本罪是指明知是假冒注册商标的商品而故意予以销售，违法所得数额较大或有其他严重情节的行为。

立案标准

根据最高人民检察院、公安部《关于公安机关管辖的刑事案件立案追诉标准的规定（二）》的规定，销售明知是假冒注册商标的商品，涉嫌下列情形之一的，应予立案追诉：①

（1）销售金额在 5 万元以上的；

（2）尚未销售，货值金额在 15 万元以上的；

（3）销售金额不满 5 万元，但已销售金额与尚未销售的货值金额合计在 15 万元以上的。

定罪标准		
定罪标准	犯罪客体	本罪侵犯的客体是复杂客体，即国家商标管理秩序或商标注册人的商标专用权。本罪的犯罪对象是注册商标，未经注册的商标不能成为本罪的对象。销售假冒注册商标的商品，一方面，侵犯了国家的注册商标管理制度，扰乱了注册商标管理的商品；另一方面，也侵犯了商标注册人的商标专用权。
	犯罪客观方面	本罪客观方面表现为违反商标管理法规，销售假冒他人已经注册的商标的商品的行为。 一、这里的“销售”应是广义的，包括批发、零售、代售、贩卖等各个销售环节。“假冒注册商标”是指假冒他人已经注册了的商标。如果将还未有人注册过的商标冒充已经注册的商标在商品上使用，不构成本条规定的犯罪，而是属于违反注册商标管理的行为。 二、违法所得必须达到数额较大或者有其他严重情节。这里规定的“其他严重情节”，主要是指违法所得金额较大之外的情形，其他如销售金额数额较大、销售侵权商品持续时间长、数量大，给权利人造成的损失大，给消费者造成了人身、财产等方面较大的损失等。
	犯罪主体	本罪主体为自然人和单位。

① 虽然《刑法修正案（十一）》将入罪标准由“销售金额数额较大”修改为“违法所得数额较大或者有其他严重情节”，但由于新的入罪标准增加了“其他严重情节”作为兜底性规定，因此，销售金额本身的大小仍然应当属于衡量行为人所实施的犯罪行为的情节是否达到了严重的重要参照。

定罪标准	犯罪主观方面	本罪主观方面是故意。行为人以下行为可以推定其明知：（1）知道自己销售的商品上的注册商标被涂改、调换或者覆盖的；（2）因销售假冒注册商标的商品受到过行政处罚或者承担过民事责任、又销售同一种假冒注册商标的商品的；（3）伪造、涂改商标注册人授权文件或者知道该文件被伪造、涂改的；（4）其他知道或者应当知道是假冒注册商标的商品的情形。
	罪与非罪	区分罪与非罪的界限，要注意：一是故意销售假冒注册商标的商品，违法所得数额是否达到定罪的标准。对于未达到数额标准的，应当由有关部门给予相应的行政处罚。二是过失销售假冒注册商标的商品的，不构成犯罪。三是销售未注册商标的假冒产品的，不构成销售假冒注册商标的商品罪。但行为人经销的产品掺假、质量低劣，违法经营额巨大，或违法所得数额较大，具有其他严重情节的，可构成生产、销售伪劣产品罪。 行为人未经注册商标所有人的许可，在同一种商品上使用与其注册商标相同的商标后，又将该种商品出售，获取非法利益的，属于吸收犯，其吸收行为与被吸收行为，属假冒注册商标罪的整个犯罪过程的组成部分，彼此间存在联系，后行为是前行为的必然结果，行为人在自己的商品上使用他人注册商标，多是为了将自己的商品出售，在此情况下，可认定行为人的行为构成假冒注册商标罪，而不能实行数罪并罚。
	此罪与彼罪	本罪与假冒注册商标罪的界限。二者的主要区别在于：（1）犯罪对象不同。前者犯罪对象是假冒注册商标的商品；后者的犯罪对象是他人的注册商标。（2）客观方面表现不同。前者在客观方面的表现是行为人销售明知是假冒注册商标的商品；后者则表现为行为人未经注册商标所有人的许可，在同一种商品、服务上使用与其注册商标相同的商标。
证据参考标准	主体方面的证据	**一、证明行为人刑事责任年龄、身份等自然情况的证据。** 包括身份证明、户籍证明、任职证明、工作经历证明、特定职责证明等，主要是证明行为人的姓名（曾用名）、性别、出生年月日、民族、籍贯、出生地、职业（或职务）、住所地（或居所地）等证据材料，如户口簿、居民身份证、工作证、出生证、专业或技术等级证、干部履历表、职工登记表、护照等。 对于户籍、出生证等材料内容不实的，应提供其他证据材料。外国人犯罪的案件，应有护照等身份证明材料。人大代表、政协委员犯罪的案件，应注明身份，并附身份证明材料。 **二、证明行为人刑事责任能力的证据。** 证明行为人对自己的行为是否具有辨认能力与控制能力，如是否属于间歇性精神病人、尚未完全丧失辨认或者控制自己行为能力的精神病人的证明材料。 **三、证明单位的证据。** 证明是否属于依法成立并有合法经营、管理范围的公司、企业、事业单位、机关、团体。 证明单位的名称、住所地、性质、法定代表人、单位负责人、业务范围、成立时间等证据材料，如企业营业执照、国有公司性质证明及非法人单位的身份证明等。

<table>
<tr><td rowspan="4">证据参考标准</td><td>主体方面的证据</td><td colspan="2">四、证明法定代表人、单位负责人或直接责任人员等的身份证明。
法定代表人、直接负责的主管人员和其他直接责任人在单位的任职、职责、负责权限的证明材料等。包括身份证明、户籍证明、任职证明等，如户口簿、居民身份证、工作证、护照、专业或技术等级证、干部履历表、职工登记表、任命书、业务分工文件、委派文件、单位证明、单位规章制度等。</td></tr>
<tr><td>主观方面的证据</td><td colspan="2">证明行为人故意的证据：1. 证明行为人明知的证据：证明行为人明知自己的行为会发生危害社会的结果。2. 证明直接故意的证据：证明行为人希望危害结果发生。3. 目的：（1）获取非法利润；（2）牟利；（3）营利。</td></tr>
<tr><td>客观方面的证据</td><td colspan="2">证明行为人销售假冒注册商标的商品犯罪行为的证据。
具体证据包括：1. 证明行为人购进并且销售明知是假冒他人注册商标的商品行为的证据；2. 证明行为人帮助他人销售明知是假冒他人注册商标的商品行为的证据；3. 证明行为人代为销售明知是假冒他人注册商标的商品行为的证据；4. 证明行为人销售明知是假冒他人注册商标的商品违法所得数额较大行为的证据；5. 证明行为人销售明知是假冒他人注册商标的商品违法所得数额巨大行为的证据。</td></tr>
<tr><td>量刑方面的证据</td><td colspan="2">一、法定量刑情节证据。
1. 事实情节：（1）违法所得数额较大；（2）违法所得数额巨大。（3）情节严重；（4）情节特别严重。2. 法定从重情节。3. 法定从轻减轻情节：（1）可以从轻；（2）可以从轻或减轻；（3）应当从轻或者减轻。4. 法定从轻减轻免除情节：（1）可以从轻、减轻或者免除处罚；（2）应当从轻、减轻或者免除处罚。5. 法定减轻免除情节：（1）可以减轻或者免除处罚；（2）应当减轻或者免除处罚；（3）可以免除处罚。
二、酌定量刑情节证据。
1. 犯罪手段：（1）假冒；（2）销售。2. 犯罪对象。3. 危害结果。4. 动机。5. 平时表现。6. 认罪态度。7. 是否有前科。8. 其他证据。</td></tr>
<tr><td rowspan="4">量刑标准</td><td colspan="2">违法所得数额较大或者有其他严重情节的</td><td>处三年以下有期徒刑或者拘役，并处或者单处罚金</td></tr>
<tr><td colspan="2">违法所得数额巨大或者有其他特别严重情节的</td><td>处三年以上七年以下有期徒刑，并处罚金</td></tr>
<tr><td colspan="2">单位犯本罪的</td><td>对单位判处罚金，并对其直接负责的主管人员和其他直接责任人员，依上述规定处罚</td></tr>
<tr><td colspan="2">可以酌情从重处罚，一般不适用缓刑</td><td>（1）主要以侵犯知识产权为业的；
（2）因侵犯知识产权被行政处罚后再次侵犯知识产权构成犯罪的；
（3）在重大自然灾害、事故灾难、公共卫生事件期间，假冒抢险救灾、防疫物资等商品的注册商标的；
（4）拒不交出违法所得的。</td></tr>
</table>

<table>
<tr><td>量刑标准</td><td colspan="2">可以酌情从轻处罚</td><td>（1）认罪认罚的；
（2）取得权利人谅解的；
（3）具有悔罪表现的。</td></tr>
<tr><td rowspan="2">法律适用</td><td>刑法条文</td><td colspan="2">第二百一十四条　销售明知是假冒注册商标的商品，违法所得数额较大或者有其他严重情节的，处三年以下有期徒刑，并处或者单处罚金；违法所得数额巨大或者有其他特别严重情节的，处三年以上十年以下有期徒刑，并处罚金。
第二百二十条　单位犯本节第二百一十三条至第二百一十九条之一规定之罪的，对单位判处罚金，并对其直接负责的主管人员和其他直接责任人员，依照本节各该条的规定处罚。</td></tr>
<tr><td>司法解释</td><td colspan="2">一、最高人民法院、最高人民检察院《关于办理侵犯知识产权刑事案件具体应用法律若干问题的解释（三）》（节录）（2020年9月12日最高人民法院、最高人民检察院公布　自2020年9月14日起施行）
第八条　具有下列情形之一的，可以酌情从重处罚，一般不适用缓刑：
（一）主要以侵犯知识产权为业的；
（二）因侵犯知识产权被行政处罚后再次侵犯知识产权构成犯罪的；
（三）在重大自然灾害、事故灾难、公共卫生事件期间，假冒抢险救灾、防疫物资等商品的注册商标的；
（四）拒不交出违法所得的。
第九条　具有下列情形之一的，可以酌情从轻处罚：
（一）认罪认罚的；
（二）取得权利人谅解的；
（三）具有悔罪表现的；
（四）以不正当手段获取权利人的商业秘密后尚未披露、使用或者允许他人使用的。
第十条　对于侵犯知识产权犯罪的，应当综合考虑犯罪违法所得数额、非法经营数额、给权利人造成的损失数额、侵权假冒物品数量及社会危害性等情节，依法判处罚金。
罚金数额一般在违法所得数额的一倍以上五倍以下确定。违法所得数额无法查清的，罚金数额一般按照非法经营数额的百分之五十以上一倍以下确定。违法所得数额和非法经营数额均无法查清，判处三年以下有期徒刑、拘役、管制或者单处罚金的，一般在三万元以上一百万元以下确定罚金数额；判处三年以上有期徒刑的，一般在十五万元以上五百万元以下确定罚金数额。
二、最高人民法院、最高人民检察院《关于办理侵犯知识产权刑事案件具体应用法律若干问题的解释》（节录）（2004年12月8日最高人民法院、最高人民检察院公布　自2004年12月22日起施行　法释〔2004〕19号）
第二条　销售明知是假冒注册商标的商品，销售金额在五万元以上的，属于刑法第二百一十四条规定的“数额较大”，应当以销售假冒注册商标的商品罪判处三年以下有期徒刑或者拘役，并处或者单处罚金。
销售金额在二十五万元以上的，属于刑法第二百一十四条规定的“数额巨大”，应当以销售假冒注册商标的商品罪判处三年以上七年以下有期徒刑，并处罚金。</td></tr>
</table>

第九条 刑法第二百一十四条规定的“销售金额”，是指销售假冒注册商标的商品后所得和应得的全部违法收入。

具有下列情形之一的，应当认定为属于刑法第二百一十四条规定的“明知”：

（一）知道自己销售的商品上的注册商标被涂改、调换或者覆盖的；

（二）因销售假冒注册商标的商品受到过行政处罚或者承担过民事责任、又销售同一种假冒注册商标的商品的；

（三）伪造、涂改商标注册人授权文件或者知道该文件被伪造、涂改的；

（四）其他知道或者应当知道是假冒注册商标的商品的情形。

第十三条 实施刑法第二百一十三条规定的假冒注册商标犯罪，又销售该假冒注册商标的商品，构成犯罪的，应当依照刑法第二百一十三条的规定，以假冒注册商标罪定罪处罚。

实施刑法第二百一十三条规定的假冒注册商标犯罪，又销售明知是他人的假冒注册商标的商品，构成犯罪的，应当实行数罪并罚。

第十五条 单位实施刑法第二百一十三条至第二百一十九条规定的行为，按照本解释规定的相应个人犯罪的定罪量刑标准的三倍定罪量刑。

第十六条 明知他人实施侵犯知识产权犯罪，而为其提供贷款、资金、账号、发票、证明、许可证件，或者提供生产、经营场所或者运输、储存、代理进出口等便利条件、帮助的，以侵犯知识产权犯罪的共犯论处。

第十七条 以前发布的有关侵犯知识产权犯罪的司法解释，与本解释相抵触的，自本解释施行后不再适用。

三、最高人民检察院、公安部《关于公安机关管辖的刑事案件立案追诉标准的规定（二）》（节录）（2010年5月7日最高人民检察院、公安部公布　自公布之日起施行　2011年11月14日修正）

第七十条〔销售假冒注册商标的商品案（刑法第二百一十四条）〕销售明知是假冒注册商标的商品，涉嫌下列情形之一的，应予立案追诉：

（一）销售金额在五万元以上的；

（二）尚未销售，货值金额在十五万元以上的；

（三）销售金额不满五万元，但已销售金额与尚未销售的货值金额合计在十五万元以上的。

四、最高人民法院、最高人民检察院、公安部、国家烟草专卖局《关于办理假冒伪劣烟草制品等刑事案件适用法律问题座谈会纪要》（节录）（2003年12月23日公布　自公布之日起施行　高检会〔2003〕4号）

二、关于销售明知是假冒烟用注册商标的烟草制品行为中的“明知”问题

根据刑法第二百一十四条的规定，销售明知是假冒烟用注册商标的烟草制品，销售金额较大的，构成销售假冒注册商标的商品罪。

“明知”，是指知道或应当知道。有下列情形之一的，可以认定为“明知”：

1. 以明显低于市场价格进货的；
2. 以明显低于市场价格销售的；
3. 销售假冒烟用注册商标的烟草制品被发现后转移、销毁物证或者提供虚假证明、虚假情况的；
4. 其他可以认定为明知的情形。

四、关于共犯问题

知道或者应当知道他人实施本《纪要》第一条至第三条规定的犯罪行为，仍实施下列行为之一的，应认定为共犯，依法追究刑事责任：

1. 直接参与生产、销售假冒伪劣烟草制品或者销售假冒烟用注册商标的烟草制品或者直接参与非法经营烟草制品并在其中起主要作用的；

2. 提供房屋、场地、设备、车辆、贷款、资金、账号、发票、证明、技术等设施和条件，用于帮助生产、销售、储存、运输假冒伪劣烟草制品、非法经营烟草制品的；

3. 运输假冒伪劣烟草制品的。

上述人员中有检举他人犯罪经查证属实，或者提供重要线索，有立功表现的，可以从轻或减轻处罚；有重大立功表现的，可以减轻或者免除处罚。

五、国家机关工作人员参与实施本《纪要》第一条至第三条规定的犯罪行为的处罚问题

根据《最高人民法院、最高人民检察院关于办理生产、销售伪劣商品刑事案件具体应用法律若干问题的解释》的规定，国家机关工作人员参与实施本《纪要》第一条至第三条规定的犯罪行为的，从重处罚。

六、关于一罪与数罪问题

行为人的犯罪行为同时构成生产、销售伪劣产品罪、销售假冒注册商标的商品罪、非法经营罪等罪的，依照处罚较重的规定定罪处罚。

七、关于窝藏、转移非法制售的烟草制品行为的定罪处罚问题

明知是非法制售的烟草制品而予以窝藏、转移的，依照刑法第三百一十二条的规定，以窝藏、转移赃物罪定罪处罚。

八、关于以暴力、威胁方法阻碍烟草专卖执法人员依法执行职务行为的定罪处罚问题

以暴力、威胁方法阻碍烟草专卖执法人员依法执行职务的，依照刑法第二百七十七条的规定，以妨害公务罪定罪处罚。

九、关于煽动群众暴力抗拒烟草专卖法律实施行为的定罪处罚问题

煽动群众暴力抗拒烟草专卖法律实施的，依照刑法第二百七十八条的规定，以煽动暴力抗拒法律实施罪定罪处罚。

十、关于鉴定问题

假冒伪劣烟草制品的鉴定工作，由国家烟草专卖行政主管部门授权的省级以上烟草产品质量监督检验机构，按照国家烟草专卖局制定的假冒伪劣卷烟鉴别检验管理办法和假冒伪劣卷烟鉴别检验规程等有关规定进行。

假冒伪劣烟草专用机械的鉴定由国家质量监督部门，或其委托的国家烟草质量监督检验中心，根据烟草行业的有关技术标准进行。

十一、关于烟草制品、卷烟的范围

本纪要所称烟草制品指卷烟、雪茄烟、烟丝、复烤烟叶、烟叶、卷烟纸、滤嘴棒、烟用丝束。

本纪要所称卷烟包括散支烟和成品烟。

司法解释

五、最高人民法院、最高人民检察院《关于办理非法生产、销售烟草专卖品等刑事案件具体应用法律若干问题的解释》（节录）（2010年3月2日最高人民法院、最高人民检察院公布 自2010年3月26日起施行 法释〔2010〕7号）

第一条第三款 销售明知是假冒他人注册商标的卷烟、雪茄烟等烟草专卖品，销售金额较大的，依照刑法第二百一十四条的规定，以销售假冒注册商标的商品罪定罪处罚。

第六条 明知他人实施本解释第一条所列犯罪，而为其提供贷款、资金、账号、发票、证明、许可证件，或者提供生产、经营场所、设备、运输、仓储、保管、邮寄、代理进出口等便利条件，或者提供生产技术、卷烟配方的，应当按照共犯追究刑事责任。

六、最高人民法院、最高人民检察院、公安部《关于办理侵犯知识产权刑事案件适用法律若干问题的意见》（节录）（2011年1月10日最高人民法院、最高人民检察院、公安部公布 自公布之日起施行 法发〔2011〕3号）

八、关于销售假冒注册商标的商品犯罪案件中尚未销售或者部分销售情形的定罪量刑问题

销售明知是假冒注册商标的商品，具有下列情形之一的，依照刑法第二百一十四条的规定，以销售假冒注册商标的商品罪（未遂）定罪处罚：

（一）假冒注册商标的商品尚未销售，货值金额在十五万元以上的；

（二）假冒注册商标的商品部分销售，已销售金额不满五万元，但与尚未销售的假冒注册商标的商品的货值金额合计在十五万元以上的。

假冒注册商标的商品尚未销售，货值金额分别达到十五万元以上不满二十五万元、二十五万元以上的，分别依照刑法第二百一十四条规定的各法定刑幅度定罪处罚。

销售金额和未销售货值金额分别达到不同的法定刑幅度或者均达到同一法定刑幅度的，在处罚较重的法定刑或者同一法定刑幅度内酌情从重处罚。

法律适用

相关法律法规

一、《中华人民共和国商标法》（节录）（1982年8月23日全国人大常委会令第10号公布 1993年2月22日第一次修正 2001年10月27日第二次修正 2013年8月30日第三次修正 2019年4月23日第四次修正）

第五十七条 有下列行为之一的，均属侵犯注册商标专用权：

（一）未经商标注册人的许可，在同一种商品上使用与其注册商标相同的商标的；

（二）未经商标注册人的许可，在同一种商品上使用与其注册商标近似的商标，或者在类似商品上使用与其注册商标相同或者近似的商标，容易导致混淆的；

（三）销售侵犯注册商标专用权的商品的；

（四）伪造、擅自制造他人注册商标标识或者销售伪造、擅自制造的注册商标标识的；

（五）未经商标注册人同意，更换其注册商标并将该更换商标的商品又投入市场的；

（六）故意为侵犯他人商标专用权行为提供便利条件，帮助他人实施侵犯商标专用权行为的；

（七）给他人的注册商标专用权造成其他损害的。

法律适用

相关法律法规

第六十条 有本法第五十七条所列侵犯注册商标专用权行为之一，引起纠纷的，由当事人协商解决；不愿协商或者协商不成的，商标注册人或者利害关系人可以向人民法院起诉，也可以请求工商行政管理部门处理。

工商行政管理部门处理时，认定侵权行为成立的，责令立即停止侵权行为，没收、销毁侵权商品和主要用于制造侵权商品、伪造注册商标标识的工具，违法经营额五万元以上的，可以处违法经营额五倍以下的罚款，没有违法经营额或者违法经营额不足五万元的，可以处二十五万元以下的罚款。对五年内实施两次以上商标侵权行为或者有其他严重情节的，应当从重处罚。销售不知道是侵犯注册商标专用权的商品，能证明该商品是自己合法取得并说明提供者的，由工商行政管理部门责令停止销售。

对侵犯商标专用权的赔偿数额的争议，当事人可以请求进行处理的工商行政管理部门调解，也可以依照《中华人民共和国民事诉讼法》向人民法院起诉。经工商行政管理部门调解，当事人未达成协议或者调解书生效后不履行的，当事人可以依照《中华人民共和国民事诉讼法》向人民法院起诉。

第六十四条 注册商标专用权人请求赔偿，被控侵权人以注册商标专用权人未使用注册商标提出抗辩的，人民法院可以要求注册商标专用权人提供此前三年内实际使用该注册商标的证据。注册商标专用权人不能证明此前三年内实际使用过该注册商标，也不能证明因侵权行为受到其他损失的，被控侵权人不承担赔偿责任。

销售不知道是侵犯注册商标专用权的商品，能证明该商品是自己合法取得并说明提供者的，不承担赔偿责任。

第六十七条 未经商标注册人许可，在同一种商品上使用与其注册商标相同的商标，构成犯罪的，除赔偿被侵权人的损失外，依法追究刑事责任。

伪造、擅自制造他人注册商标标识或者销售伪造、擅自制造的注册商标标识，构成犯罪的，除赔偿被侵权人的损失外，依法追究刑事责任。

销售明知是假冒注册商标的商品，构成犯罪的，除赔偿被侵权人的损失外，依法追究刑事责任。

二、《中华人民共和国烟草专卖法》（节录）（1991年6月29日中华人民共和国主席令第46号公布 自1992年1月1日起施行 2009年8月27日第一次修正 2013年12月28日第二次修正 2015年4月24日第三次修正）

第十九条 卷烟、雪茄烟和有包装的烟丝必须申请商标注册，未经核准注册的，不得生产、销售。

禁止生产、销售假冒他人注册商标的烟草制品。

第三十三条 生产、销售没有注册商标的卷烟、雪茄烟、有包装的烟丝的，由工商行政管理部门责令停止生产、销售，并处罚款。

生产、销售假冒他人注册商标的烟草制品的，由工商行政管理部门责令停止侵权行为，赔偿被侵权人的损失，可以并处罚款；构成犯罪的，依法追究刑事责任。

92 非法制造、销售非法制造的注册商标标识案

概念

本罪是指伪造、擅自制造他人注册商标标识或者销售伪造、擅自制造的他人注册商标标识，情节严重的行为。

立案标准

伪造、擅自制造他人注册商标标识或者销售伪造、擅自制造的注册商标标识，涉嫌下列情形之一的，应予追诉：

(1) 伪造、擅自制造或者销售伪造、擅自制造的注册商标标识数量在 2 万件以上，或者非法经营数额在 5 万元以上，或者违法所得数额在 3 万元以上的；

(2) 伪造、擅自制造或者销售伪造、擅自制造两种以上注册商标标识数量在 1 万件以上，或者非法经营数额在 3 万元以上，或者违法所得数额在 2 万元以上的；

(3) 其他情节严重的情形。

定罪标准		
	犯罪客体	本罪侵犯的客体是国家对商标的管理制度和注册商标的专用权。本罪的犯罪对象是注册商标标识。“商标标识”，是指在商品、商品的包装上，或者在服务场所、招牌、广告及其他宣传用品中使用的附有商标图案的物质实体，具体包括带有商标的包装物、标签、封签、说明书、合格证等物品。
	犯罪客观方面	本罪客观方面表现为行为人实施了伪造、擅自制造他人注册商标标识或者销售伪造、擅自制造的他人注册商标标识，情节严重的行为。 一、伪造、擅自制造他人注册商标标识的行为。“伪造”，是指未经商标注册人许可而仿照他人注册商标的图样及物质实体制造出的与该注册商标标识相同的商标标识，商标标识本身就是假的。“擅自制造”，是指未经商标注册人许可在商标印制合同规定的印数之外，又私自加印商标标识的行为，商标标识本身是真的。 二、销售伪造、擅自制造的注册商标标识的行为。这里的“销售”包括批发、零售、代售、贩卖等各个销售环节，既包括在内部销售，也包括在市场上销售。 三、必须达到“情节严重”的程度才构成犯罪。
	犯罪主体	本罪主体为一般主体，即自然人和单位都可成为本罪的主体。
	犯罪主观方面	本罪主观方面表现为故意，即明知自己没有承印注册商标的资格、没有得到注册商标所有人的委托、许可，为谋取非法利益，而故意非法制造，获得非法利益。
	罪与非罪	区分罪与非罪的界限，要注意：(1) 行为人主观上是否具有故意，如果是过失制造、销售他人注册商标标识的，不构成犯罪。(2) 非法制造、销售非法制造的注册商标标识只有情节严重的，才构成犯罪。(3) 从犯罪对象上来看，非法制造、销售非法

<table>
<tr><td rowspan="2">定罪标准</td><td>罪与非罪</td><td>制造的驰名商标标识的，属于情节严重。(4) 从犯罪手段上看，利用贿赂等非法手段推销非法制造的注册商标标识的，属于情节严重。只要符合上述四种情形之一的，就应当立案侦查。此外，对于情节不严重的，不构成犯罪，属于民事侵权行为，应当由有关管理部门依照《商标法》第60条的规定，责令被侵权人立即停止侵权行为、赔偿损失；或者处以罚款。被侵权人也可以直接向人民法院起诉。</td></tr>
<tr><td>此罪与彼罪</td><td>本罪与假冒注册商标罪的界限。在实践中，行为人既非法制造他人注册商标标识，又将此商标标识用于假冒他人注册商标的商品、服务上，从刑法理论上讲，属牵连犯，只定一重罪名。如果仅是非法制造或者销售非法制造的注册商标标识的，则构成本罪。</td></tr>
<tr><td rowspan="3">证据参考标准</td><td>主体方面的证据</td><td>一、证明行为人刑事责任年龄、身份等自然情况的证据。
包括身份证明、户籍证明、任职证明、工作经历证明、特定职责证明等，主要是证明行为人的姓名（曾用名）、性别、出生年月日、民族、籍贯、出生地、职业（或职务）、住所地（或居所地）等证据材料，如户口簿、居民身份证、工作证、出生证、专业或技术等级证、干部履历表、职工登记表、护照等。
对于户籍、出生证等材料内容不实的，应提供其他证据材料。外国人犯罪的案件，应有护照等身份证明材料。人大代表、政协委员犯罪的案件，应注明身份，并附身份证明材料。
二、证明行为人刑事责任能力的证据。
证明行为人对自己的行为是否具有辨认能力与控制能力，如是否属于间歇性精神病人、尚未完全丧失辨认或者控制自己行为能力的精神病人的证明材料。
三、证明单位的证据。
证明是否属于依法成立并有合法经营、管理范围的公司、企业、事业单位、机关、团体。
证明单位的名称、住所地、性质、法定代表人、单位负责人、业务范围、成立时间等证据材料，如企业营业执照、国有公司性质证明及非法人单位的身份证明等。
四、证明法定代表人、单位负责人或直接责任人员等的身份证明。
法定代表人、直接负责的主管人员和其他直接责任人在单位的任职、职责、负责权限的证明材料等。包括身份证明、户籍证明、任职证明等，如户口簿、居民身份证、工作证、护照、专业或技术等级证、干部履历表、职工登记表、任命书、业务分工文件、委派文件、单位证明、单位规章制度等。</td></tr>
<tr><td>主观方面的证据</td><td>证明行为人故意的证据：1. 证明行为人明知的证据：证明行为人明知自己的行为会发生危害社会的结果。2. 证明直接故意的证据：证明行为人希望危害结果发生。3. 目的：(1) 获取非法利润；(2) 牟利；(3) 营利。</td></tr>
<tr><td>客观方面的证据</td><td>证明行为人非法制造、销售非法制造的注册商标标识犯罪行为的证据。
具体证据包括：1. 证明行为人伪造他人商标的文字、字母、图形、商标图样行为的证据；2. 证明行为人无《注册商标印刷证明》而擅自印制商标标识行为的证据；3. 证明行为人有《注册商标印刷证明》而擅自任意超量印刷商标标识行为的证据；</td></tr>
</table>

证据参考标准	客观方面的证据	4. 证明行为人销售伪造他人商标标识行为的证据；5. 证明行为人销售擅自印刷、超量印刷商标标识行为的证据；6. 证明行为人情节严重行为的证据；7. 证明行为人情节特别严重的证据。
	量刑方面的证据	**一、法定量刑情节证据。** 1. 事实情节：(1) 严重情节；(2) 特别严重情节。2. 法定从重情节。3. 法定从轻减轻情节：(1) 可以从轻；(2) 可以从轻或减轻；(3) 应当从轻或者减轻。4. 法定从轻减轻免除情节：(1) 可以从轻、减轻或者免除处罚；(2) 应当从轻、减轻或者免除处罚。5. 法定减轻免除情节：(1) 可以减轻或者免除处罚；(2) 应当减轻或者免除处罚；(3) 可以免除处罚。 **二、酌定量刑情节证据。** 1. 犯罪手段：(1) 伪造；(2) 擅自制造。2. 犯罪对象。3. 危害结果。4. 动机。5. 平时表现。6. 认罪态度。7. 是否有前科。8. 其他证据。
量刑标准	犯本罪的	处三年以下有期徒刑，并处或者单处罚金
	情节特别严重的	处三年以上十年以下有期徒刑，并处罚金
	单位犯本罪的	对单位判处罚金，并对其直接负责的主管人员和其他直接责任人员，依上述规定处罚
	可以酌情从重处罚，一般不适用缓刑	(1) 主要以侵犯知识产权为业的； (2) 因侵犯知识产权被行政处罚后再次侵犯知识产权构成犯罪的； (3) 在重大自然灾害、事故灾难、公共卫生事件期间，假冒抢险救灾、防疫物资等商品的注册商标的； (4) 拒不交出违法所得的。
	可以酌情从轻处罚	(1) 认罪认罚的； (2) 取得权利人谅解的； (3) 具有悔罪表现的。
法律适用	刑法条文	**第二百一十五条** 伪造、擅自制造他人注册商标标识或者销售伪造、擅自制造的注册商标标识，情节严重的，处三年以下有期徒刑，并处或者单处罚金；情节特别严重的，处三年以上十年以下有期徒刑，并处罚金。 **第二百二十条** 单位犯本节第二百一十三条至第二百一十九条之一规定之罪的，对单位判处罚金，并对其直接负责的主管人员和其他直接责任人员，依照本节各该条的规定处罚。
	司法解释	**一、最高人民法院、最高人民检察院《关于办理侵犯知识产权刑事案件具体应用法律若干问题的解释（三）》（节录）**（2020年9月12日最高人民法院、最高人民检察院公布　自2020年9月14日起施行） **第八条** 具有下列情形之一的，可以酌情从重处罚，一般不适用缓刑：

法律适用 司法解释

（一）主要以侵犯知识产权为业的；

（二）因侵犯知识产权被行政处罚后再次侵犯知识产权构成犯罪的；

（三）在重大自然灾害、事故灾难、公共卫生事件期间，假冒抢险救灾、防疫物资等商品的注册商标的；

（四）拒不交出违法所得的。

第九条 具有下列情形之一的，可以酌情从轻处罚：

（一）认罪认罚的；

（二）取得权利人谅解的；

（三）具有悔罪表现的；

（四）以不正当手段获取权利人的商业秘密后尚未披露、使用或者允许他人使用的。

第十条 对于侵犯知识产权犯罪的，应当综合考虑犯罪违法所得数额、非法经营数额、给权利人造成的损失数额、侵权假冒物品数量及社会危害性等情节，依法判处罚金。

罚金数额一般在违法所得数额的一倍以上五倍以下确定。违法所得数额无法查清的，罚金数额一般按照非法经营数额的百分之五十以上一倍以下确定。违法所得数额和非法经营数额均无法查清，判处三年以下有期徒刑、拘役、管制或者单处罚金的，一般在三万元以上一百万元以下确定罚金数额；判处三年以上有期徒刑的，一般在十五万元以上五百万元以下确定罚金数额。

二、最高人民法院、最高人民检察院《关于办理侵犯知识产权刑事案件具体应用法律若干问题的解释》（节录）（2004年12月8日最高人民法院、最高人民检察院公布 自2004年12月22日起施行 法释〔2004〕19号）

第三条 伪造、擅自制造他人注册商标标识或者销售伪造、擅自制造的注册商标标识，具有下列情形之一的，属于刑法第二百一十五条规定的“情节严重”，应当以非法制造、销售非法制造的注册商标标识罪判处三年以下有期徒刑、拘役或者管制，并处或者单处罚金：

（一）伪造、擅自制造或者销售伪造、擅自制造的注册商标标识数量在二万件以上，或者非法经营数额在五万元以上，或者违法所得数额在三万元以上的；

（二）伪造、擅自制造或者销售伪造、擅自制造两种以上注册商标标识数量在一万件以上，或者非法经营数额在三万元以上，或者违法所得数额在二万元以上的；

（三）其他情节严重的情形。

具有下列情形之一的，属于刑法第二百一十五条规定的“情节特别严重”，应当以非法制造、销售非法制造的注册商标标识罪判处三年以上七年以下有期徒刑，并处罚金：

（一）伪造、擅自制造或者销售伪造、擅自制造的注册商标标识数量在十万件以上，或者非法经营数额在二十五万元以上，或者违法所得数额在十五万元以上的；

（二）伪造、擅自制造或者销售伪造、擅自制造两种以上注册商标标识数量在五万件以上，或者非法经营数额在十五万元以上，或者违法所得数额在十万元以上的；

（三）其他情节特别严重的情形。

第十二条 本解释所称“非法经营数额”，是指行为人在实施侵犯知识产权行为过程中，制造、储存、运输、销售侵权产品的价值。已销售的侵权产品的价值，按照实际销售的价格计算。制造、储存、运输和未销售的侵权产品的价值，按照标价或者已经查清的侵权产品的实际销售平均价格计算。侵权产品没有标价或者无法查清其实际销售价格的，按照被侵权产品的市场中间价格计算。

多次实施侵犯知识产权行为，未经行政处理或者刑事处罚的，非法经营数额、违法所得数额或者销售金额累计计算。

本解释第三条所规定的“件”，是指标有完整商标图样的一份标识。

第十三条 实施刑法第二百一十三条规定的假冒注册商标犯罪，又销售该假冒注册商标的商品，构成犯罪的，应当依照刑法第二百一十三条的规定，以假冒注册商标罪定罪处罚。

实施刑法第二百一十三条规定的假冒注册商标犯罪，又销售明知是他人的假冒注册商标的商品，构成犯罪的，应当实行数罪并罚。

第十四条 实施刑法第二百一十七条规定的侵犯著作权犯罪，又销售该侵权复制品，构成犯罪的，应当依照刑法第二百一十七条的规定，以侵犯著作权罪定罪处罚。

实施刑法第二百一十七条规定的侵犯著作权犯罪，又销售明知是他人的侵权复制品，构成犯罪的，应当实行数罪并罚。

第十五条 单位实施刑法第二百一十三条至第二百一十九条规定的行为，按照本解释规定的相应个人犯罪的定罪量刑标准的三倍定罪量刑。

第十六条 明知他人实施侵犯知识产权犯罪，而为其提供贷款、资金、账号、发票、证明、许可证件，或者提供生产、经营场所或运输、储存、代理进出口等便利条件、帮助的，以侵犯知识产权犯罪的共犯论处。

第十七条 以前发布的有关侵犯知识产权犯罪的司法解释，与本解释相抵触的，自本解释施行后不再适用。

三、最高人民法院、最高人民检察院《关于办理侵犯知识产权刑事案件具体应用法律若干问题的解释（二）》（节录）（2007年4月5日最高人民法院、最高人民检察院公布　自公布之日起施行）

第三条 侵犯知识产权犯罪，符合刑法规定的缓刑条件的，依法适用缓刑。有下列情形之一的，一般不适用缓刑：

（一）因侵犯知识产权被刑事处罚或者行政处罚后，再次侵犯知识产权构成犯罪的；

（二）不具有悔罪表现的；

（三）拒不交出违法所得的；

（四）其他不宜适用缓刑的情形。

第四条 对于侵犯知识产权犯罪的，人民法院应当综合考虑犯罪的违法所得、非法经营数额、给权利人造成的损失、社会危害性等情节，依法判处罚金。罚金数额一般在违法所得的一倍以上五倍以下，或者按照非法经营数额的50%以上一倍以下确定。

第五条 被害人有证据证明的侵犯知识产权刑事案件，直接向人民法院起诉的，人民法院应当依法受理；严重危害社会秩序和国家利益的侵犯知识产权刑事案件，由人民检察院依法提起公诉。

第六条 单位实施刑法第二百一十三条至第二百一十九条规定的行为，按照《最高人民法院、最高人民检察院关于办理侵犯知识产权刑事案件具体应用法律若干问题的解释》和本解释规定的相应个人犯罪的定罪量刑标准定罪处罚。

第七条 以前发布的司法解释与本解释不一致的，以本解释为准。

法律适用

司法解释

四、最高人民检察院、公安部《关于公安机关管辖的刑事案件立案追诉标准的规定（二）》（节录）（2010年5月7日最高人民检察院、公安部公布　自公布之日起施行　2011年11月14日修正）

第七十一条〔非法制造、销售非法制造的注册商标标识案（刑法第二百一十五条）〕伪造、擅自制造他人注册商标标识或者销售伪造、擅自制造的注册商标标识，涉嫌下列情形之一的，应予立案追诉：

（一）伪造、擅自制造或者销售伪造、擅自制造的注册商标标识数量在二万件以上，或者非法经营数额在五万元以上，或者违法所得数额在三万元以上的；

（二）伪造、擅自制造或者销售伪造、擅自制造两种以上注册商标标识数量在一万件以上，或者非法经营数额在三万元以上，或者违法所得数额在二万元以上的；

（三）其他情节严重的情形。

五、最高人民法院、最高人民检察院《关于办理非法生产、销售烟草专卖品等刑事案件具体应用法律若干问题的解释》（节录）（2010年3月2日最高人民法院、最高人民检察院公布　自2010年3月26日起施行　法释〔2010〕7号）

第一条第四款　伪造、擅自制造他人卷烟、雪茄烟注册商标标识或者销售伪造、擅自制造的卷烟、雪茄烟注册商标标识，情节严重的，依照刑法第二百一十五条的规定，以非法制造、销售非法制造的注册商标标识罪定罪处罚。

第六条　明知他人实施本解释第一条所列犯罪，而为其提供贷款、资金、账号、发票、证明、许可证件，或者提供生产、经营场所、设备、运输、仓储、保管、邮寄、代理进出口等便利条件，或者提供生产技术、卷烟配方的，应当按照共犯追究刑事责任。

六、最高人民法院、最高人民检察院、公安部《关于办理侵犯知识产权刑事案件适用法律若干问题的意见》（节录）（2011年1月10日最高人民法院、最高人民检察院、公安部公布　自公布之日起施行　法发〔2011〕3号）

九、关于销售他人非法制造的注册商标标识犯罪案件中尚未销售或者部分销售情形的定罪问题

销售他人伪造、擅自制造的注册商标标识，具有下列情形之一的，依照刑法第二百一十五条的规定，以销售非法制造的注册商标标识罪（未遂）定罪处罚：

（一）尚未销售他人伪造、擅自制造的注册商标标识数量在六万件以上的；

（二）尚未销售他人伪造、擅自制造的两种以上注册商标标识数量在三万件以上的；

（三）部分销售他人伪造、擅自制造的注册商标标识，已销售标识数量不满二万件，但与尚未销售标识数量合计在六万件以上的；

（四）部分销售他人伪造、擅自制造的两种以上注册商标标识，已销售标识数量不满一万件，但与尚未销售标识数量合计在三万件以上的。

相关法律法规

一、《中华人民共和国商标法》（节录）（1982年8月23日全国人大常委会令第10号公布　1993年2月22日第一次修正　2001年10月27日第二次修正　2013年8月30日第三次修正　2019年4月23日第四次修正）

第六十七条　未经商标注册人许可，在同一种商品上使用与其注册商标相同的商标，构成犯罪的，除赔偿被侵权人的损失外，依法追究刑事责任。

相关法律法规

伪造、擅自制造他人注册商标标识或者销售伪造、擅自制造的注册商标标识，构成犯罪的，除赔偿被侵权人的损失外，依法追究刑事责任。

销售明知是假冒注册商标的商品，构成犯罪的，除赔偿被侵权人的损失外，依法追究刑事责任。

二、《中华人民共和国烟草专卖法》（节录）（1991 年 6 月 29 日中华人民共和国主席令第 46 号公布 自 1992 年 1 月 1 日起施行 2009 年 8 月 27 日第一次修正 2013 年 12 月 28 日第二次修正 2015 年 4 月 24 日第三次修正）

第二十条 烟草制品商标标识必须由省级工商行政管理部门指定的企业印制；非指定的企业不得印制烟草制品商标标识。

第三十四条 违反本法第二十条的规定，非法印制烟草制品商标标识的，由工商行政管理部门销毁印制的商标标识，没收违法所得，并处罚款。

法律适用

规章及规范性文件

《商标印制管理办法》（1996 年 9 月 5 日国家工商行政管理局令第 57 号公布 1998 年 12 月 3 日第一次修订 2004 年 8 月 19 日第二次修订 2020 年 10 月 23 日第三次修订）

第一条 为了加强商标印制管理，保护注册商标专用权，维护社会主义市场经济秩序，根据《中华人民共和国商标法》、《中华人民共和国商标法实施条例》（以下分别简称《商标法》、《商标法实施条例》）的有关规定，制定本办法。

第二条 以印刷、印染、制版、刻字、织字、晒蚀、印铁、铸模、冲压、烫印、贴花等方式制作商标标识的，应当遵守本办法。

第三条 商标印制委托人委托商标印制单位印制商标的，应当出示营业执照副本或者合法的营业证明或者身份证明。

第四条 商标印制委托人委托印制注册商标的，应当出示《商标注册证》，并另行提供一份复印件。

签订商标使用许可合同使用他人注册商标，被许可人需印制商标的，还应当出示商标使用许可合同文本并提供一份复印件；商标注册人单独授权被许可人印制商标的，还应当出示授权书并提供一份复印件。

第五条 委托印制注册商标的，商标印制委托人提供的有关证明文件及商标图样应当符合下列要求：

（一）所印制的商标样稿应当与《商标注册证》上的商标图样相同；

（二）被许可人印制商标标识的，应有明确的授权书，或其所提供的《商标使用许可合同》含有许可人允许其印制商标标识的内容；

（三）被许可人的商标标识样稿应当标明被许可人的企业名称和地址；其注册标记的使用符合《商标法实施条例》的有关规定。

第六条 委托印制未注册商标的，商标印制委托人提供的商标图样应当符合下列要求：

（一）所印制的商标不得违反《商标法》第十条的规定；

（二）所印制的商标不得标注“注册商标”字样或者使用注册标记。

第七条 商标印制单位应当对商标印制委托人提供的证明文件和商标图样进行核查。

商标印制委托人未提供本办法第三条、第四条所规定的证明文件，或者其要求印制的商标标识不符合本办法第五条、第六条规定的，商标印制单位不得承接印制。

法律适用

规章及规范性文件

第八条 商标印制单位承印符合本办法规定的商标印制业务的，商标印制业务管理人员应当按照要求填写《商标印制业务登记表》，载明商标印制委托人所提供的证明文件的主要内容，《商标印制业务登记表》中的图样应当由商标印制单位业务主管人员加盖骑缝章。

商标标识印制完毕，商标印制单位应当在15天内提取标识样品，连同《商标印制业务登记表》、《商标注册证》复印件、商标使用许可合同复印件、商标印制授权书复印件等一并造册存档。

第九条 商标印制单位应当建立商标标识出入库制度，商标标识出入库应当登记台帐。废次标识应当集中进行销毁，不得流入社会。

第十条 商标印制档案及商标标识出入库台帐应当存档备查，存查期为两年。

第十一条 商标印制单位违反本办法第七条至第十条规定的，由所在地市场监督管理部门责令其限期改正，并视其情节予以警告，处以非法所得额三倍以下的罚款，但最高不超过三万元，没有违法所得的，可以处以一万元以下的罚款。

第十二条 擅自设立商标印刷企业或者擅自从事商标印刷经营活动的，由所在地或者行为地市场监督管理部门依照《印刷业管理条例》的有关规定予以处理。

第十三条 商标印制单位违反第七条规定承接印制业务，且印制的商标与他人注册商标相同或者近似的，属于《商标法实施条例》第七十五条所述的商标侵权行为，由所在地或者行为地市场监督管理部门依《商标法》的有关规定予以处理。

第十四条 商标印制单位的违法行为构成犯罪的，所在地或者行为地市场监督管理部门应及时将案件移送司法机关追究刑事责任。

第十五条 本办法所称“商标印制”是指印刷、制作商标标识的行为。

本办法所称“商标标识”是指与商品配套一同进入流通领域的带有商标的有形载体，包括注册商标标识和未注册商标标识。

本办法所称“商标印制委托人”是指要求印制商标标识的商标注册人、未注册商标使用人、注册商标被许可使用人以及符合《商标法》规定的其他商标使用人。

本办法所称“商标印制单位”是指依法登记从事商标印制业务的企业和个体工商户。

本办法所称《商标注册证》包括国家知识产权局所发的有关变更、续展、转让等证明文件。

第十六条 本办法自2004年9月1日起施行。国家工商行政管理局1996年9月5日发布的《商标印制管理办法》同时废止。

93 假冒专利案

概念

本罪是指违反国家专利管理法规，在法律规定的专利有效期限内，假冒他人或者单位被授予的专利，侵犯他人或者单位的专利权益，情节严重的行为。

立案标准

根据最高人民检察院、公安部《关于公安机关管辖的刑事案件立案追诉标准的规定（二）》的规定，假冒他人专利，涉嫌下列情形之一的，应予立案追诉：

(1) 非法经营数额在20万元以上或者违法所得数额在10万元以上的；

(2) 给专利权人造成直接经济损失50万元以上的；

(3) 假冒两项以上他人专利，非法经营数额在10万元以上或者违法所得数额在5万元以上的；

(4) 其他情节严重的情形。

定罪标准		
	犯罪客体	本罪侵犯的客体是他人的专利权和国家的专利管理制度。
	犯罪客观方面	本罪客观方面表现为违反国家专利法规，在法律规定的专利有效期内未经专利权人许可，假冒他人专利，情节严重的行为。所谓假冒他人专利的行为，是指：(1) 未经许可，在其制造或者销售的产品、产品的包装上标注他人专利号的；(2) 未经许可，在广告或者其他宣传材料中使用他人的专利号，使人将所涉及的技术误认为是他人专利技术的；(3) 未经许可，在合同中使用他人的专利号，使人将合同涉及的技术误认为是他人专利技术的；(4) 伪造或者变造他人的专利证书、专利文件或者专利申请文件的。
	犯罪主体	本罪主体为一般主体，自然人和单位都可构成本罪。
	犯罪主观方面	本罪主观方面表现为故意，即明知自己实施的是他人专利技术或方法，又未获得专利权人的许可，为谋取不法利益而故意实施。过失不构成犯罪。
	罪与非罪	区分罪与非罪的界限，要注意以下两点： 一、假冒他人专利行为，只有情节严重的，才构成犯罪。如果情节一般，则不构成犯罪。根据司法实践，对于假冒他人专利而获利的数额较大的，假冒的手段、动机恶劣，影响很坏的；给专利权人的利益造成重大损失的；在国际上造成恶劣影响的等，一般应视为情节严重。对于未经专利权人许可，而擅自实施他人专利的一般侵权行为，以及将非专利产品冒充专利产品或者将非专利方法冒充专利方法的违法行为，由专利管理机关做行政处理，或者由人民法院按民事侵权纠纷处理。

定罪标准	罪与非罪	二、假冒专利行为与冒充专利行为的界限。假冒专利是冒充他人专利的行为。冒充专利，是指本身并未取得专利，或者取得的专利已期限届满而无效，但行为人基于营利的目的，将非专利产品冒充专利产品，或者将非专利方法冒充专利方法的行为。根据《专利法》的有关规定，冒充专利的行为，属于专利侵权行为，由专利管理机关责令其停止冒充，公开更正，并处以罚款，而不作为假冒专利罪处罚。
	此罪与彼罪	本罪与诈骗罪的界限。二者的区别主要在于：（1）在客观方面，假冒他人专利也是一种欺骗行为，但有一定的经营行为，即经营假冒别人所有的专利的产品；而诈骗犯罪一般不具有经营行为。（2）在主观方面，假冒专利罪是期望通过经营活动获取非法利益；而诈骗罪的直接目的就是占有别人的财物。
证据参考标准	主体方面的证据	**一、证明行为人刑事责任年龄、身份等自然情况的证据。** 包括身份证明、户籍证明、任职证明、工作经历证明、特定职责证明等，主要是证明行为人的姓名（曾用名）、性别、出生年月日、民族、籍贯、出生地、职业（或职务）、住所地（或居所地）等证据材料，如户口簿、居民身份证、工作证、出生证、专业或技术等级证、干部履历表、职工登记表、护照等。 对于户籍、出生证等材料内容不实的，应提供其他证据材料。外国人犯罪的案件，应有护照等身份证明材料。人大代表、政协委员犯罪的案件，应注明身份，并附身份证明材料。 **二、证明行为人刑事责任能力的证据。** 证明行为人对自己的行为是否具有辨认能力与控制能力，如是否属于间歇性精神病人、尚未完全丧失辨认或者控制自己行为能力的精神病人的证明材料。 **三、证明单位的证据。** 证明是否属于依法成立并有合法经营、管理范围的公司、企业、事业单位、机关、团体。 证明单位的名称、住所地、性质、法定代表人、单位负责人、业务范围、成立时间等证据材料，如企业营业执照、国有公司性质证明及非法人单位的身份证明等。 **四、证明法定代表人、单位负责人或直接责任人员等的身份证明。** 法定代表人、直接负责的主管人员和其他直接责任人在单位的任职、职责、负责权限的证明材料等。包括身份证明、户籍证明、任职证明等，如户口簿、居民身份证、工作证、护照、专业或技术等级证、干部履历表、职工登记表、任命书、业务分工文件、委派文件、单位证明、单位规章制度等。
	主观方面的证据	证明行为人故意的证据：1. 证明行为人明知的证据：证明行为人明知自己的行为会发生危害社会的结果；2. 证明直接故意的证据：证明行为人希望危害结果发生；3. 目的：谋取不法利益。

证据参考标准	客观方面的证据	证明行为人假冒专利犯罪行为的证据。 具体证据包括：1. 证明行为人没有向国家专利管理机关提出申请行为的证据；2. 证明行为人没有提交请求书、说明书及其摘要和权利要求等文件行为的证据；3. 证明行为人违反《专利法》行为的证据；4. 证明行为人未经专利权人许可，而制造、使用或者销售取得专利发明行为的证据；5. 证明行为人仿造他人发明创造行为的证据；6. 证明行为人以欺骗手法登记为专利权人、专利受让人、专利许可证持有人行为的证据；7. 证明行为人牟取个人利益行为的证据；8. 证明行为人以自己的非法专利技术冒充他人的专利技术行为的证据；9. 证明行为人情节严重行为的证据。
	量刑方面的证据	**一、法定量刑情节证据。** 1. 事实情节：（1）假冒的动机目的和手段恶劣；（2）非法获利数额巨大；（3）给专利权人或国家造成重大损失；（4）在国际上造成恶劣影响；（5）其他严重情节。2. 法定从重情节。3. 法定从轻减轻情节：（1）可以从轻；（2）可以从轻或减轻；（3）应当从轻或者减轻。4. 法定从轻减轻免除情节：（1）可以从轻、减轻或者免除处罚；（2）应当从轻、减轻或者免除处罚。5. 法定减轻免除情节：（1）可以减轻或者免除处罚；（2）应当减轻或者免除处罚；（3）可以免除处罚。 **二、酌定量刑情节证据。** 1. 犯罪手段：（1）假冒；（2）其他。2. 犯罪对象。3. 危害结果。4. 动机。5. 平时表现。6. 认罪态度。7. 是否有前科。8. 其他证据。
量刑标准	犯本罪的	处三年以下有期徒刑或者拘役，并处或者单处罚金
	单位犯本罪的	对单位判处罚金，并对其直接负责的主管人员和其他直接责任人员，依上述规定处罚
	可以酌情从重处罚，一般不适用缓刑	（1）主要以侵犯知识产权为业的； （2）因侵犯知识产权被行政处罚后再次侵犯知识产权构成犯罪的； （3）拒不交出违法所得的。
	可以酌情从轻处罚	（1）认罪认罚的； （2）取得权利人谅解的； （3）具有悔罪表现的。
法律适用	刑法条文	**第二百一十六条** 假冒他人专利，情节严重的，处三年以下有期徒刑或者拘役，并处或者单处罚金。 **第二百二十条** 单位犯本节第二百一十三条至第二百一十九条之一规定之罪的，对单位判处罚金，并对其直接负责的主管人员和其他直接责任人员，依照本节各该条的规定处罚。

法律适用 司法解释

一、最高人民法院、最高人民检察院《关于办理侵犯知识产权刑事案件具体应用法律若干问题的解释（三）》（节录）（2020年9月12日最高人民法院、最高人民检察院公布 自2020年9月14日起施行）

第八条 具有下列情形之一的，可以酌情从重处罚，一般不适用缓刑：

（一）主要以侵犯知识产权为业的；

（二）因侵犯知识产权被行政处罚后再次侵犯知识产权构成犯罪的；

（三）在重大自然灾害、事故灾难、公共卫生事件期间，假冒抢险救灾、防疫物资等商品的注册商标的；

（四）拒不交出违法所得的。

第九条 具有下列情形之一的，可以酌情从轻处罚：

（一）认罪认罚的；

（二）取得权利人谅解的；

（三）具有悔罪表现的；

（四）以不正当手段获取权利人的商业秘密后尚未披露、使用或者允许他人使用的。

第十条 对于侵犯知识产权犯罪的，应当综合考虑犯罪违法所得数额、非法经营数额、给权利人造成的损失数额、侵权假冒物品数量及社会危害性等情节，依法判处罚金。

罚金数额一般在违法所得数额的一倍以上五倍以下确定。违法所得数额无法查清的，罚金数额一般按照非法经营数额的百分之五十以上一倍以下确定。违法所得数额和非法经营数额均无法查清，判处三年以下有期徒刑、拘役、管制或者单处罚金的，一般在三万元以上一百万元以下确定罚金数额；判处三年以上有期徒刑的，一般在十五万元以上五百万元以下确定罚金数额。

二、最高人民法院、最高人民检察院《关于办理侵犯知识产权刑事案件具体应用法律若干问题的解释》（节录）（2004年12月8日最高人民法院、最高人民检察院公布 自2004年12月22日起施行 法释〔2004〕19号）

第四条 假冒他人专利，具有下列情形之一的，属于刑法第二百一十六条规定的“情节严重”，应当以假冒专利罪判处三年以下有期徒刑或者拘役，并处或者单处罚金：

（一）非法经营数额在二十万元以上或者违法所得数额在十万元以上的；

（二）给专利权人造成直接经济损失五十万元以上的；

（三）假冒两项以上他人专利，非法经营数额在十万元以上或者违法所得数额在五万元以上的；

（四）其他情节严重的情形。

第十条 实施下列行为之一的，属于刑法第二百一十六条规定的“假冒他人专利”的行为：

（一）未经许可，在其制造或者销售的产品、产品的包装上标注他人专利号的；

（二）未经许可，在广告或者其他宣传材料中使用他人的专利号，使人将所涉及的技术误认为是他人专利技术的；

（三）未经许可，在合同中使用他人的专利号，使人将合同涉及的技术误认为是他人专利技术的；

法律适用

司法解释

（四）伪造或者变造他人的专利证书、专利文件或者专利申请文件的。

第十二条 本解释所称“非法经营数额”，是指行为人在实施侵犯知识产权行为过程中，制造、储存、运输、销售侵权产品的价值。已销售的侵权产品的价值，按照实际销售的价格计算。制造、储存、运输和未销售的侵权产品的价值，按照标价或者已经查清的侵权产品的实际销售平均价格计算。侵权产品没有标价或者无法查清其实际销售价格的，按照被侵权产品的市场中间价格计算。

多次实施侵犯知识产权行为，未经行政处理或者刑事处罚的，非法经营数额、违法所得数额或者销售金额累计计算。

本解释第三条所规定的“件”，是指标有完整商标图样的一份标识。

第十三条 实施刑法第二百一十三条规定的假冒注册商标犯罪，又销售该假冒注册商标的商品，构成犯罪的，应当依照刑法第二百一十三条的规定，以假冒注册商标罪定罪处罚。

实施刑法第二百一十三条规定的假冒注册商标犯罪，又销售明知是他人的假冒注册商标的商品，构成犯罪的，应当实行数罪并罚。

第十四条 实施刑法第二百一十七条规定的侵犯著作权犯罪，又销售该侵权复制品，构成犯罪的，应当依照刑法第二百一十七条的规定，以侵犯著作权罪定罪处罚。

实施刑法第二百一十七条规定的侵犯著作权犯罪，又销售明知是他人的侵权复制品，构成犯罪的，应当实行数罪并罚。

第十五条 单位实施刑法第二百一十三条至第二百一十九条规定的行为，按照本解释规定的相应个人犯罪的定罪量刑标准的三倍定罪量刑。

第十六条 明知他人实施侵犯知识产权犯罪，而为其提供贷款、资金、账号、发票、证明、许可证件，或者提供生产、经营场所或运输、储存、代理进出口等便利条件、帮助的，以侵犯知识产权犯罪的共犯论处。

第十七条 以前发布的有关侵犯知识产权犯罪的司法解释，与本解释相抵触的，自本解释施行后不再适用。

三、最高人民检察院、公安部《关于公安机关管辖的刑事案件立案追诉标准的规定（二）》（节录）（2010年5月7日最高人民检察院、公安部公布 自公布之日起施行 2011年11月14日修正）

第七十二条〔假冒专利案（刑法第二百一十六条）〕假冒他人专利，涉嫌下列情形之一的，应予立案追诉：

（一）非法经营数额在二十万元以上或者违法所得数额在十万元以上的；

（二）给专利权人造成直接经济损失在五十万元以上的；

（三）假冒两项以上他人专利，非法经营数额在十万元以上或者违法所得数额在五万元以上的；

（四）其他情节严重的情形。

相关法律法规

《中华人民共和国专利法》（节录）（1984年3月12日第六届全国人民代表大会常务委员会第四次会议通过 1992年9月4日第一次修正 2000年8月25日第二次修正 2008年12月27日第三次修正 2020年10月17日第四次修正）

第二条 本法所称的发明创造是指发明、实用新型和外观设计。

发明，是指对产品、方法或者其改进所提出的新的技术方案。

法律适用

相关法律法规

实用新型，是指对产品的形状、构造或者其结合所提出的适于实用的新的技术方案。

外观设计，是指对产品的整体或者局部的形状、图案或者其结合以及色彩与形状、图案的结合所作出的富有美感并适于工业应用的新设计。

第十一条 发明和实用新型专利权被授予后，除本法另有规定的以外，任何单位或者个人未经专利权人许可，都不得实施其专利，即不得为生产经营目的制造、使用、许诺销售、销售、进口其专利产品，或者使用其专利方法以及使用、许诺销售、销售、进口依照该专利方法直接获得的产品。

外观设计专利权被授予后，任何单位或者个人未经专利权人许可，都不得实施其专利，即不得为生产经营目的制造、许诺销售、销售、进口其外观设计专利产品。

第六十八条 假冒专利的，除依法承担民事责任外，由负责专利执法的部门责令改正并予公告，没收违法所得，可以处违法所得五倍以下的罚款；没有违法所得或者违法所得在五万元以下的，可以处二十五万元以下的罚款；构成犯罪的，依法追究刑事责任。

94 侵犯著作权案

概念

本罪是指以营利为目的，违反著作权管理法规，侵犯著作权或者与著作权有关的权利，违法所得数额较大或者有其他严重情节的行为。

立案标准

侵犯他人著作权，涉嫌下列行为之一的，应予立案追究：以营利为目的，实施《刑法》第217条所列侵犯著作权行为之一，违法所得数额在3万元以上的，属于“违法数额较大”。具有下列情形之一的属于“有其他严重情节”：

(1) 非法经营数额在5万元以上的；

(2) 未经著作权人许可，复制发行其文字作品、音乐、电影、电视、录像作品、计算机软件及其他作品，复制品数量合计在500张（份）以上的；

(3) 其他严重情节的情形。

以营利为目的，实施《刑法》第217条所列侵犯著作权行为之一，违法所得数额在15万元以上的属于“违法所得数额巨大”。具有下列情形之一的，属于“有其他特别严重情节”：

(1) 非法经营数额在25万元以上的；

(2) 未经著作权人许可，复制发行其文字作品、音乐、电影、电视、录像作品、计算机软件及其他作品，复制品数量合计在2500张（份）以上的；

(3) 其他特别严重情节的情形。

单位实施《刑法》第213条至第219条规定的行为，按照司法解释规定的相应个人犯罪的定罪量刑标准的3倍定罪量刑。

定罪标准		
	犯罪客体	本罪侵犯的客体是复杂客体，既侵犯了著作权人对其作品享有的著作权以及与著作权相关的权利，又侵犯了国家关于著作权的管理秩序。犯罪对象是著作权。根据《著作权法》的规定，作品，是指文学、艺术和科学领域内具有独创性并能以一定形式表现的智力成果，包括：(1) 文字作品；(2) 口述作品；(3) 音乐、戏剧、曲艺、舞蹈、杂技艺术作品；(4) 美术、建筑作品；(5) 摄影作品；(6) 视听作品；(7) 工程设计图、产品设计图、地图、示意图等图形作品和模型作品；(8) 计算机软件；(9) 符合作品特征的其他智力成果。
	犯罪客观方面	本罪在客观方面表现为以下六种情形： 一、未经著作权人许可，复制发行、通过信息网络向公众传播其文字作品、音乐、美术、视听作品、计算机软件及法律、行政法规规定的其他作品。“著作权人”，是指著作权的主体，即著作权权利义务的承受者。根据著作权法的规定，著作权人可以是作者本人，也可以是其他依照著作权法享有著作权的公民、法人或者其他组织。“未经著作权人许可”，是指没有得到著作权人授权，或者伪造、涂改著作权人授权许可文件或者超出授权许可范围的情形。一般来说，只有经过著作权人的许可，才能以复制发行等方式使用其作品，《著作权法》第24条规定的合理使用情形除外。“复

定罪标准	犯罪客观方面	制”，是指以印刷、复印、拓印、录音、录像、翻录、翻拍等方式将作品制作一份或多份的行为。“发行”是指以出售或者赠与方式向公众提供作品的原件或者复制件的行为。“复制发行”，包括复制、发行或者既复制又发行的行为。随着侵权行为网络化，通过信息网络向公众传播作品也成为侵犯著作权的重要途径和方式。复制发行、通过信息网络向公众传播行为未得到著作权人的许可，是构成犯罪的必备条件。这里规定的“作品”包括法律、行政法规规定的所有作品类型，包括《著作权法》第3条规定的文字作品，口述作品，音乐、戏剧、曲艺、舞蹈、杂技艺术作品，美术、建筑作品；摄影作品，视听作品，工程设计图、产品设计图、地图、示意图等图形作品和模型作品，计算机软件等作品类型。本条选择性地明确规定了文字作品、音乐、美术、视听作品、计算机软件等几种常见的作品类型，并作了“法律、行政法规规定的其他作品”的兜底规定。 二、出版他人享有专有出版权的图书。“出版”，是指将作品编辑加工后，通过复制向公众发行。“专有出版权”，是指图书出版者依据其与著作权人之间订立的出版合同而享有独家出版权，《著作权法》第33条对此作了规定。擅自出版他人享有专有出版权的图书的行为，既损害了享有专有出版权的图书出版者和著作权人的合法权益，也会给文化市场造成混乱，情节严重的，需要给予刑事处罚。 三、未经录音录像制作者许可，复制发行、通过信息网络向公众传播其制作的录音录像。录音录像制作者，通过对原著作品编辑加工，以声音图像直观感性的形式把抽象的原著作品再现出来，对再现出来的作品形式享有专有出版权。未经录音录像制作者许可，复制发行、通过信息网络向公众传播其制作的录音录像，是一种侵犯他人著作权的行为，需要予以处罚。一般来说，只有经过录音录像制作者许可，才能以复制发行等方式使用其制作的录音录像，但《著作权法》第42条作了除外规定，即录音制作者使用他人已经合法录制为录音制品的音乐作品制作录音制品，可以不经著作权人许可，但应当按照规定支付报酬。 四、未经表演者许可，复制发行录有其表演的录音录像制品，或者通过信息网络向公众传播其表演。根据《著作权法》第39条第5项和第6项的规定，表演者有许可他人复制发行录有其表演的录音录像制品，通过信息网络向公众传播其表演，并获得报酬的权利，这是表演者的一项重要权利，行为人未经表演者许可，擅自复制发行录有其表演的录音录像制品，或者通过信息网络向公众传播其表演的，是一种严重的侵权行为，以营利为目的，违法所得数额较大或者有其他严重情节的，应当依照本条规定追究刑事责任。 五、制作、出售假冒他人署名的美术作品。“美术作品”，是指以线条、色彩或其他方式构成的有审美意义的平面或立体的造型艺术作品，包括绘画、书法、雕塑、工艺美术等。制作出售假冒他人署名的美术作品，包括以下两种方式：一是把自己制作的美术作品署上他人的名，假冒他人的作品出售；二是将第三人的美术作品署上他人的姓名，假冒他人的作品出售，从中牟利。实践中，被假冒署名的人一般文学艺术水平较高，在社会上有一定的声望和影响，这种侵权行为，会损害被假冒署名的人的声誉，也会扰乱文化市场秩序，情节严重的，需要予以刑事处罚。 六、经著作权人或者与著作权有关的权利人许可，故意避开或者破坏权利人为其作品、录音录像制品等采取的保护著作权或者与著作权有关的权利的技术措施。这里的“技术措施”是指用于防止、限制未经权利人许可浏览、欣赏作品、表演、录音录像制品或者通过信息网络向公众提供作品、表演、录音录像制品的有效技术、装置或

<table>
<tr><td rowspan="6">定罪标准</td><td>犯罪客观方面</td><td>者部件。当前，通过信息网络向公众传播作品、录音录像已经成为普遍现象，行为人采取加密保护等技术措施，是为了防止、限制他人不经其许可的使用和传播。行为人为了实施侵犯他人著作权的行为，对于他人采取的加密保护技术措施，通过解密等方式加以避开或者破坏的行为，实际上为侵权行为清除了障碍，同样是损害权利人利益，扰乱市场秩序的违法行为。比如，实践中一些行为人开发聚合链接类盗版视频平台，就是典型的避开或者破坏权利人的技术保护措施，侵犯权利人的著作权，同时也占用权利人视频网站的带宽资源的违法行为。对于该类行为，以营利为目的，违法所得数额较大或者有其他严重情节的，明确规定可以依照本条规定追究刑事责任。值得一提的是，著作权法第五十条对可以避开技术措施的五种情形作了规定，包括为学校课堂教学或科学研究，无法通过正常途径获取；国家机关执行公务；进行加密研究或者计算机软件反向工程研究等，上述情形属于合理地避开，不属于违法行为。</td></tr>
<tr><td>犯罪主体</td><td>本罪的主体是个人或单位。自然人须是年满 16 周岁、具有刑事责任能力的人。单位包括法人和非法人单位。</td></tr>
<tr><td>犯罪主观方面</td><td>本罪的主观方面表现为侵权人具有犯罪的故意，并且以营利为目的。“以营利为目的”，是指行为人侵犯他人权利的行为是为了获取非法利益。判断行为人是否是以营利为目的，需要根据行为人的具体行为表现、实际意图等因素进行综合判断。需要注意的是，是否以营利为目的，是就行为人相关行为的目的和性质而言的，并不意味着行为人的行为一定要有即期获利或者直接从中取得经济收入。根据《最高人民法院、最高人民检察院、公安部关于办理侵犯知识产权刑事案件适用法律若干问题的意见》第 10 条的规定，除销售外，具有下列情形之一的，可以认定为“以营利为目的”：（1）以在他人作品中刊登收费广告、捆绑第三方作品等方式直接或者间接收取费用的；（2）通过信息网络传播他人作品，或者利用他人上传的侵权作品，在网站或者网页上提供刊登收费广告服务，直接或者间接收取费用的；（3）以会员制方式通过信息网络传播他人作品，收取会员注册费或者其他费用的；（4）其他利用他人作品牟利的情形。</td></tr>
<tr><td>罪与非罪</td><td>区分罪与非罪的界限，最容易混淆的有以下两种情形：一是侵犯著作权罪与著作权纠纷的界限。如因职务作品、委托作品发生权属争议而擅自复制发行作品，即使最后确定著作权归属他人也不宜以犯罪论处；又如因使用作品在报酬上发生争议也只能按著作权纠纷处理。二是侵犯著作权罪与一般侵权行为的界限。首先，不属于《刑法》列举的六种侵犯著作权和与著作权有关权利的行为不构成犯罪；其次，虽属六种侵权行为之一，但出于业务活动、教学科研等需要而非出于营利目的，即使大量复制发行并收取成本费也不构成犯罪；最后，违法所得数额未达到较大程度又无其他严重情节的不构成犯罪，应按一般的侵权行为追究其民事责任，而不以侵犯著作权罪论处。</td></tr>
<tr><td>此罪与彼罪</td><td>一、本罪与生产、销售伪劣产品罪的界限。这两种犯罪在主观方面，主体上相同。客观方面都表现为违反法律、法规的禁止性规定，生产、销售假冒伪劣商品欺骗消费者，谋取非法利益。二者区别在于犯罪客体、犯罪对象不同。侵犯著作权罪的客</td></tr>
</table>

<table>
<tr><td rowspan="1">定罪标准</td><td>此罪与彼罪</td><td>体是著作权人的著作权和与著作权相关的权利及国家关于著作权的管理制度；而生产、销售伪劣产品罪侵害的客体是他人人身、财产的安全及社会的经济秩序。侵犯著作权罪的对象是文化精神产品，如他人的文字作品、音乐、美术、视听作品、计算机软件、他人享有专有出版权的图书及其他作品等；而生产、销售伪劣商品犯罪的对象一般是生产、生活资料用品。如《刑法》第三章第一节“生产、销售伪劣商品罪”里规定的假药、劣药、不符合卫生标准的食品、不符合保障人体健康的国家标准、行业标准的医疗器材以及假农药、假兽药、假化肥和不符合标准的化妆品等。
二、本罪与诈骗罪的界限。侵犯著作权罪中的制作、出售假冒他人署名的美术作品行为和诈骗罪很相似。前者一般是伪造名家名作的美术作品，进行诈骗，两者有相似之处。但二者的显著区别在于犯罪的客体不同，诈骗罪侵犯的客体为复杂客体，它不仅侵害了著作权人的财产权利、人身权利，而且侵犯了购买人即消费者的财产权，甚至损害了国家利益。此外，二者的犯罪主体也有不同，诈骗罪的犯罪主体只能是自然人，侵犯著作权罪的主体可以是自然人，也可以是单位。</td></tr>
<tr><td rowspan="2">证据参考标准</td><td>主体方面的证据</td><td>一、证明行为人刑事责任年龄、身份等自然情况的证据。
包括身份证明、户籍证明、任职证明、工作经历证明、特定职责证明等，主要是证明行为人的姓名（曾用名）、性别、出生年月日、民族、籍贯、出生地、职业（或职务）、住所地（或居所地）等证据材料，如户口簿、居民身份证、工作证、出生证、专业或技术等级证、干部履历表、职工登记表、护照等。
对于户籍、出生证等材料内容不实的，应提供其他证据材料。外国人犯罪的案件，应有护照等身份证明材料。人大代表、政协委员犯罪的案件，应注明身份，并附身份证明材料。
二、证明行为人刑事责任能力的证据。
证明行为人对自己的行为是否具有辨认能力与控制能力，如是否属于间歇性精神病人、尚未完全丧失辨认或者控制自己行为能力的精神病人的证明材料。
三、证明单位的证据。
证明是否属于依法成立并有合法经营、管理范围的公司、企业、事业单位、机关、团体。
证明单位的名称、住所地、性质、法定代表人、单位负责人、业务范围、成立时间等证据材料，如企业营业执照、国有公司性质证明及非法人单位的身份证明等。
四、证明法定代表人、单位负责人或直接责任人员等的身份证明。
法定代表人、直接负责的主管人员和其他直接责任人在单位的任职、职责、负责权限的证明材料等。包括身份证明、户籍证明、任职证明等，如户口簿、居民身份证、工作证、护照、专业或技术等级证、干部履历表、职工登记表、任命书、业务分工文件、委派文件、单位证明、单位规章制度等。</td></tr>
<tr><td>主观方面的证据</td><td>证明行为人故意的证据：1. 证明行为人明知的证据：证明行为人明知自己的行为会发生危害社会的结果；2. 证明直接故意的证据：证明行为人希望危害结果发生；3. 目的：营利。</td></tr>
</table>

<table>
<tr><td rowspan="2">证据参考标准</td><td>客观方面的证据</td><td colspan="2">证明行为人侵犯著作权犯罪行为的证据。
具体证据包括：1. 证明行为人未经著作权人许可，复制发行、通过信息网络向公众传播其作品行为的证据：(1) 文字作品；(2) 音乐作品；(3) 美术作品；(4) 视听作品；(5) 计算机软件；(6) 其他作品。2. 证明行为人出版他人享有专有出版权的图书行为的证据。3. 证明行为人未经录音录像制作者许可，复制发行、通过信息网络向公众传播其制作的录音录像作品行为的证据。4. 证明行为人制作、出售假冒他人署名的美术作品行为的证据。5. 证明行为人未经表演者许可，复制发行录有其表演的录音录像制品，或者通过信息网络向公众传播其表演的证据。6. 证明行为人未经著作权人或者与著作权有关的权利人许可，故意避开或者破坏权利人为其作品、录音录像制品等采取的保护著作权或者与著作权有关的权利的技术措施的证据。7. 证明行为人违法所得数额较大或者有其他严重情节行为的证据。8. 证明行为人违法所得数额巨大或者有特别严重情节行为的证据。</td></tr>
<tr><td>量刑方面的证据</td><td colspan="2">一、法定量刑情节证据。
1. 事实情节。2. 法定从重情节。3. 法定从轻减轻情节：(1) 可以从轻；(2) 可以从轻或减轻；(3) 应当从轻或者减轻。4. 法定从轻减轻免除情节：(1) 可以从轻、减轻或者免除处罚；(2) 应当从轻、减轻或者免除处罚。5. 法定减轻免除情节：(1) 可以减轻或者免除处罚；(2) 应当减轻或者免除处罚；(3) 可以免除处罚。
二、酌定量刑情节证据。
1. 犯罪手段：(1) 非法复制；(2) 非法出售；(3) 其他。2. 犯罪对象。3. 危害结果。4. 动机。5. 平时表现。6. 认罪态度。7. 是否有前科。8. 其他证据。</td></tr>
<tr><td rowspan="5">量刑标准</td><td colspan="2">犯本罪，违法所得数额较大或者有其他严重情节的</td><td>处三年以下有期徒刑或者拘役，并处或者单处罚金</td></tr>
<tr><td colspan="2">违法所得数额巨大（个人 20 万元以上、单位 100 万元以上）或者有其他特别严重情节的（个人非法经营额 100 万元以上，单位 500 万元以上，造成其他严重后果的）</td><td>处三年以上十年以下有期徒刑，并处罚金</td></tr>
<tr><td colspan="2">单位犯本罪的</td><td>对单位判处罚金，并对其直接负责的主管人员和其他直接责任人员，依上述规定处罚</td></tr>
<tr><td colspan="2">可以酌情从重处罚，一般不适用缓刑</td><td>(1) 主要以侵犯知识产权为业的；
(2) 因侵犯知识产权被行政处罚后再次侵犯知识产权构成犯罪的；
(3) 拒不交出违法所得的。</td></tr>
<tr><td colspan="2">可以酌情从轻处罚</td><td>(1) 认罪认罚的；
(2) 取得权利人谅解的；
(3) 具有悔罪表现的。</td></tr>
</table>

法律适用

刑法条文

第二百一十七条 以营利为目的，有下列侵犯著作权或者与著作权有关的权利的情形之一，违法所得数额较大或者有其他严重情节的，处三年以下有期徒刑，并处或者单处罚金；违法所得数额巨大或者有其他特别严重情节的，处三年以上十年以下有期徒刑，并处罚金：

（一）未经著作权人许可，复制发行、通过信息网络向公众传播其文字作品、音乐、美术、视听作品、计算机软件及法律、行政法规规定的其他作品的；

（二）出版他人享有专有出版权的图书的；

（三）未经录音录像制作者许可，复制发行、通过信息网络向公众传播其制作的录音录像的；

（四）未经表演者许可，复制发行录有其表演的录音录像制品，或者通过信息网络向公众传播其表演的；

（五）制作、出售假冒他人署名的美术作品的；

（六）未经著作权人或者与著作权有关的权利人许可，故意避开或者破坏权利人为其作品、录音录像制品等采取的保护著作权或者与著作权有关的权利的技术措施的。

第二百二十条 单位犯本节第二百一十三条至第二百一十九条之一规定之罪的，对单位判处罚金，并对其直接负责的主管人员和其他直接责任人员，依照本节各该条的规定处罚。

司法解释

一、最高人民法院、最高人民检察院《关于办理侵犯知识产权刑事案件具体应用法律若干问题的解释（三）》（节录）（2020年9月12日最高人民法院、最高人民检察院公布　自2020年9月14日起施行）

第二条 在刑法第二百一十七条规定的作品、录音制品上以通常方式署名的自然人、法人或者非法人组织，应当推定为著作权人或者录音制作者，且该作品、录音制品上存在着相应权利，但有相反证明的除外。

在涉案作品、录音制品种类众多且权利人分散的案件中，有证据证明涉案复制品系非法出版、复制发行，且出版者、复制发行者不能提供获得著作权人、录音制作者许可的相关证据材料的，可以认定为刑法第二百一十七条规定的“未经著作权人许可”“未经录音制作者许可”。但是，有证据证明权利人放弃权利、涉案作品的著作权或者录音制品的有关权利不受我国著作权法保护、权利保护期限已经届满的除外。

第八条 具有下列情形之一的，可以酌情从重处罚，一般不适用缓刑：

（一）主要以侵犯知识产权为业的；

（二）因侵犯知识产权被行政处罚后再次侵犯知识产权构成犯罪的；

（三）在重大自然灾害、事故灾难、公共卫生事件期间，假冒抢险救灾、防疫物资等商品的注册商标的；

（四）拒不交出违法所得的。

第九条 具有下列情形之一的，可以酌情从轻处罚：

（一）认罪认罚的；

（二）取得权利人谅解的；

（三）具有悔罪表现的；

（四）以不正当手段获取权利人的商业秘密后尚未披露、使用或者允许他人使用的。

法律适用

司法解释

第十条 对于侵犯知识产权犯罪的，应当综合考虑犯罪违法所得数额、非法经营数额、给权利人造成的损失数额、侵权假冒物品数量及社会危害性等情节，依法判处罚金。

罚金数额一般在违法所得数额的一倍以上五倍以下确定。违法所得数额无法查清的，罚金数额一般按照非法经营数额的百分之五十以上一倍以下确定。违法所得数额和非法经营数额均无法查清，判处三年以下有期徒刑、拘役、管制或者单处罚金的，一般在三万元以上一百万元以下确定罚金数额；判处三年以上有期徒刑的，一般在十五万元以上五百万元以下确定罚金数额。

二、最高人民法院、最高人民检察院《关于办理侵犯知识产权刑事案件具体应用法律若干问题的解释》（节录）（2004年12月8日最高人民法院、最高人民检察院公布 自2004年12月22日起施行 法释〔2004〕19号）

第五条 以营利为目的，实施刑法第二百一十七条所列侵犯著作权行为之一，违法所得数额在三万元以上的，属于“违法所得数额较大”；具有下列情形之一的，属于“有其他严重情节”，应当以侵犯著作权罪判处三年以下有期徒刑或者拘役，并处或者单处罚金：

（一）非法经营数额在五万元以上的；

（二）未经著作权人许可，复制发行其文字作品、音乐、电影、电视、录像作品、计算机软件及其他作品，复制品数量合计在一千张（份）①以上的；

（三）其他严重情节的情形。

以营利为目的，实施刑法第二百一十七条所列侵犯著作权行为之一，违法所得数额在十五万元以上的，属于“违法所得数额巨大”；具有下列情形之一的，属于“有其他特别严重情节”，应当以侵犯著作权罪判处三年以上七年以下有期徒刑，并处罚金：

（一）非法经营数额在二十五万元以上的；

（二）未经著作权人许可，复制发行其文字作品、音乐、电影、电视、录像作品、计算机软件及其他作品，复制品数量合计在五千张（份）②以上的；

（三）其他特别严重情节的情形。

第十二条 本解释所称“非法经营数额”，是指行为人在实施侵犯知识产权行为过程中，制造、储存、运输、销售侵权产品的价值。已销售的侵权产品的价值，按照实际销售的价格计算。制造、储存、运输和未销售的侵权产品的价值，按照标价或者已经查清的侵权产品的实际销售平均价格计算。侵权产品没有标价或者无法查清其实际销售价格的，按照被侵权产品的市场中间价格计算。

多次实施侵犯知识产权行为，未经行政处理或者刑事处罚的，非法经营数额、违法所得数额或者销售金额累计计算。

本解释第三条所规定的“件”，是指标有完整商标图样的一份标识。

第十四条 实施刑法第二百一十七条规定的侵犯著作权犯罪，又销售该侵权复制品，构成犯罪的，应当依照刑法第二百一十七条的规定，以侵犯著作权罪定罪处罚。

实施刑法第二百一十七条规定的侵犯著作权犯罪，又销售明知是他人的侵权复制品，构成犯罪的，应当实行数罪并罚。

①② 注意：此两处的规定与2007年4月5日最高人民法院、最高人民检察院公布的《关于办理侵犯知识产权刑事案件具体应用法律若干问题的解释（二）》的规定相冲突。根据“新法优于旧法”原则，应适用《解释（二）》中的规定。

第十六条 明知他人实施侵犯知识产权犯罪，而为其提供贷款、资金、账号、发票、证明、许可证件，或者提供生产、经营场所或运输、储存、代理进出口等便利条件、帮助的，以侵犯知识产权犯罪的共犯论处。

第十七条 以前发布的有关侵犯知识产权犯罪的司法解释，与本解释相抵触的，自本解释施行后不再适用。

三、最高人民法院、最高人民检察院《关于办理侵犯知识产权刑事案件具体应用法律若干问题的解释（二）》（节录）（2007年4月5日最高人民法院、最高人民检察院公布 自公布之日起施行 法释〔2007〕6号）

第一条 以营利为目的，未经著作权人许可，复制发行其文字作品、音乐、电影、电视、录像作品、计算机软件及其他作品，复制品数量合计在五百张（份）以上的，属于刑法第二百一十七条规定的“有其他严重情节”；复制品数量在二千五百张（份）以上的，属于刑法第二百一十七条规定的“有其他特别严重情节”。

第二条 刑法第二百一十七条侵犯著作权罪中的“复制发行”，包括复制、发行或者既复制又发行的行为。

侵权产品的持有人通过广告、征订等方式推销侵权产品的，属于刑法第二百一十七条规定的“发行”。

非法出版、复制、发行他人作品，侵犯著作权构成犯罪的，按照侵犯著作权罪定罪处罚。

第四条 对于侵犯知识产权犯罪的，人民法院应当综合考虑犯罪的违法所得、非法经营数额、给权利人造成的损失、社会危害性等情节，依法判处罚金。罚金数额一般在违法所得的一倍以上五倍以下，或者按照非法经营数额的50%以上一倍以下确定。

第五条 被害人有证据证明的侵犯知识产权刑事案件，直接向人民法院起诉的，人民法院应当依法受理；严重危害社会秩序和国家利益的侵犯知识产权刑事案件，由人民检察院依法提起公诉。

第七条 以前发布的司法解释与本解释不一致的，以本解释为准。

四、最高人民法院、最高人民检察院、公安部《关于办理侵犯知识产权刑事案件适用法律若干问题的意见》（节录）（2011年1月10日最高人民法院、最高人民检察院、公安部公布 自公布之日起施行 法发〔2011〕3号）

十、关于侵犯著作权犯罪案件“以营利为目的”的认定问题

除销售外，具有下列情形之一的，可以认定为“以营利为目的”：

（一）以在他人作品中刊登收费广告、捆绑第三方作品等方式直接或者间接收取费用的；

（二）通过信息网络传播他人作品，或者利用他人上传的侵权作品，在网站或者网页上提供刊登收费广告服务，直接或者间接收取费用的；

（三）以会员制方式通过信息网络传播他人作品，收取会员注册费或者其他费用的；

（四）其他利用他人作品牟利的情形。

十一、关于侵犯著作权犯罪案件“未经著作权人许可”的认定问题

“未经著作权人许可”一般应当依据著作权人或者其授权的代理人、著作权集体管理组织、国家著作权行政管理部门指定的著作权认证机构出具的涉案作品版权认证文书，或者证明出版者、复制发行者伪造、涂改授权许可文件或者超出授权许可范围的证据，结合其他证据综合予以认定。

在涉案作品种类众多且权利人分散的案件中，上述证据确实难以一一取得，但有证据证明涉案复制品系非法出版、复制发行的，且出版者、复制发行者不能提供获得著作权人许可的相关证明材料的，可以认定为“未经著作权人许可”。但是，有证据证明权利人放弃权利、涉案作品的著作权不受我国著作权法保护，或者著作权保护期限已经届满的除外。

十二、关于刑法第二百一十七条规定的“发行”的认定及相关问题

“发行”，包括总发行、批发、零售、通过信息网络传播以及出租、展销等活动。

非法出版、复制、发行他人作品，侵犯著作权构成犯罪的，按照侵犯著作权罪定罪处罚，不认定为非法经营罪等其他犯罪。

十三、关于通过信息网络传播侵权作品行为的定罪处罚标准问题

以营利为目的，未经著作权人许可，通过信息网络向公众传播他人文字作品、音乐、电影、电视、美术、摄影、录像作品、录音录像制品、计算机软件及其他作品，具有下列情形之一的，属于刑法第二百一十七条规定的“其他严重情节”：

（一）非法经营数额在五万元以上的；

（二）传播他人作品的数量合计在五百件（部）以上的；

（三）传播他人作品的实际被点击数达到五万次以上的；

（四）以会员制方式传播他人作品，注册会员达到一千人以上的；

（五）数额或者数量虽未达到第（一）项至第（四）项规定标准，但分别达到其中两项以上标准一半以上的；

（六）其他严重情节的情形。

实施前款规定的行为，数额或者数量达到前款第（一）项至第（五）项规定标准五倍以上的，属于刑法第二百一十七条规定的“其他特别严重情节”。

十四、关于多次实施侵犯知识产权行为累计计算数额问题

依照《最高人民法院、最高人民检察院关于办理侵犯知识产权刑事案件具体应用法律若干问题的解释》第十二条第二款的规定，多次实施侵犯知识产权行为，未经行政处理或者刑事处罚的，非法经营数额、违法所得数额或者销售金额累计计算。

二年内多次实施侵犯知识产权违法行为，未经行政处理，累计数额构成犯罪的，应当依法定罪处罚。实施侵犯知识产权犯罪行为的追诉期限，适用刑法的有关规定，不受前述二年的限制。

十五、关于为他人实施侵犯知识产权犯罪提供原材料、机械设备等行为的定性问题

明知他人实施侵犯知识产权犯罪，而为其提供生产、制造侵权产品的主要原材料、辅助材料、半成品、包装材料、机械设备、标签标识、生产技术、配方等帮助，或者提供互联网接入、服务器托管、网络存储空间、通讯传输通道、代收费、费用结算等服务的，以侵犯知识产权犯罪的共犯论处。

十六、关于侵犯知识产权犯罪竞合的处理问题

行为人实施侵犯知识产权犯罪，同时构成生产、销售伪劣商品犯罪的，依照侵犯知识产权犯罪与生产、销售伪劣商品犯罪中处罚较重的规定定罪处罚。

法律适用 相关法律法规

一、《中华人民共和国著作权法》（节录）（1990年9月7日第七届全国人民代表大会常务委员会第十五次会议通过　2001年10月27日第一次修正　2010年2月26日第二次修正　2020年11月11日第三次修正）

第三条　本法所称的作品，是指文学、艺术和科学领域内具有独创性并能以一定形式表现的智力成果，包括：

（一）文字作品；

（二）口述作品；

（三）音乐、戏剧、曲艺、舞蹈、杂技艺术作品；

（四）美术、建筑作品；

（五）摄影作品；

（六）视听作品；

（七）工程设计图、产品设计图、地图、示意图等图形作品和模型作品；

（八）计算机软件；

（九）符合作品特征的其他智力成果。

第十条　著作权包括下列人身权和财产权：

（一）发表权，即决定作品是否公之于众的权利；

（二）署名权，即表明作者身份，在作品上署名的权利；

（三）修改权，即修改或者授权他人修改作品的权利；

（四）保护作品完整权，即保护作品不受歪曲、篡改的权利；

（五）复制权，即以印刷、复印、拓印、录音、录像、翻录、翻拍、数字化等方式将作品制作一份或者多份的权利；

（六）发行权，即以出售或者赠与方式向公众提供作品的原件或者复制件的权利；

（七）出租权，即有偿许可他人临时使用视听作品、计算机软件的原件或者复制件的权利，计算机软件不是出租的主要标的的除外；

（八）展览权，即公开陈列美术作品、摄影作品的原件或者复制件的权利；

（九）表演权，即公开表演作品，以及用各种手段公开播送作品的表演的权利；

（十）放映权，即通过放映机、幻灯机等技术设备公开再现美术、摄影、视听作品等的权利；

（十一）广播权，即以有线或者无线方式公开传播或者转播作品，以及通过扩音器或者其他传送符号、声音、图像的类似工具向公众传播广播的作品的权利，但不包括本款第十二项规定的权利；

（十二）信息网络传播权，即以有线或者无线方式向公众提供，使公众可以在其选定的时间和地点获得作品的权利；

（十三）摄制权，即以摄制视听作品的方法将作品固定在载体上的权利；

（十四）改编权，即改变作品，创作出具有独创性的新作品的权利；

（十五）翻译权，即将作品从一种语言文字转换成另一种语言文字的权利；

（十六）汇编权，即将作品或者作品的片段通过选择或者编排，汇集成新作品的权利；

（十七）应当由著作权人享有的其他权利。

著作权人可以许可他人行使前款第五项至第十七项规定的权利，并依照约定或者本法有关规定获得报酬。

著作权人可以全部或者部分转让本条第一款第五项至第十七项规定的权利，并依

法律适用 相关法律法规

照约定或者本法有关规定获得报酬。

第二十四条 在下列情况下使用作品，可以不经著作权人许可，不向其支付报酬，但应当指明作者姓名或者名称、作品名称，并且不得影响该作品的正常使用，也不得不合理地损害著作权人的合法权益：

（一）为个人学习、研究或者欣赏，使用他人已经发表的作品；

（二）为介绍、评论某一作品或者说明某一问题，在作品中适当引用他人已经发表的作品；

（三）为报道新闻，在报纸、期刊、广播电台、电视台等媒体中不可避免地再现或者引用已经发表的作品；

（四）报纸、期刊、广播电台、电视台等媒体刊登或者播放其他报纸、期刊、广播电台、电视台等媒体已经发表的关于政治、经济、宗教问题的时事性文章，但著作权人声明不许刊登、播放的除外；

（五）报纸、期刊、广播电台、电视台等媒体刊登或者播放在公众集会上发表的讲话，但作者声明不许刊登、播放的除外；

（六）为学校课堂教学或者科学研究，翻译、改编、汇编、播放或者少量复制已经发表的作品，供教学或者科研人员使用，但不得出版发行；

（七）国家机关为执行公务在合理范围内使用已经发表的作品；

（八）图书馆、档案馆、纪念馆、博物馆、美术馆、文化馆等为陈列或者保存版本的需要，复制本馆收藏的作品；

（九）免费表演已经发表的作品，该表演未向公众收取费用，也未向表演者支付报酬，且不以营利为目的；

（十）对设置或者陈列在公共场所的艺术作品进行临摹、绘画、摄影、录像；

（十一）将中国公民、法人或者非法人组织已经发表的以国家通用语言文字创作的作品翻译成少数民族语言文字作品在国内出版发行；

（十二）以阅读障碍者能够感知的无障碍方式向其提供已经发表的作品；

（十三）法律、行政法规规定的其他情形。

前款规定适用于对与著作权有关的权利的限制。

第四十二条 录音录像制作者使用他人作品制作录音录像制品，应当取得著作权人许可，并支付报酬。

录音制作者使用他人已经合法录制为录音制品的音乐作品制作录音制品，可以不经著作权人许可，但应当按照规定支付报酬；著作权人声明不许使用的不得使用。

第四十八条 电视台播放他人的视听作品、录像制品，应当取得视听作品著作权人或者录像制作者许可，并支付报酬；播放他人的录像制品，还应当取得著作权人许可，并支付报酬。

第五十条 下列情形可以避开技术措施，但不得向他人提供避开技术措施的技术、装置或者部件，不得侵犯权利人依法享有的其他权利：

（一）为学校课堂教学或者科学研究，提供少量已经发表的作品，供教学或者科研人员使用，而该作品无法通过正常途径获取；

（二）不以营利为目的，以阅读障碍者能够感知的无障碍方式向其提供已经发表的作品，而该作品无法通过正常途径获取；

（三）国家机关依照行政、监察、司法程序执行公务；

（四）对计算机及其系统或者网络的安全性能进行测试；

（五）进行加密研究或者计算机软件反向工程研究。

前款规定适用于对与著作权有关的权利的限制。

第五十二条 有下列侵权行为的，应当根据情况，承担停止侵害、消除影响、赔礼道歉、赔偿损失等民事责任：

（一）未经著作权人许可，发表其作品的；

（二）未经合作作者许可，将与他人合作创作的作品当作自己单独创作的作品发表的；

（三）没有参加创作，为谋取个人名利，在他人作品上署名的；

（四）歪曲、篡改他人作品的；

（五）剽窃他人作品的；

（六）未经著作权人许可，以展览、摄制视听作品的方法使用作品，或者以改编、翻译、注释等方式使用作品的，本法另有规定的除外；

（七）使用他人作品，应当支付报酬而未支付的；

（八）未经视听作品、计算机软件、录音录像制品的著作权人、表演者或者录音录像制作者许可，出租其作品或者录音录像制品的原件或者复制件的，本法另有规定的除外；

（九）未经出版者许可，使用其出版的图书、期刊的版式设计的；

（十）未经表演者许可，从现场直播或者公开传送其现场表演，或者录制其表演的；

（十一）其他侵犯著作权以及与著作权有关的权利的行为。

第五十三条 有下列侵权行为的，应当根据情况，承担本法第五十二条规定的民事责任；侵权行为同时损害公共利益的，由主管著作权的部门责令停止侵权行为，予以警告，没收违法所得，没收、无害化销毁处理侵权复制品以及主要用于制作侵权复制品的材料、工具、设备等，违法经营额五万元以上的，可以并处违法经营额一倍以上五倍以下的罚款；没有违法经营额、违法经营额难以计算或者不足五万元的，可以并处二十五万元以下的罚款；构成犯罪的，依法追究刑事责任：

（一）未经著作权人许可，复制、发行、表演、放映、广播、汇编、通过信息网络向公众传播其作品的，本法另有规定的除外；

（二）出版他人享有专有出版权的图书的；

（三）未经表演者许可，复制、发行录有其表演的录音录像制品，或者通过信息网络向公众传播其表演的，本法另有规定的除外；

（四）未经录音录像制作者许可，复制、发行、通过信息网络向公众传播其制作的录音录像制品的，本法另有规定的除外；

（五）未经许可，播放、复制或者通过信息网络向公众传播广播、电视的，本法另有规定的除外；

（六）未经著作权人或者与著作权有关的权利人许可，故意避开或者破坏技术措施的，故意制造、进口或者向他人提供主要用于避开、破坏技术措施的装置或者部件的，或者故意为他人避开或者破坏技术措施提供技术服务的，法律、行政法规另有规定的除外；

（七）未经著作权人或者与著作权有关的权利人许可，故意删除或者改变作品、版式设计、表演、录音录像制品或者广播、电视上的权利管理信息的，知道或者应当知道作品、版式设计、表演、录音录像制品或者广播、电视上的权利管理信息未经许

法律适用

相关法律法规

可被删除或者改变，仍然向公众提供的，法律、行政法规另有规定的除外；

（八）制作、出售假冒他人署名的作品的。

二、《计算机软件保护条例》（节录）（2001年12月20日中华人民共和国国务院令第339号公布　自2002年1月1日起施行　2011年1月8日第一次修订　2013年1月30日第二次修订）

第二十三条　除《中华人民共和国著作权法》或者本条例另有规定外，有下列侵权行为的，应当根据情况，承担停止侵害、消除影响、赔礼道歉、赔偿损失等民事责任：

（一）未经软件著作权人许可，发表或者登记其软件的；

（二）将他人软件作为自己的软件发表或者登记的；

（三）未经合作者许可，将与他人合作开发的软件作为自己单独完成的软件发表或者登记的；

（四）在他人软件上署名或者更改他人软件上的署名的；

（五）未经软件著作权人许可，修改、翻译其软件的；

（六）其他侵犯软件著作权的行为。

第二十四条　除《中华人民共和国著作权法》、本条例或者其他法律、行政法规另有规定外，未经软件著作权人许可，有下列侵权行为的，应当根据情况，承担停止侵害、消除影响、赔礼道歉、赔偿损失等民事责任；同时损害社会公共利益的，由著作权行政管理部门责令停止侵权行为，没收违法所得，没收、销毁侵权复制品，可以并处罚款；情节严重的，著作权行政管理部门并可以没收主要用于制作侵权复制品的材料、工具、设备等；触犯刑律的，依照刑法关于侵犯著作权罪、销售侵权复制品罪的规定，依法追究刑事责任：

（一）复制或者部分复制著作权人的软件的；

（二）向公众发行、出租、通过信息网络传播著作权人的软件的；

（三）故意避开或者破坏著作权人为保护其软件著作权而采取的技术措施的；

（四）故意删除或者改变软件权利管理电子信息的；

（五）转让或者许可他人行使著作权人的软件著作权的。

有前款第一项或者第二项行为的，可以并处每件100元或者货值金额1倍以上5倍以下的罚款；有前款第三项、第四项或者第五项行为的，可以并处20万元以下的罚款。

规章及规范性文件

公安部《关于对侵犯著作权案件中尚未印制完成的侵权复制品如何计算非法经营数额问题的批复》（2003年6月20日公安部公布　自公布之日起施行　公复字〔2003〕2号）

辽宁省公安厅：

你厅《关于侵犯著作权案件中的半成品书籍如何计算非法经营数额的请示》（辽公传发〔2003〕257号）收悉。现批复如下：

根据《最高人民法院关于审理非法出版物刑事案件具体应用法律若干问题的解释》（法释〔1998〕30号）第17条的规定，侵犯著作权案件，应以非法出版物的定价数额乘以行为人经营的非法出版物数量所得的数额计算其经营数额。因此，对于行为人尚未印制完成侵权复制品的，应当以侵权复制品的定价数额乘以承印数量所得的数额计算其经营数额。但由于上述行为属于犯罪未遂，对于需要追究刑事责任的，公安机关应当在起诉意见书中予以说明。

95 销售侵权复制品案

概念

本罪是指以营利为目的，销售明知是《刑法》第217条规定的侵权复制品，违法所得数额巨大或者有其他严重情节的行为。

立案标准

以营利为目的，销售明知是《刑法》第217条规定的侵权复制品，个人违法所得数额在人民币10万元以上（或虽未达10万元，但尚未销售的侵权复制品货值金额达30万元），单位违法所得数额人民币30万元以上，或者有其他严重情节的应当立案追究。

<table>
<tr><td rowspan="6">定罪标准</td><td>犯罪客体</td><td>本罪侵犯的客体是著作权人的著作权、与著作权相关的权利以及有关著作权的管理制度。</td></tr>
<tr><td>犯罪客观方面</td><td>本罪在客观方面表现为明知是侵权复制品仍进行销售的行为。“销售”包括批发、零售和代售。销售侵权复制品是一种侵权行为。故意销售侵权复制品，无疑构成侵权行为，并且是法律特别规定的侵权行为。销售侵权复制品罪只涉及销售行为，而不涉及出租等其他发行行为。但也并非所有销售侵权复制品的行为，均可能构成销售侵权复制品罪，只有故意销售侵权复制品，才可能构成销售侵权复制品罪。故意销售法律特别规定的侵权复制品，只有在违法所得数额巨大或有其他严重情节的情况下，才构成销售侵权复制品罪。这里的销售一般指将侵权复制品出卖于消费者，包括零售与批发两种形式。犯罪对象是侵权复制品。值得注意的是，以营利为目的出租侵权复制品是否构成本罪，如大量出租录音录像牟取利益。销售是处分侵权复制品的所有权，而出租也是处分侵权复制品，只是它处分的不是复制品的所有权，而是使用权，但目的相同，都是为牟取非法利益。</td></tr>
<tr><td>犯罪主体</td><td>本罪的主体是个人或单位。个人是指年满16周岁、具有刑事责任能力的自然人。但这里的自然人或单位应该是指侵权复制品制作者以外的其他自然人或单位。如果是侵权复制品制作者自己销售的，构成侵犯著作权罪而非本罪。当然销售侵权复制品的行为人还可能与制作者共同构成侵犯著作权罪而不构成本罪。</td></tr>
<tr><td>犯罪主观方面</td><td>本罪的主观方面只能是故意，并且以营利为目的。过失不构成本罪。这是为保护善意第三人的利益。如非法复制出版者将其复制出版的侵权复制品批发给一般文化用品的经营者，而经营者不知或不应知此物品为非法复制品而销售或出租的，不构成犯罪。</td></tr>
<tr><td>罪与非罪</td><td>区分罪与非罪的界限，主要可从几方面进行考察：一是看行为人是否明知销售的属于侵权复制品，如果并不明知，即使存在严重过失也不构成犯罪；二是看其销售对象是否属于《刑法》规定的侵权复制品，不属于上述对象的不构成犯罪；三是看行为人是否有营利日的，无营利目的的不构成犯罪；四是看其销售违法所得数额大小，如果数额不大，不构成犯罪。</td></tr>
</table>

<table>
<tr><td rowspan="1">定罪标准</td><td>此罪与彼罪</td><td>一、本罪与生产、销售伪劣产品罪的界限。这两种罪在某些情况下有一些相同特征，如两者都是销售活动，都是明知是“假”商品而销售的。两者的主要区别在于犯罪对象不同，即“假”商品种类不同。销售侵犯他人著作权复制品的，侵犯的对象是文化精神产品，且这些产品虽然侵犯了他人的著作权，但产品的质量可能是符合要求的，具有同合法产品一样的使用价值，如盗版的图书唱盘等；而生产、销售伪劣产品的，其犯罪对象是生产、生活资料用品，这些假产品是名副其实的假货、劣货，使用之可能危及他人的健康，破坏社会经济秩序。
二、本罪与侵犯著作权罪的界限。两者的主要区别在于：一是前者的主体只能是侵权复制品制作者以外的其他自然人或单位；后者的主体一般是制作者，有时可能是与制作者通谋的发行者或销售者。二是前者客观方面表现为销售侵权复制品且违法所得数额巨大或者有其他严重情节的行为；后者行为方式可以是复制发行、出版，也可以是制作、出售。</td></tr>
<tr><td rowspan="2">证据参考标准</td><td>主体方面的证据</td><td>一、证明行为人刑事责任年龄、身份等自然情况的证据。
包括身份证明、户籍证明、任职证明、工作经历证明、特定职责证明等，主要是证明行为人的姓名（曾用名）、性别、出生年月日、民族、籍贯、出生地、职业（或职务）、住所地（或居所地）等证据材料，如户口簿、居民身份证、工作证、出生证、专业或技术等级证、干部履历表、职工登记表、护照等。
对于户籍、出生证等材料内容不实的，应提供其他证据材料。外国人犯罪的案件，应有护照等身份证明材料。人大代表、政协委员犯罪的案件，应注明身份，并附身份证明材料。
二、证明行为人刑事责任能力的证据。
证明行为人对自己的行为是否具有辨认能力与控制能力，如是否属于间歇性精神病人、尚未完全丧失辨认或者控制自己行为能力的精神病人的证明材料。
三、证明单位的证据。
证明是否属于依法成立并有合法经营、管理范围的公司、企业、事业单位、机关、团体。
证明单位的名称、住所地、性质、法定代表人、单位负责人、业务范围、成立时间等证据材料，如企业营业执照、国有公司性质证明及非法人单位的身份证明等。
四、证明法定代表人、单位负责人或直接责任人员等的身份证明。
法定代表人、直接负责的主管人员和其他直接责任人在单位的任职、职责、负责权限的证明材料等。包括身份证明、户籍证明、任职证明等，如户口簿、居民身份证、工作证、护照、专业或技术等级证、干部履历表、职工登记表、任命书、业务分工文件、委派文件、单位证明、单位规章制度等。</td></tr>
<tr><td>主观方面的证据</td><td>证明行为人故意的证据：1. 证明行为人明知的证据：证明行为人明知自己的行为会发生危害社会的结果；2. 证明直接故意的证据：证明行为人希望危害结果发生；3. 目的：非法营利。</td></tr>
</table>

<table>
<tr><td rowspan="2">证据参考标准</td><td>客观方面的证据</td><td colspan="2">证明行为人销售侵权复制品犯罪行为的证据。
具体证据包括：1. 证明行为人以营利为目的的行为证据；2. 证明行为人明知是侵权复制品而销售行为的证据；3. 证明行为人违法所得数额巨大行为的证据。4. 证明行为人有其他严重情节的证据。</td></tr>
<tr><td>量刑方面的证据</td><td colspan="2">一、法定量刑情节证据。
1. 事实情节：（1）情节严重；（2）其他。2. 法定从重情节。3. 法定从轻减轻情节：（1）可以从轻；（2）可以从轻或减轻；（3）应当从轻或者减轻。4. 法定从轻减轻免除情节：（1）可以从轻、减轻或者免除处罚；（2）应当从轻、减轻或者免除处罚。5. 法定减轻免除情节：（1）可以减轻或者免除处罚；（2）应当减轻或者免除处罚；（3）可以免除处罚。
二、酌定量刑情节证据。
1. 犯罪手段：（1）销售；（2）侵权的复制品；（3）其他。2. 犯罪对象。3. 危害结果。4. 动机。5. 平时表现。6. 认罪态度。7. 是否有前科。8. 其他证据。</td></tr>
<tr><td rowspan="4">量刑标准</td><td colspan="2">违法所得数额巨大（个人10万元以上，单位30万元以上）或者有其他严重情节的</td><td>处五年以下有期徒刑，并处或者单处罚金</td></tr>
<tr><td colspan="2">单位犯本罪的</td><td>对单位判处罚金，并对其直接负责的主管人员和其他直接责任人员，依上述规定处罚</td></tr>
<tr><td colspan="2">可以酌情从重处罚，一般不适用缓刑</td><td>（1）主要以侵犯知识产权为业的；
（2）因侵犯知识产权被行政处罚后再次侵犯知识产权构成犯罪的；
（3）拒不交出违法所得的。</td></tr>
<tr><td colspan="2">可以酌情从轻处罚</td><td>（1）认罪认罚的；
（2）取得权利人谅解的；
（3）具有悔罪表现的。</td></tr>
<tr><td>法律适用</td><td>刑法条文</td><td colspan="2">第二百一十八条　以营利为目的，销售明知是本法第二百一十七条规定的侵权复制品，违法所得数额巨大或者有其他严重情节的，处五年以下有期徒刑，并处或者单处罚金。
第二百二十条　单位犯本节第二百一十三条至第二百一十九条之一规定之罪的，对单位判处罚金，并对其直接负责的主管人员和其他直接责任人员，依照本节各该条的规定处罚。</td></tr>
</table>

法律适用

司法解释

最高人民法院、最高人民检察院《关于办理侵犯知识产权刑事案件具体应用法律若干问题的解释》（节录）（2004年12月8日最高人民法院、最高人民检察院公布　自2004年12月22日起施行　法释〔2004〕19号）

第六条　以营利为目的，实施刑法第二百一十八条规定的行为，违法所得数额在十万元以上的，属于“违法所得数额巨大”，应当以销售侵权复制品罪判处三年以下有期徒刑或者拘役，并处或者单处罚金。

第十二条　本解释所称“非法经营数额”，是指行为人在实施侵犯知识产权行为过程中，制造、储存、运输、销售侵权产品的价值。已销售的侵权产品的价值，按照实际销售的价格计算。制造、储存、运输和未销售的侵权产品的价值，按照标价或者已经查清的侵权产品的实际销售平均价格计算。侵权产品没有标价或者无法查清其实际销售价格的，按照被侵权产品的市场中间价格计算。

多次实施侵犯知识产权行为，未经行政处理或者刑事处罚的，非法经营数额、违法所得数额或者销售金额累计计算。

本解释第三条所规定的“件”，是指标有完整商标图样的一份标识。

第十四条　实施刑法第二百一十七条规定的侵犯著作权犯罪，又销售该侵权复制品，构成犯罪的，应当依照刑法第二百一十七条的规定，以侵犯著作权罪定罪处罚。

实施刑法第二百一十七条规定的侵犯著作权犯罪，又销售明知是他人的侵权复制品，构成犯罪的，应当实行数罪并罚。

第十五条　单位实施刑法第二百一十三条至第二百一十九条规定的行为，按照本解释规定的相应个人犯罪的定罪量刑标准的三倍定罪量刑。

第十六条　明知他人实施侵犯知识产权犯罪，而为其提供贷款、资金、账号、发票、证明、许可证件，或者提供生产、经营场所或运输、储存、代理进出口等便利条件、帮助的，以侵犯知识产权犯罪的共犯论处。

第十七条　以前发布的有关侵犯知识产权犯罪的司法解释，与本解释相抵触的，自本解释施行后不再适用。

相关法律法规

一、《中华人民共和国著作权法》（节录）（1990年9月7日第七届全国人民代表大会常务委员会第十五次会议通过　2001年10月27日第一次修正　2010年2月26日第二次修正　2020年11月11日第三次修正）

第五十二条　有下列侵权行为的，应当根据情况，承担停止侵害、消除影响、赔礼道歉、赔偿损失等民事责任：

（一）未经著作权人许可，发表其作品的；

（二）未经合作作者许可，将与他人合作创作的作品当作自己单独创作的作品发表的；

（三）没有参加创作，为谋取个人名利，在他人作品上署名的；

（四）歪曲、篡改他人作品的；

（五）剽窃他人作品的；

（六）未经著作权人许可，以展览、摄制视听作品的方法使用作品，或者以改编、翻译、注释等方式使用作品的，本法另有规定的除外；

（七）使用他人作品，应当支付报酬而未支付的；

（八）未经视听作品、计算机软件、录音录像制品的著作权人、表演者或者录音录像制作者许可，出租其作品或者录音录像制品的原件或者复制件的，本法另有规定的除外；

（九）未经出版者许可，使用其出版的图书、期刊的版式设计的；

（十）未经表演者许可，从现场直播或者公开传送其现场表演，或者录制其表演的；

（十一）其他侵犯著作权以及与著作权有关的权利的行为。

二、《计算机软件保护条例》（节录）（2001年12月20日中华人民共和国国务院令第339号公布 自2002年1月1日起施行 2011年1月8日第一次修订 2013年1月30日第二次修订）

第二十三条 除《中华人民共和国著作权法》或者本条例另有规定外，有下列侵权行为的，应当根据情况，承担停止侵害、消除影响、赔礼道歉、赔偿损失等民事责任：

（一）未经软件著作权人许可，发表或者登记其软件的；

（二）将他人软件作为自己的软件发表或者登记的；

（三）未经合作者许可，将与他人合作开发的软件作为自己单独完成的作品发表或者登记的；

（四）在他人软件上署名或者更改他人软件上的署名的；

（五）未经软件著作权人许可修改、翻译其软件的；

（六）其他侵犯软件著作权的行为。

第二十四条 除《中华人民共和国著作权法》、本条例或者其他法律、行政法规另有规定外，未经软件著作权人许可，有下列侵权行为的，应当根据情况，承担停止侵害、消除影响、赔礼道歉、赔偿损失等民事责任；同时损害社会公共利益的，由著作权行政管理部门责令停止侵权行为，没收违法所得，没收、销毁侵权复制品，可以并处罚款；情节严重的，著作权行政管理部门并可以没收主要用于制作侵权复制品的材料、工具、设备等；触犯刑律的，依照刑法关于侵犯著作权罪、销售侵权复制品罪的规定，依法追究刑事责任：

（一）复制或者部分复制著作权人的软件的；

（二）向公众发行、出租、通过信息网络传播著作权人的软件的；

（三）故意避开或者破坏著作权人为保护其软件著作权而采取的技术措施的；

（四）故意删除或者改变软件权利管理电子信息的；

（五）转让或者许可他人行使著作权人的软件著作权的。

有前款第一项或者第二项行为的，可以并处每件100元或者货值金额1倍以上5倍以下的罚款；有前款第三项、第四项或者第五项行为的，可以并处20万元以下的罚款。

96 侵犯商业秘密案

概念

本罪是指采取不正当手段，获取、披露、使用或者允许他人使用权利人的商业秘密，情节严重的行为。

立案标准

侵犯商业秘密，涉嫌下列情形之一的，应予立案追诉：

（1）给商业秘密的权利人造成损失数额或者因侵犯商业秘密违法所得数额在30万元以上的；

（2）直接导致商业秘密的权利人因重大经营困难而破产、倒闭的；

（3）造成商业秘密的权利人其他重大损失的。

定罪标准

犯罪客体

本罪侵犯的客体是商业秘密权利人的无形资产专有权和国家对社会主义市场经济的管理秩序。商业秘密是指不为公众所知悉、具有商业价值并经权利人采取相应保密措施的技术信息、经营信息等商业信息。（1）商业秘密不为公众所知悉，具有秘密性，只限于一部分人知道。（2）商业秘密应当具有商业价值，该秘密信息能够给经营者带来经济利益或者竞争优势。（3）权利人对商业秘密采取了相应的保密措施，以防止他人未经授权获取。（4）商业秘密是指技术信息、经营信息等商业信息。

犯罪客观方面

本罪客观方面表现为侵犯商业秘密，情节严重的行为。具体包括三种行为：

一、以盗窃、贿赂、欺诈、胁迫、电子侵入或者其他不正当手段获取权利人的商业秘密。实施这一行为的人，一般是享有商业秘密的权利人的竞争对手。“贿赂”是指通过给予因工作关系等而实际知悉商业秘密的人以财物，以获取权利人的商业秘密；“胁迫”是指通过声称对他人本人或者亲友等实施人身伤害、披露隐私等方式，迫使他人向其提供商业秘密；“电子侵入”是指通过技术手段侵入计算机网络等信息系统，非法获取他人的商业秘密；“其他不正当手段”，是兜底性规定，是指行为人采取以上明确列举的行为之外的，其他属于不正当竞争行为的方式，非法获取他人的秘密的各种行为。“权利人”，是指商业秘密的所有人和经商业秘密所有人许可的商业秘密使用人。

二、披露、使用或者允许他人使用以前项手段获取的权利人的商业秘密。“披露”，是指向他人透露行为人以盗窃、贿赂、欺诈、胁迫、电子侵入或者其他不正当手段获取的他人商业秘密的行为，将权利人的商业秘密披露公开，会破坏权利人的竞争优势；“使用”，是指自己使用；“允许他人使用”是指将以非法手段获取的商业秘密，提供给其他人使用的行为。无论是行为人自己使用或者允许他人使用上述商业秘密，都是侵犯权利人商业秘密的违法行为。

三、违反保密义务或者违反了权利人有关保守商业秘密的要求，披露、使用或者允许他人使用其所掌握的商业秘密。主要是指行为人所掌握的商业秘密虽然是先前合

<table>
<tr><td rowspan="5">定罪标准</td><td>犯罪客观方面</td><td>法获取的，但是违反了保密义务或者违反了权利人有关保守商业秘密的要求，向第三人披露、使用或者允许第三人使用其所获取的商业秘密。例如，经营者通过与权利人签署合作协议取得商业秘密，之后违反与权利人关于保守商业秘密的约定或者权利人对保守商业秘密的要求，擅自向第三人披露该商业秘密，或者自己以权利人的身份又与他人签订技术转让合同等，允许他人使用其所掌握的商业秘密的行为。
明知属于上述所列行为，获取、披露、使用或者允许他人使用该商业秘密的，以侵犯商业秘密罪论处。</td></tr>
<tr><td>犯罪主体</td><td>本罪主体为一般主体，自然人和单位均可构成本罪的主体。</td></tr>
<tr><td>犯罪主观方面</td><td>本罪主观方面由故意构成，包括直接故意和间接故意，过失不构成本罪。犯罪动机可能是多种多样的，如牟利、挤垮对手等。</td></tr>
<tr><td>罪与非罪</td><td>区分罪与非罪的界限，要把握两点：(1)侵犯行为是否出于主观故意。侵犯商业秘密罪是故意犯罪，过失不构成此罪。(2)情节是否严重。“情节严重”可以综合给商业秘密的权利人造成的损失、权利人公司因而发生经营困难、行为人是否多次实施上述侵犯商业秘密的行为、行为人侵权所得数额等情形，加以判断。情节不严重的，不构成本罪。</td></tr>
<tr><td>此罪与彼罪</td><td>本罪与为境外窃取、刺探、收买、非法提供国家秘密、情报罪的界限。二者是两种不同性质的犯罪。后者侵犯的客体是国家安全，犯罪对象是国家秘密或者情报；前者则以商业秘密为对象，侵犯的客体是商业秘密保密权。后者不以后果论，只要行为人实施了为境外机构、组织、个人窃取、刺探、收买、非法提供国家秘密、情报的行为，即构成犯罪；前者则必须情节严重。</td></tr>
<tr><td>证据参考标准</td><td>主体方面的证据</td><td>一、证明行为人刑事责任年龄、身份等自然情况的证据。
包括身份证明、户籍证明、任职证明、工作经历证明、特定职责证明等，主要是证明行为人的姓名（曾用名）、性别、出生年月日、民族、籍贯、出生地、职业（或职务）、住所地（或居所地）等证据材料，如户口簿、居民身份证、工作证、出生证、专业或技术等级证、干部履历表、职工登记表、护照等。
对于户籍、出生证等材料内容不实的，应提供其他证据材料。外国人犯罪的案件，应有护照等身份证明材料。人大代表、政协委员犯罪的案件，应注明身份，并附身份证明材料。
二、证明行为人刑事责任能力的证据。
证明行为人对自己的行为是否具有辨认能力与控制能力，如是否属于间歇性精神病人、尚未完全丧失辨认或者控制自己行为能力的精神病人的证明材料。
三、证明单位的证据。
证明是否属于依法成立并有合法经营、管理范围的公司、企业、事业单位、机关、团体。</td></tr>
</table>

<table>
<tr><td rowspan="5">证据参考标准</td><td>主体方面的证据</td><td>证明单位的名称、住所地、性质、法定代表人、单位负责人、业务范围、成立时间等证据材料，如企业营业执照、国有公司性质证明及非法人单位的身份证明等。
四、证明法定代表人、单位负责人或直接责任人员等的身份证明。
法定代表人、直接负责的主管人员和其他直接责任人在单位的任职、职责、负责权限的证明材料等。包括身份证明、户籍证明、任职证明等，如户口簿、居民身份证、工作证、护照、专业或技术等级证、干部履历表、职工登记表、任命书、业务分工文件、委派文件、单位证明、单位规章制度等。</td></tr>
<tr><td>主观方面的证据</td><td>证明行为人故意的证据：1. 证明行为人明知的证据：证明行为人明知自己的行为会发生危害社会的结果；2. 证明直接故意的证据：证明行为人希望危害结果发生；3. 证明间接故意的证据：证明行为人放任危害结果发生。</td></tr>
<tr><td>客观方面的证据</td><td>证明行为人侵犯商业秘密犯罪行为的证据。
具体证据包括：1. 证明行为人盗窃权利人商业秘密行为的证据；2. 证明行为人以贿赂手段获取权利人商业秘密行为的证据；3. 证明行为人以欺诈、胁迫、电子侵入手段获取权利人商业秘密行为的证据；4. 证明行为人以其他不正当手段获取权利人商业秘密行为的证据；5. 证明行为人披露用以上手段获取的权利人的商业秘密行为的证据；6. 证明行为人使用或者允许他人使用通过以上手段获取的权利人的商业秘密行为的证据；7. 证明行为人违反保密义务或者违反权利人有关保守商业秘密的要求披露商业秘密行为的证据；8. 证明行为人使用或者允许他人使用权利人要求保密的商业秘密行为的证据；9. 证明行为人情节严重的证据；10. 证明行为人情节特别严重的证据。</td></tr>
<tr><td>量刑方面的证据</td><td>一、法定量刑情节证据。
1. 事实情节：（1）情节严重；（2）情节特别严重。2. 法定从重情节。3. 法定从轻减轻情节：（1）可以从轻；（2）可以从轻或减轻；（3）应当从轻或者减轻。4. 法定从轻减轻免除情节：（1）可以从轻、减轻或者免除处罚；（2）应当从轻、减轻或者免除处罚。5. 法定减轻免除情节：（1）可以减轻或者免除处罚；（2）应当减轻或者免除处罚；（3）可以免除处罚。
二、酌定量刑情节证据。
1. 犯罪手段：（1）盗窃；（2）贿赂；（3）欺诈、胁迫；（4）披露；（5）使用；（6）电子侵入；（7）允许他人使用；（8）其他。2. 犯罪对象。3. 危害结果。4. 动机。5. 平时表现。6. 认罪态度。7. 是否有前科。8. 其他证据。</td></tr>
</table>

<table>
<tr><td rowspan="3">量刑标准</td><td>犯本罪的</td><td>处三年以下有期徒刑，并处或者单处罚金</td></tr>
<tr><td>情节特别严重的</td><td>处三年以上十年以下有期徒刑，并处罚金</td></tr>
<tr><td>单位犯本罪的</td><td>对单位判处罚金，并对其直接负责的主管人员和其他直接责任人员，依上述规定处罚</td></tr>
</table>

<table>
<tr><td rowspan="2">量刑标准</td><td colspan="2">可以酌情从重处罚，一般不适用缓刑</td><td>（1）主要以侵犯知识产权为业的；
（2）因侵犯知识产权被行政处罚后再次侵犯知识产权构成犯罪的；
（3）拒不交出违法所得的。</td></tr>
<tr><td colspan="2">可以酌情从轻处罚</td><td>（1）认罪认罚的；
（2）取得权利人谅解的；
（3）具有悔罪表现的；
（4）以不正当手段获取权利人的商业秘密后尚未披露、使用或者允许他人使用的。</td></tr>
<tr><td rowspan="2">法律适用</td><td>刑法条文</td><td colspan="2">第二百一十九条　有下列侵犯商业秘密行为之一，情节严重的，处三年以下有期徒刑，并处或者单处罚金；情节特别严重的，处三年以上十年以下有期徒刑，并处罚金：
（一）以盗窃、贿赂、欺诈、胁迫、电子侵入或者其他不正当手段获取权利人的商业秘密的；
（二）披露、使用或者允许他人使用以前项手段获取的权利人的商业秘密的；
（三）违反保密义务或者违反权利人有关保守商业秘密的要求，披露、使用或者允许他人使用其所掌握的商业秘密的。
明知前款所列行为，获取、披露、使用或者允许他人使用该商业秘密的，以侵犯商业秘密论。
本条所称权利人，是指商业秘密的所有人和经商业秘密所有人许可的商业第二百二十条 单位犯本节第二百一十三条至第二百一十九条之一规定之罪的，对单位判处罚金，并对其直接负责的主管人员和其他直接责任人员，依照本节各该条的规定处罚。秘密使用人。</td></tr>
<tr><td>司法解释</td><td colspan="2">最高人民法院、最高人民检察院《关于办理侵犯知识产权刑事案件具体应用法律若干问题的解释（三）》（节录）（2020年9月12日最高人民法院、最高人民检察院公布　自2020年9月14日起施行）
第三条　采取非法复制、未经授权或者超越授权使用计算机信息系统等方式窃取商业秘密的，应当认定为刑法第二百一十九条第一款第一项规定的“盗窃”。
以贿赂、欺诈、电子侵入等方式获取权利人的商业秘密的，应当认定为刑法第二百一十九条第一款第一项规定的“其他不正当手段”。
第四条　实施刑法第二百一十九条规定的行为，具有下列情形之一的，应当认定为“给商业秘密的权利人造成重大损失”：
（一）给商业秘密的权利人造成损失数额或者因侵犯商业秘密违法所得数额在三十万元以上的；
（二）直接导致商业秘密的权利人因重大经营困难而破产、倒闭的；
（三）造成商业秘密的权利人其他重大损失的。
给商业秘密的权利人造成损失数额或者因侵犯商业秘密违法所得数额在二百五十万元以上的，应当认定为刑法第二百一十九条规定的“造成特别严重后果”。</td></tr>
</table>

法律适用 司法解释

第五条 实施刑法第二百一十九条规定的行为造成的损失数额或者违法所得数额，可以按照下列方式认定：

（一）以不正当手段获取权利人的商业秘密，尚未披露、使用或者允许他人使用的，损失数额可以根据该项商业秘密的合理许可使用费确定；

（二）以不正当手段获取权利人的商业秘密后，披露、使用或者允许他人使用的，损失数额可以根据权利人因被侵权造成销售利润的损失确定，但该损失数额低于商业秘密合理许可使用费的，根据合理许可使用费确定；

（三）违反约定、权利人有关保守商业秘密的要求，披露、使用或者允许他人使用其所掌握的商业秘密的，损失数额可以根据权利人因被侵权造成销售利润的损失确定；

（四）明知商业秘密是不正当手段获取或者是违反约定、权利人有关保守商业秘密的要求披露、使用、允许使用，仍获取、使用或者披露的，损失数额可以根据权利人因被侵权造成销售利润的损失确定；

（五）因侵犯商业秘密行为导致商业秘密已为公众所知悉或者灭失的，损失数额可以根据该项商业秘密的商业价值确定。商业秘密的商业价值，可以根据该项商业秘密的研究开发成本、实施该项商业秘密的收益综合确定；

（六）因披露或者允许他人使用商业秘密而获得的财物或者其他财产性利益，应当认定为违法所得。

前款第二项、第三项、第四项规定的权利人因被侵权造成销售利润的损失，可以根据权利人因被侵权造成销售量减少的总数乘以权利人每件产品的合理利润确定；销售量减少的总数无法确定的，可以根据侵权产品销售量乘以权利人每件产品的合理利润确定；权利人因被侵权造成销售量减少的总数和每件产品的合理利润均无法确定的，可以根据侵权产品销售量乘以每件侵权产品的合理利润确定。商业秘密系用于服务等其他经营活动的，损失数额可以根据权利人因被侵权而减少的合理利润确定。

商业秘密的权利人为减轻对商业运营、商业计划的损失或者重新恢复计算机信息系统安全、其他系统安全而支出的补救费用，应当计入给商业秘密的权利人造成的损失。

第六条 在刑事诉讼程序中，当事人、辩护人、诉讼代理人或者案外人书面申请对有关商业秘密或者其他需要保密的商业信息的证据、材料采取保密措施的，应当根据案件情况采取组织诉讼参与人签署保密承诺书等必要的保密措施。

违反前款有关保密措施的要求或者法律法规规定的保密义务的，依法承担相应责任。擅自披露、使用或者允许他人使用在刑事诉讼程序中接触、获取的商业秘密，符合刑法第二百一十九条规定的，依法追究刑事责任。

第八条 具有下列情形之一的，可以酌情从重处罚，一般不适用缓刑：

（一）主要以侵犯知识产权为业的；

（二）因侵犯知识产权被行政处罚后再次侵犯知识产权构成犯罪的；

（三）在重大自然灾害、事故灾难、公共卫生事件期间，假冒抢险救灾、防疫物资等商品的注册商标的；

（四）拒不交出违法所得的。

第九条 具有下列情形之一的，可以酌情从轻处罚：

（一）认罪认罚的；

（二）取得权利人谅解的；

法律适用

司法解释

（三）具有悔罪表现的；

（四）以不正当手段获取权利人的商业秘密后尚未披露、使用或者允许他人使用的。

第十条 对于侵犯知识产权犯罪的，应当综合考虑犯罪违法所得数额、非法经营数额、给权利人造成的损失数额、侵权假冒物品数量及社会危害性等情节，依法判处罚金。

罚金数额一般在违法所得数额的一倍以上五倍以下确定。违法所得数额无法查清的，罚金数额一般按照非法经营数额的百分之五十以上一倍以下确定。违法所得数额和非法经营数额均无法查清，判处三年以下有期徒刑、拘役、管制或者单处罚金的，一般在三万元以上一百万元以下确定罚金数额；判处三年以上有期徒刑的，一般在十五万元以上五百万元以下确定罚金数额。

相关法律法规

一、《中华人民共和国反不正当竞争法》（节录）（1993年9月2日中华人民共和国主席令第10号公布 自1993年12月1日起施行 2017年11月4日修订 2019年4月23日修正）

第九条 经营者不得实施下列侵犯商业秘密的行为：

（一）以盗窃、贿赂、欺诈、胁迫或者其他不正当手段获取权利人的商业秘密；

（二）披露、使用或者允许他人使用以前项手段获取的权利人的商业秘密；

（三）违反约定或者违反权利人有关保守商业秘密的要求，披露、使用或者允许他人使用其所掌握的商业秘密。

第三人明知或者应知商业秘密权利人的员工、前员工或者其他单位、个人实施前款所列违法行为，仍获取、披露、使用或者允许他人使用该商业秘密的，视为侵犯商业秘密。

本法所称的商业秘密，是指不为公众所知悉、具有商业价值并经权利人采取相应保密措施的技术信息和经营信息。

第二十一条 经营者违反本法第九条规定侵犯商业秘密的，由监督检查部门责令停止违法行为，处十万元以上五十万元以下的罚款；情节严重的，处五十万元以上三百万元以下的罚款。

二、《中华人民共和国刑事诉讼法》（节录）（1979年7月1日第五届全国人民代表大会第二次会议通过 1996年3月17日第一次修正 2012年3月14日第二次修正 2018年10月26日第三次修正）

第五十四条 人民法院、人民检察院和公安机关有权向有关单位和个人收集、调取证据。有关单位和个人应当如实提供证据。

行政机关在行政执法和查办案件过程中收集的物证、书证、视听资料、电子数据等证据材料，在刑事诉讼中可以作为证据使用。

对涉及国家秘密、商业秘密、个人隐私的证据，应当保密。

凡是伪造证据、隐匿证据或者毁灭证据的，无论属于何方，必须受法律追究。

第一百五十二条 采取技术侦查措施，必须严格按照批准的措施种类、适用对象和期限执行。

侦查人员对采取技术侦查措施过程中知悉的国家秘密、商业秘密和个人隐私，应当保密；对采取技术侦查措施获取的与案件无关的材料，必须及时销毁。

相关法律法规

采取技术侦查措施获取的材料，只能用于对犯罪的侦查、起诉和审判，不得用于其他用途。

公安机关依法采取技术侦查措施，有关单位和个人应当配合，并对有关情况予以保密。

第一百五十四条 依照本节规定采取侦查措施收集的材料在刑事诉讼中可以作为证据使用。如果使用该证据可能危及有关人员的人身安全，或者可能产生其他严重后果的，应当采取不暴露有关人员身份、技术方法等保护措施，必要的时候，可以由审判人员在庭外对证据进行核实。

法律适用

规章及规范性文件

一、国家工商行政管理局（已撤销）《关于禁止侵犯商业秘密行为的若干规定》（节录）（1998年12月3日公布　自公布之日起施行）

第二条 本规定所称商业秘密，是指不为公众所知悉、能为权利人带来经济利益、具有实用性并经权利人采取保密措施的技术信息和经营信息。

本规定所称不为公众所知悉，是指该信息是不能从公开渠道直接获取的。

本规定所称能为权利人带来经济利益、具有实用性，是指该信息具有确定的可应用性，能为权利人带来现实的或者潜在的经济利益或者竞争优势。

本规定所称权利人采取保密措施，包括订立保密协议，建立保密制度及采取其他合理的保密措施。

本规定所称技术信息和经营信息，包括设计、程序、产品配方、制作工艺、制作方法、管理诀窍、客户名单、货源情报、产销策略、招投标中的标底及标书内容等信息。

本规定所称权利人，是指依法对商业秘密享有所有权或者使用权的公民、法人或者其他组织。

二、国家工商行政管理局（已撤销）《关于商业秘密构成要件问题的答复》

（1998年6月12日公布　自公布之日起施行　工商公字〔1998〕第109号）

江苏省工商行政管理局：

你局《关于权利人提供的技术信息能否定为商业秘密的请示》（苏工商〔1998〕41号）收悉。经研究，答复如下：

商业秘密的构成要件有三：一是该信息不为公众所知悉，即该信息是不能从公开渠道直接获取的；二是该信息能为权利人带来经济利益，具有实用性；三是权利人对该信息采取了保密措施。概括地说，不能从公开渠道直接获取的，能为权利人带来经济利益，具有实用性，并经权利人采取保密措施的信息，即为《反不正当竞争法》所保护的商业秘密。

权利人采取保密措施，包括口头或书面的保密协议、对商业秘密权利人的职工或与商业秘密权利人有业务关系的他人提出保密要求等合理措施。只要权利人提出了保密要求，商业秘密权利人的职工或与商业秘密权利人有业务关系的他人知道或应该知道存在商业秘密，即为权利人采取了合理的保密措施，职工或他人就对权利人承担保密义务。

97 为境外窃取、刺探、收买、非法提供商业秘密案

概念

本罪是指为境外的机构、组织、人员窃取、刺探、收买、非法提供商业秘密的行为。

立案标准

行为人为境外的机构、组织、人员窃取、刺探、收买、非法提供商业秘密的，应当予以立案追诉。

<table>
<tr><td rowspan="3">定罪标准</td><td>犯罪客体</td><td>本罪侵犯的客体是商业秘密权利人的无形资产专有权和国家对社会主义市场经济的管理秩序。
商业秘密是指不为公众所知悉、具有商业价值并经权利人采取相应保密措施的技术信息、经营信息等商业信息。（1）商业秘密不为公众所知悉，具有秘密性，只限于一部分人知道。（2）商业秘密应当具有商业价值，该秘密信息能够给经营者带来经济利益或者竞争优势。（3）权利人对商业秘密采取了相应的保密措施，以防止他人未经授权获取。（4）商业秘密是指技术信息、经营信息等商业信息。</td></tr>
<tr><td>犯罪客观方面</td><td>本罪在客观方面表现为为境外的机构、组织、人员窃取、刺探、收买、非法提供商业秘密的行为。
一、行为人必须实施了窃取、刺探、收买、非法提供商业秘密的行为。其中，“窃取”是指行为人采用各种秘密手段非法获取，如通过盗窃、偷拍、偷录等行为而取得商业秘密的行为；“刺探”是指行为人通过各种途径和手段非法探知商业秘密的行为；“收买”是指行为人以给予财物或者其他财产性利益等好处，或者通过提供工作机会、拉拢人心等手段非法得到商业秘密的行为；“非法提供”是指知悉、保管、持有商业秘密的人，将自己知悉、保管、持有的商业秘密非法出售、交付、披露给其他不应知悉该秘密的境外机构、组织、人员的行为。这几种行为方式是针对商业间谍行为的特点规定的。
二、行为人是为境外的机构、组织和人员实施了窃取、刺探、收买、非法提供商业秘密的行为。这里的“境外的机构、组织”包括境外机构、组织及其在中华人民共和国境内设立的分支（代表）机构和分支组织，“境外的个人”包括该个人身处境外，也包括虽然身处境内但身份属于外国人或者其他境外个人的情况。如果是为境内的公司、企业等实施窃取、刺探、收买、非法提供商业秘密的行为，与境外的机构、组织和人员没有关联的，不构成本条规定的为境外窃取、刺探、收买、非法提供商业秘密犯罪，若其行为构成侵犯商业秘密罪的，依照该规定定罪处罚。</td></tr>
<tr><td>犯罪主体</td><td>本罪主体是一般主体，包括自然人和单位，包括中国公民和非中国公民，只要实施了本条规定的行为的，都可能构成本罪。</td></tr>
</table>

定罪标准	犯罪主观方面	本罪主观方面表现为故意，过失不构成本罪。犯罪动机可能是多种多样的。
证据参考标准	主体方面的证据	**一、证明行为人刑事责任年龄、身份等自然情况的证据。** 包括身份证明、户籍证明、任职证明、工作经历证明、特定职责证明等，主要是证明行为人的姓名（曾用名）、性别、出生年月日、民族、籍贯、出生地、职业（或职务）、住所地（或居所地）等证据材料，如户口簿、居民身份证、工作证、出生证、专业或技术等级证、干部履历表、职工登记表、护照等。 对于户籍、出生证等材料内容不实的，应提供其他证据材料。外国人犯罪的案件，应有护照等身份证明材料。人大代表、政协委员犯罪的案件，应注明身份，并附身份证明材料。 **二、证明行为人刑事责任能力的证据。** 证明行为人对自己的行为是否具有辨认能力与控制能力，如是否属于间歇性精神病人、尚未完全丧失辨认或者控制自己行为能力的精神病人的证明材料。 **三、证明单位的证据。** 证明是否属于依法成立并有合法经营、管理范围的公司、企业、事业单位、机关、团体。 证明单位的名称、住所地、性质、法定代表人、单位负责人、业务范围、成立时间等证据材料，如企业营业执照、国有公司性质证明及非法人单位的身份证明等。 **四、证明法定代表人、单位负责人或直接责任人员等的身份证明。** 法定代表人、直接负责的主管人员和其他直接责任人在单位的任职、职责、负责权限的证明材料等。包括身份证明、户籍证明、任职证明等，如户口簿、居民身份证、工作证、护照、专业或技术等级证、干部履历表、职工登记表、任命书、业务分工文件、委派文件、单位证明、单位规章制度等。
	主观方面的证据	证明行为人故意的证据：1. 证明行为人明知的证据：证明行为人明知自己的行为会发生危害社会的结果；2. 证明直接故意的证据：证明行为人希望危害结果发生；3. 证明间接故意的证据：证明行为人放任危害结果发生。
	客观方面的证据	证明行为人为境外的机构、组织、人员窃取、刺探、收买、非法提供商业秘密行为的证据。 具体证据包括：1. 证明行为人为境外的机构、组织、人员窃取商业秘密行为的证据。2. 证明行为人为境外的机构、组织、人员刺探商业秘密行为的证据。3. 证明行为人为境外的机构、组织、人员收取商业秘密行为的证据。4. 证明行为人为境外的机构、组织、人员非法提供商业秘密行为的证据。5. 证明行为人情节严重的证据。
	量刑方面的证据	**一、法定量刑情节证据。** 1. 事实情节：（1）情节严重；（2）其他。2. 定从重情节。3. 法定从轻减轻情节：（1）可以从轻；（2）可以从轻或减轻；（3）应当从轻或者减轻。4. 法定从轻、减轻、免除情节：（1）可以从轻、减轻或者免除处罚；（2）应当从轻、减轻或者免

证据参考标准	量刑方面的证据	除处罚。5. 法定减轻、免除情节：（1）可以减轻或者免除处罚；（2）应当减轻或者免除处罚；（3）可以免除处罚。 **二、酌定量刑情节证据。** 1. 犯罪手段：（1）窃取；（2）刺探；（3）收买；（4）非法提供。2. 犯罪对象。3. 危害结果。4. 动机。5. 平时表现。6. 认罪态度。7. 是否有前科。8. 其他证据。

量刑标准		
	犯本罪的	处五年以下有期徒刑，并处或者单处罚金
	情节严重的	处五年以上有期徒刑，并处罚金
	单位犯本罪的	对单位判处罚金，并对其直接负责的主管人员和其他直接责任人员，依照上述规定处罚
	可以酌情从重处罚，一般不适用缓刑	（1）主要以侵犯知识产权为业的； （2）因侵犯知识产权被行政处罚后再次侵犯知识产权构成犯罪的； （3）拒不交出违法所得的。
	可以酌情从轻处罚	（1）认罪认罚的； （2）取得权利人谅解的； （3）具有悔罪表现的。

法律适用		
	刑法条文	**第二百一十九条之一** 为境外的机构、组织、人员窃取、刺探、收买、非法提供商业秘密的，处五年以下有期徒刑，并处或者单处罚金；情节严重的，处五年以上有期徒刑，并处罚金。 **第二百二十条** 单位犯本节第二百一十三条至第二百一十九条之一规定之罪的，对单位判处罚金，并对其直接负责的主管人员和其他直接责任人员，依照本节各该条的规定处罚。
	司法解释	**最高人民法院、最高人民检察院《关于办理侵犯知识产权刑事案件具体应用法律若干问题的解释（三）》（节录）**（2020年9月12日最高人民法院、最高人民检察院公布 自2020年9月14日起施行） **第八条** 具有下列情形之一的，可以酌情从重处罚，一般不适用缓刑： （一）主要以侵犯知识产权为业的； （二）因侵犯知识产权被行政处罚后再次侵犯知识产权构成犯罪的； （三）在重大自然灾害、事故灾难、公共卫生事件期间，假冒抢险救灾、防疫物资等商品的注册商标的； （四）拒不交出违法所得的。 **第九条** 具有下列情形之一的，可以酌情从轻处罚： （一）认罪认罚的； （二）取得权利人谅解的； （三）具有悔罪表现的； （四）以不正当手段获取权利人的商业秘密后尚未披露、使用或者允许他人使用的。

法律适用		
	司法解释	**第十条** 对于侵犯知识产权犯罪的，应当综合考虑犯罪违法所得数额、非法经营数额、给权利人造成的损失数额、侵权假冒物品数量及社会危害性等情节，依法判处罚金。 罚金数额一般在违法所得数额的一倍以上五倍以下确定。违法所得数额无法查清的，罚金数额一般按照非法经营数额的百分之五十以上一倍以下确定。违法所得数额和非法经营数额均无法查清，判处三年以下有期徒刑、拘役、管制或者单处罚金的，一般在三万元以上一百万元以下确定罚金数额；判处三年以上有期徒刑的，一般在十五万元以上五百万元以下确定罚金数额。
	相关法律法规	**《中华人民共和国反不正当竞争法》（节录）**（1993 年 9 月 2 日中华人民共和国主席令第 10 号公布　自 1993 年 12 月 1 日起施行　2017 年 11 月 4 日修订　2019 年 4 月 23 日修正） **第九条** 经营者不得实施下列侵犯商业秘密的行为： （一）以盗窃、贿赂、欺诈、胁迫或者其他不正当手段获取权利人的商业秘密； （二）披露、使用或者允许他人使用以前项手段获取的权利人的商业秘密； （三）违反约定或者违反权利人有关保守商业秘密的要求，披露、使用或者允许他人使用其所掌握的商业秘密。 第三人明知或者应知商业秘密权利人的员工、前员工或者其他单位、个人实施前款所列违法行为，仍获取、披露、使用或者允许他人使用该商业秘密的，视为侵犯商业秘密。 本法所称的商业秘密，是指不为公众所知悉、具有商业价值并经权利人采取相应保密措施的技术信息和经营信息。 **第二十一条** 经营者违反本法第九条规定侵犯商业秘密的，由监督检查部门责令停止违法行为，处十万元以上五十万元以下的罚款；情节严重的，处五十万元以上三百万元以下的罚款。

98 损害商业信誉、商品声誉案

概念

本罪是指行为人捏造并散布虚伪事实，损害他人的商业信誉、商品声誉，情节严重或者给他人造成重大损失的行为。

立案标准

根据最高人民检察院、公安部《关于公安机关管辖的刑事案件立案追诉标准的规定（二）》的规定，捏造并散布虚伪事实，损害他人的商业信誉、商品声誉，涉嫌下列情形之一的，应予立案追诉：

1. 给他人造成直接经济损失数额在50万元以上的；
2. 虽未达到上述数额标准，但具有下列情形之一的：

（1）利用互联网或者其他媒体公开损害他人商业信誉、商品声誉的；

（2）造成公司、企业等单位停业、停产6个月以上，或者破产的。

3. 其他给他人造成重大损失或者有其他严重情节的情形。

定罪标准		
	犯罪客体	本罪侵犯的客体是复杂客体，既侵犯了商业信誉和商品声誉的权利人的合法权益，又扰乱了市场秩序。 本罪侵犯的对象是他人的商业信誉和商品声誉。他人既包括单位，又包括个人，必须具有特定性。构成本罪的捏造并散布虚伪的事实必指向于他人。指向于他人，可以指名道姓，也可以不呼其名，但根据其虚构的内容、散布的方式，完全能让公众知道其指向于何人。如果其内容泛泛而指，根据其内容及散布方式无法推测针对的是谁，自然不能构成本罪。由于本罪所侵害的是商业信誉、商品声誉，因此，他人必须是从事商业活动的人，如生产者、销售者、提供诸如饮食、旅店、旅游等各种服务的人等。所谓商业信誉，是指从事商业活动的诚信和名誉，包括其信用、资产、经营能力、经营作风等内容。所谓商品声誉，则是指其商品的良好声望及称誉，包括商品的性能、结构、外观、效用、质量、价格等方面。其与财产权利相联系，与从事商业经营者的人身不可分离，在其长期经营过程中逐渐形成的，是社会对其生产、经营、商品、服务等方面的质量、信用、声誉的客观认识与评价。
	犯罪客观方面	本罪在客观上表现为捏造并散布虚伪事实，损害他人的商业信誉、商品声誉，给他人造成重大损失或者有其他严重情节的行为。 所谓捏造，是指无中生有、凭空编造与真实情况不符、对竞争对手不利的事实；所谓散布，是指以各种可以使众人知道的方法扩散其所捏造的虚伪事实。散布的方式基本上有两种：一种是言语，即故意捏造事实，散布足以损害竞争对手商业信誉和商品声誉的言论，既可以通过宣传媒体，又可以出现在产品发布会上；一种是文字、图形等，即用大字报、小字报、图画、报刊、书信等方法，故意捏造事实并散布足以损害竞争对手商业信誉和商品声誉的行为，散布既可以在公众场合为之，又可以向某些与竞争对手有特定业务关系的经营者传播。需要注意的是，本条对本罪的行为特征的表述是捏造并散布，必须同时具备以上两个行为才可能构成本罪；至于其方式多种多

定罪标准	犯罪客观方面	样，既可以是口头的，也可以是书面的；既可以当众散布，又可以不当其面散布。归纳起来，则主要是：（1）在公开场合，如订货会、交易会、产品新闻发布会上公开宣扬所捏造的事实；（2）利用公开信、传单、对比性广告、声明性公告等诋毁他人及产品；（3）在经营活动中利用销售、业务洽谈向业务客户及消费者尤其是被损害人的固定客户贬低对方；（4）在商品包装或者说明书上散布虚构的事实；（5）以顾客、消费者的名义向有关监督部门如消费者协会、工商行政管理部门等作虚假投诉，损害其商业信誉或商品声誉；（6）在社会公众中造谣并加以传播；（7）利用互联网造谣并加以传播；等等。 诽谤行为需给他人造成重大损失或者有其他严重情节，才能构成犯罪。所谓重大损失，主要是指由于商业诽谤行为而导致失去消费者的信赖、商品滞销、经营陷入困境、甚至导致他人濒临破产等。所谓情节严重，则指多次实施损害他人商誉的行为，损害多人的商誉的行为等。
	犯罪主体	本罪主体为一般主体，自然人和单位均可构成本罪的主体。实践中，本罪主体多是从事商品经营或营利性服务的经营者。
	犯罪主观方面	本罪主观方面由故意构成，且具有损害他人商业信誉、商品声誉的目的。犯罪动机可能是多种多样的，如发泄私愤、不正当竞争等，但无论动机如何，均不影响本罪的构成。过失不构成本罪。
	罪与非罪	区分罪与非罪的界限，要注意：（1）要区分合法行为与违法行为的界限。实践中经常发生一些消费者通过正常渠道反映生产、经营者的商品有假冒伪劣的情况；或者新闻媒体对一些商业信誉、商品声誉差的生产、经营者予以公开披露、曝光的，对于这类正当批评，即使揭露的事实中有部分出入，但是，由于其基本事实的属实，上述公开披露、曝光的行为应当属于合法行为，应予以支持和保护。（2）违法与犯罪的界限。在审判实践中，要以损害商业信誉和商品声誉罪的构成要件为标准认定罪与非罪，对于那些确实具有损害商誉性质的行为，应当鉴别其危害程度，如果确系情节显著轻微，损害后果不大的，可依照《刑法》第13条规定不认为是犯罪。
	此罪与彼罪	本罪与诽谤罪的界限。诽谤罪是指捏造并散布某种事实，损害他人人格，破坏他人名誉，情节严重的行为。该两种罪在主观方面、客观方面、主体方面都有十分相似之处。二者的区别最主要体现在侵犯的客体不同：前者是通过“诽谤”的方式侵犯竞争对手的商业信誉、商品声誉，进而扰乱市场经济秩序；后者则是通过诽谤侵害公民的人格。在现实生活中，如果侵害人的诽谤行为针对企业负责人或者经营者本人的，就应当具体分析行为的特征和侵害人的主观方面特征，来确定罪名。侵害人如果以排挤竞争为目的，捏造并散布虚伪的事实，但同时指向商业信用主体和其负责人个人的，应当认定为本罪。如果侵害人为发泄个人不满，蓄意贬低企业负责人个人的，应当认定为诽谤罪。如果一行为既贬低企业又贬低个人的，应以想象竞合原则处理。如果是数行为既触犯诽谤罪又触犯损害商业信誉、商品声誉罪之数客体，则应数罪并罚。

证据参考标准	主体方面的证据	**一、证明行为人刑事责任年龄、身份等自然情况的证据。** 包括身份证明、户籍证明、任职证明、工作经历证明、特定职责证明等，主要是证明行为人的姓名（曾用名）、性别、出生年月日、民族、籍贯、出生地、职业（或职务）、住所地（或居所地）等证据材料，如户口簿、居民身份证、工作证、出生证、专业或技术等级证、干部履历表、职工登记表、护照等。 对于户籍、出生证等材料内容不实的，应提供其他证据材料。外国人犯罪的案件，应有护照等身份证明材料。人大代表、政协委员犯罪的案件，应注明身份，并附身份证明材料。 **二、证明行为人刑事责任能力的证据。** 证明行为人对自己的行为是否具有辨认能力与控制能力，如是否属于间歇性精神病人、尚未完全丧失辨认或者控制自己行为能力的精神病人的证明材料。 **三、证明单位的证据。** 证明是否属于依法成立并有合法经营、管理范围的公司、企业、事业单位、机关、团体。 证明单位的名称、住所地、性质、法定代表人、单位负责人、业务范围、成立时间等证据材料，如企业营业执照、国有公司性质证明及非法人单位的身份证明等。 **四、证明法定代表人、单位负责人或直接责任人员等的身份证明。** 法定代表人、直接负责的主管人员和其他直接责任人在单位的任职、职责、负责权限的证明材料等。包括身份证明、户籍证明、任职证明等，如户口簿、居民身份证、工作证、护照、专业或技术等级证、干部履历表、职工登记表、任命书、业务分工文件、委派文件、单位证明、单位规章制度等。
	主观方面的证据	证明行为人故意的证据：1. 证明行为人明知的证据：证明行为人明知自己的行为会发生危害社会的结果；2. 证明直接故意的证据：证明行为人希望危害结果发生；3. 目的：损害他人商业信誉、商品声誉。
	客观方面的证据	证明行为人损害商业信誉、商品声誉犯罪行为的证据。 具体证据包括：1. 证明行为人捏造虚伪事实行为的证据；2. 证明行为人散布虚伪事实行为的证据；3. 证明行为人损害他人的商业信誉行为的证据；4. 证明行为人损害他人商品声誉行为的证据；5. 证明行为人给他人造成重大损失行为的证据；6. 证明行为人具有其他严重情节行为的证据。
	量刑方面的证据	**一、法定量刑情节证据。** 1. 事实情节：（1）重大损失；（2）严重情节。2. 法定从重情节。3. 法定从轻减轻情节：（1）可以从轻；（2）可以从轻或减轻；（3）应当从轻或者减轻。4. 法定从轻减轻免除情节：（1）可以从轻、减轻或者免除处罚；（2）应当从轻、减轻或者免除处罚。5. 法定减轻免除情节：（1）可以减轻或者免除处罚；（2）应当减轻或者免除处罚；（3）可以免除处罚。 **二、酌定量刑情节证据。** 1. 犯罪手段：（1）捏造虚伪事实；（2）散布虚伪事实；（3）其他。2. 犯罪对象。3. 危害结果。4. 动机。5. 平时表现。6. 认罪态度。7. 是否有前科。8. 其他证据。

<table>
<tr><td rowspan="2">量刑标准</td><td colspan="2">犯本罪的</td><td>处二年以下有期徒刑或者拘役，并处或者单处罚金</td></tr>
<tr><td colspan="2">单位犯本罪的</td><td>对单位判处罚金，并对其直接负责的主管人员和其他直接责任人员，依上述规定处罚</td></tr>
<tr><td rowspan="2">法律适用</td><td>刑法条文</td><td colspan="2">第二百二十一条　捏造并散布虚伪事实，损害他人的商业信誉、商品声誉，给他人造成重大损失或者有其他严重情节的，处二年以下有期徒刑或者拘役，并处或者单处罚金。
第二百三十一条　单位犯本节第二百二十一条至第二百三十条规定之罪的，对单位判处罚金，并对其直接负责的主管人员和其他直接责任人员，依照本节各该条的规定处罚。</td></tr>
<tr><td>司法解释</td><td colspan="2">最高人民检察院、公安部《关于公安机关管辖的刑事案件立案追诉标准的规定（二）》（节录）（2010年5月7日最高人民检察院、公安部公布　自公布之日起施行　2011年11月14日修正）
第七十四条〔损害商业信誉、商品声誉案（刑法第二百二十一条）〕捏造并散布虚伪事实，损害他人的商业信誉、商品声誉，涉嫌下列情形之一的，应予立案追诉：
（一）给他人造成直接经济损失数额在五十万元以上的；
（二）虽未达到上述数额标准，但具有下列情形之一的：
1. 利用互联网或者其他媒体公开损害他人商业信誉、商品声誉的；
2. 造成公司、企业等单位停业、停产六个月以上，或者破产的。
（三）其他给他人造成重大损失或者有其他严重情节的情形。</td></tr>
</table>

99 虚假广告案

概念

本罪是指广告主、广告经营者、广告发布者违反国家规定，利用广告对商品或者服务作虚假宣传，情节严重的行为。

立案标准

根据最高人民检察院、公安部《关于公安机关管辖的刑事案件立案追诉标准的规定（二）》的规定，广告主、广告经营者、广告发布者违反国家规定，利用广告对商品或者服务作虚假宣传，涉嫌下列情形之一的，应予立案追诉：

（1）违法所得数额在10万元以上的；

（2）给单个消费者造成直接经济损失数额在5万元以上的，或者给多个消费者造成直接经济损失数额累计在20万元以上的；

（3）假借预防、控制突发事件的名义，利用广告作虚假宣传，致使多人上当受骗，违法所得数额在3万元以上的；

（4）虽未达到上述数额标准，但两年内因利用广告作虚假宣传，受过行政处罚2次以上，又利用广告作虚假宣传的；

（5）造成人身伤残的；

（6）其他情节严重的情形。

定罪标准

犯罪客体

本罪侵犯的客体是社会主义市场经济条件下商品正当的交易活动和竞争活动。根据我国《反不正当竞争法》第2条第1款规定，经营者在生产经营活动中，应当遵循自愿、平等、公平、诚信的原则，遵守法律和商业道德。《广告法》第5条规定，广告主、广告经营者、广告发布者从事广告活动，应当遵守法律、法规，诚实信用，公平竞争。广告是商品经济的产物，当前在社会主义市场经济条件下，广告作为传播信息、指导消费、促进销售的工具，作为商品生产者与销售者联系消费者的纽带，在现代经济生活中发挥着不可低估的作用。然而随着广告业突飞猛进的发展，虚假广告却纷纷粉墨登场，严重干扰了国家对广告的管理秩序，侵犯其他商品生产者、经营者和消费者的利益。为了保障广告事业的健康发展，发挥推动社会主义经济发展的作用，国家陆续颁布实施了规范广告的一系列法律法规。这些法律法规对我国广告市场的管理秩序起到了规范作用。而虚假广告的行为正是侵犯了法律所保护的商品交易的正当活动的社会关系。为了保障公平竞争，保护商品经营者和消费者的合法权益，就必须运用刑罚制裁虚假广告的行为。

犯罪客观方面

本罪在客观方面表现为广告主、广告经营者和广告发布者，实施了情节严重的虚假广告行为。构成本罪在客观方面的前提条件必须是违反国家规定（即广告管理法规）的行为。没有触犯广告管理法规，或者触犯广告管理法规但行为情节尚不属严重，其行为则不构成本罪。

本罪主要表现是利用广告作虚假宣传。所谓利用广告作虚假宣传，是指所利用广

<table>
<tr><td rowspan="3">定罪标准</td><td>犯罪客观方面</td><td>告中具有虚假的不真实的内容，对商品的性能、质量、用途、价格、有效期限、产地、生产者、售后服务、附带赠品的允诺等以及对服务的内容形式、质量、价格、允诺等作不符合事实真相的宣传，以假充真，以无冒有。具体如商品或服务的质量、技术达不到广告所宣传的质量、技术标准，以假充真，以劣冒优；不具有广告所宣传的功能，如讲有保健功能，实际没有，讲能治病却不能治病等；购买商品或支付服务报酬与所宣传的价格、报酬不符，说价廉物美，实质价格高昂；故意夸大产品或服务的影响，如产品本只在省内销售却说已享誉全球；产品本卖不出去严重滞销，却说供不应求，深得消费者喜爱等；伪造宣传商品或服务的质量、功能等；内容所凭借的他人言论、证据如数据、统计资料、文摘、引用语、调查结果、获奖证明等；所宣传的商品或服务不存在；等等。就行为方式而言，也是多种多样，如广告主伪造有关文件，虚假广告内容，提供不真实、不合法、没有效力的能够确认广告内容真实性的证明，唆使广告经营者作虚假设计、制作，指使广告发布者作虚假发布或以高价发插刊广告等。广告经营者明知他人要求制作、设计的广告内容虚假仍然制作、设计，或不查验有关证明文件、核实广告内容。广告发布者违反有关规定，不认真核实内容的真实性或明知内容虚假仍决意发布。既可以通过电影、电视、广播、报纸、刊物、互联网等向社会广为散布，让不特定公众知悉其内容；也可以采取树立广告牌、横挂广告横幅，树立广告立体图案，书写广告语，散布广告传单等各种各样的方式，只要能使不特定的多人知道其所宣传的内容，不论其形式如何，都可以本罪的发布广告行为论处。
本罪属情节犯，其不仅要求具有违反国家规定，利用虚假广告对商品或服务作虚假宣传的行为，而且还必须达到情节严重的程度才能构成本罪。所谓情节严重，主要是指多次实施虚假广告行为的；为多人实施虚假广告行为的；虚假广告，违法所得数额较大的；致使多人受骗上当的；造成恶劣影响的；相信广告宣传的内容而接受所宣传的商品、服务，致使生产、经营、生活等造成严重损失或受阻的；导致人身伤亡的严重后果的；等等。</td></tr>
<tr><td>犯罪主体</td><td>本罪的主体为特殊主体，即广告主、广告经营者和广告发布者。所谓广告，是指商品经营者或者服务提供者承担费用，通过一定媒介和形式直接或者间接地介绍自己所推销的商品或者所提供的服务的商业广告。所谓广告主，是指为推销商品或者提供服务，自主或者委托他人设计、制作、发布广告的法人、其他经济组织或者个人。所谓广告经营者，是指受委托提供广告设计、制作、代理服务的法人、其他经济组织或者个人。所谓广告发布者，是指为广告主或者广告主委托的广告经营者发布广告的法人或者其他经济组织。
单位也可构成本罪。单位犯本罪的实行双罚制，对单位判处罚金，并对其直接负责的主管人员和其他责任人员，依本条规定追究刑事责任。</td></tr>
<tr><td>犯罪主观方面</td><td>本罪在主观方面只能是故意，而不能是过失。从广告主方面看，明知自己的虚假广告行为违反了广告管理法规规定的广告内容的真实性，从而积极实施了这种行为，作引人误解的虚假宣传，欺骗用户和消费者，以达到牟取巨额非法利益的目的。从广告经营者看，构成虚假广告罪，既可以是直接故意，又可以是间接故意。例如《广告法》第55条第4款规定，广告主、广告经营者、广告发布者有本条第1款、第3款规定行为，构成犯罪的，依法追究刑事责任。在应知的情况下实施的代理、设计、制</td></tr>
</table>

<table>
<tr><td rowspan="3">定罪标准</td><td>犯罪主观方面</td><td>作、发布虚假广告情节严重的行为则可能构成间接故意犯罪，因为所谓应知和明知不同，它是法律规定的一种推理当事人的应当知道，即根据当事人已知的某些事由推出应当知道的结论。在此情况下当事人的心理态度一般是放任，而不是希望，所以属间接故意犯罪。从广告发布者看，构成虚假广告罪，也是既可以是直接故意，也可以是间接故意。依《广告法》第34条之规定，广告发布者不得发布内容不实或者证明文件不全的广告，其应根据法律、行政法规的规定查验有关证明文件，核实广告内容。广告发布者在不查验有关证明文件等情况下发布虚假广告，为间接故意，广告发布者亦有在直接故意的心态的支配下发布虚假广告的。</td></tr>
<tr><td>罪与非罪</td><td>区分罪与非罪的界限，关键是看利用虚假广告欺骗用户和消费者的行为是否情节严重。情节严重的则构成犯罪，如果情节尚属一般不应以犯罪论处，可以适用民事或者行政处罚措施。司法实践中，认定虚假广告罪与非罪的界限问题时应注意把握好以下几点：一是根据《广告法》规定，所作广告商品要具备有关方面的合法证明。二是应当考察虚假广告行为的总体危害程度。三是应当考虑广告令人误解的程度。判断广告的真实与否不仅取决于广告本身，而且还取决于受广告引导或影响的人对广告如何理解。对广告令人误解的标准来说，只要广告容易使消费者产生误解，消费者是否实际受骗并不影响本罪的成立。对于不构成犯罪的，可以由市场监督管理等部门根据《广告法》第55条的规定，给予行政处罚或追究相应的民事责任。</td></tr>
<tr><td>此罪与彼罪</td><td>一、本罪与假冒注册商标罪的界限。虚假广告罪与假冒注册商标罪，虽然犯罪人主观行为上有虚假、假冒的一面，但二者仍不同：(1)直接客体不同。虚假广告罪侵犯的直接客体是国家对广告的管理秩序；而假冒注册商标罪侵害的直接客体是国家对注册商标的管理秩序。(2)客观行为不同。虚假广告罪在客观方面是使用虚假广告对商品作引人误解的宣传；而假冒注册商标罪的客观方面是假冒他人注册商标的行为。
二、本罪与诈骗罪的界限。诈骗罪是指以非法占有为目的，用虚构事实或者隐瞒真相的方法骗取数额较大的公私财物的行为。二者的主要区别在于：(1)侵犯的客体不同。前者侵犯的是广告市场管理制度和不特定消费者的合法权益；而后者则是侵犯公私财物的所有权。(2)客观方面不同。前者是采用利用广告作虚假宣传的特定手段；而后者则是采用隐瞒真相和虚构事实的欺骗方法。(3)犯罪主体不同。前者是广告主、广告经营者和广告发布者；而后者则是一般主体。
三、本罪与生产、销售伪劣产品罪的界限。如果生产者、销售者在商品中掺杂、掺假，以假充真、以次充好或者以不合格产品冒充合格产品，即触犯了《刑法》第140条的规定，同时生产者、销售者又以虚假广告的方法对商品质量作引人误解的欺骗宣传的，在此情况下只能定生产、销售伪劣产品罪，不能再定虚假广告罪。因为凡是生产、销售伪劣产品的，通常都有以虚假广告作欺骗宣传的行为，这符合牵连犯的规定，故择一重罪处罚，而不适用数罪并罚的原则。但是对于广告经营者和广告发布者来说，在明知或应知的情况下仍为生产、销售伪劣产品者代理、设计、制作、发布虚假广告，情节严重的行为，应单独成立虚假广告罪。</td></tr>
</table>

证据参考标准	主体方面的证据	**一、证明行为人刑事责任年龄、身份等自然情况的证据。** 包括身份证明、户籍证明、任职证明、工作经历证明、特定职责证明等，主要是证明行为人的姓名（曾用名）、性别、出生年月日、民族、籍贯、出生地、职业（或职务）、住所地（或居所地）等证据材料，如户口簿、居民身份证、工作证、出生证、专业或技术等级证、干部履历表、职工登记表、护照等。 对于户籍、出生证等材料内容不实的，应提供其他证据材料。外国人犯罪的案件，应有护照等身份证明材料。人大代表、政协委员犯罪的案件，应注明身份，并附身份证明材料。 **二、证明行为人刑事责任能力的证据。** 证明行为人对自己的行为是否具有辨认能力与控制能力，如是否属于间歇性精神病人、尚未完全丧失辨认或者控制自己行为能力的精神病人的证明材料。 **三、证明单位的证据。** 证明是否属于依法成立并有合法经营、管理范围的公司、企业、事业单位、机关、团体。 证明单位的名称、住所地、性质、法定代表人、单位负责人、业务范围、成立时间等证据材料，如企业营业执照、国有公司性质证明及非法人单位的身份证明等。 **四、证明法定代表人、单位负责人或直接责任人员等的身份证明。** 法定代表人、直接负责的主管人员和其他直接责任人在单位的任职、职责、负责权限的证明材料等。包括身份证明、户籍证明、任职证明等，如户口簿、居民身份证、工作证、护照、专业或技术等级证、干部履历表、职工登记表、任命书、业务分工文件、委派文件、单位证明、单位规章制度等。
	主观方面的证据	证明行为人故意的证据：1. 证明行为人明知的证据：证明行为人明知自己的行为会发生危害社会的结果；2. 证明直接故意的证据：证明行为人希望危害结果发生；3. 目的：获取非法利益。
	客观方面的证据	证明行为人虚假广告犯罪行为的证据。 具体证据包括：1. 证明广告主作虚假广告行为的证据；2. 证明广告经营者作虚假广告行为的证据；3. 证明广告发布者作虚假广告行为的证据；4. 证明行为人违反国家广告法规行为的证据；5. 证明虚假广告情节严重行为的证据。
	量刑方面的证据	**一、法定量刑情节证据。** 1. 事实情节：（1）情节严重；（2）其他。2. 法定从重情节。3. 法定从轻减轻情节：（1）可以从轻；（2）可以从轻或减轻；（3）应当从轻或者减轻。4. 法定从轻减轻免除情节：（1）可以从轻、减轻或者免除处罚；（2）应当从轻、减轻或者免除处罚。5. 法定减轻免除情节：（1）可以减轻或者免除处罚；（2）应当减轻或者免除处罚；（3）可以免除处罚。 **二、酌定量刑情节证据。** 1. 犯罪手段：（1）虚假宣传；（2）以假乱真；（3）其他。2. 犯罪对象。3. 危害结果。4. 动机。5. 平时表现。6. 认罪态度。7. 是否有前科。8. 其他证据。

<table>
<tr><td rowspan="2">量刑标准</td><td colspan="2">情节严重的</td><td>处二年以下有期徒刑或者拘役，并处或者单处罚金</td></tr>
<tr><td colspan="2">单位犯本罪的</td><td>对单位判处罚金，并对其直接负责的主管人员和其他直接责任人员，依上述规定处罚</td></tr>
<tr><td rowspan="2">法律适用</td><td>刑法条文</td><td colspan="2"> 第二百二十二条　广告主、广告经营者、广告发布者违反国家规定，利用广告对商品或者服务作虚假宣传，情节严重的，处二年以下有期徒刑或者拘役，并处或者单处罚金。 第二百三十一条　单位犯本节第二百二十一条至第二百三十条规定之罪的，对单位判处罚金，并对其直接负责的主管人员和其他直接责任人员，依照本节各该条的规定处罚。 </td></tr>
<tr><td>司法解释</td><td colspan="2"> 一、最高人民检察院、公安部《关于公安机关管辖的刑事案件立案追诉标准的规定（二）》（节录）（2010年5月7日最高人民检察院、公安部公布　自公布之日起施行　2011年11月14日修正） 第七十五条〔虚假广告案（刑法第二百二十二条）〕广告主、广告经营者、广告发布者违反国家规定，利用广告对商品或者服务作虚假宣传，涉嫌下列情形之一的，应予立案追诉： （一）违法所得数额在十万元以上的； （二）给单个消费者造成直接经济损失数额在五万元以上的，或者给多个消费者造成直接经济损失数额累计在二十万元以上的； （三）假借预防、控制突发事件的名义，利用广告作虚假宣传，致使多人上当受骗，违法所得数额在三万元以上的； （四）虽未达到上述数额标准，但两年内因利用广告作虚假宣传，受过行政处罚二次以上，又利用广告作虚假宣传的； （五）造成人身伤残的； （六）其他情节严重的情形。 明知他人从事欺诈发行股票、债券，非法吸收公众存款，擅自发行股票、债券，集资诈骗或者组织、领导传销活动等集资犯罪活动，为其提供广告等宣传的，以相关犯罪的共犯论处。 二、最高人民法院、最高人民检察院《关于办理妨害预防、控制突发传染病疫情等灾害的刑事案件具体应用法律若干问题的解释》（节录）（2003年5月14日最高人民法院、最高人民检察院公布　自2003年5月15日起施行　法释〔2003〕8号） 第五条　广告主、广告经营者、广告发布者违反国家规定，假借预防、控制突发传染病疫情等灾害的名义，利用广告对所推销的商品或者服务作虚假宣传，致使多人上当受骗，违法所得数额较大或者有其他严重情节的，依照刑法第二百二十二条的规定，以虚假广告罪定罪处罚。 三、最高人民法院《关于审理非法集资刑事案件具体应用法律若干问题的解释》（节录）（2010年12月13日最高人民法院公布　自2011年1月4日起施行　法释〔2010〕18号） 第八条　广告经营者、广告发布者违反国家规定，利用广告为非法集资活动相关的商品或者服务作虚假宣传，具有下列情形之一的，依照刑法第二百二十二条的规定，以虚假广告罪定罪处罚： </td></tr>
</table>

司法解释

（一）违法所得数额在10万元以上的；
（二）造成严重危害后果或者恶劣社会影响的；
（三）二年内利用广告作虚假宣传，受过行政处罚二次以上的；
（四）其他情节严重的情形。

明知他人从事欺诈发行股票、债券，非法吸收公众存款，擅自发行股票、债券，集资诈骗或者组织、领导传销活动等集资犯罪活动，为其提供广告等宣传的，以相关犯罪的共犯论处。

四、最高人民法院、最高人民检察院《关于办理危害食品安全刑事案件适用法律若干问题的解释》（节录）（2013年5月2日最高人民法院、最高人民检察院公布自2013年5月4日起施行）

第十五条 广告主、广告经营者、广告发布者违反国家规定，利用广告对保健食品或者其他食品作虚假宣传，情节严重的，依照刑法第二百二十二条的规定以虚假广告罪定罪处罚。

五、最高人民法院、最高人民检察院《关于办理危害药品安全刑事案件适用法律若干问题的解释》（节录）（2014年11月3日最高人民法院、最高人民检察院公布自2014年12月1日起施行）

第九条 广告主、广告经营者、广告发布者违反国家规定，利用广告对药品作虚假宣传，情节严重的，依照刑法第二百二十二条的规定以虚假广告罪定罪处罚。

法律适用

相关法律法规

一、《中华人民共和国反不正当竞争法》（节录）（1993年9月2日第八届全国人民代表大会常务委员会第三次会议通过 2017年11月4日修订 2019年4月23日修正）

第八条 经营者不得对其商品的性能、功能、质量、销售状况、用户评价、曾获荣誉等作虚假或者引人误解的商业宣传，欺骗、误导消费者。

经营者不得通过组织虚假交易等方式，帮助其他经营者进行虚假或者引人误解的商业宣传。

第二十条 经营者违反本法第八条规定对其商品作虚假或者引人误解的商业宣传，或者通过组织虚假交易等方式帮助其他经营者进行虚假或者引人误解的商业宣传的，由监督检查部门责令停止违法行为，处二十万元以上一百万元以下的罚款；情节严重的，处一百万元以上二百万元以下的罚款，可以吊销营业执照。

经营者违反本法第八条规定，属于发布虚假广告的，依照《中华人民共和国广告法》的规定处罚。

二、《中华人民共和国广告法》（节录）（1994年10月27日第八届全国人民代表大会常务委员会第十次会议通过 2015年4月24日修订 2018年10月26日第一次修正 2020年4月29日第二次修正）

第二条 在中华人民共和国境内，商品经营者或者服务提供者通过一定媒介和形式直接或者间接地介绍自己所推销的商品或者服务的商业广告活动，适用本法。

本法所称广告主，是指为推销商品或者服务，自行或者委托他人设计、制作、发布广告的自然人、法人或者其他组织。

本法所称广告经营者，是指接受委托提供广告设计、制作、代理服务的自然人、法人或者其他组织。

法律适用 相关法律法规

本法所称广告发布者，是指为广告主或者广告主委托的广告经营者发布广告的自然人、法人或者其他组织。

本法所称广告代言人，是指广告主以外的，在广告中以自己的名义或者形象对商品、服务作推荐、证明的自然人、法人或者其他组织。

第三条 广告应当真实、合法，以健康的表现形式表达广告内容，符合社会主义精神文明建设和弘扬中华民族优秀传统文化的要求。

第五十五条 违反本法规定，发布虚假广告的，由市场监督管理部门责令停止发布广告，责令广告主在相应范围内消除影响，处广告费用三倍以上五倍以下的罚款，广告费用无法计算或者明显偏低的，处二十万元以上一百万元以下的罚款；两年内有三次以上违法行为或者有其他严重情节的，处广告费用五倍以上十倍以下的罚款，广告费用无法计算或者明显偏低的，处一百万元以上二百万元以下的罚款，可以吊销营业执照，并由广告审查机关撤销广告审查批准文件、一年内不受理其广告审查申请。

医疗机构有前款规定违法行为，情节严重的，除由市场监督管理部门依照本法处罚外，卫生行政部门可以吊销诊疗科目或者吊销医疗机构执业许可证。

广告经营者、广告发布者明知或者应知广告虚假仍设计、制作、代理、发布的，由市场监督管理部门没收广告费用，并处广告费用三倍以上五倍以下的罚款，广告费用无法计算或者明显偏低的，处二十万元以上一百万元以下的罚款；两年内有三次以上违法行为或者有其他严重情节的，处广告费用五倍以上十倍以下的罚款，广告费用无法计算或者明显偏低的，处一百万元以上二百万元以下的罚款，并可以由有关部门暂停广告发布业务、吊销营业执照。

广告主、广告经营者、广告发布者有本条第一款、第三款规定行为，构成犯罪的，依法追究刑事责任。

100 串通投标案

概念

本罪是指投标人相互串通投标报价，损害招标人或者其他投标人利益，或者投标人与招标人串通投标，损害国家、集体、公民的合法利益，情节严重的行为。

立案标准

根据最高人民检察院、公安部《关于公安机关管辖的刑事案件立案追诉标准的规定（二）》的规定，投标人相互串通投标报价，或者投标人与招标人串通投标，涉嫌下列情形之一的，应予立案追诉：

（1）损害招标人、投标人或者国家、集体、公民的合法利益，造成直接经济损失数额在50万元以上的；

（2）违法所得数额在10万元以上的；

（3）中标项目金额在200万元以上的；

（4）采取威胁、欺骗或者贿赂等非法手段的；

（5）虽未达到上述数额标准，但两年内因串通投标，受过行政处罚2次以上，又串通投标的；

（6）其他情节严重的情形。

<table>
<tr><td rowspan="2">定罪标准</td><td>犯罪客体</td><td>本罪侵犯的客体是复杂客体，既侵犯其他投标人或国家、集体的合法权益，又侵犯社会主义市场经济的自由贸易和公平竞争的秩序。招标投标是市场交易的一种方式，一般为大宗商品买卖或建设大型建筑工程时常常采用的一种交易方法。这是投标人根据招标人的条件提出自己要求的价格和相应条件，开列清单向招标方投函的活动。到一定时期，由事主召集所有投标人当场开标，选择其中质量最精良、价格最合算者为中标人，再由招标方与之订立合同，进行交易。投标具有要约性质。其要件主要有：（1）应指向招标人；（2）须依据招标人要求进行；（3）须包括订立合同的基本条件，以招标人承诺为目的。招标一般有三种形式：一是一般的竞争招标，只要具备一定条件都可以参加招标。二是指名的竞争招标，即指定两个以上的人参加招标，然后择优确定中标人。三是特定招标，即指定一个对象（声誉信用、技术较高者）来投标。除特定招标外，一般是招标投标。即以招标的表示，使投标人分别提出条件，由招标人选择其中最优者，并与之订立合同的一种法律形式。招标投标既然是市场竞争手段，必然竞争激烈。这样，就出现了投标中的不正当竞争行为。</td></tr>
<tr><td>犯罪客观方面</td><td>本罪在客观方面表现为串通投标的行为。所谓串通投标，是指在招标投标过程中，违反有关程序所发生的限制竞争行为的统称。具体地说，就是指在招标投际的过程中，投标人之间私下串通，抬高标价或压低标价，共同损害招标人或其他投标人的利益，或者投标人与招标人之间相互勾结，损害国家、集体、公民的合法权益的行为，主要有两种表现形式：（1）投标者相互的串通投标。参加投标的经营者彼此之间通过口头或书面协议、约定，就投标报价互相通气，以避免相互竞争，或协议轮流在</td></tr>
</table>

<table>
<tr><td rowspan="4">定罪标准</td><td>犯罪客观方面</td><td>类似项目中中标，共同损害招标者或其他投标人的利益的行为。投标者相互串通投标主要有以下几种表现形式：①投标人间相互约定，一致抬高投标报价；②投标人之间相互约定，一致压低投标报价；③投标人之间约定，在类似项目中轮流以高价位或低价位中标；所谓投标报价，是指投标者向招标者出示的愿意付出的价格。标价一般来说应当以招标者提出的工程量化表作为计算的基础，并考虑中标率、投标企业的未来、竞争人数、竞争者投标条件等因素，在投标总额预算中加入适当百分比的利润形成。(2) 投标者与招标者串通投标。投标者与招标者串通投标是指招标者与特定投标者在招标投标活动中，以不正当手段从事私下交易，使公开招标投标流于形式，共同损害国家、集体、公民（包括其他投标者）的利益的行为。投标者与招标者串通投标行为主要表现为：①招标者故意泄露标底。即招标人有意向某一特定投标人透露其标底的行为；②招标者私下启标泄露，即招标人在公开开标之前，私下开启投标人标书，并通告给尚未报送标书的投标人；③招标者故意引导促使某人中标。即招标人在要求投标人就其标书作澄清事实时，故意做引导性提问，以促成该投标人中标了；④招标实行差别对待，即招标在审查、评选标书时，对同样的标书实行差别对待，或者对不同的投标者实施差别对待；⑤招标者故意让不合格投标者中标。即招标者允许不符合投标资格的投标者参加投标，并让其中标；⑥投标者贿赂获密，即投标者通过贿赂手段，在公开开标之前，从招标者处获取投标者报价或其他投标条件的行为；⑦投标者给招标者标外补偿，即投标人有意与招标人商定，在公开投标时压低标价，中标后再给招标人以额外补偿；⑧招标者给投标者标外补偿金，即招标者与某投标者商定，在公开投标时，故意抬高标价，使标价高于通常价，而致其他投标者上当吃亏。高价定标后，招标者按约定给故意抬高标价的投标者一定的补偿金。
本罪属情节犯，只有情节严重的串通投标报价，损害招标人或者其他投标人利益的行为才能构成本罪。情节不属严重，即使实施了串通投标，损害招标人或者其他投标人利益的行为，也不能以本罪论处。所谓情节严重，主要是指采用卑劣手段串通投标的；多次实施串通投标行为的；给招标人或者其他投标人造成严重经济损失的；造成恶劣的影响甚至国际影响的；等等。</td></tr>
<tr><td>犯罪主体</td><td>本罪主体是一般主体，自然人和单位均可构成本罪的主体。</td></tr>
<tr><td>犯罪主观方面</td><td>本罪在主观方面必须出于故意，即明知自己串通投标的行为会损害招标人或其他投标人的利益，但仍决意为之，并希望或放任这种危害后果的发生。过失不能构成本罪，其动机可多种多样，有的为了自己中标，而获取不法利益；有的为了排挤、陷害其他投标人；有的出于江湖义气；有的碍于情面；有的迷恋女色；等等，但无论动机如何，都不影响本罪成立。</td></tr>
<tr><td>罪与非罪</td><td>区分罪与非罪的界限，关键在于行为的情节是否严重。情节严重者构成犯罪，否则不以犯罪论。对于何为情节严重，有待最高法院作出司法解释。在认定情节严重与否时，应当考虑犯罪手段是否恶劣、是否屡教不改、行为的结果及社会影响等因素，做出综合判断。所谓情节严重，主要是指：由于串通报价，而使招标人无法达到最佳的竞标结果，或者其他投标人无法在公平竞争的条件下参与竞争投标而受到损害的；</td></tr>
</table>

<table>
<tr><td rowspan="2">定罪标准</td><td>罪与非罪</td><td>造成招标投标工作严重混乱的；使招标人蒙受重大损失等情形。最高人民检察院、公安部《关于公安机关管辖的刑事案件立案追诉标准的规定（二）》主要是从“给招标人、投标人或者国家、集体、公民造成的直接经济损失”、违法所得数额、中标项目金额，以及犯罪手段、其他情节方面对“情节严重”作了具体规定。如果情节并不严重或者没有损害国家、集体、公民的利益的，不应认定为犯罪。
本罪是必要的共同犯罪，即只有投标人相互串通报价或者招标人与投标人串通投标共同实施犯罪才能完成。至于投标人、招标人在共同犯罪中的地位、作用和应负的刑事责任，应当根据案件的具体情况确定。</td></tr>
<tr><td>此罪与彼罪</td><td>本罪与贿赂罪牵连行为的认定。在行为人犯串通投标罪的同时，往往可能牵连犯有贿赂罪、侵犯商业秘密罪等罪名，如投标人贿赂招标人许以特定经济利益，诱使其泄露标底，或者招标人接受贿赂，泄露标底等商业秘密。由此可见，基于本罪特点，往往可能出现牵连犯罪的情况。对于此种牵连犯罪行为，因无法律的特别规定，适用以一重罪处断为宜。</td></tr>
<tr><td rowspan="2">证据参考标准</td><td>主体方面的证据</td><td>一、证明行为人刑事责任年龄、身份等自然情况的证据。
包括身份证明、户籍证明、任职证明、工作经历证明、特定职责证明等，主要是证明行为人的姓名（曾用名）、性别、出生年月日、民族、籍贯、出生地、职业（或职务）、住所地（或居所地）等证据材料，如户口簿、居民身份证、工作证、出生证、专业或技术等级证、干部履历表、职工登记表、护照等。
对于户籍、出生证等材料内容不实的，应提供其他证据材料。外国人犯罪的案件，应有护照等身份证明材料。人大代表、政协委员犯罪的案件，应注明身份，并附身份证明材料。
二、证明行为人刑事责任能力的证据。
证明行为人对自己的行为是否具有辨认能力与控制能力，如是否属于间歇性精神病人、尚未完全丧失辨认或者控制自己行为能力的精神病人的证明材料。
三、证明单位的证据。
证明是否属于依法成立并有合法经营、管理范围的公司、企业、事业单位、机关、团体。
证明单位的名称、住所地、性质、法定代表人、单位负责人、业务范围、成立时间等证据材料，如企业营业执照、国有公司性质证明及非法人单位的身份证明等。
四、证明法定代表人、单位负责人或直接责任人员等的身份证明。
法定代表人、直接负责的主管人员和其他直接责任人在单位的任职、职责、负责权限的证明材料等。包括身份证明、户籍证明、任职证明等，如户口簿、居民身份证、工作证、护照、专业或技术等级证、干部履历表、职工登记表、任命书、业务分工文件、委派文件、单位证明、单位规章制度等。</td></tr>
<tr><td>主观方面的证据</td><td>证明行为人故意的证据：1. 证明行为人明知的证据：证明行为人明知自己的行为会发生危害社会的结果；2. 证明直接故意的证据：证明行为人希望危害结果发生；3. 证明间接故意的证据：证明行为人放任危害结果发生。</td></tr>
</table>

<table>
<tr><td rowspan="2">证据参考标准</td><td>客观方面的证据</td><td colspan="2">证明行为人串通投标犯罪行为的证据。
具体证据包括：1. 证明投标人之间相互串通投标报价行为的证据；2. 证明行为人损害招标人利益行为的证据；3. 证明行为人损害其他投标人利益行为的证据；4. 证明行为人情节严重行为的证据；5. 证明投标人与招标人串通行为的证据；6. 证明行为人损害国家利益行为的证据；7. 证明行为人损害集体利益行为的证据；8. 证明行为人损害公民利益行为的证据；9. 证明行为人其他行为的证据。</td></tr>
<tr><td>量刑方面的证据</td><td colspan="2">一、法定量刑情节证据。
1. 事实情节。2. 法定从重情节。3. 法定从轻减轻情节：（1）可以从轻；（2）可以从轻或减轻；（3）应当从轻或者减轻。4. 法定从轻减轻免除情节：（1）可以从轻、减轻或者免除处罚；（2）应当从轻、减轻或者免除处罚。5. 法定减轻免除情节：（1）可以减轻或者免除处罚；（2）应当减轻或者免除处罚；（3）可以免除处罚。
二、酌定量刑情节证据。
1. 犯罪手段：（1）相互串通；（2）损害他人利益；（3）其他。2. 犯罪对象。3. 危害结果。4. 动机。5. 平时表现。6. 认罪态度。7. 是否有前科。8. 其他证据。</td></tr>
<tr><td rowspan="2">量刑标准</td><td colspan="2">犯本罪的</td><td>处三年以下有期徒刑或者拘役，并处或单处罚金</td></tr>
<tr><td colspan="2">单位犯本罪的</td><td>对单位判处罚金，并对其直接负责的主管人员和其他直接责任人员，依上述规定处罚</td></tr>
<tr><td rowspan="2">法律适用</td><td>刑法条文</td><td colspan="2">第二百二十三条　投标人相互串通投标报价，损害招标人或者其他投标人利益，情节严重的，处三年以下有期徒刑或者拘役，并处或者单处罚金。
投标人与招标人串通投标，损害国家、集体、公民的合法利益的，依照前款的规定处罚。
第二百三十一条　单位犯本节第二百二十一条至第二百三十条规定之罪的，对单位判处罚金，并对其直接负责的主管人员和其他直接责任人员，依照本节各该条的规定处罚。</td></tr>
<tr><td>司法解释</td><td colspan="2">最高人民检察院、公安部《关于公安机关管辖的刑事案件立案追诉标准的规定（二）》（节录）（2010年5月7日最高人民检察院、公安部公布　自公布之日起施行　2011年11月14日修正）
第七十六条〔串通投标案（刑法第二百二十三条）〕投标人相互串通投标报价，或者投标人与招标人串通投标，涉嫌下列情形之一的，应予立案追诉：
（一）损害招标人、投标人或者国家、集体、公民的合法利益，造成直接经济损失数额在五十万元以上的；
（二）违法所得数额在十万元以上的；
（三）中标项目金额在二百万元以上的；
（四）采取威胁、欺骗或者贿赂等非法手段的；
（五）虽未达到上述数额标准，但两年内因串通投标，受过行政处罚二次以上，又串通投标的；
（六）其他情节严重的情形。</td></tr>
</table>

法律适用

相关法律法规

一、《中华人民共和国招标投标法》(节录)(1999年8月30日中华人民共和国主席令第21号公布　自2000年1月1日起施行　2017年12月27日修正)

第五十三条　投标人相互串通投标或者与招标人串通投标的，投标人以向招标人或者评标委员会成员行贿的手段谋取中标的，中标无效，处中标项目金额千分之五以上千分之十以下的罚款，对单位直接负责的主管人员和其他直接责任人员处单位罚款数额百分之五以上百分之十以下的罚款；有违法所得的，并处没收违法所得；情节严重的，取消其一年至二年内参加依法必须进行招标的项目的投标资格并予以公告，直至由工商行政管理机关吊销营业执照；构成犯罪的，依法追究刑事责任。给他人造成损失的，依法承担赔偿责任。

二、《中华人民共和国政府采购法》(节录)(2002年6月29日中华人民共和国主席令第68号公布　自2003年1月1日起施行　2014年8月31日修正)

第七十二条　采购人、采购代理机构及其工作人员有下列情形之一，构成犯罪的，依法追究刑事责任；尚不构成犯罪的，处以罚款，有违法所得的，并处没收违法所得，属于国家机关工作人员的，依法给予行政处分：

(一)与供应商或者采购代理机构恶意串通的；

(二)在采购过程中接受贿赂或者获取其他不正当利益的；

(三)在有关部门依法实施的监督检查中提供虚假情况的；

(四)开标前泄露标底的。

第七十六条　采购人、采购代理机构违反本法规定隐匿、销毁应当保存的采购文件或者伪造、变造采购文件的，由政府采购监督管理部门处以二万元以上十万元以下的罚款，对其直接负责的主管人员和其他直接责任人员依法给予处分；构成犯罪的，依法追究刑事责任。

第七十七条　供应商有下列情形之一的，处以采购金额千分之五以上千分之十以下的罚款，列入不良行为记录名单，在一至三年内禁止参加政府采购活动，有违法所得的，并处没收违法所得，情节严重的，由工商行政管理机关吊销营业执照；构成犯罪的，依法追究刑事责任：

(一)提供虚假材料谋取中标、成交的；

(二)采取不正当手段诋毁、排挤其他供应商的；

(三)与采购人、其他供应商或者采购代理机构恶意串通的；

(四)向采购人、采购代理机构行贿或者提供其他不正当利益的；

(五)在招标采购过程中与采购人进行协商谈判的；

(六)拒绝有关部门监督检查或者提供虚假情况的。

供应商有前款第(一)至(五)项情形之一的，中标、成交无效。

规章及规范性文件

《通信工程建设项目招标投标管理办法》(节录)(2014年5月4日工业和信息化部公布　自2014年7月1日起施行)

第四十四条　招标人在发布招标公告、发出投标邀请书或者售出招标文件或资格预审文件后无正当理由终止招标的，由通信行政监督部门处以警告，可以并处1万元以上3万元以下的罚款。

第四十五条　依法必须进行招标的通信工程建设项目的招标人或者招标代理机构有下列情形之一的，由通信行政监督部门责令改正，可以处3万元以下的罚款：

(一)招标人自行招标，未按规定向通信行政监督部门备案；

法律适用　规章及规范性文件

（二）未通过“管理平台”确定评标委员会的专家；

（三）招标人未通过“管理平台”公示中标候选人；

（四）确定中标人后，未按规定向通信行政监督部门提交招标投标情况报告。

第四十六条　招标人有下列情形之一的，由通信行政监督部门责令改正，可以处3万元以下的罚款，对单位直接负责的主管人员和其他直接责任人员依法给予处分；对中标结果造成实质性影响，且不能采取补救措施予以纠正的，招标人应当重新招标或者评标：

（一）编制的资格预审文件、招标文件中未载明所有资格审查或者评标的标准和方法；

（二）招标文件中含有要求投标人多轮次报价、投标人保证报价不高于历史价格等违法条款；

（三）不按规定组建资格审查委员会；

（四）投标人数量不符合法定要求时未重新招标而直接发包；

（五）开标过程、开标记录不符合《招标投标法》、《实施条例》和本办法的规定；

（六）违反《实施条例》第三十二条的规定限制、排斥投标人；

（七）以任何方式要求评标委员会成员以其指定的投标人作为中标候选人、以招标文件未规定的评标标准和方法作为评标依据，或者以其他方式非法干涉评标活动，影响评标结果。

第四十七条　招标人进行集中招标或者集中资格预审，违反本办法第二十三条、第二十四条、第三十五条或者第三十八条规定的，由通信行政监督部门责令改正，可以处3万元以下的罚款。

101 合同诈骗案

概念 **本罪是指以非法占有为目的，在签订、履行合同过程中，骗取对方当事人财物，数额较大的行为。**

立案标准 **根据最高人民检察院、公安部《关于公安机关管辖的刑事案件立案追诉标准的规定（二）》的规定，以非法占有为目的，在签订、履行合同过程中，骗取对方当事人财物，数额在2万元以上的，应予立案追诉。**

定罪标准		
	犯罪客体	本罪侵犯的客体为复杂客体，即既侵犯了合同他方当事人的财产所有权，又侵犯了市场秩序。合同亦称契约，是指当事人之间为实现一定目的，明确相互权利义务的协议。合同是商品交换关系化法律上的表现形式，合同法律制度则集中体现和反映了商品经济关系发展的内在要求和一般规则，为商品交换提供了基本的行为模式。因此，在实行社会主义市场经济的条件下，合同法律制度是维护社会经济秩序的基本保证。近年来，一些不法之徒无视国家的法律，利用各种经济合同进行诈骗，表现出极大的欺骗性、贪婪性和危害性。据最新资料表明，我国合同签订的规范程度和履约率不容乐观，目前利用合同进行诈骗的情况仍较突出。利用经济合同欺诈的行为主要有以下几种表现形式：（1）无合法经营资格的一方当事人与另一方当事人签订买卖或承揽合同，骗取定金、预付款或材料费；（2）利用中介机构签订转包合同骗取定金或预付款；（3）虚构建筑工程或转包建筑工程合同，骗取工程预付款；（4）双方当事人串通利用合同将国有或集体财产转移或据为己有；（5）本无履约能力，弄虚作假，蒙骗他人签订合同，或是约定难以完成的条款，当对方违约后向其追偿违约金。 合同诈骗，直接使他方当事人的财产减少，侵害了他方当事人的所有权，同时，合同诈骗对于社会主义市场交易秩序和竞争秩序造成了极大的妨害，本条从诈骗罪中分离出来，明确定为合同诈骗罪，对打击合同诈骗活动，意义深远。
	犯罪客观方面	本罪在客观方面表现为在签订、履行合同过程中，虚构事实、隐瞒真相，骗取对方当事人财物，且数额较大的行为。对于以签订合同的方法骗取财物的行为，认定行为人是否虚构事实或隐瞒真相，关键在于查清行为人有无履行合同的实际能力。也就是说，行为人明知自己没有履行合同的实际能力或者担保，故意制造假象使与之签订合同的人产生错觉，“自愿”地与行骗人签订合同，从而达到骗取财物的目的，这是利用合同进行诈骗犯罪在客观方面的主要特征。具体包括以下几项内容：（1）行为人根本不具备履行合同的实际能力。认定行为人是否具有履行合同的实际能力，应当以签订合同时行为人的资信或货源情况作依据。比如签订购销合同时，供货方既没有实物储备，也没有货物来源，利用一些单位急于购买紧俏或便宜物资的心理，虚构货源，骗取信任，接受合同预付款或定金后，逾期又不履行合同，就可以认定为没有实

定罪标准	犯罪客观方面	际履约能力。要区别两种情况：一种是行为人签约时虽无实际履约能力，但签约之前与他人有购买同一标的物的要约或合同，签约后因原订合同的一方毁约，致使后一个合同不能履行的，可视为有一定的合同履行能力；另一种是行为人签约时根本没有履约能力，仅仅是在签约后才去与第三方签订相同内容的购销合同，事实上又未兑现，这种情况就不能认定行为人具备履约能力。如果不看签约时的实际履约能力，仅仅根据签约后的履行表现来作判断，很容易使犯罪分子蒙混过关。要注意区别根本无履行合同能力与有部分履行合同能力的界限，只有完全没有履行合同能力的才能以诈骗罪论处。（2）采取欺骗手段。欺骗手段绝大多数是作为，而不可能是单纯的不作为。欺骗手段表现为行为人虚构事实或隐瞒真相。虚构事实，是指行为人捏造不存在的事实，骗取被害人的信任。其表现形式主要是：假冒订立合同必需的身份；盗窃、骗取、伪造、变造签订合同所必需的法律文件、文书、制造合法身份、履约能力的假象；虚构不存在的基本事实；虚构不存在的合同标的；等等。隐瞒事实真相，是指行为人对被害人掩盖客观存在的基本事实，其表现形式主要是：隐瞒自己实际上不可能履行合同的事实，隐瞒自己不履行合同的犯罪意图；隐瞒合同中自己有义务告知对方的其他事实。（3）使与之签订合同的人产生错误认识。这种错误认识是指对能够引起处分财产的事实情况的错误认识，而不是泛指受骗者对案件的一切事实情况的错误认识。在合同诈骗犯罪中，受骗者的错误认识是由于行骗者的行骗行为所引起的，在时间顺序上，欺骗在先，是受骗者产生错误认识的原因。受骗人产生错误认识在后，是欺骗的结果。如果他人错误认识在先，行为人利用他人的错误认识取得财物，只能作为民事纠纷而不能作为诈骗犯罪处理。如果行为人虽然采取了欺骗手段，他人认识上也存在错误，并基于这种错误认识错误地处分了财产，但欺骗手段与错误认识之间缺乏因果联系，也不能以合同诈骗罪论处。（4）被骗人自愿地与行为人签订合同并履行合同义务，交付财物或者行为人（或第三人）直接非法占有他人因履约而交付的财物。 　　作为行骗者诈骗手段的经济合同，就其种类讲，通常有三种：（1）签订买卖合同，骗取现金或实物。有五种情况：一是利用盗窃、伪造或骗取的空白合同和介绍信与他人签订合同；二是用已作废、失效的合同书、介绍信，冒充有效的合同书、介绍信与他人签订合同；三是利用已撤销单位的名义及其印章、介绍信、合同书与他人签订合同；四是在条款上做手脚，使合同无法按期履行；五是在标的物上设陷阱，使对方违约而不履行合同。（2）利用承包合同进行诈骗。行为人无承包能力，以骗取钱财为目的，承包工厂或某项工程，骗取大量钱财供自己挥霍或一溜了之。（3）利用联营合同骗取钱财。行为人根本无生产经营能力，利用与他人签订联营合同，骗取联营单位的钱财。就合同欺诈犯罪中合同的形式和内容看，有两种情形：（1）以假面目签订的合同。假面目是指行为人的姓名和身份、签订的合同、使用的公章和介绍信等是假的。假的面目必然导致合同内容的虚假性，即客观上无法履行合同的内容。行为人与他人签订这种合同，欺诈故意明显，只要所骗人财物到手，即可认定合同诈骗既遂。（2）以真面目签订的合同。真面目是指行为人的姓名和身份、签订的合同、使用的公章和介绍信都是真的，即实际上存在这一单位或个人。以真面目签订的合同的内容有真有假，其间还存在三种情况：一是内容真实的合同，即行为人是在有实际履行能力的前提下签订的合同。这种合同的签订，至少表明了行为人在签订时有通过合同进行经济往来的真实意思，而非诈骗钱财，根据有关司法解释的精神，即使合同签订后没有得到完全的履行，也不属于诈骗犯罪。但是，应当注意，有的行为人以有限的履约

定罪标准

犯罪客观方面

能力与他人签订大大超过此履约能力的合同，如仅有供应一百吨煤的合同，却相继与多家客户签订各供应一百吨煤的合同，如果签订后，行为人积极落实货源，设法履行合同，虽然最终没有完全履约，也不认定为诈骗罪。但若行为人在多个合同签订后，并没有设法履行合同，其诈骗犯意明显，自应以合同诈骗罪论处。二是内容半真半假的合同。也就是那种行为人已初步联系过货源，但其货源并未完全确定或并未完全到手。在这种情况下签订的合同，其内容带有半真半假的性质。这类合同客观上已经具备部分履约的可能性，行为人主观上以及实际行为中是否为履行合同做努力成为确定其行为性质的关键。如果行为人有履约意图，客观上也为履行合同做积极努力，最后因种种客观原因未能履行合同，不能认定为诈骗犯罪。相反，如果客观上尽管有履约的可能，但行为人收取他人的预付款或定金以后，主观上无履行合同的意图，这实际上借有部分履约能力之名行诈骗之实，当然应以合同诈骗罪论处。三是内容假的合同，即行为人是在完全没有履约能力情况下签订的合同。行为人主观上意图无偿占有他人钱财，且无归还的意思表示，客观方面表现为将所骗之钱财用于挥霍或作其他用途，这种行为应以合同诈骗罪论处。如果行为人虽然客观上非法占有他人的钱财，但主观上并不想长期占有，而是想临时取得该财物的占有权、使用权，甚至收益权，待生意成功之后再作归还。这实际上是一种套用他人资金的行为，一般不宜以诈骗罪论处。

利用经济合同进行诈骗的犯罪对象主要有：（1）签订虚假购销合同，骗取货物。有的伪造证件、合同书与对方签订合同；有的伪造银行或其他部门的担保书，以合法身份与对方签订合同；有的伪造银行汇票，盗窃单位空白支票，利用失效的支票或空头支票诱惑对方签订合同；有的以洽谈业务、订货、帮助他人推销产品为由，与对方签订合同，等等。行为人行骗时大都隐瞒真实身份，以先提货、后付款为由，利用对方急于推销自己产品的心理，骗取货物。然后将货物低价销售，私吞货款，或者将货物用于还债、作抵押等。（2）虚构货源，签订空头合同，诈骗货款。有的伪造上级主管部门的假批文作货源；有的以伪造的提货单作货源；有的抓住对方急需某种紧俏物资和商品的心理，口头虚构货源；有的故意让对方看不属于自己却谎称是自己的货，或根本无货可看，蒙骗对方；有的则以伪造的买卖合同作货源；等等。（3）伪造身份签订虚假合同，骗取他人预付款或定金。利用这种方式进行诈骗的行为人有两种心理：一是只要将预付款或定金骗到手，就算大功告成；另一是先骗得预付款或定金，然后如有可能骗到货款就继续骗取货款，没有可能就一走了之。（4）以诱饵开路骗取他人钱物。有的犯罪分子为了达到骗取对方巨额财物的目的，以给付部分预付款为诱饵，一旦把对方的钱物置于自己的控制之下后，就溜之大吉；还有的以部分履行合同的手段骗取对方信任，诱使对方进一步按合同交付财物，采取放长线、钓大鱼的欺诈手段骗钱骗物。（5）签订假合同，骗取他人的活动费、好处费或提成费等。这些人同对方签订合同的真正目的不是为了骗取货物、货款，也不是为了骗取定金或预付款，而是为了一次性地骗取各种名义的费用，只要将这笔财物骗到手就远走高飞。这些人一般都伪造身份、证件，自称能买到急需紧俏物资或以帮助对方推销产品为诱饵，与对方签订虚假买卖合同。（6）以联合经商、投资、协作等名义，与他人签订合同，进行诈骗。运用这种方式进行诈骗的，行为人往往是在合法的身份掩盖下，以某公司、货场等的名义，伪造营业执照和注册资金等，欺骗他人与之签订联合经营协议，骗取他人的钱财。

定罪标准	犯罪客观方面	骗取财物无论出现在签订阶段，还是出现在履行过程中均属合同诈骗行为。根据《刑法》第224条的规定，这类行为通常包括以下几种情形：（1）以虚构的单位或者冒用他人名义签订合同。（2）以伪造、变造、作废的票据或者其他虚假的产权证明作担保，即以这些票据或证明作为自己能够履行合同的证据，以骗得对方当事人签订合同。（3）没有实际履行能力，以先履行小额合同或者部分履行合同的方法，诱骗对方当事人继续签订和履行合同。（4）收受对方当事人给付的货物、货款、预付款或者担保财产后逃匿。（5）以其他方法骗取对方当事人财物，主要包括：收受对方当事人给付的货物、货款、预付款或者担保财产后，无正当理由拒不履行合同又不退还，或者没有用作履行合同而无法返还；利用合同骗取财物用于抵偿债务，而没有实际履约；用于进行违法活动；用于挥霍，致使无法返还；等等。 按照法律规定，利用合同骗取财物的行为必须达到数额较大的程度才构成犯罪。在签订、履行合同过程中，骗取对方当事人财物，数额在2万元以上的，认定为“数额较大”。
	犯罪主体	本罪的主体是一般主体，凡达到刑事责任年龄且具有刑事责任能力的自然人均能构成本罪。根据《刑法》第231条的规定，单位亦能成为本罪主体。本罪是在合同的签订和履行过程中发生的，主体是合同的当事人一方。
	犯罪主观方面	本罪主观方面只能出于故意，并且具有非法占有公私财物的目的。行为人主观上没有上述诈骗故意，而是由于种种客观原因，导致合同不能履行或所欠债务无法偿还的，不能以本罪论处。行为人主观上的非法占有目的，既包括行为人意图本人对非法所得的占有，也包括意图为单位或第三人对非法所得的占有。 诈骗故意产生的时间既可能是行为人实施行为的最初，也可能产生在其他合法行为进行的过程中。例如，利用合同进行诈骗的犯罪，行为人诈骗的故意既可以是在签订合同之前，即行为人在签订虚假合同之前就已经具有非法占有对方钱财的故意，其签订合同的目的不是为了骗取对方钱财的手段；诈骗故意也可以产生在签订合同之后，即行为人在签订合同的最初，并无骗取对方钱财的故意，但是，合同签订之后，由于种种原因，如货源、销路、市场行情变化等，致使合同无法履行，从而产生诈骗的故意，行为人有归还能力而不愿归还已经到手的对方的钱财，并进而采取虚构事实或隐瞒真相等手段，欺骗对方，以达到侵吞对方钱财的目的。
	罪与非罪	区分罪与非罪的界限，要注意本罪与一般合同纠纷的界限。合同纠纷与合同诈骗罪有许多相似之处：（1）两者都产生于民事交往过程中，并且都以合同形式出现；（2）在履行合同的过程中，对合同所规定的义务都不履行或不完全履行；（3）合同诈骗在客观上表现为虚构事实或者隐瞒事实真相，合同纠纷中的当事人有时也伴有欺骗行为；（4）两者都是非法占有特定物。尽管合同诈骗与合同纠纷有许多相似之处，但两者也有本质的区别。行为人主观上有无非法占有他人财物的目的，是区别两者的关键。 行为人的主观目的可以从以下几个方面考察：（1）考察行为人在签订合同时有无履行合同的能力。不能只根据签订合同时有无履行合同的能力作为区分诈骗与合同纠纷的标准。但是，也不能否认行为人在签订合同时有无履行合同的能力，在某种情况下对于是否具有骗取财物的目的，又有重要意义。例如，某人在没有落实货源的情况下，为了营利即与人订立了供货合同。在收到预付款之后，多方查找货源，仍未落实，

定罪标准		
	罪与非罪	但表示愿意偿还货款，并承担违约责任。此案中，行为人在不具备履行合同的条件下与他人签订了供货合同，但从他的整个活动看，主观上并没有诈骗的目的，因此，不能认定为诈骗，而应当按合同纠纷处理。相反地，有些人明知自己没有能力履行合同，而且也根本不打算履行合同，但仍与他人签订合同，一旦货款到手，便大事告成，或大肆挥霍，或逃之夭夭，如此等等，不言而明，这些人签订合同是假，骗取财物是真，当然应以诈骗论处。(2）看行为人在签订和履行合同过程中有无欺骗行为。从司法实践看，行为人在签订和履行合同过程中没有欺骗行为，即使合同未能全面履行，也只能做合同纠纷处理，不能定诈骗罪。没有欺骗，不能定诈骗罪。但是，有欺骗也不一定构成诈骗罪。为了分清合同诈骗罪与合同纠纷的界限，需要对欺骗做具体分析。一般来说，在签订和履行合同过程中，行为人在事实上虚构了某些虚假成分，但是并非掩盖其根本无法履行合同的事实，而且实际上也并未影响对合同的履行，或者虽然合同未能完全履行，但是本人愿意承担违约责任，说明行为人并无非法占有他人财物的目的，故不能以诈骗罪处理。然而，对于那些伪造证件，使用假证件，编造谎言，骗取信任，掩盖其根本无力履行合同的真相，给对方造成重大损失的，应当以诈骗罪论处。(3）看行为人在签订合同后有无履行合同的实际行动。司法实践表明，行为人有履行合同的诚意，在签订合同后，必然设法创造条件使合同得以履行，如果不能履行或不能完全履行，也会愿意承担违约责任，赔偿对方损失。无疑，这属合同纠纷。但是，有些人在合同签订后，根本不去履行合同，往往是货款一到手，便大肆挥霍，造成无力偿还。这种行动足以证明他根本无意履行合同，完全是出于骗取财物的目的。因此，应当以合同诈骗罪论处。(4）看行为人在违约以后是否愿意承担违约责任。一般情况下，行为人若有履行合同的诚意，发现自己违约或者对方提出违约时，尽管从自身利益出发可能提出种种辩解，以减轻责任。但是，当无可辩驳自己违约时，会承担违约责任。然而有些人在明知自己违约，不可能履行合同时，往往采取潜逃等方式进行逃避，使对方无法追回自己的经济损失，说明其主观上具有骗取财物的故意。对于这种人，一般就以合同诈骗罪论处。但是，应当指出，对于那些不得已外出躲债，或者在双方谈判中百般辩解，否认自己违约的，一般不能认定为合同诈骗罪，而应当按合同纠纷处理。(5）考察行为人未履行合同的原因。影响合同未履行的原因包括主客观两种情况。查明合同未履行的原因，对于认定行为人主观上是否具有骗取财物的目的有很大作用。根据我国法律的规定，合同当事人均享有合同的权利和承担相应的义务。一旦取得权利，就必须相对地承担相应的义务，享受权利和承担义务是对等的，如果合同当事人一方面享受了权利，而不愿意、不主动去承担义务，那么合同未履行是由于行为人主观上造成的，从而说明行为人具有非法占有他人财物的目的，应当以合同诈骗罪论处。然而，如果合同当事人享受了权利后，自己尽了最大努力去承担义务，但由于发生了使行为人无法预料的事实，致使合同无法履行，对此，应当以合同纠纷处理，不能定合同诈骗罪，因为这种情况行为人不具有骗取财物的目的。
	此罪与彼罪	本罪与诈骗罪的界限。二者在本质上都是诈骗行为，都有诈骗的故意。区别的关键在于：(1）犯罪时间不同。本罪发生在经济合同的签订、履行过程中；而一般诈骗罪没有具体的时间、条件的限制。(2）犯罪手段不同。本罪的行为方式是特定的，即《刑法》中具体规定的五种方式之一；而一般诈骗罪却没有具体的行为方式限制。

<table>
<tr><td rowspan="3">证据参考标准</td><td>主体方面的证据</td><td>

一、证明行为人刑事责任年龄、身份等自然情况的证据。

包括身份证明、户籍证明、任职证明、工作经历证明、特定职责证明等，主要是证明行为人的姓名（曾用名）、性别、出生年月日、民族、籍贯、出生地、职业（或职务）、住所地（或居所地）等证据材料，如户口簿、居民身份证、工作证、出生证、专业或技术等级证、干部履历表、职工登记表、护照等。

对于户籍、出生证等材料内容不实的，应提供其他证据材料。外国人犯罪的案件，应有护照等身份证明材料。人大代表、政协委员犯罪的案件，应注明身份，并附身份证明材料。

二、证明行为人刑事责任能力的证据。

证明行为人对自己的行为是否具有辨认能力与控制能力，如是否属于间歇性精神病人、尚未完全丧失辨认或者控制自己行为能力的精神病人的证明材料。

三、证明单位的证据。

证明是否属于依法成立并有合法经营、管理范围的公司、企业、事业单位、机关、团体。

证明单位的名称、住所地、性质、法定代表人、单位负责人、业务范围、成立时间等证据材料，如企业营业执照、国有公司性质证明及非法人单位的身份证明等。

四、证明法定代表人、单位负责人或直接责任人员等的身份证明。

法定代表人、直接负责的主管人员和其他直接责任人在单位的任职、职责、负责权限的证明材料等。包括身份证明、户籍证明、任职证明等，如户口簿、居民身份证、工作证、护照、专业或技术等级证、干部履历表、职工登记表、任命书、业务分工文件、委派文件、单位证明、单位规章制度等。

</td></tr>
<tr><td>主观方面的证据</td><td>

证明行为人故意的证据：1. 证明行为人明知的证据：证明行为人明知自己的行为会发生危害社会的结果；2. 证明直接故意的证据：证明行为人希望危害结果发生；3. 目的：非法占有公私财物。

</td></tr>
<tr><td>客观方面的证据</td><td>

证明行为人利用合同诈骗犯罪行为的证据。

具体证据包括：1. 证明行为人以虚构的单位签订合同行为的证据；2. 证明行为人冒用他人名义签定合同行为的证据；3. 证明行为人以伪造、变造、作废的票据作担保行为的证据；4. 证明行为人以其他虚假的产权证明作担保行为的证据；5. 证明行为人没有实际履行能力，以先履行小额合同的方法，诱骗对方当事人继续签订和履行合同行为的证据；6. 证明行为人没有实际履行能力，以先履行部分合同的方法，诱骗对方当事人继续签订和履行合同行为的证据；7. 证明行为人收受对方当事人给付的货物、货款、预付款后逃匿行为的证据；8. 证明行为人收受对方当事人给付的担保财产后逃匿行为的证据；9. 证明行为人以其他方法骗取对方当事人财物行为的证据；10. 证明行为人骗取对方当事人财物数额较大的行为的证据；11. 证明行为人骗取对方当事人财物数额巨大或者其他严重情节行为的证据；12. 证明行为人骗取对方当事人财物数额特别巨大或者其他特别严重情节行为的证据。

</td></tr>
</table>

<table>
<tr><td rowspan="1">证据参考标准</td><td>量刑方面的证据</td><td colspan="2">一、法定量刑情节证据。
1. 事实情节：（1）财物数额较大；（2）财物数额巨大或者其他严重情节；（3）数额特别巨大或者其他特别严重情节。2. 法定从重情节。3. 法定从轻减轻情节：（1）可以从轻；（2）可以从轻或减轻；（3）应当从轻或者减轻。4. 法定从轻减轻免除情节：（1）可以从轻、减轻或者免除处罚；（2）应当从轻、减轻或者免除处罚。5. 法定减轻免除情节：（1）可以减轻或者免除处罚；（2）应当减轻或者免除处罚；（3）可以免除处罚。
二、酌定量刑情节证据。
1. 犯罪手段：（1）虚构事实；（2）隐瞒真相。（3）其他。2. 犯罪对象。3. 危害结果。4. 动机。5. 平时表现。6. 认罪态度。7. 是否有前科。8. 其他证据。</td></tr>
<tr><td rowspan="4">量刑标准</td><td colspan="2">数额较大的</td><td>处三年以下有期徒刑或者拘役，并处或者单处罚金</td></tr>
<tr><td colspan="2">数额巨大或者有其他严重情节的</td><td>处三年以上十年以下有期徒刑，并处罚金</td></tr>
<tr><td colspan="2">数额特别巨大或者有其他特别严重情节的</td><td>处十年以上有期徒刑或者无期徒刑，并处罚金或者没收财产</td></tr>
<tr><td colspan="2">单位犯本罪的</td><td>对单位判处罚金，并对其直接负责的主管人员和其他直接责任人员，依上述规定处罚</td></tr>
<tr><td rowspan="2">法律适用</td><td>刑法条文</td><td colspan="2">第二百二十四条　有下列情形之一，以非法占有为目的，在签订、履行合同过程中，骗取对方当事人财物，数额较大的，处三年以下有期徒刑或者拘役，并处或者单处罚金；数额巨大或者有其他严重情节的，处三年以上十年以下有期徒刑，并处罚金；数额特别巨大或者有其他特别严重情节的，处十年以上有期徒刑或者无期徒刑，并处罚金或者没收财产：
（一）以虚构的单位或者冒用他人名义签订合同的；
（二）以伪造、变造、作废的票据或者其他虚假的产权证明作担保的；
（三）没有实际履行能力，以先履行小额合同或者部分履行合同的方法，诱骗对方当事人继续签订和履行合同的；
（四）收受对方当事人给付的货物、货款、预付款或者担保财产后逃匿的；
（五）以其他方法骗取对方当事人财物的。
第二百三十一条　单位犯本节第二百二十一条至第二百三十条规定之罪的，对单位判处罚金，并对其直接负责的主管人员和其他直接责任人员，依照本节各该条的规定处罚。</td></tr>
<tr><td>司法解释</td><td colspan="2">一、最高人民法院《关于在审理经济纠纷案件中涉及经济犯罪嫌疑若干问题的规定》（节录）（1998年4月21日最高人民法院公布　自1998年4月29日起施行　2020年12月23日修正）
第一条　同一自然人、法人或非法人组织因不同的法律事实，分别涉及经济纠纷和经济犯罪嫌疑的，经济纠纷案件和经济犯罪嫌疑案件应当分开审理。
第二条　单位直接负责的主管人员和其他直接责任人员，以为单位骗取财物为目的，采取欺骗手段对外签订经济合同，骗取的财物被该单位占有、使用或处分构成犯</td></tr>
</table>

罪的，除依法追究有关人员的刑事责任，责令该单位返还骗取的财物外，如给被害人造成经济损失的，单位应当承担赔偿责任。

第三条 单位直接负责的主管人员和其他直接责任人员，以该单位的名义对外签订经济合同，将取得的财物部分或全部占为己有构成犯罪的，除依法追究行为人的刑事责任外，该单位对行为人因签订、履行该经济合同造成的后果，依法应当承担民事责任。

第四条 个人借用单位的业务介绍信、合同专用章或者盖有公章的空白合同书，以出借单位名义签订经济合同，骗取财物归个人占有、使用、处分或者进行其他犯罪活动，给对方造成经济损失构成犯罪的，除依法追究借用人的刑事责任外，出借业务介绍信、合同专用章或者盖有公章的空白合同书的单位，依法应当承担赔偿责任。但是，有证据证明被害人明知签订合同对方当事人是借用行为，仍与之签订合同的除外。

第五条 行为人盗窃、盗用单位的公章、业务介绍信、盖有公章的空白合同书，或者私刻单位的公章签订经济合同，骗取财物归个人占有、使用、处分或者进行其他犯罪活动构成犯罪的，单位对行为人该犯罪行为所造成的经济损失不承担民事责任。

行为人私刻单位公章或者擅自使用单位公章、业务介绍信、盖有公章的空白合同书以签订经济合同的方法进行的犯罪行为，单位有明显过错，且该过错行为与被害人的经济损失之间具有因果关系的，单位对该犯罪行为所造成的经济损失，依法应当承担赔偿责任。

第六条 企业承包、租赁经营合同期满后，企业按规定办理了企业法定代表人的变更登记，而企业法人未采取有效措施收回其公章、业务介绍信、盖有公章的空白合同书，或者没有及时采取措施通知相对人，致原企业承包人、租赁人得以用原承包、租赁企业的名义签订经济合同，骗取财物占为己有构成犯罪的，该企业对被害人的经济损失，依法应当承担赔偿责任。但是，原承包人、承租人利用擅自保留的公章、业务介绍信、盖有公章的空白合同书以原承包、租赁企业的名义签订经济合同，骗取财物占为己有构成犯罪的，企业一般不承担民事责任。

单位聘用的人员被解聘后，或者受单位委托保管公章的人员被解除委托后，单位未及时收回其公章，行为人擅自利用保留的原单位公章签订经济合同，骗取财物占为己有构成犯罪，如给被害人造成经济损失的，单位应当承担赔偿责任。

第七条 单位直接负责的主管人员和其他直接责任人员，将单位进行走私或其他犯罪活动所得财物以签订经济合同的方法予以销售，买方明知或者应当知道的，如因此造成经济损失，其损失由买方自负。但是，如果买方不知该经济合同的标的物是犯罪行为所得财物而购买的，卖方对买方所造成的经济损失应当承担民事责任。

第八条 根据《中华人民共和国刑事诉讼法》第一百零一条第一款的规定，被害人或其法定代理人、近亲属对本规定第二条因单位犯罪行为造成经济损失的，对第四条、第五条第一款、第六条应当承担刑事责任的被告人未能返还财物而遭受经济损失提起附带民事诉讼的，受理刑事案件的人民法院应当依法一并审理。被害人或其法定代理人、近亲属因被害人遭受经济损失也有权对单位另行提起民事诉讼。若被害人或其法定代理人、近亲属另行提起民事诉讼的，有管辖权的人民法院应当依法受理。

第九条 被害人请求保护其民事权利的诉讼时效在公安机关、检察机关查处经济犯罪嫌疑期间中断。如果公安机关决定撤销涉嫌经济犯罪案件或者检察机关决定不起诉的，诉讼时效从撤销案件或决定不起诉之次日起重新计算。

法律适用

司法解释

第十条 人民法院在审理经济纠纷案件中，发现与本案有牵连，但与本案不是同一法律关系的经济犯罪嫌疑线索、材料，应将犯罪嫌疑线索、材料移送有关公安机关或检察机关查处，经济纠纷案件继续审理。

第十一条 人民法院作为经济纠纷受理的案件，经审理认为不属经济纠纷案件而有经济犯罪嫌疑的，应当裁定驳回起诉，将有关材料移送公安机关或检察机关。

第十二条 人民法院已立案审理的经济纠纷案件，公安机关或检察机关认为有经济犯罪嫌疑，并说明理由附有关材料函告受理该案的人民法院的，有关人民法院应当认真审查。经过审查，认为确有经济犯罪嫌疑的，应当将案件移送公安机关或检察机关，并书面通知当事人，退还案件受理费；如认为确属经济纠纷案件的，应当依法继续审理，并将结果函告有关公安机关或检察机关。

二、最高人民检察院、公安部《关于公安机关管辖的刑事案件立案追诉标准的规定（二）》（节录）（2010年5月7日最高人民检察院、公安部公布　自公布之日起施行　2011年11月14日修正）

第七十七条　〔合同诈骗案（刑法第二百二十四条）〕以非法占有为目的，在签订、履行合同过程中，骗取对方当事人财物，数额在二万元以上的，应予立案追诉。

三、最高人民法院、最高人民检察院《关于常见犯罪的量刑指导意见（试行）》（节录）（2021年7月1日起施行　法发〔2021〕21号）

四、常见犯罪的量刑

（六）合同诈骗罪

1. 构成合同诈骗罪的，根据下列情形在相应的幅度内确定量刑起点：

（1）达到数额较大起点的，在一年以下有期徒刑、拘役幅度内确定量刑起点。

（2）达到数额巨大起点或者有其他严重情节的，在三年至四年有期徒刑幅度内确定量刑起点。

（3）达到数额特别巨大起点或者有其他严重情节的，在十年至十二年有期徒刑幅度内确定量刑起点。依法应当判处无期徒刑的除外。

2. 在量刑起点的基础上，根据合同诈骗数额等其他影响犯罪构成的犯罪事实增加刑罚量，确认基准刑。

3. 构成合同诈骗罪的，根据诈骗手段、犯罪数额、损失数额、危害后果等犯罪情节，综合考虑被告人缴纳罚金的能力，决定罚金数额。

4. 构成合同诈骗罪的，综合考虑诈骗手段、犯罪数额、危害后果、退赔退赃等犯罪事实、量刑情节，以及被告人主观恶性、人身危险性、认罪悔罪表现等因素，决定缓刑的适用。

相关法律法规

《中华人民共和国民法典》（节录）（2020年5月28日中华人民共和国主席令第45号公布　自2021年1月1日起施行）

第四百六十四条 合同是民事主体之间设立、变更、终止民事法律关系的协议。

婚姻、收养、监护等有关身份关系的协议，适用有关该身份关系的法律规定；没有规定的，可以根据其性质参照适用本编规定。

第四百六十五条 依法成立的合同，受法律保护。

依法成立的合同，仅对当事人具有法律约束力，但是法律另有规定的除外。

法律适用	相关法律法规	
		第四百六十六条 当事人对合同条款的理解有争议的，应当依据本法第一百四十二条第一款的规定，确定争议条款的含义。 合同文本采用两种以上文字订立并约定具有同等效力的，对各文本使用的词句推定具有相同含义。各文本使用的词句不一致的，应当根据合同的相关条款、性质、目的以及诚信原则等予以解释。 **第四百六十七条** 本法或者其他法律没有明文规定的合同，适用本编通则的规定，并可以参照适用本编或者其他法律最相类似合同的规定。 在中华人民共和国境内履行的中外合资经营企业合同、中外合作经营企业合同、中外合作勘探开发自然资源合同，适用中华人民共和国法律。 **第四百六十八条** 非因合同产生的债权债务关系，适用有关该债权债务关系的法律规定；没有规定的，适用本编通则的有关规定，但是根据其性质不能适用的除外。

102 组织、领导传销活动案

概念

本罪是指组织、领导以推销商品、提供服务等经营活动为名，要求参加者以缴纳费用或者购买商品、服务等方式获得加入资格，并按照一定顺序组成层级，直接或者间接以发展人员的数量作为计酬或者返利依据，引诱、胁迫参加者继续发展他人参加，骗取财物，扰乱经济社会秩序的传销活动的行为。

立案标准

根据最高人民检察院、公安部《关于公安机关管辖的刑事案件立案追诉标准的规定（二）》的规定，组织、领导以推销商品、提供服务等经营活动为名，要求参加者以缴纳费用或者购买商品、服务等方式获得加入资格，并按照一定顺序组成层级，直接或者间接以发展人员的数量作为计酬或者返利依据，引诱、胁迫参加者继续发展他人参加，骗取财物，扰乱经济社会秩序的传销活动，涉嫌组织、领导的传销活动人员在30人以上且层级在3级以上的，对组织者、领导者，应予立案追诉。

定罪标准		
	犯罪客体	本罪侵犯的客体是经济社会秩序。由于我国市场经济发育不成熟，当前一些不法分子利用“拉人头”、“骗取入门费”等传销、变相传销方式进行各种违法犯罪活动，严重危害经济社会秩序，损害消费者利益，影响社会稳定，因此要坚决打击传销行为。2009年2月28日第十一届全国人民代表大会常务委员会第七次会议通过的《中华人民共和国刑法修正案（七）》对组织、领导传销活动的行为规定为犯罪，规制传销活动的组织者、领导者，以维护经济社会秩序的稳定。
	犯罪客观方面	本罪在客观方面表现为组织、领导传销活动的行为。所谓“组织、领导”，即在传销活动中起策划、组织、指挥、领导作用，既可以是对整个传销活动进行组织和领导，也可以是对传销活动的某一环节进行组织和领导。具体包括以下几个方面：（1）以推销商品、提供服务等经营活动为名，要求参加者以缴纳费用或者购买商品、服务等方式获得加入资格。直销对于加入资格没有条件限制，不需要参加者缴纳加入费用，或者必须先购买商品、服务。而非法传销行为则是以推销商品、提供服务等经营活动为幌，要求加入的人员必须缴纳费用或者购买商品、服务等才能获得加入资格。（2）并按照一定顺序组成层级。传销人员之间有上下级之分，他们通过不断发展下线人员，按照一定顺序，繁衍似地形成一种“金字塔”式的等级结构。（3）直接或者间接以发展人员的数量作为计酬或者返利依据，引诱、胁迫参加者继续发展他人参加。传销组织并没有实质的商品交易活动，而是以层级发展人员的数量作为一种计酬或者返利依据，引诱、胁迫参加者继续发展他人参加。即传销实际上是销“人头”，而不是销“商品”。（4）骗取财物，扰乱经济社会秩序。传销具有诈骗性，骗取财物才是传销活动的最终目的。传销不是一种合法的销售经营方式，它以“拉人头”、“骗取入门费”形式骗取财物，严重扰乱经济社会秩序。

<table>
<tr><td rowspan="4">定罪标准</td><td>犯罪主体</td><td>本罪既可以由自然人构成，也可以由单位构成，但仅限于传销活动的组织者和领导者。对于一般参加传销活动的人员，不能按本罪处罚，以避免打击面过宽。</td></tr>
<tr><td>犯罪主观方面</td><td>本罪主观方面是故意，且要求具有骗取财物的目的。间接故意和过失不能构成本罪。</td></tr>
<tr><td>罪与非罪</td><td>本罪是行为犯，只要有组织、领导传销活动的行为，就可构成本罪。</td></tr>
<tr><td>此罪与彼罪</td><td>本罪与非法经营罪的界限。两罪区别主要体现在：（1）犯罪主体不同。前罪主体仅限于传销活动的组织者和领导者，参加传销活动的人员不构成本罪；而后罪的主体为一般主体。（2）犯罪客观方面不同。本罪是组织、领导传销活动，具体来说，就是以推销商品、提供服务等经营活动为名，要求参加者以缴纳费用或者购买商品、服务等方式获得加入资格，并按照一定顺序组成层级，直接或者间接以发展人员的数量作为计酬或者返利依据，引诱、胁迫参加者继续发展他人参加，骗取财物，扰乱经济社会秩序。“拉人头”加上“骗取入门费”的形式，是一种传销活动，没有正常的市场交易，即没有实质的经营活动；而后罪客观方面表现为非法经营的行为，有经营活动。（3）本罪是行为犯，只要有组织、领导传销活动行为的，就可构成本罪；而后罪是情节犯或者结果犯，要求达到一定的经营数额或者违法所得数额才能构成犯罪。</td></tr>
<tr><td>证据参考标准</td><td>主体方面的证据</td><td>一、证明行为人刑事责任年龄、身份等自然情况的证据。
包括身份证明、户籍证明、任职证明、工作经历证明、特定职责证明等，主要是证明行为人的姓名（曾用名）、性别、出生年月日、民族、籍贯、出生地、职业（或职务）、住所地（或居住地）等证据材料，如户口簿、居民身份证、工作证、出生证、专业或技术等级证、干部履历表、职工登记表、护照等。
对于户籍、出生证等材料内容不实的，应提供其他证据材料。外国人犯罪的案件，应有护照等身份证明材料。人大代表、政协委员犯罪的案件，应注明身份，并附身份证明材料。
二、证明行为人刑事责任能力的证据。
证明行为人对自己的行为是否具有辨认能力与控制能力，如是否属于间歇性精神病人、尚未完全丧失辨认或者控制自己行为能力的精神病人的证明材料。
三、证明单位的证据。
证明是否属于依法成立并有合法经营、管理范围的公司、企业、事业单位、机关、团体。
证明单位的名称、住所地、性质、法定代表人、单位负责人、业务范围、成立时间等证据材料，如企业营业执照、国有公司性质证明及非法人单位的身份证明等。
四、证明法定代表人、单位负责人或直接责任人员等的身份证明。
法定代表人、直接负责的主管人员和其他直接责任人在单位的任职、职责、负责权限的证明材料等。包括身份证明、户籍证明、任职证明等，如户口簿、居民身份证、工作证、护照、专业或技术等级证、干部履历表、职工登记表、任命书、业务分工文件、委派文件、单位证明、单位规章制度等。</td></tr>
</table>

<table>
<tr><td rowspan="3">证据参考标准</td><td>主观方面的证据</td><td colspan="2">证明行为人故意的证据：1. 证明行为人明知的证据：证明行为人明知自己的行为会发生危害社会的结果；2. 证明直接故意的证据：证明行为人希望危害结果发生。</td></tr>
<tr><td>客观方面的证据</td><td colspan="2">证明组织、领导传销活动犯罪行为的证据。
具体证据包括：（1）证明行为人组织传销活动行为的证据；（2）证明行为人领导传销活动行为的证据；（3）证明行为人以推销商品、提供服务等经营活动为名，要求参加者以缴纳费用获得加入资格行为的证据；（4）证明行为人以推销商品、提供服务等经营活动为名，要求参加者以购买商品、服务获得加入资格行为的证据；（5）证明行为人以推销商品、提供服务等经营活动为名，要求参加者以其他方式获得加入资格行为的证据；（6）证明行为人并按照一定顺序组成层级，直接或者间接以发展人员的数量作为计酬或者返利依据，引诱参加者继续发展他人参加行为的证据；（7）证明行为人并按照一定顺序组成层级，直接或者间接以发展人员的数量作为计酬或者返利依据，胁迫参加者继续发展他人参加行为的证据；（8）证明行为人骗取财物，扰乱经济社会秩序行为的证据；（9）证明行为人组织、领导传销活动情节严重行为的证据；（10）证明行为人组织、领导传销活动情节较轻的证据。</td></tr>
<tr><td>量刑方面的证据</td><td colspan="2">一、法定量刑情节证据。
1. 事实情节。2. 法定从重情节。3. 法定从轻情节：（1）可以从轻；（2）可以从轻或减轻；（3）应当从轻或者减轻。4. 法定从轻减轻免除情节：（1）可以从轻、减轻或者免除处罚；（2）应当从轻、减轻或者免除处罚。5. 法定减轻免除情节：（1）可以减轻或者免除处罚；（2）应当减轻或者免除处罚；（3）可以免除处罚。
二、酌定量刑情节证据。
1. 犯罪手段：（1）组织；（2）领导。2. 犯罪对象。3. 危害结果。4. 动机。5. 平时表现。6. 认罪态度。7. 是否有前科。8. 其他证据。</td></tr>
<tr><td rowspan="2">量刑标准</td><td colspan="2">犯本罪的</td><td>处五年以下有期徒刑或者拘役，并处罚金</td></tr>
<tr><td colspan="2">情节严重的</td><td>处五年以上有期徒刑，并处罚金</td></tr>
<tr><td>法律适用</td><td>刑法条文</td><td colspan="2">第二百二十四条之一　组织、领导以推销商品、提供服务等经营活动为名，要求参加者以缴纳费用或者购买商品、服务等方式获得加入资格，并按照一定顺序组成层级，直接或者间接以发展人员的数量作为计酬或者返利依据，引诱、胁迫参加者继续发展他人参加，骗取财物，扰乱经济社会秩序的传销活动的，处五年以下有期徒刑或者拘役，并处罚金；情节严重的，处五年以上有期徒刑，并处罚金。
第二百三十一条　单位犯本节第二百二十一条至第二百三十条规定之罪的，对单位判处罚金，并对其直接负责的主管人员和其他直接责任人员，依照本节各该条的规定处罚。</td></tr>
</table>

法律适用　司法解释

一、最高人民法院、最高人民检察院、公安部《关于办理组织领导传销活动刑事案件适用法律若干问题的意见》（2013年11月14日最高人民法院、最高人民检察院、公安部公布　自公布之日起施行）

各省、自治区、直辖市高级人民法院，人民检察院，公安厅、局，解放军军事法院、军事检察院，新疆维吾尔自治区高级人民法院生产建设兵团分院，新疆生产建设兵团人民检察院、公安局：

为解决近年来公安机关、人民检察院、人民法院在办理组织、领导传销活动刑事案件中遇到的问题，依法惩治组织、领导传销活动犯罪，根据刑法、刑事诉讼法的规定，结合司法实践，现就办理组织、领导传销活动刑事案件适用法律问题提出以下意见：

一、关于传销组织层级及人数的认定问题

以推销商品、提供服务等经营活动为名，要求参加者以缴纳费用或者购买商品、服务等方式获得加入资格，并按照一定顺序组成层级，直接或者间接以发展人员的数量作为计酬或者返利依据，引诱、胁迫参加者继续发展他人参加，骗取财物，扰乱经济社会秩序的传销组织，其组织内部参与传销活动人员在三十人以上且层级在三级以上的，应当对组织者、领导者追究刑事责任。

组织、领导多个传销组织，单个或者多个组织中的层级已达三级以上的，可将在各个组织中发展的人数合并计算。

组织者、领导者形式上脱离原传销组织后，继续从原传销组织获取报酬或者返利的，原传销组织在其脱离后发展人员的层级数和人数，应当计算为其发展的层级数和人数。

办理组织、领导传销活动刑事案件中，确因客观条件的限制无法逐一收集参与传销活动人员的言词证据的，可以结合依法收集并查证属实的缴纳、支付费用及计酬、返利记录，视听资料，传销人员关系图，银行账户交易记录，互联网电子数据，鉴定意见等证据，综合认定参与传销的人数、层级数等犯罪事实。

二、关于传销活动有关人员的认定和处理问题

下列人员可以认定为传销活动的组织者、领导者：

（一）在传销活动中起发起、策划、操纵作用的人员；

（二）在传销活动中承担管理、协调等职责的人员；

（三）在传销活动中承担宣传、培训等职责的人员；

（四）曾因组织、领导传销活动受过刑事处罚，或者一年以内因组织、领导传销活动受过行政处罚，又直接或者间接发展参与传销活动人员在十五人以上且层级在三级以上的人员；

（五）其他对传销活动的实施、传销组织的建立、扩大等起关键作用的人员。

以单位名义实施组织、领导传销活动犯罪的，对于受单位指派，仅从事劳务性工作的人员，一般不予追究刑事责任。

三、关于“骗取财物”的认定问题

传销活动的组织者、领导者采取编造、歪曲国家政策，虚构、夸大经营、投资、服务项目及盈利前景，掩饰计酬、返利真实来源或者其他欺诈手段，实施刑法第二百二十四条之一规定的行为，从参与传销活动人员缴纳的费用或者购买商品、服务的费用中非法获利的，应当认定为骗取财物。参与传销活动人员是否认为被骗，不影响骗取财物的认定。

法律适用 司法解释

四、关于“情节严重”的认定问题

对符合本意见第一条第一款规定的传销组织的组织者、领导者，具有下列情形之一的，应当认定为刑法第二百二十四条之一规定的“情节严重”：

（一）组织、领导的参与传销活动人员累计达一百二十人以上的；

（二）直接或者间接收取参与传销活动人员缴纳的传销资金数额累计达二百五十万元以上的；

（三）曾因组织、领导传销活动受过刑事处罚，或者一年以内因组织、领导传销活动受过行政处罚，又直接或者间接发展参与传销活动人员累计达六十人以上的；

（四）造成参与传销活动人员精神失常、自杀等严重后果的；

（五）造成其他严重后果或者恶劣社会影响的。

五、关于“团队计酬”行为的处理问题

传销活动的组织者或者领导者通过发展人员，要求传销活动的被发展人员发展其他人员加入，形成上下线关系，并以下线的销售业绩为依据计算和给付上线报酬，牟取非法利益的，是“团队计酬”式传销活动。

以销售商品为目的、以销售业绩为计酬依据的单纯的“团队计酬”式传销活动，不作为犯罪处理。形式上采取“团队计酬”方式，但实质上属于“以发展人员的数量作为计酬或者返利依据”的传销活动，应当依照刑法第二百二十四条之一的规定，以组织、领导传销活动罪定罪处罚。

六、关于罪名的适用问题

以非法占有为目的，组织、领导传销活动，同时构成组织、领导传销活动罪和集资诈骗罪的，依照处罚较重的规定定罪处罚。

犯组织、领导传销活动罪，并实施故意伤害、非法拘禁、敲诈勒索、妨害公务、聚众扰乱社会秩序、聚众冲击国家机关、聚众扰乱公共场所秩序、交通秩序等行为，构成犯罪的，依照数罪并罚的规定处罚。

七、其他问题

本意见所称“以上”、“以内”，包括本数。

本意见所称“层级”和“级”，系指组织者、领导者与参与传销活动人员之间的上下线关系层次，而非组织者、领导者在传销组织中的身份等级。

对传销组织内部人数和层级数的计算，以及对组织者、领导者直接或者间接发展参与传销活动人员人数和层级数的计算，包括组织者、领导者本人及其本层级在内。

二、最高人民检察院法律政策研究室《关于1998年4月18日以前的传销或者变相传销行为如何处理的答复》（2003年3月21日最高人民检察院公布　自公布之日起施行　〔2003〕高检研发第7号）

湖南省人民检察院研究室：

你院《关于1998年4月18日以前情节严重或特别严重的非法传销行为是否以非法经营罪定罪处罚问题的请示》（湘检发公请字［2002］02号）收悉。经研究，答复如下：

对1998年4月18日国务院发布《关于禁止传销经营活动的通知》以前的传销或者变相传销行为，不宜以非法经营罪追究刑事责任。行为人在传销或者变相传销活动中实施销售假冒伪劣产品、诈骗、非法集资、虚报注册资本、偷税等行为，构成犯罪的，应当依照刑法的相关规定追究刑事责任。

法律适用

司法解释

三、最高人民检察院、公安部《关于公安机关管辖的刑事案件立案追诉标准的规定（二）》（节录）（2010年5月7日最高人民检察院、公安部公布 自公布之日起施行 2011年11月14日修正）

第七十八条 ［组织、领导传销活动案（刑法第二百二十四条之一）］组织、领导以推销商品、提供服务等经营活动为名，要求参加者以缴纳费用或者购买商品、服务等方式获得加入资格，并按照一定顺序组成层级，直接或者间接以发展人员的数量作为计酬或者返利依据，引诱、胁迫参加者继续发展他人参加，骗取财物，扰乱经济社会秩序的传销活动，涉嫌组织、领导的传销活动人员在三十人以上且层级在三级以上的，对组织者、领导者，应予立案追诉。

相关法律法规

一、《禁止传销条例》（节录）（2005年8月23日中华人民共和国国务院令第444号公布 自2005年11月1日起施行）

第二条 本条例所称传销，是指组织者或者经营者发展人员，通过对被发展人员以其直接或者间接发展的人员数量或者销售业绩为依据计算和给付报酬，或者要求被发展人员以交纳一定费用为条件取得加入资格等方式牟取非法利益，扰乱经济秩序，影响社会稳定的行为。

第七条 下列行为，属于传销行为：

（一）组织者或者经营者通过发展人员，要求被发展人员发展其他人员加入，对发展的人员以其直接或者间接滚动发展的人员数量为依据计算和给付报酬（包括物质奖励和其他经济利益，下同），牟取非法利益的；

（二）组织者或者经营者通过发展人员，要求被发展人员交纳费用或者以认购商品等方式变相交纳费用，取得加入或者发展其他人员加入的资格，牟取非法利益的；

（三）组织者或者经营者通过发展人员，要求被发展人员发展其他人员加入，形成上下线关系，并以下线的销售业绩为依据计算和给付上线报酬，牟取非法利益的。

二、国务院《关于禁止传销经营活动的通知》（1998年4月18日国务院公布 自公布之日起施行 国发〔1998〕10号）

各省、自治区、直辖市人民政府，国务院各部委、各直属机构：

为保护消费者合法权益，促进公平竞争，维护市场经济秩序和社会稳定，国务院决定禁止传销经营活动。现就有关问题通知如下：

一、传销经营不符合我国现阶段国情，已造成严重危害。传销作为一种经营方式，由于其具有组织上的封闭性、交易上的隐蔽性、传销人员的分散性等特点，加之目前我国市场发育程度低，管理手段比较落后，群众消费心理尚不成熟，不法分子利用传销进行邪教、帮会和迷信、流氓等活动，严重背离精神文明建设的要求，影响我国社会稳定；利用传销吸收党政机关干部、现役军人、全日制在校学生等参与经商，严重破坏正常的工作和教学秩序；利用传销进行价格欺诈、骗取钱财，推销假冒伪劣产品、走私产品，牟取暴利，偷逃税收，严重损害消费者的利益，干扰正常的经济秩序。因此，对传销经营活动必须坚决予以禁止。

二、自本通知发布之日起，禁止任何形式的传销经营活动。此前已经批准登记从事传销经营的企业，应一律立即停止传销经营活动，认真做好传销人员的善后处理工作，自行清理债权债务，转变为其他经营方式，至迟应于1998年10月31日前到工商行政管理机关办理变更登记或注销登记。逾期不办理的，由工商行政管理机关吊销其营业执照。对未经批准登记擅自从事传销经营活动的，要立即取缔，并依法严肃查处。

法律适用

相关法律法规

三、加大执法力度，严厉查禁各种传销和变相传销行为。自本通知发布之日起，一经发现有下列行为之一的，各级人民政府和工商行政管理、公安等有关部门，要采取有力措施，坚决取缔，严肃处理：

（一）将传销由公开转入地下的；

（二）以双赢制、电脑排网、框架营销等形式进行传销的；

（三）假借专卖、代理、特许加盟经营、直销、连锁、网络销售等名义进行变相传销的；

（四）采取会员卡、储蓄卡、彩票、职业培训等手段进行传销和变相传销，骗取入会费、加盟费、许可费、培训费的；

（五）其他传销和变相传销的行为。

对传销和变相传销行为，由工商行政管理机关依据国家有关规定予以认定并进行处罚。对利用传销进行诈骗，推销假冒伪劣产品、走私产品以及进行邪教、帮会、迷信、流氓等活动的，由有关部门予以查处；构成犯罪的，移送司法机关依法追究刑事责任。

四、各级人民政府要加强领导，有关部门要密切配合，坚决而又稳妥地做好禁止传销经营工作。禁止传销经营活动是一项政策性强、涉及面广、难度较大的工作，各级人民政府要高度重视，加强协调，由一位主要负责同志亲自抓。有关部门要认真履行职责，加强协作配合。工商行政管理机关要严厉查处违反本通知精神从事传销经营的行为；公安部门要坚决取缔利用传销或变相传销从事危害社会秩序的违法活动，与有关部门配合做好维护社会稳定和社会治安的工作；有关商业银行要支持配合工商行政管理、公安机关的查处工作；新闻宣传部门要加大宣传力度，广泛宣传传销的危害性，公开揭露传销的欺诈行为，及时曝光典型的传销违法案件，教育广大群众提高认识，自觉抵制传销经营活动，并对有关部门禁止传销经营活动的进展情况及时予以报道。

各级人民政府和有关部门对禁止传销经营工作，既要态度坚决，行动积极，又要精心组织，稳妥实施，以保持正常的经济秩序和社会稳定。

103 非法经营案

概念

本罪是指违反国家规定，从事非法经营，扰乱市场秩序，情节严重的行为。

立案标准

违反国家规定，进行非法经营活动，扰乱市场秩序，涉嫌下列情形之一的，应予立案追诉：

1. 违反国家烟草专卖管理法律法规，未经烟草专卖行政主管部门许可，无烟草专卖生产企业许可证、烟草专卖批发企业许可证、特种烟草专卖经营企业许可证、烟草专卖零售许可证等许可证明，非法经营烟草专卖品，具有下列情形之一的：

（1）非法经营数额在5万元以上，或者违法所得数额在2万元以上的；

（2）非法经营卷烟20万支以上的；

（3）曾因非法经营烟草专卖品3年内受过2次以上行政处罚，又非法经营烟草专卖品且数额在3万元以上的。

2. 未经国家有关主管部门批准，非法经营证券、期货、保险业务，或者非法从事资金支付结算业务，具有下列情形之一的：

（1）非法经营证券、期货、保险业务，数额在30万元以上的；

（2）非法从事资金支付结算业务，非法经营数额在500万元以上的；

（3）违反国家规定，使用销售点终端机具（POS机）等方法，以虚构交易、虚开价格、现金退货等方式向信用卡持卡人直接支付现金，数额在100万元以上的，或者造成金融机构资金20万元以上逾期未还的，或者造成金融机构经济损失10万元以上的；

（4）违法所得数额在5万元以上的。

3. 非法经营外汇，具有下列情形之一的：

（1）在外汇指定银行和中国外汇交易中心及其分中心以外买卖外汇，数额在20万美元以上的，或者违法所得数额在5万元以上的；

（2）公司、企业或者其他单位违反有关外贸代理业务的规定，采用非法手段，或者明知是伪造、变造的凭证、商业单据，为他人向外汇指定银行骗购外汇，数额在500万美元以上或者违法所得数额在50万元以上的；

（3）居间介绍骗购外汇，数额在100万美元以上或者违法所得数额在10万元以上的。

4. 出版、印刷、复制、发行严重危害社会秩序和扰乱市场秩序的非法出版物，具有下列情形之一的：

（1）个人非法经营数额在5万元以上的，单位非法经营数额在15万元以上的；

（2）个人违法所得数额在2万元以上的，单位违法所得数额在5万元以上的；

（3）个人非法经营报纸5000份或者期刊5000本或者图书2000册或者音像制品、电子出版物500张（盒）以上的，单位非法经营报纸15000份或者期刊15000本或者图书5000册或者音像制品、电子出版物1500张（盒）以上的；

（4）虽未达到上述数额标准，但具有下列情形之一的：

立案标准

①两年内因出版、印刷、复制、发行非法出版物受过行政处罚2次以上的，又出版、印刷、复制、发行非法出版物的；

②因出版、印刷、复制、发行非法出版物造成恶劣社会影响或者其他严重后果的。

5. 非法从事出版物的出版、印刷、复制、发行业务，严重扰乱市场秩序，具有下列情形之一的：

(1) 个人非法经营数额在15万元以上的，单位非法经营数额在50万元以上的；

(2) 个人违法所得数额在5万元以上的，单位违法所得数额在15万元以上的；

(3) 个人非法经营报纸15000份或者期刊15000本或者图书5000册或者音像制品、电子出版物1500张（盒）以上的，单位非法经营报纸50000份或者期刊50000本或者图书15000册或者音像制品、电子出版物5000张（盒）以上的；

(4) 虽未达到上述数额标准，两年内因非法从事出版物的出版、印刷、复制、发行业务受过行政处罚2次以上的，又非法从事出版物的出版、印刷、复制、发行业务的。

6. 采取租用国际专线、私设转接设备或者其他方法，擅自经营国际电信业务或者涉港澳台电信业务进行营利活动，扰乱电信市场管理秩序，具有下列情形之一的：

(1) 经营去话业务数额在100万元以上的；

(2) 经营来话业务造成电信资费损失数额在100万元以上的；

(3) 虽未达到上述数额标准，但具有下列情形之一的：

①两年内因非法经营国际电信业务或者涉港澳台电信业务行为受过行政处罚2次以上，又非法经营国际电信业务或者涉港澳台电信业务的；

②因非法经营国际电信业务或者涉港澳台电信业务行为造成其他严重后果的。

7. 从事其他非法经营活动，具有下列情形之一的：

(1) 个人非法经营数额在5万元以上，或者违法所得数额在1万元以上的；

(2) 单位非法经营数额在50万元以上，或者违法所得数额在10万元以上的；

(3) 虽未达到上述数额标准，但两年内因同种非法经营行为受过2次以上行政处罚，又进行同种非法经营行为的；

(4) 其他情节严重的情形。

定罪标准

犯罪客体

本罪侵犯的客体是国家限制买卖物品和经营许可证的市场管理制度。为了保证限制买卖物品和进出口物品市场，国家实行限制物品的经营许可制度。其中进出口许可制度是经营许可制度的重要内容，买卖进出口许可证和进出口原产地证明的行为除侵犯市场秩序外，还侵犯了对外贸易管理制度。根据《对外贸易法》的规定，国家实行统一的对外贸易制度，根据平等互利的原则，促进和发展同其他国家和地区的贸易关系。中华人民共和国在对外贸易方面根据所缔结或者参加的国际条约、协定，给予其他缔约方、参加方或者根据互惠、对等原则给予对方最惠国待遇、国民待遇。任何国家或者地区在贸易方面对中华人民共和国采取歧视性的禁止、限制或者其他类似措施的，中华人民共和国可以根据实际情况对该国家或者该地区采取相应的措施。为了保证按照上述规定发展对外贸易，国家要求进出口货物必须提供原产地证明，对除法律规定的特殊情况可以免领许可证的以外还须申请进出口许可证。因此，进出口原产地证明、进出口许可证必须是真实有效的，不允许进行伪造、变造。同时，进出口原产地证明、进出口许可证是针对特定进出口人的特定进出口贸易而使用的，不允许进行买卖。买卖进出口原产地证明、进出口许可证，扰乱国家的对外贸易秩序，因此必须予以惩治。

定罪标准

犯罪客观方面

本罪在客观方面表现为未经许可经营专营、专卖物品或者其他限制买卖的物品、买卖进出口许可证、进出口原产地证明以及其他法律、行政法规规定的经营许可证或者批准文件，以及从事其他非法经营活动，扰乱市场秩序，情节严重的行为。

一、必须有违反法律、法规进行经营的行为。根据《刑法》第225条规定，非法经营的行为包括下列几种方式：

1. 未经许可经营法律、行政法规规定的专营、专卖物品或者其他限制买卖的物品。为了保证市场正常秩序，在我国对一些有关国计民生、人民生命、健康安全以及公共利益的物资实行专营、专卖等限制买卖经营。只有经过批准，获取经营许可证后才能对其从事诸如生产、制造、收购、储存、运输、加工、批发、销售等经营活动。没有经过批准擅自予以经营的，就属非法经营。

2. 买卖进出口许可证、进出口原产地证明以及其他法律、行政法规规定的经营许可证或者批准文件。经营许可证或者有关批准文件，乃是持有人进行该项经济活动合法性的有效凭证，无之则就属于非法经营。进出口许可证，由国务院对外经济贸易管理部门及其授权机构签发，不仅是对外贸易经营者合法进行对外贸易活动的合法证明，也是国家对进出口货物、技术进行管理的一种依据。进出口原产地证明，是指用来证明进出口货物、技术原产地属于某国或某地区的有效凭证。其他经营许可证或者批准文件，是指国家有关管理部门依照国家有关法律、行政法规规定签发的经营国家专营、专卖物品或者其他限制买卖物品或者从事某项限制性营业的许可证件或者批准文件等。

3. 未经国家有关主管部门批准，非法经营证券、期货、保险业务的，或者非法从事资金支付结算义务的。根据《证券法》规定，从事证券业务的机构包括证券交易所、证券公司、证券登记结算机构、证券投资咨询机构、资信评估机构等。这些机构的设立必须经国务院证券监督管理机构审查批准或者由其就设立条件、审批程序、业务规则作出规定，主要管理人员和业务人员还必须具有证券从业资格。经营证券业务必须由国务院证券监督管理机构批准并颁发经营证券业务许可证。未经国务院证券监督管理机构批准，任何单位与个人都不得擅自经营证券业务。

根据《保险法》规定，经营商业保险业务，必须是依照本法设立的保险公司，其他单位和个人不得经营保险业务。设立保险公司必须符合《保险法》规定的条件，并经国家金融监督管理部门审核批准，获得由国家金融监督管理部门颁发的经营保险业务许可证。如果无视上述规定，未经国家有关主管部门批准，擅自经营证券、期货或者保险业务，情节严重的，无论是单位还是个人，都应依法以本罪追究其刑事责任。

4. 违反国家规定，使用销售点终端机具（POS机）等方法，以虚构交易、虚开价格、现金退货等方式向信用卡持卡人直接支付现金的。根据国家规定，信用卡主要用于结算支付，不允许运用销售点终端机具等方式向信用卡持卡人直接支付现金。违反相关规定的，将对销售点终端机具相关责任人以非法经营罪论处。

5. 其他严重扰乱市场秩序的非法经营行为。

二、非法经营中的“非法”，主要是指违反法律、行政法规有关经营主体必须经过批准、获取经营许可证或批准文件才能经营的规定。未经批准，擅自经营，具体说来，又主要包括以下几种情况：（1）行为人没有根据有关法律、行政法规规定的条件、程序向国家有关主管部门提交经营申请就擅自经营。（2）行为人已向国家有关部门提出了经营申请，但在审查批准过程中，即在获取国家有关部门依法颁发的经营许

定罪标准	犯罪客观方面	可证或批准文件前就擅自经营。(3)行为人根本不具备进行某项活动的条件，采用行贿、提供女色、欺骗等不正当手段，致使有关主管部门违法批准，颁发经营许可证而经营。此时形式虽然合法，但由于根本不符合经营条件，属于内容上的本质不合法，应当否定其合法性。当然，条件具备，为了尽快办理，采取行贿、提供女色等不正当手段获得批准的，则不应以非法经营论。条件基本具备，采取了不正当手段获得批准经营的，一般不应以非法经营论，但应责令行为人尽快采取有效措施加以补正。(4)国家有关主管部门经过审查认为行为人不符合经营条件没有批准，仍然决意经营。(5)依法具有经营资格，但后因违法、合并、破产、兼并等原因致使经营许可证或批准文件被撤销或者超过经营许可证的有效期限，未依法重新办理，擅自经营。(6)依法具有某种经营活动资格，仅超过其经营范围擅自兼营其没有资格经营的依法应当经过批准的经营活动。(7)国家明令已经停用、禁用、淘汰的产品，对之生产、经营的，显属擅自经营，应当依法以本罪追究行为人的刑事责任。 三、非法经营行为必须违反国家规定。所谓违反国家规定，是指全国人大及其常委会颁布的法律、国务院依法颁行的行政法规、措施、命令等。省、自治区、直辖市颁行的地方性法规、自治条例、规章、细则、办法，以及国务院各部委制定的各种办法、细则、规章、规定等，虽属广义的法律，但在本罪中未能理解为国家规定，不能成为认定本罪的法律依据。否则，将大大扩大本条的适用范围，不符合罪刑法定原则，应当引起充分的注意。 四、本罪非法经营中的经营，属于广义上的经营，包括一切以营利为目的而进行的各种经济活动，既包括生产、制造加工等产生物品的经营行为，又包括出售、转让、批发、零售等商业经营活动，还包括运输、储存、服务等经营活动，等等。不同的经营，其表现方式可能不同，如对音像制品，有关其的经营活动就包括出版、制作、复制、进口、批发、零售、出租、放映等活动；对于兽药，有关经营活动则包括生产、销售、进口等活动。当然，对于这些有关违法的经营活动，并不一定都构成本罪的非法经营，是否属于非法经营，则要依照法律、行政法规加以确定。有时候，法律、行政法规只规定对生产某种产品的行为可以构成犯罪，应当以本罪追究刑事责任，而对其他经营行为如销售该产品的行为不加限制，或者虽加限制，但对违反限制规定的此种行为只规定了行政处罚，没有规定可以构成犯罪而应承担刑事责任，此时，自然就不能对该经营行为以本罪治罪科刑。
	犯罪主体	本罪的主体是一般主体，即一切达到刑事责任年龄、具有刑事责任能力的自然人。依法成立、具有责任能力的单位也可以成为本罪的主体。
	犯罪主观方面	本罪在主观方面由故意构成，并且具有牟取非法利润的目的，如果行为人没有以牟取非法利润为目的，而是由于不懂法律、法规，买卖经营许可证的，不应当以本罪论处，应当由主管部门对其追究行政责任。
	罪与非罪	区分罪与非罪的界限，要把握以下几点： 一、如何认定某一行为是否违反国家规定。即构成本罪的非法经营，必须同时符合以下两个基本条件：一是该行为为某一法律、法规明文禁止；二是法律、法规明确规定对该行为可以构成犯罪，需要依法追究刑事责任。行为虽为某一法律、法规明文

定罪标准	罪与非罪	禁止，但该法律、法规没有规定该行为可以构成犯罪应当依法追究刑事责任的，也不能以本罪的非法经营论。 二、如何认定非法经营行为。根据《刑法》规定，行为人违反国家规定，实施非法经营行为主要包括：(1) 未经许可经营法律、行政法规规定的专营、专卖物品或者其他限制买卖的物品的行为。所谓专营、专卖物品或者其他限制买卖物品，是指国家为了保证国民经济或其他限制民间自由买卖的社会秩序的稳定而由国家专营部门专营、专卖的或其他限制民间自由买卖的物资。主要包括：国家限制或禁止自由买卖的物资，金银及其物品，军工产品，火药产品，天然金刚石，麻醉药品，卷烟等。但本罪不包括《刑法》已列为特定犯罪对象的物资，如枪支、弹药、鸦片等。(2) 买卖进出口许可证、进出口原产地证明以及其他法律、行政法规规定的许可或者批准文件的行为。所谓进出口许可证，是指国家为加强对进出口商品的管理，对于依法需凭许可证进出口的货物，按照国家的审批权限经主管部门审查批准后由外贸主管部门向进口人或出口人颁发的许可证明。所谓进出口原产地证明，是指对于进出口商品的原产地、来源处或出处加以确认的证明。以上文件均不得自由买卖，因此，凡以此为标的进行买卖的行为均为非法行为。(3) 其他严重扰乱市场秩序的非法经营行为。即除前两项行为及本节内其他扰乱市场秩序的非法经营行为外的所有严重扰乱市场秩序的非法经营行为。例如垄断货源、哄抬物价等。 三、本罪属情节犯，非法经营，扰乱市场秩序，只有达到情节严重时，才能构成本罪。情节不属严重，即使具有非法经营行为，也不能以本罪论处。所谓情节严重，主要是指屡教不改的；非法经营违法所得数额较大的；采用行贿、欺骗、里外勾结等卑劣手段进行非法经营的；造成恶劣影响的；严重影响人们的生产、生活秩序的；给国家、集体以及他人造成重大经济损失的；非法生产、经营专营、专卖物品，该物品属于伪劣商品但不构成生产、销售伪劣商品犯罪的，等等。
证据参考标准	主体方面的证据	**一、证明行为人刑事责任年龄、身份等自然情况的证据。** 包括身份证明、户籍证明、任职证明、工作经历证明、特定职责证明等，主要是证明行为人的姓名（曾用名）、性别、出生年月日、民族、籍贯、出生地、职业（或职务）、住所地（或居所地）等证据材料，如户口簿、居民身份证、工作证、出生证、专业或技术等级证、干部履历表、职工登记表、护照等。 对于户籍、出生证等材料内容不实的，应提供其他证据材料。外国人犯罪的案件，应有护照等身份证明材料。人大代表、政协委员犯罪的案件，应注明身份，并附身份证明材料。 **二、证明行为人刑事责任能力的证据。** 证明行为人对自己的行为是否具有辨认能力与控制能力，如是否属于间歇性精神病人、尚未完全丧失辨认或者控制自己行为能力的精神病人的证明材料。 **三、证明单位的证据。** 证明是否属于依法成立并有合法经营、管理范围的公司、企业、事业单位、机关、团体。 证明单位的名称、住所地、性质、法定代表人、单位负责人、业务范围、成立时间等证据材料，如企业营业执照、国有公司性质证明及非法人单位的身份证明等。

<table>
<tr><td rowspan="4">证据参考标准</td><td>主体方面的证据</td><td>四、证明法定代表人、单位负责人或直接责任人员等的身份证明。
法定代表人、直接负责的主管人员和其他直接责任人在单位的任职、职责、负责权限的证明材料等。包括身份证明、户籍证明、任职证明等，如户口簿、居民身份证、工作证、护照、专业或技术等级证、干部履历表、职工登记表、任命书、业务分工文件、委派文件、单位证明、单位规章制度等。</td></tr>
<tr><td>主观方面的证据</td><td>证明行为人故意的证据：1. 证明行为人明知的证据：证明行为人明知自己的行为会发生危害社会的结果；2. 证明直接故意的证据：证明行为人希望危害结果发生；3. 目的：牟取非法利润。</td></tr>
<tr><td>客观方面的证据</td><td>证明行为人非法经营犯罪行为的证据。
具体证据包括：1. 证明行为人未经许可经营法律规定的专营、专卖物品或者其他限制买卖的物品行为的证据；2. 证明行为人未经许可经营行政法规规定的专营、专卖物品或者其他限制买卖的物品行为的证据；3. 证明行为人买卖进出口许可证行为的证据；4. 证明行为人买卖进出口原产地证明行为的证据；5. 证明行为人买卖法律、行政法规规定的经营许可证或批准文件行为的证据；6. 证明行为人其他严重扰乱市场秩序非法经营行为的证据；7. 证明行为人扰乱市场秩序情节严重行为的证据；8. 证明行为人扰乱市场秩序情节特别严重行为的证据。</td></tr>
<tr><td>量刑方面的证据</td><td>一、法定量刑情节证据。
1. 事实情节：（1）情节严重；（2）情节特别严重。2. 法定从重情节。3. 法定从轻减轻情节：（1）可以从轻；（2）可以从轻或减轻；（3）应当从轻或者减轻。4. 法定从轻减轻免除情节：（1）可以从轻、减轻或者免除处罚；（2）应当从轻、减轻或者免除处罚。5. 法定减轻免除情节：（1）可以减轻或者免除处罚；（2）应当减轻或者免除处罚；（3）可以免除处罚。
二、酌定量刑情节证据。
1. 犯罪手段：（1）非法经营；（2）其他。2. 犯罪对象。3. 危害结果。4. 动机。5. 平时表现。6. 认罪态度。7. 是否有前科。8. 其他证据。</td></tr>
<tr><td rowspan="3">量刑标准</td><td>犯本罪的</td><td>处五年以下有期徒刑或者拘役，并处或者单处违法所得一倍以上五倍以下的罚金</td></tr>
<tr><td>情节特别严重的</td><td>处五年以上有期徒刑，并处违法所得一倍以上五倍以下罚金或者没收财产</td></tr>
<tr><td>单位犯本罪的</td><td>对单位判处罚金，并对其直接负责的主管人员和其他直接责任人员，依上述规定处罚</td></tr>
<tr><td>法律适用</td><td>刑法条文</td><td>第二百二十五条　违反国家规定，有下列非法经营行为之一，扰乱市场秩序，情节严重的，处五年以下有期徒刑或者拘役，并处或者单处违法所得一倍以上五倍以下罚金；情节特别严重的，处五年以上有期徒刑，并处违法所得一倍以上五倍以下罚金或者没收财产：</td></tr>
</table>

法律适用

刑法条文

（一）未经许可经营法律、行政法规规定的专营、专卖物品或者其他限制买卖的物品的；

（二）买卖进出口许可证、进出口原产地证明以及其他法律、行政法规规定的经营许可证或者批准文件的；

（三）未经国家有关主管部门批准非法经营证券、期货、保险业务的，或者非法从事资金支付结算业务的；

（四）其他严重扰乱市场秩序的非法经营行为。

第二百三十一条 单位犯本节第二百二十一条至第二百三十条规定之罪的，对单位判处罚金，并对其直接负责的主管人员和其他直接责任人员，依照本节各该条的规定处罚。

司法解释

一、最高人民法院、最高人民检察院《关于办理非法从事资金支付结算业务、非法买卖外汇刑事案件适用法律若干问题的解释》（2019 年 1 月 31 日最高人民法院、最高人民检察院公布　自 2019 年 2 月 1 日起施行）

为依法惩治非法从事资金支付结算业务、非法买卖外汇犯罪活动，维护金融市场秩序，根据《中华人民共和国刑法》《中华人民共和国刑事诉讼法》的规定，现就办理非法从事资金支付结算业务、非法买卖外汇刑事案件适用法律的若干问题解释如下：

第一条 违反国家规定，具有下列情形之一的，属于刑法第二百二十五条第三项规定的“非法从事资金支付结算业务”：

（一）使用受理终端或者网络支付接口等方法，以虚构交易、虚开价格、交易退款等非法方式向指定付款方支付货币资金的；

（二）非法为他人提供单位银行结算账户套现或者单位银行结算账户转个人账户服务的；

（三）非法为他人提供支票套现服务的；

（四）其他非法从事资金支付结算业务的情形。

第二条 违反国家规定，实施倒买倒卖外汇或者变相买卖外汇等非法买卖外汇行为，扰乱金融市场秩序，情节严重的，依照刑法第二百二十五条第四项的规定，以非法经营罪定罪处罚。

第三条 非法从事资金支付结算业务或者非法买卖外汇，具有下列情形之一的，应当认定为非法经营行为“情节严重”：

（一）非法经营数额在五百万元以上的；

（二）违法所得数额在十万元以上的。

非法经营数额在二百五十万元以上，或者违法所得数额在五万元以上，且具有下列情形之一的，可以认定为非法经营行为“情节严重”：

（一）曾因非法从事资金支付结算业务或者非法买卖外汇犯罪行为受过刑事追究的；

（二）二年内因非法从事资金支付结算业务或者非法买卖外汇违法行为受过行政处罚的；

（三）拒不交代涉案资金去向或者拒不配合追缴工作，致使赃款无法追缴的；

（四）造成其他严重后果的。

第四条 非法从事资金支付结算业务或者非法买卖外汇，具有下列情形之一的，应当认定为非法经营行为“情节特别严重”：

（一）非法经营数额在二千五百万元以上的；

（二）违法所得数额在五十万元以上的。

非法经营数额在一千二百五十万元以上，或者违法所得数额在二十五万元以上，且具有本解释第三条第二款规定的四种情形之一的，可以认定为非法经营行为“情节特别严重”。

第五条 非法从事资金支付结算业务或者非法买卖外汇，构成非法经营罪，同时又构成刑法第一百二十条之一规定的帮助恐怖活动罪或者第一百九十一条规定的洗钱罪的，依照处罚较重的规定定罪处罚。

第六条 二次以上非法从事资金支付结算业务或者非法买卖外汇，依法应予行政处理或者刑事处理而未经处理的，非法经营数额或者违法所得数额累计计算。

同一案件中，非法经营数额、违法所得数额分别构成情节严重、情节特别严重的，按照处罚较重的数额定罪处罚。

第七条 非法从事资金支付结算业务或者非法买卖外汇违法所得数额难以确定的，按非法经营数额的千分之一认定违法所得数额，依法并处或者单处违法所得一倍以上五倍以下罚金。

第八条 符合本解释第三条规定的标准，行为人如实供述犯罪事实，认罪悔罪，并积极配合调查，退缴违法所得的，可以从轻处罚；其中犯罪情节轻微的，可以依法不起诉或者免予刑事处罚。

符合刑事诉讼法规定的认罪认罚从宽适用范围和条件的，依照刑事诉讼法的规定处理。

第九条 单位实施本解释第一条、第二条规定的非法从事资金支付结算业务、非法买卖外汇行为，依照本解释规定的定罪量刑标准，对单位判处罚金，并对其直接负责的主管人员和其他直接责任人员定罪处罚。

第十条 非法从事资金支付结算业务、非法买卖外汇刑事案件中的犯罪地，包括犯罪嫌疑人、被告人用于犯罪活动的账户开立地、资金接收地、资金过渡账户开立地、资金账户操作地，以及资金交易对手资金交付和汇出地等。

第十一条 涉及外汇的犯罪数额，按照案发当日中国外汇交易中心或者中国人民银行授权机构公布的人民币对该货币的中间价折合成人民币计算。中国外汇交易中心或者中国人民银行授权机构未公布汇率中间价的境外货币，按照案发当日境内银行人民币对该货币的中间价折算成人民币，或者该货币在境内银行、国际外汇市场对美元汇率，与人民币对美元汇率中间价进行套算。

第十二条 本解释自 2019 年 2 月 1 日起施行。《最高人民法院关于审理骗购外汇、非法买卖外汇刑事案件具体应用法律若干问题的解释》（法释〔1998〕20 号）与本解释不一致的，以本解释为准。

二、最高人民法院《关于审理非法出版物刑事案件具体应用法律若干问题的解释》（节录）（1998 年 12 月 17 日最高人民法院公布　自 1998 年 12 月 23 日起施行　法释〔1998〕30 号）

第十一条 违反国家规定，出版、印刷、复制、发行本解释第一条至第十条规定以外的其他严重危害社会秩序和扰乱市场秩序的非法出版物，情节严重的，依照刑法第二百二十五条第（三）项的规定，以非法经营罪定罪处罚。

第十二条 个人实施本解释第十一条规定的行为，具有下列情形之一的，属于非法经营行为“情节严重”：

（一）经营数额在五万元至十万元以上的；

（二）违法所得数额在二万元至三万元以上的；

（三）经营报纸五千份或者期刊五千本或者图书二千册或者音像制品、电子出版物五百张（盒）以上的。

具有下列情形之一的，属于非法经营行为“情节特别严重”：

（一）经营数额在十五万元至三十万元以上的；

（二）违法所得数额在五万元至十万元以上的；

（三）经营报纸一万五千份或者期刊一万五千本或者图书五千册或者音像制品、电子出版物一千五百张（盒）以上的。

第十三条 单位实施本解释第十一条规定的行为，具有下列情形之一的，属于非法经营行为“情节严重”：

（一）经营数额在十五万元至三十万元以上的；

（二）违法所得数额在五万元至十万元以上的；

（三）经营报纸一万五千份或者期刊一万五千本或者图书五千册或者音像制品、电子出版物一千五百张（盒）以上的。

具有下列情形之一的，属于非法经营行为“情节特别严重”：

（一）经营数额在五十万元至一百万元以上的；

（二）违法所得数额在十五万元至三十万元以上的；

（三）经营报纸五万份或者期刊五万本或者图书一万五千册或者音像制品、电子出版物五千张（盒）以上的。

第十四条 实施本解释第十一条规定的行为，经营数额、违法所得数额或者经营数量接近非法经营行为“情节严重”、“情节特别严重”的数额、数量起点标准，并具有下列情形之一的，可以认定为非法经营行为“情节严重”、“情节特别严重”：

（一）两年内因出版、印刷、复制、发行非法出版物受过行政处罚两次以上的；

（二）因出版、印刷、复制、发行非法出版物造成恶劣社会影响或者其他严重后果的。

第十五条 非法从事出版物的出版、印刷、复制、发行业务，严重扰乱市场秩序，情节特别严重，构成犯罪的，可以依照刑法第二百二十五条第（三）项的规定，以非法经营罪定罪处罚。

第十六条 出版单位与他人事前通谋，向其出售、出租或者以其他形式转让该出版单位的名称、书号、刊号、版号，他人实施本解释第二条、第四条、第八条、第九条、第十条、第十一条规定的行为，构成犯罪的，对该出版单位应当以共犯论处。

第十七条 本解释所称“经营数额”，是指以非法出版物的定价数额乘以行为人经营的非法出版物数量所得的数额。

本解释所称“违法所得数额”，是指获利数额。

非法出版物没有定价或者以境外货币定价的，其单价数额应当按照行为人实际出售的价格认定。

第十八条 各省、自治区、直辖市高级人民法院可以根据本地的情况和社会治安状况，在本解释第八条、第十条、第十二条、第十三条规定的有关数额、数量标准的幅度内，确定本地执行的具体标准，并报最高人民法院备案。

三、最高人民法院《关于审理扰乱电信市场管理秩序案件具体应用法律若干问题的解释》（2000年5月12日最高人民法院公布 自2000年5月24日起施行 法释〔2000〕12号）

为依法惩处扰乱电信市场管理秩序的犯罪活动，根据刑法的有关规定，现就审理这类案件具体应用法律的若干问题解释如下：

第一条 违反国家规定，采取租用国际专线、私设转接设备或者其他方法，擅自经营国际电信业务或者涉港澳台电信业务进行营利活动，扰乱电信市场管理秩序，情节严重的，依照刑法第二百二十五条第（四）项的规定，以非法经营罪定罪处罚。

第二条 实施本解释第一条规定的行为，具有下列情形之一的，属于非法经营行为"情节严重"：

（一）经营去话业务数额在一百万元以上的；

（二）经营来话业务造成电信资费损失数额在一百万元以上的。

具有下列情形之一的，属于非法经营行为"情节特别严重"：

（一）经营去话业务数额在五百万元以上的；

（二）经营来话业务造成电信资费损失数额在五百万元以上的。

第三条 实施本解释第一条规定的行为，经营数额或者造成电信资费损失数额接近非法经营行为"情节严重"、"情节特别严重"的数额起点标准，并具有下列情形之一的，可以分别认定为非法经营行为"情节严重"、"情节特别严重"：

（一）两年内因非法经营国际电信业务或者涉港澳台电信业务行为受过行政处罚两次以上的；

（二）因非法经营国际电信业务或者涉港澳台电信业务行为造成其他严重后果的。

第四条 单位实施本解释第一条规定的行为构成犯罪的，对单位判处罚金，并对其直接负责的主管人员和其他直接责任人员，依照本解释第二条、第三条的规定处罚。

第五条 违反国家规定，擅自设置、使用无线电台（站），或者擅自占用频率，非法经营国际电信业务或者涉港澳台电信业务进行营利活动，同时构成非法经营罪和刑法第二百八十八条规定的扰乱无线电通讯管理秩序罪的，依照处罚较重的规定定罪处罚。

第六条 国有电信企业的工作人员，由于严重不负责任或者滥用职权，造成国有电信企业破产或者严重损失，致使国家利益遭受重大损失的，依照刑法第一百六十八条的规定定罪处罚。

第七条 将电信卡非法充值后使用，造成电信资费损失数额较大的，依照刑法第二百六十四条的规定，以盗窃罪定罪处罚。

第八条 盗用他人公共信息网络上网账号、密码上网，造成他人电信资费损失数额较大的，依照刑法第二百六十四条的规定，以盗窃罪定罪处罚。

第九条 以虚假、冒用的身份证件办理入网手续并使用移动电话，造成电信资费损失数额较大的，依照刑法第二百六十六条的规定，以诈骗罪定罪处罚。

第十条 本解释所称"经营去话业务数额"，是指以行为人非法经营国际电信业务或者涉港澳台电信业务的总时长（分钟数）乘以行为人每分钟收取的用户使用费所得的数额。

本解释所称"电信资费损失数额"，是指以行为人非法经营国际电信业务或者涉港澳台电信业务的总时长（分钟数）乘以在合法电信业务中我国应当得到的每分钟国际结算价格所得的数额。

法律适用

司法解释

四、最高人民法院《关于审理破坏森林资源刑事案件具体应用法律若干问题的解释》（节录）（2000年11月22日最高人民法院公布 自2000年12月11日起施行 法释〔2000〕36号）

第十三条 对于伪造、变造、买卖林木采伐许可证、木材运输证件，森林、林木、林地权属证书，占用或者征用林地审核同意书、育林基金等缴费收据以及其他国家机关批准的林业证件构成犯罪的，依照刑法第二百八十条第一款的规定，以伪造、变造、买卖国家机关公文、证件罪定罪处罚。

对于买卖允许进出口证明书等经营许可证明，同时触犯刑法第二百二十五条、第二百八十条规定之罪的，依照处罚较重的规定定罪处罚。

五、最高人民法院《关于审理破坏野生动物资源刑事案件具体应用法律若干问题的解释》（节录）（2000年11月27日最高人民法院公布 自2000年12月11日起施行 法释〔2000〕37号）

第九条 伪造、变造、买卖国家机关颁发的野生动物允许进出口证明书、特许猎捕证、狩猎证、驯养繁殖许可证等公文、证件构成犯罪的，依照刑法第二百八十条第一款的规定以伪造、变造、买卖国家机关公文、证件罪定罪处罚。

实施上述行为构成犯罪，同时构成刑法第二百二十五条第二项规定的非法经营罪的，依照处罚较重的规定定罪处罚。

六、最高人民检察院、公安部《关于公安机关管辖的刑事案件立案追诉标准的规定（二）》（节录）（2010年5月7日最高人民检察院、公安部公布 自公布之日起施行 2011年11月14日修正）

第七十九条 〔非法经营案（刑法第二百二十五条）〕违反国家规定，进行非法经营活动，扰乱市场秩序，涉嫌下列情形之一的，应予立案追诉：

（一）违反国家有关盐业管理规定，非法生产、储运、销售食盐，扰乱市场秩序，具有下列情形之一的：

1. 非法经营食盐数量在二十吨以上的；

2. 曾因非法经营食盐行为受过二次以上行政处罚又非法经营食盐，数量在十吨以上的。

（二）违反国家烟草专卖管理法律法规，未经烟草专卖行政主管部门许可，无烟草专卖生产企业许可证、烟草专卖批发企业许可证、特种烟草专卖经营企业许可证、烟草专卖零售许可证等许可证明，非法经营烟草专卖品，具有下列情形之一的：

1. 非法经营数额在五万元以上，或者违法所得数额在二万元以上的；

2. 非法经营卷烟二十万支以上的；

3. 曾因非法经营烟草专卖品三年内受过二次以上行政处罚，又非法经营烟草专卖品且数额在三万元以上的。

（三）未经国家有关主管部门批准，非法经营证券、期货、保险业务，或者非法从事资金支付结算业务，具有下列情形之一的：

1. 非法经营证券、期货、保险业务，数额在三十万元以上的；

2. 非法从事资金支付结算业务，数额在二百万元以上的；

3. 违反国家规定，使用销售点终端机具（POS机）等方法，以虚构交易、虚开价格、现金退货等方式向信用卡持卡人直接支付现金，数额在一百万元以上的，或者造成金融机构资金二十万元以上逾期未还的，或者造成金融机构经济损失十万元以上的；

4. 违法所得数额在五万元以上的。

（四）非法经营外汇，具有下列情形之一的：

1. 在外汇指定银行和中国外汇交易中心及其分中心以外买卖外汇，数额在二十万美元以上的，或者违法所得数额在五万元以上的；

2. 公司、企业或者其他单位违反有关外贸代理业务的规定，采用非法手段，或者明知是伪造、变造的凭证、商业单据，为他人向外汇指定银行骗购外汇，数额在五百万美元以上或者违法所得数额在五十万元以上的；

3. 居间介绍骗购外汇，数额在一百万美元以上或者违法所得数额在十万元以上的。

（五）出版、印刷、复制、发行严重危害社会秩序和扰乱市场秩序的非法出版物，具有下列情形之一的：

1. 个人非法经营数额在五万元以上的，单位非法经营数额在十五万元以上的；

2. 个人违法所得数额在二万元以上的，单位违法所得数额在五万元以上的；

3. 个人非法经营报纸五千份或者期刊五千本或者图书二千册或者音像制品、电子出版物五百张（盒）以上的，单位非法经营报纸一万五千份或者期刊一万五千本或者图书五千册或者音像制品、电子出版物一千五百张（盒）以上的；

4. 虽未达到上述数额标准，但具有下列情形之一的：

（1）两年内因出版、印刷、复制、发行非法出版物受过行政处罚二次以上的，又出版、印刷、复制、发行非法出版物的；

（2）因出版、印刷、复制、发行非法出版物造成恶劣社会影响或者其他严重后果的。

（六）非法从事出版物的出版、印刷、复制、发行业务，严重扰乱市场秩序，具有下列情形之一的：

1. 个人非法经营数额在十五万元以上的，单位非法经营数额在五十万元以上的；

2. 个人违法所得数额在五万元以上的，单位违法所得数额在十五万元以上的；

3. 个人非法经营报纸一万五千份或者期刊一万五千本或者图书五千册或者音像制品、电子出版物一千五百张（盒）以上的，单位非法经营报纸五万份或者期刊五万本或者图书一万五千册或者音像制品、电子出版物五千张（盒）以上的；

4. 虽未达到上述数额标准，两年内因非法从事出版物的出版、印刷、复制、发行业务受过行政处罚二次以上的，又非法从事出版物的出版、印刷、复制、发行业务的。

（七）采取租用国际专线、私设转接设备或者其他方法，擅自经营国际电信业务或者涉港澳台电信业务进行营利活动，扰乱电信市场管理秩序，具有下列情形之一的：

1. 经营去话业务数额在一百万元以上的；

2. 经营来话业务造成电信资费损失数额在一百万元以上的；

3. 虽未达到上述数额标准，但具有下列情形之一的：

（1）两年内因非法经营国际电信业务或者涉港澳台电信业务行为受过行政处罚二次以上，又非法经营国际电信业务或者涉港澳台电信业务的；

（2）因非法经营国际电信业务或者涉港澳台电信业务行为造成其他严重后果的。

（八）从事其他非法经营活动，具有下列情形之一的：

1. 个人非法经营数额在五万元以上，或者违法所得数额在一万元以上的；

法律适用　司法解释

2. 单位非法经营数额在五十万元以上，或者违法所得数额在十万元以上的；

3. 虽未达到上述数额标准，但两年内因同种非法经营行为受过二次以上行政处罚，又进行同种非法经营行为的；

4. 其他情节严重的情形。

七、最高人民法院、最高人民检察院《关于办理妨害预防、控制突发传染病疫情等灾害的刑事案件具体应用法律若干问题的解释》（节录）（2003年5月14日最高人民法院、最高人民检察院公布　自2003年5月15日起施行　法释〔2003〕8号）

第六条　违反国家在预防、控制突发传染病疫情等灾害期间有关市场经营、价格管理等规定，哄抬物价、牟取暴利，严重扰乱市场秩序、违法所得数额较大或者有其他严重情节的，依照刑法第二百二十五条第（四）项的规定，以非法经营罪定罪，依法从重处罚。

八、最高人民法院、最高人民检察院、公安部、国家烟草专卖局《办理假冒伪劣烟草制品等刑事案件适用法律问题座谈会纪要》（节录）（2003年12月23日公布　自公布之日起施行　高检会〔2003〕4号）

三、关于非法经营烟草制品行为适用法律问题

未经烟草专卖行政主管部门许可，无生产许可证、批发许可证、零售许可证，而生产、批发、零售烟草制品，具有下列情形之一的，依照刑法第二百二十五条的规定定罪处罚：

1. 个人非法经营数额在五万元以上的，或者违法所得数额在一万元以上的；

2. 单位非法经营数额在五十万元以上的，或者违法所得数额在十万元以上的；

3. 曾因非法经营烟草制品行为受过二次以上行政处罚又非法经营的，非法经营数额在二万元以上的；

四、关于共犯问题

知道或者应当知道他人实施本《纪要》第一条至第三条规定的犯罪行为，仍实施下列行为之一的，应认定为共犯，依法追究刑事责任：

上述人员中有检举他人犯罪经查证属实，或者提供重要线索，有立功表现的，可以从轻或减轻处罚；有重大立功表现的，可以减轻或者免除处罚。

1. 直接参与生产、销售假冒伪劣烟草制品或者销售假冒烟用注册商标的烟草制品或者直接参与非法经营烟草制品并在其中起主要作用的；

2. 提供房屋、场地、设备、车辆、贷款、资金、账号、发票、证明、技术等设施和条件，用于帮助生产、销售、储存、运输假冒伪劣烟草制品、非法经营烟草制品的；

3. 运输假冒伪劣烟草制品的。

五、国家机关工作人员参与实施本《纪要》第一条至第三条规定的犯罪行为的处罚问题

根据《最高人民法院、最高人民检察院关于办理生产、销售伪劣商品刑事案件具体应用法律若干问题的解释》的规定，国家机关工作人员参与实施本《纪要》第一条至第三条规定的犯罪行为的，从重处罚。

六、关于一罪与数罪问题

行为人的犯罪行为同时构成生产、销售伪劣产品罪、销售假冒注册商标的商品罪、非法经营罪等罪的，依照处罚较重的规定定罪处罚。

七、关于窝藏、转移非法制售的烟草制品行为的定罪处罚问题

明知是非法制售的烟草制品而予以窝藏、转移的，依照刑法第三百一十二条的规定，以窝藏、转移赃物罪定罪处罚。

八、关于以暴力、威胁方法阻碍烟草专卖执法人员依法执行职务行为的定罪处罚问题

以暴力、威胁方法阻碍烟草专卖执法人员依法执行职务的，依照刑法第二百七十七条的规定，以妨害公务罪定罪处罚。

九、关于煽动群众暴力抗拒烟草专卖法律实施行为的定罪处罚问题

煽动群众暴力抗拒烟草专卖法律实施的，依照刑法第二百七十八条的规定，以煽动暴力抗拒法律实施罪定罪处罚。

十、关于鉴定问题

假冒伪劣烟草制品的鉴定工作，由国家烟草专卖行政主管部门授权的省级以上烟草产品质量监督检验机构，按照国家烟草专卖局制定的假冒伪劣卷烟鉴别检验管理办法和假冒伪劣卷烟鉴别检验规程等有关规定进行。

假冒伪劣烟草专用机械的鉴定由国家质量监督部门，或其委托的国家烟草质量监督检验中心，根据烟草行业的有关技术标准进行。

十一、关于烟草制品、卷烟的范围

本纪要所称烟草制品指卷烟、雪茄烟、烟丝、复烤烟叶、烟叶、卷烟纸、滤嘴棒、烟用丝束。

本纪要所称卷烟包括散支烟和成品烟。

九、最高人民法院、最高人民检察院《关于办理妨害信用卡管理刑事案件具体应用法律若干问题的解释》（节录）（2018年11月28日公布　自2018年12月1日起施行　法释〔2018〕19号）

第十二条　违反国家规定，使用销售点终端机具（POS机）等方法，以虚构交易、虚开价格、现金退货等方式向信用卡持卡人直接支付现金，情节严重的，应当依据刑法第二百二十五条的规定，以非法经营罪定罪处罚。

实施前款行为，数额在100万元以上的，或者造成金融机构资金20万元以上逾期未还的，或者造成金融机构经济损失10万元以上的，应当认定为刑法第二百二十五条规定的“情节严重”；数额在500万元以上的，或者造成金融机构资金100万元以上逾期未还的，或者造成金融机构经济损失50万元以上的，应当认定为刑法第二百二十五条规定的“情节特别严重。”

持卡人以非法占有为目的，采用上述方式恶意透支，应当追究刑事责任的，依照刑法第一百九十六条的规定，以信用卡诈骗罪定罪处罚。

第十三条　单位犯本解释第一条、第七条规定的犯罪的，定罪量刑标准依照各该条的规定执行。

十、最高人民法院、最高人民检察院《关于办理非法生产、销售烟草专卖品等刑事案件具体应用法律若干问题的解释》（节录）（2010年3月2日最高人民法院、最高人民检察院公布　自2010年3月26日起施行　法释〔2010〕7号）

第三条　非法经营烟草专卖品，具有下列情形之一的，应当认定为刑法第二百二十五条规定的“情节严重”：

（一）非法经营数额在五万元以上的，或者违法所得数额在二万元以上的；

（二）非法经营卷烟二十万支以上的；

（三）曾因非法经营烟草专卖品三年内受过二次以上行政处罚，又非法经营烟草专卖品且数额在三万元以上的。

具有下列情形之一的，应当认定为刑法第二百二十五条规定的“情节特别严重”：

（一）非法经营数额在二十五万元以上，或者违法所得数额在十万元以上的；

（二）非法经营卷烟一百万支以上的。

第五条 行为人实施非法生产、销售烟草专卖品犯罪，同时构成生产、销售伪劣产品罪、侵犯知识产权犯罪、非法经营罪的，依照处罚较重的规定定罪处罚。

第九条 本解释所称“烟草专卖品”，是指卷烟、雪茄烟、烟丝、复烤烟叶、烟叶、卷烟纸、滤嘴棒、烟用丝束、烟草专用机械。

本解释所称“卷烟辅料”，是指卷烟纸、滤嘴棒、烟用丝束。

本解释所称“烟草专用机械”，是指由国务院烟草专卖行政主管部门烟草专用机械名录所公布的，在卷烟、雪茄烟、烟丝、复烤烟叶、烟叶、卷烟纸、滤嘴棒、烟用丝束的生产加工过程中，能够完成一项或者多项特定加工工序，可以独立操作的机械设备。

本解释所称“同类烟草专用机械”，是指在卷烟、雪茄烟、烟丝、复烤烟叶、烟叶、卷烟纸、滤嘴棒、烟用丝束的生产加工过程中，能够完成相同加工工序的机械设备。

十一、最高人民法院《关于审理非法集资刑事案件具体应用法律若干问题的解释》（节录）（2010年12月13日最高人民法院公布 自2011年1月4日起施行 法释〔2010〕18号）

第七条 违反国家规定，未经依法核准擅自发行基金份额募集基金，情节严重的，依照刑法第二百二十五条的规定，以非法经营罪定罪处罚。

十二、最高人民法院、最高人民检察院、公安部、国家安全部《关于依法办理非法生产销售使用“伪基站”设备案件的意见》（节录）（最高人民法院、最高人民检察院、公安部、国家安全部2014年3月14日公布 自公布之日起施行）

一、准确认定行为性质

（一）非法生产、销售“伪基站”设备，具有以下情形之一的，依照《刑法》第二百二十五条的规定，以非法经营罪追究刑事责任：

1. 个人非法生产、销售“伪基站”设备三套以上，或者非法经营数额五万元以上，或者违法所得数额二万元以上的；

2. 单位非法生产、销售“伪基站”设备十套以上，或者非法经营数额十五万元以上，或者违法所得数额五万元以上的；

3. 虽未达到上述数额标准，但两年内曾因非法生产、销售“伪基站”设备受过两次以上行政处罚，又非法生产、销售“伪基站”设备的。

实施前款规定的行为，数量、数额达到前款规定的数量、数额五倍以上的，应当认定为《刑法》第二百二十五条规定的“情节特别严重”。

非法生产、销售“伪基站”设备，经鉴定为专用间谍器材的，依照《刑法》第二百八十三条的规定，以非法生产、销售间谍专用器材罪追究刑事责任；同时构成非法经营罪的，以非法经营罪追究刑事责任。

（二）非法使用“伪基站”设备干扰公用电信网络信号，危害公共安全的，依照《刑法》第一百二十四条第一款的规定，以破坏公用电信设施罪追究刑事责任；同时构成虚假广告罪、非法获取公民个人信息罪、破坏计算机信息系统罪、扰乱无线电通讯管理秩序罪的，依照处罚较重的规定追究刑事责任。

除法律、司法解释另有规定外，利用“伪基站”设备实施诈骗等其他犯罪行为，同时构成破坏公用电信设施罪的，依照处罚较重的规定追究刑事责任。

（三）明知他人实施非法生产、销售“伪基站”设备，或者非法使用“伪基站”设备干扰公用电信网络信号等犯罪，为其提供资金、场所、技术、设备等帮助的，以共同犯罪论处。

（四）对于非法使用“伪基站”设备扰乱公共秩序，侵犯他人人身权利、财产权利，情节较轻，尚不构成犯罪，但构成违反治安管理行为的，依法予以治安管理处罚。

十三、最高人民法院、最高人民检察院《关于办理危害药品安全刑事案件适用法律若干问题的解释》（节录）（2014年11月3日最高人民法院、最高人民检察院公布 自2014年12月1日起施行）

第七条 违反国家药品管理法律法规，未取得或者使用伪造、变造的药品经营许可证，非法经营药品，情节严重的，依照刑法第二百二十五条的规定以非法经营罪定罪处罚。

以提供给他人生产、销售药品为目的，违反国家规定，生产、销售不符合药用要求的非药品原料、辅料，情节严重的，依照刑法第二百二十五条的规定以非法经营罪定罪处罚。

实施前两款行为，非法经营数额在十万元以上，或者违法所得数额在五万元以上的，应当认定为刑法第二百二十五条规定的“情节严重”；非法经营数额在五十万元以上，或者违法所得数额在二十五万元以上的，应当认定为刑法第二百二十五条规定的“情节特别严重”。

实施本条第二款行为，同时又构成生产、销售伪劣产品罪、以危险方法危害公共安全罪等犯罪的，依照处罚较重的规定定罪处罚。

十四、最高人民法院、最高人民检察院《关于办理危害食品安全刑事案件适用法律若干问题的解释》（节录）（2013年5月2日最高人民法院、最高人民检察院公布 自2013年5月4日起施行）

第十一条 以提供给他人生产、销售食品为目的，违反国家规定，生产、销售国家禁止用于食品生产、销售的非食品原料，情节严重的，依照刑法第二百二十五条的规定以非法经营罪定罪处罚。

违反国家规定，生产、销售国家禁止生产、销售、使用的农药、兽药，饲料、饲料添加剂，或者饲料原料、饲料添加剂原料，情节严重的，依照前款的规定定罪处罚。

实施前两款行为，同时又构成生产、销售伪劣产品罪，生产、销售伪劣农药、兽药罪等其他犯罪的，依照处罚较重的规定定罪处罚。

第十二条 违反国家规定，私设生猪屠宰厂（场），从事生猪屠宰、销售等经营活动，情节严重的，依照刑法第二百二十五条的规定以非法经营罪定罪处罚。

法律适用

司法解释

实施前款行为，同时又构成生产、销售不符合安全标准的食品罪，生产、销售有毒、有害食品罪等其他犯罪的，依照处罚较重的规定定罪处罚。

十五、最高人民法院、最高人民检察院《关于办理非法生产、销售、使用禁止在饲料和动物饮用水中使用的药品等刑事案件具体应用法律若干问题的解释》（节录）（2002年8月16日最高人民法院、最高人民检察院公布　自2002年8月23日起施行　法释〔2002〕26号）

第一条　未取得药品生产、经营许可证件和批准文号，非法生产、销售盐酸克仑特罗等禁止在饲料和动物饮用水中使用的药品，扰乱药品市场秩序，情节严重的，依照刑法第二百二十五条第（一）项的规定，以非法经营罪追究刑事责任。

第二条　在生产、销售的饲料中添加盐酸克仑特罗等禁止在饲料和动物饮用水中使用的药品，或者销售明知是添加有该类药品的饲料，情节严重的，依照刑法第二百二十五条第（四）项的规定，以非法经营罪追究刑事责任。

十六、最高人民法院《关于审理走私、非法经营、非法使用兴奋剂刑事案件适用法律若干问题的解释》（节录）（2019年11月18日最高人民法院公布　自2020年1月1日起施行）

第二条　违反国家规定，未经许可经营兴奋剂目录所列物质，涉案物质属于法律、行政法规规定的限制买卖的物品，扰乱市场秩序，情节严重的，应当依照刑法第二百二十五条的规定，以非法经营罪定罪处罚。

相关法律法规

一、《中华人民共和国烟草专卖法》（节录）（1991年6月29日中华人民共和国主席令第46号公布　自1992年1月1日起施行　2009年8月27日第一次修正　2013年12月28日第二次修正　2015年4月24日第三次修正）

第三条　国家对烟草专卖品的生产、销售、进出口依法实行专卖管理，并实行烟草专卖许可证制度。

第十条　烟叶由烟草公司或者其委托单位按照国家规定的收购标准统一收购，其他单位和个人不得收购。

烟草公司及其委托单位对烟叶种植者按照烟叶收购合同约定的种植面积生产的烟叶，应当按照合同约定的收购价格，全部收购，不得压级压价，并妥善处理收购烟叶发生的纠纷。

第三十五条　倒卖烟草专卖品，构成犯罪的，依法追究刑事责任；情节轻微，不构成犯罪的，由工商行政管理部门没收倒卖的烟草专卖品和违法所得，可以并处罚款。

烟草专卖行政主管部门和烟草公司工作人员利用职务上的便利犯前款罪的，依法从重处罚。

第三十六条　伪造、变造、买卖本法规定的烟草专卖生产企业许可证、烟草专卖经营许可证等许可证件和准运证的，依照刑法有关规定追究刑事责任。

烟草专卖行政主管部门和烟草公司工作人员利用职务上的便利犯前款罪的，依法从重处罚。

法律适用 相关法律法规

二、《反兴奋剂条例》（节录）（2004年1月13日中华人民共和国国务院令第398号公布　自2004年3月1日起施行　2011年1月8日第一次修订　2014年7月29日第二次修订　2018年9月18日第三次修订）

第三十八条　违反本条例规定，有下列行为之一的，由县级以上人民政府负责药品监督管理的部门按照国务院药品监督管理部门规定的职责分工，没收非法生产、经营的蛋白同化制剂、肽类激素和违法所得，并处违法生产、经营药品货值金额2倍以上5倍以下的罚款；情节严重的，由发证机关吊销《药品生产许可证》、《药品经营许可证》；构成犯罪的，依法追究刑事责任：

（一）生产企业擅自生产蛋白同化制剂、肽类激素，或者未按照本条例规定渠道供应蛋白同化制剂、肽类激素的；

（二）药品批发企业擅自经营蛋白同化制剂、肽类激素，或者未按照本条例规定渠道供应蛋白同化制剂、肽类激素的；

（三）药品零售企业擅自经营蛋白同化制剂、肽类激素的。

三、《危险废物经营许可证管理办法》（节录）（2004年5月30日中华人民共和国国务院令第408号公布　自2004年7月1日起施行　2013年12月7日第一次修正　2016年2月6日第二次修正）

第二十五条　违反本办法第十五条第一款、第二款、第三款规定的，依照《中华人民共和国固体废物污染环境防治法》的规定予以处罚。

违反本办法第十五条第四款规定的，由县级以上地方人民政府环境保护主管部门收缴危险废物经营许可证或者由原发证机关吊销危险废物经营许可证，并处5万元以上10万元以下的罚款；构成犯罪的，依法追究刑事责任。

第二十六条　违反本办法第十八条规定的，由县级以上地方人民政府环境保护主管部门责令限期改正，给予警告；逾期不改正的，由原发证机关暂扣或者吊销危险废物经营许可证。

第二十七条　违反本办法第二十条规定的，由县级以上地方人民政府环境保护主管部门责令限期改正，给予警告；逾期不改正的，处1万元以上5万元以下的罚款，并可以由原发证机关暂扣或者吊销危险废物经营许可证。

第二十八条　危险废物经营单位被责令限期整改，逾期不整改或者经整改仍不符合原发证条件的，由原发证机关暂扣或者吊销危险废物经营许可证。

104 强迫交易案

概念

本罪是指以暴力、威胁手段实施强买强卖商品，强迫他人提供服务或者接受服务等，情节严重的行为。

立案标准

以暴力、威胁手段强买强卖商品，强迫他人提供服务或者接受服务，涉嫌下列情形之一的，应予立案追诉：

（1）造成被害人轻微伤的；

（2）造成直接经济损失 2000 元以上的；

（3）强迫交易 3 次以上或者强迫 3 人以上交易的；

（4）强迫交易数额 1 万元以上，或者违法所得数额 2000 元以上的；

（5）强迫他人购买伪劣商品数额 5000 元以上，或者违法所得数额 1000 元以上的；

（6）其他情节严重的情形。

以暴力、威胁手段强迫他人参与或者退出投标、拍卖，强迫他人转让或者收购公司、企业的股份、债券或者其他资产，强迫他人参与或者退出特定的经营活动，具有多次实施、手段恶劣、造成严重后果或者恶劣社会影响等情形之一的，应予立案追诉。

定罪标准

犯罪客体

本罪所侵犯的客体是复杂客体，即强买强卖的行为一方面侵犯公平自由竞争的市场经济秩序，也就是行为侵害了被害人进行自由买卖的权利；另一方面又侵犯了被强迫人的合法权益。商品交易是在平等民事主体之间发生的经济关系，所以，应当遵循市场交易中的自愿和公平原则，但在现实生产中，交易双方强买强卖、强迫他人提供服务，或者强迫他人接受服务等现象时有发生，这种行为违背了市场交易原则，破坏了市场交易秩序，侵害了消费者或者经营者的合法权益，如果行为人以暴力、威胁手段强行交易的，就具有严重的社会危害性，情节严重的，应依法追究其刑事责任。

犯罪客观方面

本罪在客观方面表现为以暴力、威胁手段，实施强买强卖商品，强迫他人提供或者接受服务，强迫他人参与或者退出投标、拍卖，强迫他人转让或者收购公司、企业的股份、债券或者其他资产，或者强迫他人参与或者退出特定的经营活动，情节严重的行为。

2011 年 2 月 25 日第十一届全国人民代表大会常务委员会第十九次会议通过、自 2011 年 5 月 1 日起施行的《刑法修正案（八）》对本罪的客观方面作了修改完善，具体列举了强迫交易的五种行为：（1）强买强卖商品；（2）强迫他人提供或者接受服务；（3）强迫他人参与或者退出投标、拍卖；（4）强迫他人转让或者收购公司、企业的股份、债券或者其他资产；（5）强迫他人参与或者退出特定的经营活动。“暴力”，是指对交易相对方的身体实行强制和打击的行为。“威胁”，是指对交易相对方

<table>
<tr><td rowspan="5">定罪标准</td><td>犯罪客观方面</td><td>实行精神强制的行为。行为人以暴力、威胁手段实施上述五种行为，情节严重的，即构成本罪。暴力和威胁是构成本罪的主要条件，并规定必须情节严重，这是区分本罪与非罪的关键。因此，对于本罪所要求的暴力和威胁方法的程度应当予以正确地把握。对于一些轻微的暴力和威胁方法不能视为犯罪。如果这些行为不足以使对方当事人产生恐惧心理或身体受强制而被迫实施上述五种行为，则只应作为一般违法行为或不作为违法行为处理，而不以犯罪论处。</td></tr>
<tr><td>犯罪主体</td><td>本罪的主体为一般主体，包括个人和单位，即只要行为人达到法定刑事责任年龄、具有刑事责任能力并实施了强买强卖行为即可构定本罪。单位也可成为本罪主体。</td></tr>
<tr><td>犯罪主观方面</td><td>本罪在主观方面上只能是故意，即行为人明知自己是在以非法手段强迫对方进行交易而实施该行为。因此，如果行为人实施了威胁行为，但该威胁行为在行为人看来有理由相信对方当事人并无实际威胁，但对当事人却由于某种原因陷于恐惧而实施违心的交易行为，则不能认为行为人的行为构成犯罪。
根据法律规定，强迫交易行为除具备上述构成要件外，还必须达到“情节严重”的程度，才构成犯罪。所谓情节严重，在司法实践中，主要是指多次强迫交易的；强迫交易数额巨大的，以强迫交易手段推销伪劣产品的；造成被强迫者人身伤害等后果的；造成恶劣影响或者其他严重后果的。</td></tr>
<tr><td>罪与非罪</td><td>区分罪与非罪的界限，主要把握两点：一是看强行交易的行为是否具备“情节严重”的条件，只有情节严重的强行交易行为才构成犯罪，否则不以犯罪论；二是看行为是否具备强暴手段，违背真实意愿和达成交易三要素，这三要素之间是否具有因果关系，缺少三要素中任何之一者，或者三要素之间不具有必然的因果关系，则不构成本罪。</td></tr>
<tr><td>此罪与彼罪</td><td>本罪与其他暴力犯罪的界限。本罪属于商业暴力犯罪，与其他暴力型犯罪比较，都具有使用暴力或威胁手段的特征。如本罪行为人采取的方式、方法，所使用的语言足以使被侵害人心理上产生恐惧，以其实现其行为目的。但它们之间又存在本质的不同，主要表现在侵犯的客体不同、行为目的不同，实践中应注意加以区别。</td></tr>
<tr><td>证据参考标准</td><td>主体方面的证据</td><td>一、证明行为人刑事责任年龄、身份等自然情况的证据。
包括身份证明、户籍证明、任职证明、工作经历证明、特定职责证明等，主要是证明行为人的姓名（曾用名）、性别、出生年月日、民族、籍贯、出生地、职业（或职务）、住所地（或居所地）等证据材料，如户口簿、居民身份证、工作证、出生证、专业或技术等级证、干部履历表、职工登记表、护照等。
对于户籍、出生证等材料内容不实的，应提供其他证据材料。外国人犯罪的案件，应有护照等身份证明材料。人大代表、政协委员犯罪的案件，应注明身份，并附身份证明材料。
二、证明行为人刑事责任能力的证据。
证明行为人对自己的行为是否具有辨认能力与控制能力，如是否属于间歇性精神病人、尚未完全丧失辨认或者控制自己行为能力的精神病人的证明材料。</td></tr>
</table>

<table>
<tr><td rowspan="4">证据参考标准</td><td>主体方面的证据</td><td>三、证明单位的证据。
证明是否属于依法成立并有合法经营、管理范围的公司、企业、事业单位、机关、团体。
证明单位的名称、住所地、性质、法定代表人、单位负责人、业务范围、成立时间等证据材料，如企业营业执照、国有公司性质证明及非法人单位的身份证明等。
四、证明法定代表人、单位负责人或直接责任人员等的身份证明。
法定代表人、直接负责的主管人员和其他直接责任人在单位的任职、职责、负责权限的证明材料等。包括身份证明、户籍证明、任职证明等，如户口簿、居民身份证、工作证、护照、专业或技术等级证、干部履历表、职工登记表、任命书、业务分工文件、委派文件、单位证明、单位规章制度等。</td></tr>
<tr><td>主观方面的证据</td><td>证明行为人故意的证据：1. 证明行为人明知的证据：证明行为人明知自己的行为会发生危害社会的结果；2. 证明直接故意的证据：证明行为人希望危害结果发生。</td></tr>
<tr><td>客观方面的证据</td><td>证明行为人强迫交易犯罪行为的证据。
具体证据包括：1. 证明行为人以暴力手段强买强卖商品行为的证据；2. 证明行为人以威胁手段强买强卖商品行为的证据；3. 证明行为人以暴力手段强迫他人提供或者接受服务行为的证据；4. 证明行为人以威胁手段强迫他人提供或者接受服务行为的证据；5. 证明行为人以暴力手段强迫他人参与或者退出投标、拍卖行为的证据；6. 证明行为人以威胁手段强迫他人参与或者退出投标、拍卖行为的证据；7. 证明行为人以暴力手段强迫他人转让或者收购公司、企业的股份、债券或者其他资产行为的证据；8. 证明行为人以威胁手段强迫他人转让或者收购公司、企业的股份、债券或者其他资产行为的证据；9. 证明行为人以暴力手段强迫他人参与或者退出特定的经营活动行为的证据；10. 证明行为人以威胁手段强迫他人参与或者退出特定的经营活动行为的证据；11. 证明行为人情节严重行为的证据；12. 证明行为人情节特别严重行为的证据。</td></tr>
<tr><td>量刑方面的证据</td><td>一、法定量刑情节证据。
1. 事实情节。2. 法定从重情节。3. 法定从轻减轻情节：（1）可以从轻；（2）可以从轻或减轻；（3）应当从轻或者减轻。4. 法定从轻减轻免除情节：（1）可以从轻、减轻或者免除处罚；（2）应当从轻、减轻或者免除处罚。5. 法定减轻免除情节：（1）可以减轻或者免除处罚；（2）应当减轻或者免除处罚；（3）可以免除处罚。
二、酌定量刑情节证据。
1. 犯罪手段：（1）强迫；（2）威胁；（3）其他。2. 犯罪对象。3. 危害结果。4. 动机。5. 平时表现。6. 认罪态度。7. 是否有前科。8. 其他证据。</td></tr>
</table>

量刑标准		
	情节严重的	处三年以下有期徒刑或者拘役，并处或者单处罚金
	情节特别严重的	处三年以上七年以下有期徒刑，并处罚金
	单位犯本罪的	对单位判处罚金，对直接负责的主管人员和其他直接责任人员，依上述规定处罚

法律适用

刑法条文

第二百二十六条 以暴力、威胁手段，实施下列行为之一，情节严重的，处三年以下有期徒刑或者拘役，并处或者单处罚金；情节特别严重的，处三年以上七年以下有期徒刑，并处罚金：

（一）强买强卖商品的；

（二）强迫他人提供或者接受服务的；

（三）强迫他人参与或者退出投标、拍卖的；

（四）强迫他人转让或者收购公司、企业的股份、债券或者其他资产的；

（五）强迫他人参与或者退出特定的经营活动的。

第二百三十一条 单位犯本节第二百二十一条至第二百三十条规定之罪的，对单位判处罚金，并对其直接负责的主管人员和其他直接责任人员，依照本节各该条的规定处罚。

司法解释

一、最高人民法院、最高人民检察院、公安部、司法部《关于办理黑恶势力犯罪案件若干问题的指导意见》（节录）（2018 年 1 月 16 日公布 自公布之日起施行）

四、依法惩处利用“软暴力”实施的犯罪

17. 黑恶势力为谋取不法利益或形成非法影响，有组织地采用滋扰、纠缠、哄闹、聚众造势等手段侵犯人身权利、财产权利，破坏经济秩序、社会秩序，构成犯罪的，应当分别依照《刑法》相关规定处理：

（1）有组织地采用滋扰、纠缠、哄闹、聚众造势等手段扰乱正常的工作、生活秩序，使他人产生心理恐惧或者形成心理强制，分别属于《刑法》第二百九十三条第一款第（二）项规定的“恐吓”、《刑法》第二百二十六规定的“威胁”，同时符合其他犯罪构成条件的，应分别以寻衅滋事罪、强迫交易罪定罪处罚。

《关于办理寻衅滋事刑事案件适用法律若干问题的解释》第二条至第四条中的“多次”一般应当理解为二年内实施寻衅滋事行为三次以上。二年内多次实施不同种类寻衅滋事行为的，应当追究刑事责任。

（2）以非法占有为目的强行索取公私财物，有组织地采用滋扰、纠缠、哄闹、聚众造势等手段扰乱正常的工作、生活秩序，同时符合《刑法》第二百七十四条规定的其他犯罪构成条件的，应当以敲诈勒索罪定罪处罚。同时由多人实施或者以统一着装、显露纹身、特殊标识以及其他明示或者暗示方式，足以使对方感知相关行为的有组织性的，应当认定为《关于办理敲诈勒索刑事案件适用法律若干问题的解释》第二条第（五）项规定的“以黑恶势力名义敲诈勒索”。

采用上述手段，同时又构成其他犯罪的，应当依法按照处罚较重的规定定罪处罚。

雇佣、指使他人有组织地采用上述手段强迫交易、敲诈勒索，构成强迫交易罪、敲诈勒索罪的，对雇佣者、指使者，一般应当以共同犯罪中的主犯论处。为强索不受法律保护的债务或者因其他非法目的，雇佣、指使他人有组织地采用上述手段寻衅滋事，构成寻衅滋事罪的，对雇佣者、指使者，一般应当以共同犯罪中的主犯论处；为追讨合法债务或者因婚恋、家庭、邻里纠纷等民间矛盾而雇佣、指使，没有造成严重后果的，一般不作为犯罪处理，但经有关部门批评制止或者处理处罚后仍继续实施的除外。

8. 黑恶势力有组织地多次短时间非法拘禁他人的，应当认定为《刑法》第二百三十八条规定的“以其他方法非法剥夺他人人身自由”。非法拘禁他人三次以上、每次持续时间在四小时以上，或者非法拘禁他人累计时间在十二小时以上的，应以非法拘禁罪定罪处罚。

二、最高人民法院、最高人民检察院、公安部、司法部《关于办理实施“软暴力”的刑事案件若干问题的意见》（节录）（2019年4月9日最高人民法院、最高人民检察院、公安部、司法部公布　自公布之日起施行）

一、“软暴力”是指行为人为谋取不法利益或形成非法影响，对他人或者在有关场所进行滋扰、纠缠、哄闹、聚众造势等，足以使他人产生恐惧、恐慌进而形成心理强制，或者足以影响、限制人身自由、危及人身财产安全，影响正常生活、工作、生产、经营的违法犯罪手段。

二、“软暴力”违法犯罪手段通常的表现形式有：

（一）侵犯人身权利、民主权利、财产权利的手段，包括但不限于跟踪贴靠、扬言传播疾病、揭发隐私、恶意举报、诬告陷害、破坏、霸占财物等；

（二）扰乱正常生活、工作、生产、经营秩序的手段，包括但不限于非法侵入他人住宅、破坏生活设施、设置生活障碍、贴报喷字、拉挂横幅、燃放鞭炮、播放哀乐、摆放花圈、泼洒污物、断水断电、堵门阻工，以及通过驱赶从业人员、派驻人员据守等方式直接或间接地控制厂房、办公区、经营场所等；

（三）扰乱社会秩序的手段，包括但不限于摆场架势示威、聚众哄闹滋扰、拦路闹事等；

（四）其他符合本意见第一条规定的“软暴力”手段。

通过信息网络或者通讯工具实施，符合本意见第一条规定的违法犯罪手段，应当认定为“软暴力”。

五、采用“软暴力”手段，使他人产生心理恐惧或者形成心理强制，分别属于《刑法》第二百二十六条规定的“威胁”、《刑法》第二百九十三条第一款第（二）项规定的“恐吓”，同时符合其他犯罪构成要件的，应当分别以强迫交易罪、寻衅滋事罪定罪处罚。

《关于办理寻衅滋事刑事案件适用法律若干问题的解释》第二条至第四条中的“多次”一般应当理解为二年内实施寻衅滋事行为三次以上。三次以上寻衅滋事行为既包括同一类别的行为，也包括不同类别的行为；既包括未受行政处罚的行为，也包括已受行政处罚的行为。

三、《最高人民法院 最高人民检察院 公安部 司法部关于办理利用信息网络实施黑恶势力犯罪刑事案件若干问题的意见》（节录）（2019年7月23日最高人民法院、最高人民检察院、公安部、司法部公布　自2019年10月21日起施行）

二、依法严惩利用信息网络实施的黑恶势力犯罪

4. 对通过发布、删除负面或虚假信息，发送侮辱性信息、图片，以及利用信息、电话骚扰等方式，威胁、要挟、恐吓、滋扰他人，实施黑恶势力违法犯罪的，应当准确认定，依法严惩。

5. 利用信息网络威胁他人，强迫交易，情节严重的，依照刑法第二百二十六条的规定，以强迫交易罪定罪处罚。

6. 利用信息网络威胁、要挟他人，索取公私财物，数额较大，或者多次实施上述行为的，依照刑法第二百七十四条的规定，以敲诈勒索罪定罪处罚。

7. 利用信息网络辱骂、恐吓他人，情节恶劣，破坏社会秩序的，依照刑法第二百九十三条第一款第二项的规定，以寻衅滋事罪定罪处罚。

编造虚假信息，或者明知是编造的虚假信息，在信息网络上散布，或者组织、指使人员在信息网络上散布，起哄闹事，造成公共秩序严重混乱的，依照刑法第二百九十三条第一款第四项的规定，以寻衅滋事罪定罪处罚。

8. 侦办利用信息网络实施的强迫交易、敲诈勒索等非法敛财类案件，确因被害人人数众多等客观条件的限制，无法逐一收集被害人陈述的，可以结合已收集的被害人陈述，以及经查证属实的银行账户交易记录、第三方支付结算账户交易记录、通话记录、电子数据等证据，综合认定被害人人数以及涉案资金数额等。

四、最高人民检察院、公安部《关于公安机关管辖的刑事案件立案追诉标准的规定（一）》（节录）（2008 年 6 月 25 日最高人民法院、最高人民检察院公布　自公布之日起施行　2017 年 4 月 27 日修正）

第二十八条　〔强迫交易案（刑法第二百二十六条）〕以暴力、威胁手段强买强卖商品，强迫他人提供服务或者接受服务，涉嫌下列情形之一的，应予立案追诉：

（一）造成被害人轻微伤的；

（二）造成直接经济损失二千元以上的；

（三）强迫交易三次以上或者强迫三人以上交易的；

（四）强迫交易数额一万元以上，或者违法所得数额二千元以上的；

（五）强迫他人购买伪劣商品数额五千元以上，或者违法所得数额一千元以上的；

（六）其他情节严重的情形。

以暴力、威胁手段强迫他人参与或者退出投标、拍卖，强迫他人转让或者收购公司、企业的股份、债券或者其他资产，强迫他人参与或者退出特定的经营活动，具有多次实施、手段恶劣、造成严重后果或者恶劣社会影响等情形之一的，应予立案追诉。

五、最高人民检察院《关于强迫借贷行为适用法律问题的批复》（2014 年 4 月 17 日最高人民检察院公布　自公布之日起施行）

广东省人民检察院：

你院《关于强迫借贷案件法律适用的请示》（粤检发研字〔2014〕9 号）收悉。经研究，批复如下：

以暴力、胁迫手段强迫他人借贷，属于刑法第二百二十六条第二项规定的“强迫他人提供或者接受服务”，情节严重的，以强迫交易罪追究刑事责任；同时构成故意伤害罪等其他犯罪的，依照处罚较重的规定定罪处罚。以非法占有为目的，以借贷为名采用暴力、胁迫手段获取他人财物，符合刑法第二百六十三条或者第二百七十四条规定的，以抢劫罪或者敲诈勒索罪追究刑事责任。

此复。

105 伪造、倒卖伪造的有价票证案

概念

本罪是指伪造或者倒卖伪造的车票、船票、邮票或者其他有价票证，数额较大的行为。

立案标准

伪造或者倒卖伪造的车票、船票、邮票或者其他有价票证，涉嫌下列情形之一的，应予立案追诉：

(1) **车票、船票票面数额累计 2000 元以上，或者数量累计 50 张以上的；**
(2) **邮票票面数额累计 5000 元以上，或者数量累计 1000 枚以上的；**
(3) **其他有价票证价额累计 5000 元以上，或者数量累计 100 张以上的；**
(4) **非法获利累计 1000 元以上的；**
(5) **其他数额较大的情形。**

定罪标准		
	犯罪客体	本罪所侵犯的客体是国家对有价票证的管理制度。其犯罪对象是有价票证。有价票证是指中央或地方有关部门制定和发行的，具有一定价值，在规定范围内流通或使用的书面凭证。如车票、船票、邮票等。伪造有价票证和倒卖有价票证的行为，严重破坏了国家对有价票证的管理制度，扰乱了交通、邮政等经营秩序，损害了国家和公民的利益，因此，伪造有价票证或倒卖有价票证，数额较大的，应依法追究其刑事责任。
	犯罪客观方面	本罪在客观方面表现为伪造或者倒卖伪造的车票、船票、邮票或者其他有价票证，数额较大的行为。所谓伪造有价票证，是指仿照真的、有效的有价票证的形状、规格、色彩、图案等方面的式样，采用印刷、手描、影印等方法制作假票证的行为。如果行为人依照真的或有效的票证的式样，通过涂改、剪拼、挖补、褪色等手段将作废或无效的有价票证进行修整以假充真的行为，同样属于伪造的行为，应以伪造有价票证论。所谓倒卖有价票证，是指先低价收买然后高价出售，或者为了出卖而收买伪造的有价票证的行为。伪造有价票证或倒卖伪造的有价票证，数额较大的，即构成本罪。“数额较大”应理解为有价票证载明的价额。如 2000 年 2 月 13 日，孟某找到随州农民马某，请他伪造木兰山风景区门票，并给马某 2 张面值为 30 元的门票作样板。马某立即联系造假事宜。3 月 12 日，孟某看完造好的假票样品后，决定大批量伪造该门票。3 月 22 日，马某将伪造的木兰山门票 3473 张交给孟某，孟某总共付给马某伪造费 4500 元。当天下午，孟某将伪造的门票交给当班售票员销售时，被售票员发觉，并被公安机关将抓获，从马某处追缴赃款 4500 元。经法院审理认为，孟某伪造有价票证，数额较大，已构成伪造有价票证罪，同伙马某也被以伪造有价票证罪一审判处有期徒刑 1 年，处罚金 11 万元。
	犯罪主体	本罪的主体为一般主体，包括个人和单位，即任何达到刑事责任年龄、具有刑事责任能力的人，只要实施了伪造、倒卖伪造的有价票证的行为即可构成犯罪。单位也可成为本罪主体。

定罪标准	犯罪主观方面	本罪在主观方面表现为故意，并且一般具有非法获利的目的。也就是说，行为人明知自己的行为是伪造、倒卖伪造的有价票证的行为，并且会造成破坏国家对有关有价票证的正常管理制度，而仍然实施伪造、倒卖伪造的有价票证的行为。对于本罪，法律未规定必须是出于营利的目的，因此，行为人只要实施伪造、倒卖伪造的有价票证的行为，是否营利，并不影响本罪的构成，虽然这种行为一般是出于营利目的。
	罪与非罪	区分罪与非罪的界限，主要是对行为次数、伪造、倒卖伪造的有价票证的数量、票证价值、行为原因、主观状态，以及非法获利等情况进行综合分析。对于行为人偶尔伪造或倒卖伪造的有价票证的，伪造、倒卖伪造的票证数量较少的，伪造票证价额不大的，以及不具备营利目的等行为，应当按照工商行政管理法规或者《治安管理处罚法》的有关规定予以处罚，不构成本罪。
	此罪与彼罪	一、本罪与破坏金融管理秩序方面的伪造型犯罪的界限。本罪与破坏金融管理秩序方面的伪造型犯罪，如伪造货币、金融票证、金融债券等有价证券的行为，具有相似之处，它们都以营利为目的，客观上都表现为伪造或变造的行为。不同之处，在于各自侵犯的直接客体不同，犯罪对象不同。后者侵犯的是金融票证管理秩序，以金融票证等为犯罪对象；本罪则侵犯有价票证的管理活动，以有价票证为犯罪对象。 二、本罪与诈骗罪的界限。对于偶尔伪造、变造车票、船票，冒充有效的车票、船票进行使用的，应当根据具体情况，视其数额是否较大，作为违法或者诈骗罪处罚，不以本罪论处。
证据参考标准	主体方面的证据	**一、证明行为人刑事责任年龄、身份等自然情况的证据。** 包括身份证明、户籍证明、任职证明、工作经历证明、特定职责证明等，主要是证明行为人的姓名（曾用名）、性别、出生年月日、民族、籍贯、出生地、职业（或职务）、住所地（或居所地）等证据材料，如户口簿、居民身份证、工作证、出生证、专业或技术等级证、干部履历表、职工登记表、护照等。 对于户籍、出生证等材料内容不实的，应提供其他证据材料。外国人犯罪的案件，应有护照等身份证明材料。人大代表、政协委员犯罪的案件，应注明身份，并附身份证明材料。 **二、证明行为人刑事责任能力的证据。** 证明行为人对自己的行为是否具有辨认能力与控制能力，如是否属于间歇性精神病人、尚未完全丧失辨认或者控制自己行为能力的精神病人的证明材料。 **三、证明单位的证据。** 证明是否属于依法成立并有合法经营、管理范围的公司、企业、事业单位、机关、团体。 证明单位的名称、住所地、性质、法定代表人、单位负责人、业务范围、成立时间等证据材料，如企业营业执照、国有公司性质证明及非法人单位的身份证明等。 **四、证明法定代表人、单位负责人或直接责任人员等的身份证明。** 法定代表人、直接负责的主管人员和其他直接责任人在单位的任职、职责、负责权限的证明材料等。包括身份证明、户籍证明、任职证明等，如户口簿、居民身份证、工作证、护照、专业或技术等级证、干部履历表、职工登记表、任命书、业务分工文件、委派文件、单位证明、单位规章制度等。

<table>
<tr><td rowspan="3">证据参考标准</td><td>主观方面的证据</td><td colspan="2">证明行为人故意的证据：1. 证明行为人明知的证据：证明行为人明知自己的行为会发生危害社会的结果；2. 证明直接故意的证据：证明行为人希望危害结果发生。</td></tr>
<tr><td>客观方面的证据</td><td colspan="2">证明行为人伪造、倒卖伪造的有价票证犯罪行为的证据。
具体证据包括：1. 证明行为人伪造车票、船票、邮票或者其他有价票证行为的证据：（1）印制的票证；（2）伪造票样的纸张；（3）胶版、锌版；（4）印刷用品，如有机无机荧光油、墨、磁性油墨等。2. 证明行为人倒卖伪造的车票、船票、邮票或者其他有价票证行为的证据：（1）批发倒卖；（2）零售倒卖。3. 证明行为人获取非法所得数额较大行为的证据；4. 证明行为人获取非法所得数额巨大行为的证据；5. 证明行为人伪造、倒卖的车票、船票、邮票或者其他有价票证等行为的证据。</td></tr>
<tr><td>量刑方面的证据</td><td colspan="2">一、法定量刑情节证据。
1. 事实情节。2. 法定从重情节。3. 法定从轻减轻情节：（1）可以从轻；（2）可以从轻或减轻；（3）应当从轻或者减轻。4. 法定从轻减轻免除情节：（1）可以从轻、减轻或者免除处罚；（2）应当从轻、减轻或者免除处罚。5. 法定减轻免除情节：（1）可以减轻或者免除处罚；（2）应当减轻或者免除处罚；（3）可以免除处罚。
二、酌定量刑情节证据。
1. 犯罪手段：（1）伪造；（2）倒卖。2. 犯罪对象。3. 危害结果。4. 动机。5. 平时表现。6. 认罪态度。7. 是否有前科。8. 其他证据。</td></tr>
<tr><td rowspan="3">量刑标准</td><td colspan="2">数额较大的</td><td>处二年以下有期徒刑、拘役或者管制，并处或单处票证价额一倍以上五倍以下罚金</td></tr>
<tr><td colspan="2">数额巨大的</td><td>处二年以上七年以下有期徒刑，并处票证价额一倍以上五倍以下罚金</td></tr>
<tr><td colspan="2">单位犯本罪的</td><td>对单位判处罚金，对直接负责的主管人员和其他直接责任人员，依上述规定处罚</td></tr>
<tr><td>法律适用</td><td>刑法条文</td><td colspan="2">第二百二十七条第一款　伪造或者倒卖伪造的车票、船票、邮票或者其他有价票证，数额较大的，处二年以下有期徒刑、拘役或者管制，并处或者单处票证价额一倍以上五倍以下罚金；数额巨大的，处二年以上七年以下有期徒刑，并处票证价额一倍以上五倍以下罚金。
第二百三十一条　单位犯本节第二百二十一条至第二百三十条规定之罪的，对单位判处罚金，并对其直接负责的主管人员和其他直接责任人员，依照本节各该条的规定处罚。</td></tr>
</table>

法律适用

司法解释

一、最高人民检察院、公安部《关于公安机关管辖的刑事案件立案追诉标准的规定（一）》（节录）（2008年6月25日最高人民法院、最高人民检察院公布　自公布之日起施行　2017年4月27日修正）

第二十九条　［伪造、倒卖伪造的有价票证案（刑法第二百二十七条第一款）］伪造或者倒卖伪造的车票、船票、邮票或者其他有价票证，涉嫌下列情形之一的，应予立案追诉：

（一）车票、船票票面数额累计二千元以上，或者数量累计五十张以上的；

（二）邮票票面数额累计五千元以上，或者数量累计一千枚以上的；

（三）其他有价票证价额累计五千元以上，或者数量累计一百张以上的；

（四）非法获利累计一千元以上的；

（五）其他数额较大的情形。

二、最高人民法院《关于对变造、倒卖变造邮票行为如何适用法律问题的解释》（2000年12月5日最高人民法院公布　自2000年12月9日起施行　法释〔2000〕41号）

为了正确适用刑法，现对审理变造、倒卖变造邮票案件如何适用法律问题解释如下：

对变造或者倒卖变造的邮票数额较大的，应当依照刑法第二百二十七条第一款的规定定罪处罚。

三、最高人民检察院《关于非法制作、出售、使用IC电话卡行为如何适用法律问题的答复》（2003年4月2日最高人民检察院公布　自公布之日起施行　高检研发〔2003〕10号）

辽宁省人民检察院研究室：

你院《关于非法制作、出售IC电话卡的行为如何认定的请示》（辽检发研字〔2002〕8号）收悉。经研究，答复如下：

非法制作或者出售非法制作的IC电话卡，数额较大的，应当依照刑法第二百二十七条第一款的规定，以伪造、倒卖伪造的有价票证罪追究刑事责任，犯罪数额可以根据销售数额认定；明知是非法制作的IC电话卡而使用或者购买并使用，造成电信资费损失数额较大的，应当依照刑法第二百六十四条的规定，以盗窃罪追究刑事责任。

106 倒卖车票、船票案

概念

本罪是指倒卖车票、船票，情节严重的行为。

立案标准

倒卖车票、船票或者倒卖车票坐席、卧铺签字号以及订购车票、船票凭证，涉嫌下列情形之一的，应予立案追诉：

（1）票面数额累计 5000 元以上的；

（2）非法获利累计 2000 元以上的；

（3）其他情节严重的情形。

定罪标准		
	犯罪客体	本罪侵犯的客体是国家对车票、船票的管理制度以及正常的营运秩序。其犯罪对象是车票、船票。车票、船票也属于有价票证，其与倒卖伪造的有价票证罪的区别在于：本罪的车票、船票是起初的而不是伪造的。倒卖车票、船票的行为，主要是利用陆路、水路交通运输任务繁重，车票、船票的即售和预售紧张的情况下，套购车票、船票而后高价转手出售。这种行为，破坏了国家对有价票证的管理制度，严重扰乱了交通营运秩序，损害了广大乘客的合法利益。因此，倒卖车票、船票，情节严重的，应依法追究其刑事责任。
	犯罪客观方面	本罪在客观方面表现为倒卖车票、船票，情节严重的行为。所谓倒卖，就是先以原价从售票处套购车票、船票，而后高价、变相加价转手出售。如果倒卖车票、船票情节严重的，即构成本罪。
	犯罪主体	本罪的主体为一般主体，既包括单位也包括个人。
	犯罪主观方面	本罪在主观方面表现为故意。但不论行为人出于何种目的，只要故意实施了倒卖车票、船票的行为，数额较大，情节严重，即可构成本罪。
	罪与非罪	区分罪与非罪的界限，主要看：一是行为人是否有倒卖车票、船票的故意。二是行为人是否实施了倒卖车票、船票的行为。三是倒卖车票、船票的情节是否严重，即倒卖数额是否较大、次数是否较多、手段是否恶劣等。如果以上三点都得到肯定，则行为人应被认定为犯罪，反之则不属于犯罪。

证据参考标准	主体方面的证据	**一、证明行为人刑事责任年龄、身份等自然情况的证据。** 包括身份证明、户籍证明、任职证明、工作经历证明、特定职责证明等，主要是证明行为人的姓名（曾用名）、性别、出生年月日、民族、籍贯、出生地、职业（或职务）、住所地（或居所地）等证据材料，如户口簿、居民身份证、工作证、出生证、专业或技术等级证、干部履历表、职工登记表、护照等。 对于户籍、出生证等材料内容不实的，应提供其他证据材料。外国人犯罪的案件，应有护照等身份证明材料。人大代表、政协委员犯罪的案件，应注明身份，并附身份证明材料。 **二、证明行为人刑事责任能力的证据。** 证明行为人对自己的行为是否具有辨认能力与控制能力，如是否属于间歇性精神病人、尚未完全丧失辨认或者控制自己行为能力的精神病人的证明材料。 **三、证明单位的证据。** 证明是否属于依法成立并有合法经营、管理范围的公司、企业、事业单位、机关、团体。 证明单位的名称、住所地、性质、法定代表人、单位负责人、业务范围、成立时间等证据材料，如企业法人营业执照、法人注册登记证明、法人设立证明、国有公司性质证明及法人单位的身份证明、法人税务登记证明和单位代码证等。 四、证明法定代表人、单位负责人或直接责任人员的身份证明：法定代表人、直接负责的主管人员和其他直接责任人员在单位的任职、职责、负责权限的证明材料等。包括身份证明、户籍证明、任职证明等，如户口簿、居民身份证、工作证、护照、专业或技术等级证、干部履历表、职工登记表、任命书、业务分工文件、委派文件、单位证明、单位规章制度等。
	主观方面的证据	证明行为人故意的证据：1. 证明行为人明知的证据：证明行为人明知自己的行为会发生危害社会的结果；2. 证明直接故意的证据：证明行为人希望危害结果发生；3. 目的：非法营利。
	客观方面的证据	证明行为人倒卖车票、船票犯罪行为的证据。 具体证据包括：1. 证明行为人倒卖火车票行为的证据；2. 证明行为人倒卖汽车票行为的证据；3. 证明行为人倒卖船票行为的证据；4. 证明行为人倒卖车票、船票情节严重行为的证据。
	量刑方面的证据	**一、法定量刑情节证据。** 1. 事实情节：（1）情节严重；（2）其他。2. 法定从重情节。3. 法定从轻减轻情节：（1）可以从轻；（2）可以从轻或减轻；（3）应当从轻或者减轻。4. 法定从轻减轻免除情节：（1）可以从轻、减轻或者免除处罚；（2）应当从轻、减轻或者免除处罚。5. 法定减轻免除情节：（1）可以减轻或者免除处罚；（2）应当减轻或者免除处罚；（3）可以免除处罚。 **二、酌定量刑情节证据。** 1. 犯罪手段：（1）倒卖；（2）其他。2. 犯罪对象。3. 危害结果。4. 动机。5. 平时表现。6. 认罪态度。7. 是否有前科。8. 其他证据。

<table>
<tr><td rowspan="2">量刑标准</td><td colspan="2">情节严重的</td><td>处三年以下有期徒刑、拘役或者管制，并处或单处票证价额一倍以上五倍以下罚金</td></tr>
<tr><td colspan="2">单位犯本罪的</td><td>对单位判处罚金，并对直接负责的主管人员和其他直接责任人员，依上述规定处罚</td></tr>
<tr><td rowspan="2">法律适用</td><td>刑法条文</td><td colspan="2">第二百二十七条第二款　倒卖车票、船票，情节严重的，处三年以下有期徒刑、拘役或者管制，并处或者单处票证价额一倍以上五倍以下罚金。
第二百三十一条　单位犯本节第二百二十一条至第二百三十条规定之罪的，对单位判处罚金，并对其直接负责的主管人员和其他直接责任人员，依照本节各该条的规定处罚。</td></tr>
<tr><td>司法解释</td><td colspan="2">一、最高人民检察院、公安部《关于公安机关管辖的刑事案件立案追诉标准的规定（一）》（节录）（2008年6月25日最高人民法院、最高人民检察院公布　自公布之日起施行　2017年4月27日修正）
第三十条　〔倒卖车票、船票案（刑法第二百二十七条第二款）〕倒卖车票、船票或者倒卖车票坐席、卧铺签字号以及订购车票、船票凭证，涉嫌下列情形之一的，应予立案追诉：
（一）票面数额累计五千元以上的；
（二）非法获利累计二千元以上的；
（三）其他情节严重的情形。
二、最高人民法院《关于审理倒卖车票刑事案件有关问题的解释》（1999年9月6日最高人民法院公布　自1999年9月14日起施行　法释〔1999〕17号）
为依法惩处倒卖车票的犯罪活动，根据刑法的有关规定，现就审理倒卖车票刑事案件的有关问题解释如下：
第一条　高价、变价、变相加价倒卖车票或者倒卖坐席、卧铺签字号及订购车票凭证，票面数额在五千元以上，或者非法获利数额在二千元以上的，构成刑法第二百二十七条第二款规定的“倒卖车票情节严重”。
第二条　对于铁路职工倒卖车票或者与其他人员勾结倒卖车票；组织倒卖车票的首要分子；曾因倒卖车票受过治安处罚两次以上或者被劳动教养一次以上，两年内又倒卖车票，构成倒卖车票罪的，依法从重处罚。</td></tr>
</table>

107 非法转让、倒卖土地使用权案

概念

本罪是指以牟利为目的，违反土地管理法规，非法转让、倒卖土地使用权，情节严重的行为。本罪属于选择性罪名，只实施转让行为的，定非法转让土地使用权罪；只实施非法倒卖行为的，定非法倒卖土地使用权罪；既实施非法转让土地使用权的行为，又实施非法倒卖土地使用权的，定非法转让、倒卖土地使用权罪，不实行数罪并罚。

立案标准

根据最高人民检察院、公安部《关于公安机关管辖的刑事案件立案追诉标准的规定（二）》的规定，以牟利为目的，违反土地管理法规，非法转让、倒卖土地使用权，涉嫌下列情形之一的，应予立案追诉：

（1）非法转让、倒卖基本农田 5 亩以上的；

（2）非法转让、倒卖基本农田以外的耕地 10 亩以上的；

（3）非法转让、倒卖其他土地 20 亩以上的；

（4）违法所得数额在 50 万元以上的；

（5）虽未达到上述数额标准，但因非法转让、倒卖土地使用权受过行政处罚，又非法转让、倒卖土地的；

（6）其他情节严重的情形。

定罪标准		
	犯罪客体	本罪侵犯的客体是国家的土地管理秩序和土地使用权。国家依法实行国有土地有偿、有限期使用制度。土地属于国家或集体所有，国家严禁以任何形式转让土地，但土地的使用权可以依法转让。对于非法转让、倒卖土地使用权的，显然是对国家土地管理制度的严重侵犯。
	犯罪客观方面	本罪在客观方面表现为违反土地管理法规，非法转让、倒卖土地使用权，情节严重的行为。（1）必须是违反土地管理法规的行为。土地管理法规，是指以《土地管理法》为代表的一系列土地管理法规。如《土地管理法》《森林法》《草原法》等。（2）必须是非法转让、倒卖土地使用权的行为。《土地管理法》规定，中华人民共和国实行土地的社会主义公有制，即全民所有制和劳动群众集体所有制。任何单位和个人不得侵占、买卖或者以其他形式非法转让土地，国有土地和集体所有的土地的使用权可以依法转让。土地使用权转让应当严格依法进行。土地使用权转让，是指土地使用者将土地使用权再转移的行为，包括出售、交换和赠送。未按土地使用权出让合同规定的期限和条件投资开发，利用土地的，土地使用权不得转让。土地使用权转让应当签订转让合同。土地使用权转让时，土地使用权出让合同和登记文件中所载明的权利、义务随之转移，土地使用权转让时，其地上建筑物、其他附着物的所有权转让，应当依照规定办理过户登记。土地使用权和地上建筑物、其他附着物所有权分割转让的，应当经市、县人民政府土地管理部门和房产管理部门批准，并依法办理过户登

<table>
<tr><td rowspan="6">定罪标准</td><td>犯罪客观方面</td><td>记。土地使用权转让须符合上述规定，否则即为非法转让。所谓倒卖土地使用权，是指将土地使用权非法出卖给他人，或者为了出卖而向他人收买、租借土地使用权等，有的是明码标价予以出卖；有的则是以某种形式掩盖其土地的买卖，如明里购买他人的厂房，暗里则是购买厂房所占地的土地使用权；借买他人住宅之名行占他人住宅基地使用权之实等。
本罪属情节犯，非法转让、倒卖土地使用权的行为必须达到情节严重，才能构成本罪。所谓情节严重，主要是指多次实施本罪行为的；非法转让、倒卖土地使用权数量较大的；谋取非法利益较大的；造成土地严重破坏或荒芜的；等等。</td></tr>
<tr><td>犯罪主体</td><td>本罪的主体为一般主体。凡达到刑事责任年龄、具备刑事责任能力的自然人均可成为本罪主体。依《刑法》第231条规定，单位亦能构成本罪。单位犯本罪的，对单位判处罚金，对其直接负责的主管人员和其他直接责任人员依本条追究刑事责任。</td></tr>
<tr><td>犯罪主观方面</td><td>本罪主观方面由故意构成，并且必须以牟利为目的，即行为人明知自己的行为是在非法转让、倒卖土地使用权，出于牟利的目的而积极地追求犯罪结果的发生。犯罪动机可以是多种多样的，但不影响本罪的成立。过失不能构成本罪。没有牟利的目的，即使非法转让了土地使用权，如擅自无偿赠与土地使用权的，也不能以本罪论处。</td></tr>
<tr><td>罪与非罪</td><td>区分罪与非罪的界限，主要应当从三个方面考察：(1) 看行为人在主观上是否具有牟利的目的；(2) 看是否违反了法律和行政法规的规定，实施了非法转让、倒卖土地使用权的行为；(3) 看情节是否严重，即非法转让、倒卖使用权的土地数量是否大，价额是否高，其行为是否严重扰乱国家的土地管理秩序等。只有同时具备上述条件的，才构成本罪。</td></tr>
<tr><td>此罪与彼罪</td><td>本罪与非法占用农用地罪的界限。主要是：(1) 主观目的不同。本罪不仅需要主观方面出于故意，而且必须以牟利为目的。否则，虽有非法转让土地使用权的行为，而不出于牟利之意图，也不能以本罪论处；后罪则不以具有某种目的作为构成其罪的必要条件，有无犯罪目的，都不影响其罪成立。(2) 客观行为方式不同。本罪客观行为的方式为非法转让、倒卖土地使用权；后罪的行为方式则为非法占用耕地、林地等农用地，改变被占用地用途，从而造成耕地、林地等农用地毁坏。(3) 定罪情节不同。本罪的定罪情节为情节严重，既表现为非法转让、倒卖使用权的土地面积数量较大，又包括其他严重情节，如违法所得数额较大，造成恶劣影响等；后罪的定罪情节则不仅要求非法占用并改变被占用地用途的土地面积数量较大，而且要求造成耕地、林地等农用地毁坏的面积数量也要达到较大。除此之外，其他严重情节仅是量刑情节，而非定罪情节，即仅对裁量刑罚产生影响，对于定罪则不产生影响。(4) 犯罪对象不同。本罪行为的对象为土地使用权，土地乃为地的使用权的载体，既包括农用地使用权，又包括非农用地的使用权；后罪行为的对象则为土地且为耕地、林地等农用地本身。(5) 犯罪客体不同。两罪虽然都会违反土地管理法规，但本罪指向的乃为土地使用权交易市场的正常秩序，从而归属于破坏社会主义市场经济秩序罪的范围；后</td></tr>
</table>

<table>
<tr><td>定罪标准</td><td>此罪与彼罪</td><td>罪指向的则是国家对耕地、林地、草地、农田水利用地和养殖水面等农用地的管理活动，从而归属于破坏社会管理秩序罪的范围。行为人在非法转让、倒卖土地使用权的不法活动中，如果擅自改变使用用途让与他人，他人明知属于非法转让、倒卖且改变了使用用途，数量较大，进而造成耕地、林地等农用地大量毁坏的，属于牵连犯罪，应以本罪与非法占用农用地罪从一重罪处断。当然，他人此时构成犯罪，则只构成非法占用农用地罪。</td></tr>
<tr><td rowspan="3">证据参考标准</td><td>主体方面的证据</td><td>一、证明行为人刑事责任年龄、身份等自然情况的证据。
包括身份证明、户籍证明、任职证明、工作经历证明、特定职责证明等，主要是证明行为人的姓名（曾用名）、性别、出生年月日、民族、籍贯、出生地、职业（或职务）、住所地（或居所地）等证据材料，如户口簿、居民身份证、工作证、出生证、专业或技术等级证、干部履历表、职工登记表、护照等。
对于户籍、出生证等材料内容不实的，应提供其他证据材料。外国人犯罪的案件，应有护照等身份证明材料。人大代表、政协委员犯罪的案件，应注明身份，并附身份证明材料。
二、证明行为人刑事责任能力的证据。
证明行为人对自己的行为是否具有辨认能力与控制能力，如是否属于间歇性精神病人、尚未完全丧失辨认或者控制自己行为能力的精神病人的证明材料。
三、证明单位的证据。
证明是否属于依法成立并有合法经营、管理范围的公司、企业、事业单位、机关、团体。
证明单位的名称、住所地、性质、法定代表人、单位负责人、业务范围、成立时间等证据材料，如企业营业执照、国有公司性质证明及非法人单位的身份证明等。
四、证明法定代表人、单位负责人或直接责任人员等的身份证明。
法定代表人、直接负责的主管人员和其他直接责任人在单位的任职、职责、负责权限的证明材料等。包括身份证明、户籍证明、任职证明等，如户口簿、居民身份证、工作证、护照、专业或技术等级证、干部履历表、职工登记表、任命书、业务分工文件、委派文件、单位证明、单位规章制度等。</td></tr>
<tr><td>主观方面的证据</td><td>证明行为人故意的证据：1. 证明行为人明知的证据：证明行为人明知自己的行为会发生危害社会的结果；2. 证明直接故意的证据：证明行为人希望危害结果发生；3. 目的：牟利。</td></tr>
<tr><td>客观方面的证据</td><td>证明行为人非法转让、倒卖土地使用权犯罪行为的证据。
具体证据包括：1. 证明行为人违反《土地管理法》非法转让、倒卖土地使用权行为的证据：（1）非法转让土地使用权；（2）非法倒卖土地使用权。2. 证明行为人情节严重行为的证据：（1）非法转让土地使用权；（2）非法倒卖土地使用权。3. 证明行为人情节特别严重行为的证据：（1）非法转让土地使用权；（2）非法倒卖土地使用权。</td></tr>
</table>

<table>
<tr><td rowspan="1">证据参考标准</td><td>量刑方面的证据</td><td colspan="2">

一、法定量刑情节证据。

1. 事实情节：(1) 情节严重；(2) 情节特别严重。2. 法定从重情节。3. 法定从轻减轻情节：(1) 可以从轻；(2) 可以从轻或减轻；(3) 应当从轻或者减轻。4. 法定从轻减轻免除情节：(1) 可以从轻、减轻或者免除处罚；(2) 应当从轻、减轻或者免除处罚。5. 法定减轻免除情节：(1) 可以减轻或者免除处罚；(2) 应当减轻或者免除处罚；(3) 可以免除处罚。

二、酌定量刑情节证据。

1. 犯罪手段：(1) 转让；(2) 倒卖；(3) 其他。2. 犯罪对象。3. 危害结果。4. 动机。5. 平时表现。6. 认罪态度。7. 是否有前科。8. 其他证据。

</td></tr>
<tr><td rowspan="3">量刑标准</td><td colspan="2">犯本罪的</td><td>处三年以下有期徒刑或者拘役，并处或者单处非法转让、倒卖土地使用权价额百分之五以上百分之二十以下罚金</td></tr>
<tr><td colspan="2">情节特别严重的</td><td>处三年以上七年以下有期徒刑，并处非法转让、倒卖土地使用权价额百分之五以上百分之二十以下罚金</td></tr>
<tr><td colspan="2">单位犯本罪的</td><td>对单位判处罚金，并对其直接负责的主管人员和其他直接责任人员，依上述规定处罚</td></tr>
<tr><td rowspan="2">法律适用</td><td>刑法条文</td><td colspan="2">

第二百二十八条 以牟利为目的，违反土地管理法规，非法转让、倒卖土地使用权，情节严重的，处三年以下有期徒刑或者拘役，并处或者单处非法转让、倒卖土地使用权价额百分之五以上百分之二十以下罚金；情节特别严重的，处三年以上七年以下有期徒刑，并处非法转让、倒卖土地使用权价额百分之五以上百分之二十以下罚金。

第二百三十一条 单位犯本节第二百二十一条至第二百三十条规定之罪的，对单位判处罚金，并对其直接负责的主管人员和其他直接责任人员，依照本节各该条的规定处罚。

</td></tr>
<tr><td>司法解释</td><td colspan="2">

一、最高人民法院《关于审理破坏土地资源刑事案件具体应用法律若干问题的解释》（节录）（2000 年 6 月 19 日最高人民法院公布　自 2000 年 6 月 22 日起施行　法释〔2000〕14 号）

第一条 以牟利为目的，违反土地管理法规，非法转让、倒卖土地使用权，具有下列情形之一的，属于非法转让、倒卖土地使用权"情节严重"，依照刑法第二百二十八条的规定，以非法转让、倒卖土地使用权罪定罪处罚：

（一）非法转让、倒卖基本农田五亩以上的；

（二）非法转让、倒卖基本农田以外的耕地十亩以上的；

（三）非法转让、倒卖其他土地二十亩以上的；

（四）非法获利五十万元以上的；

（五）非法转让、倒卖土地接近上述数量标准并具有其他恶劣情节的，如曾因非法转让、倒卖土地使用权受过行政处罚或者造成严重后果等。

第二条 实施第一条规定的行为，具有下列情形之一的，属于非法转让、倒卖土地使用权"情节特别严重"：

（一）非法转让、倒卖基本农田十亩以上的；

</td></tr>
</table>

司法解释

（二）非法转让、倒卖基本农田以外的耕地二十亩以上的；

（三）非法转让、倒卖其他土地四十亩以上的；

（四）非法获利一百万元以上的；

（五）非法转让、倒卖土地接近上述数量标准并具有其他恶劣情节，如造成严重后果等。

第八条 单位犯非法转让、倒卖土地使用权罪、非法占有耕地罪的定罪量刑标准，依照本解释第一条、第二条、第三条的规定执行。

第九条 多次实施本解释规定的行为依法应当追诉的，或者一年内多次实施本解释规定的行为未经处理的，按照累计的数量、数额处罚。

二、最高人民检察院、公安部《关于公安机关管辖的刑事案件立案追诉标准的规定（二）》（节录）（2010年5月7日最高人民检察院、公安部公布 自公布之日起施行 2011年11月14日修正）

第八十条 〔非法转让、倒卖土地使用权案（刑法第二百二十八条）〕以牟利为目的，违反土地管理法规，非法转让、倒卖土地使用权，涉嫌下列情形之一的，应予立案追诉：

（一）非法转让、倒卖基本农田五亩以上的；

（二）非法转让、倒卖基本农田以外的耕地十亩以上的；

（三）非法转让、倒卖其他土地二十亩以上的；

（四）违法所得数额在五十万元以上的；

（五）虽未达到上述数额标准，但因非法转让、倒卖土地使用权受过行政处罚，又非法转让、倒卖土地的；

（六）其他情节严重的情形。

法律适用

相关法律法规

一、全国人民代表大会常务委员会《关于〈中华人民共和国刑法〉第二百二十八条、第三百四十二条、第四百一十条的解释》（节录）（2001年8月31日全国人民代表大会常务委员会公布 自公布之日起施行 2009年8月27日修正）

全国人民代表大会常务委员会讨论了刑法第二百二十八条、第三百四十二条、第四百一十条规定的“违反土地管理法规”和第四百一十条规定的“非法批准征收、征用、占用土地”的含义问题，解释如下：

刑法第二百二十八条、第三百四十二条、第四百一十条规定的“违反土地管理法规”，是指违反土地管理法、森林法、草原法等法律以及有关行政法规中关于土地管理的规定。

二、《中华人民共和国土地管理法》（节录）（1986年6月25日通过 1988年12月29日第一次修正 1998年8月29日修订 2004年8月28日第二次修正 2019年8月26日第三次修正）

第七十四条 买卖或者以其他形式非法转让土地的，由县级以上人民政府自然资源主管部门没收违法所得；对违反土地利用总体规划擅自将农用地改为建设用地的，限期拆除在非法转让的土地上新建的建筑物和其他设施，恢复土地原状，对符合土地利用总体规划的，没收在非法转让的土地上新建的建筑物和其他设施；可以并处罚款；对直接负责的主管人员和其他直接责任人员，依法给予处分；构成犯罪的，依法追究刑事责任。

108 提供虚假证明文件案

概念

本罪是指承担资产评估、验资、验证、会计、审计、法律服务、保荐、安全评价、环境影响评价、环境监测等职责的中介组织及其工作人员故意提供虚假中介证明文件，情节严重的行为。

立案标准

相关中介组织的人员故意提供虚假证明文件，涉嫌下列情形之一的，应予立案追诉：

1. 给国家、公众或者其他投资者造成直接经济损失数额在 50 万元以上的；

2. 违法所得数额在 10 万元以上的；

3. 虚假证明文件虚构数额在 100 万元且占实际数额 30% 以上的；

4. 虽未达到上述数额标准，但具有下列情形之一的：

（1）在提供虚假证明文件过程中索取或者非法接受他人财物的；

（2）两年内因提供虚假证明文件，受过行政处罚 2 次以上，又提供虚假证明文件的。

5. 其他情节严重的情形。

定罪标准

犯罪客体

本罪侵害的客体是国家的市场监督管理秩序。我国《公司法》对有限责任公司、股份有限公司的成立规定了严格的条件，这对规范公司的组织和行为，保护公司、股东和债权人的合法利益是十分必要的。因此，故意或过失提供虚假的证明文件的行为，可能致使不具备成立条件的有限责任公司或股份有限公司得以成立，从而破坏了《公司法》的有关规定，妨碍了国家市场监督管理部门对公司的有效管理。

犯罪客观方面

本罪在客观方面表现为提供虚假证明文件，情节严重的行为。

一、这里所说的虚假证明文件，既包括伪造的证明文件，也包括内容虚假、有重大遗漏、误导性内容的文件。这些文件的载体有多种形式，如资产评估报告、验资报告、发行保荐书、安全评价报告、环境影响报告书（表）等。这些文件有时是单一文件，有时还含有其他附属材料以佐证其结论，包括数据、材料、资料、样本等。上述证明文件如果属于虚假文件，内容不真实，就违反了法律法规行业规则等对于资产评估、验资、验证、会计、审计、法律服务、保荐、安全评价、环境影响评价、环境监测等中介活动的要求，不能发挥证明作用。证明文件虚假，包括有关资料、报表、数据和各种结果、结论方面的报告和材料等不真实。

二、需要达到情节严重的程度。如给国家、公众或者其他投资者造成直接经济损失数额在 50 万元以上；违法所得数额在 10 万元以上；虚假证明文件虚构数额在 100 万元且占实际数额 30% 以上；等等。

三、《刑法修正案（十一）》针对本罪规定了加重情节。（1）提供与证券发行相关的虚假的资产评估、会计、审计、法律服务、保荐等证明文件，情节特别严重的；

定罪标准	犯罪客观方面	(2) 提供与重大资产交易相关的虚假的资产评估、会计、审计等证明文件，情节特别严重的；(3) 在涉及公共安全的重大工程、项目中提供虚假的安全评价、环境影响评价等证明文件，致使公共财产、国家和人民利益遭受特别重大损失的。
	犯罪主体	本罪主体特定，必须是中介组织的从业人员。随着我国经济社会生活不断发展，中介组织发挥着越来越重要的作用，其活动对市场行为、人民群众的社会生活等发挥着重要影响，并直接关系到市场秩序、社会生活秩序的正常进行。为此，在一系列法律、法规中都对中介组织的权利、义务、行为规范及中介组织违反这些规定所应负的法律责任作了规定。这里规定的“承担资产评估、验资、验证、会计、审计、法律服务、保荐、安全评价、环境影响评价、环境监测等职责的中介组织”，是指依法承担相关中介服务职责的资产评估机构、验资机构、验证机构、会计师事务所、审计师事务所、律师事务所、保荐机构、安全评价机构、环境影响评价机构、环境监测机构等。“人员”，是指在这些中介机构中，具有国家认可的专业资格的负有相关职责的专业从业人员。 单位可以构成本罪。
	犯罪主观方面	本罪在主观方面必须出于故意，即明知自己所提供的有关证明文件有虚假内容但仍决意提供。过失不能构成本罪，构成犯罪的，应是他罪，如出具证明文件重大失实罪。至于其动机则多种多样，有的是贪图钱财，有的是碍于情面，有的是讨好他人，有的是迷恋女色，有的是有求于他人，有的是出于报复，等等，但无论动机如何，均不影响本罪成立。
	罪与非罪	区分罪与非罪的界限，关键看是否达到情节严重。注意：有提供虚假证明文件行为，同时索取或非法收受他人财物构成犯罪的，依照处罚较重规定定罪处罚。
	此罪与彼罪	本罪与伪证罪的界限。二者的区别主要表现在：(1) 犯罪主体不同。伪证罪的犯罪主体是刑事诉讼中证人、鉴定人、记录人及翻译人员；而本罪的犯罪主体是主持评估、验资或验证的评估师、注册会计师、审计师等。(2) 侵犯的客体不同。伪证罪侵犯的客体是公民的人身权利和司法机关的正常活动；而本罪侵犯的客体是国家市场监督管理秩序。(3) 行为的表现方式不同。伪证罪的行为方式表现为在刑事案件的侦查、审判过程中，故意出具虚假的证言、鉴定意见以及翻译文件等；本罪行为人的行为是提供虚假证明文件。
证据参考标准	主体方面的证据	**一、证明行为人刑事责任年龄、身份等自然情况的证据。** 包括身份证明、户籍证明、任职证明、工作经历证明、特定职责证明等，主要是证明行为人的姓名（曾用名）、性别、出生年月日、民族、籍贯、出生地、职业（或职务）、住所地（或居所地）等证据材料，如户口簿、居民身份证、工作证、出生证、专业或技术等级证、干部履历表、职工登记表、护照等。 对于户籍、出生证等材料内容不实的，应提供其他证据材料。外国人犯罪的案件，应有护照等身份证明材料。人大代表、政协委员犯罪的案件，应注明身份，并附身份证明材料。 **二、证明行为人刑事责任能力的证据。** 证明行为人对自己的行为是否具有辨认能力与控制能力，如是否属于间歇性精神

<table>
<tr><td rowspan="4">证据参考标准</td><td>主体方面的证据</td><td>病人、尚未完全丧失辨认或者控制自己行为能力的精神病人的证明材料。
三、证明单位的证据。
证明是否属于依法成立并有合法经营、管理范围的公司企业、事业单位、机关、团体。
证明单位的名称、住所地、性质、法定代表人、单位负责人、业务范围、成立时间等证据材料，如企业营业执照、国有公司性质证明及非法人单位的身份证明等。
四、证明法定代表人、单位负责人或直接责任人员等的身份证明。
法定代表人、直接负责的主管人员和其他直接责任人在单位的任职、职责、负责权限的证明材料等。包括身份证明、户籍证明、任职证明等，如户口簿、居民身份证、工作证、护照、专业或技术等级证、干部履历表、职工登记表、任命书、业务分工文件、委派文件、单位证明、单位规章制度等。</td></tr>
<tr><td>主观方面的证据</td><td>证明行为人故意的证据：1. 证明行为人明知的证据：证明行为人明知自己的行为会发生危害社会的结果；2. 证明直接故意的证据：证明行为人希望危害结果发生。</td></tr>
<tr><td>客观方面的证据</td><td>证明行为人提供虚假证明文件犯罪行为的证据。
具体证据包括：1. 证明行为人提供与查实情况严重不符的虚假证明文件行为的证据。2. 证明行为人故意提供虚假证明文件情节严重行为的证据。3. 证明履行职责的特定人员行为的证据。4. 证明行为人索取或非法收受他人财物行为的证据。</td></tr>
<tr><td>量刑方面的证据</td><td>**一、法定量刑情节证据。**
1. 事实情节：（1）情节严重；（2）其他。2. 法定从重情节。3. 法定从轻减轻情节：（1）可以从轻；（2）可以从轻或减轻；（3）应当从轻或者减轻。4. 法定从轻减轻免除情节：（1）可以从轻、减轻或者免除处罚；（2）应当从轻、减轻或者免除处罚。5. 法定减轻免除情节：（1）可以减轻或者免除处罚；（2）应当减轻或者免除处罚；（3）可以免除处罚。
二、酌定量刑情节证据。
1. 犯罪手段：（1）与公司某人勾结；（2）故意损害；（3）其他。2. 犯罪对象。3. 危害结果。4. 动机。5. 平时表现。6. 认罪态度。7. 是否有前科。8. 其他证据。</td></tr>
</table>

<table>
<tr><td rowspan="2">量刑标准</td><td>犯本罪的</td><td>处五年以下有期徒刑或者拘役，并处罚金</td></tr>
<tr><td>（1）提供与证券发行相关的虚假的资产评估、会计、审计、法律服务、保荐等证明文件，情节特别严重的；（2）提供与重大资产交易相关的虚假的资产评估、会计、审计等证明文件，情节特别严重的；（3）在涉及公共安全的重大工程、项目中提供虚假的安全评价、环境影响评价等证明文件，致使公共财产、国家和人民利益遭受特别重大损失的</td><td>处五年以上十年以下有期徒刑，并处罚金</td></tr>
</table>

量刑标准		
	索取他人财物或者非法收受他人财物，犯本罪的	依照处罚较重的规定定罪处罚
	单位犯本罪的	对单位判处罚金，并对其直接负责的主管人员和其他直接责任人员，依上述规定处罚

法律适用

刑法条文

第二百二十九条 承担资产评估、验资、验证、会计、审计、法律服务、保荐、安全评价、环境影响评价、环境监测等职责的中介组织的人员故意提供虚假证明文件，情节严重的，处五年以下有期徒刑或者拘役，并处罚金；有下列情形之一的，处五年以上十年以下有期徒刑，并处罚金：

（一）提供与证券发行相关的虚假的资产评估、会计、审计、法律服务、保荐等证明文件，情节特别严重的；

（二）提供与重大资产交易相关的虚假的资产评估、会计、审计等证明文件，情节特别严重的；

（三）在涉及公共安全的重大工程、项目中提供虚假的安全评价、环境影响评价等证明文件，致使公共财产、国家和人民利益遭受特别重大损失的。

有前款行为，同时索取他人财物或者非法收受他人财物构成犯罪的，依照处罚较重的规定定罪处罚。

第一款规定的人员，严重不负责任，出具的证明文件有重大失实，造成严重后果的，处三年以下有期徒刑或者拘役，并处或者单处罚金。

第二百三十一条 单位犯本节第二百二十一条至第二百三十条规定之罪的，对单位判处罚金，并对其直接负责的主管人员和其他直接责任人员，依照本节各该条的规定处罚。

司法解释

一、最高人民法院、最高人民检察院《关于办理药品、医疗器械注册申请材料造假刑事案件适用法律若干问题的解释》（节录）（2017年8月14日最高人民法院、最高人民检察院公布 自2017年9月1日起施行）

第一条 药物非临床研究机构、药物临床试验机构、合同研究组织的工作人员，故意提供虚假的药物非临床研究报告、药物临床试验报告及相关材料的，应当认定为刑法第二百二十九条规定的“故意提供虚假证明文件”。

实施前款规定的行为，具有下列情形之一的，应当认定为刑法第二百二十九条规定的“情节严重”，以提供虚假证明文件罪处五年以下有期徒刑或者拘役，并处罚金：

（一）在药物非临床研究或者药物临床试验过程中故意使用虚假试验用药品的；

（二）瞒报与药物临床试验用药品相关的严重不良事件的；

（三）故意损毁原始药物非临床研究数据或者药物临床试验数据的；

（四）编造受试动物信息、受试者信息、主要试验过程记录、研究数据、检测数据等药物非临床研究数据或者药物临床试验数据，影响药品安全性、有效性评价结果的；

（五）曾因在申请药品、医疗器械注册过程中提供虚假证明材料受过刑事处罚或者二年内受过行政处罚，又提供虚假证明材料的；

（六）其他情节严重的情形。

第二条 实施本解释第一条规定的行为，索取或者非法收受他人财物的，应当依照刑法第二百二十九条第二款规定，以提供虚假证明文件罪处五年以上十年以下有期徒刑，并处罚金；同时构成提供虚假证明文件罪和受贿罪、非国家工作人员受贿罪的，依照处罚较重的规定定罪处罚。

第三条 药品注册申请单位的工作人员，故意使用符合本解释第一条第二款规定的虚假药物非临床研究报告、药物临床试验报告及相关材料，骗取药品批准证明文件生产、销售药品的，应当依照刑法第一百四十一条规定，以生产、销售假药罪定罪处罚。

第四条 药品注册申请单位的工作人员指使药物非临床研究机构、药物临床试验机构、合同研究组织的工作人员提供本解释第一条第二款规定的虚假药物非临床研究报告、药物临床试验报告及相关材料的，以提供虚假证明文件罪的共同犯罪论处。

具有下列情形之一的，可以认定为前款规定的“指使”，但有相反证据的除外：

（一）明知有关机构、组织不具备相应条件或者能力，仍委托其进行药物非临床研究、药物临床试验的；

（二）支付的价款明显异于正常费用的。

药品注册申请单位的工作人员和药物非临床研究机构、药物临床试验机构、合同研究组织的工作人员共同实施第一款规定的行为，骗取药品批准证明文件生产、销售药品，同时构成提供虚假证明文件罪和生产、销售假药罪的，依照处罚较重的规定定罪处罚。

第五条 在医疗器械注册申请中，故意提供、使用虚假的医疗器械临床试验报告及相关材料的，参照适用本解释第一条至第四条规定。

第六条 单位犯本解释第一条至第五条规定之罪的，对单位判处罚金，并依照本解释规定的相应自然人犯罪的定罪量刑标准对直接负责的主管人员和其他直接责任人员定罪处罚。

二、最高人民检察院、公安部《关于公安机关管辖的刑事案件立案追诉标准的规定（二）》（节录）（2010年5月7日最高人民检察院、公安部公布　自公布之日起施行　2011年11月14日修正）

第八十一条 〔提供虚假证明文件案（刑法第二百二十九条第一款、第二款）〕承担资产评估、验资、验证、会计、审计、法律服务等职责的中介组织的人员故意提供虚假证明文件，涉嫌下列情形之一的，应予立案追诉：

（一）给国家、公众或者其他投资者造成直接经济损失数额在五十万元以上的；

（二）违法所得数额在十万元以上的；

（三）虚假证明文件虚构数额在一百万元且占实际数额百分之三十以上的；

（四）虽未达到上述数额标准，但具有下列情形之一的：

1. 在提供虚假证明文件过程中索取或者非法接受他人财物的；

2. 两年内因提供虚假证明文件，受过行政处罚二次以上，又提供虚假证明文件的。

（五）其他情节严重的情形。

三、最高人民法院、最高人民检察院《关于办理妨害信用卡管理刑事案件具体应用法律若干问题的解释》（节录）（2018年11月28日最高人民法院、最高人民检察院公布　自2018年12月1日起施行　法释〔2018〕19号）

第四条 为信用卡申请人制作、提供虚假的财产状况、收入、职务等资信证明材

司法解释

料，涉及伪造、变造、买卖国家机关公文、证件、印章，或者涉及伪造公司、企业、事业单位、人民团体印章，应当追究刑事责任的，依照刑法第二百八十条的规定，分别以伪造、变造、买卖国家机关公文、证件、印章罪和伪造公司、企业、事业单位、人民团体印章罪定罪处罚。

承担资产评估、验资、验证、会计、审计、法律服务等职责的中介组织或其人员，为信用卡申请人提供虚假的财产状况、收入、职务等资信证明材料，应当追究刑事责任的，依照刑法第二百二十九条的规定，分别以提供虚假证明文件罪和出具证明文件重大失实罪定罪处罚。

四、最高人民检察院《关于地质工程勘测院和其他履行勘测职责的单位及其工作人员能否成为刑法第二百二十九条规定的有关犯罪主体的批复》（2015 年 10 月 27 日最高人民检察院公布　自 2015 年 11 月 12 日起施行　高检发释字〔2015〕4 号）

重庆市人民检察院：

你院渝检（研）〔2015〕8 号《关于地质工程勘测院能否成为刑法第二百二十九条的有关犯罪主体的请示》收悉。经研究，批复如下：

地质工程勘测院和其他履行勘测职责的单位及其工作人员在履行勘察、勘查、测绘职责过程中，故意提供虚假工程地质勘察报告等证明文件，情节严重的，依照刑法第二百二十九条第一款和第二百三十一条的规定，以提供虚假证明文件罪追究刑事责任；地质工程勘测院和其他履行勘测职责的单位及其工作人员在履行勘察、勘查、测绘职责过程中，严重不负责任，出具的工程地质勘察报告等证明文件有重大失实，造成严重后果的，依照刑法第二百二十九条第三款和第二百三十一条的规定，以出具证明文件重大失实罪追究刑事责任。

此复。

法律适用

相关法律法规

一、《中华人民共和国注册会计师法》（节录）（1993 年 10 月 31 日中华人民共和国主席令第 13 号公布　自 1994 年 1 月 1 日起施行　2014 年 8 月 31 日修正）

第二十条　注册会计师执行审计业务，遇有下列情形之一的，应当拒绝出具有关报告：

（一）委托人示意其作不实或者不当证明的；

（二）委托人故意不提供有关会计资料和文件的；

（三）因委托人有其他不合理要求，致使注册会计师出具的报告不能对财务会计的重要事项作出正确表述的。

第二十一条　注册会计师执行审计业务，必须按照执业准则、规则确定的工作程序出具报告。

注册会计师执行审计业务出具报告时，不得有下列行为：

（一）明知委托人对重要事项的财务会计处理与国家有关规定相抵触，而不予指明；

（二）明知委托人的财务会计处理会直接损害报告使用人或者其他利害关系人的利益，而予以隐瞒或者作不实的报告；

（三）明知委托人的财务会计处理会导致报告使用人或者其他利害关系人产生重大误解，而不予指明；

（四）明知委托人的会计报表的重要事项有其他不实的内容，而不予指明。

对委托人有前款所列行为，注册会计师按照执业准则、规则应当知道的，适用前款规定。

第三十九条 会计师事务所违反本法第二十条、第二十一条规定的，由省级以上人民政府财政部门给予警告，没收违法所得，可以并处违法所得一倍以上五倍以下的罚款；情节严重的，并可以由省级以上人民政府财政部门暂停其经营业务或者予以撤销。

注册会计师违反本法第二十条、第二十一条规定的，由省级以上人民政府财政部门给予警告；情节严重的，可以由省级以上人民政府财政部门暂停其执行业务或者吊销注册会计师证书。

会计师事务所、注册会计师违反本法第二十条、第二十一条的规定，故意出具虚假的审计报告、验资报告，构成犯罪的，依法追究刑事责任。

二、《中华人民共和国公司法》（节录）（1993年12月29日中华人民共和国主席令第16号公布　自1994年7月1日起施行　1999年12月25日第一次修正　2004年8月28日第二次修正　2005年10月27日修订　2013年12月28日第三次修正　2018年10月26日第四次修正）

第二百零七条 承担资产评估、验资或者验证的机构提供虚假材料的，由公司登记机关没收违法所得，处以违法所得一倍以上五倍以下的罚款，并可以由有关主管部门依法责令该机构停业、吊销直接责任人员的资格证书，吊销营业执照。

承担资产评估、验资或者验证的机构因过失提供有重大遗漏的报告的，由公司登记机关责令改正，情节较重的，处以所得收入一倍以上五倍以下的罚款，并可以由有关主管部门依法责令该机构停业、吊销直接责任人员的资格证书，吊销营业执照。

承担资产评估、验资或者验证的机构因其出具的评估结果、验资或者验证证明不实，给公司债权人造成损失的，除能够证明自己没有过错的外，在其评估或者证明不实的金额范围内承担赔偿责任。

三、《中华人民共和国安全生产法》（节录）（2002年6月29日中华人民共和国主席令第70号公布　自2002年11月1日起施行　2009年8月27日第一次修正　2014年8月31日第二次修正　2021年6月10日第三次修正）

第九十二条 承担安全评价、认证、检测、检验职责的机构出具失实报告的，责令停业整顿，并处三万元以上十万元以下的罚款；给他人造成损害的，依法承担赔偿责任。

承担安全评价、认证、检测、检验职责的机构租借资质、挂靠、出具虚假报告的，没收违法所得；违法所得在十万元以上的，并处违法所得二倍以上五倍以下的罚款，没有违法所得或者违法所得不足十万元的，单处或者并处十万元以上二十万元以下的罚款；对其直接负责的主管人员和其他直接责任人员处五万元以上十万元以下的罚款；给他人造成损害的，与生产经营单位承担连带赔偿责任；构成犯罪的，依照刑法有关规定追究刑事责任。

对有前款违法行为的机构及其直接责任人员，吊销其相应资质和资格，五年内不得从事安全评价、认证、检测、检验等工作；情节严重的，实行终身行业和职业禁入。

109 出具证明文件重大失实案

概念

本罪是指承担资产评估、验资、验证、会计、审计、法律服务、保荐、安全评价、环境影响评价、环境监测等职责的中介组织及其人员，严重不负责任，出具证明文件有重大失实，造成严重后果的行为。

立案标准

承担资产评估、验资、验证、会计、审计、法律服务、保荐、安全评价、环境影响评价、环境监测等职责的中介组织的人员严重不负责任，出具的证明文件有重大失实，涉嫌下列情形之一的，应予立案追诉：

（1）给国家、公众或者其他投资者造成的直接经济损失数额在100万元以上的；

（2）其他造成严重后果的情形。

定罪标准

犯罪客体

本罪所侵害的客体是国家有关市场的管理秩序。犯罪对象是指资产评估报告、验资证明、验证证明、审计报告等中介证明。资产评估报告，是指资产评估人对公司的物产、工业产权、非专利技术、土地使用权等资产折抵资本经过评估所出具的报告，根据《公司法》规定，公司成立的发起人以实物、工业产权、非专利技术、土地使用权作为自己股款折资本的，其在公司中所持的股份数额，应由资产评估师评估；公司解散时，对其资产也应当评估。根据《国有资产评估管理办法》规定，国有资产占有单位（以下简称占有单位）有下列情形之一的，应当进行资产评估：（1）资产拍卖、转让；（2）企业兼并、出售、联营、股份经营；（3）与外国公司、企业和其他经济组织或者个人开办外商投资企业；（4）企业清算；（5）依照国家有关规定需要进行资产评估的其他情形。占有单位有下列情形之一，当事人认为需要的，可以进行资产评估：（1）资产抵押及其他担保；（2）企业租赁；（3）需要进行资产评估的其他情形。国有资产评估范围包括：固定资产、流动资产、无形资产和其他资产。所谓验资证明，是指由验资机构及其人员在公司成立时，对股东是否出资、是否足额出资以及出资是否到位等核实查验后所出具的证明。所谓验证证明，是指法定的验资机构及其人员对公司的财务会计报告如资产负债表、损益表、财务状况变动表、财务情况说明书、招股说明书等文件就其真实性、准确性、可靠性进行审查后提出的证明。所谓审计报告，则是审计机构及其人员对公司的招股说明书，公司资产负债表、损益表、财务变动情况表，连续3年以来的经营状况，公司的合并、分立等依法进行审查、核实后所作出的报告。

犯罪客观方面

本罪在客观方面表现为严重不负责任，出具的证明文件有重大失实，造成严重后果的行为。（1）必须有严重不负责任的行为，这是构成本罪的前提。如果工作认真负责，完全因受蒙蔽无法发现或确因水平、能力的限制而没有发现的，则不能以本罪论处。严重不负责任，既可以表现为该为而根本不为，也可以表现为马马虎虎草率应付，不认真而为。前者如资产评估时不评估，验资人员不验资，验证人员不验证、审

<table>
<tr><td rowspan="6">定罪标准</td><td>犯罪客观方面</td><td>计人员不审计等。这种完全的不作为是以过分相信为基础的。过分相信应有相当的基础，如公司经营作风好、资信能力强等。如果明明知道公司经营管理混乱、资信能力很差，不讲信用而仍不作为甚或收受贿赂的，则不能以过失论，构成犯罪，对之应以提供虚假证明文件罪论处。后者如走马观花，不作全面认真仔细的审查、核实就出具有关证明文件。(2) 必须造成了证明文件重大失实。失实，是指证明文件有虚假内容；重大失实，则是指内容与实际情况存在重大出入，与事实不符，如全部内容失实，重要内容失实等。(3) 必须造成了严重后果。没有造成实际危害后果或虽造成危害后果但不是严重后果，也不能以本罪论处。所谓严重后果，主要是指给国家、公司、股东等造成重大经济损失的；造成极为恶劣的影响的；造成市场秩序甚至社会严重混乱的；等等。</td></tr>
<tr><td>犯罪主体</td><td>本罪主体特定，必须是中介组织的从业人员。随着我国经济社会生活不断发展，中介组织发挥着越来越重要的作用，其活动对市场行为、人民群众的社会生活等发挥着重要影响，并直接关系到市场秩序、社会生活秩序的正常进行。为此，在一系列法律、法规中都对中介组织的权利、义务、行为规范及中介组织违反这些规定所应负的法律责任作了规定。这里规定的“承担资产评估、验资、验证、会计、审计、法律服务、保荐、安全评价、环境影响评价、环境监测等职责的中介组织”，是指依法承担相关中介服务职责的资产评估机构、验资机构、验证机构、会计师事务所、审计师事务所、律师事务所、保荐机构、安全评价机构、环境影响评价机构、环境监测机构等。“人员”，是指在这些中介机构中，具有国家认可的专业资格的负有相关职责的专业从业人员。
单位可以构成本罪。</td></tr>
<tr><td>犯罪主观方面</td><td>本罪在主观方面必须出于过失，即应当预见自己严重不负责任的行为，可能造成证明文件的重大失实，并产生严重后果，却因疏忽大意没有预见或者虽有预见但却轻信能够避免，因而造成证明文件的重大失实并发生了严重后果。故意不能构成本罪，构成犯罪的，应以提供虚假证明文件罪论处。</td></tr>
<tr><td>罪与非罪</td><td>区分罪与非罪的界限，应当把握两点：(1) 行为人所出具的证明文件是否重大失实，一般个别的内容失实不构成本罪。(2) 后果是否严重，如果提供严重失实的证明文件没有造成严重后果，则不构成本罪。</td></tr>
<tr><td>此罪与彼罪</td><td>本罪与提供虚假证明文件罪的界限。二者的主要区别在于：(1) 客观方面不同。本罪是由于行为人严重不负责任，而出具有重大失实的重大文件的行为；而提供虚假证明文件罪是实施了提供虚假中介证明文件的行为。虚假，既包括这些证明的全部内容都是凭空捏造的，也包括对其部分主要内容做虚假的陈述。(2) 主观方面不同。前者在主观上出于过失；而提供虚假证明文件罪的行为人在主观上是出于故意，即明知自己所提供的证明文件与实际情况不符而故意提供的。</td></tr>
<tr></tr>
<tr><td>证据参考标准</td><td>主体方面的证据</td><td>一、证明行为人刑事责任年龄、身份等自然情况的证据。
包括身份证明、户籍证明、任职证明、工作经历证明、特定职责证明等，主要是证明行为人的姓名（曾用名）、性别、出生年月日、民族、籍贯、出生地、职业（或职务）、住所地（或居所地）等证据材料，如户口簿、居民身份证、工作证、出生证、</td></tr>
</table>

<table>
<tr><td rowspan="4">证据参考标准</td><td>主体方面的证据</td><td colspan="2">专业或技术等级证、干部履历表、职工登记表、护照等。
对于户籍、出生证等材料内容不实的，应提供其他证据材料。外国人犯罪的案件，应有护照等身份证明材料。人大代表、政协委员犯罪的案件，应注明身份，并附身份证明材料。
二、证明行为人刑事责任能力的证据。
证明行为人对自己的行为是否具有辨认能力与控制能力，如是否属于间歇性精神病人、尚未完全丧失辨认或者控制自己行为能力的精神病人的证明材料。
三、证明单位的证据。
证明是否属于依法成立并有合法经营、管理范围的公司、企业、事业单位、机关、团体。
证明单位的名称、住所地、性质、法定代表人、单位负责人、业务范围、成立时间等证据材料，如企业营业执照、国有公司性质证明及非法人单位的身份证明等。
四、证明法定代表人、单位负责人或直接责任人员等的身份证明。
法定代表人、直接负责的主管人员和其他直接责任人在单位的任职、职责、负责权限的证明材料等。包括身份证明、户籍证明、任职证明等，如户口簿、居民身份证、工作证、护照、专业或技术等级证、干部履历表、职工登记表、任命书、业务分工文件、委派文件、单位证明、单位规章制度等。</td></tr>
<tr><td>主观方面的证据</td><td colspan="2">证明行为人过失的证据：1. 证明行为人过失的证据：证明行为人应当预见自己的行为可能发生危害社会的结果；2. 证明疏忽大意的过失的证据；3. 证明过于自信的过失的证据。</td></tr>
<tr><td>客观方面的证据</td><td colspan="2">证明行为人出具证明文件重大失实犯罪行为的证据。
具体证据包括：1. 证明行为人出具证明文件重大失实行为的证据。2. 证明行为人员严重不负责任，出具证明文件有重大失实，造成严重后果行为的证据。</td></tr>
<tr><td>量刑方面的证据</td><td colspan="2">一、法定量刑情节证据。
1. 事实情节。2. 法定从重情节。3. 法定从轻减轻情节：（1）可以从轻；（2）可以从轻或减轻；（3）应当从轻或者减轻。4. 法定从轻减轻免除情节：（1）可以从轻、减轻或者免除处罚；（2）应当从轻、减轻或者免除处罚。5. 法定减轻免除情节：（1）可以减轻或者免除处罚；（2）应当减轻或者免除处罚；（3）可以免除处罚。
二、酌定量刑情节证据。
1. 犯罪手段；2. 犯罪对象；3. 危害结果；4. 动机；5. 平时表现；6. 认罪态度；7. 是否有前科；8. 其他证据。</td></tr>
<tr><td rowspan="2">量刑标准</td><td colspan="2">犯本罪的</td><td>处三年以下有期徒刑或者拘役，并处或者单处罚金</td></tr>
<tr><td colspan="2">单位犯本罪的</td><td>对单位判处罚金，并对其直接负责的主管人员和其他直接责任人员，依上述规定处罚</td></tr>
</table>

法律适用

刑法条文

第二百二十九条 承担资产评估、验资、验证、会计、审计、法律服务、保荐、安全评价、环境影响评价、环境监测等职责的中介组织的人员故意提供虚假证明文件，情节严重的，处五年以下有期徒刑或者拘役，并处罚金；有下列情形之一的，处五年以上十年以下有期徒刑，并处罚金：

（一）提供与证券发行相关的虚假的资产评估、会计、审计、法律服务、保荐等证明文件，情节特别严重的；

（二）提供与重大资产交易相关的虚假的资产评估、会计、审计等证明文件，情节特别严重的；

（三）在涉及公共安全的重大工程、项目中提供虚假的安全评价、环境影响评价等证明文件，致使公共财产、国家和人民利益遭受特别重大损失的。

有前款行为，同时索取他人财物或者非法收受他人财物构成犯罪的，依照处罚较重的规定定罪处罚。

第一款规定的人员，严重不负责任，出具的证明文件有重大失实，造成严重后果的，处三年以下有期徒刑或者拘役，并处或者单处罚金。

第二百三十一条 单位犯本节第二百二十一条至第二百三十条规定之罪的，对单位判处罚金，并对其直接负责的主管人员和其他直接责任人员，依照本节各该条的规定处罚。

司法解释

一、最高人民检察院、公安部《关于公安机关管辖的刑事案件立案追诉标准的规定（二）》（节录）（2010年5月7日最高人民检察院、公安部公布　自公布之日起施行　2011年11月14日修正）

第八十二条 ［出具证明文件重大失实案（刑法第二百二十九条第三款）］承担资产评估、验资、验证、会计、审计、法律服务等职责的中介组织的人员严重不负责任，出具的证明文件有重大失实，涉嫌下列情形之一的，应予立案追诉：

（一）给国家、公众或者其他投资者造成直接经济损失数额在一百万元以上的；

（二）其他造成严重后果的情形。

二、最高人民法院、最高人民检察院《关于办理妨害信用卡管理刑事案件具体应用法律若干问题的解释》（节录）（2018年11月28日公布　自2018年12月1日起施行　法释〔2018〕19号）

第四条 为信用卡申请人制作、提供虚假的财产状况、收入、职务等资信证明材料，涉及伪造、变造、买卖国家机关公文、证件、印章，或者涉及伪造公司、企业、事业单位、人民团体印章，应当追究刑事责任的，依照刑法第二百八十条的规定，分别以伪造、变造、买卖国家机关公文、证件、印章罪和伪造公司、企业、事业单位、人民团体印章罪定罪处罚。

承担资产评估、验资、验证、会计、审计、法律服务等职责的中介组织或其人员，为信用卡申请人提供虚假的财产状况、收入、职务等资信证明材料，应当追究刑事责任的，依照刑法第二百二十九条的规定，分别以提供虚假证明文件罪和出具证明文件重大失实罪定罪处罚。

三、最高人民检察院《关于公证员出具公证书有重大失实行为如何适用法律问题的批复》（2009年1月7日最高人民检察院公布　自2009年1月15日起施行）

甘肃省人民检察院：

你院《关于公证员出具证明文件重大失实是否构成犯罪的请示》（甘检发研〔2008〕

法律适用

司法解释

17号）收悉。经研究，批复如下：

《中华人民共和国公证法》施行以后，公证员在履行公证职责过程中，严重不负责任，出具的公证书有重大失实，造成严重后果的，依照刑法第二百二十九条第三款的规定，以出具证明文件重大失实罪追究刑事责任。

此复。

四、最高人民检察院《关于地质工程勘测院和其他履行勘测职责的单位及其工作人员能否成为刑法第二百二十九条规定的有关犯罪主体的批复》（2015年10月27日最高人民检察院公布 自2015年11月12日起施行 高检发释字〔2015〕4号）（略，详见本书第802页）

相关法律法规

一、《中华人民共和国注册会计师法》（节录）（1993年10月31日中华人民共和国主席令第13号公布 自1994年1月1日起施行 2014年8月31日修正）（略，详见本书第799页）

二、《中华人民共和国公司法》（节录）（1993年12月29日中华人民共和国主席令第16号公布 自1994年7月1日起施行 1999年12月25日第一次修正 2004年8月28日第二次修正 2005年10月27日修订 2013年12月28日第三次修正 2018年10月26日第四次修正）（略，详见本书第800页）

三、《中华人民共和国安全生产法》（节录）（2002年6月29日中华人民共和国主席令第70号公布 自2002年11月1日起施行 2009年8月27日第一次修正 2014年8月31日第二次修正 2021年6月10日第三次修正）（略，详见本书第800页）

110 逃避商检案

概念

本罪是指违反进出口商品检验法的规定，逃避商品检验，将必须经商检机构检验的进口商品未报经检验而擅自销售、使用，或者将必须经商检机构检验的出口商品未报经检验合格而擅自出口，情节严重的行为。

立案标准

根据最高人民检察院、公安部《关于公安机关管辖的刑事案件立案追诉标准的规定（二）》的规定，违反进出口商品检验法的规定，逃避商品检验，将必须经商检机构检验的进口商品未报经检验而擅自销售、使用，或者将必须经商检机构检验的出口商品未报经检验合格而擅自出口，涉嫌下列情形之一的，应予立案追诉：

（1）给国家、单位或者个人造成直接经济损失数额在50万元以上的；

（2）逃避商检的进出口货物货值金额在300万元以上的；

（3）导致病疫流行、灾害事故的；

（4）多次逃避商检的；

（5）引起国际经济贸易纠纷，严重影响国家对外贸易关系，或者严重损害国家声誉的；

（6）其他情节严重的情形。

定罪标准		
	犯罪客体	本罪侵犯的客体是国家对进出口商品检验的管理秩序。本罪的对象必须是根据进出口商品检验的商品种类表和其他法律、行政法规规定必须经商检机构检验的进出口商品，对于不在这一范围内的商品的擅自销售、使用的行为，不构成本罪。
	犯罪客观方面	本罪在客观方面表现为违反国家进出口商品检验法的规定，逃避国家对进出口商品的检验，情节严重的行为。 一、必须有违反国家进出口检验法的行为，这是本罪成立的前提条件。如果行为人没有违反国家进出口商品检验法的规定的行为，如按照规定进行了出口商品检验，而是由于商品检验人员的不负责任，把不合格的商品当作合格的商品而允许出口，就不构成本罪；根据法律规定，对依法应予进行检验的进出口商品，必须在国家特定的商检部门检验允许后才能进行进出口。检验的内容，包括商品的质量、规格、数量、重量、包装以及是否符合卫生、安全的要求等。如果无视上述规定，逃避国家对进出口商品的检验，就构成了本罪的客观之行为。依照进出口商品检验法的有关规定，逃避检验的非法行为是指下列三种行为：（1）对应当进行检验的进口商品，未报经检验而擅自在境内销售或使用的；（2）对应当进行检验的出口商品，未报经检验合格后就擅自出口的；（3）经过商检机构的抽查检验，认为是不合格的商品而擅自出口的。 二、违反进出口商品检验法的行为必须是情节严重的行为，才能构成本罪。情节严重主要是指造成重大经济损失。所谓重大经济损失，一般是指直接经济损失达到巨大的。所谓直接经济损失，是指与行为有直接因果关系而造成公共财产毁损、减少的

<table>
<tr><td rowspan="5">定罪标准</td><td>犯罪客观方面</td><td>实际价值，其是行为人无法挽回的那部分经济损失。如因出口不合格产品，造成外商索赔而赔偿出去的赔偿金，或者进口不合格的商品，未经检验就予以销售或者投入使用，致使应当索赔而无法索赔或只能赔偿一部分的无法追回的赔偿金；进出口商品因延误时间造成的腐烂变质等。与直接经济损失相对应的间接经济损失，则是指由直接经济损失引起和牵连的损失，包括失去的正常情况下可能获得的利益。如进口不合格的机械或生产资料，致使生产无法进行，由此可能造成的损失便是间接经济损失。</td></tr>
<tr><td>犯罪主体</td><td>本罪的主体是一般主体，即达到刑事责任年龄、具有刑事责任能力的自然人。单位也可构成本罪主体。实际构成其罪的则应是非法销售、使用和出口应当经过商检而未经商检的进出口商品的单位及个人，如应当进行商检申报工作的进出口商品的收货、发货单位及个人。</td></tr>
<tr><td>犯罪主观方面</td><td>本罪在主观方面表现为过失。行为人应当预见到自己的行为可能造成的重大经济损失的结果，但因自己疏忽大意而没有预见，或者虽已预见其有可能发生，但却轻信能够避免，从而发生了这种严重危害结果。至于逃避商检的行为本身，则是出于故意，即明知行为违法仍然决意为之。</td></tr>
<tr><td>罪与非罪</td><td>区分罪与非罪的界限，应当把握两点：(1) 行为人逃避商品检验的行为是否发生了致使国家、集体利益遭受重大损失的结果。(2) 行为人逃避商品检验的行为是否出于故意。未发生重大损失的后果，以及行为人过失状态下出现的违章行为，均不构成犯罪。</td></tr>
<tr><td>此罪与彼罪</td><td>本罪与走私废物罪的界限。根据《刑法》第155条的规定，逃避海关监管将境外固体废物运输入境的，以走私罪论处，依照走私罪的有关规定处罚。如果行为人将非法进口的固体物用作原料的，同时触犯了逃避商检罪的罪名，这种情况属于想象竞合犯，从一重罪而处断，即应按走私罪的有关规定定罪处罚；如果行为人经国务院有关主管部门许可进口固体废物用作原料，虽未逃避海关监管，但却逃避商品检验，擅自将进口固体废物用作原料，情节严重的，则构成逃避商检罪。</td></tr>
<tr><td>证据参考标准</td><td>主体方面的证据</td><td>一、证明行为人刑事责任年龄、身份等自然情况的证据。
包括身份证明、户籍证明、任职证明、工作经历证明、特定职责证明等，主要是证明行为人的姓名（曾用名）、性别、出生年月日、民族、籍贯、出生地、职业（或职务）、住所地（或居所地）等证据材料，如户口簿、居民身份证、工作证、出生证、专业或技术等级证、干部履历表、职工登记表、护照等。
对于户籍、出生证等材料内容不实的，应提供其他证据材料。外国人犯罪的案件，应有护照等身份证明材料。人大代表、政协委员犯罪的案件，应注明身份，并附身份证明材料。
二、证明行为人刑事责任能力的证据。
证明行为人对自己的行为是否具有辨认能力与控制能力，如是否属于间歇性精神病人、尚未完全丧失辨认或者控制自己行为能力的精神病人的证明材料。</td></tr>
</table>

<table>
<tr><td rowspan="4">证据参考标准</td><td>主体方面的证据</td><td colspan="2">三、证明单位的证据。
证明是否属于依法成立并有合法经营、管理范围的公司、企业、事业单位、机关、团体。
证明单位的名称、住所地、性质、法定代表人、单位负责人、业务范围、成立时间等证据材料，如企业营业执照、国有公司性质证明及非法人单位的身份证明等。
四、证明法定代表人、单位负责人或直接责任人员等的身份证明。
法定代表人、直接负责的主管人员和其他直接责任人在单位的任职、职责、负责权限的证明材料等。包括身份证明、户籍证明、任职证明等，如户口口簿、居民身份证、工作证、护照、专业或技术等级证、干部履历表、职工登记表、任命书、业务分工文件、委派文件、单位证明、单位规章制度等。</td></tr>
<tr><td>主观方面的证据</td><td colspan="2">证明行为人故意的证据：1. 证明行为人明知的证据：证明行为人明知自己的行为会发生危害社会的结果；2. 证明直接故意的证据：证明行为人希望危害结果发生。</td></tr>
<tr><td>客观方面的证据</td><td colspan="2">证明行为人逃避进出口商品检验犯罪行为的证据。
具体证据包括：1. 必须经商检机构检验的进口商品：（1）证明行为人未经检验而擅自销售行为的证据；（2）证明行为人未经检验而擅自使用行为的证据。2. 证明行为人伪造、变造商检单位、印章、标志封识、质量认证标志行为的证据。3. 证明行为人利用上述手段经商检机构检验的商品进口或者出口行为的证据。4. 证明行为人其他行为的证据。</td></tr>
<tr><td>量刑方面的证据</td><td colspan="2">一、法定量刑情节证据。
1. 事实情节。2. 法定从重情节。3. 法定从轻减轻情节：（1）可以从轻；（2）可以从轻或减轻；（3）应当从轻或者减轻。4. 法定从轻减轻免除情节：（1）可以从轻、减轻或者免除处罚；（2）应当从轻、减轻或者免除处罚。5. 法定减轻免除情节：（1）可以减轻或者免除处罚；（2）应当减轻或者免除处罚；（3）可以免除处罚。
二、酌定量刑情节证据。
1. 犯罪手段：（1）伪造、变造商检单位、印章、标志封识、质量认证标志；（2）伪造检验结果；（3）其他。2. 犯罪对象。3. 危害结果。4. 动机。5. 平时表现。6. 认罪态度。7. 是否有前科。8. 其他证据。</td></tr>
<tr><td rowspan="2">量刑标准</td><td colspan="2">犯本罪的</td><td>处三年以下有期徒刑或者拘役，并处或者单处罚金</td></tr>
<tr><td colspan="2">单位犯本罪的</td><td>对单位判处罚金，并对其直接负责的主管人员和其他直接责任人员，依上述规定处罚</td></tr>
</table>

刑法条文

第二百三十条 违反进出口商品检验法的规定，逃避商品检验，将必须经商检机构检验的进口商品未报经检验而擅自销售、使用，或者将必须经商检机构检验的出口商品未报经检验合格而擅自出口，情节严重的，处三年以下有期徒刑或者拘役，并处或者单处罚金。

第二百三十一条 单位犯本节第二百二十一条至第二百三十条规定之罪的，对单位判处罚金，并对其直接负责的主管人员和其他直接责任人员，依照本节各该条的规定处罚。

法律适用

司法解释

最高人民检察院、公安部《关于公安机关管辖的刑事案件立案追诉标准的规定(二)》(节录)（2010年5月7日最高人民检察院、公安部公布 自公布之日起施行 2011年11月14日修正）

第八十三条〔逃避商检案（刑法第二百三十条）〕违反进出口商品检验法的规定，逃避商品检验，将必须经商检机构检验的进口商品未报经检验而擅自销售、使用，或者将必须经商检机构检验的出口商品未报经检验合格而擅自出口，涉嫌下列情形之一的，应予立案追诉：

（一）给国家、单位或者个人造成直接经济损失数额在五十万元以上的；

（二）逃避商检的进出口货物货值金额在三百万元以上的；

（三）导致病疫流行、灾害事故的；

（四）多次逃避商检的；

（五）引起国际经济贸易纠纷，严重影响国家对外贸易关系，或者严重损害国家声誉的；

（六）其他情节严重的情形。

相关法律法规

《中华人民共和国进出口商品检验法》(节录)（1989年2月21日中华人民共和国主席令第14号公布 2002年4月28日第一次修正 2013年6月29日第二次修正 2018年4月27日第三次修正 2018年12月29日第四次修正 2021年4月29日第五次修正）

第三十二条 违反本法规定，将必须经商检机构检验的进口商品未报经检验而擅自销售或者使用的，或者将必须经商检机构检验的出口商品未报经检验合格而擅自出口的，由商检机构没收违法所得，并处货值金额百分之五以上百分之二十以下的罚款；构成犯罪的，依法追究刑事责任。